Colettes schriftstellerisches Werk stellte ab 1900 alles auf den Kopf, was man bis dahin über Sexualität, die Lust und die Geschlechter zu wissen glaubte. Die entwaffnende Schamlosigkeit ihrer Romanheldinnen machte Colettes literarische Meisterwerke zu Provokationen. Colettes wichtigstes Werk aber ist ihr Leben. Wer war diese Frau, die mit Männern und Frauen jedweden Alters das Bett teilte, Opium rauchte und als Boxerin in den Ring stieg? Souverän und tiefgründig schildert Judith Thurman die Kompromisslosigkeit dieses »heiligen Ungeheuers« (Simone de Beauvoir) vor dem Panorama Frankreichs zwischen Fin de Siècle und deutscher Besatzung.

Judith Thurman lebt in New York. Für *Tania Blixen. Ihr Leben und Werk* erhielt sie den National Book Award, für den auch ihre Colette-Biografie nominiert wurde. *Colette. Roman ihres Lebens* wurde bisher mit dem Salon Book Award und dem Los Angeles Times Book Prize ausgezeichnet.

Judith Thurman

Colette

Roman ihres Lebens

Aus dem Englischen von
Brigitte Flickinger

Berliner Taschenbuch Verlag

Für Charlotte (Arkie) Meisner

März 2003
BvT Berliner Taschenbuch Verlags GmbH, Berlin,
ein Unternehmen der Verlagsgruppe Random House GmbH
Die Originalausgabe erschien 1999 unter dem Titel
Secrets of the Flesh – A Life of Colette
bei Alfred A. Knopf, New York

Umschlaggestaltung: Nina Rothfos und Patrick Gabler, Hamburg,
unter Verwendung einer Fotografie von © Roger Viollet sowie eines
Umschlagentwurfs von Carol Carson, Random House
Gesetzt aus der Stempel Garamond durch psb, Berlin
Druck und Bindung: Elsnerdruck, Berlin
Printed in Germany · ISBN 3-442-76140-9

Wenn mein Körper denkt … hat meine ganze Haut eine Seele.

Colette, LA RETRAITE SENTIMENTALE

INHALT

EINLEITUNG

Biografen glauben gemeinhin, es sei leicht, ein »Ungeheuer« zu sein. Tatsächlich ist das noch schwerer, als ein Heiliger zu sein.
Colette, LETTRES A SES PAIRS

Im März 1900 veröffentlichte ein einundvierzigjähriger Pariser Literat einen Roman, der vorgab, das Tagebuch einer in der Provinz lebenden sechzehnjährigen Schülerin namens Claudine zu sein. Henry Gauthier-Villars war vor allem als amüsanter Musikkritiker mit dezidiert eigener Meinung bekannt, der Wagner hoch gelobt und Satie beleidigt hatte. Mit Bauch und Zylinder war er für die Karikaturisten der Boulevardpresse ein beliebtes Motiv; und seine Duelle, Wortspiele und amourösen Abenteuer lieferten der Presse fast ebenso viele Geschichten, wie er selbst verfasste.

Wissenschaftliche Abhandlungen unterzeichnete Gauthier-Villars mit seinem eigenen Namen; für leichtere Werke benutzte er zahlreiche Pseudonyme. Er und seine Alter Egos – Willy, Jim Smiley, Boris Zichine, Henry Maugis und »die Platzanweiserin« – hatten eine beachtliche Bibliographie vorzuweisen, zu der bereits eine Sammlung von Sonetten gehörte, ein Konvolut von Aufsätzen über Fotografie, mehrere witzige Almanache, eine Monografie über Mark Twain und eine Reihe schlüpfriger Unterhaltungsromane. Es war kein allzu gut gehütetes Geheimnis, dass die meisten dieser Werke von anderer Hand überarbeitet, wenn nicht gänzlich von Ghostwritern geschrieben waren. In einer ironischen Verbeugung vor diesem Ruf behauptete Willy von einem neuen Manuskript, es sei, mit einem rosa Band umwunden, mit der Post gekommen – ein literarisches Pendant zum Töchterchen, das der Storch bringt.

Claudine à l'école (*Claudine erwacht*) war für ihn nicht die erste derartige Verkleidung als Autor und sicherlich nicht seine letzte, aber Claudine selbst war etwas Neues. Sie war der erste Teenager des Jahrhunderts: rebellisch, rotzfrech, verschlossen, erotisch, so leichtsinnig wie irritierend, mal fasziniert, dann wieder angeekelt von der Entdeckung, was es heißt, eine Frau zu werden. In seinem Vorwort zu diesem Buch nennt Willy sie ein »Naturkind«, eine »Tahitianerin vor der Ankunft der Missionare«, und er erweist ihrer »gewissermaßen unschuldig perversen Art« seine Ehrerbietung, auch wenn er sogleich »dieses Wort ›pervers‹« bedauert, das nicht zu dem besonderen Fall Claudine passe, »denn ich möchte gerade sagen: An diesem jungen Mädchen ist kein bewusster Fehl und kein Tadel zu finden; es ist gewissermaßen weniger unmoralisch als ›nicht moralisch‹.«

Der Roman schmachtete ein paar Monate in den Regalen, bis Willy seine einflussreichen Freunde zusammengetrommelt hatte, die pflichtschuldigst Rezensionen verfassten, in denen *Claudine erwacht* als ein Meisterwerk bejubelt wird. Bis zum Herbst waren etwa vierzigtausend Exemplare verkauft, und das Buch wurde – mitsamt seiner vier Nachfolger – einer der größten französischen Bestseller aller Zeiten. Alles in allem gab es fünf *Claudines*, zwei erfolgreiche Bühnenstücke und eine Reihe von Begleitprodukten, wie wir sie heute kennen, darunter Claudine-Zigaretten, Claudine-Parfüm, -Schokolade, -Kosmetik und -Kleidung. Der »Autor«, bis dahin eher berüchtigt, wurde selbst zu einem Markenzeichen. »Ich glaube, dass nur Gott und vielleicht Alfred Dreyfus so bekannt sind wie [Willy]«, sagte Sacha Guitry.

Der Mann, der für *Claudine erwacht* als »Autor« firmiert, ist heute bestenfalls als der »beklagenswerte« erste Ehemann jener Frau bekannt, die den Roman verfasste. Madame Henry Gauthier-Villars, geborene Sidonie-Gabrielle Colette, war damals eine athletische Schönheit von siebenundzwanzig Jahren, die man leicht für siebzehn halten konnte. Sie verbarg ihre Gefühle und ihr Talent, trug aber stolz ihren ländlichen Akzent und einen Zopf aus rostrotem Haar zur Schau, der ebenso lang wie sie groß war. Ihre Familie in Burgund nannte sie noch »Gabri«, in Paris aber lief sie unter dem nichts sagenden Namen Colette Willy. Schon lange vor ihrer Heirat hatte sie ihren Vornamen abgelehnt und darauf bestanden, dass ihre Schulkameraden – wilde Dorfkinder wie sie selbst und wie Claudine – einander beim Nachnamen riefen *comme les garçons*. Als sie zum zweiten Mal heiratete, wurde aus Colette Willy eine Colette de Jouvenel und schließlich triumphierend, synkretistisch einfach Colette.

Colette begann in ihren frühen Zwanzigern zu schreiben; sie hatte ein turbulentes Leben und arbeitete unermüdlich; mit zunehmendem Alter wuchsen ihre Kräfte. Im Laufe eines halben Jahrhunderts schrieb sie fast achtzig Bände Belletristik, Erinnerungen, Zeitungsartikel und Theaterstücke höchster Qualität. Ihre veröffentlichten Briefe füllen sieben Bände, obwohl mindestens drei wichtige Briefsammlungen bisher noch nicht ediert sind. Und ihre Kritiker und Biografen waren noch produktiver als sie selbst.

Nicht das Verdauen dieses üppigen Banketts stellte an mich als ihre Biografin die größte Anforderung. Colettes Freund Jean Cocteau pflegte zu sagen: »*Je suis un mensonge qui dit toujours la vérité*«: Ich bin eine Lüge, die immer die Wahrheit sagt. Dem fügte Colettes amerikanischer Herausgeber Robert Phelps hinzu: Sie ist eine Wahrheit, die immer lügt. Und ein französischer Kritiker drückte es etwas weitschweifiger aus: »Colettes Kunst ist die Kunst der Lüge. Aber das großartige Spiel, das sie mit uns spielt, besteht gerade darin, dass sie ihre besten Lügen mit grandiosen Funken von Wahrheit versieht. So besteht der Genuss, sie zu lesen, darin, mit spitzer Pinzette das Wahre aus dem Falschen herauszupicken.« Autobiografische Aufrichtigkeit sucht man in Colettes besten Werken vergeblich, sind sie doch ebenso irreführend, wie ihre viel gerühmte körperliche Unanständigkeit Legende ist. Colette besaß – in Dominique Aurys Worten – »ein glühendes Schamgefühl«. Es war ihr zuwider, bei anderen Mitgefühl zu wecken, so sträubte sie sich auch, gekannt zu werden.

Der englische Titel meines Buches, *Secrets of the Flesh* (*Geheimnisse des Fleisches*), stammt aus einem begeisterten Brief, den André Gide an Colette schrieb, nachdem er *Chéri* gelesen hatte: »Welch bewundernswertes Thema haben Sie aufgegriffen! und mit welcher Intelligenz, welcher Meisterschaft, welchem Verständnis für die uneingestandensten Geheimnisse des Fleisches!« Das hört sich im Französischen düsterer an – *des secrets les moins avoués de la chair* –, und ich sehe in diesem Kompliment weniger eine Anerkennung als einen Ausdruck für Gides Neid und sein Unbehagen.

»Geheimnisse des Fleisches« klingt recht zweideutig und das natürlich mit Absicht; es ist meine eigene ironische Verbeugung vor Colettes Ruf. Ihre Romane wurden vor den jungen Französinnen aus gutem Hause unter Verschluss gehalten und standen auf dem vatikanischen Index verbotener Bücher. Simone de Beauvoir musste beim ersten Mal Colette auf dem Trottoir vor einem Pariser Buchladen lesen. Die Kritiker nannten Colette gefühllos und pervers; sie warfen ihr vor, ihre Kunst »gründe allein auf den Sinnen«. Sogar Colettes Geliebte, die Marquise de Morny, eine lesbische Transvestitin und frühere Drogenabhängige, beklagte sich bei Willy: »Colette ist ein leichtsinniges Kind ohne viel Sinn für Moral.« Das Kind, das damals dreiunddreißig Jahre alt war, amüsierte sich darüber eher, als dass es sich verteidigt hätte. »Ich habe mich gewundert, die Worte *Sinn für Moral* in Missy's Handschrift zu sehen«, sagte sie zu Willy.

Einiges von der Herablassung, die die Welt – aus Abneigung gegen den Narzissmus, den sie beim Schauspieler wahrnimmt –

seinem Beruf entgegenbringt, hat auch Colette zu spüren bekommen, als sie als junge Frau auf der Varieté-Bühne stand, manchmal halb nackt, manchmal in Männerkleidung. Sie spielte eine Zigeunerin, einen Gigolo und eine Katze, einen Faun in einem zerrissenen ledernen Lendenschurz und eine ägyptische Mumie, die in einem mit Edelsteinen besetzten Büstenhalter von den Toten wieder aufersteht. Jedes Mal, wenn später für eine öffentliche Ehrung Colettes Name fiel, erhob ein Chor älterer Zeitgenossen vehement Einspruch.

Diese gefallene junge Colette in der Blüte ihrer Schönheit wirkte auf potenzielle Retter ebenso anziehend wie auf Libertins beiderlei Geschlechts. Der mönchische Dichter Francis Jammes erbot sich, für die reuelose Magdalena den Jesus zu spielen. Der priesterliche François Mauriac sollte ihr später ungefragt für ihre fleischlichen Sünden Absolution erteilen, indem er sich zu der Behauptung verstieg, »dieses heidnische und fleischliche Wesen führt uns unweigerlich zu Gott«. Wie das? Nun, indem sie mit Gestalten wie Léa und Chéri ein so trostloses Beispiel für einen Hedonismus vorführte, der durch keinerlei höhere spirituelle Ambitionen geläutert werde. Ich bin nicht sicher, ob tatsächlich viele Leser voller Abscheu von Colette zu Gott geflohen sind. Es könnte auch sein, dass eine erkleckliche Anzahl sich erleichtert von Ihm ab- und ihr zugewandt hat. Aber, was Colettes existenziellen Pessimismus angeht, hat Mauriac Recht: »Die Sinne [sind] unnachgiebige Herren, unwissend wie die Fürsten von einst, die nur das Unerlässliche lernten: heucheln, hassen und befehlen …«

Wie ihre Mutter Sido – die von sich behauptete, sie sei dreihundert Jahre zu früh geboren, weshalb die Welt sie nicht verstehen könne – war auch Colette ein Anachronismus innerhalb ihrer eigenen Generation. »O Bürgerlichkeit von 1880«, ruft sie fast sechzig Jahre später aus, »müßige junge Mädchen in klösterlicher Abgeschiedenheit … sanftmütiges Kleinvieh, von Männern regiert, unheilbare weibliche Einsamkeit, unwürdige Entsagung, die junge, heranwachsende Generation von 1937 betrachtet dich ungläubig.«

Was wir im Jahr 2001 ungläubig betrachten, ist Colettes Erfindung des modernen Teenagers, als sie 1895 begann, *Claudine erwacht* zu schreiben. Colette war kein sanftmütiges Lamm; zwar glaubte sie, von einem Mann beherrscht werden zu müssen, zugleich aber hasste sie ihre Abhängigkeit und Marginalität; Entsagung war ihr fremd und, wenn wir ihrer Freundin Natalie Barney glauben schenken dürfen, Einsamkeit ebenso.

Colette sollte später ihre Isolation im Paris des Fin de Siècle unter all den glänzenden Männern und Frauen, die sie durch ihren Mann kennen lernte, so beschreiben: »Ich war ungeschickt darin, mich ins rechte Licht zu rücken.« Der französische Ausdruck, *me faire valoir*, bedeutet wörtlich, »mich zur Geltung zu bringen«. Schreiben war die Art und Weise, wie sie sich Geltung zu verschaffen begann, zuerst in den Augen ihres Mannes, dann öffentlich und allmählich auch vor sich selbst. Damals legte sie ihre Feder erst nieder, wenn sie sie buchstäblich nicht mehr halten konnte. Ehemänner, Liebhaber und Liebhaberinnen kamen und gingen; die Mutterschaft war für sie bestenfalls eine vorübergehende Beschäftigung; sie war, wie sie sich ausdrückte, »eine richtige, harte Geschäftsfrau«, die nie den Luxus kannte, ihr Talent als ausreichende Belohnung zu betrachten, und die nie aufhörte, sich wegen ihrer Verträge zu streiten – ein Wirklichkeitssinn, der in einem Land, das seine großen Schriftsteller mit allen möglichen Ehren überhäuft (außer mit Geld), als »provinzielle Verschrobenheit« galt (und auch heute noch gilt).

Es ist leicht einzusehen, weshalb Colette sich den Kurtisanen, Schauspielerinnen und Künstlerinnen, mit denen sie in jungen Jahren Umgang pflegte, immer näher fühlte als den Blaustrümpfen, den Kämpferinnen für Frauenrechte oder den vornehmen und gebildeten Literatinnen, die von der Anerkennung lebten. Sie achtete jene ehrgeizigen Unternehmerinnen, deren Vorstellung vom absoluten Minimum nie in Virginia Woolfs fünfhundert im Jahr und *»a room of one's own«* bestand, sondern in fünfzigtausend und einer eigenen Villa mit ausgezeichnetem Koch, großem Garten und einem schönen Jüngling.

Die erfolgreichsten Schauspielerinnen und Kurtisanen kamen auch der Erfüllung einer Grundforderung der weiblichen Vorkämpfer am nächsten, nämlich ungebunden und dennoch sexuell erfüllt zu leben. Die meisten von ihnen waren bisexuell, hielten sich jüngere Liebhaber und waren allein stehende Mütter. Wie Léa und Charlotte in *Chéri* verwalteten sie überaus sachkundig ihr hart verdientes Vermögen. Mit ihrer Karriere erhöhte sich, wie Simone de Beauvoir bemerkte, ihr erotisches Ansehen eher, als dass es sich geschmälert hätte. Und darin lag ein großer Reiz für Colette, der es oft schwer fiel, eine »echte« Frau zu verkörpern, während sie sich in Wirklichkeit wie ein »geistiger Hermaphrodit« fühlte.

Die Feministinnen waren für sie weniger anziehend. Um 1900 besaß die Frauenrechtsbewegung in Frankreich bereits eine Tradition, eine Tageszeitung und eine bemerkenswerte Anhängerschaft. Aber die Mischung aus utopischem und puritanischem Denken, die für die feministische Theorie so kennzeichnend war – sowie die Anprangerung von Frauen, die sexuell mit ihren Unterdrückern »kollaborierten« –, schreckte viele Frauen, die durchaus für die Befreiung waren, davon ab, sich der Bewegung anzuschließen. In ihrer Jugend machte Colette aus ihrer Abneigung gegen den Feminismus keinen Hehl. Im Jahr 1910 wurde sie von einem Interviewer gefragt, ob sie Feministin sei. Da blickte sie ihn ungläubig an. »Ich, eine Feministin? Sie wollen mich wohl auf den Arm nehmen. […] Die Suffragetten sind empört über mich. Und wenn manche Französinnen sich in den Kopf setzen, sie nachzuahmen, dann wird man ihnen hoffentlich klar machen, dass solche Sitten in Frankreich nicht geduldet werden. Wissen Sie, was die Suffragetten verdienen? Die Peitsche und den Harem.«

Die Halbwelt und insbesondere die homosexuelle Halbwelt war die Bühne für Colettes eigene Widerstandsbewegung. »Wie dem auch sei«, schreibt der Historiker Alain Corbin, »die Päderasten des neunzehnten Jahrhunderts entwarfen als Erste das Modell einer hedonistischen [...] Sexualität« – einer von Monogamie und Zeugung befreiten Erotik. Cavafy nannte sie später »die Helden der Sinnlichkeit«, und das ist ein nützliches und schönes Epitheton für Colette. Für sie war wie für Epikur Hedonismus etwas viel Bedeutungsvolleres und sozusagen Ethischeres, nicht nur eine Gier nach Gefühlserregung. Im Hedonismus drückte sich aktiv eine Überzeugung aus, ein Credo ohne Gott, ohne Teufel und ohne ein Leben nach dem Tod, aber mit der Kraft, die jede wahre Überzeugung besitzt: zur Ekstase und zur Ehrerbietung gegenüber der Schöpfung zu inspirieren – und tröstend zu wirken.

Colette wuchs zur Frau und Schriftstellerin heran, als die Dreyfus-Affäre die Geschichte der französischen Jahrhundertwende beherrschte. Der Antisemitismus, die krankhafte Angst vor der Homosexualität und die Frauenfeindlichkeit dieser Epoche haben offenbar einiges gemeinsam. Der Jude, die »neue Frau« und der Homosexuelle waren für die öffentliche Fantasie, die von ihnen besessen war, gleichzeitig faszinierende und abstoßende Gestalten. Alle drei schienen die etablierte Ordnung auf dieselbe Weise zu gefährden, nämlich durch Vermischung. Im einen Fall drohten die alten festgelegten Kategorien der nationalen Identität zu zerbrechen, in den beiden anderen die Kategorien der Geschlechterzugehörigkeit, und zwar just in einem Augenblick, da alle Grenzen, innere wie äußere, überschritten wurden. Um 1900 nahmen die größten Geister des Jahrhunderts den cartesianischen Glauben an die Objektivität unter Beschuss. Dieser äußerst anarchische und fruchtbare Moment rief die Sorge um den Sinn und um die Integrität des Selbst hervor, mit der wir heute noch leben. Die Impressionisten hatten an der objektiven Wahrnehmung gezweifelt; jetzt bezweifelte Freud das objektive Bewusstsein, Proust die Wahrheit der Erinnerung und Einstein die Absolutheit von Materie und Energie, Zeit und Raum.

Das Subversive an Colettes ersten Romanen ist, dass sie unterstellen, auch Geschlecht sei etwas Subjektives. Sie nahm instinktiv wahr, dass Kinder beiderlei Geschlechts Wünsche haben, die viel zu streng als männliche oder weibliche klassifiziert werden: das Bedürfnis, etwas zu durchdringen, zu verzehren und zu besitzen; das Bedürfnis, umhegt, beherrscht und gehalten zu werden. Die literarische Gestalt der Claudine übt als eine der Ersten Kritik an einer Gesellschaft, die zu viel Anpassung verlangt, die das Privileg, etwas zu tun oder etwas mit sich machen zu lassen, viel zu ausschließlich dem einen beziehungsweise dem anderen Geschlecht zuschreibt. Die misshandelten jungen Mädchen, Kindfrauen, weibischen Männer, verlorenen Knaben, die Perversen und die Darsteller des jeweils anderen Geschlechts, die Colette beschreibt, müssen ihre verbotenen Züge – ihre unreinen, aber wahren Gefühle – verneinen oder verleugnen, und sie erleben eine Spaltung, die unheilbar zu sein scheint.

Colettes große Abhandlung über die Geschlechter heißt *Le Pur et l'impur*. Darin geht sie den verbotenen Wünschen nach, die in den Untergrund gedrängt werden, um dann als Perversionen wieder an die Oberfläche zu treten. Und sie verfolgt die Suche des einen fragmentierten Selbst nach einem anderen symmetrisch fragmentierten Selbst, das das eigene vervollständigen könnte. »Ich wüsste gern deine Meinung zu dem, was ich jetzt über die Eingeschlechtlichen schreibe«, fragt sie eine Freundin, als sie das Buch halb fertig hat. »Man könnte das Kapitel folgendermaßen abhandeln: Die Eingeschlechtlichen. Einziges Kapitel. Es gibt keine Eingeschlechtlichen.« Geschlecht ist etwas Unreines.

Rein und unrein ist für Colette, was für mein früheres Thema, *Isak Dinesen* (Karen Blixen), Kierkegaards *Entweder/Oder* war:

die persönliche und kulturelle Kampflinie. Eine Dialektik ist für den Biografen ein nützliches Gerüst, doch ist sie dazu da, überwunden zu werden. Eine in sich stimmige Persönlichkeit strebt wie ein Kunstwerk danach, ihre Konflikte unter Kontrolle zu bringen, ohne sie dogmatisch aufzulösen. Die Lösung des Schriftstellers besteht darin, für sie eine Erzählstruktur zu finden, und oft beginnt der Prozess, wie etwa bei Proust, mit der irrtümlichen Vorstellung oder Erinnerung, es gebe im Leben zwei auseinander laufende Wege, die Weisheit und Zeit wieder zusammenführen.

Das Ideal der Reinheit ist für Colette ein paradiesischer Zustand der Harmonie, den frei lebende Tiere, Flora, Raubvögel und bestimmte Soziopathen genießen, gewöhnliche Menschen hingegen nur als Föten besitzen. Rein zu sein heißt, nicht von bewussten Fesseln wie Bedürfnissen oder Abhängigkeiten oder vom Kampf zwischen männlichen und weiblichen Trieben behindert zu werden. Da Colette glaubt, dass es in der Welt der Gefallenen keine wirkliche Androgynie gibt, kann es auch keine Ganzheit und für eine Frau, ohne dass sie erotisch zu viel opfert, keine Autonomie geben – letztere sei ein männliches Privileg. Wie kann »ich meiner wahren Hoffnung frönen?«, fragt sie sich. »Alles ist gegen mich. Das erste Hindernis, über das ich stolpere, ist dieser Frauenkörper, der mir den Weg versperrt, ein sinnlicher Körper mit geschlossenen Augen, freiwillig blind, entspannt, eher bereit umzukommen, als den Ort seiner Freuden zu verlassen ... Diese Frau, dieses von Lust verzehrte Tier bin ich.«

Colettes »wahre Hoffnung« war revolutionär. Ob sie nun Nietzsche gelesen hat oder nicht – auf jeden Fall hat sie seine Ermahnung verinnerlicht: »Werde du selbst!« Aber wie konnte man um 1900 ein Individuum – man selbst – und zugleich eine *Frau* werden? Das ist die Kernfrage all ihres Schreibens.

Im mittleren Alter – in der Menopause, um es genau zu sagen – sollte Colette ihr Verständnis von Reinheit, von Ganzheit gewissermaßen, auf die kraftvolle, heidnische Mutter Erde übertragen, der sie den Namen ihrer eigenen Mutter gibt. Diese Sido (nicht zu verwechseln mit der wirklichen Madame Sidonie Colette) ist vollständig, heftig, kämpferisch, lebensfroh und ausgesprochen souverän in ihrem selbst gewählten weiblichen Reich, und sie verachtet die Frivolität und Knechtschaft der Liebe. Sidos mühelose Keuschheit hat in Colettes Beschreibung nichts von der Entsagung einer Nonne oder Jungfrau. Sido ist Persönlichkeit und Frau in einem.

Glückliche Kindheiten sind in Biografien ebenso selten wie in der schönen Literatur. Colette erhebt den Anspruch, eine solche gehabt zu haben, und bemerkt trocken, das sei eine schlechte Vorbereitung auf menschliche Beziehungen gewesen. Bevor Colette Willy kennen lernte, habe ihr Leben »einzig aus Rosen« bestanden. In *Mes apprentissages* (*Meine Lehrjahre*) vergleicht sie ihre Ehe mit dem Fallbeil des Henkers: es habe sie von der Idylle ihrer Mädchenzeit abgeschnitten. »Es fiel mir schwer zu akzeptieren, dass es einen so großen Unterschied zwischen einem Jungmädchendasein und dem Dasein als Frau gab, zwischen dem Landleben und dem Leben in Paris, zwischen dem Glück – zumindest der Illusion von Glück – und seinem Fehlen, zwischen der Liebe und dem mühseligen, erschöpfenden sexuellen Zeitvertreib.«

Colettes Berichte über ihr früheres Glück sind für einen Biografen wichtige, aber fragwürdige Dokumente. Sie stehen im Widerspruch zu dem, was wir aus anderen Quellen, auch aus ihren Romanen wissen; und sie widersprechen beziehungsweise unterlaufen einander wie der eben zitierte Satz. In einem Aufsatz von Dominique Aury, die außerdem eines der bewegendsten und wahrhaftigsten Bücher über die Geheimnisse des Fleisches einer Frau – *Die Geschichte der O* – geschrieben hat, fand ich einen Abschnitt, der uns einen Weg zum Verständnis der Paradoxien in Colettes Darstellung ihrer entscheidenden Jahre weist. Aury spricht über Longos und seine Version von Daphnis und Chloë – einer für Colette bedeutsamen Geschichte:

> Zwei schöne verliebte Jugendliche, für immer jugendlich, für immer verliebt – gibt es etwas Königlicheres, ob sie nun in Erzählungen, Balladen oder Fabeln, in Fresken oder Tapisserien oder sogar auf Tapeten leben? Dass der Gipfel der Kunstfertigkeit zur Unbefangenheit führen sollte [...], ist weniger ein Beweis für wahre Unbefangenheit oder Konvention als für ein eigenartiges und dunkles Vertrauen des Menschen in den Menschen und des Menschen in die Welt, für ein Vertrauen ohne Dogmen, Zeit und Ort, das selbst die schlimmsten Verleugnungen der Barbarei oder der Zivilisation nie ganz aus seinem Herzen ausrotten konnten. Nichts, ganz und gar nichts, nicht einmal die Erfahrung, wird die Hoffnung verhindern, dass dort das Geheimnis des Glücks liegt.

Das Geheimnis des Glücks, da ist es in all seiner Unschuld. Aury hat gewagt, es auszusprechen, wie sie auch wagt, hinter der Maske von Pauline Réage zu bekennen, dass auf der Suche nach diesem Geheimnis ein gewisser Frauentypus – Aury ist wie Colette hauptsächlich, wenn nicht ausschließlich, an einem bestimmten Frauentypus, der maskierten, beharrlichen Frau, interessiert – vor nichts Halt macht: vor keinem Tabu, keinem Opfer, keiner Konvention, keiner Hemmschwelle der Anständigkeit. Doch Menschen, die wissen, wo das Geheimnis des Glücks zu finden ist, werden in der Regel keine Schriftsteller. Am extremsten formuliert Aury den Gemeinplatz über die Erfahrung des Schriftstellers, wenn sie über Marcel Proust schreibt: »Er hat nicht viel gehabt in seinem Leben: ein Leben für ein Leben, das fantastischste aller Tauschgeschäfte.«

»Von einem Menschen Glück zu empfangen –«, sinnt Colette in *Le Pur et l'impur*, »ich muss dieses Wort gebrauchen, das ich nicht verstehe – heißt das nicht, die Sauce auszusuchen, mit der wir verspeist werden wollen?« Doch kann sie ihren Hunger danach nie stillen, so wenig wie nach dem Thema der jugendlichen Liebe – der Geschichte von Daphnis und Chloë, die manchmal zwei Teenager sind, doch häufiger eine alternde Frau und ein junger Mann, ein mittelälterlicher Filou und ein Mädchen, Mutter und Kind, ein Metzgersjunge und eine alte Königin, ein verwöhnter Ehemann und seine Katze. Das ist nie, in keiner Variante eine Parodie. Ganz gleich, wie alt sie wirklich sind, befinden sich Colettes Liebende auf der vergeblichen Suche Jugendlicher nach der Vereinigung, nach dem Glück, das sie in der klassischen Form der Liebesbeziehung gegen eine habgierige Welt wappnet; in Colettes modernen Spielarten des Themas wappnet es sie jedoch gegen die Habgier und Zurückhaltung untereinander.

Colette war damit einverstanden, wenn Willy sie in Anführungszeichen als »Naturkind« bezeichnete. Das tat im Großen und Ganzen auch die literarische Welt Frankreichs, ohne die Anführungszeichen. »*Colette, notre plus grand écrivain naturel*«, nennt Montherland sie – unsere größte natürliche Schriftstellerin. Doch Vorsicht, wenn Franzosen etwas als natürlich bewundern. Es berührt ihre größte Angst: lächerlich zu erscheinen. Colettes Vitalität war ein wenig zu trotzig, ihre Rede, wie sie selbst sagt, zu »brutal und vertraulich«, und ihre Romane waren für den Geschmack der Mandarine zu populär. Sie verlor nie ihren burgundischen Akzent. Sie wurde dick, und es machte ihr nichts aus. Sie schrieb eine Kolumne für Ratsuchende in einer Frauenzeitschrift. Sie gehörte zu den ersten Autoren, die über die Pathologie der Anorexie und über die Wehmut des vorgetäuschten Orgasmus nachdachten. Mit sechzig Jahren eröffnete sie einen Schönheitssalon, verkaufte mit ihrem Namenszug versehene Artikel in Läden auf dem Land und machte im Laborkittel Schminkvorschläge. (Natalie Barney behauptete, ihre Kunden sahen nach der Behandlung doppelt so alt aus wie vorher.) Doch dieses Bild sollte man sich merken: Colette, die Sachverständige – wie weibliche Wissenschaft, vorgeblich wohlwollend, an der weiblichen Natur herumdoktert.

Das »Naturkind« gab sich alle Mühe, um sich eine unschriftstellerische Vergangenheit zuzulegen. »Berufung, Wunderzeichen, kindliche Poesie, Prädestination? … Nichts davon finde ich in meiner Erinnerung. […] In meiner Jugend habe ich nie, *nie* den Wunsch gehegt zu schreiben. […] Und ich habe zwischen meinem zwölften und fünfzehnten Jahr nie gute Aufsatznoten gehabt! Denn ich spürte, jeden Tag mehr, dass ich dazu geschaffen war, eben gerade nicht zu schreiben.«

Dieser vehemente Protest einer der größten Prosastilistinnen Frankreichs ist äußerst bedeutsam, denn damit sichert sie sich ein Anrecht auf das, was Willy »Claudines besonderen Fall« nennt. Colette möchte uns glauben machen, dass sie, wie sehr sie auch Bücher verschlungen haben mochte, deshalb doch kein Stubenhocker gewesen sei. Kinder, die auf Bücher versessen sind, das ist wahr, lesen mit einer Gier, die Colette sich für ihre fleischlichen Genüsse aufsparte. Allgemeine Ideen seien, so sagte sie gern, wie baumelnde Ohrringe: sie stünden ihr nicht. »Ich bin der Politik nicht würdig«, sagte sie einem Interviewer nach dem Zweiten Weltkrieg, als er feststellte: »In Ihren Romanen sind wir noch keinem Helden begegnet, der sich um etwas anderes gekümmert hätte als um sich selbst.« »Ein ›Naturkind‹, wie ich es bin«, behauptet sie an anderer Stelle, lässt sich von »Willkür treiben, ist der Leidenschaft mehr zugeneigt als dem Guten und zieht die Schlacht der Diskussion vor«.

Die Fähigkeit, aus der eigenen Erfahrung allgemeine Schlüsse zu ziehen, ist die Grundlage für Bewusstsein. Aber für Colette ist Bewusstsein, was für Flaubert das Leben *dans le vrai* war – eine gefährliche Ablenkung und eine Wahl zwischen zwei sich ausschließenden Engagements: sich dem eigenen Selbst und Schicksal zu widmen oder dem Leben anderer und ihren Sorgen und Lasten. »Es gibt nur einen Menschen auf der Welt, auf den du zählen kannst, das bist du selbst«, sagte Sido zu Colette, als diese sich von Willy scheiden ließ, und Colette nahm sich diesen Rat zu Herzen. Ihr Egoismus, den sie »die Unschuld des Ungeheuers« nennt und der für sie – wie der Panzer für die Schildkröte – zugleich Rüstung, Gefieder, Tarnung und Zuflucht ist, macht es nicht leicht, an sie heranzukommen. Doch ist er wie alle Häresie unwiderstehlich, umso mehr vielleicht für Frauen von heute, die zwischen ihren eigenen widerstreitenden Neigungen hin- und hergerissen sind.

Das Thema Liebe war, wie Colette es ausdrückt, »das Brot meines Lebens und meiner Feder«. Aber ihre Erfahrungen mit der Liebe weckten bei ihr tiefes Misstrauen, und das ist vielleicht der Grund, weshalb die Männer in ihren Werken häufig schwach oder sehr jung oder, außer in der Liebe, verachtenswert sind. Ein Mann, der es wirklich wert wäre, geliebt zu werden, wäre eine Einladung zur ewigen Verdammnis, und sie will sich nicht selbst Versuchungen in den Weg legen, nicht einmal in fiktiver Gestalt. Die Mutterliebe war für Colette eine gefährlichere und regressivere Versuchung als die romantische Liebe. Ein Kind, sie selbst eingeschlossen, war für sie ein »fröhlicher kleiner Vampir, der ahnungslos das Herz der Mutter aussaugt«. Damit soll ihre Geschichte beginnen.

ERSTER TEIL

I. KAPITEL

Balzac hat alles erfunden.
Colette, L'ETOILE VESPER

I

Mitte des vorigen Jahrhunderts war das Dorf Saint-Sauveur-en-Puisaye trotz seiner Nähe zu Paris ein rückständiges bäuerliches Nest; drei Zugstunden bis zur nächstliegenden Bahnstation und dann noch ein holpriges Stück Wegs mit dem Wagen. Die Puisaye wurde das »arme Burgund« genannt, um es vom reichen Burgund der großen Weinberge zu unterscheiden. Die Landschaft war übersät mit Tümpeln, in denen die Malaria brütete und die nach Disteln und Sumpfminze rochen. In den Schluchten, wo die Walderdbeeren und Maiglöckchen von unbarmherzigen Brombeeren bewacht wurden, wuchs dichtes Gestrüpp. Jagdwild gab es im Überfluss in den Wäldern. Colette liebte den Geruch der uralten Kiefern. Die weichen Pfade, die sie beim Pilzesammeln oder Jagen von Schmetterlingen mit ihren Brüdern entlanglief, waren mit einem Teppich aus fliederfarbenem Heidekraut bedeckt. Es war eine geheimnisvolle Gegend der Inzucht mit zwanglosen Moralvorstellungen, harten Wintern, Wilderei und armen Bauernhöfen. Sich als Amme zu verdingen war noch Ende des Jahrhunderts für Bauersfrauen ein lukrativer Nebenerwerb.

Saint-Sauveur gehörte früher einmal als Lehngut den Grafen von Auxerre. Es liegt auf einem Hügel, und seine Häuser, schreibt Colette, »stürzen den Hang hinab ins Tal«. Auf seinem Gipfel stehen zwei vornehme Gebäude: ein Château aus dem Mittelalter, das während der Regierungszeiten Ludwigs XV. und Ludwigs XVI. wieder aufgebaut wurde, und ein Sarazenenturm aus dem zwölften Jahrhundert. Die Straßen sind eng und steil. In Colettes Jugendzeit waren sie ungepflastert und nach heftigen Regenfällen überschwemmt. Mauern aus rotem Sandstein umgeben die Gärten der meist zweistöckigen Häuser mit ihren ockerfarbenen und grauen Fassaden und rostfarbenen Gittern an den Fenstern. Die herbstlichen Farben der Erde und der Architektur verleihen dem Dorf sogar im Sommer den Anschein von Niedergang und Verfall. »Er ist nicht sehr schön«, gab Colette zu, die behauptete, sie bewundere ihren Geburtsort, den sie zur gleichen Zeit als »blamabel, knausrig und beklemmend« beschrieb. Nachdem sie ihn verlassen hatte, kehrte sie nie wieder dorthin zurück, außer wenn sie dort etwas zu erledigen hatte oder für einen Roman ihre Erinnerung auffrischen wollte.

Doch Saint-Sauveur besaß schon lange vor Colette einen Chronisten. Er hieß Crançon und war im letzten Jahrzehnt des Zweiten Kaiserreiches Justizbeamter im Ort gewesen. Man stelle ihn sich als einen überheblichen kleinen Mann im Gehrock und mit Pincenez vor, gelangweilt und verbittert, einer, der sich auf seine Redlichkeit etwas einbildet. Es gehörte zu seinen Aufgaben, seinem Vorgesetzten, dem kaiserlichen Staatsanwalt von Auxerre, über jene Skandale im Dorf Meldung zu machen, die er des Interesses für wert erachtete. Seine Berichte in Balzac'scher Komik sind eine wunderbare Lektüre. Sie konzentrieren sich natürlich auf die Persönlichkeiten des Dorfes und auf eine ganz besonders: einen schwierigen Junggesellen namens Jules Robineau-Duclos.

Colette beschreibt Jules Robineau-Duclos – Sidos ersten Ehemann – als eine beeindruckende Gestalt auf einem edlen Pferd, finster und hager, höflich, aber unnahbar, ein Don Juan bei den Serviererinnen. Unter den Dorfbewohnern kannte man ihn als

»den Wilden«. Doch der eigentliche Spitzname dieses reizenden burgundischen Heathcliff war »der Affe«. Es sind keine Bilder von ihm erhalten geblieben, aber Crançon meint, er habe wie ein »Ungeheuer« ausgesehen. Er litt an einer merkwürdigen Missbildung – ihm waren in einer zweiten Reihe vierzehn zusätzliche Zähne gewachsen –, und als er sechzehn Jahre alt war, unterzog er sich der Tortur, sie alle in einer einzigen Sitzung ziehen zu lassen. Das war im Jahr 1829. Außer Alkohol gab es damals kein Betäubungsmittel.

Jules Robineau und seine jüngere Schwester Louise waren Erben eines stattlichen Vermögens, bestehend aus Ackerland, Wäldern, Weinbergen und dörflichen Anwesen. 1836 starb ihre Mutter in einer Irrenanstalt, den Vater verloren sie noch im selben Jahr. Seinem Testament zufolge wurde das sechzehnjährige Mädchen Mündel eines Cousins, Monsieur Givry – eine Vorkehrung, die, wie ihr Bruder andeutet, bereits für die Zweiundzwanzigjährige spürbar wenig Sicherheit bot. Prompt verheiratete Givry Louise mit seinem eigenen Sohn. Sollte der Bräutigam irgendwelche Bedenken gehegt haben, bei seiner Frau könnte eine Anlage zum Irrsinn im Blut liegen, dann wurden sie durch die Mitgift zerstreut.

Der gepeinigte Bruder lebte ein einsames, zügelloses und chaotisches Leben. »Er lehnte es ab zu heiraten«, schreibt Crançon, »und nahm sich eine Mätresse, die mit unter seinem Dach wohnte und ganz und gar nicht arm war.« Damit wird Crançon ihm wohl nicht ganz gerecht: Gewiss hätte ihn kein Mädchen aus der Gegend, das ihm im Rang ebenbürtig gewesen wäre, haben wollen. Seine bäuerliche Geliebte, Marie Miton, führte ihm den Haushalt, ertrug seine Gewalttätigkeit und gebar ihm 1843 einen Sohn. Für all das versprach er ihr in seinem Vermächtnis zehntausend Francs. Als Robineau Sido heiratete, fand er für Marie einen Ehemann, der vierzehn Jahre jünger war als sie; Colette kannte diesen »alten Cèbe« als verwitweten Nachbarn, mit dem ihre Mutter Rosenstecklinge austauschte.

Die Jahrzehnte verstrichen langsam, wie das in der Provinz so ist. »Die Leidenschaft für den Alkohol«, fährt Crançon fort, »verzehrte Monsieur Robineau immer mehr, bis er völlig betäubt war. Er ging nicht mehr zu Bett. Von morgens bis abends saß er dumpf am Tisch, vor sich eine Flasche Aquavit, die, kaum war sie geleert, auch schon wieder neu gefüllt wurde.« Die »romantische Blässe«, die Colette dem »Wilden« zuschreibt, war ein Symptom dieser schlaflosen Alkoholgelage. Er verbarrikadierte sein Haus gegen imaginäre afrikanische Söldner, schoss aufs Geratewohl auf seine Diener und drohte, eine seiner Mägde in kleine Stücke zu hacken als Köder für die Flusskrebse.

Die Givrys warteten ungeduldig darauf, dass Robineau endlich stürbe, während er selbst alles tat, diesem Wunsch entgegenzukommen; in den späten 1850er Jahren schien »sein Tod bevorzustehen. Es galt, vielleicht noch ein, zwei Monate zu warten. … Doch sein Schwager, Monsieur Givry, brachte so viel Geduld nicht mehr auf.« Im Namen seiner Frau strengte er einen Prozess an, um Robineau für geisteskrank zu erklären.

Es gab zwei Anhörungen über dessen Zustand, was für ein Dorf, das nach Colettes Worten »das ganze Jahr über friedlich und ereignislos dahinvegetiert und sich mit läppischen Klatschgeschichten zufrieden geben muss«, außerordentlich spannend gewesen sein musste. Die Diener bezeugten die Gewalttätigkeit ihres Herrn. Aber Robineau fehlte es nicht an Leuten, die ihm wohlgesinnt waren, einschließlich seiner »Konkubine« natürlich, deren Erbe auf dem Spiel stand, wenn der Richter zu Gunsten der Givrys entscheiden würde. Außerdem gab es, was noch wichtiger war, eine andersdenkende Fraktion in der Familie Robineau, die »voller Freude auf eine Gelegenheit wartete, Monsieur Givry, den sie nicht leiden konnte, einen Strich durch die Rechnung zu machen«.

Diese einflussreichen Verwandten »sammelten alle Kräfte, um Monsieur Robineau aus seiner Lethargie wachzurütteln, damit er vor Gericht einen guten Eindruck mache ... Wohl bewacht und unter Alkoholentzug erholte [er] sich körperlich und moralisch ein wenig.« Der Richter kam zu dem Schluss, dass die Givrys ihre Eingabe in böser Absicht gemacht hatten, und entschied zu Gunsten des Angeklagten, bemerkte aber, dass dieser »vorzeitig gealtert« wirke.

Damit hätte die Geschichte zu Ende sein können. Doch die Verteidiger von Robineau »wussten sehr gut, dass er, wenn er sich selbst überlassen bliebe, wieder in die alte Trunkenheit verfallen und Monsieur Givry dann die Hand auf die Erbschaft legen würde. [...] Sie beschlossen daher [...] Robineau zu verheiraten. Es stimmt, dass er schon alt [zweiundvierzig] und hässlich war, dass er stotterte und mehr oder weniger an Schwachsinn litt, aber er war reich, das machte einiges wett.«

Nun geschah es »zufällig«, dass eine ehrenwerte junge Dame, die ihre Kindheit im Nachbardorf Mézilles verbracht hatte, »deren Familie in Belgien lebte und die, glaube ich, nicht immer ihre Ausgaben bestreiten konnte« (Crançon), zurückgekehrt war, um ihre bäuerliche Amme, Madame Guille, zu besuchen. Colette zufolge befand Sido sich auf einem Spaziergang, und Robineau inspizierte, rittlings auf seinem kirschroten Pferd, gerade seine Ländereien, als sich ihre Wege kreuzten. »Der schwarze Bart des Vorüberreitenden ... seine vornehme vampirhafte Blässe missfielen der jungen Frau nicht.« Wie Crançon berichtet, verwickelte jedoch einer der Anti-Givry-Verschwörer Sido in ein Gespräch, das zu einer »Inspektion« führte, woraufhin ein Heiratsantrag erfolgte, mit dem wiederum all die langwierigen Feilschereien verbunden waren, die in dieser Zeit den Kern aller Verlobungen der Mittelschicht ausmachten. Robineau ging unterdessen zu einem anderen Schießvergnügen über und hätte wohl seine Diener ins Jenseits befördert, wären seine Ziele nicht so wechselhaft gewesen. Der Polizeipräsident konfiszierte seine Schusswaffen. Diese Peinlichkeit verzögerte seine Heiratspläne nicht.

»Nachdem Sidos Brüder acht Tage lang über die Punkte des Heiratsvertrages verhandelt hatten«, schließt Crançon, seien Adèle-Eugénie-Sidonie Landoy und Jules Robineau-Duclos am 17. Januar 1857 im Rathaus von Schaerbeck, einem Vorort von Brüssel, getraut worden. In derselben Woche stand Gustave Flaubert vor Gericht, der Obszönität angeklagt, weil er es in seiner *Madame Bovary* versäumt hatte, den Ehebruch zu verurteilen.

2

Sido war am 12. August 1835 in Paris zur Welt gekommen. Sie hatte ihre Mutter, eine geborene Sophie Chatenay, nie kennen gelernt, denn diese starb zwei Monate nach ihrer Geburt am Kindbettfieber. Ihr Vater hörte sich in der Puisaye um und fand Madame Guille. »Hätte ich [sie] wachgehalten«, erzählte Sido Colette, »hätte sie den [Halleyschen] Kometen sehen können.« Das ist Sidos einzige überlieferte Erwähnung der Frau, die sie großzog, obwohl Sido der Amme wahrscheinlich ihre enzyklopädischen Kenntnisse über die ländliche Hauswirtschaft und die Gartenarbeit verdankte und vielleicht auch manches von der Heftigkeit ihres Charakters. Sidos physische und psychische Zähigkeit war gewiss keine bürgerliche Eigenschaft. Aber als *orpheline de mère* – wie viele von Colettes Heldinnen – konnte Sido jene wohlhabenden Pariserinnen nie verstehen, die ihre Säuglinge manchmal jahrelang einer Amme auf dem Land überließen. »Kinder sind ein Leben lang die Freude ihrer Eltern«, belehrte sie Colette, obwohl ihre eigene Kindheit dagegen sprach. »Ich selbst habe meinem Vater nur Kummer bereitet, denn meine Mutter hat meine Geburt mit dem Leben bezahlt, und ich erinnerte ihn allzu lebhaft daran.« Später erzählte man sich in der Gegend, als kleines Mädchen habe »Madame Colette nicht gewusst, dass sie eine Familie besaß ... Im Dorf glaubte man, ihre Angehörigen hätten sie verlassen.«

Sidos Vater, Henry Landoy, war der erste treulose und lasterhafte Mann in ihrem Leben wie auch im Leben ihrer Tochter. Er war »hässlich, aber gut gewachsen!«, erzählte Sido Colette, »er hatte einen trüben, verächtlichen Blick, eine lange Nase über den dicken Negerlippen, die ihm seinen Spitznamen eingetragen hatten«: der Gorilla. Gegen Ende ihres Lebens beschreibt Colette die Vorfahren ihrer Mutter beiläufig als »Kakaopflücker« aus den Kolonien und »vom Blut der Kolonien gefärbt«, mit krausem Haar und mauvefarbenen Fingernägeln. In einem frühen Brief an Francis Jammes war sie etwas mitteilsamer, dort nennt sie Henry Landoy einen »Viertelneger«: »Meine Vorfahren kamen wie Ihre vor langer Zeit von einer warmen Insel, nur dass meine dunkler gewesen sein müssen ... Zu Hause wurde nichts aufbewahrt, weder Papiere noch Erinnerungsstücke, einzig eine Daguerreotypie von Mutters Vater, eine Art lebkuchenfarbenem Gorilla, der Kakao verkaufte. Da haben Sie's. Ich habe ein paar Tropfen schwarzes Blut in mir. Ekelt Sie das?«

Das Kirchenregister gibt keine plausible Erklärung für die »Tropfen schwarzen Blutes« bei den Landoys. Aber Claude Francis und Fernande Gontier behaupten in ihrer Colette-Biografie von 1997, dass die Berichte fehlerhaft, vielleicht sogar betrügerisch seien. Ihren jüngsten Nachforschungen zufolge stammte die Familie ursprünglich aus der Champagne, dort bestand sie aus gebildeten, aber bescheidenen, zum Protestantismus übergetretenen Bauern. Im siebzehnten Jahrhundert wurden in ihrer Provinz Häretiker besonders streng verfolgt, so dass einige Landois – so schrieben sie sich ursprünglich – wie viele ihrer Glaubensgenossen ihre Zuflucht in Martinique suchten; sie brachten es im Gewürzhandel zu Wohlstand und schafften sich Sklaven an. Ihre Kinder waren Mischlinge kreolischer und afrikanischer Abstammung, und manche dieser farbigen Söhne wurden nach Frankreich zurückgeschickt, damit sie eine Lehre als Kolonialwarenhändler in der Zunft der *épiciers* machten, die den lukrativen Handel mit

Tabak, Schokolade, Rum, Zucker, Pfeffer und anderen exotischen Produkten beherrschte.

Im späten achtzehnten Jahrhundert wurden farbige Einwanderer aus den Kolonien streng kontrolliert und abgeschoben, wenn sie nicht von Geburt Franzosen waren. Viele besorgten sich falsche Papiere oder nutzten die Kirchenregistereinträge von Verwandten, die in Frankreich geblieben waren. Das scheint auch bei Colettes unmittelbarem Vorfahren, Pierre Landois, der Fall gewesen zu sein, einem Mann aus Martinique, der sich während der Revolutionszeit als *épicier* in Le Havre niedergelassen hatte. Seine beiden Söhne betätigten sich ebenfalls als Kaufleute: Pierre in Paris und Robert, Colettes Urgroßvater, in Charleville, einer Stadt in den Ardennen, die als Umschlagplatz für den Import- und Exporthandel mit den Antillen fungierte. Hier heiratete Robert die Tochter eines Binnenschiffers, Marie Mathis. Ihr Sohn Henry, der »Gorilla«, kam 1783 zur Welt, und die Familie besaß »ausreichend Vermögen«, um ihm »eine solide Ausbildung« angedeihen zu lassen.

Henry diente in der napoleonischen Armee in einer Eliteeinheit der Kavallerie und machte, als er in Versailles stationiert war, einem hübschen Mädchen mit blonden Haaren den Hof – Colettes Großmutter, deren Vater die Uhrenfabrik am Ort leitete. »Zweifellos hatte ihr Mann, der etwas *coloured* war, bevor er sie zwanzig Mal betrog«, wie Colette schreibt, »sich von der Blässe dieser Pariserin verführen lassen.«

Sie heirateten rasch, denn Sophie war schwanger. Alles in allem gebar sie sieben Kinder, von denen vier überlebten. Die Brüder Eugène und Paul waren neunzehn beziehungsweise zwölf Jahre älter als Sido, die Schwester Irma nur vierzehn Monate. Irma kommt allerdings in Sidos Briefen oder den Biografien von Colette kaum vor. Sie verdiente ihren Lebensunterhalt als Putzmacherin in Le Havre, wo sie geboren war, und starb mittellos in einem Brüsseler Krankenhaus. Francis und Gontier vermuten, dass ihr Schicksal ein gut gehütetes Familiengeheimnis war und dass sie, bevor sie spät einen viel älteren Mann heiratete, zehn Jahre lang von ihren Reizen lebte.

Nach seinem Kriegsdienst arbeitete Henry Landois im Geschäft seines Vaters mit und war so erfolgreich, dass er Großhändler, das hieß ein Herr, wurde. Aber er lebte über seine Verhältnisse; als seine Frau starb, hatte sich eine solche Schuldenlast angesammelt, dass er gezwungen war, das Land zu verlassen, um seinen Gläubigern zu entfliehen. Er ließ sich dann in Belgien nieder, heiratete eine reiche Witwe, über die wir nichts weiter wissen, und kehrte nach etlichen weiteren Umwälzungen und Schicksalsschlägen mit seiner Familie und einem gezähmten Affen namens Jean nach Lyon zurück. Dort bezog er ein geräumiges, reich möbliertes Haus, in dem er Schokolade herstellte.

Hier war es, wie Colette berichtet, wo die achtjährige Sido – aus der Puisaye zurückgeholt – einen Säugling unbekannter Herkunft piesackte, der eines Morgens mit seiner Amme angekommen war. »Zieh sie auf«, hatte Landois (der sich jetzt Landoy schrieb) Sido aufgefordert, »sie ist deine Schwester.« Ihre mütterlichen Instinkte reichten nicht aus, um der Eifersucht auf den jüngeren Neuankömmling Einhalt zu gebieten. Mit der »Kindern eigenen Grausamkeit«, die Sido wie Colette insgeheim bewunderten und der beide nie ganz entwuchsen, machte sie sich daran, die kleinen Finger dieses Kindes, die nicht grazil genug waren, schlanker zu machen, indem sie sie drückte und zwickte. »So begann die Tochter meines Vaters ihr Leben mit zehn kugelförmigen Abszesschen«, behauptet Colette, von Sido erfahren zu haben. »Da siehst du mal, wie bösartig deine Mutter ist … Ein so schönes Baby … Es schrie.«

Die Chronologie von Sidos Jugendzeit ist unklar. Offenbar verbrachte sie 1848, das Jahr der bürgerlichen Revolution, mit Madame Guille in Mézilles. Es heißt oft, Sidos Brüder hätten ihren damaligen Wohnort als Deckadresse für die eigenen geheimen politischen Aktivitäten benutzt. Die Puisaye war ein Zufluchtsort für Untergrundkämpfer der Demokratie wie für illegale Geheimgesellschaften, und beide Brüder seien leidenschaftliche Freidenker und Republikaner gewesen.

Die Brüder hatten die belgische Staatsbürgerschaft angenommen, und irgendwann zwischen 1849 und 1854, als ihr Vater starb, holte Eugène Sido nach Brüssel. Er war damals ein erfolgreicher Verleger und ein hervorragender liberaler Journalist, der nach dem Staatsstreich von 1851 sein Haus den Schriftstellern, Künstlern und Intellektuellen öffnete, die vor der bedrückenden Atmosphäre im Frankreich des Zweiten Kaiserreichs flohen. Sido erzählte Colette, sie habe in diesem emanzipierten, literarischen Milieu, dessen Verlust sie nie aufhörte zu bedauern, die glücklichsten Jahre ihres Lebens verbracht. Eugène habe sie in »die Kunst, das Seltene und das Schöne zu lieben, eingeführt«.

Francis und Gontier gehen weiter; sie unterstützen die These, dass Sidos – und durch Osmose auch Colettes – »Philosophie« maßgeblich von den »verwegenen« Ideen der Atheisten, Bohemiens und Sexualrevolutionäre gefärbt worden sei, die Sido im Haus ihres Bruders kennen lernte, besonders von den Ideen eines Victor Considérant, dem großen Freund von Eugène, und eines Fourier, dem »Fahnenträger« des utopischen Sozialismus. Nach Fourier sei, so schreiben sie, »die Unterdrückung der Leidenschaften […] die Wurzel aller Übel, aller Verbrechen und pathologischen Probleme der zivilisierten Gesellschaften. […] Fourier prophezeite, dass ein Zeitraum von drei Jahrhunderten erforderlich sein würde, um unsere Zivilisation in die *Harmonie*, die ideale Gesellschaft zu verwandeln. Sido betrachtete sich als Pionierin dieser neuen Ordnung der Gesellschaft und der Liebe. 1909 schrieb sie an Colette: ›Ich war immer ein wenig verrückt … allerdings nicht so sehr, wie du glaubst. Es ist nämlich so: Ich bin drei Jahrhunderte zu früh auf diese Welt gekommen, und sie versteht mich nicht, sogar meine Kinder nicht.‹«

»Aber«, bemerkt Colette über die erste Ehe ihrer Mutter, »ein junges Mädchen ohne Vermögen und Beruf, das auf Kosten seiner Brüder lebt, muss schweigen, die Gelegenheit beim Schopf packen und Gott danken.« Den Mund zu halten war jedoch nie Sidos Art. Ihr freimütiges Sprechen, ihre geistige Unabhängigkeit und nicht zuletzt ihre lebenslange Liebe zu ihren Brüdern, das alles lässt vermuten, dass sie nicht »ängstlich und schweigend« zuhörte, als die Männer über ihr Schicksal entschieden. Robineau war so berüchtigt, dass sie und ihre Familie über seinen Charakter nicht in Unkenntnis gewesen sein konnten, aber er war zudem so heruntergekommen, dass sie vielleicht aus praktischen Erwägungen zum Pakt mit dem Teufel bereit waren. Bereit, ihre Jungfräulichkeit und höchstens ein paar Jahre Unglück für ein Leben in Sicherheit einzutauschen.

»Wir sind alle so einfältig mit zwanzig«, sagte Sido zu Colette und meinte die Frauen. Als alte Witwe sprach sie verächtlich über die Ehe, die sie als »ein Verbrechen« (*un forfait*) bezeichnete. Über Ehemänner im Allgemeinen wetterte sie: »Mein Gott, sind die dumm!« Gegenüber der Tochter, die sie als ihr zweites und besseres Selbst ansah, betonte sie, dass sie, Sido, »für ein Leben in Freiheit bestimmt«, doch »nicht in der Lage gewesen [sei], das Joch abzuwerfen«, wie Colette das konnte. »Ich wollte nie Kinder haben.« Ebenso wenig ermunterte sie Colette, die bis vierzig kinderlos blieb, zu Nachwuchs. Doch vielleicht sah die Tochter des Gorilla in diesem Affen etwas verführerisch Vertrautes und Herausforderndes: jenen »tief verwurzelten Frauenhass«, der, Colette zufolge, Frauen »so gefällt«. Es gibt die Romanze zwischen der Schönen und dem Biest in vielen Varianten, in den meisten Fällen wird allerdings die Kampflust der Jungfrau, das Raubtier zu besiegen und zu zähmen, fromm verbrämt.

3

Jules Robineau besaß ein stattliches Haus in Saint-Sauveur, in der Rue de l'Hospice Nummer sechs. Im Jahr 1925 wurde eine kleine rosa Marmortafel an der Fassade angebracht, auf der schlicht geschrieben steht: HIER WURDE COLETTE GEBOREN. Sie sei dankbar gewesen, sagte Colette, dass man diskret auf die Angabe des Datums verzichtet habe. Die Anfangszeilen von *Claudines Mädchenjahre* haben diesem »großen, ernsten Haus« ein literarisches Denkmal gesetzt. Generationen französischer Schulkinder kennen aus ihren Diktaten nur zu gut die schwärzliche Hauptfassade, die »hinkende Freitreppe«, das Gitter, das den Garten abschließt, die unfreundliche »Waisenhausglocke«. Es war ein Haus, das, wie Colette schreibt, »nur auf der einen Seite lächelte«. Das sind erinnerungswürdige Bilder.

Robineau pflegte seine Konkubine Marie Miton regelmäßig zu schlagen, und zwei Monate nach seiner Hochzeit versuchte er, wie gewöhnlich betrunken und über die Schmerzen, die er ihr zufügte, spottend, auch Sido zu schlagen. »Das war ein reizendes Gemetzel!«, schrieb sie an Colette. Sido war immer über Frauen entrüstet, die nicht bereit waren, die Männer, die sie geheiratet hatten, zu verlassen, sie hinauszuwerfen oder zu ermorden, wenn sie sich als untreue und gewalttätige Schufte erwiesen. »Ich habe ihm an den Kopf geworfen, was immer auf dem Kaminsims stand, einschließlich eines scharfkantigen Lampenständers. Dieser traf ihn mitten ins Gesicht, und er nahm die Narbe mit ins Grab. Ich war mit mir zufrieden. Das hat ihn ein für alle Mal kuriert, weißt du ... Das hättest du deiner Mama nicht zugetraut, nicht wahr, mein Kleines?«

In ihrer märchenhaften Version von Sidos Leben erwähnte Colette nie Robineaus Brutalität, auch nicht die Bereitschaft ihrer Mutter, sich ohne Zögern und bemerkenswert mutig zu verteidigen. Stattdessen beschreibt sie, wie der Wilde – nachdem er festgestellt hatte, dass seine Braut »langweilig« war – sein Pferd sattelte, nach Auxerre ritt und mit einem Kaschmirschal und einem Marmormörser zurückkam. Sido hinterließ diese Schätze Colette. Diese zerschnitt den Schal, um Kissenhüllen und Taschen daraus zu nähen, und benutzte den Mörser zur Herstellung von Mandelmark. Das waren nur die Relikte – die symbolischen Trophäen – der eigentlichen oder besten Hinterlassenschaft ihrer Mutter: des »Bedürfnisses zu überleben, [das] bei uns Frauen so lebendig ist und so weiblich, [und] der Lust auf den körperlichen Sieg«.

Robineau fühlte sich gedemütigt, und Sido war wohlwollend genug, dieses emotional armselige Wesen, das, wie Colette schreibt, »nicht zu schenken verstand«, zu bemitleiden. Sie beide verband die Verachtung für die Tugendbolde im Dorf und mindestens eine weitere tiefe Neigung. Als Sido in einem Brief an Colette von einem biblischen Ereignis erzählt, bei dem es eines Sommertags auf einer Straße zwischen zwei Wassertümpeln Frösche herniederregnete, bemerkt sie, dass sie diese Merkwürdigkeit nicht überrascht habe, »denn J. Robineau, der sich in den Dingen des Feldes, des Waldes und der Teiche gut auskannte, hatte [ihr] schon davon erzählt«. Die Liebe zur Natur konnte ein starkes, ungeselliges männliches Wesen für Colette nur liebenswert machen.

Wenn Sido, wie Crançon behauptet, eine »lieblose« Ehefrau war, dann war sie, wenn wir ihren Briefen und Colette glauben schenken, auch eine Ehefrau, die »nicht klagte«. Als eine Waise ohne Mitgift hatte sie es doch zu einem Namen und zu Verbindungen gebracht, auf die sie ihr Leben lang stolz war. Dadurch kam sie in den Besitz eines Gutes, einer Ausstattung mit Tafelsilber, zu edlem Geschirr, Kristallglas, kupfernen Töpfen und zu Leintüchern, die aus dem Flachs ihrer eigenen Landwirtschaft gewebt waren. Sie genoss das gesellschaftliche Leben am Ort, die Bälle und Diners mit dem Landadel. Sie führte ein reiches Haus mit fünf Dienern und lehrte die Küchenhilfe, die deftigen flämischen Speisen zuzubereiten, die sie an das Haus ihres Bruders erinnerten. Ihre Freundschaft mit Victor Gandrille, dem millionenschweren Eigentümer des Schlosses, war eine Quelle des Klatsches. Crançon, der die Einnahmen und Ausgaben von Madame Robineau wachsam verfolgte, nennt sie »eine Frau, die zu Sparsamkeit und Ordnung nicht imstande war«. Am Ende ihres Lebens, als Sido immer noch in ihrem Provinznest saß und von einer kargen Rente lebte, seufzte sie in einem Brief an Colette: »Ich liebe den Luxus [...] Es ist sehr ärgerlich, nicht reich zu sein.«

Wenn Robineau weiterhin mit den Dienstmädchen Unzucht trieb, dann wagte er wohl nicht mehr, das zu Hause zu tun. Francis und Gontier vermuten, er sei weiterhin von Marie Cèbe abhängig gewesen, die nebenan wohnte und ihn während seiner Saufgelage pflegte. In den ersten Jahren ihrer Ehe versuchte Sido die Alkoholabhängigkeit ihres Mannes zu bekämpfen, doch gab sie den Kampf auf, als ihre Zuneigung eine andere Richtung nahm. Als er starb, hatten sie längst getrennte Schlafzimmer. »Ich habe es nie für passend oder schicklich gehalten, mit dem Ehemann zu schlafen«, schrieb Sido an Colette.

Doch widersprach es offenbar nicht ihren Prinzipien, mit jemandem zu schlafen, der nicht ihr Ehemann war. Wir werden ihren zweiten Liebhaber gleich treffen. Ihr erster war, laut Crançon, der Notar im Dorf, Adrien Jarry, »von dem es hieß, er habe das nicht einmal halb geleugnet«. Am 14. August 1860 registrierte Monsieur Jarry die Geburt von Madame Robineaus erstem Kind, einer Tochter, Héloïse-Emilie-Juliette, der Colette das irreführend romantische Epitheton »meine Schwester mit den langen Haaren« gab.

Zumindest stand die Vaterschaft bei Juliette nicht in Frage, anders als bei ihrem Bruder. Laut Sido besaß das Mädchen »vollständig« Robineaus Charakter. Colette beschreibt an ihrer Schwester den »merkwürdigen Kopf von anziehender Hässlichkeit mit vorspringenden Bäckchen und dem sarkastischen Mund einer Kalmückin«. Sie hatte eine niedrige Stirn, kräftige Augenbrauen, überhaupt war ihr Haar »außergewöhnlich in Bezug auf Länge, Stärke und Zahl«. Dieses beunruhigende Kind, erfuhr Colette von Sido, »war eine Freundin der Nacht ... und als sie herangewachsen war, blieb sie dem Schatten treu«.

Sido empfand geradezu einen inneren Widerwillen gegen Hässlichkeit. Sie legte größten Wert auf Colettes Schönheit und Lebenskraft, und sie hörte nie auf zu bemerken, wie sehr sie einander glichen. Juliette hingegen war als Kind und später als Frau ihrer Mutter in jeder Hinsicht fremd und eine Außenseiterin, ein Monster – ja eine Waise – in ihrer eigenen Familie. Sie teilte nie die Leidenschaft ihrer Mutter für Haus und Garten, nicht die Liebe ihres Vaters zur Natur oder die ihrer Brüder zur Musik. Colette beschreibt sie als einen Geist, der, die Nase tief in einem Roman vergraben, durch das Haus wanderte, als ein von der romantischen Dichtung »berauschtes Opfer«. »Ich spüre, dass dieses Kind unglücklich ist, ich spüre, dass es leidet«, sagt Sido sorgenvoll in Colettes Erinnerungen. Doch scheint auch ihr mütterlicher Stolz zutiefst verletzt gewesen zu sein.

Chronische Depression und vielleicht sogar eine Psychose gehörten zu Juliettes väterlichem Erbgut. Aber ein Problemkind, das sich von seinen Eltern abgelehnt oder nicht wahrgenommen fühlt, kann sich auch dadurch rächen, dass es sich weigert, zu wachsen und zu gedeihen. Colette beschreibt, wie der Teenager Juliette an Typhus erkrankte und sich nicht von der Mutter pflegen lassen wollte: »Ich kenne niemanden hier«, schrie sie im Fieber zu Catulle Mendès – Colettes späterem Freund –, einer jener literarischen Berühmtheiten, mit denen Juliette in ihrer Fantasiewelt verkehrte. Später schrieb sie geistlose und grobe Briefe an eine Mutter, die selbst großen Wert auf ihren Stil legte und das literarische Talent ihrer anderen Tochter sehr hoch schätzte. Sie heiratete einen Mann, den Sido verabscheute und dessen Forderungen bezüglich der Mitgift seiner Frau für die Familie ruinös waren. Juliette gebar ihr einziges Kind im Haus gegenüber; Sido aber blieb ausgeschlossen, sie hörte nur die Schreie des Neugeborenen von ihrem Garten aus.

Juliette war dreizehn Jahre alt, als Colette zur Welt kam. Die Diskrepanz im Temperament der beiden und der Altersunterschied führten dazu, dass die Schwestern einander praktisch fremd blieben. Doch keiner aus der Familie hatte, Sido zufolge, Juliette wirklich gekannt. »Ich war die Einzige«, behauptete Sido in einem Brief an Willy, wenige Tage nachdem Juliette, mit achtundvierzig Jahren, sich im zweiten Versuch mit Strychnin das Leben genommen hatte. Doch da irrte Sido, denn der Schatten von Juliette begegnet einem auf Schritt und Tritt in Colettes Werk und besonders in ihren journalistischen Beiträgen. Sie zeichnet depressive, misshandelte, gewalttätige und betrogene Frauen – Opfer ihrer Familien, ihrer Ehemänner und ihrer eigenen Schwachheit – mit einer Eloquenz, die ihrem eigenen Widerwillen und ihrer Distanz Juliette gegenüber Hohn spricht. Das schwesterliche Gefühl ist da, verstohlen und verschämt, aber tief empfunden, so musste es auch in Saint-Sauveur da gewesen sein.

Es gibt viele Beispiele, die ich hier zitieren könnte, aber das beste und für die Familie typischste ist Colettes Studie über die schändliche Vatermörderin Violette Nozière:

> Ich betrachtete das Gesicht dieses jungen Mädchens, das sanftmütig, fast uninteressant wirkte, bis zu dem Tag, an dem die Fotografien zeigten, welch auffallende Ähnlichkeit es mit dem Bildnis des Vaters hatte. Violette Nozière ist dermaßen die Tochter ihres Vaters, dass fast nichts an ihre Mutter erinnert: Vergleichen Sie die Architektur der beiden Gesichter, sehen Sie den schwermütigen, aber schüchternen Mund und im Blick den gleichen Vorwurf, den Vorwurf der Schwachen, die Unzufriedenheit derer, die niemals gegen sich angekämpft haben. […]
> Verteidige ich eine Kriminelle, von der ich nichts weiß

außer ihrer Tat? Nein. Ich denke weniger an ihre Tat als an ihre Jugend, ihr verborgenes Gären. […]
Scharfsinnige und Verwundete, erstickte Seelen bekennen sich zu nichts. Unter der ruhigen Wasseroberfläche zeigt sich keine monströse Schuppe, um die Widerspiegelung einer ebenen Landschaft zu kräuseln … Wenige Eltern haben Talent; wie viele ahnen kommende Katastrophen voraus? Sie würden nicht aus bloßer Eingebung eingreifen. […] Man hat schon Gefangene unter den Augen ihrer Aufseher ihre Fluchtgeräte feilen sehen.
Vor uns im Gerichtssaal sitzen zwei Fremde, zwei Feinde, Mutter und Tochter […]. Die Mutter verflucht sie umsonst. Aber wenigstens die Tochter will dem wirren, schrecklichen Traum ein Ende setzen, den sie so lange vor ihrer Mutter, der Fremden, und ihrem Vater, dem Unbekannten, hat reifen lassen.

2. KAPITEL

Kein Zweifel, sie war Madame Bovary.
Claude Pichois über Sido

I

Im August 1860 traf in Saint-Sauveur ein neuer Steuereinnehmer ein. Dieser frühere Hauptmann im Infanteriecorps der Zuaven, Jules Colette, wurde im Dorf sogleich zum Gegenstand der Neugierde. Sein Akzent verriet den Mann aus dem Süden, seine Sprechweise den Herrn. Das rote Band im Knopfloch – Abzeichen der Ehrenlegion – in Kombination mit dem Holzstumpf, der aus seinem linken Hosenbein ragte, gab ihn als Kriegshelden zu erkennen.

Die Männer im Café dürften schnell über die heldenmütige Karriere des Hauptmannes im Bilde gewesen sein, von der dieser wiederholt vergnüglich, mit *gaillardise*, erzählte. Er hatte in Algerien, in der Türkei und unter General Canrobert auf der Krim gedient. In der Schlacht von Alma hatte er einen siegreichen Schlag gegen die Russen geführt, dann war er in Sebastopol verwundet worden, hatte aber die Cholera-Epidemie, die sein Regiment dezimierte, überlebt und auch den berüchtigten Schrecken jenes Winters. »Der Schnee, der Hunger, das unter den Pferdekadavern geerntete und roh gegessene Gras, davon sprach er«, schreibt Colette, »sowie von vielen besonderen Vergünstigungen, die das Schicksal ihm persönlich erwiesen hatte.«

Im Jahr 1859 hatte Napoleon III. die Zuaven nach Italien abkommandiert, damit sie Victor Emmanuel bei der Vertreibung der Österreicher halfen. Dort, auf dem Schlachtfeld von Melegnano, zerschmetterte eine Kanonenkugel Hauptmann Colettes Oberschenkelknochen. Er wurde von zweien seiner Männer gerettet und nach Mailand in ein Feldlazarett gebracht, wo ein Chirurg die Amputation, gleich unterhalb der Leiste, mit einer Metallsäge durchführte. Die Milanesen waren ihren Befreiern leidenschaftlich dankbar. »Die Mailänderinnen!«, seufzte er vor seinen neuen Freunden. »Ach, was für Erinnerungen. Das war das beste Jahr in meinem Leben!«

Jules Colette war noch nicht ganz genesen, als der Kaiser seine Krankenstation besuchte. »Ich würde gern etwas für Sie tun«, sagte er zu dem Zuaven. Der antwortete, er wünsche sich nur eine einzige Entschädigung: eine Krücke. Diese, ein Kriegsorden und Sinekure als Steuereinnehmer von Saint-Sauveur waren seine Belohnung für das, was er gern *»une égratignure«* (eine Schramme) nannte.

Madame Robineau war im neunten Monat mit Juliette schwanger, als Hauptmann Colette ihr Nachbar wurde; er hatte sich, nur ein paar Häuser entfernt, bei einer Witwe eingemietet. Sido war wohl wegen der bevorstehenden Entbindung zu sehr in Sorge und bei der Augusthitze zu sehr geschwollen, um ihn besonders zu beachten. Aber er sang gern am offenen Fenster die italienischen Liebeslieder, die er in Mailand gelernt hatte, und sie konnte ihn von ihrem Fenster aus gehört haben. Er hatte eine bewegte und warme Baritonstimme. Sie lernte, dass diese Stimme auch in schreckliche, »unechte südliche Wutanfälle« ausbrechen konnte oder in »Geknurre und großspurige Flüche« und dass sie, wenn die Wut echt war, honigsüß drohend klang.

Vielleicht Anfang September, als sie wieder auf den Beinen war, entdeckte Sido, dass dieses ausdrucksstarke Organ einem gut aussehenden Dreißigjährigen mit den Wangenknochen eines Kosaken und den Augen einer Katze gehörte. Der Blick dieser

Augen war obszön und herausfordernd. Der Hauptmann versäumte nicht, das Dorf wissen zu lassen, dass die Säge des Chirurgen seine Männlichkeit verschont hatte. Seine große Muskelkraft schien »kontrolliert und katzenartig verhalten«, und er bewegte sich auf seinen Krücken bemerkenswert sportlich. Crançon berichtet auch, Jules Colette habe eine junge Frau aus der Gegend geschwängert und sie dann fortgeschickt, »damit sie ihm bei seinen Plänen« – das Herz und das Vermögen von Madame Robineau zu erobern – »nicht in die Quere komme«.

Zu Anfang amüsierte es Sido, wenn des Hauptmanns Wirtin sich über seine Kasernensprache, sein unablässiges Rauchen und Kokettieren und über seine exzentrischen Essgewohnheiten beklagte. Seine Vorliebe für Salate an Stelle von rohem Fleisch hatte er vielleicht von der Krim mitgebracht. Alkohol rührte er nicht an. Das musste die Frau von Jules Robineau beeindruckt haben. Der Hauptmann war seinerseits von der Gelassenheit der jungen Nordfranzösin entzückt, von ihrer eleganten Gestalt und ihren herrlichen Haaren; ihre katzenhaften Züge – den seinen so ähnlich – überzeugten mehr durch ihr Feuer als durch Perfektion. Sidos Blick war durchdringend. Ebenso ihre Ironie. Vom ersten Satz an zeigte sie dem Dorf, dass sie anders war. Jules Colette hatte ihre Geschichte im Café gehört: dass sie den trunkenen alten Rohling um seines Vermögens willen geheiratet hatte; dass ihre republikanischen Brüder in Belgien lebten; dass sie vornehm war. Sie begegneten einander oft in der Schlossgesellschaft, die sie später verschmähen sollte. Vielleicht stattete er ihr einen Neujahrsbesuch ab, und sie machten Musik oder spielten Schach, während Robineau eine neue Flasche aus dem Keller holte und seine Lieblingsphilosophie zum Besten gab: »Wenn du trinkst, stirbst du; aber wenn du nicht trinkst, stirbst du auch.«

»Ein komischer Mensch«, schreibt Claude Pichois. »Mit der Amputierten und Südländern eigenen melancholischen Fröhlichkeit, aufmerksam, galant, zuvorkommend und relativ kultiviert, war es [für Hauptmann Colette] nicht schwer, in dieser Einöde von Saint-Sauveur Sidos Zärtlichkeit zu wecken.« Die beiden verband die Komplizenschaft zweier gebildeter Außenseiter, die bei Banausen gestrandet waren. Wie ihr Verhältnis auch immer begann, man darf vermuten, dass es überstürzt geschah. »Es gibt Menschen, die werfen sich auf deinen Lebenspfad und stürzen ihn ins Chaos«, schrieb Sido an Colette. »Das tat dein Vater mit mir.«

2

Die Familie der Colettes stammte ursprünglich von der Mosel, aber Jules Colette war wie sein Vater ein Marinesprössling, in Toulon geboren und mütterlicherseits Provenzale. Wenn Sido die Eifersucht ihres zweiten Ehemannes leid war, nannte sie ihn »Italiener«. Sie schrieb auch seine Passivität, die sich für ihr Vermögen so verhängnisvoll auswirken sollte, seiner »italienischen Seite« zu. Das war eine Schwäche, die ihr Sohn Léo erbte, und Colette war immer dankbar, dass das genetische Roulette ihr selbst »ein Bedürfnis zu handeln« gewährt hatte. »So etwas bekommst du nicht von deinem Vater«, prahlte sie. »Er war zum Pascha oder Priester geboren, was meiner Meinung nach auf dasselbe hinausläuft.« Sido wäre erstaunt gewesen, hätte sie Colette als alte Frau behaupten hören: »Ich bin ›im Zeichen der Passivität‹ geboren.«

Der Vater des Hauptmanns war Marineinfanteriekommandant gewesen und hatte sich in Ehren auf ein kleines Gut bei Le Mourillon, nahe seiner Geburtsstadt, zurückgezogen. Das Gut lag idyllisch auf einem Felsvorsprung mit Blick über das Meer. Als Colette auf einer ihrer Tourneen als Varietékünstlerin in Toulon gastierte, fand sie eine Ansichtskarte von diesem Ort und schickte sie ihrer Mutter. Sido erinnerte sich an einen Ferienaufenthalt mit ihren drei größeren Kindern dort, und für Colette hätte er später eine reizvolle Alternative zur Bretagne oder zu Saint-Tropez sein können. Aber eine hässliche Auseinandersetzung mit seiner Nichte über das gemeinsame väterliche Erbe zwang Jules Colette, die Klippe mitsamt »einem schönen Stück Land«, das seine Mutter so gerne besessen hätte, zu verkaufen.

Die Eltern das Hauptmanns betrachteten ihn als ihren verlorenen Sohn, und seine Mutter ärgerte sich so öffentlich über ihn, dass Crançon ihre Klage zitiert: Jules habe die Familie »ruiniert«. Seine Kinder nannten ihrerseits Madame Colette *mère* ihre »böse« Großmutter, um sie von der »guten« (toten) zu unterscheiden. Sido kannte ihre Mutter freilich nur aus den Geschichten, die ihre Brüder erzählten, und von einem einzigen Bild, einer Miniatur, die auf ein Stück Elfenbein mit feinen Haarrissen gemalt war. Dieses Bild erbte Colette; eines Tages wurde es aus einer ihrer vielen Pariser Wohnungen gestohlen, aber sie entdeckte es dreißig Jahre später auf einem Flohmarkt wieder. (Von diesem Zufall beeindruckt, überließ der Verkäufer es ihr für einen guten Preis.) Das Porträt zeigte eine blasse, lächelnde junge Frau in einer Empirerobe mit einem Löckchen an jedem Ohr. Doch alles, was Colette über Sophie Landoy wusste, war, dass sie »vorzeitig« und so schrecklich »betrogen« verstarb.

Unparteilichkeit zählte nie zu Sidos Tugenden. Sie verabscheute angeheiratete Verwandte im Allgemeinen und diese kleine Bulldogge einer Schwiegermutter im Besonderen. Wenn Mitglieder ihrer eigenen Familie Fremde heirateten, empfand sie das immer als eine schwer erträgliche Qual. »Alle meine Schwiegersöhne sind Schweine, und meine Schwiegertochter ist ein fettes Biest«, schrieb sie an Colette. Unter den Gatten ihrer Kinder gab es nur eine Person, gegen die sie keine Vorbehalte hatte, das war Colettes lesbische Liebe, die Marquise de Morny.

Die Mutter des Hauptmanns »hatte über grünen Augen rostrote hängende Brauen und schleppte eine stämmige körperliche Majestät in weiten schwarzen Taftröcken mit sich«. Ihre Eifersucht war legendär, und das missfiel Sido umso mehr, als dies eine weitere nutzlose Hinterlassenschaft der lateinischen Vorfahren an ihren Mann war. Colette hingegen hatte dafür vollstes Verständnis. In *Le Pur et l'impur* erzählt sie, wie ihre böse Großmutter ihrem siebzigjährigen Ehemann auf eine öffentliche Toilette folgte und vor der Tür Wache hielt, bis er wieder herauskam. »Ein Mann, der uns betrügen will«, sagte sie zu Colette, »entwischt durch noch kleinere Löcher.«

Wäre man geneigt, Sidos Ansichten über die Bedeutung des ethnischen Erbes bei der Ausbildung von Charakteren Glauben zu schenken, könnte man mit Theodor Zeldins meisterhaftem Porträt der Provenzalen ein anschauliches Bild von Jules Colette erhalten:

> Sie betrachteten sich als Ketzer des Christentums […], Erben des Katharerglaubens […], die noch unter ihnen überlebt hatten […]. Die Provenzalen, so behaupteten sie, hielten Gut und Böse nicht für einen Gegensatz; sie besaßen keine Wertehierarchie, keine moralischen Grundsätze; für sie war das Leben eine Kunst, die man mit Koketterie und Dilettantismus betreiben sollte. […] Sie urteilten nicht über Ideales. Anders als die Nordfranzosen, die an eine absolute Wahrheit glaubten […], missbilligten die Mediterranen das Lügen nicht. Ja, das Lügen war weder ein Spiel noch eine Psychose, sondern ein Ritual und ein Zeremoniell. […] Mediterrane Menschen denken nicht über den Tod nach. […] Sie lebten nicht, um in der nächsten Welt dafür belohnt zu werden, sondern sie suchten die Gegenwart zu genießen, es sich gut gehen zu lassen, ein Bild von sich als angenehme, edle und schöne Menschen zu schaffen. Die Liebe war im Süden etwas anderes als im Norden. Die Provenzalen verachteten die Leidenschaft nicht.

Im Jahr 1847 trat Jules Colette, achtzehnjährig, in die französische Militärakademie St. Cyr ein. Ein knappes Jahr später wurde ihm sein Offiziersrang aberkannt und er zum Gefreiten degradiert – offiziell wegen »Ungehorsam«; Francis und Gontier vermuten jedoch, er habe in einem illegalen Duell einen Kommilitonen getötet; Pichois nimmt an, er habe an linken politischen Demonstrationen teilgenommen. In jenem Februar wurde Frankreich von der bürgerlichen Revolution erschüttert, die die Julimonarchie stürzte und für kurze Zeit die Zweite Republik an die Macht brachte. Als der Hauptmann Jahre später als Republikaner bei der Wahl für ein Amt kandidierte, sollte er damit prahlen, er habe »neben Lamartine, Arago und Ledru-Rollin«, den Helden des Tages, »vor dem Rathaus gestanden«. Unmittelbare Folge ihres unblutigen und aufklärerischen Aufstands war die Einführung des allgemeinen Männerstimmrechts. Zur ersten Wahl gingen fünf Millionen Franzosen, einschließlich Bauern und Arbeiter. Und welchen großen Demokraten wählten sie zu ihrem Präsidenten? Prinz Louis Napoleon.

Inzwischen hatte der Vater des aufmüpfigen Gefreiten seine Beziehungen spielen lassen und ihn in einem Marineinfanterieregiment untergebracht, das nach Französisch-Guyana auslaufen sollte. Nach einem Jahr der Bewährung in den Tropen wurde Jules Colette gestattet, seine Ausbildung an der Ecole Spéciale Militaire zu vollenden, danach wurde er wieder zum zweiten Leutnant bei den Zuaven ernannt. 1851 war aus dem Volksprinzen ein reaktionärer Kaiser geworden und aus dem feurigen Republikaner aus Toulon ein Infanterist in des Kaisers sinnlosen Kriegen. Als Colette später die Briefe ihres Vaters an seinen Kommandanten noch einmal las, entdeckte sie, dass sein größter Wunsch gewesen war, ruhmreich im Kampf zu sterben. Doch war dem Hauptmann vom Schicksal bestimmt, was er auch anpackte, zu verpfuschen, so auch das Sterben. Heirat, Familie, Politik, Literatur und der Zeitvertreib eines Landedelmanns, das alles konnte ihn nicht über die Bitternis hinwegtrösten, die kein Zivilist ohne weiteres begreifen kann: die heimliche Demütigung, überlebt zu haben.

3

Juliette war drei Jahre alt und Sido mit Robineau seit sechs Jahren verheiratet, als ihr erster Sohn Edmé-Jules-Achille zur Welt kam. »Wenn es jemals Zweifel über ihr Verhältnis [mit Jarry] gab«, schreibt Crançon, »über ihre Beziehung zu Monsieur Colette gibt es kaum einen Zweifel, auch lebt in Saint-Sauveur keine Menschenseele, die nicht davon überzeugt wäre, dass Madame Robineaus zweites Kind sein Werk ist.«

Sido verlor nie ein Wort über die Sache, mit Ausnahme einer kryptischen Bemerkung Colette gegenüber: »Du bist nicht wie ich. Ich widerstehe meinen Leidenschaften«, was nicht heißt, dass sie den Leidenschaften eines anderen widerstehen konnte. Achille wurde später in der Grabstätte der Colettes beerdigt, trug zu seinen Lebzeiten aber den Namen Robineau-Duclos. Er bekam sein Drittel aus dem strittigen Vermögen, wurde Arzt und verheiratete sich schließlich sehr gut. Seine Frau, Jane de la Fare, war die Tochter eines Viscount, dessen traditionsreiche Familie Ländereien und Schlösser in der Provinz besaß. Für die Braut hätte diese Verbindung als schwerwiegende »Mésalliance« gegolten, wäre bei ihren Verwandten der Verdacht aufgekommen, dass Achille das uneheliche Kind eines mittellosen früheren Steuereinnehmers und der Madame Bovary von Saint-Sauveur war.

Sido gefiel die Verbindung zu den de la Fares, und im Alter war sie auf Jane angewiesen, machte sich aber trotzdem über sie lustig und verachtete sie. Sie hatte Achille immer abgöttisch geliebt und ihn »mein Schöner« genannt; er besaß die Züge des Hauptmanns und hatte, als er heranwuchs, einen viel leidenschaftlicheren Loyalitätssinn gegenüber den Eltern als seine jüngere Schwester.

Colette, die wahrscheinlich wusste, wer sein Vater war, nannte Achille »einen richtigen Bruder nach dem Herzen, nach Wahl und Ähnlichkeit«. Aber er war auch ihr erster – und größter – Konkurrent um die Liebe.

Achille war gerade zwei Jahre alt geworden und Juliette fünf, als »ihr« Vater an einem heftigen Schlaganfall im Schlaf starb, was erst am nächsten Morgen entdeckt wurde. Crançon gab Sido die Schuld daran, weil sie unter dem »Vorwand«, sie könne wegen seines lauten Schnarchens nicht schlafen, ihren Mann in ein getrenntes Schlafzimmer verbannt hatte. »Ich bin überrascht«, fuhr er fort, »dass ich nicht einen Menschen habe sagen hören, die treulose Frau und ihr Liebhaber hätten seine Tage nicht verkürzt. Zumindest ist sicher, dass sie ihn in Frieden haben Selbstmord begehen lassen.«

Nach dem Begräbnis fertigte der hilfsbereite Monsieur Jarry eine Bestandsaufnahme von Robineaus Besitztümern und Ländereien an. Ein Gut im Wert von über dreihunderttausend Francs sollte zu gleichen Teilen zwischen der Witwe und ihren beiden Kindern aufgeteilt werden. Die Verwaltung des Eigentums war für eine Frau, die »zu Sparsamkeit und Ordnung unfähig war«, in der Praxis eine mühevolle Pflicht. So war Hauptmann Colette mehr als bereit, Sido dabei zur Hand zu gehen. Sie machte aus ihrer Intimität mit ihm kein Geheimnis und berichtete einem ihrer adligen Freunde in Saint Fargeau, sie habe vor, wieder zu heiraten, sobald die offizielle Trauerzeit vorüber sei. Das Dorf war empört, sowohl darüber, dass, wie man vermutete, das Robineau-Vermögen zwei Fremden zugefallen war, als auch über ihre »Unanständigkeit und Rücksichtslosigkeit«.

Sido beschrieb ihr Witwentum später als einen »schwarzen Schleier und darunter ein Affenlächeln«. Elf Monate nach dem Begräbnis ihres Gatten, am 20. Dezember 1865, schloss sie mit ihrem Geliebten im Rathaus die Ehe. Die Eltern des Hauptmanns waren zu dieser stillen standesamtlichen Zeremonie aus Toulon gekommen und begegneten der Braut wahrscheinlich zum ersten Mal. Zehn weitere Monate vergingen – sie wurden ohne Zweifel an jeder Hand im Dorf rückwärts gerechnet – bis zur Geburt von Sidos zweitem Sohn Léopold Jean, der von der Familie Léo genannt wurde und von seiner Mutter *lazzarone* – Faulpelz.

Nur ihre Liebe zum Luxus und ihr Hang zum Schuldenmachen sowie das Geschick, die Feindseligkeit des Provinznestes auf sich zu ziehen, blieben, sonst endete die Ähnlichkeit zwischen Madame Bovary und Madame Robineau mit Sidos zweiter Heirat. Weder fiel sie auf eine romantische Liebe herein, noch war sie das Opfer einer romantischen Desillusionierung; sie blieb, um nicht versklavt zu werden, in einem Maße wachsam, wie Colette das nie war. »Ich verstehe nicht, wie man sich ›zum Opfer machen lassen‹ kann [*qu'on se laisse ›victimer‹*]«, schreibt sie Colette anlässlich eines Mordes, den ein Liebhaber am Ehemann seiner Geliebten verübt hatte. »Das ist ein Zustand, den ich nie ertragen hätte.« Die beharrliche Ergebenheit ihres eigenen Gatten ihr gegenüber war ihrer Meinung nach ganz »frivol«, ebenso wie die Liebe in Romanen »höchst langweilig [war …]«. »Im Leben, Minet-Chéri, da haben die Leute andere Katzen zu braten. Haben all die Verliebten, die du in den Büchern findest, denn keine Kinder großzuziehen, keinen Garten zu bestellen?«

Der Garten war Sidos Metapher für Mutterschaft, und sie war immer entrüstet, wenn ihre menschlichen Pflanzen ihre Wurzeln herauszogen und sie verließen. Sie war Gärtner und Mutter auf französische Art: Es ging ihr mehr um Form und Kontrolle als um Fülle. Ceres selbst hatte nur ein Kind, und die mythische Erdenmutter im Werk von Colette war nie eine Anhängerin großer Familien. Sie besaß die Abneigung des sorgfältigen Handwerkers gegen Massenproduktion, und es bedrückte sie, Frauen mit ihrer fruchtbaren Brut »schludriger« Sprösslinge zu sehen. Wenn Colette dagegen einwandte, dass sie schließlich vier solche hatte, antwortete Sido voller Wärme: »Entschuldige! Ich habe zwei Männer gehabt. Ich bin also nur zwei Mal die Mutter von zwei Kindern.«

Doch das Aufziehen von Kindern und das Bestellen des Gartens war für diese kraftvolle Person, die ihrer Zeit dreihundert Jahre voraus war, nie genug. Nach der Geburt von Léo, dem ersten offiziellen Colette, wartete Sido sieben Jahre, bevor sie ein weiteres Colette-Kind gebar. Vielleicht hatte sie zu diesem Zeitpunkt verstanden, dass keiner ihrer drei Nachkommen ihr, auch nur mittelbar, bei der Schaffung einer »neuen gesellschaftlichen und erotischen Ordnung« helfen würde. Die eine war eine wunderliche und launische pubertierende Tochter und die beiden anderen schwer fassbare männliche »Wilde«, die Sidos Überzeugung – rein in der Theorie, ambivalent in der Praxis und ihrer Zeit weit voraus – auf die Probe stellten, wonach eine besitzergreifende Mutter eine Katastrophe ist und die einzige Mutterliebe, die diese Bezeichnung verdient, eine Liebe ist, die loslässt.

3. KAPITEL

Könnte ein Kind von seiner Kindheit erzählen, während es sie erlebt, bestünde sein Bericht vielleicht nur aus einer Reihe vertrauter Dramen und Enttäuschungen. Aber es schreibt erst, wenn es erwachsen ist. Dennoch glaubt es, die Erinnerungen seiner Kindheit unverfälscht bewahrt zu haben. Ich misstraue sogar meinen eigenen.
Colette, BELLES SAISONS

I

Der Geist des Zweiten Kaiserreichs ist in einer Zeile von Zolas Arbeitsnotizen zu *Nana* enthalten, in der »der philosophische Gegenstand [des Romans] folgendermaßen bestimmt wird: Eine ganze Gesellschaft stürzt sich auf die Möse.« Zola macht Nanas »Möse« zum Symbol für alles Degenerierte im Staatswesen: mit seinem neuen Geld, dem vulgären Konsum und den fremden Einflüssen; mit einer Aristokratie, die drauf und dran war, Ehre, Religion und Weisheit preiszugeben, ja geradezu um ihrer fleischlichen Gelüste willen Selbstmord zu begehen; mit einem Proletariat, das durch Armut, Alkohol und schlechte Gene abgewertet und darauf erpicht war, seine Unterdrücker zu verderben; mit einem parasitären vierten Stand (der Presse), der von den Ausschweifungen der gehobenen Pariser Gesellschaft profitierte und deren Bacchanten anstachelte, sich in den Ruin zu stürzen.

Das Zweite Kaiserreich brach mit dem Deutsch-Französischen Krieg von 1870/71 zusammen, ein hoffnungsloses Vabanquespiel mit katastrophalen Folgen für Napoleon III., der seinen Thron verlor, und für Frankreich, das nicht darauf vorbereitet war, gegen eine Armee zu kämpfen, die ihm in jeder Hinsicht überlegen war: in den Waffen, der Führung, der Strategie und in ihrer Moral. Auf die Niederlage in Sedan folgte ein Bürgerkrieg, fünf Millionen Francs Kriegsentschädigung mussten gezahlt werden, das Elsass und ein Teil von Lothringen gingen verloren und – im Bewusstsein vieler Franzosen – ein unschätzbarer Teil ihrer Männlichkeit und Ehre. Der Nachhall dieser Demütigung sollte Colette, wenn auch hinterrücks, tief treffen.

Zwei Jahre später, im Alter von siebenunddreißig Jahren, empfing Madame Colette ihr letztes Kind. Am Ende ihrer Schwangerschaft war sie »rund wie ein Turm«. Ihre Wehen dauerten »drei Tage und zwei Nächte«, was eine schmerzhafte Geburt und vielleicht ein sehr großes Baby erwarten ließ. Sie endeten am 28. Januar 1873, gegen zehn Uhr abends mit der Geburt einer Tochter: Sidonie-Gabrielle.

Sido erzählte Colette später, »dass Kinder, die so hoch getragen werden, [...] immer sehr geliebte Kinder sind, weil sie so nahe dem Herzen der Mutter wohnen und sie nur ungern verlassen wollen«. Colette war damals vierzehn und hatte gerade einen verbotenen Roman von Zola gelesen – wahrscheinlich *Pot-bouille* –, eines der wenigen Bücher, die ihre Eltern für ungeeignet erachtet und weggeschlossen hatten. Er enthielt eine plastische Beschreibung einer Geburt, und sie war zu Sido gelaufen, damit diese ihr die Bilder von »aufgerissenem Fleisch, Exkrementen, schmutzigem Blut« vertreibe. Doch die Antwort der Mutter trug nicht dazu bei, ihren Schrecken zu mindern. Sido sagte nur, sie habe ihre Schmerzen nie bereut. Wie Colette, die selbst gelegentlich an blutrünstigen Einzelheiten Gefallen fand – dem Dolch im Augapfel –, besaß Sido einen Anflug »himmlischer Grausamkeit«, worunter Colette einen unversöhnlichen Realismus verstand. Sie weigerte sich, aus der Unschuld ihrer Tochter einen Kult zu machen.

Sidos Hebammen waren so abgelenkt, schreibt Colette, dass sie vergaßen, das Feuer zu schüren, und »da ich blau und stumm auftauchte, hielt es keiner für nötig, sich um mich zu kümmern«. Das »halb erstickte« Kind widersetzte sich ihrer Gleichgültigkeit und bewies »einen ausgeprägten Willen zu leben«. Das Interessanteste an diesem dramatischen, wenn nicht dubiosen Bericht über Kälte und Vernachlässigung ist, dass er es Colette erlaubt, ihr Überleben allein sich selbst zu verdanken.

Die Beinahe-Tragödie dieser Niederkunft hielt nicht lange an. Sido erholte sich, und der Säugling gedieh. Wenn Colettes berühmter unstillbarer Hunger nicht mit ihr geboren war, dann wurde er jetzt geweckt, wenn nicht gar erzwungen. »Der Liebhaber mag sich mit der Eintönigkeit des Liebesspiels abfinden«, schrieb Colette später in einem Aufsatz über Kinderernährung, »das junge, edle Kind hingegen akzeptiert nicht einmal die Routine des täglichen Frühstückseis. Ohne Diplomatie und Einfallsreichtum wird es einem nicht gelingen, ein Kind dazu zu verführen, sich nähren zu lassen.« Füttern und Verführen waren für sie immer Synonyme.

Ihre Mutter stillte sie eine Zeit lang, dann überließ sie diese Aufgabe einer Amme namens Emilie Fleury, die Colette in den *Claudine*-Romanen als Mélie verewigen sollte, die Kinderfrau ihrer mutterlosen Heldin. Colette vergötterte diese schöne und gutmütige Leibdienerin und kommandierte sie herum, wie Kleinkinder das tun, obwohl Mélie auch »für ihr erstes Leid im Herzen wie im Magen verantwortlich war: das Abstillen«.

> Wie soll ich das erklären, so dass [die Szene] vollständig und farbig bleibt? Nichts ist mir entfallen: die quadratische Küche, die Töpfe aus rotem Kupfer, der Leinenbesatz an den Küchenschränken vor dem uralten Brotkasten … zwei massive Mahagonistühle, die aus dem Speisezimmer verbannt worden waren, in lyrisch-goti-

> schem Stil, wie man ihn in der Epoche der Restauration liebte … Die Schuldige, die Verräterin, meine Amme Mélie, saß auf einem dieser Stühle, öffnete ihre Bluse und befreite ihre einzigartige Brust, weiß und blau wie ihre Milch, rosa wie die Erdbeere, die die Leute »Juni-Schönheit« nennen. Ich lief zu ihr, flink auf meinen sechzehnmonatigen Beinen, und aufrecht stehend lehnte ich mich über ihre Knie, verschmähte mich zu setzen, denn ich saugte, Mélie versicherte mir »wie eine Große« … Was für ein Grauen! Die himmlische Brust war mit Senf bestrichen worden!
>
> Nicht wegen meiner brennenden Lippen weinte ich so lange. Ich weinte, weil angesichts meiner Tränen, die über ihren weißen Hals rannen, den Hals einer schönen blonden Frau, der jünger war als ihr sonnengebräuntes Gesicht, Mélie, meine Sklavin, die Quelle meiner größten Glückseligkeit, Mélie, doppelt Verräterin, lachte …

Der Verräterin wurde vergeben, sie wurde die Köchin der Familie, obwohl sie nie aufhörte, Colettes »hundetreue, blondhaarige und weiße Sklavin« zu sein. Ebenso wenig hörte Colette auf, das Gefühl der Glückseligkeit mit üppiger weiblicher Geschmeidigkeit und mit der Lust zu beherrschen zu verbinden – einer Lust, die für sie mit zunehmendem Alter immer reiner wurde und auf die sie wie ein Kind Anspruch erhob.

Aber Colettes Mutterbild war in ihren ersten Lebensjahren in zwei Gestalten aufgespalten, wobei Mélie, die Sklavin, einen wunderbaren Gegenpart in Sido, der Herrin, hatte. Colettes Mutter war bei »allem Humor und aller Spontaneität« eine Pedantin in Kontrolle, Sauberkeit, Enthaltsamkeit und Gehorsam. Sie lehnte es ab, mit Säuglingen zu schmusen oder sie zu liebkosen, mit der Begründung, dass die menschliche Berührung ihre »intakte« Schönheit »welken« lassen könnte. Sie schalt Gabrielle wegen ihrer

Gier, ihrer Frechheit oder auch wegen ihrer Schüchternheit auf »mütterliche, das heißt verletzende Weise«. Gefühlsausbrüche waren verboten; die Tränen ihrer Kinder hielt sie für »mutwillig«; sie brachte ihnen bei, »vor allen anderen Dingen leise« zu sein. »Glücklich auszusehen«, schreibt Colette über ihre Familie, »war unsere höchste Höflichkeit gegeneinander.«

Sido rühmte sich ihrer Fähigkeit, Haustiere und Kinder abzurichten. Ihre Kätzchen machten niemals den Boden schmutzig, und »ihr alle vier«, sagte sie stolz zu Colette, »hattet gelernt, ebenso sauber zu sein. Nie habt ihr ins Bett gemacht.« Sie war ebenso besitzergreifend hinsichtlich der Körper ihrer Kinder, wie sie hinsichtlich ihrer Empfindungen »überbesorgt« war. Die Haare ihrer Tochter zum Beispiel waren *ihr* »Meisterwerk«, und sie beklagte sich bitterlich, als Colette – als Frau von dreißig Jahren –, ohne ihre Genehmigung einzuholen, ihre Haare kurz schneiden ließ.

Colette bemerkte, ihre Mutter habe »durch Wände hindurchsehen« können, und sie selbst habe wahrscheinlich ihre eigene Kunst der Undurchschaubarkeit entwickelt, um Sidos Gedankenlesen zu vereiteln. Sie selbst war ebenso, wenn nicht gar noch besitzergreifender gegenüber ihrer eigenen Tochter. Als das fünfjährige Mädchen die Treppe hinunterfiel und sich dabei das Gesicht zerkratzte, gab Colette ihr »ein paar Ohrfeigen« und den Verweis: »Ich werde dich lehren zu zerstören, was ich gemacht habe.«

Mutterliebe ist irdisch und daher unrein. Mag sein, dass in Sidos Dominanz eine Grausamkeit lag, boshaft war sie jedoch nicht. »Sie, die nur geben wollte«, nennt Colette sie einmal. Doch ihre große Wärme und Einfühlsamkeit, verbunden mit ihrer ausgeprägten Vorliebe zu unterdrücken, verwirrte alle ihre vier Kinder und schadete ihnen in unterschiedlichem Maße. Die Jungen entwickelten sich zu verschlossenen Vagabunden. Léo blieb immer heimatlos und war zeitweilig selbstmordgefährdet und depressiv. Achille besaß einen Anflug von Sadismus; er marinierte und grillte einmal den kleinen Hund der Familie und versuchte ihn als Sonntagsmahl zu servieren. Juliette zog sich in ihre Fantasiewelt zurück, dann rächte sie sich, indem sie die Familie an den Rand des Ruins brachte. Wohl weil sie sich so immens schuldig fühlte, versuchte sie kurz darauf, Selbstmord zu begehen. Sidos Wesen, mit seiner Gewaltsamkeit und Überlegenheit, flößte Colette Furcht ein, so dass es ihr ein Leben lang schwer fiel, Intimität mit einem anderen Menschen anders denn als eine Wahl zwischen Unterwerfung und Dominanz zu verstehen.

Wie alle Menschen wiederholte Colette ihre frühesten Erfahrungen der Abhängigkeit in ihrem erwachsenen Sexualleben. Immer gab es einen Sklaven – manchmal war das Colette, manchmal ihr Liebhaber –, der tat, was das Kind befahl, der die kindliche Gier befriedigte, die kindliche Wut auffing und der ausgebeutet werden konnte. Und es gab einen Gebieter, der die verführerische Macht besaß, einem etwas vorzuenthalten, einen zu strafen und zu belohnen. Ihr Leben lang verbanden sich bei Colette ein Allmachtsideal und die Vorliebe zu tyrannisieren mit der gleichermaßen isolierenden Überzeugung, sie sei ein hilfloser Sklave.

2

»Gabri«, das von der Familie abgöttisch geliebte Baby, war ein entzückendes Wesen mit erst blauen, später graugrünen Augen – *les yeux pers*, blaugrüne Augen, sagen die Franzosen. Die Mutter machte viel Aufhebens von Gabris goldblonden Haaren, die ins Rostrote changierten und die sie mit Rum und Eidotter wusch und stundenlang bürstete. Die Haare wuchsen zu einem rapunzelartigen Zopf, der im Dorf und später in Paris berühmt war. Sido war stolz, dass ihre Tochter schon mit acht Monaten sprach und »mit einem Jahr sang«; offenbar hatte sie von ihrem Vater die Liebe zur Musik und die Neigung, sich von ihr forttragen zu lassen, geerbt, worin, wie sie zugab, eine Gefahr für ihre Ausdrucksweise lag.

Baby Gabrielle hatte eine ganze Sammlung von Kosenamen. Sie war Sidos Minet-Chéri (ihr liebes Kätzchen), ihr Sonnenschein, ihre Schöne, ihr goldenes Juwel und hin und wieder ihre *pauvre toutou blanc*, ihr armes weißes Junges. Ihr Vater nannte sie romantischer und weniger vertraut Bel-Gazou, was auf provenzalisch »süßes Plappern« hieß, und das war auch der Spitzname, den sie ihrer eigenen Tochter und Namensschwester, Colette de Jouvenel, vermachte.

Colettes erstes Jahrzehnt war für ihre Eltern eine Zeit des Wohlstands. Die Familie besaß *un banc de notable*, eine Ehrenbank in der Kirche, die sie auch in Anspruch nahm, obwohl Sido eine erklärte Atheistin war, die hinter ihrem Messbuch gern Corneille las. Am Neujahrsmorgen verteilte Mademoiselle Gabri im vollen Bewusstsein ihrer eigenen Wichtigkeit Brot und kleine Münzen unter die Armen, die diese Gaben, wie sie feststellte, »ohne Demut und ohne Dankbarkeit« entgegennahmen. Sido verhielt sich großzügig gegenüber den Bedürftigen und besonders gegenüber ihren Kindern. Sie speiste Landstreicher an ihrer Küchentür und schockierte das Dorf, indem sie zwei Mal unverheiratete, schwangere Dienstmädchen anstellte (darunter Mélie). »Eine schwache Moral? Mein kleines Dorf hielt sie für schwach, diese Moral, die ihm« – und darauf war Colette stolz – »zu hoch hing.« Trotzdem reagierte Sido immer recht bissig, wenn Colette für die Dorfidole aus der Arbeiterklasse und deren Aufmachung schwärmte. Dann warf sie die kurzzeitige Begeisterung ihrer Tochter für den Katechismus-Unterricht und für die Feste der Heiligen Jungfrau mit ihrer Leidenschaft für die Hochzeiten des Dienstpersonals in einen Topf.

Wie die meisten Angehörigen ihrer Gesellschaftsschicht, gaben die Colettes ihre älteren Kinder in ein Internat in der Kreisstadt, in diesem Fall nach Auxerre. Juliette lebte in einer teuren

Pension für junge Damen, wo sie Malen und das Anfertigen von *Broderie anglaise* lernte. Achille und Léo waren in einem spartanischen College untergebracht, dessen Strenge sie »in stummem Hass« erduldeten und von wo sie »schmutzig und voller Flohstiche« zurückkamen. Die Folge war, dass Gabrielle, das »Prinzesschen«, lange Zeit als Einzelkind zu Hause war.

In jenen glücklichen Tagen besaß die Familie noch eine eigene Kutsche – ihre blaue Viktoria. Sie hielt sich mindestens drei voll angestellte Dienstboten und zusätzlich eine Teilzeitwäscherin, so dass Madame Colette sich den feineren Dingen des häuslichen Lebens widmen konnte: der Gartenarbeit, der Wohltätigkeit und ihrer Mutterschaft. Sie meinte, ein Kind solle mit drei Jahren lesen lernen, und neben dem Alphabet und dem Wiegen brachte sie ihrer Tochter das Sticken bei. Sie überwachte den jahreszeitlich bedingten, umfangreichen Hausputz, der auf dem Land üblich war, wobei sie gegen Motten in den Wollsachen lieber lebendige Spinnen einsetzte als Kampfer. Sie trocknete Veilchen und Kamille für Aufgüsse und fädelte die Pilze auf, die Colette im Wald sammelte. Sie kochte Obst ein, setzte Fruchtlikör auf und war besonders stolz auf ihren Cassis. In der Kühle ihrer Molkerei schöpfte sie Käse und fertigte aus ihrer selbst gemachten herrlichen Butter den Teig für ihre *Tartes au citrouille*.

Sidos größte Freude und ihr Refugium war jedoch der Garten. Ihre Blumen waren berühmt, sie hatte eine Schwäche für grellrote und violette Blüten. Sie züchtete Hibiskus und gefüllte Veilchen, und ihre Rosen trugen so unanständige Namen wie *cuisse-de-nymphe-émue* (Schenkel der erwachten Nymphe). Wenn sie ihre Ableger mit dem »alten Cèbe« nebenan teilte, dann tat sie das ungern für solche Banalitäten wie katholische Prozessionen oder Dorfbegräbnisse. »Niemand hat meine Rosen dazu verurteilt, gleichzeitig mit Monsieur Enfert zu sterben.« Solche Ausdrucksweisen haben wir häufig Colette zu verdanken, die imstande war, eine einzige Briefzeile ihrer Mutter zu einem mehrseitigen Dialog auszuarbeiten. Aber Sido war durchaus zu derartig geschliffenen Äußerungen und solch heidnischer Entrüstung imstande.

Schon als Kind hatte Colette sich über die zwei verschiedenen Gesichter ihrer Mutter gewundert. Ihr »sorgenvolles Hausgesicht« drückte demütige Fürsorge und »die Last für Mann und Kinder aus, die an ihr hingen«. Ihr »glanzvolles Gartengesicht« schimmerte in »wilder Freude, eine Geringschätzung für die ganze Welt, eine unbekümmerte Verachtung, die mich zusammen mit allem anderen fröhlich verschmähte«. Diesen Schimmer, so glaubte Colette, entfachte der Drang, allem und jedem zu entfliehen, sich an einen fernen Ort zu begeben, der nur ihr zur Verfügung stand.

Auch Colette wurde eine passionierte Gärtnerin. Dass sie nie eine gute Hausfrau wurde, lag zum Teil an Sido. Diese hatte nicht den Ehrgeiz, ihrer Tochter die stumpfsinnige Plackerei beizubringen. Was Colette aus ihrer Haushaltserziehung behielt – vieles davon verdankte sie Mélie –, war ein Fundus an Kenntnissen über Nahrungsmittel, den sie in köstlichen Homilien an ihre weiblichen Leser weitergab, zudem eine tief sitzende Ordnungsliebe, die durch nichts in ihrem Leben, nicht durch Krieg, Leidenschaft, Scheidung, Vagabundieren oder literarisches Ansehen, zu beirren war.

Aber das Aufblitzen von Trotz, das Colette in Sidos Gartengesicht sah, entflammte das Licht für ihr Schreiben. Es hatte ihr schon früh gezeigt, dass die häuslichen Belastungen einer Frau nicht mit ihrer schöpferischen Freiheit vereinbar sind. Und mit Sidos Ermutigung verweigerte sie jene Aspekte von Sidos Erfahrung, die sie bei ihrer Mutter als erniedrigend, beengend oder aufopfernd empfand – einschließlich der Mutterschaft selbst.

»Von ihr habe ich nicht gelernt«, schrieb Colette im Alter, »dass zwischen Müttern und Kindern eine immer gleiche und unbeugsame Liebe besteht, die man heilig nennt und die nur unter Verwünschungen und schimpflichem Aufsehen zerbrechen kann. Ganz im Gegenteil entfernte sie mit entschiedener Hand alle

Früchte solcher Lehren, die mir in der Schule oder aus meiner Lektüre zugewachsen waren.«

3

Im Jahr 1879 war die sechsjährige Colette eine kleine wilde Range mit zwei blonden Zöpfen wie »Zügel« oder »Peitschen«, einem »wohlgestalteten kleinen Körper«, der ihr große Freude bereitete; meistens mit schmutzigem Gesicht, von dem Sido sagte, dass es schön sei, obwohl »meine Mutter und die Bilder von mir aus dieser Zeit nicht immer übereinstimmen«. Sie kam im Oktober in die Schule, in einem schwarzen Trägerkleid, das sie »wie ein Sack« einhüllte, und Schnürstiefeln mit genagelten Sohlen, die ihr beim Manövrieren auf jenen Schwindel erregenden Straßen halfen, die erst von den Blättern, dann vom Eis und später vom Schlamm glitschig waren. In jenem Winter türmten sich die Schneewehen höher, als sie selbst groß war, erinnerte sie sich. Die Kinder brachten Fußwärmer aus Metall mit in die Schule, die sie mit glühenden Kohlen füllten. Manchmal rösteten sie Kartoffeln darin. Ihr Geruch und ihre Hitze machten sie müde.

Die Mädchen waren in zwei »unglaublich hässlichen, schmutzstarrenden Räumen« im Erdgeschoss des alten Schulhauses untergebracht. In *Claudine erwacht* beschreibt Colette ihre Mitschülerinnen als Töchter von Krämern, Bauern, Polizisten und Arbeitern, »allesamt ziemlich ungewaschen«. Ihre erste Lehrerin war »die alte Miss Fanny [Desleau]«, »ein körperloses Phantom«; sie liebte es, Stellen aus der Bibel zu deklamieren und dabei mit dem Lineal auf ihren Tisch zu schlagen. Im folgenden Jahr wurde sie von Madame Viellard ersetzt, der Frau eines Tischlers, die »über die Disziplinlosigkeit« ihrer ausgelassenen, lärmenden Schülerinnen »Tränen vergoss«. Diese hoben überall im Schulhof kleine Gruben aus, in die sie ihre Murmeln rollen ließen; sie verwüsteten einen Nachbargarten, machten Klingelstreiche und versteckten sich dann; sie kletterten in ihren schwarzen Kitteln auf Bäume und ließen dabei ihre Beine sehen. Colette war die Anführerin dieses Unfugs. Aber Madame Viellard behandelte sie mit dem Respekt, der der Tochter eines reichen Mannes gebührte, und ließ zu, dass sie einer Klassenkameradin ein oder zwei Sous dafür bezahlte, dass diese an ihrer Stelle den Raum auskehrte.

Die Franzosen hatten (und haben auch heute noch) eine sechstägige Schulwoche mit einem freien Donnerstagnachmittag. An diesen Nachmittagen traf sich Colette mit ihren Freundinnen in Sidos Garten, wo sie fünf Stunden lang wilde und großmäulige Spiele spielten, in denen sie die groteskesten Dorfbewohner nachahmten und einander beim Kartenspiel betrogen. »Aus sechs Kindermündern strömte aller Schmutz einer Armenstraße«, schreibt Colette. »Scheußliches Geschwätz aus Gaunerei und niedriger Liebe.«

Wenn sie der Nachahmung müde waren, besprachen sie ihre Zukunft. »Eine Art resignierter Weisheit, eine dörfische Angst vor dem Abenteuer und der Fremde fesseln die Kleine des Uhrmachers, die Töchter des Krämers, des Metzgers und der Plättfrau schon im Vorhinein an das elterliche Geschäft. Wohl hat Jeanne erklärt: ›Ich werde Kokotte!‹ Aber das, denkt Minet-Chéri verächtlich, das ist doch nur Kinderei … Da in ihr kein besonderer Wunsch lebendig ist, hat sie ihnen, als die Reihe an sie kam, im Ton der Verachtung zugerufen: ›Ich, ich werde Matrose! …‹ Denn sie träumt manchmal davon, ein Junge zu sein und Hosen und eine blaue Mütze zu tragen.«

»An Schulkameraden meinesgleichen hat es mir immer gefehlt«, klagt oder prahlt Claudine in *Claudines Mädchenjahre*. Und die Stimme, die den Roman erzählt, ist die eines jungen Mädchens, das die kleine Welt vorsichtig kritisiert und amüsiert betrachtet, eine Welt, die sie inszeniert, mit der sie spielt und von der sie weiß, dass es nicht die ihre ist. Wie sehr Colette auch für diesen

Ort schwärmt und sich als eine Frau versteht, die »in das Dorf gehört, aus dem sie kommt«, entwickelte sich ihre Persönlichkeit doch in der Überzeugung, »ein Sonderfall« zu sein und sich diesem Dorf und seinen Bewohnern überlegen zu fühlen. Sie sollte sich immer einer Bemerkung erinnern, die eine Lehrerin ihr zu einem Aufsatz schrieb: »Fantasievoll, aber man spürt einen Hang zu absichtlichen Sonderlichkeiten.«

Ihre Brüder teilten diesen »Hang zu absichtlichen Sonderlichkeiten« mit ihr, und Colette beschreibt, mit welchem Vergnügen sie einen Schulkameraden quälten, der die Unverschämtheit besaß, sich »leidenschaftlich zu ihnen hingezogen« zu fühlen, und der das Pech hatte, ein »banales Menschenkind [zu sein], das von nichts verdüstert wurde«. Der Stolz, mit dem Colette und ihre Brüder ihre Einzigartigkeit – und Düsterkeit – hervorkehrten, scheint von ihrer Mutter noch genährt worden zu sein, hielt sie es doch »für natürlich, ja sogar für unumgänglich […], Wunder in die Welt zu setzen«. Ihre eigenen Beziehungen zu den Dummköpfen im Dorf (all jenen unerträglichen Leuten also, die, wie sie das ausdrückte, an die Hölle glauben) waren bestenfalls oberflächlich herzlich, und sie und der Hauptmann wurden, wie die Berichte von Crançon nahe legen, als Emporkömmlinge, sogar als Paria angesehen. Eine Nachbarin »spie« dreißig Jahre lang »Gift und Galle« auf sie, wie sich Sido erinnerte, eine andere genoss es, ihnen anonyme Briefe zu schreiben. Juliette unterscheidet sich von Colette darin, dass sie sich von der Idealisierung des Ungewöhnlichen löst (oder sie aufgibt). Und wenn Colette ihre »Scham« an Juliettes Hochzeitstag beschreibt, als sie sah, wie das Gesicht ihrer Schwester »einen ohnmächtigen Ausdruck … der Unterwerfung« annahm, so rührt diese Scham zum Teil daher, dass Juliette sich dem Dorf in Gestalt eines Mannes unterwirft.

Das französische Geistesleben ist auf seine Weise ein ebensolches Provinznest – rivalisierend, klatschsüchtig und eintönig. Colette sollte in diesem Nest einen Platz einnehmen, der dem ihrer

Mutter in Saint-Sauveur nicht unähnlich ist. Sie verweigert die Assimilation; sie bleibt gegenüber den Eigentümlichkeiten, Streitereien und Sitten ihrer Nachbarn gleichgültig; sie stellt sich außerhalb von deren Kultur und beharrt auf ihrer Einzigartigkeit: »Ich war die Einzige meiner Art, die einzige Schriftstellerin, die in die Welt gesetzt worden ist, damit sie nicht schreibt.« Auch wenn sie sich für den Kirchgang fein macht und ihre *banc de notable* einnimmt, tut sie das als eine Ungläubige, ungläubig gegenüber der Religion der Literatur (von der die Politik nur eine Untergruppe ist), ungläubig auch gegenüber den Göttern der Männer im Allgemeinen.

Der Sommer war für die Kinder eine gemächliche Jahreszeit. Die Hitze erzitterte auf den Straßen über dem kochend heißen Kies, und der Garten war in gelbes Licht getaucht. Colettes Brüder kamen von der Schule nach Hause und gingen ihrem bezaubernd verrückten Zeitvertreib nach, von dem sie Colette meist ausschlossen. Sie versteckten sich vor der Mutter auf den Bäumen im Garten, wo sie unmäßig viel lasen. Oder sie flohen in Wald und Wiesen, wo sie Schmetterlinge jagten; manchmal geruhten sie Colette dazu mitzunehmen. Von ihnen lernte sie früh, die Blumen zu bestimmen.

Alle drei Colette-Kinder waren musikalisch begabt. Unter den Erbstücken von Robineau befand sich ein Auger-Piano. Colette nahm Klavierstunden und wurde eine ausgezeichnete Pianistin, obwohl sie später nur selten und dann nicht besonders bereitwillig ihr Können vorführte. Léo war unbestritten das musikalische Genie der Familie. Er hatte das absolute Gehör und konnte ebenso leicht eine Schubert-Sonate vom Blatt spielen wie Lieder wiedergeben, die er bei einem Gesangsfest im Dorf gehört hatte.

Aber irgendetwas war eigenartig an Léo. Er liebte es, Uhren auseinander zu nehmen, und er baute am Ende des Gartens einen Friedhof aus Pappe, wobei er jeden Grabstein genauestens mit einer Inschrift und der Genealogie der imaginären Leiche versah. Sido, die sich ihr Leben lang über Léos morbide Verträumtheit Sorgen machte, war entsetzt, als sie diese Totenstadt zwischen ihren Rosen entdeckte, und zerstörte sie »mit einer ärgerlichen Hacke«. Er protestierte nur Colette gegenüber: »Findest du nicht, dass ein Garten ohne Grabsteine traurig ist?«

Léo wurde nie erwachsen und wollte es offenbar auch nicht werden. Er studierte Pharmazie, fristete aber sein Leben als bescheidener Büroangestellter in einer Arbeitervorstadt von Paris, weil das, wie Colette sagte, eine Tätigkeit war, bei der er den Kopf frei behielt für seine infantilen Tagträume, während sein Körper am Tisch saß und »fälschlich wie ein Mann aussah«. Der Mann war wie der Junge genügsam, koboldhaft, ungepflegt, depressiv und »nur seinem Heimatort verbunden«.

4

Jules Colette hatte ebenso donquichottische Züge wie sein jüngster Sohn. Er verbrachte den größten Teil seines Lebens auf dem Land, ohne jemals sagen zu können, was für Bäume in seinem Garten stehen. Er versicherte Sido, er könne beim Abfüllen des Weins an Korken sparen, und der Wein wurde binnen sechs Monaten schlecht. Der Schwiegersohn eines Schokoladenfabrikanten, so stellte Sido fest, versagte bei der Schokoladenherstellung ebenso wie bei der Beseitigung der Schädlinge im Küchengarten. Er konnte den Hund der Familie nicht dazu erziehen, ihm zu gehorchen, und er hatte sogar Schwierigkeiten, die widerspenstigen Seiten der Abendzeitung unter Kontrolle zu halten. »Was immer du anrührst, schwindet wie Balzacs *Peau de chagrin*«, sagte Sido zu ihm mit der ihr eigenen vernichtenden Offenheit.

Die Vorgesetzten des Hauptmanns kritisierten seinen mangelnden Eifer als Steuereinnehmer, und 1880 kündigte er seinen langweiligen Job, den er so vernachlässigt hatte, um für den Landrat zu kandidieren. Sein Patriotismus, seine Kriegsverletzung und seine Orden waren das Einzige, was er seinen potenziellen Wählern zu bieten hatte. Colette beschreibt seinen Wahlkampf: Er reiste durchs Land, predigte in Landschulhäusern gegen den Alkoholismus, gab »instruktive« Lesungen und Laterna-magica-Vorführungen über Naturgeschichte, Physik, Chemie und Geographie, die seine bäuerlichen Zuhörer unendlich langweilten. Nachher lud er den »Bürgermeister in Clogs« und die Mitglieder des Stadtrates in die Kneipe am Ort ein. Er selbst enthielt sich des Alkohols, ließ aber seinen Wahlkampfmanager, die achtjährige Colette, sich mit einem Fingerhut Wein »aufwärmen« und ihre Landsleute mit einem rustikalen Toast in jenem örtlichen Dialekt bezaubern, der ihm selbst, dem Kandidaten, nicht zur Verfügung stand.

In der ersten Wahlrunde verlor Colettes Vater sowohl gegen den Bonapartisten als auch gegen seinen republikanischen Rivalen, Dr. Merlou, von dem wir noch hören werden. In der zweiten Runde gewann Merlou mit 1460 Stimmen gegen zehn Stimmen für den Hauptmann. Diese vernichtende Niederlage hätte ihn entmutigen müssen, tat das aber nicht. Während das Dorf sich hinter seinem Rücken über ihn lustig machte, bereitete er mit noch mehr Laterna-magica-Vorführungen und Vorträgen über Geographie seine Kandidatur für die Bürgermeisterstelle vor. »Er ist unbeliebter als je zuvor«, schrieb Madame de Saint-Aubin an ihren Sohn. »Den Arbeitern entgeht nicht die Absurdität [seiner Machenschaften]. [...] Im Grunde seines Herzens weiß Monsieur Colette sehr wohl, dass das alles eine Farce und ein Witz ist – er sagt genau das –, aber er möchte unbedingt etwas sein.«

Jules Colette scheint das Modell für die männlichen Nebengestalten in den Romanen seiner Tochter abgegeben zu haben, die zu nichts anderem taugen als für die Liebe und schließlich vielleicht nicht einmal für sie. Auch in seiner Karriere als Vater hatte er versagt, und die Kinder, sagt Colette, betrachteten ihren Vater mehr als einen weiteren konkurrierenden Bruder denn als Elterninstanz. Er kümmerte sich nie um ihre schulischen Dinge oder darum, wo sie sich aufhielten. Er küsste sie nie. Er besaß seine eigenen Spielsachen, Gegenstände, die sie begehrten: Federn, feine Papiere und Siegelwachs; manchmal teilte er sie mit ihnen, aber häufiger schloss er sie fort. Die Jungen wussten, dass sie ihn, wenn sie sich eine kleine Zuwendung sichern wollten, wie einen älteren Bruder um Zigarettengeld bitten mussten.

Colette begründet das »geringe Interesse« des Hauptmanns an ihnen mit seiner ausschließlichen Leidenschaft für ihre Mutter. Aus dieser Leidenschaft schloss sie, dass ältere Frauen unwiderstehlicher waren als ihre jüngeren Rivalinnen. Das war keine ganz ungesunde Ansicht, in die sie selbst investieren und auf die sie später zurückgreifen konnte – in ihrem Leben wie in ihrem Schreiben. Und sicherlich hätte ein allzu verführerischer Vater Schaden anrichten können; aber ein sexuell gleichgültiger Vater hinterlässt einen Schaden ganz anderer Art: Seine Tochter wird sich wahrscheinlich in ihrer Weiblichkeit unsicher oder gar um sie betrogen fühlen, und sie wird bei ihrem Partner jenen väterlichen Halt suchen, der ihr als Kind immer gefehlt hat.

Als Colette klein war, machte es dem Hauptmann Spaß, mit ihr zu toben und sie bis zur Decke hochzuwerfen, was sie herrlich fand. Außer dass er sie zu seinen Wahlkampfreisen durch die Provinz mitnahm – was damit endete, dass eine wütende Sido bei Colette eine Alkoholfahne feststellte –, unternahm er mit der Sechsjährigen eine mehrtägige Reise nach Brüssel und zwei kurze Fahrten nach Paris. Aber Colette sagt, sie erinnere von diesen Ausflügen nur noch die Wanzen in einem der Hotels. Vielleicht war sie, wie sie meinte, der »Liebling« ihres Vaters – doch verband sich damit offenbar nicht unbedingt Liebe. »Wir standen in einem kollegialen Verhältnis zueinander«, schreibt sie. Mit anderen Worten: er war sich kaum bewusst, dass sie ein kleines Mädchen war.

In mancher Hinsicht war das ein Glück. Im Unterschied zu den meisten Töchtern ihrer Generation hatte Colette keinen Vater, der seine Ehre von ihrer Tugendhaftigkeit abhängig machte. Er war zu vergesslich, um besitzergreifend zu sein. Es schien, als fehlte ihm jeder Sinn für Schicklichkeit. Wenn Sido ihn erinnerte, vor Gabrielle seine Zunge im Zaum zu halten, antwortete er: »›Ach, dem Kind macht das nichts aus.‹ Nun gut«, schließt Colette, »zumindest war das aufrichtig.«

Als Claudine aus der Pension in Auxerre wegläuft, wo ihre Klasse während der Prüfungswoche wohnt, droht die Lehrerin, über dieses »empörende Betragen« ihren Eltern Bericht zu erstatten. »Papa? Oh, er wird sagen: ›Gott, ja, dieses Kind ist äußerst freiheitsliebend‹, und voll Ungeduld das Ende Ihres Rapports abwarten, um sich von neuem in die *Malakologie des fresnois* vertiefen zu können.« Claudines Vater interessierte sich für seine Schlangen viel mehr als für sein einziges Kind. Die Tochter, mit der Jules Colette sich nie abgab, um die er auch nie warb und die er nie liebevoll umsorgte, sollte, obwohl sie ihre Freiheit liebte, so weit gehen, diese Freiheit einem reifen Lebemann zu opfern, »angetrieben«, wie sie das ausdrückt, von *»le vice paternel«*.

4. KAPITEL

Ich war noch ein kleines Mädchen und kein ganz unschuldiges, wie man mit dreizehn Jahren eben ist, denn ich beschäftigte mich mit all den Dingen, die nicht zu wissen quälend und die zu entdecken demütigend ist.
Colette, LA MAISON DE CLAUDINE

I

Bevor Mädchen – wenn überhaupt – verrückt auf Jungs werden, pflegen sie leidenschaftliche und oft stürmische Freundschaften untereinander, die die Franzosen *amitiés de pensionnaire* nennen. Sie vergleichen die kleinen Erhebungen ihrer Brüste, wenn sie ihre Brustwarzen hervortreten lassen, und sie messen die Buschigkeit ihres Schamhaars. Wenn sie sich dafür nicht zu fein sind, dann geben sie ihrer ersten Periode einen hübschen, freundlichen geheimen Namen. Wir sagten gewöhnlich: »Mein Vetter aus Rotheim ist zu Besuch gekommen.« Colettes Gast war »Cousin Pauline«.

Wettbewerb und Solidarität zwischen pubertierenden Freundinnen können mancherlei Formen annehmen, zuweilen sind sie gewalttätig, zuweilen erotisch. Das alles hilft den Mädchen, sich über die Veränderungen in ihrem Körper klar zu werden, die den baldigen Verlust ihrer Kindheit und der damit verbundenen Illusionen ankündigen, und es kann gleichzeitig die Entdeckung abfedern, was es anatomisch und kulturell heißt, sich einem Mann hinzugeben. Niemand verstand oder beschrieb besser als Colette die gemischten Gefühle dieses »schwierigsten Alters«, *»l'âge le plus* *trouble*«, wie sie es nennt. Sie beschreibt die »Pubertätsneurosen« (und litt vielleicht selbst daran), die »Gewohnheit, Kreide und Kohle zu knabbern, Mundwasser zu trinken, unanständige Bücher zu lesen und sich Nadeln in die Handflächen zu stechen«. Diese Kasteiungen des Fleisches sind extrem, aber weit verbreitet, besonders bei Mädchen, deren Eltern keinen freien Ausdruck von Gefühlen zulassen. Es ist, als würden sie einen zum Bersten prall gefüllten Behälter anstechen. Mit seinen Körperflüssigkeiten kann ein Teenager deshalb relativ kontrolliert, und ohne unbedingt zu wissen, warum, manches von seiner Angst vor Sex, Menstruation, Geburt und mütterlicher Trennung loswerden.

In *Claudine in Paris* spottet die bäuerliche Amme Mélie darüber, wie wichtig bürgerlichen Familien die Jungfräulichkeit sei, und rät ihrer Ziehtochter: »Mach es wie wir … probier [die Männer] erst aus; auf diese Weise ist der Handel ehrlich, und niemand wird an der Nase herumgeführt.« Guter Rat, überlegt Claudine, fügt dann aber hinzu: »Anständige Mädchen … bleiben so, trotz aller Mélies in der Welt.«

Dank ihrer eigenen Mélie und dank des Landlebens war Colette mit den Umständen der Reproduktion vertraut, und zweifellos hatte sie schon gesehen, wie sich ihre Katzen paarten und Junge warfen. Doch sich die Menschen bei den gleichen Handlungen vorzustellen, scheute sie sich. Der Anblick ihrer schwangeren Schwester erfüllte sie mit »Verwirrung und Empörung«. Nach Zolas Roman fühlte sie sich »leichtgläubig und entsetzt und zugleich in meiner künftigen Weiblichkeit bedroht«. Als sie einmal ihren Vater dabei ertappte, wie er ihrer Mutter glühend die Hand küsste, wandte sie sich verwirrt ab. Ein »ihr selbst unverständlicher Widerwille« überkam sie, als sie sah, wie der Tagelöhner das Stubenmädchen umarmte. Nach einer dieser Dienstbotenhochzeiten, die sie so liebte (ihre Leidenschaft galt dabei nicht dem Tanz oder der Romantik, sondern den Speisen), wies ihre Freundin Julie auf das erleuchtete Fenster des Raumes, in dem die Neuvermählten die

Nacht verbringen würden. »Ich hatte daran nicht gedacht«, schreibt Colette: »Zwischen ihnen wird es jenen dunklen Kampf geben, über den die gewagte Offenherzigkeit meiner Mutter und das Leben der Tiere mich zu viel und zu wenig belehrt haben ... Und dann? ... Ich fürchte mich vor diesem Zimmer und vor diesem Bett [...].« Ihr plötzlicher Impuls war: »Ich möchte zu Mama zurück.«

Wenn Colette von der skandalösen Jugend ihrer Mutter wusste, so gesteht sie das nie ein. Es ist ihr wichtig, die »weit auseinander« stehenden Betten ihrer Eltern zu beschreiben, die Prüderie ihrer Mutter, wenn es zwischen Männern und Frauen um das Zurschaustellen von Reizen oder auch nur von Zuneigung geht. In ihren Beschreibungen von Sido kehrt über die Jahre das Wort »keusch« wie ein Leitmotiv immer wieder. Dass sie ganz allgemein ein Interesse an der sexuellen Reinheit ihrer Mutter – ihrer »angeborenen Unschuld« – hatte, liegt auf der Hand. Auf ihr spezielles Interesse werde ich noch zurückkommen. Aber Colette fasst sie alle einfach zusammen, wenn sie schreibt, der kurze Anblick der beiden Hausangestellten beim Liebesspiel habe bei ihr das Gefühl hinterlassen, »ihr kindliches Vertrauen sei betrogen« worden.

Man muss sich klar machen, dass Colette Sido nur als Frau mittleren Alters kannte, die ihr Korsett gelockert hatte und etwas verfrüht dazu übergegangen war, die Rüschenhaube der alten Damen zu tragen, und die, anders als ihre Tochter später, den Verlust ihrer Jugend und ihres Muskeltonus kampflos akzeptierte. Ein knospendes Mädchen, dessen Mutter die Liebe für »frivol«, wenn nicht gar für unanständig hält und jede Eitelkeit ablehnt, sieht sich nach einer toleranteren Mentorin um, einer Frau, deren sexuelles Selbstvertrauen und deren Ausstrahlung sie sich zum Vorbild nehmen könnte. Colette musste nicht lange suchen, denn gleich um die Ecke, in der Rue de la Roche, lebte Adrienne de Saint-Aubin.

Adrienne, »verträumt« und »eigenartig«, war die Schwester des Notars Monsieur Jarry. Sie war drei Jahre jünger als ihre Freundin

Sido und hatte vier Kinder, die etwa ebenso alt waren wie die Colette-Kinder; der Jüngste, Saint-Aubin, war nur zwei Monate älter als Gabrielle. Im Scherz hatten die Mütter einmal ihre Säuglinge getauscht, und Adrienne erinnerte Colette gern daran: »Du, die ich mit meiner Brust genährt habe!«, konnte sie mit ihrer rauen Stimme ausrufen. Diese Neckerei ließ Colette heftig erröten, denn sie hatte schreckliche Angst, Sido könnte ihre Gedanken lesen und »das Bild finden, das mich peinigte: Adriennes braune Brust und deren harte violette Spitzen«.

Colette gibt auch offen zu, dass Madame de Saint-Aubin ihr gefiel, »vor allem, weil sie so durchaus anders war als meine Mutter«. Adrienne war temperamentvoll, boshaft, nonchalant und süffisant. Sie hatte »warme hellbraune Augen«, »natürlich gewelltes Haar« mit einem Moschusgeruch – was sie der erwachsenen Colette bemerkenswert ähnlich macht. Verglichen mit dieser Freundin, musste die arme Sido, die nach »gewaschenem Cretonne« roch, ihr hausbacken und langweilig vorgekommen sein.

Madame Colettes untreue Tochter bewunderte Adriennes betörend unordentliches Haus, das sie heimlich »wie eine Katze« besuchte. Wenn sie hörte, dass ihre Mutter sie von jenseits der Eiben rief, »lief sie sogleich nach Hause« und täuschte Atemlosigkeit vor, als sei sie von weit her gekommen. Doch Sido ließ sich nicht hinters Licht führen, und obwohl ihre Freundin, laut Colette, »sich hütete, mich anzulocken oder festzuhalten«, kühlten »so viel Hellsichtigkeit und Eifersucht von Seiten Sidos und so viel Verwirrung meinerseits« die Freundschaft der beiden Frauen ab. Es dauerte lange, bis Colette »eine quälende Erinnerung, eine gewisse Herzenswärme, die feenhafte Verwandlung eines Menschen und seiner Behausung mit dem Gedanken an eine erste Verführung verband«.

2

Während Colette sich davonschlich, um ihr Idol zu besuchen, betrog Juliette Sido mit einer Ersatzmutter ihrer Wahl. Madame Pomié wohnte auf der anderen Straßenseite, gleich neben Adrienne. Ihr Mann war der Dorfarzt und Gemeinderatsmitglied; sie hatten keine Kinder. Sie und Sido waren »Feindinnen« (Madame Pomié war die oben erwähnte Giftschlange). Und vielleicht war Juliette ein Grund ihrer Fehde, denn Sido behauptete, Madame Pomié habe immer ihre Erstgeborene zur Tochter haben wollen.

Dr. Pomié ging 1884 in Pension und verkaufte seine Praxis an einen jungen Arzt namens Charles Roché, der sich noch im selben Jahr mit Juliette verlobte. Die Hochzeit fand am 14. April 1885 statt. Achille und Léo erklärten sich bereit, für die Musik zu sorgen, und entgingen auf diese Weise der albernen Pflicht, die Gäste zu bedienen. Colette »stolzierte in einem rosafarbenen Kleid herum« und genoss alles, außer den »ohnmächtigen Ausdruck der Unterwerfung« im Gesicht ihrer Schwester.

Sido, schreibt Colette, hatte es nicht gewagt, »diese unglückliche Hochzeit zu verhindern«, obwohl »sie kein Hehl daraus machte, was sie von ihr hielt«. Die Gründe für ihre Bedenken 1885 sind – einmal abgesehen von ihrer Aversion gegen Schwiegerverhältnisse und Heiraten im Allgemeinen – nicht klar. Roché war, das stimmt, ein aufgeblasener Widerling, aber er hatte einen respektablen Beruf und irgendwelche hochwohlgeborenen Verwandten, die ein Schloss besaßen, und Juliette war ein sonderbarer Mensch. Einer konventionelleren Mutter – einer Madame Pomié zum Beispiel – wäre er wie ein Geschenk des Himmels erschienen.

Für Madame Roché, die ihren Mann vergötterte, schien die Ehe anfangs weniger »unglücklich« als für die Colettes. Juliette war Erbin, und jeder in Saint-Sauveur wusste wahrscheinlich bis auf den Sou, die Kiefer und das Huhn genau, wie groß ihr Erbteil war oder hätte gewesen sein müssen. Aber das Erbe bestand größtenteils aus Land, und Jules Colette hatte keine Ahnung von Landwirtschaft. Im Laufe der Jahre hatten die Bauern ihn überredet, langfristig in kostspielige neue Geräte und Verbesserungen zu investieren. Um das zu tun, hatte er Geld geliehen, und zwar »zu einem Zinssatz, der jeden anderen abgeschreckt hätte«. Offenbar benutzte er dieses Geld zum Teil auch, um seine politischen Aktivitäten zu finanzieren und um an der Börse zu spekulieren. Es ist leicht zu verstehen, warum des Hauptmanns Tochter Balzac so bewunderte.

Als Juliettes Mutter und Stiefvater den Ehevertrag ihrer Tochter unterschrieben, mussten sie auch ihre Vermögensverhältnisse offen legen und eine Aufteilung des Robineau-Besitzes vornehmen. Zunächst gelang es dem Hauptmann, seine Verluste und Manipulationen zu verheimlichen. Um das Geld für Juliettes Mitgift zusammenzubringen, lieh er einhundertzwanzigtausend Francs von der Bank Crédit Foncier, wobei er die Robineau-Ländereien als Sicherheit benutzte. Aber schon unmittelbar nach der Hochzeit wurde Roché, vielleicht von den Pomiés angestachelt, misstrauisch und verlangte eine Revision der Bücher. Die Colettes lehnten ab. Ihr Schwiegersohn konsultierte daraufhin mehrere Rechtsanwälte und drohte, den Hauptmann wegen »fahrlässig geführter Vormundschaft« zu verklagen. Unter der Qual gespaltener Loyalität schluckte Juliette eine Dosis Gift, und ihr Stiefvater drohte, er werde ihren Ehemann erschießen, wenn dieser Juliette nicht rette. Inzwischen wurde ein Familienrat einberufen, um eine Übereinkunft auszuhandeln. Das Gut wurde neu bewertet, Nachzahlungen wurden geleistet, und Sidos Anteil, zunächst die Hälfte, wurde auf ein Drittel reduziert.

Achille war so wütend über seine Schwester, dass er nie mehr mit ihr sprach und sie auch nie wieder sah. Er war überzeugt, wenn sie nur ein paar Jahre Geduld gehabt hätte, dann hätte alles geregelt werden können. Doch gab es sonst niemanden, der für die arroganten, vielleicht diebischen Verschwender Mitgefühl empfand, die ein Vermögen verspielt hatten, das ihnen gar nicht gehörte. Sogar Sidos Schwägerin Caroline Landoy stellte sich auf Juliettes Seite. »Achilles Haltung in der Sache ist am schlimmsten«, sagte sie ihrer Nichte. »Zu warten hätte nur bedeutet, Monsieur Colette Zeit zu lassen, auch den Rest noch zu verjubeln.« Auch Tante Caro sagte Sido offen ihre Meinung, worüber diese sich ärgerte. »All das übersteigt meine Vorstellungskraft«, schrieb Caro, »und ich habe keine Achtung mehr vor Monsieur Colette und [...] nicht den Wunsch, ihn jemals wieder zu sehen.«

Inzwischen hatte Juliette sich erholt und war schwanger. Auf Drängen ihres Ehemannes und der Ersatzeltern hörte sie auf, mit ihrer Mutter zu sprechen, und wenn sie einander auf der Straße begegneten, dann rannte sie davon »wie ein Kind, das sich vor einer Ohrfeige fürchtet«. Das Dorf genoss herzlos dieses Melodrama. »Wir waren«, schreibt Colette, »das einzige Gesprächsthema.«

Verzehrt vom Verlust ihrer Tochter, der Feindschaft ihrer Nachbarn, der Kritik ihrer Verwandten, der Torheit ihres Gatten und dem Gespenst des Bankrotts, begann Sido abzubauen. Sie litt an »nervösen Ohnmachtsanfällen«, Herzklopfen und Übelkeit. »Von alltäglichen und insgeheimen Heldentaten in Anspruch genommen«, schreibt Colette zweifellos mit beträchtlichem Understatement, »war meine Mutter weniger für ihren Garten und ihr jüngstes Kind da.«

3

In jenem Sommer legt Colette die Prüfung für ihren Grundschulabschluss ab. Sie bekam die zweitbeste Note fürs Diktat (eine Stelle aus Victor Hugo über seine Liebe zu Tauben) und die beste in Mathematik. Ihre »einfache Näharbeit« war befriedigend, und im Mündlichen war sie sehr gut. Aber die beste Schreiberin der

Klasse erhielt nur drei von zehn Punkten für ihren Aufsatz, hauptsächlich weil sie keine Ahnung vom Thema hatte: »Deutschlands alter Anspruch auf Burgund«. Im Jahr 1944 sollte sie mit diesem Thema noch einmal hautnah zu tun bekommen.

Eine weitergehende Bildung war in Saint-Saveur nicht zu haben, so dass die Eltern Colette zur Fortsetzung ihrer Schulbildung nach Auxerre hätten schicken müssen. Es ist verständlich, dass Sido, nachdem sie bereits eine Tochter verloren hatte, sich nur höchst ungern von der zweiten trennen wollte. Wahrscheinlich konnten die Colettes sich die Kosten für den Unterricht auch einfach nicht mehr leisten.

Das Haus an der Rue de l'Hospice war Teil von Achilles Erbe, und die Colettes lebten noch weitere fünf Jahre dort, wobei sie nach und nach Sidos Bauernhöfe verkauften, um für ihre Zinszahlungen aufzukommen. Die Rochés hatten sich, von Sidos oberen Fenstern aus in Sichtweite, auf der anderen Straßenseite, im früheren Haus der Pomiés niedergelassen. Nach der Hochzeit zog Colette aus einer Mansarde, die ans Elternschlafzimmer grenzte, in Juliettes größeres Zimmer im Parterre um. Sie war überglücklich, ein richtiges Boudoir für eine junge Dame geerbt zu haben, mit einem Ankleidekabinett und einem Bett mit Spitzenbaldachin. Doch ihr Glück und ihre Abgeschiedenheit waren »bedroht«, schreibt sie, weil Sido verzweifelt und vielleicht ein bisschen paranoid immer wieder Albträume hatte, auch ihre jüngste Tochter könnte von irgendeinem fremden Mann »entführt« werden. Ihre Träume, die Colette aufregend fand, wurden noch geschürt von den sensationslüsternen Berichten über geschändete und durchgebrannte Kinder – ein Hauptthema in der Provinzpresse – sowie durch eine Reihe von Ereignissen, die der Hauptmann für harmlos hielt: Ein Landstreicher hatte versucht, sich Zutritt zur Küche zu verschaffen; eine Gruppe von Zigeunern hatte »mit strahlendem Lächeln« angeboten, Colettes Haar zu kaufen, ein alter Mann im Dorf überhäufte sie mit Süßigkeiten. Sido hingegen war davon besessen, sie erinnerte sich, dass eine belgische Freundin mit sechzehn Jahren ein solches Schicksal tatsächlich erlitten hatte: Entführung durch einen Fremden in einer Postkutsche.

Eines Nachts, sagt Colette, rüttelte der Wind an den Türen und Fensterläden des alten Hauses. Er hielt Sido wach und in Sorge vor Räubern. Sie stand auf und trug ihre schlafende Tochter wieder hinauf in die Mansarde, wo sie sie bewachen konnte. Ob diese Szene nun wahr oder ausgedacht ist, jedenfalls markiert sie einen Kreuzweg in Colettes Leben. Hier trennten sich die Wege. Aus Sidos Albtraum von Verlust und Gewalt wurden Colettes Fluchtträume. Sie träumte von einem dämonischen Befreier, der so unbarmherzig und gewissenlos sein musste, dass er sie aus all den Fallen herausholte: aus den Armen ihrer Mutter, dem Haus, der Macht, der Angst und Besorgtheit – und nicht zuletzt aus ihrer klaustrophobischen Anhänglichkeit an Sido.

5. KAPITEL

Nur der Traum kann ein kleines Mädchen mit einem Flügelschlag aus seiner Kindheit hinaustragen und es, ohne dass es erstaunt oder empört wäre, mitten in das heuchlerische und abenteuerliche Jugendalter versetzen. Nur der Traum lässt in dem zärtlichen Kind das undankbare Wesen erwachen, das es morgen sein wird, die arglistige Verbündete eines Vorbeikommenden, die Vergessliche, die das mütterliche Haus verlassen wird, ohne den Kopf zu wenden. In dieser Weise machte ich mich in das Land auf, in dem eine Postkutsche mit klingenden Glöckchen vor einer Kirche hält, um einen jungen, in Taft gekleideten Mann und eine junge Frau abzusetzen, deren zerknitterte Röcke an die Blütenblätter einer Rose erinnern. Ich schrie nicht.
Colette, LA MAISON DE CLAUDINE

I

Sido mag eine moderne Frau gewesen sein, aber die Romane des neunzehnten Jahrhunderts sind voller Landherren vom Typus eines Jules Colette. Sie sind Romantiker in einer Epoche des Materialismus, besiegte Soldaten und Idealisten, die ihrer Melancholie zu entgehen suchen, indem sie sich mit Erfindungen, Poesie und laienhafter Wissenschaft abgeben. Colettes Vater entwickelte Ideen zur nationalen Verteidigung. Er schrieb eine Ode an seinen Freund Paul Bert, den radikalen Republikaner von Auxerre. Er liebte die Geographie und schickte manchmal seine handkolorierten Landkarten an die *Société de géographie*. Er gehörte der *Société internationale des Electriciens* an und reichte seine Gleichungen als Beiträge bei den *Annales nouveaux de mathematique* ein.

Diese wie auch andere Zeitschriften, für die Monsieur Colette sich interessierte, erschienen bei Gauthier-Villars, dem führenden Wissenschaftsverlag in Frankreich. Jean-Albert Gauthier-Villars, der den Verlag 1864 erworben hatte, war als Militäringenieur auch eine typische Gestalt des neunzehnten Jahrhunderts. Colette behauptete, er sei ein Schulkamerad ihres Vaters gewesen, doch während Jules Colette in St. Cyr zur Schule ging, besuchte Gauthier-Villars die Ecole Polytechnique, die elitärste unter den Kadettenschulen und zugleich für ihre ehemaligen Zöglinge ein Sprungbrett in die höchsten Positionen von Industrie und Staatsdienst. Gauthier-Villars und der Hauptmann hatten jedoch zur selben Zeit auf der Krim und in Italien gedient.

Die beiden Veteranen verband ihre Kriegserfahrung und ihre Verehrung für »Ordnung und Fortschritt«. In ihren wirklichen und symbolischen Vaterrollen konnten sie jedoch verschiedener nicht sein. Gauthier-Villars verkörperte den Typus des gefürchteten und respektierten Patriarchen, wie er von den Konservativen einer Zeit gepriesen wurde, in der sich die Rechten »Familienwerte« auf ihr Panier geschrieben haben – wie auch heute, übrigens vielfach aus denselben Gründen. Außerdem wurden die Franzosen durch ihre Haltung zur Kirche stärker polarisiert als durch jede andere Frage.

Hier tat sich eine Kluft, wenn nicht gar ein Abgrund zwischen Colettes und Willys Milieu auf. Sido, die Atheistin, stammte aus einer Freidenkerfamilie, wurde von ihren Nachbarn für eine Sünderin gehalten und war stolz darauf. Selbst eine Ehebrecherin, hatte sie keine ihrer Töchter dazu erzogen, Jungfräulichkeit, Ehe, Mutterschaft oder auch nur Ehrbarkeit als heilige Aufgabe der Frau anzusehen. Madame Gauthier-Villars hingegen war moralisch streng, gesellschaftlich ambitioniert und, wie man schließen kann, in ihrer Frömmigkeit außerordentlich langweilig. Nachdem sie ihren jüngeren Sohn mit der Tochter eines Bankiers und ihre Tochter mit einem Polytechniker verheiratet hatte, hatte sie für Willy eine Erbin vorgesehen, als dieser ankündigte, er wolle eine Mesalliance mit Gabrielle Colette eingehen.

Die Gauthier-Villars gehörten zur *bourgeoisie absolue*, ja, sie verkörperten sie. Sie waren reich und ultrakatholisch, wählten die rechten Nationalisten, fürchteten sich vor den erwachenden Massen, unterstützten die Militärhierarchie, beklagten den Einfluss von Juden und Fremden und lehnten die antiklerikalen Reformen ab, die das rechtliche Kernstück der Dritten Republik bildeten. Wichtigster Bestandteil dieser Reformen, zumindest für Colettes ersten Roman, war die Einrichtung einer weltlichen, öffentlichen Sekundarschulbildung für beide Geschlechter.

Zwar klang das neue Gesetz aufgeklärt, es zielte aber nicht darauf ab, Frauen auf bezahlte Arbeit vorzubereiten (außer für den Unterricht) oder etwa politische Gleichheit anzustreben. Französische Frauen erhielten erst nach dem Zweiten Weltkrieg das Wahlrecht. Die Republikaner rangen mit der katholischen Kirche um die Herzen und Sinne der nächsten Generation französischer Mütter. »Republikanische Partnerinnen für republikanische Männer« war eine der Devisen von Jules Ferry, und die damaligen Feministinnen verstanden sehr wohl, dass die neuen Schulen die weibliche Randständigkeit nur verlängerten, denn sie schwächten den Druck, der durch die enttäuschten feministischen Ambitionen entstanden war.

Säkulare Bildung für Frauen war jedoch für die katholische Rechte ein rotes Tuch. Sie nahm mit Recht wahr, dass diese Bildung eine Tür öffnen und eine Revolutionierung der Moral bedeuten werde, und zwar insbesondere »der Moral« – das heißt des Verhältnisses zur Autorität – bei denjenigen Frauen, die außerhalb der Konvente erzogen wurden. In den frühen 1880er Jahren hatte man mehrere neue Collèges normales gegründet, das angesehenste in Sèvres, um Frauen zu Lehrerinnen für die *laïques*, die öffentlichen Mädchenschulen, auszubilden. Kritiker sahen in diesen Institutionen Brutstätten sexueller Unmoral, die ganze Regimenter lasziver Lesbierinnen in die französische Provinz entsenden und ihr Laster unter den Unschuldigen, die ihrer Obhut anvertraut sind, verbreiten würden.

Diese Angst war äußerst ansteckend und nicht auf die katholische Rechte beschränkt. Historiker sehen die durch Deutschland erlittene Schlappe im Zusammenhang mit der Zeit der Korruption, dem Verlust an Vertrauen und den nachfolgenden und bis ins neue Jahrhundert reichenden kulturellen Turbulenzen. Der französischen Männlichkeit war ein Schlag versetzt worden, und angeblich litten die Franzosen, durch den Machismo des Feindes sowohl beeindruckt als auch gedemütigt, kollektiv an verletztem Stolz. Die Presse erging sich in Jeremiaden über die rückläufige Geburtenrate, die Änderungsvorschläge im Scheidungsrecht und die Umtriebe des Feminismus. Es war eine Zeit des Frauenhasses. »Eine ganze Gesellschaft«, schrieb Zola, »stürzt sich auf die Möse«, und zwar mit einem Eifer, in dem Lust, Rivalität und Aggression sich mit der Angst vor Impotenz mischen. Männliche Autoren und Politiker, von den reaktionärsten bis zu den avantgardistischsten, fühlten sich von dem Gespenst einer »maskulinisierten« und »virilisierten« Neuen Frau verfolgt, von der es viele Varianten gab: Huysmans Bauchrednerin, Valérys »reine Abstraktion«, Wildes Salomé und zahllose exaltierte Lesben, Nymphomanen, Vampire, Blaustrümpfe und *sévriennes*, von denen, wie Willy sich ausdrückte, »die besten nicht viel wert waren«.

2

Im Oktober 1887 drang eine dieser entsetzlichen Kreaturen, eine professionelle Lehrerin, in Saint-Sauveur ein. Sie löste die unterqualifizierte Madame Viellard ab, in deren Klasse Colette zwei

Jahre lang dahinvegetiert hatte, und machte sich flugs daran, die Dorfmädchen mit einem speziellen Kurs auf das *brévet*, eine Art Abitur, vorzubereiten. Olympe Terrain war vierundzwanzig Jahre alt und Absolventin des Collège normale in Auxerre. Sie stammte aus einer Bauernfamilie und hatte den einzigen tugendhaften Aufstiegsweg gewählt, der armen Frauen zur Verfügung stand. Sie ermutigte alle ihre guten Schüler, darunter auch Colette, die Lehrbefähigung anzustreben. Aber das Leben einer Lehrerin war für sich genommen eine überaus harte Lektion. Colette kommt in *Claudine erwacht* kurz, aber voller Mitgefühl darauf zu sprechen: das aufreibende Gerangel um Stellen, der Minimallohn im Dorf, der ungeheizte Schlafraum über den Klassenzimmern, das Wissen darum, dass ein Versagen hieße, wieder Schweine hüten zu müssen. Willy beutet im selben Roman die zeitgenössischen Fantasien über die Olympe Terrains von Frankreich und ihre *laïques* aus. Dieses Buch hätte die schlimmsten Befürchtungen seiner Mutter bestätigt, wenn ihre Genügsamkeit und ihr Beichtvater ihr erlaubt hätten, es zu lesen.

Wie ihr fiktiver Gegenpart, Olympe Sergent, kam Mademoiselle Terrain mit ihrer Mutter, einer alten Bauersfrau mit Rüschenhaube, ins Dorf. Das Porträt, das Colette von ihr im Roman zeichnet, entspricht größtenteils dem wirklichen Leben. Die neue *Institutrice* war eine ausgezeichnete Pädagogin, »lebhaft« und »anspruchsvoll«. Obwohl sie auf ihre Arbeit, die sie bis zu ihrer Pensionierung dreißig Jahre lang ausüben sollte, gut vorbereitet war, hatte sie ihre Stelle durch die Protektion von Dr. Merlou bekommen, ihrem Gönner und Hauptmann Colettes altem Feind und Gegenspieler. Merlou wird im Roman in der Gestalt des schleimigen Dr. Dutertre karikiert. Diese Verbindung machte die neue Lehrerin für die Colettes, zumindest zu Anfang, zum Ärgernis. »Für die Familie Colette«, erzählte Mademoiselle Terrain dem ersten Biografen von Colette, Jean Larnac, »war ich ein Eindringling. Erst sagte man mir, Gabrielle werde nicht wieder in die Schule kommen, dann erschien sie eines Tages [im Hof] kurz vor dem Läuten, ohne ihren Platz in der Reihe zum Hineingehen einzunehmen. Ich sagte kein Wort. In der ersten Zeit spielten die Mädchen, von Colette beeinflusst, mit Murmeln und nannten sich beim Nachnamen. Als sie begann, Zeitung zu lesen, sagte ich ihr so etwas wie: ›Mein Kind, die öffentliche Schule muss für dich sehr unangenehm sein, denn alle Kinder haben die Regeln einzuhalten, und ich kann ihnen nicht gestatten, Zeitung zu lesen.‹ Das war alles. Und von da an gab Colette sich so, wie sie war, das heißt als ein angenehmes junges Mädchen, sehr intelligent, sehr begabt in Französisch, nichtsnutzig oder beinahe nichtsnutzig in den naturwissenschaftlichen Fächern, überaus musikalisch und bemerkenswert spitzbübisch und witzig.«

Olympe Terrain erzählt weiter, dass Colette von da an, wenn die Reihe an sie kam, das Kehren selbst übernahm und nie wieder als »Tochter eines reichen Mannes« besondere Privilegien für sich in Anspruch nahm. Sie beschreibt Gabrielle mit dreizehn als auffallend wild auf Katzen und deren Liebesspiele. Dank des Einflusses ihrer gebildeten Eltern hatte sie »alles gelesen«. Colette bemerkte später, sie habe Märchen oder Kinderbücher nie gemocht, sondern schon mit sieben Jahren begonnen, die *Göttliche Komödie* zu lesen. »Ich bin in Balzac geboren«, erzählte sie als alte Dame einem Interviewer. »Er war meine Wiege, mein Wald, meine Reisen.« Und sie sagte von sich, sie sei »eine von denen, die sich von klein auf einem einzigen Autor widmen«. Allerdings las sie auch Alphonse Daudet, Hugo, Mérimée, Labiche, Zola, Taine, Voltaire, Musset, die Märchen von Hans Christian Andersen und (in Übersetzung) Shakespeare.

Die junge Colette war eine frühreife Literaturkritikerin. Sie lachte über Balzacs manchmal unbekümmerte Prosa (aber ihre Einwände »schmolzen [später] im Feuer meiner Verehrung für ihn«). Sie hörte »ernst« zu, wenn der Vater ihr seine Oden und Elogen vortrug – der Hauptmann war so etwas wie ein Spezialist in Grabreden. Dann kritisierte sie seinen ausschweifenden Stil: »Ich habe es dir schon vorige Woche gesagt [...], zu viele Adjektive!« Ihr eigener Stil, sagte Mademoiselle Terrain, sei bereits beachtenswert originell gewesen, und trotzdem habe sie ihn »ohne Hilfe« noch erstaunlich verbessert. Nur weil sie einen »brillanten« Aufsatz eingereicht hatte, bestand sie 1889 die Abschlussprüfung, denn ihre Frechheit in der mündlichen Prüfung war spektakulär. »Wir liebten ihre lausbubenhafte Schlagfertigkeit«, erinnerte sich die alte Lehrerin zärtlich, auch wenn sie die Schuld für Colettes loses Mundwerk dem Vater, der für seine Lästerlichkeit bekannt war, zuschrieb und der Mutter, die als Zynikerin galt. »Madame Colette sagte gern über Gabrielle: ›Sie wird einen alten Mann mit viel Geld heiraten.‹«

Mademoiselle Terrains Meinung über die Familie Colette (»*sens moral très atténué*« – moralisch sehr unsensibel) war natürlich voreingenommen durch den Dorfklatsch, durch ihre Freundschaft mit Merlou und durch ihre Empörung – hatte sie sich doch angesichts der Darstellung ihrer Person in *Claudine erwacht* von Colette betrogen gefühlt. »Wenn Colette wirklich wie Claudine war«, sagte Olympe Terrain, »dann verstand sie es, ihre Schwächen zu verbergen, denn sie erwies sich nie als ein lasterhafter Mensch.« Die *Claudine*-Bücher, schließt sie, seien ein Produkt aus Gier und Opportunismus und einer »diabolischen Fantasie«, wahrscheinlich der Willys.

3

Der Mann, den Colette mit spöttischem Respekt als Monsieur Willy bezeichnet, war, als sie einander begegneten, bereits eine berühmte Persönlichkeit, wenngleich noch nicht so berühmt, wie er durch ihr Talent wurde. Er war vierzehn Jahre älter als sie, und als sie in seine Welt trat, war sie eine missmutige Schülerin vom

Lande mit einem eineinhalb Meter langen Zopf und Anflügen derben Charmes. Er war seiner Freundin Rachilde zufolge »ein Mann von Welt, von der besten Welt; der Prototyp des geistreichen Pariser Lebemannes«.

Ihre Zeitgenossen störte der Altersunterschied nicht, er fiel nicht einmal auf. Jungfräuliche Teenager heirateten häufig ausschweifende ältere Männer, und Colettes Vorbilder für die Range und den Playboy, deren Liebesverhältnis sie in *Gigi* beschreibt, waren gar achtzehn und sechzig. Für ihren eigenen Auftritt als Paar war er allerdings bedeutsam: sie brachte die Vitalität ein und er das Prestige. Wild und geschmeidig, unschicklich im Reden wie in ihrem Appetit, konnte Colette in ihren späten Zwanzigern noch für eine Jugendliche gehalten werden oder zumindest »fälschlich für eine Jugendliche«, während Willy, wie sie bemerkte, »sich einige Mühe gab, alt zu erscheinen« – ein alternder Satyr, selbst als noch ziemlich junger Mann.

Ihre Liebesbeziehung entsprach dem Geschmack des Fin de Siècle, das mythische Liebesgeschichten gern pervers verdreht neu erzählte, Colette als die Schöne und Willy in der Rolle des Biests. »Wenn so manches junge Mädchen seine Hand in die behaarte Pranke legt«, schrieb sie über ihre Initiation, »seinen Mund der zuckenden Gier eines rasenden Mundes entgegenstreckt und den riesigen männlichen Schatten eines Unbekannten auf der Wand heiter betrachtet, so müssen wir uns damit abfinden, dass sie den Einflüsterungen der sexuellen Neugier erlegen ist.« Doch in Colettes erster Heirat lag weit mehr als nur sinnliche Neugier. Sie liebte Willy stärker und länger, als sie jemals öffentlich zugab, und um zu verstehen, was er ihr bedeutete, sollten wir daran denken, wie oft sie in ihrem Leben und in ihren Büchern ihren ungleichen Wettstreit mit ihm immer wieder inszeniert und dabei auch ihre Rollen ausgetauscht hat.

Willy bildete sich auf das Bild, das berühmte Bild, das man von ihm hatte, einiges ein, und mit einem Hauch von Perversität meinte er, in dem Spiegel, den die Welt ihm vorhielt, sei er noch feister und kahler als in Fleisch und Blut. In *Meine Lehrjahre* macht Colette eine boshafte Bestandsaufnahme der Fotografien, Karikaturen, Sketches, Bildnisse, akademischen Porträts, Zeichnungen, Postkarten, Statuetten, Figurinen, Silhouetten und sogar Souvenirs, wie zum Beispiel einem Tintenfass in der Form seines charakteristischen Zylinders, Gegenständen, die ihr Gatte gesammelt und in vielen Fällen selbst in Auftrag gegeben hatte. Er genierte sich auch nicht, literarische Porträts von sich in Form von Rezensionen zu bestellen, für die er bar oder in Naturalien bezahlte; er hatte keine Hemmungen, für seine Bücher Klatschgeschichten in Umlauf zu bringen und Reklame zu machen oder Biografien über sich selbst schreiben zu lassen, die ihre Schmeichelei mit gerade so viel gemeinem Spott auflockerten, dass sie einen glaubhaften Anstrich erhielten.

Seine Selbstporträts gehören zum selben Genre. Sie neigen dazu, Willys hohe Kultur seinen niederen Gelüsten gegenüberzustellen und sein sexuelles Charisma mit seiner wenig anziehenden und, als er älter wurde, fettleibigen Erscheinung zu kontrastieren. In dem Jahr beispielsweise, in dem er Colette kennen lernte, beschrieb er sich als jemanden, der »sommersprossig blond war, mit einem Kindergesicht, eingebildet, mit den dicken Lippen eines Hedonisten und kurzsichtigen, wenn auch lebhaften Augen«. Er habe viel Erfolg bei den Frauen und mache kein Hehl daraus. Zwölf Jahre später gestand er: »Ich wäre gern dunkelhaarig, groß und schlank gewesen, mit einem schicksalhaften Reiz ausgestattet, im Stil von 1830; doch statt mich zu einem Prinzen der Finsternis zu machen, hat die Natur mich in eine kompakte Form gegossen. Sie hat in mein schwammiges Gesicht Augen eingelassen, deren verwaschenes Blau auf ängstliche Naturen, die angesichts der trügerischen Angeberei eines Auf-in-den-Kampf-Schnurrbartes es erst einmal mit der Angst zu tun bekommen, beruhigend wirkt.« Das trefflichste dieser Selbstporträts war die Gestalt des Pariser

Lebemannes Henry Maugis, der zuerst in *Claudine in Paris* erscheint, und später, wie Colette es ausdrückt, »durch das gesamte Œuvre, wenn ich so sagen darf, von Monsieur Willy spaziert«. »Dieser Henry Maugis«, fährt sie fort, »von ›*väterlicher Verderbtheit* ganz entflammt‹, ist ein Liebhaber von Frauen, Wortspielen und fremdländischen Schnäpsen; er ist Musikkritiker, gräkophil, belesen, rauflustig, empfindsam, gewissenlos; hinter einem Lachen versteckt er eine Träne; seinen Spitzbauch trägt er vor sich her. Junge Frauen im Hemd nennt er *mon bébé*, Negligés sieht er lieber als Nacktheit und Söckchen lieber als Seidenstrümpfe – dieser Maugis ist nicht von mir.«

In all diesen Beschreibungen – und weitere hundert könnte man zitieren – zeigt sich Willys Neigung, seinen Sexappeal zu mystifizieren. Aber der nackte oder beinahe nackte Willy war wohl eine Offenbarung und muss das für viele seiner Geliebten gewesen sein. In einem Fotoalbum, das Madeleine de Swarte, Willys letzter Begleiterin, gehörte, gibt es von ihm einen Schnappschuss am Strand von Cabourg vom August 1890, genau ein Jahr nachdem er Colette kennen lernte. Er trägt einen Schwimmanzug aus Trikot und einen großen Strohhut und hat die Arme vor der Brust verschränkt. Er hat einen dicken Bauch, das stimmt, aber einen kraftvollen, Vertrauen erweckenden Körper – der umso überraschender ist, als der Kopf auf seinen Schultern im Vergleich viel älter wirkt.

Fünfunddreißig Jahre später sollte Colette am Strand von St. Tropez in einer ähnlichen Pose in einem ähnlichen Badeanzug fotografiert werden. Sie lebte damals mit einem fünfzehn Jahre jüngeren Liebhaber zusammen und war ziemlich korpulent. Beide besaßen sie dieselbe Anziehungskraft.

4

Henri Gauthier-Villars wurde am 10. August 1859 im Haus seiner Großmutter in Villiers-sur-Orge geboren, während sein Vater in Italien unterwegs war, um den Telegrafendienst für die kaiserliche Armee zu organisieren. Als Henry sich auf seine erste Kommunion vorbereitete, organisierten die Kommunarden ihren Aufstand und nahmen für kurze Zeit seinen Vater gefangen. Zu diesem Zeitpunkt war er, wie er sagte, »so religiös wie irgend möglich«. Danach wurde er so unreligiös wie irgend möglich. Im Vergleich mit der Gläubigkeit seiner Mutter und der intellektuellen Ernsthaftigkeit seines Vaters war er ein Chorknabe, der zum Teufel übergegangen war.

Sie schickten Henri erst auf das berühmte Lycée Fontanes, wo er sich ungebührlich betrug, dann in das ebenso angesehene Jesuitenkolleg Stanislas. Hier erhielt er eine ausgezeichnete klassische Bildung, die er mit großer Begeisterung und Brillanz pervertierte und in seine Wortspiele goss. Gut in Griechisch, fließend in Latein und Deutsch, kümmerte Willy sich nach eigener Aussage nur um die Fächer, die ihn »lockten«. Eine seiner Leidenschaften – er hatte sie von seiner Mutter geerbt – galt der Musik, eine andere den ganz jungen Mädchen. Es gab eine Reihe Pariser Bordelle, die darauf spezialisiert waren, ältere Kunden mit solchen Mädchen zu versorgen. Als Student verkehrte Willy in einem dieser Etablissements an der Rue Montmartre. Die Rangen liebten ihn, behauptete er – seine Jugend sei so erfrischend gewesen –, und Madame kassierte nichts von ihm, solange er bereit war, seine Schulmütze zu tragen, wenn er in die Schlafzimmer hinaufging. »Später habe ich verstanden, dass die [alten Voyeure] mein jungenhaftes Herumtollen durch ein Loch beobachtet haben müssen.«

1879 kam Willy zur Armee, um seinen obligatorischen zwölfmonatigen Wehrdienst abzuleisten. Es war das Jahr, in dem Zola *Nana* fertig schrieb, die Ferry-Regierung ihre Schulreformvorschläge einbrachte und Colette, damals sechs Jahre alt, mit dem Hauptmann ihre erste Fahrt nach Paris unternahm. Der junge Gauthier-Villars war ein hervorragender Schütze und Fechter, Fähigkeiten, die sich in den zahlreichen Duellen in seinem Leben noch als wertvoll erweisen sollten. Aber er spielte so erfolgreich den Kretin, dass er für die ehrenhafteren Manöver entschuldigt war. Ein General, der die Truppe besuchte, ein Freund seines Vaters, setzte der Farce ein Ende, und Willy brachte die Sache ohne weitere Blamage hinter sich, nur eines ist noch bemerkenswert, wenngleich damals noch nicht von Bedeutung: Er diente im selben Artilleriebataillon wie ein junger Leutnant aus dem Elsass namens Alfred Dreyfus.

Als Willy ein Jahr später die Armee verließ, war er reif für die Verlockungen von Paris. Er schrieb sich für Jura ein, verbrachte aber seine Abende in den Cafés und Brasserien der Rive Gauche, wo man sich traf, um über Literaturtheorie zu debattieren und mit Mädchen anzubändeln. Dies war in der französischen Literatur wie in der Politik eine streitlustige Zeit. Man war sich einig, dass die Kultur im Niedergang begriffen war, aber durchaus geteilter Meinung darüber, was sie wieder genesen lassen könnte. Man gründete Schulen für Dichtung und Ästhetik, jede mit ihrer eigenen ephemeren Zeitschrift. Sie schlossen sich zusammen und lösten sich auf wie spekulative Aktiengesellschaften während der Hochkonjunktur. Da gab es die *Zutistes* (Phooeyistes), *Hydropathes*, *Jemenfoutistes* (die alles verfluchten), die *Hirsutes* und andere mehr. Als Rodolphe Salis vom Café de l'Avenir seine Gäste aus der Boheme mit auf die andere Flussseite hinübernahm, wo er das literarische Kabarett *Le Chat Noir* eröffnete, gehörte Willy zusammen mit Verlaine, Henri de Régnier und Jules Laforgue zum engeren Kreis. »Hier«, schreibt Willys Biograf François Caradec, »wurde der Symbolismus geboren.«

1885 erhielt Willy sein Juristendiplom, das ihm, wie Caradec bemerkte, hauptsächlich dazu diente, seine Visitenkarte zu zieren.

Sein Vater stellte ihn im Familienverlag an, der in einem Gebäude am Quai des Grands-Augustins untergebracht war. Willys Büro im Parterre, hinter der Buchhandlung und unter der Druckerei, wurde ein berühmter Treffpunkt der Intellektuellen. Catulle Mendès schrieb ein Feature darüber und Mallarmé ein Gedicht. Zu den Besuchern gehörten auch Debussy, Remy de Gourmont, Pierre Louÿs und der Anarchist Félix Fénéon, ein großer Bewunderer von Willys Wortspielen.

Erpicht darauf, »in den Augen eines Vaters, der über die Kordel des Geldsacks und das Personal in der Buchhandlung Gauthier-Villars ein strenges Regime walten ließ und ihn nicht ernst nehmen wollte«, als gelehrt zu erscheinen, begann Henry, wie er sich jetzt schrieb, jene Art wissenschaftlicher Bücher zu veröffentlichen, die von »Vaters Arbeitern« teuer gedruckt werden konnten. Sie alle waren, hieß es, von mittellosen Provinzlehrern wie Olympe Terrain für ihn geschrieben worden. Inzwischen verfassten »Gaston Villars« und »Henry Maugis« Beiträge zu einer Zeitschrift mit dem Titel *Lutèce*, respektlose Theater- und Musikkritiken, mit denen, um Colette zu zitieren, »mein künftiger Ehemann energisch gegen schlechte Literatur und schlechte Musik ankämpfte«. Er verachtete die Realisten, Dekadenten, Naturalisten und Parnassiens aus tiefstem Herzen und trat für den »angelsächsischen Humor« von Mark Twain und Laurence Sterne ein, wobei er sich schließlich als einen *auteur gai* bezeichnete. »Gerede« war in seinem Kreis ein Lieblingswort, um etwas abzuwerten, und bei Willy war es gleichbedeutend mit »Ernsthaftigkeit«. Freuds Bemerkung, ein Witz sei ein Epitaph auf den Tod eines Gefühls, war nie zutreffender als bei denjenigen, die in der Belle Epoque am unerbittlichsten und talentiertesten Wortspiele prägten.

Das Wortspiel ist etwas Anarchisches, eine kleine Bombe, die, in einem ernsthaften Text deponiert, dessen Ansprüche auffliegen lässt. Willy besaß in seiner Arbeit und in seiner Person gerade das richtige Maß an Vandalismus, um Wortspiele in einer Ära zur

Mode zu machen, in der die politischen Anarchisten, wie Roger Shattuck bemerkt, einen »dynamischen« Einfluss auf die künstlerischen Experimente und das Verhalten der Avantgarde ausübten. Willys gebildete Buffonerie, sein distinguierter Geschmack für das niedrige Leben, sein Zynismus und seine Karriere als Skandalon und Provokateur hatten für seine Zeitgenossen eine viel größere Bedeutung, als es uns aus dem zeitlichen Abstand erscheint. Für einen seiner besonders albernen Schundromane wurde er wegen Pornografie strafrechtlich verfolgt. Das brachte ihn und seinen Ruf in den Genuss einer jener unterhaltsamen Gerichtsverhandlungen, bei denen sich die literarischen Größen einer Epoche zu versammeln pflegen.

Willy selbst war jedoch nie eine solche Größe. Ein Kennzeichen großer Literatur ist, dass sie einen Ortsdialekt in eine Sprache übersetzt, die auch außerhalb der Grenzen ihrer Zeit, Klasse oder Kultur verstanden wird. In diesem Sinne war Willy der Provinzielle und Colette die Frau von Welt. Er hätte ebenso auf Udikisch schreiben können: Ohne beträchtliche Anstrengung, die sich jedoch kaum lohnt, ist er heute nicht zu verstehen.

In ihren *Portraits d'hommes* nennt Rachilde Willy etwas zu wohlwollend »den beinahe Großen«. Er selbst behauptete nicht besonders glaubwürdig, dass ihn seine »Schwäche für Glück« von seinen Zeitgenossen unterscheide und dass er nie »betrunken genug war [noch weniger glaubwürdig], um die Zusammenhanglosigkeit von Träumen für interessant zu halten«. Dabei dachte er vielleicht an seinen Freund Alfred Jarry, der den Nihilismus derart halluzinatorisch auf die Spitze trieb, dass er mystisch wurde, so dass man sagen kann, für Jarry sei sogar das Nichts heilig gewesen.

Wirklicher Anarchismus hätte mehr Strenge, Engagement und Unzufriedenheit mit der Gesellschaft erfordert, als Willy aufbringen konnte. Sein Wunsch, für originell gehalten zu werden, wurde immer wieder von seiner »*crainte du ridicule*« (der Angst, sich lächerlich zu machen) gelähmt. Der Beinah-Große verbrachte sein

Leben in der Revolte gegen seine ganz und gar großbürgerliche Familie. Noch in seinen mittleren Jahren konnte er sich als *potache vieilli* (einen alternden Schuljungen) beschreiben, der auf freche Schulmädchen versessen war. Wenn er auch als Sohn enttäuschte, so blieb er doch ein treuer Anhänger seiner Klasse, der einmal einem Freund sagte: »Männer, die so [wohl]geboren sind wie wir, können sich durchaus einen Angriff auf die Moral leisten, nicht aber einen Erziehungsfehler.« Der gleiche Autor, der Claudines »Amoralität« bewunderte, verteidigte Wagners Christlichkeit gegen Nietzsches Heidentum. Er akzeptierte die politischen Ansichten seiner Eltern, wurde wie sie ein militanter Gegner von Dreyfus und ein Antisemit sowie später ein Nationalist des rechten Flügels. Zugleich akzeptierte er auf seine eigene, perverse Weise die konventionelle Heiratspolitik. Die »väterliche« Autorität, die Willy nicht nur auf Colette ausübte, sondern auf eine Reihe anderer heiratsfähiger junger Schützlinge, die er gern seine »Töchter« oder »Nichten« nannte, war eine parodistische Hommage an die Wirklichkeit.

5

Die 1880er Jahre bilden, wie Claude Pichois betont, »die rätselhafteste Phase in Colettes Leben«. Es fehlen die Quellen, um die Chronologie ihrer allerersten Bekanntschaft mit Willy schlüssig rekonstruieren zu können. Willy erzählte Rachilde, er habe seine Frau gekannt, seit sie zehn Jahre alt war. Colette sagt, sie sei zwölf gewesen, als sie sich der »verbotenen Lust« hingab, Willys Rezensionen in den Heften des *Lutèce* zu lesen, die ihr Vater besaß, und an anderer Stelle, sie habe 1884, als sie elf war, mit ihrem Vater eine Woche in Paris verbracht.

Willys Eindruck von ihrer Begegnung erfahren wir aus handschriftlichen Aufzeichnungen, die Willys Sekretär und Freund

Pierre Varenne für eine Biografie angefertigt hat, die nie veröffentlicht wurde. Wenn auch die Daten nicht stimmen, scheinen die Fakten doch recht glaubwürdig. »Wahrscheinlich um seine Rückschläge zu vergessen«, schreibt Varenne, »verlegte [Jules Colette] sich auf die verschiedensten, um nicht zu sagen, sonderbarsten Forschungen.« Diese führten ihn eines Tages auf der Suche nach einem bestimmten Buch über höhere Mathematik und nach dem Almanach des *Bureau de Longitude* – in Begleitung seiner Tochter – in das Verlagshaus Gauthier-Villars. Sie wurden von Willy empfangen. Der Hauptmann erwähnte in seiner südfranzösischen Gesprächigkeit, er habe sein Bein beim Italienfeldzug in Melegnano verloren.

»Tatsächlich!«, sagte Willy. »Kannten Sie meinen Vater …?«

»Ihren Vater?«

»Ja, Gauthier-Villars …«

Willy, fährt Varenne fort, ließ seinen Vater rufen, der den Hauptmann weder erkannte noch sich an ihn erinnerte und ihn »unhöflich und ironisch« fragte, wo sie einander begegnet seien. Es war nicht, wie sie feststellten, in Melegnano gewesen (»verdammt gut möglich, dass Sie Recht haben«, gab der Hauptmann zu), sondern anderswo auf der Krim und in Italien. Zwar bestand Gauthier-Villars weiterhin darauf, Hauptmann Colette sei ihm niemals unter die Augen gekommen, doch war er einverstanden, jetzt seine Bekanntschaft zu machen.

Trotz Sidos Einwänden gegen den kostspieligen »Wissenschaftsspleen« ihres Gatten kam Jules Colette von da an »ziemlich oft« nach Paris, um die Buchhandlung zu besuchen und mit Jean-Albert Gauthier-Villars, »einem bereitwilligen Zuhörer und Zeugen«, die Kriegserinnerungen auszutauschen. Manchmal begleitete die junge Colette mit ihren »herrlichen Haaren« ihren Vater. Dann bemühte Willy sich sehr um beide, »bombardierte den Vater mit Wortspielen und fütterte die Tochter mit Süßigkeiten«.

Colette zufolge fand das entscheidende Treffen mit ihrem

künftigen Ehemann fünf Jahre später, im Sommer 1889, statt. Es war das Jahr, in dem Jean Cocteau und sein Klassenkamerad, Colettes dritter Ehemann, Maurice Goudeket, geboren wurden. Rachilde veröffentlichte *Monsieur Vénus*, einen Roman, in dem eine reiche, virile Adlige namens Raoule de Vénérande sich ihren Liebhaber aus der Arbeiterklasse zum Sklaven macht. Der Eiffelturm wurde fertig gestellt und in Paris die Weltausstellung eröffnet. In Auxerre wurde Hauptmann Colettes *Ode à Paul Bert* bei der Einweihung seines Denkmals rezitiert. Die Colettes hatten gerade eines ihrer letzten Güter verkauft, und im Juli bestand Gabrielle die mündlichen und schriftlichen Prüfungen für ihr *Brevet*.

Sie und ihr Vater feierten das mit einem Ausflug in die Hauptstadt, vielleicht, um die Weltausstellung zu besuchen. Im Alter erzählte Colette einem Freund, der Hauptmann habe in einem See in der Nähe von Saint-Sauveur einen großartigen Fisch gefangen und beschlossen, ihn den Gauthier-Villars zu schenken. Wenn das wahr ist, dann müssten die beiden mit ihrer in schmelzendes Eis verpackten Gabe vom Bahnhof direkt an den Quai des Grands-Augustins geeilt sein. Doch muss man sich fragen, was Willy und sein Vater mitten in den Sommerferien im Büro zu suchen hatten, wenn alle Pariser, die etwas auf sich hielten, auf dem Land waren.

Wo auch immer sie sich wieder trafen – nehmen wir um des poetischen Kontrasts willen an, zwischen den Stapeln trockener Journale in der Buchhandlung –, es ist leicht vorstellbar, welch unwiderstehlichen Eindruck eine sechzehnjährige Colette auf einen dreißigjährigen Willy gemacht haben musste. Alles war dazu angetan, ihn zu entzücken: die peitschenartigen Zöpfe, die Katzenaugen, die bewegliche Taille, ihre saloppe Sprache, die unglaubliche Frische (die geradezu dazu herausforderte, verdorben zu werden) und nicht zuletzt ihre selbstbewusste Einzigartigkeit. Er dürfte mit seinem sicheren Instinkt für das Großartige und Vitale, der ihn zu einem so differenzierten Kritiker, erfolgreichen Räuber und hoffnungslos blockierten Schriftsteller hatte werden lassen, abgeschätzt haben, wie viel Lustgewinn von ihr zu erwarten war.

In welchem Augenblick weicht die sexuelle Ängstlichkeit des jungen Mädchens der Bravour, die Colette so eindrücklich beschreibt? Vielleicht, wenn es zum ersten Mal Gelegenheit hat, seine eigene Stärke zu testen. Im Sommer, bevor Colette Willy kennen lernte, begann, nach ihrer eigenen ungefähren Chronologie, ihre Mutter zu argwöhnen, dass ein Freund der Familie – »ein über jeden Verdacht erhabener Mann«, in dessen Haushalt Colette ihre Schulferien verbrachte – »es auf mein kleines spitzes Gesicht abgesehen hatte, auf meine Zöpfe, die an meine Knöchel schlugen, auf meinen wohlgeformten Körper«. Madame Colette verlor keine Zeit. Sie setzte ihre Haube auf, bestieg den Zug und machte sich auf den Weg, um ihre Tochter zu retten. Als sie ankam, fand sie sie im Garten beim Spielen mit den Töchtern des Mannes und ihn still in die Betrachtung der Szene versunken. »Ein solches Schauspiel familiären Friedens vermochte Sido nicht zu täuschen. Außerdem stellte sie fest, dass ich hübscher aussah als zu Hause. So pflegen die Mädchen in der Wärme männlichen Begehrens zu erblühen, mögen sie nun fünfzehn oder dreißig Jahre zählen.«

Der Mann wurde nie identifiziert und die Anekdote auch nicht bestätigt, doch in einem späten Brief an ihre Freunde Francis und Eliane Carco äußert Colette einen Verdacht: Paul Bert besaß zusätzlich den Reiz, der »Intimfreund meines Vaters« zu sein. »Er wohnte in Auxerre in einem schönen Haus mit Garten, und ich kannte seine vier Töchter. Von der Mutter nach englischem Stil aufgezogen, liefen sie das ganze Jahr über mit nackten Armen und Beinen herum.«

Vielleicht spielt sie auf seinen Garten, seine Töchter und sein Begehren an, das ihr Erblühen bewirkte. Jedenfalls läge darin eine schöne Ironie. Bert war einer der Erbauer des öffentlichen Schulsystems, man kannte ihn als den »Vater der Lehrerbildungsinstitute«. Er wäre daher indirekt auch der geistige Vater der *Claudine*-Romane.

Colette kam aus Paris nach Hause und war wahnsinnig verliebt in den verlebten und fettleibigen, aber charismatischen Literaten, der ebenfalls ein Freund ihres Vaters war. Sie begann ihm heimlich zu schreiben. »Nur ein bestimmtes, vornehm aussehendes, blaugraues Papier erscheint mir würdig, meine selbstverständlich heimlichen Liebesbriefe zu überbringen«, lässt sie ihn wissen. »Wo soll ich mich verstecken, um sie zu schreiben?« Nicht in ihrem Zimmer, in das ihre Mutter hineinplatzen konnte, nicht in der Bibliothek, wo die Nachbarn auftauchten, um im Lexikon etwas nachzuschlagen. »Besser für die Schwärmerei, für das Klopfen eines jungen Herzens, für die Täuschung« war eine Bank an der Straße zwischen der Bahnstation und dem Dorf.

Colette tut so, als habe sie ihre Briefe ohne viel Nachdenken geschrieben. »Außer über die große Liebe, von der sie glaubte, dass sie in ihrem Herzen sei, hatte diese Siebzehnjährige nichts zu erzählen.« Sie mochte die Antworten ihres Geliebten, »die andere Stimme im Duett«. Doch ein Duett braucht zwei ziemlich ausgewogene Spieler oder Sänger. Willy schrieb ihr, er »zittere« bei der bloßen Vorstellung, dass sie seine Zeilen lese. Die Zeilen selbst zitterten. Er schrieb an den Rand und auf die offene Seite des Briefumschlags in einer spinnenartigen, mikroskopisch kleinen Schrift, »aggressiv und agil … Ich beneidete ihn um seine Leichtigkeit, um seinen feurigen, persönlichen Stil, der in einer so konzentrierten Handschrift enthalten war, dass ich oft eine Lupe brauchte, um sie zu entziffern.« Sie beneidete ihn also um seinen Stil! Mag Colette leugnen, dass sie jemals literarische Ambitionen gehabt habe – ihr Neid verrät sie. Neid ist der Wunsch, etwas zu besitzen. Er macht ihre Liebe verständlicher und interessanter, denn er verführte sie nicht nur als Liebhaber, sondern auch als Schriftsteller.

Viele Jahre später sagte Colette, sie habe ihre und, man darf annehmen, auch Willys Liebesbriefe ins Feuer geworfen. »Aus dem Feuer geboren, sind die meisten bereits vom Feuer verzehrt. [...] Oh, das war kein großes Autodafé, nur ein bescheidenes Abbrennen eines Stoppelfeldes.« Man brennt die Stoppeln vom vergangenen Jahr ab, um den Boden für die neue Saat fruchtbarer zu machen – ein treffendes Bild. Colette sollte vorsorglich und unbarmherzig die Erde jeder alten Liebe und jeder alten Liebesgeschichte versengen, bevor sie weiterpflügte.

Diese Bank zwischen Bahnhof und Dorf war auch ein geeigneter Ort, um jemanden zu treffen, der aus dem Zug stieg. »›Warum bist du nicht gekommen?‹, schreibt das verliebte Mädchen.« Und: »Mein viel geliebter Liebling, ich konnte die ganze letzte Nacht kein Auge zutun, du warst mir zugleich zu nah und zu fern.« Folglich trafen sie sich auch heimlich. Allerdings sagt Colette über solche Rendezvous nichts, ebenso wenig ihre Biografen. Aber in *Le Tendron* (*Ein junges Reis*), einer ihrer letzten und großartigsten Erzählungen, verteidigt Colettes Erzähler seine Vorliebe für »unreife Früchte«, indem er sie an ihre eigene erste Leidenschaft erinnert. »Haben Sie nicht selbst erklärt, dass Sie sich mit sechzehn wie toll in einen vierzigjährigen [sic!] Mann mit Glatze verliebt haben, der doppelt so alt aussah?«

Die Geschichte spielt in der Grafschaft Franche-Comté, wo Willys Familie und später Willy und Colette ein Landhaus besaßen. Ein Wüstling mittleren Alters ist auf dem Gut von Freunden zu Besuch und macht einen Spaziergang. Er trifft eine Fünfzehnjährige, die ihn vor einem wild gewordenen Ziegenbock rettet. Ihre soziale Stellung ist unklar. Sie scheint »halb bäuerlich, halb bürgerlich« zu sein. Er kehrt am nächsten Tag an die Stelle zurück und beginnt, sie zu umwerben. Sie weist seine Geschenke »entschieden« ab. Ihre kleinen Plaudereien müssen vor ihrer wachsamen, besitzergreifenden Mutter geheim gehalten werden.

Gegen Ende seiner Ferien verabreden der Durchtriebene und das Mädchen ein Rendezvous in der Dämmerung, bei dem sie sich ihm stürmisch in die Arme wirft. »Ich glaube, ein gewöhnlicher Mann, ich meine, ein gewöhnlicher Liebhaber«, sagt der Erzähler, »hätte geglaubt, in Louisette dem schamlosesten halb bäuerlichen Mädchen begegnet zu sein. Aber ich war kein gewöhnlicher Liebhaber.«

»Ohne allzu sehr ins Detail gehen zu wollen, was uns beide in Verlegenheit brächte«, beschreibt der Erzähler »Colette«, wie Louisette sich der Lust, geküsst zu werden, hingibt. »Sie nahm die sinnliche Lust wie ein gesetzlich verbrieftes Recht, doch hatte ich keinen Grund anzunehmen, dass sie irgendwelche früheren Erfahrungen besaß.« Bald treffen sie sich nachts, sobald die Mutter des Mädchens (die wie Sido um fünf Uhr aufsteht) sicher schläft. Doch Louisettes Loyalität der Mutter gegenüber ist so stark, dass ihr Liebhaber eifersüchtig wird; ihn beschleicht gar das Gefühl, sie nutze ihn zu ihrem Vergnügen aus, als sei sie »der lüsterne Mann, der ein bereitwilliges Mädchen gefunden hat«.

Am Ende der Geschichte entdeckt die übermächtige Mutter die beiden zusammen. »Ihre Ähnlichkeit mit Louisette ließ mir keinen Zweifel, keine Hoffnung«, sagt der Erzähler. »Mit einem weiten, großartigen Blick, wie Louisette ihn vielleicht nie haben würde«, überblickt sie die Szene. Er protestiert, er habe »sich nicht … auf eine Weise verhalten …« Doch sie unterbricht ihn. »Monsieur, darf man Ihr Alter erfahren?« Und »mit einem tiefen Griff ins Haar zwang sie ihre Tochter, mir ihr Gesicht zuzuwenden«. Louise knöpft ihre offene Bluse zu, schließt ihren Gürtel und murmelt, an ihre Mutter gerichtet: »Möchtest du, dass ich auf ihn losgehe, Mutter?« Und im örtlichen Dialekt: »Wir zwei jagen ihn, sollen wir?«

6

Colette mag gewusst oder vermutet haben, dass Willy ein Frauenheld war, aber im August 1889 hatte sie wahrscheinlich keine Ahnung, dass seine Gefühle ernsthaft auf eine andere Person gerichtet waren. Tatsächlich wohnte er in der Rue de l'Odéon mit »seiner ersten großen Liebe« zusammen, einer fünfundzwanzigjährigen Frau namens Germaine Servat. Sie hatten seit drei Jahren ein Verhältnis, und in diesem Sommer war Germaine von Willy schwanger geworden, obwohl sie auf dem Papier noch mit dem Fotografen und Karikaturisten Emile Cohl verheiratet war. Am 19. September gebar sie einen Sohn, den sie Jacques nannte.

Madame Cohl wurde daraufhin geschieden, und Willy erkannte seine Vaterschaft an, obwohl er weiterhin die Existenz dieses Kindes wie auch die Germaines vor seinen Eltern verheimlichte. Seine literarische Karriere war in voller Blüte. Die Musik bewegte das zeitgenössische Publikum so leidenschaftlich, wie es später das Kino tun sollte, und Willy hatte bemerkt, welch »astronomische Summen die Musikveranstalter ausgaben, um ihre Konzertserien und Opernaufführungen zu lancieren. Ich wusste«, sagte er einem Freund, »dass sich das Musikfeuilleton der großen Tageszeitungen in der Hand langweiliger Schreiber befand [...], die den Leser eher abstießen. [...] Mir kam die Idee, Artikel zu schreiben, die witzig, spöttisch und vergnüglich zu lesen waren.«

Er hatte gerade *Lutèce* verlassen, um Musikkritiker von *Art et critique* zu werden, und signierte seine wöchentlichen Rezensionen mit »die Platzanweiserin vom Sommerzirkus«. Caradec datiert die Geburt der »Platzanweiserin« auf einen Abend, den Willy mit Emmanuel Chabrier bei der Premiere von Massenets *Le Cid* verbrachte. »›Alter Junge‹«, sagte Chabrier zu Willy, »›das ist ziemlicher Mist.‹ Diese entschiedene Aussage gab mir eine Kostprobe, wie Musikkritik sein sollte.«

Das Debüt der Platzanweiserin war auch für Willys Karriere entscheidend. 1892 wechselte »sie« zum weit verbreiteten *Echo de Paris* und machte Willy damit zum bestbezahlten, einflussreichsten und umstrittensten Journalisten von Paris. Willys Kritiken waren leidenschaftlich, kompetent, gespickt mit Wortspielen und nicht selten bissig. Da ein Einzelner unmöglich so viele Konzerte besuchen und besprechen konnte, wie die Zahl seiner Artikel erfordert hätte, heuerte Willy Helfer an. Die Liste seiner »Mitarbeiter« ist fast so lang wie die Bibliographie seiner Publikationen. Manche Helfer versorgten ihn mit »technischen Informationen«, darunter Debussy, Fauré und Vincent d'Indy. Andere waren obskure oder mittellose junge Schriftsteller und Musiker – Léo Colette zum Beispiel –, sie entwarfen die Kritiken, die Willy dann ausschmückte. Manchmal bestätigte er sie, manchmal auch nicht, und sollten sich seine Schreiber ausgebeutet gefühlt haben, kaum einer protestierte. »Wenn wir unsere Vergangenheit als Geprellte heraufbeschwören«, schrieb Colette, »haben wir die Gewohnheit bewahrt [...] zu sagen: Damals, als wir in den Werkstätten gearbeitet haben ...« Henry Gauthier-Villars rezensierte inzwischen Musik unter seinem eigenen Namen und veröffentlichte gelehrte Bücher über Fotografie, während Maugis, Jim Smiley, Boris Zichine und andere am laufenden Band laszive humoristische Almanache und Artikel produzierten.

Während der massige Erotomane jede Nacht aus war, um seinem »Talent zur Allgegenwart« zu frönen, wie Caradec es so fein ausdrückt, und noch mehr Eroberungen zu machen – darunter offensichtlich auch ein Naturkind aus der Puisaye –, war die Mutter seines Sohnes zu Hause und lebte im Schatten ihrer Sünden. Als eine Geschiedene mit Bastard wäre sie von keiner angesehenen Pariser Gastgeberin empfangen worden. Am Silvesterabend 1891 starb Germaine Servat plötzlich. Viele Jahre später deutete Colette an, dass »die Mutter von [Willys] Sohn Selbstmord begangen habe«. »Ich weine schamlos um sie«, sagte Willy einem Freund, »und ich verfluche es, verpflichtet zu sein, ein lustiges Manuskript zu schreiben, während mein Herz tränenschwer ist.« Germaines Eltern weigerten sich, die Liaison und deren Frucht anzuerkennen, und begruben die Tochter unter ihrem Ehenamen. Willys Eltern oder zumindest seiner Mutter hatte man immer noch nichts gesagt. Mit seiner Trauer und dem Zweijährigen allein und vielleicht bemüht, Trost für die Erstere und Unterkunft für den Zweiten an ein und demselben Ort zu finden, vertraute er sich einer Familie an, die nicht die bürgerlichen Vorurteile der Servats oder der Gauthier-Villars teilte. Ein oder zwei Wochen nach dem Begräbnis bat er die Colettes, in ihrem Dorf für Jacques eine Amme zu suchen.

6. KAPITEL

In wenigen Stunden macht ein gewissenloser Mann aus einem unwissenden Mädchen einen Ausbund an Libertinage, der keinen Ekel kennt. Der Ekel ist nie ein Hindernis gewesen. Er kommt später, genau wie die Anständigkeit. […] Oft wundert sie sich sogar: »Und was gibt es noch? Ist das alles? Machen wir's wenigstens noch einmal?« […] Warum betrachtet sie den vom Mondschein oder von der Lampe vorteilhaft beleuchteten Schatten Priapus an der Wand nicht länger! Dieser Schatten enthüllt schließlich den Schatten eines bejahrten Mannes, der einen trüben, unergründlichen, bläulichen Blick, die Gabe zu erschütternden Tränen, eine herrlich verschleierte Stimme, die sonderbare Leichtfüßigkeit des Fettleibigen, die Härte einer mit Kieseln gefüllten Daunendecke hat.
Colette, MEINE LEHRJAHRE

I

Achille Robineau-Duclos hatte inzwischen sein Medizinstudium abgeschlossen und kaufte eine Praxis in der Kathedralenstadt Châtillon-sur-Loing (heute Châtillon-Coligny) in der Loiret. Sidos Einkünfte hatten sich, seit sie auch die restlichen Höfe verloren hatte, weiter verringert. Die Colettes lebten nun von der bescheidenen Pension des Hauptmanns, dreihundert Francs im Monat. Im Sommer 1890 zogen sie zu ihrem ältesten Sohn und teilten mit ihm sein Haus nahe dem Hauptplatz. An einem Fenster im obersten Stockwerk ritzte Colette Willys Namen ins Glas ein; er ist dort immer noch zu sehen.

Der Umzug war für sie traumatisch, obgleich nicht ganz so entwürdigend, wie sie ihn beschreibt. Das Haus in der Rue de l'Hospice wurde nicht verkauft, sondern lediglich vermietet. Ebenso wenig wurden die Möbel von Gläubigern beschlagnahmt und von Gerichtsvollziehern auf die Straße geschleppt. Die Familie versteigerte, was sie in ihren neuen und kleineren Räumen nicht unterbringen konnte. Es erscheint vielleicht kleinlich, gegen Colette auf diesen Fakten herumzureiten; schließlich hat jedes Leben, wenn man es näher betrachtet, seinen Einbruch oder auch Einbrüche, und für Colette war der Abschied von Saint-Sauveur so ein Einbruch. Als sie später Claudines weniger demütigenden Umzug von Montigny nach Paris beschrieb, hieß es: »Stück für Stück verpackte man meine Möbel, meine Bücher und meine kleinen Liebhabereien, während ich daneben stand, von Widerwillen geschüttelt, erfroren und schlechter gelaunt als eine Katze im Regen. Zusehen zu müssen, wie man meinen zierlichen, tintenbekleckssten Mahagonischreibtisch davonschleppte, mein Himmelbett aus Nussholz und die alte normannische Anrichte, die mir als Wäscheschrank dient, kostete mich fast einen Nervenzusammenbruch. Papa hingegen, munterer denn je, spazierte vergnügt mitten durch den Weltuntergang und sang aus voller Kehle [...]. Nie habe ich meinen Vater so wild gehasst wie an jenem Tag.«

Doch bevor die Familie wegzog, sollte Colette bei der Einweihung des neuen Schulhauses von Saint-Sauveur die offizielle Rede halten. Dr. Merlou, der zum Bürgermeister gewählt worden war, leitete die Zeremonie. Diese Abschiedsrede, die sie in einem jungfräulich weißen Kleid vortrug, war nicht ihr letztes Wort zum Thema Schule.

Achille war, laut Colette, als junger Mann bemerkenswert »gut aussehend und verführerisch«. Er sollte erst relativ spät – mit fünfunddreißig Jahren – heiraten. Als Junggeselle, bezaubernd zu seinen Patienten und wählerisch im Hinblick auf Frauen, ließ er sich auf mehrere Abenteuer ein. Einem Freund vertraute er an, vor fünf

Jahren eine Geschlechtskrankheit überstanden zu haben, die er sich wahrscheinlich in Pariser Bordellen zugezogen hatte. Colette beschrieb, wie eine junge Dorfschönheit ihm in seiner Praxis ihre Jungfräulichkeit anbot. »Sie entblößte einen so stattlichen, so festen, so straff in seiner Haut steckenden Körper, dass mein Bruder nie wieder seinesgleichen sehen sollte.« Sie liebten sich in seiner Praxis und auf den Feldern. Sie bekam einen Sohn mit den lockigen Haaren seines Vaters, auf den sie irrsinnig stolz war. Sido sah dieses Enkelkind einmal und »musste fortgehen … ich hätte es ihr sonst weggenommen«.

Sido behauptete, sie habe in Achilles Herz »keine Rivalin«, aber auch Colette musste zugeben, dass ihre Mutter durch seine Affären »gewöhnlich«, das heißt gedemütigt und beschmutzt wurde. »Ach! dass ich sie so verkleinert wieder sähe«, schreibt sie in *Die Freuden des Lebens*, »die Wangen glühend vor Eifersucht und Zorn!« Eine ihrer eigenen ersten und prägenden Leidenschaften war ihre Eifersucht auf die Eifersucht ihrer Mutter auf Achille.

Doch Colette war inzwischen dem »schwierigsten Alter« entwachsen und befand sich in der Phase »der großen Hingabe, der Berufungen«. Achille nahm sie auf seine Hausbesuche mit und lehrte sie, ihm zu assistieren. Sie lernte, Arzneimittel abzuwiegen und Wunden zu nähen; sie knüpfte die Fäden, für die seine Finger zu dick waren. »Ich wollte Ärztin werden«, erklärt sie. Das ist umso ungewöhnlicher, als es in ganz Frankreich nur sieben Ärztinnen gab.

Diese Hausbesuche ergänzten Colettes Schullektionen. Dabei entdeckte sie, dass ihr nichts Natürliches je fremd sein würde (außer vielleicht die Mutterschaft), nicht jedoch das »Blut, das wild aus der Vene sprang«, wenn sie einen Stich machte, und auch nicht die »friedliche Verderbtheit der ländlichen Sitten, wie sie da erwacht und im reifen Gras […] oder zwischen den warmen Leibern des ruhenden Viehs ihre Befriedigung findet. Paris und das Quartier Latin hatten [Achille] nicht auf so viel Wissen, Geheimnis und Vielfalt vorbereitet«, was die Erotik anging. »Aber auch an Unverfrorenheit fehlte es nicht, besonders bei den Mädchen.« Da war sie im Element ihrer späteren Prosa.

2

Colette erholte sich gerade von einer schweren Grippe, als Willy, eine Woche vor ihrem siebzehnten Geburtstag, mit Jacques in Châtillon ankam. Inzwischen wusste die Familie von ihrer Romanze und betrachtete die beiden als inoffiziell verlobt. »Es ist ein hübscher Säugling [!] von achtundzwanzig Monaten«, schrieb Sido an Juliette, »dessen Mutter im Sterben liegt [sic!]. [...] Dieses Kind sollte es Gabri ermöglichen, sich durch den Haupteingang Zutritt zur Familie Gauthier-Villars zu verschaffen, denn sein Großvater ist verrückt nach diesem Kind, und er muss wegen des Kleinen der Heirat seines Sohnes mit einem jungen Mädchen ohne Mitgift zustimmen; und wenn das nichts nützt, dann, glaube ich, wird man [der Familie] die Leviten lesen müssen.«

Colette behauptete, Sido habe Willy immer gehasst und nie gewollt, dass sie ihn heirate. Dieser Brief spricht für das Gegenteil. Nicht nur scheint es Sido nichts ausgemacht zu haben, dass Willy eine Geliebte hatte, wenngleich sie sterbenskrank war und überdies einen Sohn besaß. Auch dass er ihrer Tochter den Hof machte (und, wenn man zwischen den Zeilen liest, sie auch verführte), während er in Paris mit einer Mätresse zusammenlebte – dass er ihr Haus gewissermaßen durch die Hintertür betreten hatte –, das alles betrachtete Sido als taktischen Vorteil.

Varennes unveröffentlichte Notizen machen diese sich überschneidenden Mitteilungen, obskuren Motive und Lügen nur noch verworrener: Colette erfuhr von ihrem Vater, dem sich Willy anvertraut hatte, dass dieser Witwer und Vater eines dreijährigen [sic!] Jungen sei, dessen Mutter [...] kürzlich gestorben war – ein

Umstand, der [ihre romantischen] Gefühle nur noch steigerte. [...] Die Reise mit seinem kleinen Jungen nach Châtillon-Coligny, um Sido kennen zu lernen und um Gabrielles Hand anzuhalten [...] war das reizende Vorspiel zu der Heirat, die [sechzehn Monate] später stattfinden sollte.«

Willy war nicht nur für den Hauptmann, sondern für die ganze Familie Colette ein attraktiver zukünftiger Schwiegersohn. Sido war mächtig stolz, jetzt einer Schriftstellerfamilie anzugehören, und Willy hatte viel mit den Landoys gemeinsam, denen er ebenfalls sympathisch war. Sidos älterer Bruder Eugène war 1880 gestorben, aber ihr jüngerer Bruder Paul war auch ein bekannter Journalist, Verleger und Theaterdirektor. Eugènes Sohn, der Humorist Raphaël Landoy, unterhielt Willy in Brüssel aufs Amüsanteste. Er nannte ihn »*mon cher alter magot*« – ein Wortspiel auf »Alter Ego«, das auch »Kerl« bedeutet. Willy hatte Achille und Léo, die ihm bei seinen Rezensionen halfen und seine Leidenschaft für Musik teilten, seit langem bezaubert.

Willys Familie nahm die Ankündigung der Verlobung mit einigem Schrecken auf. In jenem April fuhr Colette allein nach Paris. Sie wohnte bei einer Freundin der Familie, Madame Cholleton. Sie war die Witwe eines Generals, mit dem zusammen Hauptmann Colette St. Cyr besucht und später in Algerien und auf der Krim gekämpft hatte. »Wenn die Colettes, ruinierte Provinzler, keinen guten Eindruck machten«, schreibt Claude Pichois, »dürfte die Witwe des Generals [...], Gabris Anstandsdame, der Familie Gauthier-Villars Vertrauen eingeflößt haben.«

Unter einer Anstandsdame würde man sich demnach eine strenge Gestalt in schwarzem Taft vorstellen, die ihren Rosenkranz umklammert hält. Nichts dergleichen. Die in Algerien geborene Witwe Cholleton hatte ihren Mann dort kennen gelernt, als er bei den Zuaven diente und sie in der Oper im Chor sang. Colette sah in »Madame la Générale« eine »konvertierte Jüdin«, die »mich ein paar gute Haremsbräuche [lehrte], unter anderem die Gewohnheit, das Bedürfnis, Kajal zu benutzen. Als Witwe blieb sie so mancher afrikanischen Koketterie treu, zum Beispiel dem Lockenwickeln, den Rosenkränzen aus blauen Perlen, aus Gazellenkötteln, den beschwörenden Fetischen.« Sie beköstigte Colette mit »Couscous und den fettigen Süßigkeiten Oraniens« und schockierte sie durch ihr Flirten mit dem Hausdiener. »Ich war in dem unversöhnlichen Alter, das den reifen Menschen das Recht abspricht, verliebt zu lieben.«

Was ihre Diskretion als Anstandsdame betraf, gönnte Madame Cholleton Gabri so viele Theaterabende in Begleitung ihres Verlobten, wie sie wollte. Colette benutzt diese Erfahrung bei ihrer Darstellung einer berühmten Szene in *Claudine*. Claudine und ihr »Onkel« Renaud besuchen ein Schauspiel, und es ist fast Mitternacht, als das Stück endet. Claudine möchte über die Boulevards spazieren. Sie kommen an einem Café vorbei, und sie bittet, sie möchten hineingehen, sie sei durstig. Renaud hat Bedenken; es sei eine laute Spelunke der Boheme. »Umso besser!«, antwortet Claudine. Sie bestellt ein Glas Asti, dann noch eines, und die »süße, verräterische Glut« des Weins steigt ihr zu Kopf. »Sie trinken wie ein Säugling«, sagt Renaud zu ihr, »alle Grazie der Tiere ist in Ihnen.«

Im Taxi auf dem Weg nach Hause bittet sie Renaud, sie zu küssen. Als er der Versuchung widersteht, wirft sie ihm in eifersüchtiger Wut vor, sie loswerden zu wollen, um mit seinen anderen Frauen schlafen zu können. Erregt und zitternd bringt er sie zu ihrer Tür. Am nächsten Tag beschließt sie – ihres »Schicksals« gewiss –, sich ihm anzubieten: »Wegen meines edlen Vaters, des Wahnsinnigen, brauche ich einen Papa, einen Freund, einen Geliebten ... Mein Gott, einen Geliebten! [...] Meine Freiheit lastet schwer auf mir, meine Unabhängigkeit bringt mich zur Verzweiflung; was ich seit Monaten, seit langem schon, gesucht habe, ist ein Herr und Meister.«

Willy behauptete später, diese Romanszene sei eine genaue

Beschreibung der tatsächlichen Ereignisse, nur mit einem kleinen Unterschied: Colette wartete nicht bis zum Morgen mit ihrem Ausruf: »Ich sterbe, wenn ich nicht deine Geliebte sein kann!« Und wer weiß, vielleicht verhielt er sich so ehrenvoll wie Renaud. Aber Colettes Abenteuer als Frau begann, so schrieb sie, in »einem sträflichen Rausch, einer scheußlichen und unreinen Jugendschwärmerei. Sie sind zahlreich, die gerade heiratsfähigen Mädchen, die davon träumen, das Schauspiel, das Spielzeug, das ausschweifende Meisterwerk eines reifen Mannes zu sein. Ein hässliches Verlangen […]«

Jacques Gauthier-Villars blieb bis Juli 1892 in Châtillon, wohnte mit einer Amme im Haus neben den Colettes und »nahm«, wie Sido Juliette erzählte, »viel von meiner Zeit in Anspruch«. Willy hatte inzwischen seine Mutter, die ihr Enkelkind noch keines Blickes gewürdigt hatte, überredet, es großzuziehen. Er kam, um Jacques nach Paris zurückzuholen, und fuhr dann nach Bayreuth, um für *L'Echo de Paris* über die Wagner-Festspiele zu berichten. Er litt an einer unbestimmten Krankheit; das »quälte« Sido, die fürchtete, »all das könnte nicht zum Besten ausgehen«.

Colette hat sehr wenig über diese Zeit geschrieben, außer der Bemerkung, dass »das rauschhafte Gefühl eines verliebten Mädchens weder so beständig noch so blind [sei], wie sie glauben möchte. Aber ihr Stolz lässt sie stumm und tapfer bleiben.« Willy stattete ihr während ihrer Verlobungszeit nur selten Besuche ab, dann brachte er ihr Bücher oder Süßigkeiten mit. Ihre Eltern, etwas verspätet um ihren guten Ruf besorgt, hatten ihm verboten, ihr teure Geschenke zu machen, was seiner Neigung zum Geiz zweifellos entgegenkam. Wenn er abreiste, begleitete sie ihn immer die paar hundert Meter zum Bahnhof, um ihn ein wenig für sich zu haben. Ihre Brüder neckten sie wegen seiner Kahlköpfigkeit, und die Mutter sagte: »Wollt ihr wohl still sein! […] Müsst ihr der Kleinen unbedingt wehtun?« Worauf Achille antwortete: »Das ist sehr gut für sie. […] Sie wird noch mehr Kummer erleben, wenn sie erst verheiratet ist. Das härtet sie ab.«

Colette musste allen Stolz und alle Selbstüberzeugung aufbieten, denn die Verlobung wurde von ihrer Schwiegerfamilie immer noch für höchst »bedauerlich« gehalten und galt als skandalumwittert. Sowohl die Familie der Colettes als auch Willy erhielten anonyme Briefe, die in Saint-Sauveur aufgegeben waren. Die an die Familie adressierten Briefe »machten Willy schlecht«, wie Sido Juliette erzählte, so dass die Colettes sich gezwungen sahen, so zu tun, als sei die Heirat verschoben worden. Die an Willy gerichteten Briefe dürften Colettes Ehre in Zweifel gezogen haben, denn viele Jahre später, als er selbst gern ihre Ehre kritisierte, erfand er eine Gestalt namens »Vivette Wailly«, die er dann als jenes »gewitzte kleine Frauenzimmer vom Lande [beschrieb], das, fast sterbend vor Armut, in ihrer Gegend nicht zu verheiraten war«, weil es mit einer Musiklehrerin weggelaufen war.

Im November 1892 unternahmen Colette und der Hauptmann eine Reise nach Paris, bei der sie endlich Willys Eltern vorgestellt wurde. Er zeigte ihr die künftige gemeinsame Wohnung, die bis hin »zu den Pfannen und Töpfen« vollständig eingerichtet war. Viele Jahre später erzählte Colette einem Freund, »ohne die grundehrlichen Gauthier-Villars hätte [Willy] mich nach drei Jahren [sic!] Verlobung nicht geheiratet«. Seine eigenen Briefe erzählen eine andere Geschichte. Im April 1893 schrieb er aus Châtillon an seinen Freund Marcel Schwob, er »träume vom Heiraten und sei von der akrobatischen Grazie seiner hübschen kleinen Colette ganz hingerissen. In einem Monat werde ich sie geheiratet haben. Da hast du es. Ich werde keinen Sou besitzen. Na schön!« Wenige Tage später kündigte er seinem Bruder Albert seine Heiratspläne an:

> Auf ein Wort. Ich habe dich gerade nicht treffen können, um dir ein Ereignis anzukündigen, von dem du vielleicht

schon im Haus hast reden hören […]. Ich werde die Tochter des Hauptmanns (von Châtillon) heiraten und bin glücklich, mich einer Familie, die sich geradezu rührend um Jacques gekümmert hat, erkenntlich zu zeigen. Meine Frau hat übrigens keine Mitgift, was unseren Eltern nicht angenehm ist. Aus ihrer Sicht haben sie Recht, davor zurückzuschrecken. Nach meinem Gewissen kann ich nicht anders handeln. Könntest du diese Nachricht bitte an Valentine [Alberts Frau] weitergeben, deren Familie in schrille Schreie ausbrechen wird. Aber eine Ehe wie deine, in der sich köstliche Zärtlichkeit und … wie soll ich sagen? … sichere Behaglichkeit verbinden, ist so selten! Ihr habt es geschafft, die Liebesheirat mit der Geldheirat zu vereinen. […] Was mich angeht, ich mache keine Geldheirat, o nein! Wenn ich mich frage, mit welchem Recht ich das eine »Liebesheirat« nenne, dann antworte ich mir, vielleicht mit keinem. Die Liebe, die grandiose, die brennende und bohrende, ist, so glaube ich, ein Schwindel der Romanschreiber. Und wenn es Bruchstücke dieser idealen Sache gibt, dann bestattet man sie in Bagneux [dem Friedhof, in dem Germaine begraben lag], man ersetzt sie nicht, mein Lieber …

Albert Gauthier-Villars antwortete rasch, und Willy ging auf seine Einwände ein:

Du sagst, dieses junge Mädchen werde eine sehr schwierige Stellung haben. Doch wo denn? Du wirst mich nicht für so schwachsinnig halten, dass ich sie, was zum Teufel, den Meinen aufzwingen werde. Wir werden sehen! Meine Eltern sind überzeugt, das sei eine bedauernswerte Ehe. Ich bin weniger überzeugt. Wenn sie ihre Meinung ändern, umso besser, und [Colette] wird wahrscheinlich tun,

> was sie kann, um das zu bewirken. Wenn sie dabei bleiben, was ihr gutes Recht wäre, ihr die kalte Schulter zu zeigen, obwohl sie das nicht verdient hat, werde ich bestimmt nicht daran arbeiten, dass sie diese Einstellung aufgeben. [...] Schließlich sagst du, ich heirate ohne viel Freude. Du hast Recht, es ist wahr, daran kann ich nichts ändern, alle glauben, ich hätte nach dem Schlag, den ich habe einstecken müssen [den Tod Germaines], meine Ohren geschüttelt wie ein nasser Hund und alles vergessen. Das ist vielleicht nicht ganz wahr.

Auch 1893 war ein Mann nicht verpflichtet, eine junge Frau nur deshalb zu heiraten, weil ihre Familie ihm geholfen hat, für seinen Sohn eine Amme zu finden. Wenn Willy »nach seinem Gewissen« nicht anders handeln konnte, dann musste er eine drängendere Verpflichtung verspürt haben. Vielleicht hatte er wie der Liebhaber von Louisette »sich nicht so verhalten, dass ...«, wahrscheinlich aber hatte er genug getan. Colette erzählte später ihrem dritten Ehemann Maurice Goudeket, Willy habe sie vor ihrer Ehe vergewaltigt. Diese Beschuldigung lässt sich nicht verifizieren, noch weniger datieren. Aber Sidos Äußerung, man müsse den Gauthier-Villars »die Leviten lesen«, spricht eine deutliche Sprache. Zugleich liegt darin auch der Hinweis auf einen heiklen Kompromiss. In nüchterneren Augenblicken scheint Colette, ähnlich wie ihre Mutter, hinsichtlich ihrer ersten Ehe eher praktisch gedacht zu haben: »Was willst du?«, sagte sie im Alter zu einem Freund. »Ich hatte nicht die Wahl, ich hätte sonst nur entweder ledig bleiben oder Lehrerin werden können.«

Das Aufgebot wurde in der letzten Aprilwoche bestellt und die Feier für die zweite Maiwoche anberaumt. Am vierten Mai enthielt die Klatschspalte des *Gil Blas* eine hässliche kleine Notiz: »Gesprächsthema Nummer eins in Châtillon ist der heftige Flirt zwischen einem unserer geistreichsten Pariser *Clubmen* und einer exquisiten Blondine [sic!], die in der Gegend wegen ihres Haars berühmt ist. Es scheint, als ob das Wort Heirat noch nicht gefallen ist. Daher raten wir der liebreizenden Besitzerin von zwei wundervollen goldfarbenen Zöpfen dringend, sich – auf Anraten von Mephistopheles – ihre Küsse zu sparen, bis sie einen Ring am Finger hat.«

Willy forderte den Verleger zu einem Duell und verletzte ihn am Bauch. »Dabei hätte ebenso gut Willy verwundet werden können«, sagte Sido zu Juliette, »und Gabri ist fast so aufgeregt, als sei er das auch.«

Sidonie-Gabrielle Colette und Henry Gauthier-Villars heirateten am 15. Mai 1893. Die Eltern des Bräutigams hatten ihre Zustimmung gegeben, kamen aber nicht zur Hochzeit. Sie entzogen Willy den Posten im Familienbetrieb und reduzierten seine finanzielle Beteiligung daran auf einhunderttausend Francs in Aktien und ohne Mitspracherecht. Die Halbschwester der Braut und deren Gatte wurden nicht eingeladen, obwohl sie mit Sido wieder Kontakt hatten. Wie Sido Charles Roché erklärte, habe Achille sie nicht dabeihaben wollen, aber »ohne ihn und seine Hilfe wäre diese Heirat gar nicht zu Stande gekommen«. Es ist unklar, was für eine Hilfe er leistete, aber vielleicht zahlte er Colettes Aussteuer, die laut Ehevertrag den Wert von fünftausend Francs haben sollte, und eine kleine Treuhandschaft, die noch weitere dreitausend einbrachte.

»Hat man jemals eine stillere Hochzeit gesehen?«, fragte Colette rhetorisch. Es gab, vielleicht wegen des ganzen Geredes, keine Fotografen. Der standesamtliche Teil fand im Rathaus statt und die kirchliche Trauung, eher eine einfache Segnung denn eine Messe, am selben Nachmittag. Die Braut trug ein Kleid aus weißem Musselin mit roten Nelken und anstelle eines Schleiers oder Diadems um die Stirn ein breites Satinband – »*à la Vigée-Lebrun*«.

Zwischen den beiden Zeremonien zogen sich Willy und seine beiden Trauzeugen, Pierre Veber und Adolphe Houdard, mit Colettes Trauzeugen, ihrem Cousin Jules Landoy und Achille, zurück, um einen Zeitungsartikel zu schreiben. Die Braut, »daran gewöhnt, auf dem Rücksitz Platz zu nehmen«, schlüpfte derweil in den Garten. »Konnte es sein, dass ich dort, bei den Tomatensetzlingen und der gescheckten Katze, einen Augenblick lang ahnte, dass ich einen Fehler gemacht hatte und mir nun Mut zusprach?«

Nach der Kirche setzten sie sich zu einem einfachen, wenngleich reichhaltigen Hochzeits-»Frühstück« (um sechs Uhr nachmittags), dessen denkwürdigster Gang aus einem Seehecht in *sauce mousseline* bestand. Der Champagner machte Colette schläfrig, und sie sank am Tisch um. Sie wurde rechtzeitig von Sido geweckt, um »die Torte anzuschneiden, die Nougatzinnen niederzulegen, mit der silbernen Tortenschaufel den grün- und rosafarbenen Zuckerguss zu zerstören …«

Es war ein ungewöhnlich warmer Abend. Die Dunkelheit war hereingebrochen und die Gäste waren verschwunden, als die Frischvermählten sich in ihr Zimmer zurückzogen. Am anderen Morgen trennten Colette »tausend Meilen, Abgründe, Entdeckungen, Metamorphosen« von ihrer Kindheit. Doch es gibt eine Koda zu diesem Kapitel ihres Lebens.

Die Braut kam nach unten, schreibt Colette, fand Sido in der Küche beim Anrühren der Morgenschokolade. Sie trug noch ihr Abendkleid aus schwarzer Seide, ihr Gesichtsausdruck war unendlich traurig. Es lohnt sich, innezuhalten und die Gestalt dieser trauernden Ceres und die Angst, die sie erfüllt, zu betrachten. In dem kleinen Haus, in dem ihre Tochter (zumindest offiziell) ihre Jungfräulichkeit verlor, hatte die Mutter sich nicht zu Bett begeben; sie war die ganze Nacht wach geblieben, sichtlich gequält und unglücklich. Sido konnte den Gedanken nicht ertragen, dass Colette »mit einem fremden Mann wegging« oder auch nur, dass sie in ein erwachsenes Sexualleben eintrat, Colette ihrerseits hielt die Traurigkeit ihrer Mutter kaum aus.

Bei dieser Szene fühlte ich mich an Tania Blixens Bild für die Qual der Trennung erinnert: die Geschichte von Jakobs Ringen mit dem Engel in der Bibel. »Ich lasse dich nicht«, sagt Jakob zum Engel, »du segnest mich denn.« Sido überließ ihrer Tochter viele Gaben von unschätzbarem Wert, doch gab sie ihr für ihr Weggehen nie den Segen.

ZWEITER TEIL

7. KAPITEL

So viele Frauen möchten verdorben werden, aber nur wenige sind auserwählt!
Colette, LE PUR ET L'IMPUR

I

Ein Sonntag im Herbst 1893. Die Straßen von Paris sind leer, die Cafés voll, die Rosskastanien changieren bernsteinfarben unter dem gewaltigen Himmel, und die Abenddämmerung senkt sich nieder. Colette und Willy haben mit seinen Eltern in Passy gespeist. Das Kindermädchen brachte den kleinen Jacques in den Salon, und die junge Stiefmutter, seine *»petite maman«*, nahm ihn auf den Schoß. Sie trug ihre Hochzeitsperlenkette und ein Kleid in *lie-de-vin*, dem Dunkelrot des Bodensatzes im Bordeauxwein, mit rundem Leinenkragen. Der rostrote Zopf, den fast jeder erwähnt (»dieses Haar fällt auf«), schlängelte sich wie eine schlafende Python auf dem Sessel neben ihr. Wollte das Kind ihn berühren? Bestimmt.

Sie verabschiedeten sich und machten einen kleinen Spaziergang, um die sonntägliche Trägheit nach zu viel Essen und zu viel gestelzter Freundlichkeit abzuschütteln. Nach alledem hätte Colette so sehr eine zärtliche Geste gebraucht, während Willy sich eine Zigarre anzündete und vielleicht darüber nachdachte, was er für Opfer gebracht hatte, ein Mädchen ohne Geld zu heiraten, und – als er eine Droschke rief und sie ihre Röcke raffte, um einzusteigen – wie diese Opfer auszugleichen wären.

Als die Straßenlaternen angezündet wurden und die Kirchenglocken läuteten, fuhren sie nach Norden, durch Straßen, an denen damals noch Landhäuser mit großen Gärten lagen. Der Wagen näherte sich dem Triumphbogen und fuhr die Avenue Hoche hinab, dann hielt er vor einer Villa aus dem Zweiten Kaiserreich mit auffallender Marmorfassade. Eine nackte Venus stand im pompejanischen Vestibül. Dort übergaben sie ihre Mäntel einem livrierten Diener. Dann gingen sie in den ersten Stock hinauf und betraten einen riesigen Empfangssaal, in dem dicht gedrängt alte Meister hingen und die Stühle knapp waren. Inzwischen war der Saal recht voll.

André Billy beschrieb den Salon von Madame Arman de Caillavet als eine »Kapelle« und ihre Sonntage als »Gottesdienste«, die vom Hohenpriester Anatole France, ihrem Geliebten, zelebriert wurden. Elisabeth de Gramont, Herzogin von Clermont-Tonnerre, verglich den Raum mit einem »Bahnhof« und France mit einem Bahnhofsvorsteher, obgleich sie im selben Kapitel auch von einer »Börse« spricht, deren *raison d'être* in ihrer »Nützlichkeit«, im »Austausch von Dienstleistungen« bestand (wobei sie ihren aristokratischen Widerwillen als demokratische Bewunderung bemäntelte). Die ehrgeizigen Journalisten, Schriftsteller und Politiker, die die Herzogin hier traf, vermittelten ihr »einen kleinen Einblick in die Bestandteile des [ganz anderen] Milieus, aus dem ich stammte. Dieses Milieu bat um nichts, denn es hatte nichts anzubieten. […] Aber es bewahrte den Zauber der Vergangenheit, der Eleganz, des Spaßes und der Kunst, sich zu vergnügen.«

Colettes Milieu lag dem Milieu der Madame Arman ebenso fern wie das der Madame de Gramont, obwohl die Wege beider – aus dem Dorf und aus dem Schloss – zusammenfallen sollten, wie sie in Prousts Meisterwerk in der klassenlosen Zuflucht von Lesbos zusammenfallen.

Willys Ehe weckte in seinem riesigen Bekanntenkreis, der sich bei Madame Arman zum Sonntagstee versammelte, große Neugier, handelte es sich doch dabei weder um eine Zweckheirat noch offenbar um Liebeswut. Ebenso wenig schien eine solch »schändliche Vereinigung« vorzuliegen, wie Proust sie bewunderte, die den trotzigen Mann von Welt abschneidet von der Gesellschaft, in der er sich mühsam eine Position geschaffen hat. Diese Heirat schien eine Kaprice zu sein, und Colette merkte, als sie im Salon Hände schüttelte, dass die illustren Männer und Frauen, die sie da traf, nach einem Schlüssel zu ihrem geheimen Wert suchten. Doch den lieferte sie nicht, zum einen aus Stolz, aber nicht minder, weil sie ihn selbst nicht besaß.

Willys Sinn für »Nützlichkeit« war ungewöhnlich ausgeprägt. Er unterhielt wenige Beziehungen, die er nicht ausbeutete. Und da Colettes Talent und dessen Lukrativität sie noch nicht zu »diesem kostbaren Kind« gemacht hatten – diesen Ausdruck verwendete er später Rachilde gegenüber –, behandelte er sie mit einer Lässigkeit, die bei ihr den Eindruck verstärkte, sie sei in dieser Welt kaum etwas wert. Mit den Gedanken bei seinen Geschäften, stellte er sie irgendeinem Freund vor, einem gebildeten, melancholischen Kenner des Schönen. Nach ein paar Worten ging er, um sich anderen Gästen zuzuwenden, und überließ die beiden ihrem Plaudern über einen weltläufigen Gegenstand, bei dem Madame Willy mitreden konnte: Monsieur Willy.

2

Nach Colettes Urteil war das erste Jahr ihrer Ehe mit Willy die unglücklichste Zeit ihres Lebens, sieht man einmal von den sechs Wochen Ende 1941 ab, als ihr dritter Mann von den Nationalsozialisten gefangen genommen wurde. Allerdings ist 1893 auch so gut wie nicht dokumentiert; es sind fast keine Briefe aus diesem

Jahr hinterlassen. Zwar schrieb sie regelmäßig an ihre Mutter, aber Achille oder dessen Frau verbrannten diese Korrespondenz nach Sidos Tod. Sie muss auch Dutzende von Dankesbriefen verfasst haben, denn wie die meisten ihrer Zeitgenossen war sie ziemlich zuverlässig in der Beantwortung ihrer Post. Aber sie war ja ein Niemand – »für manche Leute unsichtbar und nicht vorhanden, für andere allzu sichtbar und irgendwie entehrt« –, so dass diejenigen, die in Paris so angesehen waren, dass ihr Nachlass aufbewahrt wurde, den ihren nicht erhalten haben. Daher bleiben uns nur Colettes eigene, höchst selektive Erinnerungen.

Das Selbstporträt, das Colette im Alter von zweiundsechzig Jahren von sich als Braut zeichnete, ist wenig überzeugend, zum Teil, weil es zu blass und leblos ist, um wahr zu sein. Interessanter ist, in welchem Verhältnis die schrecklich schlaue und selbstbeherrschte alte Frau zu dem jungen Mädchen steht, dessen Geschichte sie erzählt. Claude Pichois, einer der scharfsinnigsten Kritiker Colettes, schreibt: »Nach Willys Tod erzählt sie [...] über ihr Eheleben so schwarz, wie es ihr gerade passt, wobei sie der Öffentlichkeit geschickt eine Karikatur ihres Ehemanns hinterlässt. Die Wahrheit ist anders.«

Es ist gewiss gefährlich, jemanden beim Wort zu nehmen oder seiner Erinnerung zu trauen, wenn es um den Charakter seines ehemaligen Gatten geht. Unwillen wächst langsam, und manchmal ist die Frucht erst reif, wenn der Baum bereits abgestorben ist. Für Colette war Leidenschaft häufig ein Betäubungsmittel. Wenn es nachließ, blieb bei ihr ein Gefühl der Wut über den Schmerz zurück, und sie dachte nicht mehr daran, mit welch perversem Stolz sie diesen Schmerz einst ertragen hatte. »Man erwartet von dem Mann, den man liebt, nicht, dass er einen glücklich macht«, vertraute sie einem jungen Freund einmal offen an. »Es geht nur darum, in seiner Gegenwart zu leben und das zu erdulden.«

Nach der Scheidung nutzte Willy einen seiner Romane, um Colette aufs Korn zu nehmen. Seine Karikaturen waren verletzend, wenngleich so schlecht gezielt, dass sie recht harmlos wirkten. Seine Erinnerungen enthalten ein paar wenig schmeichelhafte, aber glaubwürdige »Richtigstellungen« ihrer alten Fehden. Aber er scheute sich, von der Frau, die er »meine Witwe« nannte und deren Talent er nie aufhörte zu rühmen, ein definitives Bild zu geben. Colette war weniger zurückhaltend. Sie veröffentlichte *Meine Lehrjahre* vier Jahre nach seinem Tod. Ausschweifend in den Details wie in ihrer Boshaftigkeit, ist dies eine der vernichtendsten Elegien, die je über einen verstorbenen Ehemann oder über ein Werk geschrieben worden sind.

Doch selbst wenn wir *Meine Lehrjahre* nicht für wahr halten, sollten wir sie doch als Colettes Wahrheit akzeptieren. Das Buch beginnt mit vier rätselhaften kleinen Fin-de-Siècle-Porträts, denen sie – der Ausdruck ist wichtig – »ohne Liebe« eine besondere Stellung einräumt. Sie erinnern unweigerlich an jene Bronzefiguren, die Gottheiten von Liebe und Tod, die Freud zu ebendieser Zeit als Talismane menschlicher Absonderlichkeit in seinem Sprechzimmer stehen hatte.

Colettes erste Figur ist ein namenloser junger Mann, den sie als »Asketen« bezeichnet und den man heute einen abstinenten Mitläufer nennen könnte. Er verbringt sein Leben in der Gesellschaft von Süchtigen, tut so, als trinke er und als rauche er Opium wie die anderen; »umdrängt, umschwärmt, gestützt« von ihnen, bezieht er aus diesen »vorübergehenden Freundschaften« zu den lebenden Toten eine »triste Glückseligkeit«. »Es ist leichter, wirklich zu rauchen und zu trinken«, sagt Colette, »als nur so zu tun, und die Enthaltsamkeit – auf allen Gebieten eine Seltenheit – verrät eine Fähigkeit zum Trotz und zur Virtuosität.«

Die zweite Gestalt ist ein achtjähriges Mädchen, das »schon zu viel über die verschiedenen Arten wusste, sich furchtbar zu amüsieren«. Sie versteckt sich im Garten, lässt ihre Mutter verzweifelt nach sich suchen, hört, wie die Stimme der Mutter immer heiserer und hoffnungsloser wird, dann springt sie heraus, tut so, als sei sie außer Atem, und ergeht sich in falschen Entschuldigungen für ihre Abwesenheit. (Die Beschreibung erinnert an das Bild, das Colette von sich in *La Maison de Claudine* gibt, wo sie auch herbeirennt und vorgibt, »außer Atem« zu sein, obwohl sie nur aus Adrienne de Saint-Aubins Haus kommt.) Colette fragt sie, was für einen Unfug sie mit zwanzig anzustellen gedenke, und sie antwortet stolz: »Oh, ich werde schon etwas finden.«

Die dritte Person ist eine berufsmäßige Mätresse namens Zaza, die Colette eine »fette Weide und Vorratskammer des Mannes« nennt. Ihr Geliebter wird von seinem besten Freund vor dieser *femme fatale* gewarnt: sie werde ihn zerstören. Als dieser Freund selbst beginnt, sie aufzusuchen, nimmt Zaza Rache. »Sie lockte ihn, verstieß ihn, rief ihn zurück, kratzte mit einer Glasscherbe die vier Buchstaben ihres Vornamens in das Handgelenk des armen Mannes, bestellte ihn zu Rendezvous in einer Droschke [...] trug Hemden aus schwarzer Spitze und – noch skandalöser – verweigerte sich ihm.« Der Mann stirbt, und mit einer »Geste, die jedem zartbesaiteteren Zuhörer eine Gänsehaut verursacht hätte«, schloss sie weise: »Man darf den Teufel eben nicht in Versuchung führen, nicht einmal aus Dummheit. Dieser Dummkopf B. hat den Teufel in Versuchung geführt ...«

Der vierte und schönste Talisman ist die spanische Tänzerin Caroline Otéro, die berühmteste Kurtisane der Belle Epoque und Mätresse von fünf Königen. Colette erklärt den Lesern, die sich wundern könnten, am Anfang ihrer Erinnerungen Otéros Namen zu finden, sie wolle damit »diesen Seiten ihren Ton geben«. Eine Anekdote vermittelt diesen Ton am allerbesten. Colette ist zu einem vertraulichen Abendessen in Otéros Haus geladen. Zu Gast sind ein paar alternde Frauen. Die Gastgeberin, in Negligé und Pantoffeln, verzehrt erst eine riesige Menge Eintopf und nimmt dann ihre Kastagnetten und tanzt zu ihrem eigenen Vergnügen bis zwei Uhr morgens. Ihr bricht der Schweiß aus und damit ein dumpfer Moschusgeruch, der »raffinierter ist als sie selbst«. Ganz nebenbei »gibt sie mannigfache Lehren« und sagt zu Colette: »Kleines, du siehst mir nicht gerade gewitzt aus. Denk daran, dass es im Leben eines jeden Mannes, selbst eines geizigen, immer einen Moment gibt, in dem er die Hand ganz weit aufmacht.« »Der Moment der Leidenschaft?«, fragt Colette. »Nein, der Moment, in dem du ihm das Handgelenk umdrehst.«

Colette lädt uns ein, diese vier Gestalten genauer zu betrachten: Ein Nekrophiler sozusagen, ein sadistisches Kind, ein mörderischer Schalk und eine geldgierige Sexgöttin, das sind die Karyatiden, auf denen ihre Erinnerung ruht, und auch die Epoche, auf die sich diese Erinnerung bezieht – eine Zeit, die wie das kleine Mädchen zu viel über die verschiedenen Arten wusste, sich furchtbar zu amüsieren. Was haben sie miteinander und mit der Autorin gemeinsam? Misstrauen, Trotz, geistige Leere und die Virtuosität ihrer Lügen.

3

Im Jahr 1893 veröffentlichte ein Journalist namens Georges Lecomte, einer von Willys zahlreichen dienstbaren Freunden, eine Darstellung von Gauthier-Villars' Leben, bei deren Abfassung ihm wahrscheinlich dieser selbst behilflich war:

> Kurz nach dem Morgengrauen steht er auf, blättert die von der Presse noch feuchten Zeitungen durch, überfliegt die Rezensionen, versenkt sich in die [...] dunkelsten Gedichte, [...] liest die Artikel über Philosophie und Naturwissenschaften, [...] leitet einen bedeutenden Verlag [sic!], verschickt zehn Telegramme, schreibt zwanzig Briefe an Freunde, Frauen, Gelehrte, Theaterdirektoren, Minister, Schauspieler, Professoren des Collège de France, springt in eine Droschke, von der Droschke in eine Ausstellung,

von dort platzt er in eine Generalprobe, hört das Stück, dann fährt er an die vier Ecken von Paris, um verängstigte Frauen zu trösten, startet eine Briefumfrage unter den Vizepräsidenten in den Departements und beobachtet jene in Paris, findet sich zu den musikalischen Fünfuhrtees ein, spielt Whist im Militärklub, […] schreibt ein halbes Dutzend Berichte über die verschiedensten Themen, […] frühstückt, isst zu Mittag, nimmt sich Zeit, sich seinen Freunden zu widmen und seinen Feinden gegenüber hart zu sein, verabreicht denen Prügel, die ihn stören, um schließlich, frisch, fröhlich und mit Vergnügen, sich im Theater niederzulassen und von dort weg zur Zeitung zu gehen, die schon im Druck ist, und den Bericht über den Abend zu verfassen. Dann kommen die Biere, der ungezwungene Schmaus und die Küsse. […]
Inmitten dieses fieberhaften Durcheinanders bleibt ihm genügend Kraft, um jederzeit geistreich und entspannt zu sein, […] Blumen und Theaterkarten zu schicken, wenn nötig, ein Duell auszufechten, seinen Freunden zu helfen, wenn sie in Bedrängnis sind, einen Monat im Jahr eine Kompanie zu befehligen, einmal im Jahr nach Bayreuth zu pilgern und viel öfter auf den Venusberg.

»Venusberg« war Willys Garçonnière im Dachgeschoss des Hauses, in dem die Buchhandlung Gauthier-Villars und die Druckerei untergebracht waren. Colette beschreibt dieses »Lager« voller Abscheu in *Meine Lehrjahre*. Es war mit all den Klischees eines verkommenen Junggesellendaseins ausgestattet: den typischen Farben eines Junggesellenklubs – die Wände schokoladenbraun und flaschengrün gestrichen –, Flocken aus Haaren und Staub neben einem durchgelegenen Bett, ein paar »erbärmliche« Ordner mit Willys Zeitungsausschnitten und einer pornografischen Sammlung. Hier entdeckte das junge Mädchen, das von einem dämonischen

Befreier geträumt und sich so spielerisch angeboten hatte, Willys »erotisches Meisterwerk« zu werden, dass sie stattdessen in Socken und Schlüpfer für eine schmutzige Postkarte posieren sollte.

Im Unterschied zu Claudine hatte Colette keine Flitterwochen. Willy verreiste nur, wenn ein Verleger ihm die Unkosten erstattete. Er fuhr mit seiner Frau auf Kosten der Eltern für zwei Wochen in den Jura. Seine Mutter war entsetzt, wie viel Butter und Marmelade ihre neue Schwiegertochter verdrücken konnte, und als sie zurückkamen, schob Willy sie (nach ihrer eigenen Beschreibung hatte sie das Gewicht eines Sofas) in die Wohnung, die er für sie beide in der Rue Jacob gemietet hatte.

Hier besaßen sie drei »dunkle« Zimmer im dritten Stock, zwischen zwei Höfen gelegen. Der quadratische Salon war mit dem Esszimmer verbunden. Er wurde mit einem weißen Kachelofen geheizt, dessen giftige Abgase Colette, wie sie sagt, müde machten. Im Schlafzimmer stand ein riesiger Spiegelschrank, der sie »traurig« stimmte, und man kann sich vorstellen, warum. Neben dem Schlafzimmer gab es einen Verschlag voller Gerümpel; dort brachte sie »Wanne, Schüsseln und Krüge« unter – eingerichtete Badezimmer waren noch ein seltener Luxus. Diese Räume fand sie, zumindest im Vergleich mit Willys Garçonnière, »angenehm«. Nur ein einziges, unheimlich exzentrisches Detail störte sie, das heutzutage von einem Grundstücksmakler, dessen Kundschaft aus Designstudenten besteht (die Fakultät der Ecole des Beaux-Arts befindet sich am Ende der Straße), wahrscheinlich als wertsteigernder Kitsch angepriesen würde: Das Holzwerk, Täfelung, Türen und die Nische hinter dem Ofen waren vom Vormieter mit einem Mosaik aus über zweihunderttausend winzigen bunten Glasrauten verziert worden. »Eine Arbeit wie im Albtraum … Der Gedanke, dass ich zwischen diesen Wänden wohnen sollte, die Zeuge eines so geheimen Wahnsinns […] gewesen waren, entsetzte mich.«

Der erste Tag der Neuvermählten begann mit einem Frühstück in einer bescheidenen Crémerie, die von den Lieferanten der Rive Gauche frequentiert wurde. Dann machte Willy sich an seine Arbeit, wie Lecomte sie beschrieben hatte, und Colette kehrte in ihre Grotte zurück, wo sie nach ihren bitteren Worten die Muße einer Gefangenen und die Erholung einer Invaliden genoss. Sie schrieb jene verloren gegangenen Briefe an ihre Mutter und half Willy bei der Bewältigung seiner umfangreichen Korrespondenz. Wie alle Ehefrauen dieser Zeit führte sie ein Haushaltsbuch, und kein Einkauf – Briefmarken, Knöpfe, Kleiderbürste, ein Pfund Kirschen – war zu trivial, um aufgeschrieben zu werden. Sie hatte ein Hausmädchen und später eine Köchin, daher sollte man ihre Beteuerung, sie habe wie eine Almosenempfängerin gelebt, die sich von Süßigkeiten statt von Fleisch ernährte, eher als Metapher denn als Ausdruck tatsächlichen Mangels an Nahrung verstehen. Sie pflegte sich sorgfältig, spielte mit ihrer Katze, las beim Licht der Petroleumlampe und »vergrub« sich, wie sie schreibt, »vor allem, um Paris nicht kennen zu lernen«.

Am frühen Abend beanspruchte Willy dann wieder ihre Gesellschaft, wenn seine eigentliche Arbeit begann, seine unermüdliche Selbstdarstellung, die seinen Namen allmählich zu einem literarischen Markenzeichen werden ließ. Es gab kein wichtiges kulturelles Ereignis, an dem das Ehepaar nicht teilgenommen hätte. Nach einer Vorstellung, die von der »Platzanweiserin« rezensiert werden sollte, pflegte Colette im Gang von *L'Echo de Paris* zu warten, während Willy seine Druckfahnen korrigierte (»er war sehr empfindlich, was Druckfehler anging«). Kamen dann die Stückeschreiber Courteline oder Catulle Mendès vorbei und schenkten ihr etwas Aufmerksamkeit, erwachte sie zum Leben. Schließlich folgte sie ihrem Mann hungrig und müde ins Napolitain, ins d'Harcourt, zu Weber oder zu Pousset, wo er seine Freunde traf, seine Wortspiele anbrachte, an denen er den ganzen Tag über gefeilt hatte, und die jungen Schauspielerinnen und Models beäugte, die nicht minder damit beschäftigt waren, ihre Karriere zu befördern.

Colette erzählte ihrer Mutter, wie verlegen sie gewesen sei, als sie zum ersten Mal bei einem *Grand Diner* ein tief ausgeschnittenes Kleid tragen und ihre nackten Arme und Schultern so vielen Fremden »unter die Nase« halten musste. Claude Pichois meint, darin zeige sich eine »liebenswürdige Bescheidenheit oder eine Vortäuschung von Bescheidenheit, die sie später überwand«. Er bemerkt zu Recht, sie habe sich zu viel über ihre Passivität und Entfremdung beklagt. »Natürlich war es nicht nur ein Vergnügen, sich in Longchamp [beim Pferderennen] oder im Palais de Glace [zum Schlittschuhlaufen im vornehmen Eispalast], im Theater, bei den Konzerten, in den Klubs sehen zu lassen und die [Salons] zu besuchen. Doch obgleich sie stolz und scheu war oder auch nur diesen Anschein erweckte, um die allgemeine Neugier anzustacheln, besaß Colette einige wirkliche Freunde.«

Sie kamen zur rechten Zeit. Ein Jahr oder achtzehn Monate nach ihrer Hochzeit hatte sie in den Wogen der Pariser Gesellschaft eine gewisse Standfestigkeit gewonnen und »Geschmack daran gefunden, durchzuhalten und mich zu verteidigen«. Bis dahin fühlte sie sich mit ihren Dekolletés jedoch weniger sicher und ärgerte sich über ihre Bedeutungslosigkeit als Willys mittellose Kindbraut vom Lande. In den Cafés, im Foyer der Opéra, in den überfüllten Garderoben, die um Mitternacht nach ranzigem Kaviar und verschütteten Getränken rochen, erntete Colette wie Claudine »Blicke und Worte, die nicht gerade Wohlwollen bezeugten. […] ›Wie jung!‹, sagt man. […] ›Woher kommt die Kleine?‹ – ›Vom Montmartre.‹ – ›Nein, sie muss slawischer Herkunft sein.‹« Und über ihren Mann: »Wie alt ist er denn, Renaud, dass er sich für kleine Mädchen interessiert?«

Diejenigen, die die junge Madame Willy wirklich beobachtet haben, geben einander widersprechende Eindrücke wieder. Einige, wie der Gesellschaftsmaler Jacques-Emile Blanche, der zu Ehren der Neuvermählten ein Essen gab, begegnete einem verschüchterten jungen Mädchen, das von Vetter Willy für seine Tischsitten gescholten und wie ein Kind behandelt wurde. (Sie drehte ihr Brot zu Kügelchen und schnippte sie weg.) Andere fanden sie temperamentvoll und ungeniert; sie habe, wenn sie in Stimmung war, gekonnt ihren ländlichen Charme spielen lassen.

4

Um Colettes unglückliche Lage beurteilen zu können, sollten wir uns Willy näher ansehen. »Was geschrieben werden müsste, ist der Roman dieses Mannes«, räumt sie ein. »Die Misslichkeit besteht darin, dass keine Menschenseele ihn näher gekannt hat.« Doch Willy war in seiner Selbstwahrnehmung ehrlicher als Colette. »Ich trage in meinem Herzen zu viel Verachtung gegenüber zu vielen Menschen und zu vielen Dingen, als dass ich nicht die ganze Zeit leiden müsste, selbst wenn ich mich amüsiere – auch das nur ein illusorischer Trost. Ich spüre jedoch, dass meine Einsamkeit eine Macht ist, der keine andere Macht entgegenwirken kann. Das ist der Grund, weshalb ich mich inmitten von dreitausend engen Freunden, die mich beneiden, mir übel wollen und deren Namen ich vergessen habe, abschotte.«

Indem er ein lebhaftes Mädchen heiratete, das zugleich unerfahren und ihm sehr zu Dank verpflichtet war, hoffte Willy vielleicht, eine »Macht« zu finden, die ein Gegengewicht bilden konnte zu dem, was im Grunde eine chronische Depression war. Wenn niemand ihn wirklich kennen lernen konnte, dann deshalb, weil er so viel von seiner Energie darauf verwandte, sein seelisches Chaos zu verbergen.

Willys Krankheit hatte einen zeitgenössischen Namen: *le mal du siècle*. Ihre Symptome – Nervosität, Vertrauensverlust, das Gefühl der Ausweglosigkeit, der Isolation, ein Unbehagen gegenüber der Gesellschaft, Misstrauen in persönlichen Beziehungen – hatten fast alle Künstler befallen und färbten alle bedeutenden literarischen Werke der Zeit. Für seinen Freund Marcel Schwob »spiegelte sich die innere Krise in der äußeren«, in den Serien anarchistischer Bomben und Mordanschläge, die Paris unsicher machten. Die Anspannung war spürbar in den Cafés und in allen öffentlichen Versammlungen.

Die bestehende Ordnung lag im weitesten Sinne unter Belagerung. Die legitime politische Führung, das religiöse Dogma, die wissenschaftliche Wahrheit, ja der Begriff der Objektivität überhaupt, wurden von den größten Geistern der Epoche in Frage gestellt. »Die Literatur dieser Zeit«, schreibt Theodore Zeldin, »befasste sich vor allem damit, das Wesen des Menschen zu enthüllen«, und »Originalität [...] gewann einen moralischen Wert«. Wenn aber das Individuum ohne Gott neu definiert wurde und als das Allerwichtigste galt, dann sah man es auch als von Natur aus selbstbezogen und einsam an, und das war ein Schock, mit dessen Schrecken wir inzwischen umzugehen gelernt haben, auch wenn wir vielleicht nicht aufgehört haben, ihn zu spüren.

Die Männer und Frauen der Jahrhundertwende versuchten, je nach Temperament und Möglichkeiten, ihrer Einsamkeit »inmitten von dreitausend engen Freunden« abzuhelfen. Manche flüchteten in Halluzinationen wie Alfred Jarry, andere, wie Willy, in Ausschweifungen. Seine Freunde Léon Daudet, Charles Maurras und Maurice Barrès schlugen reaktionäre politische Lösungen vor, um diesem Verlust an Zusammenhalt und Identität zu begegnen. Die Zahl der Bewegungen und religiösen Kulte nahm zu, ebenso Gewalt, Mystizismus, Drogenkonsum und Selbstmorde. Allein in ihrer Grotte, träumte Colette davon, zu sterben und in Saint-Sauveur wiederaufzuerstehen, wo die Butter billig war und die Sonne schien. (Wie treffend war der Name ihrer Paradiesvorstellung!)

Diejenigen, die nicht gänzlich vom Pessimismus verseucht waren, verschrieben sich mit Nietzsche und Ibsen dem Glauben, es gebe sogar in dieser korrupten, erdrückenden und gottlosen bürgerlichen Welt noch etwas Wertvolles: den Willen, »der eigenen Persönlichkeit Ausdruck zu geben«. Willys Karriere war die Perversion eines solchen Willens. Er strebte danach, so berüchtigt wie möglich und damit moralisch äußerst wertlos zu sein.

Colette war, ohne es zu wissen, Nietzscheanerin. Durch ihr Leben im Dorf, ihre unkonventionelle Mutter, ihre Lust auf Arbeit, ihre eigene Vitalität und ihren Egoismus hatte sie ein ungewöhnliches Maß an Widerstand gegen die Vorstellung entwickelt, dass das Leben nicht lebenswert sei. Das reichte nicht, um ihre »Unschuld« zu bewahren, aber es half ihr, ihre Distanz und Entschlossenheit zu fördern. »In der Zeit meiner reiferen Jugend ist es vorgekommen«, schreibt sie mit sechzig Jahren, »dass ich hoffte, ›jemand‹ zu werden. Wenn ich den Mut gehabt hätte, meine Hoffnung ganz deutlich auszudrücken, hätte ich gesagt, ›jemand anderes‹. Aber das habe ich schnell aufgegeben. Ich habe nie jemand anderes werden können.«

Das sichtbarste Anzeichen für Willys Mangel war seine Obsession bezüglich Geld. Er war abwechselnd verschwenderisch und geizig. Er machte Schulden, verstrickte sich in dubiose Geldgeschäfte, lieh große Geldsummen von reichen Frauen und kleine von armen Freunden; »er deponierte sein Vermögen« unter falschem Namen und war schließlich wie Colettes Großvater gezwungen, aus dem Land zu fliehen, um seinen Gläubigern zu entgehen. »Niemand wusste etwas von seinen Verstecken«, sagt Colette. »Sein häufigster Ausspruch – ich kann ein Lied davon singen – war: ›Schnell, mein Kleiner, schnell, es ist kein Pfennig mehr im Haus!‹«

Anfangs fand Colette, selbst Kind bankrotter Eltern, es normal, mit leeren Taschen zu leben, ohne Wintermantel und mit einem gelegentlichen warmen Regen an Haushaltsgeld, das dann monatelang reichen musste. Ihr war vielleicht nicht bewusst, wie sehr Willy sie mit diesen kleinen Demütigungen dafür strafte, dass er aus seiner Sicht ein edles Opfer gebracht hatte, als er eine Braut ohne Mitgift nahm. »Meine Hochzeit?«, schrieb er an einen Freund 1893. »Aber ja, du schriebst mir ein paar Zeilen dazu. Ganz unter uns … es war der Mühe nicht wert. […] Ich habe eine völlig mittellose Frau geheiratet, und ich bin überhaupt nichts mehr im Buchgeschäft meines Vaters.«

Geld war Willys wahrer Fetisch, und dessen Verehrung raubte ihm schließlich seine Kräfte, zerrüttete seinen Charakter und zerstörte seine Ehe mit Colette. »Zahlen, Zahlen«, sinniert sie, »wohin haben sie mich geführt, mich, die ich mich nicht um sie kümmerte? Ein Jahr oder achtzehn Monate nach unserer Heirat sagte Monsieur Willy zu mir: ›Sie sollten ein paar Erinnerungen an die Volksschule aufs Papier werfen. Und nur keine Angst vor pikanten Einzelheiten, vielleicht kann ich etwas daraus machen … In der Kasse ist Ebbe.‹«

5

Im frühen Winter 1893/94 erhielt Colette einen anonymen Brief mit dem Hinweis auf eine Adresse am Montmartre, wo sie ihren Ehemann mit seiner Geliebten überraschen könne. Sie nahm eine Droschke zur Rue Bochart-de-Saron und klopfte an die Tür einer Wohnung im Zwischenstock. Als man sie einließ, befand sie sich in einem kahlen, aber sauberen Zimmer mit sonnigem Fenster, einem Vogelkäfig und einem offenen Küchenschrank. Dahinter, in einer Nische, konnte sie die Ecke eines großen Bettes sehen. Doch das Bett war leer, denn Willy und eine junge Frau mit grimmigem Blick saßen am Küchentisch »über ein Buch – schon wieder! – mit Ausgaben gebeugt«.

Beim Anblick von Colette griff die Frau nach einer Schere, die auf dem Tisch lag. Willy wischte sich den Schweiß von »seiner rosigen, grenzenlosen und mächtigen Stirn« und sagte, als sei er kaum überrascht: »Kommst du mich abholen?« Worauf Colette antwortete: »Ja sicher, stell dir vor.« Dann schob er sie hastig zur Tür hinaus.

Die Frau war Charlotte Kinceler. Willy kannte sie schon lange vor seiner Ehe. Es gibt in einem seiner Alben ein Foto der jungen Lotte mit Datum vom 29. Oktober 1888 und der Widmung: »Ich werde dich immer lieben.« Lotte, eine bekannte Figur am Montmartre, lebte unter den Künstlern und Schriftstellern von Le Chat Noir. Sie gehörte zu den »wilden Mädchen«, die in der romantischen Dichtung jener Zeit herumspuken: zäh, impulsiv, melancholisch, »gelegentlich ziemlich garstig, aber im Grunde gut« – ein »Kind aus dem Volk«, wie die Söhne besserer Leute gern sagten. Ihr Vater war Alkoholiker und ehemaliger Kommunarde. Ihre Schwester war – laut Colette, die die aus Willys Erinnerungen stammende Geschichte gern durcheinander brachte – eine Prostituierte. Eines Tages hatte Willy einen Freund, der sich gern unters gemeine Volk mischte, den Kritiker Jules Lemaître, mitgenommen, damit er die berühmte Lotte Kinceler kennen lerne. Lemaître fragte sie nach einer gemeinsamen Bekannten: »eine Blonde mit gebleichtem Haar namens Alberte […], die, wenn ich mich nicht irre, in der Galanteriebranche beschäftigt ist.«

»Der ›Ga…‹ was? Der Galanteriebranche?«, schnaubte Lotte. »Die einzige Alberte, die ich kenne, ist eine Hure.«

Diese Schlagfertigkeit brachte Lotte bescheidenen Ruhm ein. Sie inspirierte ein Stück von Brieux, *Les Hannetons*, in dem sie von Polaire gespielt wurde, jener Schauspielerin, die die Gestalt der Claudine unsterblich machen sollte. Ein Symbolist wollte Lotte sogar dem Präsidenten der Republik vorstellen. Willy spricht von ihrer »instinktiven körperlichen und moralischen Feinheit«. Colette bewunderte, wie sie sprach: wie eine Wahrsagerin; sie war stark und geschmeidig wie eine Python; und ihr bissiger Humor war der eines buckligen Kindes.

Sie wurden schließlich fast Freunde, und durch ihre Annäherung lernte Colette, wie sie sagt, viele nützliche Dinge von ihr: Täuschung, Bescheidenheit und die Kunst, sich mit einer Rivalin zu versöhnen. Von ihrer Korrespondenz ist manches erhalten. Die meisten Briefe betreffen Lottes Affäre mit einem ungenannten General, der sie aushielt und mit dem sie gerade eine Trennungsvereinbarung aushandelte. Colette tröstet Lotte über ihre »körperlichen und seelischen« Krankheiten hinweg. Sie gibt ihr Schönheitstipps: »Glyzerin macht die Hände kaputt, verwenden Sie lieber Lanolin.« Und sie schlägt als die ältere Frau des Polygamen einen Ton weiblicher Komplizenschaft an: »Spielt er den Pascha, dieser Willy in seinem jungfräulichen Morgenmantel! Ein Pascha mit neun Schwänzen? Nein, aber ›einer ist genug‹ [sagt er], vorausgesetzt, er ist gut.«

Auch einige Briefe von Willy an Lotte sind erhalten geblieben (sie hielt sich nicht an seine Verfügung, die Briefe zu verbrennen), doch sind sie nicht so unbeschwert. »Ich langweile mich zu Tode«, schreibt er ihr:

> [Es ist] eine dumpfe und hartnäckige Langeweile, die mich niederdrückt und auffrisst. Ich […] tue alles, um mich zu zerstreuen, doch ohne Erfolg. […] Ich füge hinzu, meine ehrliche Kleine (denn ich habe immer gesagt, dass deine offene kleine Seele immer die ehrlichste von allen war), ich füge hinzu, dass mich neulich meine Schwierigkeiten betrunken gemacht haben wie ein schlechter Wein; ich ringe mit mir in einem Dschungel unentrinnbarer Probleme. Deshalb bin ich bitter und traurig. […] Vernichte so bald als möglich diesen Brief, der eine Beichte ist, aber eine Beichte, auf die ich stolz bin. Wenn wir uns wieder sehen, soll nichts in unserem Verhalten zueinander darauf hindeuten, dass es etwas Vertrauliches zwischen uns gibt.

Charlotte Kinceler sparte ihr Geld und eröffnete einen Kräuterladen in der Rue Pauquet. Hier verkaufte sie Tee, Pomaden und Abtreibungsmittel. Eines Nachmittags bei peitschendem Regen ging sie in ihr Hinterzimmer, um eine Notiz zu schreiben: »Wenn es wie aus Eimern pisst wie jetzt, dann kotzt mich alles unglaublich an.« Dann wusch sie sich die Tintenflecken von den Fingern und schoss sich mit einem kleinen Revolver – in den Kopf, sagt Willy; in den Mund, sagt Colette.

6

Colette kehrte kurz nach der Entdeckung von Willys Untreue allein nach Châtillon zurück. An ihrem ersten Tag zu Hause begleitete sie ihren Bruder bei seinen Arztvisiten, und am Abend, nachdem Achille und ihr Vater zu Bett gegangen waren, blieb sie noch lange mit ihrer Mutter wach und erzählte von Paris. Sido liebte Musik, und zweifellos beschrieb Colette, wie Fauré und Debussy bei den Soiréen von Madame de Saint-Marceaux ihre Duette improvisiert hatten. Sie liebte Theater, und Colette dürfte sie mit dem Premierenklatsch ergötzt und die Eleganz mancher Kurtisanen mit der Geschmacklosigkeit mancher Herzoginnen verglichen haben. Vermutlich nahm sie ihre Mutter zu einer Hausbesichtigung durch die Salons mit: Judith Gauthiers rot lackierte Mansarde mit ihren exotischen Haustieren, Dichtern und Wagnerianern; die Vornehmheit im Stil des Ancien Régime bei Madame de Polignac; der Glanz des Parvenu bei Madame Arman; die engen und verrauchten Zusammenkünfte beim Verlag Mercure de France unter dem Vorsitz von Rachilde, die so schockierend in ihrer Dichtung, so scharf in ihrer Kritik und so bürgerlich in ihrer Ehe war.

Colette war eine begnadete Imitatorin. Vielleicht ahmte sie die Romanciers mit ihren »sozialistischen Ambitionen« nach und diejenigen, die sich »auf die Ergründung der weiblichen Seelen spezialisiert haben« – Typen, die sie hämisch in den *Claudine*-Büchern verspottet. Sido wird vielleicht die Berichte über das, was sich beim Bal des Quatz'Arts der Kunststudenten abspielte, genossen haben und auch die Erzählungen über die Nachtklubs am Montmartre, über die berühmten »Invertierten«, Ortsansässige wie Fremde beiderlei Geschlechts. Ließ Colette in Paris ihren ländlichen Charme spielen, so renommierte sie auf dem Lande mit ihrer Weltläufigkeit. Und ihre Mutter neckte sie damit: »Du bist stolz wie eine Laus auf den Hinterbeinen, weil du einen Pariser geheiratet hast.«

Dieses Geschichtenerzählen hatte, wie bei Scheherazade, auch etwas vom Hinauszögern eines schrecklichen Augenblicks: des Augenblicks der Schwäche im Moment größter Intimität, als Sido aus ihrem Lehnstuhl aufstand, um Colette zuzudecken. Sie sagt, sie habe ihrer Mutter ein Lügengeschenk gemacht – der Lüge ihres Glücks –, und sie sei stolz, das getan zu haben. Doch Colette selbst räumt ein, dass Sido sich wahrscheinlich nicht täuschen ließ. Diese heroische Haltung war also, und das vielleicht in erster Linie, ein Selbstschutz. Nicht wenige Töchter von liebenden, aber bedrängenden Müttern – von Müttern, die begierig sind, sich die Freuden und Kämpfe ihrer erwachsenen Kinder zu Eigen zu machen – wappnen sich mit einem solchen Schild des Stolzes.

8. KAPITEL

I

Im selben Winter, Anfang 1894, gingen die Willys zum alljährlichen Ball der Ecole Polytechnique, den in diesem Jahr Jean-Albert Gauthier-Villars präsidierte. Colette erinnerte sich, mit ihrem Schwiegervater getanzt und – ihrer damaligen Gesichtsfarbe entsprechend – ein blassgrünes Kleid getragen zu haben. Wenig später bekam sie hohes Fieber, Bauchschmerzen und Schwellungen und wurde ins Bett gebracht. Ihre Symptome sprachen nicht auf die Behandlung an, und Dr. Jullien tadelte seine Patientin, sie helfe bei ihrer Gesundung nicht mit. »Es gibt im Leben junger Menschen immer einen Augenblick, in dem Sterben ihnen ebenso normal und verlockend vorkommt wie zu leben, und ich zögerte.«

Der Doktor schrieb an Madame Colette, die mit einer bescheidenen Garderobe an schwarzen Kleidern und baumwollenen Nachthemden nach Paris kam, im »dunklen Esszimmer« schlief, ihren Schwiegersohn kühl mit »Monsieur Willy« ansprach, Colettes Haar bürstete und sie – in den sechzig Tagen, die diese im Bett blieb – beschwor, ins Leben zurückzukehren.

Willy war nicht gerade begeistert, mit seiner Schwiegermutter zusammen zu wohnen. In einem Brief an Juliettes Mann, irgendwann gegen Ende der langen Krankheit seiner Frau, berichtet er: »Morgen werden sie sie ein wenig aufstehen lassen, die arme Kleine! Eigentlich ist sie jetzt, wo es ihr besser geht, nicht mehr zu bändigen: sie bewegt sich, sie kann es gar nicht erwarten, das kleine Biest!« Und er schließt: »Meine Schwiegermutter ist noch hier. Ich weiß nicht, wann sie nach Châtillon zurückfahren wird. Was mich davon abhält, ihre Abreise allzu brennend herbeizuwünschen, ist, dass sie meine Frau mitnehmen will.«

Colette hat angedeutet, und die meisten ihrer Biografen sind ihr darin gefolgt, dass ihre Krankheit ein Nervenzusammenbruch oder zumindest ein psychosomatischer Vorfall war, der durch die Entdeckung von Willys Untreue ausgelöst und durch die Anstrengung, diese Demütigung vor Sido geheim zu halten, verstärkt worden sei. Das bedarf einer Überprüfung. Zum einen hatte sie hohes Fieber, was ein Facharzt mit Flecktyphus in Verbindung bringen würde. Zum anderen gibt es einen unveröffentlichten Brief von Colette an Lotte Kinceler aus dem Jahr 1896, als Lotte sehr krank war. »Vor zwei Jahren«, schreibt Colette, »war mein ganzes Inneres so arg geschädigt und ich wurde so gut geheilt, dass ich Ihnen den gleichen glücklichen Ausgang für Ihre Krankheit wünsche.« Dann ist da die strenge Behandlung: sechzig Tage Bettruhe und Senfpflaster, um die Unterleibsschwellung abklingen zu lassen. Schließlich haben wir das Geheimnis, das sie ihrem dritten Ehemann Maurice Goudeket anvertrauen sollte: Willy, sagt sie da, habe sie mit einer Geschlechtskrankheit infiziert. Zieht man seine Promiskuität in Betracht, erscheint das nicht nur plausibel, sondern wahrscheinlich.

Ein Jahrhundert nach diesem Krankheitsfall, gestützt auf ein Geständnis aus zweiter Hand und auf bruchstückhafte Indizien, können wir nur spekulieren, welche Geschlechtskrankheit Colette sich zugezogen haben mag, wenn es überhaupt eine war. Francis und Gontier sind überzeugt, dass es Syphilis war, doch Colette hat in ihrem späteren Leben an keiner der bleibenden Komplikationen der Syphilis gelitten. Das hohe Fieber, ihre ungesunde Gesichtsfarbe, die Entzündungen im Unterleib und die ärztliche Verschreibung von Bettruhe und Senfpflastern sprechen für eine akute Gonorrhö, eine Krankheit, die zu dieser Zeit fast epidemisch war. In *Claudine s'en va* (*Claudine geht*) schreibt Colette Maugis, dem

Alter Ego von Willy, einen »chronischen genitalen Herpes« zu, und ihr Leben lang erwähnt sie schmerzhafte »Beckenentzündungen«, die in Stressmomenten wiederkehren. Wiederkehrende Beckenentzündungen – wie zum Beispiel Salpingitis – sind ebenfalls für Gonorrhö symptomatisch, besonders bei Frauen. Auch verursacht diese Krankheit manchmal ernste Augenschmerzen und starke Lichtempfindlichkeit. Colette bemerkt in Briefen, die sie im selben Frühjahr auf der bretonischen Insel Belle-Ile-en-Mer schreibt, dass ihre Augen »noch« schwach und lichtempfindlich seien und sie – wie Willy das Ende des Jahres nennen sollte – an einem Anfall von »hysterischer Blindheit« litte. Welche Krankheit es nun auch war, sie hilft uns, Sidos stille Wut zu verstehen.

2

Als Colette krank wurde, hatte sie bereits eine Reihe wirklicher und ihr ergebener Freunde, und die drei, denen sie sich ganz besonders zu Dankbarkeit verpflichtet fühlte, waren Musterexemplare ihrer *Lehrjahre*.

Paul Masson, der unter dem Namen Lemice-Térieux (*le mystérieux*) schrieb und in Colettes Romanen als Masseau vorkommt, kam täglich in die Rue Jacob. Er arbeitete in der Bibliothèque Nationale am anderen Flussufer. Manchmal konnte es sein, dass er in ihrem Flur Marcel Schwob begegnete. »Die beiden Männer«, alle zwei gute Freunde von Willy, »gaben vor, sich zu hassen, und unterhielten sich damit, dass sie einander in höflichem Ton und mit gedämpfter Stimme beleidigten«, schrieb Colette. »Dann beruhigten sie sich wieder und plauderten lange miteinander, während mich der Esprit dieser beiden raffinierten und schwindelnden Geister erhitzte.«

Schwob war teilweise gelähmt, so dass ihm das Treppensteigen zu Colettes drittem Stock beträchtliche Schmerzen verursachte. Er saß an ihrem Bett, »verschwendete für mich großzügig seine Zeit«, und sie war zu jung, um sich, wie sie sagt, darüber zu wundern. »Ich behandelte ihn, als gehörte er mir. Mit zwanzig nimmt man unangemessen große Geschenke königlich an.«

Von seinen Vorfahren, Talmudgelehrten, hatte Schwob sein falkenartiges Profil und seine Leidenschaft für das Esoterische geerbt. Er war anglophil wie sein Freund Willy, ein Dandy wie sein Freund Oscar Wilde und ein Meister unter den Symbolisten. Seine Rede war immer brillanter als seine Prosa. Er verdiente seinen Lebensunterhalt als Literaturkritiker und Übersetzer. Neben den Werken von Twain, Dickens und Defoe, die er Colette vorlas, übersetzte er auch den *Hamlet*. Er war außerordentlich belesen und liebte den Jargon.

Schwob war fünfundzwanzig, als er Colette kennen lernte. Er und Willy kannten sich bereits über *L'Echo de Paris*. Als sich die Neuvermählten in der Rue Jacob niederließen, wohnte Schwob um die Ecke in der Rue de l'Université. Er teilte seine düstere Wohnung mit einem Eichhörnchen, einem Griffon und einem japanischen Hund. Seine Mätresse war gerade gestorben, eine Frau, die wie seine exotischen Tiere für einen Mann wie Schwob unerlässlich war: eine tuberkulöse junge Prostituierte namens Louise.

Einer der frühesten publizierten Briefe von Colette ist an Schwob gerichtet, geschrieben anlässlich eines Trauerfalls:

> Willy schilt mich und schubst mich herum und schreit; er hätte mich besser [über Louises Tod] informieren sollen. […]
> Wenn ich mit Ihnen auch nie über Ihre arme [Freundin] gesprochen habe während ihrer langen Krankheit, so habe ich doch nie vergessen, mich jedes Mal, nachdem Sie unser Haus verlassen haben, nach ihr zu erkundigen. Aber Willy wollte nicht, dass ich mit Ihnen über sie spreche, weil er meinte, ich würde Ihren Schmerz verstärken. […]

> Und jetzt sagt er mir sehr harte Dinge, die ich wirklich nicht verdient habe. Sie kennen mich gut genug, mein lieber Schwob, um zu wissen, dass ich bei Ihrer Rückkehr vom Friedhof andere Worte für Sie gefunden hätte, als über meine Bronchitis zu berichten. [...] Ich bitte Sie um Entschuldigung, dass ich eben so gemein war.

Aus einer Laune heraus und seiner Gebrechlichkeit zum Trotz beschloss Schwob eines Tages, eine Pilgerfahrt zu Stevensons Grab in Samoa zu machen. Sein chinesischer Diener, der auch als Pfleger fungierte, sollte ihn begleiten. Er fand dort nicht, was er gesucht hatte. Depressiv und dem Tod geweiht (er starb mit siebenunddreißig), wurde Schwob im Laufe seiner langen Krankheit und nach vielen Operationen morphiumsüchtig. Doch trotz seiner Dekadenz und seines Nihilismus – oder vielleicht gerade wegen dieser – war er auch ein Connaisseur der Vitalität. Die wahren Dichter waren für ihn (er dachte dabei an seinen Freund Verlaine), »weder Theoretiker noch Grammatiker, sondern diejenigen, die sich leben hören und die singen, was sie hören«. Das erklärt, was ihn bei Colette anzog und wieso er noch vor ihrer Zeit ihr Talent erkannte.

Colettes dritter regelmäßiger Besuch war eine *Femme du monde*. Die Dame von Welt »wirkte wohltuend auf eine so junge, so wenig beschützte Kranke, die so lange an ein trauriges Lager [...] gefesselt war, in einem Zimmer, in dem nichts von Qualität, von Komfort oder von Liebe sprach«. (Selbstmitleid war, scheint es, ihr einziger Luxus.)

Madame Arman de Caillavet erklomm atemlos den dritten Stock – sie war dick – und kam mit einem Korb erlesener Früchte oder einer Schachtel Schokolade, die in einen Schal gehüllt waren. Eines Tages brachte sie Colette auch die Fahnen von Anatole Frances neuestem Roman *Le Lys rouge*. Der Meister, so sagte sie, würde die Meinung ihrer jungen Freundin schätzen, und Colette machte einige kleine Korrekturen. Das Thema war treffend: die zerstörerische Leidenschaft der Eifersucht.

Madame Arman war eines der Proustschen Modelle für Madame Verdurin. Sie war fünfzig, als Colette sie kennen lernte, eine imposante Frau mit stechenden blauen Augen und einem Doppelkinn, die ihr Haar mit Henna färbte und sich farbenfroh kleidete. Als geborene Léontine Lippmann, Tochter einer Bankiersfamilie, war sie vom Judentum konvertiert, als sie den Sohn eines Waffenhändlers heiratete, dem ein Weinberg in Bordeaux gehörte. Caillavet war eines der Familiengüter, und Monsieur Arman hatte dieses Partikel seinem Namen angehängt, zusammen mit einer gewissen Portion Spott. Er war ein jovialer Mensch, ein Gascogner, etwas clownesk, ein Bonvivant und Segler, der gegenüber seiner Frau Edith die recht undankbare Rolle eines französischen Teddy Wharton spielte.

Madame Arman, von Colette als »Eule der Minerva« bezeichnet (eine Anspielung auf ihre Klugheit und auf ihre Nase), war berühmt für ihre Briefe und für ihre nicht honorierten Beiträge zum Werk ihres Liebhabers. Sie hatte das – von France unterzeichnete – Vorwort zu Prousts erstem Roman, *Les Plaisirs et les jours*, geschrieben. Ihr Sohn Gaston sollte einer der erfolgreichsten Komödienschreiber der Epoche werden.

Obwohl ihre Freundschaft später bitter endete, war Léontine Arman de Caillavet Colettes erste Lehrmeisterin in Paris. Sie hatte von der Herablassung der Gesellschaft seinerzeit ihren Teil zu spüren bekommen, hatte Colettes mangelnde Eleganz und ihren Kummer bemerkt, hinter ihrer Zurückhaltung den Trotz und die unterdrückte Wut wahrgenommen und Mitleid mit ihr bekommen. Sie scheint Colette jene mütterliche Besorgtheit und Anerkennung entgegengebracht zu haben, nach denen sie hungerte, und das mit einer Klugheit, die Sido dankbar gutgeheißen hätte. Wenige Jahre später riet Madame Arman ihrer Schwiegertochter

Jeanne Pouquet: »Du musst die Welt nehmen, wie sie ist; verachte sie und beute sie aus.« Wahrscheinlich gab sie Colette den gleichen Rat.

3

Am 25. Juni 1894 wurde der französische Präsident Sadi Carnot in Lyon von einem Anarchisten ermordet. In einem ihrer seltenen Kommentare zum Weltgeschehen erwähnt Colette die Nachricht gegenüber Marcel Schwob und bedauert den Karikaturisten Caran d'Ache, der »nun einen neuen Präsidententyp ausarbeiten muss«. Dann geht sie zu einem erfreulicheren Thema über, dem kleinen Schmuckstück, das Madame Arman ihr geschickt hat, eine Fliege mit Rubinaugen.

Colette war von ihrer Krankheit genesen oder »nahezu« genesen, und der Arzt empfahl ihr eine Luftveränderung. Willy, der sich zweifellos schuldig fühlte, fand, sie könnten es sich leisten, zwei Monate an der See zu verbringen. Sie reisten Anfang des Monats, begleitet von Paul Masson, auf die Belle-Ile-en-Mer, eine Insel vor der Küste der Bretagne. Sie fanden Unterkunft in Strandnähe, in einem »großen Holzhaus, das nach Schiff roch«. Es hatte einen Balkon aus rosa Backsteinen, von dem aus man abends beim Schein des Leuchtturms und des Mondes die Sardinenfrauen am Strand tanzen sehen konnte. Eine von ihnen erspähte den düsteren Masson ohne Begleitung und rief ihm zu: »Brauchen Sie niemanden?« – »Wozu?« – »Um mit Ihnen zu schlafen.«

Masson, »Lemice-Térieux«, scheint zunächst für einen solchen Genesungsurlaub eine sonderbare Begleitung zu sein. Er war ein zarter Mensch, »vorzeitig gealtert«, gebildet, verdorrt, mit perfekten Manieren und der Angewohnheit, Opium zu rauchen. Letztere habe er, meinte Colette, von seiner kurzen Laufbahn als Richter in Indien nach Frankreich mitgebracht. In *Le Képi* schildert sie den Charakter seiner Freundschaft zu Willy. Beide waren auf Wortspiele versessen und liebten es, mit ihrem geringschätzigen Gerede über Liebe und Frauen Colettes Unschuld zu reizen. »Ich hatte mich noch nicht an diese Mischung aus gekünsteltem Zynismus und literarischer Paradoxie gewöhnt«, schreibt sie, »mit der um die Jahrhundertwende verbitterte, am Leben gescheiterte Intellektuelle ihre Selbstachtung zu wahren suchten.« Doch genoss sie Massons »spöttischen Humor« und seine Bosheit: »seine Fähigkeit, zu jeder Zeit ohne eine Spur von Erregung in gemäßigten Worten aggressiv zu sein«.

Masson war während Colettes Krankheit ein fleißiger Besucher der Rue Jacob gewesen, und wenn Willy am Abend ausging, speiste Colette mit ihm tête-à-tête. Für ihn trug sie ihren Lieblingsmorgenrock aus Samt, der »ungefähr« wie ein Bild von Botticelli aussehen sollte, und ließ ihr Haar offen. Er versorgte sie mit dem neuesten Klatsch, und zusammen entwickelten sie Fantasien über eine Mätresse, die er »Gott sei Dank« nicht hatte. Diese Spiele passten zu Massons schriftstellerischer Spezialität, dem ausgeklügelten literarischen Schwindel. Er hatte »Bismarcks« Jugendtagebücher veröffentlicht, mit denen er mal eben eine diplomatische Krise zwischen Frankreich und Deutschland verursachen wollte, und »General Boulangers« *Gedanken und Reflexionen*. Als Colette ihn kennen lernte, war er Mitarbeiter am Katalog der Nationalbibliothek und dort für die Titelaufnahme früher Bücher zuständig, und da er fand, dass die Nationalbibliothek Lücken aufwies – etwa bei den deutschen Manuskripten und persönlichen handschriftlichen Briefen von Herrschern –, hatte er beschlossen, diese Titel einzufügen. »›Aber‹, fragte ich naiv, ›wenn die Bücher doch gar nicht existieren?‹ – ›Ah!‹, sagte er mit frivoler Geste. ›Ich kann schließlich nicht alles machen.‹«

Die »erdverbundene« Colette sah nun zum ersten Mal den Ozean. »Ich schwimme in Wogen der Freude«, schrieb sie an Schwob. Auf der Westseite der Insel schlug der donnernde Atlantik gegen die Felsküste; die Luft war dicht von Nebel und der Regen so hart wie Hagelkörner. Diese romantische Szenerie sollte Marcel Proust betören, der dort im folgenden Jahr kurze Sommerferien verbrachte, ebenso Sarah Bernhardt, die die alte Festung am Pointe de Poulain renovierte.

Auf der Ostseite, wo die Willys mit Masson wohnten, waren das Klima und die See praktisch mediterran. Dort gab es einen Segelhafen, an den terrassierten Hügeln wuchsen Reben und Feigenbäume, und das Wasser, in Ufernähe durchsichtig grün, war am Horizont »samtblau«. Bei ihren Spaziergängen am Strand entdeckte Colette Lebewesen, die sie noch nie gesehen hatte: weiße Sandkrebse, exotische Schalentiere und kleine Monster »mit Blättern obenauf und nackten, leuchtenden Beinen unten; es kribbelt mich, wenn ich daran denke«.

Die Idylle von Belle-Ile hinterließ bei Colette einen so tiefen Eindruck, dass sie die Erinnerungen daran mehrmals umschrieb, besonders im letzten Claudine-Buch, *Claudine findet zu sich selbst*, und viel später in *Meine Lehrjahre*. Aus beiden Fassungen spricht das Glück einer jungen Frau, die wieder in ihrem Element, der Natur, ist und die ihre Körpersprache wiederfindet, die in den Pariser Salons erstickt war. In ihren Erinnerungen ist Willy nur eine Randfigur, vollkommen von seiner geheimnisvollen Korrespondenz eingenommen, mit der er den Frauen und dem Geld nachjagte, während sie ihre Zeit mit Masson verbrachte. Im Roman gibt es keine dritte Person. Dort genießen Claudine und Renaud »herrliche, hemmungslose« Flitterwochen. Er durchkämmt mit ihr den Strand, springt durch die Wellen, spielt mit den Sandkrebsen. Sie gehen segeln, er lehrt sie die Taue und den vorderen Ausleger zu bedienen. Sie trägt den Matrosenanzug aus Colettes eigenen Kinderträumen, und Renaud liebt seinen Schiffsjungen stürmisch am Strand und schockiert damit zwei Badende, die die beiden für ein homosexuelles Paar halten.

Colettes Briefe an Schwob von der Belle-Ile enthalten das Rohmaterial für beide Versionen, doch ohne die bewusste Wehmut und die explizite Erotik. Willy und Masson spielen Jules und Jim – auf väterliche Art. Colette ist ihr abgöttisch geliebtes, aufsässiges einziges Kind. Mit der Natur als ihrer Verbündeten und Rückenstärkung kommt sie wieder zu Kräften. Ihre Naivität macht Massons Zynismus zunichte und ihre Brutalität sein Raffinement. Sie schleppt ihn auf seinen »schwachen Beinen« zu den Klippen hinaus und in seinem schwarzen Anzug hinunter an den Strand. Wenn er eine Zeitschrift, die eine Geschichte von Marcel Schwob enthält, verliert, dann kratzt sie ihn mit den Fingernägeln, bis seine Handgelenke bluten, und droht ihn zu ertränken. »Ich habe ihn so übel zugerichtet, dass wir uns wirklich böse waren.«

Willy ist beschäftigt, aber nicht unsichtbar oder distanziert. Er ist es, der mit Colette segeln geht und sie lehrt, mit den Tauen umzugehen. Sie klettern auf die Felsen und finden einen Strand mit weichem, warmem Sand zwischen den Klippen. Colette trägt ein Barett und eine Pumphose *à la Claudine*. Sie zieht ihre Schuhe aus und dann ihre Strumpfhalter und Strümpfe und läuft in die Brandung. Eine große Welle schlägt über ihr zusammen und auch Willy stürzt. »Ich legte mich in den weichen Sand, um zu trocknen, und dann begann ich von neuem meinen Kampf mit dem heimtückischen Element, das mich, ich sage Ihnen, wie eine Zigarette einfach rollte. [...] Und dann, wissen Sie, zog Willy sich aus und nahm auch ein Bad, zur Entrüstung der Möwen. Wir wurden auch vom Meer erfasst, und wenn Sie mich die Klippen hinaufsteigen gesehen hätten, mein Schwob, das war eine Sache! Mein Knie ist zerkratzt und eine Hand aufgerissen. Ich bin ganz stolz ...«

Der Willy von Belle-Ile behandelt seine Frau wie ein wildes, aber bewundernswertes Kind, und sie hat ihn endlich einmal (weitgehend) für sich allein. Für die Colette von Belle-Ile erfüllen sich zwei ihrer tiefsten Sehnsüchte: frei zu sein wie ein Wildfang und liebevoll umsorgt wie Papas Liebling.

4

Bevor Willy und Colette gegen Ende September nach Paris zurückkehrten, besuchten sie ihre Familie in Châtillon. In ihren Briefen an Schwob zählt Colette ihre Taten auf: Sie tötete eine Schlange, sie fing Frösche und Salamander am Fluss, sie erntete Zwetschgen und kochte Marmelade (»besser gesagt, ich sah zu, wie sie gekocht wurde«), sie kutschierte den Wagen ihres Bruders und erschlug die Pferdebremsen; sie las Schwobs Übersetzung von *Moll Flanders*, bewunderte die Szene, in der Moll »züchtig mit diesem Herrn ins Bett geht und zufrieden, aber enttäuscht ist und sagt: ›Ich kann nicht behaupten, dass ich auch so entzückt war, wie er glaubte, dass ich sei, denn ich war noch etwas lasterhafter als er.‹« Sido, so erzählt sie ihm, »wirbelt umher, setzt ihr Lorgnon auf, verschüttet Wasser und disputiert den ganzen Tag mit Willy. Das bringt mich zum Lachen.«

Auf ein zu dieser Zeit in Châtillon aufgenommenes Foto von seiner Frau mit Zöpfen schreibt Willy: »Noch hat sie ihre Ohren und Gefühle nicht versteckt.« Er irrte sich oder war vielleicht irregeführt, denn ihr glücklicher Mangel an Selbstwahrnehmung und ihre fast demonstrativ und unentwegt zur Schau gestellte gute Laune verdecken die düsteren Stimmungen und den Groll, den sie für *Meine Lehrjahre* aufspart. Vorläufig lässt Colette jede Gelegenheit verstreichen – und diese Gelegenheiten sind zahlreich –, an der Bedrücktheit ihres Freundes Anteil zu nehmen. »Was Ihre dummen Geschichten vom Abgrund und der offenkundigen Nutzlosigkeit zu leben angeht, will ich darauf nicht einmal antworten, so dumm sind sie. Ah! Monsieur Schwob hat eine Heidenangst? Das ist eine missliche und tadelnswerte Angewohnheit, Monsieur Schwob. Ich habe einen Zugführer gekannt, der daran gestorben ist.«

9. KAPITEL

Dieser Premierensaal war eine große Infamie mit all den an den Brüstungen der Logen zur Schau gestellten Diamanten, reiche Beute der Prostitution und eines sündhaft erlangten Glücks. All die Lasterhaften waren da, in ihren Paraderoben entkleidet und unter ihrer geschickten Schminke starr vor Hochmut. Mit ihrem Lächeln auf den Lippen ähneln sie triumphalen Idolen, die unter der Flamme ihrer Colliers und dem falschen Gold ihrer gefärbten Haare von einer Persönlichkeit aus Literatur oder Politik, von angehenden Ministern oder den Akademiemitgliedern von morgen flankiert sind. […] In den Logen im Parterre und in den Orchestersesseln saßen, mit leichten Stoffen behängt, in ihrer gequälten, zerbrechlichen Grazie, die Schauspielerinnen der kleinen Theater und die Belles du jour, kleine Frauen mit fiebrigen kleinen Köpfen, unter der Last ihrer üppigen Haare. Die meisten sehen aus wie unverschämte, affektierte Pagen […], penetrant und pervers in ihrem Charme. […] Und der Gipfel ist die Weichlichkeit der Männer mit ihrem Teint im Farbton von gekochtem Fisch, der durch das Porzellanweiß ihrer Hemdbrust noch verschärft wird, dem krampfhaften Lachen ihrer schlaffen Münder, der lendenlahmen Mattigkeit ihres Gangs, der Hässlichkeit ihrer versoffenen Augen.
Philippe Jullian, JEAN LORRAIN, »Le Tout-Paris«

I

In diesem Oktober wurde Hauptmann Alfred Dreyfus, Willys früherer Militärkamerad beim Grundwehrdienst und einziger jüdischer Offizier beim Generalstab, angeklagt, den Deutschen französische Militärgeheimnisse zum Verkauf angeboten zu haben.

Er wurde hinter verschlossenen Türen vor ein Kriegsgericht gestellt, durch ein einstimmiges Urteil für schuldig erklärt und zu lebenslänglicher Haft und Verbannung auf die Teufelsinsel verurteilt.

Zwei Jahre lang wurde der Fall Dreyfus nicht wieder aufgenommen, und in dieser Zeit war es still um ihn geworden. Antisemitismus, schreibt Eugen Weber, war so französisch wie das Croissant, und selbst prominente Juden mussten immer mit ihm rechnen, ob sie nun ihren Glauben abgelegt hatten wie Schwob, konvertiert waren wie Madame Arman oder Sarah Bernhardt, konvertiert und selbst Antisemiten geworden waren wie Catulle Mendès und Henry Bernstein oder sich wie Proust halb katholisch fühlten.

Hannah Arendts Beschreibung der Assimilation der Juden zeigt, wie eigentlich alle Außenseiter – Homosexuelle, Menschen aus der Provinz, Fremde und ehrgeizige Frauen – sich in den Salons ihre Nischen schufen. Die während des Zweiten Kaiserreiches entstehenden Salons entsprachen dem »Goethe'schen Bildungsbegriff, wie er uns vor allem im *Wilhelm Meister* vorliegt (der ja bekanntlich auch seine Bildung den Schauspielern und Adligen verdankt)«. »Von ihnen lernt er, zu einer ›Persönlichkeit‹ zu werden, was ihm den sozialen Aufstieg ›vom Bürgersmann zum Edelmann‹ sichert. Für diejenigen, die nicht der Hocharistokratie angehörten, hing tatsächlich alles von ihrer ›Persönlichkeit‹ ab sowie von ihrer Fähigkeit, diese zum Ausdruck zu bringen. Am wichtigsten schien zu sein, dass man wusste, wie man seine tatsächliche Rolle angemessen zu spielen hatte.«

Um die Jahrhundertwende erhöhte sich der Einsatz; nun genügte der bloße Besitz einer »interessanten« Persönlichkeit nicht mehr als Eintrittskarte in eine gänzlich saturierte und überdrüssige Gesellschaft, die, wie Arendt das ausdrückte, »nichts so sehr [liebte] wie das Exotische, das Anormale, das schlechthin andere«. Es ist die Zeit der Exzentriker und der spiritistischen Sitzungen.

Alchemisten haben eine große Anhängerschaft. So auch Krafft-Ebing und Sacher-Masoch. Es ist schick, eines gewaltsamen oder perversen Todes zu sterben. Kaiser Nero und der achtzehnjährige Barbarenkönig Amalrik sind die neuen Vorbilder für die jungen Homosexuellen. Rebellen aus der höheren Gesellschaft wie Colettes spätere Liebhaberin Missy geben sich ihren Morphiumschuss (bevorzugte Stelle am Oberschenkel, gleich oberhalb des Strumpfbandes) zwischen den einzelnen Gängen des Diners. Jean Lorrain benutzt Kajal und reicht Äther zu seinem Teekuchen. Huysmans beschreibt in *Tief unten* eine schwarze Messe in der Vorstadt, mit »alten geschminkten Tunten als Chorknaben und Nymphomanen als fromme Gemeinde«.

Die Reihen von Gomorrha füllen sich mit Frauen von Bankiers und Politikern, mit Kabarettsängern und Wäscherinnen vom Montmartre. Wie alle anderen besorgt auch Schwob sich eine exotische Dienerin und eine Opiumpfeife. Wie alle anderen schwärmt auch Judith Gauthier für den Orient und nimmt sich eine weibliche Geliebte. Raubtiere, vor allem Raubkatzen, werden zu beliebten Haustieren. Rachilde zieht zwei Kloakenratten vor, die sie Kyrie und Eleison nennt. Auf ihrer Schulter sitzend, helfen sie ihr, den Vorsitz bei ihren »Dienstagen« im Mercure de France zu führen. Als sie für *Monsieur Vénus* zu zwei Jahren Gefängnis verurteilt wird, tröstet Verlaine sie mit der Bemerkung: »Ach, mein liebes Kind, wenn Sie ein neues Laster erfunden haben, sind Sie doch eine Wohltäterin der Menschheit!«

Auf jedem vom Sturm hin und her geworfenen Boot voll würgender Leiber gibt es gewöhnlich einen Passagier, der, merkwürdig gesund, festen Schrittes über das stampfende Deck spaziert und dabei frech ein Schinkenbrötchen isst. Colette war Ende des Jahrhunderts ein solcher Passagier. Sie trank aus Lust, nicht um sich zu betrinken. Sie rauchte gelegentlich eine Zigarette, wurde aber nie abhängig, und bedauerte Menschen, die das waren. Sie sagte von sich, sie sei »unfähig«, Drogen zu genießen. Gegen Ende ihres Lebens erzählte sie einem Freund, sie habe neben ihren drei Ehemännern nur drei Liebhaber gehabt. Sie hatte ihre eigenen Maßstäbe in dem, was sie für sexuell korrekt hielt, und als Willy, der eine Schwäche für Dreiergruppen hatte, ein »berüchtigtes Modell« mit nach Hause brachte, das sich in Colettes Schlafzimmer häuslich niederließ und dann »Monsieur Willy, mir, den Vögeln vor dem offenen Fenster erklärte, was ihr die größte Wollust bereitete, da empörte sich das Blut ›der Tochter von Madame Colette‹ in mir«. Es empörte sich sicherlich nicht immer, aber selbst als sie ihren Lebensunterhalt damit verdiente, dass sie halb nackt auf Varietébühnen tanzte, und aus ihrer Liaison mit der verrufenen Missy kein Hehl machte, verhielt Colette sich, als sei ihre Art zu leben die natürlichste in der Welt.

Natürlich zu sein hieß jedoch nicht, normal zu sein, im Gegenteil. Mit ihrem Stil rebellierte Colette ebenso gegen die Konventionen und bemühte sich ebenso wie ihre extravagantesten Zeitgenossen, »nicht langweilig« zu sein. Statt die Erde abzuschütteln, die an ihren provinziellen Wurzeln klebte, begann sie diese Wurzeln zu kultivieren. Sie hatte nicht umsonst ein Jahr in den Salons zugebracht, überdies war sie durch ihre Krankheit in den Genuss gekommen, von zwei Meistern Privatunterricht (in Selbstdarstellung) zu erhalten. Beide, Masson und Schwob, lobten sie gerade wegen ihrer trotzigen, poetischen und animalischen Vitalität.

In diesem Winter erzählte Colette der Schwiegertochter von Madame Arman von ihren Fähigkeiten als »Schiffsjunge« (und wahrscheinlich als Schlangentöter und Froschfänger), und eines Abends hatte sie bei Madame Armans Mittwochsdiner einen großen Auftritt: Sie erschien, ihr Haar unter eine Pomponmütze gesteckt und ihren geschmeidigen, immer noch jugendlichen Körper im Matrosenanzug – dem Aufzug aus ihrer Schulmädchenanekdote. Diese Aufmachung brachte nicht nur aufreizend ein Paar muskulöser Beine zum Vorschein. Sie präsentierte eine unverschämte kleine Androgyne, jenen marmornen Kupidofiguren ähnlich, die in Madame Armans Speisesaal ebenfalls ihre Nische gefunden hatten.

Die Männer in Abendanzug und die Frauen mit bloßen Schultern hielten inne, die Gabeln in der Luft, sie kicherten und applaudierten bei ihrem Erscheinen. Sie wussten sehr wohl, dass es, außer auf der Bühne, für Frauen gesetzlich verboten war, sich öffentlich in Männerkleidung zu zeigen. Das Gesetz ließ wenige Ausnahmen zu: Eine Frau, die aus beruflichen Gründen Hosen tragen wollte oder musste, konnte beim Polizeipräfekten eine spezielle Erlaubnis beantragen. Zu denen, die das taten, gehörten Sarah Bernhardt, die Archäologin Madame Dieulafoy und Rachilde.

Rachildes Experimente mit dem Transvestismus im Leben wie in ihren Werken waren bereits legendär. Ihr Vater, Oberst Eyméry, hatte sie fünfzehnjährig an einen seiner Offizierskollegen verheiraten wollen. Als sie das ablehnte, schickte man sie in ein Kloster und stellte sie vor die Wahl: Ehe oder Schleier. Sie weigerte sich weiter und wurde nach Hause gebracht, wo sie sich auf dem Familiengut in einen See stürzte. Ihr Vater fischte sie heraus, und sie lebte noch ein paar Jahre unter seinem Dach. In dieser Zeit schrieb sie heimlich Beiträge für eine Lokalzeitung, die sie mit einem Männernamen unterzeichnete. Der Oberst, der nicht wusste, wer sie geschrieben hatte, las sie mit großem Vergnügen bei Tisch laut vor.

Doch sobald Rachilde volljährig war, floh sie nach Paris, was für sie das Gleiche war wie für andere, zur See zu gehen. Sie landete dort Anfang der 1880er Jahre in der Absicht, als Journalistin Karriere zu machen. Ihrem Biografen zufolge trug sie Männerkleider, »um der Aufmerksamkeit [der Männer] zu entgehen, um ihre Reportagen leichter durchführen zu können und [...] um weniger Geld für damals sehr teure Toiletten auszugeben«. Rachilde war auch eine der ersten Frauen, die sich einen Bubikopf schneiden ließ und ihr Haar an einen berühmten Fetischisten verkaufte, der es in einer gemeißelten Urne aufbewahrte. Sie widmete sich mit großem Geschick dem Schießen, Reiten und Fechten und trieb ihre Travestie »so weit, dass sie auf ihre Visitenkarten drucken ließ: Rachilde, Homme de lettres«.

An den Vorkehrungen, die man traf, um ein solches Verhalten (und die Frustrationen, von denen es herrührte) zu unterdrücken, lässt sich ermessen, wie viel Angst es in einer Zeit weckte, in der die Debatte über die Frauenrechte auf der Tagesordnung stand. Jede neue Verbesserung für den Status der Frau – das Recht auf Bildung, auf einen Beruf, auf Scheidung, auf ein eigenes Bankkonto, auf Sorgerecht für die minderjährigen Kinder – wurde von den französischen Männern als ein weiterer Schlag unter die Gürtellinie erlebt. Sie mussten, schreibt Edward Berenson, »ihre kollektive Männlichkeit wiederherstellen und meinten, das zu erreichen, wenn sie sich dem Ansturm weiblicher Emanzipation entgegenstemmten. Wenn nur die französische Frau wieder zu einer wirklichen Frau würde [...] unterwürfig, gehorsam, emotional, und nicht mehr sexuell oder anderweitig bedrohlich, [dann] würden die französischen Männer notwendig ihre Männlichkeit wiedererlangen, die, wie man glaubte, für die napoleonische Ära charakteristisch war.«

Colettes männliche Zeitgenossen – nicht zuletzt auch Freud – konnten unmöglich begreifen, dass sich eine junge Frau nach einer Freiheit sehnte, die von ein Paar Hosen, einem Matrosenanzug oder einem Kurzhaarschnitt symbolisiert wurde, ohne sich deshalb danach zu sehnen, ein Mann zu sein. Die Frauen selbst, Colette eingeschlossen, verwirrten und irritierten solche Sehnsüchte, und das bildete zum Teil den Subtext zu den *Claudine*-Büchern. Colettes frühes Werk ist tatsächlich eine faszinierende und eigentümliche Form des Transvestismus: Colette ist eine Frau, die als Mann (Willy) schreibt. Dieser Autor stellt sich als ein burschikoses Mädchen (Claudine) dar, das einen »verweiblichten« Mann (den alternden Renaud) heiratet. Dieser wiederum treibt sie in die Arme einer weiblichen Geliebten (Rézi), ein Verhältnis, in dem sie die männliche Rolle übernimmt.

2

Für sich eine glänzende Persönlichkeit aufzubauen, befriedigt, macht aber auch traurig, denn es ist ein leerer Triumph des falschen Selbst auf Kosten des wahren. Das war nach Arendt das fatale Geschäft, auf das sich die Juden, die Homosexuellen und Emporkömmlinge einließen, die ihre Ungewöhnlichkeit zur Unterhaltung einer Gesellschaft aufbauschten, die sich Exhibitionisten gern ansah, auch wenn sie sie verachtete. »So begann jenes komplizierte Spiel des Zeigens und Versteckens, des halb Sich-zu-erkennen-Gebens, der Demut, die aus der Furcht entsprang, wieder verjagt zu werden, und der Arroganz, die aus der Überraschung geboren war, überhaupt zugelassen worden zu sein.«

Aus solchen Bedingungen erwuchs auch Colettes undefinierbares Verhalten und ihr Versteckspiel, das sie mit ihren Lesern spielt. Ihre frühesten Erfahrungen mit Salons bestätigten ihre Isolation und die Notwendigkeit, Theater zu spielen, sich zu exponieren und zugleich zu verbergen. Das stellte sie für immer auf die Seite derer, die jenseits des Rampenlichts arbeiten und von den Zuschauern im Saal dreifach getrennt sind: durch einen Bruch in Schicht, Vertrauen und Erfahrung.

In einem solchen Dilemma sucht man nach einem Verbündeten oder Seelenverwandten in Gestalt eines Schauspielerkollegen, nach jemandem, der imstande ist, die eigene Darbietung zu durchschauen, ihre Bravour zu bewundern und sie nur teilweise zu glauben. Anfang 1885 fand Colette so jemanden: Mendès machte sie mit seiner Geliebten Marguerite Moreno bekannt.

Moreno, halb Argentinierin und halb Französin, war zwei Jahre älter als Colette und ein aufgehender Stern in der Comédie Française. Sie war eine dunkle, gertenschlanke junge Frau mit den Gesichtszügen einer Madonna von Clouet, und als Colette sie kennen lernte, hatte sie einen kleinen Sohn, blond und hell wie sein Vater, der bald an Meningitis sterben sollte – eine Gefahr, vor der Sido immer panische Angst gehabt hatte. »Alles an ihr«, schrieb Colette, ihr Humor, ihre Blässe, ihre wunderbar angenehme Stimme, »demütigte und entzückte die entwurzelte Provinzlerin, die ich noch war«.

Moreno vergaß jenes Mittagessen in Mendès' lichtdurchfluteter Wohnung. »Marcel Schwob machte uns bekannt«, erinnerte sie sich. Schwob, ihr späterer Ehemann, hatte sie in die Rue Jacob mitgenommen, wo sie Colette mit einem Buch in der Hand auf ihrem Diwan zusammengerollt vorfanden: »Du wandtest mir dein Gesicht zu, das von alldem, was du dem Leben hast rauben können, nur schöner geworden ist. Das Leben hat dir in jenen Tagen so viel vorenthalten! [...] Drei Sätze, und ich war deine Freundin.«

Moreno wurde etwas, das in Colettes Leben sehr selten, wenn nicht gar einzigartig war: eine Ebenbürtige. Die Korrespondenz zwischen ihnen zeichnet sich durch eine Offenheit aus wie kein anderer Briefwechsel Colettes. An andere wandte sie sich als Mutter, als Tochter, als Kollegin, aber nicht als Vertraute. Ihre familiäre Art zu sprechen und ihre unpariserische körperliche Erscheinung verführten flüchtige Bekannte häufig zu der Annahme, sie stünden mit Colette auf vertraulichem Fuß, während sie ganz im Gegenteil eine äußerst zurückhaltende Frau war, die allmählich entdeckte, dass sie die Welt mit Erfolg zum Narren halten konnte. »Leute, die mich nur drei Mal gesehen haben, täuschen sich«, lässt sie Claudine sagen:

> Wenn sie mich sehen, mit Windstoßfrisur, bodenlangem Rock, soliden Schuhen und offenem Blick, dann denken sie: ›Das wäre die gute kleine Frau, die ich bräuchte! Sie ist

> frisch und lebhaft, und es wäre so einfach, mit ihr zu leben! …‹ Versuchen Sie's doch! Wenn ich ein Mann wäre und mich bis zum Grunde kennte, ich würde mich kaum lieben: ungesellig, besessen, hingerissen oder entrüstet auf den ersten Blick, mit einem Spürsinn, der sich für unfehlbar hält und keine Zugeständnisse macht, falsche Zigeunerin, im Grund sehr bürgerlich, eifersüchtig, aufrichtig aus Eitelkeit und verlogen aus Scham … Das sag ich heute – dann wieder, schon morgen, finde ich, dass ich bezaubernd bin …

In einer Zeit, in der bei jeder Abendeinladung zehn Schriftsteller am Tisch saßen und jeder nachher nach Hause eilte, um das geschickte oder unerhörte Benehmen der Miteingeladenen einem Zeitschriftenartikel anzuvertrauen, waren alle bis zu einem gewissen Grad Schauspieler, die, um die Nachwelt bemüht, sich eine Gestalt zurechtschusterten, die der Erwähnung wert war. Colettes fiktionale Version ihrer Begegnung mit dem jungen Proust im Salon von Madame Arman gibt uns eine Andeutung, wie sie begann, für die Öffentlichkeit eine überzogene Bühnenfassung von sich selbst zu entwerfen:

> Eines Mittwochs bei dieser Mutter Barmann verfolgte mich höflich ein junger, hübscher Literat. (Er hatte schöne Augen, dieser Kleine, wiewohl sie leicht entzündet schienen; na wennschon …) Er verglich mich – immer meine kurzen Haare! – mit Myrtokleia, einem jungen Hermes, einem Amor von Proudhon; er durchstöberte um meinetwillen sein Gedächtnis sowie sämtliche unbekannten Museen, nannte so viele Meisterwerke, die Hermaphroditen darstellen, dass ich an Luce und Marcel denken musste und beinahe die Lust an einem göttlichen Bohnengulasch verloren hätte, der Spezialität des Hauses […]

> Mein kleiner Schmeichler, von seinen eigenen Beschwörungen berauscht, wich nicht von meiner Seite. Ich schmiegte mich in einen Fauteuil Louis' XV. und lauschte seinem literarischen Vortrag, ohne zuzuhören … Er betrachtete mich aus schmelzenden, langbewimperten Augen und murmelte nur für uns beide:
> »Ah! Sie träumen wie der junge Narziss – Bitternis und Lust erfüllen auch Ihre Seele …«
> »Sie irren sich, mein Herr«, unterbrach ich ihn mit fester Stimme. »Nichts anderes erfüllt meine Seele als weiße Bohnen und Selchspeck.«

»Wenn wir Prousts Urteil glauben dürfen«, schreibt Arendt, dann »brachten die Pervertierten noch einmal den ersterbenden Glanz der Leidenschaft […] in die notorische Langeweile dieser Gesellschaft« der Jahrhundertwende. So war die Begegnung, die Colette derart frivol beschreibt, bezeichnender, als sie wusste. Der »junge, hübsche Literat«, der noch nicht »Proust« war, hatte das wahre Gesicht von Colette erkannt und auch die unzüchtigen, wahren Gefühle der jungen Außenseiterin, die noch nicht »Colette« war, und er begriff den Narzissmus, der ihr durch ihre Hochstapelei aufgezwungen wurde.

Proust besuchte den Salon von Madame Arman teils, weil er in ihren Sohn Gaston verliebt war, teils wegen Gastons Frau Jeanne – beide gehörten zu seinen zahlreichen Modellen für Saint Loup und Gilberte. Colette hatte ihrerseits begonnen, mit den jungen Caillavets freundlichen Umgang zu pflegen. Er war als Dramatiker noch in den Anfängen, ein hübscher dunkler Typ und »nicht besonders heiter. Er lachte vor allem mit den Augen.« Seine Frau, die in seinen Salonkomödien mitspielte, war eine theaterbesessene Schönheit, ebenso alt wie Colette; Willy gab ihr den Spitznamen »die Kohlrose«. Die beiden hatten eine einjährige Tochter, Simone. Colette sagte zu Jeanne, wäre sie sicher, solch eine kleine Schönheit zu bekommen, würde sie nicht zögern, »Willy zu bitten, ihr ein Kind zu machen«.

Nach Jeannes Enkelin und Biografin, Michelle Maurois, waren die beiden Paare in diesem und im nächsten Winter häufig zusammen. Colette nannte Jeanne immer »die strahlende Jeanne« oder »die wunderbare Jeanne«, und der Ton ihres Geplänkels »beweist eine fröhliche Intimität; man machte Scherze«. Er beweist eine Attraktion, Intimität ist etwas anderes. Die Willys applaudierten Gastons Stücken; die beiden Ehemänner flirteten mit den Ehefrauen des jeweils anderen, die Frauen flirteten miteinander – oder zumindest tat Colette das. Sie unterschrieb ihre Briefe an Jeanne »mit einer liebevollen Umarmung«. Als die Caillavets in jenem September mit einem anderen Paar für eine Woche nach London fuhren, neckte Colette sie: »Nächtliche Londoner Randalierer, werdet ihr von diesem kleinen Ausflug als Doppelpaar eine zweite Tochter mitbringen? Es ist sehr schlecht, ich kenne das, wenn man zwei junge Paare ist und sich wechselseitig erregt.«

In dieser Äußerung über die Komplizenschaft mit den Caillavets und über deren Freunde liegt ein gut Teil schmerzlicher Schärfe, denn trotz ihrer Jugend war Colette nicht Teil eines jungen Paares, und das Gefühl, das sich hier in ihr regte, war Neid. Nicht so sehr Neid auf ein Baby oder eine konventionelle Ehe als vielmehr auf ein gesundes erotisches Leben mit einem Ehemann, dessen Appetit nicht erst mit allerlei scharfem Gewürz angeregt werden musste. Sie beneidete Jeanne, wie sie die kleinen Nutten im Café d'Harcourt um ihre »virilen« Liebhaber aus der Boheme mit den langen Haaren beneidete. Es war dieselbe Entbehrung, die sie ein paar Jahre später eines Nachts empfinden sollte, als Polaire die Willys in ihre Wohnung rief, damit sie einen Streit zwischen ihr und Pierre Louÿs schlichten sollten. Er hatte sie geschlagen; sie war hysterisch und entrüstet. Doch der Streit endete vor ihren Augen damit, dass das Biest sein williges Opfer in seine Arme nahm und es ins zerwühlte Bett zurücktrug. Colette blieb, wie sie sagt, mit dem quälenden Bild eines ihr »unbekannten Schauspiels« zurück: »der Liebe in ihrer Jugendlichkeit und ihrer Brutalität, einem gekränkten Liebhaber, seinem nackten Oberkörper, der weichen femininen Haut, unter der seine Bilderbuchmuskeln spielten, den Mulden und Schwellungen seines gleichmütigen und stolzen Körpers, der selbstsicheren Art, mit der er Polaires hingestreckten Körper übergangen und dann aufgehoben hatte«.

Nach der Kinceler-Affäre könnte Colette wie so viele andere betrogene Ehefrauen jener Zeit beschlossen haben, Willy das in gleicher Münze zurückzuzahlen und einen seiner Protegés zum Liebhaber zu nehmen. Sie leugnet das, obwohl sie mit Schwob darüber scherzte, als er sie zu Madame Arman begleitete: »Willy bittet dich nur, ein paar Meter vor der Nummer zwölf aus dem Wagen auszusteigen, damit die Leute nicht sagen, wir ›zeigen unsere Liaison zu deutlich‹. [...] Wir werden uns dort gut amüsieren.«

In *Meine Lehrjahre* gibt sie sich große Mühe, ihre Treue zu erklären. Schuld daran sei Willys »außerordentliche Geschicklichkeit«, mit der er es verstünde, »männliche oder weibliche Freunde ihres Alters« von ihr fernzuhalten; schuld daran sei auch seine Tyrannei, die sie verführerisch fand; ihre eigene »angeborene Menschenscheu, die Sidos Kindern gemeinsam ist«; die Kindheit im Dorf, die das Entstehen intimer Bindungen verhindere; und schließlich ihre »jungenhafte« Art. Doch diese Entschuldigungen sollen uns von einer Wahrheit ablenken, die Colette in der Zeit, in der sie ihre Memoiren schrieb, gern vergaß: Sie war noch und blieb, trotz ihrer Entbehrungen und trotz Willys jahrelanger Grausamkeiten, leidenschaftlich in den Entführer verliebt, »der mich besaß, [...] noch bevor ich eine Frau war«.

3

Die Theatralik der Salons ist nicht zu verstehen ohne ein Wissen um die Bedeutung des Theaters im Fin de Siècle im Allgemeinen. Die frühen 1890er Jahre waren die Blütezeit der von Männern wie Antoine, Paul Fort und Lugné-Poe geleiteten großen Kunsttheater, die das französische Publikum mit den avantgardistischen Stücken von Ibsen und Strindberg bekannt machte und auch mit den Werken von »gewagteren französischen Autoren von Courteline und Brieux bis Alfred Jarry«. Es sei erwähnt, dass Lugné-Poe später mit Willy die Bühnenfassung der *Claudines* erarbeitete, dass Oscar Wildes *Salomé*, die Theatersensation von 1893, in Frankreich mit Hilfe von Marcel Schwob und Pierre Louÿs zu Stande kam; dass Schwob der Erste war, der Jarrys *König Ubu* las, und dass Colette und Willy bei der tumultartigen und heute legendären Premiere unter den Zuschauern saßen. Er rief die randalierende Menge zur Ordnung, damit die Vorstellung weitergehen konnte, und sie brüllte »vor Freude so laut«, dass ihr Lachen aus dem heillosen Lärm herauszuhören war.

»Wer wirklich in der Literatur bekannt werden will, muss auf die Bühne«, schrieb Edmond de Goncourt 1892, »denn viele Leute kennen von der Literatur nicht mehr, als im Theater vorkommt.« Unter Theater verstand er populäres Theater, Boulevardtheater. Von drei Millionen Parisern ging eine halbe Million ein Mal wöchentlich ins Theater, und doppelt so viele, schreibt Eugen Weber, ein Mal im Monat: »Die Bühne [...] lieferte der Gesellschaft ihren originären Gesprächsstoff.«

Niemand begriff den kommerziellen Zusammenhang zwischen Theater und Literatur besser als Willy. Und wenn wir uns seine Karriere unvoreingenommener ansehen, als Colette das konnte, dann erscheint er weniger als der gescheiterte Schriftsteller mit »neurotischer« (ihr Wort) Angst vor dem leeren Blatt, vielmehr als ein bemerkenswert erfolgreicher Impresario des Unterhaltungsgeschäfts. Er war zum Teil Agent, zum Teil Mogul, zum Teil einfach ein betriebsamer Mensch. Er entwickelte und beauftragte seine dienstbaren Geister, er schrieb Bühnenfassungen zu seinen Romanen und Romanfassungen zu seinen Dramen, er befehligte einen großen Stab kreativer Mitarbeiter und heimste ein, was deren kollektive Produkte einbrachten. Seine Werbewirksamkeit zielte ebenso auf den Unterhaltungskonsumenten ab wie auf den ernsthaften Leser, und sobald er sichergestellt hatte, dass der Konsument der Marke treu blieb, lieferte er ihm ein in seinen Bestandteilen – wenn auch nicht unbedingt in seiner Qualität – verlässliches Produkt.

Colette vermutet, dass ihr Mann Briefe schrieb – was er manisch tat –, um nicht Bücher schreiben zu müssen. Tatsächlich jedoch nutzte er seine Briefe so, wie heutzutage ein Produzent Telefon und Fax nutzt: um seine Geschäfte zu machen, um seine Projekte zu lancieren und, am wichtigsten, um seine Kontakte zu pflegen und zu »polieren«. Er schuf und arrangierte seine Berühmtheit auf moderne Weise. »Der ironische Willy«, schrieb Henry de Madaillon, »verstand als Erster, wie wichtig, allein schon finanziell, die hartnäckige Wiederholung eines Namens oder Titels war […] oder die schamlose Vervielfältigung schlüpfriger Fotografien mit allen der Presse verfügbaren Mitteln. Er war der Erste, der die Vorliebe der Öffentlichkeit für suggestive Indiskretionen über das Leben der ›Stars‹, für saftige Anekdoten und anrüchige ›Liebesgeschichten‹ erriet und ausbeutete. Nur nutzte er all das wie ein Virtuose der Ironie, dem die unermessliche menschliche Torheit zu Gebote steht.«

Colette wuchs unter Schauspielern heran, Amateuren wie Profis, der erste war ihr Mann. Fast jeder und jede, an die sie sich in *Meine Lehrjahre* erinnert, hatte in irgendeiner Weise mit dem Theater zu tun. Otéro war ein Varieté-Star. Polaire begann im Varieté und wurde dann die führende Komödiendarstellerin des Boulevardtheaters.

Moreno war die größte klassische Schauspielerin ihrer Generation und, manchen Kritikern zufolge, des Jahrhunderts. Courteline machte sich als Satirikerin einen Namen, erst mit Antoine und seinem Kunsttheater, später mit der Comédie Française. Schwob war sowohl für Wilde als auch für Jarry außerordentlich wichtig, *Ubu Roi* war ihm gewidmet. Catulle Mendès war einer der einflussreichsten Dramenkritiker der Zeit. Jean Lorrain schrieb fürs Theater und hielt seine Laster und Anmaßungen für die Nachwelt fest. Selbst die arme, unglückliche Lotte Kinceler hatte ihre Sternstunde auf der Bühne, als sie von Polaire in Brieux' *Les Hannetons* gespielt wurde. Colette verbrachte als junge Frau mehr Zeit in einer Bühnenloge oder einem Orchestersessel als im Arbeitszimmer. Sie schrieb später zu beachtlich vielen ihrer Romane eine Bühnenfassung, und ihre Prosa ist in weiten Teilen wie ein Theaterstück oder ein Film aufgebaut. Sie lernte die Kunst, sich selbst in Szene zu setzen, von Meistern auf diesem Gebiet. Als sie ihre eigene professionelle Theaterkarriere aufnahm – Theater spielte, fürs Theater schrieb und Theater rezensierte –, da war es ihr bereits in Fleisch und Blut übergegangen.

4

1895 nahm Willys Karriere eine neue Wendung: Prosa. Der erste seiner über fünfzig Romane hieß *Une Passade*. Wie alle nachfolgenden war er gerade unanständig genug – und seine Unanständigkeit gerade künstlerisch genug –, um jenen Langweilern und Prüden so anstößig vorzukommen, dass sie mit ihrer Empörung dem Roman zu Auszeichnung und Absatz verhalfen.

Une Passade war zudem typischerweise eine Gemeinschaftsarbeit mit einem anderen Schriftsteller, in diesem Fall mit Pierre Veber, einem der Trauzeugen bei Colettes Hochzeit. Veber schrieb den Text, und Willy »korrigierte« ihn, das heißt, er lieferte bestimmte Elemente des Plots und fügte seine charakteristischen Wortspiele bei. Drei Jahre später verzichtete er auf seine Rechte an dem Buch; eine zweite Auflage firmierte unter Veber und Willy, eine dritte unter Willy (als Erstem), dann Veber.

Inzwischen hatten die beiden Männer einen heftigen Streit gehabt, über den Colette in *Meine Lehrjahre* berichtet. Veber war in die Rue Jacob gekommen, um die ihm zustehenden Tantiemen abzuholen, und Willy hatte sich geweigert zu zahlen. Veber schrie vom untersten Treppenabsatz aus: »Es gibt Richter, mein Herr, für Leute, die ihre Gläubiger ins Treppenhaus stoßen, statt ihre Schulden zu bezahlen!« Worauf Willy zurückschrie: »Meine Gläubiger sind Menschen, die ich respektiere und achte. [...] Aber ich verweigere diesen Titel einem kleinen Dreckskerl, der mir zwei Mal in der Woche unter dem Vorwand, ich schuldete ihm 32 Francs, auf die Bude rückt, während er in Wirklichkeit nur mein Dienstmädchen in den Hintern kneifen will!«

Die strittige Summe ist kaum höher als der Ton, in dem über sie gestritten wird. *Une Passade* ist ein Schlüsselroman, in dem Willys Alter Ego, Henry Maugis, in den Bann eines männermordenden literarischen Groupies namens Monna Dupont de Nyeweldt gerät. Sie ist eine Nymphomanin, die kein Korsett trägt und deren Hunger nach dem niedrigen Leben fast ebenso unersättlich ist wie ihre Lust auf Sex. Zu ihren Opfern gehören ein dekadenter Romancier, der Rémy de Gourmont nachgezeichnet ist, und ein Anarchist nach dem Vorbild von Félix Fénéon. Im Laufe seiner fünf Tage als ihr Sexsklave wird Maugis impotent – als Schriftsteller. Es gelingt ihm, zu seinem Freund Jim Smiley zu fliehen, der ihn ermutigt, mit seiner Beherrscherin zu brechen. Es überrascht kaum, dass die wirkliche Monna (Mina Schrader de Nysolt) »Pierre Veber erdrosseln wollte und Willy ›dreißig Seiten lange Briefe‹ schrieb«, bevor sie, wie Caradec uns erzählt, versuchte, einen Politiker zu ermorden, »der sie einsperren lassen wollte«.

Das außerordentlich populäre Thema des weiblichen Vampirs,

der es auf den männlichen Künstler abgesehen hat, behandelte Willy in den beiden Romanen, die den *Claudine*-Büchern vorausgingen: *Maîtresse d'esthètes* (1897) und *Un Vilain Monsieur!* (1898). Beide stammen von Willys Ghostwriter Jean de Tinan. Damals wurde Wildes *Salomé* (das Stück war in London verboten worden) in Paris inszeniert. Es ist fast sicher, dass Colette und Willy der Premiere beiwohnten.

Willys Romane und das Theaterstück von Wilde behandeln, wie Pichois sich ausdrückt, »ein altes Schreckgespenst, das sie mit Vigny, Balzac und Baudelaire gemeinsam haben, ein altes Schreckgespenst, das für Willy und für ... die Dekadenten, die dieser verachtete, nicht minder aktuell war«. Huysmans beschreibt die zeitgenössische *Femme fatale* als »die symbolische Gottheit der unzerstörbaren Wollust, die Göttin der unsterblichen Hysterie, die verruchte Schönheit, auserwählt unter allen anderen durch die Katalepsie, die ihr Fleisch starr und ihre Muskeln hart macht; das scheußliche, gleichgültige, unverantwortliche, gefühllose Tier, das gleich der antiken Helena alles vergiftet, was sie berührt, was sie sieht«.

Doch die gierige, kastrierende Frau in Willys Prosa ist immer zu holzschnittartig, um Furcht erregend zu sein. Viel überzeugender ist da die Brüderlichkeit zwischen den Männern, die sich ihren Körper teilen, und ihre geheime Furcht, ihre Potenz und vielleicht sogar ihre Heterosexualität sei in Gefahr. »Die Klubsphäre des Fin de Siècle«, schreibt Elaine Showalter (und die Welt von Willys Romanen ist nichts anderes als ein literarischer Männerklub), »existierte an der brüchigen Grenzlinie, die die männliche Bindung von der Homosexualität trennte und männlichen Frauenhass von anstößiger Homoerotik unterschied.«

Im Mai 1895, Marcel Proust hatte noch nicht begonnen, die geheime gemeinsame Basis von Sodom und der Klubsphäre zu ergründen, da schrieb er an Willy scheinbar einen Verehrerbrief. Wahrscheinlich reagierte er damit auf eine Sammlung von Rezensionen, die Willy, zusammen mit *Une Passade*, in diesem Jahr veröffentlicht hatte. Willy war zu beschäftigt, um zu antworten. Er überließ diese Aufgabe Colette: »Sie sind der Einzige, glaube ich (obwohl ich glaube, Fénéon hat dieselbe Feststellung gemacht), der so klar gesehen hat, dass für ihn das Wort nicht etwas repräsentiert, sondern eine lebendige Sache ist, dass es viel weniger mnemonisch auf etwas hinweist, als dass es etwas ins Bild überträgt. Ich drücke mich ein wenig undeutlich aus, aber ich weiß sehr gut, was ich sagen will, und ich fühle, dass Sie mich wunderbar verstehen, denn Sie wissen, Ihr Brief beweist das, dass mein Willy ein Original ist (obwohl er sich redlich Mühe gibt, das zu verbergen).«

Inzwischen schrieb Colette jedoch Bedeutenderes als bloß rührend prätentiöse Dankesbriefe für ihren Mann. Etwas früher in diesem Jahr hatte sie ihren Namen, Colette Gauthier-Villars, unter sechs knappe Musikkritiken gesetzt, die in Maurice Barrès' kurzlebiger Zeitschrift *La Cocarde* erschienen. Pichois vermutet, dass Willy die technischen und historischen Daten dafür geliefert hat, wie wahrscheinlich auch für ihren Brief an Proust, dass sie selbst jedoch für den Stil und die geäußerten Meinungen verantwortlich war. Zwanzig Jahre später widmete Barrès' Freund und Mitarbeiter, Charles Maurras, Colette einen Essayband »zur Erinnerung an *La Cocarde*«. Darin gibt er uns einen Eindruck von der literarischen Debütantin, die »eine Baskenmütze über dem Ohr, ihren Zopf an die Fersen schlagen ließ und so tat, als korrigiere sie die Druckfahnen ihres Mannes (und ihre eigenen!), während sie seinen wortreichen Ausführungen zuhörte«.

Inzwischen hatte Colette Willy auch den Beweis geliefert, dass sie ein ebenso gutes, natürliches Gehör für Prosa besaß wie für Musik und dass sie, wenn sie es versuchte, eine höchst überzeugende und unterhaltsame Erzählerin sein konnte. »Ich glaube, was Willy mir sagte«, schreibt Sylvain Bonmariage, »was mir auch später von Alfred Vallette und Rachilde bestätigt wurde: Die junge

Colette hatte eine ungewöhnlich lebhafte Fantasie. Als sie heiratete, fühlte sie sich weder berufen, noch besaß sie die nötigen Kenntnisse, um ein druckfähiges Manuskript zu verfassen. Stattdessen besaß sie neben ihrer Kaltschnäuzigkeit die Gabe, schlagfertig, witzig und geistreich zu sein. Man hörte ihr zu, und sie liebte es, wenn man ihr zuhörte. Sie hatte Willy und offenbar auch anderen (zum Beispiel Vallette) manche Episoden erzählt, die Willy sie aufzuschreiben bat.«

1907 erzählte sie einem Journalisten, sie selbst, nicht Willy, habe vorgeschlagen, ein Buch zu schreiben. Ihr Mann habe über ihre Anmaßung gelacht, daher habe sie sich »stillschweigend« an die Arbeit gemacht. Diese Behauptung wurde zu einem Zeitpunkt veröffentlicht, als das Paar erbittert um sein gemeinsames Eigentum, einschließlich der *Claudines*, stritt. Colette hat diese Behauptung nie wiederholt, vielleicht weil sie ihrer vehementen Leugnung einer literarischen Berufung widerspricht. Doch wäre es merkwürdig gewesen, wenn sie *nicht* daran gedacht hätte, ein Buch zu schreiben, denn gewöhnlich ist das der Traum, den Gattinnen von Schriftstellern hegen, jene unbezahlten Tipperinnen, Resonanzböden, Musen und Sklaven der Fahnenkorrektur. Dominique Aury schrieb die *Geschichte von O*, um Jean Paulhan zu blenden, Mary Shelley verfasste *Frankenstein* für einen Erzählwettstreit. In den gleichen – hier erotischen und literarischen – Wettstreit trat auch Colette, die sich ihr Leben lang von Rivalitäten erregen, motivieren, bannen, ja inspirieren ließ.

Die Chronologie, die sie für die Komposition ihres ersten Romans gibt, ist ebenso unzuverlässig wie ihre Äußerungen über seine Genese. Aber der gründliche Colette-Forscher Paul D'Hollander legt überzeugend dar, dass sie im Winter 1895/96 angefangen haben muss, sich über ihre Erinnerungen an die Dorfschule in Saint-Sauveur »Notizen zu machen«. Das sei das Zeugungsdatum der Claudine gewesen.

10. KAPITEL

I

Colette hatte ihr Heimatdorf seit sechs Jahren nicht mehr gesehen, als Willy sie im Mai 1896 dahin zurückbrachte, damit sie ihre Erinnerungen auffrischen könne. Olympe Terrain war nicht da, um sie zu empfangen, aber ihre Hilfslehrerinnen luden das Paar zu einem Essen ein, bei dem es »manches zu lachen gab«. Willy schrieb an die Direktorin und dankte ihr für ihre Gastfreundschaft in absentia, und sie antwortete mit einer Einladung zur Abschlussfeier, die im Juli stattfinden sollte. Colette nahm die Einladung mit einem scherzhaften Briefchen an, das an »Mmmzaîle« gerichtet war, und das sie mit »Ihr ehemaliger Plagegeist« unterschrieb.

Beim zweiten Besuch erregten das Mädchen, das hier zu Hause war, und ihr berühmter Pariser Ehemann sowohl im Dorf als auch in der Schule einiges Aufsehen. Mademoiselle Terrain erzählte Jean Larnac, »Colette [habe] darauf bestanden, bei ihnen zu übernachten, und gemeint, sie sei für uns ein Beispiel, was man gerade nicht tun solle«. Sie aßen mit den Schülerinnen zusammen zu Abend, und anschließend spielten Colette und Willy Duette auf dem Klavier. Colette beschreibt das Übernachtungsarrangement in einem unveröffentlichten Brief an Marguerite Moreno. Da die Betten so schmal waren, schlief Willy allein in einem der Lehrerschlafzimmer, während Colette bei den Mädchen kampierte. »Am Morgen Willys Auftritt im Schlafsaal. […] Vaterschaft!« Er krönte eine Zwölfjährige mit einem Lorbeerkranz und sagte feierlich zu ihr: »Arbeit ist Freiheit, Arbeit ist die Zukunft« – ein Scherz, den sich Colette mit gutem Grund merken sollte.

Sollte Mademoiselle Terrain etwas Unschickliches am Verhalten von Colette und Willy wahrgenommen haben, dann hielt es sie jedenfalls nicht davon ab, die beiden zur Preisverleihung 1897 nochmals einzuladen. »In wenigen Tagen kehre ich (für achtundvierzig Stunden) nach Saint-Sauveur zurück«, schrieb Willy an einen seiner Ghostwriter, »in ein bezauberndes Mädcheninternat. Ich tätschle sie in Erwartung (sexueller) Partys, ich umarme und küsse auch die Hilfslehrerinnen. [...] Ich amüsiere mich wahnsinnig, und mein reizendes, verdorbenes, geliebtes Kleines amüsiert sich noch mehr.«

Im letzten Augenblick sagten sie jedoch ab. Colette entschuldigte sich damit, dass ihr Stiefsohn die Windpocken habe. »Schreiben Sie mir, um mich zu trösten«, bittet sie Mmmzaîle inständig. Willy gab hingegen Olympe Terrain eine ehrlichere Erklärung: Sie kämen nicht, schreibt er, weil »die Leute so dumm gewesen [seien], Colette zu sagen, unser Benehmen habe Saint-Sauveur schockiert. Die Kleine war gekränkt, als sie das hörte. Was mich angeht, darf ich sagen, dass es mir schnurzegal ist, seit langem können die Meinungen meiner Zeitgenossen mir nichts mehr anhaben. Aber ich wiederhole, meiner Colette ist das Herz schwer. Das ist der Grund, weshalb Ihr Mädchen schweigt.«

2

Colette und Willy verbrachten den Rest dieses Sommers mit Reisen. Sie fuhren erst nach Champagnolle im Jura und nahmen in einem bescheidenen Gasthof Quartier mit feuchten, sich in langen Schlangen ablösenden Tapeten, zwei schmalen Metallbetten und schlechten kleinen Vorhängen, die geeignet gewesen wären, »Föten darin einzuwickeln«. Colette berichtete Schwob, dass ihre Katze nun keine Jungfrau mehr sei (»*elle connaît la vie*«); dass sie Willy um vier Uhr in der Frühe aus dem Bett scheuche, um das Land zu erkunden (»die Kälte zwickt«, aber »die Farben sind herrlich um diese Tageszeit«); und dass sie, wenn er ihr nicht schreibe, ihm bei ihrer Rückkehr ein zusammengerolltes Heft der *Revue franco-américaine* in den Rachen schieben werde.

Von dort begaben sie sich in Willys Elternhaus, eine Erfahrung, über die Colette schreibt: »Vor meiner Heirat hatte ich nie ›bei jemandem gewohnt‹, wie ich mich ausdrückte, und ich brauchte lange, bis ich die Befangenheit überwand, die mich nicht etwa daran hinderte, meine Gastgeber gern zu haben, mir aber das schlichte Vergnügen nahm, mich so zu geben, wie ich war.« Die Syntax ist auch im Französischen gequält, vielleicht weil Colette ihnen eigentlich am liebsten zusammengerollte Zeitungen in den Rachen geschoben oder sie, wie sie Schwob androhte, in Fliegenfänger eingewickelt hätte. »Eine sehr amüsante [Erfindung]. Man sieht sie darauf landen und zappeln, bis sie sich nicht mehr bewegen können. Sie müssen schrecklich leiden.«

Stattdessen spielte sie die zurückhaltende junge Ehefrau. Wann immer sie konnte, flüchtete sie aus dem Wohnzimmer hinaus in die Felder. War das nicht möglich, dann nickte sie in einem Lehnsessel über ihrer Stickerei ein. Sie hörte sich die Gemeindegeschichten und die Fastenrezepte von Madame Gauthier-Villars an und die frommen Grundsätze ihrer Schwägerin zur Kindererziehung: »Wenn meine Töchter größer sind, […] lasse ich ihnen die Glacéappretur von Männerhemden beibringen.« Colette war eine aufmerksame und beliebte Tante, die Willys Nichten und Neffen beibrachte, wie man Flöten schnitzte und Ketten aus Gänseblümchen flocht und wie man mit Hilfe einer Glasscherbe Feuer entfachte. »Ich gestand ihnen nie, wie brav, wie umgänglich […] ich sie fand, wie sehr mich der große Unterschied zwischen ihrer Kindheit und meiner verwunderte. Ebenso wie die nachgiebige und bereitwillige Rücksichtnahme, die sie – an einen oberflächlichen Gehorsam gewöhnt – zeigen konnten, bewunderte ich ihre ordentlich gelegten Locken, ihre sauberen Fingernägel, den Duft englischer Seife, den abgespreizten kleinen Finger, wenn sie ihr weich gekochtes Ei auslöffelten. [...] Diese Kinder taten mir wohl«, schließt sie, »vielleicht fehlte mir, ohne dass ich es wusste, ein eigenes Kind.«

Doch dieser Schluss ist ebenso sentimental wie zweifelhaft. Was ihre mütterlichen Instinkte angeht, ist sie in *Claudine findet zu sich selbst* viel überzeugender: »Ich – und ein Kind! Bei welchem Zipfel greift man so etwas an? Wenn ich jemals etwas zur Welt brächte, dann sicherlich ein Tigerbaby, haarig, gestreift, mit weichen Pfoten und harten Krallen, mit gut sitzenden Ohren und waagerechten Augen wie seine Mutter.«

Colette blieb mit Mademoiselle Terrain in Verbindung, bis ihr Manuskript fertig war; ihre Briefe, sagte die Direktorin, »waren sehr töchterlich«. Im September reiste das Paar nach Bayreuth, was zu einer alljährlichen Pilgerreise werden sollte. Dort wurden sie von Wagners Witwe und deren Sohn eingeladen. Wie Colette schrieb, schlang Willy so viele Opern in sich hinein, dass »er ganz verstört war. [...] Ich traute meinen Augen nicht, Willy, der abscheuliche Tyrann, der sanfte Meister, die fette Katze, weinte bei der *Götterdämmerung* wie eine junge Kuh. Was mich angeht, ich bin nicht so empfindlich; ich machte mich über ihn lustig und rieb mir dabei die Augen, aber nur weil ich ein Staubkorn im Auge hatte. Genau!«

Schließlich informieren ein paar hingekritzelte Notizen Mademoiselle Terrain, dass Colette und Willy »zurück sind im geschäftigen Treiben von Paris«, dass sie an Migräne leide, dass sie eine frühere Schulkameradin, Marie Duban, zu sich eingeladen habe. »Gestern Abend bin ich mit ihr in die Oper gegangen, und während der gesamten vier Akte der *Aida* duckte sie sich hinter mich. [...] Was hätte ich tun sollen? Den Zuschauerraum mit ihren Bekannten füllen?«

Mit Ausnahme dieses Eindrucks von Colette, in dem sie gegenüber ihrer Freundin vom Land die genervte Frau von Welt mimt, gibt es sehr wenige Quellen, denen man entnehmen könnte, womit sie sich in jenem Herbst und Winter beschäftigt hat – wahrscheinlich, weil sie schrieb. Sie hatte ein Schreibwarengeschäft gefunden, in dem es Schulhefte gab. Es waren kleine, fast quadratische, in schwarze Leinwand gebundene Schönschreibhefte. Das billige linierte Papier hatte ein Wasserzeichen, »das mich sechs Jahre jünger machte«. Sie saß am Rand eines überfüllten Schreibtischs, das Licht hinter sich, zusammengekrümmt an einer Ecke, mit verdrehten Knien und schrieb, wie sie behauptet, »mit Eifer und Gleichgültigkeit«.

Vielleicht schrieb sie distanziert und ohne Ehrgeiz, mit der »Passivität, [die man empfindet,] wenn man einen Auftrag erfüllt«; mit dem Gefühl, frei und nicht verantwortlich zu sein, das einem die Anonymität verleiht. Vielleicht schrieb sie mit der Unsicherheit einer Anfängerin, die sich über ihre Fähigkeiten im Unklaren ist, und mit der quälenden Skepsis, die fast jeder Autor gegenüber der ersten Fassung seines Buches empfindet. Aber Gleichgültigkeit? »Ich habe ein erstaunliches junges Mädchen entdeckt«, erzählte Colette Olympe Terrain im Oktober 1896. »Wissen Sie, wen? Das bin haargenau ich vor meiner Heirat.«

3

Willys Werkstatt vergrößerte sich. Einer seiner neuen Schreiber war ein Student namens Edmond Maurice Sailland, der sich selbst in Curnonsky umbenannt hatte. Er sollte für seine Kochkünste bekannter werden als für seine Prosa. 1896 verließ er die Universität, um sich ganz der Literatur zu widmen, und später erinnerte er sich, dass einige Artikel, die er für Willy schrieb, sehr gut bezahlt wurden: »hundert Francs (in Gold)«.

»Du warst ein netter Junge von einundzwanzig Jahren mit einem süßen Gesicht.« Daran erinnerte Colette ihn, als sie beide achtzig waren. »Und ich war ein kaltes, wenig geselliges Mädchen vom Lande, was man an meinen Zügen, meinem Schweigen, den langen Zöpfen und meinen Kleidern sehen konnte, die ihrem Dorf verbunden blieben. Aber es war wichtig, dass wir mit zwanzig im selben Alter waren und ich nur ein paar Tage brauchte, bis ich ›du‹ zu dir sagte, während du mich zärtlich mit *Madame* anredetest.«

Curnonsky brachte seinerseits seinen Freund Paul-Jean Toulet mit. Er, ein Dandy und Zyniker, der in der Literatur als »Fantast« seine Spuren hinterließ, wurde Willys Landschaftsspezialist. Toulets Kompagnon beim Saufen und Huren war der gut aussehende und begabte Jean de Tinan, der für *Maîtresse d'esthètes* und *Un Vilain Monsieur!* verpflichtet wurde. Er wohnte in der Nähe des Jardin du Luxembourg in einem möblierten Appartement, das, seiner Zeit voraus, »im reichsten Stil des *Art Nouveau*« eingerichtet war. Dort empfing er Jean Lorrain, Pierre Louÿs, Alfred Jarry, Henri de Régnier, die alte Freundin Rachilde und die neue Freundin Colette Willy.

Michèle Sarde drückt sich sehr treffend aus, wenn sie feststellt, »ein Roman von Willy entstand wie ein Renault«. Er begann mit einem, wie man heute in Hollywood sagt, »Konzept«. Dieses wurde in einen mehrseitigen Brief gegossen und dem passenden *nègre* (auch heute noch das französische Wort für Ghostwriter) geschickt:

> »Alter Cur, was hältst du davon? Ich habe das beiliegende entzückende Ideechen ausgebrütet. Wirf einen Kennerblick auf diese Larve und entwirf auf fünfzig Seiten eine Zukunft für sie oder zermalme sie, kaum geboren, unter deinem stolzen Absatz.«
>
> Wieder zurück, wurde die *Idee* in ihrer neuen Form von allen Spuren einer fremden Handschrift gesäubert, sie

tauchte erst maschinengeschrieben wieder auf, wechselte Umschlag und Empfänger:

»Petipol, zu Hilfe! Hier ist mein neugeborenes Kindchen. Kannst du daraus in einem Monat das Gerüst für einen leichten Roman skizzieren? Milieu, kleiner Badeort im Norden, feuchte Badeanzüge, Casino [...] kleine Mädchen mit drallen Waden, usw.«

Nachdem der mysteriöse Petipol das besagte »Gerüst« ganz nach Wunsch hingeworfen hatte, wurde das ein zweites Mal abgetippte Manuskript jungfräulich eingekleidet und mit einem Begleitbrief an einen dritten Therapeuten expediert: »Sie wollten wissen, wie weit ich mit meinem nächsten Buch bin? Hier, überzeugen Sie sich selbst, ob man deswegen nicht mit dem Kopf gegen die Wand rennen sollte. Nur Ihre überragenden Fähigkeiten, die leichte Hand, diese Unfehlbarkeit im Ausdruck, vor denen ich mich neidlos verbeuge, wären imstande, dieser armen Kreatur Saft und Kraft einzuhauchen«, usw. »Selbstredend werde ich mich erkenntlich zu zeigen wissen.«

Willys Methoden waren bekannt, und während er seine dienstbaren Geister zu Diskretion verpflichtete, gingen sie mit ihrer anonymen Arbeit im Großen und Ganzen gelassen um. »Wie alle anderen«, schrieb Ernest Lajeunesse, »hatte ich mein literarisches Debüt unter dem Namen Willy.« »Hätte ich einen Roman unter meinem eigenen Namen veröffentlicht«, schrieb Curnonsky, »wären dreitausend Exemplare davon verkauft worden. Mit Willys Unterschrift verkauften wir zweihundertzehntausend Exemplare von *Maugis en ménage*. Und Willy war sehr fair: die Hälfte der Tantiemen für ihn, die andere Hälfte für den ›Neger‹.«

In diesem Punkt gab es einige Unstimmigkeiten, besonders von Seiten Colettes; auf ihre rechtlichen und finanziellen Kämpfe mit ihrem Mann werden wir später eingehen. D'Hollander schließt jedoch: »Es ist sicher nicht leichtfertig anzunehmen, dass Willys Großzügigkeit von seinen Geldquellen abhing, die überaus instabil waren.«

4

Colette war gerade oder noch nicht einmal ganz vierundzwanzig Jahre alt, als sie das Manuskript ihres ersten Romans abschloss und ihrem Mann übergab. Laut Curnonsky hatte es den Umfang von etwa sechshundert dicht beschriebenen Seiten. Colette zufolge überflog Willy ihre Arbeit und erklärte ihr: »Ich habe mich geirrt. Da ist nichts.« Daraufhin stopfte er die Hefte in eine Schublade.

Paul Masson nahm sich in diesem Oktober das Leben. Er betäubte sich mit Äther und fiel oder sprang dann in den Ill. Er hatte keine Zeit mehr, eine von ihm durchgeführte Umfrage zu veröffentlichen. »Welche Sätze, Ausrufe oder onomatopoetischen Laute«, hatte er eine Reihe von Briefpartnern aus der Welt der Literaten gefragt, »entringen sich uns gewöhnlich in Momenten der Ekstase?«

Marcel Schwob erholte sich gerade von einer Operation. Colette schrieb ihm aus Châtillon, nannte ihn »mein liebster Feind« und fragte, ob er unter dem Messer geschrien habe oder ob er betäubt worden sei. Sie las seine *Vies Imaginaires* (*Roman der zweiundzwanzig Lebensläufe*) und teilte ihm im Ton eines Berufskollegen mit, »die ärgerliche Perfektion des einen oder anderen [dieser Lebensläufe] verursacht mir Schmerzen in den Haaren und ein Kribbeln in den Waden«.

Doch Ende dieses Jahres war sie selbst seelisch und körperlich in einem außerordentlich anfälligen Zustand. Am 2. Dezember schreibt Willy an Lotte Kinceler: »Colette leidet an einem schweren hysterischen Anfall. Sie muss ohne Licht in einem geschlossenen Zimmer bleiben. Es geht ihr sehr schlecht. Sobald es ihr möglich ist, werde ich dich bitten zu kommen. All meine Küsse, meine Lolo, Kiki.«

Diesmal hatte Colettes Krise nichts mit Lotte zu tun. Den größten Teil des Jahres hatte Madame Arman sie nicht mehr empfangen. Im vergangenen Februar hatte Jeanne de Caillavet in ihr Tagebuch geschrieben: »Mutter hatte einen langen, einen zu langen Besuch von der kleinen Willy [Colette]. Die Unglückliche drängt sich uns auf. Es ist zu spät. Wir haben abscheuliche Geschichten über die beiden gehört. Sie sind falsch, sie sind perfide. Es ist besser, sie nie wieder zu sehen ... Mutter wollte von Willy eine offene Erklärung; das kann nur zu weiteren unangenehmen Komplikationen und neuen Lügen führen. Wir müssen einen Bruch vollziehen, behutsam und höflich. Wie sehr muss Willy mich jetzt hassen! Er wird sich an mir rächen, indem er mich in den Schmutz zieht. Mist!«

An einer anderen Stelle nennt Jeanne Gründe für den Bruch. Colette und Willy hätten »versucht, einen Augenblick zu ihrem Vorteil zu nutzen, der ihnen günstig schien, um zwischen mir und meiner Mutter einen Streit anzuzetteln oder mindestens eine unangenehme Szene hervorzurufen. [...] Mutter behauptet, Willy sei in mich verliebt. Eine merkwürdige Weise, jemandem den Hof zu machen!«

Aus der Avenue Hoche ausgeschlossen zu sein, war für das Paar »verheerend«: für Willy aus beruflichen, für Colette, die damit ihre gesellschaftliche Schutzpatronin verlor, aus persönlichen Gründen. Sie unternahm einen letzten, mutigen Versuch, die Freundschaft zu retten, indem sie allein zu Madame Arman ging, um nach den Gründen »für die Abkühlung« ihres Verhältnisses zu fragen. Madame Arman antwortete, sie habe Beweise, dass Willy der Autor einer »üblen Notiz« über sie sei, die anonym in zwei Zeitschriften erschienen war. Colette bestritt die Vorwürfe. Daraufhin konfrontierte Madame Arman sie mit den Gerüchten über

Willy und Jeanne und schloss, »es könne ihrer Schwiegertochter nicht zugemutet werden, ihm in ihrem Salon zu begegnen«.

Zwei Wochen später notiert Jeanne, ihr Mann habe »einen fantastischen Brief von besagtem Willy« erhalten. Er teilt Gaston de Caillavet mit, Colette sei durch die »Szene«, die seine Mutter ihr gemacht habe, »schwer erschüttert worden«. Sie sei »sehr krank, ›in Todesgefahr‹, das Opfer einer Nervenkrise, die sie fast habe erblinden lassen, sie könne nicht ohne eine schwarze Augenbinde umhergehen«. Er schließt seinen Brief mit der Frage an Gaston, was dieser von alldem halte.

Gaston antwortete nicht, sprach über die Sache aber mit Marcel Proust. »Da [Colette und Willy] immer sehr nett zu mir waren«, erzählte Proust seinem Freund Louis de Robert, »und ich fand, dass man sie schlecht behandelt hatte, stattete ich ihnen meinen ersten und einzigen Besuch ab (was ich vor Madame Arman durchaus nicht geheim hielt und was sie mir immer tödlich übel nahm) und erbot mich, einen Augenarzt für sie zu finden. *Ich glaube* allerdings, dass Willy meinte, diese Geste sei nicht spontan erfolgt, auf jeden Fall aber war es ihnen unangenehm, an ihre Zurückweisung damals erinnert zu werden, auch wenn das meiner Achtung für sie überhaupt keinen Abbruch tat.«

Im Laufe der Zeit rächten Colette und Willy sich an allen, die bei ihrer Demütigung eine Rolle gespielt hatten: an Madame Arman, an Anatole France, an Jeanne, sogar an Proust. Sie alle werden in den *Claudine*-Büchern karikiert: als »alte Mutter Barmann«, die vulgäre und hexenhafte Jüdin mit der Hakennase; als Gréveuille, der Windbeutel; als Rose-Chou, die flatterhafte Salonschönheit; und als jener namenlose, redselige »junge Literatenschönling«, der sich erdreistet, Claudines Seele zu analysieren.

Beruhten Colettes Augenprobleme wirklich auf einer »Nervenkrise«, wie Willy angibt? Hatte der »Schmerz«, den die Zurückweisung durch Madame Arman verursachte, sie tatsächlich »fast ihr Augenlicht gekostet«, wie sie Proust erzählte? Oder waren das die Symptome einer Gonorrhö, mit der Willy sie angesteckt hatte? Das lässt sich unmöglich sagen. Sie wurde wieder gesund und die Blindheit kehrte meines Wissens nicht wieder. Aber in ihrem Werk, in ihrem Herzen, in ihrer Sicht auf andere, sind ebenfalls einige blinde Flecken zu erkennen, und sie alle lassen sich auf ein traumatisches Erlebnis von Ablehnung und Eifersucht zurückführen. Wenige Jahre später malte Jacques-Emile Blanche gerade ein Bild von ihr, als sie die Räder einer Kutsche vor dem Fenster ihres Studios hörte und sah, wie Willy sich zärtlich von einer Frau verabschiedete, die ihn nach Hause gebracht hatte. »Sie hatte regelrechte Krampfanfälle«, schrieb er, »hysterische Weinkrämpfe, man musste sie aufs Sofa legen und ihr die Schläfen mit Eau de Cologne betupfen, denn sie glaubte für immer verlassen zu sein.« Und dreißig Jahre später schrieb sie: »Ich habe Gelegenheit gehabt, bis zum Grunde der Eifersucht hinabzusteigen [...]. Es ist kein erträglicher Aufenthalt, und wenn es mir früher beim Schreiben unterlief, dass ich ihn, wie alle Welt, mit der Hölle verglich, so bitte ich, diesen Ausdruck meinem Überschwang zuzurechnen. [Die Eifersucht] ist nicht niedrig, aber sie sieht uns demütig und gebeugt von Anfang an. Denn sie ist der einzige Schmerz, den wir ertragen, ohne uns an ihn zu gewöhnen.«

11. KAPITEL

I

Im Juli 1896 meldete Oberst Picquart, der neue Leiter des militärischen Geheimdienstes, seinem Vorgesetzten, er habe einschlägige Beweise, dass Hauptmann Dreyfus von Major Esterhazy, einem anderen Offizier seiner Abteilung, verleumdet worden sei. Ein Jahr später war auf diesen vertraulichen Bericht hin immer noch nichts erfolgt, außer dass Picquart auf einen Posten an der Front in Tunesien versetzt wurde, wo er zunächst sein Testament machte und dann alles, was er über die Verschwörung gegen Dreyfus wusste, an die Öffentlichkeit brachte. Picquarts mutige Tat hatte zwei Konsequenzen: Er selbst wurde unehrenhaft vom Dienst suspendiert, und Clemenceau verlangte, der Furcht oder Feindseligkeit der Politiker aller Parteien zum Trotz, eine neue Untersuchung des ganzen Falles.

Esterhazy beantragte ein Gerichtsverfahren und wurde freigesprochen. Zwei Tage später, am 13. Januar 1898, veröffentlichte Clemenceaus Zeitung *L'Aurore* eine Sonderausgabe in dreihunderttausend Exemplaren und darin Emile Zolas offenen Brief an den Präsidenten der Republik unter dem berühmten Titel »J'accuse«. Sogleich stellte man Zola selbst wegen Verleumdung der Armee vor Gericht; er wurde verurteilt und rettete mit knapper Not sein Leben vor einem wütenden Mob von Anti-Dreyfusianern, die ihn vor dem Gerichtssaal erwarteten; er ging nach London ins Exil.

Inzwischen genoss Esterhazy seinen Ruhm als »Opfer der

Juden«, und riesige Plakate mit seinem Bild zierten die Boulevards. Wie alle zentralen Figuren in dieser Affäre war er – so meint Hannah Arendt – eine Balzac'sche Gestalt: ein aristokratischer Lebemann, Spieler, Wagehals, Erpresser und Dieb. Kurz nach Zolas Verurteilung wurde Esterhazy zur Last gelegt, das Bankkonto eines Verwandten veruntreut zu haben. Er floh ebenfalls nach London. Dort gestand er der britischen Presse, Dreyfus tatsächlich verleumdet zu haben, und zwar auf Befehl seiner Vorgesetzten im Geheimdienst. Einer der Offiziere, die er dabei belastete, Major Henry, gab die Fälschung zu, dann beging er Selbstmord.

Anfang 1898 gab es – auch unter den Linken – fast keine Politiker, wenige Juden und noch weniger Intellektuelle, die für Dreyfus, Clemenceau, Picquart und Zola Partei ergriffen. Zu den ersten zählte Anatole France; und als Dreyfus die Mitgliedschaft in der Ehrenlegion aberkannt wurde, verzichtete France auf die seine. Kurz darauf schloss sich Charles Péguy, der später die *Cahiers de la Quinzaine* gründete, den Fürsprechern an, ebenso die Brüder Natanson (Alfred, Thadée und Alexandre), Herausgeber der angesehenen *Revue blanche*. Willy, der hier unter dem Namen Henry Gauthier-Villars schrieb, war zu dieser Zeit ihr wichtigster Musikkritiker. Thadées Frau Misia, Salonière, Pianistin und Musikmäzenin, war eine Freundin von Colette. Diese Freundschaft sollte zu einer ironischen Symmetrie führen: Während der Besatzung nutzte Misias dritter Ehemann José-María Sert seinen Einfluss bei den Nationalsozialisten, um Colettes dritten Ehemann Maurice Goudeket, der Jude war, aus dem Gefangenenlager in Compiègne freizubekommen.

Die Affäre bewirkte jetzt eine drastische Verschiebung bisher bestehender Koalitionen, selbst innerhalb von Familien. Sarah Bernhardt, eine glühende Dreyfus-Anhängerin, hörte auf, mit ihrem Sohn, einem entschiedenen Dreyfus-Gegner, zu sprechen. Prousts Prinz und Prinzessin de Guermantes entdeckten, dass sie beide insgeheim für Dreyfus hatten Messen lesen lassen, während ihre Vettern, der Herzog und die Herzogin, ihn verunglimpften. Marcels jüdische Mutter unterstützte den Hauptmann, während ihr katholischer Ehemann gegen ihn war, desgleichen Monsieur Arman de Caillavet, wobei der Salon seiner Frau trotzdem zu einem Stützpunkt der Dreyfus-Anhänger wurde. Gaston war wie seine Mutter für Dreyfus, während Jeanne und ihre Eltern Antisemiten waren. Sie verheimlichte ihrem Mann ihre wahren Gefühle, vertraute sie aber in der Sommerfrische in Puteaux ihrem Tagebuch an: »Die Juden werden hier scheel angesehen und trauen sich kaum, ihre Unverschämtheit und Kraftlosigkeit auf diesen schönen Boulevards spazieren zu führen.«

Die Feministinnen, angeführt von Marguerite Durand von *La Fronde*, unterstützten Dreyfus, ebenso die Mehrheit der literarischen Avantgarde einschließlich Gide, Mallarmé, Saint-Pol Roux und Apollinaire – obgleich Valéry (»nicht ohne Überlegung«) zwanzig Francs in den für die Witwe von Major Henry eingerichteten Fonds einzahlte. Die meisten Impressionisten standen auf Dreyfus' Seite, allerdings nicht Renoir und Cézanne. Die Affäre versöhnte Monet und Zola, die über eine Rezension in Streit geraten waren. Degas hingegen warf ein protestantisches Modell aus seinem Atelier hinaus, weil, wie er behauptete, »alle Protestanten für Dreyfus« seien. Die Anhänger des Radsports waren entzweit; es gab zwei Radfahrerzeitschriften, die eine war pro, die andere contra.

Colettes späterer Freund, der Modeschöpfer Paul Poiret, brach mit seinem Vater, einem Textilhändler und Anti-Dreyfusianer. Es sollte festgehalten werden, dass die meisten Ladenbesitzer und Handwerker von Paris sich in dieser und den meisten anderen Fragen auf die Seite der Rechten stellten. Unter Colettes übrigen Freunden zählten auch Jean Lorrain und Pierre Louÿs wie die meisten Décadents zu den Antis, ebenso, und zwar vehement, auch Gyp (Gräfin Martel de Janville), die Autorin mehrerer erfolgreicher antisemitischer Romane, sowie Rachilde. Jules Lemaître,

Lotte Kincelers alter Verehrer, half mit, die reaktionäre Liga der Patrioten aus der Taufe zu heben. Ihr gehörte sehr bald auch Barrès an, Colettes früherer Mentor bei *La Cocarde*. Für Barrès begrub die Affäre die letzten Spuren jenes romantischen Sozialismus, dessen Sprachrohr *La Cocarde* gewesen war. Er übernahm den Schlachtruf »Frankreich den Franzosen« und konvertierte zu dem brutal antisemitischen, antideutschen und antirepublikanischen Nationalismus seiner Freunde, der späteren Führer der *L'Action française*, Léon Daudet und Charles Maurras.

Es gab keinen Salon in Paris, der nicht durch die Affäre gespalten gewesen wäre. »Während die Komtesse de Greffulhe Republikanerin war und von Anfang an Dreyfus verteidigte«, wie Michelle Maurois schreibt, »nahm Madame Aubernon für die andere Seite Partei. Als sie jedoch gefragt wurde, ›Was machen Sie mit Ihren Juden?‹, antwortete sie: ›Ich behalte sie.‹ Und Madame Normand sagte: ›Ich lasse meine kleinen Juden fallen und behalte die großen.‹«

Die Natansons brachen nicht alle Beziehungen zu den gegen Dreyfus eingestellten Freunden und Autoren ab, nahmen aber von Henry Gauthier-Villars keine weiteren Beiträge an. Willy hatte die Anti-Dreyfus-Partei und ihre Rhetorik besonders begeistert begrüßt. Von Anbeginn der Affäre hatte er seine Artikel und Romane mit verächtlichen Bemerkungen über die Juden gespickt. Eine solche Bemerkung hatte ein Duell mit dem Dichter Ferdinand Hérold heraufbeschworen; dieser nahm einen von Dreyfus' Verteidigern als seinen Sekundanten. Als Edouard Drumont, ein Protofaschist und späterer Führer der Antisemitischen Liga, begann, Geld für Madame Henry zu sammeln, gab Willy eine Spende.

Es war daher wenig überraschend, dass Henry Gauthier-Villars ablehnte, als die *Revue blanche* die führenden Intellektuellen von Paris dazu aufforderte, eine Petition zur Unterstützung von Dreyfus zu unterzeichnen. Denkwürdig war der Witz, den Pierre

Veber darüber machte: »Dies ist das erste Mal, dass Willy sich weigert, etwas zu unterschreiben, was er nicht selbst geschrieben hat.«

Er wäre interessant zu wissen, wie die Familie Colette zu der Affäre stand. Der Hauptmann dürfte aus Prinzip Dreyfusianer gewesen sein, zumindest nach 1898, als die Krise sich zu einem Zusammenstoß zwischen Republikanern und Antiklerikalen auf der einen Seite und katholischer Hierarchie und Konservativen auf der anderen entwickelte. Sido war gelegentlich antisemitisch, wenn auch nicht mehr als die meisten ihrer Nachbarn. Sie hielt die Politik für fast so frivol wie die Liebe, allerdings kam sie aus einer streng liberalen Familie. Achille hatte gerade die Tochter eines Adligen geheiratet; als Dreyfusianer wäre er unter den Studenten und Alumni der Medizinischen Fakultät eine Ausnahme gewesen.

Colettes eigener Antisemitismus war nie fanatisch, sondern, wie ihre enge Freundin Renée Hamon meinte, »angeboren«. »Ich hoffte, dich [bei einem Theaterstück] anzutreffen«, schreibt Colette um 1900 an Rachilde. »Doch statt [deiner] kurzen und ungeduldigen Nase, sah ich nichts als die Appendices der Natansons. Ich kann mich nicht getäuscht haben.« Im Übrigen sagt sie nichts, was auf ihre Sympathie für die eine oder andere Seite hindeuten würde. Aber die Zeit der Affäre, 1894–1906, fällt ziemlich genau mit den Jahren ihrer verlängerten Adoleszenz und ihrer Unterwürfigkeit gegenüber Willy als Frau wie als Schriftstellerin zusammen. Sie war immer noch sein Geschöpf und sollte das noch jahrelang bleiben; wahrscheinlich erhob sie gegen seine politische Voreingenommenheit ebenso viele Einwände wie gegen die Abartigkeit seiner Libido.

Viele Jahre später gestand Colette, dass sie sich für die Karikatur von Madame Arman in *Claudine à Paris* schäme. Aber ihre Scham bezog sich auf eine Person, die gut zu ihr gewesen war und der sie Unrecht getan hatte; nie bekannte sie sich zu einem zivilisatorischen Prinzip oder auch dazu, ein solches verletzt zu haben – etwa das Prinzip Widerstand gegen die Niedertracht. Colettes Selbstzufriedenheit, nicht nur gegenüber der Politik, sondern auch in grundlegenderen Fragen ethischer Reife, ist nicht zu übersehen; daran sollte sich auch im Laufe der Zeit nichts ändern.

2

Willys Karriere florierte in den letzten Jahren des Jahrhunderts, so zog das Paar Anfang 1897 aus der Rue Jacob in eine luxuriösere Wohnung am rechten Seine-Ufer, Rue de Courcelles 93, sechster Stock. In derselben Straße Nummer 45 lebte Proust noch mit seiner Mutter. Es war eines jener damals modernen Künstlerstudios, wie sie um die Jahrhundertwende auf die obersten Stockwerke der neuen bürgerlichen Wohnhäuser, vor allem am Montparnasse, gebaut wurden. Selbst damals waren solche Wohnungen für die meisten schaffenden Künstler zu teuer, aber reizvoll für ausgebürgerte Amerikaner, Hobbymaler und geschiedene Bohemiens.

Das neue Quartier der Willys besaß nicht nur Gas, fließendes Wasser und einen mit rotem Samt gepolsterten Fahrstuhl, es hatte auch den Vorteil, nach Norden gelegen zu sein; es hatte einen großen Wohnraum mit Dachfenster und Balkon, daneben zahlreiche kleinere Zimmer üblicher Größe. Die Wände waren »krankenhausgrün« gestrichen, das Parkett mit weißen Ziegenfellen belegt, und Colettes Katze Kiki-la-Doucette, die bald ihren Platz in der französischen Literatur einnehmen sollte, »strich herum und deponierte ihre Hinterlassenschaften überall, nur nicht in dem dafür vorgesehenen Behälter«.

Colettes Auskunft darüber, wie viel sie selbst zu der Ausstattung beigetragen hat, variiert mit dem Text, den man zur Information heranzieht. In *Trois … six … neuf* behauptet sie, ihr Geschmack sei nicht sicher genug gewesen, um auf der Möblierung zu bestehen, die sie gern gehabt hätte und die sie »lebhaft an meine heiß geliebte Heimat erinnert hätte«. In »Le Képi« räumt sie ein, »ich wollte zeigen, was ich konnte, ich wollte meine neu erwachten – noch sehr bescheidenen – Bedürfnisse nach Luxus befriedigen«. Sie selbst hatte die Ziegenfelle, die Farbgestaltung und die weißen Diwane ausgesucht, Willy hingegen war für die pseudogotische Essraumsuite und die Sammlung Wagnerianischer Nippes verantwortlich. »Aber kümmern wir uns nicht weiter um diese Wunder an Unpersönlichkeit«, schreibt Colette, »diese kleinen Vorhänge an den unteren Fensterscheiben, diese Lackarbeiten, dieses Porträt von mir in präraffaelitischem Gewand von einem jungen türkischen Maler – kurzum, diese echt Pariser Zusammenstellung.«

Mit dem Manuskript *Claudine à l'école*, auch wenn es für den Augenblick der Vergessenheit anheim gegeben war, kehrte Colette, wie sie schreibt, auf ihren »Diwan zurück, zur Katze, zu den Büchern, zu den neuen Freunden, zu dem Leben, das ich mir zu versüßen suchte und von dem ich nicht wusste, wie schädlich es für mich war«. Schädlich war ihre Unterwürfigkeit gegenüber dem »außergewöhnlichen Mann, den ich geheiratet hatte«; er »besaß die Gabe und übte sich in der Taktik, pausenlos das Denken einer Frau, das Denken mehrerer Frauen zu beschäftigen«.

Der gemeinsame Alltag des Paares verlief hingegen recht sportlich. Zwei- oder dreimal in der Woche standen sie frühmorgens auf, um im Bois de Boulogne zu reiten. Zum Schlittschuhlaufen gingen sie in das Palais de Glace. Jeden Sommer machten sie lange Urlaub, einen Teil davon in Willys Elternhaus, einen Teil in einem Kurort-Casino in Uriage-les-bains, wo, wie Jacques Gauthier-Villars sich erinnert, Colette im riesigen, schattigen Park ihre Angorakatze an der Leine spazieren führte. Im Juli fand ihre jährliche Pilgerfahrt nach Bayreuth statt. An Frühlingssonntagen unternahmen sie mit Freunden aus der Literaturszene lange Fahrradtouren aufs Land außerhalb von Paris, dann aßen sie in einer jener kleinen *Guinguettes*, Lokalen mit Vergnügungsgärten entlang der Marne oder Seine, die die impressionistischen Maler unsterblich gemacht haben.

Colette hätte gern »so gedöst wie die krebsroten Gäste in ihren blau-weißen Badeanzügen und Hemden. Aber schon litt ich unter der Mittagssonne, dem senkrecht fallenden Licht, den mit struppigem Gras bewachsenen Uferböschungen, dem mit Zigarrenkippen vermischten Kies unter den Gartentischen, und ich sonderte mich ab, um mein Heimweh zu kultivieren, das unter den Pappeln und beim Geruch des Flusses heftig wiedererwachte.«

Doch die Unzufriedenheit, die Colette in *Meine Lehrjahre* so eindrücklich beschreibt, war für ihre damaligen Freunde nicht sichtbar. Ja, Colette und Willy schienen das ideale moderne Paar zu sein, das Jean de Tinan als »Silly et Jeannette« in seinem Roman *Aimienne* von 1899 zeichnet. Silly ist »ein bekannter Humorist« und »verheiratet. Er nennt seine Frau Jeannette … Sie meinen, weil sie Jeanne heißt? Durchaus nicht, sie heißt Renée; Jeannette ist ihr Familienname. Dafür nennt sie ihn Silly, wie alle das tun … Niemand hat je den Vornamen von Silly gekannt. Sie nennt ihn auch ›süßer Meister‹, ›fetter Kater‹, ›la Doucette‹, ›Blauer‹ … Diese Namen entsprechen den jeweiligen Situationen … Jeannette ist anmutig und hübsch. Es ist eine kameradschaftliche Ehe. Griesgrämige Leute finden sie etwas unkonventionell, andere finden sie reizend. Ich glaube, die Ersteren sind eifersüchtig.«

Wie Colette sich erinnert oder meint, sich zu erinnern, war es im September, einem »gelblich-rotbraunen« September gegen Ende des Jahrhunderts, als Willy, von einem Besuch bei seinen Eltern zurück in Paris, beschloss, seinen Schreibtisch aufzuräumen. Dieser Schreibtisch war ein »scheußliches« Möbelstück, dessen Schubladen »einen Berg zerknüllter Papiere ausspien«. Unter ihnen entdeckte Willy die Hefte, die Colette mit ihrem Roman gefüllt hatte und die er weggeworfen zu haben glaubte. Nach ihrer Darstellung begann er sie zu lesen:

»Hübsch.«

Er schlug ein zweites Heft auf und sagte nichts mehr – dann ein drittes, ein viertes …

»Verdammt noch mal«, brummte er, »was bin ich doch für ein Idiot.«

Er raffte die Hefte zusammen, setzte seinen Hut auf und rannte zu einem Verleger … Und so bin ich Schriftstellerin geworden.

Das stimmt nicht ganz, denn der Verleger, zu dem er rannte, fand, der Roman sei wertlos, ebenso ein zweiter, vielleicht ein dritter, bis schließlich Ollendorff bereit war, *Claudine à l'école* eine Chance zu geben. Doch bevor das Geschäft unter Dach und Fach war, schickte Willy seine Frau »mit dringenden und genauen Anweisungen« wieder an die Arbeit:

»Könnten Sie diese Kindereien […] nicht etwas heißer machen? Zum Beispiel eine etwas zu zärtliche Freundschaft zwischen Claudine und einer ihrer Schulkameradinnen …« (Er drückte sich allerdings anders, kürzer aus, um sich verständlich zu machen.) »Und Dialekt, viele Dialektworte … Backfischstreiche … Verstehen Sie, was ich meine?«

Ich verstand sehr wohl. Später merkte ich dann, dass Monsieur Willy meine Mitarbeit geschickter verhüllte, als nur mit Schweigen. Er nahm die Gewohnheit an, mich zu rufen, damit ich die Lobeshymnen mit anhörte, mit denen seine Besucher nicht geizten, mir seine sanfte Hand auf den Kopf zu legen und zu sagen:

»Wissen Sie eigentlich, dass dieses Kind eine Perle für mich war? Doch, doch, eine Perle! Sie hat mir reizende Sachen aus ihrer Volksschulzeit erzählt!«

Das Thema Colettes »Zusammenarbeit« mit Willy an den *Claudine*-Romanen hat Tausende von Seiten mehr gefüllt, als die Romane selbst enthalten. Eines kann man mit Gewissheit sagen: Willy beutete seine Frau aus. Er firmierte als Autor von Colettes erstem Roman wie der drei folgenden. Er besaß ihre Urheberrechte, und schließlich verkaufte er sie alle zusammen für eine lächerliche Summe, aus Gründen, auf die wir später eingehen werden. Er nahm die stattlichen Tantiemen in Empfang und behielt sie für sich, zahlte Colette ein kleines Taschengeld und kaufte ihr ein Landhaus, das sie liebte, das er ihr aber auch wieder wegnahm und verkaufte. Nach Willys Tod klagte sie ihr Recht ein, den Namen ihres Mannes auf den Titelseiten der genannten Werke wegzulassen, und gewann; obwohl nach *ihrem* Tod Jacques Gauthier-Villars ebenfalls klagte und ihm das Recht zugesprochen wurde, den Namen seines Vaters wieder einzusetzen.

Es gibt keine ernsthaften Zweifel darüber, wer die *Claudine*-Romane geschrieben hat. Colette schrieb sie, und sie sind in jeder Hinsicht, auch moralisch, ihr geistiges Eigentum. Willy redigierte sie, half, sie zu strukturieren, beeinflusste ihren Ton. In welchem Maße? Diese Frage wird nie zufrieden stellend zu beantworten sein, denn das Manuskript der ersten *Claudine* ist verloren gegangen. Entweder wurde es vernichtet, oder ein Sammler hat es sich angeeignet, ohne seinen Besitz anzugeben. Die Manuskripte der Fortsetzungen sind in der Bibliothèque Nationale aufbewahrt, geben aber keinen Aufschluss.

»Ganz und gar von meiner Hand«, schreibt Colette; »dazwischen erscheint dort hin und wieder eine sehr feine Schrift, verändert ein Wort, fügt ein Wortspiel ein oder einen sehr trockenen Tadel hinzu«. Das ist teilweise wahr, doch sind diese Manuskripte eindeutig nicht der erste Entwurf. Colette behauptet auch, Willys Beiträge hätten ihr Werk vulgarisiert, aber eine sorgfältige Lektüre zeigt, dass sie es manchmal verfeinert haben. Und so spärlich Willys Randbemerkungen sind, zeigen sie doch, dass ihre Zusammenarbeit ein Duett war, ja ein Liebesgespräch, und dass Colette einige der erotischsten Momente mit ihrem Ehemann zwischen den Papieren erlebte.

Paul D'Hollander hat die Argumente beider Parteien abgewogen, die Zeugen angehört, die dokumentarischen Beweise geprüft, er ist der Chronologie nachgegangen, hat die Adjektive verglichen, die Kommata gezählt. Und er zieht den Schluss: »Wir können uns Colettes Version nicht ganz anschließen. Unserer Meinung nach hat Willy das Manuskript, das er wiedergefunden hatte, selbst an zahlreichen Stellen korrigiert.«

Manchmal bedarf es heroischer und minutiöser wissenschaftlicher Anstrengungen, um eine Wahrheit zu beweisen, die für den gesunden Menschenverstand auf der Hand zu liegen scheint. Colette war eine hoch begabte junge Amateurin, die nie zuvor ein Buch geschrieben hatte und die das nun anonym und auf Bestellung tat. Sie war sich ihrer nicht sicher und wollte gern gefallen. Ihr Mann war ein erfahrener Schriftsteller und Herausgeber, der sich ihres ersten Manuskriptes annahm. Es ist, auch nach den vorhandenen Belegen, offensichtlich, dass er ihr half, die Gestalten sowohl auf dem Blatt als auch im Vorfeld zu entwickeln, dass er ihrer Prosa den letzten Schliff gab, dass er Anspielungen und Ansichten lieferte, dass er Wörter, Sätze, sogar Absätze hinzufügte.

Willy nennt sich selbst »Vater der *Claudines*«, worauf Colette scharf erwidert: »Sie sind aber auch meine Töchter«. Man könnte gerechterweise sagen, dass er das Werk gezeugt, sie es aber geboren, zur Welt gebracht und genährt hat. Als dann die Liebe zwischen den Eltern aufgehört hatte, wollte Colette, dass ihre Töchter den Namen der Mutter trügen.

Wesentlicher sind in Colettes Auseinandersetzung mit Willy über die *Claudines* die Fragen nach Identität und Selbstbeherrschung, die hier sowohl aufgeworfen als auch verdunkelt werden. In einem mit Anekdoten gespickten, schrulligen Buch, das 1961 erschien, sucht der Romancier und Kritiker Armand Lanoux die

Kultur des Fin de Siècle zu verstehen, und zwar aus dem, was er (beileibe nicht als Einziger) als ihre durchgehende Obsession und den sie bestimmenden Konflikt betrachtet: »der Kampf zwischen den Geschlechtern«. Er untersucht die französische Gesellschaft Klasse für Klasse und analysiert die Anfänge der »Frauenrevolte«. Wenn das Jahr 1900 die »Wasserscheide« darstellt, wie er das nennt, dann gilt: »Mit Colette befinden wir uns auf dem uns zugewandten Abhang, mit Maupassant bleiben wir auf der Seite des Zweiten Kaiserreichs.«

Colettes Kampf mit Willy, fährt er fort, richte sich gegen die Auffassung, der Mann und Ehemann sei ein »bürgerlicher Besitzer« der Frau. Ihr eigener Fall war insofern dramatischer, als Willy auch der »Besitzer« von Colettes geistigen Produkten war. Wenn sie sich aber weigert, in Besitz genommen zu werden, bemerkt Lanoux, dann weigert sie sich auch, auf ihre Sehnsucht zu verzichten, besessen zu werden. Ihre Toleranz dieses »unlösbaren« und »turbulenten« Widerspruchs kommt ihm modern, mutig, einleuchtend – und habgierig vor.

War Colette eine typische Tochter des Fin de Siècle, so war sie auch das besondere und einzigartige Kind von Sidonie Colette, und in ihrem Kampf mit Willy zeigen sich wie durch ein Vergrößerungsglas die Paradoxien ihrer Kindheit. Sie beansprucht die alleinige Autorschaft an den Romanen, will aber im selben Atemzug nicht für deren ästhetische Unterwürfigkeit verantwortlich sein. Sie bestreitet, dass Willy bei ihrer Entwicklung zur Schriftstellerin eine Rolle gespielt hat, beklagt sich aber ungehalten, er habe sie völlig beherrscht. Und das war auch ihr Dilemma mit Sido, die ebenfalls darauf bestanden hatte, das Selbstbild ihrer Tochter zu verbessern, und zugleich einen Mitanspruch auf die Rechte an deren Identität erhob.

Es ist kein Zufall, dass Claudine keine Mutter hat, dass sie, wenn wir ihr begegnen, eine liebenswerte und einsame Schulhoftyrannin ist, »gemein und süchtig nach Emotionen«, die davon träumt, einem Liebhaber zu gehorchen, der sie schlägt, und die erklärt: »Ich kann die Leute, die ich beherrsche, nicht leiden.« Kein Zufall auch, dass sie eine Ehe mit einem »Ehemann-Papa« eingeht und sich naiv nach einer kindlichen Einheit sehnt, dass sie sich auf eine Liebesaffäre mit einer betörenden, aber verräterischen Frau einlässt und doppelt enttäuscht wird, dass sie Schritt für Schritt, und ohne es zu wollen, gezwungen ist, ihre Einsamkeit zu akzeptieren. »Ach, Claudine«, ruft sie sich selbst zu, »musst du immer deine eigene Geliebte bleiben?«

Für Sidos Tochter und Willys Kind-Frau gab es keinen Mittelweg zwischen ihrer panischen Angst, verlassen, und der Furcht, vereinnahmt zu werden. Sie hatte nur zwei Möglichkeiten, und diese waren gleichermaßen verzweifelt – oder, um die Bezeichnung zu verwenden, die Colette für sich gebraucht, von der »Unschuld des Ungeheuers« – nämlich entweder den Meister zu vernichten oder sich ihm zu unterwerfen.

Der Mangel an einfühlsamer Vorstellungskraft sollte sich in der nächsten Generation wiederholen: Colette war eine Tyrannin ihres eigenen Kindes. Sie befreite sich durch ihr Schreiben von ihrer Unterwürfigkeit, und letztlich entwuchs sie auch dem Bedürfnis nach einem Meister; über das Szenario von Dominanz und Unterwerfung kam sie jedoch nie hinaus. Nur eine Art der Liebe fehlt in der erschöpfenden, weisen und oft revolutionären Erforschung dieses Gegenstandes in ihrem Werk: die gegenseitige Liebe.

12. KAPITEL

Einfach nur eine Frau werden! Das ist nicht viel, und doch habe ich mich auf dieses gewöhnliche Ziel verlegt.
Colette, PAYSAGES ET PORTRAITS

I

Dreyfus lebte vier Jahre lang auf der Ile du diable, bis er im Oktober 1899 vom neu gewählten Präsidenten Emile Loubet begnadigt wurde. Loubets Vorgänger, Félix Faure, war eines beispielhaften Fin-de-Siècle-Todes gestorben: Nach einem großen Essen erlitt er in den Armen seiner Geliebten, Madame Steinheil – einer wahren *Femme fatale* –, einen Herzinfarkt. In ihrer Verzweiflung vergaß sie ihr Korsett im Elysée.

Die Begnadigung bot sich an. Das Fehlurteil der französischen Justiz im Falle von Dreyfus hatte die internationale Öffentlichkeit derart aufgebracht, dass ein Boykott der Pariser Weltausstellung 1900 zu befürchten war. Dasselbe Parlament, das ein Jahr zuvor einstimmig eine Wiederaufnahme des Verfahrens abgelehnt hatte, beeilte sich jetzt, die Anti-Dreyfus-Regierung zu tadeln. Die Weltausstellung wurde im April, nur wenige Wochen nach der Veröffentlichung von *Claudine à l'école*, mit den »besten geschäftlichen Aussichten« eröffnet.

Die Besucher, die aus der ganzen Welt angereist kamen, um sich die Exponate anzusehen, wurden am Haupteingang von einer jungen Schönheit begrüßt; sie tug ein von Paquin entworfenes Abendkleid mit Hermelincape. La Parisienne, wie man sie nannte, war eine sechs Meter große Göttin aus Gips. Sie thronte auf einem goldenen Ball, die Augen entzückt gen Himmel gerichtet und ihren geschnürten Leib – mit Wespentaille, runden Armen und üppigem Busen – den Blicken aller preisgegeben. Diese Kitsch-Venus auf dem Sockel entsprach dem Wunschbild, das sich der Franzose jener Zeit von der französischen Frau machte.

Freilich gab es Ausnahmen. Maupassant schuf, trotz seiner Frauenfeindlichkeit, in Madame Forestier eine denkwürdige moderne Heldin, die unendlich viel intelligenter, fähiger und schlauer ist als die mediokren Ehemänner, die ihre Karrieren den Talenten dieser Frau verdanken. Wie Lanoux uns berichtet, »empörte sich« der Symbolist Jules Laforgue über »die unmäßige Mystifizierung seiner Gefährtin«. Er erklärt: »Indem wir sie zu Trägheit und Verdorbenheit ermuntern, haben wir ein besonderes Wesen aus ihr gemacht, eines, das wir nicht kennen, das keine andere Waffe hat als sein Geschlecht […], ein Wesen, das liebt oder hasst, aber kein ehrlicher Kamerad ist […], mit dem Misstrauen des ewigen kleinen Sklaven.«

»Die offizielle Verherrlichung der Frauen«, schreibt Michèle Sarde, »stellt ein erbarmungsloses Mittel dar, sie zu beherrschen.« Noch erbarmungsloser war der immer noch gültige Code Napoléon, der einem Ehemann alle Verfügungsrechte über das Vermögen und die Einkünfte seiner Frau zubilligte und ihre Entscheidung über Beruf oder Wohnort in sein Ermessen stellte, selbst wenn sie rechtlich getrennt waren.

Wenn Frauen arbeiteten – und sie stellten siebenunddreißig Prozent der Arbeitskräfte –, dann erhielten sie nur die Hälfte dessen, was ein Mann für dieselbe Arbeit bekam. Das durchschnittliche Gehalt für Arbeiterinnen betrug zweieinhalb Francs pro Tag, doch eine Näherin oder Wäscherin, die im Akkord arbeitete, konnte auch nur einen Franc verdienen, eine Straßenkehrerin eineinhalb Francs, ein Zimmermädchen vierzig Francs im Monat, eine Kinderfrau zwischen fünfunddreißig und fünfzig im Monat. Die Erfindung des Telegrafen schuf einen neuen Typus von Frauenarbeit, die Telefonistin; fast alle blieben unverheiratet, Anfangsgehalt neunhundert Francs im Jahr. Verkäuferinnen waren mit einhundertfünfzig Francs im Monat besser bezahlt, hatten allerdings einen fünfzehnstündigen Arbeitstag. Eine Revuetänzerin im Moulin Rouge brachte zweihundert Francs im Monat nach Hause, abzüglich empfindlicher Strafen für jedes Fehlen, für Regelverletzungen oder Beschädigung ihrer Kostüme.

Die Arbeitszeit betrug in den 1890ern nach dem Gesetz elf Stunden; ein arbeitsfreier Tag pro Woche wurde erst nach 1905 obligatorisch; es gab keinen Urlaub und keine soziale Sicherung und natürlich auch keinen Kündigungsschutz. Dieses Elend war ein Grund dafür, dass das sexuelle Gewerbe so reich blühte. Ende des Jahrhunderts bedienten etwa hunderttausend Pariser Prostituierte eine Bevölkerung von knapp drei Millionen. Die großen Bordelle wie *Le Sphinx* waren pornografische Theater, die einem sehr gemischten Publikum (manchmal sogar mit Kindern) opulente Darbietungen boten. Die Sittlichkeit von Modistinnen wie Sidos Schwester oder von Naturheilkundigen wie Charlotte Kinceler galt als suspekt, weil so viele kleine *Boutiques à surprise* eigentlich nur eine Tarnung für freiberufliche Liebesdienste waren. Kinderprostitution wurde erst 1909 verboten, und Mädchen von nur acht oder neun Jahren zogen durch *Cafés chantants* und *Brasseries*, gaben vor, Blumen zu verkaufen, boten aber tatsächlich sich selbst Männern wie Frauen gleichermaßen an. Lesbische Prostituierte standen an den Champs-Elysées. Erbärmliche Wesen verkauften sich für ein paar Sous auf den Boulevards der Außenbezirke. Mittellose Frauen aus der Provinz schrieben verzweifelt an Bordellwirtinnen in Paris und baten um einen Platz.

Léo Taxil, Verfasser einer zeitgenössischen Studie über Prostitution, hat einige dieser Briefe, genauer gesagt die in ihnen enthaltenen Lebensläufe, wiedergegeben. Diese höflichen Dokumente voller Rechtschreibfehler legen ausführlich dar, welche »unglücklichen Umstände [die betreffende Person] in ein sündhafes Leben geführt haben«. Manche hatten betagte Eltern, manche hatten Kinder, die sie weggeben mussten, da das Gesetz es den Prostituierten, die in registrierten Bordellen arbeiteten, verwehrte, mit ihren Kindern zusammenzuleben, wenn diese älter als vier oder fünf Jahre waren. Alle diese Frauen hatten riesige Schulden bei anderen Bordellwirtinnen. Gewöhnlich wurden solche Schulden von der neuen Arbeitgeberin übernommen und wahrscheinlich nie abbezahlt. »Ich bin eine große Brünette und habe meine eigene Wäsche«, schreibt eine, »Kleider für den Tag und für abends und eine Schuld von 500 Francs.« »Ich schicke Ihnen ein Fotto, so dass Sie mich einschetzen können«, schreibt eine andere. »Ich bin 450 Francs schuldig und noch Kosten für Wäsche und Kleidung; bestimmt bin ich geaignet, das war ich immer.«

»Ausgebeutet von den Bordellbesitzern«, fährt Taxil fort, »die ihnen Kleider und Schmuck zu Wucherpreisen liehen, waren [die Frauen] ihrerseits wütend, aggressiv, irrational, aber auch dankbar und treu ihren Wirtinnen gegenüber. Sie betrachteten sich aus gutem Grund als von der ganzen Welt verlassen und erwarteten einzig von ihresgleichen Mitgefühl.« Diese Erwartung sollte Colette teilen, nachdem sie sich von ihrem Gatten scheiden ließ, ihre Stellung in der ehrbaren Gesellschaft verlor und zur Bühne ging.

Der Handel mit dem Fleisch florierte auch deshalb, weil die Landarbeiter, die in ihrer Heimatprovinz kein Auskommen hatten, massenweise nach Paris strömten, es sich dort aber nicht leisten konnten zu heiraten. Er florierte, weil die Jahrhundertwende eine Epoche der Schlemmerei war – eines unersättlichen, geradezu bulimischen Konsums fleischlicher Lüste. Er florierte, weil die Ideale ehefraulicher Tugenden für keinen der beiden Ehegatten ein akzeptables Sexualleben boten. Die Jungfräulichkeit eines jungen Mädchens war, wenngleich ungeschrieben, die Hauptvoraussetzung eines jeden Ehevertrages; man suchte sie in gänzlicher Unkenntnis darüber zu halten, was in der Hochzeitsnacht von ihr erwartet wurde (ebenso wenig wusste sie, was mit ihrer ersten Schwangerschaft auf sie zukommen würde).

Diese Unkenntnis lieferte gewissen Memoirenschreibern der Zeit amüsanten Erzählstoff. André Billy beispielsweise erinnert sich, wie ein junges Mädchen, dem er in einer Droschke frech einen Kuss gab, ihm schrieb: »Was wird nun aus uns, nachdem Sie mich ganz besessen haben?« Doch manche dieser Anekdoten waren weitaus düsterer. Lanoux schildert den Selbstmordversuch einer jungen Braut, die brutal entjungfert wurde; Dumas (Sohn) stellt sich vor, wie ihr zu Mute gewesen sein mag: »Am Hochzeitstag war der beredte, wohlerzogene, zärtliche junge Mann auf einmal wie verwandelt. Hatte das junge Mädchen von einem strahlenden jungen Gott geträumt, sah sie nun eine Art haariges und zitterndes Raubtier zum Altar springen, das vor Heiserkeit stammelte, begierig nach ihrem Fleisch, dürstend nach ihrem Blut. Das ist keine Liebe, es ist legalisierte und sanktionierte Notzucht.«

Der Wahn um Jungfräulichkeit und Treue wuchs noch, als die Frauen sich bewusst wurden, dass auch sie ein Recht auf Lust hatten. Um die Jahrhundertwende machten Neuerungen im Bereich der Empfängnisverhütung und der Abtreibung es möglich, an Sex zu denken, ohne dabei die Fortpflanzung im Auge zu haben. Verbesserte Hygiene und die zunehmende Popularität sportlicher Betätigung – das Aufkommen von Fahrrad und Badeanzug – machten Jungfrauen wie Prousts »junge blühende Mädchen« körperbewusster. Und als Männer und Frauen sich nach größerer sexueller Übereinstimmung sehnten, diese aber nicht in ihren verordneten Ehen finden konnten, nahm die Versuchung zum Ehebruch bei beiden Geschlechtern zu. Unermüdlich wurde sie auf der Theaterbühne, in Romanen und Zeitschriften der Epoche thematisiert. Willy bringt den Widerspruch sehr schön auf den Begriff, wenn er die Heldin seines Romans *Suzette veut me lâcher* belehrt: »Ich brauche nicht zu betonen, dass der Ehebruch das

Fundament der Gesellschaft darstellt, denn indem er die Ehe erträglich macht, gewährleistet er die Fortdauer der Familie.«

Ein halbes Jahrhundert später sollte Simone de Beauvoir mit Blick auf diese Epoche den Schluss ziehen, dass der Verlust der moralischen Werte die Frauen mehr belastet hat, als dass er ihnen gedient hätte. Es war immer noch Aufgabe der Frau, tugendhaft und gehorsam zu sein, zugleich fühlte sie sich in einem Maße verpflichtet, reizvoll zu sein, wie nie zuvor. De Beauvoir: »Gerade diese Vielseitigkeit der Frau bezaubert [den Mann] denn auch: Hier hat er im eigenen Hause ein Wunderwesen, von dem er sich mit wenig Aufwand berauschen lassen kann. Ist sie ein Engel oder ein Dämon? In dieser Ungewissheit macht man sie zur Sphinx. Unter diesem Wahrzeichen stand eines der berühmtesten Bordelle von Paris.«

Um 1900 bestand der französische Feminismus bereits in der zweiten Generation. Hubertine Aucler, eine der unermüdlichsten Kämpferinnen für die Reform des Scheidungsrechts, begann 1881 *La Citoyenne* herauszugeben, eine Zeitschrift der Frauenrechtlerinnen unter dem Motto: Wir wagen den Widerstand. 1897 gründete Marguerite Durand, die sozialistische Gewerkschaftsführerin, *La Fronde*, die erste nur von Frauen gemachte Tageszeitung. Im Jahr 1900 wurde die erste Anwältin bei Gericht zugelassen. »Die weiblichen Ärzte sind schon nicht mehr zu zählen«, schrieb ein maßlos übertreibender Konservativer 1901. (Es gab weniger als hundert.) »Sie drängen in alle Fachrichtungen, selbst in die geschmacklosesten.« Im selben Jahr brachte René Viviani die Frage des Frauenrechts vor das Parlament, obwohl er sicher war, dass das Wahlrecht nur Witwen, Unverheirateten und Geschiedenen zugebilligt werden würde.

Bereits 1904 brachte ein gehobenes Frauenmagazin wie *La Vie heureuse*, sonst zuständig für Artikel über Geschmack, Mode und Gesellschaft, Reportagen über erfolgreiche Vorkämpferinnen: In ein und demselben Heft gab es Beiträge über eine Malerin (Mademoiselle Dufau), eine Bergsteigerin (Madame Vallot) und fünf Ärztinnen, die ein Krankenhaus für Frauen und Kinder leiteten und deren Lebensgeschichten von »zähem Willen und beweglichem Geist« zeugten.

Literatur gehörte zu den wenigen Karrieremöglichkeiten, die Frauen ohne spezielle Ausbildung zugänglich war, und die eindrucksvolle Zahl französischer Schriftstellerinnen im letzten Viertel des neunzehnten Jahrhunderts wurde von zeitgenössischen Polemikern mit Beunruhigung und Spott zur Kenntnis genommen. Angesichts dieser Attacke setzten die Brüder Goncourt fest, dass keine Frau zu ihrer neu gegründeten Akademie zugelassen werden dürfe. Maurice Donnay machte sich in seinem erfolgreichen Stück *L'Affranchie* über die emanzipierte Frau lustig; man bedenke, dass *affranchisseur* sowohl Befreier als auch Kastrator (von Rindern) bedeutet. Barbey d'Aurevily sprach vielen seiner Zeitgenossen aus dem Herzen, wenn er in seinem Aufsatz »Der Blaustrumpf« schloss, ein weiblicher Schriftsteller sei nichts als ein »verfehlter Mann«.

Die ehrgeizige Frau der Jahrhundertwende stand vor einer ebenso drastischen wie unnatürlichen Entscheidung: Sie konnte entweder das Ansehen ihrer Weiblichkeit behalten, dann blieb sie auf Gedeih und Verderb auf ihren Mann angewiesen, oder sie konnte, zu Gunsten der Autonomie und schöpferischen Freiheit eines Mannes, auf dieses Ansehen verzichten. Dann war sie aber einer Umgebung ausgesetzt, die psychisch wie ökonomisch emanzipierten Frauen gegenüber feindlich gesinnt war. Konventionen bedrängen einen Außenseiter so, wie das Meer auf die Tauchglocke Druck ausübt. Es bedarf eines ebensolchen inneren Gegendrucks, einer Beharrlichkeit und Zielstrebigkeit, um dem zu widerstehen. Das ist vielleicht ein Grund, weshalb so viele Literatinnen sich zu Lesbos hingezogen fühlten und sich für die Kinderlosigkeit entschieden: Die Versuchungen von Ehe und Mutterschaft waren zu regressiv. Noch in der Zeit, die Simone de Beauvoir in ihrem Buch *Das andere Geschlecht* beschreibt, war das Dilemma der Frau ungelöst:

> Für das junge Mädchen [...] besteht eine Scheidung zwischen ihrer eigentlichen menschlichen Seinslage und ihrer weiblichen Berufung. Deshalb ist die Jugend für die Frau auch eine so schwierige und entscheidende Zeitspanne. Bis dahin war sie ein autonomes Individuum. Nun muss sie auf ihr Eigenwesen verzichten. Sie wird nicht allein wie ihre Brüder und in einer noch entscheidenderen Weise zwischen Vergangenheit und Zukunft zerrissen, sondern darüber hinaus kommt es bei ihr zum Konflikt zwischen ihrem ursprünglichen Anspruch, Subjekt, Tätigkeit, Freiheit zu sein, und andererseits den erotischen Trieben und sozialen Anforderungen, die ihr nahe legen, sich als passives Objekt hinzunehmen. Unwillkürlich erfasst sie sich als wesentlich: Wie wird sie sich damit abfinden können, unwesentlich zu werden? Wenn ich mich aber nur als *Andere* vollenden kann, wie werde ich auf mein Ich verzichten? Das ist der beängstigende innere Zwiespalt, mit dem sich die werdende Frau auseinander setzt. Schwankend zwischen Begierde und Widerwille, zwischen Hoffnung und Furcht, ablehnend, was sie ersehnt, bleibt sie noch in der Schwebe zwischen der Zeit kindlicher Unabhängigkeit und weiblicher Unterwerfung. Ebendiese Unsicherheit verleiht ihr beim Verlassen des schwierigen Alters den herben Geschmack einer unreifen Frucht.

Das genau ist Colettes Thema in den *Claudine*-Romanen. Im ersten Roman genießt die Heldin ihre Freiheit und die angeborene Heftigkeit ihres Charakters in vollen Zügen. Sie hängt noch ketzerisch an dem, was Simone de Beauvoir bei der heranwachsenden

Frau den »Kult des Selbst« nennt: »Man kann nicht die ganze Welt und sich selbst zu Gefallen sein. Ich ziehe es vor, zuerst mir selbst zu Gefallen zu sein.« Als sie heranwächst und in die Weiblichkeit eingeweiht wird, entdeckt Claudine, dass Feminität, wie alle anderen Kulte, große Verzichtsleistungen erfordert, im Austausch für die Privilegien des Dazugehörens. »Wenn Sie wüssten … Ich habe Ihnen gehorcht, ich, Claudine … früher habe ich niemals gehorcht, außer wenn es mir gerade so passte …«

2

Als der Schulinspektor Claudines Klasse in Montigny besucht, stellt er das Aufsatzthema, über Franklins Ausspruch nachzudenken: »Müßiggang gleicht dem Rost.« »Vorwärts!«, sagt Claudine zu sich selbst und verfasst einen ganz und gar scheinheiligen kleinen Essay, der das Thema illustriert, indem sie über sich selbst nachdenkt: »Als ob ein weicher Fauteuil vielleicht zu verachten wäre! Als ob die Arbeiter, die ihr ganzes Leben lang schuften, etwa nicht an Erschöpfung stürben! Doch Verzeihung, das gehört nicht hierher. Im Lehrplan ist kein Platz für die Wirklichkeit.«

Claudine à l'école ist ein Roman über Scheinheiligkeit, erzählt aus der Sicht eines unschuldigen jungen Mädchens, das heißt eines Mädchens, das seine Offenheit noch nicht verloren hat. Paradoxien schüchtern sie nicht ein, und das ist vielleicht die eigentliche Quelle ihres »Amoralismus«, den so viele zeitgenössische Kritiker festgestellt haben. Der Titel hat einen Doppelsinn, denn Claudine stellt immer die Geistlosigkeit des Unterrichts der Lehre gegenüber, die das Leben ihr erteilt. »Schlage deine Augen nieder, Claudine!«, befiehlt ihr Mademoiselle Sergent, als hielte sie das davon ab, zu sehen.

Was sie sieht, ist das harte Leben, das eine Frau wie Mademoiselle Sergent erwartet, eine intelligente, leidenschaftliche, hässliche Frau ohne eigene Mittel. Was sie sieht, ist die Selbstverleugnung, die das Schicksal auch für sie als Frau bereithält. Und was sie ebenfalls sieht, ist die feige, sentimentale Eitelkeit derjenigen Frauen, die den Mythos ihrer »Reinheit« angenommen haben. Das komische Spektakel der männlichen Lust weckt ihre Verachtung, Abscheu und Scham – und es weckt ihr Gefühl der Überlegenheit. Doch wenn sie in ihr Herz hineinsieht, dann sieht sie auch, wie sehr sie sich danach sehnt, zum Objekt dieser Lust zu werden. »Ist es zu glauben, dass ich seit dem ›unehrenhaften Überfall‹ dieses rasenden Dutertre auf meine Person so etwas wie Stolz empfinde?«, überlegt Claudine, nachdem der schmierige Abgeordnete Dutertre in der Aula versucht hat, nach ihr zu grapschen. »Welch demütigende Feststellung! Aber ich weiß, warum. Im Grunde sage ich mir: Dieser Mann, der unzählige Weibergeschichten gehabt hat, in Paris und überall, findet dich anziehend. [...] Das ist alles.«

Am Anfang von *Claudine à l'école* werden die alten Schulgebäude abgerissen, und die Mädchen »sehen neugierig zu«, schreibt Colette, »wie doppelte Mauern zum Vorschein kommen, deren trügerische Dicke in Wirklichkeit hohl war wie ein Fass, mit engen schwarzen Gängen dazwischen, die außer Staub und Ekel erregend abgestandenem Gestank nichts enthalten. Zu meiner Erheiterung versetze ich Marie Belhomme mit der Behauptung in Angst und Schrecken, diese Verstecke seien in der Absicht angelegt worden, ungetreue Ehefrauen [...] lebendig einzumauern.«

Am Ende des Romans ist die neue Schule aufgebaut, und die letzten Szenen beschreiben die Einweihungszeremonie. Sie sind voller Anspielungen auf Flaubert: auf die Gemüsemarktszene mitten in *Madame Bovary*, wo Rodolphes zynisches Werben um Emma und die Treue zur bürgerlichen Moral und das Landleben in einem vorzüglichen wilden Kontrapunkt einander gegenübergestellt werden. Dieselbe Treue wird hier evoziert: gegenüber der

Flagge, der Republik und der »Muttererde«. Und die Mädchen – die zweihundert Seiten lang ihre Brüste verglichen, Grabenkämpfe ausfochten, einander wie auch ihre Lehrer beiderlei Geschlechts begehrten und um ihren Platz nach einer Hackordnung kämpften, die so vertikal war wie auf jedem Bauernhof oder in jeder Korporation –, sie lauschen den Reden mit gesenktem Blick und in weißen Kommunionskleidern und heben ihre hellen Stimmen bei der *Hymne an die Natur*.

Der Abriss des veralteten Schulhauses ist eine brauchbare Metapher für den Roman selbst und für die Bedeutung, die ihm in der Geschichte der Frauenliteratur zukommt. Colette dekonstruiert einen Mythos, der, als sie mit dem Schreiben begann, bereits am Zerbröckeln war: der Mythos des keuschen, selbstlosen und willenlosen Gefäßes. Der Charakter der Frau, betont sie, hat in Wahrheit auch doppelte Mauern, und zwischen ihnen ist ein dunkles Versteck mit fleischlichem Gestank, dort liegen die verbotenen Lüste begraben.

Claudine à l'école wurde bei Ollendorff Ende März 1900 veröffentlicht. Die Rezensionen kamen nur langsam, und es war vor allem drei einflussreichen Artikeln von Willys Freunden zu verdanken, dass der Roman begann, die Aufmerksamkeit auf sich zu ziehen: dem Artikel von Charles Maurras in der *Revue encyclopédique*, dem von Rachilde im *Mercure de France* und dem von Henri Ghéon in der *Revue blanche*. Nachdem die Sache erst einmal in Gang gekommen war, gewann sie allerdings eine ungeheuere Dynamik, und Willy tat alles in seiner beträchtlichen Macht Stehende, um Kapital daraus zu schlagen. In zwei Monaten wurden vierzigtausend Exemplare verkauft und (Colette zufolge) um die dreihundertfünfzigtausend im Laufe von ein paar Jahren. Nach rein wirtschaftlichen Gesichtspunkten war, wie Pichois feststellt, der Erfolg der *Claudine*-Romane als Serie »einer der größten, wenn nicht gar absolut der größte Erfolg in der gesamten französischen

Literatur«. Nach literarischen Gesichtspunkten waren Rachildes Worte prophetisch:

> Ja, [Claudine] ist eine sehr zierliche Person von fünfzehn Jahren, ihre Haare auf dem Rücken, die Fäuste in den Hüften, und sie ist ganz Frau, schreiend, mitten in der Pubertät, mit all ihren Trieben, ihren Wünschen, Launen und … ihren *Untaten*! […] Claudine […] ist modern, sie ist ein Strolch, sie ist klassisch und sie kommt aus der Ewigkeit. Nein, keine Literatin, ob jung, ob alt, kann so etwas schreiben. […] Als Willys Buch ist dies ein Meisterwerk. Als Claudines Buch ist es das Ungewöhnlichste, was sich aus der Feder einer Debütantin ergießen könnte, und es verspricht ein wenig mehr als nur Ruhm für seinen Autor: ein *Martyrium*, denn nie wird es genug Steine geben, die man nach ihr werfen, oder Dornenkronen, die man ihr aufsetzen könnte.

13. KAPITEL

I

Im Spätsommer 1900 – auf dem Höhepunkt ihres Erfolgs – machten Willy und Colette sich von seinem Elternhaus zu einer Fahrt über Land auf. Ihr Wagen stieg die steile, schmutzige Straße hinan, die sich von der Stadt Besançon die Hügel hinauf schlängelte, bog in eine Einfahrt ab und hielt vor einem kleinen Landhaus mit Schieferdach und der eleganten Fassade im Directoire-Stil, in der Farbe einer »vergilbten Kamee«. »Das alles gehört Ihnen!«, sagte Willy zu seiner Frau und wies auf das Haus, die Rasenflächen, den Garten und den Park, der es umgab. Zwei Jahre später kaufte er auch das daran anschließende Bauernhaus und den Weinberg. »Drei Jahre später«, sagt Colette – tatsächlich waren es sieben –, »nahm er mir [das alles] wieder weg.«

Das Landhaus auf dem Hügel trug den Namen Les Monts-Bouccons und war im achtzehnten Jahrhundert als Jagdhaus gebaut worden. Der Garten existiert nicht mehr, aber es ist immer noch von fünf bis sechs Hektar Land, von Wiesen, Obstbäumen und einem schönen Wald aus alten, sehr hohen Platanen umgeben. Am Fuß des Waldes befand sich eine Grotte, eine Art natürliches Amphitheater, das angeblich früher von Druiden benutzt worden ist. Das Haus ist perfekt in seinen Proportionen, aber winzig. Mit drei großen Schritten hat man den Salon durchquert. Auf einer Seite gibt es ein kleines Arbeitszimmer, das noch seinen Linoleum-Bodenbelag von Anfang des Jahrhunderts hat, auf der anderen Seite ein holzgetäfeltes Esszimmer, mit einer düsteren, fast unheimlichen Atmosphäre. Oben sind fünf Schlafzimmer. Colettes Schlafzimmer hatte den Balkon, den man auf Fotografien des Hauses sehen kann. Von hier aus genoss sie die Aussicht, atmete sie den Duft des Heus, der feuchten Erde und der Rosen. Aus dem Gefühl, etwas verloren zu haben, schrieb sie später Les Monts-Bouccons, wie zuvor Saint-Sauveur, zumindest äußerlich Schönheit, Grandiosität und Tiefe zu – Eigenschaften, die beide Häuser nicht wirklich besitzen oder zumindest nicht mehr besitzen. In Wirklichkeit sehen sie klein und schäbig aus; darin zeigt sich, welche Fähigkeit zur Idealisierung Colette besaß, und wie ihre Erinnerung zur Schönfärberei neigte.

Ihre jährlichen Besuche in Bayreuth und bei ihren Schwiegereltern ausgenommen, verbrachte Colette zwischen 1901 und 1905 den größten Teil der Sommerzeit und der frühen Herbsttage in Les Monts-Bouccons. Sie arbeitete und besorgte ihren Garten, ritt aus und beantwortete Briefe, sie fuhr mit ihrem kleinen Wagen spazieren und pflückte Kirschen. Gelegentlich kamen Freunde zu Besuch. Hauptmann Colette verbrachte den Herbst 1901 bei ihr und schrieb eine Ode an das Haus. Allerdings ist dieser Besuch in ihren veröffentlichten Erinnerungen nicht verzeichnet. Willy, arbeitswütig, kam und fuhr wieder weg wie ein moderner Ehemann. »Erschöpft kam er an und reiste von Sorgen getrieben wieder ab, das Übermaß an Verpflichtungen verfluchend, die ihn mitten im Sommer in Paris ›festnagelten‹.« Wenn er weg war, blieb sie mit dem Gefühl der Eifersucht und Verlassenheit zurück, »trotzdem rührten diese abrupten Aufbrüche immer noch schmerzhaft an dieses alte und natürliche Hirngespinst«, gern »in ehelicher Zweisamkeit auf dem Land« leben zu wollen. Doch dieses Verlassenwerden wirkte auf sie auch stärkend, allmählich »fühlte ich mich wieder besser, das heißt, imstande, auf mich selbst gestellt zu leben und nach einem genauen Zeitplan, so als hätte ich schon damals gewusst, dass Regelmäßigkeit alle Wunden heilt«.

Zu Colettes Disziplin gehörte, im Sommer morgens um sechs

aufzustehen, im Herbst um sieben, und an ihren transportablen Turngeräten zu trainieren, die sie an einem schattigen Platz aufgestellt hatte. Sie war ausgestattet mit einer Schaukel, einem Barren, Stangen, Leitern und einem Podest. »Auf alldem«, erzählte sie Marguerite Moreno, »vollführe ich die ängstlichen Flugtricks einer Frau, die fürchtet, sich etwas zu brechen und von ihrem Ehemann geschlagen zu werden.« Dann gab es noch die Tricks, die sie, weniger ängstlich, in ihrem Arbeitszimmer vollführte: »Ich versichere dir, ich arbeite mit Willy-la-Doucette anders. Denn es ist absolut notwendig, in diesem Winter etwas zu essen zu haben. Und dieser Wahn, heute von dem zu essen, was man morgen erst verdient, ist das Schädlichste, was man sich vorstellen kann. Es ist traurig, dass ich mit dem Bewusstsein hier bleibe«, schließt sie, »abreisen zu müssen. Hier umweht mich überall ein göttlicher Pilzduft ... Das ist die Zeit im Jahr, in der ich mich damit unterhalte, dass ich an Dinge denke, die mich schrecklich schmerzen, einfach nur, um dann wieder das Vergnügen zu haben, wieder zu mir selbst zu kommen und zu sehen, dass es nicht wahr ist.«

2

In *Meine Lehrjahre* vermittelt Colette ihren Lesern fälschlicherweise den Eindruck, sie habe sich lange Zeit in Willys Schreibstube abgemüht, bevor es ihr mit der Schlauheit eines Sklaven gelang, ihn zu überzeugen, dass er aus seiner Investition größeres Kapital schlagen könne, wenn er sie irgendwo auf dem Land wohnen ließe. Les Monts-Bouccons wurde jedoch erst knapp sechs Monate nach der Veröffentlichung von *Claudine erwacht* gekauft. Doch ob nun dieses Besitztum das Geschenk eines dankbaren Ehemannes war oder der Trick eines verschrobenen Meisters, es brachte auf jeden Fall ein Vielfaches seiner Kosten wieder ein. Zwischen 1901 und 1906 schrieb Colette für Willy mindestens ein

Buch pro Jahr. Damit wurde sie sein wichtigster und produktivster Mitarbeiter, die Quelle ihres gemeinsamen Reichtums. Auf die erste *Claudine* folgten vier weitere sowie zwei stürmisch gefeierte Theaterstücke und dann, in zwei Bänden, die Abenteuer einer anderen, weniger überzeugenden Kindfrau namens Minne; ihre Karriere wurde – »ein Glück für die Ehre des französischen Romans«, wie Colette sagt – vorzeitig wegen der Scheidung der Autorin abgebrochen. Und der Wert all dieser »Besitztümer« zusammengenommen – ein Wort, das Willy gefallen hätte – machte letztlich eine weit großartigere Mitgift aus, als ihm irgendeine Polytechniker-Tochter hätte einbringen können.

Gut investiert, hätte dieses literarische Kapital sowohl seiner Schöpferin als auch dem Titelinhaber jene Sicherheit geben können, die allen beiden fehlte. Willy sollte fast mittellos sterben, und Colette, die zwar immer mehr verdiente, als sie zugab, erzielte erst am Ende ihres Lebens, als sie die Theater- und Filmrechte an ihrem Roman *Gigi* verkaufte, noch einmal einen solchen wirtschaftlichen Erfolg wie mit den *Claudine*-Romanen. So kann man ihr schwerlich einen Vorwurf machen, wie Willys Freunde das taten, wenn sie den Geiz ihres Mannes übertrieb. Allerdings übertrieb sie ihn wirklich. Als sie *Meine Lehrjahre* schrieb – das war während der Weltwirtschaftskrise –, rechnete sie aus, inwieweit sie mit ihrem Talent seine Untreue finanziert hatte. »Für das Geld, das ich für die freie Liebe ausgegeben habe«, scherzte er, »hätte ich mir regelmäßig eine Professionelle leisten können.«

Für jeden dieser wertvollen Bände belohnte Willy Colette »mit einer neuen Perle für ihre Halskette« und einer Unterhaltszahlung von 300 Francs pro Monat (außer im Sommer), die ihr fürstlich vorkam und von der sie Schokolade und feine Wollstrümpfe für ihre Mutter kaufte. Andrerseits war der Unterhalt nicht dafür gedacht, ihre Rechnungen bei Lewis, dem berühmten Modisten zu bezahlen, wo sie ihre Hüte kaufte; er war auch nicht für Redfern, den Schneider, bei dem sie ihre Kleider, Reitanzüge und Abendgarderobe bestellte, und ebenso wenig für die gemeinsame Kutsche, den Kutscher und die Köchin oder die anderen Ausgaben ihrer beiden Haushalte. Und dann gab es noch Ratenzahlungen anderer Art. Willy, so schrieb Colette, maß mir »meinen Anteil an genau kalkulierten Qualen und konfusen Freuden« zu.

3

Eine genau kalkulierte Qual bietet sich für eine objektive Beschreibung eher an als eine konfuse Freude. Colette berichtet uns, dass Willy seine anderen Frauen nicht nur in ihrer gemeinsamen Wohnung empfing, sondern dass er auch von ihr erwartete, dass sie diese gesellschaftlich und sogar sexuell unterhielt. Nachdem er abgeschätzt hatte, wie lukrativ Colette möglicherweise für ihn sein konnte, stattete er sie mit einem komfortablen Arbeitszimmer aus, schloss sie aber vier Stunden täglich darin ein, um dann zur vorbestimmten Zeit zurückzukommen und seinen unmenschlichen Tribut in Form fertiger Seiten einzutreiben. (Diese Geschichte wurde immer wieder erzählt, aber ist sie wirklich wahr? Sie klingt unwahrscheinlich. Es gab Bedienstete im Haus, auch ein Telefon. Colette erzählte Francis Jammes, Willy habe einen »Eichhörnchenkäfig« für sie gebaut; dessen Tür sei jedoch offen gewesen. Gegen Ende ihres Lebens erklärte sie einem Interviewer, sie sei nur auf dem Land eingeschlossen gewesen, und zwar auf eigenen Wunsch, weil es ihr dort so schwer fiel, sich zu konzentrieren.)

Und dennoch, Willy war abwechselnd nachgiebig und grausam, distanziert und verführerisch, mal bewunderte er sie, mal würdigte er sie herab. Er hielt sie in seiner Schuld nicht nur für ihre Nahrung, Kleidung und das Dach über dem Kopf, sondern auch dafür, dass er sie emotional unterstützte. Er verhinderte jede Freundschaft, die seiner Autorität Konkurrenz machen oder sie untergraben könnte; so lebten die Willys, »allem Anschein zum Trotz, in einer höchst sonderbaren Isoliertheit. Eine Isoliertheit, die wir beide, Monsieur Willy und ich, förderten und aufrechterhielten.«

In *La Vagabonde*, einem Roman, den ihre eigene Mutter als Autobiografie las, geht Colette noch weiter. »Niemand konnte verstehen, warum wir uns scheiden ließen«, schreibt sie über Renée Nérés Scheidung von dem untreuen Maler Adolphe Taillandy. »Aber hätte man mich denn vorher verstanden, meine langjährige feige Nachgiebigkeit? [...] Oh, welch geschickten Lehrmeister ich an ihm hatte! Wie weise er Nachsicht und Strenge dosierte! ... Es kam vor, dass er mich schlug, wenn ich zu widerspenstig war, aber ich glaube kaum, dass es ihm sehr viel Freude machte. Denn ein Mann, der im Jähzorn schlägt, trifft nicht gut, und sicherlich schlug er mich hin und wieder nur, um seinen Nimbus zu erhöhen.«

Eingesperrt, zum Schreiben gezwungen, geschlagen, ausgebeutet, zu entwürdigenden sexuellen Handlungen angehalten, systematisch gedemütigt, das alles ist ein Szenario der Unterjochung, für das Colette eine einfache und tief empfundene Entschuldigung hat: »Mein Gott!«, ruft Renée aus, »wie jung ich war, und wie sehr ich diesen Mann geliebt habe! Und wie habe ich um ihn gelitten!« Aber eine objektivere Analyse ihrer Ehe muss Colettes Komplizenschaft im Leiden, ihren »konfusen Freuden« mehr Aufmerksamkeit schenken, als sie das selbst konnte.

Natürlich gibt es Frauen, die unschuldig brutalen Männern zum Opfer fallen. Sie werden zu Heiraten gezwungen, die sie hilflos machen, in denen sie die Torturen ertragen, weil sie keine Mittel haben, um ihnen zu entfliehen. Sie verabscheuen ihre Erniedrigung und träumen von Rache oder davon, gerettet zu werden, während sie eine stoische Miene aufsetzen und zuweilen, wenn sich eine Gelegenheit bietet, diese ergreifen, wie Sido das tat, mit einem gut gezielten Lampenwurf oder einem Gewehrschuss.

Doch es gibt auch andere, forsche Mädchen, finanziell unabhängige, erfolgreiche Frauen, die um eines zweitklassigen Svengali willen sich selbst absichtlich und unbegreiflicherweise missachten. Das berühmteste literarische Beispiel einer solchen Frau ist Pauline Réages Romangestalt O, die freilich nicht bloß für vier Stunden pro Tag eingeschlossen wurde, um Bestseller zu schreiben. Sie wird von ihrem Liebhaber in der Abgeschiedenheit eines de Sade'schen Schlosses gehalten, wo sie »die Zugänge ihres Leibes« ihren anonymen Meistern nach deren Wünschen zur Verfügung hält. Diese stellen ihre Forderungen ohne jede Nachsicht. Doch auch sie erlegen O eine ausgeklügelte Steigerung genauestens bestimmter Foltern auf und fragen sie auf jeder Stufe: »Bist du einverstanden?« Und sie erinnern O: »Wenn Sie während der Dauer Ihres Aufenthaltes die Peitsche regelmäßig alle Tage bekommen, so geschieht das nicht so sehr zu unserem Vergnügen als vielmehr zu ihrer Belehrung.« Wie Willy-Taillandy, doch weit mehr als dieser, bleiben diese Meister leidenschaftslos, berechnend und rational.

Da so viele Leser und Biografen Colettes eigene Darstellung ihres sexuellen Martyriums für bare Münze genommen haben, lohnt es sich, Jessica Benjamins Einwand gegen die übliche feministische Lesart von Pauline Réages Roman in Betracht zu ziehen, die ihn »einfach als die Geschichte einer schikanierten Frau« versteht. Benjamin gibt zu bedenken, dass O nicht zur Unterwerfung gezwungen wird, sondern mit ihr einverstanden ist. Eine Masochistin fühlt sich zu einem Sadisten hingezogen, weil sie über ihn ersatzweise Beherrschung, Männlichkeit, Macht und Distanz erleben kann; umgekehrt sehnt er sich verbotenerweise danach, an ihrer »weiblichen« Fähigkeit zur Unterwerfung teilzuhaben. Bei einem solchen Paar übernimmt einer das Festhalten, der andere das Loslassen.

Die Sklavin der Liebe ist, wie Benjamin beschreibt, häufig ein junges Mädchen, das wie Colette in der Falle eines »emotionalen

Treibhauses« sitzt, mit einer keuschen, besitzergreifenden Mutter, die »die Sexualität ablehnt [...] und stattdessen lieber Kontrolle und Selbstdisziplin ausübt«. Eine Tochter kann sich in einer solchen Bindung manchmal dadurch behaupten, dass sie »die mütterliche Macht mit einer väterlichen Macht bekämpft«, und tatsächlich scheinen in einem solchen System die Vatertöchter zu Frauen heranzuwachsen, die mit ihren Wünschen besonders gut in Einklang stehen. Doch das war nicht das Los der Tochter von Hauptmann Colette.

In einer Kultur, in der Autonomie wie auch das unbeschränkte Recht auf Lust ein männliches Privileg sind, ist es für eine Frau nicht so schwer oder ungewöhnlich, unsichtbar zu werden; sie kämpft dann mit ihrer Gier und Aggression, während sie das Püppchen spielt und sich, wie Colette es ausdrückt, als »geistiger Hermaphrodit« fühlt.

Jessica Benjamin schließt, dass Frauen wie O und ihre Schwestern, die sich verstecken, in verschiedenen Formen freiwilliger sexueller Unterjochung, die irgendwo zwischen idealisierter Liebe und Masochismus liegt, ihre Befreiung von dem Gefühl der Betrügerei und Isolation gesucht haben, was ihnen, wenngleich auf perverse Weise, väterlichen Halt verschafft hat. Eine Frau, die dem Bild ihrer Mutter sklavisch ergeben ist, sucht bei ihrem Vater Anerkennung für ihr wahres Selbst und identifiziert sich mit seiner Freiheit, indem sie sich seinem Willen unterwirft.

Claudine, deren einziges Mutterbild das einer bäuerlichen Kinderfrau und Leibeigenen ist, heiratet einen fünfundzwanzig Jahre älteren Mann, einen »*Papa-mari*«, weil ihr eigener, seiner Rolle nicht bewusster Vater für sie »nutzlos« war. Doch ihr Ehemann erweist sich als ein enttäuschender Meister. Warum? Er ist zu schwach, frivol und vor allem zu »verweiblicht«, als dass er ihr ersatzweise die Erfahrung männlicher Autonomie vermitteln könnte: »Sie müssen mir helfen«, fleht Claudine ihn am Ende des dritten Romans der Serie an. »Ja, ich bin Ihr Kind – nicht nur Ihr

Kind –, bin eine verzogene Tochter, der Sie manchmal weigern müssen, war sie verlangt. [...] Sie müssen mich lehren, dass es schädliche Gelüste gibt. [...] Ich bin gern von Ihnen abhängig, liebe es, meinen geliebten Freund ein wenig zu fürchten.«

Als Colettes Respekt für ihren eigenen untreuen und enttäuschenden Meister zu schwinden begann, wuchs ihre Eifersucht auf seine anderen Frauen und füllte die Leere. Diese Eifersucht war, wie sie an etlichen Stellen ihres Werks zugibt, zwanghaft. Sie weckte Mord- und Selbstmordfantasien, obwohl sie Willy versicherte, sie werde nie »den Gashahn aufdrehen«. Öfter versuchte sie, ihre Wut dadurch zu zügeln, dass sie die Geliebte ihres Ehemannes als eigene Freundin, Komplizin, ja sogar als Liebhaberin annektierte und so Willy mit dem Instrument seiner eigenen Perfidie »betrog«. Diese Kämpfe aus Angst und Verzweiflung wechselten mit ekstatischen und im Allgemeinen kurzen Augenblicken der Wiedervereinigung wie in der Idylle auf Belle-Ile. Der erstaunliche Erfolg von *Claudine erwacht* leitete eine solche Phase ein: Nachsicht und Aufmerksamkeit auf Willys Seite und neue Vitalität auf Seiten Colettes.

Den Folgeroman, *Claudine à Paris* (*Claudine in Paris*), den sie Ende 1900 zu schreiben begann, verfasste sie schnell, in Willys Erinnerung wie in einem »Freudentaumel«, in weniger als einem Jahr. Paul D'Hollander fragt zu Recht: »Ist jemals genügend beachtet worden, dass *Claudine à Paris* der einzige Liebesroman ist, den Colette jemals schrieb?« Darunter versteht er: der einzige Roman, in dem sie die romantische Liebe unkritisch behandelt, in dem die Liebe Hoffnung auf Heilung und Wiederherstellung verspricht. Willy behauptet, Colette habe von allen *Claudine*-Romanen *Claudine à Paris* am besten gefallen. Zumindest früher, fügt er hinzu.

Zu Beginn des Romans zieht die Heldin mit ihrer Katze, ihrem unnützen Vater und ihrer früheren Amme Mélie in die Hauptstadt, damit der Vater in den wissenschaftlichen Bibliotheken weiter seinen Forschungen über die Schnecken im Burgund nachgehen kann. Sie besuchen seine Schwester, Claudines Tante, die das Mädchen in die Gesellschaft einführt – eine Gesellschaft, die Claudine mit derselben Offenheit und Distanziertheit betrachtet, die sie früher hatte walten lassen, als sie mit spitzer Feder ihr Dorf aufspießte. War sie zu raffiniert für Montigny, ist sie nun zu grob für Paris, und die »ironische Klugheit« der Außenseiterin macht nach Meinung D'Hollanders den einzig wirklich literarischen Reiz dieses Romans aus.

Aber auch sein psychologischer Reiz ist nicht genügend beachtet worden. Colette entwickelt eine Geschichte, die an der Oberfläche frivol, im Kern aber trostlos ist, in der Eltern, die für ihre Kinder nicht da sind, sich nicht um sie kümmern oder sie missbrauchen, in ihnen Liebeshunger, sexuelle Perversion und dauerhafte Schäden hervorrufen. In dem Roman gibt es drei solche Kinder, die alle siebzehn Jahre alt sind. Zum einen ist da Claudine, die, mutterlos und vaterhungrig, entdeckt, dass sie sich nach einem Vater, einem Liebhaber und einem Tyrannen in einer Person sehnt. Dann ihre frühere Klassenkameradin Luce, Tochter eines »brutalen« Steinmetzes und dessen gieriger Bauersfrau.

In *Claudine à l'école* wecken Luces Schönheit und Unterwürfigkeit bei Claudine eine »aufreizende Gemeinheit«, und sie hält ihre Sklavin mit täglichen Schlägen gefügig, die Luce sucht und dankbar entgegennimmt. Als die beiden sich zufällig in einem Park in Paris treffen, ist Claudine verblüfft über die Verwandlung ihrer alten Freundin in eine modische Dame. Sie gehen zusammen zu Luces verdächtig luxuriösem Appartement, wo Claudine weiter versucht, die Geschichte ihrer Freundin zwischen Drohungen, Schlägen und Liebkosungen herauszulocken. Luce war von ihrer älteren Schwester, der Hilfslehrerin Aimée, aus der Schule in Montigny hinausgeworfen worden. Ihre Mutter hatte kein Mitleid mit ihrer Not und bot ihr nur eines an: Sie könne nach Hause kommen und die Schweine hüten. Mittellos und verlassen, floh Luce nach Paris und suchte ihren einzigen Verwandten auf, einen reichen alten Onkel. Er bot an, ihr ein Leben in großem Stil zu finanzieren, wenn sie mit ihm schlafe – vorausgesetzt, sie sei noch Jungfrau. Claudine, fasziniert und angeekelt, lässt sich die erbärmlichen Einzelheiten dieser Fin-de-Siècle-Aschenputtelgeschichte erzählen, in der ein alter Lüstling die Stelle des Prinzen eingenommen hat. Es verdient, festgehalten zu werden, dass ein besonders beliebter erotischer Zeitvertreib des Onkels darin besteht, Luce in ihren alten Schulkittel zu stecken und sie in einer tintenverkleckssten Schulbank sitzen zu lassen, während er den Lehrer spielt – eine Parodie auf Willys Rolle gegenüber Colette.

Armut spielt bei Luces Fall eine zentrale Rolle wie in den Lebensgeschichten so vieler Mädchen vom Lande, die sich an reiche alte Pariser Lüstlinge verkauft haben. Armut spielte in Colettes Verständnis auch ihrer Heirat mit Willy eine zentrale Rolle, und es ist Wunschdenken, wenn sie ihre Heldin mit einem Erbe ihrer toten Mutter ausstattet, hunderttausend Francs, die der Notar in Montigny gut angelegt hat. Bezeichnend auch, dass Claudine schockiert ist, als Luce mit süffisanter Rachsucht erklärt, sie würde eher mit ansehen, wie ihre Mutter verhungert, als ihr Geld zu schicken. Anders als Claudine und anders als Colette hat Luce zusammen mit ihrer Unschuld die Hoffnung auf eine Wiedervereinigung, die Wiederherstellung der elterlichen Liebe, die in diesem Roman im Mittelpunkt steht, verloren. Indem sie vor der Not ihrer Mutter die Augen verschließt, verzichtet sie endgültig auf die Erfüllung ihrer eigenen Bedürfnisse als Kind.

Renauds Sohn Marcel ist das dritte und vielleicht am schmerzlichsten geschädigte Kind in dem Roman. Marcel ist der Enkel von Claudines Tante Cœur. Seine Mutter ist gestorben. Seine Eltern trennten sich, als er noch ein Säugling war, weil, so Colettes Andeutung, die sexuelle Prüderie seiner Mutter mitsamt ihrem exzessiven mütterlichen Eifer sie ihrem Mann entfremdet hatte. Seither überließ Renaud den Jungen der Fürsorge der Großmutter, die ihn wie ein Mädchen aufzog und ihn wie besessen behütete und verwöhnte. Marcel wurde zu einem verhätschelten, recht sonderbaren »kleinen Weltwunder« – »eine Range in Hosen«, »an ihm ist ein Mädchen verloren gegangen« –, und Colette impliziert, dass der Junge um seinen Vater, der verführerische Frauen liebt, wirbt, indem er selbst versucht, sich als eine solche darzustellen.

Renaud mag seinem Sohn ein ganz schlechter Vater sein, Claudine gegenüber ist er ein unwiderstehlicher, nachsichtiger »Onkel« und eine Gegengestalt zu Luces Onkel, dem großen Verderber. Renaud verliebt sich in Claudines wilde Jugend und Schönheit, ihre »animalische Anmut« und ihren unbefangenen Humor. Sie verliebt sich in seine väterliche Zärtlichkeit.

Der letzte Teil des Romans ist Renauds Werben um Claudine gewidmet oder besser gesagt ihrem Werben um ihn, denn sie ist es, die ihre stürmischen Wünsche nicht bezähmen kann, seine »Tochter, Freundin, Frau, alles!« zu werden. Als sie auf dem Heimweg vom Restaurant sind, in dem Claudine sich mit Asti betrunken hat, lehnt sie den Kopf an seine Schulter »mit der Sicherheit eines Menschen, der nach einem langen Marsch endlich das Ziel vor Augen sieht«.

Am Tag nach diesem schicksalsträchtigen Abend besucht Marcel Claudine, leidenschaftlich neugierig, wie der Abend denn ausgegangen sei. »Erzählen Sie, Claudine«, bittet er, »mein Vater war sicher charmant und geistreich wie gewöhnlich? Er hat Sie nicht wie mich ›kleinen Schmutzfink‹ und ›Schmuddelkind‹ genannt?« Er errät die Wahrheit und kann seine Bitterkeit nicht zurückhalten. Er gratuliert Claudine zu ihrer »Geschicklichkeit«, sich einen so begehrten Junggesellen geangelt zu haben. Außer sich vor Wut, versucht sie, ihm die Augen auszukratzen. Aber in Marcels Anschuldigung liegt ein Körnchen Wahrheit, die Colette nur teilweise zulässt. Denn während Claudine sich hinsichtlich des finanziellen Interesses an Renauds Vermögen als unschuldig betrachtet (und das auch ist), eignet sie sich ohne Mitleid und Bedauern jenen Teil von Marcels Erbe an, der in der Liebe seines Vaters besteht.

In der letzten Szene beharrt Claudine darauf, Renaud nicht heiraten zu können; sie wolle seine Geliebte werden, damit niemand ihr vorwerfen könne, sie versuche, Marcel Geld zu stehlen. Renaud sagt, sie werde seine Frau oder gar nichts sein, und überzeugt sie ohne große Mühe. Als er bei Claudines »unerreicht wirklichkeitsfernem« Vater um ihre Hand anhält, stimmt der Molluskenforscher mit ein paar zärtlichen und wirren lästerlichen Worten zu. Sein Typ, gesteht er, wäre Claudine, so flachbrüstig, wie sie ist, nicht. Dann ziehen sich die Verlobten in Claudines Zimmer zurück, »in seine Arme geschlossen, trägt er mich, als wollte er mich stehlen, wir beide beflügelt und kindisch wie verliebte Romanhelden«.

Hier haben wir Sidos alte Idee der Entführung, nur mit dem Unterschied, dass das Kind sich brennend wünscht, gestohlen zu werden. Colettes Misstrauen gegenüber der Liebe hat noch nicht die Hoffnung besiegt, dass, wenn sie sich nur unterwerfe, ihre Wunden geheilt und ihre Verluste wettgemacht würden. Ob *Claudine à Paris* nun in einem »Freudentaumel« geschrieben wurde oder nicht, es war jedenfalls das letzte Mal, dass Colette einen Mann und eine Frau so glücklich vereinte.

14. KAPITEL

I

Im August 1901 verbrachten Colette und Willy wie gewöhnlich zwei Wochen in Bayreuth, diesmal mit einem Abstecher nach Karlsbad. Sie reisten nicht allein. Eine reizende Dame fügte ihren Namen den Postkarten hinzu, die die Willys an ihre Freunde schickten. Sowohl der Gatte als auch seine Frau erwähnen sie in ihren Briefen: »Die Musik ist gut, das Essen mittelmäßig [...] und Georgie lebhaft«, schreibt Colette. »Georgie – was für ein Weibsbild!«, ruft Willy begeistert aus. Er ist »schwer« in sie verliebt. Nicht minder Colette. Eine Zeit lang schlief Georgie nun (wechselweise) mit beiden. Die Affäre endete in allgemeiner Bitterkeit, als das Trio nach Paris zurückkehrte.

Georgie Raoul-Duval, geborene Urquart, war Amerikanerin und entstammte einer reichen Familie aus Louisiana. 1866 in Paris geboren, in Europa erzogen, hatte man sie an einen französischen Bergwerksingenieur vornehmer Abstammung verheiratet. Ihre Mitgift betrug nach Pichois zweihunderttausend Francs, sein Einkommen eine Million. Das Paar verkehrte auf beiden Seiten des Atlantiks in den höchsten Kreisen, und Raoul-Duval hatte dazu beigetragen, die Verbindung zwischen Boni de Castellane und Anna, der Tochter von Jay Gould, zu knüpfen. Nach Cocteau hatten er und Georgies Sohn am Lycée Condorcet den gleichen Tutor, als sie (zusammen mit Maurice Goudeket, Colettes späterem Ehemann) dort zur Schule gingen. Beeindruckt von Georgies Schönheit, ihrem Charisma, ihrer Launenhaftigkeit – und ihrem ungeheuerlichen Narzissmus –, sollte Cocteau sie später für die Mutter in *Les Parents terribles* zum Vorbild nehmen.

Colette hatte Georgie im voraufgegangenen Frühjahr im Salon von Lucien und Jeanne Muhlfeld kennen gelernt. Lucien war Romancier und Willys Mitarbeiter am *L'Echo de Paris*; Jeanne war berühmt als Gastgeberin eines literarischen Salons. Damals besaß Willy eine Junggesellenwohnung in Passy, nicht weit von Georgies Appartement, und war vermutlich bereits ihr Geliebter. Seine Erinnerungen geben eine Seite der Geschichte wieder: »Colette hat behauptet, was nur natürlich ist und wovon ich sie nicht abgehalten habe, in dieser trüben Geschichte moralisch überlegen zu sein. Sie beschrieb ihr ängstliches Zögern, ihre Weigerungen und wie diese Stück für Stück untergraben wurden […] Völliger Unsinn! Alles Lüge! In Wirklichkeit war sie es, die [um Georgie] warb, und zwar bezaubert von dem Augenblick an, als die beiden sich bei den Muhlfelds begegneten. Es war ein leidenschaftliches, brutales und hartnäckiges Werben, dessen Frechheit […] in den Augen aller literarischen Paare als Skandal galt.«

Colette setzte die »moralische Überlegenheit« (eine Redefigur) in dem Roman ein, den sie nach ihrer Rückkehr aus Deutschland zu schreiben begann. Seit drei Jahren hatte sie nun schon ihr Leben fast so schnell, wie sie es lebte, in ihre Romane kanalisiert, und in *Claudine en ménage* (*Claudine in der Ehe*) berichtet Claudine, wie sie von einem schönen, trügerischen Rotschopf namens Rézi verführt wird, die ihrerseits Claudine mit Renaud betrügt. Es gibt keinen Grund zu glauben, Willy habe an der Entstehung dieser *Claudine* mehr oder weniger Anteil gehabt als an den früheren beiden, trotzdem ist dies das weitaus heißeste, gewagteste und umstrittenste Buch der Reihe, und um ein Haar hätte es seine Produzenten, zumindest Willy, in einen Prozess wegen Verleumdung und Obszönität verwickelt.

In einem Brief an Jeanne Muhlfeld kurz vor der Veröffentlichung des Romans klagte Colette, dass Willy, »dieser rachsüchtige Junge«, sich »mit G. R.-D. überworfen« habe und dabei sei, »ganz brutal mit Hilfe von Retouchen Claudines Rézi in Georgie zu verwandeln. Da ist sie, da wird sie sein, entsetzlich erkennbar. So etwas sollte nicht sein. Das ist seiner nicht würdig, so wenig wie irgendjemandes anderen.« Doch in einem Brief an Lucien Muhlfeld, geschrieben kurz nachdem ihr Verleger Ollendorff vor der »Unmoral« des Textes zurückgeschreckt war, protestiert sie: »Da ist nicht der Schatten einer Ungeheuerlichkeit und nicht ein einziges *Wort*, das zu beanstanden wäre.« Es ist schwer, die Kehrtwendung zu erklären, man kann nur feststellen, dass moralische Kritik immer Colettes Trotz herausgefordert hat, außerdem hatte das Paar wahrscheinlich seinen Vorschuss bereits ausgegeben. (»Ich brauche Geld«, hatte sie etwas früher im Winter Jeanne unverblümt mitgeteilt. »Wir sind fast am Ende.«)

Zu Anfang war sich Colette wie Claudine nicht bewusst, dass sie sich mit ihrem Mann eine Geliebte teilte. Willy, der Georgie »gefährlich verführerisch« nannte, erklärt, sie sei liebend gern unnötige Risiken eingegangen und habe aufeinander folgende Rendezvous mit Colette und mit ihm im selben Zimmer und im Abstand von nur einer Stunde verabredet. Ihm machte das nichts aus, aber er wusste, wie eifersüchtig seine Frau war. Und eines Nachmittags, als Georgies Haut noch frisch nach Colettes Parfüm duftete, warnte er sie, solch leichtsinnige Indiskretion könne sie das Leben kosten. Georgie war erst ungläubig, dann entrüstet. Warum sollte Colette sie erschießen und nicht ihn?

Doch Willy wußte: wie vernarrt Colette auch sei – für sie war Georgie entbehrlich, er aber wesentlich. Das bestätigte Colette auch. Jeanne erzählt sie: »Ich mache mir, wie Sie sehen, vor allem um ihn Sorgen. Ich habe Gründe, mich weniger für … die Freundin von Claudine zu interessieren.« Madame Muhlfeld konnte offenbar Willy nicht von seinem (oder war es Colettes?) Gelüst nach »Rache« abhalten, und natürlich würde er, indem er Georgie bloßstellte, auch seine Frau bloßstellen, die ihn, all ihren Beteuerungen zum Trotz, dabei geradezu unterstützte.

Wie wir von Willy hören, war der Roman bereits gesetzt, als jemand Madame Raoul-Duval warnte, ihre Liebhaber seien drauf und dran, ihre Dreisamkeit in sensationslüsternen Einzelheiten und so dürftig verschleiert zu enthüllen, dass niemand in Paris über ihre Identität im Unklaren bleiben könne. Sie erhob bei Ollendorff und bei Pierre Valdagne, dem Cheflektor, Einspruch und appellierte vergeblich an Willy, seinen Text zu ändern. Er lehnte ab. Daraufhin bot Georgie eine »stattliche Summe«, um die gesamte erste Auflage aufzukaufen und einzustampfen. Ollendorff nahm den Vorschlag an, versäumte es aber, Madame Raoul-Duval davon in Kenntnis zu setzen, dass Willy noch die Rechte besaß und das Buch an einen anderen Verlag verkaufen konnte. Rachildes Ehemann, Alfred Vallette, war bereit, den Skandal zu riskieren, und schloss mit ihm einen neuen Vertrag. Im Mai veröffentlichte der Verlag Mercure de France *Claudine amoureuse* unter dem neuen Titel *Claudine en ménage*. Wenige Wochen später berichtet Sido Juliette, dass Willys neues Buch ein »Riesenerfolg« sei, und in der Tat wurden laut Colette bis zum Sommer etwa siebzigtausend Exemplare verkauft.

Claudine in der Ehe ist ein kompromittierender Roman, nicht minder für den Leser, der sich wie ein Voyeur vorkommt. Die Adaptation wirklicher (und bestens bekannter) Persönlichkeiten auf Papier nahezu ohne jede Tarnung weist auf jene heutigen Dokumentarfilme voraus, in denen eine Familie den Filmleuten ihre Türen öffnet und selbst die intimsten Momente vor ihren Augen lebt. Solche Filme lassen die Welt miterleben, wie eine Frau ihr Talent wie ihren Körper dem Exhibitionismus ihres Mannes zur Verfügung stellt, wobei sie ihn zugleich – und in seinem Namen – schilt, er korrumpiere sie.

Der Roman beginnt mit einem Bericht über Claudines Hochzeitsnacht, der – ob zu Recht oder zu Unrecht, weiß man nicht – weitgehend als eine Beschreibung von Colettes eigener Hochzeitsnacht gelesen worden ist. Zumindest überzeugen die Gefühlsdichte und die psychologische Genauigkeit ihrer Schilderung. »Etwas Lust zu weinen«, gesteht Claudine in kurzen, abgehackten Sätzen, die die Stimme einer Person wiedergeben, die zu ängstlich und aufgeregt ist, als dass sie tief durchatmen könnte, »undefinierbares Unbehagen, Rippen eingeschnürt und schmerzend. Ach, wenn mein geliebter Freund mich nur rasch nähme und mich so von dieser albernen Beklommenheit befreite, die weder Angst noch Schamhaftigkeit ist.«

Mit ihrem Mann allein im Schlafzimmer, versucht Claudine bezeichnenderweise ihrer Zurückhaltung dadurch Herr zu werden, dass sie die Initiative übernimmt. Sie zieht sich aus, während Renaud aus der Entfernung zusieht. Er behält seine Kleider an, »sein Mund und seine Hände halten mich, ohne dass sein Körper mich berührt, bis sich meine zitternde Auflehnung in eine erschrockene Einwilligung verwandelt, in verschämtes lustvolles Stöhnen, das ich aus Stolz gern zurückgehalten hätte. Nachher, erst nachher wirft er seine Kleider ab wie ich zuvor die meinigen, und er lacht unbarmherzig, um eine gedemütigte und betroffene Claudine zu quälen.«

Claudine ist später dankbar für die »Selbstentsagung« ihres Mannes, obwohl sie auch zugibt, dass die Penetration, als sie schließlich geschieht, bei ihr »einen kleinen Schrecken« hinterlässt; sie hatte nicht gewusst, »was man so eheliche Pflicht« nennt. Aber es hinterlässt bei ihr auch ein unaussprechliches Gefühl der Unzufriedenheit. Denn bei all den Fähigkeiten, die Renaud besitzt, seinem Takt und seiner Erfahrung, bei aller »Autorität« seiner Liebkosungen, ist Sex für ihn eine Frage der Technik. Für Claudine ist sie »eine geheimnisvolle Hoffnungslosigkeit, die ich suche und fürchte«. »*La fêlure est là*«, sagt sie, die Spaltung ist da. Um Colette zu verstehen oder zu versuchen, sie zu verstehen, muss man fragen, was für sie so hoffnungslos ist. Ihr Lebenswerk legt eine Antwort nahe: die ekstatische Erfahrung der Einheit, in der die Spaltung in zwei Körper, Geschlechter und Generationen aufgehoben ist. Diese Erfahrung sucht, aber fürchtet sie auch.

Im weiteren Verlauf der Geschichte beginnt Claudine in ihrer Ehe widerspenstig zu werden: »Wer das Leben mit [Renaud] betrachtet, sieht Großes kleiner, Ernstes heiter werden; unnütze Nichtigkeiten, schädliche vor allem, gewinnen an Bedeutung, blähen sich zu ungeheurer Wichtigkeit auf. Wie sollte ich mich der unheilbaren, verführerischen Frivolität erwehren, die ihn fortreißt und mich mit ihm?«

Als sie sich trotzig weigert, für ihn die Gastgeberin zu spielen, führt er seinen eigenen Empfangstag ein, und auf einem seiner Feste stellt er Claudine einer unglücklich verheirateten Wiener Schönheit namens Rézi vor. Ihr englischer Gatte ist eine Art Zombie, ein hohler Mensch, wahrscheinlich impotent, der seine bessere Hälfte in Indien zurückgelassen hat. Da für Rézi Geld alles bedeutet, kann sie ihn nicht verlassen, und da sie seine Eifersucht fürchtet, betrügt sie ihn nur mit Frauen.

Claudine und Rézi treffen sich täglich, gewöhnlich in Rézis Boudoir, und nach einigen Monaten oberflächlicher Intimität, aber immer heftigerer Flirts, beginnen sie ein Liebesverhältnis, in dem Claudine die männliche Rolle übernimmt. Sie erzählt ihrem Gatten von diesem Verhältnis, der bekundet, davon »bezaubert« zu sein. Als sie dagegen einwendet, er messe merkwürdigerweise mit zweierlei Maß – er verabscheue die Homosexualität seines Sohnes, heiße aber die Abenteuer seiner Frau mit einer anderen Frau gut –, antwortet er, ein Verhältnis zwischen Frauen »zähle« nicht. Dem widerspricht sie in einer Nebenbemerkung an den Leser (die auch als Warnung an Willy zu lesen ist): »Für Renaud ist Untreue eine Frage des Geschlechts.«

Der nachsichtige Ehemann mietet den zwei Frauen eine kleine

Wohnung, damit sie ihren Vergnügungen ohne Angst vor Störungen nachgehen können. Renaud fängt an, sich selbst mit Rézi dort zu treffen, und als Claudine das entdeckt, wird ihr klar, dass sie doppelt betrogen wird, von ihrer Geliebten wie von ihrem Meister, und zwar nicht nur durch seine Untreue, sondern auch durch seine Selbstgefälligkeit.

Das Ende der Geschichte scheint von rechtlichen Rücksichten diktiert worden zu sein. Man konnte fast jegliche Art von Dekadenz und Immoralität darstellen, wenn nur am Ende die Tugend siegte. Aber dieses Ende könnte auch widerspiegeln, was Colette »die Suche nach ihrem Seelenheil« nannte. Claudine flieht aus Paris in ihr Dorf und lässt ihre Unschuld in der Natur genesen. Renaud bittet in einem unterwürfigen Brief um Vergebung und erneuert seine Liebesbeteuerungen. »Man muss neu beginnen«, überlegt sie, »Gott sei Dank, kann man alles neu beginnen. ›Mein geliebter Großer‹, werde ich ihm sagen, ›ich befehle Ihnen, mich zu beherrschen.‹«

2

In einem Artikel auf der ersten Seite von *Le Journal*, unter der Überschrift »Soll man das lesen?«, nannte Jean Lorrain *Claudine in der Ehe* etwas zu freundlich »eine *Liaison dangereuse* des zwanzigsten Jahrhunderts, geschrieben von einem modernen Laclos«. Rachilde schloss, das Buch rücke Willy definitiv »unter die französischen Schriftsteller ersten Ranges«, obwohl sie auch fand, dass »er« mit seinen Gestalten und vielleicht mit dem Thema an die äußerste Grenze gegangen sei. Die Öffentlichkeit war anderer Meinung. Willy hatte, gewitzt, wie er war, das Urteil gefällt, dass das große Geld gar nicht mit Veröffentlichungen zu verdienen sei, sondern in der symbiotischen Beziehung zwischen Bestsellern und dem Theater. Am 22. Januar 1902 brachte Willy mit zwei Mitarbeitern – dem avantgardistischen Regisseur Lugné-Poe und dem bekannten Romancier Charles Vayre – eine Theaterfassung von *Claudine à Paris* in zwei Akten an den Bouffes-Parisiens auf die Bühne, mit einem »Vorwort« in einem Akt, das *Claudine à l'école* zusammenfasste. Dieses Stück war fünf Monate auf dem Spielplan und überlappte sich mit der Furore um *Claudine in der Ehe*, mit dem Willy zu einem Begriff wurde und Claudine zur populärsten Romangestalt der Epoche.

Natürlich war es eine Riesenleistung von Willy, das Stück auf die Bühne zu bringen, und er war wahrscheinlich der erste Produzent in der Geschichte, der auf die Idee kam, Claudine als Marke für Nebenprodukte zu benutzen. Claudine-Kragen, -Lotion, -Eis, -Hüte, -Zigaretten, -Parfüm, -Süßigkeiten, -Fotopapier, sogar Willy-Reisstärke wurden der Öffentlichkeit angeboten. Außerdem Serien von je zwölf abscheulichen, neckischen Postkarten, die Colette im Schulkittel zu Willys Füßen kniend zeigen, wie sie ihn porträtiert, wie sie ihren Rock hebt, um eine vom Stiefel verhüllte Fessel zu präsentieren, oder wie sie mit ihrer Bulldogge Toby spielt. Als das Stück abgesetzt wurde, hatte jedes Bordell in Paris eine »Claudine« und jede Silvester-Satire ihre Claudine-Parodie. Schließlich gab es sogar eine »Claudine«-Mörderin: eine Madame Maîtrejean, die mit kurzem Haar, weißem Kragen, einem getupften Schal und einem Kapuzenumhang verkleidet ihr Verbrechen beging.

Es wird allgemein angenommen, dass das Stück seinen Erfolg der Hauptdarstellerin verdankte, mit der die Titelrolle besetzt war, einer beliebten Kabarett-Sängerin, die ihren Pariser Jargon mit einem *Pied-noir*-Akzent sprach. Ihr Künstlername war Polaire. Emilie-Marie Bouchard-Zouzé war in Algerien geboren und als junges Mädchen nach Paris emigriert, wo sie sich ihrem Bruder anschloss, der bereits erfolgreich die Komödienbühne erobert hatte. Agil, temperamentvoll und, wie Colette sagt, »aggressiv wie eine hebräische Beschimpfung«, machte Polaire sich mit dem Singen schlüpfriger Lieder und mit der Vorführung ihrer »neckisch schlanken Fesseln« und »atemberaubenden Wespentaille« in fantastischen Kostümen einen Namen. Sie war die originäre *Gamine*, das Vorbild für die Piaf und andere kleine, seelenvolle französisch-plebejische *Vedettes*, die ihre Augenbrauen nachzogen und ihre Liebeslieder mit den Fäusten in den Hüften schmetterten; sie widmeten ihre Erinnerungen der Liebe zu ihren Schoßhündchen und ihren Schlägertypen; sie waren ebenso sentimental in Sachen Ehre wie lasterhaft in sexuellen Dingen; und sie starben, nachdem sie zu viel Vertrauen in ihren Ruf und in ihre Agenten gesetzt hatten, verarmt und desillusioniert. Noch im Alter empfand die gewitzte und stämmige Colette immer eine nostalgische Solidarität mit diesem Typus, aber auch einen deutlichen Horror vor dessen Schicksal. Das Foto von Polaire, das sie für *Meine Lehrjahre* aussuchte – ein alternder Vamp mit schlecht geliftetem Gesicht und verlebten Augen –, ist ein bündiges, wenn auch grausames Epitaph.

Die Rolle der Claudine war Polaires Eintrittskarte zum Ruhm. Ohne Theaterausbildung, aber entschlossen, eine Komödienschauspielerin zu werden, hatte sie versucht, Jules Renard dazu zu bringen, ihr eine Rolle in *Poil de Carotte* zu geben. Als das misslang, spekulierte sie auf die Claudine. Später behauptete sie, sie sei eine leidenschaftliche Anhängerin der *Claudine*-Romane gewesen und habe immer gefühlt, dass sie deren »dynamischer und ironisch moderner« Heldin ähnle. »*Meussier Vili, Claudine, c'est moi!*«, erklärte sie Willy bei ihrer ersten Begegnung, zu der sie »wie ein Schulmädchen gekleidet« erschien. Willy, so sagt sie, sei geistreich, unterhaltsam und freundlich gewesen, »persönlich unendlich vorteilhafter als alles, was über ihn gesagt wird«. Colette habe wenig gesprochen und sie lediglich eingeladen, ihren »Arsch dorthin zu pflanzen«. »Aber sie hatte sprechende Augen.«

Polaire und Colette waren, als das Stück auf die Bühne kam, genau gleich alt, neunundzwanzig Jahre, obwohl sie beide viel jünger aussahen und Polaire behauptete, achtzehn zu sein. Mit ihrem katzenartig dreieckigen Gesicht ähnelte sie Colette, sie hatte »unergründliche« Augen. Ihre Taille, verriet der *Cri de Paris*, hatte den Umfang von Willys Nacken: dreiundvierzig Zentimeter. Die Rolle forderte kurzes Haar, und Polaire stutzte ihres auf Kinnhöhe, ein Stil, zu dessen Nachahmung Willy kurze Zeit später auch Colette aufforderte. Überhaupt nutzte er die Ähnlichkeit zwischen seinen beiden »Töchtern«, indem er Colette und Polaire zu »Zwillingen« machte. Er ließ ihnen gleiche Kostüme und Kleider nähen und führte sie in Paris in Restaurants, zu Premieren und Pferderennen aus, als seien sie, laut Colette, zwei »aufgeputzte Tiere« oder, laut Polaire, »dressierte Hunde«, wodurch er für die im Roman dargestellte sensationelle *Ménage à trois* Reklame machte. Diese Show empörte die Pariser Gesellschaft, und Rachilde traf die Feststellung, Colette und Polaire ähnelten einander vor allem in ihrer »Monomanie zur Selbstdarstellung«. Colette räumt ein, dass Polaire gegenüber den Demütigungen, denen sie unter Willy ausgesetzt war, viel mehr litt als sie selbst: »[Sie] legte immer ihre ganze Seele in ihre Gesichtszüge. In meinen hätte man solche Zeichen aufrichtiger Scham nicht entdecken können.«

Es sollte noch viele weitere Claudines geben, darunter eine bärtige Dame, die sich vor jeder Aufführung rasieren musste. Colette selbst belebte dieses Stück sechs Jahre später neu, als sie die Rolle im Alcazar in Brüssel spielte. Auch wenn sie ursprünglich die Eigentümerin dieser Gestalt war, gab sie in späteren Jahren, als sie sich von Willy getrennt hatte, gern zu, dass Polaire der Claudine-Rolle ein »tiefes und reines« Gefühl entgegengebracht hatte, einen frischen Enthusiasmus, den Colette nicht besaß. Polaire »verlieh einer Figur ein außerordentliches, sozusagen posthumes Leben, einer Figur, die ich erfunden hatte und auf die ich nicht hereinfiel. Polaire aber glaubte an Claudine. […] Ihr Glaube, ihre Gewissheit waren so groß, dass ich, wenn ich sie hörte, insgeheim abdankte und Polaire dafür huldigte, Claudine erfunden zu haben.«

3

Ein Ergebnis des Theaterstückes, weniger des Romans war, dass Colette selbst eine Berühmtheit wurde. Die allgegenwärtigen Porträts von Willy in der Boulevardpresse enthielten jetzt gewöhnlich auch ihr Bild oder ihre Karikatur (und die von Polaire). Im Jahr 1904 widmete *La Vie heureuse* der Erscheinung und dem Lebensstil der Madame Gauthier-Villars einen Artikel. Darin teilte sie dem Interviewer feierlich mit: »Ich habe nur einen Traum: auf dem Lande zu leben und dort, in der Einsamkeit der Berge, so viele Haustiere um mich zu haben wie möglich.«

Inzwischen bewohnte das Paar die letzte und luxuriöseste ihrer Pariser Wohnungen, die beiden Obergeschosse einer Villa in der Rue de Courcelles 177 bis. Willy hatte die Räume mit Stücken möbliert, die er bei Konkursauktionen, wie Flaubert sie in seinem Roman *Education sentimentale* beschreibt, günstig erworben hatte. Nach dem Urteil der meisten, auch Colettes, war das Ergebnis grauenhaft. Polaire beschreibt ein Fenster aus flaschengrünem Glas, das dem Tageslicht eine »witzige« Färbung verlieh. George Casella erinnert sich an einen Salon, der sowohl einem Warteraum als auch einem holländischen Nachtklub glich. Das Mobiliar war massiv und rustikal; es gab schwere Vorhänge, einen kupfernen Kamin und eine Gemäldesammlung, die von Colettes und Willys Vorliebe für zweitrangige Maler geprägt war. Die Schlafzimmereinrichtung, die aus satingepolsterten Weißlackmöbeln und Wedgewoodimitaten bestand, hätte, nach Colettes Meinung, einer »billigen Dirne« alle Ehre gemacht. Ihr einziger ästhetischer Beitrag bestand darin, dass sie im Salon in Tischhöhe ein weißes Holzgeländer anbringen ließ, um den Speiseraum vom Wohnbereich abzutrennen. Es teilte den Raum in zwei Teile, schrieb sie, »engte den Tisch ein und benahm dem Besucher den Atem«, allen war es unerklärlich. Keiner der Besucher fand den weißen Handlauf der Erwähnung wert. Colette selbst benahm es in der »einengenden«

Ehe mit Willy »den Atem«. So wird dieser Einrichtungsgegenstand zu einem Symbol für alles, was in ihrem Leben mit Willy »absurd, fast unerträglich« war.

Willy schickte seinen Sohn, ebenso wie Colette später ihre Tochter, in ein englisches Internat, und Jacques erinnerte sich, dass seine elegante Stiefmutter bei ihren Besuchen unter den Jungen »großes Aufsehen erregte«. 1902 war er wieder in Frankreich und verbrachte seine Ferien in der Rue de Courcelles. Der Lebensstil seiner Eltern erschütterte auf angenehme Weise seine eigenen strengen Schülersitten. Die Eltern waren drei oder vier Nächte in der Woche bis zum Morgengrauen aus. Colette stand am späten Vormittag auf und verbrachte eine Stunde im Badezimmer, um sich zurechtzumachen. Willy arbeitete bis mittags im Morgenmantel. Am Nachmittag ließen sie ihren Wagen kommen und gingen – gewöhnlich zusammen – aus, um Besorgungen zu machen. Wenn Willy verabredet war, nahm Colette Jacques zum Einkaufen mit, und manchmal trafen sie sich mit seinem Vater zum englischen Fünf-Uhr-Tee. Jacques konnte sich an keinen einzigen Abend erinnern, den sie *en famille* verbracht hätten: Er wurde ständig zu Hause gelassen, um auf die Haustiere Acht zu geben. Doch zu Ostern, als das Wetter schön war, gingen sie zu dritt zum Reiten in den Bois de Boulogne, »Colette sehr chic in ihrem Filzhut und geteilten Rock«. Sie trafen die Bekannten ihrer Gesellschaft in der Avenue des Acacias, und »ich erinnere mich«, fährt Jacques fort, »mit welcher Insistenz die Fotografen der mondänen Illustrierten Willy und Colette, Inbegriffe Pariser Berühmtheit, bombardierten, sobald sie ihrer ansichtig wurden«.

Willy liebte es, in einer Ecke des Salons zu arbeiten und seine Bekannten zwischen den Bergen von Papieren und Zeitschriften zu empfangen. Einen Großteil seiner Arbeit verrichtete er bei Unterhaltungen. Man lud Kritiker, Schriftsteller, Journalisten, Theaterdirektoren, Ghostwriter, Verleger, Damen der Gesellschaft, Klatschkolumnisten und ihren Anhang zu Gelagen ein, die von einem *Cordon bleu*, einer guten Köchin namens Juliette, bereitet wurden; sie selbst brachte es zu einer bescheidenen Berühmtheit.

Anders als Claudine hatte Colette ihren eigenen Empfangstag, den Mittwoch, aber sie machte sich aus Gesellschaft nie so viel wie Willy. Im Geschoss über ihren Wohnräumen gab es ein geräumiges Künstlerstudio, das sie als ihr privates Reich beanspruchte und ihre *Garçonnière* nannte. Dort installierte sie ihre Turngeräte, eine etwas aufwendigere Ausstattung als auf dem Land. »Jede wahre Leidenschaft hat ihre asketische Seite«, schrieb sie in *Meine Lehrjahre*. Ihre Hingabe für die Gymnastik war die asketische Seite einer komplexen Leidenschaft.

Colette war nicht die erste Frau dieses Jahrhunderts, die trainierte, aber sie zählte zu den ersten Amateuren. Sie war gerade dreißig Jahre alt geworden und hatte eine krankhafte Angst davor, von matronenhafter Schlaffheit befallen zu werden, dem Schicksal der durchschnittlichen Frau mittleren Alters jener Zeit. Während sie sich fit machte, entdeckte sie, dass das Training auch die Disziplin stärkt. O *»molle ardeur de la femme amoureuse«* – weiche Leidenschaft der verliebten Frau –, ruft sie aus. Bei ihrer Gymnastik bekämpfte sie diese Weichheit und verschaffte sich so einen »modernen« Körper: fest, elastisch und, aus der Sicht der Epoche, androgyn. Zugleich trainierte sie sich auf diese Weise, bewusst oder unbewusst, für den Beruf, den sie nach ihrer Ehe ergreifen sollte. Colette hatte früh verstanden, dass die wahre Schönheit der weiblichen Muskeln mit ihrem Zweck zusammenfällt, und das macht selbstständig.

Für die Männer der Jahrhundertwende besaß das Wort »Körperkultur« bereits den Unterton der Selbstverteidigung. Wie Eugen Weber zeigt, gelangte die Körperkultur als Antwort auf die Niederlage von 1870 nach Frankreich. Die Armee hatte begonnen, ihren Rekruten Gymnastik (und Tanzen) beizubringen, und in den Knabenschulen wurde Turnen zum Pflichtfach. Die neue Generation unternahm alle Anstrengungen, um den Macho-Preußen Paroli zu bieten – ihre Grenzen buchstäblich und geistig zu verteidigen.

Das englische Wort »Sport« gelangte Mitte des Jahrhunderts in den französischen Wortschatz, war aber erst Ende des Jahrhunderts nicht mehr ausschließlich fürs Pferderennen reserviert. Erst jetzt begann man es für ein breiteres Spektrum körperlicher Aktivitäten zu verwenden: Skifahren, Tennis, Radfahren, Boxen und Schwimmen. Nun betrieb man Körperkultur auch aus persönlicheren Motiven als nur patriotischen und aus revolutionäreren als nur hygienischen: Es ging um die »Entfaltung des befreiten Körpers«. Als Isadora Duncan in Paris gastierte, symbolisierte ihre Tanzsprache, nach Alain Corbin, »den Selbstausdruck des nicht mehr als das Andere des Ichs empfundenen Körpers«.

Auch wenn Colette auf ihre Disziplin stolz war und sie ihr Vergnügen bereitete, gab sie sich keiner Täuschung darüber hin, in welch geringem Maße eine Frau ihrer Epoche ihre Fesseln tatsächlich abwerfen konnte. So war ihr eigener Eindruck von Duncan scharfsichtiger als Corbins. Sie schreibt von der »naiven Persönlichkeit« der Tänzerin, wobei für Colette insbesondere Duncans idealistische Botschaft naiv war. Es entging ihr nicht, dass die Frauen, die kamen, um dieser »kleinen nackten Kreatur in Schleiern« Beifall zu klatschen, ihrerseits von den Achselhöhlen bis zu den Knien geschnürt waren, absurde Hüte trugen, sklavisch der Mode folgten und »heroisch und gebunden« waren. »Ich sinniere darüber, wie merkwürdig Frauen sind, wenn ich all diese Damen sehe, die Isadora Duncan applaudieren […] Machen wir uns nichts vor! Sie applaudieren ihr, aber sie beneiden sie nicht. Sie grüßen sie von fern und denken über sie nach, doch wie über einen Flüchtling, nicht wie über eine Befreierin.«

Wenn Colette von Flucht träumte, dann unterschätzte sie nie, welche Schwierigkeiten sich aus dem Wunsch der Frauen, gebunden zu bleiben, ergaben. »Als ich später darüber nachdachte, kam es mir so vor, als hätte ich meinen Körper auf die gleiche Weise trainiert wie Gefangene, die zwar nicht offen einen Ausbruch in Erwägung ziehen, die aber trotzdem ein Bettlaken in Streifen reißen, Louisidors in ein Futter einnähen und Schokolade unter ihrem Strohsack verstecken.« Colettes Turnübungen trainierten einen Willen, der die Unbilden der Freiheit erstrebte, ihnen aber noch nicht gewachsen war.

4

Willys Werkstatt entwickelte sich zum Vorläufer der Warhol'schen. In ihr versammelten sich Groupies, Want-to-be's und Druggies, aber auch wirklich begabte junge Schriftsteller und Schauspieler. Die »Heinzelmännchen« fuhren fort, schreibend zu produzieren, und Willy fuhr fort, für die Distribution zu sorgen, mit »ekstatischen Artikeln, die seine Kumpel unterzeichnet hatten und die ich selbst verbesserte: eine Rezension am Erscheinungstag im *Figaro*, ein Artikel im *Echo de Paris*, eine Beilage zu *Le Journal*, ein Artikel ›Livre du jour‹ für den *Gil Blas* und einige andere«. 1903 erhielt er eine Anzeige wegen Obszönität; es ging um einen Schundroman (*La Maîtresse du Prince Jean*) über einen Adligen und eine Schauspielerin, den Léon Passurf für ihn geschrieben hatte. (Er verlor den Prozess.) In diesem und dem nächsten Jahr erschienen Willys *Almanache*, und 1904 posierte er für die Illustrationen zu *En bombe*, einer kitschigen Fotoromanze, in der Maugis von einem Bett ins andere hüpft, Anspielungen auf Colette macht, über Impotenz klagt und schließt, das Leben sei »keinen Hasenfurz wert«. Als Curnonsky einwandte, er entwerte diese Gestalt, in die sie so viel investiert hatten, antwortete Willy: »Ich habe dir schon zwanzigmal gesagt, dass ich mich einen Dreck darum schere. Wenn ich Geld brauche, mache ich alles. Nicht, dass ich damit prahle.«

Doch der Ruhm brachte Willy neben dem Geld noch eine Reihe anderer Befriedigungen ein. Nach dem Theatererfolg von *Claudine à Paris* wurde er von Frauen, Nymphchen und weiblichen Paaren bestürmt, die alle begierig waren, neben ihm als ihrem Lehrer die Schülerinnen zu spielen. Er engagierte einige von ihnen als »Zwillingspaar der Zweitbesetzung«, und obwohl sie keinerlei Ähnlichkeit mit Colette oder Polaire hatten, »taten zwei, drei Kleider und ebenso viele Hüte das ihre, und die öffentliche Meinung sorgte für den Rest«. Wenn Colette den Sommer in Les Monts-Bouccons verbrachte oder ihre Mutter in Châtillon oder Jacques in England besuchte (und manchmal auch, wenn sie zu Hause war), unterhielt Willy, wie sie sagt, diese »finsteren Heranwachsenden« zu Hause. Nach einiger Zeit, meinte er gegenüber einem Freund, wurden ihm »diese mediokren sapphischen Spielchen lästig«. Das war für Colette allerdings ein schwacher Trost:

> Sie hängen an ihm, flöten ihn an und schreiben ihm: »Sag, Liebling, wirst du mich heiraten, wenn SIE stirbt?« Das glaube ich! Er heiratet sie doch schon jetzt, eine nach der anderen. Er könnte sich eine aussuchen, aber er sammelt sie lieber. Er braucht sie alle – denn sie verlangen danach – die Frau von Welt mit der kupferroten Nase, die sich für Musik interessiert und Rechtschreibfehler macht; die reife Jungfrau, die ihm, mit der pedantischen Schrift eines Buchhalters, die entsetzlichsten Dinge schreibt; die dunkelhaarige Amerikanerin mit den flachen Schenkeln und die ganzen Ringelreihen dieser verrückten Gören mit Bubikopf und Bubikragen, die mit gesenkten Wimpern und wippenden Hüften daherkommen: »Monsieur, ich bin die echte, die wahre Claudine …« Die wahre Claudine? Die falsche Minderjährige wohl eher!

> Sie wünschen mir alle den Tod, sie dichten mir Liebhaber an […]. In jeder von ihnen hat er das kleine, böse, skrupulöse Tier geweckt, […] wie die Harpyen haben sie frisch drauflos gelogen, betrogen und gehurt, aus Hass gegen mich und aus Liebe zu ihm.

Noch lange Zeit sollte Colette – und das kostete sie viel von ihrer persönlichen Würde – der Öffentlichkeit vorgaukeln, sie begegne Willys Eskapaden mit den jungen Mädchen mit freundschaftlicher Toleranz. Sie spielte die »emanzipierte« moderne Ehefrau, die mit einer offenen Ehe ganz zufrieden war. Doch insgeheim sehnte sie sich wie Claudine nach einer ehrlichen, wechselseitigen Hingabe aus reinem Herzen. Und die Tatsache, dass Willy von Natur aus zu einer solchen Hingabe nicht fähig war, schien sie nicht davon abzuhalten, weiter auf sie zu hoffen. Selbst als ihre Ehe scheiterte und beide mit anderen Partnern fortgingen, glaubte Colette immer noch, und das war so anrührend wie unwahrscheinlich, wenn Willy nur die andere Frau aufgäbe, könnten sie miteinander glücklich sein.

5

Die Freunde, die die drei Treppen hinaufstiegen, um Colettes Garçonnière einen Besuch abzustatten, und dabei an Willys Thronsaal im zweiten Stock vorbeigingen, gehörten im Großen und Ganzen zu dem Typus junger Männer, der sich auch heute von der Atmosphäre gewisser exklusiver Fitnessstudios anziehen lässt: von sinnlicher Disziplin und martialischer Kameraderie, von gemeinschaftlich betriebenem Körperkult. Die meisten waren schwul.

Colette hatte, wie sie sagt, ihre Bekanntschaft durch einen Sekretär von Willy gemacht, Marcel Boulestin. Er hatte ihr für die Gestalt des Marcel in *Claudine à Paris* Modell gestanden. »Er war«, fährt sie fort, »wie ich ›ein Neger‹, jung, aus guter Familie, unterhaltsam, spitzbübisch; über seine sexuelle Vorliebe bestand kein Zweifel.« Willy berichtete, er habe versucht, Marcel von seiner Vernarrtheit in stämmige Metzgerjungen abzubringen und eine weniger gefährliche Leidenschaft für »einen jungen Epheben« zu nähren, doch ohne Erfolg. Boulestin mochte keine »Zahnstocher«. Colette beobachtete, laut Willy, Marcel »mit amüsierter Geringschätzung und beklaute mich um seinetwillen«. Vierzig Jahre später, nach Boulestins Tod, schrieb sie: »Er musste so umkommen, wie er gelebt hat, ohne allen körperlichen und sittlichen Schmerz. [...] er rauchte Opium. [...] Nie hat er während seines guten Lebens an jemand anderen gedacht als an sich selbst.«

Aber anders als Willy unterschätzte Colette nie die Männlichkeit ihrer homosexuellen Freunde. Sie konnten »spitzzüngig«, »zynisch«, »affektiert« oder »kindisch« sein, aber sie lebten »wie Männer«, also gefährlich, und das bewunderte sie zutiefst. Sie genoss ihren Hedonismus und ihre Kennerschaft in Sachen sexueller Gewalt, »diese Kryptogramme, die mit einer Messerspitze in einen tief schmerzenden Hals geritzt waren oder mit Sporenhieben in strapazierte Schenkel«. Sie bewunderte ihre »intolerante« Eleganz, und da sie ihre Lektionen zumindest oberflächlich gelernt hatte, zögerte sie nicht, sich der mittellosen, liebesversessenen älteren Freundin, die sie in »Le Képi« Marco nennt, als Expertin für Kleidung, Make-up und Frisur anzubieten.

Wenn ihre Beschreibung dieser »verlorenen Knaben« auch von wenig Wärme zeugt, so spricht aus ihr doch nicht wenig Dankbarkeit und sogar – etwas Seltenes bei Colette – Empathie. Dieselben normalen Männer, Väter und Patriarchen, die in Colettes Welt definierten, wer eine »wirkliche« Frau war, entschieden auch, wer ein »wirklicher« Mann war und wer nicht, und sie erkannte, wie sich ihre Dilemmata ähnelten. Sie sprachen dieselbe Sprache, sagt sie, »die Sprache der Leidenschaft, des Verrats und der Eifersucht, und manchmal die der Verzweiflung«. Sie teilten Colettes »Ernst und Grausamkeit der Liebe«.

Colette fand immer, dass der Welt von Lesbos diese Grausamkeit fehlte, auch der ihr anhaftende erotische Glanz, den sie vergötterte. »Da gibt es kein Gomorrha«, erklärt sie, »Pubertät, Internat, Einsamkeit, Gefängnisse, Verirrungen, Snobismus ... Dürftige Pflanzstätten, nicht zureichend, um ein häufiges, fest verankertes Laster und seine unerlässliche Solidarität zu erzeugen und zu nähren. Unversehrt, riesig, ewig betrachtet Sodom von hoch oben seine kümmerliche Nachbildung.«

Im Weiteren beschreibt Colette – mit einer Schärfe, die nicht ohne Verachtung ist – die mütterliche Besorgtheit und die kindliche Abhängigkeit, die sie bei lesbischen Paaren, die sie kannte, beobachtete: männlich wirkende Frauen der Oberschicht, deren einzige Erfahrung mit elterlicher Fürsorge und Liebe in Kontakten zum Hauspersonal und zu ihren jüngeren Protegés aus der Arbeiterschaft bestand. Vergleicht man ihre Aussagen über Sodom und Gomorrha, so scheint es, als bewundere sie die aggressive, ja sogar sadistische Komponente männlicher Homosexualität, während sie die tröstenden, mütterlichen Aspekte des Lesbianismus herabsetzt. Mit anderen Worten, Männer gehen ihrem Verlangen nach anderen Männern mit phallischer Zielstrebigkeit und einer Bereitschaft zur Grenzüberschreitung nach, während Frauen aus Schwäche oder Mangel zu Lesbierinnen werden. Sie fallen in die regressive Einheit von Mutter und Kind zurück, der Colette so lange zu entfliehen oder die sie so lange zu leugnen versuchte. Als die eigene Tochter ihr gestand, sie sei lesbisch, stieß sie bei Colette auf Missbilligung.

Auch wenn diese Missbilligung überaus heuchlerisch anmutet, war sie doch auch Ausdruck einer Ambivalenz, über die Colette sich sehr klug, obwohl nicht immer sich selbst mitbedenkend, geäußert hat. Wie Allan Massie feststellt, meinte Colette, dass manche Lesbierinnen, wie ihre Geliebte Missy, nach einem unmöglichen, donquichottischen, aber dennoch edlen Ideal strebten, nämlich der »völligen Vereinigung mit der anderen, und nach Selbstzufriedenheit in einer feindlichen Welt«. Sie sah auch, dass ein weiterer Impuls, der Frauen in die Arme anderer Frauen trieb, in der Sehnsucht nach Gleichheit bestand. Zwei Frauen, die in ihrer Individualität anerkannt werden wollen, haben dafür untereinander bessere Chancen, als in einer Partnerschaft mit einem durchschnittlichen Mann. Ebendies sagt die alte Kurtisane Amalie in *Le Pur et l'impur* zu Colette: Eine Beziehung zwischen zwei Frauen funktioniert genau so lange, wie nicht eine versucht, entgegen ihrem Wesen wie ein Mann aufzutreten.

Colette mag wie Claudine in Saint-Sauveur ihre *Amitiés de pensionnaire* gehabt haben und in Paris ein oder zwei Tändeleien, aber Georgie scheint ihre erste ernsthafte weibliche Geliebte gewesen zu sein. Kurz darauf nahm sie eine andere, und diese frühen lesbischen Affären wurden von Willy geduldet, wenn nicht gar zu seinem eigenen Vergnügen aktiv unterstützt. Seine Selbstgefälligkeit war vielleicht ungewöhnlich, aber keineswegs einzigartig in einer Zeit, in der männliche Schriftsteller von Hedonismus im Allgemeinen und lesbischer Erotik im Besonderen besessen waren, und bemerkenswert viele bürgerliche verheiratete Frauen sich auf homosexuelle Abenteuer einließen. Solche Eskapaden galten in Künstlerkreisen und in der Gesellschaft um die Jahrhundertwende als chic, so chic wie um unsere Jahrtausendwende.

Wenn man zum ersten Mal Proust liest, scheint es unbegreiflich, dass fast jeder in der Pariser Gesellschaft, ob Mann oder Frau, insgeheim homosexuell gelebt haben soll, aber es stellt sich heraus, dass Proust gar nicht so sehr übertrieb. Die hohe wie die niedrige Kunst und Literatur jener Zeit, Moralisten wie Libertins, befassten sich ausgiebigst mit dem Thema der weiblichen Homoerotik. Zola beschrieb die lesbische Subkultur der großen Kurtisanen. Das Beispiel bekannter Künstlerinnen – George Sand und Sarah Bernhardt, um nur zwei zu nennen – ist ein reizvoller Präzedenzfall.

Werke von Libertins wie Pierre Louÿs' *Chansons de Bilitis* drückten dem Haremleben den Stempel auf, »Kunst« zu sein. Für ehrbare verheiratete Damen, die sich eine weibliche Geliebte zulegten, hatte der homosexuelle Ehebruch klare Vorteile gegenüber dem üblichen: Es gab nicht die Gefahr einer Schwangerschaft, fast keine Geschlechtskrankheiten, außerdem war es eine »sichere« Art, die sinnliche Neugier zu befriedigen oder sich an einem brutalen oder untreuen Ehemann zu rächen, ohne eine skandalöse Scheidung mit dem Verlust der Kinder und der eigenen sozialen Stellung zu riskieren.

1901 schrieb Liane de Pougy, eine der bekanntesten Kurtisanen der Belle Epoque, einen Roman mit dem Titel *L'Idylle sapphique*, eine sensationelle und kaum verschleierte Erzählung über ihre Affäre mit der amerikanischen Erbin Natalie Clifford Barney. Kurz nachdem *Claudine in der Ehe* veröffentlicht war, lernten Colette und Willy im Salon der Gräfin de Chabanne die verführerische und für ihre Raubtierhaftigkeit bekannte Miss Barney kennen. Die Willys waren gerade in die große Wohnung in der Rue de Courcelles gezogen und luden Miss Barney ein, sie dort zu besuchen. Das tat sie, und Colettes Turnraum machte großen Eindruck. »Die Wilde aus Cincinnati«, wie ein französischer Freund sie nannte, war in ihrer Kindheit gerudert, geritten und hatte Tennis gespielt, aber nie hatte sie an die Möglichkeit eines »methodischen Trainings« gedacht.

Natalie Barney war drei Jahre jünger als Colette und kein »methodischer« Mensch. Sie war groß und schlank, mit einer widerspenstigen Aureole platinfarbenen Haares, und, nach Colettes Beschreibung, »wasserblauen Augen« und »unerbittlichen Zähnen«. Sie stammte aus einer steinreichen und gesellschaftlich bedeutenden Familie des Mittelwestens. Ihr Vater war ein Eisenbahnbaron mit guten Verbindungen nach Washington und ihre Mutter eine Porträtmalerin von beachtlichem Talent, Schülerin von Carolus-Duran und Whistler. Die Familie beaß ein »Landhaus« in Bar

Harbor, ein riesiges Herrenhaus an der Küste, wo sie gewöhnlich den Sommer verbrachte. Während Colette und Willy 1901 mit Georgie in Bayreuth waren, machte Natalie mit Pauline Tarn (ihr Dichtername war Renée Vivien), der neuen Frau in ihrem Leben, Urlaub in Maine.

Natalie und Renée gehörten wie ihre spätere Freundin Gertrude Stein jener Pioniergeneration kultivierter, im Ausland lebender Lesbierinnen an, die in einer Art Re-Migration in die Alte Welt zurückkamen, um der Intoleranz der Neuen Welt zu entgehen; sie ließen sich um 1900 in Paris nieder. Ihre Lebensgeschichten handeln von kühner Leidenschaft, von Selbsterfindung, Neureichtum und puritanischer Energie, gemildert durch französische Dekadenz. Über diese Geschichten hätten Henry James und Edith Wharton schreiben können, leider taten sie es nicht. Man würde zum Beispiel gern lesen, was James aus Natalies kurzem Verlobtsein mit Oscar Wildes Liebhaber Lord Alfred Douglas gemacht hätte oder aus ihrer platonischen Verführung des alternden und einsiedlerischen Rémy de Gourmont.

Gourmont nannte Natalie seine »Amazone«; das war auch das Epitheton, das sie in ihren Grabstein meißeln ließ. Ihr Leben umspannt ein ganzes Jahrhundert – sie starb sechsundneunzigjährig in Paris –, und ein Großteil dieser Zeit war sie Colettes Freundin. »Ich glaube, sie liebte Colette mehr als alle anderen Frauen der französischen Gesellschaft«, schrieb Janet Flanner. Wenn auch Natalies Erinnerungen an diese Freundschaft nicht umfangreich sind, so sind sie doch einfühlsamer als viele ausführliche Porträts. Sie besaß, wie François Chapon es ausdrückt, »eine Objektivität sich selbst und anderen gegenüber, die ohne Illusion, aber auch ohne Ranküne war. ›Um zu fühlen, muss man sich rächen‹, schrieb sie für sich selbst, ›wie kurzsichtig!‹«

In ihrer Abneigung gegen Rache unterschied Natalie sich von Colette und ebenso in ihrem entschiedenen Lesbentum. Als sie kurz nach ihrer Einführung in die Gesellschaft (im traditionellen

Sinn) nach Paris kam, war sie von dessen Schönheit so bezaubert wie jede Provinzgöre aus einem Balzac-Roman. Ihr Entzücken begann zur Frühstückszeit im Bois de Boulogne, wo die großen Halbweltdamen und Schauspielerinnen die Morgenluft genossen, aus ihren Kutschen stiegen, um etwas umherzutippeln und hochhackige Schrittchen den zu Unrecht so genannten »Tugendpfad« (er führte vom Tir aux Pigeons zur Cascade) entlang machten, ein Sport, den sie »lächerlicherweise«, sagt Natalie, »Jogging« nannten. Seitenblicke wurden ausgetauscht, auch manches Lächeln. Hier war Natalie zum ersten Mal von Liane de Pougy hingerissen. Hier hat sie vielleicht zum ersten Mal Colette gesehen, deren Blick, wie sie meinte, der liebenswürdigste von allen war.

Colette ging dorthin, um ihre Haustiere spazieren zu führen, eine Katze und einen Hund, die bald darauf in den *Dialogues de bêtes* Unsterblichkeit erlangen sollten. Sie wurden, vermutet Natalie, »nach ihrer verblüffenden Ähnlichkeit mit ihrem Frauchen [ausgesucht]. Denn bestand nicht [Colettes] Wesen aus diesen beiden Tiernaturen? Einem Herrn und Meister gehorsam und ergeben, doch insgeheim dem Instinkt des wilden Tieres folgend, das sich allen Beherrschungsversuchen entzieht.«

Natalie war noch nicht in die Villa in Neuilly gezogen, wo Colette drei Jahre später zum ersten Mal mit einer anderen schönen Amerikanerin, Evalina Palmer, in einer erotischen Pantomime auftreten sollte. Natalie wohnte im Hotel La Pérouse, und wahrscheinlich begann hier ihre Liaison mit Colette. Willy war entzückt. »Mein Mann küsst Ihnen die Hände«, sagte Colette zu ihr, »und ich Ihnen das Übrige.«

Die paar Briefe an Natalie, die aus der Zeit ihrer Affäre erhalten geblieben sind, klingen, als habe es sich um eine spielerische Unterhaltung, weniger um eine ernste Romanze gehandelt. Und Natalie, die über ihr Sexualleben minuziös Buch führte, setzte Colettes Namen später auf ihre Liste mit den »halben«, nicht auf die mit den »ganzen« Eroberungen. »Das Abenteuer mit Georgie«, schließt Pichois, »hatte bei Colette Trauer und Leere hinterlassen, zweifellos noch verstärkt durch jene Bitterkeit, die sie veranlasste, *Claudine amoureuse* zu schreiben. Ganz anders Natalie, die es verstand [...], ihre Leidenschaft in eine dauerhafte Freundschaft zu verwandeln.« Doch gerade das Zusammenfallen von Leidenschaft und Freundschaft war für Colette eine Offenbarung. Natalie war nie treu, hielt sich aber ebenso viel auf ihre erotische Anziehungskraft und ihr Mitgefühl zugute wie auf ihre Potenz. Und sie machte Colette mit einem ganz neuen Aspekt sexueller Lust bekannt: der Verschwiegenheit.

15. KAPITEL

I

Ein Foto von Colette aus dem Jahr, in dem sie dreißig Jahre alt wurde, zeigt, nach Aussage ihres Bewunderers Claude Farrère, ein naives Mädchen von höchstens zweiundzwanzig Jahren. Sie hatte gerade ihre Haare abschneiden lassen und damit Sidos Zorn entfacht und ihre Schwiegereltern schockiert. Ihr neuer Pony wird mit einem samtenen Haarreif aus der Stirn gehalten; sie trägt ein Russenhemd mit Stickerei an Hals und Manschetten, und sie hat ihre Hände auf dem Rücken verschränkt wie eine Schülerin, die gleich ein Gedicht aufsagen soll.

Auf einer anderen, professionellen Aufnahme sitzt Colette in Chiffon gekleidet und mit Perlenkette an einer Schreibtischecke, im Vordergrund stehen ein Tintenfass und eine Orchidee, daneben liegen ein Spiegel, ein Manuskript und eine Elfenbeindose. Sie stützt sich mit einer Hand auf, in der anderen hält sie ein Blatt Papier und legt eine Wange an ihre Schulter. Hier sind ihre Augen mit Kajal umrandet, und auf ihren Wangenknochen hat sie sich nach der Mode einen Schönheitsfleck gemalt. Ihr Gesicht drückt die »geheimnisvolle Melancholie« aus, die für alle ihre Fotos, ob frühe oder späte, typisch ist. Aus Prinzip lächelte sie in die Kamera. Wie sie ihrem Freund Louis de Robert gegenüber bemerkt: »Ich gehe mit einem missmutigen Gesicht herum, dem Ausdruck vollkommener Zufriedenheit.« Ein um diese Zeit verfasstes, literarisches Selbstporträt fängt ein, was die Kamera nicht zeigen kann: die »filmische Beweglichkeit« eines »verführerischen Gesichtes, das nacheinander Überschwänglichkeit, Aufsässigkeit und die Wildheit eines Sklaven ausdrückt.«

Colettes Figur war mit dreißig nach den Begriffen ihrer Zeit schlank, schmalschultrig, mit flachem Bauch, runden Armen und Hüften, gepflegter als in ihrer Brautzeit. Durch ihr zweites Übungsprogramm hatte ihr Talent ebenso sehr an Muskeltonus gewonnen wie ihr Körper. Doch mit der Gelenkigkeit im Schreiben wie in den Gliedern war, wie sie zugab, auch eine »Verhärtung« eingetreten. Sie spricht von einer heimtückischen »Versteinerung«, der Bildung eines Schutzpanzers. Mit dreißig, so meinte Colette, kamen für eine Frau die Jahre der Abrechnung. Ihr emotionales Immunsystem hatte sich im Liebeskummer der Jugend geprüft und bewährt, jetzt aber musste sie ihre rücksichtslose Vergeudung von Lebenskräften einstellen und ihr Überleben auf weite Sicht planen. »Ich war«, sagt sie, »noch lange nicht unverletzlich, aber ich dachte nicht mehr daran zu sterben.«

2

Die Kritiker wurden, wenn auch respektvoll, »Willys« altersloser Kindfrau überdrüssig. Die Leser jedoch waren immer noch süchtig nach ihr, und so erschien in diesem März eine vierte Claudine. Ihr Titel war *Claudine s'en va* (*Claudine geht*), die Mitteilung, die darin lag, war an ihre Leser wie an ihren Arbeitgeber gerichtet. Colette sagt, in ihr habe »sich das unbestimmte Gefühl einer Verpflichtung mir selbst gegenüber« geregt, »die Verpflichtung, etwas anderes zu schreiben als *Claudine*-Fortsetzungen«.

Sie war noch nicht bereit, auf ihren Mann als Mitarbeiter und Impresario zu verzichten, und ihr Manuskript enthält eine bescheidene, aber nicht unbedeutende Zahl von Korrekturen seiner Hand. Aber sie war in der Lage, sich über ihre Verpflichtung ihm gegenüber lustig zu machen, und als Willy ihr anbot, »die Leerstellen in Maugis' Dialog auszufüllen, erhob sie dagegen Einspruch. Der Maugis in *Claudine geht* scheint ihr Geschöpf zu sein. Willy war (»kühl«) beeindruckt, wie gut sie die Stimmlage seines Alter Ego getroffen hatte, das als versoffener, sentimentaler Schwerenöter dargestellt ist, »ein wanderndes Wrack, ungepflegt und kaum salonfähig«. Als ob sie beweisen wollte, dass sie Willy in allen Bereichen ausstechen könne, debütierte Colette in diesem Winter als Musikkritikerin für den *Gil Blas*. Sie hatte eine Kolumne mit der Überschrift »Claudine im Konzertsaal«. Dreiunddreißig schelmische, klatschsüchtige, despektierliche Artikel erschienen von ihr zwischen Januar und Juli. Sie setzte sich mit ihrer eigenen laienhaften Reaktion auf Musik ostentativ von »diesem alten Pedanten Usherette« ab.

In gewisser Hinsicht folgt die vierte *Claudine* einem bewährten Muster. Sie ist ein Roman über Hitze, Untätigkeit und die Intrigen, die dabei herauskommen. Die erste Hälfte des Romans spielt in einem Kurort namens Arriège (dem Thermalbad in Uriage, das Colette und Willy häufig besucht haben), die zweite Hälfte während der Bayreuther Festspiele (in der »heiligen Stadt«). Pariser Berühmtheiten wie sie selbst kommen hier als Gäste vor, zuweilen kaum kaschiert. Es gibt neckische Rückblenden auf Orte und Ereignisse in den früheren Romanen. Eine ganze Parade eitler und schlüpfriger Gestalten lässt sich auf gefährliche Liebschaften ein. Wie gewöhnlich werden da alte Rechnungen beglichen, manche von Willy, manche jedoch von Colette gegen ihn. Einer der Charaktere ist ein Romancier, der von seiner tyrannischen Frau eingesperrt wird, damit er Bestseller schreibt, mit denen sie ihre Liebeleien finanziert.

Doch bei aller Frivolität stellt der Roman auch für Colette einen Scheideweg dar, auch sie »geht« – in ihre eigene Richtung. Unter den Vorfassungen zu *Claudine geht* in der Bibliothèque Nationale ist eine, die in Colettes Handschrift den ursprünglichen Titel trägt, den Willy und sie letztlich verworfen haben: *Je m'évade*, mit der doppelten Bedeutung von: »Ich mache mich heimlich davon« und »Ich befreie mich«.

Die janusköpfige Dreißigjährige, die zwischen einer ausschweifend-demütigen Vergangenheit und einer solitären, aber befreiten Zukunft schwankt, das ist die Romanheldin, mit der Colette sich die nächsten fünf Jahre auseinander setzen sollte. In *Claudine geht* werden die beiden Seiten der Autorin in zwei verschiedenen Gestalten verkörpert.

Annie Samzun, die Heldin und Erzählerin, ist eine alt gewordene Kindfrau, verheiratet mit Alain, einem herrischen Tyrannen, den sie seit ihrer Kindheit sklavisch verehrt hat. Wegen seiner Geschäftsreise nach Südamerika bleibt sie zum ersten Mal lange allein; erst irrt sie ratlos umher und beginnt dann schüchtern, sich ihre eigenen Überzeugungen zu bilden, ihre Vorlieben und Gefühle zu artikulieren, ihr Leben wiederzugewinnen und dabei zu entdecken, in welchem Maße ihre Ehe eine Gummizelle war. Sie entdeckt auch, dass ihr selbstgefälliger Ehemann ihr auf zynische Weise untreu war. Eine ältere und weisere Claudine wird ihre Mentorin und Vertraute. Sie hilft Annie, zwischen Unterwerfung und Liebe zu unterscheiden, um ihre Unschuld zu trauern, sich selbst als das zu sehen, was sie ist: »ein geschlagenes Kind«, das sich seinem Herrn beugt, dessen »gönnerhaftes Lächeln bar aller Güte ist«.

Claudines Taktik besteht darin, Annies Wut zu schüren: »Ich habe Sie oft genug zusammen gesehen«, sagt sie zu ihr. »[Alain] wirkt wie ein Stock, sie wie ein nasses Taschentuch. Er ist ungeschickt, dumm, brutal […]. Das merkt ein sieben Monate altes Kind! ›Annie, das tut man nicht … Annie, das ist nicht üblich … Annie, das schickt sich nicht …‹ Beim dritten Mal hätte ich ihm geantwortet: ›Und wenn ich Ihnen Hörner aufsetze, sind Sie dann zufrieden?‹«

Doch wie Michèle Sarde feststellt, war in Annie noch viel mehr von Colette als in der schamlos idealisierten Claudine. Sie und Renaud haben die Affäre mit Rézi überstanden und sind jetzt glücklich verheiratet. Ihr Beispiel wechselseitiger Hingabe ist für die verzweifelte Annie außerordentlich schmerzlich. »Ach, wie traurig mich ihre Liebe macht«, sagt sie mit einem Seufzer. Auch Colette machte diese Liebe zweifellos traurig.

3

Als Annie Claudine um Rat bittet, wie sie sich von dem Schlag erholen könne, den die Desillusionierung der Ehe für sie bedeutet, antwortet Claudine, sie habe einst vor ihrem »großen Kummer« zu Hause in ihrem Heimatdorf Zuflucht gefunden. Die »göttliche Einsamkeit, die beruhigenden Bäume, die blaue, ratspendende Nacht, der Friede der wilden Tiere« hätten sie ins Glück zurückgeführt. Sie rät Annie, dieselbe Kur zu versuchen.

Annie besitzt ein kleines Gut auf dem Land. Casamène gleicht in allen Einzelheiten Monts-Bouccons. Annie flüchtet dorthin mit ihrer Magd und der einzigen Seele, der sie außer Claudine vertraut: einer französischen Bulldogge namens Toby. Colettes französische Bulldogge Toby war, wie sie Jeanne Muhlfeld erzählte, eine bewundernswerte Kreatur; ihr Gesicht ähnelte dem eines Frosches, auf dem jemand gesessen hat. Toby und sein Frauchen waren als Motiv für Claudine-Ansichtskarten zusammen fotografiert worden. Er teilte das Leben des Paares zusammen mit einer Angorakatze namens Kiki la Doucette, die vor der Kamera noch scheuer war. In diesem Sommer starb Kiki. Willy zum Trost schrieb Colette, wie sie einem Interviewer erzählte, ein Buch, in dem Kiki und Toby pikante Vertraulichkeiten austauschten. Wahrscheinlich war diese Geschichte zu schrullig und zu poetisch, als dass sie Profit versprach, so ließ Willy zu, dass sie unter Colettes Namen erschien. *Dialogues de bêtes*, das größtenteils in Monts-Bouccons entstanden war, erschien im Verlag Mercure de France im März 1904 mit der Widmung: »Zu Willys Erheiterung«.

Kiki la Doucette war zugleich Colettes Kosename für ihren Mann; als Paar nannten sie sich manchmal »die Doucets«. In intimen Momenten benutzten sie vielleicht sogar im Scherz jene tierische Babysprache, die Colette in einem Brief an Jeanne Muhlfeld vorführte: »Mädchen geht schnell, vergisst Handschuhe. Mädchen wird von Hund-Doucette ausgeschimpft. [...] Hund-Doucette geht heute, Huhn treffen. Mädchen isst ganz allein mit Katze Kiki ... Mädchen geht diese Nacht ganz allein Bett, kann nicht Kopf in Arm tun. Kaka für Sommerfrische Huhn. Umarmt die Mundos.«

Die *Dialogues de bêtes* sind glücklicherweise nicht in Babysprache verfasst, obwohl sie wie die meisten Romane, die aus der Perspektive sprechender Tiere geschrieben sind, stellenweise unerträglich geziert sind. Andererseits haben sie eine fröhliche, poetische Kraft. Hier ist Colette auf Urlaub von Perversion und Dekadenz; sie beschreibt eine Art »normales Leben«: das häusliche Leben eines glücklichen Paares auf dem Lande, nach dem sie sich sehnte.

»Ich sonderte die *Dialogues de bêtes* tropfenweise ab«, schreibt Colette in *Meine Lehrjahre*, »und gönnte mir das nicht sonderlich lebhafte, aber ehrenwerte Vergnügen, nicht von Liebe zu sprechen« – womit sie nur die schlüpfrigen Intrigen in Bayreuth und Paris meinen kann. Unter anderen Gesichtspunkten ist *Dialogues de bêtes* eine konsequente Fortsetzung von *Claudine geht*. Ein eloquentes Nietzsche'sches Wesen drückt seine Überlegenheit gegenüber einem domestizierten Sklaven der Liebe aus. Kikis Meinung über Toby entspricht genau Claudines Meinung über Annie: »Du leckst die Hand, die dich schlägt. [...] Wirklich, oft schäme ich mich für dich. [...] Dein Herz ist zugänglich und gewöhnlich wie ein öffentlicher Park.« Toby sieht die Katze mit den Augen des »guten« Kindes, das sich um das »wilde« Sorgen macht: »Ich habe nie verstanden, warum du deine tatsächliche Grausamkeit noch sinnlos übertreiben musst … Mich nennst du den letzten Romantiker; bist du vielleicht der erste Sadist?«

Hatte Willy Colette die Erlaubnis gegeben, die *Dialogues de bêtes* unter ihrem eigenen Namen erscheinen zu lassen, so gab Colette sich selbst die Erlaubnis, Willy in diesem Buch ihr Herz zu öffnen. Gegen Ende des Bandes berichtet Toby von der leidenschaftlichen Schimpfkanonade, bei der seine Herrin ihrem Herrn den Fehdehandschuh hinwirft: Sie will anziehen, was sie möchte. Sie will gehen, wohin sie möchte. Keine Premieren mehr. Kein feiges Lächeln, kein gesenkter Blick mehr, erschöpft von der Anstrengung, dem Alter zu widerstehen.

> Ich will tun, was ich will. Ich will Pantomime und Komödie spielen. Ich will nackt tanzen, wenn das Trikot mich beengt und meine Formen demütigt, ich will mich auf eine Insel zurückziehen, wenn mir danach ist, oder mit Damen verkehren, die von ihren Reizen leben […]. Ich will traurige keusche Bücher schreiben, in denen nur Landschaften vorkommen, die nur von Blumen, Leid, Stolz und von der Unschuld liebenswerter Tiere handeln, die den Menschen fürchten … Ich will jedem freundlichen Gesicht zulächeln und hässliche, schmutzige, übel riechende Leute meiden. Den, der mich liebt, will ich wiederlieben und ihm alles schenken, was ich mein Eigen nenne: meinen Körper, der nicht teilen will, mein sanftes Herz und meine Freiheit!

Sie fährt fort, »Seine« Herrin zu attackieren, und schließt: »Ich überlasse Ihn ihnen. Eines Tages wird Er sie vielleicht so sehen, wie ich sie sehe, mit ihren gierigen kleinen Krötenfratzen. Dann wird er flüchten, von Furcht ergriffen, bebend vor Ekel vor diesem nutzlosen Laster. […] Nutzlos, jawohl! Ich bleibe dabei. […] Nutzlos, weil er entweder nicht genug liebt oder die wahre Liebe verkennt. Was? … Mein Leben soll auch nutzlos sein? Nein, Toby, nein. […] Wenn du wüsstest, wie ich alles, was ich liebe, verkläre […].

4

Ursprünglich enthielten die *Dialogues de bêtes* vier Kapitel. Zwei weitere Dialoge wurden später im selben Herbst veröffentlicht, einer in *La vie parisienne*, der andere im *Mercure de France*. Diesen sechs Dialogen fügte Colette noch einen weiteren an, ausreichend Material, um einen zweiten Band zu rechtfertigen: *Sept Dialogues de bêtes* erschien im Mai 1905 mit Colette als Titelbild, aufgenommen von Jacques-Emile Blanche, und mit einem Vorwort des Romanschriftstellers und Dichters Francis Jammes.

Jammes und Colette bilden einen interessanten Gegensatz, sie verkörpern *le pur* und *l'impur*. Sie lernten sich nie persönlich kennen, obwohl sie Fotos, gepresste Blumen und vorübergehend auch bezaubernde Briefe austauschten. Man nannte ihn den »Douanier Rousseau der Dichtung«, und in einem literarischen Manifest (»Jammismus«), das er 1897 veröffentlichte, erklärte er: »Alle Dinge lassen sich gut beschreiben, solange sie *natürlich* sind.« Sein Schreibstil ist betont einfach, und seine Heldinnen sind Jungfrauen, die Gott und das Schöne lieben. Jammes war jener romantische Typus eines Dichter-Priesters, der seine beträchtlichen Verführungskräfte, zumindest privat, der Errettung gefallener Engel widmete.

Colette – die Douanier Rousseau der Gartenlaube – macht in *Claudine à l'école* eine wenig schmeichelhafte Bemerkung über Jammes' »gemurmelte Wiegenlieder«, obwohl in *Claudine à Paris* ihre Heldin »unerwartet eine Leidenschaft« für ihn entwickelt, weil, wie sie erklärt, »dieser absurde Dichter das Land, die Tiere, die altmodischen Gärten und die Ernsthaftigkeit aller kleinen Dummheiten des Lebens versteht«.

Da *Dialogues de bêtes* ein absurdes poetisches Loblied auf die Tiere und das Land ist, schickte Colette ein Rezensionsexemplar an Jammes. Er antwortete Ende April 1903, vermied jede direkte Erwähnung ihres Buches und bestimmte den Ton der nachfolgenden Korrespondenz im Stil von Jesus an Magdalena: »Ich will überhaupt nicht, dass Sie sich mir aus der Tiefe Ihrer Pariser Legende nähern, mit der Ihnen eigenen bitteren Grazie und einem Geist, der eher aus Schluchzen als aus Lachen besteht ... Ich bin nicht der Rest der Welt.« Weiter teilte er ihr (mit jenem unbewussten Hochmut des professionell Demütigen) mit, dass, wenn sie ihm ihre Seiten mit der Bewunderung darböte, die sie zu fühlen vorgibt, sie sorgsam unterscheiden solle: »Ein gewisser Frohsinn macht mich traurig, und ich wünschte mir nur, Sie als eine Kornblume im Roggenfeld blühen zu sehen oder als jemanden, der leidenschaftlich über die heilige Blässe jener belaubten Allee nachdenkt, auf der Kiki und Toby Ihren prächtigen Traum träumen gehen.«

Der »Poet von Orthez«, wie er genannt wurde, war damals eine Mönchsgestalt von fünfunddreißig Jahren mit langem Bart; die Fotografie, die er Colette von sich schickte, zeigt ihn in einer Franziskanerkutte. Er führte ein frommes Einsiedlerleben in seiner Heimatregion, den Basses-Pyrénées, pflegte eine unerwiderte Liebe und machte Colette gegenüber mit mysteriöser Beharrlichkeit Andeutungen über sein »Leiden«. Er war ein Freund der Familie von André Gide, Mentor der jungen Mauriac und Saint-John Perse, ein Protegé von Claudel, und er konvertierte im selben Jahr (1906) zum Katholizismus, in dem Colette zur Bühne ging. Aus Furcht, ihn damit zu verletzen, wollte sie die Korrespondenz mit ihm abbrechen.

Doch Colette ist nicht bereit, sich von Jammes läutern zu lassen. Sie prüft seine Toleranz, indem sie ihn mit ihrem Heidentum herausfordert: »Ich verstehe nichts von Gott und werde wahrscheinlich nie etwas davon verstehen.« Sie lässt ihre sexuelle Knechtschaft durchblicken, nennt Willy einen hervorragenden »Eichhörnchenherrn«, der ihr einen wohligen Käfig mit Eichhörnchenspielgeräten eingerichtet hat, an denen sie ihre Akrobatik trainiert. Jammes ist der Erste, dem gegenüber sie ihr afrikanisches Blut erwähnt.

Jammes seinerseits ließ sich von Colette nie schockieren. Er blieb dabei, in ihr die Frau vom Lande zu sehen, die Naturkennerin, eine tugendhafte Ehefrau, die ganz unüberzeugend als dekadente Pariser Berühmtheit posiert. »Ich weiß, dass gewisse Leute, die Colette in der Welt getroffen haben, darauf bestehen, sie komplizierter zu machen, als sie ist«, schreibt er in seinem Vorwort.

> Ich halte es [daher] für notwendig, dass ich, der ich in Orthez lebe, der Pariser Gesellschaft beibringe, wer Sie sind […].
> Deshalb sage ich, dass Madame Willy nie kurze Haare gehabt und nie Männerkleider getragen hat, dass ihre Katze sie nie ins Theater begleitet hat […]. Es stimmt nicht, dass Madame Colette Willy in einem Eichhörnchenkäfig arbeitet, dass sie so am Trapez und an Ringen turnt, dass sie mit den Füßen ihren Nacken berührt.
> Madame Colette Willy hat nie aufgehört, eine *bürgerliche Frau* par excellence zu sein, die im Morgengrauen aufsteht, den Pferden Hafer, den Hühnern Mais, den Hasen Kohl, dem Kanarienvogel Körner, den Enten Schnecken und den Schweinen Wasser gibt. Sommer wie Winter macht sie den Milchkaffee für ihre Magd und sich. […] Das Bienenhaus, der Obstgarten, der Gemüsegarten, der Stall, der Hühnerhof, das Gewächshaus bergen für [sie] keine Geheimnisse. […]

> Madame Colette Willy ist eine lebhafte Frau, eine *wirkliche* Frau, die den Mut hat, natürlich zu sein und die viel mehr einer jungen Dorffrau ähnelt als einer perversen Schriftstellerin.

Wie sehr Colette diese – von ihr so genannte – »Rehabilitation« geschätzt hat, zeigt sich darin, mit wie viel Bravour sie nach außen eine Pose der Gleichgültigkeit gegenüber Klatsch und Skandalen zur Schau trug, Wirkungen, die sie sowohl herausforderte als auch ertrug. Aber sie hatte noch einen einfacheren Grund, Francis Jammes zu lieben: Er sah in ihr ein liebevolles Wesen, das sie noch nicht geschaffen hatte – Sidos Tochter.

DRITTER TEIL

16. KAPITEL

Aber Liebling, was haben denn Weisheitszähne in deinem Mund zu suchen?
Sido zu Colette

I

Eine Ehe kann von einer tiefen Komplizenschaft leben, die zwischen zwei Gatten noch fortbesteht, nachdem das Verlangen längst erloschen ist. 1905 war Colettes Ehe an einem solchen Punkt angelangt. Die *Dialogues de bêtes* zeigen klar, dass sie Willy noch leidenschaftlich liebte, aber für ihn hatte sie den sexuellen Reiz verloren. Impotenz und Voyeurismus sind beständige Themen in seinen Romanen. Schon als junger Mann bedurfte er immer wieder starker und frischer Stimulation: eine Intrige, ein Dreiecksverhältnis oder ein ganz junges Pflänzchen. Und erst vor kurzem hatte er mit einer pummeligen, biegsamen Jugendlichen angebändelt, in die er ausnahmsweise einmal ernsthaft vernarrt war.

Marguerite Maniez, die sich Meg Villar nannte, war als Kind französischer Eltern in London geboren, doch da sie es nun mit einem Anglophilen zu tun hatte, gab sie sich gern als Engländerin aus. 1905 war sie zwanzig Jahre alt, oder behauptete das zumindest, und Willy kannte sie seit wenigstens vier Jahren. Ein Foto von Meg – eines von hunderten unter seinen Papieren – datiert 1901, trägt die Unterschrift: »Für meinen Papa von seinem Baby, Meg.« Sie waren einander offenbar begegnet, als Meg in seine Junggesellenwohnung kam, um sich ein Autogramm für ihr Exemplar von *Claudine à l'école* zu holen. Sie gehörte zu jenen Möchtegern-Claudines, die sich am hartnäckigsten einschmeichelten. Es ist leicht zu verstehen, dass die rothaarige und grünäugige Meg dazu ausersehen sein sollte, in eine Dreierbeziehung mit Colette zu treten, von der sie behauptete, sie verehre sie und finde sie »hypnotisierend«.

Ob nun Willys erste Ehefrau jemals mit der, die seine zweite werden sollte, das Bett geteilt hat, sei dahingestellt, jedenfalls verfolgte Colettes Bild Megs Werdegang und Ehe. Sie war noch ein Kind, als sie Willy und Colette kennen lernte, eine kletternde Rebe, die sich, in Wirklichkeit und Fiktion, am Spalier des anderen weiblichen Charakters emporrankte. Willy selbst war ein Pygmalion, der nur einen einzigen Ton zu kennen schien. Er bediente sich eines Standardszenarios, das er immer wiederholen musste, und seine Protegés hatten immer den gleichen Zuschnitt. Sie teilten bestimmte Eigenschaften: die Unreife, die Bereitwilligkeit, die Bedürftigkeit und den Wunsch, das Spielzeug eines gebieterischen älteren Mannes zu sein. Man muss die Gesichter und Körper in Willys Fotoalben genau betrachten, um Colette nicht mit ihren Kopien zu verwechseln. Besonders Megs Bilder sind geradezu komische Nachahmungen von Colette. Wie ihr Vorbild ging auch Meg zur Bühne, verzichtete auf ein Trikot, entblößte ihre Brust, posierte auf dem Bauch liegend auf einem Tisch und in einem Matrosenanzug, trat in einer Pantomine mit sapphischer Thematik auf und veröffentlichte schließlich 1910 einen von Willy »übersetzten« Roman, der vorgab, die skandalösen Erinnerungen eines halb französischen bisexuellen jungen Mädchens in einem englischen Internat zu sein. Das waren, zusammen mit einigen überaus unvorteilhaften Anspielungen auf Colette, *Les Imprudences de Peggy*. Die Lehre daraus ist: Kopien verlieren gewöhnlich durch die Reproduktion an Schärfe und Qualität. Meg machte da keine Ausnahme.

2

Ganz gleich, wie sehr Colette Willy noch liebte und wie sehr er seine Zuneigung zu ihr bestritt, schließlich begann sie anderen Orts nach dem Glück, der finanziellen Sicherheit und der sexuellen Befriedigung zu suchen, die er ihr nicht bieten konnte. Willy tat sein Bestes, um ihr dabei zu helfen. Im März dieses Jahres bemerkte ein Journalist, dass das Paar an dem Diner anlässlich der Gründung eines neuen literarischen Hochglanzmagazins mit dem Titel *Le Damier* teilgenommen hatte. Als Herausgeber fungierten die Mitglieder eines privaten Klubs an der Avenue Victor Hugo. *Le Cercle des Arts et de la Mode*, von seinen Stammgästen »Der Gutshof« genannt, war ein Restaurant und Casino, das von einem heruntergekommenen ungarischen Adligen geführt und von der Pariser Halbwelt und literarischen Boheme besucht wurde. Nach den Erinnerungen des Schriftstellers Armory war dies ein »familiärer« Ort, wo von niemandem verlangt wurde, sein Essen zu bezahlen. Stattdessen wurde von den Gästen erwartet, dass sie viel Geld an den Spieltischen verloren. Neben dem luxuriösen Spielsalon mit seinen grün bespannten Billardtischen gab es ein kleines Boudoir, wo »die literarischen Gespräche munter vorangingen, während ein Pianist (manchmal Vuillermoz) Wagner spielte«.

Außer Willy und Colette und ihren Mitarbeitern Curnonsky und Toulet gehörten zu den Mitgliedern des »Gutshofes« auch Alfred Jarry, Gabriel de Lautrec (der Humorist und Übersetzer von Mark Twain), Sarah Bernhardt sowie Jules Blois, der Direktor des Grand Guignol; außerdem Rachilde und ihr Mann, Alfred Valette und der Staatsmann und Schriftsteller Philippe Berthelot, der Romancier Victor Marguerite, Natalie Barney und eine Anzahl von Kurtisanen, darunter Liane de Pougy und Caroline Otéro. »Die Soiréen waren brillant«, erinnert sich Armory.

Offenbar lernte Colette beim Stapellauf von *Le Damier* die Marquise de Belbœuf kennen. Kurze Zeit später begann ihre

Affäre. Missy zufolge ermutigte Willy Colette so sehr, dass er »mir Colette [geradezu] in die Arme legte und sie mir damit ganz übergab!«

Sophie-Mathilde-Adèle-Denise de Morny, Marquise de Belbœuf, von ihren Vertrauten Mitzi oder Missy oder Onkel Max genannt, war eine kräftige, vornehme, »unheilbar schüchterne«, lesbische Transvestitin, zehn Jahre älter als Colette. »Blass«, schreibt Colette, »wie manche lichtgetränkten, antiken römischen Marmorstatuen, [...] hatte [sie] die Ungezwungenheit, die guten Umgangsformen, die maßvolle Gestik und die virile Grazie eines Mannes.«

Missys männliches Vorbild war ihr legendärer königlicher Vater, den sie kaum gekannt hatte. Der erste Herzog von Morny war der illegitime Sohn von Hortense de Beauharnais, der Tochter von Kaiserin Josephine, der Frau von Louis Bonaparte und Königin von Holland. Ihr Vater war der Geliebte der Königin, Charles-Joseph, Graf de Flahaut. Napoleon III. war demnach de Mornys illegitimer Halbbruder. Doch das Blut der Flahauts in Missys Adern war viel blauer als das Blut der Bonapartes: Flahauts Mutter war die Tochter von Talleyrand, sein Vater der illegitime Enkel von Louis XV.

De Morny war Soldat und Industrieller, ein berüchtigter Schürzenjäger und Dandy, Mitglied des Parlaments und – nach dem Staatsstreich von 1851, den er mit eingefädelt hatte – unter seinem Halbbruder Innenminister. Er trat nach sechs Monaten zurück, um im Finanzwesen Karriere zu machen. Aber 1856 bestellte Napoleon III. ihn zum Botschafter in St. Petersburg. In Russland erhielt de Morny seine Herzogskrone, und hier begegnete er auch seiner Braut, der tyrannischen und kapriziösen russischen Fürstin Sofia Trubetzkaja, die vom Hause Romanow abstammte.

Missy war das letzte von vier Kindern. Ihr Vater starb, als sie noch nicht ganz zwei war, und ihre Mutter, die vor Schmerz »halb wahnsinnig« wurde und wahrscheinlich schon früher verrückt war, schnitt sich die Haare ab und streute sie auf den Sarg ihres Mannes. Diese Geste, schreibt Colette, »von Hörnerklang angekündigt, behielt den Charakter eines Liebesopfers. [...] ›Ach, wie sehr ich mir wünschte, die Leute würden mich mit dem Opfer meiner Mutter in Frieden lassen‹«, schimpfte Missy. »›Zwei Jahre lang hat sie meinem Vater keine Ruhe gelassen, er möchte ihr erlauben, die Haare kurz zu tragen, und er hatte es ihr ausdrücklich verboten. Das war ein schlauer Trick!‹«

Die Herzogin entwickelte »einen irrationalen Hass« auf ihre jüngste Tochter. Sie nannte Missy »den Tapir« und machte sich gnadenlos über ihre Hässlichkeit lustig. Der Biograf des Herzogs spricht taktvoll von Madame Mornys »slawischem« Verhalten gegenüber ihren Kindern. Sie zog ihnen alte Kleider und zerlöcherte Schuhe an. Sie zwang sie, zum Frühstück Austern zu essen, so dass sie würgen mussten. Wenn sie die Kinder nicht eben demütigte, dann überließ sie sie der Obhut ungehobelter, wenn nicht gar sadistischer Diener – breughelschen Bauernmägden und betrunkenen Stallburschen, einem Furcht erregenden Kammerdiener, einer besonders grausamen deutschen Gouvernante, »dem bezahlten Peiniger oder dem verderbten Verbündten«, wie Colette es ausdrückt. Ein zeitgenössischer Journalist machte sogar die Andeutung, Missy sei von einem Familienmitglied sexuell belästigt worden. Diese Geschichte bestätigte mir gegenüber ein Sammler, der ein Archiv mit Missys Korrespondenz besitzt. Täter war offenbar ihr Stiefvater.

Der zweite Ehemann der Herzogin war ein spanischer Adliger, auf den sie herabsah. Wenn der Herzog de Sesto Missy missbrauchte, dann hatte er, laut Colette, doch auch Mitleid mit ihr. Aber der Schaden war nicht mehr rückgängig zu machen. Nachdem Missy von den aufgezwungenen Austern schwer an Typhus erkrankte, entwickelte sie, wie Louise Weiss schreibt, »einen Horror vor ihrer Mutter, den sie nie mehr überwand«, einen Horror und, ganz verständlich, eine tiefe Sehnsucht nach einem Ideal mütterlicher Zärtlichkeit. Das suchte sie dann in den Armen anderer Frauen, wobei sie die väterliche Rolle übernahm: die des männlichen, welterfahrenen Lebemannes, den ihre Mutter so leidenschaftlich geliebt hatte.

Als Missy achtzehn Jahre alt war, arrangierten ihre Eltern ihre Heirat mit dem schwerreichen normannischen Adligen Jacques Godard, Marquis de Belbœuf. Er besaß ein berühmtes Schloss aus dem achtzehnten Jahrhundert am Ufer der Seine, nicht weit von Flauberts Haus in Croisset. Schon damals trug die junge Marquise, wenn sie ausritt, Männerkleider und wehrte die sexuellen Annäherungsversuche ihres Gatten ab, oder versuchte es zumindest. Als sie glaubte, schwanger zu sein, verfiel sie in Verzweiflung. Ein alter Lakai, den sie von Spanien mitgebracht hatte, gab ihr einen Trank zur Abtreibung; sie weinte, als sie ihn zu sich nahm.

»Aus Schmerz?«, fragte Colette sie.

»Nein. Ich weinte, weil der Alte, während ich diese Scheußlichkeit trank, versuchte, mir Mut zu machen, indem er mich *Niña* und *Pobrecita* nannte, so wie damals, als ich klein war.«

Missy und Belbœuf trennten sich vier Jahre später und wurden 1903 offiziell geschieden – ein Ereignis, das die Marquise mit einem Fest im »Gutshof« beging. Wenn sie den Namen und Titel ihres früheren Gatten beibehielt, so zum Teil, um ihn dadurch zu demütigen, dass sie beides in den Schmutz zog. Von Philippe Jullian wissen wir, dass Rachilde sie zum Vorbild für ihre *Marquise de Sade* nahm und Jean Lorrain die Protagonistin seiner *Âme de boue* nach ihr gestaltete, einer komischen, von »Phenolgeruch« durchdrungenen Schauergeschichte, in der eine unheimliche Lesbe als Leiche posiert, um das Mitleid einer früheren Freundin zu wecken.

Es ist nicht klar, ob Missy sich als Lesbierin oder als Mann empfand. Sie ließ sich die Haare kurz schneiden und bestellte ihre Anzüge bei den besten Schneidern in London und Paris. Sie trug zum Reiten exquisite Kniebundhosen und Stiefel aus weichem Leder, abends tadellose Abendgarderobe mit weißen Leinenhemden und tagsüber Cuts mit eng geschnittener Weste, mit einem Monokel, einem violetten Seidentuch und einer weißen Nelke im Knopfloch. Zugleich scheint sie sich selbst nicht für anormal gehalten zu haben. »Ich mag Frauen nicht, die sich wie Männer kleiden«, sagte sie zu Marcel Boulestin. Sie beurteilte ihre zahlreichen Nachahmerinnen sehr streng. »Sie heben die Knie zu sehr«, meinte sie über Frauen, die versuchten, den männlichen Schritt zu kopieren: »sie pressen die Hinterbacken nicht genug zusammen«. An einem lesbischen Paar, beide in Männerkleidern, nahm sie Anstoß. Päderastie verachtete sie wie ein regelrechter Mann.

Missys zwanziger und dreißiger Jahre waren eine Zeit der Skandale und Ausschweifungen: Orgien, Morphium, gierige Verführungen und das Zur-Schau-Stellen eines Zweigespanns, bei dem die Kutschpferde unverschämterweise Knoblauch und Vanille hießen (*une gousse* – das Wort bedeutet sowohl [Knoblauch-]Zehe als auch [Vanille-]Schote – war der umgangssprachliche Ausdruck für Lesbe). Colette beschreibt diese Phase eleganter: Die Marquise, sagt sie, »machte sich wie ein Fürst gemein [um sich die Hörner abzustoßen]«. Und Missys Geschmack, wenn es um Geliebte ging, war überaus fürstlich. Sie verkehrte in den Varietés der Jahrhundertwende, fasziniert von ihrer Vulgarität. Sie hielt sich einen Stall junger Schauspielerinnen und Verkäuferinnen, aber ihr jagte auch mehr als ein beleidigter, anspruchsberechtigter Ehemann nach. Später in ihrem Leben installierte Missy zur Erinnerung an die Liebesaffäre mit einer jungen Frau, die bei Renault arbeitete, eine Drehbank in ihrem Landhaus und fabrizierte an ihr Blechtöpfe.

In der homosexuellen Kultur jener Zeit hielt man es für vollkommen passend, ungewöhnliche Moralvorstellungen mit tadellosen Umgangsformen zu verbinden, und bei all ihrer Extravaganz war die Marquise nicht minder berühmt für ihre aristokratische Korrektheit. Louise Weiss nennt sie eine »grand dame«, die nicht die leiseste Verletzung des Protokolls geduldet hätte. Ihr Haus in

Paris, dessen Ausstattung, wie Colette sagte, »das sinnliche und verwegene Leben eines Junggesellen erkennen ließ«, stand voller Empiremöbel und Artefakte, und angeblich verachtete sie Natalie Barney, weil diese jüdischer Abstammung war und ihr Reichtum aus Handelsgeschäften stammte.

Je nach persönlicher Neigung sahen ihre Zeitgenossen in Missy einen pathetischen Freak, eine erotische Altruistin, eine große Sünderin, eine Dekadente, Aristokratin, Verräterin ihrer Klasse, eine Befreierin und Pionierin oder eine Abscheulichkeit. Doch Colette verstand sie besser. Bei allen Skandalen, die sie hervorrief und mit Colette noch hervorrufen sollte, war Missy weniger von einer sexuellen Ideologie oder einem erotischen Zwang getrieben als von der Sehnsucht nach einer gegenseitigen Zärtlichkeit, die sie nie erfahren hatte: »ein ruhiges, gefühlvolles Klima«. Sie war als Liebende großzügig und geschickt, aber sexuell frigide; »die geile Erwartung der Frauen«, schrieb Colette, »erschreckte ihren ganz natürlichen Platonismus, der mehr dem unterdrückten Erschauern, der verstreuten Emotion des Heranwachsenden glich als dem klaren Verlangen der Frau. Mit Bitterkeit versuchte sie vor zwanzig Jahren, mir das zu erklären: ›Ich kenne nichts Vollkommenes in der Liebe‹, sagte sie zu mir, ›außer der *Idee*, die ich davon habe.‹«

3

Im April 1905, einen Monat nachdem sie Missy kennen gelernt hatte, schrieb Colette für das zweite Heft von *Le Damier* einen »Brief von Claudine«, in dem sie Renaud für seine Eifersucht tadelt:

> Meine eigene hat hier keinen Platz. Ich bin, was das angeht, ein vulgärer Fall: eine banale Eifersüchtige […] Es gibt nicht ein Lächeln, das du den Augen einer anderen

> Frau zugeworfen hast, das bei mir nicht den ordinärsten Wunsch geweckt hätte, dich zu töten. […]
> Aber deine Eifersucht! Deine verspätete und linkische und rückblickende Eifersucht! Sie ist mein Ruhm, mein Büßerhemd, mein Spielzeug und meine Trauer. […] Allein durch die Kraft deiner Eifersucht hast du den Schatten der Frau, die zwischen uns beiden steht, wieder aufleben lassen: Rézi … Der Tag, an dem du mir zugeschrien hast […]: »Du hast sie geliebt!« Ich beugte mich unter dem Gewicht eines plötzlichen und ermüdenden Glücksgefühls, als hättest du mir zum ersten Mal zugerufen: »Ich liebe dich.«
> Wisse, mein Gleichgültiger, mein selbstgefälliger früherer Freund, mein heutiger tyrannischer Herrscher: Ich werde nichts tun, um deine Eifersucht zu heilen.

Wenige Wochen später unterzeichneten die Gauthier-Villars das erste von zwei gesetzlichen Dokumenten, die für die Scheidung nötig waren: eine *séparation des biens*, die Trennung ihres gemeinsamen Eigentums. Auf den ersten Blick könnte man meinen, Colettes Affäre mit Missy sei das Motiv für ihre Trennung gewesen. Aber Willy und sie waren immer noch ein Paar und lebten ein weiteres Jahr zusammen. Tatsächlich blieben sie intim miteinander, wohnten im selben Hotelzimmer, wenn sie auf Reisen waren, schrieben sich und übereinander noch bis 1908 leidenschaftliche und einander beanspruchende Briefe, und sie arbeiteten noch ein Jahr später gemeinsam an seinen Romanen. Colette sagte ihrer Familie nichts von dem Bruch. Willy korrespondierte weiterhin herzlich mit seiner Schwiegermutter und schickte ihr Geschenke. Selbst als Colette in ihre eigene Wohnung gezogen war und er mit Meg zusammenlebte, hielten sie die Fiktion ihrer ehelichen Solidarität aufrecht.

Niemand hat einen plausiblen Erklärungsvorschlag für das, was zunächst eine Scheidung aus praktischen Gründen zu sein schien. Jacques Gauthier-Villars glaubte, die Familie habe Willy unter Druck gesetzt, damit sein großmütterliches Erbe geschützt werde. Aber es ist nicht einsichtig, warum Willy nach zwölf Jahren Ehe und seiner lebenslangen Missachtung der eigenen Familie plötzlich seine Ehefrau enteignet haben sollte, um sich bei den Gauthier-Villars einzuschmeicheln. Und selbst wenn er wirklich eine große Summe geerbt hatte, löste sie sich ebenso schnell in Luft auf wie alles andere, was ihm je zufiel.

Im Jahr 1905 war Willy nahezu bankrott. Wie hatte er es geschafft, die Tantiemen für mindestens eine halbe Million Bücher zu verschleudern? Er spielte. Er gab üppige Feste. Wie Colettes Vater und Großvater lieh er Geld, um seine windigen Spekulationen abzusichern. Er hatte zwei Rennpferde gekauft – allein sie zu unterhalten und zu bewegen dezimierte seine Einkünfte stark. Neben der Rue de Courcelles und Les Monts-Bouccons, beide mit einigem Personal, hatte er noch seine Junggesellenwohnung und unterhielt, man weiß nicht, wie viele Frauen.

Mit dem Antrag auf Trennung seines Eigentums von dem Colettes war er von der Verantwortung für ihre ausstehenden Schulden befreit. Dazu gehörte eine große Summe, die sie ihrem Schneider Redfern in der Rue de Rivoli schuldete; er verklagte Madame Willy erst ein Jahr später auf Zahlung von Schuld und Zinsen. Doch da ihre Einkünfte nun nicht mehr von *seinen* Gläubigern gepfändet werden konnten, war Colette faktisch in der Lage, für Willy Geld zu waschen. Sie konnte die Honorare und Tantiemen für ihre gemeinsame Arbeit in Empfang nehmen und an ihn weitergeben. Das scheint zum Teil ihre gemeinsame Strategie gewesen zu sein.

Im Juni dieses Jahres, einen Monat nach der mutmaßlichen Trennung, bat Natalie Barney Willy, ihr für einen Nachmittag seine Frau für ein Laientheater in ihrem Garten in Neuilly zu »leihen«. Erster Programmpunkt war eine Szene aus *Pelléas*, gespielt in

Männerkleidern, dann folgte ein Schleiertanz von Mata Hari, die damals noch nicht in aller Munde war, und schließlich die Hauptattraktion, eine Pastorale, in der Colette einen Schäfer spielte, der sich in eine Nymphe – Evalina Palmer, Natalies Kinderliebe aus Cincinnati – verliebt. Eva war eine atemberaubende prä-raffaelitische Schönheit mit bis zu den Knöcheln reichenden roten Haaren. Sie war drauf und dran, den griechischen Schwager von Isadora Duncan zu heiraten, die moderne Kleidung gegen einen Schrank voller weißer Gewänder einzutauschen, barfuß zu gehen und ihr Leben dem Studium der Antike zu widmen (oder wie Willy unter diesen Umständen anglisierend gesagt hätte: den Attictudes – sowohl Attica wie attic, dem Dachboden – gewidmet).

Mit diesem Debüt begann Colette den ersten Akt ihrer künftigen Theaterkarriere: die Laienspiele und Pantomimen, zumeist in den privaten Klubs und Salons ihrer reichen lesbischen Freundinnen. Ein Jahr später versammelte sich dieselbe Besetzung im selben Garten, um ein Stück in Versen von Pierre Louÿs, den *Dialog der untergehenden Sonne*, aufzuführen. Eva mimte eine griechische Schäferin und Colette »eine perfekte Daphnis«, in kurzer seidener Tunika und mit römischen Kothurnen. Das Publikum auf dem Rasen war zahlreich und vornehm, und beide Darsteller hatten Lampenfieber. Eva murmelte ihre Verse mit amerikanischem Akzent; Colette rollte ihre Rs so nervös, dass es russisch klang. »Ich hatte gerade die bewegendste Empfindung meines Lebens«, sagte Louÿs den beiden Künstlerinnen nach der Aufführung, »… den unvergesslichen Eindruck, mein Werk in der Rezitation von Mark Twain und Tolstoi zu hören.«

Ende Juni schwärmen die Pariser gewöhnlich aus: an ihre Strände, auf ihre Inseln und in ihre Landhäuser; und Colette kehrte nach Les Monts-Bouccons zurück. Es war das letzte Mal, dass sie den Sommer dort verbrachte. Auf dem Weg zu ihren *Claudine*-Gastspielen in der Provinz kam Polaire auf einen kurzen Besuch vorbei. Willy pendelte wie gewöhnlich zwischen der Hauptstadt und dem Land. Doch als der Sommer in den Herbst überging und der Herbst sich dem Winter näherte, begann er seine Frau zu vermissen. »Colette kommt morgen nach Hause!«, schrieb er seinem Freund Vuillermoz. »Ich eigne mich nicht zum Witwer.«

4

Am 12. August 1905 feierte Madame Colette ihren siebzigsten Geburtstag. Ihre Briefe an Colette, zumindest diejenigen, die zur Veröffentlichung gesammelt wurden, beginnen einen Monat später. Sie zeigen eine intelligente, rechthaberische, aber überaus zärtliche alte Frau und eine Mutter, die dominierender, aber auch bescheidener, witziger, weniger stoisch und interessanter ist als die Heldin in *Sido* oder in *Claudines Mädchenjahre*. Colettes Versuch, ihre Mutter weniger gewöhnlich erscheinen zu lassen, geht auf Kosten ihrer Menschlichkeit.

Die Jahre hatten Sidos Temperament nicht abgestumpft oder sie zur Religion bekehrt. Sie hörte nicht auf, sich über die Frömmigkeit ihrer Zeitgenossen zu entrüsten. Immer war sie eine fantasievoll düstere Kassandra, die sich um jeden Furunkel, jede Erkältung und jeden Zahnschmerz Sorgen machte, an denen einer ihrer Lieben zu leiden hatte. In ihren Briefen geht es häufig auch um ihre eigenen Krankheiten, in erster Linie um die »Hässlichkeit« des Alters. Der Husten des Gatten, der kranke Hund und ihre eigenen dunklen Gedanken hielten sie wach, und um diese zu vertreiben, nahm sie Veronal. »Wenn man sich vorstellt, dass man sein Leben in einem solchen Sumpf wie Châtillon verbringt!«, seufzt Sido im Brief an Colette. Man fühlt mit dieser starken und von der Welt enttäuschten Frau mit, die dazu verurteilt ist, mit dem Metzger Schach zu spielen, dem Dorfgeschwätz zuzuhören und von einhundert Francs Unterhaltszahlungen ihrer Kinder zu leben.

Aber Sidos Briefe zeigen auch, wie hartnäckig sie sich an diese erwachsenen Männer und Frauen klammerte, ihre Reife bezweifelte, sich ärgerte, dass sie sie nicht beschützen konnte, und über ihre Entfernung und Zurückhaltung klagte. »Ich wünsche mir nur, dass du glücklich bist«, schreibt sie an Colette, und ihre größte Klage ist, dass ihr Schoßtierchen nicht öfter schreibt, und wenn es das tut, »dann verheimlichst du so viel vor mir, so viele Dinge in deinem Leben, sogar wichtige Ereignisse.« Als sie schließlich erfährt, dass ihre Tochter um einer Frau willen ihren Mann verlassen hat, ist sie keineswegs erschüttert: »Ich bin glücklich, mein Liebes, dass dir eine Freundin nahe ist, die sich so liebevoll um dich kümmert. Du bist so daran gewöhnt, verwöhnt zu werden, dass ich mich frage, wie du ohne das auskommen könntest.«

Damals waren Sido und der Hauptmann in ein kleines Haus in der Nähe ihres ältesten Sohnes gezogen. Im Unterschied zur übrigen Familie lebte Achille, wie Flaubert gesagt haben würde, *dans le vrai*. Er hatte einen nützlichen Beruf, der ihm den Respekt seiner Gemeinde einbrachte. Er hatte ein hübsches Mädchen aus gutem Hause geheiratet, und sie besaßen zwei lebhafte und intelligente Kinder, die Sido abgöttisch liebte. Colette und Willy waren die Paten der älteren, Colette-Claudine. Sie ähnelte den Frauen in der Familie ihres Vaters und in den Romanen ihrer Tante; später sollte sie sogar eine kurze Varieté-Karriere machen. Laut Sido besaß das Mädchen eine »diabolische Fröhlichkeit« und eine außergewöhnliche Redegewandtheit. Sie war schwierig in der Schule, weil, wie ihre Großmutter meinte, »sie sich dort so langweilt«. Sie litt wie schon Colette an einer »Pubertätsneurose«, wobei ihre selbstzerstörerische Neigung darin bestand, dass sie Abführmittel nahm. Mit ihrer Tante und ihrer Großmutter verband sie ein Zug zur Grausamkeit. Als sie ihren Vater von einer besonders schmerzhaften Geburt erzählen hörte, erklärte sie: »›Ich möchte wissen, ob das Gebären wirklich so wehtut. Ich könnte ein kleines Mädchen bekommen, um zu sehen, wie das ist, dann würde ich es umbringen.‹ Als die Familie gegen diese ›Bösartigkeit‹ protestierte, antwortete sie, ›Gut, dann gebe ich sie jemandem.‹« Colette konnte ihre Fantasien nachempfinden.

Obwohl ihm zu einem glücklichen Leben nichts zu fehlen schien und trotz der Nähe einer Mutter, die er verehrte, war Achille kein zufriedener Mensch. Er war zu einem bitteren, enttäuschten Mann gealtert, der seinen Groll nährte und von einer Einsiedelei im Wald träumte. Vielleicht trugen die Spannungen zwischen seiner Frau und seiner Mutter zu seiner Unzufriedenheit bei. Wahrscheinlich gab es keine Frau in Frankreich, die Sido ihres *cher grand* für würdig erachtet hätte, ganz gewiss nicht die »eitle«, »verschwenderische«, »geistlose« und »kokette« Jane.

Léo war mittlerweile zu einem schroffen und verkommenen Juggesellen geworden, der Missys abgelegte Hosen auftrug. Er arbeitete als Buchhalter bei der Stadtverwaltung von Levallois, spielte gelegentlich in Hotelorchestern Klavier oder schrieb als Ghostwriter für Willy. Aus seiner musikalischen Begabung hatte er nichts gemacht. Er besaß kaum Freunde und schlug sich gerade eben durchs Leben. Als er sich in die Freundin eines Nachbarn verliebte, lauschte er durch die Wand ihrem Keuchen und ängstigte seine Mutter mit Gesprächen über Selbstmord. Sido fand, er sei so »weich und ohne Initiative«, dass sie sich wunderte, wie er ihr Sohn sein konnte.

An Juliettes Leben konnte Sido nur mit Schrecken denken. Sie war dick, schwatzhaft, fromm und tödlich eifersüchtig auf ihren gut aussehenden Ehemann, der, wie sie durchblicken ließ, ihre Tochter belästigte. »O Gott«, rief Sido vor einem ihrer letzten Besuche bei Juliette aus, »und ich habe dieses Kind in die Welt gesetzt!«

Trotz aller Widrigkeiten war Sido immer noch eine leidenschaftliche Frau. Ihr Leben hatte seine Spannung nicht verloren, das heißt, sie hatte die Fähigkeit nicht verloren, seine Freuden zu genießen: Achilles Liebe, Colettes Talent, die lebhafte Anmut ihrer Enkel, die »geheimnisvolle Intelligenz der Katzen«, Sonnenuntergänge, Literatur, ein Wanderkino, Blumen, das »Wunder des Phonographen« und die freudlose Komödie des Provinzlebens, von der sie mit so viel Charme und Eloquenz in ihren Briefen erzählte.

5

Am 8. September teilt Sido Colette fast beiläufig mit, dass es ihrem Vater »nicht so gut geht, wie wir wünschten«. Nachdem er sein Leben lang ein starker Raucher gewesen war, litt er nun an einem Lungenemphysem, und ein Bein versagte den Dienst. Ebenso sein Gedächtnis. Er hatte das Interesse an Büchern und Speisen verloren, er sprach langsam und suchte nach Worten. Neun Tage später, kurz nach seinem sechsundsiebzigsten Geburtstag, war Jules Colette tot. Auf seinem Totenbett hatte er den Namen seiner Frau ausgerufen. »Meine liebe Seele, so nannte er mich«, schrieb Sido an Juliette. »Ich verzichte auf die Mühe dir zu beschreiben, wie groß mein Schmerz ist.«

Colette und Willy waren in Paris, als sie die Nachricht erreichte. Sie liehen sich ein Auto, um zum Begräbnis zu fahren. Unterwegs hatten sie drei Reifenpannen und verpassten die Kirchenzeremonie, während Sido »verrückt vor Sorge« die Vorstellung ertragen musste, sie könnten ebenfalls tot irgendwo auf der Straße liegen. Zwei Stunden später schlossen sie sich den Trauergästen auf dem Friedhof an, wo der ehemalige Zuave in seiner von Kugeln versengten Uniform begraben wurde. Willy, der es mit manchen Sitten peinlich genau nahm, verfiel in Trauer um seinen Schwiegervater. Colette tat das nicht, schrieb aber ihre Briefe ein Jahr lang auf schwarzumrandetem Papier. In einem solchen Brief, den Colette kurz nach dem Begräbnis von Les Monts-Bouccons aus an

Natalie Barney schickte, beschreibt sie ihren Vater als »so jung noch mit sechsundsiebzig, so zärtlich geliebt von meiner Mutter und von seinen Kindern«. Sie erzählte ihrer Freundin, dass sie einen Teil des Colette-Patrimoniums mit nach Hause gebracht habe: »ein Band von der Krim, eine Medaille aus Italien, eine Offiziersrosette der Ehrenlegion und eine Fotografie.« In *Meine Lehrjahre* nennt sie ein weiteres Vermächtnis: »Mein Vater vererbte mir seine Sorglosigkeit.«

Colette spricht weder mit Natalie noch mit jemand anderem über ihren Schmerz. Dreißig Jahre sollten vergehen, bevor sie eine weitere »geistige« Erbschaft erwähnt: ein Dutzend Bände, die ihr »handwerklich geschickter« Vater in Karton mit schwarzem Leinenrücken gebunden hatte und die ihr Bruder in der väterlichen Bibliothek fand. Nach dem Tod des Hauptmannes legte Achille eine Inventarliste an. Die Bücher lagen jahrelang dort, ohne dass jemand von der Familie daran dachte, es wagte oder aufgefordert wurde, sie zu öffnen. Jeder Band bestand aus etwa zweihundert Seiten dicken, cremefarbenen Kanzleipapieres, sauber geschnitten mit marmorfarbenen Vorsatzblättern und handgeschriebenen Titeln: Meine Feldzüge, Die Lektion der siebziger Jahre, Zuaven-Lieder (in Versen). Achille bat seine Schwester zu kommen, damit sie sich die Bände zusammen ansähen. Gemeinsam entdeckten sie ein »Geheimnis, das sie, so zugänglich es war, so lange verschmäht hatten«. Mit Ausnahme einer einzigen Seite mit der stolzen Widmung: »Meiner lieben Seele von ihrem treuen Gatten: Jules-Joseph Colette«, waren die zwölf Bücher gänzlich leer. »Ein Phantomwerk«, sagt Colette, »das Trugbild einer Schriftstellerkarriere.«

Achille benutzte das edle Papier für seine Rezepte, und seine Töchter rissen Seiten aus, um darauf zu zeichnen, doch die leeren Seiten schienen unerschöpflich. Von allen in der Familie, stellte Colette fest, sei Sido ihnen mit der größten »Zerstörungswut« zu Leibe gerückt. Sie benutzte sie als Brief- und Schrankpapier, legte damit ihre Schubladen aus und fertigte daraus sogar die Manschetten für ihre »Côtelettes en papillotes«. »Wie, sind noch immer welche da?«, lässt Colette sie ausrufen und dann hinzufügen: »Das war kein Hohn, sondern glühende Reue und das schmerzliche Verlangen, das Zeugnis eines Versagers zu vernichten.« Doch wessen Verleugnung und »Zerstörungswut« war das eigentlich?

Es muss ein schlimmer Schock sein, wenn man entdeckt, dass der Gatte – auf den man sich verlassen hat, in der Annahme, er werde die Wunden, die der eigene Vater einem zugefügt hat, wieder gutmachen – seinerseits die Krankheit des Vaters teilt. Nach dem Tod des Hauptmannes hatte Colette, wenn auch noch undeutlich, erkannt, dass Willys obsessive Liebeleien und Jules Colettes beharrliche Treue zwei Seiten derselben Münze waren, die ihr beide das Gefühl der Verlassenheit und Geschlechtslosigkeit vermittelten. Die Ironie am Ende war nicht minder grausam: Gatte und Vater offenbarten die gleiche geheime Impotenz.

> Ich habe oft überlegt, ob Monsieur Willy nicht unter einer Art Agoraphobie litt, die mit einer nervösen Angst vor dem leeren Blatt Papier einhergeht. [...]
> Ich stelle mir vor, dass er – allzu oft diesem pathologischen Versagen ausgeliefert – die Ausdauer, die feste Beharrlichkeit ermaß, die man braucht, um sich ohne Abscheu vor dem unbefleckten Feld niederzulassen, [...] vor dem verantwortungsvollen, grellen, blendenden, gierigen und undankbaren Weiß. [...]
> Er hat damals wohl oft geglaubt, dass er kurz davor war zu schreiben, dass er gleich schreiben würde, dass er schrieb ... Die Feder in der Hand, wurde er von einer Stockung, von einem kurzen Versagen des Willens seiner Illusion beraubt.

Viele Jahre nach dem Tod ihres Vaters suchte Colette in einer Frage, die nichts mit ihrer Kindheit zu tun hatte, eine Hellseherin auf. Die Frau beschwor den Geist eines alten Mannes, den sie hinter Colettes Stuhl sitzen sah. Sie sagte zu Colette:

»Er beschäftigt sich viel mit Ihnen … Sie glauben das nicht?«
»Ich zweifle ein bisschen daran …«
»Doch […] Weil Sie das verkörpern, was er im Leben so gern gewesen wäre. Sie sind genau das, was er am liebsten sein wollte. Aber er hat es nicht geschafft.«

6

Das Jahr 1905 war Colettes *mezzo dell' cammin*. Sie hatte ihren Vater verloren und sie war dabei, ihren Mann zu verlieren. Sie hatte zum ersten Mal ein Buch unter ihrem Namen verfasst und veröffentlicht und verspätet ihren pubertären Aufstand erklärt. Ihr Weg aus dem dunklen Wald war noch nicht klar, aber die Gestalt der Marquise war ein geeigneter Virgil. »Die Verführungskraft, die von einem Wesen von ungewissem oder verschleiertem Geschlecht ausgeht, ist mächtig«, schreibt Colette. Und Missy war für ein Kind (oder eine regredierte Jugendliche) eine traumhafte Geliebte: penetrierender Vater und mütterliche Umhüllung in einem. Über diesen Aspekt ihrer Rolle äußerte Colette sich recht deutlich: »Ich weiß, dass deine Umarmung dann fester wird und dass deine Lippen, wenn du mich mit wiegenden Armen nicht beruhigen kannst, länger an den meinen haften, deine Hände mich zärtlicher streicheln und dass du mir dann endlich Lust schenken wirst, wie eine Hilfe, wie einen unfehlbaren Zauber, der die Dämonen der Hitze, des Zorns, der Unruhe aus mir vertreibt … Du schenkst mir Lust, und deine Augen über mir sind voll mütterlicher Sorge; du suchst in deiner glühenden Freundin das Kind, das du nicht geboren hast.«

Ende dieses Jahres war Colette auf Missys Armen auch formell in Lesbos gelandet. »Mit solchen Insignien wie gefältelter Hemdbrust, steifem Kragen, gelegentlich einer Weste, immer mit seidenem Einstecktuch verkehrte ich in einer untergehenden Welt, am Rande aller Welten.« Es gab diskrete Feste in Neuilly, zu denen die Gäste in »langen Hosen und Smoking [kamen] und sich [wenn auch nicht immer] unüberbietbar korrekt benahmen«. Es gab gemütliche Abendessen in den verräucherten Lesbierbistros am Montmartre, wo eine algerische Besitzerin an der unbeschilderten Tür Wache hielt. Es gab Klubs, deren Spezialität Fondue und Tanz war, und Kabaretts, in denen der blaue Zigarrenrauch über einer Zinkbar hing und eine Altstimme mit einer Andeutung von Schnurrbart Augusta Holmes sang.

Zumeist verbargen die späte Nacht, Kutschen mit zugezogenen Vorhängen und Opernumhänge die verbotene männliche Kleidung. Zwischen zehn und zwölf fuhr man im Bois aus und zwischen vier und dem Einbruch der Dämmerung auf den Champs-Elysées. Man flüsterte die Losung, die einem die Tür zu einem Kartenspiel mit hohem Einsatz öffnete oder eine geheime Bibliothek voller Erotika. Es gab einen Zeichen- und Gestenkode: einen gewissen Blick, eine bestimmte Hunderasse – »den prachtvollen aufgeplusterten Zwergpudel« – und bestimmte Edelsteine. Missy schenkte Colette Opale.

Willy gab vor, Colettes neues Leben ebenso nonchalant zu akzeptieren, wie er ihre Affäre mit Georgie dirigiert und ihre Liaison mit Natalie geflissentlich übersehen hatte. Doch in *Maugis amoureux*, dem Roman, den er 1905 veröffentlichte, ist ein viefältigerer und eher klagender Ton zu hören: verletzt, rachsüchtig und zugleich zärtlich. »Ich ähnle nicht Adonis«, denkt Maugis nach, »aber ich schere mich einen Dreck darum, was Frauen über mich denken. Claudine mit eingeschlossen. Ich kenne ihr Urteil gut genug (sie ist eine kluge Frau), aber das heißt gar nichts. [...] Ich schalte das aus, erstens, weil Claudine mir das Herz bricht, und zweitens, weil alle wissen, dass sie sich aus Männern nichts macht – und das umso mehr, weil keiner von ihnen ihre eigene Gleichgültigkeit erwidert. Wenn sie ihren Gatten Renaud vergöttert, dann nur, weil er – sagen wir es taktvoll – femininer ist als alle Rézis auf der Welt.«

Der Roman endet mit einem autobiografischen Gedicht, das in seiner Ernthaftigkeit so wenig zu ihm passt, dass man es nur als einen privaten Liebesbrief an Colette lesen kann:

Von einer Arbeit zur andern, finde ich Ruh'.
In verschiedenen Schubladen
begrabe ich Lieder (in Versen),
und unzählige Romane (in Prosa).

Lebenslustig ist es, und war es schon zwanzig Jahre.
Und wie der Alte bleibe ich dabei.
Trotzdem wäre ich traurig,
hätt' ich nicht die Zeit –

Hätte ich nicht mehr die Zeit,
den Fluss strömen
und die zitternde Birke leuchten zu sehen
im Morgengrauen oder im Mondschein.

Und in einem Traum seh' ich mich
neben Claudine mit ihren bezaubernden Augen;
alle Musik vergäße ich,
könnte ich nur ihre Stimme lachen hören …

17. KAPITEL

I

Am 9. Dezember 1905 unterzeichnete Premierminister Emile Combes ein Gesetz, das Kirche und Staat in Frankreich offiziell trennte. Dieses heiß umstrittene Gesetz, das der *Bloc des gauches*, eine Koalition aus Radikalen und Sozialisten, durchgebracht hatte, war der Gipfelpunkt einer dreißig Jahre währenden antiklerikalen Bewegung. Bei einem Diner in jener Nacht sprachen sich Colette und Willy gegen die Reformen aus. Colette sah damals und auch späterhin keinen Widerspruch darin, dass sie im Gespräch konservative Einstellungen vertrat, mit ihrer Lebensweise aber gegen sie revoltierte. Gerade in diesem Augenblick vollzog sie ihren eigenen dramatischen Bruch mit dem rechtsgerichteten Frankreich: Sie nahm bei dem berühmten Pantomimen Georges Wague Unterricht und bereitete, indem sie zur Bühne ging, ihren Austritt aus der feinen Gesellschaft vor.

Wague (der Brague aus *La Vagabonde*) war zwei Jahre jünger als seine Schülerin und ein charismatischer Lehrer. Er war klein, hatte die Statur eines Tänzers, den Kopf voll wehender Haare und kräftige, ausdrucksstarke Gesten. Er hatte Willys Alma Mater, das Collège Stanislas, besucht, bevor er ins Konservatorium eintrat, wo er sich der Kunst der Pantomime widmete. Nach ihrer großen Blüte Anfang des neunzehnten Jahrhunderts war die Pantomime als Kunst wieder in Vergessenheit geraten. Mit der Gründung des Cercle Funambulesque 1888 lebte sie wieder auf, und so angesehene Dramatiker wie Mendès und Richepin begannen für sie zu schreiben. Doch es war Wague, »der sich dafür einsetzte, dass die Pantomime ihre *Lettres de noblesse* zurückerhielt«. Er hatte 1898 sein Debüt mit einer Schauspielerin namens Clotilde Marigaux, die den Künstlernamen Christiane Mendelys trug. Zusammen sollten sie oft Colettes Bühnenpartner sein.

Alle Bücher von Colette über das Varieté – das ist eine Beobachtung von Michèle Sarde – behandeln Wague als »einen Pariser Gassenjungen, wohlwollend und barsch, abweisend, hart in der Arbeit und gegen sich selbst, tüchtig, spöttisch und fair, unbarmherzig und konkurrenzlos im harten Metier der ›pantoche‹«, wie Colette sie nennt. Seine Erinnerungen an Colette sind ebenso herzlich und respektvoll. Doch war die Beziehung zwischen ihnen nicht ohne Konkurrenzgefühle von Seiten des Meisters gegenüber seinem Schützling, vor allem, als sie mit Sprechrollen ihren eigenen Weg ging. Wague war eifersüchtig, gestand sie Missy, »auch wenn er es nicht zeigte«. Aber es wurmte ihn, dass sie »ebenso viel oder gar mehr Erfolg hatte als er. Deshalb achte ich darauf, ihm, wenn ich so sagen darf, übertriebene Gerechtigkeit widerfahren zu lassen. Das ist ziemlich komisch.«

Colette hatte ihr Debüt als professionelle Tänzerin am 6. Februar 1906 im Théâtre des Mathurins mit *L'Amour, le Désire, la Chimère*, einer Pantomime von Francis de Croisset, unter der Regie der berühmten Schauspielerin Georgette LeBlanc-Maeterlinck. Colettes Kostüm bestand aus einer knappen gamsledernen Tunika, die nur mit Lederriemen zusammengehalten wurde, und sie schrieb einen atemlosen Sketch über die Premiere als Begleittext zu den Theaterfotos:

> Um in das allgemeine Geschrei mit einzustimmen, schreie ich: »Mein Bogen ... Er war hier! Was hast du mit ihm gemacht? Und meine Flöte? Verdammt, du trittst auf sie, wie schön. Ach, mein Gott! Eines meiner Hörner fällt ab. Ich habe Durst. Und die blöden Zuschauer da draußen tram-

peln. […] Georgette, mein Trikot schlägt an den Knien Falten. […] Willy, hau ab, geh ins Foyer, du wirst es hinter der Bühne nie aushalten.« […] Wütend gehe ich, will mich an der Wand hochziehen, von der aus ich die Nymphen bespitzeln möchte, als mir ein wahrer Angstschrei entfährt: Die Wand hält nicht! … Schnell, ruf die Bühnenarbeiter.

Ihre Fröhlichkeit täuscht über die Tatsache hinweg, dass dieser Auftritt etwas radikal Neues war, selbst für eine Frau, die als so hemmungslos galt wie Madame Willy. Jammes könnte einwenden, sie sei doch, entgegen allem Augenschein, beispielhaft bürgerlich; aber niemand außer Colette nahm ihn ernst. Die Familie Gauthier-Villars war schon schockiert gewesen, als Colette sich die Haare abschneiden ließ, so dass sie sich dazu eine Lüge einfallen lassen musste; sie »murmelte etwas« von einer Kerosinlampe, die auf ihrem Ankleidetisch umgefallen war. Willys Mutter war 1904 gestorben, und die jüngere Generation vergab Colette schließlich ihre Amoralität als Schriftstellerin. Zwar waren die jüngeren Gauthier-Villars immer noch konventionell, aber nicht mehr so viktorianisch wie ihre Mutter, und letztlich überwog ihr Stolz auf die Verbindung zu einer großen Schriftstellerin. Doch professionelle Schauspielerei war 1906 praktisch gleichbedeutend mit Prostitution – ein viel gravierenderer Verstoß als die kurzen Haare. Für eine Frau der bürgerlichen Mittelschicht, für »die Gattin eines Schriftstellers«, wie Caradec sich ausdrückt, »überdies eines Schriftstellers, der zur […] angesehenen, katholischen und polytechnischen Bourgeoisie gehörte«, war es fast noch schlimmer, des Klassenverrats als einer moralischen Verworfenheit bezichtigt zu werden.

Willy selbst stand der neuen Karriere seiner Frau ambivalent gegenüber. Er war erleichtert, dass Colette eine Möglichkeit gefunden hatte, ihren Lebensunterhalt zu verdienen, und er war nur zu bereit, sie mit Sketches und Einaktern zu beliefern. Was das anging, war es gut, dass Colette seine volle moralische Unterstützung besaß. In einem Brief an seinen Freund Curnonsky, der für *Paris qui chante* über das Varieté berichtete, erzählte Willy, ein »schickes« Samstagabend-Publikum habe die Vorstellung gestört, »um Colette dafür zu strafen, dass sie sich definitiv *für* die professionelle Schauspielerei entschieden und die Salons fallen gelassen« habe. Sie wären beide dankbar, fügte er hinzu, wenn Curnonsky sich mit ihnen solidarisch zeigen und die nächste Vorstellung besuchen würde. Doch in einem Postskriptum fügte er hinzu: »Im Grunde, weißt du, stört es mich (und *du allein* weißt, wie sehr), dass Colette sich in einem solchen Mist zur Schau stellt. Hätte ich nur die Moneten, sie würde keine Werke von [Paul] Franck spielen, wirklich!«

Manche Kreise verziehen Colette nie. Die Verwandtschaft der Gauthier-Villars wies ihr »beunruhigt« die Tür. »Alle haben mit Colette gebrochen außer mir«, witzelte Willy kurz nach ihrer Trennung. Ein paar Jahre später drohte der Mitherausgeber von *Le Matin* mit einem Rücktritt, wenn Colette – »diese Zirkusdarstellerin!« – bei der Zeitung mitarbeiten sollte. Eine solche »Vergangenheit« drohte auch die Wahl ihres zweiten Gatten, Henry de Jouvenel, für den Senat zu unterminieren. Jedes Mal, wenn ihr Name für einen Preis oder eine öffentliche Ehrung vorgeschlagen wurde, gab es irgendeinen alten Staatsmann, der empört daran erinnerte, dass sie einst »nackt« auf der Bühne getanzt habe. Und am Ende verweigerte man ihr ein christliches Begräbnis.

Machte ihr das etwas aus? In diesem Frühjahr schickte Jammes ihr seinen neuen religiösen Roman, und Colette teilte ihm mit, sie könne ihn nicht mit ihm besprechen, weil sie von Gott nichts verstehe. Im selben Brief entschuldigte sie sich für ihr langes Schweigen: »Ich habe Ihnen nicht mehr geschrieben, weil ich begann, Theater zu spielen, und mich das, wie ich dachte, in Ihren Augen für immer entwürdigt. Sie sehen, dass ich meinen Platz kenne. Der Umstand, dass ich […] einen Faun gespielt habe, macht mich manchen gegenüber überheblich, Ihnen gegenüber demütig.« Nicht so demütig jedoch, dass sie nicht vorschlüge, Jammes ein Foto von sich als Faun in Tunika und mit Hörnern zu schicken, auf dem sie ihre »schönen Muskeln« spielen lässt.

Colette spielte den Faun noch einmal in diesem März in Monte Carlo, wo sie eine der Pantomimen neuerlich auf die Bühne brachte, die sie mit Eva Palmer in Natalies Garten gespielt hatte. Willy reiste mit ihr nach Süden, und sie wohnten mit Renée Vivien in deren Villa Cessole, in der Nähe von Nizza. Laut Sido, die in einem Brief an Juliette von diesem Besuch erzählte, war das eine teure Spritztour. In der Villa gab es keine Gläser, also gingen Colette und Willy in die Stadt, um welche zu kaufen: »Puh, sechshundert Francs!« Ein paar Freunde kamen zum Essen vorbei: »Puh, siebenhundert Francs!«

Das betreffende »Essen« (für acht Personen, »drei Louis pro Kopf ohne Dessert und Trinkgelder«) fand tatsächlich um vier Uhr in der Früh in einem Restaurant namens Cercle statt. Es war die Fastnachtswoche und Nizza, wie Colette es beschreibt, ein Bacchanal. Sie ging mit Willy zu einem Maskenball, auf dem sich eine Menge Kurtisanen, Schauspieler und Mitglieder eines Ballettensembles tummelten, die aus Paris gekommen waren, die meisten zeitweilige Anhänger von Tout-Lesbos und Freunde von Renée. Dazu gehörten die allgegenwärtige Liane de Pougy, Caroline Otéro und Renées ehemalige Geliebte Emilienne d'Alençon. Als Colette anfing, »mit einer schlanken Superblonden« mit Satinschleppe zu tanzen, spürte sie einen Arm auf ihrer Schulter und hörte die brüske Stimme eines Ordnungshüters sie zurechtweisen: »Trennen Sie sich bitte, meine Damen. Es ist hier nicht gestattet, dass Frauen mit Frauen tanzen.«

Colette sollte später Geschmack am Süden Frankreichs finden, ein Haus in Saint-Tropez besitzen und einige ihrer großartigsten Bücher dort schreiben. Aber 1906 fand sie die Schönheit des

Südens widerwärtig süß und seinen berühmten Duft banal: »Schöner, trügerischer Midi, ich gäbe all deine Rosen, all dein Licht, all dein Obst für einen lauwarmen und frischen Februarnachmittag in dem Dorf, das ich liebe.«

Renée Vivien schrieb eine Woche später an Natalie und legte ein Gedicht bei, das Colette inspiriert haben soll. Das war der Anfang einer merkwürdigen Freundschaft, nicht nur zwischen Renée und Colette, die kurz darauf in Paris Nachbarn wurden, sondern auch zwischen Renée und Willy, den sie »meinen lieben Onkel« nannte. Auch er wurde ein Stammgast in ihrem Salon an der Avenue de Pois. Er hatte in seinem snobistischen Herzen eine Schwäche für ihre Gedichte, und im folgenden Herbst reisten sie zusammen nach London – sie, um für eine Biografie über Anne Boleyn zu recherchieren, er, um Jacques im College zu besuchen. Diese Reise gab Willy die Gelegenheit, in einem Brief an Freund Vuillermoz über seine Gefühle für seine baldige Exehefrau nachzudenken: »[Colette] würde nichts lieber wollen – das weiß ich nur zu gut –, als die Anormale [Missy] sitzen und sich mit mir irgendwo niederzulassen. Aber was würden wir essen? Wie dem wahrscheinlichen Klatsch begegnen: ›Sie verzehren zusammen, was sie der Belbœuf gestohlen haben‹? […] Und dann meine arme Meg, soll ich sie ins Wasser werfen?«

Vuillermoz schlug vor, sie beide zu behalten, aber Willy antwortete, er könne sich das nicht leisten, und kehrte zu seinem Hauptthema, Liebe und Geld, zurück:

> »Vom Minotauros befreit«, wie du sagst, oder von der Minokuh, ja, das wäre wünschenswert. Aber bedenke, [Colette] hat nicht einen Sou gespart. Sie brauchte unbedingt Hüte von Lewis! Ich sage das nicht, um sie auf den Arm zu nehmen, arme kleine Verrückte, du verstehst. Weiß Gott! Ich hätte nicht geglaubt, dass es mir unmöglich sein

> würde, ohne sie auszukommen, dass sie mir geradezu lebenswichtig ist. Ach, glaub doch nicht, dass es mir ums Bett geht. Ich vermisse ihre Gegenwart, ihr vieldeutiges Lächeln, ihre verrückt schnelle Auffassungsgabe, das Buch, das sie mir unter die Nase hält, das genau auf der richtigen Seite aufgeschlagen ist – da irrt sie sich nie –, die Stelle mit dem Fingernagel markiert; ich vermisse ihre absurden Freudenanfälle, ihre heftigen und schnell versiegenden Tränen, die gesprächige Kindlichkeit, hinter der sie ihre feine, kritische Sensibilität verbirgt [...]. Mir fehlt ihr nachdenkliches Schweigen. Wir beide hatten schon unvergleichliche Schweigepartien.

Und im selben Monat schreibt er an Curnonsky: »Warum ich leide? Weil ich weit weg bin von der einzigen Frau, die ich ganz lieben könnte.«

2

Ende März trat Colette am Théâtre-Royal in ihrer ersten Sprechrolle auf. Das Stück war ein Einakter von Willy – *Aux innocents les mains plaines* –, und Colette spielte, in Männerkleidern, einen kleinen Gigolo, der von einem Barkeeper, verkörpert von Marcel Boulestin, einer Nutte vorgestellt wird. Im Oktober läutete sie die Herbstsaison des neuen Olympia mit einer Pantomime von Paul Franck und Edouard Mathé ein: *La Romanichelle*. Im November übernahm sie am Marigny ihre zweite Sprechrolle als Paniska in *Pan* von Charles Van Lerberghe, unter der Regie von Lugné-Poe. Dieses Stück war das letzte Werk des belgischen Symbolisten; er starb im selben Jahr an einem Schlaganfall, doch nicht, ohne zuvor seinem Regisseur vorgeschwärmt zu haben, wie perfekt Colette in dieser Rolle sei: »Sie ist in jeder Hinsicht die richtige Besetzung.

Sie hatte schon ein paar Rollen. Was ihre Aussprache angeht, darum kümmere ich mich schon … Im letzten Akt als Paniska, fast nackt, den Kopf voller Weinranken, tanzt sie vor einer bacchanalischen Prozession her, dionysisch! Da spielt es keine große Rolle, dass ihr Akzent noch bäurisch klingt.«

Pan fiel durch, und die Kritiker stürzten sich auf Colettes Akzent. Sie benutzten ihn als Vorwand, um mit ihr, weil sie ohne Trikot aufgetreten war, streng ins Gericht zu gehen und um sich über die Anwesenheit ihrer lesbischen Freundinnen im Publikum zu mokieren, »die taumelten, als sie ihren Rock hob«. Doch Colette war darauf erpicht gewesen, die Rolle zu bekommen – ein gesetzloses Zigeunermädchen, das seinen Trieben folgt, das den Zorn der Kirche, der feinen Gesellschaft und der Polizei auf sich zieht. Bei ihrer Zusage hatte sie sich beim Regisseur mit einer gekonnten Mischung aus Bescheidenheit und Übertreibung eingeschmeichelt: »Eine Kindheit auf dem Land und eine friedvolle Jugend in der Provinz scheinen mich nicht gerade für die Rolle der Paniska zu prädestinieren, und doch gibt es keine heidnischere und leidenschaftlichere Liebe als meine für unsere Mutter Erde […] Pan und Lugné haben sie gewollt. Ich werde Paniska sein!«

Erstaunlicherweise hatte Missy daran gedacht, den Pan zu spielen, und die Presse hatte ihr Vorhaben bereits angekündigt. Aber sie bekam im letzten Augenblick kalte Füße und wurde von Wague ersetzt, was im Publikum einigen Aufruhr verursachte: »Sie sieht tatsächlich wie ein Mann aus«, murmelte eine junge Frau, als Wague auftrat. Das Publikum war wegen des Skandals gekommen, nicht wegen der Dialoge, und buhte, als das Stück zu philosophisch wurde.

Zu dieser Zeit gehörte die Marquise schon so zum festen Inventar von Colettes Leben, dass Sido es nie versäumte, in ihren Briefen »herzliche Grüße« an sie anzufügen. Sie verbrachten diesen Sommer zusammen in Belle Plage, Missys Villa am Meer in Le Crotoy, in der Normandie. Auch Meg und Willy waren zusammen, wahrscheinlich in Monts-Bouccons. Willy hatte das Thema einer definitiven Trennung schon angeschnitten, indem er »der einzigen Frau, die er ganz lieben könnte«, mitteilte: »Ich selbst bin überzeugt, es wäre Ihnen ein Leichtes, eine angenehme kleine Tournee zu organisieren ... Brüssel zum Beispiel ist neugierig auf bestimmte Stücke, bestimmte Schauspieler. [...] Es wäre andererseits eine ausgezeichnete Gelegenheit, diese grässliche Wohnung aufzugeben, ein günstiges Arrangement für eine andere, ein bisschen andere Lebensweise zu finden ... Es eilt nicht ...«

Colette war auf diese salbungsvolle und hinterhältige »Entlassung« nicht vorbereitet, auch wenn sie zugibt, den Austritt aus ihrer Ehe selbst insgeheim geplant zu haben. Wie unausweichlich dieser Schritt im Rückblick auch erschienen sein mag, sie war eine Frau, die durch den Betrug ihres Mannes verletzt worden war, die ihn aber immer noch liebte. Er war ein Mann, der nach wie vor Lippenbekenntnisse über seine Liebe zu ihr abgab. Sie waren mehr als nur literarische Partner, sie waren – wie sie es beide ausdrückten – die Eltern ihrer Romane. Scheidung war 1906 zwar rechtlich möglich, aber noch selten und skandalös. Und mehr als das: »Der Widerspruchsgeist der Frau ist ebenso stark wie ihr Besitzinstinkt. Wenn sie nichts weiter besitzt als ihr Unglück, dann klammert sie sich eben an ihr Unglück.« Deshalb fühlte Colette sich, auch wenn das unlogisch erscheint, niedergeschmettert. Sie war »um das gebracht worden, was ich arglistig verlassen wollte«.

Anfang November räumten Colette und Willy die »grässliche Wohnung«. Er zog mit Meg in ein kleineres Quartier in der Rue Chambiges. Colette zog zu Missy, die ein geräumiges Haus in der Rue Georges-Ville besaß, doch mietete sie zusätzlich eine bescheidene Zweitwohnung in der Rue de Villejust Nummer 44. Sie teilte sich weiterhin mit Willy die Dienste ihres Hausmädchens Francine und die Betreuung von Toby-chien. Der Hund wurde zu einem von Willys Sekretären gegeben, so dass Herrchen und Frauchen ihn wechselweise besuchen konnten. Ihrer Mutter gegenüber ließ sich Colette nichts anmerken. Sido antwortete am 6. November sehr verwundert: »Ich werde also warten, bis du mir sagst, wann ich euch besuchen kann. Ich habe den Brief, den Willy mir geschrieben haben soll, noch nicht erhalten. Aber eure Theorien über euer Eheleben werfen meine über den Haufen, obwohl ich immer fand, dass es weder passend noch angebracht ist, mit dem eigenen Mann zu schlafen. Aber Straßen und Mauern zwischen sich und den Ehemann zu legen ist doch ein bisschen viel.«

3

Laut André Billy endete das Fin de Siècle 1905. Seine Orgien forderten ihren Tribut bei zweien der ältesten Freunde von Colette. Marcel Schwob war im Winter zuvor gestorben, und Jean Lorrain erlag den Zerstörungen durch Äther in diesem Sommer. In einem 1908 posthum erschienenen Roman, *Maison pour dames*, beschreibt Lorrain satirisch den Ehrgeiz und die Intrigen in jenem Schriftstellerinnenkreis, zu dem auch Colette informell gehörte: Renée Vivien, Natalie Barney und ihre Freundinnen Anna de Noailles und Lucie Delarue-Mardrus. Colette verzieh ihm, und ihre Miniatur über Lorrain in *Meine Lehrjahre* gehört zu ihren kleinen Meisterwerken. Trotz des grellen Lichtes, das seine groteske Gestalt beleuchtet – eine kriecherische, trügerische, aufgeputschte Tunte mit blutunterlaufenen Augen und einer Puderkruste auf der rotgeäderten Haut –, entdeckt Colette an ihm »mit Leichtigkeit das Gesicht eines Mannes. Bis zu seinem Ende hat Lorrain niemals auf das Recht und auf die Lust verzichtet, ein Kämpfer und sogar ein Raufbold zu sein.« Und sie hält für ihn das größte Kompliment bereit, das sie einem Angehörigen des anderen Geschlechts machen konnte: er hat »mir Freude gemacht«.

In seiner Besprechung von Colettes Debüts als Schauspielerin in der Ausgabe des *Fantasio* vom 1. November spekuliert der Kritiker Franc-Nohain öffentlich darüber, warum eine so begabte Schriftstellerin wie Madame Willy ihre Zeit damit vergeude, »auf der Theaterbühne herumzutanzen«. Es sei ärgerlich, mit anzusehen, wie sie sich der gleichen Tricks bediene, die Frauen ohne Talent überlassen bleiben sollten. Sido, der Colette den Zeitungsausschnitt schickte, beeilte sich beizupflichten: »Da siehst du mal, [er] sagt in seinem Artikel über dich, was ich dir auch in meinen Briefen gesagt habe.«

Sido schloss, Colette sei nur zur Bühne gegangen, weil sie Geld brauchte, Franc-Nohain, weil sie Polaire unbedingt Konkurrenz machen wollte. Beide irrten sich. Ihre schauspielerische Karriere war ein vielschichtiger Akt des Revoltierens, der sexuellen Dissidenz und der Selbstbestätigung. In ihr mischten sich der Mut und Idealismus einer Revolutionärin mit der Wut und Schadenfreude, dem Egoismus und der Kindlichkeit der Jugendlichen. Sie hatte ihre Ehe aufgegeben, lebte mit einer Frau zusammen und war stolz auf ihren Mut. Waren die Heuchler verlegen, die Prüden entsetzt, die Blaustrümpfe angewidert? Missbilligten die Kritiker das? Machte ihre Mutter sich Sorgen, sie könne sich erkälten? Colettes Antwort bestand darin, bei George Wague sechs weitere Stunden Pantomimeunterricht zu nehmen und ihn zu fragen, ob er auch Missy als Schülerin annähme. Die Marquise, erklärte sie, »möchte im Klub die Rolle des Franck [des Malers in *La Romanichelle*] spielen«.

Das war nicht nur ein Trick – darin steckte auch eine Provokation. Colettes sozialer Status war von vornherein prekär gewesen, bei Missy lagen die Dinge anders. Anfang November erschien ein Journalist namens Fernand Hauser, um die Nachfahrin von König Ludwig und Kaiserin Josephine über ihre Pläne zu befragen, mit Madame Willy die Bühnenbretter zu betreten.

Colette empfing ihn in Missys Salon: »›Hier ist ein schöner

Wichtigtuer‹, schrie die Autorin der *Dialogues de bêtes* …, ›und was geht Sie das an, wenn die Marquise sich entschließt, mit mir aufzutreten?‹«

Darauf erschien ein »Mann« im Samtanzug mit einer Palette in der Hand, und Hauser erkannte die Marquise in ihrem Theaterkostüm. Sie erklärte höflich, dass sie tatsächlich zwei private Aufführungen haben werde, »denn es macht mir Spaß. Aber warum wollen Sie das Ihren Lesern erzählen?«

In diesem Augenblick, fährt Hauser fort, betrat »Willy, der Autor von *Claudine à l'école*« den Raum und riet der Marquise, es sei nutzlos zu protestieren: »Ein Redakteur von *Le Journal* … wird wissen, wie er Sie zum Reden bringt.«

Missy gesteht dann weiter ihre Liebe zum Theater, beharrt jedoch auf ihrem Amateurstatus. Sie wolle keinen Sou damit verdienen und auch nicht unter ihrem eigenen Namen auftreten. Sie habe das Pseudonym Yssim gewählt. Hauser will wissen, ob sie es sich nicht noch anders überlegen und schließlich doch in der Öffentlichkeit auftreten werde. »Schreiben Sie so: ›Sie – würde – nicht – im – Traum – daran – denken‹«, befiehlt Colette, die Worte einzeln skandierend. Doch dann laden ihn die Schauspielerinnen ein, sich die Probe anzusehen. »Die beiden Künstlerinnen spielen ihre Rollen gleich meisterhaft«, frohlockt er. Als der Akt zu Ende ist, entbietet Willy seine Glückwünsche, und Colette wirft ihm einen Blick zu. »Als Madame mit mir verheiratet war, warf sie mir nicht solche Blicke zu!«, sagt er zu ihr, »und alle lachen.«

Die privaten Aufführungen fanden wie geplant statt, und am 25. November kündigte der *Cri de Paris* in einer Kolumne unter dem Titel »Claudine-Scheidungen« an, die Leitung des Moulin Rouge habe Madame Willy für die astronomische Summe von fünfzehnhundert Francs pro Abend engagiert, zusammen mit »Yssim« in seinen Räumen *La Romanichelle* aufzuführen. Ein zweiter Artikel im selben Heft ergeht sich »en famille« in wilden Spekulationen über das Quartett Colette, Missy, Willy und Meg. Colette antwortete, um »festzuhalten, dass sie frei sei«, und das, wie Claude Pichois bemerkt, »in einem Ton, den sich keine andere Französin in dieser Zeit öffentlich erlaubt hätte«. Sie teilt dem Herausgeber mit:

> Ich lese mit Vergnügen Ihre Mitteilungen, ein häufiges Vergnügen, denn seit einiger Zeit schon verwöhnen Sie mich mit ihnen. Wie schade, dass Sie eine der witzigsten »en famille« nennen. Das gibt Willy, der mein Freund ist, der Marquise und mir und dieser netten, heiteren englischen Tänzerin, die Willy Meg nennt, den Anschein einer gemeinen Kommune. Damit haben Sie zweifellos die Gefühle von dreien von uns verletzt. Verknüpfen Sie nicht in den Köpfen Ihrer zahlreichen Leser zwei Paare so intim, die ihr Leben auf die normalste Weise eingerichtet haben, die ich mir vorstellen kann, nämlich nach ihrem Vergnügen.

Am 15. Dezember, dem Tag vor der Premiere, erschien im *Fantasio* ein anonymer Artikel, dem Sem eine Karikatur von Missy in Männerkleidern beigefügt hatte, sowie einige amouröse Fotos von ihr und Colette. Selbst nach den Begriffen jener Zeit war das ein bemerkenswert bösartiger Fall von Rufmord. Derjenige, der das geschrieben (und mit Mr. Vitriol unterzeichnet) hatte, besaß intime Kenntnisse von Missys Leben, denn er spricht sachkundig über ihre Kindheit und vermerkt sogar, dass »sie in einer nicht lange zurückliegenden Stunde der Bitterkeit behauptet habe, die feige Gewalttätigkeit, die kriminellen Annäherungsversuche eines Menschen, der mit ihrem Haus vertraut sei und der sie als einer der Ersten respektiert haben sollte, habe ihr Herz und ihr Fleisch für immer mit Abscheu und Widerwillen gegen das Männliche getränkt«.

Der Artikel erging sich dann in Einzelheiten der Skandale in Missys Jugend, ihrer Depressionen, ihres malvenfarbenen Teints und der Trapeze, die sie in den »Liebeskammern« »all ihrer Garçonnières« hatte anbringen lassen. Der Artikel schloss:

> Heute versäumt es keiner jener Spezialführer, die reiche Fremde auf die geheimen Sehenswürdigkeiten von Paris aufmerksam machen, im [Bois], in bestimmten Bars und Treffpunkten [...] auf jenes geschlechtslose Wesen mit dem aufgedunsenen Gesicht aus weichem Gips hinzuweisen, das mit dem starren Blick des Äther-Abhängigen und Tagblinden und mit toten Lippen unvermeidlich [...] einen Schoßhund oder eine Schauspielerin mit sich herumschleppt. Deklassiert, abgrundtief gefallen, wird sie ihre Tage entweder damit beschließen, dass sie den Schleier nimmt oder ein lesbisches Bistro in Monte Carlo betreibt. [...] Bis dahin spielt sie mit einer ihrer Freundinnen, die schon berühmt ist, in einer Pantomime mit, und morgen debütiert sie im Varieté. Arme Missy!

Zwei christliche Märtyrer im Löwenkäfig hätten keinen mutigeren Auftritt haben können, als Missy und Colette ihn auf der Bühne des Moulin Rouge hatten. Zum Einstieg erschien Footit, der berühmte Clown, der erst für die Marquise gehalten wurde. Die Zuschauer, die halsabschneiderische Preise für ihre Eintrittskarten bezahlt hatten, wurden ungeduldig, und als die beiden Darstellerinnen endlich erschienen, gab es ein Stampfen und Schreien: »Halt dich ran, alte Yssim! Hol sie dir! Los, hol sie.« Und als die schamlose Zigeunerin (Colette) die Bühne verließ und der liebeskranke Maler (Missy) in Schluchzen ausbrach, »schloss sich der ganze Saal in einem rührenden Akt mitfühlender Solidarität ihrem Schmerz an und erging sich in Stöhnen und Klagen. Es war wirklich sehr komisch, und die einzigen Buhrufe im Saal kamen von den letzten Vertretern imperialer Korruption.«

Sido war in jener Woche in Paris. Möglich, dass sie die Vorführung miterlebte. Jedenfalls besuchte sie ihren Schwiegersohn in der Rue Chambiges, wo er an ihrer Schulter Tränen vergoss – »Krokodilstränen«, schrieb Sido zwei Jahre später, »die mich kalt ließen«. Missy und Colette »verwöhnten« sie so eifrig mit Diners, Geschenken und Ausflügen, dass Madame Colette protestierte, sie brauchten nicht zu denken, dass sie stürbe. Sie hatten keine Skrupel, Sido mit ihren lesbischen Freundinnen bekannt zu machen, und selbst aus heutiger Sicht erscheint die Haltung, mit der Sido den Lebensentwurf ihrer Tochter annahm, aufgeklärt.

Eines ihrer Diners fand im »Gutshof« statt. Es konnte kein Zufall sein, dass auch Willy und Meg an der Gesellschaft teilnahmen – ein Schock für Sido, den sie aber mit der ihr eigenen Gelassenheit meisterte. »Ich betrachtete den Ort [...] und die Bedienung mit einer gewissen Verwunderung«, erzählte Colette Jahre später, einer Verwunderung, die »von Meg und Willy fälschlich für die Dummheit der Provinzlerin gehalten wurde«. Listig bat sie Meg, ihrem »Papa« eine Schüssel weiterzureichen, und als sich die Gelegenheit bot, flüsterte sie Willy zu: »Du bist ein nichtsnutziger Schurke.« Worauf er antwortete: »Das hat man mir schon gesagt.«

4

Das erste Tohuwabohu im Moulin Rouge war der Auftakt zu einem Premierenkrawall in der großen französischen Tradition von *Hernani*, *Ubu Roi*, *Le Sacre du printemps* und *Pelléas et Mélisande*. Caradec meint, entweder hätten Willy und Colette völlig naiv übersehen, welche Risiken sie eingingen, wenn sie »den Namen de Morny kompromittierten«, oder sie hatten in der Vergangenheit schon so viele Skandale überlebt und in Profite für sich umgemünzt, dass sie bei dem Spektakel, das sie jetzt planten, die

Grenzen der öffentlichen Toleranz falsch einschätzten. Missy, schreibt er, »verstand das, aber es war ihr egal«.

Die besagte Aufführung fand am 3. Januar 1907 statt. Es war eine Pantomime in einem Akt für zwei Personen mit dem Titel *Rêve d'Egypte*, geschrieben von Willy, Wague und Vuillermoz, die Musik stammte von Edouard Mathé, Darstellerinnen waren Colette und »Yssim«. Colette sollte eine schöne ägyptische Mumie spielen und »Yssim« den Archäologen, der sie entdeckt. Die Mumie erwacht in einem edelsteinbesetzten Büstenhalter zum Leben, schält sich langsam und verführerisch aus ihren durchsichtigen Umhüllungen, um dann am Höhepunkt des Tanzes leidenschaftlich den Archäologen zu umarmen.

Die Leitung des Moulin Rouge nutzte die Gelegenheit mit einem Zynismus, der dem Sensationsfernsehen alle Ehre gemacht hätte. Sie hängten das de-Morny-Wappen an den Eingang des Theaters und druckten es auf die Plakate. Missys Bruder, der Herzog de Morny, ihr Exgatte, der Marquis de Belbœuf, und der führende Bonapartist, Prinz Murat, ließen sich ködern: Sie kauften eine große Anzahl von Sitzen in den Orchesterlogen und besetzten sie mit ihren Freunden vom Jockey-Klub und hundertfünfzig gedungenen Schlägertypen. Als Willy in Begleitung von Meg erschien, verwandelte sich die Menschenmenge in eine murmelnde Bedrohung.

Der Vorhang hob sich um zehn Uhr fünfundvierzig. Die Bühne wurde sogleich mit Münzen, Orangenschalen, Sitzkissen, Bonbondosen und Knoblauchzehen bombardiert, während die Buhrufe, die Pfiffe der Randalierer und Zwischenrufe wie »Nieder mit den Lesben!« ein Orchester mit vierzig Musikern übertönten. Keines dieser Geschosse traf tatsächlich Missy oder Colette, die trotz des nicht enden wollenden Aufruhrs mit ihrer Darbietung fortfuhren. Sie spielten mit so viel unerschütterlichem Mut, dass sie die Sympathie der unparteiischeren Zuschauer auf ihrer Seite hatten, die aufstanden und ihnen applaudierten.

Als der Archäologe die ausgepackte Mumie in »seine« Arme schloss, um ihr einen langen, echten Kuss zu geben, gelangte der Tumult auf den Siedepunkt. Als der Vorhang fiel, schob sich der Mob auf Meg und Willy zu und sang: »Hahnrei, Hahnrei«. Willy schlug mit seinem Spazierstock nach ihnen, Meg mit ihren Fäusten, so bahnten sie sich den Weg ins Foyer. Einer ihrer Hiebe traf einen Mann auf der Nase, einen anderen kratzte sie mit ihrem Ring. Die Polizei kam, um sie und Willy aus dem Theater zu schleusen. Vier ihrer Freunde schlossen sich den Polizisten an, um die anrückenden Horden zu bändigen, die so lange aufgehalten wurden, bis das Paar das Büro der Theaterleitung erreicht und sich dort eingeschlossen hatte.

Am nächsten Tag beantragten Missys Verwandte beim Polizeipräfekten, Monsieur Lépine, die Aufführung zu verbieten. Die Theaterleitung lehnte ab, und am 4. Januar versammelte sich eine große Menschenmenge vor dem Moulin Rouge zur zweiten Vorstellung. Im letzten Augenblick erschien jedoch der Intendant auf der Bühne und teilte dem Publikum mit, auf Grund einer polizeilichen Verfügung gebe es im Stück gewisse »Veränderungen«: Es erhielt einen neuen Titel, *Songe d'Orient*, und Wague übernahm die Rolle von Yssim. Die Vorstellung begann und mit ihr auch neuerlicher Krawall. Die Menge stampfte und pfiff und warf allerlei auf die Bühne; sie hörte nicht auf, nach der Marquise zu rufen. Wieder erhielt Colette Applaus für ihre außerordentliche Tapferkeit.

Nach der Vorstellung traf Paul Lagardère, ein Journalist von *La Semaine parisienne*, die Künstlerin in ihrer Garderobe mit Madame de Morny an und fragte Colette nach ihren »Eindrücken«:

> »Meine ›Eindrücke‹?«, sagte Madame Colette Willy. […] »Ich bin etwas enttäuscht über die Feigheit all dieser Leute, die mich an diesem und am vergangenen Abend mit Beleidigungen überschüttet haben […]. Wenn mir kein

Fußschemel ins Gesicht geknallt ist, dann nur, weil ich ihm rechtzeitig ausgewichen bin. Sehr reizvoll, finden Sie nicht?«

»Hör auf, Colette«, flüstert die Marquise de Morny. »Lassen Sie die Sache fallen, Monsieur, gestern haben sich ein paar Herren wie Lakaien benommen. Lassen wir sie in Ruhe und machen wir weiter.«

»Vorausgesetzt, sie lassen uns in Ruhe«, erwidert Colette Willy doch etwas nervös.

»Sie haben mich gefragt, ob ich Lampenfieber hatte? Nein, das ist nicht meine Art. Sehen Sie? Ich zittere überhaupt nicht. Sie müssen wissen, dass mir diese Demonstrationen keine Angst machen. Ich werde wieder spielen, es sei denn, ihretwegen endet mein Engagement mit der heutigen Vorstellung, und ich bin gezwungen, ins Ausland zu gehen, um mir meinen Lebensunterhalt zu verdienen.«

Die Sache hatte ein weiteres Nachspiel. Missy verklagte das Theater wegen Vertragsbruch und forderte zehntausend Francs Schadensersatz für die Verletzung ihrer »Anonymität« und die Verwendung ihres Familienwappens. Willy schrieb einen Brief an eine Provinzzeitung, um einen Artikel »richtig zu stellen«, in dem er für die Krawalle verantwortlich gemacht wurde: »Ich erwarte, dass Sie mir erklären, warum Sie so tun, als sei ich für das Tun und Treiben von Madame Colette Willy verantwortlich, von der ich mich de facto getrennt habe und de jure auf den Gerichtsentscheid über unsere Trennung warte.«

Die Ausgabe von *Le Temps* am 18. Januar kündigte dann an, »Monsieur Gauthier-Villars lebt in Scheidung«, eine Nachricht, die zweifellos Willy lanciert hatte, der seinen Scheidungsantrag mit der Behauptung, er sei verlassen worden, erst fünf Tage später einreichte. Am 20. Januar schrieb eine wütende Sido, die diese Nachricht in der Zeitung las, an Colette:

> Du schreibst mir nicht, ich kann das nicht ertragen. Du hast kein Vertrauen zu mir, zu uns, sollte ich sagen.
> Glaubst du, dass uns all diese Geschichten kalt lassen? Was ist mit diesem Artikel in *Le Matin*? Warum lässt du dich so übers Ohr hauen? […] Wenn mich mein Sinn für Logik nicht im Stich lässt, dann scheint mir, dass dich jemand gedrängt hat, Dinge zu tun, damit er das Recht hat, dich vor die Tür zu setzen. Du wirst am Ende noch elender dastehen als ich. Mir scheint, du müsstest einen klaren Blick auf all das werfen. Was von alledem, was du besitzt, wird bei dir bleiben? […] Warum machst du dich zum Sklaven all dieser Leute? Entschuldige, Liebes, dass ich so mit dir spreche, aber es ist mir schrecklich, von Leuten betrogen zu werden, die meiner nicht würdig sind, und du bist ich. […]
> PS Eines sollst du wissen: Es gibt nur eine Person auf der Welt, auf die du zählen kannst, und das bist du selbst. Du bist noch jung und stark, lass dich nicht betrügen.

Bedenkt man, dass Willy die Pantomime, die zu diesem Krawall führte, geschrieben, geprobt, begleitet und in der Presse verteidigt hat, ist sein verspäteter Versuch, sich von Colette zu distanzieren, eine Unverschämtheit. Inzwischen versuchte er verzweifelt, seine Hauptquelle für ein regelmäßiges Einkommen, seinen Job als Musikkritiker für *L'Echo de Paris*, zu retten. Der »Abscheu« gegen das »Schauspiel« seiner »Selbstgefälligkeit« war so gewaltig und allgemein, dass seine Arbeitgeber erklärt hatten, sie könnten es sich nicht leisten, mit ihm in Verbindung zu stehen. Meg Villars übernahm es, in einem Anfang Februar geschriebenen Brief Jacques die Nachricht und auch Colettes Reaktion darauf mitzuteilen: »Doch das Schreckliche daran ist«, schrieb sie, »dass der Skandal, den Colette verursacht hat, Papa um seine Stelle beim *L'Echo de Paris* gebracht hat. […] Du kannst dir vorstellen, was das für uns bedeutet – schon gar, wo wir unser Geld verloren haben. Gestern Abend sagte er es Colette! Sie ist schrecklich selbstbezogen; sie sagte nur: ›Oh, das tut mir Leid‹, und fuhr fort, über ihre eigenen Dinge zu reden. Dabei weiß sie, dass es eigentlich ihr Fehler ist! Sie widert mich an. Selbst der Marquise war es peinlich, sie so gleichgültig zu sehen.«

Colette hatte inzwischen eine Gegenklage gegen Willy um Scheidung eingereicht. Nach französischem Recht genügte es nicht, dass eine Frau behauptete, ihr Mann sei ihr untreu gewesen. Sie musste beweisen, dass er eine Konkubine ins Haus gebracht hatte. Das hatte Willy entgegenkommenderweise mit Meg getan. Außerdem hatte sich Colette am Morgen nach dem zweiten Abend im Moulin Rouge an Ollendorffs Verlagsbüro gewandt und ein Manuskript zurückgefordert, das, wie sie jetzt erklärte, ihr Eigentum war: der letzte Roman aus der Claudine-Serie. »Sie werden zweifellos wissen, dass Willy und ich dabei sind, uns scheiden zu lassen«, schrieb sie an Mandel, den Verlagsleiter. »Es ist meine Pflicht, Sie darauf aufmerksam zu machen, dass zu den Gegenständen und Möbeln, die ich zurückverlange, auch mein Anteil an einem letzten Roman gehört [...], den ich bei dem Verleger veröffentlichen werde, mit dem ich einen Vertrag habe. Ich weiß sehr wohl, dass Willy Ihnen einen Roman schuldet, und ich zweifle nicht, dass er ihn Ihnen später liefern wird. Meiner ist fertig, ich nehme ihn mit; dieses ist ein Wettstreit, und ich bin Siegerin, das ist alles.«

Das war jedoch nicht alles. Zum selben Zeitpunkt, als sie einander wegen Scheidung anklagten, ihre schmutzige Wäsche ausbreiteten, in Zeitungen Abschiedsbriefe veröffentlichten und um ihr gemeinsames Eigentum stritten, schrieben Willy und Colette sich fast täglich, verhandelten, oder genauer gesagt, verhandelten neuerlich über eine geheime Allianz. Und hier werden ihre Beziehungen so undurchsichtig, dass eine Chronologie ihnen eher gerecht wird als eine Erzählung.

20. Januar. Colette entschuldigt sich in einem Brief an Willy für einige böse Worte. »Wenn ich dir schlimme Dinge schreibe, halte sie mir nicht vor, so denke ich nur im Augenblick. Du hast mir immer gesagt, ich solle den ersten Impulsen nicht trauen. Die Lektion war umsonst.«

31. Januar. Colette reicht ihre Gegenklage für die Scheidung ein.

13. Februar. Das Gericht fällt sein Urteil; es gibt der Scheidung auf Grund »wechselseitiger Verfehlungen« statt. Die Nachricht geht durch die meisten Pariser Zeitungen, und Willy reist mit Meg nach Capri. Er schickt Colette Urlaubsschnappschüsse von Meg und Toby-chien.

14. Februar. Colette schreibt Willy einen konspirativen Brief über ihre literarischen und dramatischen Pläne. Wenn ihr nur jemand ein Einkommen von sechstausend Francs garantieren könnte, »dann wäre sie keiner lebenden Seele etwas schuldig«.

Etwa einen Tag später. Colette schreibt in einem Brief an ihre Mutter, der nicht erhalten ist, Sidos Tiraden gegen Willy stimmten mit ihren eigenen Gefühlen nicht überein, und sie bittet sie, ihm liebevoller zu schreiben.

16. Februar. Sido antwortet: »Du liebst Willy, und zwar sehr, sagst du, und er reist mit einer hübschen jungen Frau [nach Capri]? Ich versichere dir, wir ähneln uns in vielen Dingen, wie wir uns auch äußerlich ähnlich sind, aber deine Vorstellungen über deine Ehe sind von meinen weit entfernt. Und wenn ich Willy ganz anders beurteile als du und wenn ich deine Gefühle verletze, wenn ich so über ihn spreche, wie ich das getan habe, dann zweifellos, weil du mir nicht anvertraust, was du insgeheim denkst.«

Missy fand Colettes Verhalten Willy gegenüber ebenso rätselhaft wie Sido. In einem Fragment eines undatierten Briefes schreibt Colette ihr: »Wenn du das nicht verstehst, habe ich nichts mehr zu sagen. Es gibt Dinge, die muss man unmittelbar und ohne Erklärungen begreifen, sonst wird man sie nie verstehen.«

16. Februar. Missy schreibt an Willy in Capri: »Ich verstehe Ihre beiden Charaktere nicht immer, und anfangs habe ich oft bedauert, dass Sie so sehr das Bedürfnis hatten, unsere Lage zur Schau zu stellen (was Sie immer wollten). Sie hätte ebenso frei und dennoch diskreter sein können. [...] Als Sie mir Colette in die Arme legten – und zwar ganz! –, habe ich gesehen, was Sie wollten, und bin nicht zurückgeschreckt, obwohl ich voraussah, was uns dreien geschehen konnte. Ich verdiene deshalb die Vorwürfe von Colette nicht; sie ist ein leichtsinniges Kind ohne viel Sinn für Moral, doch das ist nicht ihr Fehler! Ich verstehe, dass sie sich mit mir alter, melancholischer Person langweilt. Ich ärgere mich auch darüber, aber es ist dem Menschen nicht gegeben, sich selbst zu ändern.«

17. Februar. Colette liest Missys Beschreibung von ihr und schreibt Willy, sie sei sehr überrascht, den Ausdruck »Sinn für Moral« in Missys Handschrift zu lesen. Es handelt sich um das Postskriptum zu einem Brief, der zu den vertrautesten und intimsten Dokumenten gehört, die von Colettes Hand erhalten geblieben sind. Darin teilt sie ihrem Gatten mit, dass sie beide nüchterner seien als gewöhnliche Sterbliche; er sei ein Dummkopf, die einzige Frau auf der Welt, die zu ihm passe, und die Einzige, zu der er passe, aufgegeben zu haben. Und sie schlägt ein heimliches Verhältnis vor: Sie sollten nahe beieinander, aber nicht miteinander wohnen; sie sollten auf »andere Menschen« verzichten, insbesondere er auf seine »zweifelhaften« anderen Frauen, seine »Megs und musterhaften Claudines«. Sie werde weiterhin mit Missy schlafen, die mit ihrer *Ménage à trois* ganz zufrieden sei. Er solle sich Zeit nehmen, ihr Angebot zu überdenken, aber sie brauche seine Treue, körperlich wie emotional. In der Zwischenzeit, schließt sie, solle er sich über ihre Verzweiflung keine Sorgen machen, sie werde nie »den Gashahn aufdrehen. Ich umarme und küsse dich.«

23. Februar. Der *Mercure de France* veröffentlicht den letzten *Claudine*-Roman, in dem Colette Renaud sterben lässt. Nach einigem Gerangel hatte Willy seine Frau »autorisiert«, den Roman unter ihrem Namen erscheinen zu lassen und eine Anmerkung hinzuzufügen, in der Colette zum ersten Mal öffentlich das Verdienst für ihre Autorschaft zumindest teilweise in Anspruch nimmt: »Aus Gründen, die nichts mit Literatur zu tun haben, habe ich aufgehört, mit Willy zusammenzuarbeiten. Dieselben Leser, die unsere sechs [...] legitimen Töchter so positiv aufgenommen haben, die vier *Claudines* und die beiden *Minnes*, werden, so hoffe ich, auch *La Retraite sentimentale* genießen und in diesem Buch vielleicht schnell etwas von dem finden, was ihnen in den anderen gefiel.«

13.–16. März. Meg und Willy halten sich in Menton auf, Colette und Missy wegen einer Aufführung von *Rêve d'Egypte* (mit Wague) in ihrer Nähe, in Nizza. Sido schreibt ihrer Tochter, es scheine, als sei sie von dem Leben, das sie führt, »entzückt«. Sie bittet Colette, Willy einen Kuss von ihr zu geben, wenn sie ihn sehe. Colette sieht ihn. Willy schreibt Vuillermoz, er sei nicht bei der Aufführung gewesen, habe aber »*la jeune mime*« heimlich in ihrem Hotel besucht und sie sei heimlich zu ihm nach Menton gekommen. »Ich kann nichts dafür, dass ich sie nicht hassen kann und sie mich auch nicht.«

29. März. Meg schickt Schnappschüsse von sich ausgerechnet an Sido, die der »*jeune Anglaise*« dankt, an sie gedacht zu haben, obwohl es Abzüge von Fotos sind, die sie schon von Colette bekommen hatte!

1. April. Willy schickt teure Süßigkeiten an Sidos Enkel: »Dieser Willy! Dennoch denkt er immer daran, Menschen eine Freude zu machen!«

Mitte April. Jacques Gauthier-Villars ist für die Osterferien aus dem Internat nach Hause gekommen. Er erinnert sich später, dass Colette und Willy, obwohl sie offiziell geschieden waren, einander jeden Tag sahen; sie arbeiteten zusammen an einem Buch, und ihr »tagtäglicher Umgang miteinander schien ausgezeichnet zu sein«.

Colette hatte jedoch nicht aufgehört, auf Willy »wütend« zu sein, wie sie in einem Brief an ihn zugibt. Offenbar als Antwort auf eine ihrer Tiraden schickt er ihr ein Eiltelegramm:

> Ich dachte, wir hätten wieder ein gutes emotionales Verständnis hergestellt, obwohl wir uns offiziell getrennt haben. Doch seit diesem Tag hast du mir nicht ein Mal geschrieben, am Telefon hast du einen fast aggressiven Ton. Was ist denn los? Sind wir Feinde? Wenn ich mir vorstelle, dass es Willy ist, der diese Frage an Colette stellt! Das Leben ist eigenartig. Doch ich habe mich neulich nicht geirrt, als du mir mit der Traurigkeit eines Kindes, der ich nicht widerstehen kann, und diesen Tränen, die mich verwirren, sagtest: »Ich will nicht in derselben Stadt mit dir wohnen, wenn wir getrennt sind … Ich gehe nach Brasilien …« Erschüttert von diesem Kleinmädchenärger ging ich und fühlte mich stark, ja, Colette, stark, ich machte große Pläne. Sie sind zerbrochen. Sei's drum. Aber ich möchte dich einfach fragen, was du vorhast, nicht öffentlich, denn wir, du und ich, sind uns ja einig, dass wir nach außen unseren Streit zur Schau stellen. Aber darunter, was geht da vor? Ich habe ein Recht, das zu wissen, und ich habe vor allem das Bedürfnis, es zu wissen. Sag es mir klar und deutlich. Oder lass mich dich besuchen, damit wir ein für alle Mal entscheiden, wie es weitergehen soll. Ich kann es nicht mehr ertragen. Und fürchte du keine Jeremiaden, um Gottes willen. Wenn du mir sagst, es ist vorbei, wir wollen uns an nichts festhalten, auch nicht im Geheimen, brauchst du kein Melodrama zu befürchten. Ich hätte gern eine umgehende Antwort, per Telegramm, aus mehreren Gründen. Solange ich im Zweifel bin, lasse ich es mir nicht nehmen, dir, vielleicht zum letzten Mal, zärtliche Grüße zu schicken.

12. Juni. Willy vertraut Sido an, dass er unter dem Verlust seiner Stelle bei *L'Echo de Paris* leidet – nicht nur wegen des Geldes, sondern auch wegen seiner Untätigkeit. Er schreibt ihr, er befürchte, Achilles Freundschaft verloren zu haben, sie aber versichert ihm, dass er sich irre. Colette gegenüber bemerkt sie mitfühlend: »Wie gut ich ihn verstehe! Ein Willy, der nicht mehr schreibt … ist kein Willy.«

Der Sommer kommt. Willy und Meg sind zurück in Paris und haben Léo Colette zu Besuch.

Ende Juli. Begüterte Pariser zerstreuen sich in die Berge und an die See. Colette und Missy kehren nach Le Crotoy zurück, wo sie bis September bleiben. Meg und Willy mieten das Haus nebenan, und die beiden Paare leisten einander Gesellschaft. Willy fotografiert Meg und Colette beim Umhertollen am Strand. »Ich finde deine Beziehung zu Miss Meg fantastisch«, räumt Sido mit der ihr eigenen Offenheit ein. »Ich bin misstrauischer als du, vor allem dem Anormalen und Unlogischen gegenüber. Ich mag keine komplizierten Situationen im Leben: Ich wäre zu dumm, sie zu entwirren.«

18. KAPITEL

I

Im Jahr 1906 veröffentlichte Colette nichts Wesentliches, »[ich] entwickelte [...] Kräfte, die nichts mit Literatur zu tun hatten«, erklärt sie. Es ist erstaunlich, dass sie es schaffte, bei all den Wirren dieses Jahres überhaupt zu schreiben. Sie schloss den letzten *Claudine*-Roman *Claudine findet zu sich selbst* ab, bevor sie aus der Rue de Courcelles auszog, und der Mercure de France veröffentlichte ihn im Februar 1907.

Französisch erschien er unter dem Titel *La Retraite sentimentale*. *Retraite* hat den gleichen Doppelsinn wie das deutsche Wort »Rückzug«: im Sinne von »den Kampf aufgeben«, aber auch »sich zur Ruhe setzen«. Willy brachte bei diesem Manuskript ganz wenige Korrekturen an, und Colette verwarf – zum ersten Mal – viele seiner Vorschläge. Der Roman spielt in Casamène (Les Monts-Bouccons), und die Beschreibungen der Franche-Comté in der Grafschaft Burgund enthalten einige von Colettes üppigsten Naturschilderungen.

Zu Beginn des Romans wartet Claudine in Casamène treu auf die Rückkehr Renauds, der sich gerade als Patient in einem Schweizer Sanatorium befindet. Annie Samzun, von Alain geschieden, leistet Claudine Gesellschaft; sie ist vorübergehend auf Entzug von ihrer neuen Sucht: anonymem Sex mit Fremden, mit Liftboys, Tenören, irgendwelchen Männern, die ihr über den Weg laufen. Claudine bittet sie zu erzählen und findet ihre Geständnisse obszön und banal. »Es gibt etwas«, bestätigt Claudine sich selbst,

»woran [Annie] nicht gedacht [hat]: die Liebe! Die Liebe hat mich so glücklich gemacht, sie hat meinen Körper so im Übermaß mit Lust beschenkt und meine Seele mit Qual, mit all ihrer unheilbaren, köstlichen Schwermut, dass ich einfach nicht verstehe, wie Sie neben mir leben können, ohne vor Neid zu sterben!«

Marcel kommt, er ist noch verlebter als sonst. Auch er sucht Zuflucht – vor einem Erpresser. Er erzählt Claudine von seiner glorreichen Zeit unter den hübschen Jungen eines Elite-Gymnasiums. Nach Claudines Einschätzung ist er genauso »blöd und unersättlich« wie Annie, besessen vom »jungen Fleisch«. Unklug, ja sogar herzlos von ihr, dass sie die beiden zusammenbringt. Wie vorauszusehen, führt das für beide zu einer demütigenden Katastrophe. Blamiert geht Marcel fort.

Schlafzimmerszenen und schlüpfriges Geplauder am Kamin machen den größten Teil dieses Romans aus. Schließlich kehrt Renaud aus dem Krankenhaus zurück, gealtert, impotent und unheilbar krank. Er bietet Claudine seinen Mund und seine Hände an; sie lehnt ab. »Da stehe ich [...] erfüllt von einer Kraft, die sich niemals ganz verausgabt hat, jung und bestraft und dessen beraubt, was ich im Geheimen so brennend liebe, ringe ich hilflos die Hände vor meinem Unglück, vor dem verstümmelten Standbild meines Glücks ... Er, den ich im töchterlichen Liebesspiel ›meinen Vater‹ nannte – nun ist er für den Rest unseres Lebens mein Großvater geworden ...«

Renaud stirbt. Annies Schwiegereltern kommen zu ihr, begleitet von einem betrunkenen Maugis. Zusammen versuchen sie, Claudine zu überreden, ins gesellschaftliche Leben zurückzukehren. Es gelingt ihnen nicht. Durch den Tod geläutert, naturbegeistert und der Frivolität der anderen überlegen, wendet Claudine sich ihren Büchern, ihren Tieren, ihrem Herd und dem Gut zu, das Annie ihr ganz zufällig überlassen hat. »Ich fürchte niemanden, nicht einmal mich selbst«, jubelt sie auf den letzten Seiten. »Die Versuchung – die kenne ich. Ich lebe mit ihr. [...] Alles ist möglich; ich bin darauf gefasst. Das wird schon nicht so schrecklich sein, Begierde ohne Liebe.«

Colette veröffentlichte *Claudine findet zu sich selbst* zwar unter ihrem Namen, doch war dies, wie Michel Mercier sich ausdrückte, zugleich auch »ihr letztes Werk als Ghostwriter«. Die unaufrichtige Erotik von Annies Geständnissen ist reinster Willy, ob er nun seine Hand mit im Spiel hatte oder nicht; und das gekünstelte, romantische Wunschdenken ist unreine Colette. Sie benutzt den Roman, um das wieder in Besitz zu nehmen, was sie in ihrem wirklichen Leben gerade verliert oder schon verloren hat, und sie verdrängt ihre eigenen Schwierigkeiten und Schwächen, indem sie sie Gestalten zuschreibt, die sie dann moralisch verwirft.

Claudines Selbstsicherheit, ja Grandiosität, erhält eine andere emotionale Färbung, wenn man bedenkt, dass Colette in der Rue de Courcelles auf den gepackten Koffern sitzt und das Ende ihrer eigenen Ehe neu schreibt. »Sag mir«, fragt Sido Colette, »es ist doch unbezweifelbar, dass es hier um dich und Willy geht, oder? Und das Ende, das mir sehr gefällt, kann überhaupt nicht nach seinem Geschmack sein, denn ein Greis genannt zu werden, dürfte das Letzte sein, was ihm schmeichelt.«

Wie stark Colettes Nostalgie auch gewesen sein mag, mit Sido kann man sich vorstellen, dass sie mit dem Schreiben von Renauds Todesszene einen angenehmen Morgen verbrachte. »Ich vergaß mich so sehr, dass ich dem Arzt sagte: ›Bitte geben Sie ihm etwas, damit er schneller stirbt!‹« Und viele Jahre später sinnierte sie: »Sein Tod vermittelte mir den Eindruck, eine Art literarische Pubertät erreicht zu haben, einen Vorgeschmack der Freuden, die der Gottesanbeterin gestattet sind.«

2

Die Herausgeber der Pléaide-Edition äußern zwei scharfsinnige, aber widersprüchliche Ansichten über das Buch *Claudine findet zu sich selbst*. Betrachtet man sie zusammen, so eröffnen sie eine neue Sicht nicht nur auf den Roman, sondern auch auf Colettes Leben zu einem Zeitpunkt, den Pichois den »Wendepunkt« nennt. Er stellt »ein außerordentliches Gefühl der Überlegenheit« fest, das sich in ihrem frühen Werk andeutet, erst hier sich aber offen ausdrückt. »Sie tragen Ihr Glück mit einer Art Stolz, einer stillen Überlegenheit«, bewundert Annie Claudine, »als wollten Sie sagen: ›Mein Glück oder meine Traurigkeit oder meine Lust, mit einem Wort: meine Liebe ist besser, ist anders als die von anderen.‹«

Grundlage dieser Hybris ist, wie Pichois vermutet, jene souveräne Vitalität und jener Einklang mit der Natur, die seiner Meinung nach auch Colettes Größe als Schriftstellerin ausmachen. Das ist es, was sie später mit der Romangestalt Sido und mit ihren Tieren verbinden wird. Es entschuldigt auch Claudines Herablassung gegenüber den Renauds, Rézis, Luces, Annies und Marcels, kurz, gegenüber den Dekadenten und Gefallenen in der Welt. Die Freuden »des Ichs im Einklang mit der Natur«, schreibt Pichois, »sind [für Colette] wichtiger als die Freuden, die ein anderer Mensch geben kann«.

Pichois' Kollege Paul D'Hollander sieht die Beziehung zwischen der Heldin und der Autorin anders. Der Dialog zwischen Claudine und Annie ist seiner Ansicht nach eine Debatte zwischen zwei verschiedenen »Auffassungen über das weibliche Idealbild«. Colette preise Claudines Treue zu einem einzigen Mann und habe nach dessen Tod ihre helle Freude an der Einsamkeit und Selbstgenügsamkeit der Witwe. Allerdings fragt er sich, ob »die Romanautorin nicht mit Bedacht Annie so frivol gezeichnet habe, um zu zeigen, wie riskant ein Leben ist, das sich so ganz den sinnlichen Freuden hingibt, und um sich selbst gegen eine Versuchung zu wappnen, der schwerer zu widerstehen ist, als sie zugibt«. Annie, so schließt D'Hollander, »verkörpert die ›schuldbewussten‹ Hoffnungen der Schriftstellerin zu einem Zeitpunkt, als sich ihr zum ersten Mal wirklich die Möglichkeit zur Emanzipation bietet«.

D'Hollander stützt sein Argument auf ein Zitat aus einem kurzen Zeitschriftenartikel mit dem Titel »Der Spiegel«. Hier tritt »Colette« zum ersten und einzigen Mal ihrer Doppelgängerin gegenüber und sagt zu Claudine (anlässlich ihrer *Retraite*, ihres Rückzugs von der Liebe): »Das ist allein deine [Entscheidung], dieser reine Verzicht, der verlangt, dass nach Renaud dein gesamtes Liebesleben zu Ende sei. [...] Ebenfalls dein, nicht mein, ist diese Festung der Einsamkeit, in der du dich langsam verzehrst ... Hier hast du, ganz auf der Höhe deiner Seele, eine Rückzugsmöglichkeit entdeckt, die dem Eindringling trotzt ... So leb also hier ironisch und süß und lass mir [...] meinen armen, kleinen menschlichen Part, der seinen Preis hat!«

»Der Spiegel« und eine Auswahl anderer kürzerer Prosatexte von Colette erschienen 1908 in *Les Vrilles de la Vigne*. Die berühmte Titelerzählung, die sie 1905, kurz vor ihrer Scheidung, verfasst hat, beschreibt eine Nachtigall, die eines Frühjahrsmorgens erwacht und entdeckt, dass ihre Füße, vom Wein umrankt, gefesselt sind. Sie glaubt, sterben zu müssen, ringt, um sich frei zu machen, und schwört, nie wieder werde sie einschlafen, solange die Weinranken klettern. »Seit dieser Nacht sang sie, um nicht einzuschlafen. [...] Sie variierte ihr Thema, schmückte es mit immer neuen Wendungen aus, verliebte sich in ihre Stimme und wurde zu der leidenschaftlichen, sehnsüchtig trunkenen Sängerin, der man zuhört mit dem Wunsch, sie singen zu sehen.« Die Schriftstellerin sieht im Schicksal der Nachtigall das ihre.

Der Ton von *Les Vrilles de la Vigne* ist so süßsauer wie der Geschmack dieser Freiheit; das kommt von Colettes Gefühl, die Kluft zwischen der Vergangenheit – »dem Dorf, das ich zurückgelassen habe« – und der Gegenwart sei unüberbrückbar. Wie ein zeitgenössischer Kritiker scharfsinnig bemerkte, ist die Erzählerin »eine emanzipierte Frau, Künstlerin und Rebellin … wild entschlossen, allein [zu sein]«, aber »unbewusst noch auf ihre Kindheit fixiert«. In diesem Bild drücken sich ihr Verlust des Selbst und das Aufdämmern ihrer Wachsamkeit aus, die Entdeckung ihrer Stimme und ihrer Gaben und der Konflikt zwischen dem Drang nach Selbstständigkeit und der Sehnsucht nach Unterwerfung, der ihr Werk in den nächsten vierzig Jahren prägen sollte.

Die Erotik der ganz offenen und intimen *Weinranken* sollte schockieren, wie Colette Willy gegenüber vergnügt zugab, der die Manuskripte für sie las und ein paar kleinere Korrekturen machte. »Jour gris« ist eine an Missy gerichtete, fiebrige und melancholische Träumerei, in der die Erzählerin über den Verlust ihrer Unversehrtheit klagt. »Nonoche« ist ein kleiner Päan an den Lockruf der Sirenen, der die männliche Lust weckt, um derentwillen die Katzenmutter ihr Stillen unterbricht. In »Nuit blanche« zelebriert Colette ihre Dankbarkeit gegenüber der Geliebten, deren Liebe ihr so viel Geborgenheit und Beständigkeit gibt, dass sie erlösend wirkt. Stilistisch leiden diese Erzählungen stellenweise an einer exaltierten und etwas pubertären Feierlichkeit, doch die Lektüre der schönsten dieser Poeme in Prosa führt uns in ein heidnisches Heiligtum ähnlich der Villa dei Misteri, in einen Tempel wollüstiger Andacht.

3

Mitte September 1907 waren Colette und Missy noch in Le Crotoy. Sido schrieb aus Charny, wo sie Juliette besuchte, die an einer eigenartigen Magenkrankheit litt: »beunruhigendes Erbrechen wunderlicher Färbung«. Léo, der gerade von dort abgereist war, befand sich auf dem Weg nach London, eine kurze Ferienreise, die

Willy ihm spendierte. Willy spielte immer noch den aufmerksamen Schwiegersohn; er schickte Sido die Colette betreffenden Zeitungsausschnitte und Zeitungsrezensionen, die er mit seinen eigenen verehrungsvollen Kommentaren versehen hatte.

Colette hatte ihrer Mutter auch einen Besuch versprochen, aber sie hielt nicht Wort: »Du bist nicht gekommen, wie du mir gesagt hattest, aber ich habe auch kaum damit gerechnet.« Colette versprach einen langen Brief, aber auch der verzögerte sich. »Ich hätte so gern gewusst, was du machst, was du denkst, aber das ist sehr schwer, weil du all deine Schmerzen und Probleme immer vor mir versteckt hast. Das macht meine Sorgen nicht geringer, im Gegenteil.«

Colette reagierte prompt mit einem neuen Stück: einer Sprechrolle in *Le Crin* von Sacha Guitry, die ihr, wie sie Sido schrieb, vierzig Francs pro Abend einbrachte. Das Stück wurde bald wieder abgesetzt, und am 1. November trat sie mit Wague erstmals in einer Pantomime unter dem Titel *La Chair* (*Das Fleisch*) auf, mit der sie die nächsten vier Jahre recht profitabel auf Tournee gehen sollten. Dem Publikum, das in Paris und in der Provinz zu den Aufführungen strömte, war eine »Sensation« versprochen worden, und die bekam es auch. *La Chair* war der Prototyp des Miedermörder-Stücks. Es spielt in einer Schmugglerhütte an der österreichisch-ungarischen Grenze. Wague spielt den Schmuggler, Colette seine Konkubine Yulka und Christine Kerf (in Männerkleidern) Yulkas Geliebte. Der Schmuggler entdeckt die beiden und reißt in einem Wutanfall Yulka das Kleid von der Schulter bis zum Schenkel herunter. Beim Anblick ihrer nackten Brust (der linken), wirft er sich Yulka zu Füßen. Sie überhört sein Flehen. Außer sich, nagelt er seine Hand mit dem Dolch an den Tisch. Yulka sieht ihn bluten und wird wahnsinnig. »Wie traust du dich, so aufzutreten, praktisch nackt?«, wunderte sich Sido.

Die Karikaturisten hatten bei *La Chair* Großeinsatz. Die Polizei auch. Und auch Colette, die einen amüsanten Sketch über die

Generalprobe für *La Vie parisienne* verfasste. Sie beschreibt den Geruch von Gips und Ammoniak hinter der Bühne, die gelangweilten Musiker, die sich im Orchestergraben aufputschen, den dicken Intendanten, »der sich nur bei kostspieligen ›Nummern‹ herbemüht«. Eine üble Erkältung hat den männlichen Hauptdarsteller, den Mimen »W«, in Kampfstimmung versetzt. Das Bühnenbild ist zu dunkel, die Kostüme sind nicht fertig, der weibliche Star hat sich noch nicht blicken lassen. Schließlich trifft sie ein, frierend und müde; sie war vier Stunden auf den Beinen, war bei der Schneiderin und »wünscht sich nur eines aus tiefster Seele: ein Schinkenbrot, oder zwei – oder drei – mit Senf«.

4

Neben ihren Theaterengagements und Sketches für *La Vie parisienne* fand Colette noch Zeit, für Willy als Ghostwriter zu arbeiten. Sido erwähnt ihr Projekt in diesem Herbst: »Du arbeitest also für Willy? Was kann ich dir sagen … nichts ist banal in unserem Leben.« In *Meine Lehrjahre* erinnert Colette sich, dass Willy ihr nach einigem »Waffengerassel, Blitzen und Donnern« in die Rue Villejust geschrieben und vorgeschlagen hatte, sie solle für seinen neuen Roman zwanzig Seiten Landschaftsbeschreibung machen, wofür er ihr tausend Francs bot. »Tausend Vorkriegsfrancs, tausend Francs nach unserer Trennung, tausend Francs für zwanzig Seiten, während ich für die *Claudine*-Bände … Ich glaubte zu träumen.«

Der Roman erschien während Colettes erster Spielzeit von *La Chair*. Er hieß *Un Petit Vieux bien propre* (*Ein sauberer kleiner alter Herr*). Er ist kaum die zwanzig Seiten Landschaft wert, aber er enthält einen fünfseitigen Brief von Claudine an Maugis, der auf *La Retraite sentimentale* anspielt. »Ich habe das Buch von Willy bekommen«, schreibt Sido an Colette. »Es ist mehr oder weniger immer dasselbe: viele Schweinereien, sehr gut geschrieben.« Es langweilte sie, und so brauchte sie zwei Monate, um es zu Ende zu lesen. Claudines Brief, schrieb sie ihrer Tochter, »ist das Beste an diesem Buch, obwohl es von geistreichen Aussprüchen im Willyschen Stil nur so wimmelt. Aber wann immer es in einem Buch, das du geschrieben hast, einen Brief von ihm gibt oder in einem Buch von dir einen von ihm, erschüttert mich das ungefähr so wie ein Haar in der Suppe.«

Vielleicht um Curnonsky, dem Haupt-Ghostwriter von *Un Petit Vieux*, zu schmeicheln, hielt Willy Colettes Beitrag zu diesem Buch so klein wie möglich. Claudines Brief, so sagte er ihm, war ein »Mosaik aus alten Notizen. [...] Ich habe die Stücke zusammengefügt, wie man einen zerrissenen Geldschein zusammensetzt.« Doch dann erwies sich seine Großzügigkeit auch ihr gegenüber als Illusion.

Willy befand sich in diesem Herbst in erheblichen finanziellen Nöten, und Colette wusste das. »Willy nicht reich?«, fragte Sido ungläubig. »Die *Claudines* verkaufen sich also nicht noch besser als zuvor?« Und sie drängte Colette, ihren Mann schriftlich bestätigen zu lassen, dass Les Monts-Bouccons ihr gehörte. Während Achilles Notar in Châtillons und Willys Notar in Paris miteinander Briefe wechselten, wurde Willy von seinen Gläubigern vor Gericht gebracht. Allein einem Geldverleiher in Besançon schuldete er zwanzigtausend Francs; sie wurden nie zurückgezahlt. Die Gerichtsvollzieher klopften an seine Tür, um Kunstwerke und Möbelstücke zu beschlagnahmen, und suchten seine Verleger auf, um seine Verträge zu pfänden. Willy verkaufte schnell seine zwei Rennpferde und entließ seinen Jockey, entlohnte aber nicht dessen Trainer. Die tausend Francs, die er Colette gab, hatte er, wie sie mit Entsetzen ein Jahr später feststellte, aus ihrer eigenen Tasche genommen. Am 30. September 1907 hatte er ohne Wissen seiner Frau die Rechte an *Claudine en ménage* für 2400 Francs an seinen Verleger Vallette verkauft. Drei Wochen später suchte er Ollendorff im Büro auf und verkaufte ihm zu Dumpingpreisen die Veröffentlichungsrechte an *Claudine à l'école*, *Claudine à Paris* und *Claudine s'en va*, alles in allem für 5 000 Francs – Bücher, von denen (allein auf Französisch) mindestens eine halbe Million Exemplare verkauft worden waren und die heute noch erhältlich sind! Im Dezember dieses Jahres musste Colette einen Vortrag über »Die Liebesbriefe berühmter Frauen« absagen, um in der Kanzlei eines Notars in Besançon zu erscheinen. Willy hatte Les Monts-Boucons »auf gerichtliche Anordnung« verkauft und brauchte für die Eigentumsübertragung ihre Unterschrift.

Warum, fragt Caradec, trat Willy die Rechte an den *Claudine*-Romanen für einen solchen Hungerlohn ab, nicht aber die an seinen anderen Romanen? Waren sie wertlos? Nein. »Glaubte er, dass auf diese Weise mit Colettes Hilfe die Schulden bei Redfern [dem Couturier] und anderen, von denen wir nichts wissen, vernünftig gedeckt werden könnten?« Aber Redfern erhielt sein Geld nie. War es die Rache dafür, »dass sie sich das Manuskript von *La Retraite sentimentale* angeeignet hatte? Wollte er ihre Trennung endgültig und vollständig machen, indem er alle Bande zu ihr kappte bis hin zu den Büchern, die sie miteinander geschrieben hatten?« Vielleicht. Doch wie lässt sich dann der Brief erklären, den er fünf Tage vor seinem Besuch bei Vallette an Curnonsky schreibt: »Warum ich leide? Ganz einfach, weil ich weit weg bin von der einzigen Frau, die ich ganz lieben könnte. [...] Ich glaubte, sie sei glücklich, zumindest hoffte ich das, und jetzt *weiß* ich, dass sie es nicht ist, sie schreibt das ganz ungeschützt: ›Lass uns miteinander weit fortlaufen, nur wir beide.‹« Man könnte meinen, Willy teile Colettes »Unschuld des Ungeheuers«.

5

Colette begab sich 1908 auf Reisen, doch nicht mit ihrem Ehemann. Ihr Vagabundenleben begann. Im frühen Winter gingen Wague und sie für einen Monat mit *La Chair* nach Nizza und Monte Carlo; dort besuchte Missy sie zu einem kurzen Aufenthalt mit Renée Vivien. Am Abend ihrer Abreise schrieb Sido einen ihrer traurigsten und klagendsten Briefe an Colette: »Es ist grau, es ist kalt. Ich weiß nicht, ob es [das Wetter] ist, das mir solch schwarze Gedanken eingibt, aber es ist wahr, ich bin traurig, und ich sollte dir in dieser Stimmung nicht schreiben, aber mit wem soll ich sprechen über meinen Seelenzustand, wenn nicht mit dir, mit dir liebem Ich, das mich kennt und liebt! Dein Bruder bewundert mich und würde alles tun, um mich glücklich zu machen, aber er ist ein Mann. [...] Ich bin weit weg von dir. Nie sehe ich dich. Wird mein Leben zu Ende gehen, ohne dass ich dich noch einmal sehe?«

Colette reiste ab, ohne ihre Mutter besucht zu haben. Als sie an die Côte d'Azur kam, schickte sie ihr einen üppigen Korb voller Obst und Blumen und einige Fotos. Sido war entzückt bei dem Gedanken, dass ihr Kleines »in einer herrlichen Atmosphäre, in einem Traumland blühte«. Sie war Renée dankbar, dass sie Colette »verwöhnte«, und von den Fotos überrascht, wie jung und schön die Dichterin war: »Gut! Das gefällt mir.«

Sidos Bedürftigkeit wuchs mit ihrer zunehmenden Gebrechlichkeit, aber in ihren Briefen gibt es immer nur zwei Arten von Predigt: die schmerzlichen Vorwürfe wegen der Zurückhaltung und Abwesenheit ihrer Tochter und ängstliche Vermutungen über ihre Gesundheit. Die gesamte Korrespondenz enthält kaum eine moralisch-kritische oder missbilligende Bemerkung. Zwar bedauert Sido beständig Colettes Schauspielkarriere, doch selten wegen ihrer Unschicklichkeit: Sie halte ihre heiß geliebte Tochter vom Schreiben ab und setze sie dem »Umgang mit Leuten aus, die nicht anständig sind«. Sido ist der Marquise immer dankbar und schreibt Colette: »Missy ist bei dir, um deinen Weg von all den Dornen zu befreien, die dich verletzen. Wie dankbar ich ihr bin!« Wenn sie nicht gerade mit der Geliebten ihrer Tochter herzlich an »unserem verwöhnten Kind« Anteil nimmt, dann erteilt sie Colette Ratschläge über Essen, Schlafen, ihre Zähne, ihre Knie, ihre Hygiene, die Sicherheit auf der Straße, über Muskelerschöpfung, Überarbeitetsein und Sich-warm-Halten. Ansonsten ist ihre Unterstützung bedingungslos und sind ihre Urteile einzig ästhetische. »Ich hätte mir nie vorstellen können, dass du die Anlage [zum Theaterspielen] hast, denn du warst ein bisschen schwerfällig, und für die Bühne braucht man so viel Wendigkeit, sowohl körperlich wie geistig, und ich sah nicht, dass du diese Fähigkeiten besaßt. Du hast dich geschmeidig gemacht in beiderlei Hinsicht, das stimmt.«

Im Juli waren Colette und Missy wieder in Le Crotoy. Ende August spielte Colette in Genf die Hauptrolle in *Son premier voyage*, einem Stück von Léon Xanrof. Willy erzählte Curnonsky, er habe ihr Meg als »englische Krankenschwester mit auf den Weg gegeben. Sie werden in vier Tagen zurück sein. Das Leben ist bizzaroid.« Colette erwähnt allerdings in ihrem Brief an Wague Meg nicht. In ihm berichtet sie, und zwar »(in reizender Bescheidenheit), ich habe gerade einen heiligen Erfolg gehabt, und ich habe ihn tatsächlich nicht erwartet, denn wir, Willy und ich, sind seit langem in der Schweiz gar nicht gut angesehen. Die protestantischen Zeitungen wahrten ein missbilligendes Schweigen, aber die können mich mal. Das Publikum … ein Schatz! Dabei sagt man, die Genfer seien kalt und steif, mein Gott! Und dann hatte ich die beiden größten Tageseinnahmen meines Lebens, das ist doch immer erfreulich.«

Colettes Briefwechsel mit Wague aus dieser Zeit wurde in einem Band mit dem Titel *Lettres de la Vagabonde* veröffentlicht. Aus ihm spricht die Stimme einer Frau, die ebenso originell und modern ist wie Claudine: die saloppe, bestimmte, für sich einnehmende Stimme eines jungen, geschäftstüchtigen weiblichen Profis. Colettes Notiz an Wague vom September 1908 aus Crotoy ist dafür typisch:

> Sag mir, hast du etwas *Gutes* als Pantomime, das wir sofort [ins Programm] aufnehmen könnten? [...] Aber es müsste etwas Eindrucksvolles sein, das nicht zu oft gezeigt worden ist, für uns beide und eine dritte Person, die *nicht teuer* ist. Ich unterstreiche nicht teuer, weil die Sache für uns beide nur mit einem anspruchslosen Partner zu machen ist. [...] Verschiedene Seiten setzen mich unter Druck, Engagements in einem Komödienensemble oder auch auf Tournee [...] anzunehmen, aber ich bin nicht so dumm, die Pantomime aufgeben zu wollen, *die ich liebe*. Denn es ist merkwürdig, wenn ich in einem Stück Erfolg habe, dann überkommt mich das Bedürfnis, nicht mehr zu sprechen und das, was ich gerade sagen soll, in Gesten, in der Mimik, im Rhythmus des Tanzes auszudrücken! Spaßig, nicht?

Das Engagement, auf das Colette sich hier bezieht, war nichts anderes als die Chance, im Alcazar in Brüssel die Claudine zu spielen. Das Stück von 1902 sollte dort für fünfzehn Aufführungen im November wieder aufgenommen werden. Sido war bestürzt, als sie von diesem Plan hörte. Sie hatte Polaire gesehen, der »gemeine und vulgäre« Ton ihres Auftritts hatte ihr nicht gefallen, und sie fragte sich, ob ihre Tochter imstande sein würde, die zweideutigen Aspekte der Rolle zu überspielen, statt auf ihnen zu »insistieren«.

Die Kritik hingegen fragte sich, ob Colette den Vergleich mit ihren Vorgängerinnen bestehen könnte. Das fragte sie sich augenscheinlich selbst auch. Einem Reporter von *Comoedia* sagte sie: »Das Schwierigste wird für mich sein, dass ich es mit der reizenden und unvergesslichen Schöpferin der Rolle, Polaire, aufnehme.

Sie lebte die Gestalt mit solch mädchenhaftem Überschwang, mit so anmutiger Seltsamkeit, so gebieterisch, dass Willy und ich nicht den Mut oder auch nur den Wunsch hatten, ihre Fantasie zu gängeln.«

Colette überarbeitete den von Willy, Vayre und Lugné-Poe verfassten Text, um die Titelfigur mehr mit ihrem Romanvorbild in Einklang zu bringen, zweifellos aber auch, um den Dialogen eine stärkere eigene Prägung zu verleihen. Missy begleitete ihren Schützling, bezahlte das Drei-Sterne-Hotel und beobachtete das Ganze diskret von hinter den Kulissen. Willy war weniger diskret: Er ging zur Generalprobe und zu manchen Aufführungen und machte hinter der Bühne »klugscheißerische Bemerkungen«. »Die Truppe ist gut«, schrieb Colette an Wague, »die Regie ist prima, es regnet, und meine Nase ist ganz staubig. [...] Gute Werbung, Porträts und kleine Flugblätter wurden auf der Straße an die Fußgänger verteilt [...] wie die Adresse einer Zahnarztpraxis!«

6

Einen Monat später war Colette in Lyon, wo sie an der Scala die Claudine spielte. Sie hatte noch einmal einen »großen Erfolg«, den sie in einem zärtlichen Brief an Missy ausführlich plaudernd beschrieb: »Ich hatte [ein Publikum], das entschlossen war, auch die kleinste Grimasse deines unerträglichen unechten Kindes bewundernswert zu finden. Also motzte ich die Rolle auf; das wollten die hier. Der Haufen war entzückt.« Ihre Mitspieler, so fährt sie fort, sind süß zu ihr, aber »unter uns gesagt, Mutter Borelli [die die Mélie spielte] ist schrecklich scharf auf mich, und ich gebe, ach so rührend, vor, sie misszuverstehen. Der kleine Verneil ist der beste Marcel, den wir je hatten, ein hübscher Junge, schick, schwul, nicht dumm, schnell, mit einem Wort, sehr gut.« Dann erzählt sie Missy, sie habe eine Nacht lang schlecht geträumt. Sie habe mit einem Mann und einer Kellnerin in einem Restaurant gekämpft und eine kalte Messerklinge berührt. Missy sei auf eine Ozean-Kreuzfahrt gegangen, »und ich sah das Schiff, und du warst zu blass, mit zu dunklen Augen. Ich wachte im Fieber auf, und was blieb, war eine Migräne.«

Der Theaterdirektor, schließt sie ihren Brief, sei von ihrer Aufnahme derart beeindruckt gewesen, dass er nach der Vorstellung in ihre Garderobe kam, um ihr Anerkennung zu zollen – »das erste Mal, dass dieser Schnüffler mit den finsteren und falschen Augen sich um einen Künstler kümmerte«. Er wollte das Stück noch eine weitere Woche auf dem Spielplan lassen, doch sie lehnte ab: »Meine beste Entschuldigung – die einzige, die zählt – liegt an der Rue Torricelli, und sie hat aschgraues Haar und dunkle, braune Augen, die fast schwarz erscheinen.«

Rue Toricelli Nummer 25 war Colettes neue Adresse. Ihre Zweitwohnung in der Rue de Villejust war im September abgerissen worden, und Missy hatte inzwischen ein geräumiges Haus in der Nähe der Place des Ternes gekauft und renoviert. Sie hatte in dem zweistöckigen Haus die obere Wohnung für sich herrichten lassen und im Parterre eine eigene Wohnung für ihre Geliebte. In der Umzugswoche suchten sie gemeinsam einen Rechtsanwalt auf, um ihr Testament aufzusetzen. Sie wollten wissen, ob sie einander gesetzlich als Erben einsetzen könnten.

Colettes Vermögen war natürlich nicht der Rede wert, die Abfassung ihres Testaments also nur eine Geste, die, sosehr sie auch von Herzen kam, wenig Substanz besaß. Colette gehörte ein Teil des Hauses in Saint-Sauveur, hinzu kamen einige Möbelstücke, die sie bei ihrer Mutter untergestellt hatte, und die Rechte an drei unter ihrem eigenen Namen verfassten Büchern. Missy hatte ein beträchtliches Vermögen zu erwarten, das wussten sie beide. Mit den Worten von Michel del Castillo: »Ein einziger Zug kennzeichnet ihren Charakter [...] Missy schenkt mit vollen Händen. Eine

Großherzigkeit, die man als verrückt ansehen kann wie alles, was die Norm überschreitet. Geld, gewiss, aber auch Bilder, Möbel, Schmuck. [...] Sie schenkt gewaltsam, als sei sie überzeugt, sie könne nie um ihrer selbst willen geliebt werden und müsse deshalb eine Illusion der Liebe kaufen.«

Missy sollte sich um der Liebe oder ihrer Illusion willen ruinieren und 1944 von eigener Hand mittellos sterben. Im Herbst 1908 war es allerdings Colette, die die Mittellosigkeit fürchtete. Zwar deutete nichts darauf hin, dass Missy sie verlassen könnte, aber sie hatte eine Entschuldigung für all die krankhaften Ängste, die sie bezüglich eines unzeitgemäßen Todes ihrer Beschützerin hegte. Am 9. September hatte ihre Schwester Juliette Selbstmord begangen, als sie und Missy in Le Crotoy ihren Umzug und Colettes Herbstprogramm organisierten.

Sidos Briefe enthalten die düsteren und tragischen Einzelheiten. In ihrer Antwort auf Willys herzlichen Kondolenzbrief schrieb sie, Roché habe versucht, so zu tun, als sei seine Frau eines natürlichen Todes gestorben. Anfangs schien das plausibel: Juliette war schon lange krank gewesen, hatte viel Blut verloren, sich erbrochen und die Pflege verweigert. Sie aß und trank zu viel, und ihre Beine waren stark geschwollen. Es erwies sich jedoch, dass sie an einer Überdosis Aconitum gestorben war, einer sehr giftigen Pflanze, deren Wurzeln in winzigen Mengen als Herzmittel verwendet werden. Roché leugnete Sido gegenüber vehement, dass er Juliette je Aconitum verabreicht hatte, und hielt den Schlüssel zum Arzneimittellager hoch. »Alle meine Arzneimittel sind unter Verschluss.« »Er lügt leider«, sagte Sido zu Colette. »Juliette hat mir davon geschrieben.«

In einer Schimpftirade, deren Ironie Willy wahrscheinlich nicht entging, erklärte Sido, ihre Tochter habe gelitten und sei gestorben, »weil dieser Flegel sie nicht geliebt habe. Oh! wie verschieden war doch ihr Wesen von meinem; wäre ich an ihrer Stelle gewesen, ich hätte diesem Herrn Beine gemacht. Aber nein, sie wollte von ihm geliebt und auf Händen getragen werden.«

Sido bat Colette, bald zu kommen und ihre Trauerkleider nicht zu vergessen, aber weder Colette, die Begräbnisse hasste, noch Achille, der Roché hasste, nahmen an der Trauerfeier teil. »Ich bin nicht krank, mein Schatz«, versicherte Sido ihrer Tochter am 25. September, »aber ich bin doch traurig. Sie hat sich schließlich umgebracht [...]. Achille ist so lieb zu mir, aber ich will ihm meine Trauer nicht zeigen, das ist immer so gewesen, seit vielen Jahren! Ich habe immer vermieden, euch durch meine Sorgen traurig zu machen, wenn es um die Verwaltung unserer Angelegenheiten durch Papa ging und auch um den Schmerz seines Todes. Aber das sind neuerliche harte Schläge für meinen Mut, der schwach geworden ist.«

7

Weihnachten hatte Colette ihre neue Wohnung bezogen. Der letzte Tag des alten Jahres 1908 brachte Paris etwas Seltenes: Schnee. Er fiel die ganze Nacht und fiel weiter »wie ein Chenille-Vorhang«, »ein mürber Schnee, der unter unseren Tritten knisternd nachgab«, wir »kosteten seine Süße, die pulvrig wie Vanille-Sorbet schmeckt«. Colette ging mit ihren Hunden hinaus, und sie rannten »wie drei Verrückte« durch die verlassenen Straßen.

Bei Einbruch der Dunkelheit kehrten sie zurück, um am Kamin ein Nickerchen zu machen. »Wieder sitze ich«, schreibt Colette, »vor meinem Feuer, Aug in Auge mit meiner Einsamkeit, mit mir selbst.« Der Schneefall und das Ende eines turbulenten Jahres machten sie nachdenklich, und sie überließ sich ihren Träumereien über die verflossenen Jahreszeiten, »die Gestalt der Jahre«, die »Winter meiner Kindheit«. Als sie wach wurde, fand sie zu ihren Füßen »die Schäferhündin, die wie ein Fußbad dampft«, die Bulldogge und die Katze im Schlaf, und sie wunderte sich, »dass ich anders, älter wurde, während ich träumte«.

Es gibt viele Selbstmorde in Colettes Werk – was ihr, wie sie in den 1930er Jahren einem Freund sagte, nie aufgefallen war, bis ein Leser sie darauf aufmerksam machte. Juliettes Selbstmord zählt nicht dazu, aber er schärfte ihr Bewusstsein für die Sterblichkeit. Als sie an diesem Neujahrstag am Feuer saß, griff sie nach einem Handspiegel und fand im »dunklen Wasser des kleinen Spiegels« die ersten »feinen Linien« des Alterns. Das Schmerzliche daran war, dass sie dahinter noch das »frische«, »straffe«, »gerötete Kindergesicht« sehen konnte, das ein für alle Mal verloren war.

»Man muss altern«, sagte sich Colette eher zur Ermutigung als aus Überzeugung und versuchte wie so oft, einer unangenehmen Wahrheit ihren Schrecken zu nehmen, indem sie sie beim Namen nannte. Bis zu ihrem sechsunddreißigsten Geburtstag waren es nur noch drei Wochen: eine jugendliche Frau, nach Jahren nicht mehr jung, im Angesicht der Vergänglichkeit ihrer Schönheit. »Weine nicht«, befiehlt sie, »falte nicht flehend die Hände, empöre dich nicht: man muss altern. Wiederhole dir diesen Satz, nicht als Verzweiflungsschrei, sondern als Signal für einen notwendigen Aufbruch.« Colette fährt fort, das unsichtbare »Band« eines gut gelebten Lebens zu entwirren. Nach einer Reihe lyrischer, stoischer Schmeicheleien über sich – Sätze, die sie als erfahrenere Schriftstellerin später zusammenzucken lassen sollten – schließt sie: »Und wenn du […] nicht, eins ums andere, dein lockiges Haar, deine Zähne, deine abgenutzten Glieder [hast] zurücklassen müssen, wenn der ewige Staub deinen Augen nicht vor der letzten Stunde das Wunder des Lichtes nahm, wenn du bis zum Ende die liebe Hand, die dich führt, in der deinen behalten hast, dann lege dich lächelnd hin, schlafe glücklich, du hast es gut.«

Colette starb mit einundachtzig Jahren. Am Ende hatten die beweglichen Beine der Tänzerin ihr den Dienst versagt. Sie hatte falsche Zähne, konnte kaum mehr sehen und war taub, aber sie hielt die Hand des Mannes, der sie liebte, in der ihren. Und sie behielt praktisch bis zu ihrer letzten Stunde ihren Verstand, der merkwürdigerweise auf ihrer Gepäckliste fehlte. Gegen den körperlichen Verfall gewappnet – den Verlust ihrer Schönheit, ihrer scharfen Sinne, ihrer Lust und ihrer Kraft –, vergisst oder versäumt Colette zu befürchten, sie könne auch ihre geistigen Fähigkeiten verlieren. Das Bemerkenswerte an ihr im Vergleich mit anderen modernen Schriftstellern – insbesondere den großen Schriftstellerinnen –, ist, dass sie, die bis zu ihrem Ende produktiv und in dieser Hinsicht ihrer Integrität sicher war, in ihrem Selbst-Verständnis nicht auf ihren Geist setzte.

19. KAPITEL

I

Colette feierte ihren sechsunddreißigsten Geburtstag während der Proben für ein Stück, das sie zur Beförderung ihrer eigenen Schauspielerkarriere geschrieben hatte. *En camarades* wurde am 5. Februar 1909 in der Comédie-Royale zum ersten Mal aufgeführt. Es gibt in den Notizheften, die *La Retraite sentimentale* enthalten, Fragmente eines frühen Entwurfs; ihnen ist zu entnehmen, dass die Idee für das Werk von 1906 stammt. Der Held von *En camarades* hieß in seiner frühesten Verkörperung Renaud. In der endgültigen Fassung erhielt er den Namen Max – Missys Spitznamen unter Freunden.

En camarades war als Vorspiel konzipiert, vielleicht speziell für *Claudine*, und Colette war enttäuscht, als es in Brüssel nicht mit ins Programm genommen wurde. Diese Schlafzimmerfarce in zwei Akten handelt von einem unbekümmerten Pariser Paar, das in wilder Ehe lebt. Max und Fanchette machen der Welt und einander vor, sie seien die besten Kameraden. Max erzählt seiner Möchtegern-Geliebten, einer Salondame namens Marthe, er und seine Frau verträten die Devise: »Tu, was du willst, ich tue es auch … und dann in der Nacht, wenn wir heia machen gehen, erzählen wir einander alles.« Während Max im Salon versucht, Marthe zu verführen, »spielt« Fanchette nebenan »mit ihrem Kid«. Kid erweist sich als ein strammer junger *Innamorato*. Als der Vorhang fällt, haben beide Paare für den nächsten Tag ein Rendezvous verabredet.

Fanchette war neugierig und wollte Kids Junggesellenwohnung sehen, doch als er dort einen Annäherungsversuch unternimmt, ist sie wütend, so »missverstanden« worden zu sein. Kid wirft ihr Heuchelei vor. »Gib zu, dass es merkwürdig ist, wenn du großartig von Pflicht und Moral sprichst! Du, das Naturkind, die emanzipierte kleine Ehefrau …«

»Verstehst du, was ich gerade eben empfand?«, antwortet Fanchette. »Eine Kette, eine zarte Kette, deren Gewicht ich nie zuvor bemerkt habe, die aber […] ins Fleisch schneidet, wenn du dich zu weit von dem Pfahl entfernst, an dem sie befestigt ist.«

»Kleine Sklavin!«, ruft er aus.

»Freiwillige Sklavin!«, entgegnet sie. »Oh, Max würde mich verstehen.«

Aus enttäuschter Lust und verletzter Eitelkeit erzählt Kid ihr, Max treffe sich während ihres Gesprächs mit seiner Mätresse. Dann bricht er in Tränen aus. Es klingelt; natürlich ist es Max, in einen gewöhnlichen, eifersüchtigen Ehemann verwandelt. Fanchette drängt Kid in sein Schlafzimmer und öffnet ihrem Mann die Tür. Das Ehepaar tauscht empört Vorwürfe aus, was beide tröstet und versöhnt, und sie gehen Arm in Arm fort, wobei sie ihm einen Liebesschwur abverlangt, ganz im Geiste Colettes: er solle sie schelten, über sie wachen und sie dominieren.

2

En camarades bekam unterschiedliche Kritiken. Léon Blum, der für *Comoedia* schrieb, konstatierte, dass das Werk »wirr, kunstlos und ungehobelt« sei – nicht Colettes beste Leistung. Aber er nutzte die Gelegenheit, um ihre Fähigkeiten sowohl als Schauspielerin wie auch als eine »wahrhafte Schriftstellerin« zu rühmen. Sido, die das Stück nicht gesehen hatte, beeilte sich, Adolphe Brisson von *Le Temps* beizupflichten, dass Colettes Sprache gestelzt sei, sie ihre Rs rolle wie ein Schauspieler in einem alten Melodram und dass ihrem Spiel die Ausdruckskraft fehle. »Hatte ich dir das nicht gesagt, als du mir ankündigtest, du wollest Theater spielen? Wie dem auch sei, es ist gut, dass er dich auf deine Schwächen aufmerksam macht; auf diese Weise beobachtet man sich und profitiert von der Kritik.«

Während die Komödienfassung von Colettes Ehe auf der Bühne jeden Abend glücklich endete, verschlechterte sich ihr tatsächliches Verhältnis zu Willy zusehends. Noch im Herbst hatten sie geplant, gemeinsam eine neue *Claudine* zu verfassen – ein Theaterstück. Colette versprach, sie könne es »in zwei Monaten herunterreißen«, wenn er ihr die groben Umrisse vorgebe. Willy bat Curnonsky um das Konzept, doch gefiel es entweder ihm oder Colette nicht. Er hatte auch eine Idee für eine fünfte *Claudine*, die, wie er noch hoffte, Colette schreiben könnte; darin sollte Claudine Willette Collie kennen lernen. Daraus wurde nichts. Aber sie arbeitete an einem Stück für ihn, *La Petite Jasmine*, das zu einem neuerlichen Stein des Anstoßes wurde.

Kurz vor Weihnachten, als Colette aus Paris abreiste, um in Lyon in der Scala die *Claudine* zu geben, brachte Willy sie zum Bahnhof, um den Eindruck zu erwecken, als sprächen sie noch miteinander. »Mist! Mist! Mist!«, schrieb er an Curnonsky. »Ich langweile mich, wenn sie nicht hier ist. Ich habe nicht einen Sou, um sie zu begleiten. Meg ist reizend, aber …«

Meg war reizend, nicht zuletzt, weil Willy von ihren Einkünften lebte. Aber er entdeckte: je aktiver und energischer Colette wurde, je mehr Beachtung ihre Arbeit erhielt, je mehr Widerstand sie seinen Schikanen entgegensetzte, umso mehr hing er an ihr. Er schrieb »neurotische« Briefe: er könne nicht schlafen, nicht essen, er litte unter »Appendizitis, Meningitis, Peritonitis und ich weiß nicht, was noch alles«, während sie von seinem Sekretär erfuhr, »dass Willy wie ein Löwe aß, sich regelmäßig mit allen seinen Frauen traf, immer dicker wurde und völlig gesund sei«.

Willy hatte begonnen, Missy die Schuld an Colettes Wutanfällen zu geben. »Sie verbot meiner Frau, mich zu treffen«, erzählte er einem Freund. »Nimm dich bitte in Acht«, schrieb Colette aus Lyon an Missy, »dieses Individuum ist zu allem fähig [*cet individu est capable de tout*].« Ihre Warnung scheint auf einen ärgerlichen Wortwechsel zwischen Willy und der Marquise in deren Wohnzimmer zurückzugehen, für den Willy sich entschuldigte – wieder hatte er seinen Kurs geändert, wie er das regelmäßig tat, diesmal wechselte er von Kampflust zu Reue:

> Mein lieber Max, ich verstehe besser als je zuvor, dass du von meinem Ton verletzt bist. Er war zweifellos zu barsch; ich habe ihn dir gegenüber angeschlagen, ohne daran zu denken, dass ich mit einer Frau sprach. [...] Am nächsten Tag hatte ich mit Tétette [...] eine recht schmerzliche Auseinandersetzung, in deren Verlauf sie den Wunsch äußerte, ich möchte ihr nie wieder unter die Augen kommen! Das macht mir Sorgen, die du besser verstehen wirst als sie und die noch zu dem Scheißhaufen von Problemen (entschuldige bitte) hinzukommen, die mich so schon drücken. Ich habe nicht die Angewohnheit, um etwas zu bitten, und ich werde nicht mit achtundvierzig Jahren damit anfangen. Doch eins, da sie mit dir zusammen ist: Bitte stachle sie nicht zu Gefühlen an, die gegen mich gerichtet sind. [...] Lass sie nicht zu aggressiv sein gegen einen Mann, der eher verrückt als böse war und den du deinen Freund genannt hast, Willy.

Aber Missy war ebenso unversöhnlich, wie Colette nachgiebig war. Im selben Januar schrieb sie an Willy und verlangte, dass er Colette als eigentliche Autorin der *Claudines* anerkenne. Er sei bereit, antwortete er, obwohl er bedaure, dass durch ihre Weigerung, dieser berühmten Reihe noch ein Buch hinzuzufügen, »sie

[mir] einen hervorragenden Vorwand entzogen hat, die Wahrheit öffentlich kundzutun«.

Jacques Gauthier-Villars, die Ferien über zu Hause, war überrascht und beunruhigt zu sehen, dass sich die Beziehungen zwischen Vater und Stiefmutter so dramatisch abgekühlt hatten. Beide gingen seinen Fragen aus dem Weg, erzählte er Caradec, und niemand in ihrer Umgebung konnte ihm erklären, was geschehen war. »Ich erfuhr nichts, außer dass jeder den anderen beschuldigte, alleiniger Grund für das Zerwürfnis zu sein.«

Der Grund für das Zerwürfnis ist jedoch gar nicht unklar. Am 25. Februar entdeckte Colette den Diebstahl ihrer Manuskripte, der fünfzehn Monate zuvor verübt worden war. »Heute«, schrieb sie Willy, »habe ich jemanden von Ollendorff getroffen. Ist es wahr, ist es möglich, dass alle *Claudines* und die beiden *Minnes* jetzt das Eigentum ihrer Verleger sind? Ist es möglich, dass sie alle auf immer für mich und dich verloren sind? Um Himmels willen, sag mir ausnahmsweise einmal die Wahrheit. Ist es möglich, dass diese Bücher, die mir so lieb und teuer sind, für immer verloren sind?«

Als Colette diese Nachricht ihrem Freund Léon Hamel anvertraute, setzte sie hinzu: »Wenn man die Bedingungen kennt, unter denen er die Rechte an den vier *Claudine*-Büchern abtrat, könnte man meinen, er habe [...] sichergehen wollen, dass ich niemals wieder, auch nach seinem Tod nicht, in ihren Besitz käme, sie sind doch meine Bücher. Die Sache hat mich sehr mitgenommen, lieber Freund, und ich habe ihm das geschrieben. Auf meinen Verzweiflungsschrei erhielt ich von ihm einen kühlen, fast drohenden Antwortbrief, und ich glaube, nach der notwendigen Auseinandersetzung, die nach seiner Rückkehr von Monte Carlo (übermorgen) stattfinden soll, wird zwischen uns alles aus sein.«

Die Aussprache kam zu Stande, aber der definitive Bruch wurde etwas aufgeschoben. Um einem Gerichtsverfahren vorzubeugen, unterschrieb Willy ein Schriftstück, das Colette auf ihrem Briefpapier und mit eigener Hand entworfen hatte und das festhielt: »Da die Zusammenarbeit von Willy und Colette zu Ende ist, ist es unerlässlich, jedem seinen angemessenen Teil zukommen zu lassen und auf diese Bände als Autor anstatt des einen Namens jetzt *Willy und Colette Willy* zu schreiben. Aus rein typographischen Gründen haben wir uns geeinigt, dass mein Name vor den von Colette Willy gesetzt werden soll, aus literarischen und allen anderen Gründen müsste ihr Name an erster Stelle stehen.«

Im März übergaben sie dieses Dokument ihren Verlegern zusammen mit einer Notiz, in der Colette Vallette mitteilt, dass sie in einem zweistündigen Gespräch mit Willy über die *Claudine*-Bücher ein Einverständnis erzielt habe, das ihr »rein ehrenhalber« den Vorteil gebe, ihren Namen hinzuzufügen, ihm aber verspreche, von »der Neugier, die die neue Autorschaft hervorrufen könnte«, zu profitieren. Ollendorff erhielt eine ähnliche Nachricht. Zur gleichen Zeit schrieb Willy an den Französischen Schriftstellerverband, um Colettes Beitrag zu *La Petite Jasmine* (das noch geschrieben werden sollte) anzumelden und sein Einverständnis zu erklären, dass ihr die Tantiemen zur Hälfte zustehen. Sie hatte dieses Zugeständnis erzwingen müssen, indem sie bis dahin ihr Manuskript zurückhielt.

Von da an »ging es schnell«, wie Caradec sich ausdrückte. Am 5. März protestiert Sido: »Aber meine liebe Minet, ich kann mich nicht erinnern, dir geraten zu haben, zu Willy *zurückzukehren*! [...] Du tust gut daran, dich vor ihm in Acht zu nehmen, denn ich glaube, er ist zu niederträchtigen Handlungen fähig. Wirst du die Scheidung verlangen? Dazu hatte ich dir geraten.«

Jetzt hatte Sido zwei niederträchtige Schwiegersöhne zu beklagen, was sie ihrem Charakter entsprechend mit aller Hingabe, Voreingenommenheit, Loyalität und mütterlichen Entschlossenheit tat.

3. April: »Ich fürchte um dich wegen Willy. [...] Er kennt den

Wert dessen, was er verloren hat, und es wird ihm nicht leicht fallen, kein Anrecht mehr darauf zu haben. […] Deshalb verlange [du] die Scheidung!«

2. Juni: »Ich wusste – seit dem Morgen nach eurer Hochzeit –, wie wenig er deiner würdig war.«

12. Juli: Zwischen Willy und mir gab es immer eine stille Übereinkunft, die Grenzen einer gewollten Höflichkeit nicht zu überschreiten. Ich wusste, seit dem Morgen meines Besuchs in der Rue Jacob, mit wem ich es zu tun hatte.«

20. Juli: »Ich habe […] *Claudine en ménage* erhalten. […] Es enthält Willys Hinweis auf eure Zusammenarbeit, aber er ist nichts sagend. […] Du bist von diesem üblen und hassenswerten Wesen schrecklich betrogen worden, und ich leide mit dir. Ich wünschte mir, mein Liebling, du könntest ihn in einem deiner Werke kurz und klein hauen.«

Im August bat Willy Curnonsky, der Colettes Impresario Baret in Dieppe besuchen wollte: »Bring das Gespräch, wenn du kannst, auf den Bruch Willy–Colette, um herauszufinden, wie sie ihn darstellt.« Das sollte er nur zu bald erfahren. Colette, die mit Missy in Le Crotoy war, hatte sich Sidos Wunsch zu Herzen genommen und begann am 31. August 1909 *La Vagabonde* zu schreiben.

3

»Das Varieté«, schreibt Colette, »hat eine richtige, harte Geschäftsfrau aus mir gemacht. […] Das ist eine Fähigkeit, die auch die unbegabteste Frau sehr rasch lernt, wenn ihre Freiheit und ihr Leben davon abhängen.« Das Leben als Vagabundin hat Colette einer Armut ausgesetzt, wie sie sie zuvor nicht kannte; mit ihm erwachte ihr soziales Bewusstsein. Ihre Skizzen vom Leben im Varieté zeigen den ständigen Hunger ihrer Artistenkollegen, die Verletzungen, die sie arbeitsunfähig machten, ohne dass die Theaterleitung dafür aufkam; die Abtreibungen, für die hinter den Kulissen eilig der Hut herumging, um dann einem jungen Mädchen überreicht zu werden, das schon seinen Strohsack in der Herberge durchgeblutet hatte. Zur Welt der *vagabondes* gehört eine schmerzliche, promiskuitive und kurze Jugend, Ehemänner, die sie misshandelten, schlechte Lungen und schwielige Hände, Strümpfe mit Laufmaschen; wegen eines zerrissenen Kostüms oder eines kranken Kindes wurden ihnen Strafzahlungen auferlegt. Es ist eine »Frauenwelt, in der die Traurigkeit stieg und fiel wie ein Barometer« und Glück heißt, sich satt essen zu können.

Aber das Vagabundenleben weckte auch Colettes Unternehmungsgeist. Sie schreibt Wague über »ein ganz großes Geschäft« mit einem Film, in dem sie nicht nur mitspielen wird, sondern den Missy drehen will: »Sie wird das Negativ behalten und die Abzüge verkaufen.« Daraus wurde nichts, aber im Frühwinter 1909 ließ Colette sich auf ein anderes Unternehmen ein, eine verblüffende Wendung zwar, obwohl nicht gar so merkwürdig, bedenkt man ihre lebenslange Leidenschaft für den Hauskauf: Sie makelte Häuser in den Vororten. Sido machte sich Sorgen: »Du erschreckst mich ein bisschen mit deinen glänzenden Geschäften mit den Juden«, schreibt sie. »Mach die Augen auf, und lasst euch nicht von diesen Israeliten übers Ohr hauen.« In diesem Sommer konnte sie »durch ein unverhofftes Glück und dank der Intervention von Missy« den Handel abschließen, und Colette berichtet Hamel, sie habe letztlich »aus unserer Arbeit Profit gemacht. Du wärst mit deiner Kapitalistin, deinen Kapitalistinnen zufrieden«, schließt sie. Dann fuhr sie von Paris nach Marseille, um in *La Chair* mitzuwirken.

Das »einmalige Gastspiel« gewinnt eine neue Bedeutung, wenn man in Betracht zieht, dass Colette im Frühjahr 1909 an zweiunddreißig Tagen in zweiunddreißig französischen Städten auftrat. In der diesem Leben eigenen kameradschaftlichen Boheme, in seiner Strenge und sogar Härte blühte sie auf. Sie liebte den Rhythmus der Eisenbahn, die Vielfalt der Landschaften und wie das Wetter vor ihrem Fenster wechselte. Sie klagte über schäbige Unterkünfte und genoss ihren Reiz, wenn sie rustikal oder luxuriös waren. Sie schlief wenig und aß, wenn sie dazu kam, dann schüttete sie am Bahnhofsbuffet eine Tasse Kaffee in sich hinein, bevor sie zur Probe eilte, oder sie verschlang ein Tagesgericht in einem Bistro am Ufer, das um Mitternacht noch geöffnet war, wenn sie die Vorstellung hinter sich hatte. »Heute sind wir seit fünf Uhr früh unterwegs«, schrieb sie ihrer Mutter. »Wir sind sehr tapfer. Das ist eine Frage der Übung.«

Colette war noch nicht so abgestumpft (oder so selbstkritisch), dass ein volles Haus oder eine glänzende Kritik in einer Kleinstadtzeitung sie nicht mitgerissen hätte, auch der Begeisterung ihres Provinzpublikums wurde sie nicht müde und verschmähte sie nie. »Das Publikum ist bewundernswert, es nimmt Anteil an der Handlung«, schrieb sie aus Bordeaux an Sido: »Es behandelte Wague wie einen Gauner, einen Hahnrei und Voyeur, weil er mir was antun wollte, als er mich in den Armen meines Geliebten überraschte! […] Und in den Liebesszenen hallen die Küsse im Saal wider, und derbe Schweinereien werden in dem schönen Dialekt geschrien; sie haben gestern Abend einen Riesenradau gemacht, aber im guten Sinne. Meine Garderobe – ohne Jalousie oder Vorhang – ist ganz sonnendurchflutet; ich hatte drinnen um die vierzig Grad. Ich kann mich nicht beklagen […]. Ich bin ein wenig kaputt, das ist alles.«

»Müde, aber zufrieden«, das ist der Refrain, der sich durch die Postkarten zieht, die sie aus jeder Stadt, in der sie Halt machten, an Sido schrieb. »Mehr als hundert vergilbte Postkarten«, schreibt Michel del Castillo, »zeigen die ›Ansichten‹, die man am ehesten erwarten würde und die offensichtlich so ausgewählt sind, dass sie eine Mutter, die auf ihre Tiere, Pflanzen und ihr Gärtchen beschränkt ist, zum Träumen bringen.« Ebenfalls hunderte von Studioaufnahmen und offiziellen Porträts, die Colette »in feierlicher oder majestätischer, verführerischer oder zweideutiger Pose zeigen. [...] Sie können lächeln, wenn Sie wollen, oder gerührt sein über diesen Theaterehrgeiz. Was mich angeht«, so schließt er, »ich bewundere die Frau, ihren unerschütterlichen Mut, ihren eisernen Willen, der Falle zu entgehen. Täuscht sie sich? Was macht das schon ...«

4

Colette schrieb *La Vagabonde* größtenteils auf Reisen: in Hotelzimmern, hinter der Bühne zwischen ihren Auftritten, im Zug mit ihrer Schminktasche als tragbarem Schreibtisch. Anfang 1910 brachte sie *La Chair* nach Brüssel, dann nach Grenoble und Nizza. Im April begab sie sich auf die zweite große Gastspielreise, die Baret organisierte, weitere dreißig Städte in dreißig Tagen. Missy begleitete sie. »Missy kümmert sich um alles.« »Ich fühle mich wunderbar, du weißt, wem ich es zu danken habe.« »Missys Mut? Er ist unerschöpflich.« »Missy umgibt mich immer mit dieser stillen Wachsamkeit, die mich so rührt.« »Missy ist weiterhin ein wunderbarer Begleiter [...]. Natürlich gibt es Augenblicke, in denen ich denke, es wäre schön, mit Missy im Rücken in der Morgensonne Salat zu setzen, aber das sind seltene Augenblicke.« Und Missy fügt immer ein kleines Postskriptum hinzu: »Machen Sie sich um das Kind keine Sorgen. Es geht ihm gut. Grüße von Max.«

Wenn Missy nicht mit war, schrieb Colette ihr fast täglich. »Ich ruhe mich aus, indem ich mit dir plaudere, meine Liebste.« »Ich liebe dich, mein Schatz. Ich bin nichts als ein Ekel, eine hassenswerte Kreatur.« »Ich bin nicht ganz auf der Höhe, zweifellos wegen der Nerven; ich habe wie ein Idiot angefangen zu weinen, weil ich allein bin und das so lange sein werde.« »Ich liebe dich, meine Geliebte und bleibe dein unerträgliches unechtes Kind.« »Ein Glück für mich, Gott! Ich habe das Glück, dich zu lieben.« »Ich stampfe mit dem Fuß auf den Boden, damit die Zeit schneller vergeht. […] Du bist meine Raison-d'être.«

Gegen Ende Oktober taucht in ihrer Korrespondenz ein neuer Name auf, oder besser gesagt, ein außerhalb der Bühne bekannter Name. »Kid ist gerade weggefahren«, schreibt Colette an Missy aus Nizza, wo sie die Claudine spielt. »Er hinterließ einen *wahnsinnigen* Brief und einen Korb voller Blumen. Ich kann mich über ihn nicht beklagen.«

Kid, das war Auguste Hériot, ein vierundzwanzigjähriger Armeeoffizier, Playboy, Amateurboxer, Garderobengroupie und Erbe eines Kaufhausvermögens, der Magasins du Louvre. Er war der Geliebte von Polaire und Liane de Pougy, bevor er Colette den Hof machte. Nachdem er in Paris fast alle ihre Vorstellungen besucht hatte, folgte er ihrer Tournee von einer Stadt zur nächsten, schickte ihr anonyme Briefchen und Blumen. Ihre Bekanntschaft scheint vom Herbst 1908 zu datieren: Colette schreibt von Bordeaux an Missy, der Direktor des Hotels, in dem sie abstiegen, habe ihr einen Mann vorgestellt, der sich als »niemand anderes als ihr famoser Verehrer« herausgestellt habe. »Zu seinen Gunsten muss ich sagen, dass er nicht die Frechheit besaß, mit mir über den Blumenboten zu sprechen. Es sagt, er gehe jeden Abend ins Theater, und er ist jemand, mit dem man plaudern kann. Ich schenkte ihm eine halbe Stunde – während des Mittagessens! Nicht danach, musst du wissen. Er stellte mir sein Automobil zur Verfügung, und ich nutzte das sofort … um in mein Zimmer hinaufzugehen.«

Colettes Kid ist, wie Fanchettes Kid, reich, hübsch, wohlerzogen, gutherzig, einfach, verliebt und ihr unterlegen; sie behandelt ihn mit derselben lässigen Zuneigung; er liegt ihr ebenfalls zu Füßen; seine Liebe ist obsessiv und pubertär, und bei seinem Liebesgeständnis wünscht er sich von ihr nichts sehnlicher, als dass sie ihn wie einen »Schoßhund« behandle. Wie so viele andere Gestalten in ihren Romanen hat Colette Hériot imaginiert, bevor sie ihm begegnete. Er ist das »junge Fleisch«, vor dem Annie Claudine warnt und über das sie am Ende von *La Retraite sentimentale* heiter und genussvoll Betrachtungen anstellt.

Ihr erster viel jüngerer Liebhaber ist eine Offenbarung, die keine Frau mittleren Alters, deren Gefühle durch frühere Zurückweisungen wie betäubt sind, je vergessen kann. Sie ist die Mächtige und bestimmt die Distanz, zumindest zu Anfang, und diese neue Ungleichheit ist ebenso reizvoll – und ebenso erotisch – wie die Leidenschaft. Wenn wir Colette glauben (und es gibt keinen Grund an ihren Worten zu zweifeln), dann war Hériot erst der zweite Mann, mit dem sie geschlafen hatte, und obwohl sie seine Liebe nie erwiderte, war diese ihr ein Balsam. Sein Feuer und seine athletische Schönheit waren ein Luxus, den sie zuvor nicht gekannt hatte. Das Ausmaß, mit dem sie diesen Luxus in ihren Werken und bis zum Ende ihres Lebens rühmt, zeigt, was für eine wirksame Droge er für sie war. »Uff!«, schreibt sie in *La Vagabonde*. »Dieser Gimpel von einem Mann hat meine düstere Krise vertrieben: das ist immer so.« Lust ist Colettes Mittel gegen Depression.

Im Vergleich mit *La Vagabonde* sind die *Claudine*-Bücher größtenteils Produkte literarischer Virtuosität, gewissermaßen maßgeschneidert. *La Vagabonde* dagegen ist Literatur und einer geistigen Wahrhaftigkeit verpflichtet, die für Colette neu war. Die Stimme ihres erzählenden Ichs, sinnlich und weltlich gesinnt, erklingt hier in ihrer Unabhängigkeit radikal modern. Renée Néré ist eine Frau, die versucht, einen neuen Lebensstil zu kreieren. Das Theaterspiel eröffnet ihr einen Fluchtweg aus der Klaustrophobie des Selbst. Das Schreiben von Romanen lindert ihre Melancholie: »Nur im Schmerz ist eine Frau imstande, sich über das Mittelmaß zu erheben.« Sie lebt stolz von der Hand in den Mund von ihren Varieté-Einkünften und wird dabei, was Geld betrifft, zur Realistin. Sie prüft ihre Sucht nach Männern und Liebe mit amüsierter Distanziertheit und liebäugelt abwechselnd mit Abstinenz und Versuchung. Sie begegnet den stärkenden wie den vergiftenden Aspekten der Einsamkeit wunderbar ironisch. Gibt es Liebe ohne vollständige Unterwerfung und den Verlust der eigenen Identität? Ist die Freiheit die Einsamkeit wert, mit der man sie bezahlt? Solche Fragen stellt sich Rénée in diesem Roman, und das sind auch die Fragen, denen Colette in ihrem schriftstellerischen Leben weiterhin nachgeht.

Rénée ist, wie ihre Schöpferin, eine flexible, schöne Frau von Mitte dreißig, die viel jünger aussieht. Wie Colette hat sie sich von einem verlogenen, tyrannischen, treulosen Ehemann, dem Auftragsmaler Taillandy, scheiden lassen. Sie wird in den Pariser Salons nicht mehr empfangen, es sei denn in deren Unterhaltungsprogramm; gelegentlich lässt sie sich darauf ein, denn sie braucht dringend das Geld.

Männer werfen sich ihr an den Hals. Von der Comédie-Française hieß es, sie sei das Freudenhaus des Jockey-Klubs. So galt eine Varietétänzerin als Freiwild für Billetts, wie Rénée sie im ersten Teil für ihre Leser zitiert: »Madame. Ich saß in der ersten Reihe; Ihr schauspielerisches Talent lässt mich vermuten, dass Sie noch über andere, besondere und ganz bezaubernde Talente verfügen. Würden Sie mir bitte das Vergnügen machen, heute Abend mit mir zu soupieren?«

Einer dieser Bewunderer ist hartnäckiger und ernsthafter und weniger unanständig als die anderen. Er hat einen etwas lächerlichen Namen, Maxime Dufferein-Chautel, und Rénée nennt ihn Gimpel. Wie Hériot ist er der Erbe eines Kaufhausvermögens. Rénée behandelt ihn mit verführerischer Geringschätzung und tut alles, um ihm seine Illusionen über ihre Person zu nehmen, doch vergebens. Er macht ihr unverdrossen den Hof, versucht, ihren Hund und ihre zynischen Varietégenossen für sich zu gewinnen. »›Rénée, sagen Sie mir ganz offen … ist es Ihnen widerwärtig, gleichgültig oder doch ein wenig angenehm, dass ich Sie liebe?‹ […] Seine Einfachheit nachahmend, antworte ich kühn: ›Ich habe nicht die leiseste Ahnung.‹«

Rénée reizt Maxime und sich selbst mit einer Leidenschaft, die sie weder eingestehen noch leugnen will. Seine Zärtlichkeit überwindet schließlich ihre Angst, sich ihm auszuliefern, und sie werden ein Liebespaar. Er schlägt vor zu heiraten und sie ist entsetzt, wie entzückend besitzergreifend seine Liebe ist, wie bürgerlich. Er sagt, er werde warten, bis sie ihn widerliebe. Sie spottet über die Klischees, aber sie schwankt auch. Sie sucht bei ihren desillusionierten Freunden aus der Boheme Rat. Sie sagen ihr nicht, was sie gern hören möchte, nämlich dass die Liebe Blödsinn ist und die Ehe eine Falle, wie sie sie schon erlebt hat.

La Vagabonde ist berühmt für Colettes Weigerung, sexuelle Lust zu romantisieren und sie Liebe zu nennen, dies Buch ist auch berühmt für ihr nüchternes, wenngleich treffendes Porträt der Varietétheater in der Provinz, in denen sie aufgetreten ist, und der Mimen, die dort arbeiteten. Es ist eine Welt galanter Narzissten – Waisen, die sich mühen, selbst für sich und füreinander zu sorgen. Die Heiterkeit des Theaters und die Solidarität unter den Darstellern steht im Gegensatz zu ihrem erbärmlichen, hungrigen, manchmal gewalttätigen Leben und ihren schwärmerischen, heißen und gewöhnlich zum Scheitern verurteilten Liebesgeschichten. Colettes kleine Kameen des Elends sind paradoxerweise exquisit.

Mit ihrer Theatertruppe auf Reisen, schreibt Rénée an Maxime. Ihre Gefühle sind überschwänglich und nicht ganz ernsthaft. Aber ihre Briefe sind nicht nur ein Gespräch mit dem Gimpel, sie sind auch ein unschlüssiger Dialog mit sich selbst. Liebt sie ihn? Kann sie ihn lieben, ohne sich selbst zu verlieren? Die Antwort ist nein, aber Rénées Nein setzt ihr zu, wie Colettes Nein an Hériot der Autorin zusetzt; es ist nicht ganz das, was es zu sein scheint. Weder die Romangestalt noch die Autorin gibt zu – vielleicht nimmt sie nicht einmal wahr –, dass sie ihn nicht lieben kann, *weil* sie nicht imstande ist, sich ihm zu überlassen: Er ist zu devot und schwach, zu »unterlegen«, als dass sie eins werden könnten. Sie kann aus ihm keinen Herrn und Meister machen, das heißt keinen Vater.

Niemand, glaube ich, hat bisher bemerkt, dass es noch ein anderes, verschwommeneres Vorbild für Maxime gab: einen reichen jungen Dandy und Erotomanen – diesmal mit literarischen Ambitionen –, der sich an Colettes Leben heranpirschte, um dann boshafte »Enthüllungen« über ihre »Freundschaft« zu schreiben. Sylvain Bonmariage ist der Albtraum eines Biografen: ein abgewiesener Freier mit vertraulichen Informationen, der nur zu bereit ist, allen Schmutz über sein Thema als Wahrheit aufzutischen. Unbewusst eifersüchtig auf Colettes Talent und Ruhm, hielt er sich selbst für untadelig hochgeistig. Als Zeuge ist Bonmariage peinlich leicht zu diskreditieren. Er war opium- und kokainsüchtig, ein Snob, ein Frauenhasser, ein Pornograf, ein Reaktionär, ein Antisemit und sein Leben lang ein Parteigänger von Willy. Außerdem war er paradoxerweise ein naiver romantischer Tugendbold, leicht zu schockieren und derart blind gegenüber den Widersprüchen seiner Selbstdarstellung (als vulgärer Kerl mimte er den sexuellen Philosophen, und als klatschsüchtiges Individuum hielt er sich für geistig respektabel), dass er zufälligerweise gewinnender wirkte als alle Gestalten, die er je absichtlich hätte schaffen können. »Niemand kann etwas gegen die Wahrheit meiner Aussage sagen«, verkündet Bonmariage. In gewisser Weise hat er Recht. Sein Urteil ist so voreingenommen, dass es komisch durchsichtig wird. Um seine eigene Glaubwürdigkeit zu erhöhen, versucht er, Colette gerecht zu werden, billigt er ihr zu, was er für Stärken und Tugenden hält. So gibt es in dem, was er schreibt, hin und wieder das Aufblitzen einer echten Einsicht, und er leistet Colette und ihren Biografen letztlich einen nützlichen Dienst. Sein Fixiertsein auf sie wirkt ironischerweise auf sein eigenes Erzählen wie ein Zugpflaster: Es extrahiert die Wahrheit und mit ihr einen Eindruck von Colettes Anschaulichkeit und Humor.

Mit jeder weiteren von ihm zitierten gutmütigen Antwort Colettes auf Bonmariages wieder einmal langatmige Monologe über Liebe oder Moral wächst Colettes Charme. Sie sei nie an Drogen interessiert gewesen, berichtet er uns. Warum? »Deren furchtbare Spiritualität konnte für diese Frau, der alle Spiritualität abging und die kein Bedürfnis empfand, sich eine zu schaffen, nicht anziehend sein.« Sie bittet ihn jedoch, »ihr den Reiz ›meines Lasters‹ zu erklären, der ihr ganz unbekannt sei«. Er tut das in weitschweifigen Ausführungen, die er in seinen Memoiren vollständig mit abdruckt, wobei er mehrseitig eine knappe Geschichte des Drogenhandels, der »chinesischen Seele« und der »sublimen Stunden« liefert, Stunden, in denen er zugeknallt ist, die »die Gedanken verschönern«. Colette hört ihm »ernst« zu, »überlegt einen Augenblick« und sagt dann: »Worte, nichts als leere Worte. [...] Denn diese Worte stehen in keinem Verhältnis dazu, dass du dich verblödest, dich voll stopfst, dich vergiftest und umbringst. Wenn ich deine Mutter wäre, mein kleiner Bengel, dann würde ich dir den Hintern versohlen!«

Bonmariage war, als er um 1905 Willy kennen lernte, ein aufstrebender Schriftsteller. Sein reicher Vater missbilligte diese »Berufung«; Willy half, den Alten zu beschwichtigen und die Karriere des Sohnes in die Wege zu leiten; in dieser Zeit übertrug Bonmariage seine kindliche Zuneigung auf seinen Gönner. Zugleich enthielt das Ganze eine giftige Dosis ödipaler Konkurrenz. Schon der Titel seiner Erinnerungen *Willy, Colette und ich* suggeriert seine eheliche Gemeinschaft mit diesem Paar, ein Gedanke, von dem er besessen war. Er rückte so nah, wie er konnte, und heiratete schließlich Willys letzte Geliebte und Haushälterin, Madelaine de Swarte, nachdem er vergeblich versucht hatte, ihm Colette zu entführen.

Bonmariage hatte sich wie Hériot und wie Maxime in den

Kopf gesetzt, die Vagabundin von ihrer unwürdigen und unsicheren Bühnenkarriere zu »erretten«, was nicht hieß, dass er ihr nicht begeistert gefolgt wäre. Er ließ keine Aufführung des *Pan* aus und behielt die Bühnentür und die Gänge hinter der Bühne im Auge, »berauscht« von dem »Tiergeruch« des Schweißes, den Colette verströmte, wenn sie in ihre Garderobe zurückkam. Eines Tages platzte er in ihre Wohnung und sagte, sie müssten »ernsthaft« miteinander reden. Sie sei allein und ohne Geld, begann er, während er ein eigenes Einkommen besitze und »drei schöne Zimmer in der Nähe des Bois. Außerdem weißt du, dass ich dich liebe. Lass uns unsere Lebenswege vereinen. Du verlässt die Bühne [...]. Wir werden arbeiten. Ich werde auf dich aufpassen [...]. Ich liebe dich so sehr, dass du mich schließlich auch lieben wirst ... Was sagst du?«

Colette war, wie der Leser sich vorstellen kann, bestürzt:

> Sie blickte mich schweigend, außer sich an, anscheinend ohne mich verstanden zu haben ... Ich deutete diese Erschütterung als Einwilligung. Eine Bewegung ihrer Schultern ließ mich glauben, sie würde mir die geöffneten Arme entgegenstrecken. Ich warf mich ihr entgegen, [...] presste ihre Brüste und Lippen, um sie in wilder Raserei fest an mich zu drücken. Ich war der Stärkere. [...] wir fielen beide auf ihr Bett [...]. Ich glaubte in diesem Moment, die Welt löse sich in einem Taumel auf. [...] Wir blieben unbeweglich, schweigend, aneinander gepresst.
> [Und dann fährt er fort:] Colette [...] tat das Nötige, um sich davon zu überzeugen, dass ich mich in einem extremen Zustand der Anspannung befand. [...] Die Rollen wechselten. Ich war Colette in ihrer ganzen Weiblichkeit auf Gedeih und Verderb ausgeliefert [...] »Nachdem du dich jetzt beruhigt hast, gehen wir zu Marly [zum Essen] und machen uns einen angenehmen Abend als gute Freunde.«

Bonmariage ließ sich nicht leicht entmutigen, und die komischste Szene in seinen Erinnerungen – unter seinen Kameen, die Colette verteufeln sollten, eine der reizendsten – findet in Colettes Hotelzimmer in Brüssel statt. Sie soll dort Paniska spielen. »Wohl wissend, dass sie allein ist«, platzt er um neun Uhr früh bei ihr herein. Nur ihr knotiger Tänzerinnenfuß ragt unter der Bettdecke hervor. »Ich wunderte mich über mich selbst, dass ich nicht entschlossen war, diesen flexiblen und muskulösen Körper, dieses heiße Fleisch zu bestürmen ... Colette schien allerdings diesen Übergriff vorausgesehen zu haben. Sie zog sich die Laken bis zum Kinn, und nur die ausdrucksvollen Züge ihres ironischen, leuchtenden Gesichtes lugten noch aus der Bettwäsche hervor, zusammen mit diesem schrecklich enttäuschenden Fuß.«

Plötzlich erklärte Colette, sie wolle aufstehen. »Sie schlug die Laken zurück, sprang wie ein junger Jaguar heraus und richtete sich nackt vor mir auf. Ich war höchst erstaunt.« Bevor sie hinter einem Wandschirm »Schutz« suchte, erhaschte Bonmariage flüchtig etwas von ihrem »großartigen Busen, ihren kaum hängenden Brüsten«, auch von den »schweren Schenkeln«, ihren »Boxerlenden« und ihrem »enormen und flachen Gesäß«. Während er sich mit einer Zigarette über seine Enttäuschung hinwegtröstet, kann der Leser hören, wie Colette rasch bei sich denkt: Wie werde ich diesen Blödmann nur los. Und sie findet einen Weg.

»Ich sprang plötzlich beim Ton eines platzenden Reifen auf. Colette lacht und kommentiert: ›erster Knall‹. Ein neues Gelächter und ein neuer Ton: ›zweiter Knall‹. Dann das Gleiche: ›dritter Knall‹. Schließlich mit einem Ausbruch übermütiger Heiterkeit: ›Es ist stärker als ich. Das Vergnügen, dich wieder zu sehen! [...]‹ ›Vierter Knall.‹ Es bedurfte keines fünften Furzes«, schließt Bonmariage, »um mich gänzlich anzuekeln« – leider nicht auf Dauer.

5

Seit dem Tag, an dem sie *La Vagabonde* zu schreiben begann, empfand Colette einen inneren Widerstand gegen die Arbeit, die für sie neu war. »Ich beginne nicht ohne Angst, muss ich gestehen«, sagte sie zu Hamel, »und es macht mich reizbar und nervös.« Sie hatte mit Charles Saglio, dem Herausgeber von *La Vie parisienne*, einen Vertrag geschlossen, den Roman in Fortsetzungen zu veröffentlichen, doch im Februar des neuen Jahres bat sie ihn, seine Ankündigung der »nahe bevorstehenden Veröffentlichung« zurückzuziehen und die erste Folge auf Mai zu verschieben: »Einfach weil ich das schon Geschriebene gerade nochmal gelesen habe [...] und mir klar wurde, was noch fehlt und was verändert werden muss [...]. Ich möchte Ihnen gern ein abgeschlossenes Manuskript geben, das Ihrer so würdig ist wie meiner selbst.«

Der Roman wurde vom 21. Mai an in zwanzig wöchentlichen Folgen abgedruckt. Am 4. Juni kam das dritte Kapitel heraus, und Willy las zum ersten Mal Colettes Porträt von »Taillandy«. Man versteht, warum sie die Niederschrift von *La Vagabonde* so nervös gemacht hatte. Sie musste nicht nur Willys Vergeltung fürchten – und die kam nur zu bald –, sondern auch die Bloßstellung ihrer eigenen »langen, feigen und ganz selbstzufriedenen Hinnahme« seiner Dominanz. Man kann die ersten zehn Seiten über Taillandy mit Kafkas Brief an den Vater vergleichen. Sie sind wie dieser ein Vatermord aus dem Gefühl des Verlassenseins; listig und subversiv, aber leidenschaftlich ernst, in ihrer Virtuosität spannend zu lesen und in ihrer Rohheit grässlich; sie rühmen die Macht des Tyrannen und verunglimpfen ihn zugleich.

So überzeugend Taillandy als Gestalt ist, so definitiv wird er hier kastriert, für immer seiner anderen Verkörperungen beraubt: der »leeren Luftblase« Renaud, des »gutmütigen Papas« aus den *Claudine*-Büchern, des Kumpels aus *En camarades*. Colette entkleidet den lebenden Willy seines Charmes, wie ein Küchenchef –

der, zu sehr daran gewöhnt, um noch zu weinen – eine Zwiebel schält. Willy steht vor der Welt als der Lügner, der Zyniker, der Sadist, der Ehebrecher, der Dieb und der Kunstfälscher, für den Colette ihn 1910 und danach immer gehalten hat. »Mein früherer Ehemann? Sie kennen ihn alle.« Nein, Sie kannten ihn nicht, aber jetzt werden alle ihn kennen lernen.

Belle Plage, wo Missy und Colette seit 1905 immer einen Teil des Sommers verbrachten, war, wie Herbert Lottmann noch freundlich feststellt, »eine sehr hässliche Backsteinvilla«, ein rot-weißer Kasten mit lebkuchenartigen Holzeinfassungen an den Fenstern, mit einem kargen Garten und einem felsigen Streifen Strand davor, an den sich weitere ebenso scheußliche Nachbargrundstücke anschlossen. Die See war in Le Crotoy oft stürmisch und das Wetter launisch. Sido bedauert in ihren Briefen Colette ebenso oft wegen des Regens, wie sie sie um die »schönen Stürme« beneidet, bei denen sie und Missy einen Logenplatz haben: »Du hast meinen Geschmack geerbt, mein lieber Schatz. Du liebst die Verheerungen, das Brausen des Windes [...], schöne Bäume, Flüsse, das Meer. [...] Ich werde sterben, ohne je meinen Hunger nach solcher Pracht gestillt zu haben.«

In diesem Sommer, 1910, gingen die beiden Liebenden mit dem Auto auf die Suche nach etwas Passenderem und Intimerem mit einem schöneren Strand. Im Herbst hatten sie es gefunden: ein Anwesen in der Bretagne zwischen Cancale und Saint-Malo; zwanzig Morgen Land, ein »Traumhaus«, ganz oben auf einem Hügel, von den Dünen geschützt. Missy bezahlte Rozven, überschrieb es aber auf Colette. Sie verbrachte das nächste Jahr damit, es bewohnbar zu machen; inzwischen ging ihre Liebesaffäre zu Ende.

20. KAPITEL

I

Es geschah häufig in Colettes Leben, dass das, was sie schrieb, sich dann auch wirklich ereignete. So veranlasste *La Vagabonde* Willy, sich als der Gauner zu verhalten, als den sie ihn porträtiert hatte. Umgehend kündigte er in der Presse an, er werde einen Roman mit dem Titel *Sidonie oder Die perverse Bäuerin* veröffentlichen. Sido bekam es mit der Angst zu tun, Achille erwog juristische Schritte, doch das Buch wurde nie geschrieben. Im selben November setzte jedoch Meg ihren Namen unter *Les Imprudences de Peggy*, »übersetzt« von Willy.

Peggy ist eine englische Waise, die von ihrer bösen französischen Tante Sidonie-Gabrielle-Anastasie aufgezogen wird. Sie erzählt einem in sie vernarrten französischen Romanschriftsteller namens Robert Parville (Willys jüngstes Alter Ego) von ihren Liebesaffären im Internat. Dieser vertraut ihr dafür die Geschichte der früheren Ehefrau seines »armen Freundes Taillandy« an, einer Lesbierin namens Vivette Wailly. Taillandy hat gegen den Rat seiner Freunde versucht, aus diesem »intelligenten und gewitzten kleinen Landmädchen« eine ehrliche Frau zu machen. In ihrer Provinz wäre sie vor Armut zu Grunde gegangen und hätte keine Heiratschancen gehabt, »seit sie aus dem Elternhaus weglief, um bei einem Musikprofessor in Auxerre zu arbeiten«.

Vivette, fährt er fort, tolerierte Taillandys Liebesaffären, denn sie fürchtete, eine Schwangerschaft könnte ihrer Figur schaden, außerdem bevorzugte sie, neben anderen »Priesterinnen der

Sappho«, »eine alte Morphiumsüchtige, die sich wie ein Mann kleidete, die Baronesse de Louviers«.

»Dein Freund hat sich hoffentlich scheiden lassen?«, fragt Peggy.

»Nicht gleich. Reste einer feigen Zuneigung hielten ihn noch zurück.«

»Wie? Hat er sie nicht verachtet?«

»Doch. Aber er hat Vivette immer verachtet, selbst in Zeiten seiner wildesten Leidenschaft für sie.«

Taillandy, fährt Parville fort, verlässt Vivette wegen einer viel jüngeren Frau, die er mehr liebt, als er Vivette je geliebt hat, und Vivettes »verletzter Stolz veranlasst sie zu höchst unehrenhaften Racheakten«:

> … mit Hilfe eines früheren Sekretärs ihres Exehegatten, eines nichtsnutzigen Heuchlers, der die alten Herrenanzüge der Baroness auftrug, stahl sie Taillandys Briefe – und Möbel. Sie verklagte ihn, eine ihrer Liebhaberinnen vergiftet zu haben, sie gewann […]; es gelang ihr, in einem skandalösen Rechtsstreit seinen Namen in den Schmutz zu ziehen. […] Als sie schließlich triumphierte, war sie es zufrieden und zog sich auf ihr Schloss in der Bretagne zurück, ein Geschenk der uralten Baronesse de Louviers, mit der Vivette stille Abende verbrachte, an denen sie Zigarren rauchten und sich mit Chartreuse betranken.«
>
> »Ist das das Ende der Geschichte?«
>
> »Nein, damit ist sie nicht zu Ende, sie wird zu einem Drama. […] Alle glaubten, [der Ehemann] habe sich damit abgefunden, und er selbst, von der kindlichen Zärtlichkeit seiner in ihn verliebten Engländerin beruhigt, glaubte das vielleicht auch, bis er eines schlimmen Morgens – durch das große Tor mit leisem Schritt – in das Schloss eindrang,

in dem die beiden Freundinnen lebten, und beiden kalt eine Kugel in den Kopf schoss.«

»Oh! Wurde er gehenkt?«

»Nicht einmal guillotiniert. Er hatte noch eine Kugel im Magazin, mit der er dem Melodram ein Ende setzte. Doch bevor er sich den Revolver an die Schläfe hielt, traf er noch eine einzige Vorsichtsmaßnahme: er ging weit genug weg, damit sein Körper nicht auf die Leichen des verabscheuten Paares fiel. Er hatte sich immer einen Rest Romantik bewahrt.«

Willys Wut war noch nicht verraucht. 1911 veröffentlichte er einen weiteren Racheroman, *Lélie, die Opiumraucherin*, den er sich von Toulet schreiben ließ. Toulet war »ein Freund von Colette gewesen und dürfte das Geld dringend nötig gehabt haben, wenn er sich zu solch einem schmutzigen Geschäft hergab«, schrieb Pichois. *Lélie* parodiert das Lyrische von *Tendrils*, den Dialekt der *Claudines* und karikiert Colette (die hier Gabrielle-Bastienne de Rozven-Saint-Sauveur heißt) als eine räuberische und heruntergekommene Lesbe von vierzig Jahren, mit fettem Hinterteil und »einem kindlichen Schmollmund, den sie mühevoll vor dem Spiegel einstudiert hat«. Colette war außer sich vor Wut, und man kann nur ahnen, wie sie den »machiavellistischen« Brief aufnahm, den Willy entworfen und Curnonsky unterschrieben hatte. Darin fordert Curnonsky Willy auf, Colette daran zu erinnern, dass »wenn [ihr Mann] Sie so sehr hasst, dann muss er Sie sehr geliebt haben«.

Die Scheidung der Gauthier-Villars wurde schließlich am 21. Juni 1910 rechtskräftig. Colette wurde ein Unterhalt von tausend Francs im Jahr zugesprochen. Die in *Peggy* geschilderten Betrügereien sind decouvrierend, allerdings aus Colettes Perspektive mit ganz anderer Färbung. Sowohl Willys Köchin als auch sein Sekretär Paul Barlet verließen ihn und kamen zu Missy und Colette. Vor seinem

Weggang rettete Barlet die Manuskripte *Claudine en ménage* und *Claudine s'en va* von Willys Schreibtisch und gab sie ihrer rechtmäßigen Eigentümerin zurück, wofür er ihre Dankbarkeit und Willys Feindschaft erntete. Danach stritten sich Colette und Willy verbissen um einige Möbelstücke. Colette behauptete, sie habe diese zur Aufbewahrung bei ihm hinterlassen und dafür eine monatliche Miete bezahlt. Er behauptete, er habe diese Möbel nur zu ihrem Eigentum erklärt, um deren Beschlagnahmung zu verhindern; eine List, mit der sie damals einverstanden gewesen sei, nun aber versuche sie, ihm diese Möbel zu stehlen. Doch diese Vorwürfe waren unbedeutend, verglichen mit dem Skandal, den Madame de Serres auslöste, eine viel gewichtigere und schmutzigere Affäre. Sie geht aus den Briefen hervor, die Barlet vielleicht wirklich bei Willy entwendet hat, sowie aus einem Dossier, das Colette für ihren Anwalt vorbereitete.

Madame de Serres, für ihre Freunde Liette, war eine Mätresse, die Willy ausrangierte, nachdem er ihre Züge für die Gestalt der Marthe Payet in den *Claudines* benutzt hatte. Sie war mit seinem Freund, dem Komponisten Louis de Serres, verheiratet und hatte Willy eine größere Geldsumme »anvertraut« oder »geliehen« – diese Unterscheidung sollte noch wichtig werden –, die er in die Firma Gauthier-Villars hatte investieren sollen, die er tatsächlich jedoch anderweitig durchbrachte. Eine Zeit lang zumindest verheimlichte er die Unterschlagung, indem er für die Kreditsumme Zinsen zahlte.

Colette erfuhr von dieser Angelegenheit nach ihrer Trennung, als sie jedoch mit ihrem Mann noch auf vertrautem Fuß stand. Nach Willy hatte Liette sich ihm praktisch aufgedrängt. Aus Hass auf Colette, so behauptete Willy, habe sie ihrer Rivalin ein ganzes Heer von Geliebten angedichtet und damit so überzeugende Argumente für Colettes Untreue geliefert, dass er begonnen habe, dem Glauben zu schenken und ernsthaft über Scheidung nachzudenken.

Willy scheint Liette 1908 endgültig fallen gelassen zu haben, woraufhin sie prompt die Rückzahlung ihres Kredits verlangte. Willy war verzweifelt: Er hatte einen schweren Betrug begangen, und wenn sie ihre Korrespondenz aufbewahrt hatte, konnte sie ihn ins Gefängnis bringen. Nach Colettes Aussage hatte er versucht, für seine Erpressung von Madame de Serres Colettes Hilfe zu bekommen, erst mit Schmeicheleien, dann mit Drohungen. Er hatte ihr Liettes Liebesbriefe gezeigt, die, wie sie hinzufügt, nicht besonders belastend waren, aber herzlich genug, um beschämend zu sein. Willy wollte Colette dazu bringen, die Wut der betrogenen Ehefrau vorzutäuschen und Madame de Serres anzudrohen, die Briefe Monsieur de Serres zu zeigen.

Colette war zugegebenermaßen »äußerst verärgert« über die Dame. Aber sie wollte weder Erpressung noch Betrug, sagte sie dem Anwalt. Stattdessen versprach sie Willy, sie werde Madame de Serres bitten, »mit dem Mann Mitleid zu haben, den sie einst geliebt hatte«. Diese Bitte wurde im Mai 1909 per Telegramm übermittelt und tat, laut Colette, eine Zeit lang ihre Wirkung. Man überzeugte Madame de Serres, Willy sei drauf und dran, Selbstmord zu begehen, und sie ließ von ihrem Ansinnen ab. Colette ihrerseits »beschloss, sich all seinen [künftigen] Forderungen zu widersetzen. […] Ich wollte nicht mehr ausgebeutet werden und ich wollte auch von nun an die Ausgaben [der *Claudine*-Bücher], für die [Willy] bis dahin alle Ehre und den Profit eingeheimst hatte, unter meinem Namen veröffentlichen.«

Doch dann überlegte Madame de Serres es sich anders. Zurück in Paris, fährt Colette fort, hatten Willy und »ich über dieses Thema stürmische Auseinandersetzungen, es gab Drohungen, Flehen, Feilschen, und wenn ich unnachgiebig war, dann bat er mich inständig, auf seiner Seite zu bleiben … und gegen, Sie wissen schon wen, für ihn Partei zu ergreifen.«

Madame de Serres erhob eine Zivilprozessklage gegen Willy, die dem Strafrechtsverfahren, das sie zu Recht anstrengen konnte, vorausging. Sie beanspruchte seine Tantiemen, und aus seinem Eigentum standen ihr, im Falle seines Todes, fünftausend Francs zu. Im Dezember 1910 strengte auch Colette einen Prozess gegen Willy an: wegen der Möbel. Sie ließ Marcel Boulestin als Zeugen laden und zahlte für seine Anreise aus London. Willy fing Boulestin auf der Treppe zum Gericht ab und drohte ihm, er werde ihn im Gerichtssaal verhaften lassen: »Sie wissen, ich habe etwas gegen Sie in der Hand.« Boulestin floh nach Calais, wahrscheinlich fürchtete er, wegen Päderastie angeklagt zu werden, »und Colette blieb auf seinen Reisekosten sitzen. Ich habe mich oft gefragt, vor welchen Enthüllungen er sich gefürchtet haben mag, denn ich wusste nichts davon ...«

Es gibt noch einen letzten, den schwärzesten Streitpunkt: Colettes Anschuldigung, Willy habe die Mutter seines Sohnes ermordet. Und trotz ihrer »Abneigung« gegen Erpressung scheint es, als sei sie davor nicht zurückgeschreckt. Im November 1909, wahrscheinlich als Reaktion auf Willys »Drohungen«, ließ Colette ihn wissen, sie habe »Beweise« für die Annahme, dass er 1892, ein Jahr vor ihrer Heirat, Germaine Servat umgebracht habe. Diese »Beweise« bestanden darin, dass Achille sich erinnerte, wie Willy ihn vor Germaines Tod bei einem Besuch in Châtillon fragte, welche Dosis Morphium tödlich wäre. Achille antwortete damals, das wisse er nicht, entdeckte aber, als er nach Willys Abreise seinen Arzneimittelschrank aufschloss, dass seine Phiole mit dem Morphium fehlte. »Er würde, wenn nötig, nach Paris fahren und als Zeuge aussagen«, schreibt Sido, »ich nehme an, dass Achille das Gewicht seiner Worte wohl erwogen hat, aber man muss gut überlegen, bevor man so weit geht, denn das alles hat schwerwiegende Folgen.«

Achille brachte nie eine förmliche Anklage gegen seinen früheren Schwager vor, und es scheint unwahrscheinlich, dass er mitgeholfen haben würde, seine Schwester mit einem Frauenmörder zu verheiraten und später diesen Kriminellen zum Patenonkel seiner Tochter zu machen. Vielleicht kam die Geschichte von der Morphiumphiole durch Juliettes Tod und den Verdacht der Familie auf, Roché habe ihr eine tödliche Überdosis Aconitum verabreicht. Vielleicht war Colette zu der Überzeugung gelangt, Willy müsse, wenn er zum Rufmord fähig war, auch zu einem Mord fähig sein. Jedenfalls brachte sie dieses Gerücht in Umlauf. »Seit kurzem«, berichtete er im Februar 1910 einem Rechtsanwalt, »verbreitet eine Literatin, die viel mehr Talent als Vernunft besitzt, ich hätte eine (vielleicht zwei, sie war nicht ganz sicher) meiner Mätressen umgebracht. Mir schienen diese Äußerungen von einer bedauerlichen Übertreibung zu zeugen, trotzdem habe ich sie nicht bei Gericht angezeigt.«

Mord, Erpressung, Betrug, Einschüchterung, Prozesse, Rufschädigung – was für ein Abschaum. »Halte dir den Rücken frei«, schreibt Sido ihrer Tochter 1910. Tatsächlich fürchtete sie, wie auch Colette und Missy, »der bösartige und hassenswerte Bastard« könnte seine Gewaltandrohungen wahr machen.

Capable de tout: zu allem fähig. Das ist der Ausdruck, den beide, Willy und Colette, als Leitmotiv verwenden, wenn sie übereinander sprechen. »Es gibt nichts, was Colette adeln würde, und nichts, das Willy rehabilitierte«, schreibt Pichois über diese letzten Szenen ihrer Ehe. »Das moderne und beispielhafte Paar wusch seine schmutzige Wäsche in aller Öffentlichkeit.« Caradec pflichtet dem bei, allerdings mit mehr Sympathie für beide Seiten. Liest man die Quellen, schreibt er, »dann ist man völlig überzeugt, dass Colette und Willy, alle beide, böswillig handelten. Aber ist das nicht gewöhnlich das Schicksal von Prozessgegnern, wenn zwei Menschen, die einander heruntermachen, sich nicht verzeihen können, dass sie einander geliebt haben?«

Jacques Gauthier-Villars war Ende 1910 zurück in Frankreich, um Fragen seines Militärdienstes zu regeln. Weder Willy noch Colette oder jemand aus ihrem Umfeld erwähnten ihm gegenüber den »Mord«-Vorwurf. Sein Vater, so erzählte er Caradec, »schien heiter wie immer und ganz ›er selbst‹«. Er lebte mit Meg in Monte Carlo, außer Reichweite seiner Gläubiger, und hatte zwei neue Kindfrauen in seinem Harem.

> Plötzlich sagte er mir in einem beiläufigen Ton, dass seine Beziehung zu Colette nicht mehr angespannt … sondern zerrissen sei.
> »Tant pis«, antwortete ich gleichmütig, aber mit Bedauern.
> »Ja, umso schlimmer«, sagte Willy, »für sie wie für mich.«

2

Colette war in Neapel und genoss mit Auguste Hériot zehn Tage Ferien am Strand von Amalfi, als *La Vagabonde* erschien. Sie machten die ganze »Cook-Tour«, besuchten Pompeji, die Gärten auf der Insel Procida, das Männerkloster Camaldoli und die Höhle der Sybille. Es regnete in Herkulaneum, und während dessen Marmor sie »kalt« ließ, gefielen ihr »der Nerotempel und die Fahrt mit der Fähre in der Dunkelheit, auf den Schultern eines halbnackten Führers und der herrliche Duft brennender Fackeln«.

Von Capri schickte Colette an Léo und Missy (die die Renovierung in Rozven beaufsichtigte) die gleichen nichts sagenden und fröhlichen Postkarten. »Man kann von hier aus die Villa von Fersen sehen«, schreibt sie ihrer Geliebten von einer Restaurantterrasse aus. (Fersen d'Adelwart war ein berühmter Dandy der Belle Epoque.) »Ich würde sie nicht haben wollen, nicht für neununddreißig Francs, denn sie ist so unverkäuflich wie unzugänglich. […] Ich umarme euch aus ganzem Herzen.« Und Hériot fügt hinzu: »Und mit meinem großen ebenfalls.« Ihrem Freund Hamel gegenüber war Colette mitteilsamer und offener. »Mein kleiner Begleiter […] ist ein liebes Kind, wenn er mit mir allein ist«, erzählte sie ihm. »Er wird niemals glücklich sein, denn er ist auf traurigem Grund gebaut.«

Missy hatte Hériot mit derselben stoischen Ruhe hingenommen, die Colette früher Willys Mätressen gegenüber an den Tag gelegt hatte, und ein Jahr lang lebten sie friedlich nebeneinander. Sie hatte längst verstanden, dass ihr »unerträgliches unechtes Kind« schließlich ihres »alten Melancholikers« überdrüssig werden würde; nie nahm sie ihr diese Neigung zur Ruhelosigkeit übel. Colette tat ihr Bestes, um ihrer Geliebten zu versichern, dass »alle Vergleiche zu ihren Gunsten ausgingen. Eine glückliche Ironie flüstert mir zu: ›Der ist meiner Missy nicht ebenbürtig.‹«

Jede Scheidung zwingt zu einer Verteilung der Freunde des früheren Paares, besonders wenn die Trennung so bitter ist wie die Colettes von Willy. Schon als sie zur Bühne ging, hatten ihre »anständigeren« Bekannten sie fallen gelassen. Die Salondame, die sie in zahlreichen Sketches »meine Freundin Valentine« nennt, besucht und verteidigt sie weiterhin, aber diskret. Sie missbilligt die barbusigen Pantomimen, die zweideutige Gesellschaft, in der Colette sich bewegt – die Lesben, Tunten, Prostituierten, die von der Eigentümerin der Semiramis Bar bemuttert werden, und sie erinnert Colette mit unschuldiger Herablassung daran, dass die Regeln »*pour nous autres*«, für uns Frauen der besseren Gesellschaft, andere seien. Colette teilt dem Leser mit, was sie über ihre »Freundin Valentine« denkt.

> Ach, du heilige kleine Wichtigtuerin! Es gibt manchmal Momente, in denen ich schwach werden und mich dir verständlich machen will; dann würde ich [dich gern] an deinen (echten und falschen) goldenen Haaren ziehen und dich kräftig boxen, um alle deine Vorurteile, deine Ideenstrünke und Prinzipientrümmer aufzurütteln, die alle zusammen so einen unmoralischen Radau machen …

Ja, unmoralisch, kleiner Dummkopf! […] Du wirst niemals all das erfahren, was ich wirklich über dich denke, du, die du mich betrachtest, als hätte ich, weil ich keinen Ehemann mehr besitze, eine unanständige Krankheit, die schwer zu verbergen und schwer einzugestehen ist. Du würdest wie über eine leichte Widersinnigkeit lachen, wenn ich versuchte, dir zu erklären, dass mir der Zustand der Ehe abgeschmackt und ziemlich unnormal vorkommt.

Colette war eine gefallene Frau, aber ihr gewissermaßen überzogen maskuliner, knabenhafter Charme trug ihr sowohl als Schriftstellerin als auch als Darstellerin eine Verehrung ein, wie sie sonst unter homosexuellen Männern vorkommt. Robert de Montesquiou, der Großherzog von Sodom persönlich, gehörte zu ihren Bewunderern. Montesquiou, ein Altersgenosse von Willy, war, woran er nicht müde wurde zu erinnern, »mit dem größen Teil der europäischen Aristokratie verwandt«. In seiner Jugend hatte er für Huysmans Ästheten Des Esseintes das Modell abgegeben. Um die Jahrhundertwende legte er Wert darauf, als Dichter ernst genommen zu werden, und zu diesem Zweck nahm er sich der Schriftsteller Mallarmé, Edmond de Goncourt und Proust an und ließ sich herab, im Salon der Madame Arman zu verkehren, wo er, hingebungsvoll an den Kaminsims gelehnt, mit hoher Stimme seine Werke las. Colette begegnete ihm dort, als sie nach Paris kam.

Der Graf teilte Willys Vorliebe für Wortspiele – je grausamer, desto besser – und auch sein Talent, sich damit Feinde zu machen. Ihre gesellschaftlichen Kreise deckten sich zum Teil, denn zu den Protégés von Montesquiou gehörten die Komponisten Fauré und d'Indy und die Künstler Boldoni und Jacques-Emile Blanche, Willys Cousin, die beide Colette porträtiert haben. Willy, der zur Zeit seiner Finanzschwierigkeiten mit dem Grafen noch auf herzlichem Fuß stand, schrieb ihm salbungsvolle Briefe (auch wenn die

Salbung immer mit der Säure seiner Ressentiments durchzogen war), und 1907 half Montesquiou ihm, sich das dringend benötigte Geld zu beschaffen, indem er ihm Boldonis Colette-Porträt abkaufte.

Vielleicht trug die Tatsache, dass ihr Bild nun in seinem Pavillon des Muses hing, dazu bei, sein Interesse an ihr zu wecken, und vielleicht war er fasziniert, dass sie mit der Groß-groß-groß-Enkelin von Ludwig XV. zusammenlebte. Was auch immer der Grund war, seit 1907 interessierte Montesquiou sich für die Karriere Colettes, worüber er sich auch mit seinen homosexuellen Ästhetenfreunden austauschte. »Ich glaube nicht, dass ich Ihnen geschrieben habe«, teilt der Maler Georges Barbier dem Grafen mit, »wie sehr mir die Posen gefielen, die Madame Colette Willy in einer ganz einfachen Pantomime vorführte, in der sie mit der ganzen robusten und eleganten Grazie ihrer schönen Beine einen jungen Faun spielte, der von der Liebe enttäuscht ist. Selten erlebt man einen Kunsttag im Theater, aber ich muss gestehen, mir wurde ein solcher geschenkt durch die tierhafte Geschmeidigkeit von Madame Willy. […] Die Verfasserin der *Dialogues de bêtes* ist ein hybrides Wesen – raffiniert und beunruhigend.«

Ein solches raffiniertes und beunruhigend hybrides Wesen musste zu Prousts Hauptvorbild für Charlus passen. Und trotz seines berühmten Snobismus (oder vielleicht gerade wegen ihm – er hasste es, sich anzupassen) setzte Montesquiou sich für Colette ein. Sie hatte ihm *La Retraite sentimentale* geschickt, und er schrieb ihr einen Dankesbrief für ihr »merkwürdiges Werk«, in dem er auf die »eigenartigen Ähnlichkeiten« zwischen ihren Gestalten und denen Beardsleys hinwies: »dieselbe Genialität in der Perversion; dieselbe Weise, durch ihre Grazie Absolution für das zu erlangen, was ihnen vorgeworfen worden war«.

Als Gegengabe schickte Montesquiou Colette seinen Essay über Beardsley. Sie ließ das Geschenk unbeachtet – sie stand mitten in der Trennung. Dennoch war eine solche Ungehörigkeit, selbst in einer Zeit der Wirren, für sie ungewöhnlich. Als sie, in ihrem besten gehobenen Stil, antwortete, war sie bereits in die Rue de Villejust gezogen:

> Es stimmt, Monsieur, ich habe Ihnen in diesem Sommer nicht geantwortet. Ihr Brief, so äußerst schmeichelhaft, traf mich an meinem kleinen Strand, weit weg von allem, und die Trägheit des Juli, die moralische wie körperliche Malaise eines eher … vorübergehenden Zustandes, ließ mich die elementarsten sozialen Pflichten vergessen. Die Übersendung meines Buches war eine schüchterne Entschuldigung; es gefiel Ihnen, so bin ich zufrieden.
> Ich habe Ihre Untersuchung über Beardsley, für den ich eine fast sträfliche Leidenschaft hege, mindestens drei Mal gelesen, so sehr stimmen die Züge dieses ganz jungen Mannes, der ein wenig verrückt ist, mit meinem geheimen Innersten zusammen. […] Ich wüsste gern den Namen der Dame [sic!], der der Faun so gefiel. Ich habe so wenig Freunde, Monsieur. Das ist keine Klage, gewiss nicht! Aber ich lebe, da bin ich sicher, wie es nicht üblich ist, und ich weiß, dass ich dafür verdammt werde. Ich werde vor allem deshalb so sehr verdammt, weil ich nicht ausreichend erklärt habe, warum ich mit fast alldem, was anständig ist oder als anständig gilt, gebrochen habe. Aber ich versichere Ihnen, ich bin nicht niederträchtig, und es gibt nicht ein niedriges Motiv für mein Verhalten! Das könnte Ihnen völlig gleichgültig sein, aber ich möchte nicht falsch verstanden werden, jedenfalls nicht von bestimmten Personen.
> Ich habe einen hübschen, langsamen Tanz für mich ersonnen. Wenn Sie Lust hätten, den früheren Faun mit den schönen Muskeln einmal unter nachtfarbenen Schleiern vor einem schattenhaften Abgott tanzen zu sehen, wäre

> ich glücklich, Ihnen zu Diensten zu sein und auf diese Weise dafür zu danken, dass Ihnen mein Buch gefallen hat. Lieber Herr, seien Sie sich der wahren Sympathie von Colette Willy sicher.

Colette war im Allgemeinen so zurückhaltend, was ihr »geheimes Innerstes« und ihre geheimen Neigungen anging, dass sie, als in den zwanziger Jahren dieser Brief zusammen mit anderen Papieren aus dem Nachlass Montesquious versteigert werden sollte, mit einem Prozess drohte, um dem Verkauf zuvorzukommen. Sie war nicht die Einzige: Es gab auch von anderen Literaten Proteste, die sich über die »Ungehörigkeit« empörten, dass die private Korrespondenz eines Schriftstellers zur Auktion gebracht wurde. Paul Bourget verteidigte zum Beispiel die völlige Trennung von Kunst und Leben, worauf der Verfasser des Vorwortes zum Verkaufskatalog antwortete: Wenn Bourget es als »regressive« Neigung bezeichnet, die Wahrheit der Kunst im Leben ihres Autors zu suchen (*»la manie du document«*), ist das in Wirklichkeit eine Weigerung, die Umstände zu ergründen, unter denen ein Werk geschaffen worden ist, die Methoden, nach denen der Autor »sein Material geformt und gestaltet« hat. »Muss man nicht erst einmal verstehen«, um urteilen zu können?

Der Verkauf fand statt, und das Montesquiou-Archiv befindet sich heute in der Bibliothèque Nationale. Montesquious übrige Korrespondenz mit Colette enthält nichts vergleichbar Offenes oder Intimes. Als sie begann, in *La Vie parisienne Les Vrilles de la vigne* zu veröffentlichen, übermittelte der Graf, der wie so viele extravagante Seelen schüchtern war, seine Bewunderung für diese Essays an ihren Verleger. »Saglio sagt mir, dass Ihnen [meine Arbeit] gefällt«, schrieb Colette ihm mit mauvefarbener Tinte. »Ich weiß von anderen, dass Sie mit Wohlwollen von mir sprechen. Ich vergesse manchmal eine Beleidigung, eine Freundlichkeit vergesse ich nie.« Sie lud ihn ein, mit ihr in der Rue Torricelli zu speisen –

sie nannte das Lokal eine »Kaschemme«, versprach ihm aber ein anständiges Mahl.

Wenn die großen Ästheten der Belle Epoque Colette beeindruckend fanden, so teilweise weil ihr Stil – trotz seiner viel gerühmten »Nacktheit« – ihnen einiges verdankte, nicht minder ihre Persona mit all der scheinbaren Natürlichkeit. Colette ist nie so durchschaubar oder spontan wie sie erscheint, ganz im Gegenteil. Die ästhetische Haltung eines Proust, Wilde, Huysmans, Beardsley, Schwob oder Montesquiou ist viel hilfreicher, will man sie verstehen, als die Philosophie Rousseaus.

Es stimmt, dass die meisten dieser Männer nur hinter verschlossenen Türen sündigten, während Colette ihre Revolte in aller Öffentlichkeit auslebte. Sie fühlten sich insgeheim von ihrer vitalen Kraft angezogen. Die Trägheit und Förmlichkeit dieser Männer waren ihr fremd, nicht aber ihre fetischistische Verehrung menschlicher Schönheit. Colette drang in ihren exotischen Lebensraum ein – sie besuchte ihre Opiumhöhlen, speiste in ihren Klubs, trat in ihren privaten Tempeln auf, studierte ihre Perversionen – und schrieb über sie wie ein Anthropologe, ein guter Anthropologe, obwohl sie sich über ihre eigenen Neigungen nicht immer ganz im Klaren war. Das Werk, in dem sich Colettes vielschichtige Beziehungen zu dieser Halbwelt am besten zeigen, ist ihr Porträt von Renée Vivien.

Renée, die 1909 starb, hieß von Geburt Pauline Tarn und war die Tochter eines englischen Vaters und einer amerikanischen Mutter. Diese ätherische Blondine, vier Jahre jünger als Colette, gehörte zum Kreis der angelsächsischen lesbischen Literatinnen, die sich um die Jahrhundertwende in Paris niedergelassen hatten. Natalie Barney gab sich die Ehre, Renée einzuführen, und die beiden Frauen hatten eine lange, stürmische Beziehung mit vielen Zerwürfnissen und vielen Versöhnungen. Sie mussten einander enttäuschen: Natalie war wie Colette eine Genießerin des Lebens, robust und hellsichtig, eine große Verführerin und unfähig zur Treue. Renée war auf Bücher versessen, morbid, kindlich, zerbrechlich und »hungerte nach Transzendenz«. Natalie musste all ihre erotische Raffinesse und Geduld aufbieten, um in dieser selbst ernannten »Puritanerin« die Fähigkeit zur Leidenschaft zu wecken. Renées Gedichte, auf Französisch geschrieben (einer Sprache, die sie mit einem lispelnden englischen Akzent sprach), waren zum größten Teil Pastiches ihrer beiden Idole, Baudelaire und Sappho. Voller »Liebe und Schmerz«, voller Mondlicht und dem Geruch verwelkender Lilien, voll zitternder Herzen und Lippen waren sie bereits aus der Mode, als sie geschrieben wurden. Colette war dankbar, dass Renée nie mit ihr über die Arbeit reden wollte.

Als Colette in die Rue de Villejust zog, wurde sie Renées Nachbarin: Die beiden Wohnungen waren über eine Reihe von Hausgärten miteinander verbunden, zu denen eine »bestechliche« alte Concierge den Schlüssel besaß. Damals wohnten Renée und Natalie getrennt. Sie waren auf Lesbos (der veritablen griechischen Insel) gewesen; ihr kurzes Idyll und ihr Traum, eine Dichterinnen-Kolonie zu gründen, zerstob bei ihrer Rückkehr schon im Vorfeld durch einen Brief von Renées gebieterischer »Herrin«, einer Rothschild-Erbin, der immens reichen und sexuell habgierigen Baronesse Van Zuylen. Sie befahl Renée, nach Frankreich zurückzukehren, und diktierte ihr einen Brief, in dem Renée Natalie mitteilen musste, sie könnten sich von nun an nur mit der Genehmigung ihrer »Herrin« treffen. Diese quartierte Renée in einem luxurösen und düsteren Appartement in der Avenue de Bois ein.

Renée, ihrerseits reich, war für Colette in der ersten Zeit ihrer Schauspielerei eine großzügige Förderin. Mit Willy und dann mit Missy war Colette in Nizza bei Renée zu Gast, und Renée lud Colette oft »aus beruflichen Gründen« ein, damit sie bei ihren Soireen in Paris tanze (wobei sie immer darauf bestand, dass Colette das Honorar bestimme). Diese späten Diners mit Sushi und Foie gras, mit viel Champagner *brut* und sonderbaren Alkoholika, wurden auf Tellern aus Jade oder Lack von Renées chinesischem »Sklaven« einer ausgewählten Gesellschaft von Damen und dem einen oder anderen männlichen Sympathisanten serviert. Colette fand diese Abende gestelzt und langweilig. Sie entdeckte, dass Renée ihre Fenster zugenagelt hatte. So war die Luft schwer von einem widerlichen Bouquet sich mischender Parfüms: von süßem Tabak, überreifen Früchten, Friedhofsblumen und Weihrauch, der an den Altären der unschätzbaren Buddhas brannte, die zu Renées »sich wandelnder« Ausstattung gehörten. Die Tische und Diwane waren niedrig und das Licht so schummrig, dass Colette – »bösartig intolerant« gegenüber so viel affektierter Ungesundheit – einmal ihre eigene Petroleumlampe zum Diner mitbrachte. »Renée vergoss darüber kindliche, heiße Tränen.«

Colettes Intoleranz bestand nicht einfach darin, dass sie, die offene und tatkräftige Realistin, eine romantische Träumerin nicht mochte. Der Weg durch die Gartentür, der durch verschlossene Tore führte, um dann die beiden Erdgeschosswohnungen miteinander zu verbinden, symbolisiert eine emotionale Nähe, zu der Colette sich nicht zu bekennen vermochte, obwohl es sicherlich kein Zufall war, dass die Heldin von *La Vagabonde* auch Renée heißt.

»Wenn ich die Korrespondenz dieser Dichterin veröffentlichen sollte ... Sie wäre nur wegen ihrer Kindlichkeit erstaunlich. [...] Ich betone diese ganz spezielle Eigenschaft ihrer Kindlichkeit. [...] Es gibt keinen einzigen Zug in diesem jugendlichen Gesicht, an den ich mich lebhaft erinnerte. [...] Renées unbeschwertes Lachen, ihre Lebhaftigkeit, der leichte Lichtschein, der in ihrem goldenen Haar zittert, all das kommt zusammen und macht mich traurig wie das Glücksgefühl blinder Kinder.« *Kindlich, wie ein Kind, jugendlich*; es ist wie ein musikalischer Refrain. »Bei Renée Vivien könnte ich mir wünschen, jünger zu sein, um mich ein wenig zu fürchten.«

Colette war gerade dabei, ihren Masochismus zu überwinden, als sie Renée kennen lernte. Und da sah sie nun eine immer »zitternde« Sklavin der Liebe, die nach dem Entrée urplötzlich ihre Essensgäste im Stich lassen konnte, um einer »Vorladung« seitens ihrer abwesenden Gebieterin zu folgen. Zwanzig Jahre später, als Colette dieses öffentliche Spektakel der Selbsterniedrigung in *Le Pur et l'impur* wieder in Erinnerung rief, fand sie es abstoßend. Doch 1910 »zittert« ihre eigene Renée aus derselben Schwäche immer dann, wenn ihr Liebhaber sie »mein geliebtes Kind« nennt. Sie zittert vor Angst wie ein zerbrechliches Wesen, das in jedem Geliebten mögliche Eltern sieht und sich auf die mächtige Unterströmung der Regression gefasst macht, die durch den ganzen Roman vor- und zurückflutet.

»Ich bin in Gefahr«, sagt Renée Vivien. Ihre Gebieterin könne sie töten, sagt sie, aber wie? »In vier Worten erklärte sie mir, wie sie umkommen könnte. Worte von einer Deutlichkeit, dass es einem die Sprache verschlägt.« Man kann sich vorstellen, welche vier Wörter das sind, und Colette lässt keinen Zweifel daran, dass Renée nicht ehrlich ist, wenn sie sich nach einem solchen Tod sehnt, der wollüstigen Auslöschung des Selbst. Hier aber haben wir Colettes eigene Renée von 1910:

> Flucht. Und was nun? Alles ist gegen mich. Das erste Hindernis, über das ich stolpere, ist ein Frauenkörper, der mir den Weg versperrt – ein sinnlicher Körper mit geschlossenen Augen, freiwillig blind, entspannt und bereit, eher umzukommen, als den Ort seiner Freuden zu verlassen … Diese Frau, dieses von Lust verzehrte Tier bin ich. »Du hast keinen schlimmeren Feind als dich selbst.« Ich weiß, mein Gott, das weiß ich ja! Aber werde ich auch das verlassene Kind in mir besiegen können, das hundertmal gefährlicher ist als das gierige Tier, das Kind, das in mir zittert, schwach und nervös, und nur zu gern seine Arme ausstreckt, um zu flehen: »Lasst mich nicht allein!« Es fürchtet die Nacht, die Einsamkeit, Krankheit und Tod.

Die Schauspielerin, die ihre Sexualität in vulgären Melodramen zur Schau stellte, hörte der Salon-Exhibitionistin zu, die ihre Liebesaffären in einer vulgären Sprache zur Schau stellte, und war entsetzt. Renées »Art, von der körperlichen Liebe zu sprechen, war ein wenig wie die der kleinen Mädchen, die für die Lüstlinge herangezogen werden: unschuldig und roh«, schreibt Colette. »Als ich hinter der Dichterin, die die Blässe der Liebenden, das Schluchzen und die trostlosen Morgendämmerungen besingt, [...] den Schatten von ›Madame Wievielmal‹ auftauchen sah, [...] machte ich der Taktlosigkeit des nur halbbewusst daherredenden jungen Mundes ohne große Rücksicht ein Ende.«

Die einzige Auseinandersetzung, die in ihren Briefen vorkommt, betrifft nicht Renées sexuelle Eskapaden oder ihre Ruchlosigkeit, sondern ihr Trinken. Colette hatte ihr vor ihren versammelten Freunden ins Gesicht gesagt, sie sei eine Alkoholikerin, und Renée war verständlicherweise beleidigt und wütend. Ihr beiderseitiger Vertrauter Léon Hamel spielte den Vermittler, und Renée schickte Colette ein Friedensangebot, eine japanische »Allzweck«-Porzellanschale, »die du als Becken, als Wasserschüssel, Bidet oder sonst was benutzen kannst«. Colette selbst unterdrückte die Wut und Angst, die Renée bei ihr auslöste: »Denn die Freundschaft, die man einem bereits zersetzten, seinem Fall zustrebenden Menschen entgegenbringt, gehorcht nicht den Einflüsterungen der Eigenliebe.«

Doch Renée trank sich nicht nur zu Tode, sie war auch unheilbar anorektisch. Colette ist wahrscheinlich die Erste, die einen modernen Fall dieser Krankheit in der Literatur beschreibt: ein zwanghaftes Fasten nicht aus religiöser Askese, sondern weil sie davon besessen war, schlank sein zu wollen. Colette ist berühmt für ihre Liebe zum Essen und dafür, dass sie sich in ihrer Haut wohl fühlte, womit sie sich allen modernen Geboten darüber, was den Körper einer Frau liebenswert oder begehrenswert macht, entzieht. Selbst verordnetes Hungern war eine Form weiblichen

Märtyrertums, das sie moralisch und ästhetisch verabscheute, und in einer Zeit, als Diät zu halten gerade erst Mode zu werden begann, ließ Renée bereits Zukünftiges erahnen. Sie war groß – ein Meter siebzig –, und ihr »Ideal«-Gewicht betrug siebenundvierzig Kilo. Als sie entdeckte, dass sie fünf Kilo zugenommen hatte, verschwand sie für eine Woche, um dieses Übergewicht durch Waldwanderungen und die Beschränkung auf Tee wieder zu verlieren.

Colette schildert, wie es zu diesem Fasten kam. Sie geht mit Renée zu einem Kostümverleih, um Kleider für einen Maskenball zu besorgen. Renée zieht versehentlich Colettes Mantel an und entdeckt, dass sie ihn nicht zuknöpfen kann. »Er passt Ihnen fast«, sagt Colette lachend zu ihr. »Er passt mir … fast?«, wiederholt Renée entgeistert. »Ein großes Unglück ist das, was Sie mir da verkünden …«

Damals war Colette »ein nettes kleines Pferdchen«, erklärt sie selbst fröhlich. Doch als sie ihre Erinnerungen an Renée schrieb, wog sie über achtzig Kilo. Und wenn sie auch in Briefen über ihre Fettleibigkeit scherzt, beklagt sie sich doch nie über sie, zumindest nicht ernsthaft. Im Laufe der Jahre konsolidierten sich ihr Körper und ihre Stärke.

Aus Renées Briefen ist leicht zu ersehen, warum Colette diese Frau so zum Verzweifeln fand: Sie wirkt gelangweilt und verwöhnt, zugleich sind ihre Briefe voll von neckischen Andeutungen und lyrischer Exaltiertheit. Renée nennt Colette »mein Kind« und macht Scherze über die »dienstbare Missy« und das große Bett, das sie für die beiden bereithaben werde, wenn sie nach Nizza kommen: Die Mutmaßung, es bestehe unter Lesbierinnen eine sexuelle Komplizenschaft, konnte Colette nur widerwärtig finden, war sie doch ohnehin misstrauisch gegenüber Intimitäten, voller Verachtung für solch ein demonstratives Identitätsgehabe und zwiespältig, was ihre eigenen lesbischen Neigungen anging.

»Der Alkohol … die Magerkeit … die Poesie […]. Was liegt

am düsteren Grund dieser Kindereien?«, fragt sich Colette. Als sie entdeckt, dass der Unsinn nicht einfach eine Marotte oder vorgetäuschte Verworfenheit ist, sondern eine Art Geisteskrankheit, überwindet ihr Mitgefühl ihren Widerwillen. Sie kann Renée nie anerkennen oder sie wirklich mögen, aber sie versucht, die eigene Antipathie zu begreifen: »Wie alle, die ihre Kräfte nie bis zu deren Grenzen einsetzen, bin ich den sich Verzehrenden feindlich gesinnt.«

Es gibt Männer und Frauen, und Colette gehörte zu ihnen, deren Selbstvertrauen und Gleichmut im Alter zu wachsen scheinen. Sie überwinden das Grauen von Verlust und Verlassenwerden oder leugnen es. Das Leben macht sie zu den strengsten Richtern der Ausschweifung. Colette nimmt es Renée Vivien zutiefst übel, wenn sie abnimmt und sich »mit großem Fanatikergepränge in einen Abgrund« stürzt. »Ein erfundener Abgrund?«, fragt die korpulente und in sich ruhende große Schriftstellerin in den späten 1920ern. Sie hat ihre eigene Renée von 1910 vergessen: »Ich leide. Ich kann mich nicht an das halten, was ich sehe. [...] Ich hänge und schwanke wie ein Baum, der über einem Abgrund groß geworden ist und der seinem Untergang entgegenwächst. Noch widerstehe ich, nur, wer kann sagen, wie lange?«

3

Colette selbst hielt es für »erwähnenswert«, dass die engen Freunde ihrer Vagabundenjahre »die wirklichen, treuen Freunde«, allesamt »Pechvögel [waren], Menschen von unheilbarer Traurigkeit«. »Verbindet uns vielleicht das gemeinsame Unglück?«, fragt sie, verneint das aber. »Ich glaube eher, dass ich die Melancholiker und die Einsamen anziehe, die gleich mir ein zurückgezogenes oder unstetes Leben führen«, denn auch sie sind Außenseiter, unbelastet von Familien oder Konventionen.

Missy, Hériot, Renée, Léon Hamel (in *La Vagabonde* »Hammond«) gehören gewiss in diese Kategorie. Sido erwähnt Hamel zum ersten Mal im August 1908, und Colettes erster ausführlicher Brief an ihn stammt vom Juli desselben Jahres. Er war ein häufiger Gast bei Missy und Colette in Belle Plage und Rozven, und eine der *Vrilles de la vigne* ist ihm gewidmet. Er scheint seinerseits Colette nicht nur in Herzensangelegenheiten, sondern auch in Gelddingen beraten zu haben: »Ich danke Ihnen nochmals«, schreibt sie ihm ironisch, »dass Sie so gut auf mein *riesiges* Kapital aufgepasst haben.«

Colette vertraute Léon Hamel mehr als all ihren anderen Briefpartnern, deren Archive erhalten sind. Seine Briefe an sie sind verloren gegangen, und er vernichtete auch ihre Briefe an ihn, jedoch erst, nachdem er sie mit seiner feinen Handschrift kopiert hatte. Colette drängte ihn, ihr auch von sich zu erzählen, »du könntest es vergessen«.

Pichois gibt in seiner Einleitung zu den *Lettres de la vagabonde* eine kurze Skizze vom Leben Hamels. Er war in Willys Alter, aber körperlich sein Gegenteil: »groß, dünn und sehr distinguiert«, athletisch. Seine Offiziersfamilie hatte ihm ein Privatvermögen hinterlassen. So war er »ein Dilettant aus Berufung«, er sammelte Schmetterlinge, schätzte die Literatur und reiste gern. Er hatte in China gelebt und mehr als fünfzehn Jahre in Ägypten, wo er dem Vizekönig Ismail Pascha half, seine Angelegenheiten in Ordnung zu bringen. Er entwickelte ein onkelhaftes Interesse an Renée Vivien und war einer der ersten Männer, die man in Lesbos willkommen hieß. Es wäre verwunderlich, wenn dieser zärtliche und geheimnisvolle Junggeselle, der in der Kultur Nordafrikas derart zu Hause war, nicht auch schwul gewesen wäre.

Aber Hamel war nicht der Einzige, dem die Vagabundin vertraute. Er hatte einen Konkurrenten, der in Colettes Biografien nirgends besonders hervortritt, wahrscheinlich weil seine Briefe, mit einer Ausnahme, nie veröffentlicht wurden.

Louis de Robert war im gleichen Alter wie Colette. Er hatte drei erfolgreiche Romane über das Leid der Liebe geschrieben, und Colette hielt große Stücke auf ihn. »Wie oft müssen Sie sich anhören, dass Ihre ›Sensibilität gänzlich feminin‹ sei«, schreibt sie ihm. Es könnte sein, dass Colette in frühen Jahren ihrer Ehe Robert schon einmal vorgestellt worden war, allerdings haben wir keine Mitteilung über ihre Begegnung. Er schrieb für *L'Echo de Paris*, als Willy dort Musikkritiker war, zudem gehörte er zu den Gästen des Salons von Madame Arman, wo er sich mit Marcel Proust anfreundete. Die beiden jungen *Sensibles*, beide glühende Dreyfus-Anhänger, waren zusammen zu Zolas Gerichtsverhandlung gegangen. Eine chronische Krankheit zerstörte Roberts Gesundheit und verkürzte sein Liebesleben. Als Colette begann, ihm zu schreiben, war er bereits ein Invalide und Einsiedler im Dorf Sannois, im Norden von Paris. Sein autobiografischer Roman, den Colette erwähnt, *Roman du malade*, wurde 1911 veröffentlicht. Er erzählt die Geschichte seiner Leiden und wie er sie annehmen lernte. Dieses Buch machte ihn berühmt. Als Proust es las, beschloss er, die Freundschaft mit ihm zu erneuern. »Ich habe an einem langen Werk gearbeitet, das ich Roman nenne, weil es nicht die zufälligen Züge von Memoiren besitzt«, schrieb er an Robert mit blendender Untertreibung und äußerte sich über die Ähnlichkeiten in ihren Werken und Schicksalen.

Proust hatte damals die ersten beiden Teile seines großen Romans im Entwurf fertig. Er hoffte, sie in Fortsetzungen in einer guten Zeitschrift veröffentlichen zu können, bevor sie dann als Buch herauskämen. Aber seine Versuche bei einer Reihe einflussreicher Verleger, sie unterzubringen, hatten nichts als Schweigen, leere Versprechungen oder grobe Zurückweisungen zur Folge. Als *Roman du malade* sowohl in den Kritiken als auch ökonomisch ausgezeichnet ankam, dachte Proust, Robert würde ihm vielleicht helfen können.

Anders als Gide, der *Auf der Suche nach der verlorenen Zeit* für *La Nouvelle Revue française* ablehnte, ohne mehr als ein paar Seiten gelesen zu haben (und seine Dummheit für immer bereute), erkannte Robert in ihm das Werk eines Genies und war sicher, dass andere das ebenso sehen würden. Er drängte Proust, den Roman an einflussreiche Schriftsteller zu schicken, darunter an Colette. Proust erklärte, er habe Madame Willy seit ihrem Streit mit Madame Arman 1896 nicht mehr gesehen. Zwar »bewundere« er sie weiterhin, doch habe er das Gefühl, es sei nicht richtig, ihre Bekanntschaft mit der Bitte um einen Gefallen erneuern zu wollen. In der Zwischenzeit versuchte Robert, *Auf der Suche nach der verlorenen Zeit* bei seinem eigenen Verleger Fasquelle unterzubringen, der das Manuskript jedoch ablehnte. Dann probierte er es bei seinem Freund Humblot, dem Direktor von Ollendorff, der ebenfalls skeptisch war: »Mein lieber Freund, ich bin vielleicht vom Nacken aufwärts tot, aber wenn ich mir noch so sehr den Kopf zerbreche, kann ich nicht einsehen, warum jemand dreißig Seiten braucht, um zu beschreiben, wie er sich im Bett umdreht, bevor er einschläft.«

Proust lebte mit der heimlichen, quälenden Liebe zu seinem Chauffeur, was *La prisonnière* inspirieren sollte. Als Louis de Robert gestand, dass auch er an einer unerwiderten Leidenschaft litte, bot Proust ihm an, sich für ihn zu verwenden: »Ich, der ich in der Liebe so unglücklich war … ja, ich, so unfähig, die Herzen zu bewegen, die ich mit dem meinen vereinen wollte, wenn ich nicht betroffen bin, lieber Freund, besitze ich die Kräfte eines Zauberers, deren Sie sich bedienen sollten. […] Ich habe nicht nur Freunde versöhnt, sondern auch Liebende und Gatten. Ich habe einem unglücklich Liebenden in den Augen der Kurtisane, die ihn verschmähte, zu Ansehen verholfen. Lieber Freund, wenn ich irgendetwas für Sie tun kann, so müssen Sie es mir nur sagen.«

»Von diesem Brief berührt«, vertraute Robert Proust einige Einzelheiten der Sache an, auch sein Gefühl der Altersschwäche und Hoffnungslosigkeit, ohne jedoch den Namen seiner Geliebten zu verraten. Proust drängte ihn. Er werde zu der Dame gehen; seine Eloquenz werde ihre Abneigung bezwingen; er werde ihr die Furcht einflößen, sie könne ihn verlieren, und das Gefühl, »glücklich zu sein, ihn zu lieben. [...] Ich habe erkannt, mein Freund, dass es keine unüberwindlichen Schwierigkeiten gibt.«

Aber es gab sie doch. Louis de Robert hatte Colettes Vertrauen gewonnen, indem er sich als Nachfolger von Francis Jammes empfahl: ein idealer Leser, der in mönchischer Abgeschiedenheit lebte und sich »ungeduldig nach der fast schmerzhaften Lust« sehnte, die ihm ihre Seiten vermittelten; ein väterlicher Kritiker, der imstande war, ihre geistigen Fehler zu läutern, und ein glühender platonischer Briefschreiber, dem sie sich aus sicherer Distanz öffnen konnte. »Ja«, schreibt er ihr, als *La Vagabonde* gedruckt vorliegt, »ich spüre, dass das Beste von Ihnen, der Gipfel, die Flamme, die Seele Ihres Seins in ihren Büchern liegt. Ganz unabhängig von Ihnen, genieße ich Ihre Bücher. Deshalb ertrage ich es so lange, Sie nicht zu sehen, wenn ich nur etwas von Ihnen zu lesen habe.«

Robert aber täuschte sich. Er lebte von Colettes Briefen und setzte ihr zu, sie solle ihn besuchen kommen, und das in einem Ton, der Colette an Sido erinnern und das gleiche Schuldgefühl und den gleichen Widerstand in ihr hervorrufen musste. Sie versprach, ihn in Sannois zu besuchen, dann verschob sie ihre Reise oder sagte sie ganz ab. Sie ließ Monate verstreichen, ohne ihm zu antworten: »Der Schmerz, den man mir mit einem unerfüllten Versprechen antun kann, den man mir antut, indem man mich warten lässt – Sie kennen ihn ... Doch noch niedriger, böser, als mir Schmerz zuzufügen, ist, wenn man, ich weiß nicht was für eine perverse Befriedigung daraus bezieht, mir auch noch die Illusion zu rauben, Sie seien gut.« Diese enge Brieffreundschaft sollte eine überraschende Wendung nehmen.

21. KAPITEL

I

In den ersten zehn Jahren ihrer literarischen Laufbahn veröffentlichte Colette nicht nur elf Bände Prosa und zwei Theaterstücke, sondern auch ein beträchtliches Konvolut an Kritiken und Reportagen. Selbst wenn sie nie einen weiteren Roman geschrieben hätte, wäre sie in die Geschichte eingegangen, als eine der produktivsten und originellsten französischen Journalisten des Jahrhunderts. Sie hatte einen scharfen Blick und trotzdem einen weiten Blickwinkel. Sie gehörte zu den ersten Frauen, die im Ersten Weltkrieg von der Front Bericht erstatteten und die ein Flugschiff und ein Flugzeug bestiegen. Zu ihren Spezialgebieten gehörten Kriminalfälle, besonders häusliche Gewalt und Kriminalpsychologie, und sie berichtete über einige der größten Prozesse des Jahrhunderts. Ihre Film- und Theaterkritiken füllen mehrere Bände, und während sie nie die unverbrauchte Frische ihrer Wahrnehmung verlor – das, was die Buddhisten den »Blick des Neulings« nennen –, brachte sie ihre lebenslange Erfahrung als Schauspielerin und ihre praktischen Kenntnisse aus dem Bühnenhandwerk in ihre Arbeit mit ein. Mehrere Jahre war sie Literaturredakteurin einer großen Pariser Tageszeitung. Sie schrieb über Mode mit einer fundierten Respektlosigkeit, die noch heute provokativ klingt. Sie gab in ihren Kolumnen Ratschläge über Liebe, Essen, Gartenpflege, Mutterschaft, Körpertraining, Innenausstattung und andere traditionelle Themen der Frauenseiten und äußerte sich zugleich beredt und oft schneidend scharf über das

Elend der Geschiedenen und Arbeitslosen, der Frauen in gewalttätigen Ehen und an schlechten und unterbezahlten Arbeitsplätzen.

Wie Dominique Aury behauptet, und das zu Recht, hat Colettes erzählerisches Werk »keine Vergangenheit, es steht außerhalb von Klassen und Nationen, ist geschützt vor gesellschaftlichen Verunreinigungen (es gibt bei Colette keine Gesellschaft), geschützt vor der Furcht vor Gott und seiner Versuchung (es gibt keinen Gott) und vor der Angst vor dem Tod«. Aber man sollte das Werk der Journalistin als das zeitgebundene Pendant zum zeitlosen Werk der Romanschriftstellerin und als einen zusätzlichen Aspekt der Dialektik zwischen Rein und Unrein, *le pur et l'impur*, lesen.

Im Dezember 1910, nach mehreren Monaten des Verhandelns, unterzeichnete Colette einen Vertrag mit *Le Matin*, in dem sie sich zu einer regelmäßigen, zweimonatigen Artikelserie verpflichtete, die nach einer Probezeit wöchentlich erscheinen sollte. Ihre ersten Artikel wurden anonym unter dem Titel »Geschichten von tausend und einem Morgen« gedruckt. »Die heutige Geschichte«, schrieben die Herausgeber am 2. Dezember 1910, »erscheint unter Pseudonym. Dahinter verbirgt sich kapriziös eine Schriftstellerin allerersten Ranges … deren großes Talent – eine Mischung aus hervorragendem Gespür, kühnen Beobachtungen und respektloser Fantasie – sich gerade wieder in einer Liebesgeschichte niedergeschlagen hat, die heute der bestverkaufte Roman ist.« Einen Monat später lüftete Colette ihre Maske. »Ich bin es«, erklärte sie, »Colette Willy.«

Sie hatte anfangs zugestimmt, ihre Identität zu verheimlichen, weil die Zeitungsleitung befürchtete, ihr skandalöser Ruf könnte bei den »keuschen« Abonnenten Anstoß erregen. Die »Leitung« war jedoch in dieser Frage nicht einer Meinung. Es gab einen ständigen Redaktionsdirektor und zwei wechselnde Chefredakteure, die beide wegen der erforderlichen langen Arbeitszeiten auch spät am Abend in Zwei-Wochen-Schichten arbeiteten. Einer dieser Redakteure drohte zu kündigen, als er hörte, Colette sollte seine Kollegin werden: »Wenn diese Person zu uns kommt«, erklärte Stéphane Lauzanne seinem Boss Charles Sauerwein, »dann gehe ich auf der Stelle.«

»›Auf der Stelle‹ kommt mir sehr emphatisch vor«, gab Charles Sauerwein zurück. »Kennen Sie sie?« ...
»Ich! Ich kenne diese Zirkusdarstellerin, die ...«
Charles Sauerwein, der mir wohlgesinnt war, streckte Lauzanne die Hand entgegen:
»Adieu, alter Freund, ich sage Ihnen adieu, weil Colettes erste Kurzgeschichte morgen erscheint ...«

2

Sido machte sich Sorgen wegen Colettes neuer Tätigkeit: »Minet-Chéri, du gehst eine große Verpflichtung gegenüber *Le Matin* ein. Das ist eine Menge Arbeit, und ich bin nicht dafür, denn der Journalismus ist der Tod des Romanciers, schade, dass du das tust. Vergeude dein Talent nicht, mein Liebling, sei sparsam damit, es ist es wert, erhalten zu bleiben.«

Tatsächlich veröffentlichte Colette zwei Jahre lang keinen neuen Roman. Doch wenn auch ihre Prosa darunter litt, die Bühnenkarriere litt nicht. Anfang Januar nahm sie mit Wague in Paris das immer noch populäre *La Chair* für eine Spielzeit von zwei Wochen wieder auf. »Offenbar lässt einem die Berühmtheit keine Zeit«, schrieb Sido und klagte, dass sie so lange ohne Brief von ihrer Tochter geblieben war.

Einen Monat später befand Colette sich wieder auf Reisen – diesmal nach Nizza, um in Richepins *Xantho* zu tanzen. Hier spielte Hériot, nicht Missy, ihren *Cavaliere servante*. Das Paar unterbrach seine Reise in Beaulieu, dann in Monte Carlo, um sich einige Tage zu erholen. Danach nahmen sie im Hotel Majestic in Nizza Quartier. Hier begleitete sie eine junge Schönheit namens Lily de Rême zum Essen, auf Ausflügen – und ins Bett.

Colette sollte Lily später für ihre May in *L'Entrave* (*Die Fessel*) zum Modell nehmen, ein leichtlebiges Geschöpf anno 1913: wurzellos, lasterhaft, sexy und mit der Ausstrahlung »vergänglicher ausdrucksloser Jugendfrische: nichts Charakteristisches«. Sie ist ein Typ, der, wenngleich in der Literatur und im Unterhaltungsgeschäft immer noch verbreitet, heute aus der Mode gekommen ist. In vielen Erstlingsromanen gibt es eine Lily und einen jungen Helden, der ihr hoffnungslos verfallen ist. Sie »schläft zu wenig, vergisst zu frühstücken, raucht, trinkt und schnupft Kokain«. Gewöhnlich hat sie eine vernünftige Vertraute, die ihr – und den Trotteln, denen sie den Kopf verdreht – ungläubig zusieht. Wie kann irgendjemand auf so eine Type hereinfallen, fragt sie sich naiv.

Lily war, als Colette sie kennen lernte, Anfang zwanzig und konnte sich nicht vorstellen, einmal dreißig zu werden. Sie war leichtsinnig, ungebildet, kapriziös, schwatzhaft und für beide Geschlechter reizvoll. Wie May kleidete sie sich exzentrisch, übertrieb »eine an und für sich schon verrückte Mode noch«. Sie liebte hohe Absätze, glänzende Seide, Spitzenstrümpfe, Kimonos, folkloristische Stickereien und kurze Röcke. Ihr kesser Stil hatte seinen weltläufigen Glamour, doch war Lily auch voller vulgärer Vorurteile, die sie für charmant hielt und mit lauter Stimme zum Besten gab.

»Unser Trio würde Ihnen gefallen«, schreibt Colette an Hamel. »Diese beiden in mich verliebten Kinder sind erstaunlich, aus einem einzigen Grund: weil sie mich lieben. Ich füttere sie und sorge dafür, dass sie schlafen. Meine Selbstliebe befriedige ich mütterlich, mit ihrem Appetit und ihrem frischen Teint. Aber ich bin nicht ganz glücklich über den jungen H[ériot]. Lieber Hamel, wie sehr wünschte ich mir, mit Ihnen darüber zu sprechen! […] Die Würfel sind gefallen, Sie sind derjenige, den ich um Diskretion und Rat bitte, da die Liebesaffäre ernst zu sein scheint, besonders für ihn; mein eigenes Gefühlsleben ist nicht in Gefahr.«

Als die Beziehung zu Hériot andauerte, konnte Sido nicht anders, als ihn zu bejubeln. »Der Reichtum deines Freundes? Ich habe ein wenig dazu beigetragen, denn ich bin Kundin der Magasins du Louvre gewesen, seit sie eröffnet wurden, und – was für ein Zufall – die Handarbeit, die ich gerade weggelegt habe, um dir zu schreiben, ist der Rest eines blauen Seidenkleides, das Papa bei den Magasins du Louvre für den Tag deiner Geburt bestellt hat. […] Wie verwöhnt du bist!«, schließt sie, »Wie geliebt! Aber so bist du immer gewesen, seit deiner Geburt, mit Ausnahme der paar Jahre, die du mit dem ›Phänomen‹ verbracht hast … Doch das hat dazu beigetragen, dem Talent, das in dir steckte, Flügel zu verleihen.«

In der Zwischenzeit arbeitete Missy im Overall an der Renovierung des Hauses und fühlte sich, ihrem Stoizismus zum Trotz, verlassen. Ohne auf irgendwelche Freuden durch Hériot und Lily zu verzichten, versuchte Colette, den verletzten Stolz ihrer Geliebten wieder gutzumachen. »Ich kann das Licht von Rozven sehen«, schrieb sie ihr aus Nizza. »Ich höre die Morgengeräusche und den Klang deiner Stimme.« Sie wiederholte das Lob, das sie für *La Vagabonde* erhielt, und glaubte, das würde Missy glücklicher machen als sie selbst; dabei vergaß sie, dass ihre Geliebte gerade nicht eine selbstlose und sie abgöttisch liebende Mutter war.

Es konnte Colette jedoch nicht entgangen sein, dass für die Marquise die Lektüre der Liebesszenen in dem Roman schmerzhaft sein musste, ebenso die Stellen, an denen Renée die zweitklassige Liebe schildert: »das herbe Glück«, »zwei Frauen, ineinander verschlungen« und »das rührend melancholische Bild zweier Schwachen« – Colette wehrte sich gegen eine solche Schwäche in ihrem Verhältnis. Eine indirekte Entschuldigung bietet Colette

Missy in einem Brief an: »Ich glaube, weil ich meine Zeit mit Dingen verbringe, die ich bedaure, fühle ich sie so lebhaft und schreibe über sie ziemlich persönlich. Nun, Leute, die ganz gesund und glücklich sind, schreiben keine gute Literatur.«

Das schuldbewusste Playgirl begab sich Ende Februar auf eine lange Bahnfahrt, um ein paar Tage in Rozven zu verbringen. Missy hatte offenbar eingewandt, ein so kurzer Aufenthalt rechtfertige keine derart strapaziöse Reise. »Meine Anstrengung ist mir schnurzegal, wenn ich dich sehen kann«, protestierte Colette. »Komm, sei nicht so streng mit mir. Wenn deine Vagabundin den ›Rappel‹ ihres *âge dangereux* hinter sich hat, wie die dänische Dame sagt, dann wird sie, du wirst sehen, bei dir zu Hause bleiben. Denn es ist dein Haus, Liebling, alles darin trägt deine Handschrift und die Zeichen deiner Pflege.«

Aber sie hatte ihren Rappel noch nicht hinter sich. Nach ein paar Tagen, in denen Missy sie »schalt, umsorgte und aufwärmte«, zog Colette mit ihrem »Kid« Hériot und Lily weiter, diesmal nach Nordafrika. Irgendwo zwischen den Ruinen von Karthago und den Märkten von Tunis ließ sie Hériot »sehr kalt« fallen. Sie war nicht bereit, schrieb sie ihrer Mutter, »seine Sklavin zu sein«. Er eilte zurück nach Frankreich – um in Rozven seine Wunden zu lecken. Das Haus war immer noch ein Chaos, aber Missy richtete ihm ein Zimmer her, und seine Anwesenheit gab ihrer mütterlichen (oder onkelhaften) Fürsorglichkeit ein Betätigungsfeld, hatte ihr doch, während Colette fort war, dafür ein Adressat gefehlt. »Der kleine Gimpel blickt Missy mit treuen Hundeaugen an«, schrieb Colette an Hamel. »Vielleicht plant er deine Bekehrung«, machte sie sich nicht gerade freundlich über die Marquise lustig.

Hériot und Missy gaben ein rührendes Paar ab. Sie waren beide ebenso reich und eitel wie unstillbar traurig. Beide fühlten sich zu temperamentvollen und anspruchsvollen Frauen hingezogen. Sie versuchten Liebe zu kaufen, während sie insgeheim hofften, ihre Hingabe werde eine wirkliche Liebe keimen lassen. Sie gehören zur Belle Epoque, die sie ruiniert und vereinsamt überlebt haben. Man stelle sich vor, was für ein Paar Jean Lorrain aus ihnen gemacht hätte: eine Madonna dolorosa als Transvestit, selbstlos und edel, und ein Kind mit Schnurrbart, mit unschuldigem Blick und einer Erektion.

Lily führte sich in der Zwischenzeit »unmöglich« auf – ihre Spezialität. »Sie benimmt sich in einem moslemischen Land«, schrieb Colette aus Tunis an Missy, »als befände sie sich in einer Bar am Montmartre; sie singt auf der Straße, macht sich über die Einheimischen lustig, die ich besser erzogen finde als sie.« Sie wollte mit einem Freund, der als Frau verkleidet sein sollte, einen Harem besuchen; sie wollte die schöne Tochter einer jüdischen Familie liebkosen, worüber Colette einen Artikel für *Le Matin* schrieb; sie schlug vor, Colette solle mit ihr nach Indien fahren (»Lieber falle ich tot um«, schrieb diese an Hamel). Hériot war ein besserer Reisebegleiter gewesen. »Erstens, weil ich dann diejenige bin, die die Anordnungen trifft, und zweitens, weil er fast nie Lärm macht.«

3

Colette verbrachte den ersten Frühlingsmonat in Rozven mit Missy und Paul Barlet. Sie machte die Brunnen sauber und wachste den Holzboden. Am 10. April schrieb sie an Louis de Robert, um ihm mitzuteilen, dass sie nach Paris zurückkehre. »Ich habe mich schließlich von meiner Vulgaritätskrise erholt«, versichert sie ihm. Ich habe den falschen Midi und meine Begleiter [Lily und Hériot], die dieser unheilbaren Landschaft so ähneln, verlassen und bin ihrer überdrüssig. Ich betrachte sie von weitem so nüchtern, als hätte ich sie nie gekannt. [...] Wie geht es Ihnen, mein Freund? Ich habe immer Angst, wenn ich Ihr Buch wieder lese, Sie könnten tatsächlich in dem Augenblick darunter leiden, dass ich Sie lese. Das ist idiotisch, aber liebevoll.«

Diesmal hielt Colette ihr Versprechen, dem hartnäckigen Robert einen Besuch abzustatten. Sie bat Hériot, sie nach Sannois zu fahren, da er aber gerade erst wegen seiner Vulgarität verstoßen worden war, musste er »wie ein guter Junge« im Auto warten. Er hatte Glück und brauchte nicht lange zu warten. Bald kam Colette wieder heraus, »entsetzt, angeekelt, voller Mitleid auch und etwas überwältigt. […] Dieser Mann mit den toten Händen«, erklärte sie Missy,

> dem krankhaften Atem, den Fieberwunden am Mund, der unbedingt nach mir verlangt, versuchte mir den Weg zu versperren, heulte verzweifelt. […] Du weißt, wie schrecklich physischer Abscheu ist, du weißt, da kann man keine Kompromisse machen; ich habe meine Wut zurückgehalten, doch als er mich bat, ihn zu küssen, da habe ich ihn fast geschlagen. […]
> Man gibt sich nicht aus Mitleid hin. Zu Anfang gibt man sich aus Liebe hin. Man kann sich auch aus Appetit hingeben, unbekümmert, so wie man Hunger oder Durst befriedigt; das ist dann nicht so ernst; aber sich aus Mitleid – einem Mann – hingeben, du weißt sehr gut, das kann man nicht, wenn der Grund für die Ablehnung Abscheu ist.

Nach dieser erschreckenden Szene schrieb Colette an Robert: »Ich will das nicht, ich will das nicht, und ich kann es nicht tun. Ich wollte Ihnen das Beste von mir geben, Sie aber haben hartnäckig darauf bestanden, den Rest zu wollen. […] Das setzt Sie in meinen Augen herab – mich zu wollen! Jetzt sehen Sie, ich habe kein Mitleid mit Ihnen, im Gegenteil. Ich ärgere mich über Sie und über mich. Wie können Sie von mir erwarten, dass ich *mich zu Ihnen flüchte*, wenn Sie mich begehren?«

Robert nahm ihre Zurückweisung nicht gelassen an. Er goss seine wirren und bitteren Fantasien über sie aus, und schlug, vielleicht auf Prousts Ratschlag hin, einen aggressiven Ton an. (»Sie sind zu gut gewesen«, hatte Proust zu ihm gesagt. »Und wenn Freundlichkeit keinen Erfolg zeitigt, dann muss man das Gegenteil tun, aufhören, freundlich zu sein.«) Er sei, schrieb Robert an Colette, in dem Augenblick in ihr Leben getreten, als sie ihre Schönheit verlor, und das habe »ihn getröstet«. Wenn er ihren nackten Körper hätte sehen wollen, dann hätte er wie der Pöbel fünf Francs für eine Proszeniumsloge zu einer ihrer Vorführungen bezahlt. Sie habe eine virile Seele, die ihm »eigenwillig geschlechtslos« vorkomme. Er habe ihr zärtlicher Freund sein wollen und mehr als ein Freund, aber nicht Liebhaber. Sie seien zwei traurige, einsame Kreaturen, füreinander bestimmt. Er sei kein Bettler: Wenn sie das kostbare Geschenk seiner Freundschaft und Hingabe nicht zu schätzen wisse, so sei sie seiner nicht wert. Und schließlich: »Sie haben größeren Einfluss auf mich durch Ihre Briefe als durch Ihre Anwesenheit. In Ihrer Anwesenheit gibt es immer etwas, das mich enttäuscht.«

Ihre Freundschaft blieb verloren, obwohl sie im Alter in ihren Memoiren einander vorsichtig Respekt zollten. Robert verliebte sich in die Telefonvermittlerin seines Dorfes und heiratete sie später; von Colette erbat er seine Briefe zurück. »Liebe Freundin«, begann er, »Sie haben zweifellos einen Brief von mir bei sich [...]. Sein erregter Ton, wenn mich meine Erinnerung nicht täuscht, lässt mich fürchten, er könnte in weniger liebevolle Hände fallen als die Ihren.« »Ich erinnere mich«, schreibt Colette, »dass ich mich durch so viel Vorsicht beleidigt fühlte und dass ich den Brief aus reiner Neckerei behielt. [...] Weniger jung, hätte ich dem kleinlichen, empfindsamen und zerbrechlichen Autor des *Roman du malade* gegenüber mehr Feingefühl an den Tag gelegt.«

4

Bei körperlichem Abscheu kann man keine Kompromisse machen, doch ebenso wenig bei seinem Gegenteil, dem *Coup de foudre*. Eine Frau, die bei einer unwillkommenen sexuellen Annäherung erschaudert, wird um so empfänglicher sein, wenn die Anziehung gegenseitig und voller Spannung ist. Auf diese Weise wird das erschreckende Bild toter Hände und fiebriger Wunden ausgemerzt, und indem der Strom augenblicklich die Nerven versengt, schließt er die Erinnerung an den Widerwillen kurz.

Colette verbrachte die letzten beiden Aprilwochen damit, am Gaîté-Montparnasse in *La Chair* ihre linke Brust zu entblößen. Wenn sie dabei neue Leidenschaft – oder vielleicht selbstbewusste Bescheidenheit – in diese vertraute Vorführung brachte, so einem gewissen hoch angesehenen und verzückten Zuschauer zuliebe, der in seiner Loge über seinen delikaten Schnurrbart strich. Es war Colettes Kollege und Lauzannes Koredakteur bei *Le Matin*, Henry de Jouvenel.

Henry Bertrand Léon Robert, Baron de Jouvenel des Ursins, wurde am 2. April 1876 geboren. Er war demnach drei Jahre jünger als Colette. Sie nannte ihn Sidi (arabisch Pascha), was sowohl zu seiner körperlichen Statur als auch zu seinem sinnesfreudigen Temperament passte. Sidi besaß jenes heldenhaft romantische, gute Aussehen, nach dem Willy sich einst gesehnt hatte. »Körperlich«, schrieb sein Sohn Renaud,

> war er ein recht großer Mann mit einer Neigung zur Korpulenz; er hatte einen stolzen Blick und eine Adlernase, wie sie in Zentral- und Südwestfrankreich häufig vorkommt, seit die Araber hier durchgezogen sind. Seinen großen Mund zierte ein stolzer Schnurrbart, den er später kürzer trug. Er hatte unbestreitbar eine Ausstrahlung und

> war, wie man so sagt, schneidig. Der »Ton seiner Stimme« (das ist sein eigener Ausdruck) [...] übte auf Frauen und Senatoren eine große Wirkung aus, die er auch nutzte. Als Vater wie als Freund tyrannisch, war er reizbar und konnte leicht aufbrausen. Im tiefsten Inneren war er ein empfindsamer, geradezu schwacher Mensch, der seine Schwachheit hinter einer barschen Umgangsweise verbarg. [...] Er lebte verschwenderisch und fast immer glanzvoll. Man hat ihn mit einem Florentiner Edelmann der Renaissance verglichen. Meiner Meinung nach war er auch, vielleicht vor allem, ein Rastignac.

Henrys Großvater Léon de Jouvenel könnte tatsächlich für Balzac ein Modell abgegeben haben. Léon war wie Rastignac ein brillanter Emporkömmling und Opportunist. Als Sohn eines Landvermessers in der Provinz war er gut erzogen, aber arm; er ging nach Paris, um dort sein Glück zu machen. Sein Charme öffnete ihm die Türen zur höheren Gesellschaft, er ging eine vorteilhafte Ehe mit der Tochter eines Generals ein und erhielt wie sein Schwiegervater im Zweiten Kaiserreich einen Adelstitel. Léon selbst schmückte diesen Titel mit dem alten Adelsnamen »des Ursins« und behauptete, die Familie stamme von den Orsinis in Rom ab und dem Juvénal des Ursins, der an der Seite von Jeanne d'Arc gekämpft hatte und Erzbischof von Reims geworden war – eine Genealogie, die bestritten wurde.

1844 kaufte Léon de Jouvenel das Château Castel-Novel im Département Corrèze und holte seinen alten Vater heim, damit er in fürstlicher Pracht stürbe. 1848 kandidierte Léon als Royalist für das Parlament, verlor, wechselte zu den Republikanern über und diente kurze Zeit im Zweiten Kaiserreich als Abgeordneter. Seinem Einfluss verdankte sein Sohn Raoul, Henrys Vater, eine üppige Sinekure: Er wurde jüngster Präfekt der Dritten Republik. 1874 heiratete Raoul Marie-Juliette-Emilie Dolle, die Tochter eines reichen Landbesitzers, die mütterlicherseits mit der Bankiers- und Politikerdynastie der Casimir-Periers verwandt war. 1876, im Geburtsjahr seines ersten Kindes Henry, zog er sich aus der Politik nach Castel-Novel zurück.

Die kleine Baronesse Marie – für ihre Kinder und für Colette war sie Mamita – brachte fünf Jahre später einen zweiten Sohn, Robert, zur Welt. Ihr Mann behandelte sie so unglaublich schlecht, dass sie ihn verließ, um mit einem anderen, dem Chevandier de Valdrôme, zu leben; mit ihm hatte sie noch eine Tochter, Edith. Aus dem Familienarchiv geht hervor, dass die Ehe des Barons und der Baronesse 1901 rechtmäßig geschieden wurde. Glaubt man der Familie, fand diese Scheidung nie statt. »Meine Großmutter ist fortgegangen«, schreibt Bertrand de Jouvenel, Henrys Sohn aus erster Ehe: »In dieser Zeit ließ man sich nicht scheiden, man ging fort. Das hat Colette [in einem kurzen Sketch] sehr schön illustriert. Sie beschreibt einen Kinobesuch mit ihrer Tochter. [...] Diese fragt sie: ›Sag mir, Maman, was heißt es, sein eigenes Leben zu leben? Heißt das, mit dem Monsieur fortzugehen?‹ Und ihre Mutter antwortet: ›Ja, das hast du sehr gut verstanden, es heißt, mit dem Monsieur fortzugehen.‹«

Henry verbrachte seine Kindheit mit der Mutter und dem jüngeren Bruder auf dem Land. Mit siebzehn Jahren zog er zum Vater nach Paris, der ihn in Willys und Wagues Alma Mater, im Collège Stanislas, einschrieb. Dort – und seither für immer – war ein anderer junger Aristokrat Henrys bester Freund, der spätere Senator und Kabinettsminister Anatole de Monzie. Monzie erinnerte sich an Jouvenel als einen kritischen Studenten und brillanten Redner, der »einfach unser Prinz Charme sein musste. Alle Frauen liefen ihm nach. [...] Er war hin- und hergerissen zwischen seiner Vorliebe fürs Vergnügen und seiner Lust auf Liebe, zwischen Caprice und Lyrik, Abenteuer und Leidenschaft.«

Der ältere Baron de Jouvenel war ein Reaktionär und Antisemit, und der stolze, heißblütige Sohn rebellierte: er ging in die linke Politik und heiratete eine Jüdin. Anatole wie Henry schockierten ihre Familien mir ihrem Engagement für Dreyfus, Zola, die Antiklerikalen und die Liga zur Verteidigung der Menschenrechte. Sie wurden zusammen bei einer studentischen Pro-Dreyfus-Demonstration verhaftet, und beide blieben glühende Demokraten und Republikaner.

Jouvenel studierte weiter an der Sorbonne, wo er das Examen in Philosophie ablegte. Er arbeitete ehrenamtlich in der Regierung Waldeck-Rousseau mit. Er hielt Reden im Cercle Républicain. Seine rhetorischen Fähigkeiten beeindruckten Alfred Boas, einen begüterten und einflussreichen jüdischen Industriellen, der ihm half, sich einen Posten in der von Combes gebildeten Regierung zu sichern, als Waldeck zurücktrat. Jouvenel wurde Chefsekretär des Justizministers, während sein Freund Monzie die gleiche Stellung im Bildungsministerium annahm.

Dies war die Zeit des *Bloc des gauches* und des beginnenden Radikalismus. Während der Okkupation (obwohl immer noch unter der Leitung von Lauzanne) stellte *Le Matin* sich auf Seiten der Kollaborateure; um die Jahrhundertwende aber unterstützte die Zeitung eine Koalition von Mitte-Links-Reformern, die auch enge Verbindungen zur Geschäftswelt und zur Presse besaßen. In dieser Zeit glaubte Jouvenel, seine wahre Berufung sei der politische Kommentar, weniger die Politik selbst, deshalb wollte er gern für *Le Matin* schreiben. »Was ihm am Journalismus gefiel, war die Gelegenheit, täglich seinen Adel zu verschwenden.« Henry erklärte etwas bescheidener, was ihn am Leben eines Zeitungsmannes reizte. Es gab ihm, wie er schrieb, »eine Chance, Gastgeber einer glücklichen Vielfalt von Meinungen zu sein. [...] Es bedarf vieler Hypothesen, um eine Wissenschaft zu Stande zu bringen und vieler Diskussionen, um einen Mittelwert der Wahrheit zu finden.«

Noch einmal öffnete Alfred Boas seinem Schützling die Türen. Er machte Jouvenel mit dem Verleger von *Le Matin*, Maurice Bunau-Varilla bekannt, der ihm eine Teilzeitstelle mit großzügigem Gehalt anbot. Das sicherte ihm die Weiterarbeit im Ministerium, und es sicherte ihm auch die Heirat mit Boas' Tochter, der schönen, ehrgeizigen Claire. Die Ehe wurde 1902 mit einer standesamtlichen Trauung geschlossen, ein Jahr später kam ihr Sohn zur Welt. Bertrand de Jouvenel erinnerte sich an das schummerige Licht in den hohen Räumen des Hauses der Familie an der Rive Gauche, an Bleiglasfenster, an ein massives Geländer, verzierte Holztäfelungen und die beschlagenen Ledersessel in der Bibliothek seines Vaters.

An seinen Vater hatte er jedoch nur eine schwache Kindheitserinnerung. 1906 verließ Henry de Jouvenel seine Familie und zog mit seiner Geliebten in ein hübsches »Landhaus« aus Holz in der Rue Cortambert. Isabelle de Comminges, Colettes unmittelbare Vorgängerin, war als der Panther bekannt. Sie war eine wilde und »unstete« Amazone mit bronzefarbenen Augen und tizianrotem Haar, die ihren Hengst im Bois im Damensattel ritt und ihrem Liebhaber sagte, er sitze so schlecht auf seinem Pferd, dass er sich besser »einen Einspänner kaufen« sollte. Ihre Mutter war eine polnische Prinzessin, und ihr Vater stammte aus einer der ältesten Familien Frankreichs. Sie hatten kein Kapital, was so viel heißt wie kein nennenswertes Kapital, so hatte der Graf de Comminges seine Tochter an einen reichen Pariser Bankier, Graf Pillet-Will, verheiratet. Sein Titel, darauf wies Isabelle gern hin, war noch jünger als der der Jouvenels. (»Bei jeder Gelegenheit warf sie einem ihre Ahnenreihe an den Kopf«, schrieb ihr Sohn.) Aber eine zweifelhafte Ahnentafel war für einen armen Emporkömmling nicht die einzige Last. Pillet-Will hatte einen psychotischen Zusammenbruch erlitten. Er glaubte, ein Hund zu sein. Er erschoss die Deutsche Dogge seiner Frau. Seine Familie steckte ihn in ein Heim, wo er den Rest seines Lebens mit Bellen zubrachte.

Die Gräfin nahm wieder ihren Mädchennamen an, zog mit Jouvenel zusammen und gebar 1907 sein zweites Kind, Renaud. Es dauerte zwanzig Jahre, bis sie ihren Sohn als rechtmäßig anerkannte; Jouvenel hatte das widerwillig nur ein paar Jahre früher getan. Beide Eltern behandelten den Jungen so streng, dass seine chronische Traurigkeit sogar bei Colette ein mütterliches Mitgefühl weckte.

»Ein *grand seigneur*«, schreibt Pichois, »das ist das Wort, das in allen Zeugnissen über Henry de Jouvenel wiederkehrt.« Sein Sohn Renaud sagt über ihn:

> Ein Aristokrat vom Scheitel bis zur Sohle und ein radikaler Sozialist der alten Schule mit ausgesprochen demokratischer Gesinnung. Er ließ meines Wissens weder jemals von seinem Hochmut noch von seinen bourgeoisen Vorurteilen ab, denn man kann sowohl aristokratisch als auch bourgeois sein. [...] er hatte eine ziemlich hohe Auffassung von seinen Pflichten als Staatsmann und Botschafter für sein Land. [...] Er war so ganz anders [als Colette], dass ich mir nicht erklären kann, was ihm, abgesehen vom damals gängigen Schönheitsideal, an dieser literarischen Debütantin [sic!] gefiel [...]. Vielleicht hatte er seine plebejischen Sehnsüchte, die ihm meine Mutter immer vorwarf, bis dahin unterdrückt.

5

Es ist völlig klar, dass Colette auf einen Mann wie Jouvenel unwiderstehlich wirken musste und nur einem kritischen und eifersüchtigen Sohn ihr Reiz rätselhaft erschien. Den Rebell faszinierte ihre zweifelhafte Berühmtheit; das sexuelle Raubtier – die Gefahr, die von ihr ausging; den Sinnlichen reizte ihre üppige Schönheit; den Intellektuellen – ihr Talent. Die Spannung zwischen ihnen – zwei Partner, die in ihrer Vitalität und Weltläufigkeit zueinander passten – muss außerordentlich gewesen sein. Endlich hatte

Colette jemanden getroffen, der ihr ebenbürtig, nicht Vater oder Kind, war. Henry begehrte sie nicht nur, er erkannte sie an. Und eine der aufschlussreichsten Äußerungen über ihre neue Liebe steht in einem Brief an Sido: »Ich erhalte Briefe von Jouvenel, die wirklich würdig sind … meiner würdig, wenn ich so sagen darf!« Worauf Sido antwortete: »Du verdienst solche Briefe, hast ihn dazu inspiriert, mein Liebling.«

Eine kurze Nachricht von Colette an Wague, aufgegeben Anfang Mai 1911, lässt diese irritierenden neuen Gefühle in ihrem Leben erahnen. Sie war gerade nach Rozven zurückgekehrt. »Es ist zu schön hier«, schreibt sie, »es ist dieser köstliche, unvergleichliche und zerbrechliche Augenblick im Jahr.« Und dann gesteht sie in einem »vertraulichen« Postskriptum: »Oh, mein Kleiner, was für eine Heimkehr. Es ist hart – es wird sich regeln lassen, aber es ist hart. Ich werde dir erzählen. Schreib mir und frag mich, wann ich zu Proben kommen kann. Teile mir mit, dass es Pimpy Q. recht wäre, wenn wir *La Chair* vom 25. Mai bis 2. Juni proben würden.«

Dass Colette sich »um Missys geistige Gesundheit ernstlich Sorgen machte«, wie sie an Wagues Frau, Christiane Mendelys, schrieb, deutet darauf hin, dass sie ihr die Wahrheit (oder einen Teil davon) gebeichtet oder dass Missy sie erraten hatte. Hériot war glücklicherweise für einige Wochen im Ausland, schickte aber Eiltelegramme an Colette, in denen er sie anflehte, ihn zu heiraten. »Wenn Hériot so begierig ist, dich zu seiner Frau zu machen, macht er dann Missy den Hof, um dich von ihr zu übernehmen?«, fragte Sido im Spaß, noch ohne von Jouvenel zu wissen.

Der Baron nahm Colette zum ersten Mal in einer Juninacht mit zu sich nach Hause. Es war Vollmond und die Akazien blühten. Sie fuhren in Jouvenels offenem Wagen nach Passy, und er öffnete das schwere Tor an seiner Einfahrt. Hinter den zugezogenen Vorhängen brannten Lampen mit roten Seidenschirmen; ein weinbewachsenes Lebkuchenhaus stand in einem riesigen Garten mit hohen Bäumen. »Ich hielt vor dieser Verlockung inne, vor diesem ungewöhnlichen Zauber, diesem gefährlichen Hinterhalt. Vielleicht war noch Zeit umzukehren? Aber schon kam der Besitzer auf mich zu.«

Auch in *L'Entrave* ist es spät an jenem Abend, als Renée Néré zum ersten Mal zu ihrem Geliebten mit nach Hause geht. Er zündet für sie im Salon den Kamin an. Sie sitzen mit verschränkten Beinen im dunklen Zimmer auf dem Teppich, trinken süßen Wein und essen Trauben. Sie sieht den Flammen zu und atmet den Duft brennenden Holzes ein, mit dem »zitternden Wagemut einer Frau, die gleich fallen wird und sich fallen sieht«. Dann schenkt Jean sich ein Glas Wasser ein, wischt sich die Hände ab und seufzt, »›Ah!‹, soll heißen: ›Jetzt müssen wir eine Entscheidung treffen.‹«

> Und mir fällt plötzlich ein, dass auch er schüchtern und unentschlossen sein könnte und dass seine Zurückhaltung seit dem Kuss, den er mir gegeben hat, vielleicht eher Unschlüssigkeit als Diplomatie war … genau in dem Augenblick, in dem mich meine scheinbare Kaltblütigkeit zu verlassen drohte, gibt eine von der Vorsehung geschickte Spottlust sie mir wieder zurück. Ich wiederhole »Ah!« im selben Ton wie er und füge hinzu:
> »Das ist der Übergang, den ich gesucht habe. Er führt uns auf ganz natürliche Weise zu einem anderen Wort, nämlich: ›Oh!‹, das in allen Sprachen bedeutet: ›Wie, schon halb eins?‹«

Das Feuer brennt zu Glut nieder, die Schatten werden länger, und Renée sieht Jeans silbrige Augen »in geradezu erschreckender Wildheit funkeln«. Er fragt sie, ob sie gehen möchte, und sie sagt, nein. Er zieht sie zu Boden, sie beginnt sich zu wehren und murmelt: »›Das ist doch albern.‹« »Bis sich meine weiblich sentimentale Einfalt in dem empörten Ausruf Luft macht: ›Sie lieben mich ja nicht einmal!‹« Worauf er antwortet: »›Na und? Sie mich etwa?‹«

> Das ist so erfreulich nach diesem zweiminütigen Kampf, dass ich es genieße wie eine Ruhepause und den Kopf auf den Teppich sinken lasse. Wie weich ist dieser Mund, diese vollen Lippen. […] Wie süß ist der Augenblick, in dem man sich so weit verliert, dass man fühlt: »Nun brauche ich nicht mehr zu denken.« […] Aber dieser Mund ist der Mund eines Feindes, den der Kuss wild macht, der mich bezwungen weiß und mich nicht freilassen wird.

Gegen Ende Juni reisten Colette und Wague für zehn Tage zu einem Engagement für *La Chair* in die Schweiz. Als sie nach Genf kamen, fand Colette einen Brief ihrer Mutter, die wissen wollte, in wessen Begleitung sie sei. Hériot hatte den Verdacht, dass etwas nicht stimmte, und telegrafierte Colette, er komme in die Schweiz. Sie fühlte sich noch nicht bereit, seiner Eifersucht zu begegnen – oder vielleicht des Mannes noch nicht sicher genug, der an die Stelle des Kid getreten war –, und sie hielt ihn mit mehreren »verzweifelten, täuschenden und widersprüchlichen« Meldungen hin. »Dein Leben ist nicht auf Rosen gebettet, weil man dich zu sehr liebt«, meinte Sido. »Ich befürchte eine Katastrophe, wenn sich die Wege dieser beiden Herren kreuzen, aber noch mehr fürchte ich, du könntest dabei das Opfer sein, und wenn der Cherub [Hériot] deine frommen Lügen entdeckt, wird er außer sich sein.«

Hériot blieb in Paris, »inspizierte« Colettes Wohnung und verhörte ihr Hausmädchen. Am 27. Juni ging das Stück nach Lausanne. Jetzt konnte Colette ihre Verzückung nicht mehr zurückhalten: »Jouvenel hat mir telegrafiert, er werde morgen hier sein, verwundet, denn er könne es nicht ertragen, ohne mich zu leben! Männer sind schrecklich. Frauen auch.«

22. KAPITEL

Ich bin der Kater. Ich führe ein ruheloses Leben wie alle, die von der Liebe für solch harte Arbeit geschaffen worden sind. […] Wie ich esse, so kämpfe ich auch: mit methodischem Appetit. […]
Es ist die wilde Jahreszeit der Liebe, die uns allen anderen Freuden entwöhnt und in den Gärten die schlanken weiblichen Wesen teuflisch vermehrt. […] Ich will sie alle, unterschiedslos und ohne auch nur eine zu erkennen. Hat sich eine erst einmal meiner grausamen Umarmung überlassen, höre ich ihr Schluchzen nicht mehr. […] Keine, die ich nicht zu meiner Geliebten machen könnte.
Colette beschreibt einen Kater namens Sidi in LA PAIX CHEZ LES BETES

I

Sidi kam in Lausanne mit einer Duellblessur an, die er sich zugezogen hatte, als er die Ehre von *Le Matin* gegen eine Beleidigung von Seiten des Rivalen *Le Journal* verteidigte. Mit dem Arm in der Schlinge machte der Krieger eine schneidige Figur – vor allem zweifellos in den Augen der Hauptmannstochter. Er wiederholte persönlich, was er Colette im Brief mitgeteilt hatte: »er könne und wolle nicht mehr ohne mich leben«. Die Liebenden verbrachten ein paar leidenschaftliche Tage im Hôtel du Château (»es geht alles … zu gut«, vertraut Colette Christiane Mendelys an) und kehrten nach der letzten Aufführung nach Paris zurück.

Der Baron setzte daraufhin Madame de Comminges eilig

davon in Kenntnis, dass er sie wegen einer anderen Frau verlasse. Sie ließ ihn wissen, sie werde ihre Rivalin töten. Colette berichtet Hamel:

> Bestürzt überbringt Jouvenel mir diese Drohung, worauf ich antworte: »Ich gehe hin.« Und ich bin hingegangen. Und ich sage zum Panther: »Ich bin die Frau.« Daraufhin bricht sie zusammen und fleht mich an. Eine kurze Schwäche nur, denn zwei Tage später kündigt sie Jouvenel an, sie habe die Absicht, mich abzumurksen. Von neuem bestürzt, lässt Jouvenel mich von Sauerwein mit dem Auto abholen und immer von ihm begleiten, nach Rozven, wo wir Missy eisig und empört vorfinden, die die Neuigkeit schon vom Panther erhalten hat. Dann verlassen mich meine beiden Leibwächter, und Paul Barlet hält bei mir Wache, mit dem Revolver in der Faust. Missy ist immer noch eisig und empört, wir hauen ab nach Honfleur. Kurz danach (drei Tage später) ruft Jouvenel mich per Telefon zu sich zurück, und Sauerwein kommt, mich mit dem Auto abzuholen, denn der Panther schleicht herum, um mich zu finden, ebenfalls mit einem Revolver bewaffnet. Jetzt beginnt in Paris eine Zeit partieller Freiheitsberaubung, bei der ich wie ein kostbares Wild von der Sicherheitspolizei, auch von Jouvenel, Sauerwein und Sapène [...] bewacht werde. [...] Diese Periode ist gerade erst zu Ende gegangen, beendet durch ein unerwartetes Ereignis! [...] Monsieur Hériot und Madame la Panthère haben sich gerade zusammen auf seiner Yacht Esmeralda zu einer sechswöchigen Kreuzfahrt eingeschifft, nachdem sie ihren Heimathafen Le Havre durch ihre Trinkorgien in Erstaunen versetzt haben. Ist das nicht gut? Ist das nicht Theater? Ein bisschen zu viel, oder?

Missy war so sehr darauf aus gewesen, Colette, komme, was wolle, zu halten, dass sie Hériot als das kleinere Übel akzeptiert, ihn in Rozven etabliert hatte und »sich vorstellte«, wie Colette schreibt, »sie könne ihn mir quasi-ehelich aufzwingen. Das reichte, um mir diesen jungen Mann für immer zu verleiden.« Nun weigerte sich Missy, Colettes Briefe zu beantworten – ebenso die von Sido, die sich vorstellen konnte, dass »sie sehr verärgert war, und das aus gutem Grund«.

Colette schien, im Unterschied zu Sido, weder Missys Bedürfnis nach Distanz noch ihr Recht darauf verstehen zu können. »Meine liebe Missy«, schreibt sie nach dem Empfang eines bösen Briefes. »Ich glaube, wenn du wüsstest, welchen Schmerz du mir damit verursacht hast, du hättest ihn nicht geschrieben.« Sie schreibt auch an Hamel über einen anderen »Schmerz, den ich für mein Glück (unberufen, klopfen wir auf Holz) zahlen muss, ja, etwas, das wie Glück aussieht und das ich zum Greifen nahe vor mir schimmern sehe«.

Aber sie kann nicht von der Gewohnheit lassen, sich der Frau, die sie so viele Jahre bemuttert hatte, anzuvertrauen: »Meine Liebe, ich schreibe weiter an dich, trotz deines Schweigens«, wendet sie sich an die Marquise. »Ich werde bewacht [...] wie ein Monarch auf der Flucht. Das ist nicht angenehm, gibt aber ein Gefühl der Sicherheit. Der Panther verbreitet gehässige Gerüchte über den früheren Geliebten.« Und sie schließt ihren Brief: »Ich weiß nicht, ob dich sehr interessiert, was ich dir schreibe. Auch wenn es nicht nett ist von mir, ich gebe meinem Bedürfnis nach, es dir zu erzählen.«

Endgültig abgewiesen und doch stoisch wie gewöhnlich, hatte Missy Rozven an Colette abgetreten, behielt jedoch den größten Teil des Mobiliars (vor allem ihr eigenes), das sie in eine neue, nur wenige Kilometer entfernte Villa, die »Schlüsselblume«, bringen ließ. »M[issy] ist immer noch eisig und empört«, schreibt Colette an Hamel, »und was immer ich tue, ich kann kein vernünftiges

Wort aus ihr herausbringen. Ich versichere Ihnen, es ist keine Gemeinheit von meiner Seite, ich leide ziemlich darunter.« An Christiane Mendelys schrieb sie hingegen bösartig: »Du willst Nachrichten über Missy? Ich habe keine, und sie hält weiterhin alles, was mir gehört, zurück. Ich habe es immer gern, als etwas Besonderes behandelt zu werden, und ich werde die Erste sein, die mit ansieht, wie ›die Marquise‹ eine Frau, die sie [sic!] verlassen hat, um Geld bittet.«

Weder Hamel noch Sido hörten in jenem Monat, den Colette außerhalb von Paris verbrachte, etwas von ihr. Als sie am 30. Juli nach Rozven kam, entschuldigte sie sich bei ihrem Freund für die Sorgen, die sie ihm »und daher auch der Mutter bereitet« hatte. Sido war wirklich außer sich. »Was hält dich davon ab, mir zu schreiben? [...] Wenn du mir nicht geschrieben hast, wenn du diesen Brief bekommst, schick mir ein Telegramm. [...] Willst du wenigstens etwas über meine gegenwärtige Gesundheitslage hören?« Und ein paar Tage später: »Du schreibst mir nicht mehr, Minet-Chéri. Zu beschäftigt, zu heiß? [...] Ist dein Leben bedroht? Bist du schwanger? Bist du krank? Schreib mir ganz offen.« Und schließlich: »Ah! Du hast dir einen [neuen] Meister zugelegt!! Meine arme Chérie.«

Am 3. August reist die arme Chérie mit dem neuen Geliebten in dessen Automobil ins Département Corrèze, um *seine* Mutter zu besuchen. Von unterwegs schickt sie eine Karte. »Schreib mir nach Castel-Novel. Es ist alles in Ordnung. Ich bin glücklich.« In Castel-Novel bei ihrer neuen Schwiegerfamilie – der Zigarren rauchenden Mamita und der fügsamen Edith – vergaß sie Sidos sechsundsiebzigsten Geburtstag, schickte aber eindrucksvolle Schnappschüsse vom Château der Jouvenels.

2

Es war ein ungewöhnlich heißer, trockener Sommer. Tiere verdursteten und die Trauben vertrockneten. Sido machte sich Sorgen über »brennende Landstraßen« und die Gefahr platzender Reifen. Im Limousin war es trockener als in der Provence im August, und bei Sonnenuntergang hoben die Türme von Castel-Novel sich schwarz gegen den wolkenlosen Himmel ab. Colette bezauberte die dunkle, bröckelnde, romantische Burg mit ihren Wildrosen und dem glänzenden Silber. Sie schlief mit offener Tür und offenen Fenstern, um Luft zu bekommen, und Fledermäuse »huschten [...] zwischen den Bettpfosten hin und her. Ich war, aus mehr als einem Grund, betört.«

Als Colette mit Jouvenel nach Paris zurückkehrte, hatte sie, wie sie Hamel mitteilte, »ein neues Herz«, das schneller schlug – aus Liebe, aber auch aus Erleichterung, von den alten Lasten befreit zu sein. Missy hatte sich offenbar mit einer schönen dicken Dame abgefunden, die »sie in den Himmel hob«; Hériot und der Panther waren in Marokko damit beschäftigt, sich zu streiten; Willy hatte schließlich Meg geheiratet. In diesem Herbst begegneten Colette und Henry überraschend den Gauthier-Villars im Theater. »Am peinlichsten« von den vieren dürfte Willy berührt gewesen sein, spekulierte Sido, denn, erklärte sie ihrer Tochter, »Männer sind auf die Frau, die ihnen ihre Jungfräulichkeit geschenkt hat, immer eifersüchtig, und ich freue mich über seine Wut«.

Jouvenel war zu seinem aufreibenden Arbeitsrhythmus, den »einundzwanzigtägigen ›Zwei-Wochen‹-Schichten« bei der Zeitung zurückgekehrt. Er arbeitete früh am Morgen, während Colette in einer neuen Pantomime am Ba-Ta-Clan auftrat. Für Proben war keine Zeit, und sie improvisierte ihre Choreografie »mit einer Frechheit«, wie sie an Christiane Mendelys schrieb, die sie nicht von ihrer Mutter hatte. »Komm, sieh mich im Ba-Ta-Clan«, drängt sie einen befreundeten Schriftsteller. »Ich bin dort lächerlich und reizend.«

Die getreuen Mitspieler Wague und Mendelys hatten derweil ihre Theaterferien im August damit verbracht, täglich am Strand zu trainieren. Als Christiane mit ihren Muskeln und ihrer Sonnenbräune prahlte und Colette hänselte, sie habe den Barren gegen Bettfedern eingetauscht, parierte Colette: »Wer sagt dir denn, dass ich meine Gymnastik vernachlässige? Ich habe einfach eine neue Methode, das ist alles. Die Sidi-Methode. Ausgezeichnet. Ganz und gar nicht öffentlich. Privatstunden – verflixt privat!«

Jouvenels Liaison mit einer Varietékünstlerin war eine beständige Quelle für Klatsch und abfällige Bemerkungen, denen er keine Beachtung schenkte, und für Neid, den er genoss. Er bat Colette nie, mit ihrer Arbeit aufzuhören. Sie liebte die Bühne, und auf jeden Fall brauchten sie das Geld. Sie konnte nicht mehr mit Missy in einem Haus wohnen, so hatte sie im Hôtel Meuris, in der Rue de Rivoli, ein Zimmer gemietet. Jouvenel begann inzwischen, sein Haus für sie herzurichten: die Decke war undicht, die Badewanne eine Hundetränke, die Dachziegeln fielen. Doch je schneller die Handwerker versuchten, die Risse zu kitten und die Installationen zu reparieren, desto mehr schien es kaputtzugehen.

Es war Oktober, als Colette in die Rue Cortambert zog. Nach dem ungeschriebenen »*Code de collage*«, der für solche Liebesbeziehungen galt, war Jouvenel jetzt offiziell ihr Beschützer. »Er besitzt kein Vermögen«, erzählte Colette Hamel, »er hat *Le Matin* (vierzigtausend Francs im Jahr), und da ich ein gutes Einkommen habe, werden wir auskommen. Muss ich hinzufügen, dass ich diesen Mann liebe, der zärtlich, eifersüchtig, ungesellig und unheilbar ehrlich ist? Das ist der Mühe nicht wert.«

Colette hatte jedoch wenig Muße in ihrer neuen »Höhle«. Im selben Herbst nahm sie *La Chair* in Le Havre wieder auf und dann wieder in Paris. Sie begann mit den Proben für ein neues Stück mit Wague – *L'Oiseau de nuit* (*Der Nachtvogel*) –, das im Dezember

Premiere hatte. Nach Weihnachten verbrachte sie ein paar Tage mit Hamel in Grenoble. Am 28. Januar feierte sie ihren achtunddreißigsten Geburtstag. Ihre Mutter, die feststellte, dass »man die Vierzig erreicht, ohne es zu merken«, machte sich Sorgen, dass Colette zu schwer arbeite, zu schnell lebe und zu viele Dinge zugleich tue; sie brauche Erholung und, wie sie Unheil verkündend hinzufügte, »meine Ruhe hängt von der deinigen ab, das Gleiche gilt für meine Gesundheit«. Da war es wieder, dieses naive und liebevolle, aber schreckliche Insistieren, dass ihre Schicksale, Körper und Seelen austauschbar seien, mit dem sie ihre Tochter vertrieben hatte.

3

Sidos alter Albtraum, Colette werde von einem gut aussehenden Fremden entführt, war wieder einmal wahr geworden. Seit Beginn der neuen Affäre war ein Jahr vergangen, ohne dass Sido diesen Jouvenel, den sie sarkastisch als »dein Goldstück« bezeichnete, kennen gelernt hatte. Nie bat sie, ihn herzlich zu grüßen, wie sie das bei Missy und Willy getan hatte, sondern sie schickte ihre Empfehlungen abstrakt »an die, die dich lieben«.

Colette hatte ihre Mutter immer belogen, wenn sie litt, aber sie war nicht minder zurückhaltend, was ihr Glück anging. Sie sprach davon, Sido nach Paris zu holen, legte aber keinen Zeitpunkt fest. »Beeil dich, wenn du mich sehen willst«, schrieb Sido – das Wetter wurde bereits schlecht –, »und richte es so ein, dass Monsieur de Jouvenel da ist. Aber vielleicht war ich so hässlich zu ihm in meinen Briefen, dass er meinem Besuch lieber aus dem Weg gehen möchte? Ich will dich in aller Ruhe hören und sehen, denn …, wer weiß, ich bin wirklich alt.«

Wahrscheinlich auf diesen Brief hin schrieb der Baron an Madame Colette und lud sie förmlich zu einem Besuch in der Rue

Cortambert ein. Seine Handschrift, konstatierte Sido, war »diabolisch«. »Ja, Monsieur Sidi, Sie haben meine Tochter«, schrieb sie zurück, »Sie haben dieses Glück, doch ich will nichts weiter sagen, Mütter klingen so dumm, wenn sie ihre Töchter in den Himmel heben, aber Sie müssen zugeben, dass Willy ein gewaltiger Dummkopf war, als er nicht verstand, auf sie aufzupassen.«

Ein Jahr vor Colettes Tod und lange bevor die Korrespondenz ihrer Mutter veröffentlicht wurde, druckte *Le Figaro* Sidos formelle Antwort auf Jouvenels Einladung ab, leider ohne Datum. Es war eine (ganz andere) Version des Briefes, den Colette auf der ersten Seite von *La Naissance du jour* zitiert. Die Version in *Le Figaro* lautete:

> Monsieur de Jouvenel,
> Ihre freundliche Einladung hat mich aus mehreren Gründen zu dem Entschluss gebracht, sie anzunehmen. Darunter ist ein Grund, dem ich nie widerstehen kann: das liebe Gesicht meiner Tochter zu sehen, ihre Stimme zu hören. Schließlich, um Sie kennen zu lernen und, soweit das möglich ist, zu beurteilen, weshalb [meine Tochter] um Ihretwillen so enthusiastisch über die Stränge geschlagen ist. Aber ich müsste einige Tage die Tiere, um die sich niemand außer mir kümmert, zurücklassen: [die Katze] Mine [...] und einen Kaktus, der unmittelbar vor der Blüte steht und sehr schön ist [...]. Sie alle werden ohne mich leiden, aber meine Schwiegertochter hat mir versprochen, sie zu versorgen. Sie wird sicherlich sehr froh sein, ihre Schwiegermutter für einige Tage los zu sein. Also bis bald, denke ich, aber sagen Sie Gabri, dass ich warte, dass sie mir schreibt. Wissen Sie, wer Gabri ist? Es ist noch schlimmer, sie heißt Gabrielle. Wussten Sie das?
>
> Mein Name ist Sidonie Colette.

Sido machte diese Reise nicht, und es ist ganz unsicher, ob ihr Jouvenel jemals unter die Augen kam. Ihr Gefühl sagte ihr, dass sie bald sterben werde, und es trog sie nicht. Sie hatte zwei Brustoperationen überstanden, aber ihr Herz war schwach. Achille setzte sie auf strenge Diät und verordnete ihr Arsen und Digitalis, was ihre Erstickungsanfälle linderte, sie aber, wie sie wohl wusste, nicht heilen konnte. »Mein heiliges Herz? Es ist verbraucht, mein Liebling. Verbraucht.« Ihre Eitelkeit litt so sehr wie ihr Körper: »Ich nehme ab.« »Ich werde so hässlich, wie man sich nur vorstellen kann. Dagegen kann man nichts tun.« »Ich erinnere mich manchmal, eine Frau gewesen zu sein […].«

Sido konnte nicht einmal mehr das Haus verlassen, obwohl sie hoffte, wenn der Frühling käme, zu einem kurzen Spaziergang in der warmen Luft in der Lage zu sein. Achille bestand darauf, dass sein Hausmädchen Adelaide bei der Mutter schlief. Sido mochte gar nicht, dass ständig jemand da war, der »aufpasst, dass ich lebe«. Aber Adelaide besaß wenigstens eine angeborene Lebensweisheit, schrieb sie Colette.

Colette antwortete sogar auf die anrührendsten und ängstlichsten Briefe ihrer Mutter nur unregelmäßig. Sie kam im Januar für zwei Abende zu ihr – seit sechs Monaten ihr erster Besuch –, und Sido beklagte sich, sie sehe die Tochter nur »wie einen Meteor« vorüberhuschen. »Wie sehr mir deine Anwesenheit fehlt! Wie ich es vermisse, mich auf deinen Arm stützen zu können.« Und sie bat Colette, keine neuen Engagements zu übernehmen oder, wenn sie das musste, sicherzustellen, dass sie im Notfall frei bekäme.

An guten Tagen war ihre alte Mutter munter, nachsichtig, ironisch und gelassen. »Es stimmt, dass du mich vergessen hast, aber ich schreibe das deinen zahlreichen Beschäftigungen zu und … deinen Flitterwochen. Trotzdem ist es ärgerlich, wenn die eigenen Kinder nur anderen zugute kommen.« An schlechten Tagen, die immer häufiger vorkamen, war Sido sichtlich niedergeschlagen: »Bestimmt hast du meinen Brief nicht bekommen, in dem ich dir schrieb, wie krank ich bin … sonst würde ich dich nicht mehr kennen.« Colette konnte nicht ermessen, das Wissen nicht ertragen, oder sie beschloss zu ignorieren, wie ernst der Gesundheitszustand ihrer Mutter war – auch wenn ihr Bruder es ihr erklärte. »Maman leidet an einer Schwäche […] des Herzmuskels, der auf Grund ihres Alters etwas verkalkt ist, ohne eigentliche innere Verletzungen zwar, aber es kommt auf dasselbe hinaus, wie wenn sie da wären.« Dann bat er seine Schwester, »schreibe der Mutter oft, auch wenn du gar nichts zu sagen hast; sie freut sich über die Maßen, wenn sie deine Briefe bekommt. Unnötig zu sagen, dass ein Besuch von dir für sie noch tausendmal erfreulicher wäre.«

Die Jahreszeit wechselte. Colette versprach weitere Zweitagesbesuche in Châtillon und sagte sie wieder ab, andererseits schickte sie Sido und ihren Nichten unaufhörlich teure Geschenke und Delikatessen: Strohhüte, Schokolade von Hédiard und einen Korb voller Orangen aus der Provence, wohin sie und Jouvenel in diesem März gefahren waren. Sido erfreute sich indirekt an dem, was sie sich als Vergnügungen der beiden lebhaft vorstellte: »Was für eine schöne Reise ihr zu zweit macht! […] Ihr habt alles: Gemeinsamkeit im Denken, Jugend, Intelligenz und … das Taschengeld für den Augenblick. […] Ihr seid glücklich, ihr fahrt ins Blaue und esst gute Sachen? Perfekt! Man braucht diese guten Augenblicke im Leben, um sich daran zu erinnern, wenn man alt ist.«

Doch sie selbst wurde immer schwächer. Die Abstände zwischen ihren Briefen wurden größer, sie schrieb jetzt mit Bleistift, mit krakeliger Schrift, im Bett liegend. »Maman hat in den letzten Tagen wirklich sehr gelitten«, informiert Achille seine Schwester. »Dank des Digitalis fühlt sie sich jetzt ein bisschen besser, aber es ist möglich, es ist *sogar wahrscheinlich*, dass diese Verbesserung nicht lange anhalten wird. Deshalb versäume nicht, am Samstag zu kommen. Ich habe ihr gesagt, dass du mir für diesen Tag deinen Besuch angekündigt hast. Wenn sich ihre Lage vor diesem Zeitpunkt verschlechtern sollte, telegrafiere ich dir.«

Colette gab lächerlicherweise Jouvenel und seiner Eifersucht die Schuld, dass sie von Châtillon abgehalten wurde. Er ließe sie höchstens für zwei Tage weg, schrieb sie Hamel. Als sie Ende März vom Wochenende zurückkehrte, habe sie ihn »niedergeschlagen« vorgefunden, berichtete sie Sido, die noch die Kraft hatte zu erwidern: »Das hat er davon, dass er so seltene Pflanzen züchtet.«

Es war ein ungewöhnlich warmer und früher Frühling. Sido erwachte um vier Uhr früh des 6. April, als sie »ein herrliches Tschilpen« vor ihrem Fenster hörte und ihr klar wurde, dass die Schwalben an ihre Brutstätten zurückgekehrt waren: »Wir sind alte Freunde, weißt du.« Doch sie konnte inzwischen ihr Bett nicht mehr verlassen, sie schaffte es höchstens noch bis zum Sessel. Colette begann mit den Proben für eine neue Pantomime mit dem passenden Titel *La Chatte amoureuse*. Sie schickte ihrer Mutter ein Foto von sich in einem Katzentrikot mit Katzenohren und gemalten Schnurrhaaren, und Sido neckte sie wegen ihres Hinterteils. Sie versuchte tapfer, zu scherzen und zu schwatzen. »Wie tierisch einfältig das alles ist, was ich da sage, und dass ich gern die junge Mutter sein würde, der man folgsam zuhört und die mit ihren Küssen, Büchern und Bonbons alles wieder gutmacht. Zärtlichkeiten, lieber Schatz.«

4

Colette schrieb weiterhin ihre wöchentliche Kolumne für *Le Matin*. Sie behandelte den Boxkampf zwischen der großen weißen Hoffnung der Franzosen, George Carpentier, und dem Champion der Amerikaner, »Kid« Lewis. Sie besuchte den Salon eines avantgardistischen Couturiers und war empört über dessen »Frauenhass«. Sie berichtete über die letzten Etappen der Tour de France. Sie stieg in das Luftschiff *Clément-Bayard* und empfand eine »Freude ohne Schatten, Freude ohne Alter«.

Spät im April wurde sie in einen schmutzigen Vorort gefahren, wo die Polizei in einer Garage an der Rue Ordener eine berüchtigte Bande anarchistischer Bankräuber in die Enge getrieben hatte. Die Menge, die mit ihr hinter der Absperrung stand, war »so fröhlich wie auf einem Vorortsjahrmarkt«, Männer und Frauen trampelten und schrien für den Tod der Banditen. Die Polizei sprengte die Garage mit Dynamit. Colette, geblendet von Staub und Rauch, konnte vom letzten Sturmangriff nichts sehen. Sie wurde von Knien und Ellbogen schier zu Tode gedrückt und war entsetzt über das Spektakel der blutgierigen Masse.

Colettes Kolumne »Tausend und ein Morgen« war eine Mischung aus Kurzgeschichte und Reportage. Im vorigen August (1911) hatte sie einen morbiden, schniefenden jungen Mann mit Hériots ruinösem Geschmack für Frauen und Bonmariages Geschmack für Opium vorgestellt. Im Januar 1912 gefiel er ihr nicht mehr, und sie verwandelte ihn in einen hübschen jungen Gigolo namens Chéri, der eine alternde Kurtisane liebte. Aber auch Chéri war nur eine vorübergehende Idee. Im Juni wurde sie von der Zeitung nach Angers geschickt, um über ein wichtiges Wettfliegen zu berichten, das bei starkem Wind durchgeführt wurde und das der Luftfahrtpionier Roland Garros gewann. Eine Woche später war sie in Tours, um über einen im Affekt begangenen *crime passionel* zu berichten. Der Angeklagte gestand, »aus Liebe getötet« zu haben. Die *Femme fatale* war eine herausfordernde Juno in schwarzen Schleiern: »Noch einmal rufe ich mir zu: ›Wie stark eine Frau doch ist!‹«

Zwischen ihren Aufträgen kam Colette in die Rue Cortambert zurück, wo sie jetzt eine Menagerie unterhielt und, wie sie später »nicht ohne Verwunderung« sagte, »das Leben einer richtigen Frau« führte. Doch alle »richtigen Frauen« in Colettes Romanen sind geduldige Opfer betrügerischer Männer, sie selbst machte da keine Ausnahme. Ihre Briefe an Hamel deuten an, dass Jouvenels

Untreue die Ursache für »düstere Wochen und Stunden«, für »einzigartige Krisen« und »stürmische Szenen« war. Sein »Egotismus«, schreibt sie, ist »so naiv und so kindisch, dass mir zugleich zum Lachen und zum Weinen zu Mute ist […]. Eine dauerhafte Änderung? … Ich bin nicht so verrückt, darauf zu hoffen, lieber Hamel. Aber ich beuge mich einem ephemeren, animalischen Glück, das seinen verdammten Preis hat; Sie wissen, was sie bedeutet […] die Anwesenheit des notwendigen Wesens.«

Inzwischen hatte Colette aber gelernt, dass es fatal war, hartnäckig zu bleiben, und dass tränenreiches Flehen taktisch nie so viel wert war, wie Stärke und Gleichgültigkeit zu zeigen. Im Juni schickte sie Hamel aus Tours eine ihrer Auseinandersetzungen in Dialogform:

J: Wir müssen uns trennen.
C: Ja!
J: Zusammenleben …
C: … ist unmöglich.
J: Das hindert uns nicht daran, gute Freunde zu bleiben!
C: Ganz im Gegenteil!
J: Dann werden wir einander verlassen!
C: Auf der Stelle!
J: Ach, das hat doch keine Eile.

(Das war Willys berühmte Taktik gewesen, jetzt aber besaß sie die Gelassenheit zu parieren.)

C: Doch, es ist eilig, es ist absolut dringlich.
J: Absolut ist nicht das Wort …
C: Absolut. 1. Juli: Großer Aufbruch, jeder geht allein, und wenn […] mir irgendjemand begegnet, der fürs Bett und zum Lieben geeignet ist, dann zwingt mich die bloße Loyalität …

J: Gewiss, aber bis dahin …
C: Bis dahin bin ich in der Rue La Fontaine [im Haus von Paul Barlet].
J: Das ist nutzlos und auch dumm. Du bist hier besser aufgehoben.
C: Nein. Guten Abend, Sidi.
J: Aber … Wohin gehst du?
C: Wo ich zu tun habe. Du selbst hast gesagt …
J: Oh, was ich gesagt habe, ist nicht so wichtig … wollen wir nicht eine Runde Bézique spielen? […] Hättest du was dagegen, bei Laurent draußen zu speisen … Es ist schön draußen, und ich möchte so gern mit dir zusammenbleiben!
Ich gebe Ihnen hier, lieber Hamel, die komische Seite. Es gibt unglücklicherweise auch andere. Aber … ich gebe die Hoffnung nicht auf, mit ihm ebenso leger umzugehen wie mit Hériot.

Ende Juli 1912 war Colette so empört, dass sie daran dachte, Jouvenel zu verlassen, aber sie sah ein, dass sie sich das noch nicht leisten konnte. Nachdem sie ihre Rechnungen beglichen hatte, blieben ihr noch fünfzehnhundert Francs. Sie konnte weitere tausend von Henry erwarten, der ihr einen monatlichen Unterhalt zahlte; dazu kamen vierzehnhundert vom Ba-Ta-Clan und etwas mehr aus der Veröffentlichung einer Luxusausgabe ihrer Essays, die Paul Barlet fürs nächste Jahr geplant hatte. »Das reicht nicht, um auszuziehen, etwas anderes zu mieten oder zu reisen«, erzählte sie Hamel. »Bis sich etwas Neues ergibt, werde ich also bei Jouvenel wohnen. Wir stehen ›auf gutem Fuß‹. Es gibt selbst auf seiner Seite (ich erzähle Ihnen alles) eine ziemlich einzigartige sinnliche Beharrlichkeit. Da ich meinerseits derselben Tyrannei unterworfen bin, habe ich beschlossen, dass es gute Augenblicke und schlechte Viertelstunden gibt. Das kann nicht lange dauern, und ich werde Sie über meinen Fortschritt wie über meine Rückfälle auf dem Laufenden halten, liebster Hamel.«

Jouvenel fuhr allein für eine Woche nach Brive bei Castel-Novel, um Flugstunden zu nehmen, und Colette blieb in Paris. Er bat sie, die Innenrenovierung seines Hauses zu überwachen, als ob »ich bis zum Ende meiner Tage in diesem Haus bleiben solle«. Währenddessen schmiedete sie einen geheimen Fluchtplan (der wie eine Liebesaffäre klingt) und legte Bargeld beiseite, um »die Freiheit zu haben, binnen zwei Stunden zu gehen, wenn ich das wollte«. Der einzige Mensch, der sie diskret mit einer »netten runden Summe« versorgen konnte, war, wie sie Hamel mitteilte, Auguste Hériot, der bereit war, die Perlenkette – die Claudine-Perlen – als Sicherheit anzunehmen, und damit vielleicht das Versprechen ihrer Rückkehr.

Jouvenel hatte die Geschichte aus seiner Sicht seinen Freunden Sapène und Sauerwein erzählt, die wie Hamel verblüfft und entrüstet waren, dass das Paar bei allen wechselseitigen Beschuldigungen weiter unter einem Dach wohnte. Doch als der Baron Ende August nach Paris zurückkam, berichtete eine jubelnde Colette in einem Brief an Wague, sie sei »ein neurotisches Tier« mit einem dummen Lächeln, und an Hamel, die Versöhnung sei »so komplett und zugleich so bizarr und so motiviert, dass Sie die Geschichte sicher interessieren wird«. Mittlerweile machte sie sich auf den Weg nach Châtillon, »wo sich meine gute Mutter unausstehlich aufführt, nicht dass ihre Krankheit sich verschlimmert hätte, aber sie hat einen Anfall von ›Ich will meine Tochter sehen‹. Sidi gibt mir drei Tage – Maximum.«

5

War es Sido oder der Tod, der Colette »unausstehlich« schien? Colette hasste Todesrituale; sie weckten in ihr alle Instinkte der Pietätlosigkeit; sie weigerte sich, die bürgerlichen Konventionen über das Trauern zu beachten; sie war immer froh, wenn sie für eine Abtreibung Geld geben konnte, aber nie für ein Begräbnis; wenn »bei Ihnen ein Tier stirbt«, sagte sie dem entsetzten Paul Léautaud, »dann sollten Sie seinen Kadaver in die Gosse werfen«. »Ich zwinge mich manchmal, [an den Tod] zu denken, um mich glauben zu machen, dass mir die zweite Hälfte meines Lebens ein wenig Ernst bringt, ein wenig Sorge um das *Nachher* ... Doch das ist eine kurze Täuschung. Der Tod interessiert mich nicht – auch nicht mein eigener.«

Sido war unter diesen Umständen heroisch verständnisvoll. »Erinnerst du dich, wie lange du brauchtest, um das mit Papa zu verstehen?«, gibt sie Colette zu bedenken, und versucht so, insgeheim die Mauer ihrer Verleugnung einzureißen. Sie hatte jetzt ihr Totenhemd gerichtet und wollte, dass ihre Tochter davon erfuhr. Sie bedauerte nur, dass sie nicht in den feinen, silberbeschlagenen Sarg aus schwarzem Ebenholz gebettet werden würde, den der Freund ihres Bruders, Victor Considérant, ihrer Schwägerin Caroline geschenkt hatte, die über dieses Geschenk so entsetzt war, dass sie es ihrem Hausmädchen gab »statt mir! Weißt du, wie hübsch ich in einem solchen Plätzchen ausgesehen hätte? ... Sei nicht erschrocken über meinen Brief – es ist, wie es sein soll.«

Sidos letzter Brief an ihre Tochter ist vom 11. Juli. »Siehst du, wie meine Hand zittert. Es ist nur Schwäche, weil mein altes Herz nicht allzu sehr in Bewegung ist.« Gut zehn Jahre später sollte Colette in ihrem Schreibtisch eine Schublade aufmachen, um Geld zu suchen, als ein Blatt Papier herausfiel. »Es war ein Brief von meiner Mutter«, erzählte sie Marguerite Moreno, »einer der letzten, mit Bleistift geschrieben, mit unvollständigen Wörtern und schon von ihrem Abgang gezeichnet … Wie merkwürdig das ist, man hält siegreich die Tränen zurück, man ›hält‹ sich auch in schweren Augenblicken sehr gut. Dann gibt einem jemand hinter der Glasscheibe ein kleines freundliches Zeichen […], ein Brief fällt aus einer Schublade – und alles bricht zusammen.«

In *Die Freuden des Lebens* fügt sie hinzu:

> Als sie den letzten Brief schrieb, wollte mir meine Mutter ohne Zweifel mitteilen, dass sie der Verpflichtung, unsere Sprache zu gebrauchen, schon enthoben war. Zwei mit Bleistift bekritzelte Blätter zeigen nichts mehr als Zeichen, die fröhlich aussehen, Pfeile, die aus einem schattenhaft hingeworfenen Wort aufsteigen, kleine Strahlenkränze, zwei »ja, ja« und den sehr deutlichen Satz »sie hat getanzt«. Weiter unten steht, auch noch leserlich, »mein Liebling« – so nannte sie mich, wenn unsere Trennungen allzu lang wurden und sie sich nach mir sehnte. Aber ich wage in diesem Fall kaum, das innige Wort für mich allein in Anspruch zu nehmen. Es hat seinen Platz zwischen schwalbenflügelartigen Strichen, zwischen Schnörkeln, die Pflanzenmustern gleichen, zwischen Botschaften einer Hand, die mir ein neues Alphabet vermitteln wollte, oder die Skizze eines Landes, ahnungsvoll im Morgenrot geschaut, von Strahlen erhellt, die den traurigen Zenit niemals erreichen.

Am 28. August reiste Colette nach Châtillon mit dem Versprechen an Hamel, zum Wochenende zurück zu sein, um ihm »die ausgezeichneten Neuigkeiten« über ihre Versöhnung mit Sidi mitzuteilen. Von Achilles Haus aus schrieb sie an Christiane Mendelys und wiederholte, sie sei nur für zwei Tage bei ihrer Mutter – »Sidi betrachtet das als eine völlig ausreichende Abwesenheit, ein Umstand, der, für sich genommen, unsere gegenwärtige Beziehung illustriert.« Christianes Bruder war gerade gestorben. Colette hatte nicht einmal Zeit, einen eigenen Kondolenzbrief zu schreiben, aber sie setzt hinzu: »Ich glaube, du wirst deine Trauer auf deine eigene Weise ertragen, das heißt, indem du nichts sagst und dein Ausdruck nichts verrät. Das ist die Art und Weise, wie mutige Menschen, für die Trauer keine neue Bekanntschaft ist, [damit umgehen] … Mutter geht es nicht besonders gut«, fügt sie hinzu, »aber sie kann es noch ein Weilchen aushalten, und das ist alles, was man von ihr erwartet.« Sie schließt ihren Brief an ihre Freundin: »Denk an mich und wünsche mir, dass das noch andauern wird«, womit sie ihr Glück, nicht das Leben ihrer Mutter meinte.

Am 18. September begann Colette mit *L'Oiseau de nuit*. Am 25. September starb Sido in Châtillon. Ihre Tochter ließ die Aufführung nicht ausfallen, um zum Begräbnis zu fahren. »Ich will nicht hingehen«, sagte sie Hamel ohne eine Erklärung. Sie trug nicht Schwarz und behauptete später, das sei Sidos Wunsch gewesen. Ihr Leben ging weiter, der Tod blieb unbetrauert und auch nicht öffentlich beachtet; »gerade jetzt«, schrieb sie ihrem Vertrauten, »gehen die Dinge gut. Aber mich plagt der dumme Gedanke, dass ich meiner Mutter nicht mehr schreiben kann, wie ich es so oft getan habe.«

Colette sprach »praktisch mit niemandem« über ihren Kummer. Aber sie litt an einer jener mysteriösen und heftigen Becken-»Entzündungen«, die sie befielen, wie sie Hamel schrieb, »wenn der Schmerz groß ist. […] Sidi ist sehr lieb zu mir, er pflegt meinen Schmerz […] auf eine zärtliche und feine Art.« Sie führt das nicht aus, braucht das auch nicht. Jouvenel umsorgte sie auf seine Weise und Colette betrauerte Sido auf ihre. »Zufälligerweise«, sagt sie, zeugten sie ein Kind.

VIERTER TEIL

23. KAPITEL

Wenn ich mich in meiner Jugend ausnahmsweise mit einer Handarbeit beschäftigte, dann schüttelte Sido ihr Wahrsagerinnenhaupt: »Du wirst immer aussehen wie ein Junge, der näht.« Nun hätte sie zu mir gesagt: »Du wirst immer nur ein Schriftsteller sein, der ein Kind zur Welt gebracht hat.« Ihr, ihr wäre das Zufällige meiner Mutterschaft nicht entgangen.
Colette, L' ETOILE VESPER

I

Sido starb zusammen mit der Belle Epoque. 1913, in dem Jahr, in dem eine mutterlose und schwangere Colette ein neues Leben begann, brachte Diaghilew Igor Strawinskys *Sacre du printemps* in der Choreografie von Nijinsky auf die Bühne. Copeau eröffnete das avantgardistische Théâtre du Vieux-Colombier. Alain-Fournier publizierte *Le Grand Meaulnes*, Apollinaire *Alcools* und seine Abhandlung über Kubismus. Proust veröffentlichte *In Swanns Welt*; Louis de Robert schickte Colette ein Exemplar davon. Es war, wie sie schrieb, »alles, was man hätte schreiben wollen, alles, was zu schreiben man weder wagte noch wusste«.

Inzwischen war Dreyfus Erinnerung geworden, aber der Nationalismus lebte wieder auf. Charles Péguy, der glühende Sozialist, war als frommer Katholik wiedergeboren und begann den Standpunkt zu vertreten, die beiden bösen Idole der Moderne, Geld und Technologie, fänden ihre Verkörperung in Deutschland. Er schrieb ein Stück in Versen über Jeanne d'Arc, das sein Gegner und Colettes früherer Förderer Maurice Barrès für seine pro-kirchliche und pro-militärische Propaganda benutzte.

Der Dramatiker Jean Richepin, der Colette für *Xantho* engagiert hatte, gründete die Liga zur Verteidigung der französischen Kultur. André Gide, der gerade *Les Caves du Vatican* abschloss, trat ihr bei. Die Liga machte sich für die Wiederbelebung traditioneller französischer Werte in Kunst und Religion stark, um die Unausgewogenheit des deutschen »Szientismus« auszugleichen. »Unsere jungen Menschen«, erklärte Richepin, »zeigen Sinn für Heldentum und Ruhm, der sich mit den in jüngster Zeit triumphierenden französischen Erfindungen entwickelt hat [gemeint sind Automobil und Flugzeug].« Technik war offenbar nur dann gottlos, wenn sie nicht französisch war.

Weiter rechts hämmerten Charles Maurras und Léon Daudet von *L'Action française* auf die beiden Hassobjekte ein: »Deutschland und die schlechten Franzosen«. Vier der prominentesten Dichterinnen dieser Zeit, allesamt Colettes Freundinnen – Lucie Delarue-Mardrus, Natalie Barney, Renée Vivien und Anna de Noailles –, gehörten laut Maurras in die Kategorie »schlechte Franzosen«. Ihr Werk war seiner Meinung nach von fremden Einflüssen verseucht und ihre Seelen von einem »barbarischen« Romantizismus, der »Frankreich, dem Boulevard des Klassizismus« fremd war.

Lucie, eine Normannin, hatte sich verseucht, indem sie den Orientalisten Dr. Joseph-Charles Mardrus heiratete, der mit seiner Fin-de-Siècle-Übersetzung von *Tausend und einer Nacht* bekannt geworden war. Ihre Hochzeit im Jahr 1900 verursachte einen kleinen Skandal, als die Braut zur Zeremonie im Fahrraddress erschien. Sie war eine fruchtbare Dichterin, Erzählerin, Dramatikerin, Biografin und Bildhauerin, berühmt für ihre Liebe zu Katzen und ihre Affären mit Frauen – es hieß, Colette habe dazugehört –, und sie betrachtete *Dialogues de bêtes* als ein »Meisterwerk für alle Zeiten«. Colette ihrerseits machte Lucie das größte Kompliment, indem sie sie »*un homme de lettres*« nannte. Ihre Korrespondenz in jungen Jahren zeigt, dass sie sich ähnelten, einander gern hatten und bewunderten, doch nicht sehr vertraut miteinander waren. Erst in den späten zwanziger Jahren gingen sie zum familiären Du über. Nach ihrer Scheidung 1914 lebte Lucie in der Normandie mit ihrer Geliebten Germaine de Castro. »Sie kommen mich nie besuchen«, schrieb Colette ihr. »Das ist Ihr einziger Fehler.« Doch als sie älter wurden, verstärkten manche Gemeinsamkeiten ihre Beziehung: ihr Liebeskummer, ihre Tierliebe und die Agonien der Arthritis.

Anna de Noailles war wie Natalie und Renée im Ausland geboren, eine rumänische Prinzessin von fieberiger dunkler Schönheit, die einen französischen Grafen geheiratet hatte. Ihre Dichtung mit dem »majestätischen«, »instinktiven« Gefühl für Natur und Kindheit und der melancholischen Sicht auf die Liebe wurde oft mit der Prosa von Colette verglichen. Sie hatten einmal bei einer Wahl den ersten und dritten Platz eingenommen, als es darum ging, welche Schriftstellerin würdig wäre, in die Académie française aufgenommen zu werden. Und 1935, zwei Jahre nach Annas Tod, erhielt Colette ihren Sitz in der belgischen Académie Royale. Seit der Jahrhundertwende und mit Unterbrechungen über dreißig Jahre unterhielten die beiden Frauen eine liebenswürdig rivalisierende Freundschaft, die eine salbungsvolle Korrespondenz zeitigte. Colettes Schmeichelei gegenüber der Gräfin wirkt immer etwas zweifelhaft. Sie nennt ihr Werk »eine brennende Formel, in der der Liebesschmerz einzig mit dem Leidensglück korrespondiert«, und sie nennt Annas »Bescheidenheit« die »eines Wesens, das keine Gleichen anerkennt«.

Wenn die (selbst ernannte) Dichterin des »grenzenlosen Herzens« eine eingebildete Neurasthenikerin war, wie Colette nahe legt, so teilten die Zeitgenossen Colettes Meinung über ihren eigenen Genius weitgehend. Anna war von ihrer geistigen Erhabenheit nicht minder überzeugt und hatte lange nach einem Credo gesucht, das ihrem Glauben angemessen wäre. Francis Jammes schrieb einen Essay über ihre spirituelle Entwicklung, während Abbé Mugnier sich um ihre »ach so leidende Seele« kümmerte. Allerdings meinte sie zu Jean Cocteau, »wenn es Gott gäbe, wäre ich die Erste, die man davon verständigt hätte«. So konvertierte die Gräfin nicht zum Katholizismus, sondern zum Nationalismus ihres Geliebten Maurice Barrès und zum Kult um Jeanne d'Arc. Sie verehrte Jeanne d'Arc weniger als Heilige denn als Kriegerin: »die ein heldenhafter Soldat geworden war, die ihr Volk in der Zeit der Gefahr geeint und schließlich ihr Leben für das Vaterland, *pour la patrie*, hingegeben hatte«.

Colette ihrerseits vernahm dieses »heroische Gesumme, dieses nicht offen, aber wahrnehmbar [...] von tausenden, halb geschlossenen Mündern gemurmelte: *Mourir pour la patrie*« mit Distanziertheit. Als sie über die große Militärparade berichtete, die im April 1914 für das englische Königshaus veranstaltet wurde, schrieb sie: »Meine Augen sind schlecht, ich habe keine Lorgnette – so war das Schauspiel für mich noch eindrucksvoller.« Mit dieser ironischen Kurzsichtigkeit sollte sie immer die Schauspiele ihrer Zeit betrachten. Sie hört sich Aristide Briands Rede an und bemerkt: »das Spiel des Gestikulierens, die Arme mal machtvoll verschränkt, dann wieder weit ausholend und unsichtbare Dinge wegfegend«. Sie lauscht Jean Jaurès – dem alten Don Quichotte der Linken – und lacht über diesen »Wortspeier. Er erhebt seine Stimme mit Klageliedern, die eines Propheten würdig wären: ›Hört mich, ihr alle [...]. Ich werde die Wahrheit sagen, auch wenn es mich mein Leben kostet.‹« (Es kostete ihn das Leben.) Es gab keine Idee, die Colette hätte mitreißen können – und keine Empfindung, die das nicht konnte.

2

Nach Sidos Tod spielte Colette noch eine Woche in *L'Oiseau de nuit*, bis ihr Vertrag auslief. Als das Stück am 30. September abgesetzt wurde, fuhren Jouvenel und sie zur Erholung nach Castel-Novel. Sie hatte eine schlimme Erkältung, und das ganze Haus machte sich freundlicherweise Sorgen um ihre Gesundheit. »Alle sind reizend zu mir«, schreibt Colette an Hamel. »Meine Schwiegermutter, wie Sidi sie nennt, ist die Jugend und Fröhlichkeit selbst.«

Madame de Jouvenel war wirklich jugendlich – nur drei Jahre älter als Colettes Schwester gewesen wäre. Mamita hatte mit siebzehn Jahren geheiratet und Henry mit neunzehn zur Welt gebracht. Als Colette sie kennen lernte, war sie siebenundfünfzig. Sie ähnelte Madame Colette in ihrer glühenden Mutterliebe und ihrer Gleichgültigkeit gegenüber bürgerlichen Konventionen. Trotz ihres Snobismus akzeptierte Mamita ihre neue berüchtigte »Schwiegertochter« mit derselben Gelassenheit, die sie an den Tag legte, als ihr Sohn eine jüdische Ehefrau heimführte und später Vater eines unehelichen Sohnes wurde. Edith, die Frucht ihrer eigenen ehebrecherischen Liaison, war zu dieser Zeit ein junges Mädchen, das Colette »gigantisch und süß« nennt. Und vielleicht trug diese temperamentvolle Aristokratin, die Zigarren rauchte, Tennis spielte und wie ein Soldat Schnaps hinunterkippte, dazu bei, das andere, eher bedrückende Mutterbild zu verbannen. Sidos Sterblichkeit und ihr verbrauchter alter Körper, den Colette nicht noch einmal hatte sehen wollen, waren für sie eine Provokation.

Colette war sich über ihren Zustand noch nicht sicher, aber als sie Mitte Oktober nach Paris zurückkam, ging sie zum Arzt. »Sie sind tatsächlich schwanger, Madame«, eröffnete er ihr. »Schön. Nun tun Sie mir den Gefallen und denken Sie nicht mehr daran. [...] Einen anderen Rat kann ich Ihnen nicht geben. Natürlich sollten Sie die nächsten vier oder fünf Monate besser nicht die Treppe hinabstürzen, nicht ins Wasser fallen und nicht auf ein Pferd steigen. Im Übrigen … nur zu, leben Sie wie gewöhnlich.«

»Ich erinnere mich, dass ich die Gewissheit der Gegenwart dieses späten Kindes mit nachdenklichem Misstrauen aufnahm und nicht darüber redete. Mir selbst misstraute ich. Das war keine Frage körperlicher Angst: Ich fürchtete meine reifen Jahre, ich fürchtete die Gefahr, nicht lieben, nicht verstehen, nicht einen anderen in mich aufnehmen zu können. Die Liebe – so glaubte ich – hatte mir schon viel angetan, indem sie mich zwanzig Jahre lang ganz und gar für ihren Dienst beanspruchte.«

Also führte sie weiterhin ihr »normales« Leben, erzählte fast niemandem von dem Baby und war sehr geschmeichelt von Charles Sauerweins Bemerkung, sie sei »schwanger wie ein Mann«. Sie war nicht früher nach Paris zurückgekehrt, als sie mit Wague und Kerf nach Genf musste, um *L'Oiseau de nuit* aufzuführen, »wozu flinke Faustkämpfe, gefährliche Griffe und Handgemenge auf dem Tisch und unter dem Tisch gehörten. Schwanger wie ein Mann? Wie ein Preisboxer sogar. Und dazu hatte ich den flachen, muskulösen Leib eines Akrobaten.«

Ihre Partner kamen jedoch nicht umhin zu bemerken, dass Colette das »unbeabsichtigte Lächeln« ankam, das mit plötzlichen Müdigkeits- und Niedergeschlagenheitsanfällen wechselte. Schließlich gestand sie ihr Geheimnis an ihrem ersten freien Sonntag, nach einer Bootsfahrt auf dem Lac Leman. Wague war sehr gerührt, »gab vor, es nicht zu sein, nannte mich eine eierlegende Baumeule« und war sicher, das Kind werde »tagblind sein«. Sie quartierten sie in der besten Suite des Hotels ein und brachten ihr am nächsten Morgen ein Frühstückstablett mit in ihrem Zimmer frisch aufgebrühtem Kaffee, um ihr »die übliche Hotelpisse« zu ersparen. »Gute Kameraden!«, denkt sie.

Diese Aufführungen in Genf waren ihre letzten als Pantomime. »Jeder Abend war ein kleiner Abschied von einer guten Zeit meines Lebens. Ich wusste sehr wohl, dass ich einmal mit Sehnsucht daran zurückdenken würde. Aber die Freude, das zufriedene Schnurren, die Euphorie ließen alles versinken.«

Wie die meisten Frauen fühlte Colette sich abends »am schwangersten«. Sie aß systematisch und legte »langsam, aber sicher« Gewicht zu, aber es bekümmerte sie, dass sie den Grundpfeiler ihres Wohlbefindens, einen guten Appetit, verloren hatte. Ihr Arzt war mit ihrer Harnanalyse oder ihrem Bluttest »nicht glücklich« und diagnostizierte Anämie. Er verordnete eine spezielle Diät und verschrieb ein Strychnintonikum. »Du lieber Himmel, ich muss ein richtiges, wohlgestaltetes Kind zu Stande bringen!«, schrieb Colette an Wague. Anfang des dritten Monats hatte sie ihre Übelkeit überstanden, und ihre Kleider passten nicht mehr. Das Kind »braucht Platz«, teilte sie Christiane Mendelys mit, »*er* sprengt alles. Du siehst, dass er bereits seinem Vater ähnelt.«

Henry war noch nicht von Claire Boas geschieden. Nach Auskunft ihres gemeinsamen Sohnes Bertrand war die erste Baronesse unter den gegebenen Umständen außerordentlich entgegenkommend und erleichterte »im Interesse des Kindes« das rechtliche Verfahren. Ende November war Jouvenel frei, und das Aufgebot für seine Heirat mit Madame Willy wurde bestellt. Es war eine »höchst einfache« standesamtliche Trauung, die am 19. Dezember 1912, um halb fünf Uhr in der *Mairie* des sechzehnten Arrondissements stattfand. Trauzeuge der Braut war Léon Hamel. Mamita kam zu diesem Anlass nach Paris, Colettes Brüder Léo und Achille sind jedoch nicht erwähnt. Die Kollegen des Paares von *Le Matin* organisierten die Festlichkeiten, sie reichten das Paar »von einem Tisch zum anderen weiter« und beschlossen eine einwöchige gastronomische »Orgie« mit Zechgelagen bis zum Morgengrauen. »Wenn dieses Kind nicht jetzt schon ein Nachtschwärmer ist«, seufzt Colette stolz, »dann gebe ich es auf!«

3

Madame Colette Willy, *femme de lettres*, berüchtigte Lesbierin, barbusiger Varietéstar und gesellschaftlicher Paria, war nun Baronesse de Jouvenel des Ursins und Ehefrau eines der einflussreichsten politischen Journalisten von Paris. Eine Woche vor ihrem vierzigsten Geburtstag hielt sie sich mit Jouvenel in Versailles auf, um über die Präsidentschaftswahlen zu berichten. Der Zentrist Poincaré schlug den Radikalen Jules Pams mit Leichtigkeit, doch sein wirklicher Rivale war Finanzminister Joseph Caillaux. Dieser, ein millionenschwerer Selfmademan, war wie ein Meteor aus einer Hinterbank der Abgeordnetenkammer aufgestiegen, um 1911 Premierminister zu werden. Die Reichen hassten ihn (er hatte die Erhebung einer Einkommensteuer vorgeschlagen), ebenso die Nationalisten (er war gegen die Zwangsrekrutierung und bevorzugte ein Übereinkommen mit Deutschland), doch sein Charisma wurde sogar von seinen Feinden anerkannt. »Kein anderer«, schreibt Edward Berenson, »kleidete sich mit solchem Flair, keiner stellte sich den Frauen so offen zur Schau oder zeigte eine Mischung aus geistiger Stärke und finanziellem Geschick wie er.« Jaurès nannte Caillaux »einen Dandy, geradewegs aus Balzac«. Anatole de Monzie bewunderte seinen Intellekt und seine Prinzipien. Das Gleiche tat, mit gewissen Einschränkungen, Henry de Jouvenel. Die Jouvenels und Caillaux waren verschwägert, und Fotos von Henry und Joseph zeigen eine gewisse Familienähnlichkeit. Sie waren beide glühende Republikaner, Realisten und Reformer, und beide scheuten umstrittene Heiraten nicht: Caillaux schockierte seine Standesgenossen, als er zweimal nacheinander geschiedene Frauen heiratete; die zweite, Henriette Claretie, sollte kurze Zeit später die berüchtigste Frau Frankreichs werden und Protagonistin »eines, wenn nicht gar *des* Jahrhundertprozesses«.

4

Colette de Jouvenel, wie sie sich stolz nannte, wandte sich nun wieder dem Erzählen zu. Sie arbeitete an *L'Entrave* (*Die Fessel*). Es war eine Fortsetzung von *La Vagabonde* und ihr erster Roman seit drei Jahren. Es quäle sie, schrieb sie an Wague. »Ich würde meine Gestalten gern in hundert Fuß Sch… sehen.« Und sie war nur ein oder zwei Kapitel dem Abdruck ihrer Fortsetzungsgeschichte voraus, die im März in *La Vie parisienne* begann.

Der Druck, dem sie durch ihre Termine und ihre Schwangerschaft ausgesetzt war, zeigte sich jedoch erst im letzten Drittel dieses beinah großartigen Romans. Renée Néré ist eine Balzac'sche *femme de trente ans* von 1913, besser gesagt, ist sie fast vierzig, kinderlos und ledig, wachsam in der Liebe, aber ohne mit den Männern abgeschlossen zu haben und allein von einem kleinen Erbe lebend. Die alte Vagabundin hat immer noch keine feste Bleibe und verbringt ihre freien Tage in irgendwelchen Provinzstädten, in denen sie einmal gespielt hat. Eines Nachmittags auf der Promenade des Anglais in Nizza erblickt sie plötzlich den Mann, den sie nicht geheiratet hat, den Mann, dessen Liebe für sie zu besitzergreifend und konventionell und vielleicht zu groß gewesen war. Maxime Dufferein-Chautel geht mit seiner neuen Frau und dem gemeinsamen Kind spazieren, er bemerkt Renée nicht. Aber »die Offenbarung«, ihn als Familienvater zu sehen, versetzt ihr einen »Schock«: die Andeutung ihrer eigenen Fragilität.

Im Hotel schließt Renée sich drei ebenso untätigen Gefährten an. May ist eine hoffnungsvolle junge Schönheit nach dem Vorbild von Lily de Rême. Ihr Liebhaber Jean, ein reicher, adliger Pariser, ähnelt Jouvenel. Jeans ausschweifender, aber nützlicher Kumpan Masseau ist, wie sein Vorbild Paul Masson, entweder »kapriziös aufgedreht oder völlig niedergeschlagen durch das Rauschgift«. Renée amüsiert es, dieses exzentrische Trio zu bezaubern, und lässt sich ihrerseits von ihm unterhalten, obwohl sie es verachtet,

»und zwar mit nachsichtigem Hochmut, dem unverkennbaren Hochmut eines ehemaligen Blaustrumpfes, der spöttisch und mitleidig lächelt«: über Masseaus Schwäche, Mays »Schnitzer« und Jeans Faulheit.

Als Renée May ihren Freund Jean abspenstig macht und sie ein Paar werden, erlebt sie eine neue Offenbarung. Taillandy war ein Tyrann gewesen, Maxime ein Schwächling, doch diesmal hat sie jemanden gefunden, der »ebenbürtig« ist, ein »angemessener Gegner«, der sie durchschaut:

> »Ihr Trick – verzeihen Sie das Wort –, Ihr besonderer Trick ist das Verschweigen, der Blick aus gesenkten Augen, das verstohlene Lächeln, das Zurückziehen der Hand, kurz, lauter mimische Fähigkeiten, liebe Freundin, rein mimische! ... Herrgott, ist mir heiß! Ich wusste doch, dass ich diesen Mantel nicht brauchen würde. Und wenn Sie wollen, können Sie mich jetzt mit überlegenem Schweigen bestrafen, ich nehme nichts von dem zurück, was ich gesagt habe.«
> »Aber, Jean, im Gegenteil! ... Ich höre zu, ich staune – und ich bewundere sogar. Was Sie da sagen, ist gar nicht dumm!«
> »Und Sie verbergen Ihre Verwunderung auch nicht: ›O Wunder! Er spricht, er denkt! Welch eine Freude, er setzt mir sogar ein wenig zu!‹«

Die neugierige kleine Jungfrau, die Colette in *Meine Lehrjahre* beschreibt, kann es nicht erwarten, »ihre Hand in die behaarte Pranke« eines reifen Verführers zu legen, doch wundert sie sich nachher: »Ist das alles?« Die reife Heldin der *Fessel* ist es leid, »junge Frauen im Brustton der Überzeugung sagen [zu hören]: ›Für mich gibt es in der Liebe nur: *alles oder nichts*!‹« Nachdem Renée mit Jean geschlafen hat, stellt sie fest: »Ein hübsches

›Nichts‹, gut präsentiert ist doch schon etwas.« Und ein wenig später gibt sie zu: »Ich habe das noch nie erlebt, diese geschickte Lust des Fleisches.« Dann zieht sie sich an und geht in ihr Hotelzimmer zurück, das von ihrem eigenen Geld bezahlt ist, um ihren »unersättlichen« Erinnerungen nachzuhängen. »Ist das alles?«, fragt sie sich. »Gewiss ist das alles. Und wer würde damit nicht zufrieden sein?«

Als Renée sich auf das Abenteuer mit Jean einlässt, glaubt sie, sie sei bereits »der Liebe entwöhnt«. Das ist eine aufschlussreiche Äußerung, zumal von einer Frau, die ihr erstes Kind erwartet und gerade erst ihre Mutter verloren hat. Liebe ist für Colette die Muttermilch und des Säuglings Hunger danach. Sie ist zugleich ein Gift, denn sich verlieben heißt, von einem Allmächtigen und kaum Unterschiedenen alles zu wollen und zu brauchen, was zum Überleben nötig ist. Renée fühlt sich so lange sicher, wie sie und Jean Freunde bleiben, die »nebeneinander her, diesseits und jenseits einer Glaswand gehen, ohne zu merken, was [sie] trennt«. Er beklagt sich scherzhaft (wie der Lebemann in *Le Tendron*), er habe zuweilen das Gefühl, »du liebst mich nicht, sondern du benutzt mich«. Er weiß nicht, und Renée kann es ihm nicht sagen – weil Colette es selbst nicht weiß –, dass ihre aufmerksame und diskrete wechselseitige Ausnutzung eine größere Intimität herstellt, als Mann und Frau in Colettes Geschichten gewöhnlich erreichen.

Ein Jahr bevor sie begann, *L'Entrave* zu schreiben, machte Colette zu Hamel eine Bemerkung über Jouvenel: »Ich gebe die Hoffnung nicht auf, mit ihm ebenso leger umzugehen wie mit Hériot.« Und ein Großteil des Romans bemüht sich Renée nach Kräften, mit Jean diese Leichtigkeit beizubehalten. Die Botschaft dieser Geschichte ist ziemlich klar: Tue so, als seiest du unabhängig; begegne der Leidenschaft mit Vorsicht und bleibe für dich. Doch Renée kann das ebenso wenig wie die Autorin. Nicht etwa, weil dieser Mann so stark und betörend wäre, sondern weil sie der alten Versuchung nicht widerstehen kann, sich einem Herrn und

Meister zu beugen. Wenn sie sich schließlich doch verliert, so an die Liebe, nicht an Jean. Es gehört zu den Paradoxien der Colette'schen Romane, dass die männlichen Charaktere sich immer dann in nichts auflösen, wenn ihre Frauen sich ihnen unterwerfen. Ob gut oder schlecht, die Begierde löscht die Individualität seines Objekts aus. Renée weiß nicht, wie das geschieht, und vielleicht weiß auch Colette das nicht, aber eines Tages ist der Mann nicht mehr ihre »saftige Beute«, sondern etwas, das sie nötiger braucht »als Luft oder Wasser«, etwas, das sie »den zerbrechlichen Werten [vorzieht], die eine Frau ihre Würde und ihre Selbstachtung nennt«. »Ach«, sagt Renée zu sich, »ich sehe dich nicht mehr: ich denke an dich.«

5

Mit dieser Arbeit beschäftigte Colette sich im letzten Vierteljahr ihrer Schwangerschaft. Die ersten Rosen blühten, die ersten Erdbeeren reiften an den Stöcken, und Ende Juni kam sie von Castel-Novel nach Paris zurück. »Das Kind und der Roman bedrängten mich beide«, schrieb sie. Sie war ständig müde und »sah aus wie eine Ratte, die ein gestohlenes Ei mit sich schleppt«. Als die ersten Wehen einsetzten, legte sie die Feder nieder und begoss gründlich den Garten. Es war, wie sie sich später erinnerte, ein wolkenloser Morgen. »Das herrische Kind malträtierte auf dem Weg in sein zweites Leben einen Körper, der seinem ungestümen Drängen mit dem gleichen Ungestüm widerstrebte.«

Zwei Tage später, am 3. Juli, kam das Kind zur Welt. »Ich habe eine kleine Ratte, und ich habe dafür bezahlt«, schrieb Colette an Wague, »dreißig Stunden ohne eine Atempause, Chloroform und Geburtszange«. Als sie nach der Anästhesie wieder zu sich kam, war es still im Zimmer, und ihr wurde klar, dass sie aufgehört hatte zu schreien. Ihr Mann teilte ihr mit, sie hätten ein kleines Mädchen. Colette bat, es zu sehen. Aber »eigentlich wollte sie den Augenblick lieber hinauszögern, bis sie über ihr Werk keine Zweifel mehr hatte. Im nächsten Moment würde sie erfahren, ob ihr Kind hässlich oder missgestaltet sein würde, ob sie es lieben oder nicht lieben würde, alles wäre irreparabel.«

Die Schwester half ihr, sich aufzusetzen, und legte ihr den gewickelten Säugling in den Arm. Colette sah, dass ihre Tochter ein wohlgeformtes weibliches Wesen mit einem dichten Haarschopf war, aber sie empfand nicht jenen »grand élan« mütterlicher Gefühle und fragte sich, ob sie »ein Ungeheuer« sei. Ihr Mann saß neben ihr und strahlte vor Freude, »einer Freude, die man mir versprochen hatte«, die sie selbst aber nicht verspürte. Sie studierte die neugeborenen Händchen, das schlafende Gesicht, die Augenbrauen, den Mund und rief, an Jouvenel gerichtet, aus: »Aber das bist ja du, *c'est toi*!« Und in diesem Augenblick überkam es sie wie bei der Offenbarung eines Wunders: »Das ist die Liebe, die ganz kurze Liebe« – doch zu ihrem Mann. »Ach, du kleines Wesen«, fragt sie sich, »wann werde ich dich nur um deiner selbst willen lieben?«

Das Kind wurde nicht getauft, denn der Vater wollte, dass es, wenn es dazu alt genug sein würde, seine eigene religiöse Entscheidung träfe. Aber natürlich erhielt es einen Namen: Colette Renée – nach der Mutter und deren Alter Ego. Und um die Dreieinigkeit vollständig zu machen, erhielt es noch den mütterlichen Spitznamen: Bel-Gazou. »*Toi, c'est moi.*« So hatte Sido ihr Verhältnis zu Colette bestimmt, und vielleicht hatte Colette erwartet, sie werde in diesem Kind, das genau neun Monate nach Sidos Tod das Licht der Welt erblickte, wiedergeboren – *renée*. Die erstaunliche Ähnlichkeit des Kindes mit dem Vater entwickelte sich jedoch erst mit den Jahren. Das war desillusionierend und so manches andere auch. Aber hätte Colette ihre Mutterrolle selbstverständlicher annehmen können, wenn ihr Kind ein Spiegelbild ihrer selbst gewesen wäre? »Was [auf die Wehen] folgte, ist nicht weiter wichtig«, schrieb sie später: »Was folgte, war Schlaf und Hunger, selbstsüchtig und stärkend. Aber es folgte auch der Versuch meiner kleinen, eingewickelten Larve, die man mir einen Augenblick aufs Bett gelegt hatte, auf mich zuzukriechen. Vollkommenheit des Tieres! Sie ahnte, witterte meine ihr verbotene Milch, mühte sich, zu meiner versperrten Quelle zu gelangen. Niemals habe ich aus so empörtem Herzen geweint. Was ist das Übel, umsonst zu bitten, neben dem Schmerz, sich verweigern zu müssen?«

Und die Verweigerung der Mutter sollte in ihrer Entschlossenheit niemals ins Wanken geraten.

Wenn der Genuss eines aufregenden sexuellen Lebens nie dem Schreiben hervorragender Werke Abbruch tat, verhielt sich das mit der Mutterschaft anders. In den letzten beiden Jahrhunderten blieben erstaunlich viele Literatinnen – die größten zählten dazu – kinderlos. Manche lebten enthaltsam, andere waren homosexuell. Armut, Ehelosigkeit, Unfruchtbarkeit, chronische Krankheiten oder emotionale Labilität prägten die Lebensumstände wieder anderer. Auch das Unglück oder die Opferrolle ihrer eigenen Mütter wirkte oft entmutigend. Und niemand, der versucht hat, Mutter und Schriftstellerin zugleich zu sein, kann ehrlicherweise sagen, dass dies nicht zeitweise widersprüchliche Berufungen sind.

Körperlich und materiell bot Colettes Leben weniger Hindernisse, ein Kind aufzuziehen, als das bei vielen ihrer literarischen Schwestern der Fall war. Auch hatte sie das Beispiel einer Mutter, deren Lebensbejahung sie idealisierte. So lässt sich ihre eigene Weigerung, wirklich Verantwortung für ihre Tochter zu übernehmen, noch schwerer verstehen. Sie hält das zweite Geschlecht für das starke; sie stellt die überkommenen Vorstellungen über die Unfähigkeit der Frauen zur Arbeit, zum Vergnügen, zu Selbstständigkeit und Aggression in Frage, und sie stellt sich der Herausforderung und meistert sie auch, sowohl eine Persönlichkeit als auch eine Frau zu werden. Aber sie hat auch Bedenken gegen die herkömmliche Annahme, es gebe eine absolute Wahl zwischen einer souveränen Künstlerin und einer guten Mutter; sie schüttelt – oft brutal – ab, was sie »das mütterliche Joch« nennt.

Colette schreibt mit Stolz: »Mein Schuss Männlichkeit rettete mich aus der Gefahr, die dem zum glücklichen und zärtlichen Elternteil gewordenen Schriftsteller droht: ein mittelmäßiger Autor zu werden [...]. In der noch jungen Frau, die ich damals war, wachte ein vierzigjähriger Junggeselle über das Wohl eines vielleicht kostbaren Teils meines Selbst.« Tatsächlich aber gab es nicht nur niemals einen Wettstreit, es ging nicht einmal um einen Ausgleich zwischen ihrem eigenen Wohlergehen und dem ihres Kindes. Colette lebte nur hin und wieder mal einen Monat im Sommer mit ihrer Tochter unter einem Dach. Bel-Gazou wurde in Castel-Novel von ihrer englischen Kinderfrau großgezogen, und manchmal verging ein halbes Jahr, ohne dass die Eltern sie besuchten. Das wilde und einsame kleine Mädchen wurde mit acht Jahren ins Internat geschickt und in der Pubertät bei verschiedenen Freundinnen untergebracht, die sich als Colette-Ersatz betätigten. »Jegliche Schwachheit war ihr verboten«, schreibt eine Freundin, »vor allem die, [...] um Liebe zu bitten. [...] Sie lernte, sich nie über Einsamkeit oder Verlassenheit zu beklagen.«

Wenn Colette im Alter in ihren Erinnerungen und in Interviews ihre »angeborene Passivität« betont, so ist das überraschend, und es scheint kaum mit ihrer Neigung zu dominieren übereinzustimmen. Ihr Verhältnis zu Bel-Gazou war allerdings tatsächlich von Passivität geprägt. Sie beschreibt, wie sie von der Diele aus vor der Schlafzimmertür lauscht, während sich das vor der Dunkelheit fürchtende Kleinkind in den Schlaf redet; dabei scheint sie nie auch nur daran gedacht zu haben, sie könnte hineingehen und es beruhigen. Sie lehnt den Vorschlag der Kinderfrau ab, mit dem Baby auf dem Teppich herumzutollen, und erklärt, sie sei zu sehr damit beschäftigt, es in Aktion zu beobachten. Als die erwachsene Tochter nach einem Unfall an ihre Seite eilt, weist sie sie kalt zurück: Sie will keine »störende« Zärtlichkeit von ihrer Tochter. Gelegentlich überwältigt sie die unterdrückte Leidenschaft: »Wie wenig man sich kennt«, gesteht Colette Hamel in einem ihrer ergreifendsten Briefe: »Ich komme friedlich [nach Castel-Novel], finde diese Kleine im Salon – und breche in Tränen aus.« Sie bricht Jahre später noch einmal in Tränen aus, als ihre Tochter als Teenager abends spät nach Hause kommt und sie das Kind in den Arm und die Schultern zwickt, um sich zu vergewissern, dass »meine Frucht [noch] schön fest ist«. Doch die meiste Zeit ist sie offen und ehrlich hinsichtlich ihrer »Unfähigkeit« als Mutter: »Ich erinnere mich, dass ich mein Kind alljährlich ans Meer brachte, zu dem mütterlichen Element, das es besser als ich verstand, den von mir in Umrissen geformten Leib und Geist zu lehren, reifen zu lassen und zu vollenden.«

Colette schrieb liebevoll, zuweilen ekstatisch, über ihre Tochter. Die Leidenschaftlichkeit und Schönheit des Mädchens, des Teenagers, der jungen Frau inspirierte dieselbe genaue Betrachtung, der sie den Säugling (in ihrer Prosa) unterzogen hatte. Sie behauptet, schließlich eine »gewöhnliche« – darunter versteht sie eine völlig in ihr Kind vernarrte – Mutter geworden zu sein, doch nennt sie diese Verwandlung auch eine »Vergewaltigung«. Das Bild von Mutter und Kind, das sich aus ihren gesammelten Werken ergibt, ist das Bild von zwei stolzen und zurückhaltenden Fremden, die »mit Worten geizen« und »ihre Emotionen für sich behalten«, die sie nicht ausdrücken können. Ihre Briefe zeigen einen noch traurigeren Gegensatz: auf der einen Seite eine äußerst lebendige und kraftvolle Colette, abwechselnd besitzergreifend und distanziert, auf der anderen Seite eine Bel-Gazou, abwechselnd reserviert und rebellisch, die ihre Mutter zum Nachdenken zwingt und die ihre Existenz auf die einzige Weise, die ihr zur Verfügung steht, bei der Mutter zur Geltung bringt: indem sie zu Colettes größter Enttäuschung wird.

24. KAPITEL

I

Colette hatte eine panische Angst gehabt, Schwangerschaft und Geburt könnten ihrer körperlichen und erotischen Anziehungskraft Abbruch tun, ja diese ein für alle Mal vermindern. Jetzt war sie begeistert, dass das nicht geschehen war: »Ich habe mich wie durch ein Wunder wiederhergestellt«, prahlt sie Hamel gegenüber. Einen Monat später schreibt sie an Charlotte Lysès, die Frau von Sacha Guitry: »Es ist wirklich herrlich, sich so leicht und flach zu fühlen, fähig, Tennis zu spielen und Auto zu fahren, und zu entdecken, dass man nicht den leisesten Schaden davongetragen hat.«

Sie kehrte mit der gleichen Energie zum Schreiben zurück und schloss in der ersten Septemberwoche *L'Entrave* (*Die Fessel*) ab, wobei sie zum Schluss elf Stunden täglich arbeitete. Aber im Unterschied zu ihrem Körper erholte sich der Roman »nicht von den Schlägen, die ihm das schwache, siegreiche Geschöpf beigebracht hatte«. »Ich verachte [dieses Buch]«, schrieb sie Hamel. »Ich käue es wieder.« In ihren Erinnerungen entschuldigt sie sich bei ihren Lesern für »den betulichen Ton der Zusammenfassung, an die die Gestalten selbst nicht glauben«. Sie versuchte, den Schluss neu zu schreiben, doch ohne Erfolg. Sie ließ sich die Niederlage in diesem Kampf eine Warnung sein, die sie nie mehr vergaß.

Präsident Poincaré war zu einem Treffen mit den Bürgermeistern der Region in jener Woche in Brive. Colette und Jouvenel gaben ein offizielles Diner für ihn, seine Frau (eine Katzenliebhaberin) und siebenundachtzig Gäste. Dann kam Hamel für ein paar Tage nach Castel-Novel zu Besuch, und nach seiner Abreise hatte Bel-Gazous Amme keine Milch mehr. Der Säugling wurde entwöhnt und auf die Flasche umgestellt; Colette musste eilig nach Paris zurück, um eine neue, nicht stillende Kinderfrau zu verpflichten. »Mein Dasein«, berichtete sie ihrem Vertrauten Hamel, »verbrachte ich in Kindermädchen-Agenturen. [...] Seien Sie versichert, das war widerwärtig. Ich erlitt Qualen, Ängste, Verdruss und einen Haufen Unannehmlichkeiten.« Schließlich stellte sie eine »hässliche, durch eine glückliche Fügung« gefundene Engländerin namens Miss Draper an, eine »herbe, querköpfige, mürrische Fremde, hart zu anderen wie zu sich selbst, die sich mit ihrem Kleinkind allein aufs Land zurückgezogen hatte«. Colette-Leser kennen sie als »Nursie-dear«, und in ihren Gesprächen mit Colette bezeichnete sie ihren Schützling als »mein Baby«. Renaud de Jouvenel sollte sich später an sie als eine »garstige alte Hexe« erinnern. Bertrand de Jouvenel protestierte Colette gegenüber, dass Miss Draper seine Schwester nicht nur einschloss, sondern sie auch schlug. Wie ein alter Freund sagte, wuchs Bel-Gazou »in Angst und Schrecken« vor ihr auf.

Nachdem sie das Problem der Kinderpflege gelöst hatte (»Puh! ... Ich wische mir die Stirn«), fuhr Colette mit ihrer wöchentlichen Kolumne für *Le Matin* fort. Das Baby wurde ein häufiges Thema. Der erste Jahrestag von Sidos Tod kam und verging, in Colettes überlieferten Dokumenten unbemerkt. Georgie Raoul-Duval starb am 2. November. Jetzt lag auch Achille im Sterben. Er konnte über seine Symptome nicht im Unklaren sein – seine Doktorarbeit hatte davon gehandelt –, und der Leberkrebs tötete ihn am letzten Tag des Jahres. Er war nur fünfzig Jahre alt. Colette bewahrte über den Tod dieses »konkurrenzlosen großen Bruders« all ihren sonstigen Briefpartnern gegenüber Schweigen. Man machte Achilles Witwe dafür verantwortlich, dass alle Briefe von

Colette an Sido vernichtet sind, aber es kann ebenso gut sein, dass Achille sie verbrannte, bevor er starb, waren doch sein Mitgefühl für seine Mutter und die Nachlässigkeit seiner Schwester ihr gegenüber noch so frisch. »Du kennst Achille«, hatte Sido an ihre Minet-Chéri geschrieben, »er entschuldigt keine Beleidigung und er vergibt auch keine.«

2

Colettes Terminkalender war in diesem Winter typischerweise übervoll. Sie führte eine Veranstaltung der *Ecole des femmes* am Théâtre Fémina mit einem sehr gut aufgenommenen Vortrag über Molière ein. In ihm legte sie dar, dass Molière für sie geistig befriedigend, jedoch gefühlsmäßig enttäuschend sei, so dass sie sehr gut auch ohne ihn leben könne. »*Merde pour Molière*«, schreibt sie an Moreno. Im Café Excelsior in Tournai las sie aus ihrer neuen Sammlung von Tierporträts. Sie berichtete über eine Luftfahrtschau und beschrieb eine Filmaufnahme. Sie äußerte sich ebenso unbekümmert über Parlamentsdebatten wie über ihre neue Frisur. Ihre Kolumnen handelten von verwöhnten Kindern, misshandelten Frauen, hohlköpfigen Damen, die Vorträge besuchen, Modenarren und Fitnessfanatikern. »Körperkultur, Körperkultur!«, ruft sie mit der Geringschätzung einer Kennerin gegenüber den Dilettanten aus, die die modische Verrücktheit gerade erst übernehmen. »Sie reißen sich darum [...] mit ihrem Bullterrier-Enthusiasmus«, und »sie alle tun das nicht sehr lange«.

Die Jouvenels gingen ständig ins Theater, und Natalie Barney, die von Neuilly in ihr später legendäres Appartement in der Rue Jacob gezogen war, gab für sie ein Diner in ihrem neuen, ganz weißen Salon. Unter den Gästen befand sich auch Robert d'Humières, Colettes früherer Nachbar, ein begeisterter Fan der *Dialogues de bêtes*. Er war es, der ihr, als sie auf dem Weg zu

Renée Vivien an seinem Gartenfenster vorbeikam, mit den Worten: »Ihnen reiche ich das Kostbarste, was ich besitze« »einen Arm voll Schnee« anbot – seine Katze Lanka.

Vicomte d'Humières war anglophil, der Verfasser einer Geschichte Großbritanniens und der Übersetzer von Joseph Conrad und Kipling. Er hatte auch Proust geholfen, Ruskin zu übertragen, und in der Gestalt des Saint-Loup sind einige seiner Züge verkörpert. Der Mann wie seine Gestalt sollten beide im Ersten Weltkrieg untergehen. D'Humières Tod auf dem Schlachtfeld war nach Meinung seiner Freunde ein heroischer Selbstmord, um dem drohenden Skandal der Enthüllung seiner homosexuellen Aktivitäten zu entgehen. Der Vicomte war verheiratet und hatte eine Tochter, aber seine Präferenzen waren wohl bekannt, und George Painter vermutet, dass »d'Humières jener Invertierte [war …], von dem Proust später einmal zu Paul Morand sagte: ›Liebe zu Männern verschaffte ihm Männlichkeit, und Männlichkeit verschaffte ihm Glanz.‹« Etwas an diesem zärtlichen, geheimnisvollen und melancholischen Mann – Offizier bei den Zuaven – erinnerte Colette an ihren Vater.

3

Ende Februar 1914 unternahm Colette eine kurze Reise nach Belgien, wo sie zur »schönsten *Romancière* Frankreichs« und »einem der drei oder vier größten Prosaschriftsteller der Epoche« proklamiert wurde. Im März verbrachte sie drei Tage in Castel-Novel, um ihr Kind zu besuchen, und war noch auf dem Land, als sie die Nachricht erreichte, dass Madame Joseph Caillaux ins Büro von Gaston Calmette, dem Herausgeber von *Le Figaro*, gegangen war und ihn aus kürzester Entfernung mit einer kleinen am selben Tag gekauften Browning erschossen hatte.

Calmette hatte eine bösartige Verleumdungskampagne gegen

Caillaux geführt und nicht nur seinen Patriotismus angegriffen, sondern auch sein Sexualleben bloßgestellt, indem er eine Reihe von Liebesbriefen veröffentlichte, die Caillaux an seine spätere Frau geschrieben hatte, während sie beide noch mit anderen Partnern verheiratet waren. Das Verbrechen nahm die Titelseiten aller großen Tageszeitungen ein und beherrschte die Hauptstadt in den nächsten sechs Monaten. Am 17. März eilte Colette nach Paris zurück, wo sich die Abgeordnetenkammer zu einer außerordentlichen Sitzung traf. Jouvenel berichtete für *Le Matin* über die Krise, und Colette wartete auf ihn; zusammen mit den Frauen anderer politischer Journalisten und Abgeordneten war sie zu einem späten Souper in das Haus eines Ministers geladen.

Obwohl Colette die Caillaux-Affäre nicht explizit behandelt hat, beschrieb sie doch dieses Essen. Ihre Kolumne, die am 26. März erschien, ist eine interessante Anmerkung zur Sozialgeschichte dieses Prozesses, den Edward Berenson sehr anschaulich analysiert hat. Er erklärt, die Verteidigung habe gehofft, für Madame Caillaux einen Freispruch zu erreichen, wenn nachzuweisen wäre, dass es sich bei ihrer Tat um ein *crime passionel*, ein Verbrechen aus Leidenschaft, handelte. Die Staatsanwaltschaft habe gehofft zu zeigen, dass die Frau bei klarem Verstand und aus eigenem Interessen gehandelt habe. Zur Debatte stand ihre Weiblichkeit: war sie eine richtige Frau oder eine Neue Frau? War sie schwach, passiv und emotional oder stahlhart und kalkulierend? Im Verlauf des Prozesses wurden alle Einzelheiten von Madame Caillaux' Wesen und Verhalten, ihr häusliches Leben und ihre sexuelle Biografie vom Gericht untersucht und in der Presse besprochen. Wenn sie als Feministin dargestellt werden konnte, die rational und entschieden handelte, dann würde sie des vorsätzlichen Mordes schuldig gesprochen werden. Wenn bewiesen werden konnte, dass sie eine verzweifelte Ehefrau war, die im Affekt gehandelt hatte, um die Ehre ihres Gatten zu retten, dann wäre sie entlastet. »Da kein Streit darüber bestand, ob Henriette Caillaux

Gaston Calmette getötet hatte oder nicht, ging es bei dem Urteil im Großen und Ganzen darum, welche Bedeutungen und Assoziationen sich mit den beiden Wörtern [...] Weiblichkeit und Feminismus verbanden.«

Colettes Artikel in *Le Matin* zeigt den tief verwurzelten Konservatismus, der in ihrem Wesen zusammen mit der besser bekannten radikalen Nonkonformität bestand. Ohne Madame Caillaux eine Mörderin zu nennen, verurteilt Colette sie implizit, indem sie sie mit den ergebenen, den »richtigen Frauen« vergleicht, die sich in dieser Nacht zusammengefunden hatten, um ihren müden Kriegern beizustehen. »Die frisch geschmückten Frauen scheinen erschöpfte Ritter zu feiern, die frisches Wasser, eine Schüssel und einen Wasserkrug und Wohlgerüche fordern. Eine schmale Hand gleitet in die große Hand eines Mannes; eine zweite streicht heimlich über eine kahl werdende Stirn, um das Fieber zu prüfen und zu kühlen.« Die Frauen bei diesem Souper sind entrüstet über das Verbrechen, zum Teil sehr heftig entrüstet, doch sie sublimieren ihre eigenen Gefühle und wenden sich ihrer gegenwärtigen weiblichen Aufgabe zu, und »die Stärke und das Lachen« ihrer Männer sind die Antwort auf ihre Fürsorge. »Die Gäste besinnen sich, dass Frauen anwesend sind, ihre Gattinnen, die ihre Aufgaben übernehmen, erfüllt von stiller Hingabe. [...] sie werden einfach wieder zu Männern unter den zärtlichen und gleichsam anerkennenden Blicken ihrer guten weiblichen Wesen.«

In dieser kleinen Szene liegt keine Ironie, und nichts spricht dafür, dass Colette sich beim Schreiben der Paradoxie bewusst ist, dass dasselbe schlechte Mädchen, das sich scheiden lässt, zur Bühne geht, Männerkleidung trägt, selbst Geld verdient, offen als Lesbierin lebt und sich über die schickliche, bürgerliche Heuchelei ihrer Freundin Valentine lustig macht, jetzt auf einmal die Verfechterin und ein Mitglied des Klubs der guten Ehefrauen sein soll. Armand Lanoux meint, Colette sei »das Urbild der Frau, die alles haben möchte, den sexuellen Machtzauber der Kindfrau und die

Vorzüge der Freiheit«. Man kann auch sagen, dass sie den heiligen Vorzug der »wahren Frau« probte, absolut unberechenbar zu sein.

Der Prozess von Madame Caillaux begann am 20. Juli. Am 23. Juli, fast einen ganzen Monat nachdem Erzherzog Ferdinand in Sarajevo erschossen worden war, stellte Österreich-Ungarn Serbien ein Ultimatum, das den Krieg auf dem Balkan unvermeidlich machte. Die Österreicher und ihre deutschen Verbündeten hatten den Zeitpunkt sorgfältig gewählt: Poincaré und sein Premier Viviani befanden sich auf See. Auf der Rückreise von einer strategischen Konferenz in Russland und ohne eine Funkverbindung mit dem Festland, waren sie sechs Tage lang ohne jede Verbindung zur Außenwelt. Stéphane Lauzanne begleitete sie, also leitete Jouvenel *Le Matin*. Wie die anderen Pariser Tageszeitungen war der *Matin* auf den Prozess fixiert und brachte erstaunlich gedämpfte Nachrichten über die internationale Krise.

Am 28. Juli erklärte Österreich Serbien den Krieg, und der Caillaux-Prozess kam zur Entscheidung (die Angeklagte wurde freigesprochen). Colette verbrachte mit einer jungen Freundin ihre Ferien in Rozven; es war ein Mädchen vom Varieté, eine spätere Stummfilmdarstellerin namens Jeanne Roques (mit Künstlernamen Musidora). »Die Caillaux-Affäre?«, schreibt Colette an Hamel. »Darüber habe ich tausende von Meinungen, aber ich werde mich hüten, sie dir zu schreiben, denn von fünf Briefen, die ich von Sidi erhalte, werden vier aufgemacht. […] Meiner Tochter geht es ausgezeichnet, sie ist goldbraun wie eine Pastetenkruste«, fährt sie fort, und Musidora »stellt ihre Arschbacken zur Schau«. Colette selbst bearbeitete geduldig ihre alten Muskeln mit Hausarbeit und Schwimmen.

Am 31. Juli kam der Vorsitzende der deutschen Sozialdemokraten nach Paris, um Jaurès zu treffen, in der Hoffnung, die Ausdehnung des Balkankrieges ließe sich wie durch ein Wunder in letzter Minute durch Verhandlungen verhindern. Er wurde mit der Nachricht empfangen, dass die Pazifisten in einem Café in der Rue du Croissant verhaftet worden seien. An diesem Abend schrieb Sidi an Colette, er »glaube noch an Frieden«. Am nächsten Nachmittag telefonierte er, um mitzuteilen, »dass sich schlimme Dinge anbahnen«. Viviani hatte den Befehl zur Generalmobilmachung gegeben, und Henry wurde mit allen anderen wehrfähigen Männern Frankreichs einberufen, sein Land zu verteidigen. »Der Krieg von 1914«, schrieb Bertrand de Jouvenel, »kam genau so zu Stande, wie Jaurès im Februar 1909 befürchtet hatte.«

4

Am späten Nachmittag des 1. August 1914 fuhr Colette mit Musidora nach Saint Malo, um weitere Nachrichten zu erhalten. Das Meer war grün unter dem bedeckten Himmel, als sie sich den goldenen Befestigungsanlagen der Altstadt näherten. Am Strand packten die Kinder ihre Sandspielsachen zusammen und gingen zum Tee nach Hause. Colette erzählte ihren Lesern, sie werde »diese Stunde nie vergessen«. Sie passierten enge Straßen, die so voll gestopft waren mit Menschen, wie die Luft erfüllt war von Trommelwirbel, dem Läuten der Sturmglocken und von Schluchzen. Am zentralen Platz der Stadt hatte sich die Menge um den Ausrufer geschart, der den Erlass zur Mobilmachung verlas. Ihr Auto war bald von einem Meer weinender Frauen und junger Männer umringt, die betäubt aussahen, wie Schlafwandler, die auf ihre Kühlerhaube und aufs Autodach stiegen, um eine bessere Sicht zu haben.

Wie im Traum, schreibt Colette, gelangten sie durch erntereife Felder wieder nach Hause. Die Klippen waren blutrot, das Meer totenstill, während im Land die Alarmglocken widerhallten. Sie packten ihre Sachen und ließen am nächsten Morgen Bel-Gazou und Miss Draper in Rozven zurück. Ohne Zwischenstopp fuhren sie nach Paris, wo sie bei Einbruch der Dunkelheit ankamen. Die

Straßen der Hauptstadt waren menschenleer. Die meisten bürgerlichen Familien verbrachten noch ihre Augustferien auf dem Lande, und alle Lastwagen, Taxis und Autos waren vom Militär eingezogen oder ihm freiwillig zur Verfügung gestellt worden. Die Hitze und Luftfeuchtigkeit waren erdrückend, und es gab eine merkwürdige Mückenplage. Scheinwerfer suchten den Nachthimmel ab, der »so schwer wie ein Topfdeckel war«, und in den nächsten Tagen wurden alle gegen Pocken geimpft. Frisches Gemüse war immer noch billig und in Mengen zu haben, aber die Älteren erinnerten sich an die Hungerkatastrophe von 1870, so schlemmten die Pariser schon »vorsorglich«. Hausfrauen in Panik kauften wie wild Vorräte ein und horteten, was immer sie finden konnten. Es gab kein Kalbfleisch in den Metzgereien, die Bäcker durften kein »Luxusbrot« mehr backen, auch war der Verkauf von Absinth verboten. Alle edlen Boutiquen blieben geschlossen, und die »Pariser Kokotten mit Perlen am Hals und Diamantringen an den Fingern bastelten mit der Tricolore versehene Kokarden und verkauften sie fürs Rote Kreuz«.

Jouvenel kam als Feldwebel in die Infanterie; seine Einheit rückte am 12. August nach Verdun aus. »Ich konnte dich nicht mehr treffen«, schrieb er an Monzie. »Ich gehe. Ich rechne damit wiederzukommen. Aber man weiß nie. Wenn ich zufällig dort bleiben sollte, bitte kümmere dich um meine Familie.« An diesem Tag vermerkt Marguerite Moreno in ihrer Zeitschrift, Colettes Ehemann sei für den Kampf mit einer Feldflasche und einem Säbel ausgerüstet worden und »ganz fröhlich« abgefahren. Colette täusche »eine Unbeschwertheit vor, die für ihre Freunde schwer zu ertragen sei«. Sobald er die Uniform anzog, war er von seiner Frau und allem anderen meilenweit entfernt. »Diese plötzliche Verwandlung eines Zivilisten in einen Soldaten verändert, was man über ihn denkt und wie man ihn liebt.«

Nach dem Tod von Marcel Schwob hatte Marguerite Moreno wieder geheiratet, sich in Argentinien niedergelassen und ein staatliches Konservatorium der Theaterkunst gegründet, dann sich scheiden lassen. Erst kurz zuvor war sie nach Frankreich zurückgekehrt, um ihre Bühnenkarriere wieder aufzunehmen. Sie lebte mit ihrem dritten Ehemann, dem Schauspieler Jean Daragon, in einer Parterrewohnung in der Rue Jean-de-Boulogne, nicht weit entfernt von Colettes Appartement in der Rue Cortambert. Daragon war fettleibig und litt an einem Emphysem, weswegen er vom Militärdienst befreit war. Als der Krieg ausbrach, schlossen alle Theater in Paris, und Morenos Einkünfte gingen drastisch zurück. Das galt auch für Colette, die ohne Sidis Gehalt von *Le Matin* auskommen musste. Sie hatte zwar noch ihre Kolumne für diese Zeitung (»Man muss ja leben«, meinte sie Christiane Mendelys gegenüber), aber während die Schlacht an der Marne tobte und der Hauptstadt eine Invasion drohte – die Deutschen prahlten, sie würden am 15. September da sein –, war die Regierung ins südlichere Bordeaux gezogen, und sie fürchtete, die Zeitungen könnten bald ihr Erscheinen einstellen.

Colette entließ ihre Dienstmädchen und kümmerte sich zum ersten Mal in ihrem Leben selbst um den Haushalt. Miss Draper wollte kein Gehalt annehmen und zog schließlich mit Bel-Gazou nach Castel-Novel, wo es genug zu essen gab, denn das Gut hatte einen eigenen Bauernhof, und Mamita bezahlte die Rechnungen. Colette und Moreno beschlossen, ihre Mittel zum Teil zusammenzulegen. Musidora schloss sich dieser Kommune an, denn »auch sie war pleite«, ebenso Annie de Pène, eine vierte Freundin und Nachbarin im sechzehnten Arrondissement.

»Musi« war damals Mitte zwanzig – eine exotische Schönheit mit den großen Augen eines verhungerten Kindes und der dazugehörigen übertriebenen Blässe. Ein Jahrzehnt früher hatte sie zu den »vernarrten kleinen Minderjährigen« gehört, die sich, wie Meg Villars, Willy an den Hals geworfen hatten. Er wurde, wie sie sagt, ihr »Gönner«, und über ihn machte sie sich an Colette heran, der sie einige Zeichnungen von einer »nackten, verschönerten«

Claudine schickte, zusammen mit einem schwärmerischen Brief. Madame Willy antwortete recht liebenswürdig, wobei sie Musis Angebot ablehnte: »ich werde weder Ihr Leben von Ihnen verlangen ... noch den Rest. Ich bin in allem eine sehr besonnene Frau ... Ich bin noch nicht alt, aber eine Frau, deren Jugend entflieht, die das nicht zu verbergen sucht und die sich sehr darüber freuen würde, Ihnen die Hand zu schütteln.«

1910 hatte Musidora mit ihrer eigenen Bühnenkarriere begonnen, aber sie schrieb auch Theaterkritiken. Ihre »ekstatische Besprechung« einer Colette-Lesung trug ihr eine Einladung zum Mittagessen mit ihrem Idol ein, und von diesem Tag an, schreibt Musi, »klammerte ich mich an sie«. Sie spielten beide im Ba-Ta-Clan, und nachdem Musi in einer »erotischen« Adaptation von *Paul et Virginie* in den Folies Bergère ihren Charme hatte spielen lassen, trat Gaumont an sie heran, ob sie nicht im Film auftreten wolle. Sie war außerordentlich fotogen; und mit ihren Fohlenbeinen, dem Kleopatrahaarschnitt und den schwarz umrandeten Augen konnte sie gut die Heldin in einem modernen Horror-Kultfilm abgeben. Tatsächlich leistete sie Pionierarbeit für dieses Genre, als sie die Irma Vep in *Les Vampires*, den zwölf Episoden von Louis Feuillade, spielte. Damit wurde sie zum Star und Pin-up-Girl der Surrealisten.

Musi war noch nicht so reich, wie ihre Filmkarriere sie später machen sollte. Sie mietete ein bescheidenes Studio in der Rue Decamps, bei Colette um die Ecke. Doch als die Zeppelin-Bombenangriffe losgingen, schlief sie auf einem Metallfeldbett in der Rue Cortambert. Es scheint, als teilten sie Pikanteres als nur ihre Angst und Einsamkeit. Musis Schwäche für gemeine, treulose Männer, geradezu für Schlägertypen, hinderte sie nicht an einer gelegentlichen Tändelei mit einer Frau, und es heißt, sie habe mit Colette eine Affäre gehabt.

Die vierte Kommunardin Annie de Pène war Journalistin und Romanschriftstellerin. Sie lebte in einem kleinen Haus in der auf

»ländlich« gemachten Sackgasse Herrent. In dieser Zeit wurde sie neben Hamel Colettes engste Vertraute. Beiden Frauen war die gleiche schroffe Redeweise eigen, beide liebten das Essen, hassten Gefühlsduselei und Prüderie und setzten sich für ihre körperliche Fitness ein. Annies Tochter Germaine Beaumont war schockiert, wie beiläufig ihre Mutter über ihre berühmte Freundin sprach. Aber der Mangel an Ehrfurcht lässt wahrscheinlich auf die Intimität beider Frauen schließen. »Sie schreiben mir, was ich Ihnen gern schreiben würde«, lässt Colette Annie wissen. »Ich habe nie Angst, Sie könnten mich enttäuschen, und ich spare keine hässlichen Überraschungen für Sie auf.«

Wie Moreno war Annie jene seltene Ausnahme im Kreis von Colettes Anhängerinnen und Schützlingen, eine wirklich Ebenbürtige. Aber sie war noch etwas, was Moreno nicht war: eine professionelle Schriftstellerin. Sie hatten so viele Gemeinsamkeiten, dass Musidora Annie »eine zweite Colette« nannte, und Colette machte Annie ehrenhalber zur »Freundin seit Kindertagen«.

Colettes »Frauenkommune« war nicht ganz die testosteronfreie Zone, die sie beschreibt. Annies Liebhaber Gustave Téry kam fast jeden Abend zum Essen. Moreno musste sich um Daragon kümmern, und für ungefähr einen Monat »verhalf« Musi dem Verhältnis zu einem längst verlorenen Freund »wieder zum Leben«. Doch die Freundinnen teilten sich den Haushalt und verbrachten die Abende, die nicht anderweitig verplant waren, miteinander. Musi kaufte ein und kochte, während Colette sich um die Gartenarbeit kümmerte, putzte und die Wäsche wusch. Annie besorgte die Lebensmittel – manchmal konnte sie eine Blutwurst oder ein Hähnchen auftreiben, und dann bereitete sie ihnen eine ihrer normannischen Speisen zu. Moreno übernahm die Rolle der Komikerin, Weisen, Klatschtante, der Antreiberin und moralisch stärkenden Optimistin. »Die Zigarette zwischen den Lippen, verschönte [sie] unsere Hausfrauenarbeit mit dem wohltuenden Tau wahrer und falscher Neuigkeiten, mit Anekdoten und Vorhersagen.«

Einen Monat nach Kriegsbeginn standen die Deutschen vor Paris. »In windstillen Nächten« konnten die Frauen »deutlich das Stottern der Kanonen aus dem Osten« hören, und eines Nachts übernahm Moreno »den Rhythmus der Kanonade [und] improvisierte einen parodistischen spanischen Tanz«. Eine Bombe fiel in Isabelle de Comminges' Garten. Die Schlacht an der Marne begann jetzt ihren hässlichen Tribut zu forderen. Péguy und Alain-Fournier gehörten zu den ersten Kriegsopfern unter den Schriftstellern. Robert de Jouvenel wurde schwer verwundet, und Henry überlebte ein Sperrfeuer, bei dem der neben ihm kämpfende Kamerad getötet wurde. »Kurz und zärtlich« schrieb er seiner Frau von der Front, wie sehr er sie liebe. »Sie jauchzte.« »Dies ist nicht der Augenblick, den Mut zu verlieren«, schrieb sie an Hamel. Und sie bat ihn, in der »Schlüsselblume« (Missys Villa in der Nähe von Rozven) Sidis Ruhm zu verkünden.

Mitte Oktober arbeitete Colette freiwillig als Nachtschwester im Lycée Janson-de-Sally, das in ein Lazarett verwandelt worden war. Die Nachtschicht wollte niemand übernehmen. Sie sagt, sie habe dreizehn Stunden gearbeitet, von sieben Uhr abends bis acht Uhr morgens, und dabei acht gefährlich verwundete Soldaten zu versorgen gehabt. Einer hatte seinen Unterkiefer und ein Auge verloren, ein anderer ein Bein; ein dritter hatte sich zwölf Kilometer weit mit zerschossenem Gesicht schleppen müssen, nachdem er seine Zunge und alle Zähne in einem Schützengraben verloren hatte; er hielt sich für nicht so schwer verwundet. Wenn sie nicht gerade Verbände wechselte, Tee kochte, Betäubungsmittel verabreichte oder den Heißwasserofen schürte, dann saß sie bei ihnen und erzählte von ihrem Vater. Die Soldaten wollten wissen, wo er amputiert worden war. »Weiter oben als ich, nicht? Und er konnte gehen, ja? [...] Und es stimmt, dass er trotzdem jemanden zum Heiraten fand? [...] Wie war sie, seine Frau? Erzählen Sie ...«

Colette mühte sich ungefähr eine Woche lang durch die Nachtschicht, dann wurde ihr die Tagschicht zugeteilt. Zu dieser Zeit hatte sie ihren Mann seit zwei Monaten nicht mehr gesehen, wie sie an Hamel schrieb. Wenige Wochen später – unfähig, die Trennung länger zu ertragen – beschloss sie, ihn an der Front aufzusuchen. Sie verließ Paris unter falschem Namen (Anna Godé), mit geliehenen Papieren, in einem Zug, der nach Verdun fahren sollte. Die größte »Gefahr« bestand für sie darin, dass sie auf der Fahrt von drei Freunden erkannt werden konnte, die im selben Zug saßen. Der Horizont war von den Kämpfen rot glühend, und die Erde erzitterte »in üppigem Donner«. Sie brauchte dreizehn Stunden, um etwa einhundertfünfzig Kilometer zurückzulegen. Was ihr die Zeit lang machte, sagt Colette, war nicht ihre Angst, sondern die Ungeduld, endlich anzukommen.

In Verdun versteckte sie sich in der Wohnung eines französischen Offiziers und seiner Frau, der Lamarques. Am schlimmsten war ihr, wie sie Musidora berichtete, dass sie ihre Duschhaube und ihr Make-up vergessen hatte, und sie beschrieb sich als einen bloßen »weichen, liebenden Lappen«. Die Monate an der Front gehörten zu den glücklichsten ihres Lebens, teilweise sicherlich, weil es keine Konkurrentinnen um Henrys Herz, Leidenschaft oder Dankbarkeit gab. Sie hielt tagsüber ihre Jalousien geschlossen, trainierte, schrieb, malte, schrubbte die Dielen und lernte Schachspielen – der »stärkste Liebesbeweis«, den sie ihrem Mann erbringen konnte. Erst nach Einbruch der Dunkelheit machte sie verstohlen einen nächtlichen Spaziergang die Meuse entlang. »Ich erahne den Fluss, das Krankenhaus und die Zitadelle«, schrieb sie an Hamel. »Von der Höhe einer Brücke sehe ich undeutlich das wilde Wasser am Wehr. Das ist alles, aber es ist genug. Nachts kehrt Sidi zu seinem Harem zurück.« Er ist *»le maître de tout«*, vertraut sie Annie an, und sie hat nicht mehr zu berichten als: »Seine Gegenwart befreit mich von allem Denken, aller Vorsorge, außer dass ich das Zimmer aufräume und mich zurechtmache.«

25. KAPITEL

I

Colette blieb den Februar über in Verdun. Einmal beobachtete sie durch die geschlossenen Jalousien hindurch einen Aufmarsch deutscher Kriegsgefangener. Sie waren verbittert und erschöpft, wirkten aber »erleichtert«. Zweimal täglich führte der pünktliche Feind seine Bombenangriffe durch. Jeden Abend machte sie ihren »hygienischen« Spaziergang. Manchmal begegnete sie einer anderen »klösterlichen Gefangenen«, die wie sie verschleiert ein »orientalisches Leben« führte. Gelegentlich wagte sie bei Tageslicht einen Ausflug mit Madame Lamarque am Kanal entlang, vorbei an den verlassenen Lustgärten der Vorstadt. Einmal wurden sie Zeugen eines Luftgefechts und suchten unter einer Brücke Schutz. An einem anderen Tag besuchte sie mit Sidi die bombardierten Dörfer in der Umgebung. Sie war überrascht, zwischen den Ruinen so viele Kinder zu sehen. Sie schliefen in Kellern und sangen, was sie gelernt hatten, in dachlosen Klassenzimmern: »*Mourir pour la patrie/ C'est le sort le plus beau, le plus digne d'envie.*« Der Lärm ihrer Spiele mischte sich »mit dem tiefen Bass der Kanone, der uns seit dem Morgen nicht mehr losgelassen hat, der uns beharrlich begleitet wie das Geräusch des Windes oder die Brandung des Meeres«. Das erinnert sie an die Worte eines Griechen, der ihr gesagt hatte, »an nichts gewöhne man sich so schnell wie an den Kriegszustand«.

In Paris hatte der Polizeichef inzwischen alle Formen der Geister- und Totenbeschwörung verboten – skrupellose Wahrsager und Medien hatten sich die Angst der Soldatenfamilien zu Nutze gemacht. Ein Feuer zerstörte das Moulin Rouge. Die Deutschen bombardierten Dunkerque, versenkten die *Lusitania* und setzten auf den Schlachtfeldern in Flandern Senfgas ein. Auguste Hériot wurde verwundet und erhielt die erste von mehreren Auszeichnungen für seine Tapferkeit. Gaston Arman de Caillavet fiel in der Dordogne. Robert d'Humières, einem Zuaven-Regiment an vorderster Front zugeteilt, »ging bei der ersten Gelegenheit in den Tod«. »Ich hatte nicht den Mut, seine reizenden Briefe noch einmal zu lesen«, schrieb Colette an seinen Verleger. »Er war der Einzige, der mich Bel-Gazou nannte wie mein Vater und wie ich meine Tochter nenne.«

Colette war in ihre Kommune in der Rue Cortambert zurückgekehrt, doch nicht für lange, denn schon Mitte Mai fuhr sie wieder nach Verdun. Eine Woche später, am 23., erklärte Italien Österreich den Krieg. »Ich dachte an einen früheren Hauptmann des ersten Zuaven-Regiments«, schrieb Colette in *Le Matin*, »der noch am Leben sein könnte, denn er wäre erst sechsundachtzig Jahre alt. Er hat sein linkes Bein in Italien gelassen, das oben an der Leiste amputiert worden ist, 1859 in Melegnano [...]. Er kam strahlend mit seiner Krücke und seinem Spazierstock zurück.« Zum ersten Mal konnte die »vierzigjährige Veteranin«, berauscht vom Krieg, wie Veteranen eben oft berauscht sind, ihren Vater als Helden feiern.

Colettes Kriegsreportage ist ganz erfüllt vom »Strahlen« des Hauptmanns. Sie spielt aber auch mit Sidos »Vorliebe für Katastrophen«. Sie schildert die Vehemenz des Krieges so sinnlich und bildhaft, wie wir sie von mittelalterlichen Wandteppichen kennen. In ihren Depeschen kommt nicht eine einzige Leiche vor. Zwar gibt es Angst, aber keine Verzweiflung, Hunger, aber kein Verhungern. Sie gehört zu den wenigen Berichterstattern ihres Formats, die an keiner Stelle gegen den Schrecken, die Dummheit und die Arroganz des Ersten Weltkrieges aufbegehren und deren Menschenbild nicht durch ihre Erfahrung zutiefst verfinstert ist. Sie beschreibt mit Stolz und Zärtlichkeit, wie die alten Männer zu Hause für die Jungs da draußen Socken stricken und wie nobel die Frauen, die zurückbleiben, ihre Not akzeptieren. Die Soldaten, denen sie begegnet, sind alle tapfer und unermüdlich im Einsatz; die Kinder spielen »glücklich« in den Ruinen; unter den Verwundeten wie unter den Schwestern auf ihrer Krankenhausstation gibt es keine Menschen mit schwachen Nerven. »Ich habe nie Trauer gesehen«, schreibt sie. Die Mehrzahl dieser französischen jungen Männer, die dem Tod entgangen sind und den Krieg mit einem Körperglied bezahlen, erholen sich und blühen wie ein durch Schnitt verjüngter Baum.« Die größte Gräueltat, die sie von Ozéville, einem Dorf bei Verdun, zu berichten weiß, ist, dass ein deutscher Offizier zwei Uhren, eine Aussteuer und die besten Bücher im Haus gestohlen hat: »Der Flegel versteht zu lesen.« Von Clermont-en-Argonne, einem Dorf, das durch Bombardements vernichtet wurde, schreibt sie über ein Diner am Neujahrstag: »Die Heiterkeit und Fröhlichkeit entsprach der an einer eleganten Tafel im Herzen von Paris.« In einer ihrer Depeschen aus Verdun spricht sie über »die Schönheit der Verfolgungsjagd in der Luft« und »die weißen Bouquets« der explodierenden Flakfeuer. Selbst in ihren Briefen erlebt und schildert sie den Krieg mit lyrischer Überschwänglichkeit. »Was für eine herrliche Kanonade, Annie! Es ist […] schön, so nah vor sich zu sehen, woher das rosa Leuchten und das kreisrunde Nordlicht kommen. […] Der Lärm ist großartig und so vielfältig wie das Brausen eines Sturmes.«

Sehr wahrscheinlich täuscht Colette aus Patriotismus Unbekümmertheit vor, um ihren Lesern moralischen Auftrieb zu geben. Sie setzt Schwäche mit Unehrenhaftigkeit gleich, Trauer mit Indiskretion und Weinen mit Zügellosigkeit. Sie ist eine altmodische Stoikerin. Doch ist es nützlich, ihre Berichte zum Beispiel mit denen von Henri Barbusse zu vergleichen, der auch in

Verdun war und mit seinem Roman *Le Feu* 1916 den Prix Goncourt gewann. »Dieses Buch«, schrieb Colettes Stiefsohn Bertrand de Jouvenel, »machte die Schrecken des Lebens in den Schützengräben bewusst«. Und in Colettes überlieferten Briefen gibt es keine Stelle, die dem vergleichbar wäre, was ihr Mann Ende dieses Jahres an sie schrieb:

> Meine Liebste,
> Ich habe wieder angefangen zu reiten und zu fechten. Ich suche nach etwas Gesundem. [...] Es gibt Zeiten, in denen man den Stumpfsinn nicht gering schätzen sollte, denn er allein macht das Leben erträglich. [...] Wie glücklich sind die Tiere in solchen Tagen! Dieser Aufmarsch von Frauen und schluchzenden Müttern, von Vätern, die kommen und die Leichen ihrer Söhne zurückfordern und denen man sie nicht geben kann, diese Briefe von Flüchtlingen, die darum bitten, selbst unter Granatenfeuer in ihr Dorf zurückgeschickt zu werden, und denen ich das nicht zugestehen darf, das alles schafft eine furchtbare Atmosphäre. Meine Liebste, du bist immer da, nicht wahr? Du liebst mich noch? [...] Ein Glück, dass es das gibt. Und auch Bel-Gazou ...«

2

Im Juni 1915 schickte *Le Matin* Colette als Berichterstatterin nach Rom. Graf Primoli, Missys Bonaparte-Cousin, empfing sie zu einem »scheußlichen« Mahl mit acht Gängen in seinem Palast, dessen Ausstattung sie als »italienischen Salat« bezeichnete. Primoli stellte sie einem Bischof vor, der aus ihren *Dialogues de bêtes* zitierte und gestand, dass er mit seinen Katzen schlafe. Sie lernte auch die Romanschriftstellerin und Journalistin Sibilla Aleramo kennen, die Colettes Bücher gegen die italienische Kritik verteidigt hatte. Zusammen besuchten sie die Gärten des Malteserordens. Die französischen Vertretungen – Botschaft und Akademie – empfingen sie herzlich, und sie wurde allgemein wie eine offizielle Abgesandte behandelt, die sie ja vielleicht war. Italien hatte sich noch nicht den Alliierten angeschlossen (das sollte im August geschehen). Dem Ton von Colettes Depeschen war zu entnehmen, dass mit ihrer journalistischen Aufgabe auch eine diskrete diplomatische Mission verbunden war: sie sollte dazu beitragen, zwischen Franzosen und Italienern ein inneres Gefühl der Brüderschaft herzustellen.

Aber die Baronesse de Jouvenel erlebte eine unangenehme Überraschung, als sie sich im Excelsior in der Via Veneto anmeldete. Der Empfangschef sah sich misstrauisch ihren Pass und ihre Empfehlungsschreiben an und weigerte sich, ihr ein Zimmer zu geben. Er habe sie wie eine »Betrügerin« behandelt, schrieb sie an Hamel. Es stellte sich heraus, dass Claire Boas erst kurz zuvor im selben Hotel »unter dem Namen, den sie so sehr liebte« (wie Colette sich ausdrückte), abgestiegen war. »Das setzte meiner Sanftmut ein Ende«, fügte sie hinzu. Die Baronesse Colette rächte sich an Baronesse Claire, indem sie ihren Gatten drängte, seiner ersten Frau zu verwehren, seinen Namen und Titel zu benutzen, ein Streit, der fünf Jahre später damit endete, dass Claire – verhängnisvoll unklug – ihren Sohn Bertrand beauftragte, ihre Sache Colette gegenüber zu vertreten.

Claire und Colette waren beide schön, ambitioniert, ichbezogen und charakterlich stark. Aber die erste Madame de Jouvenel war wie ihr Mann ein *zoon politikon*; sie nahm sich die aufklärerischen Salondamen zum Vorbild. Ihr Haus diente als Treffpunkt für Männer, die imstande waren, die Landkarte Europas zu verändern. Während des Krieges gab sie trotz der Lebensmittelrationierung große Diners, brachte wichtige Leute zusammen und setzte sich als Lobbyistin für die von ihr gewählte Sache, die Unabhängigkeit der Tschechoslowakei ein. Nach dem Krieg war sie noch, wie Bertrand sich ausdrückte, »jung, schön, reich und frei«, sie sollte »die Königin der Friedenskonferenz werden«. In ihrem Salon trafen sich ausländische Delegierte, Journalisten und Schriftsteller mit ihren französischen Kollegen; und hier erhielten Bertrands eigener leidenschaftlicher politischer Enthusiasmus und seine politischen Überzeugungen ihre Prägung.

Im Mai 1915, einen Monat bevor Colette nach Rom kam, war Claire mit ihrem (und Henrys) alten Freund Gabriele d'Annunzio, dem späteren »Principe di Montenevoso«, in einem privaten Eisenbahnwaggon durch Norditalien gereist. Der glühende italienische Dichter, Prosaist, Dramatiker, Dandy, Soldat, Satyr und Nationalist führte seinen eigenen Feldzug, um Italien zu überreden, sich den Alliierten anzuschließen. »Wann immer der Zug hielt«, schreibt Geneviève Dormann, wurden sie »von einer applaudierenden Menge empfangen, die sie mit Maiglöckchen überschütteten [...]. So ist es nicht verwunderlich, dass man Colette mit Misstrauen begegnete, als sie behauptete, sie sei die Baronesse de Jouvenel.«

Colette quartierte sich im Hotel Regina/Carlton, gegenüber dem Excelsior, ein. Ironischerweise bewohnte d'Annunzio die Suite nebenan. Sie hatten sich schon einige Male in Paris getroffen: Ende des Jahrhunderts war er die Zierde von Madame Armans Salon, und 1911 war er noch einmal nach Frankreich geflohen, um seinen Gläubigern zu entgehen. Colette fand ihn »in Rom viel erträglicher«. Sie ergründeten zusammen die Ruinen des Forums und die Trattorien in Trastevere und tauschten Bücher aus. Für ihre *Dialogues de bêtes* schenkte er ihr zwei seiner Gedichtbände. Den einen widmete er »meiner verehrungswürdigen Alliierten«, den anderen »meiner Schwester im Heiligen Franziskus der Tiere«.

Wir haben allen Grund anzunehmen, dass d'Annunzio und Claire ein Verhältnis miteinander hatten, und der bekanntermaßen jagdlustige »Principe« tat wohl sein Bestes, auch Colette zu beschlafen. Bei einem Diner, das Violet Trefusis zwölf Jahre später gab, erzählte Colette den anderen Gästen, sie habe ihm damals klar machen müssen, dass er von ihr »nicht mehr erwarten könne« als Freundschaft. Dessen ungeachtet wurde er »der köstlichste Begleiter, den es gibt«. Bei einem anderen Essen erinnerte sich d'Annunzio, dass Colette mindestens viermal ein Foto ihrer Tochter aus ihrer Handtasche zog und jedes Mal fragte: »Kennen Sie meine reizende Kleine nicht?« Ihm schien diese Insistenz merkwürdig sentimental. Er erkannte nicht, dass es zu den ältesten und zuverlässigsten Tricks gehört, einen Mann, der einem den Hof macht, dadurch zu entmutigen, dass man seine Mutterschaft hervorkehrt.

Abbé Mugnier, der das Gespräch vom Trefusis-Diner für die Nachwelt bewahrt hat, fügte hinzu, er hätte zu gern d'Annunzio »und die spätere Schöpferin von *Chéri* auf den Spuren von Goethe, Chateaubriand und Lamartine durch die ewige Stadt wandern sehen mögen«. Doch wenn Colette auch eine Vagabundin war, so war sie dennoch keine große Stadtentdeckerin; ihre »Impressionen aus Italien« sind skizzenhaft und touristisch. Sie bewunderte die Gärten, Brunnen, den Blumenmarkt, das Kolosseum bei Mondschein, Shelleys Grab, (natürlich) die Katzen im Forum, die Musikalität der Sprache und besonders die *bambini* – »schöner, als man beschreiben kann«. Aber sie interessierte sich nicht für Architektur, wusste kaum etwas über die italienische Kunst und besaß keine religiöse Ehrfurcht; zwar kann man Italien auch ohne all das hinreißend finden, doch es hilft. »Mir hängen die Basiliken zum Hals heraus«, schimpft sie Hamel gegenüber.

Colette litt mehr als die meisten Menschen an einer französischen Krankheit, für die es keine gute Übersetzung gibt: *dépaysement*, so etwas wie Heimatferne. Ihr Selbst reiste nicht mit. Sie war immer am besten, wenn sie *en pays connu*, im bekannten eigenen Land, schrieb. Und nach den ersten paar Tagen in Rom gesteht sie ihr »Unbehagen, nichts anderes zu sein als eine Französin fern von Frankreich«.

Im Juli 1915 verbrachte Colette ein paar Tage mit Bel-Gazou in Rozven; diese war gerade zwei Jahre alt geworden. Colette hatte ihr Kind offensichtlich seit Januar nicht mehr gesehen, und das kleine Mädchen kannte die Welt nicht ohne den Krieg. Flog ein Flugzeug über ihren Kopf, dann rief sie: »Taube. Bumm. Schuss.« Sagte man ihr, dass es sich um ein französisches Flugzeug handelte, »löste das Wort prompt [ihren] Chauvinismus aus: ›*A mon zafa de la patr-i-e!*‹ … Länger war ihre ›Marseillaise‹ nicht.« An der Wand ihres Zimmers hatte sie eine riesige Landkarte von Europa, und »jeden Tag«, schreibt Colette, »zeigt sie, wo ihre Verwandten kämpfen: ›Papa hier … Onkel da …‹, wobei sie nicht zögert, dem Generalstab ein Quartier in Sizilien zuzuteilen und zugleich unsere Infanterie höchst vorteilhaft in Norddänemark zu stationieren«. Die Erfahrungen ihrer Eltern waren für sie ebenso exotisch, spannend und abstrakt wie der Krieg.

Eine Woche später war Colette wieder mit ihrem Mann in Verdun, von wo aus sie für Annie »den großartigen Lärm« beschrieb. Es gab Perioden heftiger Gefechte, aber die siebenmonatige Belagerung von 1916, die den Namen Verdun zu einem Synonym für die obszöne Sinnlosigkeit und das Gemetzel des Ersten Weltkrieges machte, stand erst ein halbes Jahr später bevor. Anfang August wurde Jouvenel auf Urlaub nach Hause geschickt, und sie kehrten beide nach Paris zurück.

Colette hatte Annie geschrieben, dass »Sidi von einem Harem träumt [der Kommune] … Und da ihm das Schicksal ja alles gewährt, was er sich wünscht …« Der Sultan von Verdun konnte jedoch den Versuchungen jenes größeren Harems, das ein Paris ohne seine Männer darstellte, nicht widerstehen. D'Annunzio hatte Colettes »Anbetung eines grausamen Ehemannes« erwähnt, ohne das genauer auszuführen; doch Paul Léautaud vertraute seiner Zeitschrift an, dass es »um die Jouvenel-Ehe, wie es scheint, nicht besonders gut bestellt ist. [Georges] Pioch […], der sie häufig sieht, berichtet, Jouvenel sage manchmal vor allen Leuten zu Colette Dinge wie: ›Du, in deinem Alter und mit dem Leben, das du geführt hast, verstehst nicht einmal zu ficken.‹ Er verehrt sie noch als Literatin, aber seine Leidenschaft zu ihr ist vorbei, und er zögert nicht, sich anderweitig ablenken zu lassen.«

Natalie Barney erzählt von einer anderen öffentlichen Demütigung Colettes. Die beiden Freundinnen unterhielten sich in Colettes Büro bei *Le Matin*, als Jouvenel »sichtlich in bester Laune hereinkam«.

> Nachdem er mich herzlich begrüßt hatte, wandte er sich in distanziertem, eingebildetem Ton an Colette:
> »Rechne nicht mit mir heute zum Abendessen.«
> »Aber du kommst doch kurz danach? …«
> »Nein, es wird leider spät werden. Vor allem bleib nicht meinetwegen auf.«
> Nach diesem Schlag [schien er] nur zu gern an Colettes todunglücklichem Schweigen zu demonstrieren, wie sehr sie sich um ihn sorgte.
> Trotz mancher Gemeinsamkeiten, darunter auch Tisch und Bett, trotz ihrer […] gemeinsamen Aufgaben bei *Le Matin* sah ich nichts, was diese Verbindung, die so lange glücklich schien, fortbestehen lassen konnte. Es musste doch glückliche Ehen geben, warum aber hört man nie von ihnen? Wie konnte dieser schöne, dunkelhaarige Mann in der Blüte seiner Jahre, eitel und intelligent und für Frauen so anziehend – die für ihn ebenso anziehend waren –, an eine einzige Frau gefesselt sein, selbst wenn diese eine Colette war?

Moreno teilte bezüglich Jouvenel Natalies Meinung, und Colettes beste Freundinnen nahmen wahr, was sie selbst nicht sehen wollte, dass auf Grund von Henrys Untreue und einem sadistischen Zug, den er spaßhaft »meine natürliche Barbarei« nannte, ihre Ehe zum Scheitern verurteilt war. Solange sie als Paar zusammenlebten, war Colette immer bereit, ihn zu entschuldigen. Sidi, so erzählt sie Annie, »ist ein fragwürdiger Gatte (nicht für mich!), ein schwieriger Liebhaber (außer für mich!) und ein Freund in jeder Lebenslage.« Wie man ihre Begeisterung auch verstehen mag, man spürt, wie es in ihren Briefen kochte.

Im nächsten Juli kam es für das Paar zu einer kurzen Wiedervereinigung in Castel-Novel, und für den darauf folgenden Herbst 1916, während Henry in Mailand stationiert war, besorgte Colette sich den Auftrag, für *La Vie parisienne* ein paar Artikel über Italien zu schreiben. Sie vereinbarten, sich in der Villa d'Este am Comer See zu treffen, wohin auch Robert de Jouvenel und seine Freundin Zou kamen. Für Colette sollte daraus ein Aufenthalt von zwei Monaten werden.

Diese luxuriöse Brutstätte, Prototyp für andere »weiße Hotels« und »Zauberberge«, war überfüllt mit ausländischen Aristokraten, die auf das Ende des Krieges warteten. Die Luft war mild und die Landschaft üppig, Blüten und Früchte gediehen am selben Ast. Die Hotelgäste, zumeist Frauen, wechselten viermal am Tag ihre Garderobe. Colette berichtet über die Aufregung, mit der eine Modenschau französischer Badebekleidung begrüßt wurde. Hämisch beschreibt sie auch, wie eine boshafte russische Gräfin die Gesellschaft mit ihrem Spott über das deutsche Königshaus unterhielt. Eine feiste Kaiserin, die orangefarbene Handschuhe trägt, und einen »Kronprinzen«, der eine aus Haaren geflochtene Uhrkette benutzt, erklärt sie als »zu allem fähig«.

Colette gesteht, sie sei von all den edlen und müßigen Narzisstinnen in der Villa d'Este bezaubert gewesen, behandelt sie aber von der Höhe ihrer Professionalität und Vitalität aus herablassend.

Dieser »sehr katholische Harem«, schließt sie, »folgt den Riten orientalischer Moral: Fülle die Wochen, in denen der Herr fort ist, vermehre deine Schönheit und verbessere deine Stimmung; imponiere ihm, wenn er zurückkehrt. Es macht nichts, wenn manche ein wenig in die Infantilität und Schlemmerei eines islamischen Harems abrutschen: Gute Ehefrauen spielen solche Spiele.«

Auch sie wartete auf die Rückkehr ihres Herrn. Henrys Kommandant war offenbar großzügig mit Pässen. Beide Jouvenel-Brüder genossen das Frauenbuffet im Hotel und die ewig dauernden Bézique-Kartenspielrunden. Colette machte sich Annie gegenüber darüber lustig, doch nur halbherzig. »Alles ist schön«, frohlockt sie. »Und es ist alles so leicht mit diesem großen Teufel von Sidi, der so optimistisch und so jung ist.«

Als er wieder in den Krieg ging, tröstete Colette sich auf ihre Weise – nicht mit Kleidern, Kartenspielen, Klatsch oder gelegentlichen Affären, sondern mit den blauen Bergen, den wilden Stürmen, die sie an Le Crotoy erinnerten, den Feigen, dem blühenden Salbei, dem Geruch der Erde und damit, dass sie rudern lernte. Nach zwei Wochen konnte sie mit Zou den Comer See überqueren: »wie eine Pfütze [...] und das hieß drei Stunden an den Riemen«. »Kräftige Arme sind das Ergebnis.«

3

Anfang November 1916 kehrte Colette nach Paris zurück, um auf Wohnungssuche zu gehen. Sie hatte in ihrer Badezimmerdecke eine undichte Stelle bemerkt; doch bei genauerem Hinsehen entdeckte sie, dass ein Haufen Backsteine und Balken im Garten lagen. Eine Ecke ihres Hauses war gerade zusammengebrochen, wobei das Donnergeräusch des Einsturzes im gleichzeitigen Gewitter untergegangen war. In diesem Chalet hatte Colette Geschmack daran gefunden, in einem »winzigen, abgeschlossenen

Bereich« zu leben, »wo ich keinem Lebewesen auf der Treppe begegne«. So lockte sie ein Hinweisschild »Zu vermieten« an einem Haus in Auteuil, am Boulevard Suchet. Dieses Haus blickte auf den »wilden, breiten, überwucherten Burggraben« der alten Festungsanlagen, hinter denen gleich der Bois de Boulogne lag. Als Colette an die Tür klopfte, fand sie zu ihrer Überraschung als Mieterin eine alte Bekannte, die große Schauspielerin der Belle Epoque Eve Lavallière.

Lavallière, durch einen Unfall fast erblindet, wollte in eine Zwischenstockwohnung an den Champs-Elysées ziehen. Sie machte mit Colette eine wenig ermutigende Führung durch das Haus. Im Schlafzimmer waren die Wände schwarz und ockerfarben behängt; den Salon zierten ein Moquetteteppich, der schwarzweiße Fliesen nachahmte, und ein nicht eben einladender Schlafdiwan mit einer Brokatspitzendecke. »Nirgendwo entdeckte ich einen luxuriösen oder auch nur gediegenen Gegenstand, einen Teppich von guter Qualität, eine leicht federnde und zugleich stabile Matratze oder eine passende farbige Wandverkleidung.« Dennoch: »Der schweren Zeiten wegen [...] schätzte ich alles, was sie zurückgelassen hatte.« Tatsächlich war dieses Haus weder winzig noch heruntergekommen. In vielem von dem, was sie über ihre Haustransaktionen und ihr häusliches Leben schreibt, übertreibt Colette die Bescheidenheit ihrer Verhältnisse. Es ist ihr unangenehm, sie könnte dabei ertappt werden, in großem Stil oder von unverdientem Geld zu leben, so besteht sie darauf, als tätige Künstlerin wahrgenommen zu werden, die kämpft, um zu überleben. »Verlor ich den Mut, da ich wieder einmal vertrieben wurde?«, fragt sie angesichts der Unbilden des Umzugs. »Keineswegs. Mut und Geduld verliert man, wenn man nur zweimal in einem halben Jahrhundert seinen Wohnsitz ändert. Aber solche Zugvögel wie ich, die sich weder um eine Deckenbeleuchtung noch um pompöse Gemälde oder Lüster zu sorgen brauchen, sind mit ihrem Umzug in achtundvierzig Stunden fertig.«

Das stimmte nicht ganz. Die frühen Tage eines kargen Lebens in der Wohngemeinschaft waren für sie vorüber. Als Colette die Rue Cortambert verließ, besaß sie zwei ächzende Möbelwagen voller Antiquitäten, Teppiche, Spiegel, Gemälde, Porzellan und Glas, lederne Lehnstühle, ihr Klavier und das Holzgeländer aus ihrem früheren Esszimmer. Diese Schätze hatten zwei Angestellte – ein Zimmermädchen und ein Koch – zusammen mit einer Mannschaft von vier Umzugsleuten fachgerecht für sie verpackt; sie arbeiteten drei Tage lang, bevor sie die Möbelwagen beladen konnten.

Kaum hatte Colette ausgepackt, war sie auch schon wieder auf dem Weg nach Italien. Diese Reise erfüllte einen Wunsch, den sie zwei Jahre zuvor in Rom geäußert hatte; inspiriert von der üppigen Schönheit eines »dampfenden« Parks, wollte sie gern dorthin mit Sidi zurückkommen. Nun hatte Poincaré Jouvenel als Delegierten zu einer Gipfelkonferenz der Alliierten berufen. Deutschland hatte einen Verhandlungsfrieden vorgeschlagen, und das Treffen wurde anberaumt, um diese Möglichkeit zu erwägen.

Colette kam, nach einer anstrengenden Reise, am Silvesterabend aus Paris an, Jouvenel aus Udine. Sie nahmen im Palasthotel Quartier und fielen sich in die Arme: »Was bedeutet schon Müdigkeit oder gar Schlaf?«, fragt Colette Annie. Den nächsten Tag verbrachten sie, für ihre Exzesse büßend, in der Kirche Ara Coeli, wo sie den »ungeheuerlich verlogenen« Kinderpredigern lauschten.

Die Jouvenels bewohnten eine Suite mit Balkon, und das Wetter war so mild, dass Colette sich nackt sonnen konnte. Lebensmittel waren rationiert (es gab nur zwei Gänge pro Mahlzeit), aber sie sorgte für eine Bereicherung ihres Speisezettels. Sie fand heraus, wo man frischen Mozzarella in kleinen Näpfen kaufen konnte, und probierte einen »göttlichen« Nachtisch aus: in grüne Kastanienblätter gewickelte und in der Sonne gebackene Muskatellertrauben. Sie schwärmte Annie von einem gegrillten Osterlamm vor und gestand, sie habe sich an Fettgebackenem und rohen Artischocken vom Markt satt gegessen. Mit einer jungen Künstlerin namens Caterina (Katja) Barjansky (einer Freundin von d'Annunzio) machte sie eine Haltestelle des Überlandbusses an der Via Appia ausfindig, wo man Spaghetti, Prosciutto und Artischocken-Omelett essen konnte.

Wenn auch Bett und Tisch ihre Hauptvergnügen waren, fand Colette doch auch Zeit, ihren Hund Gamelle in der Villa Borghese spazieren zu führen, vom Palatin aus den Sonnenuntergang zu beobachten und »mit einer faulen Schere« ihre Kriegsreportage für den Band, der dann *Les Heures longues* (*Lange Stunden*) hieß, zu redigieren. An einem Abend gab sie für eine Gesellschaft von »Tierfreunden« in der Britischen Botschaft eine Lesung aus den *Dialogues de bêtes*, und die »aufgeweckten, freien, intelligenten« englischen Kinder machten sie zu Miss Bel-Gazou. Sie erzählte Annie, sie »begegne vielen Leuten«, versuche aber, sich »nicht stören zu lassen«. Annie erhielt von ihr auch eine Ansichtskarte mit dem berühmten Hermaphroditen aus dem Museo Borghese, die sie aufbewahrte. Eine nachdenkliche Figur. »Wovon könnte er/sie träumen«, schrieb Colette, »was besser wäre als das, was er/sie hat?«

4

Rom war das Zentrum der noch in den Kinderschuhen steckenden Filmindustrie, und Colette gehörte zu den ersten Schriftstellern des Jahrhunderts, die die neue Kunst ernst nahmen. 1914 hatte sie über eine »Filmfabrik« und deren Produktion eines Dokumentarfilms über die Scott-Expedition geschrieben. 1916 verfilmte Jacques de Baroncelli *L'Ingénue libertine* (eine Zusammenfassung der beiden *Minne*-Romane), ein Stummfilm mit Musidora in der Titelrolle. In Rom war Colette beeindruckt, wie »verrückt« die Italiener nach Filmen waren. Sie sah sich *Civilization* von Thomas

Ince an und schrieb darüber eine scharfsinnige Kritik für die französische Wochenzeitschrift *Le Film.* Ihre frühesten Filmrezensionen stammen aus jenem Frühjahr. »Colette«, schreibt Pichois, »vermochte in einer Kunst, die sich allzu häufig darauf beschränkte, Theater zu verfilmen, die Originalität und Größe eines Ince, Griffith und Abel Gance zu erkennen.«

Das Kino reizte Colette aus einem anderen Grund: Filmproduzenten waren bereit, für den Verkauf geeigneter Filmstoffe königlich zu bezahlen. »Ich wäre eine dumme Gans«, schrieb sie in diesem Januar an Annie, »wenn ich nicht über einen Film verhandelte.« Im Frühjahr schloss sie einen Vertrag für *La Vagabonde* und schrieb nach ihrer eigenen Bühnenfassung ein Drehbuch. »Ich bin nicht wenig stolz, zu den ersten Schriftstellern zu gehören, die ohne Hilfe einen Film ganz ›in Bildern‹ geschaffen haben werden. Das hat überhaupt nichts mit Literatur zu tun [...]. Aber es ist eine erstaunliche Turnübung, und Sie sollten lernen, wie man das macht, es könnte für Sie nützlich sein. [...] Was ich mache, würde normalerweise ein professioneller Filmregisseur tun, nachdem der Schriftsteller ihm die Geschichte dazu geliefert hat.«

Nachdem sie »tausend Schauspielerinnen [...], eine dümmer als die andere«, ausprobiert hatten, gelang es Colette und den Filmleuten, Musi von ihrem Zuhälter-Freund und ein paar früheren Verpflichtungen freizubekommen, so dass sie die Renée Néré spielen konnte.

Als das Gipfeltreffen zu Ende war und Jouvenel nach Paris zurückkehrte, blieb Colette in Rom. Miss Draper schrieb, Bel-Gazou entwickle sich prächtig und sehe aus »wie ein Junge«, womit sie Colette schmeichelte, die immer auf die androgyne Schönheit ihrer Tochter stolz war. Colette schickte die gute Meldung an Hamel und lud ihn nach Castel-Novel ein. Sie hatte über die römischen Nachrichtenkanäle erfahren, dass Hamel ein paar Tage krank war, und hoffte, dass es ihm besser ginge. Doch es ging ihm nicht besser. Er starb am 20. April. Colette starrte »wie betäubt« auf den Brief, der ihr diese Nachricht brachte. Sie könne den Verlust noch nicht »fühlen«, schrieb sie Annie, »dieser transparente und zerbrechliche Freund, der nur von dem Notwendigsten leben konnte, wird mir mehr fehlen, als ich jetzt empfinden kann. Annie, wie unerträglich ist es doch, einen solchen Menschen zu verlieren.« Und einer Verwandten von Hamel gestand sie: »Ich denke mit Trauer an all die Stunden, die ich von nun an ohne ihn verbringen muss. Sie erkennen, dass ich traurig bin, denn ich denke nur an mich selbst!«

26. KAPITEL

I

Im Juli 1917 erhielt Jouvenel eine kurze Gnadenfrist der Befreiung von den Gefahren des aktiven Dienstes. Sein Freund Anatole de Monzie, Abgeordneter im Departement Lot, war gerade zum Unterminister für die Handelsmarine ernannt worden und bestimmte Henry zu seinem Privatsekretär. Während ihr Ehemann durch seine neuen Aufgaben und wahrscheinlich durch eine neue Freundin an die Hauptstadt gebunden war, wurde Colette, die in Castel-Novel das Landleben genoss, zur Wochenendgattin wie seinerzeit für Willy in Les Monts-Bouccons. Sie machte angesichts der Entbehrung »des notwendigen Wesens« gute Miene zum bösen Spiel. »Dieses Haus ist wie für Sie gemacht«, erzählt sie Annie. »Keine Strümpfe, Schuhe, Lockenwickler. Sie fahren das Heu ein, und die Ställe sind voll. [...] Die Zuchtbullen sehen so schön aus mit ihren Löckchen auf der Stirn. Und die Landschaft um uns herum ist herrlich.«

Colette hatte ihre Tochter seit sechs Monaten nicht mehr gesehen, und Bel-Gazou, jetzt vier Jahre alt, war zu einem entzückenden Persönchen herangewachsen, mit Pausbacken, Schwielen an den Händen, kräftigen Beinen, die Haare im Pagenschnitt, und sprach einen komischen ländlichen Dialekt. Vielleicht sah sie ihrem Vater ähnlich, aber sie hatte das »herrische« Temperament ihrer Mutter, und sie kannte sich aus in den Wäldern und Feldern ihres Reiches »wie eine barfüßige Prinzessin«. Eines Tages, schreibt Colette, gingen sie beide Hand in Hand:

Langsam und unbeholfen überquert eine Blindschleiche den Weg.

»He du, mach Platz!«, schreit Bel-Gazou sie mit Fuhrmannsstimme an und schiebt sie mit der Ferse weg. Dann sieht sie mich rasch aus den Augenwinkeln an. Sie weiß, dass ich damit beschäftigt bin, alles aufzuspüren, was die sechs Monate meiner Abwesenheit [...] gebracht haben. Sie weiß, dass ich mich zurückhalte, sie weiß, dass ich sie bewundere und es ihr nicht sagen werde. Doch ich habe wahrhaftig Angst, dass Bel-Gazou, geleitet von ihrem gesunden, unverbildeten Instinkt und ihren naturhaft scharfen Sinnen, mich besser kennt, als ich sie kenne.

Colette schrieb an Annie, wenn es in ihrem Leben »den verdammten Liebesinstinkt nicht gäbe«, würde sie nicht mehr nach Paris zurückkehren. Es war schwer, zu schreiben, wenn es galt, Butter zu rühren, Falläpfel zu verkaufen und einen Hund im Fluss zu baden. Doch »eine Krise, oh! ganz normal« (und sehr vertraut) – sie war »pleite« – zwang sie an die Arbeit. Das Vorschusshonorar für *Les Heures longues*, die im selben Winter herauskommen sollten, war längst verbraucht. Sie hörte auf, Rezensionen für *Le Film* zu schreiben, denn die Zeitschrift zahlte nicht genug, stattdessen übernahm sie neue Arbeiten für ein halbes Dutzend reichere Zeitschriften. Im Spätsommer begann sie mit der Novelle, die später als *Mitsou* herauskommen sollte – dem ersten Stück bleibender Prosa, seitdem der Krieg begonnen hatte.

Die Alliierten verloren die mörderische Schlacht an der Somme, gingen aber in Flandern in die Offensive. Der russische Zar verzichtete auf den Thron. Diaghilew brachte *Parade*, Cocteaus umstrittenes modernes Ballett mit der Musik von Willys altem Widersacher Erik Satie und in Kulissen von Picasso auf die Bühne. Paris füllte sich mit General Pershings Truppen, die auf dem Weg zur Front waren. Früh im September kam Colette in die Stadt, um einen Aufsatz abzugeben und einen Scheck zu holen. Sie muss sehr zerstreut gewesen sein – vielleicht wegen ihrer »Krise«, vielleicht auch wegen persönlicher Sorgen –, dass sie ein Manuskript in der Metro verlor, von dem sie keine Kopie besaß. An diesem Abend, so erzählte sie Wague, fand Sidi sie, trotz sommerlicher Hitze, zitternd mit einer Wärmflasche unter ihrer Bettdecke. »Am nächsten Tag zwang ich mich zu einer Arbeit, die zum Kotzen ist, mehr als alles, was ich je getan habe: Ich begann mit etwas, das bereits fertig war. Jetzt ist es vorbei, alles noch einmal getippt. An dieser pikanten Geschichte siehst du, dass ich arbeite – ich komme zu nichts anderem.«

Im selben Herbst wurde das dreiundzwanzigjährige Fliegerass Guynemer abgeschossen. In den Schützengräben gab es Meutereien; es kam zu drakonischen Rationierungen, und Verkäufer drohten zu streiken. Mata Hari wurde wegen Spionage verurteilt und im Oktober hingerichtet. In Russland kam Lenin an die Macht; im Dezember unterzeichnete er ein Waffenstillstandsabkommen mit Deutschland. Ribot folgte als Premierminister auf Briand; er wurde durch Painlevé ersetzt, den im November der sechsundsiebzigjährige Clemenceau ablöste, der seinerseits entschlossen war, bis zur bedingungslosen Unterwerfung Deutschlands weiterzukämpfen. Seine Wahl war für Monzie und Jouvenel eine schlechte Nachricht; beide hätten einen Verhandlungsfrieden vorgezogen. Monzie verlor seinen Kabinettsposten, Jouvenel seine vorübergehende Befreiung vom aktiven Dienst; er wurde an die Ostfront geschickt.

Dies war der letzte Kriegswinter, doch die Kombattanten konnten das nicht wissen. Deutschland bombardierte gnadenlos Paris und feuerte, nachdem es in der Picardie Boden gewonnen hatte, mit dem berüchtigten Langstreckengeschütz, der Dicken Berta, auf die Hauptstadt. Colettes altes Holzhaus »wackelte wie ein leeres Fass«. Eines Nachts wurde sie mit Marcel Proust an der Place Vendôme vom Sirenengeheul überrascht. Er hatte einen Asthmaanfall, und sie suchten im Ritz Zuflucht. Als die Entwarnung kam, lief Proust hinaus, »keuchend, aber von einer weltgewandten Anmut beseelt«, um für Colette ein Taxi zu besorgen – »als gäbe es um zwei Uhr morgens Taxis in Paris. Ich verabschiedete mich von ihm und machte mich auf den Weg nach Auteuil. Hinter der Concorde löste sich Paris in schwarzer Nacht auf. Ich zog Schuhe und Strümpfe aus und wanderte weiter, beruhigt, mit den nackten Füßen den Weg zu spüren.«

Jouvenels Einheit befand sich, wie Colette Wague erzählte, »mitten im dicksten Kampfgetümmel, und sie hatte einige »heikle Tage – und Nächte«. »Mein Liebster«, schrieb sie an ihren Gatten, »du bekommst meine Briefe nicht mehr. Wir sind arme Tiere.« Im April 1918 wurde er befördert und zwei Monate später für seinen Heldenmut ausgezeichnet. »Ich dachte, es würde dir viel bedeuten, wo du doch die Tochter eines Soldaten bist«, schrieb er Colette.

Es bedeutete ihr viel, und Colette eilte, um die Nachricht Wague und Musidora mitzuteilen. Jouvenel war es zu danken, dass Wague den Auftrag erhielt, eine im Konservatorium neu geschaffene Pantomimeklasse zu unterrichten. Musi hatte inzwischen mehr als fünfzig Stummfilme gedreht und war einer der großen Leinwandstars. Sie verwaltete ihr stattliches Vermögen geschickt und war meist auch ihre eigene Produzentin. In diesem Herbst bot sie Colette zehntausend Francs für ein Originaldrehbuch: *La Flamme cachée*. Die Dreharbeiten begannen im Oktober, doch Colette lehnte die Einladung, an ihnen teilzunehmen, ab. Jouvenel sollte zwei Wochen Urlaub bekommen, und sie fuhr »für die Kartoffelferien« in die Corrèze, um diese Zeit *en famille* zu verbringen.

Ein liebevoller Schnappschuss aus diesen Ferien zeigt, wie Eltern und Kind sich auf der Terrasse vor dem Schloss umarmen. Doch dreißig Jahre später sollte eine erwachsene Bel-Gazou einem Journalisten eine tristere Erinnerung mitteilen. Sie erinnerte sich, wie sie und ihre Mutter ängstlich auf Henrys Ankunft warteten. Sie war zur Begrüßung des Vaters herausgeputzt worden. Als sie eine Steintreppe hinunterlief, stolperte sie, fiel kopfüber hin und holte sich Schrammen im Gesicht. Colette lief hin, doch nicht, um sie zu trösten. »Ihr Ärger drückte sich in ein paar Klapsen und dem Satz aus: ›Ich werde dich lehren zu ruinieren, was ich geschaffen habe!‹«

Jouvenel ging zurück in den Krieg, und Colette blieb auf dem Land; dort erhielt sie am 14. Oktober die Nachricht von Annie de Pènes Tod. Annie fiel der besonders schweren und weit verbreiteten spanischen Grippeepidemie zum Opfer, die mehr Menschen dahinraffte als der Krieg. Ende 1914 hatte Colette in ihrem Brief an Annie aus Verdun ein ungewöhnlich tiefgründiges Bild gebraucht, um auszudrücken, wie sehr sie ihre Freundin vermisse: »Die Zeit füllt niemals die Leere, die eine feste Freundschaft hinterlässt.« Mag diese Zeile als Epitaph für ihre »besser als beste« Freundin stehen, »der lebendigsten unter den Lebenden«, denn Colette war im Übrigen lakonisch, ja sogar ärgerlich über den Verlust. »Was für ein idiotischer Tod«, schimpfte sie Wague gegenüber. »Sie vergaß zu Mittag oder zu Abend zu essen, oder sie ließ Mahlzeiten aus, um nicht dick zu werden, und die Grippe erwischte sie, ohne dass sie ihr etwas entgegensetzen konnte, gewissermaßen auf nüchternen Magen.«

Die Feinschmeckerei war zwischen Annie und Colette ein starkes Band gewesen; wie es Trinkbrüder gibt, so waren sie Freunde im Essen. In ihren Memoiren erinnert sich Colette, wie Annie ihre Empörung über die Anorexie von Renée Vivien teilte: »Mit dreißig am Ende sein, was für eine Dummheit!«, hatte Annie ausgerufen. »Renée Vivien hätte besser von meinen gefüllten Hühnern oder meinem Schellfisch in Sahne essen sollen.« Aber offenbar hatte Annie Colette im Stich gelassen, als sie abstinent wurde und jener »schrecklichen Neurose, schlank sein zu wollen«, erlag. Vielleicht gab Colette Annies Diät die Schuld an ihrem Tod, um sich selbst damit zu beruhigen, dass ihr eigenes Ansetzen von Fleisch eine Art Lebensversicherung war. Seit sie aufgehört hatte, professionell zu trainieren, hatte sie ständig an Gewicht zugelegt und ihre gute Figur verloren. »Colette bezahlte für ihre Esslust mit Magenverstimmungen, mit einer oft kränklichen Leber und Darmentzündungen«, schreibt Dormann. »Sie neigte zu Fressorgien und ging einmal mit einem Freund eine Wette ein, dass sie zwischen Mittag- und Abendessen vierhundert Haselnüsse essen könne. Als sie sich von einer starken Lebensmittelvergiftung durch verunreinigte Muscheln erholte, »provozierte sie einen leichten, aber wohlverdienten Rückfall«, indem sie einen »herrlichen gefüllten Kohl in Cidre und Rosinenkuchen« verspeiste.

Nachdem Colette sich die Teilnahme an Annies Begräbnis erspart hatte, besuchte sie deren Tochter Germaine Beaumont, die selbst gerade erst die Grippe überstanden hatte. Sie bot keinen Trost, legte ihr nur ein Bündel Trauben aufs Bett und fragte, wie sie sich fühle. Als die junge Frau in Tränen ausbrach, »weigerte [Colette] sich mitzuweinen« und erklärte ihr, sie habe festgestellt, »dass ein körperliches Vergnügen auch den größten Schmerz überwinden könne. Und um das zu beweisen, nahm sie Germaine sogleich zu Prunier mit, wo sie als Vorspeise eine ganze Schüssel Krevetten bestellte.«

Es scheint ziemlich weit hergeholt anzunehmen, Annie sei der Grippe erlegen, weil sie manchmal zu essen vergaß. Doch war das Essen für Colette selbst das erste Mittel gegen seelischen Schmerz. Liane de Pougy hinterließ später ihre herben, aber plausiblen Erinnerungen an Colette, wie sie, »während nebenan die Leiche einer Frau lag, die sie liebte, selbst fettgepolstert, tanzend und futternd, lauthals schrie: ›So enden wir alle, die Toten sollen die Lebenden nicht niederdrücken!‹« Colette, so schließt die frühere Kurtisane, »fürchtet weder Sünde noch Tod«.

Doch Colettes »Ekel« vor der Todesschwäche und ihre Antwort darauf – zu essen und zu gedeihen – ist ein Symptom ihrer unerträglichen Angst vor allen Arten des Hungers. Sie verabscheut jegliches Vakuum, und ihre berühmte Unersättlichkeit entspricht ihrem übertriebenen Horror vor jeder vitalen Insuffizienz, ob es nun um Liebe, Nahrung oder Geld geht. Auch die Mühe des Schreibens wurde für sie zum *Horror vacui.* »Dann plötzlich eine Gedächtnislücke, die Leere, das Erlöschen, vollkommen gleich, denke ich, dem Beginn des Sterbens.«

2

Im November endete der Große Krieg, und die Überlebenden – jeder fünfte französische Soldat war umgekommen – kamen nach Hause. Jouvenel ging zu *Le Matin* zurück. Colette gehörte nun der Redaktion der Zeitung an und war für das Feuilleton zuständig. Das war eine beschwerliche Aufgabe, die einen weniger disziplinierten Schriftsteller von seinem eigenen Schreiben abgehalten hätte. Doch Colette war grandios, besonders wenn sie Geld brauchte oder das Gefühl hatte, welches zu brauchen. Sie gewann Germaine Beaumont als ihre Sekretärin; zwar bekam diese kein Gehalt, aber Colette war der Ansicht, ihr Verhältnis sei Belohnung genug. Colette war eine anregende Mentorin, und ihr Schützling vergalt ihr die geistige Investition damit, dass sie sich als Romanschriftstellerin und als Journalistin auszeichnete. Der Briefwechsel zwischen den beiden zeigt Colette als ungewöhnlich großzügig und mütterlich – sie nennt Germaine »meine Tochter« –, und bei dieser Lektüre kann man leicht nachempfinden, wie eifersüchtig Bel-Gazou gewesen sein musste.

Henrys Chauffeur fuhr Colette jeden Nachmittag um vier oder fünf Uhr in ihr Büro am Boulevard Poissonière, wo sie bis zum Abendessen blieb. Sie telefonierte, bearbeitete ihre Druckfahnen, schrieb Briefe, prüfte Vorlagen, stopfte sich mit Schokolade voll und verwandte ihr Ansehen und ihren Charme darauf, für ihre alte Kolumne »Tausend und ein Morgen« Geschichten bekannter Persönlichkeiten einzuwerben. Freitags leitete sie einen informellen literarischen Salon. Sie war jetzt in einer Position, wo sie jemandes Ansehen erhöhen oder jemandem eine Gunst erweisen konnte. Und es bereitete ihr Freude, die Talente einer heranwachsenden Generation fördern zu helfen, darunter Georges Simenon, Tristan Bernard, Francis de Miomandre, Henri Duvernois, Marion Gilbert und zwei junge Männer, die in ihrem Leben eine wichtige Rolle spielen sollten: Léopold Marchand und Francis Carco.

Carco war dreizehn Jahre jünger als Colette. Er hatte in Willys Werkstatt mitgearbeitet und zwei Romane für ihn geschrieben. Willy hatte ihm immer gesagt, es sei nicht leicht, mit Colette auszukommen. »Sie hatte mit dem männlichen Geschlecht noch einen alten Strauß auszufechten, weshalb sie immer auf der Hut zu sein schien.« Doch Carco fand Colettes Liebe nie grollend oder vorsichtig. »Lieber Freund«, schrieb sie ihm 1918, kurz nachdem Annie de Pène sie miteinander bekannt gemacht hatte, »ich schätze Ihre Briefe sehr. Die Wärme einer jungen Freundschaft wie der Ihren ist so angenehm. Ich habe nicht den Mut, auf sie zu verzichten.«

Carco war noch in seinen Zwanzigern, als er einen berühmten, sensationellen Erstlingsroman *Jésus la Caille* veröffentlichte, den er fast vollständig in Slang geschrieben hatte. Carco war, wie Pichois sich ausdrückte, einer jener »Pariser Mythen: der böse Junge mit dem goldenen Herzen«, hinter dessen forschen Reden und altkluger Weltläufigkeit eine zärtliche, depressive Natur verborgen lag. Colette, schrieb Carco, liebte die Traurigkeit im Allgemeinen und seine eigene im Besonderen. Sie erzählte ihm, als sie jung war, habe sie ein Buch mit dem Titel schreiben wollen: »Nichts ohne Schmerz«.

Colette setzte sich dafür ein, dass Carcos *Scènes de la vie de Montmartre* bei ihrem Freund Téry verlegt wurden, und sie nahm seine Arbeiten bei *Le Matin* unter Vertrag. Er schickte ihr nostalgische Erinnerungen an seine Kindheit in der Provinz, die sie aus Gründen ablehnte, die ihre Klugheit als Redakteurin und literarischer Impresario zeigen – noch etwas, was sie Willy verdankt. »Mit Ihrem Namen und Ihrem Ruf«, sagte sie zu ihm, »verbindet sich aus gutem Grund bereits ein gewisser Geschmack.« Um seinetwillen wie um ihrer selbst willen wollte sie, dass er sein Debüt mit einem Stück mache, das typischer war für den forschen Pariser Carco – den Markennamen, »den die Öffentlichkeit kannte«.

Jouvenel und Colette lebten zunehmend getrennt. Henry hatte bei seinem kurzen Einsatz als Privatsekretär bei Monzie an der Politik Geschmack gefunden und begann sich um Leute zu bemühen, die an den Schaltstellen der Macht saßen, um seine Parlamentskandidatur vorzubereiten. Eine Frau, die kein Blatt vor den Mund nimmt, eine skandalöse Vergangenheit hat und die Politik verachtet, ist keine vorbildliche Gattin für einen zukünftigen Staatsmann. »Dies ist eine gefährliche Zeit für eine Persönlichkeit des öffentlichen Lebens, wenn sie aus ihrer bisherigen Unscheinbarheit an die Öffentlichkeit tritt«, schreibt Colette. Es war gefährlich, zumindest für seine Ehe. »Das Frühstück der Kommission, das wöchentliche Diner der Gruppe, das monatliche Bankett der Linken des Viverais [...]. Ich habe diese Feiern nur undeutlich wahrgenommen, niemand wünschte dort meine Anwesenheit.«

In den Nächten, in denen ihr Mann derart beschäftigt war, zog Colette häufig mit Carco durch zwielichtige Viertel. Mindestens einmal verließ sie eines ihrer halboffiziellen Diners nach dem Dessert und vor Kaffee und Zigarren; ihren Gästen sagte sie, sie gehe mit einem Mann in die Stadt, der »weiß, wie man mit Frauen redet«. Carco, ein Romantiker der Halbwelt, erinnerte sich, dass sie in den schlimmsten Gegenden von Paris durch die dunklen Straßen schlenderten und in der übelsten Gesellschaft nach »neuen Sinneseindrücken« suchten. Er führt Colette in jene pittoresken kleinen Klubs an der Place Pigalle, wo Zuhälter, Schläger und ihre Bräute zum Akkordeon Java tanzten, wo die Tische am Boden angeschraubt waren, damit sie bei nächtlichen Schlägereien nicht zertrümmert werden konnten. Einmal, sagt Carco, habe er Colette in eine Spelunke in der Rue de Lappe mitgenommen, die Marcel Prousts früherem Diener gehörte. Als die Polizei ihre übliche Runde machte und Fäuste und Schlagstöcke schwang, sei die Baronesse auf einen Tisch gestiegen und habe »Hurra!« geschrien, »Endlich ist was los!«

Colette und Carco hatten einiges gemeinsam, nicht nur ihre Gier nach Abenteuern im Rotlichtmilieu. Sie waren beide Arbeitstiere. »Schreib, kleiner Carco! Schreib!«, ermahnt Colette ihn, und er brachte immer alles rechtzeitig. Er stand ihrer Fähigkeit, unter Druck zu arbeiten, in nichts nach. Die Abgabetermine waren unerbittlich. »Selbst als ich jung war, habe ich meinen langsamen Rhythmus nie dem Tempo der ›großen Tageszeitungen‹ anpassen können. Der quälende Gedanke, ›ein Papier‹ sei überfällig, [...] nahm lange denselben Platz in meinen Träumen ein wie der ›Examens[albtraum]‹.«

3

Sido hatte Recht gehabt: Henry de Jouvenel war schlecht für Colettes schriftstellerische Arbeit, zumindest solange sie mit ihm glücklich war. Zwischen dem Erscheinen der *Fessel* und der langen Novelle *Mitsou*, die im Februar 1919 herauskam, lagen sechs Jahre. *Mitsou*, eine Kriegsliebesgeschichte, besteht zur einen Hälfte aus Dialogen und zur anderen aus den Briefen zwischen einem Varietéstar und einem jungen Offizier adliger Herkunft. Für die Hauptgestalten hatten Henrys Bruder Robert de Jouvenel und seine Geliebte Zou Modell gestanden, obwohl in Mitsous Briefen auch ein fernes Echo einer ganz jungen Gabrielle Colette zu hören ist: »ihre gefährliche Einfachheit, ihre unwiderstehliche Aufrichtigkeit«, wenn sie an den gebildeten und blasierten Henry Gauthiers-Villars schrieb.

Die Geschichte beginnt hinter den Kulissen. Zwei Leutnants auf Urlaub besuchen eine Revuetänzerin, die Petite-Chose genannt wird und deren Beitrag zum Ersten Weltkrieg darin besteht, dass sie sich durch die Betten der französischen Armee hindurcharbeitet. Sie würde bestraft werden, wenn der Bühnendirektor die Offiziere in ihrer Garderobe vorfände, also fragt sie ihre Freundin Mitsou, den Star, ob sie die beiden bei sich verstecken könne. Mitsou tut ihr widerwillig den Gefallen. Sie erwartet selbst Besuch von einem alternden Politiker, der sie aushält, und sie will keine Szene haben.

Die Offiziere flirten mit Mitsou, die die beiden gekonnt reizt. Sie versteckt die zwei in ihrem Schrank, um sich für die nächste Nummer anzukleiden. Als sie die Garderobenhilfe, die ihr das Korsett schnüren soll, nicht findet, nimmt sie die Dienste des »blauen« Leutnants in Anspruch (sein Freund trägt die Khakiuniform eines anderen Regiments). Als ihr alter Liebhaber eintritt, spielen sie eine Farce vor. »Die gehören mir nicht«, sagt Mitsou ihm, »sie gehören Petite-Chose.« Am nächsten Tag schickt der blaue Leutnant Mitsou ein galantes Briefchen und ein paar schöne Flaschen für ihre Frisierkommode zum Dank für die »erzwungene« Gastfreundschaft.

Dann zieht er wieder in den Krieg, vielleicht in seinen Tod. Mitsou kehrt zurück in ihren Alltag des Revuestars und der Mätresse, aber sie kann ihn nicht vergessen. Sie schreibt ihm an die Front, und ihre Briefe sind Edelsteine ungekünstelter Redegewandtheit, reich an Charme, Ehrlichkeit und Selbstenthüllung. Sie erstaunen und verführen ihren Empfänger, der ihr schreibt, es gebe wenige Frauen, die »wie Sie stolz sein können, in fünfzehn handgeschriebenen Zeilen so viel Wesentliches [ausgedrückt zu haben]: Ironie, das Wissen, was wichtig ist, ein Geheimnis«. Im weiteren Verlauf dieses werbenden Briefwechsels verliebt sich der blaue Leutnant in das geheimnisvoll reiche, sogar edle Wesen, als das Mitsou sich erweist.

Als sie sich ein zweites Mal in Paris treffen und ihre Affäre leben, macht sie eine Entdeckung. Nie zuvor hat sie mit einem so jungen Mann geschlafen und Lust, Zärtlichkeit und Respekt für ein und dieselbe Person empfunden. Er dagegen ist desillusioniert von ihrer Vulgarität. Mitsou ist nicht *sortable*, mit ihr kann man sich nicht sehen lassen. Sie ist zu laut und begierig. Sie hat in ihrer Einrichtung einen entsetzlich schlechten Geschmack; sie besitzt keine Tischmanieren. Ihm wird klar, dass sie nur die »Rohform« jener Frau ist, die er eines Tages lieben und heiraten wird. So kommt er nicht zu ihrer nächsten Verabredung und speist sie nachher mit einem gekünstelten Brief ab, der sie nicht täuscht.

Mitsous Antwort zeigt den Gegensatz zwischen der Großzügigkeit ihrer Gesinnung und der Herzlosigkeit der seinen; dies war der Brief, der Proust, wie er Colette bekanntlich gestand, zu Tränen rührte, obwohl er sie auch wegen einer Spur unpassender »Geziertheit« im Ton schalt. Und er hatte Recht: Mitsou führt ein zu primitives Leben, um die Griselda zu spielen, um zu erwarten, sie sei der Umarmung eines Snobs »würdig«; Colette hätte ihr keine Chance zu einem glücklichen Wiedersehen lassen sollen. Doch ebendies tat sie in ihrer eigenen Ehe.

Die Novelle wurde von der Kritik mit Respekt aufgenommen. Beim Publikum, das begierig war, etwas Leichtes und Hoffnungsvolles zu lesen, war sie ein großer Erfolg. Doch Colette wusste immer, wo das, wie sie sich ausdrückte, »Beste meiner schriftstellerischen Arbeit liegt«. Während der Besatzung schickte sie ihrem alten Freund Richard Anacréon ein Exemplar von *Mitsou* mit folgender Widmung:

»Dies ist so etwas wie eine Operette, ein ›großer Krieg 14–18‹, aufgeputzt – oder eher zusammengeschrumpft – zu einer Varieténummer, nicht wahr, lieber Richard? Ursache war, dass ich meinen

Lebensunterhalt bei *La Vie parisienne* aufbessern wollte, diesem ›rosa Markt‹ des alten Krieges ... Tu dieses kleine Souvenir in die Schublade unserer Freundschaft.«

4

Die Anforderungen ihrer Karriere nach dem Krieg ließen Colette wenig Zeit für ihre Tochter, und sie war der unentbehrlichen Miss Draper unendlich dankbar. Kinderfrau und Mutter teilten ein und dieselbe strenge pädagogische Philosophie: Beide konnten Szenen und Tränen nicht ausstehen, die sie für eine Art »Erpressung« hielten. Als Bel-Gazou erst zwei Jahre alt war, schalt Miss Draper sie: »Weinen! Schämen Sie sich nicht, vor mir und vor Ihrer Mama zu weinen? Sie dürfen genauso wenig vor jemandem weinen wie bei offener Tür Ihr Geschäftchen erledigen.« Bei ihren »vertraulichen Gesprächen« mit Colette zeigte Miss Draper sich stolz sowohl über die »wohlverdienten Strafen«, die sie ihrem Schützling verhieß, als auch über dessen »Tugenden«.

1918 nahm Colette Bel-Gazou einmal für drei Wochen mit nach Paris oder, wie sie sich merkwürdig ausdrückte: »Einmal allerdings ... Ausnahmsweise hatte ich meine Tochter aus der Corrèze nach Paris mitnehmen müssen.« Das kleine Mädchen blieb bei der Großmutter in Passy. »Mit ihren Knabenhosen und ihrer Frische hatte die fünfjährige Bel-Gazou in Paris einen verdienten Erfolg.« Offenbar war sie nie zuvor von ihrer Kinderfrau getrennt oder mit ihrer Mutter allein gewesen. Miss Draper habe sie ihr nur recht unwillig mitgegeben, sagt Colette, obwohl das Kind selbst nicht zeigte, dass es sie vermisste, außer vielleicht dadurch, dass es ungewöhnlich ruhig und »etwas distanziert« war.

Als diese Zeit zu Ende war, brachte Colette ihre Tochter zurück in die Corrèze. Bevor der Zug hielt, sah sie Miss Draper auf dem Bahnsteig stehen und wies Bel-Gazou auf sie hin: »Sag deiner

Miss freundlich guten Tag.« – »Als ob es darum gegangen wäre, freundlich guten Tag zu sagen! Neben mir saß, so aufgelöst, dass sie nicht daran dachte auszusteigen, eine kleine Kreatur, die in Tränen gebadet schluchzte […] ›Nursie-Dear … oh, Nursie-Dear … Nursie …‹«

»Damals habe ich erfahren, dass ein ganz kleines Kind vor Glück weinen kann wie eine Liebende. Und Miss Draper … Nie habe ich einen Gendarm auf einem ländlichen Bahnhof vor den Augen eines Rottenarbeiters so weinen sehen.«

Vielleicht haben Mütter aus Colettes Gesellschaftsschicht und Generation die Konkurrenz, die Schuld und das Bedauern nie erlebt, das heutige Frauen im Berufsleben oft empfinden, wenn sie ihr Kind einer Kinderfrau überlassen. Wenn Colette jemals empfunden haben sollte, dass der ihr selbst gebührende Platz von Miss Draper eingenommen wurde, dann hat sie es nie zugegeben. Aber es ist interessant, dass eine Frau, der Besitz und Eigentum so viel bedeutet und die Eifersucht am besten kennt, vor dieser besonders intensiven Form gefeit sein soll.

Am Tag der Bastille, dem 14. Juli, marschierten die Truppen der Alliierten im Triumph durch Paris, und eine applaudierende, Millionen starke Menge säumte die Straßen von Port Maillot bis zur Place de la République. In diesem August reisten die gut betuchten französischen Familien zum ersten Mal seit fünf Jahren wieder wie früher in Urlaub. Colette fuhr mit Germaine Beaumont nach Rozven. Hinzu gesellte sich ein Geist aus der Vergangenheit: Meg Villars.

Rein körperlich hatte die fette wie fesselnde Miss Meg, Veteranin des Varietés, jetzt vierunddreißig Jahre alt, nichts Gespenstisches. Sie hatte sich 1913 von Willy getrennt und war mit einem ältlichen belgischen Adligen nach Amerika entschwunden. Jetzt hatte sie sich mit einem anderen Literaten, Charles Catusse, verlobt, den sie heiraten sollte, sobald ihre längst fällige Scheidung von Willy endlich vollzogen war. Sie hatte auch gerade eine neue Arbeit übernommen: für *The Tatler* in London einen »Letter from Paris« zu schreiben. Colette erwähnt in ihren Briefen nur nebenbei, Megs Charakter sei nicht in dem Maße gereift wie ihre Figur: Sie war immer noch bockig, betrügerisch und setzte sich gern in Szene. Und wenn der Klatsch stimmt, dann konnte sie scheinbar nicht widerstehen, Colettes Bettfedern mit Henry de Jouvenel zu testen.

Von Rozven aus entschuldigte Colette sich bei Carco, dass sie ihren Briefschulden nicht nachkomme. »Mein körperliches Leben verzehrt mich ganz«, schrieb sie ihm. Nicht ganz, denn sie erwähnt auch, sie habe einen Einakter, an dem sie arbeitete, in einen Roman umgeschrieben, von dem es bereits dreiundvierzig Seiten gebe. Der Roman hieß *Chéri*.

27. KAPITEL

Es ist als nähme ich, um ihn besser bewerten zu können, meinen geheimen Schmuck ab: erglänzt er dann an ihr, weine ich, weil er so kostbar ist.
Colette, DIE FESSEL

I

Der Typus des schönen, schlimmen Jungen, der mit einer Kurtisane zusammenlebt, die so alt ist, dass sie seine Mutter sein könnte, hat seinen Ursprung in acht Kurzgeschichten, die Colette vor dem Krieg für *Le Matin* schrieb. In drei dieser Kurzgeschichten heißt der Protagonist Chéri und erscheint ungefähr so wie im Roman von 1919. In den fünf anderen Geschichten – dort heißt er Clouk – ist er ein eher pathetischer Mensch: ein Möchtegern-Playboy mit schlechter Haut und ständigem Geschniefe, von Kokain abhängig und von Geliebten, die ihn schmähen. »Als ich ihn zur Welt brachte, war er hässlich, fast eine Missgeburt«, gestand Colette, »und ich spürte dunkel, dass ich dieses fast skrofulöse Kind nicht lieben würde.« Es sei daran erinnert, dass Sido hässlichem und schwächlichem Nachwuchs gegenüber ebenfalls voreingenommen war.

Als der kaum der Pubertät entwachsene Clouk/Chéri Léa zum ersten Mal in einem Restaurant sieht, ist sie nicht die reife Schönheit des Romans, sondern eine mollige alte Dame mit weißen Haaren, die mit drei Freundinnen zusammen ungehemmt schlemmt und lacht. Er würde am liebsten unter den Tisch kriechen und sich in ihrem weichen und, wie er sich vorstellt, gütig mütterlichen

Fleisch verlieren. Colette war neununddreißig, als sie sich diese Szene einfallen ließ. Ihre Vorbilder für Clouk – Auguste Hériot und der Kokain schnüffelnde Bonmariage – waren jünger, wenn auch nicht jung genug, um ihre Söhne sein zu können, und ihr damaliger Geliebter, Jouvenel, war ein Altersgenosse. Willys mürrischer Schulmädchen-Braut und Missys »unerträglich unechtem Kind« war die inzestuöse Liebe natürlich nicht fremd, Léa hingegen war eine Projektion, eine Vision ihrer Zukunft vielleicht, kein Selbstporträt.

In der französischen Literatur herrschte kein Mangel an Vorbildern für eine solche Affäre, obwohl, wie Pichois sich ausdrückt, »die Tatsache, dass so viele Quellen da sind, einfach beweist, dass es keine [bestimmte] Quelle gibt«. Es herrschte auch kein Mangel an Léas in Colettes Freundeskreis. Die meisten großen Kokotten der Jahrhundertwende hielten sich irgendwann einmal einen viel jüngeren Mann. Liane de Pougy, die wie Léa für ihre Perlen berühmt war, hatte 1910 einen rumänischen Fürsten geheiratet, der zwanzig Jahre jünger war als sie. Suzanne Derval, eine löwenmähnige Blondine, die auf der Bühne ein Comeback feierte, hatte einen heiratsfähigen jungen Geliebten, und wahrscheinlich ist das das Paar, das Colette 1949 in ihrem Vorwort zur Fleuron-Ausgabe des Romans beschreibt. Auch die geborene Deutsche Baronesse Deslandes – die Schriftstellerin Ossit – kannte Colette gut; sie wurde mehr wegen ihrer sexuellen Eroberungen als wegen ihrer Romane bewundert. Sie war mit drei Aristokraten verheiratet gewesen, darunter mit einem veritablen Prinzen; zu ihren Geliebten gehörten unter vielen anderen: Barrès, d'Annunzio, Forain und Boni de Castellane. Als Colette die gut fünfzigjährige Baronesse zufällig 1915 in Rom wiedertraf, gab sie Annie de Pène die Geschichte vom jüngsten Triumph jener rastlosen Dame zum Besten. »Mère Deslandes« hatte sich als fünfundzwanzigjährige Jungfrau ausgegeben und es geschafft, einen römischen Herzog von siebzehneinhalb zu verführen:

> Sie nennt ihn »mein kleiner Page« und macht ihn verrückt (die Arbeit war schon halb getan). Intrigen, Spaziergänge im Mondschein, Briefe, bestochene Diener. Vater Galese erfährt alles; er steckt den Kleinen ins Kloster wie unter Louis XIV. Die Verlobte fordert Gerechtigkeit, weint sich die Augen aus und wendet sich an den alten Grafen von Cossato, einen finsteren alten Römer [...]. Der alte Cossato hört zu, sieht sie unter seinen weißen Augenbrauen finster an, ohne ein Wort zu sagen. Dann explodiert er: »Sind Sie gekommen, um mir das zu sagen? Sind Sie gekommen, um zu erfahren, was ich meine? Ich meine, Galese hätte seinem Sohn zweimal in der Woche hundert Sous geben müssen, hundert Sous, verstehen Sie? Hundert Sous, damit er zu den Huren geht, verstehen Sie? [...] Zumindest hätte er dort gelernt, was eine Frau ist, und wäre nicht einer alten Närrin wie Ihnen in die Hände gefallen. [...] Einer alten Närrin, verstehen Sie?«
> Auf Italienisch ist [die Geschichte] noch besser, es gibt diesen Ausdruck »fünf Lire! fünf Lire!«, der einen Klang hat – und das ruft er ihr bis ins Treppenhaus nach. [...] Ist das nicht eine nette Geschichte?

Die »nette Geschichte« fand, von den Namen abgesehen, nahezu unverändert Aufnahme in *Chéri*. Die heruntergekommene, verrückte alte Lili und ihr halb katatonisches Prinzchen präsentieren sich als eine groteske Parodie von Chéri und Léa – ein Vorgeschmack darauf, was aus einer solchen Liebesbeziehung werden kann.

Doch gibt es ein weiteres inzestuöses Paar, das Colette noch näher kannte als Ossit und ihren römischen Prinzen oder Suzanne Derval und ihren jungen Gigolo »von vornehmer Geburt«. Léas Besessenheit, was Chéris Ernährung angeht (»Zeig deine Zunge!«), ihre hohen Ansprüche in der Haushaltsführung, ihre wohlwollende Tyrannei, ihre Offenheit, ihr provinzieller Menschenverstand, ihre Abneigung gegen Hässlichkeit und Alter, das alles spiegelt sich in Colettes Beschreibungen ihrer Mutter und in Sidos Briefen.

Die »keusche« alte Mutter und die laszive Kurtisane scheinen auf den ersten Blick wenig gemein zu haben. Sido hielt die Liebe für frivol und Männer für suspekt – doch *Söhne* fielen für sie nicht in die gleiche vernachlässigbare Kategorie wie *Männer*. Achille, nicht der Hauptmann, war Colettes eigentlicher Rivale in der Familie, und sie betrachtete ihr Leben lang wachsam und eifersüchtig seine Romanze mit der Mutter.

Colettes gut aussehender Bruder war fünfunddreißig Jahre alt, als er heiratete, doch seine blasse und wenig eindrucksvolle wohlerzogene Ehefrau konnte kaum eine Rivalin abgeben gegenüber der königlichen Mutter, die – worauf sie stolz war – »in seinem Herzen die Erste« blieb. Colette wusste, wie untrennbar Achille und Sido wirklich waren, wie abhängig voneinander und welche »uneingestandenen Geheimnisse des Fleisches« eine im Übrigen vorbildliche Ehrerbietung verbarg. »Mein Bruder da unten wird sehr unglücklich sein«, schreibt sie lakonisch nach dem Tod ihrer Mutter. Und so war es auch: Er überlebte sie nur um ein Jahr. Wie Léa, so hatte auch Sido aus ihrem *cher grand* einen Mann gemacht, in jeder, außer in einer einzigen Hinsicht, und zwar der entscheidenden: der Fähigkeit, auch ohne sie zu leben.

2

Colette arbeitete schon vier Monate an *Chéri*, als sie eine weitere aufwendige Tätigkeit bei *Le Matin* annahm. Sie behielt ihren Posten als Literaturredakteurin und wurde nun auch noch Haupttheaterkritikerin. Das hieß, dass sie nicht nur Texte für »Tausend und ein Morgen« beschaffen, lesen, redigieren und oft schreiben

Die achtzehnjährige Sidonie Landoy

Die Trauer steht ihr: Sido mit dreißig Jahren, 1865. Noch während ihres Trauerjahres für Jules Robineau heiratet die Witwe ihren Geliebten Jules Colette.

Ein weltfremder Träumer: Hauptmann Colette um 1896 im Garten von Châtillon

Minet-Chéri: die fünfjährige Colette, 1878

Die Familien Colette und Landoy 1880: Colette zu Füßen ihrer Eltern, Juliette links außen, Léo hinter ihr, der gut aussehende Achille stehend als Zweiter von rechts

Vor dem Ruin: Juliettes Hochzeit 1885. Colette, mit goldenem Haar, sitzt neben der Braut.

Sido mit fünfundvierzig Jahren. Ein Ausdruck im Gesicht ihrer Mutter entflammt in diesem Jahr bei der siebenjährigen Colette »das Licht für ihr Schreiben«.

Hauptmann Colette vor einer der leeren Seiten seines Phantomwerkes

»Das schwierigste Alter«: Colette mit dreizehn Jahren, entgegen dem äußeren Anschein ein Wildfang

Ein berühmtes Foto der fünfzehnjährigen Colette, mit Zöpfen wie »Zügel oder Peitschen«. Noch stand sie unter der schulischen Zucht von Olympe Terrain. Im nächsten Sommer sollte sie sich in Willy verlieben.

Die Colettes *en famille* in Châtillon 1893 – es ist das Hochzeitsjahr von Colette und Willy. Sie ist zwanzig, Léo (rechts) siebenundzwanzig und Achille (links) dreißig.

Colette 1893 auf einer Brücke in Châtillon

Ein seltenes Bild von Willy im Urlaub 1890. Er ist einunddreißig und macht Colette schon den Hof, während er in Paris mit Germaine Servat und ihrem gemeinsamen Sohn Jacques zusammenlebt.

Die frisch verheiratete Madame Willy mit ihrer Schwiegerfamilie, den Gauthier-Villars, in deren Sommerhaus. Willy (rechts stehend) ist seinem Vater (hinter Colette sitzend) wie aus dem Gesicht geschnitten.

Colette und Willy im Sommer 1894 auf Belle-Ile. Sie erholt sich von ihrer schweren Krankheit.

Comme les garçons: Im Matrosenanzug tritt Colette im Winter 1894 in Madame Armans Salon auf und lässt ihren androgynen Charme spielen.

Willy, »der Vater der *Claudines*«, mit seinem charakteristischen Zylinder und den »Zwillingen« Polaire (links) und Colette, um 1903

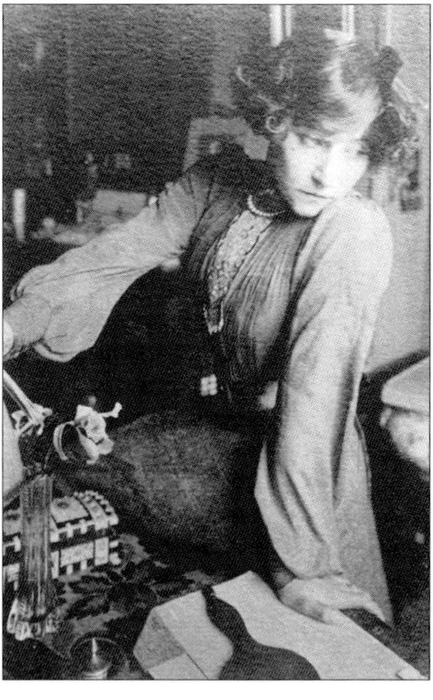

Jahre der Abrechnung: Colette mit dreißig

Renée Vivien (stehend) als *Directoire Dandy* mit ihrer Geliebten, Natalie Barney, in einem Kostüm aus derselben Zeit

Als Faun: Colette und Willy auf einem Theaterfoto zu ihrem Debüt als Pantomime in *L'Amour, le Désir, la Chimère*, im Februar 1906

Colette in Männerkleidung um 1910: die Zigarette ist ein Requisit – sie rauchte kaum.

Körperkultur: Colette trainiert vor der Villa Belle-Plage in der Normandie an ihren transportablen Turngeräten, mit Missy als Beobachterin. Willy schrieb auf das Foto: »Verrenkung der Aristokratie«.

Colette und Missy (Mitte), flankiert von befreundeten Damen

Colettes großartiger Einzug bei einem Theaterfest 1908

Colette entblößt in *La Chair* ihre linke Brust. Die Erstaufführung war 1907, in den nächsten vier Jahren wurde das Stück mit Erfolg immer wieder aufgenommen.

Die vierunddreißigjährige Colette auf einem Theaterfoto für den sensationellen *Rêve d'Egypte*. Das Mumienkostüm erinnert stark an die Bilder der Salome um die Jahrhundertwende.

Die große Katzenliebhaberin auf einem Pressefoto von Reutlinger, aus der Zeit, als sie *La Vagabonde* schrieb.

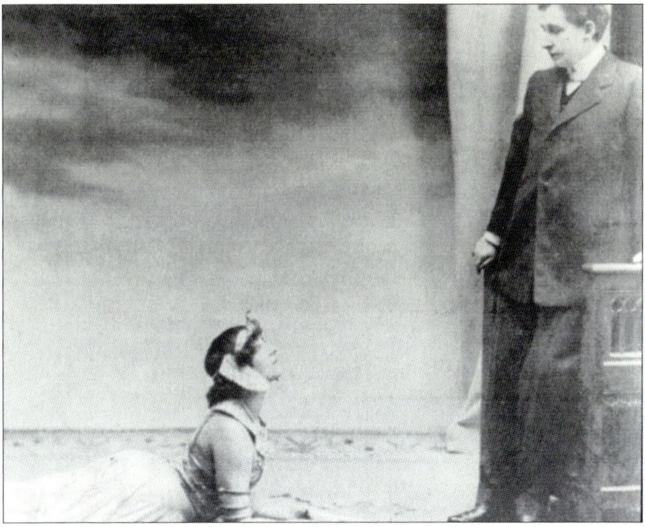

Die Mumie und der Forscher (Missy) wenige Sekunden vor dem Kuss, dem Höhepunkt in *Rêve d'Egypte*

Colette mit Missy (links ohne Kopf) und ihren Hunden in Le Crotoy

Colette, ihre Bulldogge Toby-Chien und Willys Mätresse Meg Villars (rechts) am Strand von Le Crotoy

Colette, April 1912, in ihrer Garderobe im Ba-Ta-Clan, wo sie in *La Chatte amoureuse* auftrat. Musidora war der Star in einem anderen Akt derselben Revue.

Missy und Colette, März 1910, in ihrer Wohnung in der Rue de Villejust

Ein seltenes Foto der jungen Marquise de Morny, (beinahe) als Frau gekleidet

Colette fliegt schon 1912 als Reporterin für *Le Matin* mit dem Caudron Airbus.

Colette und Henry de Jouvenel 1917 in Rom

Colette und Henry de Jouvenel im Garten ihres Hauses am Boulevard Suchet mit zwei Hunden und einer Katze. Sie lebte wie eine »richtige Frau«. Er wurde ihrer »Menagerie« bald überdrüssig.

Colettes Tochter Bel-Gazou mit ungefähr drei Jahren. Die Bildunterschrift (in fehlerhaftem Französisch) stammt von ihrer englischen Kinderfrau Miss Draper.

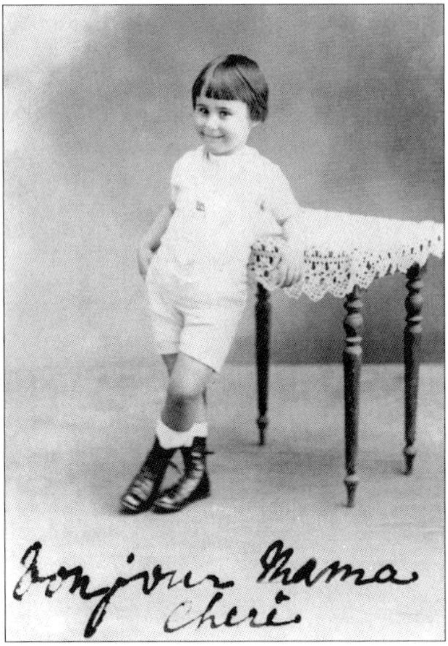

Colette mit Bel-Gazou in Castel-Novel während eines Heimaturlaubs von Henry de Jouvenel im Ersten Weltkrieg.

Colette in Rozven in den frühen zwanziger Jahren: rechts von ihr Francis Carco, links Hélène Picard, dahinter Germaine Carco und Bertrand de Jouvenel

Fils Chéri: Colettes Stiefsohn und Liebhaber Bertrand de Jouvenel

Colette beim Schlittenfahren in Gstaad während ihrer Ferien mit Bertrand im Januar 1924. Sie hatte gerade, eine Woche vor ihrem fünfzigsten Geburtstag, Skifahren gelernt.

Seelenverwandte: Colette und Marguerite Moreno 1926 in Nizza, wo sie als Léa und Charlotte in *Chéri* auftraten. Rechts Léopold Marchand.

In den Flitterwochen: Colette und Maurice Goudeket auf der Aussichtsterrasse des Empire State Building in New York, 1935.

Eine elegante Colette posiert in ihrem ersten Schönheitssalon in der Rue de Miromesnil, 1932. Auf das Foto hat sie geschrieben: »Sind Sie für oder gegen den Nebenberuf der Schriftstellerin?«

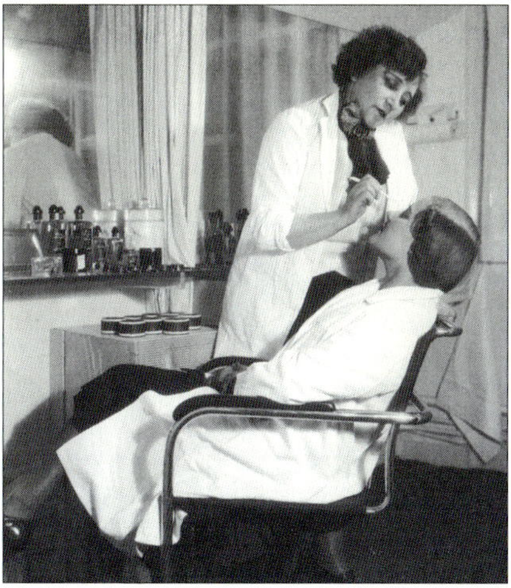

Mütterliche Schönheitskur, 1932: Colette führt ihre Produkte und ihre Technik vor. Modell ist ihre neunzehnjährige Tochter.

Colettes letzter Flirt: Georges Kessel

Colette mit La Chatte

Colette I und Colette II im Frühjahr 1940 in Nizza

Colette und Maurice in ihrem Schlafzimmer im Palais-Royal; hinter ihnen »le fanal bleu«, die blaue Lampe.

Colette mit Audrey Hepburn, die am Broadway die Gigi spielte.

Colette und eine Freundin in den Arkaden des Palais-Royal. Sie trägt ihre typischen Sandalen und hat wie immer rot lackierte Fußnägel.

Colette wird 1949, im Alter von sechsundsiebzig Jahren, zur Präsidentin der Académie Goncourt gewählt und kommt zur Preisverleihung nach Drouant.

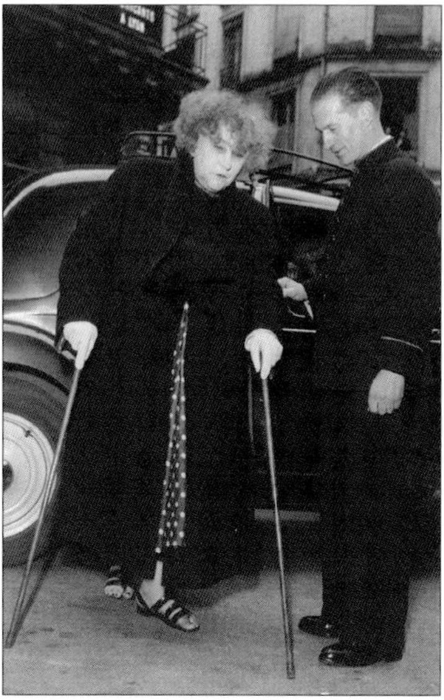

Die große Colette und ihre Haushälterin Pauline in einer berühmten Aufnahme von Henri Cartier-Bresson

musste, sie rezensierte jede Woche darüber hinaus noch ein Theaterstück, manchmal auch zwei. »Meine alte Kraft«, schrieb sie an ihre neue Freundin Hélène Picard, »ist noch beträchtlich.«

Hélène war diesen Mai bei Colette in *Le Matin* als zweite Sekretärin in Dienst getreten und hatte sich schnell dem kleinen Kreis der Freundinnen zugesellt, der in Rozven seinen Urlaub verbrachte. Sie war eine begabte Dichterin – Colette nennt sie ein »Genie«. 1907 hatte sie für ihr Frühwerk *L'Instant éternel* den Prix Fémina gewonnen und eine kurze Zeit ihre Berühmtheit genossen, bevor sie wieder in Unbekanntheit und Armut versank. Die Träumerin, Einsiedlerin und Provinzlerin (in Toulouse geboren) gehörte von den frühen zwanziger Jahren bis zu ihrem Tod 1945 zu Colettes engsten Vertrauten.

Die beiden Frauen waren gleich alt, und Hélène sprach mit demselben südfranzösischen Akzent wie Colettes Vater. Sie wohnte im vierten Stock eines Wohnhauses ohne Fahrstuhl an der Rue D'Alleray, eine Adresse, die für Colette aus anderen Gründen, auf die wir noch zu sprechen kommen werden, wichtig war. Es war ein Vogelnest hoch oben, Blau in Blau angestrichen und ausstaffiert und mit exzentrischen Flohmarktstücken möbliert. Hélène sammelte Milchglasgefäße, Öllampen, bemalte Stühle, Stickereien, Reste von Spitzen und »Heiligenbilder«. Auch hielt sie zwei blaue Wellensittiche im Käfig. Hier lebte sie »ein Nonnenleben«, wie Colette das nennt, während sie ihre »zügellosen und doch keuschen« Bücher schrieb. Ihre letzte Sammlung und, nach Colette, ihr »Meisterwerk« war ein Band mit »skandalösen« Liebesgedichten unter dem Titel *Pour un mauvais garçon*, inspiriert von ihrer obsessiven, jedoch unerwiderten Liebe zu Francis Carco: »Ein Leben, das so rein ist wie das ihre, kann nicht anders als mysteriös erscheinen.«

Hélène, die Reine, liebte Colette, die Unreine, mit einer wilden Treue, die Colette erwiderte. Sie schätzte die »geheime Glut« von Hélènes Werk sehr und nutzte ihren Einfluss, um für die Freundin ein angemessenes Publikum zu finden. Als Hélène an einer furchtbaren Knochenerkrankung litt, die sie schließlich zum Krüppel machte und entstellte, unterstützte Colette sie, indem sie diskret ihre Arzneikosten übernahm. Colette schreibt an Hélène ungewöhnlich zärtlich und schwesterlich, während die Briefe von Hélène an Colette voller »scharfer« Kritik sind.

Doch eine willige sexuelle Märtyrerin wie Hélène, ätherisch und unterwürfig, vom Stamm der Renée Viviens und Luces, musste Colettes *méchanceté* wecken, ihre Unduldsamkeit gegenüber Überspanntheit, ihren Trieb zu beherrschen und sogar zu unterdrücken. Eines Tages in Rozven, nicht lange nachdem ihre Freundschaft begonnen hatte, tauchte Colette mit einer Schere hinter Hélène auf. Hélène trug ihre Haare in zwei dicken schneckenförmigen Ringen über die Ohren gesteckt. Noch ehe sie protestieren konnte, hatte Colette ihr das Haar abgeschnitten. »Das Haaropfer verursachte [...] Klagen, sogar Tränen«, fährt Colette fröhlich fort, ohne ihre eigene Rolle bei dem Opfer zu erwähnen, »das brachte ihr das reizende Aussehen einer Zigeunerin ein und einen üppigen Lockenkopf.«

Ein Foto aus dieser Zeit zeigt nach dem Haarschnitt eine unheimliche Ähnlichkeit zwischen Hélène und Colette. Beide haben den gleichen muskulösen Nacken, eine kräftige Nase, einen entschlossenen Mund, ein störrisches Kinn und sinnliche Augen. Und beide näherten sich »dem Alter der Autorität«, das nach Colette so oft »mit dem Zustand erotischer Not zusammenfällt«.

3

Es ist ein grausamer Trick des Schicksals, dass der Zustand der erotischen Not – die letzten paar Jahre, bevor eine Frau in die Menopause kommt – auch mit einer Minderung ihres sexuellen Reizes zusammenfällt. Colette war dabei, für Henry ihren Reiz zu verlieren, oder sie hatte ihn bereits verloren. Er hatte sich in eine jüngere Frau verliebt, die über zehn Jahre zeitweilig immer mal wieder seine Mätresse war, eine Frau, in die auf ihre Weise auch Colette sich verliebt hatte. Germaine Patat war, was die Franzosen *une femme douce* nennen, ein Engel im Aussehen wie im Temperament. Sie besaß und betrieb eine sehr erfolgreiche kleine Modeschneiderei, die amerikanische Kundinnen belieferte. Doch ihre Jugendlichkeit, ihre zerbrechliche blonde Schönheit und ihr feines Benehmen strafte ihre berufliche Kompetenz Lügen. Sie gehörte zu den häufigen Gästen in Rozven, und Colette empfand ihre Anwesenheit als eine Bereicherung, auch wenn sie ihr zugleich Unannehmlichkeiten verursacht haben musste. Sie vertraute sich Germaine an, vermisste sie »schrecklich«, wenn sie getrennt waren, und schrieb ihr Briefe, deren Wärme an Verführung grenzte. Auf diese Weise versuchte sie, was sie schon mit Lotte, Georgie, Meg, Musi und vielen anderen Frauen in ihrem Leben gemacht hatte: wenn sie die Rivalin schon nicht loswerden konnte, sich mit ihr zu verbünden.

Einen Engel kann man per definitionem leicht ausnutzen. Germaine Patat sollte später für Hélène Picards private Krankenschwestern zahlen. Sie half, sich um Bertrand und Renaud de Jouvenel zu kümmern, und sie wurde gewissermaßen Bel-Gazous Pflegemutter, indem sie das Mädchen unter ihre Fittiche nahm, als Colette die Geduld verlor. Neben den Jouvenels hatte Germaine ihre eigene »schwierige« Familie zu unterhalten, und Colette, die sich offenbar der Ironie nicht bewusst war, warnte Germaine gern vor den Gefahren des Altruismus: »Sei ein Egoist! Egoisten werden nicht ausgebeutet!«

Zum Glück für Colette hielt Germaine sich nicht an diesen Ratschlag. Sie lieh Colette erhebliche Summen Geldes, versorgte sie mit Kleidungsstücken und, am wichtigsten, sie litt mit ihr und büßte für sie. »Dein kleines Gesicht ist ein Symbol der Zärtlichkeit und des Glücks für mich«, sagte Colette zu ihr. Und an anderer Stelle: »Ich umarme dich, mein Kind. Und ich sage dieses Wort, umarmen, in seiner antiken Bedeutung, wenn es um dich geht. [...] Ich nehme dich in meine offenen Arme, körperlich wie emotional.«

Manches von den wachsenden ehelichen Spannungen zwischen Henry und Colette kam in ihren Diskussionen über *Chéri* an die Oberfläche. Als sie eines Tages mit dem Roman Schwierigkeiten hatte, hielt er ihr, wie sie sich erinnerte, einen kleinen Vortrag über die Notwendigkeit, einen Entwurf zu machen. Er bot sogar an, einen solchen für sie anzufertigen, damit sie sähe, wie man das macht. Er ging an die Arbeit, und bald präsentierte er ihr einen sauber getippten, detaillierten Plan für zweiundzwanzig Kapitel. »Ich habe das nicht vergessen«, erzählte sie dem Interviewer André Parinaud. »Ich weiß nicht mehr, wie dumm ich reagierte, als ich einen Plan vor mir sah, der nicht von mir stammte, aber ich erinnere mich, dass ich nicht verhindern konnte, in Tränen auszubrechen.« Wie Colette an anderen Stellen oft sagte, verabscheute sie Tränen. Von klein auf war sie dazu erzogen worden, nie Tränen zu vergießen. So lässt sich an ihrem Ausbruch ermessen, wie sehr sie sich über Henrys Herablassung geärgert haben musste.

An anderer Stelle im selben Interview räumte sie ein: »Monsieur de Jouvenel mochte Chéri nicht besonders. Diese beiden Männer hegten keine Sympathie füreinander.« Ihr Mann legte ihr nahe, etwas Seriöseres, Wertvolleres, etwas, das seinem eigenen Geschmack mehr entsprach – sagen wir, »einen Roman über einen ›großen, ehrbaren Mann‹ zu schreiben, denn er fand, dass in meiner literarischen Produktion die großen, ehrbaren Menschen fehlten«. In *La Naissance du jour* (*Die Freuden des Lebens*) sagt sie Genaueres über Jouvenels Klagen: »›Kannst du denn nicht ein Buch schreiben, in dem es nicht um Liebe, Ehebruch, halb inzestuöse Verbindungen oder Trennung geht? Gibt es nichts anderes im Leben?‹ Wenn er es nicht immer so eilig gehabt hätte, zu einem

Rendevouz zu rennen – denn er war charmant und sah gut aus –, dann hätte er mir vielleicht beibringen können, was in einem Roman oder auch außerhalb davon an die Stelle der Liebe hätte treten können.«

4

Die Heldin von *Chéri* gelangt ebenfalls in das Stadium der Autorität, der erotischen Not – und des zwangsweisen Rückzugs. Léonie Vallon, unter dem Künstlernamen Léa de Lonval bekannt, ist zu Beginn des Romans, 1912, neunundvierzig Jahre alt, ihr Geliebter ist vierundzwanzig. Ihre Beziehung dauert sechs Jahre. Ungewöhnlich daran ist weniger ihr Altersunterschied als der Umstand, dass Chéri selbst Millionär ist. Er konnte den größten Teil seines Einkommens beiseite legen, denn für Léa ist es eine Frage des Stolzes, ihren »ungezogenen Säugling« im selben großen Stil zu unterhalten, den sie als ausgehaltene Mätresse genossen hat. Und es ist auch eine Frage ihres Stolzes, »ihre Hände und ihren Mund niemals an einem verwelkten Geschöpf zu beschmutzen«. Immer war sie »nur strahlenden Jünglingen und zerbrechlichen Halbwüchsigen ergeben«.

Chéri – Fred Peloux – ist das einzige Kind von Charlotte Peloux. Sie, eine ehemalige Kurtisane, ist Léas beste Freundin, oder was in der Halbwelt, in der, nach Colette, Inzucht und Verräterei herrschen wie in jedem Kloster oder Harem, nun mal als beste Freundin gilt. »›Die Nase der Marie-Antoinette!‹, pflegte Chéris Mutter von sich zu sagen, vergaß jedoch nie hinzuzufügen: ›Und in zwei Jahren wird die gute Léa ein Kinn wie Ludwig XVI. haben.‹«

Charlotte ist eine schrille kleine Harpyie, schon ziemlich abgetakelt, doch immer noch straff geschnürt und stolz auf ihre kleinen Füße. Freds anonymer Vater hat seinem Sohn ein fürstliches

Erbe hinterlassen, das Charlotte für ihn in der Hausse des Aktienmarktes der Jahrhundertwende angelegt hat. Doch war sie nicht bereit, Tag für Tag die gleiche Wachsamkeit der Erziehung ihres Sohnes zu widmen. So hatte Fred die altmodische Kindheit des Sohnes einer gefallenen Frau: vom Hauspersonal erzogen, besuchte er die Schule nur unregelmäßig und war allen Lastern und Kapricen der zügellosen und halbseidenen Welt seiner Mutter ausgesetzt – abgöttisch geliebt oder ebenso extrem vernachlässigt. Insofern ist er ein Bruder jener anderen früh korrupten, sexuell zweideutigen und verdorbenen Halbwaisen in Colettes Werk – und Leben.

Chéris Schönheit ist wie sein Charakter gänzlich schwarzweiß: rabenschwarzes Haar und perlenartige Zähne, ein perfekter Mund und ein hässliches Lachen, die Anmut eines Engels und ein »Kanaken«-Geschmack bei Krawatten. Er ist sowohl kindlich als auch degeneriert. Léa gibt vor, ihn unmöglich zu finden, und doch ist sie insgeheim stolz auf ihre Liaison, die »sie in ihrem Hang zur Aufrichtigkeit auch eine Adoption« nennt. Am meisten genießt sie es, wenn er besonders unverschämt ist, denn dann kann sie wie Sido ihre »mütterliche, das heißt demütigende« Macht ausspielen und ihn dominieren.

Die »Baronesse« de Lonval, eine Normannin wie Annie de Pène, steht am Ende ihrer »erfolgreichen Karriere«. Zu ihren stolzesten Trophäen gehört eine Perlenkette aus insgesamt neunundvierzig Perlen, so viele wie Jahre, jede von ihnen von unschätzbarem Wert. Zu Beginn des Romans liegt sie in ihrem rosafarbenen Schlafzimmer auf dem gewaltigen schmiedeeisernen Bett und beobachtet mit »wollüstig-gönnerhaftem Blick«, wie der nackte Chéri begehrlich mit ihrer Halskette spielt. Sie trägt sie nicht mehr in der Nacht, wohl wissend, dass ihr Schimmer im Morgenlicht seine Aufmerksamkeit ungünstig auf ihren Hals lenken könnte. Léa sieht immer noch prächtig aus, doch das kostet sie ständige Wachsamkeit. Geschickt vertuscht sie, dass ihre Wangen zu hängen beginnen und ihre Haare grau werden. Sie kritisiert – wie ihre Autorin – die eigenen Fehler so sehr, wie sie ihrer Lust nach Genuss, Ordnung und »jungem Fleisch« nachgibt.

Léa vertraut darauf, dass ihre »hohe Brust [...] weit über Chéris Heirat hinaus« erhalten bleiben wird, hat aber nicht bedacht, dass dieses Ereignis bald bevorstehen könnte. Schon in den ersten Kapiteln des Romans gesteht Chéri, dass Charlotte mit einer anderen gemeinsamen »Freundin« seine Heirat mit deren Tochter, einer erfolgreichen und noch atemberaubend schönen Kokotte namens Marie-Laure, arrangiert hat. Die Heiratsverhandlungen, von denen er Léa erzählt, sind eine vorzügliche Parodie auf die Paarungsrituale, nach denen bürgerliche Familien wie die Gauthier-Villars vorzugehen pflegen. Es geht darum, zwei passende Sippen zusammenzuführen, zwei Vermögen vom selben Jahrgang und derselben Reblage, zwei Einzelkinder gleichen Ranges. In der Tat gehören die Parallelen zwischen Halbwelt und Gesellschaft, die Symmetrie ihrer Konventionen, zu Colettes Lieblingsthemen.

Als Léa aufhört, darüber zu lachen, wie Chéri seine Mutter und künftige Schwiegermutter nachahmt, gesteht sie, wie entsetzlich sie das für den künftigen Verlobten findet: »Chéri verheiraten ... das ist doch nicht möglich, das ist ... unmenschlich ... Dem Chéri ein junges Mädchen geben – warum nicht gleich den Hunden ein Reh vorwerfen? Die Leute wissen ja gar nicht, wer Chéri in Wirklichkeit ist.« Er ist auf ihre Nonchalance rührend unvorbereitet und von ihr verletzt, was sie beabsichtigt hatte. »Was willst du eigentlich? Soll ich [weg]fahren, um meinen Schmerz zu verbergen? Abmagern? Mir nicht mehr die Haare färben?« Doch das ist genau, was Chéri möchte: »Ich pfeife wirklich darauf, nicht dein erster Liebhaber gewesen zu sein! Was ich mir gewünscht hätte, oder vielmehr, was ... angemessen – anständig gewesen wäre ... ist, dass ich der Letzte bin.«

Léa ist nicht ganz offen, wenn sie vor sich selbst und vor Chéri so tut, als sei sie froh, ihn loszuwerden. Er ist uncharakteristisch naiv, wenn er glaubt, er könne Léa gegen eine junge Ehefrau eintauschen, so wie er einen Stall voller Pferde gegen eine Garage mit Autos eingetauscht hat. Ohne Erfolg versuchen sie einander zu vergessen. Léa verlässt Paris, um mit einem imaginären Liebhaber, den sie um Charlottes willen erfunden hat, auf eine größere Vergnügungsreise zu gehen. Sie hat einen letzten kurzen Flirt mit einem Gigolo, dann kehrt sie nach Hause zurück, entschlossen, den Vergnügungen mit *la chair fraîche* zu entsagen. »Ich werde mir Spielkarten kaufen, guten Wein, Bridgemarken, Stricknadeln – all den Trödelkram, den man braucht, um ein großes Loch zu stopfen, alles, was man braucht, um das Ungeheuer zu verbergen – die alte Frau.«

Chéri kommt inzwischen auch nach Hause zurück, deprimiert von seinen Flitterwochen in Italien. Die Neuvermählten ziehen bei seiner Mutter ein, während er sich bezüglich der Ausstattung ihrer neuen Villa nicht entscheiden kann. Gelegentlich lässt er sich herab, für seine Braut und auch »Waise« eine vage brüderliche Zuneigung zu empfinden, sonst aber langweilt sie ihn. »Neunzehn Jahre, weiße Haut, Haar, das nach Vanille duftet; und dann im Bett, geschlossene Augen und herabhängende Arme. All das ist sehr hübsch, aber ist es auch etwas Besonderes? Glauben Sie, dass es wirklich etwas Besonderes ist?« – »Woher solltest ausgerechnet du das wissen?«, gibt sie mit fester Stimme zurück.

Marie-Laures Tochter sind die grausamen Liebesspiele nicht ganz fremd. Sie spielt ihre schwachen Karten mit Geschick und hat noch verborgene Reserven an Courage in der Hinterhand. Sie spürt, dass ihr Bett von Léas Geist heimgesucht wird, kann sich dessen aber nicht erwehren und liebt Chéri trotz seiner Gleichgültigkeit und trotz ihrer sensiblen Abneigung gegen sein Benehmen, das sie ihm als nuttenhaft vorwirft. »In Fragen der Einschätzung«, antwortet er in großspurig unbefangener Vulgarität, »kann man den jungen Peloux nicht hinters Licht führen. Bei ›Kokotten‹, wie Sie es nennen, kenne ich mich aus. […] Eine ›Kokotte‹ ist eine

Dame, die im Allgemeinen Mittel und Wege findet, um mehr zu bekommen, als sie gibt.«

Nach dieser Definition hat seine Liaison mit Léa allerdings nichts gemein mit sonstigen sinnlichen und geldgierigen Arrangements zwischen älteren Frauen und jüngeren Männern, eine Offenbarung, die beiden dämmern sollte, zunächst jedoch Léa. »Mein armer Chéri«, überlegt sie, »ein sonderbarer Gedanke, dass wir beide, du, indem du deine verbrauchte, alte Mätresse verloren hast, und ich meinen skandalösen jungen Liebhaber, dass wir beide das Ehrenwerteste verloren haben, was wir auf Erden besaßen.«

Ohne zu begreifen, dass er Edmée dafür straft, dass sie nicht Léa ist, verlässt Chéri sie. Er schließt sich wieder seinem früheren Freund und Schmarotzer, dem mittellosen Viscount Desmond an. Sie ziehen durch Klubs, Spelunken und Opiumhöllen, obwohl Chéri sich von Drogen und Frauen fernhält. Eine einzige neue zwanghafte Gewohnheit nimmt er an: Er macht einsame nächtliche Spaziergänge durch die Stadt, die ihn unweigerlich an Léas Tür führen. Sie ist noch verreist, und die Villa bleibt verschlossen und leer. Dieses »monotone Dasein« setzt sich bis zu der Nacht fort, in der er endlich Licht durch die rosa Vorhänge ihres Schlafzimmers fallen sieht. »›Ach!‹, sagte er ganz leise, ›heißt das, glücklich sein? Das wusste ich nicht.‹«

Nun kauft Chéri für seine Frau ein Saphir-Stirnband und geht wohlgemut zu ihr nach Hause. Die beispielhafte Edmée nimmt ihn ohne Vorwurf auf. Léa besucht noch einmal Madame Peloux, und Chéris Mutter zeigt eine sadistische Freude über das Glück der Neuvermählten. »Ich bin weit davon entfernt, dir Vorwürfe zu machen, liebe Léa, aber du musst doch zugeben, dass er zwischen neunzehn und fünfundzwanzig kaum Zeit gehabt hat, ein Junggesellenleben zu führen.«

Eines Nachts jedoch, um Mitternacht, Léa ist bereits entkleidet, hört sie Schritte auf der Treppe, und Chéri platzt in ihr Schlafzimmer, um ihr zu sagen, er habe seine Frau wieder verlassen und komme zu ihr zurück. Sie beschimpft ihn nur so lange, bis sie ihre Fassung wiedergefunden hat: »Schlechter Kerl ... Herzloser kleiner Teufel ... Gemeiner Bösewicht!« Er sieht mit dankbarem Blick zu ihr auf: »›So ist es richtig, schimpf nur mit mir! Ach, Nounoune!‹« Dann gesteht er ihr seine Liebe, und sie fallen sich in die Arme. »Ein leises, ersticktes Lachen, das sie nicht zu unterdrücken vermochte, warnte Léa davor, dass sie drauf und dran war, sich der heftigsten Freude ihres Lebens zu überlassen.«

So gibt Léa sich zum ersten Mal in dieser Beziehung hin, vielleicht sogar zum ersten Mal überhaupt in ihrem Leben. Damit verliert sie Chéri. Denn der unausgesprochene Pakt zwischen blutschänderischen Liebenden besteht darin, dass der Teil, der die Meister-Eltern-Rolle übernommen hat, sich um ihrer beider willen nicht verliert. Mit ihrer Hingabe, auch nur an Hoffnung auf Glück, verletzt Léa die Bedingungen.

Während die besten zeitgenössischen Kritiker *Chéri* als wahres Meisterwerk anerkannten, nennen andere den Roman »seelenlos«, »vulgär«, »unmoralisch« und »pervers«. Colette selbst war der Meinung, dies sei ästhetisch das beste und emotional das großzügigste Buch, das sie je geschrieben habe. Heroismus kann viele Formen annehmen, und Chéri überwindet seinen Narzissmus, wenn auch nur kurz, um Léa über den Verlust, den er ihr bereitet, hinwegzutrösten. Ihre letzten Worte sind auf ihre Weise ebenfalls heroisch. Sie sind das Eingeständnis – und in diesem Sinne das Freiheitsedikt –, nach dem sich verwöhnte Kinder, »ungezogene Säuglinge« und Sklaven der Liebe sehnen: »Wäre ich die Fabelhafteste gewesen, dann hätte ich aus dir einen Mann gemacht, anstatt ausschließlich an die Lust deines Körpers zu denken und an die meine. [...] Ich bin verantwortlich für alles, was dir fehlt.«

5

Chéri erschien als Fortsetzungsroman in *La Vie parisienne*, und etwa die Hälfte davon war schon veröffentlicht, als Claire Boas ihren Sohn Bertrand allein zum Boulevard Suchet schickte. Nie zuvor war ihm gestattet worden, Colette kennen zu lernen. Jetzt war frühes Frühjahr 1920. Bertrand de Jouvenel war sechzehn. Er bereitete sich auf das Baccalauréat in Mathematik und Philosophie vor und wohnte bei einer protestantischen alten Jungfer in der Nähe seines Lyzeums.

Bertrand schildert sich selbst als einen in diesem Alter schüchternen, lebensfremden und unreifen Jungen. Sein größtes Vergnügen, schreibt er, war die Bibliothek seines Vaters und sein schlimmster Albtraum die Bälle seiner Mutter. Schnappschüsse, die in diesem Sommer von ihm in Rozven gemacht wurden, zeigen einen außerordentlich gut aussehenden jungen Mann mit dem athletischen Körper eines Läufers – das war seine beste Disziplin –, sehnig und mager. Er hatte scharf geschnittene Züge und kräftige Wangenknochen, Henrys unwiderstehliches gespaltenes Kinn und modisch geschnittenes glattes Haar mit sonnengebleichten Strähnen. Seine Augen hätten, so stellt er fest, die gleiche Farbe wie die Colettes, manchmal grau, manchmal grün, wechselhaft wie das Meer, was die Franzosen *les yeux pers* nennen. »Wir wollten«, erzählte er Geneviève Dormann, »den Klub der meeresfarbenen Augen gründen.«

Colette war nicht zu Hause, als Bertrand ankam, und das Dienstmädchen führte ihn in den schattigen Salon, von wo aus man den Garten überblicken konnte. Dort kauerte er sich mit seinem Blumenstrauß hinter das Klavier. »Mein Zittern war nicht wie bei vielen anderen das eines literarischen Verehrers, sondern einfach das eines Kindes, das vor einer Frau Angst hatte, die man ihm als Furcht erregend beschrieben hatte. Sie war die Frau meines Vaters, und ich war mit einer Mission zu ihr geschickt worden.«

Claire Boas schickte ihren Sohn praktisch als *bouc émissaire*. Er sollte Colette dazu bringen, dass sie Henry überredete, ihr, Claire, zu gestatten, weiter seinen Namen und Titel zu führen. Sie war damals bekannt als einflussreiche Gastgeberin und inoffizielle Lobbyistin für die Friedenskonferenz. Henry, von seiner Frau angestachelt, wurde »immer ärgerlicher«, dass Claire, wie er meinte, sein Prestige ausbeutete, um ihre eigenen politischen Aktivitäten, wie lobenswert sie auch waren, voranzutreiben.

Entweder war Clairs Strategie bemerkenswert zynisch, oder sie war sagenhaft naiv. In *La Belle et la bête* handelt der Vater ebenso, als er seine Tochter ins Haus des Ungeheuers schickt. Er hatte nicht vorgehabt, sie zu prostituieren, nur um seine Schulden zu begleichen. Man muss sich fragen, ob Claire die Fortsetzungsgeschichte von *Chéri* in der Zeitung las, und mehr noch, ob Bertrand das tat. Gewiss wusste er, welche erotische Legende sich mit dem Namen seiner Stiefmutter verband.

Die Situation des Jungen war heikel, aber auch aufregend. Dass es, Bertrand zufolge, eine ausgesprochen dramatische Situation war, spürten sie alle beide:

> Die Tür zum Vorzimmer öffnete sich plötzlich, fast gewaltsam, und eine Frau ging rasch zu der Tür, die zum Garten führte. Als sie niemanden sah, blinzelte sie und fragte halblaut: »Wo ist denn das Kind?« Dann drehte sie sich um und sah mich.
>
> Klein, untersetzt, schnell und tatkräftig, das war mein Eindruck von ihr nach ihren ersten Bewegungen. Doch als sie sich mir näherte, hob sie den Kopf, zweifellos, um mich besser ansehen zu können, denn ich war größer als sie; und diese Geste ließ die Locke von ihrer Stirn gleiten, die sie sonst immer bedeckte. Es bedürfte einer Kunst, deren ich nicht mächtig bin, um die Majestät von Colettes Gesicht und Nase auszudrücken. Die edlen und herr-

schaftlichen Brauen schwangen sich in einer wunderbaren konvexen Linie über eine breite und hohe Stirn; die Nase, lang und fein, beschrieb eine leicht konkave Linie. Wenn sie den Kopf nach hinten neigte, was sie oft tat, weil sie klein war, war man verblüfft über die perfekten Dreiecke, die ihre Nasenflügel bildeten. Durch den Kajal, den sie im Überfluss verwendete, und durch den Lippenstift, den sie als eine dicke Schicht auftrug, lenkte sie die Aufmerksamkeit auf ihre schönen, schräg geschnittenen Augen und auf die fein gezeichneten und sinnlichen Lippen. Auf diese Weise lenkte sie von den zu starken Elementen ihres Gesichts ab. Wenn diese nicht durch ihr Haar verdeckt wurden und das Gesicht nicht durch ihr immer kokettes Lächeln weicher wirkte, in dem ein doppeltes Versprechen lag – Zärtlichkeit und Spott –, dann war Colettes natürliche Aura überaus imposant. […]
Zunächst hatte ich nur den Eindruck der Stärke, einer Stärke, deren Schock für mich süß war. Obgleich ein folgsames Kind, war ich an die größtmögliche innere Freiheit gewöhnt; ich ließ mich nicht von Meinungen und nicht von Freunden beeindrucken, nie fühlte ich mich genötigt, was unter Heranwachsenden verbreitet ist, anderen zu folgen oder sie nachzuahmen. Aber ich glaube, auf den ersten Blick überließ ich mich Colettes Protektion, die mir ihr erster Blick schon versprach.

6

Bertrands Mission war so erfolgreich, dass Claire und Colette beschlossen, es sei Zeit, einander kennen zu lernen, und »binnen zwanzig Minuten«, erzählte Colette Moreno, »begründeten wir eine alte Freundschaft«. Colette reiste ab, um Ostern in Castel-

Novel zu verbringen. Claire überlegte kurz, ob sie sich dem Familienfest anschließen sollte, entschied sich aber dagegen und »vertraute ihren reizenden Sohn« ihrer neuen alten Freundin an. Mamita kam, auch Robert und Zou und Meg Villars, die mit Bertrand und dem zwölfjährigen Renaud – laut Colette »einem schrecklichen, verführerischen, wilden, zärtlichen, ganz erstaunlichen Zerstörer« – Tennis spielte. Renaud beklagte sich jedoch später, er erkenne sich in Colettes Briefen nicht wieder; sie habe »die Menschen durch eine Lupe gesehen, vergrößert, verzerrt und […] idealisiert, und sich dabei von der Hitze ihres Temperaments und dem Bedürfnis forttragen lassen, alles in Literatur zu verwandeln.« Sidi »schwebt[e] mit mohamedanischer Gelassenheit« über dem Ganzen, reiste aber bezeichnenderweise nach nur einer Nacht wieder ab. Sie ermahnte Moreno, sich auf eine saftige Einsatzbesprechung gefasst zu machen, wenn sie nach Hause käme.

Bertrand ging zu seinen Büchern und zu seiner Jünglingsromanze zurück: Er hatte sich in ein gleichaltriges englisches Mädchen, die Schwester eines Schulkameraden, verliebt. Beide waren noch unberührt, und ihre lange Liaison blieb keusch, worauf er ehrenwerterweise mit aller Mühe insistierte. Bertrand vertraute die Einzelheiten dieser Liebelei Colette an. Sie betätigte sich als Übermittlerin ihrer Liebesbriefe und benutzte die Geschichte der beiden als Grundlage für *Le Blé en herbe*. 1920 hatte die fünfzehnjährige Pamela keine Ahnung, dass die ergreifende Aufgeregtheit ihrer ersten Leidenschaft der Gegenstand eines umstrittenen Romans sein würde.

Colette ging zurück zu *Le Matin* und zu *Chéri*. Obwohl die ersten Teile des Romans bereits erschienen waren, revidierte sie das Manuskript noch. »Es geht nicht nur darum, ihn fertig zu machen«, schrieb sie an Hélène Picard, »sondern ihm den letzten Schliff zu geben.« Im Juni konnte sie Hélène berichten, dass Sidi ihn gelesen und gutgeheißen habe. Sie feiere jetzt die Abgabe, indem sie die Rosen schneide und sich einer herrlichen geistigen

Faulheit überlasse: »Ich kann es kaum fassen, dass ich ihn fertig habe.« Ihre Verwunderung und ihr Vergnügen erhöhten sich noch, »denn zum ersten Mal in meinem Leben fühlte ich mich praktisch sicher, dass ich einen Roman geschrieben hatte, für den ich mich weder zu schämen brauchte noch an dem ich zweifeln musste«.

28. KAPITEL

Die Perversität, einen jugendlichen Liebhaber mit Gaben zu überschütten, ruiniert eine Frau nicht genug, im Gegenteil. Schenken wird zu einer Art Neurose, wird ein wilder Wahn, eine egoistische Raserei.
Colette, DIE FREUDEN DES LEBENS

I

Colette fuhr gewöhnlich von Paris an die bretonische Küste, sobald die Hitze einsetzte. In diesem Sommer nahm sie Bertrand mit. Claire hatte Bedenken gehabt, ob sie ihm erlauben sollte, die Einladung anzunehmen, doch Henry bestand darauf und sagte seiner Exgattin, er wolle Bertrand »an seiner Seite« haben. Nach ein paar Nächten fuhr er zurück nach Paris, an die Seite jemandes anderen, und ließ den Jungen bei Colette.

Es gab zwischen der Stadt und Rozven einen ständigen Strom von Hausgästen. Da nur eine begrenzte Anzahl von Schlafzimmern zur Verfügung stand, war der Plan für Ankunft und Abreise ein schwieriges Unterfangen. Germaine Patat kam manchmal mit Henry, doch Colette war es lieber, sie allein dazuhaben. Die elegante Germaine litt wahrscheinlich an Tuberkulose, denn Colette beschreibt ihre extreme Blässe und ihr plötzliches Erröten, ihre chronisch erhöhte Temperatur am Abend und ihren Kampf gegen Gewichtsverlust. »Komm zu mir schön und gesund und ein Kilo schwerer. Ich verlange nur ein Kilo!«

Auch Renaud kam, um herausgefüttert, schikaniert und getröstet zu werden. Sein Vater hatte ihn zwar unterstützt, aber erst in diesem Jahr rechtlich anerkannt. Seine Mutter tat das erst 1928.

Er hatte seine Kindheit in Internaten verbracht. Wie so viele literarische Gestalten bei Colette war auch er ein Waisenkind, obwohl seine Eltern noch lebten, und Colette war erschüttert über seine Wildheit und Isoliertheit. »Wehr dich gegen das graue Tier der Depression«, schreibt sie ihm in einem typischen Brief. »Das ist ein Lebewesen, das man an sauberen Orten nicht leben lassen sollte.«

Renaud wurde jedoch nie von der Liebe seiner »Tante Colette« gewärmt, die er offenbar für oberflächlich hielt. Seine Erinnerungen an sie als Erwachsener waren bitter. Sie gehörte, so schrieb er, zu dem

> Typus der anspruchsvollen Eltern [...]. Ich höre noch die Stimme von »Tante Colette« zum Mittagessen rufen: »Kinder!« – ein wenig wie man Hunde ruft, obwohl die im Unterschied zu uns immer Vorteile hatten. Ihnen brachte man schmackhaftes Fressen und lud sie ein, es zu genießen, während die Kinder sich bei Tisch gut benehmen mussten, bis auf den letzten Krümel zu essen hatten, was man ihnen gab, und zu tun, was man ihnen sagte. [...]
> Wie jedermann weiß, benehmen sich Kinder nie zufriedenstellend, und ihre Anwesenheit stört die Ruhe der Eltern, selbst wenn sie nicht auf die dumme Idee kommen, Tiere zu quälen, wie an jenem Tag, als Bel-Gazou von einer Wespe gestochen worden war. Tante Colette tadelte sie heftig, weil sie dieses – bekanntermaßen passive – Tier mit ihren erschreckten Bewegungen getötet hatte.

Francis Carco und seine Frau Germaine wechselten sich ab mit Léopold Marchand und seiner Geliebten Misz Hertz und mit Meg Villars und ihrem neuen Ehemann Charles Catusse, manchmal überschnitten sie sich auch. Einmal scherzte Colette in einem Brief eifersüchtig mit Carco, der damals wieder in Paris war: »Wenn eine Frau Geld verdient, schöne Kleider hat, einen Mann, der sie fickt, einen anderen, der sie inständig bittet, sich von ihm ficken zu lassen, einen dritten – einen hinreißenden und vernarrten Gigolo –, der denselben Vorschlag macht; wenn eine solche Frau traurig ist und eifersüchtig, dann ist mit ihr irgendetwas nicht in Ordnung.« Dann bittet sie ihn etwas verlegen, ihren Brief zu vernichten.

Nachdem die Paare abgereist waren, fand Colette mit den Kindern, Hélène Picard und Germaine Beaumont, einen ruhigen Tagesrhythmus, nicht unähnlich der damaligen Wohnkommune in der Kriegszeit. Mit Colettes Ermutigung und Hilfe hatte Germaine bei *Le Matin* ihre eigene Karriere gemacht. Noch schrieb sie keine Belletristik, aber sie redigierte eine Briefkolumne, die Frauenseite und später den Literaturteil des Sonntagsmagazins. Auch schrieb sie eine regelmäßige Chronik, die sie zu Ehren ihrer Mutter mit »Rosine« unterzeichnete.

Beide Freundinnen kannten sich in Nadelarbeit bestens aus, und Hélène begann der sechsjährigen Bel-Gazou das Sticken beizubringen. Colette hatte wie gewöhnlich das Vergnügen, ihr Kind »in Aktion«, doch aus der Distanz zu beobachten. Bertrand bewahrte eine lebendige Erinnerung an seine rosige, robuste, von einer atemlosen Miss Draper verfolgten kleinen Halbschwester, aber er fand es eigenartig, dass er sich nicht an Bel-Gazou zusammen mit Colette erinnern konnte. Seine Bilder von ihr sind »völlig getrennt von den Erinnerungsbildern an ihre Mutter«, schreibt er – wahrscheinlich drückt das höflich aus, dass Colette ihre Tochter nicht beachtete.

Ihren »Adoptivsohn« ignorierte sie hingegen nicht: »Offensichtlich hatte sie beschlossen, mich zu bilden.« Diese Bildung begann mit der zeitgenössischen Literatur in ihrer Bibliothek, die größtenteils aus einer Sammlung von Romanen ihrer alten Freunde bestand. Bertrand entdeckte Marcel Schwob, Jammes, Jean de Tinan und – Proust, den Colette »mit Balzac verglich«. Er las ihn ehrfurchtsvoll, war aber verständlicherweise von *Chéri* mehr gefesselt. Colette gab ihm eines ihrer ersten Exemplare mit der Inschrift: »meinem Sohn Chéri Bertrand de Jouvenel«. »Das war«, wie er feierlich schreibt, »unerwartet, ich war nicht ihr Sohn, ich kannte sie kaum, aber sie hatte schon von mir Besitz ergriffen.«

Colette brachte Bertrand das Schwimmen bei. Er lernte schnell. Sie fingen zusammen Garnelen in den kleinen Teichen, die die Flut zwischen den Felsen hinterlassen hatte. Sie mästete ihn mit Hummer und Crème fraîche und war ganz davon besessen, sein Gewicht hoch zu halten. Er lernte sogar, Geschmack an ihren Einkaufsfahrten zu den Antiquitätenläden und Flohmärkten in Saint-Malo zu finden, wo Colette, eine passionierte Sparerin, ihre Sammlung an alter Fayence ergänzte. Diese Zerstreuungen waren für den Schüler und verklemmten Jungen eine Offenbarung. »Meine Sensibilität wurde in gewisser Weise ein Parasit der ihren, sie ernährte sich von dem, was Colette gefiel. [...] Für sie, die sah, was passierte, war das amüsant, aber auch rührend.«

Eines Tages merkte Bertrand, als er von seinem regelmäßigen Trainingslauf am Strand zurückkam, dass Colette ihn beobachtet hatte. Sie trug ihren Badeanzug – einen jener eng anliegenden schwarzen Strickanzüge aus den 1920ern –, und er klebte an einem Körper, den man nach modernen Maßstäben fettleibig nennen würde. Aber dicke Frauen sind, wenn sie gut trainiert sind, oft halb nackt viel reizvoller als angekleidet, und Colette war noch beweglich und ungemein muskulös, mit dem Busen einer Venus und dem Bizeps eines Diskuswerfers. »Sie legte mir ihre Hand ins Kreuz«, schrieb er. »Ich erinnere mich noch an ein Zittern, das mich durchlief.«

Colettes Geste war eine Frage, die zu heikel oder zu anstößig war, um ausgesprochen zu werden. Bertrands Fleisch gab ihr die Antwort, zu der seine Stimme nicht in der Lage gewesen wäre. Sie stellte die Frage ein paar Nächte später noch einmal, als sie ihn auf der Treppe, auf seinem Weg ins Bett, abfing. Er bot ihr seine Wange zum Gutenachtkuss, sie aber bestand auf dem Mund. Wieder zitterte er heftig und ließ beinahe eine Petroleumlampe fallen, die er in der Hand hielt. Colette sagte nichts außer: »Halte [sie] gerade!«

Der unberührte Sechzehnjährige war jetzt in Rozven, wenigstens eine Zeit lang, das einzige männliche Wesen unter drei sexsüchtigen älteren Frauen. Colette beschreibt, wie sie vertraulich zusammensaßen, schwatzten und aus Seide- und Baumwollresten, die sie bei einem Dekorateur im Nachbardorf gekauft hatten, Nachthemden nähten. Jedes dieser einfachen Hemden hatte zwei seitliche Nähte, einen schiefen Saum und ein Loch für den Kopf: sie waren sichtlich nicht zur Verführung entworfen.

Hélène hatte, als Carco da war, Qualen gelitten. Germaine steckte in einer Affäre mit einem verheirateten Mann, den sie nur hin und wieder sah. Colette fühlte sich noch, wenn nicht mehr denn je, zu ihrem Ehemann hingezogen, aber sie hatte nur gelegentlich, alle paar Wochen, eine Nacht mit ihm, außerdem war seine Libido irgendwo anders gefesselt. Bertrand hatte gemerkt, dass seine Stiefmutter und ihre beiden Freundinnen oft über ihrer Näherei die Köpfe zusammensteckten, flüsterten und über irgendeinen Plan oder ein Geheimnis lachten. Er sagt, er sei aus Diskretion diesem Hexenzirkel aus dem Wege gegangen, aber er musste gespürt haben, dass er selbst der Gegenstand ihrer »Besprechungen« war. Schließlich, schreibt er, nahm Colette ihn beiseite und fragte, welche der beiden Frauen er »bevorzuge«. Er hatte keine Ahnung, worum es ging. Also sagte sie es freiheraus: »Es ist Zeit, dass du ein Mann wirst.«

Bertrand fand sich nun in derselben heiklen Lage wie ein anderer Prinz – Paris –, der aufgefordert war, sich seine Göttin zu wählen. Als Bertrand sich scheute, entschied seine Stiefmutter für ihn. Germaine war um zwei Jahrzehnte die Jüngste, so übertrug Colette, die vielleicht einen letzten Skrupel empfand oder eine unklare Geste machte, dem Anstand zu huldigen, ihr die erste Attacke auf seine Unschuld. In dieser Nacht oder wenig später nahm Germaine Bertrand mit in ihr Schlafzimmer. Es ist kaum überraschend, dass es ihr nicht gelang, ihn zu verführen, denn nach seinem eigenen Eingeständnis hatte er sich emotional bereits Colette »hingegeben«. Als er mitten in der Nacht niedergeschlagen und unglücklich auftauchte, traf er seine Stiefmutter auf dem Treppenabsatz wartend. Später sollte er einem Freund erzählen, sie habe »all ihre Künste aufbieten müssen, um diese Initiation zu vollenden«, wobei er auch sagte, sie sei eine »anspruchsvolle, gierige, kundige und lohnende« Professorin der Begierde gewesen.

Im Herbst, als Bertrand de Jouvenel nach Paris zurückkam, war er zutiefst in die Frau seines Vaters verliebt, sie aber sollte warten, bis ihre Affäre beinahe vorüber war – fast fünf Jahre später –, bevor sie dem Jungen ausdrücklich sagte, dass auch sie *ihn* liebte. In der Zwischenzeit tröstete sie sich mit einem berühmten Zitat von Oscar Wilde: »›Was immer man schreibt, geschieht.‹ Vielleicht wollte sie«, schließt Bertrand etwas zu bescheiden, »leben, was sie geschrieben hatte.«

2

Um die Zeit, als Bertrand Colette kennen lernte, stellte sein Vater einen jungen Sekretär namens René Aujol an, der acht Jahre lang bei ihm arbeitete und dann eine hervorragende juristische Karriere machte. Ich besuchte Maître Aujol 1991 in seiner schönen Vorstadtvilla. Er war damals ein zerbrechlicher Mann in den Neunzigern, freundlich und von klarem Verstand. Obwohl er etwas älter war als Bertrand, sollten sie enge Freunde werden, und immer gab es in ihrer Freundschaft eine brüderliche Dimension: »›Du bist der eigentliche Sohn unseres Vaters‹, sagte Bertrand mir eines Tages wehmütig. Um diese Zeit hatten Henry und er sich entfremdet, und vielleicht dachte er, ich bekäme die väterliche Zuneigung, die er entbehrte. Aber Henry zeigte nicht viel Güte. Er war kein gütiger Mensch.«

Als Protégé von Colettes Ehemann sah Aujol natürlich auch Colette häufig, und seine Bekanntschaft mit ihr bestand länger als ihre Ehe mit Jouvenel.

> Sie duzte mich, obwohl ich sie natürlich siezte. Mir gefiel ihre berühmte Vertraulichkeit nie, sie kam mir falsch vor. Allerdings glaube ich, dass sie eine mütterliche Zuneigung zu mir empfand. Sie war immer freundlich, lächelnd, ironisch, nie bissig, wie sie zu anderen sein konnte, obwohl sie mir auch nie herzlich vorkam. In späteren Jahren empfing sie mich, glaube ich, weil ihr das den Luxus bot, über Henry zu sprechen – das heißt, schlecht über ihn zu sprechen. Sie war damals schrecklich bitter und noch leidenschaftlich eifersüchtig; deshalb glaube ich, dass sie ihn wirklich liebte, obwohl sie das geleugnet hätte. Natürlich war sie diejenige, die Bertrand verführte.

Warum? fragte ich ihn.

> Da gab es den Reiz des Inzests, etwas davon. Ihr ganzes Leben war ein Theaterstück, wissen Sie, und Racines Phaidra ist eine klassische französische Rolle. Da gab es auch den Reiz der Rache gegen den untreuen Ehemann. Überdies müssen Sie wissen, dass Colette *une provocatrice* war. Sie gehörte der ersten Generation der sexuellen Revolutionärinnen des zwanzigsten Jahrhunderts an. Diese Revolution war mindestens ebenso, wenn nicht gar noch mehr intellektuell als erotisch. Je grundsätzlicher ein Tabu, desto besser, es zu brechen. Aber das ist auf eine Weise zu psychologisch. Das Psychologisieren nutzt nicht viel, wenn man Colette verstehen will. Sie selbst war keine gute Psychologin. Sie ließ sich leicht von ihren Gefühlen in die Irre leiten und missinterpretierte die Gefühle anderer. Und

man darf die Fleischlichkeit nicht unterschätzen, die echte und leidenschaftliche körperliche Anziehung zwischen den beiden.

Ich sagte Maître Aujol, dass ich leicht verstehen könne, was Colette an Bertrand gereizt haben mag, was aber, fragte ich unverblümt, fand ein schöner Junge von sechzehn Jahren an einer dicken, dominanten Frau von fünfzig, wie charmant sie auch sein mochte? Er lachte, durchaus nicht unfreundlich, über meine Naivität und antwortete genau, was Colette geantwortet hätte, die den Alterungsprozess bei Frauen nicht nach Jahren, sondern nach Minuten berechnete: »Attention, Madame! Siebenundvierzig ist nicht fünfzig! Und Colette war attraktiv, oh, überaus! Man konnte sich bestens vorstellen, mit ihr zu schlafen. Sie besaß eine mächtige verführerische Aura, die ihre Fotos nicht zeigen.«

Hier aber dämpfte ein insgeheimer, dunkler Gedanke seinen Enthusiasmus. »Das allein machte aus ihr noch keine richtige Frau. Eine richtige Frau ist gut. Colette war nicht gut. Eine richtige Frau verzeiht. Colette verzieh nicht.«

Es ist verführerisch, aber zu einfach, Colette als sexuelles Raubtier anzusehen und dabei Bertrands aktive, sogar aggressive (oder zumindest passiv aggressive) Komplizenschaft in der Affäre unterzubewerten. »Es gab eine große Leere, einen Mangel an Liebe in Bertrands Leben«, sagte eine enge Freundin von ihm, »und Colette hat diese Leere gefüllt. Deshalb war ihr Verhältnis so intensiv und so dauerhaft. Aber es gab auch eine große Leere in ihrem Leben, die er füllte.«

So erlebte der Junge seinerseits den Reiz des Inzests und vielleicht noch hingebungsvoller den Reiz der Rache. Der Inzest war schließlich etwas Formales. Die Rache hingegen war ein komplexer Akt der Revolte gegen einen glänzenden, aber anmaßenden und pflichtvergessenen Vater und eine strahlende, aber eitle und verführerische Mutter, die ihn unaufrichtig, um nichts Schlimmeres zu sagen, in Colettes Arme getrieben hat. Es bedarf wohl einer ungewöhnlichen Fähigkeit, über die Stränge zu schlagen, wenn jemand, der gewissenhaft ist wie zum Beispiel Bertrand de Jouvenel, es zu einer gewissen Größe bringt. Bertrands alte Freundin drückte das einfacher aus: »Er war ein *faux faible* [ein falscher Schwächling]. Tatsächlich waren alle seine Frauen Drachen. Er erweckte immer den Eindruck, als kapituliere er. Tatsächlich machte er, was er wollte.«

Als Claire in diesem September kam, um ihren Sohn abzuholen, war sie beunruhigt, ihn »verändert« vorzufinden, und sie beklagte sich bei Henry, ihr Kind sei »verdorben« worden. Bertrand hatte seine Internatszeit beendet, so nahm ihn seine Mutter zu sich in ihre luxuriöse Wohnung am Boulevard Saint-Germain. Er sollte an die Universität gehen, bedurfte aber noch praktischer Erfahrungen in der Welt.

Laut Colette, die nun nicht mehr Claires »alte Freundin« war, schien ausgemacht: »Bertrand ist verzweifelt, seit man ihn von uns abgeholt hat. Nie hat er so frivole Ferien gehabt, und er kann sie nicht vergessen. Das geht vorbei.« Aber es ging nicht gleich vorbei, denn während der nächsten zehn Monate tat Claire alles, um Bertrand daran zu hindern, sich mit Colette allein zu treffen. Hin und wieder ging er sonntags zum Mittagessen an den Boulevard Suchet, doch diese Besuche hatte Claire, wie Bertrand schreibt, nur genehmigt, weil sie »meiner politischen Bildung durch meinen Vater und meinen Onkel Robert« dienten.

Solch formelle Begegnungen unter Aufsicht gaben den beiden Liebenden die Gelegenheit, noch einmal über ihre Liaison und deren Gefahren nachzudenken. Colette war ihm gegenüber kühl und zurückhaltend, sagt Bertrand. Das konnte eine Strategie gewesen sein, um seine Liebe zu entmutigen oder ihr zumindest in nächster Nähe Diskretion aufzuerlegen. Er aber sah seine Stiefmutter in einem anderen Licht, sah sie mit ihrem »Pariser Gesicht«, und er fand, dass ihr die betörende sommerliche Ausstrahlung »abhanden« gekommen war. Auch war er »befremdet«, dass ihr jeder politische oder intellektuelle Idealismus fehlte. Die Frivolität, die auf dem Land so befreiend gewirkt hatte, schien ihm nun »affektiert«, und er begann Colettes Freunde und Interessen abschätzig mit denen seiner Mutter zu vergleichen.

3

Chéri war ein kommerzieller Erfolg. Bis zum Herbst waren über dreißigtausend Exemplare verkauft. Außerdem hatte die literarische Welt das Buch insgesamt äußerst gut aufgenommen, wenngleich, wie Colette bemerkt, es »meine Parteigänger und meine Gegner in Massen auf den Plan rief«.

Ein Gegner meldete sich als Erster zu Wort. In *Le Temps*, der Ausgabe vom 22. Juli, fand Paul Souday die Affäre zwischen »dieser alten Herbergsmutter und diesem Gigolo« unglaubwürdig und wenig aufregend. »Es gibt keine Poesie und keine Musik zwischen ihnen, und ihre Liebe, wenn es Liebe ist, hat nichts Anziehendes für uns und nichts Schreckliches für sie.« Er konnte nicht glauben, dass Léa mit ihrer »eingestandenen Sinnenlust nach frischem Fleisch« Chéri nicht einfach ersetzte oder dass er, »dessen einzig tiefe Leidenschaft die Begierde ist, nicht planmäßig aus seiner fatalen Schönheit Gewinn schlug«.

Colettes alter Freund Jean de Pierrefeu ging im Oktober im *Journal des débats* auf dasselbe Thema ein. Ihre Charaktere, so warf er ihr vor, seien seelenlos, ihr Roman sei zu oberflächlich; um solche Bücher zu lesen, brauche der Leser weder Kultur noch Raffinesse. Colettes »Sensationskunst«, folgert er apokalyptisch, führe »zu geistiger Finsternis, zum Ende der gesamten Kultur und zur endgültigen Verarmung des Menschen, der zum Tier reduziert wird«. Er kommt zu dem Schluss, dass es die Aufgabe der Kunst sei, den Geist zu erheben, und er appelliert an Colette, diese »fremden, vulgären, uninteressanten Milieus zu verlassen, die ihr zu gefallen scheinen. Es wird Zeit, dass sie ihre Personen wechselt. Sie besitzt zu viel Talent – oder nicht? – um sich weiter zu entwürdigen.«

Colette kannte Pierrefeu seit langem, und sie war über seine Jeremiade eher amüsiert als verärgert. »Was ist los mit Ihnen, lieber Pierrefeu, und mit den anderen, dass Sie mich erneuern wollen? Ist es denn so böse, wenn man sich den Armen zuwendet? Léa und Chéri – er noch mehr als sie – sind Arme unter den Armen. Sehen Sie, mir will das nicht in den Kopf. Und mir scheint, dass ich nie zuvor etwas so Moralisches geschrieben habe wie *Chéri*. Schütteln Sie Ihren verzweifelten Kopf, aber trotzdem herzlich meine Hand. Denn ich liebe Sie sehr und danke Ihnen für Ihren schönen Artikel in *Débats*.«

Inzwischen hatte Colette jedoch auch gehört, dass Henry Bataille *Chéri* ein beispielhaftes modernes Meisterwerk nannte, Henry de Régnier ihren offenen und sicheren Stil lobte und Fernand Vandérem in diesem Roman eines der treffendsten und tiefsten Porträts der Halbwelt sah, die je geschrieben worden waren. André Billy wiederholte die Rede von *Chéris* »äußerster Seltenheit« und Colettes »außergewöhnlichem Talent«. Anfang Dezember begrüßte, oder besser gesagt, würdigte Benjamin Crémieux Colettes Leistung in der wichtigsten und einflussreichsten französischen Literaturzeitschrift *La Nouvelle Revue française*: »Hier erreicht Colettes Talent die Höhe der Perfektion. Alles in diesem Roman ist mustergültig: die Komposition […], die Exposition des Themas auf den ersten zwanzig Seiten, die Charakterstudien, die Aufrichtigkeit der Dialoge, die Qualität des Stils. Colette […] beherrscht ihre Gaben, sie überlässt sich ihnen nicht. Sie schreibt jetzt nach Art der Klassiker. […] Ihr Material ist nicht mehr flüssig, sondern fest und poliert. […] Wir begrüßen diese Erneuerung von Colette, die solch glückliche Überraschungen verspricht.«

Diese Rezension regte offensichtlich André Gide an, *Chéri* zu lesen und seinen berühmten Verehrerbrief zu schreiben:

> Madame,
> ein Lob, das Sie wohl kaum erwartet haben, ist, so möchte ich wetten, das meine … Ich selbst bin ganz erstaunt, Ihnen zu schreiben, ganz erstaunt über das so große Vergnügen, das ich empfunden habe, während ich Sie las. Ich habe *Chéri* in einem Atemzug verschlungen. Welch bewundernswertes Thema haben Sie aufgegriffen! Und mit welcher Intelligenz, welcher Meisterschaft, welchem Verständnis für die uneingestandensten Geheimnisse des Fleisches!

Er kritisierte Chéris »enttäuschende« Tirade am Ende – er selbst hätte ein Schweigen vorgezogen –, bevor er dann schließt, am besten habe ihm an dem Buch seine »Nacktheit« gefallen. »Schon möchte ich es wieder lesen – und habe Angst: Wenn ich es nun weniger gut fände! Schnell, dieser Brief muss abgeschickt werden, bevor er in der Schublade verschwindet.«

4

Am 25. September wurde Colettes »Erneuerung« von der Dritten Republik offiziell gefeiert, die sie zum Ritter der Ehrenlegion ernannte. Beim selben Festakt erhielt auch Anna de Noailles ihre Auszeichnung. Doch die Anerkennung beider, schreibt Pichois, war sicherlich durch die Frauenfeindlichkeit der Institution verzögert. »Was an den Kreuzen an Madame Colette und Madame de Noailles verblüfft«, schreibt Vandérem, »ist nicht, dass sie ihnen verliehen wurden, sondern wie vielen Hindernissen sie auf dem Weg zu ihren Empfängerinnen ausgesetzt waren.«

So viele Glückwunschbriefe ergossen sich in den Boulevard Suchet, dass Renaud de Jouvenel dazu bestimmt wurde, sie zu katalogisieren. »Alle stoßen mit mir an und laden mich zum Essen ein«, freute sich Colette Carco gegenüber. Sapène, ihr Chef bei *Le Matin*, gab ihr zu Ehren ein Bankett, Sarah Bernhardt schickte ein Telegramm, und in Castel-Novel holten die Jouvenel-Kinder und ihr Vater die Rüstungen aus dem Schloss und veranstalteten eine Parade. Überdies schmückten sie alle Schreibfedern von Colette mit roten Bändchen.

Colette jubelte mit ihnen. Sie nahm die Ehrung dankbar an und begegnete der Achtung, die mit ihr verbunden war, nicht mit dem Zynismus eines Bohemiens und auch ohne Groll über die Jahre, in denen sie als gefallene Frau behandelt worden war. Pichois meint, sie habe eine solche Bestätigung gebraucht, denn »ein wirklicher Schriftsteller ist immer auf der Suche nach sich selbst« und nie sicher, dass er auf dem »richtigen Weg« ist. Entgegen allem Anschein war Colette sich ihrer selbst und des richtigen Weges noch weniger sicher als viele ihrer Kollegen. Als André Parinaud sie am Ende ihres Lebens nach ihrem »schriftstellerischen Wert« fragte, rief sie aus: »Mein schriftstellerischer Wert! Das ist eine unangenehme Idee, die mich zwingt, mit Ihnen über einen Minderwertigkeitskomplex zu sprechen, der mein Leben als Schriftstellerin immer behindert hat.«

Der Zeitpunkt für die Ehrung war auch aus einem anderen Grund günstig. Anfang des nächsten Jahres sollten Parlamentswahlen stattfinden, und Henry blieb in der Corrèze, um seinen Senatswahlkampf abzuwickeln. Gelegentlich hatte seine Frau bei offiziellen Diners oder Empfängen seine Tafel geziert, am alltäglichen Wahlkampf jedoch keinerlei Anteil genommen, teilweise weil es sie langweilte, teilweise weil befürchtet wurde, ihre Vergangenheit könnte sich möglicherweise eher negativ oder peinlich auswirken. »Im Departement«, sagte René Aujol, »war Colette für Jouvenel eine Belastung. Die Bürgermeister, lokalen Politiker und Wähler der Mittelschicht kannten ihren Ruf und nahmen daran Anstoß. Den Bauern war das natürlich egal. Sie waren zu sehr damit beschäftigt, mit ihren Töchtern zu schlafen. Aber sie gingen auch nicht zur Wahl.«

Aujol zufolge »bewunderte [Henry] seine Frau nach wie vor« und behandelte sie mit jener – von Colette so genannten – »freundlich schmeichelhaften Verhaltensweise treuloser Ehemänner«. Trotz des Umstandes, dass sich ihre Wege getrennt hatten, dass sie wenig Zeit unter demselben Dach zubrachten, dass er sie mit seiner Untreue quälte und dass sie ihn mit seinem eigenen Sohn betrogen hatte, liebte Colette Henry immer noch leidenschaftlich. Er bewahrte (laut Aujol) ihre Briefe nicht auf, wie er auch sonst seine Korrespondenz meist nicht aufbewahrte, doch gab es eine Ausnahme, einen Brief vom 28. Oktober, adressiert an »Mon amour chéri«:

> Ich fand deine Nachricht, als ich hereinkam. Ich verstehe natürlich, dass du wie verrückt herumrennst, deshalb habe ich mir auch nicht gegönnt, dir zu schreiben. [...] Wenn du wüsstest, wie ich immer bei dir bin. Wenn du wüsstest, wie sehr ich dich liebe und wie sehr ich unter der Angst gelitten habe, dich dieses Jahr zu verlieren. [...] Halte mich nicht davon ab, zu dir hinunterzukommen, wenn deine Arbeit dort fertig ist, im Augenblick deines (dreimal auf Holz geklopft) Erfolgs, den alle für wahrscheinlich halten. [...]
> Ich erspare dir meine tausendundeine Geschichten und meine tausend kleinen Klatschhäppchen. Schau dir nur dieses Porträt an, das süß ist, von deiner Sido und ihrer neuen Freundin Bâa-Tou. Sie ist eine Pantherin aus dem Tschad, eine hinreißende, schreckliche Kreatur, die Phi-

lippe Berthelot mir geschenkt hat. Sie ist anderthalb Jahre alt und dick wie ein schöner Hund. [...] Bâa-Tou ist bar jeder Zivilisation, das heißt, sie ist nicht verschlagen und sie fürchtet sich von nichts. Trotz ihrer Kraft bin ich durch sie nicht gefährdet, denn sie *versteht* bestens, und ich fühle mich mit ihr so sicher wie mit einer Katze. Was ich ihr schon für Klapse gegeben habe! [...]
Durch die Krankheit von Germaine Beaumont ersticke ich in Schreibarbeit. Mein kleiner Léo [Marchand] arbeitet an einem neuen Theaterstück. [...] Er ist so nett, und es rührt einen, wenn man merkt, dass man instinktiv richtig und daher mit Feingefühl verstanden wird, wenn man traurig ist und glaubt, das verbergen zu können. Was soll man machen? Das ist mir passiert. Und du weißt sehr gut, dass ich nur deinetwegen sehr traurig oder sehr glücklich sein kann. Auch Léo weiß das. Dies ist ein zu langer Brief, und du hast so wenig Zeit. Aber ich bin froh, ihn zu schreiben. Du kennst meinen Wunsch. Ich habe nur einen. Er hat dein Gesicht und deine Gestalt und die Dauer meines eigenen Lebens.

29. KAPITEL

Eine Frau gibt sich einem Jungen nicht hin. Sie hilft ihm höchstens, sie sich zu nehmen.
Colette an Sylvain Bonmariage

I

Um die Zeit, als *Chéri* als Fortsetzungsroman erschien, schlenderte der junge Pierre Drieu La Rochelle durch das siebente Arrondissement, zusammen mit seinem Freund Maurice Martin du Gard, dem Herausgeber der literarischen Zeitschrift *Ecrits nouveaux*, einem Schaufenster für aufstrebende Schriftsteller. Die beiden hatten über Colette gesprochen, ja sie seziert, denn Martin du Gard wollte sie um eine Geschichte bitten. Drieu neckte ihn: »Wirst du versuchen, uns älter erscheinen zu lassen oder sie jünger?« In diesem Augenblick sahen sie eine kräftige Frau im klassischen Kostüm aus einem Haus in der Rue Saint-Senoch treten. Sie hatte mit Kajal umrandete Augen und führte einen kleinen Hund an der Leine. »Das ist die Vagabundin!«, rief Drieu aus. Colette achtete nicht auf die beiden – ihre Kurzsichtigkeit war stärker geworden –, und Drieu machte eine Bemerkung über »ihr nachdenkliches Aussehen, das ihre Einsamkeit und Angst, alt zu werden, verriet«.

Drieu hatte die erste Folge von *Chéri* beim Friseur gelesen und war nicht sehr beeindruckt. Ihm gefielen »Huren in der Literatur« nicht, und er fand den Stil dieses Romans »schwammig«. Im Vergleich mit dem Original-Chéri, den Drieu behauptete, gekannt zu haben (hatte er doch im Krieg neben Hériot gedient), hielt er »ihren Gigolo für uninteressant«. Er warf Colette vor, sie habe »eine großartige, fleißige Bürgerfamilie in einen Haufen alter Königinnen, Huren und Boxer« verwandelt. Dann kam er auf Colettes Ehe zu sprechen. Jouvenel habe das Zeug, Präsident der Republik zu werden, aber – er lachte – *quelle horreur* bei der Vorstellung, Colette könnte bei den Diners im Elysée präsidieren.

Das Gerede um Jouvenels »Zeug zum Präsidenten« war lange von Monzie genährt worden, die gern behauptete, Henry setze sich mehr für seine Freundin – und für Frankreich – ein als für sich selbst. Doch als Redakteur bei *Le Matin* (und in dieser Eigenschaft als einflussreicher Lobbyist) hatte Jouvenel bereits mit seinen Analysen zur Außenpolitik, als Verfechter der Gewerkschaftsbewegung und als Verteidiger einer »organisierten Demokratie« seine Spuren hinterlassen. 1920 machte er sich bei den Patrioten und Veteranen beliebt, als er mit einer erfolgreichen Pressekampagne erreichte, dass ein unbekannter Soldat unter dem Triumphbogen bestattet wurde. In den Monaten vor dieser Kampagne hatte er die »Konföderation der Geistesarbeiter« gegründet, eine Dachorganisation mit dem Ziel, die zersplitterten Vereinigungen der Journalisten, Schauspieler, Ingenieure, Lehrer, Wissenschaftler und Musiker an einen Tisch zu bringen. Er war kein Hauptmann Colette.

Am 9. Januar 1921 wurde Jouvenel als unabhängiger Linker im ersten Wahlgang in den Senat gewählt. Seine Frau war zu dieser Zeit zusammen mit den Carcos in Südfrankreich. Anfang derselben Woche hatte sie auf Einladung von Jacques Porel an einem Diner in Paris teilnehmen sollen, doch sie schickte im letzten Augenblick eine Absage. »Wir hatten mit Picasso und Colette gerechnet«, schrieb ein enttäuschter Abbé Mugnier seiner Zeitschrift, »aber Picasso erwartet ein Kind, und Colette lässt sich das Gesicht liften.«

Léa bekämpft die »Verzweiflung des Alterns« damit, dass sie sie akzeptiert, ihre Schöpferin jedoch war dazu nicht bereit. Einen

Monat nach der brutalen und recht groben Operation, die ein Lifting in den frühen zwanziger Jahren noch darstellte, kam sie zu einer schmerzhaften Zahnbehandlung nach Paris. (»Warum kann man sich nicht einfach alle Zähne ziehen lassen und sie durch grüne Jade ersetzen?«) Wenige Monate später unterzog sie sich einer weiteren rohen experimentellen Operation, diesmal an den Haaren: Der Friseur der Haute volée, Desfossée, hatte begonnen, Dauerwellen zu machen, und Colette war eine seiner ersten Kundinnen, die sie ausprobierte. Sie bewunderte das Ergebnis: »Was für eine großartige Erfindung!« Und sie trug die nächsten dreißig Jahre dauergewelltes Haar, eine Aureole mauvefarbenen Gekräusels, die zu ihrem Markenzeichen wurde und – bewusst oder nicht – ihre Affinität zu ihren karibischen Vorfahren mütterlicherseits suggerierte.

Colette war mit einem Körper gesegnet, der rasch heilte. Bald war sie zurück und ging im *Matin* buchstäblich in Arbeit unter. Zum Winteranfang veröffentlichte sie zwei Sammlungen von Kurzgeschichten. Außerdem bearbeitete sie *Chéri* für die Bühne und *La Vagabonde* für den Film. Bei beiden Projekten arbeitete sie mit Léo Marchand zusammen – es war eine glückliche Kooperation, die erste von vielen folgenden. Colette schrieb meistenteils die Dialoge, während Léo – der ein hervorragender Dramatiker und sein eigener Regisseur wurde – sich mit der Struktur herumschlug. Sie nennt ihn immer nur »mein kleiner Léo«, »mein Kind Léo« oder »mein lieber Sohn Léo« und seine Verlobte »Ma-Misz«.

Léo und Misz Hertz, die Jüdin war und während des Zweiten Weltkriegs sterben sollte, hatten vor, in jenem April zu heiraten und einen Teil ihrer Flitterwochen in Rozven zu verbringen. Sie hatten sich bereits zusammen in der Rue d'Aumale eingerichtet. Doch sosehr Colette das Paar mochte, bedrückte sie dessen gesetzte Häuslichkeit. »Oh! wie kann man aus rationalem Urteil oder aus Vernunft heiraten!«, seufzt sie im Brief an Germaine

Beaumont. »Oh! eine so ernste Sache im Leben ›nach reiflicher Überlegung‹ zu entscheiden! Entschließen wir uns doch nach tausendfachem Zögern für die Farbe eines Kleides, aber um Himmels willen, heiraten wir, ohne zu überlegen! Diese Gnade wünsche ich dir. Magst du an dem Tag sogar so zerstreut sein, dass du am Rathaus vorbeigehst und nicht daran denkst, stehen zu bleiben.«

2

Als der Sommer kam, fuhr Colette nach Rozven zurück und nahm, ohne jede ungebührlich reife Überlegung, ihr Liebesverhältnis mit Bertrand wieder auf. Sie handelte nach einem Grundsatz, den sie Moreno gegenüber erklärte: »Ich beschwöre dich, sei zufrieden mit einer vorübergehenden Versuchung und gibt ihr nach. Was ist einem schon sicher außer dem, was man in seinen Armen hält, in der Stunde, in der man es in den Armen hält? Wir haben so wenig Gelegenheit, Besitzer zu sein.«

Bertrand arbeitete inoffiziell für seinen Vater, der inzwischen Mitglied eines außenpolitischen Senatsausschusses war. Er las akademische und politische Zeitschriften auf Englisch und Französisch und stellte ein Dossier von Exzerpten für Jouvenels Ausschusssitzungen zusammen. Das war eine ausgezeichnete Übung nicht nur für Bertrand, einen zukünftigen hervorragenden Historiker der politischen Geschichte, sondern auch für das Verhältnis zwischen Vater und Sohn. Das war der Hebel, den Henry gegenüber Claire einsetzte, damit sie, wenn auch widerwillig, einem weiteren Sommer in Rozven zustimmte.

Das Haus war eine Brutstätte Tschechow'scher Dramatik. Bel-Gazou verstand mit ihren acht Jahren mehr von den Ränkespielen um sie herum, als sie sich anmerken ließ. Das machte sie verschlossen, was ihre Mutter ärgerte. Die unfruchtbaren Carcos versuchten verzweifelt, ein Kind zu zeugen. Miss Draper kommandierte das häusliche Personal herum, besonders eine junge Magd aus der Corrèze, Pauline Vérine. Sie war 1916 in Colettes Dienste getreten, wurde ihre treue Haushälterin und diente ihr die nächsten dreißig Jahre. Germaine Patat war die Vertraute (und vielleicht noch mehr) der Frau ihres Liebhabers. Hélène verzehrte sich im Liebeskummer nach Francis, und Germaine Beaumont verließ einen verheirateten Mann und begann eine heimliche Liebesaffäre mit einem anderen, der sie wie der vorherige folterte. Meg Villar nutzte wieder einmal Colettes Gastfreundschaft aus, während sie in Paris eine Zweitwohnung einrichten ließ. Renaud durchlebte die trostlosesten und rebellischsten Jahre seiner Adoleszenz. Da Colette jetzt mit Claire uneins war, hatte sie sich mit Isabelle de Comminges angefreundet und fand für sie in der Nähe zwei Zimmer. Germaine Beaumont erklärte sie, ihre alte Rivalin sei »allein, krank, schrecklich traurig« und habe »eine Pechsträhne«; sie suche »ein Eckchen, wo sie ihren Sohn von Zeit zu Zeit sehen könne. [...] Der kleine Comminges stirbt vor Sehnsucht.«

Zunächst war Bertrand verlegen und wusste nicht, was ihn erwartete. Er zog die Gesellschaft von Carco oder Marchand vor, die froh waren, mit ihm »Krieg spielen« zu können. Doch es dauerte nicht lange, bis Colette die Lektionen vom letzten Sommer wieder aufnahm. Eines Tages, so erzählt er, habe er mit seiner Stiefmutter Bel-Gazou beim Seilhüpfen hinter dem Haus zugesehen, als das kleine Mädchen mitten im Springen innehielt, »sichtlich« verblüfft über den Duft, der aus der Ligusterhecke kam. »Da geschah es, dass Colettes Augen und meine, die in dem Augenblick auf sie gerichtet waren, eine Abmachung trafen, was uns in einer gemeinsamen Freude lächeln ließ.« Danach, schreibt Bertrand, »begann alles wieder, und wir waren wie vorher verbunden«. Er führt nicht aus, worin ihre gemeinsamen Freuden bestanden, aber sie waren offenbar sehr zeitraubend. »Meine liebe Seele«, seufzt Colette im Brief an Moreno gegen Ende des Sommers, »ich sehe keine Möglichkeit dir zu schreiben. Nicht nur, dass ich plemplem bin und nur noch mit meinem Körper lebe, ich bin noch von einer schrecklichen Horde umgeben. […] Auch Bertrand de Jouvenel ist da, den seine Mutter mir zu seiner Pflege und seinem Unglück anvertraut hat. Ich reibe ihn ein, füttere ihn kräftig, bearbeite ihn mit Sand und bräune ihn in der Sonne.«

Colette setzte auch Bertrands literarische Erziehung fort. Sie ermutigte ihn, sich im Schreiben von Prosa zu versuchen. Er tat das, und sie erachtete eine seiner Geschichten für gut genug, um sie in *Le Matin* zu veröffentlichen, allerdings unter Pseudonym – Bertrand Degy –, um seine Mutter nicht zu »beunruhigen«. Sie unterhielten sich lange über Balzac, und Colette erging sich in Erinnerungen über ihre Balzac'sche Kindheit. Er fand ihre Geschichten zutiefst anrührend und nahm sie als Aufhänger, um seinerseits Colette ein paar Lektionen zu erteilen. »Ich wurde immer kühner«, schreibt er, ihre Arbeit zu kritisieren. Seine Vorbehalte wiederholten manches von dem, was sein Vater und bis zu einem gewissen Grad Jean de Pierrefeu gesagt hatten. Das zweideutige Milieu von *Chéri* und von den *Claudines*, schreibt Bertrand, »ging mir auf die Nerven«.

Wie ausgesprochen französisch: ein ernster Junge, noch nicht einmal im Wahlalter, der Jod auf seine entzündeten Pickel träufelte, und seine sexuellen Fertigkeiten am Körper seiner Stiefmutter schärfte, kritisiert das Fehlen einer moralischen Perspektive in ihrem Werk! Schließlich »wagte ich, sie zu fragen, warum sie Gestalten zeichne, die in meinen Augen so uninteressant waren, wenn sie zugleich so bereitwillig und auf ganz andere Weise unwiderstehlich über Saint-Sauveur, ihre Mutter und ihre Kindheit erzählen konnte«.

Colette blieb offenbar von dem beständigen Wunsch so vieler Hochgesinnter, sie zu rehabilitieren, nicht unberührt. Als sie Anna de Noailles schrieb, um sich für einen Gedichtband zu bedanken und den sich selbst herabsetzenden Ton anschlug, den sie der Gräfin gegenüber gern verwandte, versprach sie, ein Exemplar von

Chéri zu schicken »wenn Sie es wirklich möchten, aber ich fürchte, dass es Ihnen nicht gefallen wird. Es ist ein kleiner Roman über traurige Menschen, die kaum würdig sind zu leiden.«

3

Man kann eine große Elegie über die eigene Kindheit erst schreiben, wenn man genügend Distanz hat, um das Ausmaß des eigenen Verlustes zu begreifen. Colette hatte schon 1913 daran gedacht, Erinnerungen zu verfassen, aber sie förderte immer noch Material für ihre Prosa zutage. Auch war sie mit vierzig Jahren noch nicht alt genug, um zurückzublicken. Sie alterte, wie man sagen könnte, in modernem Tempo: Ihre Adoleszenz zog sich bis in ihre dreißiger Jahre, und bis zu *Chéri* waren alle ihre Gestalten, wie sie an Proust schrieb, »›Vagabunden‹ und andere ›Fesseln‹, die immer ein bisschen den Claudines ähnelten«. Ganz gleich, wie alt sie wirklich sind, ob siebzehn oder fünfundvierzig, sie gehören zu jenen Kindern, die sich wie Colette selbst nach völliger Verschmelzung sehnen, sie aber nicht minder fürchten – die ihre Freiheit hochhalten, aber zugleich panische Angst haben, verlassen zu werden; die die sichere Mitte einer Gegenseitigkeit nicht kennen.

Die Figur der Léa bildet in Colettes Leben und Werk einen Übergang. Ihre tiefe, aber heimliche Ähnlichkeit mit Sido versöhnt Colette mit ihrer Mutter und hilft ihr, sowohl ihrer eigenen Reife zu begegnen als auch ihre Vergangenheit zu reflektieren. Die Verführung von Bertrand vervollständigt den Prozess, der mit dem Roman begonnen hat. Indem Colette Léa nachahmt, akzeptiert sie, allerdings auf pervertierte Weise, zum ersten Mal ihre Mutterschaft und entwickelt sich von einer Sklavin der Liebe zu deren Herrin, vom Kind zum Elternteil. In jenem Herbst fuhr sie zusammen mit Bertrand nach Saint-Sauveur. Sie wollte ihm die Stellen zeigen, die sie beschrieben hatte, und für die Memoiren, die sie nun anfing zu schreiben, ihre eigenen Erinnerungen auffrischen. Dies sollte eines ihrer langwierigsten Werke werden.

Colette begann ihre Komposition von *La Maison de Claudine* (*Claudines Mädchenjahre*) rasch, sicher und ohne die sonst üblichen Ängste. Noch hatte sie keinen Plan für ein Buch, war aber zuversichtlich, wie sie im August Martin du Gard in einem Interview sagte, dass die Sketches und Anekdoten, die sie schrieb – all die kleinen Fetzen –, sich zu einem Ganzen verbinden würden. Darin entdecke sie »ihre Kindheit, die wirkliche; ihre Adoleszenz, was davon real ist [...] und dann ihre Mutter. Sie entdecke sie neu, diesmal aber die gute [Mutter].«

4

Die Theateradaption von *Chéri* von Colette-Marchand hatte am 13. Dezember am Théâtre Michel in Paris Premiere. Das Stück ist hübsch und gut gemacht, hat aber nichts von der Modernität des Romans, geschweige denn von seiner Qualität, wie die zeitgenössische Kritik sehr schnell feststellte. Trotzdem war es kommerziell ein respektabler Erfolg; es ging auf Gastspielreise in die Provinz und wurde mehrmals wieder aufgenommen; besonders bemerkenswert war die Aufführung 1949 mit Valentine Tessier als Léa und Jean Marais als Chéri. »Das war meine Traumrolle«, sagte mir Marais 1991. »Ich fürchtete, zu blond und zu alt für die Rolle zu sein, aber Colette war dafür, dass ich sie spielte. Schließlich habe sie ja das Stück geschrieben.«

Colette fragte – vielleicht mit demselben Eigentümerstolz – bei der Theaterdirektion an, ob sie bei der hundertsten Aufführung die Rolle der Léa übernehmen könne. Man war glücklich, ihr einen Gefallen tun zu können, und das umso mehr, als die Besucherzahlen zurückgegangen waren. Am 26. Februar trat sie nach zehn Jahren zum ersten Mal wieder auf die Bühne.

Die Neujahrsferien verbrachte Colette mit den Kindern in Castel-Novel. Sie versuchte etwas abzunehmen, doch das Wetter kam ihren löblichen Absichten nicht entgegen. Es hörte nicht auf zu regnen, erzählte sie Léo, und »ich trinke, um mich darüber weg zu trösten; ich esse, um es zu vergessen; ich schlafe, um ihm zu trotzen; und in der restlichen Zeit trägt mir meine Tochter Fabeln von La Fontaine vor«.

Henry war in Paris, wo das Parlament versuchte, noch vor dem ersten Januar den Haushaltsplan zu verabschieden. Sie berichtete Claire über Bertrands Gesundheit, wobei sie ihn als einen »guten Kompagnon von einer Intelligenz, die meist entzückt« beschrieb. Léo vertraut sie dagegen an, »das Kuckucksei« (Bertrand) sei krank gewesen und habe an »einer chronischen *emmerdite*, mit der ihn seine Mutter angesteckt hat« gelitten. Als der Regen aufhörte, war Bertrand von seiner Mutteritis geheilt, und sie gingen reiten. Colette erlitt einen bösen Sturz und wurde von ihrem Pferd getreten. Der Junge war von dem Unfall stärker erschüttert als sie selbst.

Sie lebten, wie sie an Hélène schrieb, »ein reines Leben«, und sie ließ sich darauf ein, obwohl sie weiter arbeitete. Sie stopften sich mit Knoblauchsauce voll und tranken jeden Nachmittag um fünf Uhr Glühwein. Der Chimonanthus blühte, und Colette fand seinen Duft hinreißend. Die Kinder beschäftigten sich sehr mit einem Geist auf dem Dachboden. Eines Nachts blieb Colette mit ihnen auf, um Wache zu halten, und sie entdeckten statt des Geistes eine große Ohreule, die auf den Dachsparren saß. Colette benutzte die Geschichte in *Claudines Mädchenjahre*.

Nach ihrer Rückkehr nach Paris sah Bertrand, zum Leidwesen seiner Mutter, Colette häufiger. Sie begann, ihn zu Premieren mitzunehmen, und wenn es spät wurde, nahm sie ihn auch schon mal mit nach Hause, und er schlief am Boulevard Suchet. Das gab ihm, wie er sich erinnert, »die Möglichkeit, sie früh am Morgen arbeiten zu sehen. In eine Decke gehüllt, attackierte sie die blauen Seiten, auf die sie immer schrieb. Das war für mich eine großartige Lektion, denn sie füllte mit Leichtigkeit vier oder fünf Seiten, warf dann die fünfte weg und arbeitete so weiter, bis sie müde war.«

Colette war tatsächlich sehr müde. Sie überanstrengte sich ungeheuerlich. Neben den Skizzen zu *Claudines Mädchenjahre* hatte sie mit einem neuen Roman, Arbeitstitel *Le Double*, begonnen. Anfang März ließ sie dreißig Seiten davon, ohne ein Duplikat zu haben, in einem Taxi liegen, und das zusammen mit der Wochengeschichte für *Le Matin* und »hundert anderen Papieren«. Der Verlust »vergiftete« ihr das Leben. Immer noch musste sie zum Zahnarzt, obwohl sie einen wunderschön neu überkronten Zahn vorweisen konnte. Und schließlich gab es das fortgesetzte »Drama mit dem Kuckucksei«. Bertrands Mutter »machte Sidi eine Szene erster Ordnung«. Dieser war noch nicht bereit, irgendeine von Claires Verdächtigungen über Bertrands wachsende Intimität mit Colette zuzugeben. In diesem April reiste der Junge mit seiner Stiefmutter für zwei Wochen nach Algerien.

Zum ersten Mal allein und durch eine sengende und erotische Landschaft reisend, genossen Mutter und Sohn tatsächlich ihre Flitterwochen. Sie durchquerten die Wüste, die Colette ebenso anregend fand wie das Meer. In der Nacht lauschten sie den Berbertrommeln und bewunderten das ungeheure Ausmaß des Himmels. Sie kamen in die Oase Bou-Saada, »eine Explosion von Grün mitten im Sand«, dessen feuchte Wälle »die Farbe erregten Fleisches« hatten. Sie tranken Pfefferminztee im Basar und sahen, sich die Tänzerin Zorah an, die nur in ihr »braunes Fleisch und einen silbernen Gürtel« gekleidet war.

In Tipasa wohnten sie bei Colettes Freunden, dem Fürsten und der Fürstin Polignac, die eine Villa am Meer und einen Garten voller Orangenbäume und blauer Cineraria besaßen. Sie besuchten den Wald von Bainem. Sie bewunderten die Weinberge, aus deren Sauternes-Trauben ein starker Weißwein hergestellt wurde, »der an seine edle Herkunft erinnerte: das Kind eines Prinzen und einer schönen Schäferin«.

Als sie in Algerien ankamen, stellte sich heraus, dass der französische Präsident Millerand und eine große offizielle Delegation in ihrem Hotel abgestiegen waren. Colette beklagte sich über die endlose Zahl von Veranstaltungen, zu denen sie als die Frau eines Senators eingeladen wurde. Doch ging sie zum großen Ball im Sommerpalast, der draußen auf dem Rasen stattfand, erleuchtet von tausend grünen Laternen. Ein algerischer Polizeioffizier nahm sie und Bertrand später zur Kasbah mit, wo La Belle Fatma und ihre Tänzerinnen auftraten.

Ihr Stiefsohn war, wie Colette Germaine Patat mitteilte, kein guter Reisebegleiter. Er hatte zu feste Gewohnheiten, und »er findet unser Leben zu zivilisiert«. Aber er »amüsierte sich« trotzdem. »*Je vous embrasse*«, schließt Colette, »und mein großer Junge auch. Er sitzt an einem anderen Tisch neben dem Feuer mit einer Decke um die Beine.«

5

Als Colette Ende Juni wieder in Paris war, nahm Abbé Mugnier sie beim Wort und traf sie bei den Porels. Unter den Gästen war auch Paul Valéry, Henrys Freund und Bewunderer. Der ernsthafte Priester schnappte sich Valéry im Treppenhaus und befragte ihn über seinen Begriff von Moral. »Er wusste nicht«, was er auf die Frage antworten sollte, und warf dem Christentum vor, der Menschheit zwei üble Streiche gespielt zu haben: erstens damit, dass es die Polygamie verbot, und zweitens, dass es an der Vergebung festhielt. »Es wäre besser gewesen«, erklärte Valéry, »ein Unrecht mit einem anderen zu vergelten.«

Weder der Dichter noch der Priester hatten eine Ahnung, wie sehr Valérys christlicher Revisionismus auf die Situation von Monsieur und Madame Jouvenel passte. Der Abbé – er stammte wie Henry aus der Corrèze – war von Letzterer sofort fasziniert. »Colette ist es«, fährt er fort, »die Ex-Colette Willy, die mich fesselte.« Sie trug ein Kleid aus weißem marokkanischem Crêpe und »wirkte wie ein schlecht erzogenes Kind, das sich nicht zu benehmen weiß, dem jede Zurückhaltung fehlt, das sich trotzdem amüsiert und in seinem Herzen vielleicht ein gutes Mädchen ist. Sie nannte ihren Gatten, Monsieur de Jouvenel, ›mon chéri‹.«

Colette ergötzte die Gesellschaft mit Geschichten über ihre jüngste Reise in die Wüste und sprach mit dem Abbé über ihren neuen Roman. Sie und ihr Mann luden ihn ein, ihre Tochter zu taufen – offenbar hatten sie ihre Meinung geändert, was Bel-Gazous freie Religionswahl anging. Nach dem Essen plauderte Colette mit der Frau des Dramatikers Henry Bernstein, tätschelte ihre Brüste und gratulierte ihr zu ihrer guten Gesundheit. »Was für eine seltsame Person!«, schließt der Priester. »Wenn ihr Mann es mit der Etikette sehr genau nimmt, dann tut er mir Leid.«

Zehn Tage später revanchierten sich die Jouvenels für die Gastfreundschaft der Porels und luden sie zusammen mit Abbé Mugnier zu einem »üppigen, feucht-fröhlichen« Mittagessen an den Boulevard Suchet ein. Zu den Gästen gehörten noch André Maginot (damals Kriegsminister), Colettes algerische Gastgeber, die Polignacs, sowie die schöne rumänische Fürstin und Schriftstellerin Marthe Bibesco, von der wir noch hören werden. Nach dem Essen sammelte Colette im Garten einen Korb voller Blütenblätter – von Rosen, Polyantharosen, Absinth, Minze und Melisse –, und der Abbé nahm davon zum Trocknen mit nach Hause. »Monsieur de Jouvenel strahlt nicht«, fand er. »Er wirkt bekümmert. […] In Colettes Gesicht ist etwas – ich weiß nicht – Hartes und nicht Offenes.«

30. KAPITEL

I

Als Colette sich an die Niederschrift ihrer Erinnerungen machte, war sie Matriarchin eines Haushaltes, dessen drei Kinder altersmäßig ebenso weit auseinander lagen wie die Kinder von Sido. Bertrand war achtzehn, Renaud fünfzehn, und Bel-Gazou wurde gerade acht. Colette selbst ist achtjährig, als sie zum ersten Mal in der Erzählung auftritt, und zwar in der Skizze »La Petite«. Hier steht »die Persönlichkeit meiner Mutter – die Person, die mein ganzes übriges Werk dominiert hat« – im Mittelpunkt.

Es ist das Kapitel, in dem sich die Dorfmädchen an ihrem schulfreien Donnerstag treffen, um zu schwatzen, zu fluchen, zu diskutieren, beim Kartenspiel zu schummeln, sich mit Honigbrot voll zu stopfen und, wenn sie sich langweilen, das Spiel zu spielen »Was werden wir, wenn wir groß sind?«. Nachdem die Freundinnen gegangen sind, bleibt *la Petite* erschöpft allein in ihrem Garten. Ihre Träume vom Reisen und von der Freiheit sind Deckvorstellungen für ihre Sehnsucht, »ein Junge zu sein und Hosen und eine blaue Mütze zu tragen«. Es kommt ein Wind auf, aus dem Haus fällt Licht in den Garten. »Der Garten wird auf einmal feindlich, um das ernüchterte kleine Mädchen herum sträuben sich die kalten Lorbeerblätter«. Sie »starrt auf die Lampe«, die im Wohnzimmer entzündet worden ist.

> Eine Hand ist an der Flamme vorübergeglitten, eine Hand, auf der ein glitzernder Fingerhut sitzt. Die Be-

> wegung dieser Hand hat genügt, um die Kleine aufzurichten, und nun steht sie blass, sanft und ein wenig zitternd da, ein Kind, das zum ersten Mal aufhört, der fröhliche kleine Vampir zu sein, der ahnungslos das Mutterherz ausbeutet. Sie zittert ein wenig, denn sie fühlt und muss sich eingestehen, dass diese Hand und die Flamme, dieses geneigte und sorgenvolle Haupt bei der Lampe der Mittelpunkt und das Geheimnis sind, aus denen die ganze Welt entsteht und sich in immer unempfindlicheren Zonen ausbreitet, in Kreisen, die das Licht, das vibrierende Leben immer weiter durchdringt: das warme Wohnzimmer mit seinem Schmuck abgeschnittener Zweige und seinen friedlichen Tieren; das Haus, widerhallend, trocken und krachend wie frisches Brot; der Garten; das Dorf … Darüber hinaus ist alles Gefahr, ist alles Einsamkeit.

Das Alter, die Einsamkeit und die Enttäuschung hatten Colette ernüchtert, wie sie einst durch diese ferne Abenddämmerung ernüchtert worden war. Der Möchte-gern-Matrose hatte den Reiz und die Gefahren der Androgynie gekostet und für einen Augenblick daraus den Geschmack von Freiheit gewonnen. Letztlich aber entging sie den sozialen wie biologischen Grenzen ihres weiblichen Körpers nicht. Es gab kein mütterliches Herz mehr, von dem sie hätte zehren können, nur noch ihr eigenes; und ihrer eigenen Kleinen war nicht gestattet, davon zu zehren.

Als Colette im selben Alter war wie das Mädchen in dieser Szene und sie Stricken lernen sollte, »zwang man mich«, schreibt sie, »das Gestrickte reihenweise wieder aufzutrennen, bis ich den kleinen, unbemerkten Fehler, die heruntergefallene Masche fand, die man in der Schule ›*une manque*‹, eine Unachtsamkeit, nannte«. Die Literatur bietet Schriftstellern wie die Mutterschaft den Frauen eine ähnliche Gelegenheit, nämlich die *manques*, die Fehler und Unzulänglichkeiten der Kindheit zu reparieren, indem sie für ihre

Leser oder ihre Kinder und letztlich für sich selbst den Eindruck der Ganzheit schaffen. *Claudines Mädchenjahre* zu schreiben war für Colette eine Wiedergutmachung, aber es gehört zu den traurigsten Ironien ihres Lebens, dass sie ihr altes Bedürfnis nach dem »entscheidenden Licht« gerade in dem Augenblick anerkennt, als Bel-Gazou sich zum ersten Mal der mütterlichen Leere in ihrem eigenen Leben bewusst wird und zu rebellieren beginnt.

In *La Chambre éclairée* (*Das erleuchtete Zimmer*) beschreibt Colette, wie sie einst versuchte, zu Bel-Gazou ein Band zu knüpfen, indem sie ihr manche Geschichten aus ihrer eigenen Kindheit erzählte – Geschichten, die Bertrand ein paar Jahre später so fesselnd finden sollte. Sie hatte sie wissen lassen wollen, wie viele Gemeinsamkeiten sie als weibliche Wesen, Provinzlerinnen, wilde Rangen und Töchter hatten. Eine der Geschichten handelte von einer imaginären Spielkameradin namens Marie, die sich weigerte, etwas anderes zu tragen als eine karierte Schürze. Zur Schlafenszeit überließ die kleine Colette Marie den größten Teil ihres Metallkinderbettes. »›Was ist das für eine Verrücktheit‹, rief meine Mutter aus, ›in einer Ecke des Bettes zu schlafen!‹« Als Bel-Gazou zudem einen imaginären Spielkameraden – einen blonden Bruder in England – hatte, schien es Colette, »als ob diese Mitteilung mich in ihrer Hochachtung gewaltig steigen ließ. Es kam mir vor, als habe sie letztlich verstanden, dass wir verwandt, dass wir gleich sind. Aber ich nehme es schnell wieder zurück aus Angst vor dem Blick, den sie hat, wenn ich ihr Geschichten aus meiner Kindheit erzähle, einen zögernden Blick, in dem die anerzogene Höflichkeit ihre Ungläubigkeit mäßigt.«

Bel-Gazou misstraute vielleicht eher den Motiven ihrer Mutter und zögerte bei ihrem plötzlichen und untypischen Wunsch nach Intimität, als dass sie den Geschichten nicht geglaubt hätte. Das einfühlsame achtjährige Mädchen muss darunter gelitten haben, dass die Mutter ihr einen hübschen, viel älteren Halbbruder vorzog und mit ihm eine geheimnisvolle Komplizenschaft unterhielt – so wie Colette an Sidos Romanze mit Achille gelitten hatte.

Miss Draper gab im Laufe desselben Jahres ihre Anstellung bei den Jouvenels auf. Ihr Weggang fiel mit Bel-Gazous zunehmender Wildheit und, wie Colette sie beschrieb, ihrer »unerträglichen Unabhängigkeit« zusammen. Das Mädchen brachte seiner Kinderfrau gemischte Gefühle entgegen, aber immerhin war Miss Draper diejenige, die sie seit ihrem fünften Lebensmonat aufgezogen hatte und von der sie praktisch nie getrennt war. Wenn die Trennung in mancher Hinsicht willkommen und befreiend war, so muss sie in anderer Hinsicht auch äußerst schmerzhaft und desorientierend gewesen sein, vor allem, da niemand sich offen oder einfühlsam damit auseinander setzte. Vielleicht hatte Bel-Gazou gehofft, indem sie eine strenge, gemietete Wächterin verlor, auf wunderbare Weise eine aufmerksame Mutter zu gewinnen, doch das geschah nicht. Colette de Jouvenel hat zum Thema ihrer frühen Entfremdung von Colette wenig gesagt, mit Ausnahme des Eingeständnisses, sie sei »wie eine Katzenmutter gewesen, die nach einer gewissen Zeit ihrem Jungen sagt: ›Sieh zu, wie du allein zurechtkommst!‹«

Hinzu kam, dass ihre Mutter den größten Teil dieses Sommers an Depressionen litt, dass ihr Vater, wie gewöhnlich, nicht da und unerreichbar war und dass das Wetter in Rozven ungewöhnlich kalt und regnerisch blieb. Colette litt an einer ihrer mysteriösen Beckenentzündungen. »Es hat mich mehr hergenommen, als ich dachte«, schreibt sie am 12. Juli an Léo Marchand, »und ich messe meinen Abbau am Unterschied zwischen meinem Ich in diesem Jahr und meinem Ich vom letzten Jahr. [...] Stell dir vor, eine ganze Woche lang bin ich weder schwimmen noch spazieren gegangen! Eine alte Dame, was? Das Lorgnon bitte!«

Bertrand musste sich auf seine Prüfungen vorbereiten und kehrte nach dem Bastille-Feiertag nach Paris zurück, wo er ohne

Ablenkung arbeiten konnte. Colette fragte sich, ob ihr »kleiner Leopard«, ihr »Windhund von einem Jungen« – sie gebrauchte für ihn meist Bilder von hochgezüchteten Tieren – wohl wiederkommen würde. »… teile mein Herz mit deinem Liebling Bertrand«, schreibt sie an Hélène, die beauftragt war, »sich um ihn zu kümmern«.

Er kam zurück, für einen kurzen Aufenthalt im August, zusammen mit seinem Vater, seinem Onkel Robert, den beiden Germaines und den Carcos und Marchands. Aber als sie alle plötzlich wieder verschwanden, war Colette noch trauriger als sonst. »Ihr habt mich mit einem Gefühl von ›nicht genug‹ zurückgelassen«, schreibt sie an Germaine Patat. »Und ich hatte den verrückten Wunsch, mit euch wegzufahren. Wer wegfährt, macht sich nicht klar, wie viel er mitnimmt.«

Doch Colette konnte nicht erkennen, wie sehr dies dem Dilemma ihrer Tochter ähnelte: Das »Gefühl von nicht genug« machte sie weniger tolerant statt toleranter gegenüber Bel-Gazous unglücklichen und sogar gefährlichen Versuchen, gegen ihr Gefühl des Verlassenseins aufzubegehren. Colette erzählt Moreno, das Mädchen sei »frech« und »unberechenbar«, Bel-Gazou widersetze sich allen elterlichen Regeln und werde im Herbst ins Internat kommen. Sie wiederholt diese Drohung in verschiedenen Formulierungen allen ihren Freunden gegenüber. An Hélène schreibt sie: »Meine Tochter ist […] entsetzlich ungebärdig. Dieses Weibsbild riskiert, eines Tages ins Internat gesteckt zu werden, das sag ich dir.« An Germaine Beaumont: »Meine Tochter hat es mit Brillanz geschafft, mich in die Rolle einer unkontrolliert bollernden Kanone zu bringen.« An Léo: »Was soll ich mit ihr machen? Ein paar anständige Ohrfeigen – du weißt, wie böse ich sein kann.« Und schließlich am offensten an Germaine Patat: »Ich habe dir gegenüber mal diesen speziellen Ton ungerechter Garstigkeit angeschlagen, den ich für diejenigen aufspare, die ich liebe. Ich bin damals mit dir so unleidlich geworden wie jetzt mit meiner Tochter, diesem Monster, zu der ich sage: ›Du wirst nie besonders gut aussehen, nie sonderlich intelligent sein.‹ Obwohl ich bei dir nicht wüsste, wie ich fordern könnte, du solltest intelligenter oder hübscher anzusehen sein, als du bist. Aber ich kneife dich mit einer drohenden Gebärde in den Arm, und wenn du dich auch nur räusperst, werfe ich dir einen furchtbaren Seitenblick zu.« Sie unterzeichnete diesen Brief mit: »Deine unerträgliche Miss Draper, Colette de Jouvenel.«

Germaine Patat war erwachsen genug, um zu verstehen, dass Colette für ihre Schwierigkeiten einen Sündenbock brauchte. Bel-Gazou war das nicht. Es gab Pausen, sogar Momente der Ruhe und Zärtlichkeit zwischen ihnen, obwohl Colette diese fast unerträglich schmerzhaft fand. Zwar hörte sie nie auf zu rühmen, welche Energie, welche Ausdruckskraft, was für »straffe, leuchtende Wangen« und »jungenhafte Matrosenmuskeln« ihre Tochter besaß, doch galt die »Bewunderung«, die sie dabei empfand, »mir selbst, dem prächtigen Werk, das ich zu Stande gebracht habe«.

2

Dieser Sommer der Depressionen war bemerkenswert produktiv. Emotionale Entbehrung und körperliche Hindernisse haben immer Colettes Kampfgeist geweckt, jenen »Willen durchzuhalten, der allen weiblichen Wesen innewohnt, den erhabenen Instinkt, sich mit dem Unglück zu arrangieren, indem man es nutzt wie eine Mine voll kostbaren Erzes«.

Sie war ihren Terminen voraus, arbeitete an der Dramatisierung von *La Vagabonde*, und Ende Juli begann ihr neuer Roman *Le Blé en herbe* (*Erwachende Herzen*) in *Le Matin* zu erscheinen. Er spielte zwischen den Dünen und Kliffs von Rozven und gründete auf der Geschichte von Bertrands gleichzeitigen Liebesaffären mit ihr und mit Pamela.

Um 1923 war der Entwicklungsroman, wie Pichois in seiner hervorragenden Einleitung zu *Le Blé en herbe* hervorhebt, ein stark frequentiertes und erfolgreiches Genre. Allein in diesem Jahr gab es in Frankreich fünfzehn Werke zu diesem Thema, einschließlich eines, das ein Jugendlicher geschrieben hatte: Raymond Radiguet, *Le Diable au corps*; außerdem: Jean Cocteaus *Thomas l'imposteur* und Carcos *Rien qu'une femme*. Auch die Verführung eines jungen Mannes durch eine ältere Frau und der darauf folgende Konflikt zwischen der Loyalität zu ihr und zu einem jungen Mädchen war in der französischen Literatur kein neues Thema. Originell an *Erwachende Herzen* war lediglich die Aufmerksamkeit, die Colette auf die Frau und das Mädchen verwandte.

Phil, sechzehn Jahre alt, und Vinca, fünfzehn, haben seit ihrer Kleinkindzeit jeden Sommer an der bretonischen Küste in einem Strandhaus verbracht, das sich ihre Familien teilen. Die Familien gehören der Pariser Bourgeoisie an und würden nichts lieber sehen, als wenn ihre Sprößlinge heirateten – am besten, wenn er seine Ausbildung abgeschlossen und sie ihre hauswirtschaftliche Lehre absolviert hätte. Wenn der Roman beginnt, ist ihre Intimität an der Schwelle zu etwas anderem als der heimlichen, glühenden, manchmal brutalen Komplizenschaft eines Geschwisterpaares. Die Wartezeit, die ihnen bevorsteht, erscheint unerträglich und endlos. Wenn alles seinen normalen Gang ginge, würden sie sie aushalten: Er würde seine Unschuld an eine Prostituierte verlieren, und sie würde als Jungfrau mit ihm an den Altar einer Kirche treten, die gerade in Mode ist.

Doch Phil begegnet in diesem Sommer eines Tages auf der Strandpromenade einer älteren Frau. Madame Dalleray hat sich mit dem Auto verfahren und fragt ihn nach dem Weg. Ihr Gespräch ist vom ersten Augenblick an erotisch aufgeladen. Sie treffen sich wieder, als er mit einem Telegramm auf dem Weg ins Dorf ist. Er kommt an ihrer Villa vorüber, macht dort eine Pause, und sie lädt ihn zu einer verhängnisvollen Orangeade ein.

Phils ältere Frau ist zwanzig Jahre jünger als die von Chéri oder Bertrand – ein kleines Zugeständnis von Colette an den Anstand oder vielleicht an die Eitelkeit. Wir erfahren wenig über die Lebensverhältnisse der Frau und noch weniger über ihre Gefühle, obwohl gerade diese äußerste Diskretion besonders aufschlussreiche Passagen in Colettes Werk signalisiert. Sie beschreibt Madame Dalleray als eine »betörende und heuchlerische Pädagogin«, die sich den Delikatessen der Kindesentführung hingibt, sie ist ein Genie im Rauben und von einer leidenschaftlichen Unerbittlichkeit. »Ich liebe nur Bettler und Hungernde, Monsieur Phil!«, faucht Madame Dalleray Phil wütend an, als er ein zweites Mal in ihre Villa kommt, diesmal mit einem Strauß wilder Disteln, um sich für ihre »Gastfreundschaft« zu bedanken. »Wenn Sie wiederkommen, dann kommen sie mit ausgestreckter Hand.«

Natürlich kommt Phil wieder, diesmal mit ausgestreckter Hand, und Madame Dalleray wird seine Geliebte »und manchmal seine Gebieterin« – *sa maîtresse, et parfois son ›maître‹*. Ihre Stimme ist sowohl »süß« als auch »männlich«. So bleibt sie dem Doppelsinn ihres Namens treu. (Camille hieß eine berühmte gefallene Frau, ein Opfer eines Liebesverhältnisses; aber dieser Name war auch, wie Colette bemerkt, für Männer gängig.) Ihr weiches Fleisch verbirgt ihre kräftigen Muskeln. Sie wirkt unerschütterlich. Der Knabe ist zu jung, um die absolute Selbstbeherrschung der Frau zu durchschauen, die Pose, mit der auch Colette Bertrand beeindruckt hatte. Gewiss, sie bittet um nichts, aber sie ist bedürftiger, als sie zugibt. Sie ärgert sich über ihre marginale Rolle als sein erotischer Wetzstein, und sie neidet ihm seine romantische Liebe zu Vinca. »Unter dieser Last« (ihres Gefühls, alt und ausgeschlossen zu sein) nimmt Madame Dalleray Phil mit in ihr Bett und »in das enge und dunkle Reich, wo sie in ihrem Stolz sich glauben machen kann, der schwache Klagelaut sei ein Zeichen höchster Not, und wo sich Bettlerinnen wie sie an der Illusion ihrer Großherzigkeit laben«.

Zu Beginn des Romans hat Vinca noch die »spröde Würde des Kindes«, die sie aber bald verlieren wird. »Nächstes Jahr«, schreibt Colette, »wird sie ihm vielleicht zu Füßen liegen und ihm Frauenworte sagen: ›Phil, sei nicht grausam … Ich liebe dich, Phil, mach mit mir, was du willst.‹« Und hätte Madame Dalleray nicht eingegriffen, dann wäre Vinca wohl in den Genuss gekommen, noch ein Jahr von den Demütigungen, die sechzehnjährige Mädchen in Colettes Romanen erwarten, verschont zu bleiben. Doch sie ist »telepathisch« auf Phil eingestimmt und begreift, dass er sie bestohlen und betrogen hat. Das lässt bei ihr eine Härte aufkommen, mit der Phil in seiner Unschuld nicht hatte rechnen können. Er fürchtet sogar, sie könnte sich vom Kliff herabstürzen. Doch Unterwerfung, Arglist, Leidenschaft, Wachsamkeit und vor allem Eifersucht haben Vinca zur Frau gemacht. Sie hat nicht die leiseste Absicht zu sterben. Sich zu beruhigen – »den Willen durchzuhalten, den alle weiblichen Wesen für sich beanspruchen, zu üben« –, das verordnet sie sich und so gewinnt sie ihn zurück.

Unter Colettes Romanen ist *Erwachende Herzen* stilistisch der sinnlichste. Seine Schönheit, und das ist typisch, lenkt den Leser von der emotionalen Kargheit dieses Werkes ab. Zugleich ist dies einer ihrer anschaulichsten und unparteiischsten Versuche, die ersten sexuellen Erlebnisse eines Mannes und einer Frau zu vergleichen. Sie verteilt dabei ihre Sympathie gleichmäßig – was für sie eher untypisch ist –, lehnt dann aber die Einsicht ab, zu der sie gelangt: was nämlich der »Verlust« der Jungfräulichkeit für Frauen bedeutet. Hier ist es nicht Vinca, sondern Phil, der sich durch seine Initiation zutiefst eingenommen, verletzt und verändert fühlt.

Es wurde viel über die Seichtheit der männlichen Charaktere in Colettes Werken geschrieben, und sie selbst gibt zu, sie in vielen Romanen zu kurz abgefertigt zu haben. Paradoxerweise betrachtet Colette den Mann jedoch als das edlere und das schwächere Geschlecht. Erinnern wir uns, was sie einst zu diesem Thema an

Louis de Robert schrieb: »Das ist eines von diesen Klischees, die mich wütend machen – weibliches Zartgefühl in der Literatur. Außer bei zwei oder drei Schriftstellerinnen liegt in der Vulgarität [der Frau] und ihrer sentimentalen Brutalität alles, was nötig ist, um jeden Mann zu verletzen und in Verlegenheit zu bringen. [...] Nur ein Mann kann [wie Sie das getan haben] jene Fragilität des jungen Liebenden zum Ausdruck bringen, den alles versengt.«

Natürlich gibt es in *Erwachende Herzen* zahllose Gegenbeweise und Ausnahmen zu dieser Behauptung Colettes – und auch ihr eigenes Leben ist voll davon, denn die Macht, die die reife Frau und das schlaue Mädchen über den jungen Mann ausüben, der herabgesetzt wird, geht oft auf ihre eigenen Kosten. Aber vielleicht hat ja das erotische Ansehen der französischen Frau nicht nur *chez elle*, sondern überall in der Welt seine Wurzeln in den Haltungen, die Colette in diesem Roman zur Sprache bringt. Mindestens seit der puritanischen Revolution und wahrscheinlich schon seit der Herrschaft von Elisabeth I. hat man ehrgeizigen angelsächsischen Töchtern beigebracht, ihr stärkstes Druckmittel in der Welt – ihr Weg zu Einfluss in Kunst, Politik oder in irgendeinem anderen öffentlichen Bereich – liege in ihrer Enthaltung. Trotz frauenfeindlicher Gesetze und Traditionen rühmt und respektiert die französische Kultur letztlich das sexuelle Verlangen und Wagnis der Frau und schätzt, wenn sie älter wird, ihre Fähigkeiten und ihr Wissen auf diesem Gebiet – ein Grund, weshalb Colette zum Nationalgut avancierte.

Später erzählte sie Frédéric Lefèbre, sie habe sich *Erwachende Herzen* zunächst als Einakter für die Comédie-Française vorgestellt. »Zwei Personen im Schatten [der Bühne] tauschen ihre Ansichten über die Liebe aus, reich an Erfahrungen und Wissen, dann erst hebt sich der Vorhang; man entdeckt, dass die Gesprächspartner Jugendliche sind. Ich will damit sagen, dass die Liebesleidenschaft kein Alter kennt.«

Der Verlust der Unschuld, das andere große Thema in Colettes Romanen, kennt auch kein Alter. Man hat das Gefühl, dass sie ihre eigene Unschuld so scharf schützt, um das Privileg der Jungfräulichkeit wieder und wieder verlieren zu können.

3

Colette schickte Bel-Gazou für einen Teil des August und September zu Freunden der Familie und genoss aus ganzem Herzen, wie sie Germaine Patat erzählte, dass in Rozven wieder Frieden eingekehrt war. Am ersten Oktober sollte das Mädchen in Saint-Germain-en-Laye ins Internat kommen, und Colette ging mit ihr, die neue »Schulausstattung« einzukaufen. Bruder Renaud war bereits unglücklich in einem Jesuiten-Collège in Pau untergebracht. Als er sich in einem Brief an Colette beklagte, weigerte sie sich, ihn zu trösten, und schrieb nur, »deine Schwester wird am Sonntag auch eingesperrt«, und »jeder hier unten hat seine ›Zelle‹, mein armes Schätzchen! Es ist nicht der Fehler deines Vaters, wenn er Europa mehr verpflichtet ist als seiner Familie. Quäle dich nicht, mein Junge! Und zeige deine Schwäche nicht – zumindest niemand anderem als mir.«

Sie spielt darauf an, dass Poincaré Jouvenel zum französischen Chefdelegierten beim Völkerbund gemacht hatte, das hieß, er befand sich in Genf bei den Gesprächen über Abrüstung und Reparationen. Er hatte nicht geschrieben, so erfuhr Colette davon aus *Le Matin*. »Wenn sie ihn nach dieser Sache nicht zum König von Frankreich machen! …« – schrieb sie stolz an Léo, nachdem sie die Berichte vom 22. September gelesen hatte. Tatsächlich spielte Jouvenel in einem historischen, wenn auch kurzen Augenblick europäischer Einigkeit eine zentrale Rolle. Als er aus der Schweiz zurückkam, berichtete er Colette und Bertrand bei einem Diner der Pruniers von seinem Triumph. »Mit gutem Recht war er voller

Begeisterung; er hatte für den Frieden und für Frankreich ganze Arbeit geleistet«, schreibt sein Sohn.

4

Wenige Tage bevor das Jahr 1922 zu Ende ging, erhielt Colette einen Brief von Pierre Blanchar, einem Schauspieler, den sie in ihren Rezensionen oft gelobt hatte. Er hatte einen alten Aufsatz, »Neujahrstraum« aus *Les Vrilles de la vigne*, entdeckt, die vor kurzem wieder aufgelegt worden waren. Obwohl erst sechsundzwanzig Jahre alt, war er von Colettes Mut beeindruckt, sich ihren eigenen Niedergang vorzustellen. Sie antwortete prompt: »Aber das ist eine alte Sache, dieser ›Neujahrstraum‹. Ich war eine junge Frau, als ich das schrieb. Eine junge Frau hat gut reden, wie es ist, alt zu werden. Später fällt ihr das nicht mehr so leicht und sie vergisst die Lektion, die sie als junge Frau erteilt hat … Ihr Brief ist reizend, und ich halte ihn meinem reifen Alter zugute.« Einen Monat später wurde sie fünfzig Jahre alt.

Die Wegmarke des halben Jahrhunderts ist für die Schönen in Colettes Essays und Erzählungen ein Anlass für Ruhestand, Trauer, geistigen Wandel, sogar für Selbstmord. Während Colette ihre Schwäche und ihren mangelnden Stolz beklagt, sympathisiert sie stark mit ihrem Verständnis von Unsichtbarkeit. Wie sie ironisch schreibt, gibt es für eine Fünfzigjährige, die vom Thron der Jugend verstoßen ist, alle möglichen Weisen, sich zu trösten und zu beschäftigen: Völlerei, Bosheit, Gier, Klatsch, Familie und »die Liebesaffären anderer«.

Doch Colette war noch nicht bereit, auf ihre Kraft als Frau zu verzichten. Jahre der Wachsamkeit hatten sie fit gehalten. Ihr Blick war schwelend und ausdrucksstark, ihre Energie immens. Das Dickwerden wurde belohnt: mit einem faltenfreien Gesicht. Selbst der griesgrämige Léautaud räumt in seinem Tagebuch ein: »Sie ist wirklich noch sehr hübsch – hübsch ist nicht einmal das richtige Wort. Man sollte sagen, sie verkörpert noch die Lust, die Liebe, die Leidenschaft, die Sinnlichkeit mit einem großen Bodensatz an Melancholie.«

Doch gab es auch Zeichen des Alterns, die nicht einmal Colette verbergen konnte. Sie war in die Wechseljahre gekommen. Als letztes Frühjahr »der Besuch von Cousine Pauline« ausfiel, hatte sie geglaubt, sie sei vielleicht schwanger. Der Familienarzt der Jouvenels nahm ihr diesen Zweifel; nachdem er »mit zwei Fingern den Ort des Mysteriums abgetastet hatte, sagte er mir: ›Ich finde nichts. [...] Möglich, dass [Ihre Periode] nicht wiederkehren wird.‹«

Die ersten Monate des Jahres 1923 widmete sich Colette Theaterprojekten. Der Text zu *Chéri* erschien, *La Vagabonde* wurde geprobt, und Colette hatte sich verpflichtet, bei der Tournee im März durch die Provence die Léa zu spielen. Ihr Telegramm an Léo zeigt die ganze Verve und Energie der jugendlichen Korrespondenz der Vagabundin mit Georges Wague: »Ja, tipp die große Szene ab. [Der Schauspieler, der] Brague [spielen soll]? Weiß ich noch nicht. [...] Falconetti [mögliche Besetzung für Renée] = Scheiße. Die Duse zieht ihre Nummer ab. Kein Make-up, die Haare unmöglich alt! [...] Soll sie verrecken. Sie nimmt jetzt tausend Francs pro Aufführung [...]. Sie muss eine schmutzige Jüdin sein, die sich nicht wäscht. [...] Fünfzig Vorstellungen, soweit ich weiß. Aber darüber weiß ich nichts, wie du weißt.«

La Vagabonde hatte am 2. Februar Premiere. Colette war in jeder Hinsicht an der Produktion beteiligt: am Text, an der Rollenbesetzung, am Bühnenbild und sogar an der Regie. Als der Theaterkritiker Albert Flament das Theater besuchte, fand er sie auf der Bühne, wo sie eine der männlichen Rollen demonstrierte. Sie schien überaus vergnügt und lebhaft, erzählte ihm aber, sie bekomme nicht genug Schlaf. Die Proben begannen nach dem

Mittagessen und gingen bis drei Uhr morgens. Zum Ersatz für diesen Mangel aß sie wie ein »Ungeheuer«.

Colette genoss die Aufführungen im Süden Frankreichs; sie spielte die Léa in Nizza, Cannes und Menton. Selbst ein bisschen Lampenfieber konnte ihr den nostalgischen Genuss von Hotelzimmern, Rampenlicht, Schminke und Applaus nicht verderben. Doch als sie nach Hause kam und in Castel-Novel auf die Waage stieg, war sie bestürzt, mehr als achtzig Kilo zu wiegen. Sie machte sich in ihren Briefen gewöhnlich über ihr Gewicht lustig, und während sie es mit Gelassenheit trug, erzählte Bertrand de Jouvenel Geneviève Dormann, dass Colette sich ihm nie nackt gezeigt habe.

Mit Bel-Gazou in einem teuren Internat und Henry, der den Lebensstil eines Potentaten pflegte, interessierte Colette sich immer für neue Möglichkeiten, Geld zu verdienen. Sie nahm einige Vortragseinladungen an sowie ein Angebot von Ferenczi, eine Reihe von zwanzig Romanen relativ unbekannter Autoren herauszugeben. Man nannte sie die Colette-Sammlung, und der Verleger kaufte damit nicht nur ihr Ansehen und ihre Spürnase bei der Talentsuche und Edition, sondern, wie Lottmann bemerkt, auch ihre Beziehungen zu den Rezensenten. Sie nutzte die Gelegenheit, Hélène Picard zu fördern, die ihren Roman *Sabbat* zu der Serie beitrug.

Hélène war durch ihre Knochenerkrankung und durch Lungenprobleme infolge eines Sturzes zunehmend behindert. Sie hatte sich hartnäckig geweigert, zum Arzt zu gehen; so musste sie am Ende des Sommers das Bett hüten, sie hustete Blut und litt an einer schweren Depression. Colette überredete sie, ins Krankenhaus zu gehen, und sorgte dafür, dass ihre gemeinsamen Freunde sie besuchten (obwohl sie selbst nie hinging). Auch veranlasste sie Ferenczi, von ihren eigenen Tantiemen Geld auf Hélènes Konto zu überweisen.

5

Henry de Jouvenel hatte eine ernste neue Liebe – Marthe Bibesco –, und er machte nur sehr oberflächlich Anstalten, diese Romanze vor Colette geheim zu halten. Die rumänische Prinzessin, geborene Lahovary, war vierunddreißig, unglücklich verheiratet, fromm, Mutter einer heiratsfähigen Tochter und Autorin mehrerer eher ambitionierter als gelungener Romane. Marthe war eine berühmte Schönheit mit seelenvollen Augen, viel beneidet um ihre Eleganz, mit den meisten Königshäusern Europas und den höchsten Gesellschaftskreisen Frankreichs verwandt. Sie unterhielt einen Salon mit ihrer eigenen Gefolgschaft herausragender zumeist älterer Männer – Historiker, Schriftsteller, Ästheten, Minister, Botschafter, sogar Könige. Wie Claire Boas hatte auch Marthe ein Faible für die Politik, besser gesagt, für Macht. Sie hatte sich »nicht einem Ziel, sondern vielen Zielen verschrieben, die in ihren Augen gleich interessant waren: die große Schriftstellerin des Jahrhunderts zu sein, vermittels der Großen [um sie her] Geschichte zu machen und dann, wenn die Zeit von Liebe und Schönheit vorbei war, die Geschichte zu schreiben, zu deren Geschehen sie beigetragen hatte«. Sie hielt sich für die »Nymphe Europas«.

Männer fanden Marthe Bibesco unwiderstehlich, aber sie hatte nie eine verzehrende sexuelle Leidenschaft erlebt. »Die Liebe gehört nicht zu meinen größten Leistungen«, schrieb sie später. »Bei ihr zählten die Gefühle, die selten erregt wurden, wenig. [...] Sie schien sich immer vollkommen unter Kontrolle zu haben« – immer, das heißt, bis sie Henry de Jouvenel begegnete. In diesem Frühjahr verfolgte er sie mit dem hemmungslosen Jagdeifer, mit dem er seinerzeit Colette bedacht hatte. Die Prinzessin rang mit ihren religiösen Skrupeln und ließ sie fallen (und verbarg ihre Sünden vor dem Abbé). »Das Paar versprach sich ewige Liebe und Scheidungen auf beiden Seiten«, obwohl Marthe Henry sagte, sie müssten warten, bis ihre Tochter Valentine anständig verheiratet sei.

In der Zwischenzeit fuhr Henry fort, mit Germaine Patat zu tändeln, und stellte die Auseinandersetzung mit seiner Frau zurück. »Von dem Augenblick an, wo ein Mann Feuer gefangen hat, ist er unehrlich«, schrieb eine Colette, die nicht zu täuschen war, an Germaine. Sie war in Rozven, wo die Kröten »so groß sind wie mein Hinterteil« und das Meer und der Sand »alle seelischen und körperlichen Wunden heilen«. Ihr Gatte kam gelegentlich für zwei Nächte vorbei, bevor er nach Paris fuhr, um von dort nach Rumänien zu reisen, wo er einer Sitzung der Kleinen Entente beiwohnen und die Prinzessin in ihrem Heimatland besuchen wollte.

Bertrand verbrachte ein paar Wochen mit seiner Mutter in St. Moritz. Als er Ende August nach Rozven kam, beklagte Colette sich bitterlich über seine Verfassung. »Nichts ist neu hier«, schrieb sie an Moreno, »außer einem Kind, das ich ramponiert zurückbekommen habe: von der extremen Höhe, dem Tennis, Tanzen, den Nächten beim Kostümball – kurz allem, was die unseligste mütterliche Gegenwart gefördert hat. Verglichen mit [Claire], sind alle Mamitas auf der Welt geradezu Zuckerrüben.«

Auch ihre Tochter war in Rozven. Ein Jahr Internat hatte sie zur Einsicht gebracht und reifer werden lassen. »Sie war überhaupt unheimlich lieb zu mir«, erzählte Colette Germaine. »Das bereitet mir ein großes, wehmütiges Vergnügen und bewegt mich schrecklich. Ich will solche Gefühle nicht«, schließt sie, »… weder für sie noch für mich.«

6

In diesem Oktober brachte Colette ihre Tochter zurück ins »Gefängnis«, machte einen kurzen Zwischenstopp in Paris und mied ihr Büro, so gut es ging; bei ihren vertrauten Freunden beklagte sie sich, sie sei die Schufterei leid. »Ich habe keine Lust, mich in wöchentlichen Geschichten zu erschöpfen«, schrieb sie Germaine Patat. »Angenommen, ich versuchte einen Roman über einen verheirateten Chéri zu schreiben, was würdest du von mir halten?«

Dann begann sie mit der Direktion des *Matin* über ihr Gehalt zu streiten, das, wie sie meinte, ihrer Arbeitsbelastung nicht entsprach. Sie feilschten mit ihr, so dass sie beschloss, sich beurlauben zu lassen, bis ihre Bedingungen angenommen würden. Zur Ergänzung ihres Einkommens nahm Colette nun den Auftrag an, in Südfrankreich eine Reihe von Vorträgen zu halten. Die Wahl ihres Themas: »Das Problem des Lebens zu zweit« erwies sich als wenig glücklich. Jouvenel war im Völkerbund »im Begriff, die Völker Mitteleuropas zu dirigieren« und Marthe Bibesco den Hof zu machen. »Er hat zu viel zu tun, um mir zu schreiben«, gesteht Colette diplomatisch, »aber ich bin immer gespannt auf die Post. Das ist der beste Zug an mir: meine Hoffnung.«

Als er zurückkam, schickte er Colette »in großer Eile« nach Castel-Novel und sagte, er brauche dringend Urlaub. Dabei erwähnte er nicht, dass er plante, diesen Urlaub mit seiner neuen Liebe zu verbringen. Colette fuhr mit dem Auto vor, in der Meinung, er werde mit dem Zug nachkommen. Er kam nicht, doch seine nachgesandte Post offenbarte, dass er von Paris mit unbekanntem Ziel abgereist war. »Amour, amour … Anagramm von amour ist rouma. Füge ›nia‹ hinzu und … du findest eine Dame, die die Knochen eines Pferdes hat und zweibändige Bücher verfasst. Er hat kein Glück, unser Sidi, … Ich erwarte ihn von Stunde zu Stunde, von Tag zu Tag, von Woche zu Woche.« In der Zwischenzeit tröstete sie sich mit Bertrand und mit Germaine, der sie ihre »intimen kleinen Qualen« mitteilte. »Ich muss sie irgendjemandem anvertrauen. Sidi, meinst du? Nichts wäre mir lieber, doch wohin soll ich schreiben?«

Ende Oktober 1923 wurde Bertrand de Jouvenel 20 Jahre alt. Er feierte seinen Geburtstag mit seinen Eltern in Castel-Novel. Colette war ostentativ nicht eingeladen worden. Claire und Henry sprachen über die Zukunft ihres Sohnes. Claire bestand darauf, dass Henry den jungen Mann von seiner Stiefmutter trennen solle. Gemeinsam arrangierten sie ein politisches Praktikum für Bertrand in Prag, wo er als Privatsekretär bei Edvard Beneš, dem tschechischen Außenminister und Freund der Familie, in die Lehre gehen sollte. Wieder zurück in Paris, teilte Henry diese Entscheidung seiner Frau mit. »Nein«, sagte Colette. »Wie, nein?«, fragte Henry. »Bertrand bleibt bei mir«, sagte Colette. »Ich will nicht, dass er weggeht!« Die Diskussion wurde heftig. Colette gestand ihre Affäre ein, und Henry stürmte hinaus. Das jedenfalls ist Bertrands Version.

Es gibt noch eine andere Fassung, die etwas zu prosaisch wirkt: In ihr überrascht Henry Bertrand und Colette im Bett. Das Eingeständnis der Affäre dürfte als Skandal ausgereicht haben. Jedenfalls ging der Baron am nächsten Morgen an den Boulevard Suchet, packte seine Sachen und zog zu seiner Mutter. Colette verließ Paris, um ihre Vortragsreise in den Süden anzutreten. »Die Arbeit vergiftet mein Leben«, schrieb sie an Moreno. Nachdem sie mit Mühe dreißig Seiten ihres Vortrages verfasst hatte, warf sie sie weg und sprach stattdessen über ihre Erfahrungen als Schauspielerin und ihren »Kampf gegen einen immer wiederkehrenden Appetit auf Meerestiere«.

Bertrand de Jouvenel war »erschreckt«, zu sehen oder zu glauben, dass er der Grund dieses Dramas war. Er widersetzte sich beiden Wünschen seiner Eltern und fuhr nach Süden, um Colette in ihrem Hotel in Marseille zu treffen. »Er hat sich als ein Mensch erwiesen, der meinen Dank verdient. Denn du, mein Kind«, schrieb Colette, wieder an Germaine Patat, »verstehst alles, worüber ich in diesem Brief nicht spreche. […] Abstand und Überlegung haben in mir weitergearbeitet, und ich muss wahrhaben, dass eine *wohl-vorbereitete* Reihe von Ereignissen mich an diesen Punkt gebracht habt, der mich in Angst und Schrecken versetzt. Ich weiß auch, dass das Haus, in das ich zurückkehren werde, leer sein wird.«

Hatte Colette tatsächlich geglaubt, dass Henry heimlich geplant hatte, eine Trennung zu erzwingen, für die sie keine Verantwortung trug? Es scheint so. In einem beachtenswerten Brief, der Colettes »Unschuld des Ungeheuers« unterstützt, schreibt Colette an Germaine: »Wenn man dafür bestraft werden muss, dass man liebt, dass man zu einfach und zugleich zu vielfältig liebt, dann werde ich bestraft werden. Mir bleibt nichts, außer dass ich jemand bin, der nie zu seinem eigenen Vorteil gehandelt hat und der nie eine leidenschaftliche Gier kannte außer einer: sich hinzugeben.«

31. KAPITEL

Ihr zu viel geliebten Söhne! Von Frauenblicken umschmeichelt, von dem Weibchen, das euch austrug, mit Zärtlichkeiten überschüttet, schon in der dunklen Nacht des Mutterschoßes über alles geliebt, schöne, verhätschelte Männchen, ihr geht nicht von einer Mutter zur anderen über, ohne wider euren Willen Verrat zu üben.
Colette, DIE FREUDEN DES LEBENS

I

Wenn Jouvenel nicht selbst einen »Plan ausgeheckt« hatte, um seine Frau loszuwerden, wie sie glaubte, dann nutzte er zumindest den Wink des Schicksals und leitete Schritte zu seiner Scheidung ein. Anatole de Monzie erbot sich, Colette rechtlichen Beistand zu leisten, teilweise zweifellos, um sicherzustellen, dass das Verfahren mit größter Diskretion gehandhabt wurde. Monzie sagte ihr, Jouvenel sei bereit, sie als beschwerte Partei die Klage erheben zu lassen. Sie lehnte das Angebot ab: »Bring mal Sidi bei, dass es kein Akt der Feindschaft meinerseits ist, wenn ich es ablehne, die Feindseligkeiten zu eröffnen. Ich will einfach um nichts in der Welt eine Frau sein, die gegen ihren Gatten rechtliche Schritte unternimmt. Wenn er genügend schwerwiegende Gründe hat, um zu verlangen, dass aus der Trennung eine Scheidung wird, so kann er das tun.«

Der Typ von Frau, auf den Colette hier anspielt, ist die aggressive Neue Frau, und wieder äußert sie hier ihre unglaubwürdige Solidarität mit der »wirklichen Frau« und dem konservativen

Mann, der sie verschmäht. Aber sie war inzwischen auch eine Meisterin im ehelichen Endspiel, und ihr Brief an Monzie enthielt zum Teil eine gezielte Verteidigungsstrategie. Wollte Jouvenel im Scheidungsprozess als Ankläger auftreten, musste er Colette des Ehebruchs beschuldigen. Sie wusste, dass er das niemals tun würde, und sei es auch nur aus Rücksicht auf ihre gemeinsame Tochter. Colette machte sich Sorgen um ihr Einkommen; wenn sie nun auf der langen Trennungszeit beharrte, die nötig war, um die Ehe auch ohne ein Verschulden zu lösen, dann hoffte sie wahrscheinlich auf eine für sie günstigere Regelung, und vielleicht auch insgeheim und wider Erwarten – wie damals bei Willy – auf eine Versöhnung.

Von ihrer Vortragsreise kehrte sie nur kurz nach Paris zurück und fuhr gleich zu einem Skiurlaub mit Bertrand nach Gstaad weiter. Sie folgte damit ihrem oft wiederholten Diktum, körperliches Vergnügen könne auch den schlimmsten Kummer überwinden. Sie stiegen im Winterpalast ab, und Colette schrieb all ihren üblichen Briefpartnern begeistert über die Annehmlichkeiten des Hotels und die gloriose Landschaft der Alpen.

Mit fünfzig erlebte sie zum ersten Mal das »Wunder« des Schnees und lernte, Ski zu fahren. »Als ich hier ankam«, erzählte sie Moreno in einem euphorischen Brief, »spürte ich, dass ich nicht umhin kann, sehr intensiv körperlich zu leben.« Sie blieb nicht lange bei ihrer Würde des mittleren Alters und auch nicht lange auf den Skiern. Sie brauchte fremde Hilfe, Vorbeifahrende zogen sie aus den Schneeverwehungen heraus. »Sie fanden mich […] auf dem Rücken liegend wie ein Käfer, die Vorderbeine in wollenen Handschuhen, die Hinterbeine an die Skier gefesselt.«

Bertrand »sorgte zärtlich« für sie, wenn sie zusammen fuhren, aber er fuhr viel besser und zog es vor, mit Führern Touren zu machen. Colette suchte seine Aktivität zu »mäßigen«, und in bester Miss-Draper-Manier stellte sie ihn täglich auf die Waage und maß seine Temperatur morgens und abends. Dieser Wahn bezüglich der Körperfunktionen des Jungen gehörte teilweise zu der verbissenen Rivalität mit Claire, die ganz andere Auffassungen hatte, was für ihren Sohn gut sei. Bertrand war direkt aus Claires noch snobistischerem und luxuriöserem Hotel in Mégève in den französischen Alpen nach Gstaad gekommen und brachte eine »Pharmakopöe« mit, nach der ihn seine Mutter ständig Arzneimittel hatte schlucken lassen. »[Sie] will die maximale Wirkung in minimaler Zeit erreichen«, klagte Colette gegenüber Germaine Patat: »die Stärkungsmittel, die Spritzen, der Bazar an Arzneimitteln, als brauchte das Kind etwas anderes als reine Luft, Ruhe und Essen.«

Colette freute sich über den niedrigen Wechselkurs angesichts der »ruinösen« Kosten im Winterpalast mit all den üppigen Fünf-Uhr-Tees, die sie für Bertrands Ernährung nötig fand. Gleichzeitig fühlte sie sich ärmer denn je. Germaine Patat suchte für ihr Modehaus einen neuen Partner, und Colette bot sich als rechte Hand an: »Wie oft war ich bereit zu sagen: mach dir mich zu Nutze [...] meine physische Kraft, meinen guten Kopf, der nicht verrückt ist, meine Lust zu arbeiten, meine gute bürgerliche Arbeitsethik, die mich zwingt, jede Aufgabe, die mir anvertraut wird, erfolgreich durchzuführen.«

Aus diesem impulsiven Angebot wurde nichts, doch es drückt eine Sehnsucht aus, die so viele Schriftsteller empfinden, die etwas Handfesteres, Reizvolleres, Lukrativeres tun wollen, als sich an ihrem Schreibtisch abzuplagen. Colette sollte ein paar Jahre später ihre unternehmerischen Ambitionen ernsthafter mobilisieren: mit ihrem Einstieg ins Schönheitsgeschäft.

Inzwischen war klar, dass sie nicht länger für *Le Matin* arbeiten konnte. In einem angespannten Telefongespräch mit Henry, einem ihrer letzten, bat sie ihn um seine Empfehlung bei der zweiten führenden Pariser Tageszeitung, *Le Journal*. Offenbar unternahm er etwas, denn *Le Journal* bot ihr einen einträglichen Vertrag für eine zweiwöchentlich erscheinende Kolumne auf der ersten Seite und für monatlich eine Kurzgeschichte sowie die Veröffentlichung ihres nächsten Romans in Fortsetzungen. Aus moralischen Gründen war sie verpflichtet, drei Monate zu warten, bevor sie für ein Konkurrenzblatt zu arbeiten begann, deshalb wandte sie sich an Monzie, er möchte ihr für die Zwischenzeit eine Unterstützung von Henry besorgen. Sie erinnerte den Rechtsanwalt daran, dass sie während ihrer Ehezeit keinen Franc gespart habe und nun »so gut wie mittellos« sei. »Jouvenel könne und müsse ihr helfen. Er habe ihr einst ein Auto versprochen, und jetzt höre sie nichts mehr von ihm! Rechne er etwa damit, dass sie sich das Leben nehme?«

Henry de Jouvenel hatte viele Charaktermängel, und doch war er kein Willy. Er zahlte seiner Frau weiterhin die Miete, gewährte ihr finanzielle Unterstützung und auch das neue Auto, ein Renault, wurde schließlich Wirklichkeit. Colette, die immer einen Chauffeur gehabt hatte, nahm jetzt Fahrstunden, ganz begeistert von der Chance, eine weitere Fertigkeit zu erwerben. Auch war sie nicht so mittellos, dass sie sich nicht noch einen Skiurlaub leisten konnte, diesmal in Montreux und wieder in Begleitung ihres jungen Liebhabers.

2

Seinen Eltern zum Trotz zog Bertrand an den Boulevard Suchet. »Ich war so gewöhnt, in Colettes Schatten zu leben«, schreibt er, »dass ich mich nicht von ihr lösen konnte. Man kann das für monströs halten, dass ich weiterhin [das Haus] besuchte, nachdem mein Vater es verlassen hatte. Ich rechtfertigte mich damit, wie ich auch meinem Onkel Robert sagte, dass ich, nachdem ich nun der Grund für die Trennung meines Vaters von Colette gewesen bin, sie nicht auch noch verlassen konnte.«

Es gehörte nun zum Sport der Pariser, Colette mit Bertrand zu sichten. Das Paar zog die Blicke auf sich und löste Gekicher in der Oper aus. Über sie klatschten all die eifrigen Zeitungsjournalisten, die über die Gespräche bei literarischen Diners berichteten. Elisabeth de Gramont erinnerte sich, Colette und einen »großen jungen Mann« am frühen Morgen ihren Hund im Bois ausführen gesehen zu haben. Willy – entzückt darüber, welche Wendung das Schicksal seiner Exfrau genommen hatte – ließ sich zu einem seiner geistreichsten Wortspiele anregen: »*Colette, cette bonne à tout Phèdre.*«

Sie trotzte dem Skandal, wie sie das in den Tagen von Missy getan hatte. Abbé Mugnier traf sie bei einem Diner: In Rot gekleidet, mit bloßen Armen, redselig und gefräßig, unterhielt sie die Gäste mit ihren Rezepten für Bouillon und Trüffel. Sie »sei nicht dazu gemacht, Bücher zu schreiben«, erzählte sie, »sie sei dazu gemacht, nichts zu tun, zu reiten, zu schwimmen und in der Sonne zu liegen«. Und doch fand Colette, wie immer, Trost in ihrem Schaffen. »Ich arbeite von halb neun in der Früh bis ein Uhr nachts«, sagt sie Hélène Picard. Mit Léo begann sie, ein neues Drehbuch zu schreiben. Sie nahm mit ihrem alten Freund, dem Dramatiker Robert de Flers, Kontakt auf. Er war Feuilleton-Chefredakteur bei *Le Figaro* und verpflichtete sie für vier Chroniken im Monat, die auf der Titelseite der Sonntagsausgabe erscheinen sollten. Sie sammelte die in *Le Matin* veröffentlichten Kurzgeschichten zu einem Band, *La Femme cachée* (*Das Hotelzimmer*), der im Frühjahr herauskam. Sie verpflichtete sich, ein Kinderbuch zu schreiben, und sie erwähnt mehreren Briefpartnern gegenüber, sie schreibe an einem, vielleicht sogar zwei neuen Romanen. Das Verfassen von Romanen war für sie die wahre Mutprobe: »Es ist schrecklich, daran zu denken, wie ich das jedes Mal tue, wenn ich mit einem Buch anfange, dass ich kein Talent mehr habe, nie welches gehabt habe. Geht dir das nicht ebenso?«

Nur gelegentlich verraten Colettes Briefe, welche Mühe es sie kostete, in den Monaten nach der Trennung von Jouvenel ihren Schmerz und ihre Verletzung zu verbergen. Als Christiane Mendelys berichtete, ihr Mann habe eine Affäre mit einer jungen Frau, antwortete Colette: »Wenn wahr ist, dass man nur vergleichsweise glücklich ist, dann sei glücklich, zumindest im Vergleich zu mir.« Und in ihrem Brief aus Montreux an Germaine Patat gestand sie: »Ich habe noch einen Geschmack von dem Horror bekommen, der mit dem Zustand körperlicher Krankheit einhergeht, verbunden damit, dass man den Mut verliert, in Bitterkeit, Angst und Bedauern verfällt. [...] Das ist nicht lustig. Vermeide alles, was die Kraft hat, dich zu negieren.«

3

Am zweiten Juli 1924 erlitt Robert de Jouvenel im Alter von zweiundvierzig Jahren einen plötzlichen und tödlichen Herzinfarkt. Colette sagte Moreno, dass sie eine Vorahnung dieses Endes gehabt habe. Sie wachte von etwas auf, das im Schlaf wie Henrys Stimme klang, und als sie nach der Uhr sah, war es zwei Uhr morgens – auf die Minute vierundzwanzig Stunden vor Roberts Tod. Henry, so berichtete sie, habe in den letzten Lebensstunden seines Bruders ständig an dessen Bett gesessen: »[Robert] war die *einzige* große Liebe in [Henrys] Leben.«

Colette wäre diesmal bereit gewesen, zum Begräbnis zu gehen, doch da, wie sie Moreno schrieb, »sich alle von mir distanziert haben, bleibe ich [in Paris]«. Sie rief ihre Schwiegermutter an, die sich weigerte, mit ihr zu sprechen, und sie schrieb einen Kondolenzbrief an die Familie, obwohl sie (zu Recht) vorhersah, dass er ungeöffnet zurückgeschickt werden würde. Sie hatte erwartet, Bertrand werde aus Prag nach Hause kommen, doch wurde er jetzt von seinem Vater gebraucht. Colette war wütend gewesen, dass er sie für drei Monate verlassen hatte, um dem Wunsch seiner Eltern zu entsprechen und das Angebot der Lehre bei Beneš anzunehmen. Noch wütender war sie, als sie ein paar Wochen später erfuhr, dass man ein schönes junges Mädchen, die Tochter eines Freundes der Familie, »vorsorglich« für Bertrand eingeladen hatte.

Wie üblich verbarg Colette ihr eigenes Gefühl der Verlassenheit hinter einer stoischen, geradezu missmutigen Fassade. Aber ihr Traum zeigt, wie sehr sie sich mit Henry mystisch im Einklang fühlte, und auch, wie sehr sie unter dem Verlust nicht nur eines Gatten, sondern einer Familie litt.

4

Es kam der Zeitpunkt im Jahr, an dem Colette wie immer nach Rozven zurückkehrte. Ein Apotheker aus dem Ort mit einer großen Familie und lärmenden Kindern hatte eine »grauenhafte« neue Villa in der Nähe ihres Grundstücks gebaut, und erst nach einer Reihe angespannter Verhandlungen gelang es ihr, ausreichend von dem umliegenden Gelände für sich zu beanspruchen, um sich vor weiteren Übergriffen zu schützen. »Rozven ist mein Refugium«, schrieb sie Germaine Patat in einem recht hysterischen Brief, »mein Imperium, mein Jungbrunnen, wo ich mich regeneriere.« Und sie bat Germaine, ihr eine beträchtliche Summe (dreißigtausend Francs) zu leihen, die nötig waren, um das Land zu erwerben. Der Scheck kam umgehend.

Colette wurde von einer neuen jungen Sekretärin namens Claude Chauvière ans Meer begleitet. Sie hatten sich durch Monzie kennen gelernt, der vielleicht fand, dass ein intelligenter Akolyth mit sklavischem Temperament in Colettes gegenwärtigem ungeordnetem Zustand das Richtige wäre. Chauvière war eine Romanschriftstellerin in spe, die nicht wirklich die Fertigkeiten einer Sekretärin besaß. Sie nahm die Stelle nur an, weil sie Colettes Biografie schreiben wollte. Ihr Buch, das 1931 erschien, ist teils eine Heiligenlegende, teils eine Erinnerung an ihre Schulung durch die große Schriftstellerin. Sie verquickt darin ehrfurchtsvolle Beobachtungen aus erster Hand mit Zitaten aus Colettes Werk, lobrednerischen Rezensionen, Glückwunschbriefen berühmter Schriftsteller, Fetzen ihrer Biografie und ein paar faszinierenden unveröffentlichten Briefen an Bel-Gazou. Aber die Frau, die hier porträtiert wird und die zu verehren Chauvière uns einlädt, ist auf eine ärgerliche, lautstarke Weise überhöht. An Chauvières Biografie kann man sehen, wie schädlich reine Ehrfurcht für ihren Gegenstand unweigerlich ist. In seinem Versuch, Colette zu huldigen, zeugt dieses Buch nur von der Ichbezogenheit und Herablassung einer Meisterin, die sich schamlos vor ihrer Schülerin brüstet und nicht merkt, dass sie von kritischeren Augen (den Augen des Lesers) betrachtet wird.

Die beiden Frauen waren vierzehn Tage allein, bevor die alljährliche Invasion von Hausgästen eintraf. Sie unternahmen lange Spaziergänge am Strand und in den Dünen, schlemmten Meeresfrüchte und besuchten die Antiquitätenhändler. Bei den Mahlzeiten korrigierte Colette Chauvières Tischsitten. Nach der Siesta arbeitete jede in ihrer Ecke, und an den Abenden ließ Colette sich über ihr Leben aus, während Chauvière »demütig das Manna ihrer Erfahrungen in Empfang nahm«. Schließlich merkte Colette, dass ihre Sekretärin seit Tagen nichts mehr gesagt hatte. »Du schweigst immer, meine kleine Claude.« – »Die Stunden sind gezählt, Madame, in denen ich Ihnen zuhören kann.«

Während Colette und Henry über ihre Scheidung verhandelten und um Bertrand fochten, war Bel-Gazou wie gewöhnlich in den Schatten gerückt. Kein Wunder, dass sie in der Schule versagte und immer rebellischer und missmutiger wurde. Colette schrieb ihre »schlechten Noten, ihre Faulheit und ihren Widerspruchsgeist« ihrer frühen Pubertät zu. »Man darf nicht auch noch hart mit ihr sein«, sagte sie Germaine Patat, »aber es wäre schlecht, allzu nachgiebig zu sein.« Vielleicht brauchte sie ja nur eine Luftveränderung. Colette überlegte, Bel-Gazou mit ihrem Hausmädchen Pauline nach Castel-Novel zu schicken. Aber die junge Frau vom Land hatte keine Autorität gegenüber der autokratischen Zehnjährigen. Dann gab es noch die Familie von Bel-Gazous bester Freundin, das aber waren »sehr niedrige, geschickte kleine Juden«, die nicht in Frage kamen, vielleicht besonders deshalb nicht, weil Bel-Gazou Interesse gezeigt hatte, zum Judentum überzutreten. Sie erklärte ihrer Mutter, »dass jüdische Eltern ihre Kinder liebten und oft im Internat besuchten«. »Das Geschäft, Ferien zu organisieren«, war kompliziert, schloss Colette, umso mehr als ihre Tochter mit ihrer Unabhängigkeit, ihrer Initiative und ihrer Gewitztheit schon eine beträchtliche Persönlichkeit besaß.

Ende Juli kamen Bertrand und Bel-Gazou kurz in Rozven zusammen. Colette hatte alle Hände voll zu tun mit Waage und Thermometer. Nun enthielten die Bulletins an Germaine Patat auch noch die Temperaturen der Tochter, zusammen mit denen des Stiefsohnes, dessen Gewichtszunahmen ebenfalls gebührend festgehalten und gefeiert wurden. Alle waren gesünder geworden – die kleine Colette war mit gut vierzig Kilo geradezu dick (»Sie ähnelt mir zumindest auf der Waage!«) –, und Bertrands Wangen hatten sich »hübsch gefüllt«, obwohl er sich weigerte (man stelle sich die Szene vor), in Saint-Malo auf der öffentlichen Waage gewogen zu werden. Bel-Gazou war jetzt alt genug, für ihren Halbbruder ein Kamerad oder zumindest ein Maskottchen zu sein. Colette bemerkte, dass sie zum ersten Mal »sehr komplizenhaft« waren, was sie wütend machte. Es scheint fast, als ob sie sich verbündeten, um dem mütterlichen Terror zu widerstehen. Doch Colette vergab ihnen, wann immer sie »sie essen sah«.

Im Herbst kehrte Bertrand mit Beneš zurück nach Genf. Den größten Teil des Sommers hatte er damit verbracht, einen Jugendkongress zu organisieren, Reden zu halten, sich mit »einer Menge junger Demokraten« zu treffen, Artikel zu schreiben und Angebote zu Vorträgen sogar in den USA abzuwehren. Die Mentorin

Colette sorgte dafür, dass alle ihre Freunde von seinen Leistungen erfuhren. Die Mutter Colette bekümmerte sich wahnhaft um seine Gesundheit und klagte – ein Echo von Sido: »der Idiot« »ruiniert mein Werk«. Colette, die Liebende, litt all die vertrauten Qualen der Eifersucht und des Verlassenseins. »Zum Teufel mit all der nutzlosen Zärtlichkeit und dem Flügelschlagen um einen Vogel, der einem Kuckucksei entschlüpft ist!«

»Die Freuden, die sie mir gab«, schrieb Bertrand de Jouvenel als alter Mann, »waren alle so, dass sie mir ein Fenster zur Welt öffneten; das verdanke ich ganz und gar ihr.« Doch wie Pichois bemerkt, verdankte die Welt, in die er jetzt eintrat, Colette nichts, alles aber seinen Eltern. Diese spürten ihren Vorteil und nutzten ihn auf der ganzen Linie. Sie machten ihn mit einer heiratsfähigen jungen Erbin namens Mademoiselle de Ricqlès bekannt, und er stimmte dem Arrangement zu. Henry machte den offiziellen Antrittsbesuch, um für seinen Sohn um die Hand der Dame anzuhalten. Die Hochzeit sollte Ende Dezember sein.

> Du wirst sagen, es sei mein Fehler [schrieb Colette an Moreno], wenn du erfährst, dass ich ihn in meiner Wut hinausgeworfen habe. Die um ihn sind, warteten nur auf eine Gelegenheit, und jenes junge Mädchen wartete mit der Geduld des jungen Mädchens schon lange. Ich habe den Kleinen acht Tage lang nicht gesehen. Gestern war er hier. Aber ich sehe, dass er ernstlich in die Enge getrieben ist. Und selbst angenommen, er entzöge sich oder verzögerte die Sache; er könnte das nicht, ohne dass er einen Skandal heraufbeschwört. Ich habe dir die ganzen Tage nichts geschrieben. Und ich füge auch jetzt nichts hinzu. Bewahre diesen Brief nicht auf, an ihm ist nichts interessant, außer dass er eine wenig schöne [Hochzeits-]Einladung enthält.

Doch Colette schreckte nie davor zurück, einen Skandal zu riskieren oder ihren Partner zu bitten, die halbe Rechnung zu bezahlen, und das war auch diesmal so. Am Tag des Verlobungsdiners kam Bertrand zu ihr. Er sagte ihr – etwas zu spät, als dass es ganz glaubwürdig sein konnte: »Ich habe mir das nicht gewünscht.« Gemeint war die Ehre, die ihm nun zuteil werden sollte. »Warum gehst du dann? Geh nicht dorthin!«, rief Colette aus. »Wie auch immer«, fährt er in seinem späteren Bericht fort, »ich hatte beschlossen hinzugehen, also ging ich, als aus ihrem Fenster ein Papier zu mir herunterflog: ›Ich liebe dich‹, stand darauf. Das hatte Colette mir nie gesagt. Und ich ging wieder hinauf zu ihr.«

5

Wie Klammern die Bedeutung eines Satzes manchmal modifizieren, manchmal unterlaufen, so erhellen die Bücher, die Colette 1924 veröffentlichte – eines am Anfang des Jahres, eines am Ende –, was ihre Briefe nicht zeigen: eine dunkle Phase starker schöpferischer Qual und persönlichen Leidens.

La Femme cachée ist die Sammlung von dreiundzwanzig Kurzgeschichten, die Colette für *Le Matin* geschrieben hatte. Sie sind knapp, gut aufgebaut, freudlos und grausam. Sie wurden oft mit dem Werk von Maupassant verglichen. In der Titelgeschichte geht eine Frau, die in einer unglücklichen Ehe gefangen ist, allein in ihrer Verkleidung zum Opernball. Sie glaubt, ihr Mann sei auf einer Geschäftsreise außerhalb der Stadt, doch er ist ihr heimlich gefolgt, in der Erwartung, sie mit einem Liebhaber zu überraschen. Sie stürzt sich in die Orgie der maskierten Feiernden. Wie er aus dem Schatten beobachtet, überlässt sie sich der Umarmung eines fast nackten Ringers, eines Türken, legt sie ihre Hände um den Hals einer Holländerin; dann packt sie ein schönes, frisches Gesicht und »drückt einen Kuss auf den keuchenden, halb offenen

Mund« des jungen Mannes. Doch statt vorzustürzen und die beiden zu trennen, zieht sich der Gatte in die Menge zurück. Er hat ein intimeres und bestürzenderes Geheimnis entdeckt als einfache Untreue: ihr »monströses Vergnügen«, »allein, frei und unverfälscht ihren natürlichen Trieben nachzugehen und eine einsame und schamlose Unbekannte zu sein, von einer kleinen Maske und einem strengen Kostüm zu unheilbarer Einsamkeit und unanständiger Unschuld verurteilt«. Die anderen Geschichten sind fast alle das, was Claude Pichois und Alain Brunet so treffend »schwarze Idyllen« nennen. In ihrer Hochzeitsnacht ist eine Braut entsetzt, als sie den mörderischen Daumen ihres Mannes sieht. Eine andere Braut heiratet einen geschiedenen Mann und entdeckt, dass sie das bereut, als sie seine frühere Frau in einem Restaurant treffen und sie die andere um ihre Freiheit der Alleinstehenden beneidet. Zwei Rivalinnen um denselben Mann gelangen beide dahin, ihn zu verachten. Ein Liebhaber erhält auf einmal die Nachricht, seine Geliebte sei tot: besser, als wenn sie ihn verlassen hätte. Ein schlafloser, von seiner Frau verlassener Mann – »die chirurgische Raschheit ihres Bruchs hatte ihn ganz blöde gemacht« – versucht, sich an die glücklichen Augenblicke seiner Jugend zu erinnern, aber sie kommen ihm »jammervoll« und »bitter« vor. Eine Frau mittleren Alters wird von einem sadistischen Friseur zu einer neuen Frisur überredet; ihr junger Diener starrt sie »mit einem Ausdruck unsagbaren, schamvollen Entsetzens« an; plötzlich erkennt sie, wie hässlich sie geworden ist.

Die Personen in *La Femme cachée* sind Naive und Romantiker, Menschen, deren wahres Wesen ihnen selbst und anderen verborgen bleibt. Sie suchen in Leidenschaft oder Heirat (und nur dort) den magischen Spiegel, der die flüchtige Ganzheit eines fragmentierten Selbst und die Möglichkeit völliger Einheit spiegelt. Aber die Bilder, die ihnen vorgehalten werden, sind gebrochen, hässlich, brutal, hoffnungslos, banal und pathetisch. Sie alle sind, wie Colette sich jetzt fühlte, »hoffungslos allein«.

Aventures quotidiennes (*Alltägliche Abenteuer*) ist das nicht fiktionale Pendant zu *La Femme cachée*. Es enthält die Essays, die Colette zwischen April und September für *Le Figaro* unter der Rubrik »Meinung einer Frau« schrieb. In nur zehn Zeilen gibt es hier so viel Schönheit, dass ein geringerer Schriftsteller sein Leben lang hätte damit zufrieden sein können. Für Colette aber waren sie nur »Brot und Butter«. Zu ihrem »alltäglichen« Themenbestand gehörten: Vergewaltigung, Blumen, Abtreibung, Serienmord, Vampirismus, Mutterschaft, Vögel, Armut, Selbstmord, Kindesmisshandlung, Internate, Verunstaltung, Tiere, Sadismus, und das Kino. Ihr ganz großes Thema ist wie in *La Femme cachée* der Verlust der »unanständigen Unschuld«. In »Flügel« beschreibt sie das Gefühl, das sie hat, wenn sie im Traum fliegt und mit mythischen Tieren in aller Ruhe auf Leben und Tod kämpft. Verglichen mit den Vögeln, schließt sie, sind wir geplagte Wesen, auf der Erde »gekreuzigt«; das einzige »vollkommene Wesen« aber ist der Fötus kurz vor der Geburt, der noch im Schoß schwimmt.

In dem Essay mit dem Titel »Assassins« (»Die Mörder«) beschreibt sie ein »ruhiges, dunkles, unergründliches Auge [...] ohne Sprache, Zärtlichkeit, Melancholie«. Es könnte »einem Vogel« gehören, ist aber stattdessen das Auge des berüchtigten Mörders Landru. Sie hatte diesen Prozess 1922 für *Le Matin* beobachtet. Nach seiner Verurteilung bat Landru, nachdem er Colette im Gerichtssaal bemerkt hatte, um ein Autogramm. Beide hatten etwas gemein, was Colette nicht geleugnet hätte.

Das Auge des Mörders ist wie Colettes Auge, wenn sie auf der Höhe ihrer Kräfte schreibt, ungetrübt von der Moral des gemeinen Menschen, den sie wie Nietzsche verachtet. »Das Auge ist dazu geschaffen, zu sehen, zu erspähen, herabzusetzen, Gefühle zu verbergen, jeden Vorübergehenden und jedes Ereignis abzuschätzen. Ein Auge, so gelassen wie das der ersten Menschen, ein Auge, das Blutvergießen, Tod und Schmerz in Betracht gezogen hat, ohne mit der Wimper zu zucken – so wie ganz kleine Kinder das tun und wie auch unsere Vorfahren das getan haben, bevor sie die Feigheit erfanden. Als sie es noch genossen, zu sehen, wie das Blut von seinem fleischlichen Gefängnis befreit wird, das Wasser aus der Erde quillt, die Milch aus dem Euter sprudelt und der Saft aus den gepressten Trauben dringt.«

Der Mörder, der Träumer, der Raubvogel und das vorbewusste Kind verstehen die dionysische »Lust zu töten, die Barmherzigkeit, den Tod wie eine Zärtlichkeit zu schenken«. Die animalische Reinheit, der freie Trieb – die Soziopathie in der zivilisierten und auch in der unzivilisierten Gesellschaft – ist natürlich das alte diskreditierte Ideal der Romantiker. Es ist auch Colettes Ideal, selbst wenn sie keine Romantikerin ist. Ihr Traum zu fliegen ist eine Metapher für einen unmöglichen, verlorenen Zustand der Autonomie, in dem es keine Bedürftigkeit, Wut, Schuld oder Abhängigkeit gibt, auch keine Sehnsüchte, die ein Wesen an ein anderes fesseln: Zwei Liebende, gleich welchen Alters oder Geschlechts, das gezähmte Biest und sein Gebieter, Eltern und Kind. In der unversöhnlich tragischen und primitiven Auffassung vom Leben, die Colette in diesen Essays entwirft und in ihrer Prosa so galant hinter einer berauschenden Schönheit verbirgt – wie sie sich in ihrem Leben hinter der olympischen Vitalität versteckt –, in dieser Auffassung vom Leben ist die Liebe der Sündenfall.

FÜNFTER TEIL

32. KAPITEL

Woher komme ich und auf welchen Schwingen, dass ich, gedemütigt und vertrieben, so ungern akzeptiere, wieder ich selbst zu sein?
Colette, LA VAGABONDE

I

Im Jahr 1924 bestand die Freundschaft zwischen Colette und Marguerite Moreno schon dreißig Jahre. »*Sœur-âme*« – Seelenschwester – nennt Colette sie; »*mon ami*« im Maskulinum als überragendes Kompliment; »mon cher moi-même«, das man als »liebe Zwillingsschwester«, »liebe Doppelgängerin«, oder einfach als »liebes Ich« übersetzen kann. Sido hatte denselben Ausdruck verwendet, doch zwischen Colette und Moreno gab es nie eine Konkurrenz um eine gemeinsame Identität.

Nach dem Krieg ging es mit Morenos Karriere bergab. Sie nahm Charakterrollen an und ging von den klassischen Stücken zum Melodrama über. Ihre Einnahmen reduzierten sich, und ihr Stolz litt, nicht aber ihre Vitalität, ihr Humor und ihre Libido. Liane de Pougy erzählt in ihren Tagebüchern *Mes cahiers bleus* eine nette Anekdote über Moreno. Sie waren übers Wochenende in einem Landhaus zu Gast, aber das Wetter war so schlecht, dass die Gesellschaft drinnen bleiben musste. »Was wollen wir machen?«, fragte einer der ruhelosen Gäste. »Mit ihrer melodischen Stimme, die gewöhnt war, Gedichte zu rezitieren, ließ Marguerite nur zwei Worte fallen: ›Unzucht treiben!‹«

Ihr Mann, Jean Daragon, starb 1923, aber es wartete schon ein alter Liebhaber hinter den Kulissen. »Ich habe dich in Paris bewundert, weil du so ganz du selbst warst«, sagte Colette ein paar Monate später zu ihr, »während ich moralisch und physisch im Pech versank.« Sie riet ihrer Freundin, mit dem Trauern aufzuhören und den Liebhaber anzunehmen. »Es schmerzt dich doch nicht, dass ich das sage? Doch dann wüsste ich nicht, womit sonst wir einander verletzen könnten.«

Etwa um diese Zeit zog Moreno sich in ein altes Bauernhaus in ihrer Heimatprovinz Lot zurück. Hier verliebte sie sich in einen Cousin, der etwa dreißig Jahre jünger war als sie: Pierre Moreno-Boyou. Privat nannte sie ihn ihren *petit serviteur* und in der Öffentlichkeit ihren Neffen. Ihre Liebesaffäre war nicht ganz so skandalös wie die von Colette mit Bertrand, trotzdem gab es manche Parallelen. Als ihr Vertrauen schwand, konnte Colette Moreno manchen Ratschlag geben: »Man sollte weder spielen noch viel reden, während sich einem ›ein Etwas‹ nähert, das das Schicksal entweder in Form eines guten Essens schickt, das sofort genossen werden sollte, oder in Form eines mystischen und festen Versprechens. […] Dein Land, das so viel für dich getan hat in den letzten Wochen, hat noch ein Geschenk für dich. Nimm es. Es ist nicht leicht. Es bedarf all deiner Fürsorge und all deiner Vorsicht. Und schreib mir.«

Das tat Moreno regelmäßig, und die Briefe aus diesem Herbst beschäftigten sich vor allem mit ihren Plänen, bei einer Wiederaufnahme von *Chéri* zusammen als Léa und Charlotte aufzutreten. Das Stück sollte Anfang Januar ins Programm genommen werden, aber das Theater war ihnen mit der Inszenierung von zwei kurzen Komödien von Colettes Freund Henri de Rothschild zuvorgekommen. Der Intendant versicherte ihr, dass die Stücke, ein Sprungbrett für die Geliebte des Autors, binnen drei Tagen durchfallen würden. Aber die Kritiker waren anderer Meinung, so verschob sich die Premiere von *Chéri* auf den 5. Februar. Inzwischen wurde Colette zweiundfünfzig Jahre alt.

2

An einem vorstellungsfreien Abend zu Anfang der Spielzeit wurde Moreno zum Diner bei Andrée und Bernard Bloch-Levalois, reichen Freunden aus höheren Kreisen, eingeladen. Sie fragte, ob sie Colette mitbringen könne, wohl wissend vielleicht, dass sie unter den anderen Gästen einen Stammgast des Hauses treffen würde, der auch gewöhnlich eingeladen wurde, wenn die Zahl der Gäste nicht aufging. Er war ein eleganter, kultivierter jüdischer Junggeselle von fünfunddreißig Jahren – »genauso alt wie der Eiffelturm« –, er hieß Maurice Goudeket.

Goudeket besaß die weiße Satinhaut und das schwarze Haar seines Altersgenossen Chéri. Seine Haltung war reserviert mit einem unterdrückten Feuer, das Matronen gemeinhin langweilte und das Madame Bloch-Levalois besonders betörend fand. Das war entschieden ein Vorteil bei seinem Geschäft – dem Verkauf von Perlen –, das, bevor Zuchtperlen auf den Markt kamen, ein sehr lukratives Geschäft war, schon gar, wenn man wie er neben einem guten Auge und etwas Kapital auch noch ein zuvorkommendes Benehmen besaß. Goudeket, untadelig gekleidet, sprach gut, schrieb Gedichte, besaß einen teuren Wagen mit Chauffeur und eine luxuriöse Zweitwohnung im sechzehnten Arrondissement.

Als Colette in den Bloch-Levalois'schen Salon kam, war ihre erste Tat, von einem Sofa Besitz zu ergreifen und sich darauf auszustrecken »wie eine große Katze«, wobei sie ihren Wuschelkopf auf die bloßen Arme legte. Dieser Fauxpas missfiel dem heiklen Goudeket, der bei sich dachte, sie sei »ein wenig zu dick«, doch habe sie schöne Schultern, ein feines Profil und eine durchdringende »Bronzestimme«. Beim Essen setzte man ihn neben sie. Sofort griff sie sich einen Apfel aus der Dekoration in der Tischmitte und biss herzhaft hinein. Das bestätigte seinen Eindruck, sie »spiele ihre eigene Rolle« und lasse ihn links liegen. Er erzählte ihr

»allerhand banales Zeug«. Am Tischgespräch, das sich »um allgemeine Begriffe drehte«, beteiligte Colette sich nicht, nur einmal warf sie brüsk ein »Warum?« ein, »das alles in Frage stellte, die Diskutierenden verwirrte und keine Antwort fand«. Als aber Goudeket ihr Glas nachfüllte, dankte Colette ihm mit einem »mitternachtsblauen, ironischen und fragenden Blick«. Er war nicht geistesgegenwärtig genug, zumindest noch nicht, um diese Frage zu deuten.

»Es entströmte ihr etwas Ländliches und Gesundes«, erinnerte Goudeket sich viele Jahre später. Er selbst hatte überhaupt nichts Rustikales oder Gesundes an sich. Maurice war ein wenig zu jung, um die Salons der Jahrhundertwende besucht zu haben, aber ihre Treibhausatmosphäre konnte ihn und seine Malaise sehr wohl geprägt haben. Er war ein sich selbst stilisierender, artifizieller Mensch, ein Außenseiter, der danach hungerte, angenommen und bemerkt zu werden.

Goudeket war in Paris geboren, Kind einer französischen Mutter und eines holländischen Vaters, der im Diamantenhandel tätig war. Obwohl er die französische Staatsangehörigkeit besaß und im Ersten Weltkrieg in der französischen Armee gedient hatte, wird er häufig Colettes »Holländer« genannt. Nachdem die Goudekets dreizehn Jahre in Amsterdam gelebt hatten, kehrten sie 1900 nach Paris zurück. Maurice und seinen älteren Bruder schickte man in das angesehene Lycée Condorcet, wo sie sich beide auszeichneten, obwohl ihr übertrieben höfliches Französisch und ihre provinzielle Direktheit sie von den anderen Schülern isolierten. Damals war die Dreyfus-Affäre auf ihrem Höhepunkt, aber Goudeket konnte sich nie an irgendwelche Fälle von Antisemitismus erinnern. »Die Reserviertheit ging von uns aus«, sagte er später, und von seinem Vater, der seinen Söhnen von jeder Intimität mit den adligen Schulkameraden abriet.

Monsieur Goudeket père war leidenschaftlich frankophil und ein jüdischer Patriarch der alten Schule, der seinen Kindern Respekt und Förmlichkeit abverlangte. Maurice gibt zu, von seinem Vater die Steifheit im Reden und Verhalten geerbt zu haben. Er sehnte sich nach väterlicher Zärtlichkeit, erhielt sie aber nie. Seine Mutter füllte diese Lücke nicht. Sie war eine eitle, sprunghafte kleine Frau, die zu niemandem engere Beziehungen unterhielt als zu ihrem Schneider, ihrem Polsterer und ihrem Friseur. Sie hatte eine krankhafte Angst vor dem Landleben und den Elementen, missbilligte Sport und körperliche Ertüchtigung, machte ihrem Gatten schreckliche Szenen, die sie genoss, überlastete ihr Hauspersonal, womit sie prahlte, und hatte das gleiche Vergnügen daran, ihre Kinder zu beherrschen. »Ein paar Klapse auf die Wange sind eine Sache«, schrieb Maurice. »Wenn man aber zugleich dafür den Arm senken und das Gesicht hinhalten muss, dann ist das keine Strafe mehr, sondern eine Gemeinheit.«

Die Familie war wohlhabend oder hielt zumindest den Schein aufrecht, wohlhabend zu sein. Madame Goudeket ähnelte nach der Beschreibung ihres Sohnes einer billigen Proust'schen Madame Verdurin mit dem Hang, zweitklassige Antiquitäten und ebensolche Einladungen zu sammeln. Ihre eigene Tafel war so medioker und prätentiös wie die Gäste, die sie um sich versammelte: falsche Gräfinnen, Amateurdichter und alternde Generäle. Und da keiner der Gastgeber trank, war nie genug Wein da, um den Durst eines Abends zu stillen. Dieser Anflug von Barbarei ärgerte ihre wachsamen und empfindlichen Pariser Söhne »über alle Maßen«.

In der Zeit seiner einsamen Jahre als Schüler am Condorcet und als schweigendes, grollendes Inventar bei den Diners seiner Mutter entdeckte Maurice Goudeket das frühe Werk von Colette. Es wirkte auf ihn wie auf so viele sexuell siedende junge bürgerliche Leser wie ein Aufruf zu Freiheit und Revolte. Er behauptete, in ihm die Stimme einer »Seelenverwandten« zu hören, und erklärte seinen Eltern sogar, ziemlich absurd, er werde eines Tages Colette heiraten.

Anders als sein Idol träumte der junge Maurice von grandiosem intellektuellem oder literarischem Ruhm, für den er allerdings, wie er zugibt, wenig tat. Er hielt sich selbst für depressiv, kindlich und gehemmt. Er hatte ein »kleines Buch« mit Gedichten veröffentlicht, das höflich aufgenommen worden war, »doch das war kein Ruhm«, und er verzichtete künftig (wenn auch nicht immer) darauf, für die Veröffentlichung zu schreiben. So ging er von einer »Kindheit in wilden Fantasien« zu einem erfolgreichen, aber langweiligen Leben als Perlenmakler und Zusatzgast über, ohne dass er recht wusste, wie die Verwandlung – Degradierung – eigentlich stattgefunden hatte.

Chéri wurde sechs Wochen lang am Théâtre Daunou gegeben und ging dann für weitere sechs Wochen ans Renaissance. Das Publikum liebte das Stück. Die Urteile der Kritik über Colettes schauspielerische Leistung waren gespalten. Ihre Freundin Marie de Régnier, die unter dem Namen Gérard d'Houville schrieb, verkündete: »Colette […] spielt nicht, sie lebt«, sie atmet, fürchtet, lügt, schützt und leidet. Albert Flament bewunderte Colettes ausdrucksstarken Körper – »das Bild eines Renoir« – und die »schmerzliche Menschlichkeit«, die sie der Rolle verlieh, »trotz der ganzen […] Überschwänglichkeit«. *Fantasio* hingegen riet ihr, besser nicht ihre Tagesbeschäftigung aufzugeben. Seine Rezension erschien mit einer Karikatur von Vertes, die eine mammuthafte, schlampige Colette zeigte. »Léa«, schrieb ihr Rezensent, »muss von einer eleganten und schönen Frau gespielt werden, sonst wird Chéri völlig unglaubwürdig.« Colettes alter Freund André Rouveyre, der für den *Mercure de France* schrieb, pflichtete dem mit mehr Ernst, wenn auch nicht mit mehr Takt bei: »Diese eigensinnigen Versuche […] sind gänzlich unter ihrer Würde. […] Madame Colette sollte sich nicht täuschen: Die Zuschauer kommen aus Neugierde, sie wollen die Schriftstellerin persönlich sehen.«

3

Mag sein, dass Colette als Schauspielerin und Tänzerin mehr Verve als Talent besaß, auch war sie wie so viele große Romanciers, die das Theater lieben, nur eine mittelmäßige Dramatikerin. Ein Meisterwerk schrieb sie allerdings für die Bühne, und zwar das Libretto zu Ravels Oper *L'Enfant et les sortilèges*. Diese »lyrische Fantasie in zwei Akten«, wie das Stück angekündigt wurde, hatte im März in Monte Carlo Premiere. Victor de Sabata dirigierte das Orchester, Choreografie und Regie übernahm George Balanchine. Colette nahm sich ein paar Tage von *Chéri* frei, um dabei zu sein.

Sie hörte die Musik zum ersten Mal, ihr Libretto hatte sie aber schon zehn Jahre früher geschrieben. Schon 1915 beauftragte Jacques Rouché, der Direktor der Pariser Opéra, Colette, für sein Ensemble ein »Fantasieballett« zu schaffen. Er fürchtete in Diaghilew einen mächtigen Konkurrenten, der nicht zu unterschätzen war. In seinen fünf Spielzeiten am Théâtre du Châtelet hatte dieser dem französischen Publikum einen Riesenappetit auf alles gemacht, was in Tanz und Musik heidnisch, exotisch und revolutionär war.

Colette erklärte sich sogleich bereit, das Ballett zu schreiben, und war begeistert, als Rouché Ravel als Komponisten vorschlug. In den letzten Jahren des neunzehnten Jahrhunderts waren die beiden einander öfter bei den musikalischen Soireen von Madame de Saint-Marceau und von Misia Natanson begegnet, die zu Ravels frühen Verfechtern gehörte. Colette erinnerte sich vermutlich an den Ravel jener Jahre, einen unnahbaren kleinen Mann mit feinen Händen, auffallenden Krawatten, einem prächtigen Schnurrbart und dem strahlenden, wachen Blick eines Eichhörnchens. Sein unverhältnismäßig großer Kopf voll wirrer Haare thronte auf einem zierlichen Körper. Er trat mit jener leicht komisch und abstoßend wirkenden Erhabenheit auf, die kleine Männer zuweilen an sich haben. »Er suchte Aufmerksamkeit, fürchtete aber Kritik«, schreibt sie, »diejenige von Henry Gauthier-Villars traf ihn empfindlich.«

Willys Missfallen wurde von den konservativen Kritikern geteilt, die beim Prix de Rome in der Jury saßen. Sie hatten sich standhaft geweigert, Ravel den Großen Preis zu verleihen. 1905 gingen sie so weit, seine Bewerbung abzulehnen. Das erboste Misia so – damals Madame Edwards, Frau des immens reichen und mächtigen Eigentümers von *Le Matin* –, dass sie seine Ablehnung zu einer *cause célèbre* in der Zeitung ihres Mannes machte. »Andere Zeitungen«, schreiben Misias Biografen, »griffen das Thema auf, und Ravels öffentliches Ansehen war hergestellt.« Der Direktor des Konservatoriums musste zurücktreten, und Fauré trat an seine Stelle, was in der französischen Musik eine »fortschrittliche Ära« einleitete.

Colette hat offenbar Willys Vorurteile nie geteilt. Sie fühlte sich von Ravels Musik immer »angezogen«, und ihre ursprüngliche Neugier wurde von dem »leichten Unbehagen der Überraschung« verstärkt und dem »sinnlichen und maliziösen Charme dieser neuen Kunstform«. Sie erreichten im gleichen Schritt ihren Starruhm.

Als *L'Enfant* Premiere hatte, galt Ravel, verglichen mit seinem Meister Fauré oder seinem Rivalen Debussy, als der größere Künstler.

1915 war Ravel an der Front Fahrer im Sanitätsdienst. Er nahm Rouchés Auftrag an, aber andere Projekte hielten ihn auf und verschoben die Arbeit an *L'Enfant* auf 1920. Zu diesem Zeitpunkt war es eine Oper in zwei Akten. Rouché hatte Colette gewarnt, der Komponist arbeite »in langsamer Raserei« und in »hermetischer Abgeschiedenheit«. Während er sehr lange damit schwanger ging, hörte Colette auf, wie sie sagt, »an *L'Enfant et les sortilèges* zu denken«. Selbst als die Musik fast fertig war, gab es wenig Austausch zwischen den beiden Beteiligten: »Er behandelte mich nicht, als sei ich privilegiert.«

Trotzdem lagen Ravel und Colette persönlich auf der gleichen Wellenlänge. Sie waren fast gleich alt (er zwei Jahre jünger), sie fühlten sich von den gleichen romantischen Themen angesprochen – den Geheimnissen der Natur, von Tieren, Kindheit und Adoleszenz –, denen sie mit einem modernen Verständnis begegneten. Als Colette 1904 die *Dialogues de bêtes* veröffentlichte, vertonte Ravel Jules Renards *Histoires naturelles*. Sie beide bearbeiteten den Mythos von Daphnis und Chloë. Beide ließen die provokative fleischliche Opulenz ihres frühen Stiles hinter sich, ohne die »sinnliche und maliziöse« Bilderstürmerei aufzugeben, die damit einhergegangen war. »Es gibt intellektuelle Musik«, erklärte Ravel einmal einem Freund. »Und dann gibt es die Musik der Gefühle und Triebe: meine Musik.«

Ravel und Colette äußerten sich beide kaum über die »Gefühle und Triebe«, die sie inspirierten. An jenem Abend in Monte Carlo schwieg Colette offenbar ausdruckslos fast während der ganzen Vorstellung. Ravel, der neben ihr saß, schwieg ebenfalls. Schließlich flüsterte er ihr zu: »Ist es nicht witzig?« Aber sie konnte nicht antworten: »Mir saß ein Kloß von Tränen im Hals.«

L'Enfant et les sortilèges ist in vieler Hinsicht anders als Colettes übrige Werke. Vor allem, weil sie es so schnell – »in weniger als acht Tagen« – und ohne ihre sonst übliche »Langsamkeit und Mühe« schrieb. Sie konnte sich diese Leistung nie erklären. Doch vielleicht erklärt sich die Geschwindigkeit, mit der sie diesmal komponierte, aus der unzensierten, traumartigen Symbolik dieses Werkes und aus jener gebieterischen Sicherheit und Sparsamkeit – ganz frei von Pedanterie –, mit der sie die Krise ihrer Hauptgestalt dramatisiert.

Der Vorhang eröffnet den Blick in ein zum Garten führendes Zimmer eines Bauernhauses in der Normandie. Die Wände sind altmodisch mit Stoff bespannt, auf dem Schäfer und Schäferinnen in einer bukolischen Landschaft abgebildet sind. Hier stehen zwei tiefe Sessel und eine Standuhr. Am Fenster hängt ein Käfig mit einem gefangenen Eichhörnchen. Über der Herdglut summt ein Kessel, und der Kater schnurrt.

Ein Kind von »sechs oder sieben« Jahren sitzt wütend am Tisch und drückt sich vor den Hausaufgaben: »Ich habe Lust, nach draußen zu gehen. Ich habe Lust, alle Kuchen aufzuessen. Ich habe Lust, den Kater am Schwanz ziehen und dem Eichhörnchen den Schwanz abzuschneiden. Ich habe Lust, auf die ganze Welt wütend zu sein! Ich habe Lust, Mama in die Ecke zu stellen.«

Die Mutter kommt mit dem Nachmittagstee herein. »War das Kindchen klug? Hat es seine Seite fertig geschrieben?« Aus der Sicht des Jungen ist sie eine Furcht erregende Riesin. Er sieht nur eine weite Rockfläche, eine raschelnde Schürze, eine Schere, die bedrohlich an einer Metallkette hängt. Als sie das leere Heft und den mit Tinte bekleckstenTeppich sieht, wird Mama ernst: »Versprichst du mir zu arbeiten? Wirst du dich wohl bei mir entschuldigen?« Das Kindchen antwortet, indem es die Zunge herausstreckt. Der Rock weicht etwas zurück. Die Hand stellt das Tablett ab:

»Hier ist der Imbiss für ein böses Kind: trocken Brot und Tee ohne Zucker! Du bleibst hier allein bis heute Abend! Denk darüber nach, was du getan hast. Denk an deine Hausaufgaben. Denk, denk vor allem an Mamas Kummer.«

In diesen wenigen Zeilen Singsang entwirft Colette ein Urdilemma. Das Kind ist auf die Mutter wütend und frustriert über die Disziplin, die ihm auferlegt wird. Seine Wut kennt keine Grenzen. Es will aus dem ordentlichen, zivilisierten Käfig ausbrechen, in dem es gefangen gehalten wird. Es beschmutzt den Boden. Es hat sadistische Fantasien. Und die Vergeltung nähert sich in Gestalt eines körperlosen Rockes und einer Schere, die am Busen baumelt.

Colettes Mama ist eine mythische Gestalt, eine allmächtige Quelle der Nahrung, die mit ihrer Macht, zu verweigern und zu kastrieren, spielt. Um ihrem Willen Nachdruck zu verleihen, droht sie dem Kind verbal und körperlich, es zu verlassen. Mit »sechs oder sieben« ist der Junge immer noch ihr »Kindchen«, trotzdem ist sie es, die Befriedigung für sich fordert: Er soll an sie denken, für sie die Hausaufgaben machen.

Als sich die Tür schließt, packt den Jungen »eine rasende Zerstörungswut ... Dann bin ich eben allein! Ich liebe keine Menschenseele! Ich bin ganz schlecht! Schlecht! Schlecht! Schlecht!« Und er fängt an herumzutoben, zerbricht die Teetasse, sticht das Eichhörnchen mit der Feder, kippt den Kessel um, reißt die Tapete in Fetzen, macht die Standuhr auf und reißt das Pendel heraus, zerreißt seine Bücher und Papiere. »Berauscht von seinem Zerstörungswerk«, schreit er: »Hurra! Ich bin frei, frei, böse und frei!«

Die vertrauten Gegenstände, die ihm zuvor eine Quelle des Trostes waren, erwidern jetzt seine Misshandlungen. Sie werden lebendig und rufen: »Weg mit dem Kind!« Die Sessel entziehen ihm ihre Armlehnen. Die Teekanne und die Tasse sprechen chinesisch. Das Feuer verfolgt ihn: »Ich wärme den Guten, aber ich verbrenne den Schlechten.« Die Figuren auf der Tapete singen ein herzzerreißendes Klagelied: Sie haben über ihn gewacht, und er hat sie in Stücke gerissen. Hier verlangt Colette »ein Ballett kleiner Figuren, die mit ihrem Tanz ihren Schmerz ausdrücken, dass sie sich nicht mehr vereinen können«.

Nun tritt die schöne Prinzessin aus dem Märchenbuch auf, das das Kind zerrissen hat, und macht ihm Vorwürfe: »Du suchtest mich im Herzen der Rose und im Duft der weißen Lilie. Du suchtest mich, kleiner Liebling, und seit gestern bin ich deine erste Liebe. [...] Was wird mit mir geschehen?« Das Kind ist »ängstlich«, dann »verzweifelt«. »Hätte ich doch ein Schwert! Ein Schwert! [...] Komm zu mir, ich werde dich schützen!« Er klammert sich an ihr Haar und ihre Schleier, aber sie wird von »Traum und Nacht« verschlungen.

Umsonst sucht das Kind nach ihr auf den verstreuten Märchenseiten, es findet nur »dürre« Schulbücher voll bitterer und trockener Lektionen. Als er brutal gegen die Zahlen seines Rechenbuches tritt, werden diese lebendig. Sie werden von einem buckligen Alten, »Arithmetik«, dirigiert, der ein Lineal schwingt, und zusammen singen sie einen Automatenchor von Summen und Formen, die keinen Sinn ergeben – »drei mal neun dreiunddreißig / zwei mal sechs siebenundzwanzig / vier und vier achtzehn«. Die Zahlen und der alte »Arithmet« kreisen das Kind ein und ziehen es in ihren »verrückten Ringelreihen«. Zitternd vor Angst, schluchzend und verzweifelt bricht der Junge zusammen. Seine Katze, die zu etwas »Großem und Schrecklichem« angewachsen ist, spielt mit seinem Kopf wie mit einem Wollknäuel.

Der zweite Akt spielt im Garten, wo das Kind Zuflucht sucht, aber nur noch größeren Schrecken und Vorwürfen ausgesetzt ist. »Unsere Wunden, unsere Wunden«, weinen die Bäume, »die du uns mit dem Messer zugefügt hast.« Alle Tiere, die er einmal verletzt hat, greifen nun ihn an. Eine Fledermaus erinnert ihn, dass er ihr Männchen getötet und ihre Jungen zu Waisen gemacht hat. Das Eichhörnchen, das er gestochen hat und das geflohen ist, spricht ergreifend über seine Gefangenschaft und warnt den gedankenlosen Jungen: »*Du wirst mein Schicksal teilen.*«

Plötzlich vergessen sie ihn, und alle Tiere – Katzen, Frösche, Fledermäuse, Eichhörnchen, Insekten und Vögel – fangen unvermittelt an, sich zu paaren. Der Garten wird »ein Paradies der Zärtlichkeit«, von dem der Junge ausgeschlossen bleibt. »Sie lieben sich. Sie sind glücklich, sie haben mich vergessen«, weint er. »Sie haben sich lieb. Sie haben mich vergessen. Ich bin allein.« In diesem Augenblick ruft er »unwillkürlich« das Wort *Mama*.

Aber auch sie hat ihn verlassen, und nun sammeln die Tiere sich zum Angriff. »Das ist das Kind mit dem Messer! Das ist das

Kind mit dem Stock! […] Das niemanden liebt und von keinem geliebt wird. […] Halten wir zusammen! Halten wir zusammen!« Sie fallen über ihn her, obwohl sich ihre Wut bald in heftige Rivalität untereinander verwandelt, wer dem Kind die Strafen zufügen darf. Sie werfen ihn in eine Ecke der Bühne. Das kleine Eichhörnchen, das bei dem Handgemenge verletzt wird, kriecht in seine Nähe, und der Junge nimmt spontan sein Halstuch und verbindet die blutende Pfote. »Staunen unter den Tieren«, dann herrscht Stille, dann ein erstaunter und reuevoller Schrei: »Er verbindet die Wunde. Er umwickelt die Pfote. […] Er versteht zu heilen. Wir haben ihn verwundet, was sollen wir tun?«

Ein Tier weist auf das Haus: »Dort ist Hilfe! Tragen wir ihn in sein Nest! Die dort müssen das Wort hören, das Wort, das er gerufen hat. Lasst uns versuchen, es zu rufen … Mama … Mama!«

»Ein Licht erscheint hinter den Fenstern des Hauses. […] Im selben Augenblick überflutet das Licht des hervortretenden Mondes und der rosig-goldenen Morgendämmerung den Garten mit strahlender Helligkeit.« Die Tiere, die dem Kind auf die Beine geholfen haben, geleiten es zur Tür. Es streckt »die Arme aus nach derjenigen, die die Tiere gerufen haben: ›Mama!‹« Als sie sich zurückziehen, singen sie: »Es ist gut, das Kind, es ist klug, sehr klug, es ist so klug, so gut. […] Es ist so lieb.«

Colette sehnte sich danach, zu lieben und an die Liebe zu glauben, hatte aber die größten Schwierigkeiten damit. Zu früh und zu lange war sie von ausbeuterischen Gebietern dominiert worden – erst ihrer Mutter, dann ihrem Mann –, beide haben die Züge der Mama mit geprägt. Sie hatte ihre eigene Mutter in zwei mythische Figuren gespalten, eine schöne, verführerische »Prinzessin«, zu der sie eine romantische Liebe hegte, und eine mächtige, phallische Virago, vor der sie sich fürchtete. Sie glaubte, ihre Zauberin könne ihre Gedanken lesen, und so wappnete sie sich – und ihr Schreiben – mit einem unergründlichen Äußeren.

Die Rivalität, die aus ihren Urängsten erwachsen ist – der Gleichgültigkeit ihres Vaters, der Romanze zwischen ihrer Mutter und Achille, ihrem Gefühl des Ausgeschlossenseins –, war bei ihr eine der stärksten Leidenschaften, wenn nicht gar die stärkste. So konnte sie nicht verhindern, in ihren Liebesbeziehungen als Erwachsene und überall in ihren Romanen die ursprüngliche Triangulierung ihrer Kindheit zu wiederholen, ja, so pervers das ist, sie aktiv wiederholen zu müssen. Kein Wunder, dass Colette die Liebe ein »Büßerhemd« nennt, »das sich um die wachsende Liebe legt und sie in dem Maße einschnürt, wie diese wächst«. Und sie erkennt an, dass das größte Hindernis für die Flucht vor der Qual des Büßerhemdes – »hundertmal gefährlicher als das gierige Tier [der Lust] – das verlassene Kind ist, das in mir zittert, schwach, nervös, *bereit, die Arme auszustrecken und zu bitten: ›Lass mich nicht allein!‹*«

Als sie 1915 *L'Enfant et les sortilèges* schrieb, war Colette immer noch eine Sklavin ihrer Kindheitsentbehrungen. Weiterhin schwankte sie zwischen der panischen Angst, verlassen zu werden, und der Leugnung dieser Angst, zwischen rückhaltloser Unterwerfung und wütender Nichtanerkennung. Sie versuchte, die Einsamkeit und das Ich, das an ihr litt, durch das Rauschmittel, das sie Liebe nennt, zu verdecken – ein starkes Gift, dessen Gegenmittel so oft, und besonders im Fall ihrer Tochter, rücksichtslose Distanzierung bedeutete. Als Mutter war Colette in den selbstanklagenden Worten von *L'Enfant* selbst »schlecht, schlecht und frei«.

In den späten zwanziger Jahren begann sie ihre eigenen Wunden zu verbinden. »Die Liebe, eine der großen Banalitäten des Lebens, zieht sich aus dem meinen zurück. Der Mutterinstinkt ist die zweite große Banalität. Diesen beiden entronnen, bemerken wir, dass das Übrige heiter, abwechslungsreich, mannigfaltig ist. Aber man entrinnt ihnen weder wie noch wann man will.«

Colettes Kritiker und Biografen haben eingewandt, dass sie, als sie diese Zeilen schrieb, ganz im Gegenteil gerade eine neue

Affäre begonnen habe – mit Goudeket –, die zu einer neuen Ehe geführt habe, der dauerhaftesten und heitersten Beziehung ihres Lebens. Auf diese Weise geben sie höflich zu verstehen, dass Colette ihre Leser zum Narren hielt, ja sogar belog. Aber ihre Beschuldigung ist insofern falsch, als Colettes neue Liebe sich letztlich gerade nicht als die starke und zerstörerische Leidenschaft erweist, die sie in *L'Enfant* beschworen und ihr Leben lang *Liebe* genannt hatte.

33. KAPITEL

Eine Frau kommt in ein Alter, in dem sie nichts anderes mehr kann, als Reichtümer zu sammeln.
Colette, LA NAISSANCE DU JOUR

I

Maurice Goudeket hatte Colette noch nie gesehen, außer einmal kurz hinter der Bühne nach einer Aufführung von *Chéri*. Er hatte damals eine Affäre mit Andrée Bloch-Levalois, die aber seine Depression nicht heilte. »Ich hatte zu nichts Lust und fühlte sehr wohl, dass ich in eine Sackgasse geraten war.« Er plante über Ostern für ein paar Tage nach Italien zu fahren, verlor aber das Interesse und sagte die Reise ab.

Bloch-Levalois verbrachten ihren Urlaub an der Riviera im Hotel Eden Cap-d'Ail. Goudeket und Moreno beschlossen, sie dort zu treffen, und sein Chauffeur fuhr sie von Paris aus hinunter. Nach ein paar Tagen im Eden kündigte Moreno an, ihr »Neffe« käme mit Colette. »Ach Gott«, sagte Goudeket, »jetzt hatten wir so schön Ruhe …« Die drei Freunde blickten ihn verwundert an, und ihm wurde klar, dass dies gerade ein Geständnis gewesen war. Colette hatte auf ihn einen verwirrenderen Eindruck gemacht, als er zugeben wollte, »und bei meiner Gewohnheit, jede aufkeimende Neigung sofort zu hemmen, genügte dieser Umstand, um mein Misstrauen zu wecken«.

Goudeket glaubte, Colette und Moreno hätten dieses Treffen nicht vorher abgesprochen, aber er irrte sich – sie hatten die ganze

Sache eingefädelt. Ende März hatte Colette an Misz Marchand, die mit Léo in den Süden gefahren war, geschrieben: »Ich habe die Hoffnung, dich [...] in ein paar Tagen zu treffen. Wir werden sehen. Und vielleicht werde ich im Eden Cap-d'Ail sein.« Als die Sechsergruppe zusammen war, dürfte sie für die anderen Gäste ein interessantes erotisches Ratespiel gewesen sein: zwei große Damen, für ihre Sündhaftigkeit berühmt, ein schöner junger Mann, ein umgänglicher Bourgeois, seine kleine, schwatzhafte Ehefrau und ein attraktiver, ungebundener Mann. Wer gehörte zu wem?

Colette spielte ihre Karten mit Bedacht. Die Vormittage verbrachte sie zurückgezogen in ihrem Hotelzimmer, und die Nachmittage ging sie andere Freunde besuchen. Nach dem Abendessen setzte sich der kleine Kreis an den Kartentisch zu einem Spiel, das Taminti hieß (*t'as menti*, d. h.: du hast gelogen). »Colette lachte herzlich und gab sich ihrer eigenen Lebhaftigkeit und Ausgelassenheit hin. Ich dagegen benahm mich von Tag zu Tag zurückhaltender; das ging so weit, dass einmal – da das Spiel darin besteht, den Lügner zu entlarven – einer der Gäste bemerkte: ›Bei Maurice hat man es schwer. Der ist immer ruhig wie ... wie ...‹ Colette warf mir über die Karten weg einen raschen Blick zu und beendete den Vergleich: ›Wie eine verdeckte Flamme‹, sagte sie zu meiner Überraschung.«

Es war Liebe, es war Frankreich, also log jeder. Colette hatte mehr als einen Grund, bei Morenos Plan mitzumachen. Bertrand war diesen Winter von seiner Mutter schon früher nach Cannes geschickt worden, und zwar unter dem Vorwand, das warme Wetter sei gut für seine Gesundheit, tatsächlich aber, um ihn von Colette zu trennen. Er hatte es trotzdem geschafft, sie noch einmal zu sehen, das war Ende November, als sie in Marseille einen Vortrag hielt, aber nur, um ihr, wie er sagt, die Hand zu küssen.

Claire bemühte sich immer noch, Bertrands Heirat zu arrangieren, und sie quartierte ihre große Hoffnung in dem Hotel neben dem seinen ein. Die junge Dame war Marcelle Prat, die Nichte des hervorragenden Dramatikers Maurice Maeterlinck, und Bertrand sagt, diesmal habe Claire »eine gute Auswahl« getroffen. Sie verlobten sich und heirateten im folgenden Dezember.

Nicht jedoch, ohne dass Colette ein letztes Mal versuchte, ihren *fils chéri* wieder in Besitz zu nehmen. Als sie in Cap-d'Ail war, lud sie ihn zum Essen ein. Er kam allein, sie aber brachte Goudeket mit, vielleicht in der Hoffnung, Bertrands Eifersucht zu wecken. Zumindest gelang ihr, es ihm ungemütlich zu machen, denn Bertrand erzählte Geneviève Dormann, »aus irgendwelchen Gründen« habe er dieses Essen »schwierig« gefunden, Goudeket habe ihn »geärgert« und Colette habe wie eine »schlaue Katze« ausgesehen.

Als sie das Restaurant verließen, nahm Colette Bertrand beiseite und lud ihn ein, zu ihr ins Eden zu kommen. Es sollte die letzte gemeinsame Nacht werden. Irgendwann zwischen Mitternacht und Morgendämmerung fragte Colette ihren Stiefsohn »ernst«, ob er wieder mit ihr zusammenleben wolle, und wie er Dormann erzählte, war er damals wirklich »bereit, [sein] Leben mit ihr zu verbringen«. Am Morgen stimmten sie überein, »dass es unmöglich war«. Vielleicht verriet Bertrands Körper, dass es unmöglich war. Oder vielleicht Colettes.

Den Brief, den sie ihm schrieb, hat er nie erhalten; Marcelle Prat fing ihn ab und vernichtete ihn, jedoch nicht, ohne seinen Inhalt vorher auswendig gelernt zu haben. Als sie Jahre später ihren Diebstahl zugab, konnte sie Colettes Abschiedsworte immer noch zitieren. Zu gern würde man sie kennen. Waren sie so großmütig wie die Léas an Chéri? Bertrand schwieg dazu und fragte nur: »Gibt es schöne Trennungen?«

Inzwischen erhielt Goudeket ein dringendes Telegramm, das ihn nach Paris zurückrief, und er beschloss, in derselben Nacht mit dem Expresszug von Monte Carlo aus zurückzureisen. Die Bloch-Levalois' und Morenos hatten bereits ihre Reisepläne gemacht, so bot er seinen leeren Wagen mit Chauffeur Colette an, die »mit

Freuden annahm; nichts liebte sie mehr als eine gemütliche Fahrt über Land«.

Goudeket behauptet, er sei damals zu der Überzeugung gekommen, zwischen ihm und Colette sei »nichts möglich oder wünschenswert« gewesen. Sie würde ein kurzes Dankeschön für die Benutzung seines Autos mit einem signierten Buch schicken, und »darauf würde sich unsere Beziehung beschränken. Und das wäre auch das Beste.« Dann aber erklärt er lang und breit, wie er in jener Nacht nach Cap-d'Ail zurückkehrte, nachdem er zuvor eifrig, geradezu heroisch versucht hatte, im Nachtzug einen Schlafwagenplatz zu bekommen, und damit gescheitert war. Als er Colette feierlich fragte, ob sie ihm den Gefallen täte, ihn in seinem eigenen Wagen nach Paris mit zurückzunehmen – »Sie können mir das natürlich auch abschlagen« –, lachte sie ihm ins Gesicht, und sie reisten am nächsten Morgen.

2

Colette machte sich bezüglich der unmittelbar bevorstehenden Romanze hoffnungsfroher auf den Rückweg nach Paris als ihr Begleiter. »Was für ein Tumult in meinem verdammten Leben!«, schrieb sie an Hélène Picard am Abend vor ihrer Reise. Goudeket war offenbar bereits »etwas« für sie, obwohl sie noch nicht sagen konnte, ob dieses Etwas (wie sie Moreno geschrieben hatte) »ein gutes Essen [...] oder ein mystisches und festes Versprechen« sein würde.

Maurice erhielt ein Buch mit Widmung – *La Vagabonde* –, aber zusammen mit einer Einladung zum Essen. Er kam zum Essen und blieb für das Versprechen. »Ich war schnell«, sagt Colette. Beide waren schnell. Es ist leicht zu verstehen, was ein passiver, entwurzelter, verschlossener, unnahbarer, enttäuschter Mann wie Goudeket, der noch so viel ungenutzte Leidenschaft besaß, an

Colette bewunderte. Paul Valéry meinte, er habe die Affäre richtig betitelt, als er Maurice Monsieur *Good Quéquette* taufte (ein Wortspiel auf Anglofranzösisch). Aber die Verschiedenheit der beiden Liebenden verdeckt leicht ihre Ähnlichkeit in einem wichtigen Punkt. Mit seinen fünfunddreißig Jahren war es Maurice bisher gelungen, sich vor ernsthafteren Bindungen zu hüten, weil er sich »für jene einzige Liebe bewahren wollte, an die ich jedoch im tiefsten Grunde meines Herzens nicht mehr recht glaubte.« So ging es mit ihren zweiundfünfzig Jahren auch Colette.

Es war ein ungewöhnlich heißes Frühjahr. »Hinter jedem Blatt [...] steckt ein Satyr«, schreibt Colette. Um Geist und Körper abzukühlen, ging sie auf dem See im Bois rudern. »Oh, Übungen, Übungen, lenkt mich von solchen Gedanken ab, die ein kräftiges Wesen wie mich aus dem Gleichgewicht bringen!« Die Liebenden gingen tagsüber ihren jeweiligen Beschäftigungen nach, abends trafen sie sich und redeten miteinander die Nacht hindurch. Colette spricht von »Orgien von Mineralwasser, Orangen, Grapefruits und Zigaretten«, aber natürlich gab es auch Ekstasen anderer Art. Sie begann Goudeket als ihren »Satan« zu beschreiben und bittet Moreno, die Auslassungen in ihren Briefen zu füllen. Doch die Briefe sind direkt genug: »Der Junge ist ausgezeichnet. [...] So viel männliche Grazie gibt es da in einer gewissen Weichheit, und wie rührend es ist zu sehen, wie das innere Feuer die Hülle schmelzen lässt.«

Wie bescheiden Goudeket auch in Gegenwart der großen Schriftstellerin war, die er seit seiner Kindheit geliebt hatte, er war doch weltgewandt genug, der Frau gegenüber den Gebieter zu spielen. »Glaubst du nicht«, fragt eine verliebte Colette, »dass es nur wenige Männer gibt, die es verstehen, ohne die Stimme zu heben oder den Ton zu ändern, zu sagen ... was gesagt werden muss?« Es war die Begegnung von zwei außerordentlich stolzen und misstrauischen Menschen. Colette hatte das Gefühl, wenn

Goudeket ihr zuhörte, dann erspüre er sie mit »seinen Antennen«. Dieses Bild einer von extremer Wachsamkeit geschützten Zerbrechlichkeit passt auf beide.

Allerdings war Colettes Wachsamkeit nur von kurzer Dauer. Ende Juni erhielt Moreno einen panischen Brief, in dem Colette all ihre Ängste gesteht: »O lala, und noch mal lala! Und nie genug lala! Die ist mir die Rechte, deine Freundin [...] sitzt ganz schön in der Patsche – einer angenehmen –, bis zu den Augen, zu den Lippen und noch tiefer! Oh, diese stillen Wasser, sie haben den Teufel in sich – das bezieht sich auf den Knaben Maurice. Willst du wissen, was das für einer ist, dieser Knabe Maurice? Er ist ein Schuft und dies und das und sogar ein feiner Kerl, und er hat eine Haut wie Seide. So weit bin ich.«

Das war nicht der Zustand, den die Kupplerin beabsichtigt hatte. »Großartig!«, antwortete sie postwendend.

> Nun! Das ist mir was Rechtes! Das ist ja reizend!
> Da bist du also ganz schön ins Loch gefallen!
> Man gibt dir einen Diener, und schwupp, machst du ihn zum Meister!

Im April 1925 war Colettes Scheidung abgeschlossen, und sie hörte auf, ihren Ehenamen zu tragen. »Nun aber habe ich gesetzlich, literarisch und familiär nur noch einen Namen, und zwar meinen eigenen. Brauchte es, um dahin zurückzugelangen, dreißig Jahre meines Lebens? Ich werde noch zu der Überzeugung kommen, dass das kein zu hoher Preis war.«

Früh im Juni kehrte sie nach Saint-Sauveur zurück, wo dank Anatole de Monzie eine Platte mit ihrem einzigen Namen in ihrem Geburtsort angebracht wurde. »Meine Exgeißel glaubt wohl, sie sei George Sand, Sarah Bernhardt ... und auch noch Sacha Guitry«, schrieb Olympe Terrain verächtlich an Jean Larnac. Die Leute am Ort schnitten Colette, ihre Begleiter und die Zeremonie: »Erwartete sie Ovationen? Wenn ja, war sie enttäuscht. Auch wenn wir hier nicht prüde sind, ihr Charme gilt hier nicht gerade als erbaulich. ›Das ist der Triumph der Pornografie‹, sagen die Dorfbewohner, die in literarischen Dingen für den Inhalt empfänglicher sind als für die Form.«

Inzwischen war auch Bertrand aus dem Blickfeld verschwunden. Colette hatte nichts mehr von ihm gehört, seit sie sich im Eden getrennt hatten. »Entrüstung«, sagte sie zu Moreno, »ist ein ausgezeichnetes Tonikum.« Als der Eigentümer seiner Wohnung in der Rue d'Alleray ihr für das nächste Quartal die Mietrechnung schickte, leitete sie diese »in aller Ruhe« an Claire Boas weiter.

Es blieb noch ein Jouvenel übrig zum Weiterleiten: das war ihre Tochter. Als es Sommer wurde, brach Colette, wie sich herausstellen sollte, definitiv mit Rozven, seiner Landschaft und den Erinnerungen daran. Sie fuhr mit Goudeket in den Süden; er hatte in der Var ein Haus gemietet, und sie überließ ihr rebellisches Kind der Obhut von Germaine Patat, die sie mit neuen Kleidern und Fürsorge überschüttete, wofür Colette dankbar, wenn auch ein wenig neidisch war. »Ich habe dir dieses kleine Mädchen, das du liebst, mit dem Gefühl überlassen, es an einem sicheren Ort untergebracht zu haben«, schrieb Colette an Germaine. »Danach konnte ich meine Karten spielen, wie sie für dieses Jahr gerade gemischt waren. [...] Ich hatte ein starkes Bedürfnis, mich zu entlasten. Ich spreche einfach mit dir, denn ich bin ohne Zweifel ein ›unschuldiges Ungeheuer‹, wie Jouvenel zu sagen pflegte. Und weil ich mich mit einem einfachen Wesen anfreunde, das nichts Ungeheuerliches an sich hat.«

Colette hatte das, was sie einmal »den schönen, falschen Midi« nannte, nie besonders gemocht. Bereits im April hatte sie Hélène Picard auf einer Postkarte von Cap-d'Ail mitgeteilt: »Dies ist keine Landschaft für mich.« Im selben Sommer machte sie eine radikale Kehrtwendung. »Was für eine Landschaft!«, jubelt sie nur drei

Monate später Carco gegenüber. »Ich möchte keine andere. Im Ernst, Francis!«

Goudeket hatte für zwei Wochen eine rosa Villa gemietet – »eine schicke Herberge namens La Bergerie, umgeben von Weinbergen und Obstbäumen. Am Fuß des Gartens lag das Mittelmeer. Tagsüber war die Hitze sengend, sie bleichte Himmel und Meer und schmolz das Harz der Pinien. Das Paar trotzte fröhlich dem Sonnenstich, fuhr im Kabriolett spazieren und hielt an einsamen Buchten, um zu baden. Colette versicherte Hélène Picard, sie »werde ganz südlich«. Stell dir mal vor, was sich dadurch alles bei mir geändert hat: Ich habe seit meiner [Ankunft] nicht ein einziges Mal Fleisch gegessen.« Moreno gegenüber war sie vertrauensvoller: Sand und Meer seien ihr »ureigenstes Element, und die Liebe auch«.

Die Nächte waren so schön und klar, dass die Liebenden ihre Matratzen auf die Terrasse hinauszogen und dort unter einer leichten Decke schliefen, so dass sie beim Untergang des Mondes und der »düsteren, dunkel orangefarbenen Morgendämmerung wieder aufwachten«. Colette fühlte sich so ausgeruht, dass sie nachmittags keine Siesta brauchte. Ihr Begleiter war durch seinen Einsatz stärker strapaziert. »Man fühlt sich immer ein wenig schuldig, neben einem Schlafenden zu schreiben«, schrieb Colette Moreno eines Nachmittags, »selbst dann, wenn man in ein paar Zeilen gesteht, dass er reizend ist und dass man ihn liebt. Sag mal, hast du mir nicht diesen Winter angekündigt, ich würde *auf einer Reise* einen Mann kennen lernen, der ›mein Leben ändert‹?«

Das nächste Dorf von La Bergerie aus war Sainte-Maxime, das bereits die Einwohner der französischen Theaterwelt kolonisiert hatten. Colette und Maurice trafen ihren alten Freund Sacha Guitry und seine neue Frau dort, den belgischen Schauspieler Jules Berry und die schöne zum Mannequin gewandelte Schauspielerin Exiane – aber »nur auf eine Limonade«. Sie zogen es vor, unter sich zu sein. Und wenn sie Lust auf Nachtleben hatten, dann fuhren sie nach Saint-Tropez, auf die andere Seite des Golfs. 1925 war Saint-Tropez noch ein verschlafenes Hafennest ohne Verkehr und mit nur wenigen rustikalen Klavierbars für die Fischer am Ort und eine Hand voll abenteuerlustiger Künstler. »Ich würde dich gern [hierher] bringen, damit du alle Tage Weißwein auf dem Fischerball trinken kannst«, schrieb Colette an Anna Noailles, »weil ich dich liebe und weil es dir so gefiele, solch schöne Jungs miteinander tanzen zu sehen.«

Wenn Colette in diesem Augenblick Anna besonders liebte, dann weil diese so bereitwillig von Maurice bezaubert war. Sie gehörte zu einer Minderheit, denn, wie Colette in *La Naissance du jour* festhielt, »meine wahren Freunde haben mir stets den stärksten Beweis von Zuneigung gegeben: eine impulsive Abneigung gegen den Mann, den ich liebte.« Bitterer war der Snobismus, den Maurice als obskurer jüdischer Emporkömmling zu ertragen hatte, der Edelsteine verkaufte und danach strebte, jenen Platz in Colettes Leben einzunehmen, der einst von dem brillanten Willy, der edlen Missy und dem mächtigen Jouvenel eingenommen worden war.

Anna hingegen hatte sich Colette gegenüber in einem Hagel von Briefen freundlich schwärmerisch über Maurice geäußert und ihn gebeten, ihr persönlich zu schreiben. Sie hatten sogar darüber gesprochen, die Gräfin zu ihnen in die Bergerie kommen zu lassen. Dass sie, ohne alarmiert zu sein, die Huldigung als etwas ihm Gebührendes annahm, zeigt, welches Maß an Vertrauen Colette ihrem neuen Liebhaber entgegenbrachte – ein ganz untypisches Fehlen von Besitzanspruch. Es schien ihr »absolut natürlich«, dass Anna »verrückt« auf ihn war. Ihrerseits war sie allerdings, wie sie Moreno erzählte, überhaupt nicht »verrückt«. Es war »viel schlimmer als das«.

Ihre zweiwöchige Idylle im Süden »verführte« Colette derart, dass sie, bevor sie abreiste, beschloss, Rozven zu verkaufen und ein Haus bei Saint-Tropez zu erwerben. (»Du siehst«, schrieb sie

Moreno, »ich bin bereit, über das nächste Jahr zu sprechen.«) Sie mobilisierte ihre Freunde in der Gegend, für sie ein Bauernhaus zu finden, das sie renovieren konnte. Prompt fand sich Tamaris les Pins, ein typisches südfranzösisches Bauernhaus, *un mas*, mit vier kleinen Räumen. Es hatte keine Wasserleitung und keinen Strom, aber einen tiefen und vollen Brunnen und eine hübsche Terrasse nach Norden im Schatten einer alten Glyzinie. Das Haus stand auf einem zweieinhalb Morgen großen Land, auf dem Weinstöcke und Feigenbäume wuchsen. Jenseits des Gartens stand eine alte Piniengruppe, und von hier führte ein schmaler Pfad unmittelbar vom Haus zu einem einsamen Strand.

Colette machte sogleich Pläne für den Ausbau und ließ sich in Gedanken schon dort nieder. »Wie sie nie anfangen konnte, ein Buch zu schreiben, ohne einen Titel zu haben«, bemerkt Goudeket, wollte sie dem Haus einen Namen geben, noch bevor sie den Vertrag unterzeichnet hatte. Tamaris les Pins klang in ihren Ohren wie eine Bahnstation. Als der Eigentümer auf die Muskatellerreben um den Brunnen herum hinwies, beschloss Colette: »Gut. Wir nennen es La Treille Muscate.« Für den pingeligen und unheilbar bürgerlichen Goudeket sollte es nie »richtig schön und wirklich bequem« werden, obwohl Colette, wie bei all ihren Paradiesen, »magisch« die Illusion schuf, es sei so.

Im August ging Colette, mit Goudeket im Schlepptau, mit *Chéri* auf Tournee. Das war ein anstrengendes Unternehmen für eine Frau von zweiundfünfzig, umso mehr bei der Hitze. Sie spielte an sechzehn Tagen in ebenso vielen Casino-Hotels und schrieb all ihren üblichen Briefpartnern von ihren Triumphen, Empfängen, von den Massen und von ihrer, trotz allem, »herrlichen Reise mit Satan«.

Im September musste Goudeket geschäftlich nach London, und Colette verbrachte ein paar Tage mit Bel-Gazou in Rozven. Sie hatte den ganzen Sommer über nichts von ihr gehört und von

La Bergerie an Germaine Patat geschrieben, um im Scherz zu fragen, was sie denn mit »ihrer [gemeinsamen]« Tochter gemacht habe. Germaine hatte die Zwölfjährige tatsächlich zu Jouvenel mitgenommen, damit sie einen Teil der Ferien mit dem Vater verbrächte. Colette behauptete immer, Henry »verwöhne« sie, aber für Bel-Gazou war seine Nachgiebigkeit ein Balsam nach dem, was Pichois Colettes »plötzliche Anfälle von Autorität« nennt.

Die bittere Scheidung ihrer Eltern, unmittelbar gefolgt von Colettes Sprung in eine neue Affäre und ihrer abrupten Abwendung von Rozven, musste für Bel-Gazou natürlich niederschmetternd sein. Sie sollte Goudeket, den sie »das Krokodil« nannte, nie akzeptieren oder mögen, und auch er verhielt sich ihr gegenüber vorsichtig und zurückhaltend. Nach Colettes Tod kämpften sie jahrelang verbissen vor Gericht und außerhalb gegeneinander. Aber keine Regelung konnte Colette de Jouvenel für ebenjene Mutterliebe entschädigen, um die sie betrogen worden war.

3

Im Oktober schickte man Bel-Gazou auf ein Internat in England, und nach Colettes kurzem Gastspiel als Léa in Brüssel nahm sie die Arbeit an dem Roman wieder auf, an dem sie seit mindestens einem Jahr gearbeitet hatte. *La Fin de Chéri* hatte, wie Colette Germaine Patat erzählte, »als die Geschichte von Chéris Heirat« begonnen. In den meisten Fällen waren ihre Folgeromane nicht so stark gewesen wie das Originalwerk und auch künstlerisch weniger wertvoll; dieses aber bildete eine Ausnahme: ein freudloses und kühnes Meisterwerk. Mit ihm begibt Colette sich zum ersten Mal in den Bereich der Sozialgeschichte. Würde man nur wenige kleine Details in *Chéri* ändern, so könnten die Gestalten in diesem Buch irgendwann zwischen 1880 und 1913 gelebt haben, *Chéris Ende* hingegen spielt in dem historischen Moment, in dem es geschrieben wurde: 1925. Das scharfe Auge der Reporterin, einer Meisterin der Verdichtung, ist offensichtlich. Indem Colette aus der Sicht von Chéri schreibt, ohne je die gesetzten Grenzen – hier die Klaustrophobie – seiner Perspektive zu verletzen, kann sie zeigen, welche Revolution sich in den Umgangsformen ereignet hat, in den sexuellen Rollen, im Zusammenbruch der Hierarchien, wie sich die Zeit beschleunigt und sich die Strömungen von Gier, Euphorie und Verzweiflung, die das Nachkriegs-Paris geprägt hatten, verändert haben. Das Ergebnis ist die moderne Variante eines Renaissanceporträts: ein Prinz, glänzend und verdrießlich, steht im Vordergrund; durch ein geöffnetes Fenster hinter ihm ahnt man die glitzernde, kampfbereite Stadt.

Colette arbeitete mit einer Zielstrebigkeit an *Chéris Ende*, die sie keinem Roman seit ihrer ersten *Claudine* je gewidmet hatte. Sie lehnte alle journalistischen Aufträge ab und verschob ihre Vorträge und Theaterauftritte. »Wenn ich jetzt irgendwelche kurzfristigen Arbeiten übernähme«, sagte sie zu Germaine Patat, »würde mein Roman darunter leiden, und das möchte ich nicht. Dies wird kein fröhliches Buch, vielleicht wird es niemand mögen, aber ich verspreche dir, es wird nicht ohne Emotionen sein.«

Moreno gegenüber spricht sie davon, der Roman sei im Stil »ganz nackt« und sie habe eine »Abneigung gegen jedwede Schnörkel, die sogar mich wundert.« Der ästhetische Widerwille der Autorin gegen Ausschweifungen spiegelt ihre Auffassung von Chéris Revolte gegen den übersteigerten Materialismus seiner alten Freunde und die »männliche« Entschlossenheit seiner Frau und seiner Mutter. Charlotte Peloux ist zur Schirmherrin von Wohltätigkeitsorganisationen, Spekulantin im Immobiliengeschäft und Anhängerin der Politikaster im Stadtrat geworden. Der Krieg hat Edmée verändert. Aus einer unterwürfigen *femme d'intérieur* ist eine überragende Managerin geworden, die den Haushalt führt, ihr Aktiengeschäft betreibt und ihre auf die Minute geplanten Arbeitstage mit Besuchen bei den Verwundeten in dem von ihr gestifteten Krankenhaus verbringt – ein Krankenhaus, mit dessen Chefarzt sie eine Affäre hat. Chéri gehört zu ihrer Ausstattung und lebt in ihrem Schatten.

Chéris Ende ist das Werk einer zutiefst, ja radikal konservativen Schriftstellerin, und es stellt Colette in eine Reihe mit Romanciers wie Drieu La Rochelle, Georges Bernanos und Maurice Barrès. Chéris Müßiggang, seine Passivität, Schwachheit, Infantilität und Unfähigkeit sich anzupassen – nichts von alledem bestreitet sie –, stellen ihrer Meinung nach eine Art edler Revolte gegen die Moderne dar. Früher war er ein herzloser Gigolo. Jetzt ist er ein Mann, der »mit unsäglichem Abscheu vor dem Gedanken zurückschreckt [...], in einer Welt zu leben, in der nicht die Liebe regiert«.

Vom Krieg heimgesucht, seelisch heimatlos und voller unausgesprochener Sehnsüchte, verkörpert Chéri das Yin-Prinzip in einer uhrwerkartigen Yang-Welt, in der sogar die Frauen – und besonders die Frauen – zu hart und kompetent geworden sind. Sie haben die Peitsche ergriffen und den Harem abgeschafft, in dem Chéri als Freiwilliger und Letzter ausharrt.

Auf André Parinauds Frage, warum Colette *Chéris Ende* geschrieben habe, antwortete diese: »Vielleicht, um ihm eine Art Rechtfertigung zu schaffen! Und ihn dem Publikum gegenüber mit einer gewissen Unschuld auszustatten. Was hätte Chéri denn im Leben anfangen sollen? Es konnte doch nicht [...] ein Großindustrieller aus ihm werden! Aber die bloße Vorstellung, einen Chéri zu erfinden, der an einem Schreibtisch sitzt mit mehreren Telefonen, Stenotypistinnen und Angestellten, hatte eine so verheerende Wirkung auf mich, dass ich beinahe noch einmal in Tränen ausgebrochen wäre, und ich habe ihn getötet! [...] Ja! Chéris Reinheit! Ich bitte Sie um Verzeihung, aber ich glaube, dass es sie ein wenig gegeben hat, sei es auch nur in meiner Einbildungskraft und in meinem Willen.«

Wenn Chéri ein neues *Mal du Siècle* verkörpert, so evoziert er auch eine viel ältere und wohl bekannte Gestalt: Auch Colettes Vater war ein verwundeter und ausgezeichneter Veteran, der mit der Demütigung aus dem Krieg kam, überlebt zu haben. Auch er war nutzlos, frivol und depressiv und mit einer Frau verheiratet, die im Vollbesitz ihrer Fähigkeit war, zu leben und zu überleben. Sido hielt die abgöttische Liebe ihres Mannes, ja geradezu sein Leben für gänzlich »frivol«, ohne zu verstehen – und das war anders als bei Colette –, dass in der Liebe die einzige Würde und der einzige Idealismus lagen, die ihm noch geblieben waren.

»Auch wenn sie geduldig und oftmals scharfsinnig war, nahm Edmée sich doch nicht davor in Acht, dass die weibliche Besitzgier dazu neigt, jede lebendige Eroberung zu entmannen, und imstande ist, einen herrlichen und zugleich unterlegenen Mann in die Rolle einer Kurtisane zu zwingen.« Indem Colette Chéri »rechtfertigt«, ehrt und betrauert sie letztlich ihren Vater.

Die Szene von Chéris gescheiterter Vereinigung mit Léa ist wahrscheinlich das Größte, was Colette jemals geschrieben hat. Die Katastrophe des Krieges und die Katastrophe, sie zu verlieren, sind für ihn untrennbar verbunden. »›Damals war Krieg [...] Damals war Léa.‹ Léa, der Krieg. [Es] hat mich beides aus dieser Zeit gestoßen.« Ohne je aufzuhören, von ihr zu träumen, wird ihm eines Morgens schockartig klar, dass er sie, seit der Krieg begann, nicht mehr gesehen hat. Er zählt die Jahre an seinen Fingern ab, rechnet aus, dass sie sechzig sein müsste, und eine Seite später fällt er in Ohnmacht.

An diesem Tag sucht er eine Adresse in der Rue Raynouard auf, die ihm seine Mutter gegeben hat. Ein Hausmädchen führt ihn in den Salon. Dort sitzen zwei Damen, die er beide nicht kennt; er wundert sich, was mit Léa geschehen sein könnte. Da hört er ein vertrautes Lachen, dessen tiefer Klang ihn in »qualvolle Erinnerungen« stürzt. Langsam wird ihm klar, dass das Lachen aus der Kehle einer der beiden Frauen kommt, der Grauhaarigen mit der dicken Nackenfalte: »Abstoßend war sie nicht, aber breit, und alle ihre Körperteile hatten sich üppig entfaltet. Wie runde Schenkel standen ihre Arme, durch die fleischige Fülle an den Achseln angehoben, von ihren Hüften ab. Der einfarbige Rock, die lange, über einer Spitzenrüsche halb offene farblose Jacke deuteten auf den üblichen Rückzug, die übliche Schrumpfung der Weiblichkeit, auf eine Art geschlechtslose Würde.«

Léa und die Dame, die Valérie hieß (vermutlich eine frühere Kokotte, obwohl sie einen echt königlichen Namen trug), begutachteten Chéri in aller Ruhe und »ersparten ihm weder Wohlwollen noch Neugier«. Sie unterhielten sich wie »Experten in Sachen Schlachtvieh« über einen anderen jungen Mann, die neueste Eroberung einer Freundin. »Was die Proportionen betrifft«, sagt Léa auffallend und absichtlich vulgär, »wird Chéri unübertroffen bleiben. Ihre Freundin stellt fest, dass Chéri sich kaum verändert habe, und erinnert Léa daran, wie stolz sie auf ihn war. »›Nein‹, sagte Léa seelenruhig. ›Ich liebte ihn.‹ […] ›Es stimmt, dass ich dich liebte. Und sogar sehr.‹«

Léas Selbstgefälligkeit schockiert Chéri so sehr wie ihre Obszönität oder das unfrisierte graue Haar, die fleckigen roten Wangen, die blutunterlaufenen Augen, die unansprechende Aufmachung und die »joviale Art eines alten Herrn«. Das alles stellt sie mit der gleichen unbegreiflichen Gelassenheit zur Schau und erklärt noch: »Ich mag meine Gegenwart. Ich schäme mich nicht für das, was ich gehabt habe, ich trauere dem nicht nach, was ich nicht mehr habe.«

Valérie geht, und Léa plaudert über Geld, Wohnungen, Dienstboten. Sie sagt einem entsetzten Chéri, er solle seinen Urin untersuchen lassen und zehn Pfund zunehmen, sie bietet an, ihm die Adresse eines noch unentdeckten kleinen Bistros zu geben, wo die Wirtin noch selbst kocht. Ohne eine Unterbrechung – denn er kann kein Wort sagen und schließt die Augen, um den Klang der geliebten Stimme von der massigen Gestalt im Lehnsessel zu trennen – hört er sie »die Krankheit unserer Zeit« der »Nervenschwäche« und dem Selbstmitleid zuschreiben und ihn schelten, er halte sich für einzigartig: »›Eine bestimmte Art von Weltschmerz, mein Kleiner, von Enttäuschung, das kommt vom Magen. Ja, ja, lach nur!‹ Er lachte nicht, aber sie konnte glauben, er lache. ›Romantik, Nervenschwäche, Lebensüberdruss: der Magen. All das kommt vom Magen. Und selbst die Liebe! Wenn man aufrichtig wäre, dann müsste man zugeben, dass es eine wohl genährte Liebe und eine schlecht genährte Liebe gibt. Und alles Übrige ist Literatur.‹«

Chéri hat »das Bedürfnis herauszuschreien: ›Hör auf! Zeig dich wieder! Wirf diese Verkleidung ab!‹« Und Colette erlaubt Léa gerade so viel Kühnheit und Kummer zu verraten, gerade so viel vorgetäuschte Koketterie – ein, zwei Anflüge ihrer alten katzenhaften Grausamkeit –, dass der Leser mit Chéri im Zweifel bleibt, wie echt ihre Selbstdarstellung ist.

Danach kommen noch vierzig Seiten, bevor sich Chéri am Ende des Romans erschießt. Doch als er Léas Wohnung verlässt, hat sie bereits das bisschen »Leben«, das noch in seinen Adern pulste, abgelassen. »Colette gewährt der Frau das Privileg, sich selbst zu regenerieren«, schreibt Yannick Resch, und zwar auf Kosten des schwächeren männlichen Wesens. Dem Mann gewährt sie das Privileg der Tragödie.

Colette war zu dieser darwinistischen Theorie über die Dominanz des weiblichen Prinzips über das männliche gelangt, indem sie die Natur und die Ehe ihrer Eltern beobachtete, und ihr eigenes Leben sollte sie darin bestätigen. Sie hatte ihren ersten Ehemann überlebt, aber »der verstorbene Willy« geriet ohne sie in Vergessenheit. Missy, mehr Mann als Frau, strampelte sich ab und verlor, schließlich hatte sie das gleiche Ende wie Chéri. Jouvenel starb früh, und trotz seiner Bedeutung als Staatsmann ist er doch bestenfalls als ihr zweiter Ehemann im Gedächtnis geblieben. Maurice wurde Monsieur Colette. Paradox ist jedoch, dass der

Preis, den Colettes Neue Frau für ihren Sieg und ihre Distanz zahlen muss, ihre weibliche Form ist. Sie verschlingt den Mann und verleibt sich seine Kraft ein. Und in *Chéris Ende* hört man die Stimme des Alten Mannes – aller Frauenfeinde der Jahrhundertwende, der subtilen wie kruden, homosexuellen wie heterosexuellen, alle verwirrt, zornig, erschreckt und fasziniert, die Colette sich einverleibt hat.

34. KAPITEL

Wieder jung werden, nein. Jünger werden, als ich je war, ja!
Colette im Gespräch mit Dr. Helan Jaworski, Autor des Buches WIE MAN SICH VERJÜNGT

I

Colette tötet Chéri in einem Augenblick, in dem sie einen jener radikalen Brüche mit ihrer eigenen Vergangenheit vollzieht, die sie Wiedergeburt nennt. Wie so oft in ihren Romanen ergründet Colette in *Chéris Ende* die Sackgassen und Engpässe – die Alternativen zu ihrem Schicksal –, denen sie entgangen ist. Chéri und Léa verkörpern zwei gefährliche Extreme in Colettes eigenem Charakter – Distanzierung und Hingabe. Er ist das Kind, das sich nach einem unwiederbringlichen Zustand der Verschmelzung sehnt. Sie hat die Bestimmung über sich selbst um den Preis erkauft, dass sie jetzt ungenießbar und geschlechtslos ist.

Goudekets Erinnerungen deuten an, dass er Chéris Unbehagen teilte, und seine Briefe lassen vermuten, dass er ihm erlegen wäre, wenn nicht Colettes Vitalität ihn gerettet hätte. Doch dann rettet diese Glut auch sie. Das wird recht deutlich, wenn sie in *Die Freuden des Lebens* schreibt: »Ich schuf die Léa aus einer Ahnung.«

Léa ist zugleich eine Selbstkarikatur, wie sie kein Karikaturist oder Kritiker grausamer hätte zeichnen können. Aber Colette ist nie schwerer zu fassen, als wenn sie offen ist, und all ihre Selbstporträts sind Ablenkungsmanöver. Je mehr sie sich der Wahrheit nähern, desto mehr Ängste spürt man im Text, als ob ein starker Magnet, den ein neugieriges Kind ansetzt, die Syntax mal dehnt, mal zusammenpresst.

Chéris Ende erschien im März 1926. Colette fesselt hier ihre Leser und Kritiker mit dem Schauspiel einer monströsen Léa, die ihr geädertes Gesicht Chéris Blicken preisgibt und ihn »heiter einlädt, ihr Erscheinungsbild zu beurteilen«; damit erprobt sie selbst eine neue Rolle. Sie bereitete sich darauf vor, in ihrer eigenen Adaptation von *La Vagabonde* die romantische Hauptrolle der Renée Néré von um die dreißig zu spielen.

2

Das Jahr 1926 war für Colette ein Vagabundenjahr, so anstrengend wie 1908. Sie ging im Januar mit *Chéri* auf Tournee, nahm das Stück einen Monat später in Paris wieder auf und im Herbst in Bordeaux. Im Oktober spielte sie die Renée in Brüssel. Im November bereiste sie die Schweiz mit Vorträgen über ihre Varietéerfahrungen in sechs Städten. Ende desselben Jahres ging sie mit *La Vagabonde* nach Nizza, Cannes, Saint-Raphael, Toulon, Menton und Monte Carlo. Paul Poiret, der Modeschöpfer, spielte den Brague neben ihr als Renée.

Diese Trennungen waren für Maurice fürchterlich. Er schrieb ihr extravagante Briefe, in denen die Ekstase »junger Liebe« mit einer ebenso blühenden Verzweiflung abwechselte. »Was für ein Kannibalismus meinerseits, sie anzunehmen«, schrieb sie an Moreno. Doch wenn auch die Übertriebenheit dieser Briefe die Stilistin schmerzten, bewegten sie doch die Frau; ihre Gefühle – Demut, Bescheidenheit, Misstrauen, kurz gesagt, Liebe – sickern durch die kleinen Risse ihrer Zurückhaltung. »Ich schreibe dir über so gewöhnliche Dinge, […] kleine, dunkle Dinge. Sie binden uns wie die Körnchen in einem Zapfenloch fest zusammen. Sieh mich an, ich schäme mich zu schreiben, dass ich dich liebe. Ich gehe, meine Verlegenheit im heißen Bad zu verstecken.«

Zwischen ihren Engagements fanden sie und Maurice Zeit für einen Neujahrsurlaub in Saint-Tropez und eine Schlemmeridylle in Marokko, wo sie bei Al-Glâwi, dem Pascha von Marrakesch, zu Gast waren. »Ich möchte unter marokkanischem Himmel über etwas Blendendes nachdenken, bevor ich gänzlich zur alten Dame werde«, schrieb sie an Renaud de Jouvenel – ganz die falsche Léa.

Ihr Wunsch ging in Erfüllung. Der Pascha war ein Sybarit wie Haroun al-Raschid selbst, mit den gleichen »tief liegenden, fast ängstlichen Augen eines Träumers« und einem »kleinen kapriziösen Kinn ungezügelter Gewalt«. Seine achtzig Köche schufen Banketts, wie »ein Gedicht in hundert Gängen«. Er stellte Colette seinen Wagen und seinen Palast in Fez zur Verfügung, zusammen mit einer Armee von Sklaven, »Negerinnen, glänzender als jede Frucht« und »Berbern in der Farbe kaum vergilbten Elfenbeins«. Die Wände des Palastes waren mit farbigen Kacheln belegt, die Treppenaufgänge mit Mosaiken geschmückt und »der Nachtwind wirbelt die schweren Parfüms aus dem Duftgarten umher: Jasmin, Rosen, Minze, Geißblatt«.

In ihr Tagebuch schrieb Colette: »Illusion, ein Ziel erreicht zu haben. [...] ›Bin ich ans Ende gekommen ...‹? Das Ende wovon? Des Lebens? Der Wünsche? Der Bewegung? Der Liebe? [...] Für heute und seit zwei Tagen hat die Illusion gehalten.« Aber Colettes Empfänglichkeit für Illusionen ist immer schon so stark wie kurzlebig.

In diesem Jahr hatte sie zwei Umzüge, und jeder war ein größerer Angang. Im Juli kehrte sie nach Rozven zurück, das sie zum Verkauf angeboten hatte, um dort das Einladen der Möbel für Saint-Tropez zu beaufsichtigen. Als die Kisten sicher im Möbelwagen verstaut waren, fuhren sie und Maurice nach Süden, um sie dort zu erwarten. Der *Mas* hatte immer noch keine Betten und kein fließendes Wasser, so begann Colette die Handwerker »wie Galeerensklaven« anzutreiben. »Ich hatte Erfolg«, schrieb sie Hélène Picard. Sie wurden mit dem Einbau der Fenster, der Fensterläden, dem Innenhof und der Wasserinstallation fertig. Bel-Gazou kam mit einer Schulfreundin, und sie wurden sogleich im Garten eingesetzt. Pauline kehrte gerade rechtzeitig von einem kurzen Urlaub zurück, um die Kisten auszupacken, die endlich aus Rozven eingetroffen waren. Achtundvierzig Stunden später prahlte Colette gegenüber Léo: »Wir haben uns ein hübsches Haus gebaut, das aussieht, als wohnten wir schon seit zehn Jahren darin. [...] Wenn ich hier nicht vier Kilo abnehme, dann gibt es keinen gerechten Gott.«

Noch bevor sie nach Süden fuhren, hatten Colette und Maurice erwogen, ihr Haus am Boulevard Suchet zu vermieten und ein Quartier in Paris zu suchen, das leichter zu bewirtschaften wäre. Maurice machte sich Sorgen, schrieb sie an Moreno, »ein solcher Wechsel könnte mich melancholisch machen. Was für ein Irrtum! Er weiß nicht, wie sehr es Wesen wie uns jedes Mal aufleben lässt, wenn wir das Land, das Haus, die Haut wechseln können, vorausgesetzt, wir nehmen mit, was nötig ist – was für uns nötig ist!«

Nach dem Ersten Weltkrieg war es ebenso schwer, eine passende und preisgünstige Wohnung in Paris zu finden, wie heute, aber zu Colettes Bekanntenkreis hatte sich jüngst eine Wohnungs-Wundertäterin gesellt. Alba Crosbie, eine reiche Exil-Engländerin, gehörte zu jenen vernarrten Fans, die oft eigene literarische Ambitionen unterdrücken und sich einem großen älteren Schriftsteller beigesellen, als Sekretärin, Übersetzerin, Kinderfrau oder Lebensplaner. Alba taucht 1925 in Colettes Briefen auf als eine »vom Glück gesandte kleine Person«, die sie auf ihrer Reise in Brüssel besucht und später im selben Jahr in Nizza, wo sie »für mich sorgt wie für ein Rennpferd«.

Sobald Colette beschlossen hatte, das Haus zu verkaufen, suchte Alba einen Mieter und fand einen »ehrlichen Amerikaner (ohne Scherz!)«, der bereit war, eine große Anzahlung zu leisten. Als er einziehen sollte, hatte Colette immer noch keine geeignete Wohnung gefunden, so kam Alba ihr wieder zu Hilfe und machte ihre Zweitwohnung im Palais Royal für sie frei. Das war ein enger und dunkler Zwischenstock (Mezzanin) im zweiten Stock unter den Arkaden. Beide glaubten, das werde nur eine kurzfristige Untervermietung sein. Colette zog im November ein – und blieb drei Jahre.

Das alte und historische Palais Royal, nördlich des Louvre am rechten Seine-Ufer, wurde im siebzehnten Jahrhundert von Kardinal Richelieu gebaut. Der neue Palast war kaum fertig, da bot Richelieu ihn dem König an. Dieser starb kurz darauf und hinterließ ihn seiner Witwe Anne von Österreich und seinem Infanten Ludwig XIV. 1692 ging die Anlage auf den Bruder des Königs, Philippe d'Orléans, über, dann auf dessen Sohn, Philippe II., der dort berühmte Orgien abhielt. Während seiner Regierungszeit erwarb sich das Palais Royal seinen lasterhaften Ruf, den es bis weit in dieses Jahrhundert behielt.

Ein Feuer zerstörte Mitte des achtzehnten Jahrhunderts den größten Teil des Palais Royal. Er wurde vom späteren Philippe Egalité als ein niedriges, dreiseitiges Palais wiederaufgebaut mit einer herrlichen Säulenarkade, die einen öffentlichen Garten umschloss. Die Galerien im Erdgeschoss wurden als Läden vermietet; die Zwischengeschosse mit den niedrigen Decken – wo Colette jetzt wohnen sollte – beherbergten die Diener, während der Prinz mit seinem Hofstaat die oberen Stockwerke einnahm.

Im Juli 1789 organisierte Camille Desmoulins eine Demonstration am Palais Royal; sie war der Auftakt zum Sturm auf die Bastille. Die vornehmen Damen und Herren, die einst im Jardin flanierten, verloren bald ihre Köpfe, und 1791, als man auch die Südseite des Quadrates zubaute, wurde aus den Galerien ein Stelldichein für Prostituierte, Spieler, Lebemänner, Pädophile, Geldverleiher, Engelmacher, Spione, Schwarzmarkthändler, Pornografen und Schieber aller Art. Damit wurde das Palais Royal in der französischen Literatur zum »Herz der Finsternis« der Lichterstadt.

Als Colette in die Nummer neun der Rue de Beaujolais an der Nordseite des Jardin zog, waren die königlichen Suiten längst in kleinere Wohnungen mit exzentrischen Grundrissen, herrlichem Stuck und fantastischer Aussicht zerlegt worden. In vielen wohnten Theaterleute von der Comédie-Française nebenan. »Aber die *Entresols*?«, fragt sie. »Wer außer mir verteidigt oder wird sie verteidigen, diese unter die Bögen gekauerten Höhlen, eingeklemmt zwischen der Beletage und den Läden unten?« Colette jedenfalls war froh, eine billige Miete zu haben und ein Dach über dem Kopf, auch wenn sie mit der Hand die Decke berühren konnte. (»Machen Sie nur keine Freudensprünge«, warnte ein Witzbold sie, »sonst holen Sie sich einen Dachschaden.«) Sie würde einen Freudensprung machen, antwortete sie, wenn der Mieter über ihr auszöge und ihr seine Wohnung vermietete. Darauf musste sie allerdings bis 1938 warten.

Inzwischen aber »hörte ich auf, begehrlich nach der sonnigen Etage zu blicken, so sehr freundete ich mich mit dem dunklen Zwischenstock an, wo ich, ohne eine Leiter zu Hilfe zu nehmen, Vorhänge und Bilder aufhängen konnte«. Tagsüber lebte sie mit dem »Rampenlicht«, das von den Pflastersteinen der Arkaden reflektiert wurde, mit dem Gurren der Tauben, dem Hundegebell, den Schritten der Fußgänger und dem »Rattern« der Druckmaschine im Laden unter ihr. Die Nächte waren stiller dank der Patrouillen der Sittenpolizei. Aber »die Erholung von Geist und Körper«, schließt Colette, »hängt nicht von Stille ab. […] Der Tunnel, heimgesucht von Schritten und Stimmen, war die Wiege eines einzigartigen Friedens.«

3

Anfang 1927 veröffentlichte der Literaturhistoriker Jean Larnac die erste Biografie von Colette. Er hatte ihre Jugend erforscht und Olympe Terrain interviewt, die ihm Colettes Briefe zeigte. Um Argumente für ihre Größe zu liefern, vergleicht Larnac Colette etwas gewagt mit Corneille, Racine, La Bruyère, Constant und Rousseau (aber auch mit Paul Bourget). Er verteidigt sie gegen den – immer noch verbreiteten – Einwand, ihre amoralischen Romangestalten hätten kein Innenleben und sie selbst vertrete eine entwürdigende Auffassung vom Wesen des Menschen: »Hier handelt es sich nicht um Moral, sondern um Psychologie. Indem Colette sich so beständig auf die Triebe konzentriert, die uns leiten [...], hat sie erheblich zu dem beigetragen, was wir über uns selbst wissen; sie hat uns die unbekannten Kräfte gezeigt, die in unserem Unbewussten verborgen sind. [...] Indem sie das menschliche Sein der Gefühle entkleidet, die es einhüllen, wie Jupiter von einer Wolke eingehüllt wird, entdeckt sie [...] die eigentlichen Mechanismen, die wir unter dem Deckel der Konvention verborgen halten. Hinter der Intelligenz, die oft täuscht, hinter den Gefühlen, diesem unwirklichen Azurblau, zeigt Colette uns die einzig wirkliche Triebkraft [...], den Instinkt.«

Am Ende unseres Jahrhunderts lässt sich über Instinkt und Triebe mehr sagen als Larnac, sogar als Freud Anfang der zwanziger Jahre sagen konnten. Spätere Theoretiker der menschlichen Natur wie D. W. Winnicott und seine Nachfolger sind vielleicht bessere Führer, wenn es um das Verhalten von Colettes körperfixierten Gestalten geht, die trotz aller Hindernisse von außen und ihrer Ängste vor der Härte und Aggression gegen das Liebesobjekt von innen darum ringen, »die Fähigkeit zur Liebeserregung« zu bewahren.

Nicht, dass Colettes Gestalten kein Innenleben hätten: Sie leiden, wenn überhaupt, dann daran, zu viel Innerlichkeit zu besitzen. Colettes Werk bewahrt das Vermächtnis des frühesten kindlichen Denkens über sich und den anderen – vor allem über sich und die Mutter –, ob die Mutter nun fehlt wie bei Claudine oder allzu gegenwärtig ist wie Léa und Sido. Welche Geschichte auch immer erzählt wird, wie frivol oder anekdotisch sie an der Oberfläche auch sein mag, Colette erinnert uns an jene verlorene Zeit, in der wir unsere Wünsche noch nicht in gute und böse, in männliche und weibliche, wirkliche und erfundene, passive und aggressive unterteilten. Sie schreibt nicht aus der Perspektive des analytischen Erwachsenen, sondern des Kindes, das sich erstmals über seine »widerstreitenden Triebe und Erfahrungen« »klar wird«.

Über Larnacs Biografie und Colettes neuen Roman wurden noch Rezensionen geschrieben, als Colette mit François Mauriac, André Maurois, ihren Frauen und einigen anderen Gästen im Hause des Dramatikers Menry Bernstein dinierte. Mauriac hatte gerade in einem Essay über zeitgenössische Dichtung auf *Chéris Ende* Bezug genommen, und Larnac hatte aus diesem Essay zitiert, um seine Leser davon zu überzeugen, dass, wenn ein so frommer Katholik, eine derart untadelige moralische Autorität wie er, Colette schätzte, sie das auch tun könnten.

Gegenstand des Mauriac'schen Essays war, welchen Platz Gott im modernen Roman einnimmt, und er bestand darauf, dass selbst ein Schriftsteller »ohne alles religiöse Gefühl dennoch, ob er das will oder nicht, das beschreibt, was Pascal das Elend des Menschen ohne einen Erretter nennt …

> Niemandem ist das besser gelungen als einem großen lebenden Schriftsteller, einer Schriftstellerin, und zwar einer, die, wenn ich mich nicht sehr irre, religiösen Fragen recht indifferent gegenübersteht. Ich spreche über Colette. Viele von Ihnen werden ihre beiden letzten Bücher, *Chéri* und *Chéris Ende*, gelesen haben. Wenn Sie sie gelesen haben, werden Sie wissen, dass man sich schwerlich ärmere,

benachteiligtere, elendere Menschen vorstellen kann als die, die wir hier vorfinden. […] Und doch genügt es nicht zu sagen, dass diese wunderbaren Bücher uns nicht verderben oder beschmutzen; die letzte Seite hinterlässt bei uns keinen Ekel, […] wir leiden, wenn wir unzüchtige Bücher lesen. Mit ihren alten Kurtisanen, ihrem hübschen, tierischen, elenden jungen Mann bewegt Colette uns im tiefsten Inneren. Sie zeigt uns bis zum Erschrecken, wie flüchtig das Wunder der Jugend ist, sie zwingt uns, die Tragödie dieser armen Leben zu empfinden, die einzig und allein auf Liebe setzen, die so vergänglich, so korrumpierbar ist wie ihr Objekt, das Fleisch. So erinnern diese Bücher an die Abwässer großer Städte, die noch in den Fluss fließen, sich mit seinen Wassern mischen und das Meer erreichen. Diese Heidin, diese Frau des Fleisches, führt uns unweigerlich zu Gott.

An diesem Abend war Abbé Mugnier zugegen, der das Gespräch aufzeichnete. Während eine Madame Bainville *L'Action française* verteidigte und Mauriac die jüngsten »gnadenlosen« Ermahnungen des Papstes an die moderne Jugend bedauerte, nahm Colette Mauriac indirekt und verschmitzt auf den Arm, wie sie schon einmal einen anderen priesterlichen Menschen geködert hatte, der ihr ungebeten Absolution für ihre fleischlichen Sünden angeboten hatte: Francis Jammes. »Sie sprach über die Küche, Château d'Yquem und welche Beilagen dazu passen. Alles führte sie auf die *Gourmandise* zurück: Es gebe die *Gourmandise* der Essenslust, der Wollust usf. Sie wiederholte mehrmals, dass Reinheit eine Versuchung sei wie jede andere und nicht edler.«

4

Als der gute Abbé Colette fragte, ob sie jemals etwas schreiben würde, das er lesen könne, antwortete sie, sie werde ihm ein Buch geben, das wirklich eine »Orgie der Tugend« sei. Sie hielt ihr Versprechen auf ihre Weise, als sie 1929 *Sido* schrieb. Davor stattete sie Saint-Sauveur noch einen Besuch ab.

Achilles Erben, Jane und ihre Töchter, hatten vor kurzem das Robineau-Haus verkauft, und der Käufer, ein Dr. Delorme, hatte es Colette angeboten, wofür auch immer sie es zu ihren Lebzeiten benutzen wollte. »Dreiunddreißig Jahre!«, jubelte sie in einem Brief an Germaine Patat, »stell dir vor, dreiunddreißig Jahre, in denen ich das Innere des Hauses und den Garten nicht gesehen habe. Was für ein starkes Gefühl, so ein Eindruck, als sei die Zeit ausgelöscht!« Sie überlegte kurz, ob sie das Haus für gelegentliche Besuche nutzen solle, doch dann, der Not gehorchend statt der Sentimentalität, nahm sie einen Mieter.

Schließlich hatte sie auch einen Käufer für Rozven gefunden. Die Einnahmen aus dem Verlauf flossen umgehend in die Renovierung von La Treille Muscate. Dort fügte sie ein kleines Nebengebäude an, das als Gästehaus und Garage diente. In den nächsten zehn Jahren sollte sie jeden Sommer an der Côte d'Azur verbringen und häufig einen Monat über Weihnachten, wobei sie über ihre Trennung von Maurice klagte, der sich immer nur ein paar Wochen freinehmen konnte.

Im Perlengeschäft waren schon die Vorläufer des kommenden Zusammenbruchs als Erschütterungen spürbar. Das Pfund fiel, viele Spekulanten machten Bankrott, und Maurice, der seine Bestände mit Darlehen finanzierte, rang mit einer »Krise«, von der uns seine Korrespondenz wenig Einzelheiten vermittelt. Aber Colette hoffte, dass Paris für ihn »profitabel« sei, denn »wir sind Luxuswesen und brauchen Bulldoggen, die fünfundsiebzigtausend Francs kosten und prämierte Katzen und bequeme Autos«.

Im August, als Maurice nicht da war, kam ihre Tochter für einen längeren Aufenthalt. Colette II, wie Colette I sie jetzt nannte, hatte das englische Internat nach einem halben Jahr verlassen und war auf ein Collège in Versailles gewechselt, in dem sich die Direktorin über ihre gleichgültige Mitarbeit und ihr »unsägliches« Betragen beklagte. Colette schrieb die Misserfolge ihrer Tochter einer »oberflächlichen Selbstgerechtigkeit [zu], die mit einem Mangel an Respekt für andere einhergeht«. Ihre Eltern und Lehrer konnten ihre Erziehung, ihre Gesundheit und ihr Wohlergehen beeinflussen, aber sie konnten nichts für ein Herz tun, das »zu klein, leichtsinnig und undankbar« war. Nicht aus Ärger, sondern aus Trauer, behauptete Colette, kam sie zu diesem Urteil.

In einem anderen Brief schilt Colette ihre Tochter für ihre Arroganz gegenüber Lehrern und Mitschülern. Sie erinnert Bel-Gazou, sie selbst habe nicht das Privileg einer besonderen Erziehung gehabt. Sie sei zusammen mit den Bauernkindern in eine einfache Dorfschule gegangen, trotzdem sei sie durch gewisse Skrupel davon abgehalten worden, sich für etwas Besseres zu halten. »Diesen Skrupeln habe ich zu verdanken, dass es mir gelungen ist, mir in der Literatur einen Namen zu machen, Liebling.«

Es verblüfft etwas, das Wort »Skrupel« in Colettes Handschrift zu lesen. Aber ein vierzehnjähriges Mädchen in den Wirren der Pubertät hat die magische Kraft, selbst aus den freizügigsten und nachsichtigsten Eltern pompöse Spießbürger zu machen. Colette konnte sich nicht bremsen. Den ganzen Sommer wetterte sie in langen Briefen an Germaine Patat über Colette II, wobei sie immer wieder auf das Thema ihrer eigenen Adoleszenz in Bescheidenheit und Tugend zurückkam. »Mit zwölf Jahren in einem Dorf mit dreizehnhundert Einwohnern und einer Dorfschule mit allen Klassen in einem Raum, wusste ich mehr als dieses Kind, das man alles gelehrt hat, dem es nie an einem Buch, einem Spiel oder einem Museum gefehlt hat. Ich bin entsetzt über ihre Noten und die dazugehörigen Kommentare. Schwacher Charakter, Eitelkeit, puh! Lauter Dinge, die mir besonders wehtun. *Mittelmäßig, gerade ausreichend, noch gut, lässt Ehrlichkeit vermissen, dilettantisch.* Alles grau, alles trübe, alles egal.« Sie würde lieber in eine Handelsschule gehen und was Nützliches lernen – wie Hauswirtschaft. »Ich schwöre dir«, schließt Colette, »von heute an wäre mir lieber, sie würde sich nicht Jouvenel oder Colettes Tochter nennen. Wie schrecklich für die Tochter, wenn beide Eltern jemand sind. Am besten sollte sie sich Durand nennen, ausgerechnet meine Tochter.«

Vielleicht teilte Colette wirklich Léas Überzeugung, »alles käme vom Magen«, denn sie setzte Bel-Gazou auf Abmagerungsdiät: »Sie ist zu dick für ihr Alter und sicher auch deshalb so bequem.« Einmal abgesehen davon, dass Colette Diät normalerweise für eine Perversion hielt, mutet es besonders seltsam an, dass ein Foto von Colette II aus diesem Sommer – sie sitzt im Badeanzug auf dem Pferd – eine wunderbare junge Göttin mit knospenden Brüsten und der Figur einer Schwimmerin zeigt, die nicht wirklich dick, sondern einfach knackig und gut entwickelt ist. Vielleicht waren es die »Arroganz«, die »Undankbarkeit« und der »Leichtsinn« ihrer Jugend und Schönheit, die ebenso viel mütterliche Animosität hervorriefen wie die charakterlichen Eigenschaften von Colette II. Und vielleicht sollte die Diät mehr reduzieren und kontrollieren als nur das Gewicht der Tochter. Colettes Arzt stellte eine interessante Diagnose auf Grund ihrer eigenen Klagen über Herzklopfen und Pulsrasen: »Achten Sie auf ihr Herz«, sagte er ihr. »Sie haben vielleicht in Ihrem Leben viele Emotionen beherrschen müssen, um sie vor den Menschen um Sie her zu verbergen.«

5

Colette erwies Maurice die Ehre, ihre Herzbeschwerden seiner Abreise zuzuschreiben. Sie ließ ihn wissen, sie schlafe schlecht ohne seinen Körper neben sich, träume, »von einer Spinne gestochen« zu werden, sich »die linke Hand schlimm zu verbrennen«, dann von »einer Beinamputation usw. usw.« Sollten ihre Briefe allzu selbstbezogen klingen – über sich selbst zu sprechen sei für sie die einzige Möglichkeit, sich ihm nahe zu fühlen, entschuldigt sie sich.

Ihre Briefe an andere Freunde ergeben ein freundlicheres Bild von ihrem Alleinsein in La Treille Muscate. Sie ging mindestens zweimal am Tag schwimmen. Sie aß riesige Mengen Knoblauch und rohe Zwiebeln, kaufte in den provenzalischen Bergen hinter der Küste altes Tongeschirr ein und erkundete die Ruinen alter Ansiedlungen. Am Vormittag, bevor es in der Sonne zu heiß war, arbeitete sie im Garten, legte Bewässerungsmulden um ihre Mandarinenbäume an und bereitete ihnen Mulch aus Seetangbüscheln, die sie vom Strand mitbrachte und im Brunnenwasser spülte. »Wenn man die Erde aufgräbt, und sei es auch nur die Fläche eines Kohlbeetes, so fühlt man sich immer als Erster, als Meister, als Gatte ohne Nebenbuhler.«

Ihre Tochter reiste zurück in den Limousin, die Marchands kamen zu Besuch und auch Germaine Beaumont. Die Kolonie der Boheme von Saint-Tropez wollte sie bei ihren Picknicks unter dem Sternenhimmel und bei den Tänzen unter der kahlen Glühbirne in Pastecchis Bar nicht missen. Oft traf sie sich zu einem improvisierten Abendessen mit ihren nächsten Nachbarn Vera und Julio van den Henst. »Das ungeschriebene Gesetz dieser Saison verlangt, dass eine einmütige Laune, weniger ein freundschaftlicher Vorsatz, unsere Beziehungen regle.«

Gelegentlich übertrat Colette dieses Gesetz, wenn sie ein größeres Mahl in Cap-d'Ail mit den Bloch-Levalois, in Beauvallon mit dem Dichter Paul Géraldy oder mit Lucien Lelong und seiner neuen Frau, der russischen Fürstin Natalie Paley, auf deren Yacht genoss. Mit Germaine Patat klatschte sie über die Sex-Partys, die die »sündhaften Snobs« in ihren üppigen Villen an der Küste feierten. »Leih mir deine Frau«, hörte sie einen verheirateten Gast zum anderen sagen. Der antwortete: »... wenn du mir deinen ältesten Sohn leihst.«

Und dann war da die Literatur. Colette hatte dem Verleger Flammarion einen neuen Roman versprochen, und noch bevor sie aus Paris abfuhr, hatte sie eine Idee dazu. »Ich tue nichts anderes, als mit einer bewegenden Arbeit zu Ende zu kommen«, schrieb sie in diesem Juli an Moreno. »Ich habe alle Briefe von Mama noch einmal gelesen und die Perlen herausgeschrieben.« Diese Perlen bildeten den Kern für eine ganz persönliche Erzählung, die sogleich anfing, ihr wie üblich »Schmerz« und »Demut« zu verursachen. »Je weiter ich komme«, schrieb sie an Christiane Mendelys, »desto minderwertiger fühle ich mich.«

Mitte September, nach zwei Monaten beständiger Arbeit, hatte sie erst fünfunddreißig Seiten fertig. Sie war erleichtert, ihr Schreiben unterbrechen und stattdessen den Landarbeitern helfen zu können, die diesjährige dürftige Ernte von außergewöhnlich »feurigen« und süßen Trauben einzubringen. Als der neue Wein in den Fässern war, schloss sie das Haus ab und begab sich zurück in die Arme ihres ausgehungerten Liebhabers. Er hatte ihr geschrieben, sie möchte doch »den Körper vorbereiten, den ich für das Fest auserwählt habe, das bei der Heimkehr der Exilantin steigen wird«.

»Nur im Herbst wird Wein gelesen«, schrieb sie in *La Naissance du jour*. »Vielleicht gilt das auch in der Liebe. Jahreszeit der sinnlichen Hingabe, Waffenstillstand in der eintönigen Reihe der Kämpfe zweier einander Ebenbürtiger, Rast auf dem Gipfel, der den Aufstieg vom Abstieg scheidet« – zwei Leben, eines im Aufstieg, eines im Abstieg.

35. KAPITEL

Ich fühlte, wie tief in meinem Sein diejenige erwachte, die mich jetzt einnimmt, sie wiegt leichter auf meinem Herzen als ich einst in ihrem [Sidos] Schoß.

Colette, LA NAISSANCE DU JOUR

I

Colettes späte fünfziger Jahre waren wahrscheinlich die glücklichsten und gewiss die fruchtbarsten ihres Lebens. Pichois nennt diese Zeit eine zweite Jugend, in der sie jedoch noch mehr Schwung und Energie besaß als jemals in ihren jungen Jahren. »Versuche der Vergangenheit nicht allzu sehr nachzutrauern«, riet sie Germaine Patat und empfahl ihre eigene Methode: um mehr Elan zu bekommen, müsse man Ballast abwerfen. »Meist fällt die Vergangenheit von dir ab, weil sie reif ist. […] Es gibt die Reife von Ereignissen, von Orten, von Beziehungen. Sie alle lösen sich […] wie ein Kind, das reif ist, geboren zu werden. Auch das Kind […] drückt uns, aber es *muss* fallen.«

John Updike stellte einmal fest, »im Preisring des Lebens hätten wenige von uns zehn Runden mit Colette durchgestanden«. »Ich bin nicht sportlich«, gab sie selbst zu. Sie verglich ihren Charakter mit »Stahl«, der durch ihre Leiden »geschärft und gehärtet« worden sei. Ihre Gutmütigkeit hatte etwas Trotziges, und sogar eine fromme Vestalin wie Chauvière bemerkte über ihre »Grausamkeit«: »Ich gab mir vor ihr den Anschein von Gesundheit, denn Colette verabscheute die Armen, Traurigen, Hässlichen, Leidenden, Unglücklichen, ebenso wie sie sich vor den Verrückten und den Pechvögeln fürchtete.«

Sie lebte und arbeitete weiter wie eine Olympierin, und wie alle Kämpfer hielt sie sich fit. Sie wanderte und schwamm leidenschaftlich. Sie rauchte und trank sehr wenig. Sie hielt ihre Muskeln durch Massage geschmeidig. Sie und Maurice hatten offenbar ein athletisches Sexualleben. Im Sommer hielt sie gewöhnlich eine strenge Diät. Wenn sie wieder in Paris war, suchte sie einen Quacksalber auf, der ihr Bluttransfusionen machte – die Spenderin war eine attraktive junge Frau –, und das, so behauptete sie, habe ihr Aussehen verbessert und ihre Vitalität erhöht. Ihr wichtigstes Geheimnis war aber wahrscheinlich, dass sie sich mit jüngeren Freunden umgab, deren Lebenshunger ihrem eigenen neue Energie verlieh. »Das Vergnügen, das ich dabei habe, über das aufsteigende Leben nachzudenken, ist eine Rückversicherung für mein eigenes«, schrieb sie Germaine Patat. »Ich sehe so viele Menschen, die, wenn sie altern, sich nur noch an […] ihrem Abbau erfreuen!«

Das größte Werk dieser Phase und vielleicht ihres gesamten Schaffens, *La Naissance du jour* (*Die Freuden des Lebens*), geht auf Colettes engen Kontakt mit zwei »aufsteigenden« Leben zurück. Wenn sie sich auch ihres Versagens als Mutter nicht bewusst ist, scheint doch ihr Konflikt mit Bel-Gazou sie für die Privilegien, die sie in ihrer eigenen Jugend genoss, umso dankbarer zu machen. Ihre Liebe zu Goudeket ist eine zutiefst wieder gutmachende Erfahrung. Seine Beständigkeit entwaffnet allmählich ihr Misstrauen. Er genießt ihre Tyrannei, denn sie machen ein Spiel daraus, werden Partner, Spielkameraden, weniger Opfer und Täter. Sie fühlt sich in seiner bedingungslosen männlichen Hingabe geborgen, und die Sicherheit, die sie zum ersten Mal in einer sowohl emotional als auch sexuell erfüllten Beziehung erlebt, hilft ihr, sich von Sido, der Tyrannin, zu lösen und Sido, die Lebensspenderin, anzunehmen und zwischen der Bedrohung durch ihre Mutter und ihren Wohltaten zu unterscheiden.

Claude Pichois sieht in diesem Prozess eine rücksichtslose Vereinnahmung. »Aus Sidonie Landoy wurde Sido, ein harmloses, von seiner Autorin beherrschtes Wesen.« An anderer Stelle schreibt er: »Indem Colette Sido schuf, hat sie Sidonie, die wirkliche Mutter, abgeschafft; Sido wurde zu einem Spiegelbild von Colette. Sie assimiliert ihre Mutter, macht sie zu ihrem idealisierten Doppelgänger. [...] Tochterliebe? Nein, Selbstliebe.«

Pichois ist ein sorgsamer Leser, der Jahrzehnte darauf verwandt hat, Klarheit über Colette zu gewinnen. So erträgt er verständlicherweise die gängige Meinung nicht, Sido und Colette seien das vorbildliche Mutter-Tochter-Paar. Aber er macht den Fehler, anzunehmen, Colette habe nur ein einziges Motiv gehabt, nämlich ihr altes: zu »gebieten«. Wie die Interpretation der Sentimentalisten blendet auch die seine die paradoxen Aspekte in Colettes Porträt von Mutter und Tochter aus, doch gerade sie machen es so tiefgründig.

La Naissance du jour, wörtlich übersetzt, »die Geburt des Tages«, befasst sich mit der Mutter-Tochter-Beziehung zu einem für beide kritischen Zeitpunkt: der Geburt des Selbst, dem Augenblick also, in dem ein Kind anfängt, sich von der Seele der Mutter zu lösen. In diesem Roman ist die Mutter ein ruheloser Geist, endlos mit drängender, sich wandelnder Einsicht schwanger und ein Leben lang in der Erwartung, sie anbringen, gebären zu können. Das Kind ist eine Frau, die, wie Colette es gegenüber Germaine Patat ausdrückt, schließlich reif ist, wie eine Frucht zu »fallen«, niederzukommen: reif, ihre existenzielle Einsamkeit anzunehmen. Und dem sollte man vielleicht gegenüberstellen, was Sido ihrer Tochter in *La Maison de Claudine* sagt, als sie über Colettes tatsächliche, widerstrebende Geburt spricht: »Man sagt, dass Kinder, die so hoch getragen werden wie du und so langsam ans Tageslicht kommen, immer sehr geliebte Kinder werden, weil sie so nahe dem Herzen der Mutter wohnen und sie nur ungern verlassen wollen.«

Colette erzählt Moreno in einem Brief aus Rozven 1923, wie sie auf ein Versteck mit den letzten Briefen von Sido stieß: Sie »fielen« aus einer Schublade, in der Colette nach Geld gesucht hatte (dabei ist wichtig, dass für Colette Geld sowohl symbolhaft als auch buchstäblich als die Währung der Unabhängigkeit gilt). »Es ist doch merkwürdig«, sinniert sie, »dass man in den schwierigsten Augenblicken siegreich die Tränen zurückhält … und dann gibt einem jemand hinter dem Fenster ein freundschaftliches Zeichen, dann entdeckt man eine Blüte, die noch die Nacht zuvor geschlossen war, dann fällt ein Brief aus der Schublade – und mit ihm fällt alles.« Diese Sicht nimmt die Geschichte vorweg, die sie gut zehn Jahre später in *Meine Lehrjahre* über eine andere Geburt erzählen sollte: ihre Geburt als Schriftstellerin – als Willy, der auch seine Schreibtischschubladen nach Geld oder etwas, das sich zu Geld machen ließe, durchsuchte und ihre Schreibhefte fand, in die sie die erste *Claudine* geschrieben hatte.

Auf den ersten Seiten von *La Naissance du jour* stellt die Erzählerin, die Colette heißt, sich als die Tochter einer Frau namens Sido vor. Diese hat ein Dutzend herrlicher Briefe verfasst, die nach und nach im Text erscheinen. Für die Erzählerin sind diese Briefe – Sidos Nachdenken über Liebe, Alter, Mutterschaft, Männer, Natur und Dorfleben – Gegenstand eigener Meditation, eine Spiegelfläche, wenn auch nicht ganz ein Spiegelbild, in dem sie das Bild ihrer Mutter sucht und es, sich selbst herabsetzend, mit ihrem eigenen vergleicht. Zugleich erinnert sie uns vorsorglich daran, dass ihr Erzählen zwar eine Spiegelfläche, aber kein wirkliches Spiegelbild sei und wir weder hier noch anderswo in ihren Romanen die wirkliche Colette suchen sollen. Sie nimmt für sich in Anspruch, sich – wie Poes entwendeter Brief – in aller Öffentlichkeit zu verstecken. Und auch hier – ihre berühmte Vorsicht: »Ihr meint, ich zeichnete in diesem Buch mich selbst? Gemach! Es ist nur mein Vorbild.«

Colette unterstellt (wenn auch, glaube ich, nicht bewusst),

dass ein perfekter Spiegel den Narzissmus allzu verlockend mache. Dieser Schluss antizipiert so manches von der heutigen, höchst einleuchtenden Forschung über die Mutter-Kind-Dynamik. Eine Frau, die zu fragil, ängstlich oder in ihrem eigenen Leben zu sehr enttäuscht worden ist, als dass sie ihr Kind als ein von ihr getrenntes Wesen betrachten könnte – die darauf besteht, dass ihre beiden Identitäten eins sind –, stellt dieselbe Gefahr dar: Was ursprünglich wie Harmonie aussieht und vielleicht auch als solche empfunden wird, ist tatsächlich Dominanz. Das Glück, man selbst zu sein, und die Bedrohung durch die mütterliche Omnipotenz sind in einer solchen Harmonie verschmolzen, und ein Kind, das ein derartiges Dilemma in sein Erwachsenenleben mitnimmt, wird vielleicht in defensive Extreme verfallen: Um sich zu schützen, wird es entweder frauenfeindlich werden und alles Weibliche oder Mütterliche und daher Verschlingende zurückweisen, oder es wird, um dem eigenen Selbst die fehlenden Grenzen zu setzen, masochistisch und überlässt sich einem idealisierten Herrn und Meister, einer Vaterfigur, der es vertraut. Wo dieses Modell der Mutterbeziehung verbreitet ist, schafft es eine sexuell polarisierte Gesellschaft, die die männliche Distanz und Rationalität als Gegenmittel gegen die weibliche Macht preist und die Frauen dadurch zu entwaffnen sucht, dass es ihnen eine Reihe rigider Erwartungen hinsichtlich ihrer Reinheit, ihrer Anhänglichkeit und Selbstaufopferung auferlegt. Ihr ganzes Leben hindurch ringt Colette wacker mit den individuellen und gesellschaftlichen Umständen, die ihre Identität als Frau bestimmt haben, ohne sie überwinden zu können. Ihre Furcht vor Frauen und mütterlicher Macht drückt sich in der Stimme der konservativen Schriftstellerin und »Veteranin« aus, die dem Wandel zutiefst misstraut und die »wahre« Weiblichkeit hochhält, während sich ihr Drang nach Selbstbestimmung in der Bilderstürmerin artikuliert, die überkommene Ideen in Frage stellt und auf ihrer Freiheit besteht.

La Naissance du jour verdient nicht nur als ein großes literarisches Werk gelesen zu werden, sondern auch als ein gewagtes, sogar avantgardistisches, psychologisches Experiment in Romanform. Colette versucht ihre »gute« Mutter auszumachen oder zu fantasieren – wobei sie diese Unterscheidung absichtlich verwischt. Es geht Colette also darum, eine Frau zu schaffen, die imstande ist, der Tochter zu helfen: zum einen sich mit der Aufgabe auseinander zu setzen, sich von der Mutter zu lösen, zum anderen in ihren opponierenden (und paradoxen) Beziehungen zu Männern ihren Frieden und ihre Autonomie zu finden und schließlich ein unerschütterliches Beispiel für gegenseitige Liebe zu liefern. Indem die Mutter sowohl ihre Ähnlichkeit als auch ihre Verschiedenheit zur Erzählerin widerspiegelt, setzt sie die Tochter instand, die Möglichkeit von Nähe ohne Verschlungenwerden und von Alleinsein, das nicht als Verlassenwerden empfunden wird, zu erleben. Ist das hemmungsloser Revisionismus, wie Pichois behauptet? Ist es einfach die Wunschfantasie eines dominierten Kindes? Wenn Kunst ein Kinderspiel wäre, könnte die Antwort lauten, ja. Aber Kunst ist nicht nur qualitativ stärker nuanciert als Fantasie, sie ist auch bescheidener, was Verlust und Einengung angeht. *La Naissance du jour* feiert »Sido«, die gute Mutter, aber es ist auch Trauerarbeit. Colette entwirft eine »Modell«-Mutter und »Modell«-Tochter, wie es sie in einer Familie und einer Kultur gegeben haben könnte, die beiden mehr Spielraum gelassen hätte und in der jede Frau imstande gewesen wäre, die *manques* ihrer eigenen Kindheit wieder gutzumachen.

Die Sido von *La Naissance du jour* ist eine Hausfrau auf dem Land, die es wie durch ein Wunder geschafft hat, ein souveränes Individuum zu werden, das mit der Natur und der Realität in Einklang steht und nicht bloß ein Sklave seiner Mutter- oder Frauenrolle ist. Der Roman ist seitens der Tochter eine einzige Hommage an diese Leistung und ein Traum von ihr. Und er ist eine poetische Darstellung, wie Colette aus der langen Nacht ihrer eigenen weiblichen Unterwürfigkeit als Tochter sich ihren eigenen Weg zur

Autonomie bahnt. Doch wie ihr Titel suggeriert, ist der Augenblick des ersten Lichts, der Offenbarungen, des Bewusstseins, der Geburt des Tages – *la naissance du jour* – letztlich ephemer. Der Tageszyklus ist eine Metapher für die Schwankungen zwischen Wachstum und Regression, Blindheit und Hellsichtigkeit, Ganzheit und Fragmentierung, die sich ein Leben lang fortsetzen, denn in einer gefallenen Welt gibt es keine vollkommenen Wiedergutmachungen der primären Wunden. Weder die eigene Identität noch Genderzugehörigkeit können jemals »eine definitive Errungenschaft oder ein »in sich geschlossenes stabiles System« sein.

La Naissance du jour ist stilistisch wie inhaltlich ebenso experimentell wie zutiefst persönlich; es wendet Erzähltechniken an, die man fünfundsiebzig Jahre später postmodern nennt. Da gibt es eine komplexe Spannung – ein Zusammenspiel von Diskrepanz und Ähnlichkeit – nicht nur zwischen den tatsächlichen und imaginierten Personen der Mutter und Tochter, sondern auch zwischen Fiktion und Realität. Colette ignoriert die Konventionen des Erzählens oder setzt sich absichtlich über sie hinweg: Sie lässt reale Freunde sich mit ihren erfundenen Gestalten mischen; sie spricht in der ersten Person, erkennt deren Autorität aber nicht an; da gibt es mehr Abschweifungen und Philosophie, mehr vernehmliches Träumen als einen Plot; ihr Erzählen ist wie Quecksilber, dicht, flüssig, schimmernd und schwer zu greifen.

Und doch gibt es eine recht solide Handlung, die in La Treille Muscate stattfindet. Sie beginnt, wo *La Vagabonde* und *L'Entrave* (*Die Fessel*) aufgehört haben. Colette habe, wie sie behauptet, schließlich begonnen, die Ruhe und das Alleinsein des mittleren Alters zu genießen. Am Abend ist sie, wenn es kein weiteres Gedeck auf ihrem Esstisch gibt, »einfach allein und nicht verlassen«. Ihr Leben ist endlich nicht mehr »dieses kampferfüllte Dasein«.

Dennoch zieht es Freunde, vor allem junge – Künstler –, in die Ruhe ihres Hauses und zur Flamme ihres Charismas. Einer von ihnen, Valère Vial, ist Innenarchitekt, in Alter und Temperament Maurice ähnlich. Dann eine Malerin namens Hélène Clément. Beide sind zu ernst und angespannt, obwohl Colette sie gern hat, vor allem Vial; so beschließt sie, die Kupplerin zu spielen. Diese ehrbare Absicht ist ein Schuss nach hinten. Hélène glaubt, Vial wolle sie nicht, weil er Colette liebe, und sie hat Recht. Colette erklärt Vial, sie wolle ihn nicht, weil: »[…] zum ersten Mal seit meinem sechzehnten Lebensjahr werde ich leben – und sogar sterben – müssen, ohne dass mein Leben oder mein Tod von einer Liebe abhängen. Das ist so außergewöhnlich. […] Frauen, die geboren haben, erwachen zuweilen aus dem Schlaf, der auf die Entbindung folgt, indem sie einen Schrei, den Reflex ihres Schmerzensschreies, ausstoßen … Ich habe, musst du wissen, noch den Reflex der Liebe in mir, ich vergesse, dass ich meine Frucht schon abgestoßen habe. […] Bald ruft es in mir: ›Oh, wäre sie nur noch da!‹, bald wieder: ›Oh, wäre sie nur nicht mehr da!‹«

Vial und Colette sind die sterbliche Jugend und die reife Gottheit, er von ihrer Kraft versengt, sie von seiner heldenhaften Vermessenheit überwältigt, mit der er fordert, sie solle ihm ihr menschliches Antlitz zeigen. Am Ende gehen sie auseinander, ohne ihre amouröse Freundschaft gelebt zu haben. Sie besteht auf ihrer Unabhängigkeit, und er gesteht ihr diese zu. Aber Colette erinnert den Leser auch daran, dass dies ein alter Trick von ihr ist: sich ein unbefriedigendes Ende vorzustellen, damit sie es nicht erleben muss.

Maurice leugnete immer, das Modell für Vial gewesen zu sein, was ganz unüberzeugend ist, denn der Ton seiner eigenen Prosa beseitigt jeden Zweifel. Vials gestelzte Beredsamkeit, sein grimmiger Stolz, seine leicht komische Formalität, seine »schreckliche« Traurigkeit und vor allem die Reinheit seiner Zuneigung zu Colette, all das findet sich in Goudekets Erinnerungen. Vials Porträt in *La Naissance du jour* ist Colettes öffentliches Eingeständnis einer Liebe, die ihre Freunde als Abstieg ansahen, die ihre Tochter ihr übel nahm, über die die Snobs lachten und die sie selbst vielleicht verlegen gemacht hat. »Ihr meint voll Verwunderung: ›Was, dieser unbedeutende Mann, der drei Worte sprach und sich trollte? Dieser unbedeutende Mann soll ebenso viel gelten wie …‹ Darüber lässt sich nicht streiten.« Und an anderer Stelle schreibt sie: »In der Liebe gibt es keine Kasten.« Und schließlich: »Ich habe Schöneres gekannt. Ich habe Vial gehabt.«

2

Fest entschlossen, *La Naissance du jour* fertig zu schreiben, fuhr Colette in der Woche vor Weihnachten 1926 mit Pauline und den Katzen in den Süden und quartierte sich in La Treille Muscate ein. »Der Roman quält mich«, schrieb sie an Moreno, »ich sehe nicht wirklich, was ich da tue.« Sie feuerten den Ofen zum Teil mit den Seiten, die sie zerriss, aßen große Mengen Fisch und Knoblauch. Doch es regnete die ganze Zeit, und das Haus war so feucht und kalt, dass Colette in ein Hotel zog, wohin ihr Maurice bald folgte. Sie konnte nicht schlafen. Eine Szene schrieb sie acht Mal neu, aber Ende Januar war das Schlimmste überstanden: »Ich arbeite so hart, das bringt vielleicht keine so üppigen Ergebnisse, verleiht mir aber eine Art Selbstachtung.«

Am 11. Januar begann *La Revue de Paris* mit der Veröffentlichung des Romans in Fortsetzungen. Ein paar Tage später fuhr Colette nach St. Moritz, wo sie ihren Geburtstag mit Alba Crosbie beim Skifahren verbrachte. Weder hatte sie das mit Maurice abgesprochen, noch lud sie ihn dazu ein, und er beklagte sich bitter über ihre Fahnenflucht. Er sagte, nie hätte er ihr so etwas angetan, und das war natürlich Teil seines großen Reizes für sie.

Wieder zu Hause, begann sie sofort mit einem neuen Roman. »Ja. Du traust deinen Augen nicht?«, fragte sie Moreno. »Ich möchte mir das Romaneschreiben angewöhnen.« Sie versprach ihrem Verleger, er könne ihn bis Juni bekommen, was ein wenig zu optimistisch war, selbst für eine Schriftstellerin, die derart in Schwung ist. Kaum hatte sie achtzig Seiten geschrieben, warf sie vierzig davon wieder weg. Im April nahm sie das Manuskript, dem sie den Titel *La Double* (*Die Doppelgängerin*) gab, nach La Treille Muscate mit, wo sie ihrem neuen Freund André Dunoyer de Segonzac Modell saß.

Aber der Roman lief nicht gut, und sie freute sich mehr über ein bei sich neu entdecktes Talent anderer Art: »Ich bin eine Wünschelrutengängerin!«, jubelte sie Germaine Patat gegenüber, »[…] ganz gleich, wo, und mit was für einem gegabelten Ast.« Sie war so aufgeregt, dass sie von diesem Wunder den meisten ihrer Briefpartner erzählte, wobei sie (typischerweise) gleich überlegte, ob sie daraus vielleicht Kapital schlagen und ihr Einkommen damit ergänzen könne, dass sie für ihre reichen Nachbarn Quellen entdeckte.

Als der Abgabetermin für die *Doppelgängerin* verstrich, setzte sie sich einfach einen neuen: Ende September. Sie investierte ein Vermögen in ein preisgekröntes Bulldoggenweibchen, das sie treffend Souci nannte. Dann tat sie im Frühsommer in Angers Claude Chauvière einen merkwürdigen Gefallen. Ihre frühere Sekretärin hatte beschlossen, zum Katholizismus überzutreten. Sie wurde am 2. Juli 1928 getauft, und Colette stand als ihre Patin am Taufbecken. »[Die Konvertitin] hob ihre großen Augen zum Altar, zu dem, was über dem Altar war, mit Tränen in den Augen«, schrieb sie. Aber diese Epiphanie hielt nicht lange an. Zwei Jahre später bemerkte Colette Maurice gegenüber, Claude sei wieder in ihre chronische Depression verfallen. »Beginnt die katholische Fantasie schon zu verblassen? Man kann aus einer schwachen jungen Frau, die mit ihrem profanen Leben unzufrieden ist, nicht eine Gläubige machen.«

Eine Woche nach der Taufe kampierte Colette in La Treille Muscate, das neuerlich von Grund auf renoviert wurde. »Ein Haus zu bauen ist gar nichts, es wieder in Ordnung zu bringen, nachdem die Handwerker es ruiniert haben, ist grauenvoll.« Ihre Tochter kam für einen Monat, half vergnügt bei all der schmutzigen Arbeit und schwatzte mit den italienischen Maurern Patois. Bel-Gazou war gerade fünfzehn Jahre alt geworden, hatte sich schließlich darangemacht, für ihr Baccalauréat zu lernen, und war »wundersam liebenswert« geworden. »Was für ein reizendes Wesen!«, berichtete Colette Moreno. »Ich streite mich nicht mehr mit ihr.«

Maurice leistete ihnen eine Woche lang Gesellschaft, um sich von seinem immer weniger profitablen Geschäft zu erholen. Als er wieder abreiste, waren die Nächte kalt, und morgens roch es nach Herbst. Colette machte Weinlese und schwor Moreno, wie sie damals Annie von Rozven aus geschworen hatte, wenn es nicht um der Liebe willen wäre, würde sie nie nach Paris zurückkehren.

Natürlich kehrte sie zurück und fand Alba in einer hässlichen Auseinandersetzung mit dem Eigentümer der Wohnung in der Rue de Beaujolais 9. Colette zog in ein Hotel, während Rechtsanwälte und Installateure die Schäden aufnahmen. Am 7. November konnte sie sich damit trösten, dass ihr eine kostbare Blüte an ihr Revers geheftet wurde: die Rosette, Zeichen für ihre Erhebung in den Rang eines Ritters der Ehrenlegion. Es gab wie immer in offiziellen Kreisen einige Vorbehalte gegen diese Ehre, aber Colette besaß in ihrem alten Freund Louis Bartou, der damals Justizminister war, einen starken Befürworter. »Sie hätten Ihnen statt des Ordensbandes lieber einen Sattelgurt geben sollen«, scherzte Anna de Noailles. »Sie meinen wohl einen G-String«, antwortete Colette.

Die *Doppelgängerin*, jetzt in *La Seconde* (*Die Andere*) umbenannt, machte sie weiterhin »krank«. Das umtriebige Paris war für das Fertigschreiben eines Buches noch nie förderlich gewesen, also packten sie und Maurice das Manuskript und die Tiere ins Auto und fuhren elf Stunden durch einen Erbsensuppennebel in ein düsteres Schlosshotel auf der belgischen Seite der Ardennen.

Hier verbrachten sie einsame Weihnachten, arbeiteten die schweren flämischen Mahlzeiten bei Spaziergängen durch einen schneebedeckten Wald ab. Es war so still, erzählte Colette Moreno, dass sie hören konnte, wie das Blut in ihren Adern floss. »Es ist gut für mich, denn ich schwitze all meine Erschöpfung heraus.« Sie schaffte es auch, ihre letzten Kapitel herauszuschwitzen. Am Silvesterabend, Schlag zwölf, war der Roman fertig.

La Seconde ist ein dünnes Buch und, verglichen mit *La Naissance du jour*, konventionell, melancholisch und ohne Pfiff. Es ist einer von Colettes Harem-Romanen, in denen eine Frau, Fanny, entdeckt, dass ihre intimste Beziehung die zur Geliebten ihres Mannes, zu Jane, ist. Ihr Mann ist ein selbstsüchtiger, sexuell charismatischer Stückeschreiber namens Farou. Die beiden Huris, die bei ihm wohnen (es gibt daneben noch andere Frauen), widmen ihr Leben seinem Wohlergehen und seinem Ruhm, obwohl er dieses Opfer sichtlich nicht verdient. Beide Frauen erkennen, dass die jeweilige Rivalin dem Herrn und Meister überlegen ist, dem sie dient, aber keine rebelliert. Sie akzeptieren ihre Unterwürfigkeit und bescheiden sich, einander tröstend, in seinem Schatten zu leben.

Colette stützte sich auf ihre eigene Erfahrung mit Jouvenel und Germaine Patat, und die Gestalten tragen viele ihrer Züge. Die Geliebte ist schlank, blond und praktisch veranlagt – sie ist die Sekretärin des Ehemannes und besitzt ein natürliches Organisationstalent. Sie hat eine ganze Reihe von Liebhabern und vertritt den desillusionierten Standpunkt der modernen allein stehenden Frau über die Asymmetrie der Geschlechter. Es sei das Los der Frau, sich mit einem Mann einsam und unbefriedigt zu fühlen, erinnert sie Fanny: »Ein Mann ist doch nichts so Ernstes, nichts Ewiges! Ein Mann ist … eben nichts weiter als ein Mann … Glauben Sie, dass man einen Mann je ganz allein finden kann, losgelöst von allem, frei und bereit, einem sein Leben zu widmen? Ein Mann ist niemals allein, Fanny, und es ist schrecklich, dass er immer eine Frau, eine andere Geliebte, eine Mutter, ein Dienstmädchen, eine Sekretärin, eine Verwandte oder sonst irgendjemanden findet! Wenn Sie wüssten, was ich rings um einen Geliebten an Frauen vorgefunden habe! … Es ist grauenhaft. Das Wort ist nicht zu stark.«

Jane wirft Fanny vor, gegenüber Farous Untreue zu nachsichtig zu sein, aber Colette erinnert uns, dass Fanny einfach immer eine »ältere [weibliche, orientalische] Lebensform verkörperte«. Sie verleiht Fanny ihre eigene bezaubernde weibliche Schwachheit, stark idealisiert. Fanny ist Pyknikerin: klein und fleischig. Sie genießt das leibliche Wohl. Für Farous halbwüchsigen Sohn (der Jane liebt) ist sie eine zärtliche Stiefmutter und eine Hausgöttin, die sich verehren lässt. Aber das Beste an ihr, das, wofür Colette in den höchsten Tönen schwärmt, ist ihr üppiges »altmodisches« Haar. Man vermutet, dass Fanny Colettes Ideal der »wirklichen« Frau verkörpert, der Frau, die sie hätte sein können, wenn sie nie gezwungen gewesen wäre, ihren Lebensunterhalt zu verdienen, und nie ihre altmodischen Zöpfe hätte abschneiden lassen müssen – die Kordel ihrer lustvollen »natürlichen« weiblichen Abhängigkeit.

3

Die Andere begann am 1. Januar 1929 als Fortsetzungsgeschichte in *Les Annales*. »Es ist ein Roman-Roman«, erzählte Colette André Billy, »und ich bin etwas besorgt darum.« Billy versicherte ihr in einer glühenden Rezension, dass ihr Einfluss auf die französische Literatur ebenso wichtig sei wie der von Flaubert, Rousseau und Chateaubriand.

Kurz vor ihrem sechsundfünfzigsten Geburtstag erkrankte Colette schwer an einer Grippe, die sie zwei Wochen lang ans Bett fesselte. Der Arzt machte die Feuchtigkeit des Zwischengeschosses dafür verantwortlich, dass ihre Lungen geschwächt seien, und riet ihr dringend umzuziehen. Als sie wieder aufstehen konnte, ging sie auf Wohnungssuche. Davor erhielt sie den Besuch des zukünftigen Schriftstellers und Faschisten Robert Brasillach, der noch an der Ecole Normale studierte.

Joanna Richardson gibt diese Begegnung wieder: »Es war Tradition, dass [die Studenten dieser Universität] Schriftsteller und Künstler in die Rue d'Ulm einluden.« Brasillach hatte zuvor der Rue de Beaujolais einen ersten Besuch abgestattet, wo er eine langsam genesende Colette vorfand, die »ziemlich füllig, sehr stark geschminkt, aber sehr amüsant« war, und sie die Einladung besprachen. Am entsprechenden Tag brachte sie ihre Bulldogge mit, die die Studenten mit Bananenbrötchen fütterten. Die Studenten waren ganz entzückt von dieser Begegnung, erzählte Brasillach seiner Tante. »Wir führten sie in der ganzen Schule herum (nicht auf das Dach hinaus, dafür ist sie zu dick) und sangen ihr die wirklich pikanten Lieder aus der Schulaufführung vor.« Als sie einen Spaziergang durch den Garten machte, nannte sie »alle Bäume mit Namen [...], die wir gar nicht kannten, als ob sie ihre Freunde wären«.

Colette genoss diesen unschuldigen Nachmittag unter den respektlosen jungen Männern, die ihr gegenüber so ehrfürchtig waren. Aber der Kontakt zu Brasillach sollte sie eines Tages kompromittieren und ihn verbittern.

Bevor Colette und Maurice über Ostern nach Spanien und Marokko reisten, fand Colette eine noch nicht fertig gestellte Erdgeschosswohnung in der Nähe des Quai d'Orsay und unterschrieb einen Mietvertrag. Als die Renovierung beendet war, gefiel ihr das Ergebnis nicht, und sie weigerte sich einzuziehen. Ihre Enttäuschung machte sie dadurch wett, dass sie ein Wochenendhaus in der Nähe von Montfort-l'Amaury mietete, dreißig Kilometer westlich von Paris. Sie erzählte Hélène Picard, sie freue sich darauf, das Haus für fünfzehnhundert Francs mit Campingmobiliar einzurichten und damit ihrer verschwenderischen Tochter eine Lektion in billiger Einrichtung zu erteilen.

Die Lektion half nichts, denn Colette de Jouvenel hatte den Geschmack ihres Vaters für fürstliche Pracht geerbt; ihr Leben lang gab sie ihm impulsiv nach, und sie verstand zu nehmen, was ihr in den Schoß fiel. In diesem Jahr hatte sie gerade von einer Tante väterlicherseits etwas Geld geerbt, da kam sie, nach einem Sommer voller »ruinöser und wunderbarer« Reisen, im September nach La Treille Muscate und brüstete sich mit einem teuren neuen transportablen Phonographen. Colette war kaum mehr empört (oder eifersüchtig), als sie von Germaine Patat hörte, dass »ihre« Tochter sich mit einem Jungen namens Paul angefreundet und ihm versprochen hatte, ihn zu heiraten. Alle drängten sie zu warten, und in dieser Zeit tanzte Bel-Gazou die Nächte durch, schlief bis mittags, trug Männerhemden, lieh sich ein Auto und fuhr damit wie ein Teufel, schwamm unter Wasser »wie ein Hai«, stellte die »Brüste einer jungen Negerin« zur Schau und ließ ganz allgemein ihre Reize spielen, übervoll mit Leben.

Colettes eigene Reisen waren nie ruinös, entweder weil sie von reichen Gastgebern wie Alba Crosbie, Al-Glâwi oder Henri de Rothschild finanziert wurden, oder weil sie es wie Willy schaffte, gut dafür bezahlt zu werden, dass sie darüber schrieb. Im Juni bekam sie von einem Verleger den Auftrag, für eine luxuriöse limitierte Ausgabe mit Illustrationen von Paul Jouve die wilden Tiere im Zoo von Anvers zu besuchen und zu beschreiben. Im Oktober lud die Französisch-Deutsche Gesellschaft sie für ein paar Tage zu Vorträgen und Banketts nach Berlin ein. Im darauf folgenden Februar reiste sie mit Maurice noch einmal nach Berlin, um den berühmten Zirkus Sarrasani zu sehen. In diesem Sommer verbrachte sie mit ihm und den Marchands einen Monat auf Rothschilds Yacht *Eros* bei einer Kreuzfahrt durch die norwegischen

Fjorde. 1931 hielt sie gut bezahlte Vorträge in Wien, Bukarest und in neun Städten Nordafrikas.

Die Vagabundin war immer dafür zu haben, wenn es darum ging, eine unbekannte Landschaft zu entdecken. Die Hedonistin ließ sich von immer neuen Vergnügungen anlocken. Bis zum Ende ihres Lebens bewahrte Colette sich ihre dorfmädchenhafte Freude, wenn sie wieder einmal großzügig empfangen wurde. »Man kann sich keinen herzlicheren Empfang vorstellen«, schrieb sie Moreno von Berlin. »Ich bin so zufrieden, wie ich nur sein kann, und müde dazu.«

4

Trotz ihrer Reisen, ihrer Reportagen, ihrer Renovierungen, ihrer Wohnungssuche, trotz ein paar kürzerer Texte, die sie »Vorwände« für ihre Illustrationen nannte, und trotz ihrer kurzen Mitarbeit als Theaterkritikerin bei *La Revue de Paris* fand Colette die Zeit, im Laufe des Jahres 1929 *Sido* zu schreiben. Eine erste Ausgabe erschien im November und eine erweiterte – die endgültige – im darauf folgenden Mai. Colette band das Manuskript in ein Stück verblichenes Leinen von einem Kleid, das Sido als junge Braut getragen und das sie selbst gerettet hatte. »Ich bereue es nicht, die Schere mit hin genommen zu haben«, schrieb sie, »denn das Blassblaue mit den weißen Blüten kleidet jetzt wie früher – kleidet für immer und ewig – meine viel geliebte Sido.«

Sido ist in drei lange Teile gegliedert. Diese bilden eine Art reich detailliertes menschliches Triptychon, das den Altar einer stilisierten Madonna schmückt. Ein Teil ist Colettes Mutter gewidmet, einer ihrem Vater und einer ihren Geschwistern. Aus Colettes Briefen erfährt man sehr wenig über die Komposition dieses Buches. Colette sagt selbst, dass sie in den sieben Jahren zwischen der Veröffentlichung von *La Maison de Claudine* (*Claudines*

Mädchenjahre) und *Sido* die kurzen Kapitel dieses Buches »immer wieder weggelegt und wieder zur Hand genommen« habe, auf diese Weise sei sie »mit der Gestalt der Mutter in Berührung geblieben. Es verfolgt mich immer noch. Die Gründe für diese Allgegenwart liegen nahe: Jeder Schriftsteller, dessen Leben sich in die Länge zieht, wendet sich am Ende seiner Vergangenheit zu, entweder um sie zu verunglimpfen oder um sich an ihr zu erfreuen.«

An dieser Erklärung verblüfft die Schärfe, mit der Colette meint, als alternde Schriftstellerin ihre Kindheitserinnerungen einteilen zu müssen. *Le triage* – zur Auswahl steht nur: verunglimpfen oder sich daran erfreuen. Der Ton in diesem Werk ist elegisch, und die Szenen sind von einem warmen, sentimentalen Licht durchflutet. Mit ihren Erinnerungen erfüllt Colette ein Versprechen, das sie einst dem Abbé Mugnier gegeben hatte: ein Buch zu schreiben, das eine wahrhafte »Orgie an Tugendhaftigkeit« sein würde. 1930 nannte der Kritiker Pierre Scize *Sido* »das frommste Denkmal, das je einer Mutter errichtet worden ist«.

Fromme Denkmäler werden jedoch häufig von Überlebenden einer großen Katastrophe errichtet, um eine erzürnte Gottheit zu besänftigen, die es für richtig gehalten hatte, sie zu verschonen. Für Touristen oder später geborene Einheimische, die ihre Schönheit bewundern, ist es ganz leicht, den Verlust und das Leiden zu vergessen, an das ein Denkmal erinnert. Colette war die einzige Überlebende einer Familie, deren anderen Mitgliedern es nicht gelang, dem Ruin oder der Enttäuschung zu entgehen. Schuldgefühle der Überlebenden, verspätete Trauer und die Zärtlichkeit, die ihrer eigenen Reife und ihrem Glück entspringen, all das färbt das romantische Bild, das sie von ihren Gestalten gibt.

Aber auch die Wahrheit hat in *Sido* ihren Platz, und ohne jene flüchtigen Schatten von Mehrdeutigkeit und Versagen wäre dieses Buch nicht das überzeugende und dauerhafte Werk, das es ist. Juliette unterwirft sich ihrem gemeinen Ehemann. Léo lebt auf erschreckende Weise in der Vergangenheit. Achille fällt seinen zunehmenden »Anfällen von Menschenfeindlichkeit« zum Opfer, und in den letzten Zeilen des Buches wird er als »eingesperrt« im »Gefängnishof« seines Lebens erinnert. Der Hauptmann verbirgt seine Traurigkeit und arbeitet an seinem Phantomwerk. Er ist »unverstanden« und wird »nicht geschätzt«: »ein Mann, aus dem Element verbannt, das ihn einst getragen hatte«. Selbst Sido verrät mit dem plötzlichen Aufleuchten in ihren alles sehenden grauen Augen »eine Art lachende Tollheit«, »ein Verlangen, allem und allen zu entfliehen«. »Glücklich auszusehen«, schrieb Colette über ihre Familie, »war nämlich das oberste Gebot unserer gegenseitigen Höflichkeit.« Und das ist das Gebot, das sie in diesen Erinnerungen voller Stolz und Glückseligkeit erfüllt.

5

Der amerikanische Aktienmarkt brach am 24. Oktober 1929 zusammen, zwei Wochen bevor *Sido* veröffentlicht wurde. Die Finanzkrise traf Europa nicht sogleich, und Maurice zog es vor, dieses für sein bereits niedergehendes Geschäft ominöse Anzeichen zu ignorieren. In seinen Briefen an Colette spricht er davon, er habe ehrgeizige Pläne für eine neue Karriere, etwas Interessanteres als das Verkaufen von Perlen. Vielleicht um sich selbst zu überzeugen, dass seine Träume konkret waren, kaufte er leichtsinnigerweise ein Wochenendhaus nahe dem kleinen Besitz, den Colette in Montfort-l'Amaury gemietet hatte.

La Gerbière, eine bescheidene Villa mit zwei Stockwerken, war auf einen Hügel gebaut. Ihr Reiz bestand in ihrer Nähe zu Paris und in ihrer Lage. Die eine Seite des Hauses blickte ins Tal und hatte ein weites Panorama über Landschaft und Himmel. Die andere ging auf einen Rosengarten hinaus, jenseits davon erstreckte sich ein Stück Rasen, darauf folgte ein kleiner Park mit alten Bäumen, der zur Straße hin abfiel. Das ganze »entsprach Colettes Sinn für beschränkte Horizonte«, schrieb Goudeket, »für Häuser, die in menschlichen Dimensionen errichtet waren, und ihrem Bedürfnis nach großen, luftigen Räumen«. Hier vollendete Colette die erweiterte Fassung von *Sido*. Und hier schätzte sie die Nachbarschaft von Germaine Beaumont, die nebenan wohnte, sowie zweier neuer Freunde – eines Künstlerpaares, beide passionierte Katzenliebhaber –, die sie in Saint-Tropez kennen gelernt hatte.

Luc-Albert Moreau, dem ein altes Haus namens La Maison des Vignes gehörte, war Maler und Lithograf. Er begann seine Karriere als Kubist, aber vom Krieg schwer verwundet und traumatisiert, wandte er sich wieder dem Realismus zu und malte die Schrecken, die er überlebt hatte. Mit der Zeit wurde sein Werk weicher, und seine minuziösen Studien nach dem Leben – leuchtende provenzalische Landschaften und Illustrationen, auch die für *La Naissance du jour* – erfreuten sich in den dreißiger Jahren großer Beliebtheit.

Moreaus Begleiterin und spätere Frau Hélène Jourdan-Morhange war Geigerin. Als zehnjähriges Wunderkind war sie ins Konservatorium aufgenommen worden, mit vierzehn gewann sie beim Jahreswettbewerb den ersten Preis. Ihre große Liebe galt Ravel, sie wurde eine seiner Lieblingsinterpretinnen. Der Komponist lebte auch in Montford-l'Amaury; während er sonst Gesellschaft scheute und in fast völliger Abgeschiedenheit arbeitete, machte er mit der brillanten jungen Musikerin, die seine Kunst so gut verstand, eine Ausnahme. Ravel sollte seine *Sonate für Violine und Klavier* Hélène widmen; er gab ihr den Spitznamen Moune, den Colette dann übernahm.

Als Mounes Hände von »Geigerkrampf« verkrüppelten, musste sie ihre blühende Karriere als Solistin aufgeben. Eine Zeit lang verdiente sie sich ihren Unterhalt mit Geigenstunden. Colette ermunterte sie zu schreiben, und Moune wurde eine hervorragende Musikkritikerin, die sich auf Ravel und »Die Sechs« spezialisierte: Milhaud, Durey, Auric, Honegger, Poulenc und Tailleferre. Moune bewahrte alle Briefe, die Colette ihr schickte, auf. Diese überaus herzliche, wenn auch etwas langweilige Korrespondenz über Katzen, Klatschgeschichten, Wetter, Schlemmereien, Bulletins, über Colettes Gesundheit und Arbeit sowie großzügige Ermutigung ihrer Freunde reicht über ein Viertel Jahrhundert. Moune und »Toutounet«, ihr Spitzname für Luc-Albert, waren Teil jenes Nukleus von jüngeren Leuten, über die Colette sich ihrer eigenen Vitalität und ihrer eigenen Güte versicherte. Die Verehrung, die sie Colette entgegenbrachten, half ihr, die Schocks und Verluste gegen Ende ihrer Tage abzufedern.

Als Colette und Maurice von ihrer Norwegen-Kreuzfahrt auf der *Eros* zurückkamen, fuhren sie gleich nach La Treille Muscate weiter. Ihre Nachbarn, die van den Hensts, hatten sie gewarnt, Saint-Tropez sei unbewohnbar geworden. Eine Entwicklungsexplosion hatte entlang der Küste lauter neue Villen entstehen lassen, und der saubere kleine Hafen war von den »Leuten übernommen worden, die *Vogue* gewöhnlich fotografiert«. Colette, die (wie Joanna Richardson schreibt) auch den *Vogue*-Fotografen nicht entging, fand das Spektakel von Hispano-Suizas und Bugattis widerwärtig, die vor dem kleinen Laden, in dem sie ihr Klopapier kaufte, in Dreierreihen parkten, ebenso die Mengen an Filmstars, Mogulen und adlige Damen in ihren Overalls und Strandpyjamas. Eines Morgens sah sie eine Horde neugieriger Touristen vor dem Schreibwarenladen auf sie warten. »Ich machte kein Hehl daraus, was ich von ihnen hielt«, schrieb sie an Moreno.

Mit fortschreitender Saison verschlimmerte sich die Lage. Man konnte abends nicht mehr mit den Künstlerfreunden billig Bouillabaisse essen und Rosé trinken gehen, und auch die Fischerfeste mit den einfachen jungen Leuten vom Ort gab es nicht mehr. Aus den Bistros waren Nachtklubs geworden, und die Restaurants verlangten Preise wie in Deauville. »Nichts konnte mich in diesem Jahr dazu bewegen, am Hafen Essen zu gehen«, protestierte Colette und übertrieb dabei nur wenig. Sie genoss es immer noch, gelegentlich mit Francis Carco und seinen Theaterfreunden auszugehen oder auch an den merkwürdigen Diners einer Herzogin teilzunehmen. Auch ging sie zum Nudelball, zu dem die Gäste in Hüten und Kostümen erschienen, die eine »einfallsreiche« frühere Schauspielerin, jetzt Modistin für die höhere Gesellschaft, »witzig« mit getrockneter Pasta geschmückt hatte.

La Treille Muscate war zum Glück »noch friedlich und außerhalb des Getümmels«. Colette stand bei Sonnenaufgang auf, um ihre Tomaten auszugeizen und durch den stillen Wald zu wandern, die Katzen im Schlepptau. Wenn sie zurückkam, waren ihre Espadrilles durchgeweicht vom Tau. Sie frühstückte die wilden Feigen, die sie gepflückt oder geklaut hatte, und freudig beschrieb sie deren Vielfalt im Brief an Misz Marchand: »grüne mit gelbem Fleisch, weiße mit rotem Fleisch, schwarze mit rotem Fleisch, violette mit rosa Fleisch, mauve eher als violett und mit feiner Schale.« Zweimal am Tag, früh und spät, schwamm sie im kupferfarbenen Meer. Die Luft war wunderbar leicht und voller Schmetterlinge, und die einzigen anderen Körper, die sich auf dem weißen Sand an ihrem Strand sonnten, waren die Eidechsen.

La Treille entwickelte sich nie zu einer Frühstückspension wie Rozven früher, aber Colette empfing ausgewählte Besucher. Alba Crosbie und ihr Mann kamen mit dem frisch adoptierten Baby; Renaud de Jouvenel fuhr von den Pyrenäen herüber, um seine Schwester mit dem Auto abzuholen; Moreau und Dunoyer de Segonzac malten manchmal in ihrem Garten, und André Billy kam, zum Essen und einem Interview eingeladen, aus Paris.

Während Pauline die Weinflaschen aus dem Brunnen heraufholte und den Tisch mit Melonen, Gemüse und gegrilltem Fisch deckte, führte Colette die Gäste durch Haus und Garten. Sie begann in ihrem Arbeitszimmer, einem der Anbauten, die ihr so viel

Kopfzerbrechen gemacht hatten. Es war ein einfacher Zementwürfel, dessen dicke Wände selbst am Mittag die Kühle bewahrten. Die Einrichtung war dürftig: ein hübscher bretonischer Bücherschrank, ein riesiger mit Moskitonetzen zugehängter Diwan, ein großer Schreibtisch, eine Sammlung Tongeschirr, dessen »gemüseartiges Grün« von der milchigen Tünche des Verputzes abstach. Billy bemerkte zwei Stapel blauen Papiers auf dem Schreibtisch, einer noch unberührt, einer »mit der berühmten kräftigen und geraden Handschrift bedeckt«. Er bemerkte auch die zusammengeknüllten Papierballen, die auf dem Boden überall herumlagen. »Was für eine Strafe«, rief Colette aus, »sich hier für fünfzehn Stunden am Tag einzuschließen, wenn es draußen so schön ist.« Sie hatte gerade mit dem schwierigsten, eigenartigsten und beliebtesten ihrer Bücher begonnen: *Le Pur et l'impur*.

Bis sie nach Paris zurückkam, hatte es kaum Fortschritte gemacht. Maurice war vorausgefahren, aber Colette blieb nur solange, wie sie brauchte, um die Koffer umzupacken. Pauline hatte ihren Jahresurlaub, und ohne Pauline wurde sie nicht mit ihren vier Tieren und dem Haushalt fertig. Sie zog mit ihrer Menagerie und ihrem Manuskript nach La Gerbière. »Die Tiere, der Wald und meine Arbeit«, schrieb sie an Carco, »das reicht für die Kurzweil des Tages. Vor allem der Wald.« Im Sommer hat er keinen Geruch, aber »wenn er beginnt zu verwesen, dann duftet er immer mehr«. Sie aß Waldpilze und machte die Betten. Maurice kam fast jeden Abend aus Paris, um mit ihr zu essen und zu schlafen. Nachdem sie den ganzen Sommer über Widerstände gegen ihr Buch gehabt hatte, wollte sie versuchen, »mich in meinen eigenen Augen durch meine Arbeit zu rehabilitieren«.

36. KAPITEL

I

Ende 1930 machte Maurice Bankrott. Er gab seine teure Wohnung und seinen Talbot mit Chauffeur auf und verkaufte La Gerbière. Die neue Eigentümerin, Coco Chanel, hatte nicht vor, das Haus mit Campingmobiliar für fünfzehnhundert Francs einzurichten. Sie hatte große Pläne und wollte sofort mit der Arbeit beginnen. Maurice und Colette mussten in Hast und Eile ausziehen.

Sie verbrachten Weihnachten in Saint-Tropez und kehrten dann nach Paris in neue Wohnungen zurück. Colette hoffte immer noch, Gustave Quinsons Wohnung im ersten Stock des Palais Royal übernehmen zu können, aber sein Mietvertrag lief noch zwei Jahre, und ihr Arzt war der Meinung, dass ihre Lungen so lange nicht warten würden – sie litt fast ununterbrochen an Bronchitis. Für die Zwischenzeit bezog sie eine Suite im Claridge, einem Luxushotel an den Champs-Elysées. Colettes Freund, Al-Glâwi von Marrakesch, stieg im Claridge ab, wenn er nach Paris kam. Bevor seine fantastischen Betrügereien ans Tageslicht kamen und er Selbstmord beging, bewohnte hier auch der Financier Aleksandre Stavisky mit seiner Familie eine Suite und pflegte Colette im Restaurant oder Fahrstuhl zuzunicken. Der Pascha und der Gauner (er war von Colette fasziniert und lud sie schließlich zum Essen ein) zahlten für ihre Quartiere zweifellos den vollen Preis. Colette aber hatte mit der Verwaltung ausgehandelt, dass sie »zwei ineinander gehende Zimmer unterm Dach, eine Badewanne, zwei gleiche kleine Balkone am Ende der Dachrinne [erhielt und dass sie] rote Geranien und Erdbeerpflanzen in Töpfen und den größten Teil meiner Möbel und alle meine Bücher an den Wänden« aufstellen konnte. Ein großes Kabinett war in eine Küche verwandelt worden, wo Pauline auch mal ein Ei oder einen Topf Nudeln kochen konnte. Ansonsten gab Colette sich mit den *plats garni* zufrieden, die vom Zimmerdienst geschickt wurden.

Maurice bezog die angrenzenden Räume auf demselben Flur. Da sie nicht verheiratet waren, erklärte er mit seiner üblichen öffentlichen Züchtigkeit, »ziemte es sich, den Anstand zu wahren. Wir bemühten uns sehr, ließen Schutzwände und getrennte Eingangstüren, Klingeln und Telefone installieren, was mit nicht unbeträchtlichen Kosten verbunden war.«

Ihre Freunde prophezeiten dem Claridge-Experiment eine Dauer von zwei Wochen. Colette und Maurice blieben vier Jahre dort und zogen erst aus, als das bankrotte Hotel seine Tore schloss. »Ein Schriftsteller kann gut arbeiten im Hotel«, stellte die alte Vagabundin fest. Sie fand Gefallen an der »Stille hoch oben und [...] dem seltsamen Frieden«. Tagsüber hatte sie das Licht und den Himmel, und nachts, wenn sie sich über ihren Balkon lehnte, beobachtete sie, wie die Vögel sich schneller bewegten als der Verkehr. Zugleich kam sie in den Genuss von Personal, ohne es extra bezahlen zu müssen. Der Etagenkellner und das Zimmermädchen bewiesen ihre Ergebenheit, sogar Liebe, wie Colette sagte, und die Hotelleitung beschützte sie loyal vor Störungen. »Überall gibt es Wärme«, schloss sie, »wir brauchen nur unsere kalten Hände danach auszustrecken und sie mit unserem Atem anzufachen. Ich habe so manche Geschenke mitten in einer jener Stätten empfangen, die man sonst des Undanks zeiht.«

2

Im Frühjahr 1930 stattete Paul Léautaud seiner alten Freundin und leidenschaftlichen Mitstreiterin Rachilde einen Besuch ab. Sie war gerade siebzig Jahre alt und nicht nur hinfällig, sondern, wie er in seiner Zeitschrift mit der ihm eigenen maliziösen Bissigkeit feststellte, auch ein wenig verrückt geworden. Trotzdem genoss er es, mit ihr zu klatschen, und eines ihrer Lieblingsthemen war Colette. Öffentlich hielt Rachilde an ihrem ursprünglichen Urteil über Colette fest, sie sei die einzige Schriftstellerin (die einzige *andere* Schriftstellerin) in Frankreich, die Wertschätzung verdiene. Privat nannte sie Colette »den schlimmsten Abhub«, den sie je gekannt habe.

Das war die Stimme vergangener Größe, die für ihre Schärfe ebenso berühmt war wie für die Ungereimtheit ihrer Meinungen. Rachilde besaß überragende Fähigkeiten als Kritikerin; auch wenn ihre Begeisterung oft erratisch war, zeichneten sich ihre Rezensionen im *Mercure de France* durch Eloquenz und Einfühlsamkeit aus. Aber sie hatte ihre Kolumne 1925 aufgegeben, als die nachlassende Gesundheit es ihr zu beschwerlich machte, die Termine einzuhalten.

Rachildes Prosa dagegen erlitt dasselbe Schicksal wie die Willys. Sie waren beide Relikte aus der Zeit der Dekadenz. Er schrieb immer noch über Schwerenöter und Schulmädchen, sie über drogenabhängige Künstler, adlige Nymphomanen, Sexsklaven, perverse Edelleute, Transsexuelle, Schläger, den Abschaum und die Orgien, die inmitten üppiger osmanischer Dekorationen gefeiert wurden. Sie hatten ihr Publikum verloren. Anspruchsvolle Leser enttäuschte die Mittelmäßigkeit dieser Bücher, und diejenigen, die Reiz und Sensation suchten, enttäuschte, dass die reißerischen Titel nicht hielten, was sie versprachen.

Trotz ihres fortgeschrittenen Alters – sie sollte noch weitere zwanzig Jahre leben – gefiel Rachilde sich darin, das Enfant terrible zu spielen. Sie beunruhigte ihre Freunde damit, dass sie – in grellen Kleidern und mit einer Schar schöner und vornehmlich schwuler junger Günstlinge, die den Gestalten in ihren Romanen ähnelten – Nachtklubs besuchte. »Perverses Verhalten aller Art wurde ihr zugeschrieben«, teilt ihr Biograf mit, »obwohl kaum anzunehmen ist, dass sie sich das zu Schulden kommen ließ.«

In der Gestalt, die sie sich gab, liegt etwas Donquichottehaftes und daher sowohl Pathetisches als auch Nobles: Eine grimmige alte Dame in Kriegsbemalung kämpft gegen Tabus, die gar nicht mehr existieren. Rachilde hätte sich als mutiges Kampfross der Genderkämpfe um die Jahrhundertwende verdient machen können, hätte sie nicht die jüngere Generation mit ihren reaktionären Äußerungen befremdet. Sie war eine rabiate Chauvinistin und Antisemitin. Die skandalumwitterte Autorin und greisenhafte Klubratte konnte zum Thema Frauen einen Ton anschlagen wie der Heilige Paulus. Sie war immer schon frauenfeindlich gewesen, wurde das aber immer entschiedener. 1928 hatte sie ein polemisches Pamphlet veröffentlicht: »Warum ich keine Feministin bin«. Im Vorwort dazu erklärt sie: »Ich habe den Frauen nie getraut, das Ewigweibliche hat mich von Anfang an betrogen, in der Gestalt meiner Mutter.« Das war kurz und bündig.

Rachilde sparte sich ihre größte Verachtung für weibliche Schriftsteller und Intellektuelle auf, die sie im Vergleich mit sich für minderwertig hielt, obwohl sie Colette immer von ihren Tiraden ausnahm. Colettes »männlicher« Genius, meinte sie, rechtfertige die Exzesse ihres Lebens. »Geben wir ihr vollkommene Handlungsfreiheit«, rief Rachilde aus. »Sie möchte die Sterne schütteln, selbst wenn sie dabei vom Himmel in den Dreck unserer armen Erde fällt.«

Wenn auch die ehrliche Kritikerin ihre Bewunderung nicht verhehlte, konnte die verbitterte Frau doch Colette nicht vergeben, dass sie berühmter geworden war und dass sie sich – wie Rachilde das sah – gegenüber der großen Meisterin schmählich undankbar zeigte, hatte diese doch so viel dafür getan, um Colettes Ruhm zu fördern. Colette, so beklagte sie sich bei Léautaud, habe sich nie die Mühe gemacht, auch nur drei Zeilen über sie zu schreiben. Colettes Aufnahme in die Ehrenlegion wurmte die ordenlose Rachilde besonders. »Es ist ein hübsches [kleines Band]«, ließ sie Léautaud gegenüber spitz verlauten, »und all die Prostituierten, die es erhalten …« (Sie selbst bekam ihr rotes Ordensband 1924.) Acht Jahre später, als Colette die Rosette zuerkannt wurde, war Rachilde außer sich. Auf die Frage eines jungen Mädchens, was sie für ihre Karriere tun könne, riet Rachilde, Colette nachzuahmen und Hure zu werden.

Als Léautaud in jenem Juni Rachilde besuchte, hatte sie gerade eine Aufsatzsammlung veröffentlicht, die sie *Portaits d'Hommes* (*Männerporträts*) betitelte; darin widmete sie Willy ein bewunderndes Kapitel. Die beiden waren genau gleich alt; sie verband ihre politische Einstellung, ihre Frauenfeindlichkeit und dass die Welt sie vernachlässigte; und in ihren Briefen zerrissen sie sich den Mund über Colette wie zwei Freunde, die von derselben *Femme fatale* sitzen gelassen worden sind. Willy sei, schrieb Rachilde in ihrem Aufsatz, »der süßeste und naivste Mann. Die Schuldigen handeln vorsätzlich, während die Unschuldigen […] die gefährlichen Werke anderer edieren.«

Im Weiteren beschreibt sie Willys Freundlichkeit ihr gegenüber, seinen Pariser Charme, sein tadelloses Benehmen, sein musikalisches Gehör, sein »Kristallherz« und bezeichnet ihn, um sein Talent zu rühmen, recht treffend als »Literaturclown«. In diesem Aufsatz ist Colette nicht erwähnt, außer als jenes »Provinzpflänzchen, das [er] dazu zwang, im Glashaus zu blühen, damit es doppelte Blüten brächte«. Aber Rachilde schließt ihr Porträt mit dem Bild eines »tragischen« Willy, der seine Tränen niederringt und »das wahre Geheimnis seines Herzens für sich behält: eine ernste, nicht einmal sich selbst eingestandene Liebe zu […] jemandem, der viel stärker ist als er und viel grausamer«.

Colette hatte einmal Robert de Montesquiou gesagt: »Ich vergesse manchmal eine Beleidigung, aber niemals eine Freundlichkeit.« Dieser Grundsatz leitete augenscheinlich ihr Verhalten gegenüber Rachilde. Sie ignorierte die *Männerporträts*, und falls sie von Rachildes bösartigen Beleidigungen gehört hatte, was wahrscheinlich war, ignorierte sie auch diese. In der Öffentlichkeit gaben sie sich herzlich. Sie trafen sich oft auf Natalie Barneys Mittagspartys und manchmal bei den Dienstagsempfängen, die die Vallettes immer noch im *Mercure* gaben. Colette stellte sicher, dass Rachilde ihre Bücher erhielt, zumindest die Tiergeschichten: »Ich bin stolz, liebe Rachilde, es wert zu sein, mit Ihnen ›tierisch zu sprechen‹«, schrieb sie ihr in einem Brief während des Zweiten Weltkrieges, den sie schließt: »Ich bin immer wieder beeindruckt von so viel Beständigkeit, von einer Frechheit voller Größe, diesen Reaktionen einer wilden Kreatur, die Ihnen immer eigen waren.«

Willy konnte man jedoch nicht vergeben. Während der zwanziger Jahre hatten er und Colette mehrmals in der Presse Auseinandersetzungen über seinen Beitrag zu den *Claudines*. Etlichen Interviewern gegenüber beteuerte sie vehement, dass er nur kleinere Korrekturen an diesem Werk vorgenommen habe, während Willy und seine Freunde ihre Behauptungen heftig bestritten.

»Der süßeste und naivste Mann« hatte in Monaco gelebt, um seinen Gläubigern zu entgehen, aber die trockene Hitze des Südens verschlimmerte seine Migräne, und so kehrte er nach Paris zurück und ließ sich in einem Fünfzehn-Francs-Hotelzimmer an der Avenue Suffren nieder, wo seine letzte Claudine, die spätere Madame Sylvain Bonmariage, Madeleine de Swarte, sich um ihn kümmerte.

Madeleine und Willy trafen hin und wieder Léo Colette, der jetzt vierundsechzig Jahre alt war, »ein dicker, rotgesichtiger, schäbiger Mann«, laut Bonmariage »mit großer Schnauze«. Er arbeitete noch als Büroangestellter in Levallois und wohnte dort in einem

Mietshaus. Jacques Gauthier-Villars erinnerte sich, Léo sei ein »Peter Pan« gewesen, der »immer noch [vorgab], an den Weihnachtsmann zu glauben«. Er zeigte ihnen ein Buch, das Colette ihm gerade mit der Widmung geschickt hatte: »Für Léo, wenn er zwölf wird«. Madeleine und Willy sammelten für Léo Briefmarken – seine einzige große Leidenschaft war die Philatelie –, und bei einem kostenlosen Essen und einigen Gläsern Bier war er manchmal bereit, über seine Schwester zu sprechen, die er immer noch in seinem harten burgundischen Akzent »la barrronne de Jouvenel« nannte.

Colette sah ihren ersten Mann nur selten und dann nie geplant. Sie liefen sich einmal 1923 über den Weg, als sie gerade seinen Namen von ihren Büchern verbannt hatte. Er erzählte einem Freund, sie habe jetzt »einen Hintern wie eine Postkutsche, die mich zu keiner Fahrt verlocken würde«. Ein paar Jahre später trafen sie sich auf einem Pressebankett, zu dem auch Charles Catusse und Meg Villars eingeladen waren. Catusse schüttelte Willy die Hand, Colette, die, wie Willys alter Sekretär Pierre Varenne berichtete, spät kam, blickte nur böse in seine Richtung und ging noch vor dem Dessert. »Sie hätte für diesen Schokoladenpudding bleiben sollen«, flüsterte Willy Varenne zu, »ein Gedicht! Ich sollte ihr schreiben, damit sie weiß, was sie versäumt hat.«

Willy hatte Colette lange Zeit »meine Witwe« genannt und sich selbst als »den ehemaligen Willy« bezeichnet. Das war ein umso köstlicheres Epitheton, als es durchaus stimmte. »Die neue Gesellschaft«, schrieb J. H. Rosny, »begrub ihn schon zu Lebzeiten.« Er veröffentlichte weiterhin von anderen verfasste Romane. Zu den letzten gehörten: *Fin du Vice*, *Histoire de la manicure* und *Fruit vert* und seine gelegentlichen weitschweifigen Erinnerungen, in denen er alte Witze und obskure Fehden wieder aufwärmte. Aber er war am Ende: »Niemand interessiert sich für eine siebzigjährige Platzanweiserin«, schrieb er einer befreundeten Schauspielerin 1927, der er »im Voraus« für eine kleine Geldsendung dankte. »Ich habe so vielen Freunden ausgeholfen, jetzt bin ich allein, wirklich im Elend verlassen.«

Seine Armut war nicht ganz so furchtbar, wie er vorgab. Er hatte die ihm ergebene Madeleine; sein Sohn Jacques hatte ihn nicht verlassen; und 1928 plante eine Gruppe alter Freunde und Anhänger aus der Theaterwelt eine Wohltätigkeitsveranstaltung, bei der einige berühmte Schauspieler versprachen aufzutreten. Sie kam nicht zu Stande, aber die Aufforderung zur Subskription, die die Organisatoren herumgehen ließen, brachte viertausend Francs zusammen. Colette weigerte sich, einen Beitrag zu spenden. Sie lehnte es auch höflich ab, sich die Argumente einer wohlmeinenden gemeinsamen Bekannten anzuhören, die versuchte, sie auszusöhnen: »Ich möchte dir sagen, was ich meiner Tochter gesagt hätte: ›Sie sind viel zu nett, Sie können das gar nicht verstehen.‹«

Ende der zwanziger Jahre war Willys Gesundheit äußerst angegriffen. Lebenslange Ausschweifungen forderten unvermeidlich ihren Tribut. »Sein grau zerfurchtes Gesicht mit den roten Flecken und den wässrig-blauen Augen sah erbarmungswürdig aus«, schrieb Rosny. Er litt an Rheuma, Arteriosklerose und vielleicht an Syphilis. Er war fast blind, torkelte wie ein Betrunkener – ein Symptom seiner Arterienverkalkung, meinte er – und war zweimal beim Überqueren der Straße angefahren worden. Nach dem zweiten Unfall erlitt er einen leichten Schlaganfall, blieb aber so weit bei Sinnen, dass er ein paar letzte Briefe in seiner winzigen, spinnenartigen Handschrift kritzeln, seine Bücher nochmals lesen und Madeleine Korrekturen diktieren konnte. »Dass ich so lange überlebt habe, verdanke ich [ihrer] unablässigen Fürsorge.«

Die nächsten zwei Jahre lebte Willy bei Madeleine und deren Schwester. Ein Freund versuchte vergeblich, ihn zur Kirche zurückzubekehren. Er verbrachte seine Tage in einem Sessel am Fenster, wo er Schallplatten hörte – »nicht Wagner«, sagt Caradec, »sondern Franz Lehár«. Zu seinen letzten Befriedigungen gehörte neben diesen Walzern, die der große Trendsetter früher verachtet hatte, Rachildes Essay.

»Das letzte Wort über Willy als Schriftsteller wird erst gesprochen werden, wenn er gestorben ist«, sagte Louis Barthou, ein Freund von Colette, aber auch von Willy, der sowohl Kultusminister als auch Mitglied der Académie française war. Willy starb am 12. Januar 1931, und dreitausend Trauergäste einschließlich Vertreter von allen größeren französischen Literaturorganisationen folgten seinem Sarg zum Friedhof am Montparnasse. Léautaud fragte Vallette, ob die Exmadame Willy sich auch unter den Trauernden befunden habe. Er lachte: »Sie? Sie muss wohl gesagt haben: ›Keinen Augenblick zu früh.‹«

Es gab wichtige Nachrufe in den meisten größeren Zeitungen und Zeitschriften, aber Colette schrieb nichts über Willys Tod, an keinen ihrer Freunde. Sie wartete vier Jahre, um dann ihr letztes Wort in *Meine Lehrjahre* zu sprechen.

3

Colette war gerade achtundfünfzig Jahre alt geworden. Ihr Liebhaber kämpfte um seine Existenz – bald sollte er eine Arbeit annehmen, bei der er gebrauchte Waschmaschinen und ein Abflussreinigungsgerät für verstopfte Toiletten zu verkaufen hatte –, also nahm sie es auf sich, für den gemeinsamen Unterhalt zu sorgen. Anfang Februar überarbeitete sie ihr Drehbuch für *La Vagabonde* und machte Hélène Picard gegenüber die Bemerkung, sie hätten ein »schreckliches« Jahr hinter sich, der Vorschuss sei schon lange »aufgegessen«. Die Dreharbeiten begannen unmittelbar danach unter der Regie der zweiundzwanzigjährigen Solange Bussi, der ersten Frau, die einen Tonfilm drehte. Colette besorgte ihrer Tochter bei den Dreharbeiten einen Job als Scriptgirl.

Die junge Colette war jetzt eine Schönheit von siebzehn Jahren. Sie war mit ihrem Freund Paul verlobt, obwohl es sich offenbar nur um eine stürmische Romanze handelte. Colettes Sympathien waren auf Seiten des jungen Mannes, der seinen Militärdienst ableistete und wenn er »im Manöver [war], nicht so leicht [Briefe] schreiben konnte. Also wartete meine Tochter kalt und hochnäsig. Mein Gott, wie groß die menschliche Dummheit und jugendliche Dummheit allzumal ist! Mein schönes Kind hat keine Ahnung, was sie da verspielt.«

Ihr Buch über »alten Liebeskram mit etwas eingeschlechtlicher Liebe hineingemischt« machte sie verrückt, und sie »hasste« es. Sie fuhr mit Maurice und Moune zu einem kurzen Skiurlaub in Mégève; dann verschafften ihr einige einträgliche Vortragseinladungen ins Ausland eine weitere Entschuldigung, zumindest bis zum Sommer zu entfliehen. In Wien wurde sie von ihren österreichischen Gastgebern und dem französischen Botschafter mit großem Pomp empfangen, sie gab zwanzig Interviews und ihren Fans, die vier Stunden am Hotel Schlange gestanden hatten, Autogramme, dann reiste sie mit dem Zug nach Bukarest weiter. Sie kam todmüde nach Paris zurück, blieb vier Tage im Bett und machte sich dann zu einer neuen Tournee nach Cahors auf. Anschließend hatte sie ein paar Tage frei, bevor sie neuerlich für eine Lesereise durch sechs Städte in Algerien die Koffer packte. »Ich eigne mich nicht dafür, sechzehn von vierundzwanzig Stunden im Rampenlicht zu stehen«, schrieb sie Hélène.

Aber keine Erfahrung, ob vertraut oder exotisch, machte Colette je umsonst. Wie eine gute Hausfrau vom Land bereitete sie aus den Überresten immer noch ein schmackhaftes Mahl. Die Gärten in Algerien; die Despoten und ihre Tänzerinnen; die zerklüftete Grandiosität der Fjorde; die Wüste und ihre Blumen; Reptilien; Leopardenjunge im Käfig; parfümierte Speisen; Landschaften in der Provence; melancholische Löwen; Hitze und Wind; Zauberer; Rosen; verborgene Quellen; junger Wein; Millionäre; weiße Nächte; Bettler; der Duft von Dung und Lilien; der Geruch von gebackenen Kartoffeln – das waren Colettes Reise-Souvenirs. Sie warf sie so schnell aufs Papier, wie sie ihre Kleider auspackte, und sie füllen viele Bände. Aber der Titel, den sie einer 1922 veröffentlichten Sammlung dieser poetischen Szenen gab, zeigt, welche Bedeutung sie ihnen beimaß. Er lautet: *Gefängnis und Paradies*. Die Arbeitsdisziplin verstärkt den Geschmack am Vergnügen. In der Bindung an die Kunst liegt ihre Gewalt, und diese Bindung bestimmt ihre Freiheit mit mehr Autorität als irgendeiner ihrer früheren Meister. Und die Flüchtige kehrt immer freiwillig in ihre Zelle zurück, weil »die Belohnung und die Angst untrennbar sind, sie drehen sich gemeinsam […], angetrieben von einem uralten Stolz«.

4

Im Juni war Colette wieder zurück in ihrer Mansarde im Claridge. Sie verhandelte für einen Film, ein illustriertes Buch, weitere Lesungen, Editionen im Ausland; das alles, um ihre Finanzen zu sichern. Das Telefon, schrieb Claude Chauvière, hörte nicht auf zu klingeln, und Besucher kamen und gingen, als wäre ihre Wohnung ein Taubenschlag. Diese Ablenkungen unterbrachen weiterhin Colettes Arbeit an *Le Pur et l'impur* (*Diese Freuden*). In der Zwischenzeit aber empfing sie eine Besucherin, die in dem Entwurf eine hervorragende Rolle spielte: Missy.

Nach ihrem Bruch und dem hässlichen Streit um ihr gemeinsames Eigentum hatte Colette im Stillen den Kontakt zu ihrer früheren Liebhaberin wieder aufgenommen. Die noch erhaltenen Fragmente ihrer Korrespondenz lassen vermuten, dass dies ein regelmäßiger und nachhaltiger Dialog war. Colettes Briefe sind voller Süße und Ergebenheit. Sie schickt Missy Nachrichten über ihre Katzen, ihren Garten, ihre Reisen, ihre Gesundheit, das Wetter – im Ton des braven Kindes, das pflichtschuldigst, aber wenig mitteilsam einer etwas verkalkten alten Mutter Bericht erstattet, ein Ton, der Sido einst wütend gemacht hatte.

Missy verlangte augenscheinlich nicht mehr als das Privileg, sich wie eine Mutter um ihr altes »unechtes Kind« Sorgen zu machen. Die Marquise kümmerte sich manchmal um Colettes Haustiere, wenn diese ins Ausland fuhr, und überschüttete die Freundin regelmäßig mit kleinen Geschenken, Schokolade, Blumen und in diesem Juni mit einer »wunderbaren Klemmlampe«. Sie konnte sich jetzt keine Opale oder Villen mehr leisten, nachdem sie von mehreren habgierigen Geliebten ruiniert oder fast ruiniert worden war. Auch das Draufgängertum ihrer Jugend war vorbei, und die Unsicherheit, Folge ihres Unglücks in der Liebe, der Verlust ihres Reichtums, die Gebrechlichkeit des Alters und das Wissen, dass sie für alle (mit Ausnahme einiger alter Freunde) eine pathetische und groteske Figur war, hatte sie noch zaghafter und zurückhaltender gemacht. Wenn sie Colette und Maurice in La Treille Muscate besuchte, lud Colette zur Unterhaltung »einen kleinen Kreis von Freunden« ein, jedoch nicht, ohne Missy vorweg zu versichern, dass sie »alle diese Leute kenne«. Als Missy einmal abends unangekündigt ins Claridge kam und es in Colettes Wohnung von »Damen« wimmelte, da floh sie »erschreckt« trotz des stürmischen Regenwetters.

Colette hatte sich von Lesbos abgesetzt, ohne je ihre Bande zu seiner Gesellschaft ganz zu kappen. Diese Gesellschaft zog es in den späten zwanziger Jahren in den üppigen weißen Salon von Natalie Barney in der Rue Jacob und in ihre Villa in Beauvallon, nicht weit von Saint-Tropez. Colette war Mitglied in Natalies informeller Frauenakademie, sie war ein häufiger Hausgast an der Côte d'Azur und in Paris eine regelmäßige Teilnehmerin an den Frauenlunches der Amazone. Zu den Letzteren kamen auch Moreno, Germaine Beaumont, Rachilde, Marie Laurencin, Lucie Delarue-Mardrus, Romaine Brooks, Gertrude Stein, Fürstin Edmont (Winnie) de

Polignac und Elisabeth (Lily) de Gramont. Hier traf Colette auch einen distinguierten Kreis jüngerer lesbischer Schriftstellerinnen und Künstlerinnen, die meisten von ihnen aus England oder Amerika; zu ihnen gehörten Djuna Barnes, Janet Flanner, Mina Loy, Noelle Murphy, Sylvia Beach, Radclyffe Hall und Lady Una Troubridge – eine ihrer besten Übersetzerinnen.

Die Amazone war für diese neue Generation so etwas wie eine Legende. Sie erscheint als profane »Heilige« in Barnes' satirischem *Ladies Almanack* und als Pionier der Freiheit in Halls *Well of Loneliness*: Natalie, alias »Valérie [Seymour], ruhig und selbstsicher, schuf eine ermutigende Atmosphäre«, schreibt Hall. »Alle fühlten sich normal und tapfer, wenn wir uns in [ihrem] Salon trafen. Diese reizende und kultivierte Frau war wie ein Leuchtfeuer auf stürmischer See.«

Colette bewunderte Halls umstrittenen Roman über eine männlich wirkende junge Frau, die durch ihre Homosexualität isoliert und gequält wird, hatte allerdings auch ernste Vorbehalte gegen ihn. Sie meinte, die Landschaften und Beschreibungen einer melancholischen Kindheit seien »unvergleichlich«. Doch war sie über die Sexszenen und deren Psychologie einigermaßen »schockiert«, schlimmer noch, sie war verärgert über ihre Unwahrscheinlichkeit. Sie glaubte nicht, dass eine wirklich homosexuelle Frau sich so »anormal« fühle oder mit einem derartig erbärmlichen Selbsthass die allgemein gängige Definition ihrer Anormalität übernehmen würde. »Das ist alles entsetzlich pubertär«, sagte sie zu Troubridge. »Obszönität ist so ein enges Feld. Da fängt man gleich an zu ersticken und sich zu langweilen.«

Es gibt eine interessante Kluft sowohl kulturell als auch im Temperament zwischen Colette und »John« Hall. Colettes literarisches Urteil über *The Well of Loneliness* ist gerecht und einleuchtend. Aber Weltläufigkeit kann manchmal provinziell sein, und Colettes Unverständnis für Halls Entfremdung spiegelt wider, wie eng ihre eigene Perspektive war. Colette ist durch das

Paradox ihrer eigenen Natur und ihres Talents privilegiert. Das erlaubt ihr, erotisch »militant« zu leben und zugleich sozial konservative Ansichten zu vertreten. Sie hatte persönlich Erfolg mit ihrem Trotz, ihrer Überzeugung – einen Anspruch auf Vergnügen zu haben – und nicht zuletzt mit ihrer Erfahrung als Französin, die in einem Milieu sexuell groß geworden war, das den Lesbianismus tolerierte – das alles machte sie blind für das Leid, dem ein introspektiverer und empfindsamerer Charakter ausgesetzt war, der unter Puritanern und Konformisten aufgewachsen und erzogen worden ist.

Im Unterschied zu den aristokratischen Lesbierinnen, die sich einst mit ihren Freundinnen aus der Arbeiterklasse in Missys Empire-Salon versammelt hatten, stammten Natalies Freundinnen größtenteils aus der gebildeten oberen Mittelschicht und suchten sich ihre Liebhaberinnen aus ihrem eigenen Milieu; schon in den zwanziger Jahren begannen sie gegen ihre Marginalisierung zu protestieren. Während des Krieges öffnete Natalie ihren Garten in Neuilly für pazifistische Versammlungen prominenter Frauen. Manche waren Feministinnen; manche waren lesbisch; manche waren beides; manche – wie Rachilde – weder das eine noch das andere, teilten aber die Abneigung gegen die männliche Lust am Blutvergießen, die den obszönen Krieg genährt hatte. »Weder mag ich Männer, noch verabscheue ich sie«, schrieb Natalie um diese Zeit. »Ich nehme ihnen übel, dass sie den Frauen so viel Böses angetan haben. Sie sind politische Gegner, die ich gern beleidige, wenn es [dem Pazifismus und Feminismus] nützt. Jenseits des Schlachtfeldes sind sie für mich Fremde.«

Natalie war eine Gynokratin, die sich in ihrem wohlgestalteten und gut trainierten Frauenkörper zu Hause fühlte. Sie besaß edlen Schmuck, kleidete sich nur in Haute Couture, lehnte weibliche Transvestiten ab, sowohl aus politischen als auch aus ästhetischen Gründen. Wenn Männer ein »herzzerreißender« Anblick der »Unzulänglichkeit« waren, Sklaven ihrer »mediokren« Bedürfnisse und Obsessionen, wie viel herzzerreißender waren da die Frauen, als die sie sich ausgaben?

Man könnte einwenden, dass Natalies Eroberungslust – sie gab einmal zu, achtzehn Rendezvous für denselben Abend verabredet zu haben – und die Spur gebrochener Herzen und Ehen, die sie zurückließ, die eines Don Juan waren, dem es nur darauf ankommt, die Anzahl seiner Eroberungen zu erhöhen. Dem hätte sie nie zugestimmt. »Der Mann zerreißt die Frau, ohne sie entschlüsselt zu haben«, behauptete Natalie. Frauen vergeudeten ihr Leben in Erwartung einer Liebe, zu der Männer gar nicht in der Lage sind. Ihre eigenen Wünsche seien nie anonym oder »mechanisch« wie die der Männer, auch nie einzig und allein körperlich, sondern sie konzentrierten sich auf das »Wesen« einer Geliebten in ihrer »Gesamtheit«. Und sogar eine aufgeweckte frühere Geliebte wie Lucie Delarue-Mardrus, die eine fiktive Gestalt nach dem Vorbild von Natalie »pervers, zerfließend, ichbezogen, ungerecht, widerspenstig, manchmal kleinlich, oft eine Schauspielerin, die meiste Zeit ärgerlich [...] ein Ungeheuer« nennt, erkannte Natalie als eine »Revolutionärin« an, »die andere zum Revoltieren bringt. [...] Du bist imstande – und das ist deine einzige Treue –, einen Menschen um dessentwillen zu lieben, was er ist. [...] Das schätze ich an dir.«

Sollte es in Natalies Paris glückliche und treue heterosexuelle Paare gegeben haben, scheinen sie ihr entgangen zu sein. Natalie war der Meinung, wenn eine Frau die Verpflichtung verspürte, sich zu reproduzieren, dann müsse sie nach Erfüllung dieser Pflicht den Wunsch haben, lesbisch zu werden. Frauen, schrieb sie, »wissen noch nicht, was es heißt, frei zu sein«. Freiheit hieß für sie selbst, die eigenen Fähigkeiten im höchsten Maße »auszubeuten« und nie einverstanden zu sein, sich durch ein monogames häusliches Leben fesseln zu lassen. Lange bevor Sartre und de Beauvoir ihr zweifelhaftes Beispiel für eine freie Verbindung Gleicher statuierten, hatten Natalie und ihre Hauptgattin Romaine Brooks getrennte Wohnungen in Paris und getrennte Flügel in ihrer Villa in Beauvallon, was sie treffend *le Trait d'Union*, den Bindestrich, nannten.

Wie auch Sartre diktierte und veränderte Natalie die Bedingungen ihrer Beziehungen und bestand auf einer Freiheit, die im Allgemeinen einseitig war. Sie verhielt sich gleichgültig gegenüber dem Leid, das sie verursachte, und gegenüber der oft extremen Eifersucht unter ihren Liebhaberinnen. Dolly Wilde, Oscars Nichte, die neben Romaine lange Zeit zu Natalies Geliebten gehörte, schloss sich gewöhnlich mit einem Vorrat an Rasierklingen, Alkohol und Kokain in einem Hotelzimmer ein, wenn die Amazone wieder einmal mit einer anderen jungen Schönheit fortging. Natalie aber überließ die Aufgabe, Dolly zu trösten, ihrer getreuen Haushälterin Berthe und ging ihrem Abenteuer des Tages nach.

Missy und Natalie fanden einander nie sympathisch. Colette vermied es, Partei zu ergreifen, außer vielleicht in *Le Pur et l'impur*, wo sie ihrer »Überzeugung [Ausdruck gibt], dass die sapphische die einzige unannehmbare Ausschweifung ist«. Missys großer wie vergeblicher Ehrgeiz bestand laut Colette darin, »eine wirkliche und dauerhafte Beziehung zu einer Frau aufzubauen«. Natalie dagegen machte einen Kult aus ihrer Promiskuität. Missy nannte Natalie geringschätzig »die Priesterin von Lesbos«, trotzdem störte es sie, wie sie Colette sagte, dass Natalie sie nicht mochte. Natalie – bekanntermaßen schuldlos und luzid, habgierig und grausam, nach eigener Darstellung mit »Nerven aus Stahl« ausgestattet, Autorin bewunderter Memoiren und Aphorismen, Muse für ein Dutzend wichtiger Schriftsteller, Herrin über ein unerschöpfliches Vermögen und einen Harem fleischlicher Schönheiten (wie Colette verabscheute sie Magerkeit) –, Natalie besaß eine souveräne Selbstsicherheit, die Missy nie gekannt hatte. »Ich liebe mein Leben«, schrieb die fröhliche Natalie. Ich handle nie anders als nach meiner

Lust. […] Ich kann schließlich das Dasein nicht anders beurteilen als danach, was es aus uns macht und wir aus ihm. Wenn das Leben ein Ausdruck des Selbst sein soll und nicht dessen Unterdrückung, ist dann mein eigenes Leben nicht ganz erfüllt und erfolgreich?«

»Ich denke oft darüber nach, dass ich von dir nichts erhalten habe«, schrieb Colette an Natalie, »sei es groß oder klein, das nicht gut gewesen wäre.« Janet Flanner, die von Natalies Biografin George Wickes interviewt wurde, sagte, sie glaube, »Colette musste [für Natalie] befriedigender gewesen sein als nahezu jede andere in ihrem Leben«. Befriedigend vielleicht, aber letztlich unerreichbar. »Außer bei diesen Treffen, bei denen Colette sich dadurch auszeichnete, dass sie Colette spielte und Colette war«, erinnerte Natalie sich in ihren Erinnerungen *Die Colette, die ich kannte* – »jenseits dieser trägen Intimität, wodurch wir einander so oft und so schlecht sahen, was waren unsere wirklichen Begegnungen? Hatte ich denn mit Colette je einen dieser aufblitzenden Momente der Erleuchtung, wenn die geheimnisvolle Natur eines Menschen sich einem plötzlich offenbart? Doch eine zärtliche Freundschaft wie die unsrige bedarf keiner heftigen Offenbarungen.«

5

In diesem Sommer wandte Colette sich wieder *Le Pur et l'impur* zu. John Hall und Una Troubridge halfen ihr mit der Dokumentation. Sie überarbeitete auch *Prisons et Paradis*. In einem Brief an Moreno unterlief ihr ein Fehler, über den sie lachen musste: sie hatte das Buch *Prisons et Solitudes* genannt. Die Einsamkeit, die Colette mit dem Paradies verbindet, ist ein Zustand erotischer Distanz, wie ihn jemand wie Natalie genießt. Sie hatte die Freundin immer um ihre mysteriöse sexuelle Gelassenheit beneidet; in *Claudine s'en va* hatte sie geschrieben: »Es gibt keine grausamere

Gelassenheit als deine, Amazone. Nicht dein Biss [...] erstaunt mich. Deine Gelassenheit ist es, die von oben auf uns herabfällt. Gerade genug Liebe, gerade genug Geringschätzung der Liebe.« Natalie ihrerseits sollte immer Colettes »freudige Autorität« bewundern, während sie ihre sklavische Haltung gegenüber Männern bedauerte: »Zerrissen zwischen den Wünschen ihrer beiden gegensätzlichen Naturen, einen Gebieter zu haben und keinen zu haben, entschied sie sich immer für das Erstere.« Und dieses Dilemma ist Colettes Thema in *Le Pur et l'impur*.

Dieses Schlüsselwerk wird gemeinhin als eine Abhandlung über Frauenfeindlichkeit, Homosexualität und die alte Feindschaft zwischen den Geschlechtern gelesen oder, nach Colettes eigener Anweisung, als ihr »persönlicher Beitrag zur Gesamtheit unseres Wissens über die Sinne«. Es ist all das, aber zusätzlich noch etwas Tieferes: Es vermittelt, wie die Menschen ihre ersten Bindungen erotisieren.

Die Colette, wie wir sie kennen, die Tochter von Sido/Demeter, geleitet uns durch das irdische Paradies. In *Le Pur et l'impur* hingegen nimmt sie uns mit auf die Reise durch ein Reich, mit dem sie wie Persephone sehr vertraut ist. Diese erotische Unterwelt besitzt für sie keinen besonderen Glanz, und sie kennt Gefangene, die dort ganz gewöhnliche arme Teufel sind: »Phantome, die ich gewöhnlich verliere und dann wieder finde: unruhige Geister, kaum davon genesen, dass sie einst dem dumpfen und unbegreiflichen Riff, dem menschlichen Körper Front geboten, Flanke geboten haben«.

Da diese Geister Colette die Geheimnisse ihres Fleisches (»immer das Fleisch«) anvertrauen, bilden ihre Geständnisse allmählich ein Muster. Sie alle haben ihr Leben in dem Hunger nach einem Grundnahrungsmittel gelebt, unfähig, der Fantasie zu entsagen, sie würden demjenigen begegnen, der die »Leere« ein für alle Mal füllt. Der sexuelle Akt quält sie mit dem flüchtigen Vorgeschmack der Vollkommenheit, aber sie geben ihren Partnern die Schuld für ihren unvermeidlichen Rückfall in die Leere – also gehen sie zum nächsten warmen Körper über. Colette betrachtet die verschiedenen Strategien genauer, mit denen diese ausgehungerten Geister versuchen, ihren Heißhunger zu stillen. Die Starken sind beleidigt: Sie versuchen, durch Dominanz eine Illusion von Ganzheit wiederherzustellen; sie werden zu Sadisten und Verführern beider Geschlechter. Die Schwachen experimentieren mit einer defensiven Selbstbescheidung: mit Asketentum, Zölibat, Anorexie, meist aber masochistischer Unterwerfung. Diese freiwillige Entbehrung empfinden sie als dem Ur-Hunger des Säuglings überlegen, der hilflos daran litt.

Colettes Widerwille gegen dieses Thema und ihre Angst davor zeigen sich in ihrer sonderbaren Syntax und dem Übermaß an Auslassungspunkten, dunklen Bezügen und Widersprüchen, die den Text für den flüchtigen Leser stellenweise zu einer ermüdenden Erfahrung machen. Selbst eine umsichtige Colette-Biografin wie Joanna Richardson klagt über die »Inkohärenz« dieses Werkes. Colette hingegen sah in *Le Pur et l'impur* ihr bestes Buch und das wahrscheinlich beständigste. Zweifellos stellt es für sie als Schriftstellerin das größte Risiko dar, und sein kryptischer Stil dient ironischerweise dazu, den Leser sinnlich und intellektuell zu reizen wie ein unbefriedigtes Verlangen. So schließt sie: »das Wort ›rein‹ – im Sinne von Erfüllung – hat mir nie eingeleuchtet«.

Le Pur et l'impur beginnt Aufsehen erregend mit der Beschreibung eines vorgetäuschten Orgasmus. Dieser Akt findet im rötlichen Schimmer eines großen Ateliers mit Glasdach irgendwo in Paris statt, das seine Besitzer in eine Opiumhöhle verwandelt haben. Auf dem Boden liegen Matten, über der Galerie hängen billige chinesische Stickereien. Die namenlosen Gäste tauschen ihre Straßenkleidung gegen Kimonos. Colette berichtet, sie sei »in beruflichem Auftrag« hier, und während sie ihre Geschichte entwickelt, lockt sie ihre Informanten aus der Reserve, sie, die geschickte Journalistin, oder wie sie es Carco gegenüber ausdrückt:

»eine Nachdenkliche – hellsichtig und ergriffen«. Sie gibt allerdings auch zu, dass sie mit einem gewissen »Wagemut« gekommen ist und »einen verborgenen Kummer« und eine »schreckliche Widerstandslosigkeit der Sinne« mitgebracht hat. Dieses Eingeständnis deutet auf ihre Komplizenschaft mit den »ruhelosen Geistern« hin, deren Geschichten sie in den nachfolgenden Kapiteln herauslockt und die den Sex benutzen wie die Besucher der Opiumhöhle ihre Drogen: um ihren verborgenen Kummer zu dämpfen, auch wenn er ihre widerstandslosen Sinne schärft.

Colette lehnt es ab, die Pfeife zu rauchen, aber der Geruch des Rauchs, »sein schwarzer, anregender Duft nach frischen Trüffeln oder gebranntem Kakao verlieh mir Geduld, Zuversicht und einen leisen Hunger«. Mit seinem Hunger lernt das Menschenkind erstmals Spannung kennen, und der Hunger ist die Erzählerfahrung in ihrer ursprünglichsten Form. Hunger und Durst, die der Säugling nicht unterscheiden kann, treiben all die heißhungrigen Liebenden in Colettes Erzählen und die Autorin selbst, die hier von einer Warte (oder Pose) der Verleugnung und Abstinenz aus schreibt.

Sie setzt sich keusch auf die ihr zugewiesene Matte, »in der sicheren Erwartung, mich zu langweilen«, da hört Colette eine junge Frau »ein schwaches Sauggeräusch machen«, als sie auf ihren Opiumkügelchen kaut – »ein animalisches Geräusch wie von einem Säugling an der Mutterbrust«. Später schwebt die rauchige Stimme einer Frau aus einem Alkoven von der Galerie herunter. »Sind Sie es, Charlotte?«, fragt ein Opiumesser. »Singen Sie noch ein wenig.« Aber Charlottes Liebhaber schreit wütend zurück, sie sei »nicht dafür hergekommen«, und noch später hört Colette dieselbe rauchige Stimme verzweifelt »gegen ihre sie überflutende Lust ankämpfen und sie eilig zu ihrem Höhepunkt und ihrer Zerstörung vorantreiben.«

Colette und Charlotte begegnen sich auf der Treppe, als sie beide weggehen, und zweimal später, das letzte Mal in der Opiumhöhle. Colette erfährt, dass diese schöne Frau in den Vierzigern ihre »fast öffentliche Zurschaustellung der Lust« für den »Jungen«, den sie liebt, nur gespielt hat – einen verzweifelten und bedürftigen jungen Mann mit schlechter Lunge. »Es ist komisch, nicht wahr«, sagt sie zu Colette, »dass bei einem Paar wie uns die ältere Partnerin [...] sich gezwungen sieht zu lügen ... Von Herzen bin ich dem Kind aufrichtig zugetan. Aber was ist schon das Herz, Madame? Es ist weniger wert als sein Ruf. Es ist sehr bequem, nimmt alles hin. Man stellt hinein, was man hat; es ist so wenig anspruchsvoll ... Der Körper [...], der weiß, was er will.«

Die selbstlose und, in Colettes Augen, heroische Charlotte »erwartet nichts« von ihrem Geliebten, aber der Junge begreift instinktiv, dass ihr Körper ihn belügt, und »gerät ohne Anlass in Wut«. Sein Ärger rührt von dem Gefühl der Eifersucht und Impotenz her, das den Säugling, gleich welchen Geschlechts – den erwachenden Frauenfeind – plagt; er besitzt seine Mutter, und doch ist er zu schwach, sie zu beherrschen, und zu klein, sie zu befriedigen. Dieses Paar ist beispielhaft für die Liebenden in *Le Pur et l'impur*, die zwar Lust spenden, aber keine empfangen können, oder sie nehmen, aber nicht zu geben imstande sind, die nach Alter, Appetit, Egotismus und Erfahrungen nicht zueinander passen – und die sich alle irgendwie getäuscht fühlen.

Ihr flüchtiger Gral ist ein Ideal der Parität, das Colette negativ bestimmt, indem sie es grundsätzlich aus ihrem ansonsten erschöpfenden Katalog erotischer Möglichkeiten ausschließt: den Beziehungen zwischen Liebenden und Rivalen beiderlei Geschlecht in jeglicher Kombination, zwischen Erwachsenen und Kindern, Herren und Tieren. Unvoreingenommen untersucht sie alle Formen der Begierde, unterscheidet die Ehre des Sadisten von der Vitalität des Parasiten und dem Heroismus des Perversen, mit all ihrem Pathos, ihrer Selbstgefälligkeit, Verrücktheit und ihrem Wahn.

»Welche Erinnerung glauben Sie bei den Frauen, bei der

Mehrzahl der Frauen hinterlassen zu haben?«, fragt Colette den Frauen hassenden Don Juan, den sie Damien nennt. »Welche Erinnerung? ... Todsicher das Gefühl von Zu-wenig – natürlich.« Ein wenig später ruft Damien aus, und dies ist eine für den Text, aber auch für die Liebesaffären, die sie beschreibt, so typische Paradoxie: »Mit welchem Recht bekamen sie immer mehr davon als ich? [...] In der Lust ihr Herr, doch nie ihresgleichen zu sein ... Das ist es, was ich ihnen nicht verzeihe.« Und Damiens letztes Wort an Colette – das Destillat seiner Weisheit – ist: »Nichts geben, nichts nehmen.«

Eine ideale Verbindung, meint Colette, wäre eine, in der beide Partner wechselseitig Befriedigung einander geben und voneinander nehmen können. Aber ihre erschöpfende Suche fördert keine Gleichen zutage. Es gibt stoisch Gebende wie Charlotte und La Chevalière (Missy). Es gibt stolz und gierig Nehmende wie Renée Vivien oder Amalia X, die ihre Eroberungen an den Fingern abzählen. Es gibt Lady Eleanor Butler of Llangollen, die fünfzig Jahre lang ein Tagebuch führt, in dem sie das »perfekte Glück« eines in erzwungener Zurückgezogenheit verbrachten Lebens mit ihrer »viel geliebten« Sarah Ponsonby beschreibt. Doch nachdem Colette es mit einer »freundlichen und verständnisvollen Empathie« gelesen hat, schließt sie: »Ich wünschte mir, das Tagebuch zu haben, in dem sich die Jüngere offenbart hätte, Sarah Ponsonby, die Beute.«

In dem Reich des Unreinen, das Colette hier besucht, ist Eros der Kampf mit dem Tod, und wer nicht der Jäger ist, der ist die Beute. Die Alternative zum Einbezogensein in einen sexuellen Kampf ist die Kriegsdienstverweigerung, die ihr Freund Carco vorschlägt: »›Ach‹, seufzt er in seinen aufrichtigen und melancholischen Augenblicken, ›man sollte nie mit jemandem schlafen, den man liebt, das verdirbt alles ...‹«

Unter allen ihren Büchern, seien sie Erinnerungen oder Fiktion, offenbart *Le Pur et l'impur* am ehesten Colettes »mysteriöses

Wesen [ihres] Seins« – ein Ausdruck von Natalie –, das sie selbst so sorgsam, sogar vor ihren Freunden, hütete. Sie erforscht ihre eigenen sinnlichen Qualen, gibt ihr Scheitern zu, stellt ihre Kräfte zur Schau, gesteht ihre Schwächen ein, und summiert gegen Ende der Reise die drei leidenschaftlichen Zuneigungen, die sie kennen lernte. Die Erste bezieht sich auf diejenigen, die sie mit ihren Gaben überhäuft hat, hierzu gehören Kinder, Tiere und sexuelle Rivalen. Die Zweite bezieht sich auf diejenigen, deren »Reichtümer« zu »plündern« sie noch die Kraft hat.

> Doch abseits jener Wesen, die sich flink mit mir angefüllt haben, mich ausgeleert und mit schlaffer Wange zurücklassen, dieser Überreichen, Schlimmsten, deren unverdaulichen Beitrag ich kurzerhand abweise, breitet sich eine Zone aus, in der ich mich mit meinesgleichen herumschlage. […] Sie gehören zur verhängnisvollsten Jugend, der zweiten. Sie verlieren ihre Ernsthaftigkeit und erwerben eine richtige Vorstellung von dem, was heilbar ist, und da wäre als Erstes die Liebe zu nennen. Sie verwalten täglich geschickt den Zeitraum zwischen einer Dämmerung und der nächsten und sind abenteuerlustig im Geiste. Sie gewahren wie ich, wie schädlich tägliche Arbeit ist […]. Mit einem Wort, sie sind frivol, wie vor ihnen hundert Heldenmütige. Sie sind unter Mühen frivol geworden. Und Tag um Tag sondern sie ihre eigene Moral ab, ein Umstand, der sie mir noch begreiflicher macht […]. Eine einzige Scheu ist uns gemeinsam: wir wagen es nicht, offiziell zuzugeben, dass wir einander brauchen. Eine solche Zurückhaltung dient uns als mondäne Umgangsform und bildet, was ich unser Schiffbrüchigen-Protokoll nenne. Sind Schiffbrüchige, deren mastloses Fahrzeug sie an eine schroffe Insel trug, es sich nicht schuldig, die aufmerksamsten Tischgenossen zu sein?

»Erst wenn es einem besser geht, entdeckt man, dass es einem nicht gut ging«, schrieb Colette einmal an Maurice. Und *Le Pur et l'impur*, die große Ode an die Leere, schrieb eine Frau, die ihr Leben als erfüllt ansah. Sie stellt sich der Leere und war vielleicht nur in der Lage, sich ihr zu stellen, als sie die Hilfe eines »aufmerksamen Tischgenossen« hatte, mit dem sie schlief und den sie liebte. Ihre Zuneigung war nicht rein, und sie war gewiss keine unter Gleichen, aber sie war wechselseitig. Und in den letzten fünfundzwanzig Jahren ihres Lebens gewährte Colette Maurice Goudeket die Ehre, die er sich »schwer« verdient hatte, ihn »meinen besten Freund« zu nennen.

37. KAPITEL

I

Der Sommer 1931 war ungewöhnlich schön. Die Trauben platzten vor Süße, und der Tau, erzählte Colette Moreno, »macht sie so blau wie Lavendel«. Colette war allein in La Treille Muscate, sie arbeitete »wie eine Ameise« an *Le Pur et l'impur*, während Maurice sich in Paris um »seine Krümel kümmert, Brocken wäre zu viel gesagt«.

Im September kam er zu ihr, und am fünften, morgens, machten sie sich mit dem Auto auf, um an der unberührten Plage des Salins, eineinhalb Kilometer vom Haus entfernt, schwimmen zu gehen. Die Straße verengte sich zu einem schmutzigen Pfad. Maurice saß am Steuer, und während er zurückstieß, versuchte Colette, ein Gitter zu öffnen, damit er mehr Platz zum Manövrieren hätte. Das Scharnier klemmte, sie drückte kräftig, verlor das Gleichgewicht und versank mit einem Bein in einem tiefen Graben, der von einer Folie verdeckt gewesen war. Offenbar hatte sie sich etwas gebrochen, denn sie schrie vor Schmerz. Maurice ließ sie mit dem Hund zurück und rannte an den Strand, wo er Moune und Moreau fand. Zu dritt brachten sie Colette in die Klinik von Saint-Tropez. Dr. Frichement, der den Bruch schiente, versicherte ihr, es hätte viel schlimmer kommen können.

Ein Pariser Facharzt, der hier Urlaub machte, riet Colette, umgehend nach Hause zu fahren. Sie kaufte sich eine Fahrkarte und hatte Sorge, ihre trächtige Katze könnte im Zug ihre Jungen werfen. Inzwischen schmerzten sie jedoch zwei Wunden unter dem Verband so sehr, dass Frichement beschloss, den Gips einige Wochen früher abzunehmen. Er brauchte eine Stunde dafür, assistiert von Pauline und unter Zuhilfenahme zweier Heckenscheren und einer Rebschere.

Zurück im Claridge, beendete Colette ihr Buch, »wie üblich in verzweifelter Tag- und Nachtarbeit«. Als Bel-Gazou vom Unfall erfuhr, beeilte sie sich, ihrer Mutter zu Hilfe zu eilen, machte aber den Fehler, sich besorgt zu zeigen; sie wurde kühl zurückgewiesen. »Meine Tochter ist [...] sehr emotional«, schrieb Colette an Moune, »aber ich habe ihren Ausbrüchen rasch ein Ende gesetzt. Ich bin nicht gegen jegliche Emotion gefeit – ich meine gegen jedes Anzeichen von Emotionen –, und ich fürchte jetzt nicht mehr so sehr, sie könnten mir etwas anhaben, als dass ich zeigen könnte, wie entsetzlich schwach ich bin.« Ihr Bein war bandagiert und schmerzte, aber im Oktober konnte sie mit Krücken schon hundert Meter gehen. Maurice Martin du Gard erwähnt, die Verletzung habe sie gezwungen, flache Absätze zu tragen, und so begann sie, barfuß in »Spartakus«-Sandalen zu gehen, die ihr der Schuhmacher in Saint-Tropez anfertigte – sie wurden zu ihrem Markenzeichen. Der Knochen heilte schneller als die Bänder, und sie akzeptierte traurig, dass ihre Genesung langwierig sein werde. Vielleicht aber, sagte sie zu Maurice, war der Unfall auch ein Omen für »das Ende der Pechsträhne«.

2

Maurice vermutet, dass diese Verletzung, die damals unbedeutend schien, insofern zu Colettes körperlichem Verfall beigetragen haben konnte, als sie seither gegenüber der furchtbaren Arthritis in ihrer Hüfte, die sie letztlich lähmte, schutzlos blieb. In diesem Herbst war sie aber voller Hoffnung auf ein neues Projekt, das ihnen ein Vermögen einbringen und ihr eine Ruhepause von der einsamen Qual des Bücherschreibens gönnen sollte. Sie plante mit Maurice, unter ihrem Namen Schönheitsprodukte herzustellen und zu verkaufen. Sie wollte deren Zusammensetzung kreieren und die Werbung machen. Er wollte die Geschäftsführung übernehmen.

Renaud de Jouvenel behauptete, diese »sonderbare Idee« stammte von Maurice. Colette behauptete, ihr alter Freund André Maginot habe sie darauf gebracht, obwohl sie den Erfolg von Willys Claudine-Gesichtspuder und Claudine-Lotion gewiss nicht ganz vergessen haben konnte. Maurice fand, er habe sein Bestes getan, um diese zweifelhafte zweite Karriere abzuwenden, als er Colette warnte, sie solle nicht riskieren, »ihrem Ruhm den Glanz zu nehmen«. Aber Colette habe sich um ihren Ruhm keine Sorgen gemacht. Sie verspürte das Bedürfnis, »den Kontakt zu den unbekannten, gewöhnlichen Menschen, die immer ihre wahren Gestalten gewesen waren, wieder aufzunehmen«, und die Vorstellung, ihre Produkte in Kaufhäusern vorzuführen – selbst Gesichtsbehandlungen und Verschönerungen durchzuführen –, machte ihr das Projekt noch verlockender. Sie würde »naive« Frauen »in ihrem kindlichen Unwissen, was zu ihrem Gesicht passt«, vor Geschmacksverirrungen und dem Terror des Alterns bewahren.

In diesem Herbst warb Maurice um Investoren, während Colette forschte und entwickelte. Sie bat Moreno, »ein paar Max Factor für mich zu klauen. […] Es ist natürlich fürs Labor.« (Man konnte diese Produkte damals nur über Theatergrossisten beziehen.) Colette hatte ihr Auge auf eine elegante Apotheke geworfen, die der Herzogin Sforza gehörte, und sie bat Germaine Beaumont, diskret herauszufinden, ob dieses Geschäft vielleicht zu verkaufen sei. Ende November erzählte sie Hélène, sie habe ein Parfüm und zwei Gesichtswässer für verschiedene Hauttypen fertig gestellt. »Die anderen Gifte, Lippenstifte, Cremes, stehen noch aus. Und ich muss mit meinen Geldgebern essen gehen. […] Ich geh schon am Stock. Aber wir *müssen* Erfolg haben.«

Die Firma wurde im März 1932 ins Handelsregister eingetragen; das Startkapital von 750 000 Francs stammte von mehreren wohlhabenden Freunden: von Winnie de Polignac, der Schauspielerin und Regisseurin Simone Berriau, dem Verleger Léon Bailby, Al-Glâwi von Marrakesch, dem Bankier Daniel Dreyfus. Die Partner fanden in der Rue de Miromesnil Nummer 6 für einen Schönheitssalon geeignete Räumlichkeiten, und Colette überwachte die Renovierung. Das Art déco-Interieur erhielt einen klinischen Touch: Spiegel an den Wänden, die Sessel in Chrom und Leder, die Ladentheken in Nickel und Glas, weiße Regalbretter auf einfachen Trägern, auf denen Colette die Tonika in edlen schwarzen Töpfen aufstellte. Sie zeichnete ihr eigenes Profil für die Etiketten, und als Logo diente ihre Unterschrift.

Die Presse reagierte begeistert auf die Ankündigung, dass Colette ins Schönheitsgeschäft einsteige. »Ob mir das nun gefällt oder nicht«, schrieb sie Léo Marchand, »[die eifrigen Journalisten] haben bereits für 50 000 Francs Reklame für mich gemacht. Langsam glaube ich, dass es laufen kann.« Doch nicht alle Reaktionen waren wohlwollend. Schockierte Anhänger ihrer Bücher hielten sie auf der Straße an und fragten, ob die Nachricht stimme, und Colette wurde mit Briefen überschüttet, in denen manche Schreiber um »Rettung« vor ihren Falten flehten, viele aber auch entrüstet waren. In dieser Nervenprobe verteidigte sie ihren Entschluss wie damals, als sie sich entschieden hatte, zur Bühne zu gehen. Nein, sie habe ihren Namen nicht »verkauft«; sie sei wirklich Make-up-Expertin. Seit mehr als dreißig Jahren habe sie nach ihren eigenen geheimen Rezepten Schönheitsmittel hergestellt: Feuchtigkeitscreme, Quittenwasser, »eine bestimmte Pomade aus Lanolin«. »Sie habe sich immer mit Vorliebe mit dem menschlichen Gesicht befasst, habe ihren Freundinnen neue Frisuren gemacht, wenn sie sie besuchte, eine Schere mitgenommen und nicht einmal fremde Gäste verschont.« Warum sollte sie also diese Gaben nicht ausbeuten, so dass sie sich bezahlt machten?

Colettes Schönheitssalon eröffnete im Juni dieses Jahres mit einem Blitzlichtgewitter und einem dichten Gedränge berühmter Persönlichkeiten, die sich um den Drehstuhl rissen, in dem Colette – im weißen Laborkittel – die Verschönerungen durchführte. Liane de Pougy erinnert sich an ihren Eintritt: die Besitzerin rief aus: »›Mein Glück ist gemacht – hier ist [...] die schöne Liane!‹ Und sie warf sich mir in die Arme. Ich taumelte – sie ist kein Leichtgewicht – und ließ mir von ihr verkaufen, was immer sie mir verkaufen wollte. Manche loben sie, aber im Allgemeinen wird sie getadelt.« Ganz anders äußerte sich die zur Prinzessin avancierte Kurtisane: »Keine Arbeit ist unehrenhaft«, schrieb sie in ihr Tagebuch – und sie wusste, wovon sie sprach: »Die eine Sache wird die andere befördern.«

Im selben August eröffnete Colette eine Filiale in Saint-Tropez und eine weitere in Nantes. Ein gut Teil des nächsten Jahres war sie unterwegs, stellte ihre Produkte in Warenhäusern und auf Handelsmärkten in der Provinz vor. Es konnte nicht ausbleiben, dass ihre Kunden Bücher zum Signieren mitbrachten. So endete oftmals ein langer Tag als Kosmetikerin mit einem Vortrag über das Schreiben in einer Stadthalle. Maurice widmete inzwischen all seine »Leidenschaft«, »Wut« und »Wachsamkeit« dem Geschäft. »Das ist mein einziges Ziel«, schrieb er an Colette. Allerdings stehen seine Briefe im Widerspruch zu der passiven Rolle, die er sich in seinen Erinnerungen zuschreibt. Er sei immer »mit Herz und Seele« bei seiner Arbeit gewesen und habe in ihren Produkten »ein geheimnisvolles Leuchten« gefunden, das »die Menschen zu spüren scheinen«. Er schwört bei seinem guten Namen, dass er Erfolg haben werde, bekennt, selbst an Colettes »Abgespanntheit« schuld zu sein, und verspricht, sie werde »sehr bald« oder »in ein paar Monaten« oder sobald »das Geschäft läuft« im Stande sein, das Schreiben wieder aufzunehmen.

Colette schrieb ihm getreulich von all ihren Außenstellen in der Provinz, schimpfte über das Essen, über die aufdringlichen

Fans und Reporter und die »dreißig Jahre alten Glühbirnen«. Seine Abwesenheit machte sie »*méchante*«, schlecht gelaunt; und ihre schlechte Laune wird zum Refrain: »Ich bin nicht sicher, ob du mir, wie du sagst, ›nützlich‹ bist«, schrieb sie aus Strasbourg an Maurice, »aber ich bin sicher, dass du für mich sehr unbequem bist, denn ich finde fünf Tage ohne dich sehr lang.«

Das Unternehmen erwies sich als eine Katastrophe für die Investoren und eine Zeitvergeudung für Colette. Weder ihr Ruhm noch Maurice' »Leidenschaft« konnten es retten. Mitte 1933 war klar, dass sie einen großen Zufluss neuen Kapitals brauchen würden und dass Colette weitere Jahre in ihrer eigentlichen Arbeit »pausieren« müsste. Es war nicht leicht, mitten in der Wirtschaftskrise ein neues Unternehmen zu etablieren, vielleicht hatte Colette aber auch ihre eigenen Talente – und ihre Motive – falsch eingeschätzt und so den Fehlschlag befördert: »Ich finde die Frauen schön, die unter meinen Schriftstellerfingern hervorkommen, und ich genieße es, das lebendige Fleisch zu berühren, seine Farben zu verstärken, mit meinen unvoreingenommenen Fingern seine Schwächen zu verbergen, inspiriert von einer Art wohlwollendem, mütterlichem Gefühl. Und dann … ich weiß so gut, was für eine Schattierung man über ein angstvolles Frauengesicht legen muss, das in seinem Niedergang so voller Hoffnung ist. Ich habe so oft auf diese großartige Landschaft, das menschliche Gesicht, gestarrt, dass ich nicht zögere, durch es hindurchzustapfen.«

Wohlwollen? Mütterliche Gefühle? Unvoreingenommene Finger? Natalie Barney traf Bel-Gazou, als sie aus Colettes Laden in Saint-Tropez herauskam, »dick mit graurosa und blauem Make-up beschmiert«; die Mutter hatte ihr »wildes Kind« in eine »Prostituierte« verwandelt. Der berühmten Schauspielerin Cécile Sorel erging es noch schlechter: Als sie herauskam, sah sie »doppelt so alt« aus wie beim Hineingehen.

3

Zwischen 1933 und 1939 veröffentlichte Colette drei Novellen: *La Chatte*, *Duo* und dessen Fortsetzung, *Le Toutounier*. Die darin vertretenen Ansichten über das Pathos der Liebe und die hoffnungslose Unverträglichkeit von Männern und Frauen waren unmittelbar *Le Pur et l'impur* entnommen, nur dass Colette hier nicht spezielle Fälle behandelte – Schwule, Süchtige, Außenseiter, Don Juans –, sondern dass sie das Verhalten gewöhnlicher, bürgerlicher Paare untersuchte.

La Chatte (*Die Eifersucht*) ist die erste und bekannteste dieser drei Novellen. Sie erhielt ihren Namen nach einer wundervollen perlgrauen Kartäuserkatze, die Colette 1926 bei einer Katzenschau gekauft hatte und die auch in *La Naissance du jour* (*Die Freuden des Lebens*) auftritt. Die Untaten und das Liebesleben dieser Katze füllen Colettes Briefe an Maurice aus Saint-Tropez. Sie lebte bis 1939, heiß geliebt von ihrem Herrchen und Frauchen, die es später nicht übers Herz brachten, sie zu ersetzen. In dieser Erzählung, in der die romantische Heldin eine Katze ist, schreibt Colette besonders katzenhaft – sowohl distanziert als auch sinnlich, überaus achtsam gegenüber den Vergnügungen und Ärgernissen des Fleisches, die den derberen menschlichen Sinnen abhanden gekommen sind.

Saha, ebenfalls eine Chartreuse, gehört einem jungen Mann Namens Alain, der sie verehrt. Alain lebt mit seiner Mutter in einer allmählich verfallenden Villa mit idyllischem Garten, umsorgt von den alten Dienern. Sein bereits verstorbener Vater war Seidenhändler gewesen. Alain arbeitet noch in der Firma, doch auch sie ist im Niedergang begriffen. Zu Beginn des Romans ist er mit Camille verlobt, »der kleinen Malmert«, wie seine Mutter sie nennt. Mutter und Sohn sind einverstanden, dass Alain sich unstandesgemäß verheiratet: Camilles Familie sind Neureiche, die ihr Geld peinlicherweise mit dem Verkauf von Waschmaschinen gemacht haben.

Alain ist ebenso zurückhaltend und verschlossen wie Saha. Er durchlebt seine Verlobung und Heirat mit einem gelegentlichen Anflug von Begeisterung für Camilles Körper, meist ist er aber, wie eine Katze das sein würde, verärgert über ihre Aufdringlichkeit und mangelnde Feinfühligkeit. Wann immer er kann, flüchtet er in den Garten, das »Königreich« seiner Kindheit, um mit Saha allein zu sein. Die beiden verbindet ein Verständnis, das er niemals mit jemandem seiner eigenen Spezies haben würde, und schon gar nicht mit seiner pingeligen Mutter, die durchaus nicht gewillt war, sich um seinetwillen aus der Ruhe bringen und sich ihre eigenen grauen Haare sträuben zu lassen.

Nachdem Alain sein nächtliches Zeremoniell vollzogen und die geliebte Katze liebkost hatte, wie es ihrer »zauberhaften Anmut gebührte«, schliefen Herr und Katze zusammen im Bett seiner Kindheit, das er nur ungern gegen ein Doppelbett mit Camille eintauschen wollte. Sahas Berührung auf seiner Brust bereitet ihm »ein etwas ängstliches Vergnügen«. Dieselbe Empfindung wecken diese leicht perversen Liebesszenen beim Leser.

Alains Liebe zu Saha, die er als »reinrassig, zart, vollkommen« schildert, hat etwas Snobistisches. Aber auch Camille ist »reinrassig«. Sie ist eine moderne junge Frau aus dem Bürgertum mit einem muskulösen Hintern, herrisch und ein wenig vulgär. Sie raucht zu viel, fährt zu schnell Auto, hat eine laute Stimme und ist voll falschen Selbstvertrauens. Wäre sie ein Tier, dann ein großer, ungestümer schwarzer Neufundländer, der die Gäste anspringt und die Abdrücke seiner Pfoten auf den Seidenkissen hinterlässt. Nach seiner Heirat entdeckt Alain bestürzt, dass Camille auch im Bett recht gewöhnlich und übermäßig gierig ist.

Von dieser Ehe ist nichts zu erwarten, sie ist von Anbeginn zum Scheitern verurteilt: durch Alains Geringschätzung und Camilles Eifersucht, die er, obwohl das ganz einfach gewesen wäre, gar nicht erst zu entkräften sucht. Außerhalb des Bettes langweilt ihn seine junge Frau, und im Bett schockiert ihn ihre Begierde:

»Wer hat ihr beigebracht, mir so zuvorzukommen?« Und er rächt sich, indem er auf zynische Weise »sie sich untertan macht«.

Die Neuvermählten wohnen in einem Mietshochhaus, während Alains Haus auf Kosten von Camilles Vater für die beiden hergerichtet wird. Eines Morgens geht Alain unter dem Vorwand, er wolle den Fortgang der Renovierung inspizieren, Saha besuchen. Camille tritt ihm entgegen: »›Gestehe, dass du meine Nebenbuhlerin besuchen gehst!‹ – ›Saha ist nicht deine Nebenbuhlerin‹, sagt Alain schlicht. ›Wie könnte sie deine Rivalin sein‹, fährt er innerlich fort, ›du kannst Rivalinnen nur in der Unkeuschheit haben ...‹«

Es ist dann nur noch eine Frage der Zeit, wann Camille Saha vom Balkon der Wohnung im neunten Stock hinunterstößt. In der Zwischenzeit unterhält Colette uns mit herrlichen Beschreibungen von einem Pariser Sommer, dem Duft und den Farbtönen junger Körper, von denen einer grausam und selbstsüchtig, der andere unempfindsam und banal ist. Sie stellt Alain und Camille unparteiisch dar, verachtet sie aber letztlich beide. Sie baut die Erzählung so auf, dass nur die feinfühlige Saha unsere Anteilnahme verdient.

Saha hat einen Vorteil gegenüber den beiden Menschen: ihre geheimnisvolle Animalität. Überdies kommt ihr zugute, dass es im fünften Stock eine Markise gibt, die sie auffängt. Sie überlebt, ohne Schaden zu nehmen, und die arglose Möchte-gern-Mörderin gesteht ihre Schuld. Glücklicher konnte Alain nicht sein. Er hat nun einen Grund, mit Saha im Marktkorb des Kochs zu seiner Mutter zurückzukehren. Am nächsten Morgen sucht Camille ihn mutig auf. Sie hofft auf Vergebung oder zumindest auf ein Zeichen, dass sich seine Wut mit der Zeit legen wird. Aber die Arme hat den Fehler begangen, sich wie eine »Verkäuferin« aufzuputzen und, schlimmer noch, ihre Handschuhe anzubehalten, was Alains Aufmerksamkeit auf ihre Hände lenkt. »Eine kleine, unschuldige Kreatur, zart wie die schönsten Träume, ein kleines Lebewesen ...

Treu, imstande, ruhig zu sterben, wenn das, was sie erwählt hat, ihr fehlt ... Das hast du in deinen Händen gehalten, über dem Abgrund, und du hast die Hände geöffnet ... Du bist ein Ungeheuer ... Ich will nicht mit einem Ungeheuer leben ...«

Camille wehrt sich, ihre Eifersucht sei nur menschlich, ungeheuerlich sei hingegen, wenn ein Mann eine Katze seiner Frau vorzöge. Dann geht sie, ein wenig besänftigt, weil Alain ihr das gemeinsame Kabriolett überlässt. Als sie ein letztes Mal zurückblickt, erspäht sie ihren Ehemann, der sich im tiefen Schatten des Gartens niedergelassen hat und Saha liebkost, die ihrerseits »wie ein Mensch Camilles Abgang beobachtet«.

La Chatte erschien 1933, im Mai. Ohne es zu wissen, hatte Colettes Tochter, die in diesem Juli zwanzig Jahre alt wurde, für ihre Altersgenossin Camille Modell gestanden. Bel-Gazou war gerade bei einer Filmgesellschaft ausgeschieden oder hinausgeworfen worden, offenbar weil sie sich bei den Dreharbeiten sehr unklug verhalten hatte und dem Filmproduzenten ihre hässlichen Bemerkungen über ihn hinterbracht worden waren. Colette besorgte ihr eine Stelle als Regieassistentin bei *Lac aux Dames*, einem Film von Marc Allégret, in der Produktion von Philippe de Rothschild. Dieser hatte Colette beauftragt, das Drehbuch nach Vicki Baums Roman *Hell in Frauensee* zu überarbeiten. In diesem Frühjahr mieteten Rothschild, Allégret und ihr Team die Suite im Claridge direkt unter Colette. Sie kamen jeden Nachmittag um zwei Uhr zu ihr herauf und lümmelten in Pyjamas in Colettes Wohnzimmer herum, bestellten den Zimmerdienst und palaverten bis weit nach Mitternacht über den Plot und die Dialoge. Colette beklagte sich, genoss diese Besuche aber.

Sie war auch froh, ihre verschwendungssüchtige Tochter angestellt zu wissen, und noch erleichterter darüber, dass diese ihre Verlobung gelöst hatte. Renaud de Jouvenel zufolge, der seine Schwester sehr, wenn auch nie unkritisch liebte, war Bel-Gazou darauf erpicht gewesen zu heiraten, allerdings aus den falschen Gründen. Sie habe es nicht erwarten können, »die absolute Herrin« eines eigenen Hausstandes zu werden, und habe sich mehr aus »Eitelkeit« als aus Liebe auf Paul kapriziert. Dieser merkte, dass er es immer »schwer« haben würde, mit einer Frau verheiratet zu sein, die »trotzig und zugleich despotisch« war.

Inzwischen hatte Henry de Jouvenel sich sowohl von Marthe Bibesco als auch von Germaine Patat getrennt und ein drittes Mal geheiratet. Seine neue Frau, Germaine-Sarah, war in seinem Alter und die Witwe eines steinreichen jüdischen Industriellen, Charles Louis-Dreyfus. Diese Verbindung, schreibt Jouvenels Biograf, »wurde für kaum mehr gehalten« als ein Notbehelf, und so stellt auch Colette sie in *Julie de Carneilhan* dar. Die engen Freunde des Paares – darunter auch André Maurois – hatten Henry noch nie »so heiter oder glücklich« gesehen.

Die Jouvenels richteten sich in einer herrschaftlichen Villa in der Rue Férou ein, die einst Talleyrand gehört hatte, und renovierten Castel-Novel, obwohl sie wenig Freizeit hatten, um das Landleben zu genießen. 1924 wurde Jouvenel von Poincaré ins Kabinett berufen und im darauf folgenden Jahr zum Hochkommissar in Syrien ernannt. Dort zog er sich den Zorn der rechten Nationalisten zu, die den Eindruck hatten, er habe mit den Briten, Frankreichs konkurrierender Macht im Mittleren Osten, geheime Absprachen getroffen. Nach Beendigung seiner Mission widmete der Baron seine Energien dem Völkerbund. Mit Lord Robert Cecil organisierte er einen internationalen Friedenskongress, der dann von Aufständischen der *Action française* gestört wurde. 1932 wurde Jouvenel als Botschafter nach Italien entsandt. Hitler war gerade an die Macht gekommen, und Frankreich musste eine italienisch-deutsche Allianz verhindern. Jouvenels heikle Aufgabe bestand darin, eine strategische Freundschaft mit Mussolini zu pflegen. Als er in Rom war, ließ seine Frau auf ihre Kosten die

Botschaft renovieren, die im historischen Palazzo Farnese residierte.

Renaud de Jouvenel hatte sich inzwischen in seine neue Stiefschwester Arlette Louis-Dreyfus verliebt, die ebenso alt war wie Bel-Gazou. Die jungen Frauen wohnten beide im Herrenhaus an der Rue Férou und waren enge Freundinnen geworden. Alle drei rebellierten, fühlten sie sich doch bei ihren Eltern, die mit ihren eigenen Liebesbeziehungen und Karrieren beschäftigt waren, überflüssig. Wenn die Jouvenels nicht zu Hause waren, gaben die Kinder ausgelassene Diners für »verbotene Freunde« – den Dienern dankbar, dass sie sie nicht verrieten.

Die zweite ehemalige Madame de Jouvenel gehörte offenbar zu den Personen, die für Arlette verboten waren, aber Bel-Gazou machte sie trotzdem miteinander bekannt oder neuerlich bekannt. Colette war schon früher von dieser »runden, anmutigen kleinen Jüdin mit den schönen Augen, den langen Wimpern, den Haaren einer Salomé [und dem] schönen Pfirsichteint« beeindruckt gewesen. Sie hatte – gewiss im Gegensatz zu Henry und Germaine – Verständnis für Arlettes Romanze mit Renaud und jubelte, als die beiden sich ihren Eltern widersetzten und durchbrannten. »Alles, was mit einer Heirat endet, ist gut«, schrieb Colette an Hélène Picard. »Arlette ist ein wonniges Mädchen und wird vielleicht Renaud zu einem weniger erregten und weniger wilden Geschöpf machen.«

Als die frisch Verheirateten zu ihr auf Besuch nach Saint-Tropez kamen, machte sie Maurice gegenüber die Bemerkung, die Ehe habe Arlettes Aussehen nicht verbessert. Sich die Haare abschneiden zu lassen sei ein großer Fehler gewesen, doch sei sie ein liebenswürdiges Mädchen, das »Geduld und Mut« an den Tag gelegt habe. Arlette selbst hatte immer Vorbehalte gegenüber Colette und verargte dieser ihr Verhältnis zu Bel-Gazou. »Die junge Colette war die Schwester, die ich mir immer wünschte. Ich fand sie wunderbar. Vor allem ihr Talent zu schreiben entzückte mich. […] Andererseits war sie im Beisein ihrer Mutter immer etwas scheu und still … Ich würde sogar sagen … ehrfurchtsvoll … und das ärgerte mich, denn ich wünschte, sie wäre kritischer.«

Colette empfand die Beziehung zu ihrer Tochter als unverändert enttäuschend. Sie hatte das Gefühl, ihr werde die Rolle eines »alternden Gegners« aufgezwungen, während sie »vor sich ein Kind hatte, das umso mehr aufblühte, je mehr es sie verletzte«. Bel-Gazou war ohne Zweifel rücksichtslos und dreist, wenn sich auch hinter ihrer Arroganz ihre Unsicherheit verbarg. Wie Camille war sie Colette zu modern, das heißt undankbar und rebellisch. Sie rauchte viel, fuhr schnell, ging abends lange aus, schraubte die Zahnpastatube nicht zu, machte alle Handtücher schmutzig, warf die Türen zu, ließ ihre Kleider auf dem Boden herumliegen und hatte keine Skrupel, Pauline zusätzliche Arbeit zu machen. Colette war ständig damit beschäftigt, ältere Männer, die auf der Jagd nach ihrer Tochter waren, von ihr fern zu halten – vielleicht aus der Überlegung, die Alain anstellte: »Wer hat ihr beigebracht, mir so zuvorzukommen?«

»Ich sollte von Rechts wegen ihre Großmutter sein«, seufzte sie Maurice gegenüber in einem untypisch nachdenklichen Augenblick. Maurice spielte in ihrer häuslichen Dreiecksbeziehung Sahas Rolle und unterschrieb häufig mit »die Katze« oder »der Kater«. Bel-Gazou ärgerte sich sehr über ihn: »Ein Kind ist nicht so leicht bereit, seine Mutter zu teilen«, sagte sie einmal einem Journalisten, ohne zu wissen, dass sie damit Colette wiederholte. Wenn nur die drei in Saint-Tropez zusammen waren, herrschte im Haus eine ähnliche Spannung – das Gefühl, einen plumpen Eindringling dazuhaben – wie sie Camille in Alains Paradies hineingetragen hatte.

4

Die Côte d'Azur war im Sommer 1933 »so heiß wie Indochina«. Maurice warf den Direktor der Société Colette hinaus und musste in Paris bleiben und die Geschäfte allein führen. Colette kümmerte sich um den Laden in Saint-Tropez. Sie schrieb Moreno den Klatsch über Chanels angebliche Verlobung mit dem »dämonischen« Paul Iribe, bewunderte die Schönheitsoperation von Lady Mendl, dinierte mit der griechischen Prinzessin und der Psychoanalytikerin Marie Bonaparte und ging mit Jean-Michel Franck, dem Modeschöpfer, Mittag essen. Nadine Hwang, eine »piratenhafte« asiatische Schönheit und ehemalige Freundin von Natalie, versuchte, sie zu verführen, doch Colette blieb (wie sie sich ausdrückte) Natalie gegenüber »loyal«. Die Amazone selbst kam in Begleitung von Romaine Brooks zu ihr zum Schwimmen. Colette schrieb mit maliziösem Vergnügen an Maurice, die beiden seien jetzt dicker als sie selbst.

Da sie es »hasste«, die Abende allein zu verbringen, nahm sie die Mahlzeiten häufig mit ihren Nachbarn Vera und Julio van den Henst zusammen ein. Julio, ein in Guatemala geborener Zahnarzt niederländischer Abstammung »mit einem erstaunlichen Herzen«, war einer der engsten Freunde von Maurice. Die schöne Vera, Tochter eines russischen Arztes beim Ballets Russes, hatte schon für Diaghilew getanzt. Sie vergötterte ihre kleine Tochter Hélène, die von allen Nouchette genannt wurde. Auch Colette fand die Kleine reizend – »sie sieht und behält alles« –, dennoch gefiel ihr nicht, dass das Kind so verhätschelt und gelobt wurde. »Sie lassen sie zu viel essen«, meinte sie zu Maurice, und »Vera verwöhnt [Nouchette] mit ihrer hemmungslosen Bewunderung«. Colette war der Auffassung, »die Verrücktheit, alles geben zu wollen, vergiftet die Mutterschaft, als müsse diese für ihren leidenschaftlichen Ursprung bestraft werden«.

Die »Vanders« führten ein tschechowsches offenes Haus, wie es Rozven einst gewesen war. Vera freute sich immer, ein rustikales Mahl für zwanzig Personen zu zaubern oder eine Maskerade zu improvisieren. Die beiden behandelten Colette wie ein Mitglied der Familie, und diese erwiderte ihre loyale und unkomplizierte Zuneigung. Wie das oft vorkommt, zog dieses fürsorgliche und wohl etablierte Paar wilde, unstete Freunde an, und Colette machte es Spaß, Maurice über ihre Partys und Liebesintrigen auf dem Laufenden zu halten. Allerdings schrieb sie ihm nicht über ihre eigene Intrige.

Zu den gemeinsamen Freunden der Vanders und der Goudekets gehörten Georges und Joseph (Jef) Kessel. Sie waren wie Vera russische Juden, deren Eltern nach der Revolution nach Frankreich eingewandert waren – die Kessels auf dem Umweg über Argentinien –, wo ihre drei Söhne zur Welt kamen. Sie ließen sich in Nizza nieder, und die Brüder erhielten eine französische Erziehung, daneben lernten sie weiter Jiddisch und russische Kultur. Von ihnen allen wurde erwartet, dass sie mit ausgezeichneten Leistungen die Opfer vergalten, die ihre Eltern für sie gebracht hatten.

Der älteste Kessel-Bruder, Lazarre, von der Familie Lola und in der Theaterwelt Siber genannt, tat sich brillant hervor, allerdings nicht auf einem Gebiet, das seinem nüchternen Vater gefallen hätte. Er war der vielversprechendste junge Schauspieler seiner Zeit und ein Protégé von Colettes großem Freund Edouard de Max. 1920 erhielt er bei den jährlichen Wettbewerben des Konservatoriums den ersten Preis für Tragödie. Colette gehörte der Jury an, und am nächsten Tag nannte sie in *Le Matin* Kessels Darbietung, den vierten Akt von Victor Hugos *Ruy Blas*, »gigantisch, feurig und großartig«.

Sechs Wochen später, mitten in den Proben für ein neues Stück, erschoss Lola Kessel sich in einem Hotel an der Rive Gauche. Er hinterließ seiner Familie eine Nachricht, die jedoch keine Erklärung für seinen Tod enthielt. Aber »der Ruhm von Siber war so frisch und so groß«, schrieb Jefs Biograf, »dass sein Selbstmord zum Symbol wurde« für all das Morbide und Üble im Geist dieser Generation – der Generation von Maurice Goudeket und Fred Peloux.

Die rechte Presse stürzte sich auf die Geschichte von Lolas Selbstmord und griff in einer Reihe von Leitartikeln, die an Bösartigkeit wettmachten, was ihnen an Beweisen fehlte, seinen Charakter an. Man beschuldigte Lola, den Preis unter Kokaineinfluss gewonnen zu haben, morphium- und alkoholsüchtig und homosexuell gewesen zu sein und einem degenerierten Ästhetizismus angehangen zu haben. »Diesen jungen Neuropathen gefällt alles, was gegen die Natur ist«, schrieb *La France du Nord.* »Wir sollten sie nicht ins Odéon, sondern in Heilanstalten schicken.«

Colette schrieb niemals öffentlich über Lola Kessel, seinen Selbstmord oder den Skandal, der ihn umgab, und sie brachte ihn nicht mit *Chéris Ende* in Verbindung, aber sie war in Bezug auf ihre Quellen immer zurückhaltend. Léas Klage über Chéri und seine Generation könnte unmittelbar der Tirade gegen Lola in *Le Journal* entnommen sein. Dort war von einer »regelrechten Epidemie merkwürdiger Symptome« die Rede, von der junge Leute erfasst werden, »die in infantiler Verderbtheit schwelgen [und] zu sehr auf Originalität erpicht sind«. Colettes paradoxe Auffassung von Chéris »Reinheit« – und Chéris eigener Ausdruck seines Weltüberdrusses – sind ein Echo dessen, worüber Kessels eloquentester Verteidiger Henry Jeanson schreibt:

> Siber war ein außergewöhnlicher Mensch […] »Leben«, sagte er oft, »um einem Wunsch nachzugehen, ohne ihn zu erfüllen, wozu soll das gut sein?« Siber hatte das seltene Privileg, mit zwanzig Jahren die Nutzlosigkeit des Daseins zu begreifen, und er setzte seinen *Nächten* ein Ende, denn er war der Meinung, dass diese Gesellschaft, in der das

Hässliche auf ewig vorherrschen wird, weil es so zahlreich ist, der Schönheit nicht würdig ist, die er ihr bot. Ich erinnere mich, wie er eines Tages an der Comédie-Française lange auf die Zuschauer blickte. Eine dicke Träne rollte über seine Wange, und er rief aus: »Gott, wie dumm sind diese Wesen!«

Ob Lola Kessel nun Drogen genommen hatte oder nicht, Georges und Jef waren jedenfalls für ihren Drogenmissbrauch bekannt. Der sagenhaft virile Jef war begierig auf Aufputschmittel jeglicher Art, ebenso auf Kämpfe, Dramen, Alkohol, Glücksspiele, Sex, Vagabundieren und andere Sünden. Demgegenüber konnte sogar Colette als eine züchtige Person gelten. Er erlernte das Fliegen und erforschte den Globus von den Pampas bis zu den Steppen. Er wurde einer der großen politischen Reporter seiner Generation und einer der anerkanntesten Romanciers, Pionier eines neuen Genres, »einer Literatur der Abenteuer und mannhaften Bruderschaften, wie sie [später] von Malraux und Saint-Exupéry weiterentwickelt wurde«. Er lebte wie ein Pascha und verteilte seine Gunst zwischen einer schwer geprüften Ehefrau und mehreren dankbaren Geliebten, jede mit ihrem eigenen Hausstand.

»Was könnte man einem solchen Mann nicht vergeben?«, fragt sein Biograf. »Aber Kessel vergab sich selbst nichts. […] Sein Masochismus, seine Neigung zu Reue – eine wesentliche Spur in seinem Leben wie seinem Werk – verurteilte alle positiven Aspekte seiner Erfahrung als unbedeutend.« Vor allem konnte er sich nicht verzeihen, dass er gegenüber den depressiven Qualen seines Bruders Lola blind gewesen war und dass er seinen jüngeren Bruder Georges überschattet und ihn durch das eigene gefährliche Beispiel zu einem zerstörerischen Leben verführt hatte, für das Georges nicht das nötige Durchhaltevermögen besaß.

Georges Kessel war ein geistreicher Mensch, ein Müßiggänger, ein hübscher Junge und ein Dandy. Er hatte sehr jung und gut geheiratet, die Einkünfte seiner Frau deckten seine Spielleidenschaft. Er versuchte sich in Prosa und war für kurze Zeit Privatsekretär von Gaston Gallimard, den sein dekadenter Charme beeindruckt hatte. Doch mit vierundzwanzig Jahren schüttelte Georges plötzlich die Trägheit des Dilettanten ab und wurde Chefredakteur einer Wochenzeitschrift für Kriminalgeschichten unter dem Titel *Détective*, deren bester Autor Jef war. Das Unternehmen wurde von Gallimard getragen, der Georges ein enormes Gehalt zahlte. Er verdiente es, aber er begann, große Summen seines Gönners in Form von Vorschüssen an fiktive Autoren zu unterschlagen, um seinen Kokainverbrauch und seine Schulden an der Rennbahn zu decken.

Der Diebstahl wurde 1931 entdeckt, als beide Brüder sich von den Verletzungen erholten, die sie sich wenige Monate zuvor bei einem verheerenden Autounfall zugezogen hatten. Georges hatte nach einer Nacht orgiastischen Feierns im Kokainrausch am Steuer seines Talbot gesessen. Seine Füße verbrannten, und ein Bein war so kompliziert gebrochen, dass es amputiert werden musste. Seine Frau Marise wurde teilweise skalpiert, als sie vom Rücksitz geschleudert wurde, und Jef, der sich zwei Rückenwirbel gequetscht hatte, wurde von Kopf bis Fuß in Gips gelegt.

Jef erholte sich schnell, ebenso Marise, doch Georges, der bereits zur Sucht neigte, wurde von dem Morphium abhängig, das er als Schmerzmittel einnahm. Seine Frau verließ ihn, Jef zwang Georges zu einem Entzug in einer Klinik in Grasse, und eine Zeit lang blieb er drogenfrei. Im Sommer 1933 war er immer noch ohne Anstellung; er lebte von Jefs Almosen und, wie Colette sich ausdrückte, wieder »im Kampf mit seinem Gift«.

Colette erholte sich von ihrem eigenen Autounfall, als sie von dem ihrer Freunde hörte. Sie scherzte gegenüber Renaud, sie habe ihr Bein gebrochen, um zu »demonstrieren, dass man ohne große Kosten, kreischendes Metall oder Bahnübergänge […] allen Kessels eine Nasenlänge voraus sein kann«. Sie kannte auch Georges und seine Gewohnheiten gut genug, um ihm sein Pseudonym zu geben: »Fumée«. Es ist leicht zu verstehen, warum sie für seinen Charme empfänglich war. Er ähnelte Chéri. Zudem entspricht er Pichois' Beschreibung von Jules Colette: »Ein komischer Mensch mit der Amputierten und Südländern eigenen melancholischen Fröhlichkeit, aufmerksam, galant, zuvorkommend« – eine Liste von Adjektiven, der man noch leer, gefräßig und völlig gebrochen hinzufügen könnte. Georges war tatsächlich einer dieser »verlockenden Leeren«, von denen Colette Carco erzählte und die *Le Pur et l'impur* inspirierten.

In diesem Sommer, als Jef in einem Hotel bei Le Lavandou einen neuen Roman (*Les Enfants de la chance*) schrieb und die Versuchungen von Saint-Tropez zu vermeiden suchte, erholte Georges sich von einem Opiumgelage. Da wir die Geschichte über das, was zwischen ihm und Colette geschah, vor allem aus ihren Briefen an Maurice kennen, gibt es viele Auslassungen. Das Haus der Vanders, schrieb sie ihm, sei überfüllt und der Wasserstand in ihrem Brunnen ziemlich niedrig, so sei sie mit ihnen übereingekommen, Georges mit ihnen zu »teilen«. Aber die Tochter der Vanders, Nouchette, erinnert die Ereignisse ein wenig anders. Ihre Mutter habe Georges nicht ausstehen können, deshalb zweifle sie an jeglicher »Teilung«. Wie dem auch sei, er bedurfte einer Pflegerin, denn einen einbeinigen, selbstmordgefährdeten Drogenabhängigen konnte man nicht sich selbst überlassen. So nahm Colette ihn auf.

Colettes Hausgäste wohnten im Allgemeinen in einem kleinen Anbau neben der Garage, Georges Kessel quartierte sie jedoch auf dem Diwan ein, auf dem Maurice sonst schlief, wenn er nicht mit ihr das Bett teilte. Blieb Georges auf dem Diwan? Vera van den Henst glaubte, nein, und auch Maurice war dieser Ansicht. Irgendjemand informierte ihn über die Lage, und er schickte einen geharnischten, eifersüchtigen Brief los. Hier ist Colettes Antwort, fast in voller Länge. Dies ist wahrscheinlich das spontanste und unverfälschteste Selbstbildnis von ihr, das wir haben. Im Manuskript gibt es nur ganz wenige Korrekturen. Colette sandte den Brief offenbar so ab, wie sie ihn geschrieben hatte:

> Ich schicke dir sogleich ein Telegramm, mein Lieber. Ich wünschte, mein Brief ginge ebenso schnell. In deinem [Brief] gibt es nur ein Wort, das zählt: dass du leidest. Auf das Übrige werde ich brutal, jawohl, brutal, nicht antworten. Nein, ja, das werde ich. Vielleicht bin ich dir eine Erklärung für den Diwan schuldig? Und für das Frühstück? Das sind Bilder, die die Entfernung, die Eifersucht (entschuldige das Wort) verzerren. Wenn Léo Marchand gekommen und über Nacht geblieben wäre, dann hätte er auf dem Diwan geschlafen. […] Carco? Nein, nicht mehr. Bevor ich dein Bett verleihe, müssen gewisse Vorbedingungen erfüllt sein, und es sind dieselben, die die Menschen, in deren Gesellschaft ich arbeiten kann, von denen [unterscheiden], in deren Gesellschaft ich nicht arbeiten kann. Zufälligerweise stört mich Kessels »Schwere« überhaupt nicht. Vorsicht, *mon chou*, mein Wohlgeliebter, mein Misshandelter – ich schreibe ohne eine Ordnung, so, wie ich mit dir reden würde –, Vorsicht, du bist drauf und dran, mich einer Sache zu beschuldigen, für die Jouvenel mir die größten Vorwürfe gemacht hat: ich sei ein »unschuldiges Ungeheuer«! Aber natürlich habe ich dir nicht erzählt, dass Kessel auf dem Diwan geschlafen hat. Ich hätte es dir [in Paris] gesagt, so sicher, wie ich dich liebe. Aber ich bin eine wohlüberlegte Frau, mein Liebling, wenn es um dich geht. Erinnerst du dich, wie in *Sapho* [dem Roman von Daudet] der junge Mann eines der Bündel Liebesbriefe lesen möchte, die Fanny verbrennen will? Sie sagt zu ihm […]: »Meinetwegen, aber du wirst dir wieder Schmerz zufügen.« Mir kannst du alles sagen, ohne mich

allzu sehr zu versengen, wichtig ist nur, dass du da bist. Ich weiß schon, an welchen Stellen ich dich verletzen kann. Deshalb habe ich dir nicht gesagt, »Kessel schläft auf dem Diwan, deinem Diwan«.
Noch etwas. Das »Was-werden-die-Leute-Sagen«, das dich beunruhigt. Wahr ist, was ich dir geschrieben habe: La Golyade [das Haus der Vanders] und La Treille teilen sich Kessel. […] Was seine materiellen Bedürfnisse angeht, habe ich Pauline gesagt: »Ich vertraue ihn dir an, kümmere dich um ihn, so dass ich mir darüber keine Gedanken machen muss.« Sie hat ihre Sache umso besser gemacht, weil der Junge in einem ungewöhnlichen Zustand ukrainischer Verkommenheit hier ankam, ohne Hemden, ohne Geld, ohne alles, grün und perlgrau vom Opium und anderem Dreck. Hier, mein Lieber, berühren wir *meine* Sinnlichkeit: gänzlich autoritär. »Iss das, trink, geh schlafen, halt die Klappe, schau gesund aus, oder ich werf dich raus.« […] Du erkennst mich darin wieder. Ich habe nichts dagegen, dafür mit Erfolgen, gar mit Leidenschaft bezahlt zu werden. Wenn er das nicht täte, wäre der Junge der letzte Gauner. Und es gehört zu *meiner* Sinnlichkeit, Gast bei einem körperlichen und sittlichen Mahl zu sein. Nicht umsonst bin ich die Tochter meiner Mutter, und verdammt, *mon chou*, ich hatte nichts zu nagen und zu beißen in diesem Sommer, ich kann nicht einmal dich brutalisieren und quälen zu deinem eigenen Wohl!
Damit, mich der »Freundschaft« zu beschuldigen, gehst du zu weit. Dazu müsste man eine Verbindung schmieden wie unsere, eine kleine Reihe von Wundern, die zu schaffen ich, wie ich fühle, nicht die Kraft habe. […] »Du bist frei.« Nein, ich bin nicht frei. Allein dass du das schreibst, macht mich nicht frei, was dich angeht. […] Du hast höchstens erreicht, dass ich eine Serie von Flüchen ausgestoßen

habe, eine Serie von »Scheiße«, eine zärtliche Verachtung von so viel Dummheit, mein Dank für so viel Liebe. [...] Du leidest, ich verursache dir Leid, und zugleich frage ich mich: »Was macht es, dass er leidet? Das bin ich ihm schuldig, das ist der Lohn für neun Jahre melancholische Unbekümmertheit, die er mir gestohlen hat. ›Den Pakt der Freundschaft zu brechen, einer Freundschaft, die ...‹« Wenn ich hier weiterdenke, machst du mich ärgerlich. Das ist idiotisch, das ist idiotisch. Und du hast natürlich »einen großen Respekt vor der Freiheit anderer«. Ja. Nicht meiner. [...] Und habe ich Respekt vor deiner Freiheit? Überhaupt nicht. Was noch? Was kann ich noch besprechen, verteidigen, erklären, entschuldigen? ...
Aber natürlich, Kessel glaubt, ich habe ihn »gerettet«. Natürlich hat er eine gute Seele, und er sagt, er wolle Maurice Goudeket um seine »Erlaubnis« bitten, den Klang meiner Stimme, mein Schelten und mein Erzählen über die Baracken und mein »Leuchten« nicht zu verlieren. Ach, geht doch alle zum Teufel! Außer dir natürlich. Ich bin so dumm! Ich zittre vor Wut, mein Liebling. Du hättest so leicht diesen Brief auch nicht geschrieben haben können. [...] Nun gut, es ist geschehen ...

38. KAPITEL

I

Im Mai 1933 ging Colette zu ihrem Medium, der berühmten Madame Fraya, die schon einmal den Geist von Jules Colette beschworen hatte. Fraya sagte ihr, sie tue zu viel auf einmal und solle die Geschäftswelt aufgeben: »Sie wird Ihnen nur Unglück bringen.« Colette und Maurice lösten in diesem Jahr ihre Firma auf, doch statt ihre Freiheit zu genießen, übernahm Colette zwei neue und extrem anstrengende Aufgaben: Sie verpflichtete sich zu einem täglichen Artikel für *La République*, und sie unterschrieb einen Vertrag als Hauptheaterkritikerin bei *Le Journal*, ab Oktober.

Man stelle sich vor, was das hieß. Zusätzlich zu ihren Romanen, ihrer journalistischen Tätigkeit und ihrer Arbeit an Drehbüchern sollte die Sechzigjährige an vier oder fünf Abenden pro Woche zu Premieren gehen – das macht sechzehn bis zwanzig Schauspiele im Monat –, zwei oder drei davon sollte sie jede Woche in einer Sonntagskolumne mit einem Umfang von etwa zweitausend Wörtern rezensieren. Und die Pariser Bühnen der 1930er waren nicht der Broadway. Der Reichtum und die Vielfalt der Programme war fast Schwindel erregend: Anouilh, Duhamel, Guitry; Claudel, der katholische Mystiker, und Joe Jackson, der jüdische Clown; Shakespeare, Dumas, Goethe und Giraudoux; Drieu La Rochelle und Rip; Henry Bernstein und Noël Coward; Stefan Zweig und Lugné-Poe; Josephine Baker, Jacques Tati, Mistinguett, Chevalier und das Grand Guignol; Molière, Goldoni, Racine und Ibsen; Cocteau, Pirandello und Artaud.

Zwischen 1934 und 1938 wurden Colettes gesammelte Kolumnen in vier dicken Bänden unter dem Titel *La Jumelle noire* (*Das schwarze Opernglas*) veröffentlicht. Jede Rezension ist ein wohlgestalteter literarischer Essay. Die Breite und Gewandtheit dieser Essays ist gewaltig, sie schöpfen aus einem weiten kulturellen Horizont – der Verwurzelung in den Klassikern des europäischen Theaters und der Vertrautheit mit der Avantgarde –, ein Horizont, der in ihren Romanen gar nicht deutlich wird. Überdies bringt Colette genauste Kenntnisse über das dramaturgische und schauspielerische Können mit und eine Frische, die frei ist von den Eitelkeiten des Pedanten oder Akademikers. Sie urteilt über das Theater, sagt Robert Brasillach, »wie sie eine solche Situation im wirklichen Leben beurteilen würde, mit ihrer Erfahrung, mit ihrer rauen, erleuchtenden Weisheit«.

2

In diesem Winter begann Colette, *Duo* zu schreiben, eine kürzere und noch düsterere Variante des Themas von *La Chatte*. Im früheren Roman war der Mann der katzenartige Egoist und die Frau die tödlich Liebende, Rivalin und Verliererin gewesen. In *Duo* sind die Rollen vertauscht. Ein gelegentlicher Flirt der Frau – eine »dumme Kaprice«, die sie gern vergessen möchte – führt zum Selbstmord ihres Mannes. Er entdeckt einen alten Liebesbrief, den sie aus Unachtsamkeit in ihrem Heft liegen gelassen hat; sein Inhalt quält ihn. Sie ist der Meinung, er müsse die Charakterstärke aufbringen, ihr zu vergeben und die frühere recht glückliche eheliche Beziehung wieder aufnehmen. Aber ihre Nonchalance verstärkt nur seine selbstzerstörerische Eifersucht, die wiederum bei ihr Verachtung auslöst. Wie der Kritiker Michel Mercier einleuchtend formuliert, stellt das Paar sich selbst eine Falle, es lässt sich auf »einen falschen Kampf [ein], der zugleich auch ein ungleicher Kampf ist.

[Der Ehemann] besitzt nur seine Liebe und seinen Stolz.« Der Frau kommt ihr geschärfter Instinkt, sich selbst zu schützen, zugute. »Sie weigert sich, ihre Verletzlichkeit zu zeigen; hartherzig zieht sie es vor, sich lieber über jemanden zu ärgern, als ihn allzu gut zu verstehen.«

Duo ist wie *Chéris Ende* und *Die Freuden des Lebens* ein Roman, in dem Colette sich ein alternatives Schicksal ausdenkt: das Abwenden eines Verlusts, eine Tragödie, die nicht stattgefunden hat, ein Verzicht, auf den sie sich klugerweise nicht eingelassen hat. Ihre Anspielung auf Daudets *Sapho* in ihrem Brief an Maurice zeigt, woher sie die Devise ihres Liebesbriefes und den Aufhänger für den Roman hat. Beide waren zweifellos von dem Betrugsvorwurf – der Kessel-Affäre – inspiriert, die sie und Maurice thematisierten – im Unterschied zu den entsprechenden literarischen Gestalten. Colette, die stärkere und schuldige Partei, tritt ihrem fragilen Partner mit einem Mitgefühl entgegen, das Alice in einer vergleichbaren Situation nicht aufbringt. Sie wirft Maurice sowohl die Impertinenz seiner Eifersucht vor als auch deren »Idiotie«, aber sie entscheidet sich, diese als einen Beweis seiner Liebe zu verstehen statt als Schwäche.

Auch Maurice lässt nicht zu, dass sein verletzter Stolz oder sein Unterlegenheitsgefühl ihr gemeinsames Leben zerstört. Er hatte sein Leben einer »verwundeten« Frau gewidmet, die, als sie einander begegneten, »nicht mehr an die Liebe glaubte, in ihr nichts als ein kurzes Aufflammen sah, das schnell vergehen würde und nichts als Asche hinterließ«. Aus seiner Sicht bestand seine Mission darin, Colette »zu zeigen, dass Beständigkeit kein leeres Wort ist«. Und er prahlte nicht, als er schrieb, »von Jahr zu Jahr wuchs ihre Sicherheit, und ihre letzten Bücher sind ein Beweis für eine Gelassenheit, die sie sonst nicht erreicht hätte«. Ohne Maurice, schrieb Jean Cocteau, »wäre Colette das Opfer ihres Herzens gewesen«.

3

Colette war jetzt, wie Pichois schreibt, »auf der Höhe ihres Ruhmes«. Im März 1935 wurde sie in die Académie Royale de Langue et de Littérature Françaises de Belgique gewählt. Bei einer Umfrage in diesem Jahr wurde sie zur größten lebenden Prosaikerin Frankreichs gewählt. Edmond Jaloux, der *Duo* für *Les Nouvelles Littéraires* rezensierte, sprach von ihrer »klassischen Transparenz«, und Henry de Montherlant nannte sie »unsere größte natürliche Schriftstellerin«. »Colette«, fuhr er großspurig und nicht ohne Herablassung fort, »schreibt, wie sie denkt, wie sie fühlt, wie sie spricht. Zwischen dem, was wir lesen, und dem, was sie dachte, fühlte und sprach, *ist nichts*.«

Nichts? »Man braucht sich nur die Manuskripte anzusehen [...], übervoll mit Korrekturen«, schreibt Marie-Christine Bellosta, »um zu verstehen, welchen Preis [Colette] Zeile für Zeile bezahlt hat für die Dichte ihres Ausdrucks, die Genauigkeit im Detail, jene Transparenz, [...] die uns die Illusion von Natürlichkeit vermittelt.« Einer jungen Schriftstellerin, die ihren Rat suchte, antwortete Colette: »Wenn Sie sich bestätigen können, dass die Arbeit von heute der von gestern gleicht, dann haben Sie es geschafft. Denn ich bin überzeugt, Talent ist nichts anderes als die Fähigkeit, sich von einem zum anderen Tag treu zu bleiben, was auch immer sonst geschieht.«

Pichois berichtet von einem der wenigen abweichenden Töne im »Chor der Lobeshymnen«, mit denen seit *Chéri* fast jedes neue Buch von Colette begrüßt wurde. Die Stimme gehörte dem linken Kritiker Marc Bernhard, der sich über die »ununterbrochene Reihe« kleinbürgerlicher Charaktere mit ihren belanglosen Liebes- und Hassgefühlen beschwerte. Er meinte, Colettes Werk ließe sich unter dem Titel subsumieren, den sie einmal einer Aufsatzsammlung gegeben hatte: *Le Voyage égoïste*.

Bedenkt man, dass Colette ihr Leben lang der Politik gleichgültig gegenüberstand, verwundert es nicht, dass ihr Werk aus den dreißiger Jahren die schweren Krisen dieser Zeit außer Acht lässt: Hitlers Machtergreifung in Deutschland, vierhunderttausend Arbeitslose in Frankreich, die Brennstoffrationierung, die Ausweitung von Streiks und Demonstrationen, die Kapitalflucht und die Abwertung des Franc, die Konsolidierung der Macht in der Linken und der immer offenere Faschismus bei den Rechten. Wenn Colette sich für aktuelle Ereignisse interessierte, dann waren es immer *crimes passionels*: ein lokaler Mord mit der Axt in Saint-Tropez, eine Vatermörderin wie Violette Nozières, ein Serienmörder wie Eugène Weidmann oder eine marokkanische Puffmutter, die wegen Folterung und Ermordung von fünf minderjährigen Prostituierten vor Gericht kam. Das alles fand sie ungleich interessanter als den Aufstieg eines seltsamen kleinen Tyrannen in München, der kein Fleisch aß und scheinbar »niemanden ficken wollte, nicht einmal Männer«.

Bezeichnet man Colettes Leben als einen *voyage égoïste*, so sollte man die Gefahren nicht unterschätzen, und nicht, wie viel Mut und Durchhaltevermögen eine so einsame Reise erforderte. Aber sie lässt sich nur dann von den Stürmen der Geschichte beuteln, wenn ihr eigenes Schiff von ihnen unmittelbar bedroht ist. Krieg, Politik und Metaphysik sind die Verrücktheiten der Männer. Colettes Thema bleibt das weibliche Selbst, das mit den Fesseln der Liebe kämpft. Und ob nun ihre Frauen abenteuerliche Vagabunden sind oder unterwürfige Heimchen, immer leben sie klösterlich hinter den Mauern ihrer Triebe.

»Niemand hat je im Reich der Fantasie so gut gebaut«, schreibt Dominique Aury, die feststellt, dass Colettes Heldinnen alle ein Haus haben, ein Boudoir, ein Bad, manchmal eine Küche, immer einen Garten, und zwar in einer Landschaft, die, selbst wenn dieser Garten mitten in Paris liegt, »ihn isoliert wie ein Meer, von dem man nur ein Raunen hören kann«.

Trotzdem gab es genug Gewalt in diesem in sich geschlossenen, erdgebundenen Reich, genügend Wahrheit und Geheimnis hinter diesen bewachten Mauern, um das Innenleben seiner Bewohner und seiner Autorin zu beschäftigen. Und hier könnte man über Natalie Barneys Äußerung nachdenken, mit der sie Colette gegen »jene Kritiker [verteidigt], die [ihr] ›einen zu engen Blickwinkel‹ vorwerfen. Wirft man jemandem seine Kurzsichtigkeit vor, wenn diese ihm als eine Art natürliches Mikroskop dient und er alles, was er beobachtet, näher und im Detail klarer sieht als jeder andere?« »Ihre einzige Sorge ist«, schließt Aury, »sich auf das Leben einzustellen.«

4

1935 machte das Claridge Bankrott. Colette und Maurice zogen ein Stück weiter die Champs-Elysées hinauf in ein neues Mietshaus an der Ecke Rue Marignan, wo sie sich zwei aneinander grenzende Wohnungen in einem Obergeschoss mieteten. Das Gebäude war schlecht gebaut, das Dach undicht, und der Verputz bröckelte, wenn eine Tür zufiel; ein sommerlicher Hagelschauer riss die Fensterscharniere aus den Rahmen. Colette tröstete sich mit der Aussicht, die die riesige Dachterrasse bot, von wo aus sie beobachten konnte, »wie der Horizont sich kräuselt [...] und die Wolken gestikulieren«. Von hier aus konnte sie auch die Leichenzüge und Krawalle beobachten, die jetzt regelmäßig auf den Champs-Elysées stattfanden und die mir »kaum wirklicher schienen als ein Traum«.

Nach dem Debakel im Schönheitsgeschäft und einem kurzen Engagement im Verkauf von Luxusabflussreinigern hatte Maurice sich in den Journalismus »geflüchtet«. Eine kurze Zeit gab er mit den Brüdern Kessel eine Zeitschrift mit dem Titel *Confessions* heraus, außerdem schrieb er kleine Artikel für den *Paris-soir*, glücklich, wie er sagt, wieder seiner alten Ambition, dem Schreiben, nachgehen zu können. In diesem Frühjahr erhielten Colette und er von ihren jeweiligen Zeitungen den Auftrag, über die Jungfernfahrt der *Normandie* von Le Havre nach New York zu berichten. Dort sollten sie vier Tage an Land verbringen, bevor sie wieder nach Hause reisten. Sie wussten, schreibt Maurice, dass amerikanische Hotels unverheiratete Paare nicht im selben Zimmer Quartier nehmen lassen, doch »›wenn wir heiraten würden‹, sagte ich scherzend, ›dann gäbe es kein Problem‹. Colette blickte mich auf eine Weise an, dass ich sofort verstand, was diese Zementierung unserer Beziehung für sie bedeutete.«

Die siebzehnminütige standesamtliche Trauung fand am Morgen des 3. April im Rathaus des achten Arrondissements statt. Der Bräutigam war fünfundvierzig und die Braut zweiundsechzig Jahre alt. Ihre Trauzeugen und einzigen Gäste waren die van den Hensts und die Moreaus. Nach dieser Zeremonie fuhr die Hochzeitsgesellschaft in einen Landgasthof, um das Ereignis mit gekochtem Schweinefleisch und Pfannkuchen zu feiern.

Der Nachmittag war der Jahreszeit entsprechend warm, doch auf dem Heimweg überraschte sie ein frühlingshafter Schneesturm. Colette bat ihren »alten Freund und neuen Ehemann« anzuhalten, damit sie »das Knistern des Schnees auf dem Lager der welken Blätter hören könne«. Es klingt wie das »leise Beten einer andächtigen Menge«, »wie das Rascheln fleißig umgeblätterter seidiger Buchseiten«. Das war ihre bestgehütete Erinnerung an ihren Hochzeitstag.

Colette teilte ihre Heirat nur den engsten Freunden mit, und das erst im Nachhinein: Hélène in einem Satz, Germaine Patat nebenbei und Germaine Beaumont in Klammern. Die Frischvermählten verbrachten Ostern in Saint-Tropez und schifften sich am 29. Mai zu ihrer transatlantischen Hochzeitsreise ein. In Colettes Pass stand Madame Goudeket, und Lucien Lelong hatte sie mit einer ganzen Aussteuer neuer Mäntel und Kleider versehen.

Die Überfahrt dauerte fünf Tage und stellte damit einen neuen Rekord auf. Bertrand de Jouvenel war zufällig, als Journalist, auch an Bord. Er hatte vor, mehrere Monate in den USA zu bleiben und von dort zu berichten sowie seine damalige Geliebte, die brillante junge amerikanische Schriftstellerin und spätere Kriegskorrespondentin Martha Gellhorn zu besuchen. Colette, die einen herzlichen, wenn auch unregelmäßigen Kontakt zu ihrem Stiefsohn unterhielt, war vor kurzem mit Martha Gellhorn bekannt gemacht worden – einer hübschen Blondine mit scharfem Verstand, die damals Ende zwanzig war –, und Gellhorn erinnerte sich bissig-amüsiert an ihre Begegnung:

> Sie war eine schreckliche Frau. Die absolute Hölle. Sie hasste mich vom ersten Augenblick, das war offensichtlich. Sie lag auf einer Chaiselongue wie eine Odaliske, mit grünen Schatten um ihre Katzenaugen und einem gemeinen, bitteren kleinen Mund. Immer wieder tätschelte sie ihr krauses Haar, das mit Henna gefärbt war. [...] Nachdem sie mich missgünstig betrachtet hatte, bestand sie darauf, ich solle meine Augenbrauen nachziehen – sie seien so hell, als gäbe es sie gar nicht, wie bei einem weißen Kaninchen. Sie benutzte einen schwarzen Stift so, dass die beiden Linien in der Mitte fast zusammenstießen. Na gut, ich tat es. Warum? Weil sie es mich geheißen hatte. Und drei Tage später sagte ein netter, offenherziger Freund zu mir: »Was hast du Scheußliches mit deinem Gesicht angestellt?« Sie war eifersüchtig auf mich. [...] Und Bertrand bewunderte sie sein Leben lang. Er hat es nie begriffen, wenn ihm Böses begegnete.

Weder Maurice noch Colette erwähnen, dass Bertrand auch auf dem Schiff war; allerdings erzählt sie, es habe ihr sehr Leid getan, dort nicht allein gewesen zu sein, und sie stand vor Morgengrauen auf, um die Illusion der Einsamkeit im Wintergarten, den gut ausgestatteten Trainingsräumen und dem Labyrinth der Korridore zu genießen. Da es sich um eine Repräsentationsreise für die Presse handelte, waren die Mahlzeiten vorbildlich und die Unterbringung für einen Star von Colettes Prestige verschwenderisch. Sie arbeitete in ihrer Kabine, mied die Klatschkolumnisten und tauschte mit ihrem Freund Claude Farrère Krimis aus.

Als die Silhouette von Manhattan verschwommen im Morgennebel auftauchte, erschienen die Wolkenkratzer Colette »wie ein groteskes Bukett«, und es überfiel sie eine »beinahe religiöse Anwandlung«. Das Schiff wurde von einer Menge amerikanischer Journalisten empfangen, die keine Ahnung hatten, wer diese kleine, gedrungene Frau sein könnte, die aber von ihren nackten Füßen und roten Zehennägeln beeindruckt waren – sie trug die für sie typischen Sandalen. Die Goudekets waren »enttäuscht« über das Chaos am Zoll, hatten sie doch »amerikanische Effizienz« erwartet. Nach mehreren Stunden gaben sie den Versuch auf, ihr Gepäck abfertigen zu lassen, und fuhren mit dem Taxi zum Waldorf-Astoria, in ihre Suite.

Maurice und Colette trafen schnell »zwei wichtige Entscheidungen«: Sie wollten die offiziellen Zeremonien, die für ihre Gruppe organisiert waren, vermeiden, und sie wollten New York wie zwei junge Flitterwöchner »aus Detroit oder Pittsburgh« besichtigen. So fuhren sie auf die Aussichtsterrasse des Empire State Building hinauf und ließen sich dort fotografieren. Sie sahen einen Film mit Mae West im Roxy, von zwei der sechstausend Plätze aus, die dieses Kino hatte, und sie genossen die Revue. Sie verloren sich in den Straßen und im Central Park, machten eine Pause, um ein amerikanisches Eis zu essen, das »nach Blausäure« schmeckte und mit einem Zweiglein Petersilie garniert war.

Colette schätzte Parker-Federhalter sehr – nie schrieb sie mit anderen –, also machten sie eine Pilgerreise zur Hauptniederlassung von Parker. Was sie durch das Auffüllen ihres Vorrates an der Quelle sparte, verbrauchte sie für Taxifahrten. Maurice war entsetzt, wie viel Zeit sie in Geschäften vergeudeten (»und was für Geschäften!«), aber Colette, die unverbesserlich Sparsame, verliebte sich Hals über Kopf in Woolworth und ließ sich nicht von den Kästen billiger und nach Maurice' Auffassung »nutzloser« Gegenstände fortlocken.

Einen Nachmittag verbrachten die beiden in Harlem, das ihnen »traurig und grau« vorkam. Am vierten und letzten Abend ihrer Hochzeitsreise fuhren sie noch einmal für eine Kostprobe des Nachtlebens dorthin zurück. Sie nahmen noch die Show im Cotton Club mit, anschließend Tanz und Jazz im Savoy. Colette hatte eine Szene der »Raserei« erwartet und war enttäuscht. Aber sie rühmte die »Eingeborenenkunst« der Tänzer und das »Genie« der Musiker und stellte fest, was für ein Qualitätsunterschied zwischen den Negro-Shows bestand, die für Europa professionell zusammengestellt wurden, und den echten Auftritten. »Harlem«, schrieb sie, »ist beschränkter und hat zugleich mehr Feuer als das nostalgische Harlem für den Export.«

Es ist schade, dass Colette ihre Eindrücke von der schwarzen Bevölkerung – wenn auch enthusiastisch – so klischeehaft formuliert: »animalische Vitalität« und »körperlicher Adel«. Man könnte einwenden, aus ihrem Mund sei das ein schwesterliches Lob, aber sie erwähnte ihre eigenen afrikanischen Vorfahren gar nicht mehr. Maurice' Bruder war mit einer Haitianerin verheiratet, deren Eleganz und Geist Colette bewunderte – und die sie während des Krieges mit Lebensmitteln unterstützte –, aber sie konnte auch schreiben: »Sie ist nicht eine von uns, sie ist […] ›eine Farbige‹. Ihr Mut wie ihre Schwäche unterscheiden sich von den unsrigen.«

5

Colette II war immer noch entschlossen zu heiraten, vielleicht umso mehr, als ihre Mutter sie, was den Altar betraf, überrundet hatte. In diesem Juli brachte sie einen neuen Verlobten mit nach Saint-Tropez. Camille Dausse war eine überraschende Wahl für die ruhelose und exzentrische Bel-Gazou. Er war ein pompöser Landarzt von zweiunddreißig Jahren, der durch seinen Bart und die Brille älter wirkte, als er war. Renaud, eingeladen, bei der Vorstellung dabei zu sein, hegte große Abneigung gegen Dausse und verdächtigte ihn, ein Mitgiftjäger, ja, schlimmer noch, ein »Kretin« und Dieb zu sein. Der Doktor sprach mit Colette über ihre Achs und Wehs und brachte ihr ein Orangenbäumchen im Blumentopf mit. Wahrscheinlich wollte er poetisch sein, als er dazu bemerkte: »Es ist wie Ihre Tochter.«

Etwas später im selben Sommer schickte Colette ein trockenes kleines Briefchen an Bel-Gazou, in dem sie bedauerte, nichts von ihr gehört zu haben, »doch wie meine alte Freundin Lady Westamcott mir gestern schrieb, ›habe ich dir so viel zu vergeben, dass ich gar nicht weiß, wo ich anfangen soll‹ […]. Ich habe in der letzten Lotterie nichts gewonnen – dabei hatte ich damit gerechnet, um dir eine Mitgift zu geben.«

Am 7. August kündigte Bel-Gazou ihrer Mutter an, sie werde Dausse vier Tage später in Castel-Novel heiraten. Henry hatte für das Paar eine malerische Dorfhochzeit arrangiert, an der Colette nicht teilnahm. Es ist nicht klar, ob sie von den Feierlichkeiten ausgeschlossen war oder es selbst vorzog, auf sie zu verzichten. Jedenfalls machte sie das Beste daraus: sie rechtfertigte ihr Fernbleiben damit, dass sie ihrer Tochter mitteilte, statt da zu sein und sich um ihr Kleid zu sorgen oder ihr »die üblichen zeitlosen Ratschläge aller Mütter« mit auf den Weg zu geben, sei es so »besser«. Warum? Weil »Nerven altern, sogar meine«. Und da Bel-Gazou so ein »hübsches Gesicht« habe und Castel-Novel so viele Erinnerungen berge, habe sie Angst, sie würde nicht einmal »die sichtbarsten Zeichen der Gefühlsbewegung« beherrschen können.

Ein paar Wochen nach der Hochzeit kamen die Neuvermählten auf Besuch nach Saint-Tropez. Colette schienen sie einander »zugetan« zu sein, weder zu aufgeregt noch zu ekstatisch. »Vor allem machen sie den Eindruck, als kennten sie sich gut und seit langem. Allah sei Dank!« Tatsächlich kannten sie einander so oberflächlich, dass die Ehe die Flitterwochen nicht überlebte. Bel-Gazou erzählte Renaud später, wahrscheinlich habe sie Dausse geheiratet, »weil ich mich normalisieren wollte«. Er berichtete Richardson: »Sie muss wohl schon sehr früh begonnen haben, Beziehungen zu Mädchen oder Frauen zu haben, aber [...] das Thema war tabu zwischen uns.«

Es ist auch nicht klar, wie viel sie von ihrem Dilemma Colette anvertraut hat. Diese kündigte Hélène Picard mit wenigen Worten die Trennung an: »Definitives Motiv: körperlicher Widerwille. Dagegen kann man nichts sagen.« Sie bat ihre Freundin, die Mitteilung vertraulich zu behandeln. Aber ausnahmsweise einmal hatte Bel-Gazou das Mitgefühl ihrer Mutter. »Du bist zweiundzwanzig, mein Schatz. Ich will nicht, dass du mit zweiundzwanzig unglücklich bist. Wenn du erst zweiundvierzig bist, wirst du zweifellos nichts dagegen tun können. Man entgeht dem nicht, und vielleicht ist das gut so. Geh jetzt zu deinem Vater und sage ihm, das Orakel habe gesprochen.« Auch Henry hatte Verständnis. Das Problem mit Dausse bestehe darin, sagte er seiner Tochter, dass er ein Pedant sei, der sie langweile – und ihn selbst auch. »Wenn man sich mit jemandem langweilt, kann man auf den Gedanken kommen, einen Mord zu begehen. Ich habe viele Frauen aus diesem Grund verlassen. Befreie mich von diesem Herrn und vergiss nie, dass Tristheit das Schutzschild von Dummköpfen ist, wie Montesquieu gesagt hat.«

Jouvenel versprach seiner Tochter, er werde ihr bei der Scheidung helfen, vermutlich mit einer großzügigen finanziellen Unterstützung. Aber er lebte nicht lange genug, um sein Wort halten zu können. Am 3. Oktober marschierte Mussolini in Abessinien ein. Das war ein Schlag für Europa und für Henry persönlich. 1923 hatte Jouvenel selbst den Antrag eingebracht, Abessinien in den Völkerbund aufzunehmen. Er war bis 1934 als Botschafter in Rom gewesen, hatte sich für Mussolinis Wohlwollen und eine persönliche Freundschaft zu ihm eingesetzt, weil aus der Sicht Frankreichs eine militärische Allianz mit Italien strategisch dringlich erschien und beide Länder auf diese Weise gegen die Bedrohung gestärkt würden, die Hitler für den Balkan bedeutete, und gegen die Gefahr, die eine Wiedervereinigung von Deutschland und Österreich mit sich brächte.

Am Nachmittag des 5. Oktober war der Baron zu Hause in der Rue Férou und sammelte seine Gedanken über die Krise. Er empfing seinen älteren Sohn, mit dem er jetzt wieder versöhnt war. Bertrand war inzwischen ein prominenter politischer Journalist geworden, der sich wie sein Vater leidenschaftlich für die Ideale des Völkerbundes einsetzte. Da er gerade aus Amerika zurückgekehrt war, sprachen Vater und Sohn über New Deal und Roosevelts Außenpolitik. Henry erzählte Bertrand damals, dass der Premier Pierre Laval ihn anlässlich der Invasion gefragt habe, ob er bereit sei, in seiner rechtsgerichteten Regierung das Außenministerium zu übernehmen. Frankreich brauchte jemanden, den die Engländer respektierten – das traf für Laval nicht zu – und dem Mussolini vertraute. Aber Jouvenel hatte sich noch nicht entschieden, ob er annehmen solle.

An diesem Abend nahm Henry seine Frau mit zur Automobilschau im Grand Palais; dann schickte er sie mit dem Chauffeur nach Hause und machte selbst noch einen nächtlichen Spaziergang über die Champs-Elysées. Um Mitternacht sahen zwei Polizisten einen »stämmigen Herrn« auf dem Bürgersteig zusammenbrechen; sie brachten ihn eilends ins Krankenhaus. Henry starb in derselben Nacht an einer schweren Embolie. Er war neunundfünfzig.

Colette hatte ihren zweiten Ehemann zwölf Jahre lang nicht gesehen und war schockiert, als ihr jemand ein neueres Foto zeigte: »Er ist am Ende!«, rief sie aus. Als man ihr sagte, Jouvenels Herz habe ihn getötet, soll sie scharf erwidert haben: »Nehmen Sie mich nicht auf den Arm.« Möglicherweise sprach sie auch Bel-Gazou gegenüber herzlos über seinen Tod. Michel del Castillo zufolge hatte Colette de Jouvenel unter den – mit der Grobheit und dem Abscheu eines unauslöschlichen Hasses vorgebrachten – Tiraden ihrer Mutter gelitten. In ihnen zog sie über Henrys Abenteuer mit Frauen her und ließ auch das Gerücht nicht aus, er sei im Beisein einer Prostituierten gestorben.

Kaum hatte Colette die Nachricht erhalten, schrieb sie an Renaud: »Du kannst dir vorstellen, dass ich von diesem Tod nicht ohne das Gefühl einer großen, plötzlichen Kälte erfahren habe. Lass mich auf meine Weise ein wenig egoistisch sein: Es gibt mir zu denken, dass es gerade dann passierte, als Jouvenel [seiner Tochter], die in einer schwierigen Phase ist und ihr hässliches Abenteuer [Ehe] zu ernst nimmt, eine hilfreiche Unterstützung zukommen lassen wollte.« Sie schrieb noch einen Kondolenzbrief, nein, natürlich nicht an die untröstliche Witwe, sondern an Germaine Patat. »Ich glaube, dieser Tod wird tiefe Erinnerungen bei dir wachrufen, und es gibt keine Gefühlsregung bei dir, die nicht auch meine wäre.« Sie wiederholte ihren Ärger über den unglücklichen Zeitpunkt von Henrys Tod.

6

Alle Zweige der französischen Wirtschaft litten unter der Weltwirtschaftskrise. Colettes Werke verkauften sich zwar weiterhin gut – *Duo* und *La Chatte* hatten beide Erstauflagen von vierzigtausend Exemplaren –, aber die Goudekets lebten trotzdem nahe am Abgrund, oder fühlten sich zumindest so. Hatte Colette seinerzeit für ihr Geschäft mit der Schönheit selbst die Reklametexte geschrieben, lieh sie jetzt ihren Namen und ihre Feder anderen Unternehmen. Sie schrieb Reklametexte für Lucky-Strike-Zigaretten, Ford-Automobile, Perrier-Wasser, eine Weinladenkette, für eine Reihe von Matratzenherstellern und Seidenfabrikanten.

Maurice erwog, aus Colettes riesigem Fundus an unveröffentlichten Manuskripten Geld zu machen. Er gründete den privaten Buchklub »Die Freunde von Colette«. Für tausend Francs sollte jeder Subskribent vier luxuriös gedruckte Exemplare einer limitierten Auflage von Colettes Notizbüchern erhalten, die auf dem freien Markt nicht zu kaufen sein würden. Maurice wählte die Texte aus, und Colettes Künstlerfreunde Dignimont, Segonzac, Daragnès und Moreau illustrierten die Bände. Aber das Projekt scheiterte, es fanden sich nicht genügend Subskribenten, und Colette interessierte sich nie sehr dafür. Heute sind *Les Cahiers de Colette* ein Sammlerobjekt.

Colette hatte keine Zeit, ihre Archive zu durchstöbern, weil sie viel zu beschäftigt war, Neues zu schaffen. Sie schrieb das Drehbuch für Max Ophüls' Film *Divine* auf der Grundlage ihres *L'Envers du Music-Hall* (*Wir Komödianten vom Varieté*) und nahm an der Produktion teil. Außerdem schrieb sie *Meine Lehrjahre*, das 1936 erschien. Da ich diese Erinnerungen in früheren Kapiteln ausführlich behandelt habe, bleibt nur noch zu fragen, warum Colette ausgerechnet zu diesem Zeitpunkt Willy noch einmal aufleben ließ und ihn erneut begrub.

Kurz nach seinem Tod hatte eine obskure Zeitschrift mit dem Titel *Sur le Riviera* zwei Stücke »Willyiana« veröffentlicht, in denen Bemerkungen über seine Zusammenarbeit mit Colette enthalten waren. »Ich lese einen hinreißenden Artikel«, erzählte Colette ihrer alten Freundin Vuillermoz, »der Auszüge aus Willys Korrespondenz kompiliert. Darin beklagt er sich so lieb über meine Faulheit und behauptet, ich hätte ihn an *Minne* praktisch allein arbeiten lassen. Irgendwann werde ich ärgerlich werden, so lieb.«

Unmittelbar unternahm Colette nichts, sie bat lediglich Vallette um Kopien seiner Verträge mit Willy. Vielleicht hoffte sie, etwas zu finden, womit sie diese Verträge rechtlich anfechten konnte. Es stellte sich heraus, dass es weder für die alte noch für die neue Perfidie ein Mittel gab; sie konnte nur so weitermachen wie bisher und ihren Exehemann mit Genuss diffamieren, wo auch immer sein Name in ihrer Gegenwart fiel. Liane de Pougy war nur eine der vielen berühmten Tagebuchschreiber, die schockiert und genüsslich über die Schimpftiraden berichteten, die Colette bei Einladungen loszulassen pflegte.

Wie Jacques Dupont feststellte, erfuhr die Belle Epoque Mitte der dreißiger Jahre eine nostalgische Wiederbelebung, zum Teil durch die jüngsten Memoiren, die Leute wie Paul Morand, Polaire und Jean Cocteau über ihre Lehrjahre schrieben. Polaire und Cocteau ließen kurzerhand die junge Colette wieder auferstehen, und wahrscheinlich inspirierten sie sie – die große Rivalin und verbissene Wettkämpferin, die sie war –, sich zu überlegen, dass sie selbst dieser Zeit mehr Gerechtigkeit widerfahren lassen könnte. Dupont stimmt mit den zeitgenössischen Rezensenten überein, dass [Colettes] Porträt der Epoche »das authentischste und lebendigste Dokument über die ersten Jahre dieses Jahrhunderts ist, das wir haben«, und zugleich ist es das Gelungenste an *Meine Lehrjahre*.

Nie zuvor hatte sie etwas geschrieben, das so explizit den Charakter einer Beichte hatte, zumindest nicht in Form von Erinnerungen. Wenn sie dafür noch eines Anstoßes bedurfte, so erhielt sie ihn, als in diesem Jahr Albin Michel – im Besitz der Urheberrechte an *Claudine erwacht* – die Filmrechte an einen Produzenten namens Jacques Hail verkaufte. Colette schrieb Claude Chauvière, der Verleger wolle ihr freiwillig einen kleinen Anteil am Verkaufserlös zukommen lassen, das sei jedoch nicht annähernd die Summe, die ihr zugestanden hätte, und es gebe noch drei weitere Romane in dieser Reihe, jeder ein möglicher Renner, auf die sie keinen Zugriff habe.

Die *Claudine*-Romane waren, wie Colette so oft betonte, ihre Kinder. Inzwischen waren sie herangewachsen und sollten dazu beitragen, ihrer Mutter im Alter zu helfen. Dank Willy war sie auch mit zweiundsechzig Jahren immer noch »zur Zwangsarbeit« verurteilt. Der finanzielle Stress und neuerlich auflebende Zorn waren eine fruchtbare Mischung.

»Einblick – der Kitzel zu verletzen!«, ruft Colette in *Le Pur et l'impur* aus, und das ist ein treffendes Motto für *Meine Lehrjahre*. Sie arbeitete schnell, ohne ihre üblichen Klagen und rächte sich für ihre Machtlosigkeit mit einer reizvollen Demonstration ihrer Virtuosität. Gibt es eine süßere Entschädigung für den Betrug eines Schreiberlings, als ihn zum Gauner eines Meisterwerks zu machen?

Es gab Kritiker, die zu Recht die »Nüchternheit und Massivität« und die »leidenschaftliche Kälte« in dem eher »imposanten als grausamen Porträt« feststellten. Die meisten aber urteilten sehr kritisch darüber. »›Tante Colette, du hast etwas Böses getan‹, sagte Willys Nichte, Paulette Gauthier-Villars. ›Mein Kind‹, antwortete Colette, ›das weiß ich.‹«

7

Im Frühjahr 1936 gewann die Volksfront die Parlamentswahlen, und ein Generalstreik begann bei den Arbeitern der Automobil- und Flugzeugwerke, bevor er auf fast alle anderen Industriezweige übergriff und das Land paralysierte. Im Juni wurde Léo Blum Premierminister einer linksgerichteten Regierung, unterstützt von einer Koalition aus Radikalen, Sozialisten und Kommunisten. Er unternahm sofort Schritte, um das Elend der Arbeiter zu lindern, indem er eine Gesetzgebung unterstützte, die die Löhne steigen ließ und der zufolge Krankheitszeiten bezahlt und die Vierzig-Stunden-Woche eingeführt werden sollten. Außerdem schuf er ein

Unterministerium zum Schutz von Frauen und Kindern, dessen Leiterin Suzanne Lacore zugleich die erste Frau in einem französischen Kabinett war.

Colette war offenbar bereit, diese Bemühungen mit ihrem Namen zu unterstützen, denn unter den Papieren von Louise Weiss, einer Aktivistin für Frauenrechte, befindet sich eine kurze, eher flüchtige öffentliche Stellungnahme, die »alles gutheißt, was Frauen [...] einzeln oder in Gruppen versuchen wollen, um die öffentliche Gesundheit, den körperlichen und seelischen Schutz im Kindesalter zu verbessern, mit dem Ziel, auch ihre eigene Situation zu verbessern. Ich wünsche ihnen viel Glück. Mut haben sie.«

Mehr Begeisterung brachte sie auf, als es darum ging, sich für Frauen in der Kunst zu engagieren. 1937 wagte sie, gegen Sexismus in der Theaterwelt zu protestieren. Alice Cocéa hatte gerade die Leitung des Théâtre des Champs-Elysées übernommen, und Colette schrieb die Rezension zur ersten Inszenierung: Mussets *On ne badine pas avec l'amour*:

> Diese stählerne junge Frau hat bereits in sechs oder acht Wochen ein beachtliches Ensemble zusammengebracht, Bühnenbilder ausgesucht, Tag und Nacht die Proben geleitet, die Herstellung der Kostüme überwacht – und dabei spreche ich nur von ihren praktischen Aufgaben. Niemand würde auch nur im Traum ihren Mut und gerade jetzt ihren Erfolg bestreiten. Mein Feminismus, der sehr gemäßigt ist, nimmt einfach wahr, dass beim Wiederaufleben eines hübschen Theaters Lob und Bewunderung weniger zurückhaltend ausfallen würden, wenn ein Mann sich die Arbeit gemacht, die geistige Unabhängigkeit aufgebracht und Erfolg gehabt hätte statt einer Frau, die nicht mehr wiegt als ein Lamm.

Es lag fünfundzwanzig Jahre zurück, dass Colette erklärt hatte, die Feministinnen verdienten die Peitsche und den Harem. 1927 hatte sie ihre Ansichten über die Frauenbewegung mit Walter Benjamin diskutiert, der sie im Palais Royal für *Die literarische Welt* interviewte. Frauen, sagte sie dem großen marxistischen Kritiker, sollten nie aktiv am öffentlichen Leben teilnehmen. Die Politik würde nur das angeborene »Brutale in [der weiblichen] Natur bis zum Äußersten treiben« und den jüngst entdeckten »Machtwillen« der Frauen schärfen. Diesen bringt Colette mit Diätmode und Gymnastik in Verbindung: Schlankheit mache die Frauen maskuliner, erklärte sie. »Die Frauen [werden] in zwanzig Jahren flach wie die Bretter« sein. Sie fügte noch hinzu: »Ich selber habe in meiner Bekanntschaft genug harmonische, gesunde, hochgebildete, kluge Frauen, die ganz genauso gut imstande wären wie ein Mann, in einer Kommission oder Jury zu sitzen. Nur haben sie, eine jede, […] im Monat zwei, drei Tage, an denen sie überreizt, unbeherrscht, unberechenbar sind«, was sie unfähig macht, wichtige Entscheidungen zu treffen.

Mit den Jahren hatte sie jedoch – privat wie öffentlich – ihr Teil dazu getan, das weibliche Schreiben zu fördern. Sie hatte in der Jury für den Prix Fémina gesessen und war eine großzügige Mentorin für Germaine Beaumont, Claude Chauvière, Hélène Mourhange, Hélène Picard und andere gewesen. Ihr Insistieren auf einer angemessenen Bezahlung schuf einen heilsamen Präzedenzfall, und als ein Herausgeber der *Nouvelles littéraires* protestierte und meinte, André Gide sei mit einem Viertel von dem zufrieden, was sie für einen Artikel verlange, antwortete sie: »André Gide hat Unrecht. Wenn berühmte Schriftsteller sich so verhalten wie er, was werden die Hungernden dann bekommen können?«

In *Bella-Vista*, einer Sammlung von drei Novellen und einer Kurzgeschichte, die sie in diesem Jahr veröffentlichte, destillierte Colette ihren Ärger über die Ausbeutung von Frauen – und die eines dunkelhäutigen männlichen Dieners, der Frauenarbeit verrichtet – heraus. Die Titelgeschichte, erzählte sie Hélène Picard, ist die »karge Frucht meiner Ferien[?]« gewesen; sie habe sie in Saint-Tropez verfasst, wo sie auch spielt: im Sommer 1936. Sie schrieb in jenem Herbst »Le Sieur Binard« und zwischen Mai und Oktober 1937 »Gribiche« und »Le Rendez-vous«. »Dass sie diese literarische Form [die Novelle] von da an bevorzugte«, beobachtete Goudeket, »entsprach bei ihr nicht etwa einer geistigen Verarmung oder einem kürzeren Atem, sondern dem Wunsch nach noch größerer Knappheit.«

Maurice hat Recht. Leser, die Colette in Reinform suchen, finden sie in ihren späten Novellen. Es ist, als würde sie ihren Stil ändern wie eine Diät, als passte sie ihn einem sesshafteren und weniger üppigen Leben an. Vorbei ist die akrobatische Syntax von *Le Pur et l'impur* und die linguistische Feinschmeckerei, die noch *La Chatte* ausgezeichnet hatte. Mit wachsendem Alter, schrieb Goudeket, »versagte [Colette] sich immer häufiger, was ihr leicht fiel«, und als er sie eines Abends beim Zerreißen der Arbeit des Tages fand, erklärte sie, sie habe sich gerade »bei Colette-Seiten« ertappt.

In einem Essay über den Roman, den Colette veröffentlichte, als sie *Bella-Vista* vollendete, erklärte sie: »Ich bin sicher, niemals einen wirklichen Roman geschrieben zu haben, ein Werk der reinen Fantasie, frei von allen Ablagerungen der Erinnerung und des Egoismus […]. Richtige Romane nenne ich die, die ich lese, nicht die, die ich schreibe.« Doch das ist zu bescheiden. »Reine Fiktion« klingt wie eine Verurteilung. Dieser Ausdruck passt besser zu einem Alibi als zu einem Kunstwerk.

Drei der unreinen Fiktionen in *Bella-Vista* sind in der ersten Person geschrieben und geben vor, eher erinnert, als erfunden zu sein. In allen diesen Geschichten geht es, wie Marie-Christine Bellosta sich ausdrückt, um ein »Geheimnis, hinter dem eine Schuld« steckt, das seinem Wesen nach sexuell ist. Die »lesbischen« Eigentümer des Hotels in *Bella-Vista* sind tatsächlich ein Mann und eine

Frau, er ist auf der Flucht vor dem Gesetz. Ihr Kunde Monsieur Daste ist ein Sadist, der Vögel quält. Madame Saure in »Gribiche« ist eine Engelmacherin, die ihre Tochter verbluten lässt. Der Bauernpriester in »Le Patriarche« hält es für sein Recht, seine Töchter zu deflorieren und zu schwängern, die jüngste ist noch nicht fünfzehn. Bernard, der französische Architekt in »Le Rendez-vous«, ist von einer Frau besessen, bis er sich in einem Augenblick entscheiden muss, ob er mit ihr schläft oder das Leben von Ahmed, dem verwundeten marokkanischen Jungen, rettet: »Aber man findet nicht leicht wieder ein Kind in der Gestalt eines Mannes, schwer verletzt, fast unbekannt und so kostbar, dass man ihm einige Stunden des Lebens opfert, ein ganzes Sakko, eine Liebesnacht.«

Bernards Opfer am Ende von »Le Rendez-vous« ist selten, wenn nicht gar einzigartig in Colettes Werk. Seine Ambiguität macht es glaubwürdig: Er riskiert nicht viel, wenn er Ahmed rettet – die selbstsüchtige und vulgäre Rose ist diesen Preis nicht wert –, und Colette schiebt seinem Mitgefühl eine homoerotische Strömung unter. Doch dass sie selbst sich das Mitgefühl zu Eigen macht, ist die eigentlich Offenbarung von *Bella-Vista*.

Die Erzählerin »Colette« tritt als eine behütete, bürgerliche junge Frau auf, die sich im Varieté unters gemeine Volk mischt; eine wohl etablierte Schriftstellerin, damit beschäftigt, ihr Landhaus zu renovieren, die »die schamlose Notwendigkeit verspürt, im eigenen Namen von Liebe zu sprechen«. Diese Frau meint, mit beiden Beinen auf dem Boden zu stehen, zu wissen, was harte Arbeit ist und was Leiden, aber in allen Geschichten werden ihr die Augen für eine Realität geöffnet, die brutaler ist, als sie sich vorgestellt hatte. Nachdem sie Gribiche in ihrem Mietshaus besucht und die Folgen ihrer verpfuschten Abtreibung gesehen hat, geht Colette nach Hause, um »von Sorgen zu träumen, die bis dahin nie mein Los gewesen waren«. Sie werden auch nicht ihr Los; ihr Gefühl der Solidarität ist kurzlebig. Sie ist als Zeugin in die Verbrechen verwickelt, tut aber nichts, um sie zu verhindern, und das ist zum Teil das Entscheidende an diesem Buch. »Ich bin unter dem Stern der Passivität geboren«, schreibt sie in ihrem Essay über den Roman – das ist ein viel weiter reichendes Geständnis, als es scheint. Aber sie ist auch anständig genug, nie zu vergessen, dass sie eine geliebte Tochter ist, eine gut bezahlte professionelle Schriftstellerin und eine neugierige Touristin, die nur zwischen ihren Verpflichtungen etwas Zeit in solchen Niederungen verbringt; sie streift die erbärmliche Realität der Verdammten nur, teilt sie jedoch nicht. Diese sind zerbrechliche Wesen wie die Revuetänzerinnen in »Gribiche«, die missbrauchten Kinder in »Le Patriarche«, das schwangere Hausmädchen und die symbolischen Vögel in »Bella-Vista« – alle dazu verurteilt, gequält zu werden.

Es gibt in *Bella-Vista* viele Geheimnisse, hinter denen eine Schuld steckt, kollektive und individuelle, und die Selbstversunkenheit der Erzählerin ist eine davon. Colette hat zu viel von einer Heidin an sich, als dass sie die Gefallenen für ihre Sünden verurteilen würde, und sie ist zu konservativ, um zu glauben, die menschliche Natur sei imstande, sich zu bessern. Zum ersten Mal legt sie außerhalb ihres Journalismus Zeugnis ab über Armut, Inzest, Rassismus und Ausbeutung und misstraut, da sie als Künstlerin schreibt und nicht als Journalistin, dem Zeugnis, das sie da ablegt.

Das soziale Bewusstsein, das Colette in *Bella-Vista* an den Tag legte, entging den Kritikern nicht, zumindest nicht den differenzierteren Kritikern. Die katholische Presse zerriss das Buch, und der Rezensent von *Le Figaro* schoss gänzlich daneben, als er ihre »widerlichen« Gestalten missbilligte und sich der konventionellen Meinung anschloss, sie habe eine »primitive« Moral und hier falle »eine verarmte Seele mit einer reichen Natur« zusammen. André Thérive dagegen vergleicht ihre Leistung mit dem »Sozialporträt« eines Gorki, und Bellosta kommentiert: »Mit ihrer Untersuchung dessen, was an der weiblichen Situation am unannehmbarsten und grauenhaftesten ist«, drücke Colette eine Art Schwesterlichkeit aus, die sie mit zukünftigen Generationen verbindet.

Der leidenschaftliche Aktivismus jener Epoche mag Colettes Solidarität mit den ausgebeuteten Frauen und kolonisierten Männern sowie ihre Wut über jene Gesetze des Fin de Siècle inspiriert haben, die noch 1937 eine hohe Geburtenrate – die Produktion von Kanonenfutter – bewirkten, weil sie den Frauen den Zugang zu einer sicheren Abtreibung verwehrten. Das mag sie dazu bewegt haben, ihre eigene privilegierte und selbstzufriedene Situation zu überprüfen, doch nicht so weit, dass sie darauf verzichtet hätte, »Le Patriarche« und »Le Rendez-vous« in *Candide*, einem Organ der *Action française* zu veröffentlichen, und »Bella-Vista« und »Gribiche« in der fanatisch antisemitischen und profaschistischen Wochenschrift *Gringoire*.

Der *Gringoire* wurde von Horace de Carbuccia, einem reichen Korsen verlegt, mit dem Colette gelegentlich, meist in Saint-Tropez, gesellschaftlich verkehrte. In den späten zwanziger Jahren vertraten Carbuccia und das Wochenmagazin eine antimarxistische, aber Mitte-links-Politik, und Joseph Kessel fungierte als Redakteur des Feuilleton. Kessel warb seine Schriftstellerfreunde als Autoren, darunter auch Colette; *Gringoire* besaß eine ansehnliche Liste von Mitarbeitern. Mitte der dreißiger Jahre war Carbuccia jedoch ein Verteidiger von Hitler geworden, und Kessel hatte empört die Zeitschrift verlassen.

1931 hatte Colette Kessel die Rechte zur Veröffentlichung von *Ces Plaisirs …* (*Le Pur et l'impur*) als Fortsetzungsgeschichte verkauft, doch nach drei Folgen (etwa dem halben Buch) intervenierte Carbuccia und setzte die weitere Veröffentlichung aus, ohne Colette zuvor davon in Kenntnis zu setzen; er schnitt einfach den Text mitten im Satz mit dem Wort *Fin* ab. Einige Leser hätten gegen das Thema Einwände gehabt, erklärte er lapidar. Das war eine erstaunliche Beleidigung für eine so angesehene Schriftstellerin, und Colette war außer sich. Doch fünf Jahre später brachte sie es entweder übers Herz, Carbuccia zu verzeihen, oder, und das ist wahrscheinlicher, sie überwand ihren Stolz: »Es herrscht Ebbe in der Kasse«, hatte Willy zu sagen gepflegt, außerdem zahlte *Gringoire* extrem gut und erreichte etwa 650 000 Leser.

Der Abdruck von *Bella-Vista* in *Gringoire* begann am 18. September 1936. Der Inhalt des Heftes verlieh der Ironie des Titels eine neue Dimension. Es gab einen glühenden Bericht von Carbuccias Mann in Nürnberg über den jährlichen Reichsparteitag der Nationalsozialisten; auf der Titelseite prangte die Enthüllung der »nicht-französischen« (d. h. jüdischen) Herkunft von Léon Blum; eine Karikatur zeigte unter der Überschrift »Frankreich, die Müllkippe Europas« jüdische und andere antifaschistische Flüchtlinge aus Deutschland, die man in Mülleimer gesteckt hatte; außerdem ein boshafter Artikel, einer aus einer ganzen Serie, in dem Roger Salengro, Blums Innenminister und Architekt seiner Arbeitsreformen, verunglimpft wurde.

Die Kampagne gegen Salengro gründete auf der falschen Behauptung, er sei im Ersten Weltkrieg von der Front desertiert. Die Verleumdung wurde von einem Mann lanciert, den Colette »diesen dicken, mutigen Henri Béraud« nennt (was sich jedoch nicht auf seine Politik bezog, sondern auf die Freundlichkeit, mit der er eine niedergeschlagene Claude Chauvière aufgemuntert hatte). Ihr Freund Béraud war Schriftsteller und Kritiker. 1922 hatte er den Prix Goncourt gewonnen, doch Mitte der dreißiger Jahre das literarische Schreiben aufgegeben, um für Carbuccia Polemiken zu verfassen. Salengro vergiftete sich mit Gas, wenige Wochen nachdem Bérauds Serie – und Colettes Novelle – ihr Erscheinen eingestellt hatten. Es war nicht das letzte literarische Werk, das Colette im *Gringoire* veröffentlichen sollte.

39. KAPITEL

I

Im November 1937 gab Colette einem Journalisten vom *Paris-midi* ein Interview. Er hatte gehört, dass sich ihre Adresse wieder ändere. Die Goudekets hatten die Nase voll von ihrem schlampig gebauten Dachgeschoss in der Rue Marignan und eine Wohnung, besser gesagt, eine Ruine mit schöner Aussicht, an der Place Vendôme gefunden. Colette tat kokett so, als sei ihre legendäre Liebe zum Umziehen eine »Lüge« gewesen: »Ich bin erst vierzehnmal umgezogen, und immer nur der Not gehorchend.« Sie hätte nie das Palais Royal verlassen, fuhr sie fort, wenn es ihr gelungen wäre, die Wohnung zu bekommen, die sie sich immer gewünscht hatte: jene im ersten Stock über ihrer Höhle im Mezzanin. Einen Tag nach Erscheinen des Interviews erhielt Colette einen Brief von dem Bewohner jenes Appartements. Er habe gerade gelesen, dass sie es »begehre«, daher wolle er es ihr »abtreten«. »Dort ist Sonne, sind die Gärten ... Luft! Alles!«, schwärmte Colette einem neuen Schützling vor, Renée Hamon.

Colettes triumphale Heimkehr in den ersten Stock der Rue Beaujolais Nummer 9, an ihren letzten und berühmtesten Wohnsitz, wurde von einem Streik der Möbelpacker verzögert, aber zu Beginn des neuen Jahres war sie eingerichtet. Damals kam Renée Hamon von ihrer zwanzigmonatigen Tahiti-Reise zurück, und Colette führte ihren »kleinen Korsaren« durchs Haus: nach vorne zwei elegante Räume mit hoher Decke, die auf den viereckigen Innenhof blicken; ein kleiner angrenzender Salon geht über ins

Esszimmer mit seiner nicht ganz dichten Decke aus buntem Glas; nach hinten liegt Paulines Schlafzimmer mit dem Fenster zur Straße. Das war »ihr« Palais Royal, erzählte Colette Renée – ein ländliches Dorf im Herzen von Paris. Alle erkannten sie wieder: der Buchhändler in den Arkaden, die freundlichen Nutten, der Mann, der an der Ecke Crêpes verkaufte, die Nachbarn, die ihr aus den offenen Fenstern Grüße herüberriefen. Zu den Mietern unten, einer kultivierten russischen Emigrantin mit ihrer Tochter, entwickelte Colette eine tiefe Zuneigung. Die Concierge war eine taube Erotomanin, die durch die Ausübung ihrer Leidenschaft, mit der sie »ihren Ehemann vor kurzem ins Grab gebracht hatte«, vorzeitig gealtert war.

Colette hielt kurz inne, um Renée ihrer Anteilnahme hinsichtlich eines Artikels zu versichern, den diese über ihre Reisen geschrieben hatte, der aber von den Herausgebern des *L'Intransigeant* grob gekürzt worden war (»Sie streichen immer, Kleines!«). Dann warf Colette sie hinaus: »Wenn du mich in einem Morgenmantel wie diesem siehst, heißt das, dass ich bei der Arbeit bin.«

Colette und Renée Hamon kannten sich seit zwölf Jahren, waren sich aber erst vor kurzem näher gekommen. Mit ihren achtunddreißig Jahren war Renée noch schmal und gelenkig, hatte den Kopf eines Matrosen und den Körper eines obdachlosen Kindes; und wie Claudine, deren Echo sie war, fühlte sie sich zu väterlichen Männern und sinnlichen Frauen hingezogen. Mit drei Jahren hatte ihre Mutter sie verlassen, und ihre bretonische Großmutter zog sie auf. Mitte zwanzig heiratete sie, ließ sich scheiden und verlor ihr einziges Kind. Eine Liebesaffäre mit einem amerikanischen Offizier während des Krieges lockte sie nach New York, und als die Beziehung scheiterte, hielt Renée sich mit Französischstunden über Wasser. Nach achtzehn Monaten kehrte sie als aufmüpfiger Freigeist mit kurzen Haaren und kurzen Röcken nach Frankreich zurück.

Nach Goudekets Meinung war Renée »wirklich besessen vom Dämon des Abenteuers«. In der Hafenstadt Nantes stellte sie sich einem Schönheitswettbewerb, den sie nicht gewann, aber einer der Juroren brachte sie nach Paris. Als sie sich trennten, lebte Renée von ihrem Charme, sie arbeitete ein wenig als Mannequin, ein wenig als Malerin – Meeresansichten waren ihre Spezialität –, und sie bemühte sich um kleinere Filmrollen. Sie war fotogen, konnte aber weder Theater spielen noch malen, also suchte sie einen Job in der Modebranche. 1925 lernte sie Paul Poiret kennen, der, wie Pichois schreibt, »sich von ihrem Geist und Witz verführen ließ«. Poiret stellte Renée Colette vor, als sie zusammen in *La Vagabonde* spielten.

Renée war damals siebenundzwanzig, Colette einundfünfzig. Renée warb um Colette; sie übernahm die männliche Rolle. »Es ist leicht, Menschen kennen zu lernen, die dich aufregen«, schrieb sie, »aber Menschen, die dich umwerfen …« Sie verwöhnte Colette mit seltenen und teuren Blumen, die sie von ihrem Haushaltsgeld bezahlte. Colette antwortete mit kurzen Dankesbriefen und gelegentlichen Einladungen, obwohl, wie Pichois bemerkt: »Da war nichts – zwischen 1925 und 1932 –, was eine große Freundschaft hätte erwarten lassen.«

1928 heiratete Renée den schwedischen Übersetzer Harald Heyman, der dreißig Jahre älter war als sie. 1933 ließ sie ihn in Europa und ging auf eine Fahrradtour rund um die Welt, die drei Jahre dauerte. Dieses Abenteuer trug nicht dazu bei zu dämpfen, was Maurice Renées »brennende« Sehnsucht nennt, mit Colette »intim« zu werden. Nach ihrer Rückkehr begann sie wieder, ihre »heimlichen Abgesandten« zu schicken: eine Zwergazalee, eine seltene Kamelie, duftenden Seidelbast aus ihrer Heimatregion – im April 1936 sagte Colette Du zu ihr.

Renée verwirklichte gewissermaßen Colettes jungenhafte Träume, wegzulaufen und zur See zu gehen, und sie plante bereits ihre Reise nach Tahiti. Sie hatte vor, Gauguins Spuren zu folgen und »sein Leben in der Einsamkeit des Pazifik zu rekonstruieren«. Ein einflussreicher Freund verschaffte ihr eine kostenlose Passage auf einem französischen Forschungsschiff, und *L'Intransigeant* beauftragte sie mit einer Artikelserie. Sie plante auch, einen Dokumentarfilm zu drehen, und erwog die Möglichkeit, Bel-Gazou, die mit dem Filmen einige Erfahrung hatte, als ihre Assistentin mitzunehmen. Colette war skeptisch: »Verlass dich nicht auf meine Tochter. Nur im Reden ist sie resolut. Sie ist ein liebenswertes Kind, das ich vergöttere, aber sie ›verbraucht die Zeit‹, ohne sie zu nutzen.«

Während Colette *Bella-Vista* schrieb, erforschte Renée die »Inseln des Lichts«: Tahiti, Tuamotu und die Marquesainseln. Ihr Mann reiste ihr nach und blieb dort – ein Strandgammler. Renées Reportage bezeichnete Pichois als »mutig« kritisch gegenüber den »nachlässigen« Kolonisten, die Gauguins Skulpturen als Brennholz benutzt und Elend und Krankheiten in das tahitianische Paradies eingeschleppt hatten. Schließlich machte Renée aus ihren Artikeln ein Buch. Colette half ihr, einen Verleger dafür zu finden. Es handelte sich nicht um schöne Literatur, so zögerte Colette, als ihr Schützling sie um ein Vorwort bat, das es als solche deklarieren sollte. Sie schrieb stattdessen über Renées Berufung zum Vagabunden, ihren »kleinen, sturen, bretonischen Schädel«, ihr »menschliches Mitgefühl« und ihre »keusche Freundschaft zu jungen Inselfrauen, denen Bosheit oder Tugend fremd sind«.

Wenn auch Colettes Vorwort nichts über Renées Talente als Schriftstellerin sagt, so ist es doch aufschlussreich hinsichtlich ihrer Anziehungskraft als *Mignonne*, im alten Sinne dieses Wortes: als einer königlichen Favoritin, einer Eingeweihten und Vertrauten des Monarchen, nach diesem Vorbild gestaltet, gehätschelt, beschützt, aber auch ebenso zärtlich misshandelt. »Sie, die ich [...] die kleine Korsarin nenne«, schreibt Colette, »steht vor mir wie eine schüchterne Schülerin. Bestimmt, weil ich böse aussehe.« Und sie fährt fort zu beschreiben, wie sie Renée, die nicht glaubt, dass sie schreiben kann, Vertrauen einflößt:

> Vor zwei Jahren, als sie sich auf ihre Abreise vorbereitete, wollte ich ihr in den Kopf setzen, dass das beste Zeugnis von einer Reise, von zwei, von zehn Reisen nicht die Fotografien sind, nicht die Strohmatten, die Pareos [Gewänder der Tahitianerinnen], Lieder, Muscheln […], nicht einmal ein von Gauguins Messer bearbeitetes Stück Holz. Ich ritzte Kerben in ihr Schweigen, das Schweigen einer echten Vagabundin. Kurz, ich strebte danach, sie zu zwingen, schwarz auf weiß nachzuerzählen, was sie gesehen und getan hätte, und uns Sesshaften als Ersatz für die *Voyage d'égoïste* zu dienen … Das gelang mir nicht beim ersten Mal. Wie bei Kindern, musste ich Tricks anwenden und drohen. Dieser Korsar mit dem kleinen Fuß reagierte kindisch, jammerte sogar und wiederholte: »Aber ich weiß doch nicht, wie man ein Buch macht.« […] Renée Hamon ging, als hätte ich sie geschlagen […].

Colette gefiel es immer, wenn ihr Terror »mit Ergebnissen bezahlt« wurde, und der Korsar kam mit einem Manuskript zurück, dem ersten von vielen weiteren – Colette nutzte ihre Kontakte, um sie zu fördern. Renée verehrte Colette und befriedigte ihr Bedürfnis zu dominieren, aber was noch wichtiger war: sie erfüllte, was Colette sich von ihr versprach. Sie war keine Dilettantin wie Bel-Gazou, keine Märtyrerin wie Claude Chauvière, sie war nicht so selbstzerstörerisch wie »Fumée« Kessel, und ihre geistige wie buchstäbliche Beweglichkeit half Colette, sich zu verjüngen, zumal ihre eigene Energie durch Alter und Schwäche nachließ. »Nach und nach«, schrieb Maurice, »knüpften sie eines der bewegendsten Freundschaftsbande, das Colettes Leben bereicherte.«

Wie so viele königliche Günstlinge war Renée auch so etwas wie eine Spionin, und Colette entdeckte, dass sie sich heimlich Notizen über ihre Gespräche machte, die sie in einem Buch mit dem Titel *Colette und die Freundschaft* veröffentlichen wollte. Da für Colette die erste Pflicht einer Vertrauten Diskretion war, gab diese Entdeckung beiden Goudekets und besonders dem possessiven Maurice zu denken. Inzwischen litt Renée jedoch an Gebärmutterkrebs, an dem sie mit sechsundvierzig Jahren sterben sollte, und Colette hatte nicht das Herz, ihr wegen eines gut gemeinten, aber in ihren Augen törichten Vertrauensbruch Vorwürfe zu machen.

Renées Tagebuch und ihre Korrespondenz mit Colette wurden schließlich, von allzu anstößigen Stellen gereinigt, veröffentlicht. Sie sind aufschlussreich, aber alles in allem weniger scharfsinnig als ein Zeitungsausschnitt, den ich unter den Papieren der Korsarin fand, in einer kleinen Akte, die einem leidenschaftlichen Sammler von Colettiana gehört. Darin wird beredt gezeigt, welche Herausforderung es bedeutete, Colettes Freundin oder Biografin zu sein: »Colettes Kunst ist die Kunst der Lüge. Aber das großartige Spiel, das sie mit uns spielt, besteht gerade darin, dass sie ihre besten Lügen mit grandiosen Funken von Wahrheit versieht. So besteht der Genuss, sie zu lesen, darin, mit spitzer Pinzette das Wahre aus dem Falschen herauszupicken. Ich habe dieses Geduldsspiel sehr lange genossen. Man muss es spielen, bis man seiner müde ist … – so müde, wie sie von ihren immer neuen Schicksalsschlägen müde war –, um sie mit jener hart erkämpften Gerechtigkeit lieben zu können.«

2

Im März 1938 zogen die Schwarzhemden der Nazis mit ihren Panzern in einer Parade durch Wien an der applaudierenden Menge vorbei, und der »Anschluss« begann. Im April trat Léon Blum zurück, und Daladier bildete eine neue rechtsgerichtete französische Regierung. Im Juni verließ Colette *Le Journal* und wechselte unmittelbar zum *Paris-soir*. Anfang dieses Monats hatte Bel-Gazou eine Notoperation am Blinddarm. Sie wurde von Henri Mondor durchgeführt, dem berühmten Chirurgen, Historiker und Biografen von Mallarmé, der auch die Kessels nach ihrem Unfall behandelt und den Colette wegen ihres gebrochenen Beins konsultiert hatte. Er verbot ihr – vielleicht auf Bel-Gazous Bitte –, der Tochter einen Besuch im Krankenhaus abzustatten – aber Colette »gehorchte nicht«. Später erzählte sie Mondor, ihre Tochter habe wie ein kleines Kind geweint.

Bel-Gazou lebte jetzt einigermaßen ziellos und verschwenderisch, machte mit Freunden Ferien in Gstaad, nahm Jobs an und gab sie wieder auf und schrieb ungedeckte Schecks aus. Sie tat wenig, um mit ihrer Mutter in Kontakt zu bleiben, wohl wissend, dass diese das nicht guthieß. Seit langem war sie von Renaud de Jouvenels materieller und emotionaler Unterstützung abhängig, einer Hilfe, die ihr ihre Eltern nicht geben konnten oder wollten. Colette und Henry »war es ganz recht«, erzählte Renaud Joanna Richardson, »dass ich für sie einsprang«.

Nach Jouvenels Tod kaufte Arlette, Renauds Frau, Castel-Novel, und Renaud überließ Bel-Gazou das Nachbargut Curemont, das er von seinem Onkel Robert geerbt hatte. Colette war immer dankbar für Renauds Großzügigkeit Bel-Gazou gegenüber, und hauptsächlich durch ihn blieb sie mit den Nachrichten über die Entwicklung ihrer Tochter auf dem Laufenden. »Ich wäre so dumm, mir ihretwegen Sorgen zu machen«, schreibt sie ihm in einem typischen Brief aus Saint-Tropez, »wenn vorbeikommende Freunde [Bertrand und Carbuccia] sie nicht gesund in Paris gesehen hätten.«

Colette verbrachte ihren – wie sich herausstellen sollte – letzten Sommer an der Riviera. Sie schrieb an *Le Toutounier*. Das Buch erschien im März 1939. Diese Fortsetzung von *Duo* ist eine der am wenigsten geschätzten Novellen von Colette. Sie wird aus der Perspektive der verwitweten Alice erzählt. Durch den Tod Michels ernüchtert und gereift und – es ist eine Colette-Geschichte – durch seine Lebensversicherung bereichert, kehrt Alice in das unansehnliche Künstlerstudio an der Rive Gauche zurück, in dem sie und ihre drei Schwestern aufgewachsen sind. Zwei von ihnen, Hermine und Colombe, leben noch dort, schlagen sich recht und schlecht durchs Leben, leiden an den Demütigungen ihrer Liebesaffären mit verheirateten Männern. Das Schicksal der jüngsten und schönsten, Bizoute, spielt sich außerhalb des Blickfeldes ab. Sie hat sich an einen nichtsnutzigen Filmemacher verschwendet und hungert mit ihm auf den Marquesainseln. Ihr Charakter ist eine kleine Hommage an Renée Hamon. Wie so viele Heldinnen (und Freunde) von Colette sind die Eude-Schwestern *orphelines de mère*, die von ihrem Musiker-Vater aufgezogen wurden. Sie gehören zu jener Schicht der Pariser Gesellschaft, die Colette am meisten liebt und am besten kennt, der künstlerischen Arbeiterklasse. Sie beschreibt ihr Milieu und ihr Ringen, dessen klaustrophobischer Enge zu entfliehen, detailliert und präzise, wie es Balzac alle Ehre machen würde.

Le Toutounier ist das Familientreffen dreier Frauen, denen wir zugleich als Typen und als Individuen begegnen. Jede verkörpert, wie Michel Mercier sich ausdrückt, eine »andere, unvermeidliche Stufe« der Unschuld und Desillusionierung. Hermine, verzweifelt darauf aus, sich ihren verheirateten Geliebten an Land zu ziehen, versucht, seine Frau zu töten. Colombe, ängstlich, sich hinzugeben, prüft ihre platonische Zuneigung zu einem Dirigenten, der gerade eine gute Anstellung in der Provinz bekommen hat. Alice, von ihrem Ehemann, der sich umgebracht hat, sowohl befreit als auch verlassen, sinnt über Tod, Autonomie und Verlangen nach.

Der Titel der Novelle bezieht sich auf ein riesiges altes Ledersofa, ein lebloses Familienmaskottchen, den Mittelpunkt des Studios. In der letzten Szene schlafen die Schwestern auf ihm ineinander verschlungen. Hätte Colette ironischer und weniger bescheiden sein wollen, hätte sie ihre Novelle *Frauenschicksal* genannt. Dies ist ihre Version von den prächtigeren Epen über die Solidarität von Kriegern, wie sie Malraux, Kessel und Saint-Exupéry erzählt haben. Das Studio ist eine exklusive, eingeschlechtliche Kommune wie jeder Schützengraben oder jedes Militärlager. Seine Bewohner rauchen heftig und trinken viel, verbergen ihre glühende wechselseitige Zärtlichkeit hinter harten Worten, verschlingen, wenn sie können, ein gutes Essen und leben fröhlich in ihrem Schmutz. Sie geben sich Fluchtfantasien hin, entdecken später aber, dass ein bequemes Leben in der Welt vergleichsweise fade erscheint.

Wie Krieger folgen auch die Eude-Schwestern einem stoischen Kodex des Schweigens über ihr Elend. Colette steht gefühlsmäßig zu ihnen wie ein General zu seinen Truppen. Sie liebt sie aus sicherer Entfernung und ist sich bewusst, dass sie ihnen weder Risiken noch Schmerzen ersparen kann. Die Schwestern kämpfen ebenso naiv wie junge Soldaten für das Ideal eines anständigen Lebens, Colette aber weiß, dass der Kampf zutiefst unrein ist und dass sein Ausgang desillusionierend sein wird.

Hermine und Colombe sind noch so unschuldig, dass sie eine romantische Vorstellung vom Sieg haben, der nach den Konventionen, die für den Krieg zwischen Männern und Frauen gelten, in der bürgerlichen Ehe besteht. Alice, die kampferprobte Veteranin, weiß es besser. Ihre Schwestern werden, um ihrer zweifelhaften Männer willen, den keuschen Toutounier verlassen, wie Bizoute das bereits getan hat, und vielleicht wird auch Alice mit einem Fremden fortgehen. »Wir können einem Mann nie widerstehen«, denkt sie. »Nur in den Tod folgen wir ihm nicht.« Aber sie begreift auch, dass sie alle niemals besser umsorgt und verstanden werden, als sie in ihrer jungfräulichen Redoute einander umsorgen und verstehen.

3

Mitte September war Colette wieder zurück in Paris und speiste mit Georges Kessel in der Rue de Beaujolais zu Abend. Hitler kündigte seine Pläne zur Einverleibung des Sudetenlandes an, und Frankreich mobilisierte eine Million Männer. Ein neuerlicher Krieg schien jetzt unausweichlich, und die Goudekets erhielten, wie alle Bürger, die ein privates Auto besaßen, einen Brief, ihr Wagen könne jederzeit vom Militär eingezogen werden. Colette schrieb an Moune, die noch in Saint-Tropez war, dass Maurice und sie mit *Paris-soir* in Verhandlungen stünden und »alles wunderbar wäre, wenn nicht die menschliche Dummheit über unseren Köpfen kreiste«. Die Abendnachrichten, fuhr sie fort, »waren furchtbar schwarz. Gedenkst du nicht zurückzukommen, bevor die Katze Junge bekommt? Wir würden den Beginn des Krieges zusammen erleben und unsere Pläne machen.«

Noch im selben Monat trafen sich jedoch Mussolini, Chamberlain und Daladier mit dem deutschen Kanzler in München und verhandelten über einen Vertrag, der alle weiteren Annexionsversuche in Mitteleuropa im Keim ersticken sollte. Im November, während der Frieden provisorisch gesichert schien, fuhren Colette und Maurice ins Ausland. *Paris-soir* hatte sie nach Fez beordert, damit sie über den sensationellen Mordprozess einer gewissen Oum-el-Hassen, bekannt als Moulay, berichteten, einer marokkanischen Prostituierten, die ein berühmtes Bordell für französische Offiziere außerhalb von Meknès unterhalten hatte.

Während der Kolonialaufstände von 1912 und 1925 hatte Moulay einige ihrer Kunden versteckt und mit ihrem eigenen Körper die Haustür gegen den Mob versperrt. Sie erschoss einen der Angreifer und erlitt selbst eine Schussverletzung. Ihre dankbaren Schützlinge führten für sie eine Sammlung durch und schlugen sie für die Ehrenlegion vor, eine Ehrung, die – Rachilde hätte das mit Genugtuung zur Kenntnis genommen – zumindest diese Hure nicht bekam. Aber »Moulays freier Geist«, schrieb Colette, »entzog sich der Passivität, in die Frauen geraten, die von Männern versklavt sind«.

Moulay konnte sich dagegen nicht den Zerstörungen entziehen, die das Alter mit sich bringt oder eine Sucht nach Haschisch oder nach »blutiger und lustvoller Grausamkeit«, der sie, wie Colette uns berichtet, »von Kindheit angehangen hatte«. 1936 fanden ein paar Straßenkinder, die auf dem verwilderten Grundstück hinter ihrem Haus spielten, einen Sarg, gefüllt mit einem zerstückelten Leichnam. Die Puffmutter »ließ sich herab« zuzugeben, dass dies die Leiche eines ihrer Mädchen sei. Als man sie einem Verhör unterzog, hörten die Polizisten ein schwaches Kratzen hinter einer Wand, und als sie diese niederrissen, fanden sie vier weitere junge Mädchen und einen dreizehnjährigen Jungen, kaum mehr am Leben. Sie alle waren mit Messern und einem Seil gefoltert worden. Von den vierzehn Kinderprostituierten in Moulays Etablissement waren vier gestorben, drei vermisst und sieben bleibende Krüppel.

Moulay gestand ihre Schuld nie ein, sowenig wie sie sie zu verstehen schien. »Welcher Worte und Bilder sollen wir uns bedienen, um Oum-el-Hassen verständlich zu machen, was wir unter Grausamkeit verstehen?«, fragt Colette. »Und wie kann die des Mordes und der Folterei Angeklagte uns ihre Überzeugung vermitteln, dass sie unschuldig ist? Was wir Grausamkeit nennen, war für sie das gewöhnliche Leben. [...] Alles, was tötet, verletzt und abstumpft, gehörte von Anfang an zu ihrem Schicksal als abenteuerlustiges Mädchen. Wo hätte sie lernen sollen, dass die Strafe, die Frauen auferlegt wird – Lebewesen, die vermeintlich gar keinen Wert haben –, überhaupt Grenzen hat?«

Während die zahnlose Puffmutter in ihren makellosen weißen Schleiern gelassen der Vernehmung ihrer Opfer und ihres Komplizen zuhörte – einem zügellosen alten Sklaven, der dem Gericht eifrig seine Erdrosselungstechnik vorführte –, rüstete sich ein anderer militärversessener Mörder mit patriotischer Neigung, Europa von jenen Existenzen zu reinigen, die auch er für Untermenschen hielt. Am 1. September 1939 marschierte Hitler in Polen ein. Am 3. September erklärten Frankreich und England Deutschland den Krieg.

Die Goudekets hatten die letzten Augustwochen auf Urlaub mit den Marchands in Dieppe verbracht. Maurice war von Saint-Tropez aus mit einem Massenexodus englischer Touristen nach Norden gereist. Das Wetter war, wie Colette Renée Hamon berichtete, so schön, wie es 1914 gewesen war, als sie und Musidora durch eine von Glockengeläut widerhallende bretonische Landschaft fuhren, um Paris zu erreichen. Ganz gegen Maurice' Wunsch – »er bat, wir sollten hier bleiben«, schrieb sie an Hélène Picard – kehrten sie in die Hauptstadt zurück.

Maurice war fünfzig, konnte also nicht mehr zum aktiven Dienst herangezogen werden, wohl aber als Ersatzmann für den Dienst in der Reserve. In der dritten Kriegsnacht gab es den ersten Luftangriff-Alarm. Er überzeugte Colette, »ein Beispiel zu geben« und mit den Nachbarn in den Keller zu gehen. Nachdem sie zwei Nächte lang die feuchten und düsteren Palais Royal-Gewölbe aus dem siebzehnten Jahrhundert mit der tauben Gräfin, der sexbesessenen Concierge, mit Pierre Lazareff (dem Herausgeber des *Paris-soir*) und seiner Familie von nebenan und verschiedenen anderen Nachbarn geteilt hatte, die sich alle untadelig gelassen verhielten, weigerte sie sich, jemals wieder dorthin zurückzukehren, selbst – wie Maurice festhält – während der schweren Bombenangriffe 1944.

Die Überfüllung störte sie nicht; es war der Mangel an Sauerstoff, erklärte sie, weshalb sie lieber den Bomben trotzen als ersticken wolle. Wenn die Sirenen völlig unberechenbar heulten, dann öffnete sie ihre Fenster, damit die Scheiben nicht kaputtgingen, stützte die Ellbogen aufs Fensterbrett und sann über die verdunkelte Fläche von Richelieus großem Rechteck nach. »Ich hätte nie geglaubt«, erzählte sie ihrer alten Freundin Hélène, »dass die Menschheit noch einmal an diesen Punkt kommen würde.«

4

Der Ausbruch des Krieges überschattete eine Reihe schmerzlicher Todesfälle und bedeutsamer Verschiebungen in Colettes privatem Leben. Im Februar 1939 musste die von Krebs durchsetzte Katze eingeschläfert werden, und Souci, die Bulldogge, starb einen Monat später an Epilepsie. Colette schwor, die beiden Tiere nie zu ersetzen, so kam sie durch deren Tod in eine ungewohnte und besonders karge Einsamkeit: ein Leben ohne Tiere.

Im April starb Claude Chauvière. Colette schrieb einen bewegenden Nachruf auf sie. Im Juni verkaufte sie La Treille Muscate mit der gesamten Einrichtung an den Schauspieler Charles Vanel. Damit endete ihre lange Romanze mit der Côte d'Azur. Mussolini, schrieb sie an Hélène Picard, sei schuld, dass sie ein schlechtes Geschäft machte – er hatte gerade seinen Stahlpakt mit Hitler geschlossen, und Saint-Tropez war nur einen Katzensprung von der italienischen Grenze entfernt.

Maurice ärgerte sich, dass seine Frau wie gewöhnlich gleich das erste Angebot des ersten Interessenten angenommen hatte, ohne zu feilschen, »aus Angst, er könnte es sich anders überlegen«. Er befürchtete nicht, dass der Faschismus auf die Grundstücke an der Küste Auswirkungen haben könnte, räumte aber durchaus ein, dass Colettes Berühmtheit die Gegend für sie beide unbewohnbar gemacht habe. Ihr Haus war nur etwa fünfzehnhundert Meter vom Dorf entfernt, und die Touristen marschierten in hellen Heerscharen am Tor vorbei, schauten durchs Schlüsselloch, läuteten, füllten den Strand, machten Picknick im Garten, glotzten Colette an, wenn sie ihre Einkäufe machte, und bestürmten sie um Autogramme und Widmungen. Besonders wütend war sie, als sie entdeckte, dass der Schreibwarenhändler am Ort Ansichtskarten von ihrem Haus mit der Überschrift »Villa de Collette [sic!]« verkaufte.

Nachdem sie ihre Hypothek gelöscht hatten, war noch genug Geld übrig, um ein sehr hübsches Landhaus, »Le Parc«, im Dorf Méré, bei Montfort-l'Amaury zu kaufen und zu renovieren, auch wenn sie es in den ersten Kriegsmonaten kaum nutzen konnten: ihre Handwerker waren eingezogen worden, und das Militär requirierte Le Parc als Baracke. Colette äußerte sich verbittert darüber: »Du wirst mir nie erklären können«, beklagte sie sich bei ihrer Freundin Alice Bénard-Fleury in Toulon, »wozu unser Militär so dringend ein Puppenhaus braucht.«

Colette berichtete Denise Tual, ihrer Nachbarin im Palais Royal, sie liebe es, ihre Kriege in Paris zu verbringen. Ihre Freunde in der Provinz – Alice in der Var, Renée Hamon in der Bretagne und Yvonne Brochard und Thérèse Sourisse, zwei treue Anhängerinnen, die nicht weit von Nantes, in der Normandie lebten und die Colette liebevoll als ihre »kleinen Bäuerinnen« bezeichnete – sie alle versorgten sie mit Lebensmitteln. Als sie entdeckte, dass ihre Concierge hungerte und dass die arbeitslose frühere Verkäuferin, die in einer der Mägdekammern wohnte, keinen Centime mehr besaß, verpflegte sie sie mit. Die russische Gräfin und ihre Tochter schlugen sich recht und schlecht mit Strickarbeiten durch, und Colette brachte Germaine Patat dazu, bei ihnen Wollsachen zu bestellen. Colette selbst stickte, um sich die Zeit zu vertreiben – »ein Laster, dem ich nur im Krieg frönen kann« –, und machte Gobelinstuhlbezüge für sich und ihre Freunde. Die Literatur habe ihre Berufung zur Nadelarbeit »unterdrückt«, doch der Krieg weckte noch eine andere Berufung: die des Hamsterers. Ende Oktober war Colettes Kohlenkeller voll, und mit ihrem Vorrat kam sie durch den strengen Winter von 1941.

Polaire war zwei Wochen vorher gestorben. Auch Léo Colette, »der einzige Bruder, der mir noch geblieben ist«, lag im Sterben. Er war in den ersten Kriegstagen im Treppenhaus seines Wohnhauses zusammengebrochen, und Colette und Maurice war es gelungen, genügend Benzin zu beschaffen, um ihn in eine Klinik in Bléneau, nicht weit von Saint-Sauveur, und damit in Sicherheit zu bringen – in der Nähe wohnte auch ihre Nichte Geneviève. »Ein sehr merkwürdiger und wirksamer Abgrund hat ihn immer vom wirklichen Leben und allen getrennt«, überlegte Colette in einem Brief an Charles Saglio, der gerade seinen Bruder verloren hatte. »Aber [...] er wird unsere gemeinsame Kindheit mit sich nehmen und einen unersetzlichen Schatz an Erinnerungen.«

Léo hielt noch bis März aus, aber Colette gestand Alice Bénard-Fleury, dass sie, als sich sein Zustand weiter verschlechterte, nur wünschen konnte, dass sein Leiden ein Ende hätte. Sie konnte noch nicht wissen, dass sie bereits begonnen hatte, ihre eigene lebenslängliche Freiheitsstrafe zu verbüßen: die Schmerzen der Verkrüppelung, nutzlose und zumeist törichte Behandlungen dagegen, fortschreitende Bewegungsunfähigkeit, die mit der Zeit total wurde. Ein Jahr lang spürte sie Stiche und eine Steifheit in den Beinen, die sie gelegentlich so gehunfähig machten, dass sie gezwungen war, einen Ausflug oder eine Verpflichtung abzusagen. Wenn sie aber nachließen, dann führte sie sie auf den alten Bruch des Wadenbeins zurück. Im Dezember offenbarte eine Röntgenaufnahme eine rheumatische Arthritis in beiden Hüften. »Ich bin ganz empört«, schrieb sie ihrer Mit-Invalidin Hélène. »Wie meine Mutter immer ausgerufen hat: ›O schreckliches Alter!‹«

SECHSTER TEIL

40. KAPITEL

Im Grunde meines Herzens betreibe ich immer eine Art Askese, die darin besteht, dass ich verleugne, was ich liebe. Ich weiß nicht, woher dieser Impuls kommt.
Colette, LETTRES AUX PETITES FERMIERES

I

Colettes Kriegsjahre sind in ihren Briefen gut dokumentiert. Das ungewisse Schicksal, die erzwungene Trennung von Freunden und die »Kleinheit« des Lebens, das in seiner Reichweite durch die Not, aber auch durch Colettes zunehmende Gebrechlichkeit beschränkt war, machten das Schreiben und Empfangen von Briefen zu ihrem größten Luxus. Wenn diese Briefe keine Gräueltaten enthielten, ja die Schrecken des Krieges kaum sichtlich zur Kenntnis nahmen, so teilweise, weil, wie Colette an Moune schrieb, »das Dinge sind, die man nicht in einen Brief tut«. Colette praktizierte unverdrossen, was sie gern *»le sage repliement sur soi«* nannte, den weisen Rückzug in ihre private Festung; weniger poetisch ausgedrückt, hieß das, sich nicht mehr blicken zu lassen. Was sie für Umsicht hielt, hatte etwas von Heldenmut im besten Sinne dieses Wortes. Und was dem heutigen Leser vielleicht als Gleichgültigkeit, Passivität, Kurzsichtigkeit, Opportunismus oder einfach Naivität angesichts eines überwältigenden Übels erscheint, war auch ihr alter – und unschuldiger – Instinkt fürs Überleben.

In ihrem Verhalten und in manchen ihrer Arbeiten während

der Besatzung ist Colette ein Musterbeispiel für altmodischen weiblichen Stoizismus und Einfallsreichtum. Sie legte nicht die Hände in den Schoß, sondern strickte und stickte und nutzte die Ablenkungen des Schreibens: Sie schrieb Artikel über Kochen, Mode und Einrichtung, über die leichtsinnige Koketterie der Kriegsmüden, über Tiere und Kindererziehung. Das Paris, das sie von ihrem Fenster im Palais Royal aus beobachtet, ist mit Tier- und Menschenrassen bevölkert, die sie mit ihren eigenen Tugenden ausgestattet hat, und wenn die Sirenen heulen und der Boden erzittert, dann blicken die jungen Leute im Garten unter ihr nicht von den alten Zeitschriften oder vergilbten Romanen auf, die sie gerade lesen, oder von dem Säugling, den sie in einer improvisierten Wiege schaukeln. Ihre Stimme ist fest, und ihre Prosa besitzt die frühere Vollmundigkeit. In diesen zuckerlosen Jahren nimmt sie wie eine unermüdliche alte Biene die Süße aus dem Leben und reicht sie ihren Lesern zum Geschenk. Wenn Optimismus eine »ansteckende« Art des Widerstandes ist, wie Colette behauptet, dann schafft sie sich, bescheiden zwar und ohne großes Risiko, eine *Résistance*. Sie stellt sich sogar vor, dass eine zukünftige französische Kunst in den Gefangenenlagern »schwelt« und dass die Visionäre unter den »zwei Millionen Kriegsgefangenen«, die »hellsichtig bleiben mitten in ihrem langen Schmerz«, wenn sie nach Hause kommen, »nach einer heiteren Kunst streben werden, nach ihrem lesbarsten Ausdruck, der am stärksten von den Kräften der freien Luft und des wieder gefundenen Lichtes durchdrungen ist«.

Da alle Bücher oder Aufsätze, die während der Besatzung veröffentlicht wurden, den Freigabestempel der Nazi-Zensoren benötigten, wurde genau genommen jeder Schriftsteller, der sein Werk veröffentlichte, zum »Kollaborateur«. Die meisten mussten sich einfach ihren Lebensunterhalt beschaffen, aber ein paar Mutige weigerten sich oder schrieben für den Untergrund. Zu diesen gehörte Colette nicht. Sie veröffentlichte sogar in einigen der abstoßendsten Organe der Pro-Vichy- und Pro-Deutschen-Presse und unterhielt herzliche Beziehungen zu deren Herausgebern.

Ihre Tochter, ihr Stiefsohn Renaud und einige der engsten Freunde riskierten ihr Leben in der *Résistance*; andere arbeiteten fröhlich unter dem, wenn nicht gar direkt für den Feind. Sacha Guitry sprühte vor Geist nicht nur auf der Bühne, sondern auch bei den Diners, die Generalkonsul Schleier an der deutschen Botschaft gab; er residierte in einer der Rothschild-Villen. Auch Alice Cocéa »konnte« gelegentliche Einladungen dort nicht ablehnen. Dunoyer de Segonzac ging mit einer Gruppe französischer Maler nach Deutschland und Österreich auf Tournee. Maurice Chevalier unterstützte Pétain enthusiastisch, trat aber auch in Deutschland auf; ausgerechnet im September 1942 erinnerte Colette sich in einem Artikel für *Comoedia* ihrer ersten Begegnung mit Chevalier und ihrer jugendlichen Kameradschaft mit ihm, als sie beide Varietékünstler waren. Renée Hamon schrieb unerklärlicherweise einen Teil ihres Tagebuchs auf Papier aus dem Commissariat Général aux Questions Juives, und Colette setzte sich dafür ein, es bei *Gringoire* zu veröffentlichen, wo sie selbst weiterhin ihre Erzählungen herausbrachte.

Als Moune Colette bat, eine Protestpetition gegen die Verhaftung von Julien Cain, dem jüdischen Direktor der Bibliothèque Nationale, zu unterschreiben, lehnte sie das mit der Begründung ab, ihr Name könne die Aufmerksamkeit auf Maurice lenken. Doch die Goudekets verkehrten offen mit *le tout Paris* der Okkupation. Zu ihren Gastgebern zählten der Künstler und Architekt José-Maria Sert – Francos Botschafter im Vatikan – und die amerikanische Kunstmäzenin Florence Gould. Madame Gould sorgte für eine aparte Mischung ihrer Gäste. »Eine Amerikanerin, ein Deutscher, ein Russe, vier Franzosen – wenn wir uns mitzählen – und die Carbuccias!«, berichtet Colette Moune. »Eine elektrisierte Atmosphäre. Maurice trumpfte plötzlich unvorsichtig auf, unversehens stockte das Gespräch zwischen ihm und dem Deutschen.«

Colette besaß eine immense Fähigkeit zu verleugnen oder, wie sie es selbst ausdrückt: »eine leichtgläubige, eine vergessliche Müdigkeit [schenkte mir] die Illusion«. Im selben Brief, in dem sie die deutschen Bombenangriffe auf die Straßen um Méré beschreibt, freut sie sich über die Nachtigallen im Wald und die Einsamkeit und die Unterbrechung ihrer geistigen Arbeit. Wie die meisten ihrer Landsleute quält sie beständig der Gedanke ans Essen, obwohl sie viel geschickter – rätselhaft geschickt – darin ist, ihre Speisekammer gefüllt zu halten. Sie und Pauline, schreibt sie ironisch, seien die einzigen Pariser, die im schrecklichen Winter 1942 nicht vierzig Pfund abgenommen haben.

Als die Rassengesetze der Nationalsozialisten Maurice von Geschäften und Journalismus ausschließen, schreibt sie an ihre »kleinen Bäuerinnen«: »solange es keine weiteren Sanktionen gibt, werden wir uns darüber hinwegtrösten«. Sie nennt ihren Mann gern einen »Juden, der nicht weiß, dass er einer ist«. Erst an dem Tag, an dem die Gestapo an seine Tür klopft, »weiß er [genau], dass er einer ist«, doch bis dahin scheint Maurice sich kaum mehr bewusst zu sein als Colette, welche Gefahr ihm droht, solange er offen in Paris lebt. Sechs Wochen verbringt er im Straflager in Compiègne, und als er entlassen wird, spricht er von seiner Rückkehr ins »normale Leben«. Vielleicht hatten sie beide angenommen, ihr Ansehen würde ihn schützen, und bis zu einem gewissen Grad sprach einiges für diese Annahme. »Berühmtheit«, schreiben Gilles und Jean-Robert Ragache, »schafft eine außergewöhnliche Situation, die dem einfachen jüdischen Handwerker und dem bekannten Schriftsteller nicht das gleiche Schicksal beschert.«

Manche der engsten jüdischen Freunde der Goudekets hatten keine solchen Illusionen. Misz Marchand beging Selbstmord. Die van den Hensts flohen nach Guatemala. Winnie de Polignac blieb in England. Alba Crosbie und ihr Mann flogen nach New York, wo Alba Böden schrubbte und eine Ausbildung zur Friseurin machte. Auch die Kessel-Brüder brachten ihre Familien nach Amerika, obwohl Jef zurückkam, um unter de Gaulle zu kämpfen. Pierre Lazareff reiste mit den Kessels ab.

Colette beschwört ihre »abgereisten« Freunde, die für ihre Rückkunft keine Vorkehrungen getroffen haben, in einem Aufsatz vom Sommer 1940. Sie sinnt darüber nach, wie sie plötzlich in Sommermänteln verschwanden und ihren weltlichen Besitz am Bahnhof oder am Kai hinterließen. »Es fällt uns leichter zu glauben, dass diese ›Abgereisten‹ mit ihren alten Gewohnheiten, den Gegenständen ihres Alltags, den Insignien der Muße fortgefahren sind. Ich glaube, die Wahrheit liegt woanders. Ein schrecklicher Schlag zwischen die Schulter hat sie eine blutige Wahrheit ausspucken lassen und ihnen den Atem genommen, deshalb sind sie unbelastet abgereist.«

Ein Jahr später jedoch – fällt es ihr schwer, die Wahrheit zu schlucken? – ist sie einverstanden, dass Carbuccia *Julie de Carneilhan*, ihren einzigen Roman aus den Kriegsjahren, in Fortsetzungen bei dem eher noch schärferen pro-Vichy eingestellten, anti-englischen und Juden-hasserischen *Gringoire* erscheinen lässt und dass Fayard ihn anschließend in Buchform publiziert, mit der Reklame für Hitlers Buch auf dem Rückendeckel. Sie behauptet, *Julies* größte Tugend bestehe darin, dass dort »nicht oder so wenig von Krieg die Rede ist«. Nun, wir werden sehen.

Während des gesamten Krieges legt Colette, wie schon ihr Leben lang zuvor, Wert auf »eine große Wachsamkeit« gegenüber ihren Emotionen. »Mitleid ist am gefährlichsten«, erzählt sie Renée. »Wir müssen uns liebevolle Worte und aufwühlende Tränen versagen.« Doch gibt es Gefühle und manche Einsicht in ihre Pflicht in dem Band der Porträts und kurzen Erinnerungen, den sie im Januar 1941 veröffentlichte. Sie schrieb dieses *Journal à rebours* (*Blick zurück*) im Sommer 1940 an ihrem Fluchtort, in Bel-Gazous Château in der Corrèze. »Alles, was man sieht«, schreibt sie auf der ersten Seite, »schafft die gleiche Aufgabe – oder ist es nur eine Versuchung? –: Schreiben, Schildern. Ich habe keinen der Gräuel dieses Krieges im Feuerschein erlebt. Jedem Autor fällt die Aufgabe zu, für die ihn seine Fähigkeiten, der Zufall, die Schwäche oder Stärke seines Lebensalters bestimmen.«

Ihre Aufgabe als Schriftstellerin entspreche, so meint Colette, der der Bauern in der Corrèze: sie haben die Besatzungsarmeen kommen und gehen sehen und melken weiter ihre Kühe und bringen ihre Ernte ein. Ähnlich ist es mit der Aufgabe der Gastwirtin auf dem Land, die sie Vorsehung nennt: Sie ist eine göttliche Verschwörerin, die ihre kleine Schar schiffbrüchiger Pariser von ihrem Proviant ernährt – einer Wurst, einem Dutzend Eier, einem Hasen –, den sie bei ihren eigenen frühmorgendlichen Raubzügen über Land einheimst. So verstehen wir allmählich, dass Colettes Haltung als Schriftstellerin die Einstellung ihrer Mutter im französisch-preußischen Krieg zum Vorbild hat. Sido spricht nicht über ihre Erinnerungen und ärgert sich, als die junge Colette nach ihnen fragt. »War es schrecklich?« – »Warum schrecklich? Mein Gott, wie gewöhnlich ist dieses Kind!« Sie erinnert sich, wie ihr Mann auf seinen Krücken zum Dorf hinaushumpelte, den Deutschen entgegen, um zu verhindern, dass das Dorf geplündert würde. Sie erinnert sich auch, in der Abenddämmerung einem Soldaten mit Pickelhaube und Gewehr begegnet zu sein. »Und was tatest du?«, fragt Colette. »Ich ging nach Hause und vergrub den guten Wein«, antwortet Sido, »nicht ohne Stolz. ›Der Wein, der noch aus der Zeit meines ersten Mannes stammte. Château-Larose, Château-Lafite, Chambertin, Château-Yquem [...].‹« Das ist auch Colettes Impuls: den Helden die Heldentaten überlassen und die Kinder nicht aufregen, aber jenen Teil des Erbes sichern, der am unersetzlichsten, am zerbrechlichsten und dem Franzosen am heiligsten ist: das Aroma der Vergangenheit.

2

In den ersten Monaten des so genannten »Stellungskrieges, bevor die Deutschen Frankreich besetzten, machten beide Goudekets Radiosendungen für das französische internationale Programm, das nach Amerika ausgestrahlt wurde. Jean Giraudoux hatte sie damit beauftragt. Der Schriftsteller war gerade zum »Informationsminister« ernannt worden. Laut Maurice hielt Colette Giraudoux für einen ungeeigneten Kandidaten für dieses Amt. Er sei »ein Schriftsteller, der zumeist mit Verneinungen arbeitet und Menschen und Dinge durch das, was sie nicht sind, bestimmt«.

Doch waren die Goudekets froh, einem vornehmen Propaganda-Programm ihre Stimme zu leihen, das bei der neutralen amerikanischen Zuhörerschaft die Wertschätzung der französischen Kultur und Solidarität mit ihr wecken sollte. Maurice, der fließend Englisch sprach, stellte jeweils einen Klassiker des französischen Theaters vor, dann wurde eine Aufnahme des Stücks gesendet. Colette sagte ein paar Grußworte in ihrem gebrochenen Englisch, dann verlas ein Sprecher einen kurzen Text von ihr in Übersetzung. Sie erging sich in Erinnerungen über ihre Kindheit und über den letzten Krieg und informierte ihre Zuhörer, »die Frauen Amerikas, wie es uns im Oktober 1939 geht, wer wir sind und wie wir gegen alles ankämpfen, was Entmutigung, Trauer und Feigheit erzeugen könnte, selbst wenn wir nicht unmittelbar am Kampf beteiligt sind«.

Da diese Programme live gesendet wurden, standen die Goudekets zwischen Mitternacht und vier Uhr morgens am Mikrofon. Einmal in der Woche, sonntagnachts, fuhren sie durch einen gespenstischen Herbstnebel, der die verdunkelte Stadt noch düsterer erscheinen ließ, zum Funkhaus in der Rue de Grenelle, wo Aktivität und Licht pulsierten. Am besten gefiel Colette an diesem kurzen Vaterlandsdienst die Kameradschaftlichkeit in der Kantine und dann auf der Heimfahrt die Spiegelung der Morgenröte im Wasser der Seine.

Die Feuchtigkeit und Kälte dieses ungewöhnlich frostigen Winters verschlechterte den Zustand ihrer Hüfte, und sie unterzog sich einer »Behandlung« mit Röntgenstrahlen, die freilich nicht half. Zwischen Hüfte, Zähnen – zwei kaputte und zwei gesunde wurden gezogen, um einer Brücke Platz zu machen – und einer hartnäckigen Bronchitis litt sie fast ständig an Schmerzen, ohne dass das ihr Schreiben verlangsamte. Sie arbeitete an einer Erzählung – *Chambre d'hôtel* – und an einer Reihe von Artikeln über Schönheit und Mode für die Frauenzeitschrift *Marie-Claire*, in der sie schon seit einiger Zeit eine freundlich-herrische Ratgeberkolumne unterhielt.

Im Februar 1940 fuhr Colette auf Anraten ihrer Ärzte zur Erholung in den Süden, wo sie mit Maurice und ihrer Tochter im Hôtel Ruhl in Nizza wohnte. Der Knoblauch, die Orangen und der Blumenmarkt taten ihr gut, und sie erinnerte sich in einem Brief an Moune an ihre vorige Reise hierher, als sie auf der Promenade des Anglais überfallen worden war. Außerdem gewann sie fünfhundert Francs in der Staatlichen Lotterie und lud ihre deutsche Übersetzerin Erna Redtenbacher, die vor den Nazis geflohen war, und Ernas Geliebte Christiane zu einem großen Meeresfrüchteessen ein.

Diese Idylle konnte sichtlich nicht lange währen. Am 10. Mai fiel Hitler in den Niederlanden und in Belgien ein. Die vorrückenden deutschen Truppen kreisten die französische Armee ein und schnitten einen Teil von ihr ab, ebenso das gesamte britische Expeditionskorps am Kap von Dünkirchen. Jef Kessel war der einzige französische Reporter, der bis zur Front vordrang, und er schilderte den zwei Millionen Lesern des *Paris-soir* die »wahnhafte«, »höllische […] Schönheit« dieses Spektakels. Am 2. Juni erhielten die französischen Soldaten endlich die Erlaubnis, ihren britischen

Kameraden in die Boote zu folgen. Am 4. Juni hatten die Deutschen die Ruinen gestürmt, Gefangene gemacht und ihren Marsch auf Paris begonnen.

Gegen Ende Mai 1940 erhielt Colette einen Brief von ihren »kleinen Bäuerinnen«, die sie baten, sich »unter den tragischen Umständen« für eine patriotische Geste einzusetzen: Sacré-Cœur sollte mit der französischen Fahne umhüllt werden. »Nein, meine Kinder, ich werde nichts dergleichen tun«, antwortete sie. »Um einen Gedanken warm, fruchtbar zu vermitteln, muss man ihn in sich haben und ganz fest. [...] Meine ganze Schriftstellerkarriere war Dingen, Menschen und Gefühlen gewidmet, die ich kenne, ich habe noch nie über etwas sprechen können, wovon ich nichts verstehe.«

Inzwischen hatte sie sich nach Méré geflüchtet. Maurice war es gelungen, mit demonstrativer Entrüstung und der Hilfe des Bürgermeisters am Ort eine Abordnung von Marokkanern, die mit fünfzehn Pferden in ihrem Haus einquartiert waren, vor die Tür zu setzen. Nachdem Maurice seine Frau und Pauline in dem hübschen Haus gut untergebracht hatte, fuhr er zurück nach Paris. Es fehlte an Arbeitskräften, so dass er zusätzlich zu seinen Artikeln für den *Paris-soir* auch noch als Literaturredakteur für *Marie-Claire* tätig war, sehr zu Colettes Belustigung.

Ernas Geliebte Christiane kam für ein paar Tage zu Colette, in denen sie »wie ein ängstlicher Vogel« darauf wartete, etwas über Ernas Schicksal zu erfahren. Obgleich Erna als Nazi-Flüchtling galt, war sie bei einer Razzia auf feindliche Fremde verhaftet und in ein Lager in den Basses-Pyrenäen gebracht worden. Aber es gab gute Nachrichten aus einer anderen Ecke: Raymond Leibovici, ein Freund der Goudekets, der in Dünkirchen gekämpft hatte, war auf eines der letzten Boote gelangt und kam nach Hause.

Die Straßen um Montfort-l'Amaury wurden jetzt von den vorrückenden Deutschen bombardiert. Eine Nachbarin von Colette verlor ein Bein, eine andere wurde enthauptet, als sie unter einem Apfelbaum Schutz suchte. Am 9. Juni floh die Regierung aus der Hauptstadt, erst in die Touraine und später nach Bordeaux. Ihr Rückzug beschleunigte den Massenexodus der Zivilbevölkerung. Colette, Maurice und Pauline beluden ihr Auto mit allen Vorräten und so viel Benzin, wie hineinpasste, und fuhren um vier Uhr früh des 12. Juni nach Süden in die Corrèze.

Curemonte war ein halb verlassener, mittelalterlicher Weiler. Bel-Gazous Château, größtenteils eine Ruine, besaß hohe Steinmauern, die einen blühenden Innenhof umschlossen. In einem Küchengarten versuchte sie voller Ehrgeiz Gemüse anzubauen. Renaud und Arlette hatten einen Teil des alten Klosters wieder aufgebaut. Dort gab es drei Schlafzimmer und einen elegant eingerichteten Salon mit einem riesigen offenen Kamin, an dem die »schiffbrüchigen« Pariser ihre Wäsche kochten und auf einem eisernen Dreifuß ihr Essen bereiteten.

Das Gefühl relativer Sicherheit, das ihnen diese malerische Redoute bot, tröstete Colette nicht über ihre Isolation oder ihr Unbehagen hinweg, auf Bel-Gazou angewiesen zu sein. Sie nannte Curemonte eine »grünende Gruft«. Vom Dorf drang kein Laut herauf, man hörte nur die Schwalben, die in den Türmen der alten Festung nisteten. Nach einem Unwetter gab es eine Überschwemmung, und es war schwer, es zwischen diesen Steinmauern warm zu haben. Als das Brennholz ausging, warfen sie bemalte Renaissance-Balken und Holztäfelung aus der Zeit Ludwigs XV. ins Feuer. Bel-Gazou bestand darauf, ihre mageren Essensrationen mit ihren eigenen unessbaren Kreationen zu ergänzen: drei Tage lang in Essig gelegtes Wurzelgemüse und in Schnaps getauchte zuckerlose Früchte. Aus Rücksicht auf ihr Leben, wie Colette sich Germaine Beaumont gegenüber ausdrückte, weigerte sie sich, davon zu kosten.

Die erzwungene Nähe, besonders zwischen Colettes Tochter und Mann, war eine Belastung für alle. Die größte Entbehrung bestand jedoch darin, dass sie keinerlei Nachrichten von außen bekamen. Es gab keinen Strom, so dass das Radio nicht funktionierte. Die Post war unterbrochen, also gab es keine Briefe oder Telegramme, und sie hatten Angst, etwas von ihrem »kostbaren und unwiederbringlichen« Benzin zu verbrauchen, und wenn es auch nur für die fünfzehn Kilometer nach Castel-Novel war, wo Renaud und Arlette ihr Haus zu einem Unterschlupf für jüdische Verwandte gemacht hatten und Bertrand darauf wartete, zu einem örtlichen Regiment eingezogen zu werden.

Nach fünf Wochen entsetzlicher Spannung fuhren sie schließlich nach Clermont-Ferrand, wo sich die Flüchtlinge nur so drängten. Dort erfuhren sie, dass die französische Regierung zurückgetreten und ein neues Regime unter Marschall Pétain und Pièrre Laval in Vichy gebildet worden war. Das Land war in zwei Zonen geteilt, die eine wurde von den Deutschen kontrolliert, die andere von den Kollaborateuren. Paris war unzerstört, aber besetzt und für jegliche Reisende aus der nicht-besetzten Zone abgeriegelt; Corrèze gehörte zur nicht-besetzten Zone.

Mitte Juli nahm die Post ihren Dienst wieder auf. Jetzt erfuhren sie, dass Germaine Beaumont drei Wochen auf der Straße verbracht und auf dem offenen Feld übernachtet hatte; bei einem Bombenangriff war sie leicht verwundet worden. Maurice' Bruder, amputiert und an Tuberkulose erkrankt, hatte Paris nicht verlassen können. Er und seine haitianische Frau hungerten, hatten aber überlebt. Die Kessels und Lazareffs befanden sich auf dem Weg nach Amerika. Die van den Hensts hielten sich noch in Saint-Tropez auf, das von Flüchtlingen überfüllt war, die verzweifelt und um jeden Preis eine Unterkunft suchten. Aus einem der ersten Briefe, die durchkamen – von Renée Hamon – erfuhren sie, dass es Christiane durch Bestechung gelungen war, Erna aus der Gefangenschaft zu retten, dass sie aber am Vorabend der Nazi-Invasion Selbstmord begangen hatte. »Unser ruhiges Leben kam uns schuldhaft vor, im Zustand höchster Euphorie packte uns die Angst.«

Colette wünschte sich leidenschaftlich zurück nach Paris – »im Krieg ist Paris der einzige bewohnbare Ort« –, doch da ihr der Weg dorthin versperrt war, nahm sie das Tagebuchschreiben wieder auf: *Journal à rebours*. In einem ihrer Sketches, dessen Schauplatz Curemonte ist, beschreibt sie einen dreizehnjährigen Jungen, der die Sendung im Dorfradio nicht hören will, der abschaltet, als sein Vater all die neuen Verbote verliest, und der zum Ärger seiner Mutter – »Kommst du vom Mond? [...] Bist du ein Barbar? Bist du taub?« – offenbar nicht wissen will, was »Waffenstillstand« wirklich bedeutet und dass er »schrecklich« ist.

Colette sieht diesen verträumten Jungen manchmal außerhalb des Weilers allein durch den Wald oder den Fluss entlangwandern; gewöhnlich spricht er mit sich selbst. »Er ist ein Dichterkind«, denkt sie. »Ohne Sünde und ohne Bosheit ist er geheimnisvoll wie alles, was leer ist.« Und eines Nachmittags hört sie ihn zufällig hinter einem Heuschober. Er tut so, als spreche die Stimme von Radio Corrèze:

> Hiermit geben wir unseren Zuhörern bekannt, dass der Waffenstillstand nicht wahr ist und dass im Gegenteil alles gut läuft. Es ist auch nicht wahr, dass der junge Arnoux getötet worden ist. [...] Der Verkauf von Schokolade, der bisher eingeschränkt war, ist für frei erklärt worden [...] und die Zuckerration wurde von fünfundfünfzig Gramm auf drei Kilo erhöht. Von Radio Toulouse haben wir aus gut unterrichteter Quelle erfahren, dass das von der Kavallerie konfiszierte Vieh an seine Eigentümer zurückgegeben wird. Zum Ausgleich für die Unannehmlichkeiten kommt jedes Pferd mit einem neuen Wagen zurück.

Colette schließt, dass sie sich in ihm nicht getäuscht hat, und wir schließen, dass sie sich mit ihm identifiziert. »Einsam, exaltiert gibt Tonin sich ganz der Mission des Dichters hin: die Wirklichkeit zu vergessen, der Welt Wunder zu versprechen, vom Sieg zu singen und den Tod zu leugnen.«

Colette »leugnet den Tod« immer mit Hilfe von Essen; »Brot und Butter« (oder ein Butterersatz) waren für die Goudekets das wichtigste, sagt sie. Als bekannt wurde, dass *Paris-soir* sich eventuell in Saint-Tropez neu formieren werde, dachten sie daran, nach Süden zu gehen. Dort hätten sie Freunde und möglicherweise ein gewisses Einkommen. Nur mit einer Wohnung wäre es schwierig, auch könnten sie nicht genug Benzin für die Reise sparen. Ende Juli gelang es ihnen, nach Lyon zu kommen; dort hofften sie, die nötigen Reisepapiere zu erhalten, die ihnen gestatteten – auch wenn die Grenzen der besetzten Zone für Juden (ebenso wie für Ausländer und Farbige) geschlossen waren –, Paris zu erreichen.

Während sie sich in einem zwielichtigen Hotel am Rhône-Ufer aufhielten, schrieb Colette Artikel für Charles Maurras' extrem rechten *Candide*. Außerdem besuchte sie ihren alten Freund aus Jouvenel-Zeiten, Edouard Herriot, der bis zur Kapitulation Präsident der Abgeordnetenkammer und jetzt Bürgermeister von Lyon war. Er nutzte seinen Einfluss, um den Goudekets einen Passierschein zu besorgen. Doch als sie an die Grenze kamen, sah ein deutscher Soldat die kraushaarige Colette an und sagte: »Sie Jüdin.« Als er darauf eine knappes Nein erhielt, musterte er Pauline: »Sie bestimmt Jüdin.« Goudeket schreibt, er sei so empört gewesen, dass er der Wache in ihrer eigenen Sprache gesagt habe, wenn überhaupt jemand, dann sei *er* der Jude. »Nun ja«, schreibt Colette, »ich habe einen ehrlichen Mann geheiratet.«

Sie wurden nach Lyon zurückgeschickt, wo sie versuchten, andere Fäden zu knüpfen – bis dahin, dass sie, wie Lottmann schreibt, einer Schauspielerin einen Brief an Otto Abetz, den deutschen Botschafter, mitgaben. Schließlich war es das schwedische Konsulat, das ihnen die Papiere besorgte. Sie überschritten die Grenze »mit viel Hackenzusammenschlagen« und glücklicherweise ohne durchsucht zu werden, denn Colette hatte einen geladenen Revolver bei sich. Sie erreichten das Palais Royal in der Nacht des 11. September.

3

Die schreckliche Kälte dieses Winters setzte früh ein und mit ihr »die beständige Jagd nach Brennmaterial und Lebensmitteln«. Colette hatte begonnen, sich damit abzufinden, dass ihre Hüfte nicht mehr besser werden würde. Ihr einziges Transportmittel war die Métro – das Auto war konfisziert worden –, doch Treppen zu steigen war entsetzlich für sie, also blieb sie zu Hause und arbeitete an einem Novellenband, *Zufällige Bekanntschaften*, den Fayard im Dezember veröffentlichen sollte.

Die Deutschen hatten sofort begonnen, die Presse zu zensieren und zu subventionieren. Abetz veröffentlichte eine Liste verbotener Autoren – Juden, Gaullisten, Nationalisten und Dekadente –, einschließlich Colettes Freunden: Carco (ein Dekadenter), Kessel (ein Jude), Roland Dorgelès (ein Nationalist), Rachilde (ein Fehler) und Henri Béraud, der trotz seines vehementen Antisemitismus als »antideutsch« verboten wurde.

Bertrands reueloser Pro-Nazi-Freund Drieu La Rochelle wurde Chefredakteur von *La Nouvelle revue française*; er trat an die Stelle von Jean Paulhan, der in den Untergrund gegangen war, um die literarische Zeitschrift der Résistance *Les Lettres françaises* herauszugeben. Brasillach, der mit Herz und Seele zum Nationalsozialismus übergetreten war, denunzierte Juden und schlechte Franzosen in *Je suis partout*. Bunau-Varillas *Le Matin*, der sich schon vor dem Krieg auf die extreme Rechte geschlagen hatte, begrüßte enthusiastisch »die neue Ordnung«. Das Gleiche tat die neue pro-deutsche Leitung des *Paris-soir*, der das bekannte Impressum und Druckbild für eine »gefälschte« Pariser Ausgabe der Zeitung benutzte, während der »authentische« *Paris-soir*, den Hervé Mille herausgab, noch in Lyon erschien. Die Besatzer hofften, die Leser in der Hauptstadt, die von den Informationen aus der nicht besetzten Zone abgeschnitten waren, würden das nicht bemerken.

Le Petit parisien unter Paul Dupuy rang kurze Zeit, um ein gewisses Maß an Unabhängigkeit zu behalten. Colette begann, sobald sie nach Paris zurückkam, für »*P. P.*« zu schreiben, und setzte ihre Mitarbeit sogar nach dem Januar 1941 fort, als die Chefredakteurin – Dupuys jüdische Ehefrau – ihre Stelle verlor. Damals traten alle Mitarbeiter aus Protest zurück und nahmen alle Artikel für mehrere Ausgaben mit – »auch mein letztes Manuskript«, klagte Colette. Sie erwartete, »arbeitslos« zu werden, erzählte sie Moune, doch dann holte man sich von *Le Matin* eine neue Leitung. Colette gab zu, eine »*moche*« (schmutzige) Arbeit zu machen. Ob sie auch die Leitartikel »*moche*« fand, sagt sie nicht.

Patrice Blank, ein Held der Résistance und enger Freund der Bertrand de Jouvenels, glaubte, dass Colettes Bereitschaft, für *P. P.*, *Gringoire* und sogar für das Pro-Nazi-Blatt *La Gerbe* zu schreiben, eine Unbewusstheit widerspiegelte,

> die sie mit vielen französischen Künstlern gemein hatte. Diese Unbewusstheit war sehr weit verbreitet, und meist hörte man die Entschuldigung, das Theater solle »normal« funktionieren und die »Stimme« der französischen Kultur dürfe nicht erstickt werden. Es gab ganz wenige, ich unterstreiche, ganz wenige wirkliche Widerstandskämpfer. […] Wie Pascal sagt: »Ich glaube nur Augenzeugen mit durchgeschnittener Kehle.« Colette gehörte zu jener Herde passiver Kollaborateure, die Legion waren. Als sich im Krieg das Gewicht zu verlagern begann, änderte sich auch der Anteil derer, die die Alliierten und das »Freie Frankreich« aktiv unterstützten. Aber sie wechselten ihr Lager aus

Umsicht – weil Deutschland zu verlieren schien –, nicht aus Überzeugung.

Die Nationalsozialisten hatten die Druckindustrie schnell arisiert. Max Fisher, Colettes jüdischer Lektor bei Flammarion, wurde durch René d'Uckermann ersetzt. Die Calmann-Lévys hatten sich in Sicherheit gebracht, und ihr Verlagshaus wurde vom früheren Chef der Literaturabteilung Louis Thomas übernommen, der es in Aux Armes de France umtaufte. Er bemühte sich eifrig um Colette und wollte drei ihrer Titel veröffentlichen. Die jüdischen Eigentümer von Ferenczi, die für zwölf Colette-Titel die Rechte besaßen sowie einen Vertrag über ein neues Buch, hatten zu Beginn des Krieges Paris ebenfalls verlassen und einen Verkauf ihres Hauses an Hachette vereinbart, mit der stillen Übereinkunft, dass es nach dem Krieg wieder zurückgegeben würde. Doch die Nazis ließen sich nicht täuschen. Ein deutsches Konsortium eignet sich das Haus, wie Colette sich ausdrückte, »wie einen einfachen Sessel« an und bestellte einen verantwortlichen Franzosen, es zu leiten. Er war ein alter Freund von Willy, Jean de la Hire. Colette suchte ihn auf – später erzählte sie Germaine Beaumont, er habe sie liebenswürdig empfangen.

Im September 1940 unterzeichnete der Verband französischer Verleger eine Vereinbarung mit der Besatzungsmacht zur Einrichtung einer faktischen »Selbstzensur«. Dafür, dass die Verleger sich verpflichteten, die Stimmen von Juden und Subversiven zu unterdrücken, räumte Botschafter Abetz ihnen einen Spielraum ein, innerhalb dessen sie entscheiden konnten, welche Werke zu veröffentlichen und welche Passagen herauszustreichen waren. Alle Verlage, die während der Besetzung arbeiteten, waren bis zu einem gewissen Grad kompromittiert, auch wenn es, wie die Ragaches zeigen, Unterschiede im Grad der Kollaboration sowie einige bemerkenswerte Besonderheiten gab. Louis Aragon und Elsa Triolet zum Beispiel veröffentlichten beide Romane bei Denoël, wo man bereitwillig einen deutschen Partner akzeptiert hatte. Ihre Werke befanden sich also nicht nur in der Gesellschaft von Céline, sondern auch eines viel weniger talentierten und bösartigeren Faschisten, Lucien Rebatet. Gallimard unterstützte Drieus *Nouvelle revue française*, finanzierte aber insgeheim auch Paulhans *Lettres françaises* und schaffte es, Camus' *Der Fremde* und Saint-Exupérys *Pilote de guerre* an der Zensur vorbeizuschleusen.

Die Deutschen hatten sich nicht die Mühe gemacht, Paris zu besetzen, um auf seine Lustbarkeiten zu verzichten, und auch die Pariser selbst sehnten sich nach Unterhaltung. Die Theater, die Oper, die Kinos, die Varietés, die Kabaretts und die Bordelle, sie alle öffneten allmählich wieder. Mistinguett trat im Casino de Paris auf, wo am Künstlereingang ein Schild prangte, das den Eintritt für »Hunde und Juden« verbot. Der Zigeuner-Jazz-Komponist und Gitarrist Django Reinhardt war im Hot Club de France groß in Mode, trotz des Umstandes, dass, wie die Ragaches es ausdrückten, »aus Nazi-Perspektive seine Zukunft nicht rosig war«.

Die Cafés waren voll, ebenso die großen Restaurants, ungeachtet der strengen Rationierung: das Maxim, Drouant, Le Tour d'Argent. Dort drängten sich Berühmtheiten, Schwarzmarkthändler, Neureiche und Altadlige gemeinsam mit den »Touristen«. Jeder, wie bedeutend auch immer, musste die letzte Métro erreichen, mit Ausnahme der zähen Feierlustigen, die die Elf-Uhr-Ausgangssperre umgingen, indem sie die ganze Nacht in den Klubs blieben. Colette berichtet Moune, dass ihrem gemeinsamen Freund (Komponist und Mitglied von Les Six Georges Auric), der mit der Gräfin Marie-Laure de Noailles und einem deutschen Offizier in der Stadt unterwegs war, ein Bein gequetscht worden sei: »Nachtklub, zwei Uhr morgens, Champagner, Unfall«. Sie erzählt auch freudig, ein befreundeter Dramatiker habe sie zu einem »üppigen« Mahl ins Café de Paris eingeladen, und Austern seien ein »billiger Luxus«. Zugleich bittet sie Renée Hamon, ihr Zwiebeln und Kartoffeln zu schicken.

Das besetzte Paris war fast ebenso hungrig nach Büchern wie nach Unterhaltung und Nahrungsmitteln. »Stehend, in ihren Traum eingeschlossen, liest ein Teil der Pariser Jugend voll Leidenschaft«, schreibt Colette. »Sie lesen und betrachten entomologische Werke, unzusammenhängende Lieferungen kunstgeschichtlicher Werke, einen schönen alten Roman von Alphonse Daudet, unvollständige medizinische Annalen, Handbücher für angewandte Wissenschaft, [...] die Beschreibung einer Reise aus dem achtzehnten Jahrhundert.« Auf dem Schwarzmarkt gehen Exemplare von *Vom Winde verweht* ebenso gut wie Hühner und Nylonstrümpfe. »Zum ersten Mal«, lesen wir bei den Ragaches, »war die Nachfrage größer als das Angebot. Neu oder gebraucht, alles ließ sich verkaufen.« Maurice gehörte zu den Amateurbibliophilen, die versuchten, mit dem Kauf und Verkauf von gebrauchten und seltenen Ausgaben etwas Geld zu verdienen.

Colette, immer bedacht, die Hungrigen durchzufüttern, arbeitete mehr denn je in ihrem Leben. Ihr Eingesperrtsein bündelte ihre Kräfte, und im Laufe der vier französischen Kriegsjahre produzierte diese Invalide, die auf die siebzig zuging, wenn man die Überarbeitung von *Le Pur et l'impur* und *Belles Saisons* mitrechnet, ganze acht Bücher. *Belles Saisons* erschien erst 1945, doch hatte sie es schon während der Besatzung verfasst. Diese spektakuläre Blüte gegen Ende sollte die Quelle ihrer Prosa erschöpfen, doch erst, nachdem sie noch eine ihrer beliebtesten Novellen geschrieben hatte.

41. KAPITEL

I

Das erste Kriegs-Weihnachten war trostlos. Die Goudekets verbrachten die Feiertage in »Stille und Zurückgezogenheit«. Am Neujahrstag 1941 schneite es sechs Stunden lang. Brennmaterial war äußerst knapp, und manche der allzu geschwächten Pariser fielen der Kälte zum Opfer. »Es tut einem in der Seele weh«, schrieb Colette an Renée, »an die frierenden Kinder zu denken.«

Sie feierte ihren achtundsechzigsten Geburtstag mit einer schweren Grippe und einem Bronchitisrückfall im Bett, arbeitete aber »in ungewöhnlicher Geschwindigkeit« an einem neuen Werk, das sie einen »*semble-roman*« nennt. »Ich weiß nicht, was ich davon halten soll«, räumt sie ein. Jahre später erzählt sie André Parinaud, sie habe der »vielleicht absurden« Überzeugung angehangen, *Julie de Carneilhan* sei eines ihrer »bestkonzipierten« Kunstwerke.

Bel-Gazou hatte beschlossen, den Winter in Curemonte auszuharren, allerdings brach sie, als die Temperatur unter null fiel, ihr Lager ab und zog nach Saint-Tropez. Colette beklagte sich, nur selten etwas von ihr zu hören. »Meine Tochter ist [...] sehr verschlossen«, schrieb sie den kleinen Bäuerinnen. »Ich habe übrigens ihre Neigung, Schweigen zu bewahren über das, was tief in ihr ist, selbst gefördert. Ich mag die jungen Leute nicht besonders, die nach allen Seiten durchlässig sind wie ein Sieb.«

Trotzdem litt sie unter der Schweigsamkeit ihrer Tochter. An Germaine Beaumont, die in Montfort-l'Amaury wohnte und an einem Roman arbeitete, schrieb Colette ironisch, Madame de Sévigné wäre unter ähnlichen Umständen sicherlich gestorben. Aber sie selbst schrieb Germaine nur sporadisch, und die Jüngere fühlte sich vernachlässigt. Darauf protestiert Colette liebevoll: »Lass uns keine Idioten sein, dich und mich, in unserem Herzensadel: Sie hat mir nicht geschrieben, sie will mir nicht schreiben, sie hat mich vergessen ... Ich glaube, du kannst mich nicht mehr vergessen, als ich dich in meiner Zärtlichkeit vernachlässigen kann. Um zu glauben, dass wir uns nie getrennt haben, genügt es, wenn wir uns wieder einmal treffen.«

In diesem Frühjahr kam die andere »Tochter«, Renée Hamon, aus der Bretagne auf einen kurzen Besuch und stellte fest, dass ein Mittagsmahl aus Blumenkohl mit Sahne und gegrilltem Hähnchen in der Rue de Beaujolais »mit den Mängeln der Kriegszeit versöhnt«. Die kleinen Bäuerinnen gaben sich alle Mühe, Colette mit Kastanien, Rosenkohl, den ersten Rettichen, einer kleinen Lammkeule und mit fortschreitender Saison auch mit Salat, Erdbeeren, Kamelien und Rosen zu versorgen. Ihre Briefe zeugen, wie die Lektorin Marie-Thérèse Colleaux-Chaurang bemerkt, sowohl von einer töchterlichen als auch einer mütterlichen Dankbarkeit. Sie nennt das Paar »meine kleinen Töchter, die zugleich auch meine kleinen Mütter sind«; sie nennt sich ihren »Säugling«; und sie fürchtet, sie könnte wie alle gierigen Kleinkinder zum »Vampir« werden. Doch diese Furcht hindert sie nicht, ihre »Engel« auch manchmal für den Zustand zu schelten, in dem ihre Care-Pakete bei ihr ankommen: Eine Melone hat ein paar Eier zerdrückt, diese haben wiederum den Hasen verdorben, und in Zukunft sollten sie daran denken, die Eingeweide aus den Hühnern zu nehmen.

Renée war ein anstrengender Besuch. Verherrlichung war ermüdend. »Es ist lange her«, erzählte Colette Germaine Beaumont, »dass ich ein ganzes Gefolge ertragen konnte.« Als Yvonne, eine der »Bäuerinnen«, aus Nantes kam, um sie zu sehen, schickte Colette sie weg und ermutigte sie nicht zu weiteren Besuchen. Sie bewunderte die Reinheit dieses Paares und hatte mittelbar ihr Vergnügen an deren leidenschaftlicher Gartenarbeit und Landwirtschaft sowie an dem abergläubischen Trost, den sie ihr mit den religiösen Medaillen – die sie auch trug – zukommen ließen. Doch um die »Idealität« dieser Beziehung zu erhalten, schreibt Colleaux-Chaurang, musste sie »brieflich« bleiben, wie die mit Francis Jammes und die mit Louis de Robert auch besser brieflich geblieben wäre.

Altersgenossen und alte Freunde fielen in eine andere Kategorie. Sie freute sich über Besuche von Luc und Moune, von Musidora und besonders von Georges Wague, der seinen Werkzeugkasten mitbrachte, ihre zerbrochenen Stühle und ihre Nippes reparierte und sogar die Polsterung flickte. Sie speiste zu Mittag mit Lily de Gramont und zu Abend mit Henri Mondor, Georges Duhamel und Léon Barthou, in einem Nebenraum des Café de Paris, wo sie sich an geschmuggelten Steaks und Hummer gütlich taten. Sie hielt den Kontakt mit Missy, Rachilde, Misia Sert und Lucie Delarue-Mardrus, die, vom Rheumatismus verkrüppelt, auf dem Lande wohnte.

Jean Cocteau war Colettes Nachbar im Palais Royal, und der Krieg zementierte ihre Freundschaft. Er wohnte in der Rue Montpensier in einer »entzückenden« Mezzaninwohnung, die möbliert war wie das Bühnenbild für eines seiner Stücke. Er kannte beide Goudekets seit vierzig Jahren, Colette aus den Salons des Fin de Siècle, Maurice seit den gemeinsamen Schülertagen am Lycée Condorcet.

Moune gegenüber beschreibt Colette Cocteau 1941 als »beunruhigt, reizend und von Geldsorgen geplagt«. Als Homosexueller und Décadent war er für die Deutschen und Vichy-Leute eine augenfällige Zielscheibe. Zwar waren während der Okkupation seine Stücke zur Aufführung freigegeben, doch wurden sie in der Presse verunglimpft und die Vorstellungen von *Les Parents terribles* und *La Machine à écrire* von Randalierern gestört; sie warfen Stinkbomben und riefen Cocteau und seinem Liebhaber Jean Marais Obszönitäten nach.

Anfang des Krieges hatte Cocteau mutig einen offenen Brief an die jungen Schriftsteller geschrieben, in dem er ihnen dringend nahe legte, sich den Buchverbrennungen und Hexenjagden zu widersetzen und »die Domäne des Geistes gegen Ihre unwürdigen Landsleute zu verteidigen«. Andererseits pflegte er auch einen Kreis deutscher Freunde, veröffentlichte einen von ihm auf Deutsch geschriebenen Gedichtband sowie einen Artikel in *Comoedia*, worin er dem Werk von Hitlers Lieblingsbildhauer Arno Breker Anerkennung zollte. »Während dieser vier Jahre«, schreibt Francis Steegmuller, »vertrat Cocteau seine übliche Ambivalenz in gesteigerter Form, seine übliche Neigung zum Paradox, seine übliche Unsicherheit hinsichtlich seiner ›Position‹; und trotz der öffentlichen Unbedenklichkeitsbescheinigung [der Säuberungstribunale] ging er aus der Besatzung von inneren Schuldgefühlen gebrannter hervor als je zuvor.«

Cocteau war jetzt im mittleren Alter und Colette alt, doch aus seinen Erinnerungen gewinnt man den Eindruck, als spielten sie, wenn sie allein waren, zwei Enfants terribles, die einander ihre heimlichen Schätze an Verbrechen, Grausamkeiten und Wahrheiten zeigen, mit denen sie wie mit kostbaren Murmeln handeln. »Wir haben nie viele Worte gebraucht«, sagte Colette zu ihm. »Nichts entgeht dir von dem, was mich mit dir verbindet, mein junger Bruder, der du auf wunderbare Weise in allem der ältere bist.« Cocteau sollte später erbarmungslos Colettes hohes Alter schildern, was ihr vielleicht, da sie Mitleid hasste, entgegenkam. Als der Krieg zu Ende war, wurde sie mit Ehren überhäuft und im Tod mit frommen Elogen. Er zollte ihr seinen Loyalitätstribut, als er die sentimentalen Ansichten ihres Werkes und ihres Wesens widerlegte. »In der Kunst ist alles ungeheuerlich«, schrieb er kurz und bündig, und »Madame Colette ist keine Ausnahme von dieser Regel.«

2

Das Haus in Méré stand seit den ersten Kriegstagen leer, und ohne Auto war es ein unnützer Luxus. Die Goudekets boten es im Juni zur Verkauf an. Sie fanden sofort einen Käufer, erhielten dann aber noch ein unvergleichlich besseres Angebot. Die Formalitäten der Übertragung waren durch die vielen neuen bürokratischen Vorschriften verkompliziert, im Oktober war der Verkauf schließlich getätigt, und zum ersten Mal in mehr als vierzig Jahren besaß Colette kein Domizil auf dem Land. Von nun an war und blieb sie ganz und gar Pariserin.

In diesem Sommer erhielt Colette ein Exemplar von Germaine Beaumonts neustem Roman *L'Harpe irlandaise*. Sie hatte die Karriere von Annie de Pènes Tochter immer unterstützt, und ihr Erfolg weckte bei ihr einen uneingeschränkten Mutterstolz, wie sie ihn für Bel-Gazou nie aufbrachte. Sie wandte sich mit Flauberts Epitheton für George Sand an Germaine: »Mon cher maître« und sagte ihr, sie sei die einzige lebende Schauerromanautorin, die diese Bezeichnung wirklich verdiene. »[…] nie im Leben hätte ich gewusst, wie man einen Roman über einen Geist, einen fallenden Apfel, ein verfallenes Haus, Wasser und eine Motte schreiben kann. Vielleicht fehlt mir die Fantasie oder überhaupt der Sinn fürs Fantastische.«

Es war ein außergewöhnlich heißer Sommer. Die Brunnen des Palais Royal blieben trocken. Am 14. Juli, dem Tag der Bastille, gab ein deutsches Orchester in Frack und Fliege ein Mozartkonzert im Cour d'Honneur. Colette genoss diese Nachtmusik, doch tagsüber spielten die Kinder ihre Kriegsspiele – bliesen ihre Trillerpfeifen und schossen mit den Spielpistolen unter ihren Fenstern herum –, das machte sie verrückt und inspirierte sie zu einer griesgrämigen Tirade im *Petit Parisien*. »Obschon ich keine Neigung habe, spät noch die Laufbahn einer Reformatorin einzuschlagen, und auch überzeugt bin, dass ich gar keinen Erfolg hätte, wenn ich vorschlagen würde, man möge unsere Stadtkinder auf Spiele hinlenken, die keinen Lärm verursachen, so tue ich es trotzdem.«

Die meisten großen Modehäuser waren noch offen, und Colette berichtete für *L'Officiel de la couture*, ein Hochglanz-Modemagazin, über die neuen Kollektionen. Die Abendroben aus weißem Seidenjersey und rosa Lamé waren ebenso fantastisch wie die Hummer im Café de Paris. Colette schrieb zudem drei komische Sketches (der eine trug den Titel »Claudines Rückkehr«). Sie wurden von Yvonne de Bray und Parisys im September am Théâtre Michel auf die Bühne gebracht. Diese Aufführung veranlasste eine Dame namens Georgette Mayer, die das Stück zwar nicht gesehen, aber die Rezensionen gelesen hatte, zu einem gehässigen Brief: »Wir haben genug von Ihrer Dekadenzliteratur. Wir wollen keine *Claudines* mehr, keine *Ingénues libertines*. [...] Keine *Perversités* mehr von Francis Carco, keine Päderastengeschichten von André Gide. [...] All das ist *jüdische* Kunst! Dem Himmel sei Dank, dass die nationale Revolution all das anders werden lässt!«

Im November 1941 veröffentlichte Aux Armes de France die endgültige Fassung von *Le Pur et l'impur*. Das anonyme Vorwort des Herausgebers, das vermutlich Louis Thomas schrieb, scheint Einwände wie die von Madame Mayer hinsichtlich der Dekadenz des Themas vorwegzunehmen: »Wie immer die Nachwelt über diese Publikation urteilen wird, die uns unter ihrer scheinbaren Leichtigkeit beispiellos klarsichtig mit dem schwierigen Problem der Geschlechter konfrontiert, gewiss ist, dass Colette entschieden eine Vorliebe dafür hat. ›Man wird vielleicht eines Tages erkennen‹, schreibt sie selbst bereitwillig, ›dass dies mein bestes Buch ist.‹ Sie hat ihr Faible dadurch bekundet, [...] dass sie Veränderungen und Zusätze anbrachte, die bedeutsam genug sind, um diese neue Edition teilweise als Originalfassung zu betrachten.«

Eine kleine, aber bezeichnende Veränderung findet sich im

letzten Absatz. In der ersten Ausgabe – *Ces Plaisirs ...* – sagt Colette, sie verstehe nicht, was »pur« bedeute, »doch in sich, in dem Bild, das es wachruft, baue ich mir eine Zuflucht«. Im Weiteren erklärt sie, dass diese Bilder des Lichts, der Durchsichtigkeit ein Ersatz seien für »einzelne« Orte – Kindheit, Unschuld, Ganzheit –, die ihr nicht mehr zur Verfügung stehen. In der Kriegsüberarbeitung ist die »Zuflucht« verschwunden, und die »einzelnen« Orte sind nicht mehr nur weit entfernt, sie sind »imaginär« geworden, erfunden.

3

Im selben November veröffentlichte Fayard *Julie de Carneilhan*, Colettes letzten Roman. Die Kritik übte in ihrem Urteil über *Julie* Nachsicht. Meine eigene Abneigung gegen dieses Werk bezieht sich nicht auf seinen Stil. Inzwischen konnte Colette einen alten Teppich abklopfen und sicher sein, dass goldener Staub herausfiel. Inzwischen hatte außerdem ihre Verwendung von Romanen als Racheinstrument bereits eine lange Geschichte, und hier lässt sie den Geist ihres zweiten Ehemannes auferstehen, um ihn des Verrats zu bezichtigen, aber auch, um ein letztes Mal den giftigen Geschmack seines Charmes zu genießen. *Julie* ist weit davon entfernt, ein solches Meisterwerk zu sein wie *Meine Lehrjahre*, und man könnte leicht darüber hinweggehen, wenn nicht in diesem Buch Colettes Bitterkeit hetzerisch und ihre persönliche Rache politisch wäre.

Die Geschichte spielt an einem Kriegsabend in den späten Dreißigern. Die Titelheldin – eine der raren dünnen führenden Damen in Colettes Romanen – ist frei nach Isabelle de Comminges gestaltet. Sie ist eine schöne Gräfin von fünfundvierzig Jahren, zweimal verheiratet und geschieden. Sie trägt einen alten Titel, doch ist die Familie verarmt. Ihr Vater bearbeitet noch das Land und haust in seinem zerfallenden Château, während ihr wilder Bruder Léon sich recht und schlecht mit dem Trainieren von Rennpferden seinen Lebensunterhalt verdient. Dies ist ein Milieu, das Colette nur aus zweiter Hand kennt, und durch das ganze Buch hindurch schwärmt sie so sehr für Julie, dass sie deren Egoismus und Vulgarität als aristokratische Sorglosigkeit und Offenheit missversteht.

Die Gräfin, so erzählt sie uns, habe »lange zwischen Lügen gelebt, bis sie sich verrückterweise zu einem in kleinen Dingen aufrichtigen Leben entschied, einem aufs Wesentliche beschränkten Leben, in dem die Sinnlichkeit selbst sich nur echte Empfindungen gestattete«. Julie mag sich selbst Handschuhe stricken und manchmal eine Mahlzeit auslassen, trotzdem führt sie ein müßiges Leben. Es ist bezeichnend, dass sie diejenigen verachtet, mit denen sie dieses Leben teilt. Sie hat einen jungen Liebhaber, Coco Vatard, der ihr wie ein junger Hund folgt, ein *fils à papa*, der im Familienbetrieb, einer Reinigung und Färberei, arbeitet. Ihr bester Freund ist ein kleiner, beschränkter Nachtklub-Kassierer und Pianist. Beide sind ihr sozial unterlegen, und Julie behandelt sie entsprechend. Dann gibt es noch Toni, einen Teenager, den Stiefsohn ihres zweiten Gatten Herbert d'Espivant. Toni vergöttert sie, ist aber nicht ihr Typ. Sie sagt seinem Vater, sie stelle sich vor, er habe mauvefarbene Brustwarzen »und ein armseliges kleines Geschlechtsteil«. Als Toni versucht, sich ihretwegen das Leben zu nehmen, amüsiert Julie sich darüber.

Früh im Roman hört Julie von ihrem Bruder, dass Espivant auf der Straße einen Herzanfall erlitten hat und in Lebensgefahr schwebt. Er bittet Julie, an sein Krankenbett zu kommen, und als sie ihn sieht, reagiert sie ebenso wie Colette auf Henrys Fotografie: »Es ist aus mit ihm.« Espivant ist Politiker, ein salbungsvoller Parvenu mit »weibischen« Gesten, der jüngst eine reiche Witwe geheiratet hat. Mit ihrem Geld hat er sich einen Sitz im Parlament erkauft. Marianne, die exotisch schöne neue Madame d'Espivant, ist Jüdin wie die erste und dritte *Baronesse* de Jouvenel, und Colette widmet der Beschreibung ihres neureichen, ausländischen Vermögens einen langen Abschnitt. »Ein Labyrinth ist das«, schließt sie.

Espivant setzt bei Julie all seinen Charme ein, spielt auf ihre alte sinnliche Komplizenschaft an und verführt sie. »Er ist nie unwiderstehlicher«, überlegt sie, »als wenn er etwas aus ganz eigennützigen Gründen will!« Er würde gern seine Frau verlassen, doch kann er sich das nicht leisten. Er weiß, dass Julie einen alten Schuldschein über eine Million Francs aufbewahrt, den er damals bei ihrer Scheidung halb im Spaß unterschrieben hat. Wenn sie ihm diesen Schein zurückgibt, kann er sich die Summe von Marianne holen, denn sie »verabscheut Schulden«. Julie ist einverstanden, in der vagen Hoffnung, Herbert – »meine allergrößte Liebe, der glücklichste Teil meines Lebens und meine größte Sorge« – werde, wenn er erst von seiner Zweckehe befreit wäre, zu ihr zurückkehren. Allerdings rechnet Julie auch damit, dass Herbert den Ertrag ihres Betrugs mit ihr teilen wird.

Die Gräfin gönnt sich eine neue Maniküre und wartet, obwohl Herbert auf dem Totenbett zu vermuten wäre, erregt auf sein Klopfen an der Tür, als stattdessen seine Frau erscheint. Diese Dame trägt zu viele Juwelen und zu viel Parfüm. Sie erscheint ihrer Rivalin »wie ein Standbild, mit lauter seltenen Stücken behängt – mit Jade, Elfenbein, Amethyst und allem möglichen blinkenden Gestein«. Julie ist erstaunt, dass Marianne Französisch sprechen kann, gibt aber widerwillig zu, dass sie sich würdevoll benimmt.

Marianne ist auch gekommen, um zu sehen, welches Ungeheuer imstande ist, einen Sterbenden und früheren Geliebten zu erpressen. Julie braucht einen Augenblick, bis sie begreift, wie zynisch Herbert sie beide betrogen hat. Er hat Marianne manipuliert, damit sie ihm das Geld gibt, das es ihm ermöglicht, sie zu verlassen, und er hat Julie dazu gebracht, die Schuld und die Demütigung auf sich zu nehmen. Er rechnet damit, dass Liebe die einzige Ehrensache ist, die für Julie gilt, und er hat Recht. Sie bricht in Tränen aus und bestätigt seine Geschichte. Marianne ist gerührt und will ihr vergeben. Sie lässt einen Briefumschlag auf dem Tisch in der Diele. Der Umschlag ist von Herbert, und Marianne hat nicht gemerkt, wie leicht er ist, doch Julie merkt es. Es erweist sich, dass er keine halbe Million, sondern nur hunderttausend Francs enthält, ein Zehntel Anteil, und das ohne ein Dankeschön. »Das ist die Provision eines Immobilienmaklers«, ruft die Gräfin bitter aus.

In der letzten Szene zieht Julie ihre Reitstiefel aus und fängt an, sie zu polieren. Léon hat gerade seinen Stall verkauft – er war ohnehin ein Verlustgeschäft gewesen – und geht nach Hause, um in Carneilhan auf den Krieg zu warten. Er will seine geliebte Stute Hirondelle reiten und fragt Julie, ob sie ihr altes Ross Tullia nehmen will. Sie sagt widerwillig ja. Sie hat von Herbert nichts mehr gehört, und es ist klar, dass sie nichts anderes mehr zu erwarten hat als ein karges Leben auf dem Land mit ihrem alten Vater. Das Paris der Parvenus, der d'Espivants und Vatards, ist letztlich kein Ort für die Carneilhans.

Was dem Roman *Julie de Carneilhan* fehlt, ist der Humor bezüglich Gier, Lust, Vulgarität und Prätentionen, der Humor, der *Chéri* und *Meine Lehrjahre* so leicht und der aus *Gigi* ein Meisterwerk der Komik macht. Colette hat nicht genügend Abstand zu ihrem Thema oder zu ihrer Bosheit. Vernarrt in den Adel ihrer Heldin und entschlossen, den Charakter ihres Exgatten in den Schmutz zu ziehen, kommt diese gekünstelte Geschichte als romantisches Drama daher, nicht als die schwarze Komödie über falschen Großmut, die sie eigentlich sein wollte.

Vor dem Krieg wäre *Julie* als unbedeutende Novelle einer großen Schriftstellerin gelesen worden, die sich gerade mit einer lästigen Grippe und einer persönlichen Abrechnung herumschlägt. Aber 1941 ist moralisch gesehen ein verräterischer Augenblick, um über »neureiches« jüdisches Vermögen, unehrliche Politiker der Dritten Republik und übervorteilte Mitglieder der *petite noblesse* zu sprechen. Um *Julies* Bedeutung als Geste der Kollaboration zu ermessen, muss man die scharfen Polemiken jener Zeit lesen, nicht nur die Reportagen und Leitartikel, sondern auch die Buch- und Theaterrezensionen, die geradezu besessen die jüdische Korruption – *l'enjuivement* – mit Stumpf und Stiel aus der französischen Kultur ausreißen wollen. Colette verurteilte in *L'Etoile vesper* diese »krude Propaganda« und schloss sich denen an, die sich über sie »lustig« machten. Andererseits hatte Renée Hamon in ihrem Tagebuch vom April 1943 – nach einem Osterfrühstück im Palais Royal – Grund zu der Feststellung: »Colette ist eine geborene Antisemitin, besonders gegenüber jüdischen Frauen.« Sah Colette nicht, wie sehr sie mit Gestalten wie Espivant und Marianne den rabiaten Nationalisten und Antisemiten von *Je suis partout*, *Gringoire*, *La Gerbe* oder *L'Action française* schmeichelte? Als Paar entsprechen sie genau den faschistischen Schreckgespenstern: der schwache und hurerische Demokrat, abhängig von den schwarzen Billionen des internationalen jüdischen Kapitals. Das reinblütige Opfer d'Espivants, Julie, und ihre Familie sind überdies die Fahnenträger des alten Frankreich, Überbleibsel jener feudalen, schwerttragenden Aristokratie, die durch die herrschende *Cabale* (Clique) korrupter Materialisten betrogen und marginalisiert worden ist.

Julie erschien im Sommer 1941 im *Gringoire* in Fortsetzungen. Im selben Heft schiebt die Zeitschrift die Schuld am Hunger der Franzosen den Juden und anderen Ausländern zu, die ihnen die Lebensmittel wegäßen. Sie attackiert die Verbrechen Englands, die Käuflichkeit und Selbstsucht Amerikas und die »Lügen«, die der freie französische Rundfunk verbreite (Judenfunk, wie sie behauptet). Sie stellt sich hinter Pétain und Darlan und verteidigt »das neue Europa«, das die nationale Identität seiner Mitgliedsstaaten »respektieren« wolle, »ohne den Fehler zu machen, diese mit den exorbitanten Prätentionen […] ethnischer Gruppen zu verwechseln«. Eine politische Klatschkolumne hakt die Namen von »Verrätern« ab, die ins Ausland geflohen sind und die jüdische Frauen haben. Adolf Hitler wird nirgends erwähnt. Die Besatzung scheint mit Deutschland nichts zu tun zu haben. Der Krieg ist eine Verschwörung »der vier Internationalen: der Juden, Kommunisten, Freimaurer und Finanziers«.

Monzie hörte Gerüchte über *Julie de Carneilhan*, Monate bevor er ein Exemplar in die Hand bekam. Als er das Buch schließlich las, war er außer sich: »Als gäbe es nicht ohnehin schon genug Schmutz in der Pariser Luft, trägt das noch zur Pestilenz unseres miserablen Lebens bei!« Dann fährt er etwas gemäßigter fort. Er schreibt Colette, dass er das »Gefühl« habe, es gebe keine Ähnlichkeit zwischen Espivant und Jouvenel, aber seine Liebe zu Henry zwinge ihn, sie zu fragen – »sag mir die Wahrheit, liebe Colette, ja oder nein« –, ob sie mit Absicht das Antlitz des Vaters ihrer Tochter verleumdet und beschmutzt habe.

Colette antwortet Monzie voller Wut. Wenn er seinen Freund nicht wieder erkenne, dann weil er nicht da gewesen sei. Wer hätte da besser beurteilen können? Monzie hatte ihr immer gesagt, sie beide seien die einzigen Menschen in der Welt, die Jouvenel wirklich kannten. Und was sie selbst anging: »Ich bin kaum mehr gewesen als eine seiner ›missbrauchten Witwen‹.« Aber sie versicherte ihm, ihre Feindseligkeit habe »einen kurzen Atem und ein noch kürzeres Gedächtnis. […] Und ich stecke nicht ganz, als Ganze, mit all meinen größten Vorzügen und ärgsten Fehlern in den Büchern, in denen deine Sorgfalt so gründlich nach deinem alten Freund sucht.«

4

Am 22. Juli 1941 brach Hitler seinen Pakt mit Stalin und überfiel die Sowjetunion. Maurice konnte mit seinem »natürlichen Optimismus« kaum an sich halten. »Der Krieg ist zu Ende!«, rief er Colette gegenüber aus. »Er kann noch drei oder vier Jahre dauern, für mich aber, der ich mich mühelos im Absoluten bewege, ist Hitler bereits verschwunden und sind die deutschen Soldaten, die du derzeit noch vorbeigehen siehst, nur mehr Gespenster.« Sie erklärte ihn für verrückt.

Am 8. Dezember traten die USA in den Krieg ein. Die Résistance unternahm die ersten bewaffneten subversiven Aktionen, und die Nazis revanchierten sich mit der Verhaftung Tausender prominenter Pariser Juden. Am 12. Dezember kam die Gestapo vor dem Morgengrauen, Maurice zu holen. Während er sich anzog, weckte Pauline Colette. Sie half ihrem Mann, eine kleine Reisetasche zu packen und begleitete ihn ins Treppenhaus. Sie waren sich beide bewusst, dass dies ein Abschied für immer sein konnte. Die Anstrengung, die es bedeutete, ihre Gefühle zu unterdrücken, war, wie er schreibt, »der stärkste Liebesbeweis«, den man sich denken konnte.

Maurice »ging sehr ruhig, ich weiß nicht, wohin«, schrieb Colette an Hélène, »des Verbrechens angeklagt, ein Jude zu sein, freiwillig im letzten Krieg gekämpft zu haben und ausgezeichnet worden zu sein.« Sie erfuhr schnell, dass die Gefangenen in das Haftlager nach Compiègne, im Nordosten von Paris, gebracht worden waren, und unternahm sofort alles, um ihn zu befreien. »Es gab keine Mühe und keine Demütigung, die sie nicht auf sich genommen hätte«, schreibt er. »Sie traf sich mit Kollaborateuren und traf sich mit Deutschen.« Sie »machte sich«, wie sie selbst sagte, »Hoffnungen«.

Maurice musste sieben Wochen in Haft verbringen. Die Insassen schliefen zu sechsunddreißigst in einer Baracke auf von Ungeziefer befallenem Stroh. Sie erhielten einen Napf Suppe zu Mittag und ein halbes Pfund Brot am Abend. Diese Bedingungen, schreibt er, waren zwar »roh und deprimierend«, für Gesunde aber erträglich, und abgesehen von zwei täglichen Anwesenheitsappellen ließen ihre Wächter sie mehr oder weniger in Ruhe.

Keine Briefe zu bekommen, erzählte Colette ihren Freunden, sei ihre schlimmste Entbehrung gewesen, obwohl es Maurice gelang, ein paar Notizen hinauszuschmuggeln, in denen er sie um Lebensmittel, Bücher – eine ihrer Anthologien – und sonderbarerweise um alte Krawatten bat. »Er hoffe«, wissen wir von Lottmann, »sie sei von Freunden umgeben, die ihr beistünden«, und dass sie an seiner Befreiung arbeite. Durch dieselben geheimen Kanäle konnte sie ihm zumindest manchen Proviant, um den er gebeten hatte, zukommen lassen. Inzwischen wurde sie neunundsechzig Jahre alt. Sie konnte nicht mehr schlafen, lebte in beständiger quälender Angst, und manchmal spürte sie, sie könnte ihre »Beharrlichkeit, ihren Glauben, ihren Verstand« verlieren.

Maurice Goudeket wurde am 6. Februar 1942 entlassen, etwa neun Kilo leichter, aber unversehrt. Die Anordnung, ihn freizulassen, kam offenbar von Otto Abetz, dem deutschen Botschafter, ein Gefallen, den er seiner französischen Frau Suzanne tat. Frau Abetz war durch gemeinsame Freunde mit Colette bekannt gemacht worden und hatte sich für ihre Sache eingesetzt. Zehn Tage später schickte sie Colette einen Dankesbrief für einen Blumenstrauß und drückte ihre Freude über Colettes »Glück« aus, offensichtlich eine Anspielung auf die Rückkehr des Gefangenen. Später in diesem Frühjahr lud Frau Abetz Colette und ihren Mann zum Tee ein. »Eine Einladung zum Tee in der deutschen Botschaft für Maurice, und das genau zwei Monate vor der Massenverhaftung der Juden, die der Auftakt zu den Deportationen in die Todeslager sein sollte!«, schreibt Lottmann. Die Einladung schickte Suzanne Abetz mit ihrem Chauffeur zusammen mit Exemplaren von Colettes Büchern, um sie signieren zu lassen. Eine weitere

Karte kam zu Weihnachten, auf der Madame Goudeket als »›Meine‹ Colette« angesprochen und als »meine liebe Schutzbefohlene« bezeichnet wurde.

Colette war bei ihrem Friseur in der Rue Saint-Honoré, als Maurice im Palais Royal ankam. Pauline verständigte sie telefonisch; Colette bat eine Freundin, die sich auch gerade frisieren ließ: »Bleib einen Augenblick bei mir. Ich traue mich nicht nach Hause, ich habe Angst.« Sie hatten beide Angst, sagt Maurice. »Da ich vorhin gerühmt habe, dass wir beide bei meinem Abgang einige Standhaftigkeit bewahrten, bin ich mir wohl schuldig, auch diese kleine beiderseitige Feigheit im Angesicht der Freude einzugestehen.«

5

Für einen kurzen Augenblick fühlte Colette sich »von allem erlöst«. Dann wich ihre Hochstimmung einer tiefen Müdigkeit; wie sie Freunden erzählte, gönnte sie sich »den Luxus, todmüde zu sein«. Sie hatte wochenlang nicht gearbeitet, außer an ihrer Stickerei, und es fiel ihr schwer, wieder mit dem Schreiben zu beginnen. Im April unterzog sie sich neuerlichen Röntgenbehandlungen gegen ihre Arthritis. Ein unachtsamer Techniker fügte ihr Brandwunden am Bauch und an den Schenkeln zu. Dann gab ihr ein Arzt, der für seine Erfolge bei Arthritis berühmt war – er hatte Sert geheilt –, intravenöse Injektionen mit Schwefel und Jod, die ihr den Appetit verdarben. »Ich bin imstande abzunehmen«, witzelte sie mit Renée Hamon, »so unglaublich das scheinen mag.« Im Juni kaufte sie sich einen Rollstuhl mit Motor.

Sacha Guitry kam sie in diesem Frühjahr besuchen, um für sein jüngstes Projekt zu werben. Er hatte vor, in einem Essayband unter dem Titel *De Jeanne d'Arc à Philippe Pétain* »den Ruhm Frankreichs« zu feiern. Paul Valéry, Georges Duhamel und andere zeitgenössische Meister der französischen Prosa sollten in dem Band jeweils eines ihrer großen Vorgänger gedenken. Guitry lud Colette ein, das Balzac-Kapitel zu schreiben, und sie sagte zu.

Vom 10. Juni an mussten die französischen Juden den gelben Stern tragen. Colette macht sich in ihren Briefen über dieses Ereignis lustig und erzählt Germaine Patat, Maurice scheine ganz »gelassen«, und den kleinen Bäuerinnen, »nur die, die [den gelben Stern] nicht tragen wollen, setzen sich Unannehmlichkeiten aus«. Die Massendeportationen der französischen Juden begannen einen Monat später. Fast achtzigtausend Männer, Frauen und Kinder, alle gebürtige Bürger der Republik, wurden in Lager geschickt. Die Vichy-Verwaltung brachte noch weitere vierzigtausend ausländische jüdische Flüchtlinge zusammen und überstellte auch sie den deutschen Behörden. Nur ein winziger Prozentsatz dieser Deportierten sollte zurückkehren. Etwa dreißigtausend Juden wurden von mutigen französischen Bürgern gerettet, die dabei ihr eigenes Leben riskierten und manchmal auch verloren. Zu diesen Partisanen gehörten auch Renaud und Colette de Jouvenel. Misz Marchand, die ihre gesamte Familie in Polen verloren hatte, beging am 27. Juli Selbstmord, anscheinend um ihrem Mann die Aufmerksamkeit der Gestapo zu ersparen. Nach einer Überdosis von Barbituraten lag sie vier Tage im Koma. »Ich habe […] eine unersetzliche Freundin verloren«, schrieb Colette ihren kleinen Bäuerinnen. »Gejagt oder im Glauben, aus rassischen Gründen gejagt zu werden, schied sie freiwillig aus dem Leben. Wir standen uns seit 1914 nahe. Betet für Micheline, die so eine reine Seele hatte.«

Nach den Deportationen begannen Maurice und Colette zu befürchten, dass trotz der Protektion durch einflussreiche Freunde Paris für ihn zu gefährlich sei. Eine junge Verkäuferin, die oben in einem der Mädchenzimmer wohnte, erklärte sich bereit, ihn zu verstecken, wenn nötig, in ihrem Bett. Der Antiquar in den Arkaden des Palais Royal baute einen heimlichen Unterschlupf hinter seinen Regalen. Doch Maurice schrieb später, er habe den starken Eindruck gehabt, Colette brauchte eine Ruhepause von ihren Ängsten, und er habe ihr diese am besten dadurch geben können, dass er in die freie Zone gefahren sei. Den kleinen Bäuerinnen erzählte sie hingegen, sie habe ihn mit Rücksicht auf »seine Gesundheit weggeschickt«. Wie dem auch sei, er fuhr mit gefälschten Papieren nach Süden, schlüpfte über die Grenze und wohnte die nächsten paar Monate bei den van den Hensts in Saint-Tropez.

6

Nach Herbert Lottmanns Ansicht »hätte Colette nicht mehr für die Kollaboration tun können, als sie bereits getan hatte, aber auch nicht weniger«. Vielleicht glaubte Colette, die Texte, mit denen sie weiterhin die Okkupations- und Vichy-Presse versorgte, wären eine Art Kredit, auf den sie später zurückgreifen könnte, um Maurice auszulösen. Vielleicht hatte sie, anders als ihr Mann, Zweifel an einem Sieg der Alliierten. Renée Hamon nahm Deutschunterricht, und Colette bestärkte sie in dieser »nützlichen« Tätigkeit und sagte: »Man muss an zukünftige Reisen denken.«

Doch Colettes Abneigung, irgendwie Position zu beziehen, sei es auch nur privat, oder ein Gefühl der Wut über die Verfolgungen zu äußern, sei es auch nur in ihren Briefen, ist ein Symptom jener moralischen Lethargie, die sie in *Bella-Vista* offen eingesteht, wo die Erzählerin über Verbrechen Zeugnis ablegt, die sie nicht zu verhindern suchte. »Ich bin im Zeichen der Passivität geboren«, schreibt sie dort und jetzt an Renée: »Spar dir deine Aggression für deine Arbeit auf. Für den Rest deines Alltagslebens genügt die Passivität.«

Sie folgte selbst ihrem Rat. Im November schloss sie die fünf Novellen ab, die 1943 veröffentlicht werden sollten: *Gigi*, »Le Képi« (»Die Leutnantskappe«), »Le Tendron« (»Ein junges Reis«), »La Cire verte« (»Grüner Siegellack«) und »Armande«. Sie hatte sie getippt und übergab sie der Zensur. »Nach zwei Wochen«, erklärte sie Renée, »hat mich eine Vertreterin dieses Dingsbums [des Zensurausschusses] angerufen, um mir zu sagen, dass ich ihres Wohlwollens sicher sein könne und dass sie ›hoffe‹, mir bald eine gute Nachricht zukommen lassen zu können. Sie ist vierundzwanzig Jahre alt. Das ist das Europa der Zukunft. Dazu kann man nichts sagen. Da kann man nur abwarten.«

Inzwischen veröffentlichte Louis Thomas *De ma fenêtre* (*Paris durch mein Fenster*), eine Sammlung von Colettes Artikeln aus *Le Petit Parisien*. Als Diktatthema für die französischen Schulkinder schlug sie »Solidarität« vor; das wurde in der Vichy-nahen *La Semaine* veröffentlicht. Spät im Oktober gab sie *Gigi* an *Présent*, ebenfalls eine Vichy-Zeitschrift, und bemerkte, sie sei glücklich, nie ein Exemplar davon gesehen zu haben. Einen Artikel verkaufte sie an Joseph Darnand, den Herausgeber von *Combats*, Journal der blutrünstigen Vichy-Miliz. Es war – hoffentlich subversiv gemeint – »Les Fanatiques« betitelt. Im November gab sie »Mein armes Burgund« an *La Gerbe*, wo sie sich eine ihrer Heimatprovinz gewidmete Seite mit einem Schriftsteller der Propagandastaffel teilen musste. Er behandelte ein Thema, über das sie einst selbst als Zwölfjährige in ihrer Grundschulabschlussprüfung geschrieben hatte: »Deutschlands alter Anspruch auf Burgund«. Madame Viellards beste Aufsatzschreiberin hatte damals nur drei von zehn Punkten erhalten, weil sie nichts mit dem Thema anzufangen wusste. Damals war ihr Versagen öffentlich, jetzt ihre Schande. *Les Lettres françaises* machten ihr in einem Artikel unter dem Titel »Colette, la Bourgogne et M. Goebbels« den Vorwurf, »dass ein Schriftsteller, der auch nur den geringsten Beitrag – und mag er noch so apolitisch sein – der von den Besatzern kontrollierten Presse überlässt, wohl oder übel seinen Part im feindlichen Propagandakonzert unter Goebbels' Leitung übernimmt. Und es schmerzt einen, wenn man sieht, wie Colettes seit jeher geachteter Name zu solchen Zwecken missbraucht wird.«

7

Nie ist Colettes »Fähigkeit zu verleugnen« größer gewesen als in ihren letzten Prosastücken, und nie war sie gewinnender und zugänglicher als dort. Vielleicht war deshalb die alte Sünderin, die diese Geschichten erzählt und die, wie Gigis Tante Alicia, an erotischen Kenntnissen so reich ist, die Schriftstellerin, die von den meisten gelesen, verehrt und erinnert wurde. Sie entflieht dem Alter und der Zeit des Schmutzes und der Pestilenz, wie Monzie diese Jahre genannt hatte, in eine unschuldige und unbeschwerte Vergangenheit. Diese Novellen haben einen elegischen Ton und sind erfüllt von Grün. Da gibt es Spuren von grünem Gift, das Grün von Säure, das Grün der Galle, aber das zarte Grün der Jugend ist ihr Gegenmittel. Colette ist großherzig und zärtlich zu ihren jungen Liebenden. In *Gigi* und »Armande« steht die wahre Liebe auf dem Prüfstand, aber sie triumphiert. In diesen Erzählungen geschieht nichts Schlimmeres, als dass ein fiebernder Träumer, der naiv eine Apotheose ersinnt – in »Le Képi« die der Romanze, in »Das kranke Kind« und »Die Frau des Fotografen« die des Todes und in »Ein junges Reis« die der Lust –, gefahrlos desillusioniert wird.

In ihren Novellen aus den Kriegsjahren enthüllt Colette das lächelnde Gesicht, das sie der Kamera ihr Leben lang vorenthalten hat, und auch das mütterliche Wohlwollen, das ihrem Kind zu zeigen sie sich so schrecklich gefürchtet hatte. Diese Novellen signalisieren sozusagen eine Bekehrung auf dem Krankenlager. Es handelt sich nicht um ein festes Vertrauen in die Liebe, in dauerhaftes Glück oder Erlösung – sie war zu sehr verwurzelt in ihrem Unglauben und eine zu wachsame Künstlerin, als dass sie so weit hätte gehen können. Aber sie gesteht ein, dass es auch Ehen oder Affären ohne Opfer geben kann, außer vielleicht Opfer der Eitelkeit, und dass Lust nicht immer einen Übergriff oder eine Zerstörung beinhaltet: Lust kann mit Hingabe vereinbar sein.

Am Anfang von *Gigi* erteilt Tante Alicia, die Kurtisane im Ruhestand, ihrer Nichte eine Lektion in Edelsteinkunde. Sie öffnet ihre Schatulle mit den Juwelen und lässt Gigi die Steine bestimmen. Als diese einen gelben Brillanten für einen Topas hält, ist die alte Frau entrüstet. »Ein Topas unter meinen Juwelen? Warum nicht gleich ein Aquamarin oder ein Chrysolith?« Und sie belehrt das junge Mädchen, sie solle nie Halbedelsteine oder gewollt »künstlerischen« Schmuck tragen wie etwa »ägyptische Skarabäen« oder einen »dicken gravierten Amethyst« oder eine »eingelegte Schildkröte«. Auch Kameen zählt sie zu den sentimentalen »Gräueln«. »Es gibt den Edelstein und die Perle«, schließt sie. »Es gibt den weißen, den gelben, den blauen oder den rosa Brillanten. [...] Es gibt den Rubin – wo du ihm vertrauen darfst; den Saphir, wenn er aus Kaschmir ist, den Smaragd, außer er ist von hellem, leicht gelblichem Wasser.«

Dies ist eine feinsinnige, reizende kleine Lektion über Berufsstolz. Sie lässt sich ebenso gut auf das Juwel einer von Colette erzählten Geschichte beziehen wie auf die Schmuckschatulle ihrer Prosa, die in diesem späten Stadium nichts Fehlerhaftes, nichts protzig »Künstlerisches« enthält, nichts Wertloses. Colettes Stil ist nie reiner als am Ende ihrer Erzählerkarriere, und ihre künstlerische Leistung flößt dieselbe stille Bewunderung ein, die Gigi angesichts des viereckigen Smaragds empfindet, den ihre Tante von einem König als Geschenk erhielt und den sie Gigi mit der Bemerkung über den Finger streift: »Nur die allerschönsten Smaragde zeigen dieses verschwommene Blau.«

Alicia weiß, im Gegensatz zu Gigi, wie viele Mühen und Intrigen, wie viel Schmutz und Erniedrigung und auch wie viel Leidenschaft zu erdulden waren für ein solch tadelloses Wunder. Dies ist ein Bild für Colettes unglaubliche Lebensbahn und für ihr Talent, das aus einer dunklen Erdhöhle zu Tage gefördert wurde, von einem Spekulanten mit sicherem Blick billig erworben und durch die Reibungen der Liebe poliert.

42. KAPITEL

I

Am 7. November 1942 landeten die Alliierten in Nordafrika, und die Deutschen rückten vor und besetzten ganz Frankreich. Eines ihrer ersten Anliegen war, die bis dahin freie Zone von jenen Juden zu säubern, die der Internierung durch Pétain entgangen waren. Maurice floh aus Saint-Tropez und versteckte sich bei Freunden in Tarn, blieb dort aber nur kurz. Anfang Dezember, nachdem er einigen französischen Straßenblockaden und einer deutschen Grenzkontrolle nur knapp entronnen war, gelang es ihm, Paris wieder zu erreichen. Während der nächsten achtzehn Monate verbrachte er die Stunden zwischen Mitternacht und neun Uhr früh in einem Mädchenzimmer im Palais Royal. Er räumte später ein, dass dies wohl eine Vogel-Strauß-Politik gewesen sei, erklärte aber, Colette und er hätten »ein wenig willkürlich« entschieden, dass, wenn die Gestapo nicht bis zum Morgengrauen gekommen sei, um ihn zu holen, er einen weiteren Tag in Sicherheit sei.

Wenn Maurice' Verhalten auch kindliches Wunschdenken offenbart, war es doch zugleich außerordentlich ritterlich. Er hatte Compiègne überlebt, hatte den gelben Stern getragen; er musste inzwischen das Ausmaß der Nazi-Verfolgungen begriffen haben. Aber er hatte auch begriffen, dass Colette nicht ohne ihn leben konnte. »Du weißt, ich bin ein Tier, das sich versteckt, wenn es sich des Tageslichtes nicht würdig fühlt«, sagt Colette in der Zeit zu Renée, während ihr Mann bei den van den Hensts ist. »Hier und jetzt zahle ich mit heimlicher Schwäche für meine drei aufeinander folgenden Jahre in Paris. Mir geht die Luft aus, körperlich wie seelisch. […] Maurice schreibt mir jeden Tag, ich schreibe ihm jeden Tag. Aber so viele Tage verstreichen, und ich fühle mich so alt.« Also riskiert sie sein Leben, um ihre Einsamkeit und Angst zu mindern. »Maurice geht es gut«, erzählt sie Pierre Moreno nach der Rückkehr ihres Mannes ins Palais Royal, »seine Charakterstärke verlässt ihn nie. Ich kann nicht behaupten, dass wir ›ruhig‹ sind, aber er ist so gut darin, die mangelnde Sicherheit durch innere Ruhe zu ersetzen, dass ich mich oft täuschen lasse.«

Vielleicht hatte auch Colette einen Vogel-Strauß-Impuls, der sie, die ein Leben lang ungläubig war, auf einmal mit der Religion liebäugeln ließ, oder zumindest mit einem besonders verlockenden und eloquenten Abgesandten der Kirche, François Mauriac. Goudeket berichtet, dass Mauriac Colette im Frühjahr 1943 eine Reihe von Krankenbesuchen abstattete. Er hatte es sich zu seinem persönlichen Anliegen gemacht, »Colette zu Gott zu führen«. Sie führten lange Gespräche über Gnade, wechselten Briefe, und Colette begann, die Bibel zu lesen, besonders die Paulus-Briefe und »andere fromme Werke«. Sie sagte Mauriac, sie hätte gern ein »einfaches schwarzes Messbuch« wie das, das sie als Kind zur Vorbereitung der Erstkommunion benutzt habe, und durch eine »wunderbare« Fügung lag ein einfaches schwarzes Messbuch vor ihrer Tür. Es stammte nicht von dem großen Dichter, wie Colette zunächst angenommen hatte, sondern von einer sehr kranken Verehrerin. Ihr war Colette im Traum erschienen und hatte sie um ein solches Geschenk gebeten. Auf die erste Seite hatte die Dame eine Zeile des heiligen Johannes geschrieben: »[…] dass, so uns unser Herz verdammt, Gott größer ist als unser Herz«.

Colettes Herz hatte unzählige Gründe, über Buße und Vergebung nachzudenken, und laut Goudeket glaubte Mauriac, ihre Bekehrung schon fast erreicht zu haben. Sie war gerade siebzig

Jahre alt geworden, war unheilbar verkrüppelt und fragte sich oft laut, ob sie dieses Jahr noch überleben werde. Zwei ihrer engsten Freundinnen – Hélène und Renée – waren todkrank. Renée, die von Nonnen gepflegt wurde, erhielt die Sakramente. Colette bestärkte sie in ihrer Frömmigkeit und zündete in ihrer Gemeindekirche nicht nur für Renée, sondern auch für ihre anderen gefährdeten Freunde Kerzen an.

Goudeket sah die Motive seiner Frau etwas skeptischer. Sie waren »komplex«, räumt er ein, »aber [...] am größten war sicher ihre Hoffnung, [die ›spirituelle Liebäugelei‹ mit Mauriac] könnte ihr im Augenblick großer Gefahr eine gewisse Immunität verleihen«. Mauriac hatte in Kirchenkreisen einen beträchtlichen Einfluss, und als Colette ihn bat zu helfen, damit Maurice getauft werden könne, tat er, was er konnte. Wenn ihre eigene Glaubensbeteuerung die ihres Mannes überzeugender machte, dann sollte ihr das recht sein. »Ich habe das Gefühl, viele Dinge sind mir fremd«, sagte sie ihrem Mentor, »doch ganz ohne bösen Willen, ganz im Gegenteil. Maurice lernt jetzt, wie man kleine Kerzen am Altar von Notre-Dame-des-Victoires in unserer Nachbarschaft aufstellt. [...] Maurice ist ein Mensch, den zu kennen der Mühe wert ist. Mehr als mich.«

Am Ende lehnte der Jesuitenpater, dem Goudeket von Mauriac empfohlen worden war, seine Gründe, Katholik werden zu wollen, »frostig« ab. Auf die Frage, weshalb er im Alter von fünfundfünfzig Jahren plötzlich konvertieren wolle, hielt Maurice aus dem Stegreif eine kleine Rede über den »Wunsch, die Religion meines Landes anzunehmen«. Der religiöse Imperativ, fuhr er fort, bestehe darin, nach Vollkommenheit zu streben, daher spiele es keine Rolle, ob Gott wirklich existiere oder der Mensch ihn sich geschaffen habe. Colette hatte »leider« einen ehrlichen Mann geheiratet, der niemanden belügen konnte, ganz gleich, ob er nun Nazi oder Priester war.

Mauriac übernimmt die Aufgabe, Colette zu bekehren, zur

selben Zeit, als er sich mit seinem Schreiben für den Untergrund engagiert und dabei seine Landsleute ermahnt, ihr Gewissen zu prüfen und die Kollaboration zu verweigern. Es gibt eine ironische Symmetrie in Colettes und Mauriacs Ansichten über Ehre und Heil: seine sind weit gefasst, spirituell und asketisch; ihre konzentrieren sich auf das Überleben eines einzelnen wichtigen Menschen, und sie würde mit jedem, sei er nun Gott oder Teufel, kollaborieren, wenn es ihm nur helfen könnte.

Eines Nachmittags Mitte April kam Mauriac – er hatte seinen Besuch schriftlich angekündigt – zu Colettes Wohnung, wo sie ihm ausrichten ließ, sie wolle ihn nicht sehen. Vielleicht fühlte sie sich zu deprimiert und *méchante*, um Besuch zu empfangen – aus diesem Grund wies sie oft auch enge Freunde ab –, er aber schrieb ihr verletzt einen Brief, in dem er ihr mitteilte, »gewisse Gerüchte« ließen ihn glauben, dass sie vor ihm »die Tür zugeschlagen« habe, weil sie seine Freundschaft für zu »kompromittierend« erachte.

Dieser Brief traf sie tief:

> »Kompromittierend!« Lieber, lieber Mauriac, das ist ein Wort, das Ihnen so schlecht ansteht wie mir. Wie konnten Sie das schreiben? Ich werde Ihnen das lange vorwerfen. Manchmal ist Ihre dicke Biene nicht ganz auf der Höhe. Sie kamen in einem scheußlichen Augenblick zu mir. Einem Augenblick, in dem alles schlecht, trübe, hoffnungslos aussah, als ich um den zitterte, den ich am meisten liebe. Dann verstecke ich mich. Ich fühle mich nicht anständig genug.
>
> Ich zittere immer noch. Doch wo kann ich Beruhigung finden? [...] Lieber Mauriac, sagen Sie mir, dass keine Wolke zwischen uns steht.

2

Colettes Briefe von 1943 fangen an, denen von Sido zu ähneln. Sie sind lange, meist ironische Litaneien aus Dorfklatsch und kleinen Kümmernissen von sich selbst und anderen. Sie begann mit einer Serie von Akupunkturbehandlungen gegen ihre Arthritis, die ihr auch keine Erleichterung brachten. Ihr Freund Tonton wurde überfallen und beraubt. Die Mode nahm eine alarmierende Wendung: Dem Stoffmangel entsprechend trugen die Frauen von Paris sonderbar kurze Röcke, die ihre Oberschenkel sehen ließen.

Im Juli zog Colette sich eine, wie sie meinte, heftige Lebensmittelvergiftung oder Enteritis zu, doch erwies sich die Krankheit als ein exotischer und äußerst hartnäckiger südamerikanischer Einzeller. »Wo kann ich mir eine solches Untier nur zugezogen haben?«, wundert sie sich Moreno gegenüber. »Ich reise so wenig!« Das Untier wütete fünf Monate lang in ihren Eingeweiden; im Herbst nahm sie große Dosen »Gift«, auch Laudanum, um es abzutöten.

Ende Oktober, »nach zwei Jahren der Folter«, starb Renée Hamon an Krebs. Sie hatte keine Familienangehörigen, aber ein treuer Freund hatte dafür gesorgt, dass sie gepflegt wurde; er war es auch, der Colette jetzt von ihrem Tod in Kenntnis setzte. »Ich glaube, wir, Sie und ich, werden sehr still sein, wenn wir uns wieder begegnen«, schrieb sie ihm. »Ich habe immer wie ein Hund gekämpft, um [meinen Kummer] nicht zuzugeben, und meist ist mir das auch gelungen. Aber ich kann mir nicht das traurige Vergnügen versagen, Ihnen mitzuteilen, dass es mich schmerzt. Sollten Sie zufällig irgendwelche Sachen aus der Bretagne zurückbringen, die Sie meinen, mir geben zu müssen, bitte, seien Sie so freundlich, sie noch ein Weilchen zu behalten. Ich brauche sie jetzt nicht. Ich brauche sie im Augenblick nicht einmal zu sehen.«

Im vergangenen Frühjahr hatte Colette einige kleine Prosa-»Erdichtungen« fertig gestellt, geschrieben fürs »tägliche Brot« und veröffentlicht in Luxusausgaben. Ihre lang andauernde Krankheit unterbrach ihre Arbeit, aber Ende des Jahres fühlte sie sich stark genug, um mit der Kurzgeschichte zu beginnen, die ihr letztes Prosawerk werden sollte. Der Proust'sche Held von »L'Enfant malade« (»Das kranke Kind«) ist ein empfindsamer Knabe von zwölf Jahren. Eine namenlose Krankheit fesselt ihn ans Bett. Wahrscheinlich handelt es sich um Kinderlähmung, denn sie tritt mit hohem Fieber und Lähmungen auf. Jean ist insgeheim gar nicht unglücklich, krank zu sein. Er nutzt seine Privilegien als invalides und einziges Kind für eine intensive Romanze mit seiner Mutter. Colette nennt ihn »den Herrn ihrer Sorgen und Freuden«. Ansonsten braucht er nur sein Hausmädchen und seine Bücher als Begleiter und Abenteuer. Während sich seine beiden Huris an seinem Bett abwechseln, entflieht er aus seinem mit dem Tod ringenden Körper in eine Traumwelt, die so lebendig und berauschend ist, dass er sie gar nicht gern verlässt. Doch als seine Krankheit den Höhepunkt überschritten hat, schwinden auch die Visionen: »Es kommt eine Zeit, in der man gezwungen ist, sich auf das Leben zu konzentrieren. Es kommt eine Zeit, in der man ganz bewusst dem Sterben, dem man zustrebte, widerstehen muss. Mit einem Winken verabschiedete Jean sich von seinem Spiegelbild mit Engelshaar. Der andere grüßt zurück aus der Tiefe einer irdischen, aller Wunder entkleideten Nacht, der Nacht, die nur Kindern zugestanden ist, die der Tod freigibt und die zustimmend, geheilt und enttäuscht einschlafen.«

Es ist eine der großen Paradoxien ihrer Karriere, dass Colettes Abschiedsgeschichte ein Lied der Unschuld sein sollte, eine poetische Fuge, in der sie den fleischlichen Lüsten abschwört, den Verlockungen von Büchern, Sprache und Tod Tribut zollt und jener »gefährlichen« Lyrik freien Lauf lässt, die sie fünfzig Jahre lang zu unterdrücken versuchte. Ihre Kritiker nannten diesen Stil

»surreal« oder »experimentell«, aber Colettes eigentliches Experiment in »Das kranke Kind« besteht darin, dem Leben seinen Lauf zu lassen.

3

Drei Monate lang rang Colette mit ihrer letzten Geschichte, währenddessen lebte sie in völliger Abgeschiedenheit. Als sie fertig war, wenige Tage vor ihrem einundsiebzigsten Geburtstag, feierte sie dieses Ereignis mit dem Besuch einer Matinee von Claudels neuem Stück, *Le Soulier de satin*, in der Comédie-Française. Sie verließ ihre Wohnung fast gar nicht mehr und hatte sich Sorgen gemacht, ob sie die fünfstündige Aufführung durchstehen würde. Dass es ihr gelang sie zu genießen, war eine stolze Leistung.

Das Frühjahr 1944 war gekennzeichnet von Gerüchten, Terror, Razzien, Erschießungen, Verdunkelungen sowie extremem Mangel an Brennmaterial und Lebensmitteln. Frankreich war, schreibt Philippe Burrin, »praktisch ein Polizei-Staat«. Pierre Moreno, aktives Mitglied des Touzac-Widerstandes, war im Februar festgenommen worden, und Colette schrieb fast täglich an Marguerite und drückte ihr Mitgefühl mit ihrem Kummer und ihrer Machtlosigkeit aus. »Gott bewahre, dass ich dir erzähle, was sich um uns herum alles abspielt, ganz nah, viel zu nah«, erzählte sie ihrer alten Freundin. »Was hält uns schon am Leben, wenn nicht ein Fatalismus, der sich damit begnügt, dass wir immer blinder werden?«

Flüchtlinge aus dem Süden kamen nach Paris ohne Geld und ohne Unterkunft, unter ihnen die van den Hensts. Colette brachte sie vorübergehend im Palais Royal unter, und einen Monat später gelangten sie »auf wunderbare Weise« nach Portugal und von dort nach Guatemala. Renaud kam aus der Corrèze und berichtete, dass die Miliz Castel-Novel requiriert habe. Monzie half ihm, sein Eigentum zurückzubekommen und schlug vor, dass Marguerite

Moreno den früheren Abgeordneten, der bei den Vichy-Behörden einigen Einfluss hatte, um Hilfe bitten solle, damit Pierre freikäme. »Natürlich, wenn ich überhaupt etwas zwischen dir und ihm erreichen kann, bitte nutze mich«, drängte Colette sie. Sie bot auch an, allerdings eher widerwillig, sich an Sacha Guitry zu wenden.

Die Alliierten bombardierten strategisch wichtige deutsche Ziele innerhalb Frankreichs. Am 23. April trafen ihre Flugzeuge das Quartier La Chappelle in Paris und unterzogen die Hauptstadt einem Feuerbeschuss von nie dagewesener Intensität. »Du kennst das Palais Royal gut genug«, schrieb Colette an Moreno, »um dir vorstellen zu können, was für Lärm und Erschütterungen ein solches Bombardement (das Erste dieser Art) in diesem bezaubernden und altersschwachen Gebäude hervorruft. Ich brauche nicht mehr zu sagen.« Wie die meisten ihrer Landsleute warteten die Goudekets voller Ungeduld auf das »hübsche kleine Kommuniqué«, das die Landung der Alliierten auf französischem Boden verkünden sollte. Als der Tag X da war, der 6. Juni 1944, erwähnt Colette ihre »Erregung« nur kurz. Sie hatte sich mit einem Band ihrer Aufsätze für einen Schweizer Verlag geplagt, und »unter was für Bedingungen!«.

Die Nachricht von der Invasion in der Normandie erreichte sie im gleichen Augenblick wie die Botschaft, dass Missy versucht hatte, Selbstmord zu begehen, »so etwas wie Harakiri«. Colette hatte seit zwei Jahren mit der Marquise keinen Kontakt mehr gehabt, erzählte sie Moreno, seit sie in einem Streit »eine jener kindischen Launen (mit einundachtzig Jahren) unterdrückt hatte, in die [Missy] immer verfiel. Sie bedeutete mir, sie wolle mich nicht mehr sehen, und ich hütete mich zu protestieren. Danach verlor sie mehr und mehr das Gedächtnis, fand in Paris den Weg nicht mehr, selbst wenn sie sich aufschrieb, wohin sie gehen wollte. Das Ende ihres Lebens hat nichts Fröhliches. […] Maurice war voller Mitleid und Erstaunen über dieses unvollendete Wesen.«

Wenn sie selbst für ihre alte Freundin Mitleid empfand, so

äußert sie es zumindest nicht. Missy unternahm am 29. Juni einen zweiten Selbstmordversuch, diesmal mit Gas und erfolgreich. André de Fouquières berichtet in seinen Memoiren, sie habe die meisten ihrer Verwandten überlebt und zu ihrem Begräbnis sei nur etwa ein Dutzend treuer Freunde gekommen. Sacha Guitry habe besonders um sie getrauert.

4

Bis Mitte August gab es zwielichtige Verkehrsstaus in den Straßen von Paris, als die Deutschen und Kollaborateure vor den anrückenden alliierten Streitkräften flohen. Kleine Ansammlungen von Bürgern blieben stehen und johlten, als sie ihre Fahrzeuge sahen, die vielfach mit der Beute von Plünderungen in letzter Minute beladen waren. Abetz ordnete die Evakuierung von Pétain und seiner Verwaltung nach Belfort, an der deutschen Grenze, an und von dort nach Sigmaringen an der Donau. So viele Mitarbeiter von *Je suis partout* hatten sich dem Exodus angeschlossen, dass das Blatt in *Je suis parti* umbenannt wurde.

Hitler hatte den Militärkommandeur von Paris, General von Cholitz, angewiesen, die Stadt bis zum letzten Mann zu verteidigen und sie dann in Schutt und Asche zu legen. Der General verstärkte seine Stützpunkte: die Gebäude des Senats und Parlaments im Palais du Luxembourg und Palais Bourbon, die Ecole Militaire, das Hôtel des Invalides und das Nazi-Hauptquartier im Hôtel Majestic. Später protestierte er, er habe keine Lust, als der Barbar, der Paris geplündert hat, in die Geschichte einzugehen, doch konnte er nichts anderes tun, als zu hoffen, dass die Alliierten vor der Luftwaffe einträfen.

Eisenhower hatte nicht vorgehabt, vor Ablauf von zwei Wochen in die Stadt zu marschieren. Er wollte Patton Gelegenheit geben, die sich zurückziehenden Deutschen durch Nordfrankreich zu verfolgen. De Gaulle und Leclerc, an der Spitze des Französischen Komitees der Nationalen Befreiung, baten ihn, das zu überdenken. Sie fürchteten zum Teil, dass, wenn er zögere, die Kommunisten in der Stadt die Macht ergreifen könnten. Am 22. August änderten die Amerikaner ihre Meinung und teilten Leclerc mit, er könne vorrücken, was er – unter dem »Jubelgeschrei des *Mouvement sur Paris*!« – im Morgengrauen des nächsten Tages tat.

Das kommunistische Freie Frankreich hatte in der Zwischenzeit Barrikaden in den studentischen und Arbeiter-Vierteln errichtet. Die Polizei weigerte sich, Demonstranten zu verhaften oder den Deutschen zu helfen, die Ordnung wieder herzustellen, und trat in den Streik. Der Radiosender der Résistance begann die »Marseillaise« zu spielen, und überall in der Stadt ließen die Bürger, während die Nationalhymne spielte, ihre Geräte am offenen Fenster auf voller Lautstärke laufen. Gruppen von Partisanen überfielen mit Molotowcocktails deutsche Konvois, und die Deutschen wehrten sich mit Panzern und Maschinengewehren. Es gab zahlreiche Tote und Verletzte.

Maurice wäre fast unter ihnen gewesen. Er ging am 18. August aus, um die Luft des Aufstandes zu schnuppern. Er durchquerte die Tuilerien in der Nähe der Place de la Concorde. Dort blieb er stehen, um »aus Neugier« einen Feuerwechsel zwischen Deutschen und ein paar französischen Polizisten in Zivil zu beobachten. Als die Deutschen sich einen Maschinengewehrschlupfwinkel einrichteten und begannen, die Fußgänger zusammenzutreiben, versteckte er sich in einem Luftschutzkeller unter den Gärten, und als sie die Tore der Tuilerien abschlossen, saß er drei Tage lang in der Falle. Colette, außer sich vor Sorge, schickte Freunde aus, die ihn in den Krankenhäusern, Leichenschauhäusern und improvisierten Sanitätsstationen im Stadtgebiet suchen sollten. Als er wieder nach Hause kam und sein idiotisches Missgeschick erzählte, verfluchte sie ihn ohne Umschweife.

In der letzten Nacht der Okkupation wütete ein schrecklicher Luftkampf über Paris. Colette und einige Nachbarn flüchteten sich in ihre Diele, sie alle weigerten sich, in die Schutzräume zu gehen. Schon am nächsten Tag konnten die Partisanen die Kanonen der Alliierten in den Vorstädten hören, und eine große Menge sammelte sich an der Porte de Saint-Cloud. Radfahrer verbreiteten die Nachricht, dass Hauptmann Dronne und sein Panzerregiment sich dem Pont d'Austerlitz nähere. Zum ersten Mal seit vier Jahren läuteten die Glocken von Notre-Dame über der Seine. Selbst gemachte Trikoloren erschienen in den Fenstern überall in der Stadt; sie wurden zur Zielscheibe für deutsche Heckenschützen und die Miliz. Frauen machten sich schön für ihre Befreier. »Die meisten hatten vor, die Trikolore auf die eine oder andere Weise zu tragen: als Streifen auf ihrem Rock oder auch als Ohrringe. Andere nähten aus alten Kleidern Fahnen, um ihre französischen und amerikanischen Befreier am nächsten Morgen zu grüßen.«

Colette und Maurice stellten das Radio an, um zu hören, wie eine erstickte Stimme die Befreiung von Paris ankündigte, doch ihr Klang ging in einer Salve eines deutschen Panzers unter, der die Gebäude in der Rue des Petits-Champs direkt hinter dem Rundfunk beschoss. Um zwei Uhr nachmittags traf sich Cholitz mit Leclerc in der Polizeipräfektur und unterzeichnete die Kapitulation. Um acht Uhr begrüßte General de Gaulle die Anführer der Résistance im Hôtel de Ville und zeigte sich vom Balkon einer riesigen, weinenden und klatschenden Menschenmenge, seine schlaksigen Arme zum Zeichen des Sieges erhoben. Für Frankreich war der Krieg zu Ende.

Colette konnte nur so weit sehen, wie es das Dickicht der zerfetzten roten, weißen und blauen Fahnen zuließ, die »wie Blätter die Rue Vivienne entlangwehten«. Doch wenn sie nach Osten blickte, dann erspähte sie das Feuer der Fackeln wie ein Polarlicht am Hôtel de Ville. Es war noch früh an jenem milden Sommerabend, und die Siegesfeiern, die »Orgie der Brüderlichkeit«, wie

Beauvoir sich ausdrückt, sollte die ganze Nacht dauern, in der Venus, verkörpert in Millionen Frauen, dem Mars huldigte. Wie ergreifend diese Nacht für die von Schmerzen geplagten alten Frauen von Paris war, die wie Colette von ihren Erinnerungen und ihrer Schlaflosigkeit wach gehalten wurden! Es war eine lange Zeit, ein ganzes Leben her, seit sie den virilen Körper eines jungen Fremden mit in ihr Bett nahm. »Glücklich jene, denen es nicht darauf ankam, sich an diesem Abend wie Verrückte aufzuführen!«, schrieb sie. »Glücklich, die außer sich waren!«

43. KAPITEL

Ein erwachsener Mensch [...], das gehört zu den Dingen, die keiner von uns je sein kann.
Colette an Truman Capote

I

Colette hatte noch zehn Jahre zu leben. Den größten Teil dieser Zeit verbrachte sie in ihrem Schlafzimmer im Palais Royal, auf dem Diwan, den sie ihr »Floß« nannte. Dort arbeitete und schlief sie. Ihre Leselampe hatte eine blaue Glühbirne und einen improvisierten Schirm, der aus ihrem blauen Schreibpapier gefertigt war. Nachts markierte diese Lampe für jeden, der durch den Garten ging, Colettes Fenster. Ihre letzten Erinnerungen nannte Colette *Le Fanal bleu* (*Blaue Flamme*).

Das Diwan-Floß war ans Fenster gerückt, und bei warmem und trockenem Wetter schlief Colette, wie sie das nannte, »draußen«. Die Feuchtigkeit hingegen war Gift für ihre Arthritis, und da sie, wie die Franzosen sagen, *frileuse* war – von Natur aus fröstelte –, litt sie besonders stark unter der Kälte. Die meiste Zeit im Jahr hüllte sie ihre schmerzenden verkrüppelten Beine in einen Pelzüberwurf; in ihrem Zimmer herrschten Treibhaustemperaturen. Dieser Raum entsprach ganz dem Boudoir einer alten Dame: rosarot, parfümiert und übervoll. Neben ihrem Bett standen Schachteln mit Schokolade und Schalen mit Obst, Krüge und Vasen mit Blumen – Tribut ihrer Bewunderer oder Bestechung von Journalisten, Produzenten und Autogrammjägern, die auf ein

Interview hofften. Die wohl geordneten Schubladen ihres Schreibtisches quollen über von Fotografien: Colette Willy auf einem Löwenfell und im Smoking, die letzte Katze, ihre Jouvenelbrut in Rozven. Wenn sie zu krank oder abgelenkt war, um zu arbeiten, verbrachte sie Stunden damit, diese Bilder durchzusehen.

Colette hatte ein Faible für Briefbeschwerer aus Kristall; ihre Sammlung drängte sich auf dem Kaminsims. Eigene Handarbeiten zierten mehrere Sessel. Winnie de Polignac hatte ihr einen antiken Schreibsekretär geschenkt, den sie mit Rollen versehen und erhöht hatte. Derart umgebaut, ließ sich dieser Schoßtisch mit dem Stock an ihr Bett heranziehen; auf diese Weise holte sie sich Bücher, das Telefon, ihr kleines amerikanisches Radio oder das Thermometer heran; sie nannte das »vom Floß aus angeln«. Ein blauer Krug auf dem Tisch enthielt ihr »Bukett« von Schreibfedern.

Wände und Decke in dieser Höhle waren in Colettes Lieblingsfarbe rot tapeziert und mit Schmetterlingskästen und Gemälden vollgehängt. Sie hatte Francis Carco einmal gebeten, ihr zu helfen, eine Kollektion moderner Kunst anzulegen, und sie hätte, schreibt er, »ein Dutzend Mondrians für tausend Francs kaufen können«. Aber er sah schnell, dass ihr sentimentaler Geschmack für Aquarelle, Landschaften, Zeichnungen ihrer Literatenfreunde, für Bilder von Früchten und Blumen unerschütterlich war. Sie besaß zwar einen schönen Derain und ein kleines Porträt von Marie Laurencin, doch sonst hatte sie »jede Darstellung des menschlichen Antlitzes verbannt«.

Selbst enge Freunde konnten nie sicher sein, ob Colette sie empfangen würde. Instinktiv verbarg sie ihre Fragilität und Erschöpfung, wie sie das immer getan hatte. »Die Ungeheuer müssen ihre Dompteure finden, ohne diese Dompteure werden sie sich ihrer Macht bewusst und fressen uns auf«, sagte Cocteau. »Maurice Goudeket ist unablässig der Bändiger der Ungeheuer seiner Frau gewesen und dieses köstlichen Ungeheuers, das sie selber war.« Doch wenn sie sich bereit erklärte, einen Besucher zu empfangen, dann schlang sie ein Tuch um ihren runzligen Hals, bat um ihr Make-up und ihren Handspiegel. Sie ließ sich immer noch Dauerwellen machen und die Haare, die sie mit einem »Vogelnest« verglich, mit Henna färben. Cocteau gebraucht den großartigeren Vergleich mit der goldbraunen Mähne »einer gefangenen Löwin«, die sich über die Zuschauer amüsiert, die zu ihrem Käfig (»meine Mausefalle«, sagt Colette) zugelassen werden. Sie betrachtete sie, fährt er fort, »mit nachdenklichem Raubtierblick [...], und da diese Personen, wenn sie ihre Neugier befriedigt hatten, nicht mehr wussten, was reden, vertauschten sich die Rollen, und nun war es die Löwin, die ihnen als Leckerbissen ein paar Worte hinwarf, bis der Hüter Maurice erschien und sie zur Türe wies«.

Im ersten Buch, das Colette nach dem Krieg veröffentlichte, ihren Erinnerungen *L'Etoile vesper* (*Der Abendstern*) von 1946, fragt sie sich, ob sie wohl lernen könne, nicht zu schreiben. Sie konnte es nicht. In den späten vierziger Jahren hatte ihr Schweizer Verleger Mermod die grandiose Idee, ihr ein- oder zweimal in der Woche ein Blumenbukett zu schicken und ihre literarischen Porträts, die sie darüber schrieb, in einem kleinen Band zu sammeln, den sie *Pour un herbier* (1948) nannte. *Blaue Flamme* erschien im folgenden Jahr. Diese stoischen und heiteren Erinnerungen waren das letzte Neue, was sie schrieb, aber ihre Wehen waren damit noch nicht zu Ende. Sie schrieb die Dialoge für die (französische) Filmfassung von *Gigi*. Sie unternahm die Bearbeitung, die Einleitung und, wo nötig, die Revision ihres gesamten Œuvres für die fünfzehnbändige Ausgabe ihrer *Gesammelten Werke*. Mit neunundsiebzig Jahren, zwei Jahre vor ihrem Tod, versuchte Colette zum ersten Mal in ihrem Leben, Tagebuch zu führen:

> Ich würde gern ...
> 1. von neuem beginnen ...
> 2. von neuem beginnen ...
> 3. von neuem beginnen ...

2

Colettes Lebensgewohnheiten und ihre Konstitution hatten ihr ein kräftiges hohes Alter versprochen, und sie hatte sich immer vorgestellt, der Tod würde sie wie ihre Mutter und die alte Stute »mitten im Rennen« ereilen. Ihre Gebrechlichkeit war eine grausame, ohne Ende grausame Überraschung. »Das Alter ist ein unbequemes Möbelstück«, schrieb sie den kleinen Bäuerinnen. Verkrüppelt und korpulent – zwei starke Männer waren nötig, um sie in ihrem Rollstuhl die Treppe hinunterzutragen –, war sie in den letzten Jahren so unbeweglich wie eine chinesische Kaiserin mit gebundenen Füßen. »Ich vermisse so sehr«, schrieb sie, »mit so halsstarriger Stärke und Intoleranz [...] einen Himmel, eine Landschaft, einen grenzenlosen, unveräußerlichen Besitz.« Doch sie lehnte es stolz ab, Schmerz- oder Schlafmittel, ja sogar Aspirin einzunehmen. »Aspirin verändert die Färbung meiner Gedanken«, meinte sie. Sie zeigte die Verachtung eines Athleten gegenüber körperlichem Leiden: Schmerzen waren wie die Leidenschaft einst ihre »Gymnastik des Willens« gewesen.

Immer wenn Colette das Selbstmitleid überfiel, erinnerte sie sich jenes Morgens im Dezember, als ihr Mann abgeholt worden war, und sie tröstete sich mit dem Gedanken, dass das Schrecklichste, was ihr geschehen konnte, bereits geschehen war, und dass sie es überlebt hatte. Das Datum seiner Verhaftung wurde zur Zauberformel. Maurice ist in ihren letzten Erinnerungen und Briefen immer wach und insgeheim präsent. »Man ahnt die liebevolle Rücksichtnahme«, schreibt Richardson. »Sie gibt vor, keine Schmerzen zu haben, und er tut so, als ob er es glaube.« Natalie Barney gegenüber nennt Colette ihren Gatten »die Perle, den Diamanten der Hausgäste. An- und abwesend, ganz wie man möchte. Er ist der Mann, den ich zwanzig Jahre früher hätte annehmen sollen, [...] doch dann hätten wir wahrscheinlich einen Skandal hervorgerufen.«

Maurice, der auf die sechzig zuging, war nicht jung genug, um ihr Sohn zu sein, aber er war noch ein gesunder Mann, der sich auf seine Fitness etwas zugute hielt und gern in Gesellschaft war; er sollte nach Colettes Tod noch einmal heiraten und noch Vater eines eigenen Sohnes werden. »Armer Maurice«, schreibt Colette an Moune, »ich belaste ihn mit meiner Pflege. Er hat eine reizende Art, bei allem zu fragen, ›Du brauchst mich nicht?‹, und das so distanziert – und durchschaubar.« Wenn sie ihn gerade nicht für irgendetwas brauchte, dann ging er außerhalb ihres Krankenzimmers seinen eigenen Vergnügungen nach – er führte ein erotisches Leben, über das Colette sich keine Illusionen machte. Als Renée Hamon Colette 1939 nach dem Geheimnis ihres ehelichen Glücks fragte, hatte diese offen geantwortet: »Was mich an Maurice und ihn an mich bindet? Das ist meine Virilität. Ich schockiere ihn manchmal, aber er kann nur mit mir leben. Wenn er Lust hat zu ficken, dann sucht er sich eine sehr feminine Frau; er liebt es, sich mit solchen Frauen zu umgeben, aber er wüsste nicht, wie er mit ihnen leben sollte.« In *L'Etoile vesper*, das sie der Venus, dem zweiten Namen des Abendsterns, widmete, zeigt Colette, dass der Impuls, ihre Rivalinnen zu geißeln, bei ihr immer noch lebendig ist, dass die Eifersucht noch im Alter zu ihren »geheimnisvollen belebenden Mitteln« zählt.

Die chronischen Schmerzen dämpften Colettes Wanderlust, löschten sie aber niemals ganz aus. Sie nennt ihre letzten Werke »eine Promenade, ziellose, ungeplante Überlegungen«, doch nur auf dem Papier konnte sie ihre »Schritte in eine unvorhergesehene Richtung lenken«. Am meisten störte sie – das Verb »stören« war für sie zu einem Euphemismus für alle »tragischeren« Ausdrücke für Kummer und Verzweiflung geworden –, dass ihr das Impromptu nicht mehr zu Gebote stand, die Fähigkeit, das kleine Verlangen des Augenblicks zu befriedigen: auf der Terrasse eines Cafés bei einer Platte mit Austern zuzulangen oder in den staubigen Waren eines Antiquitätenladens herumzukramen. Wie die Bewegungen einer alten Kaiserin musste jede ihrer Exkursionen gründlich choreografiert und begleitet werden. »Man hat mich wie ein unbewegliches Päckchen, das ich ja bin, im Flugzeug deponiert«, erzählt sie Germaine Patat fröhlich Anfang der 50er Jahre, als sie nach Monte Carlo fuhr.

Trotzdem bot das letzte Jahrzehnt Colette auch Abwechslungen: Besuche bei Freunden mit bequemen Häusern, Aufenthalte in Vier-Sterne-Hotels und Reisen in Kurorte auf dem Land und im Ausland, wo sie immer dafür zu haben war, eine neue Wunderbehandlung gegen ihre Arthritis auszuprobieren. Sie unterzog sich Elektroschocks, heißen Bädern, Röntgenbehandlungen, schmerzhaften Massagen, Hormonspritzen, Novocain und Thermalwasser, entsetzlichen Injektionen in Hals, Knie und in den Rücken. »Es gibt so viele Wege, geheilt zu werden«, sinnt sie optimistisch. »Vielleicht werde ich einen erfinden.«

Im Laufe des Frühjahrs 1945 rückten die Alliierten nach Berlin vor und befreiten die Lager, je weiter sie nach Deutschland hineinkamen. Die ersten Deportierten erreichten Paris. »Frankreich«, schreiben Beevor und Cooper, »war teilweise von der entsetzlichen Wahrheit abgeschottet gewesen«, nur wenige waren auf den Zustand der Überlebenden vorbereitet. Sie stiegen an der Gare de l'Est oder Gare de Lyon aus den Zügen wie die Skelette aus einem alten französischen *Danse macabre*, manche in Lumpen, andere in Gefängniskleidung oder in viel zu großen, geborgten Tarnanzügen. Ihre Haut war grau, die Augen hohl und kaum zu sehen, die Köpfe rasiert oder durch Unterernährung kahl geworden. »Diejenigen, die noch [aufrecht] stehen konnten, nahmen vor dem Empfangskomitee Aufstellung und sangen mit gebrochenen Stimmen die ›Marseillaise‹. Die Zuhörer waren erschüttert.«

De Gaulle veranstaltete inzwischen eine Reihe von Vor-Sieges-Feiern und Militärparaden, um eine Bürgerschaft zusammenzutrommeln, die von den Berichten aus Deutschland ermutigt, aber auch erschüttert und zugleich politisch unruhig und immer noch hungrig war. Anfang April wurden die Goudekets anlässlich einer der Paraden zu einem Bankett für hundert Gäste eingeladen. Colette verließ das erdrückend überfüllte Fest gegen ein Uhr morgens, während Maurice noch blieb. Die Straßen waren unpassierbar, also hielt der junge Militärchauffeur, der sie nach Hause fahren sollte, bei l'Etoile und half ihr aus dem Auto. Die ganzen Champs-Elysées, erzählte sie nachher den kleinen Bäuerinnen, waren »ein einziger Block weiß glühendes Silber, aus dem Feuerbälle sprühten; und durch die Fahnen, die das Innere des Arc de Triomphe säumten, hatte er die Farbe von Lavendelblüten und mauvefarbener Clematis angenommen. [...] In dieser Stunde war ich zufrieden [...], tauchte ich in der Menge und dem Lärm unter, genoss ich das Spektakel und den Klang mit einem Gefühl der Einsamkeit, allein mit einem jungen Franzosen, anonym und glücklich, ein Körnchen reines Frankreich.«

Etwas später im selben Monat und dann noch einmal im Sommer besuchten die Goudekets Simone Berriau in Hyères, wo Colette an *L'Etoile vesper* arbeitete. Dort bekam sie ein Zimmer im Parterre mit einer eigenen Terrasse und Blick auf die Salzsümpfe. Die Schönheit der Umgebung tröstete sie, wenn auch nicht völlig. Im Haus herrschte eine hektische Atmosphäre, und ihrer »beunruhigend« überschwänglichen Gastgeberin machte es nichts aus, beim Diner gewöhnlich um die zwanzig versprengte Berühmtheiten einzuladen. Darunter auch Jean-Paul Sartre, der Colettes Werk »liebte und verehrte«. Colette hatte – laut Berriau, die später die meisten Stücke von Sartre zur Aufführung brachte – eine gewisse Ehrfurcht vor der kolossalen Intelligenz der Existentialisten und ihrer »kühlen Leidenschaft«. Die Gastgeberin selbst erinnerte sich, dass sie alle zusammen Canasta gespielt hatten; drei Jahre später sollte sie eine anregendere Begegnung für die Gruppe arrangieren.

Während die Goudekets ihre Zeit in der Provence verbrachten, hielt Bel-Gazou sich als Korrespondentin für *Fraternité*, eine linke Zeitschrift für Kultur und Politik, in Deutschland auf und berichtete als eine der ersten französischen Journalisten über die Lager. »Sie unterzeichnet mit Colette de Jouvenel«, bemerkt Colette seltsamerweise den kleinen Bäuerinnen gegenüber. Schließlich war das ja ihr Name. Aber Colette war beeindruckt vom Mut und dem »Ton« ihrer Tochter, der so sehr dem »ihres Vaters ähnelte«. »Die *authentischen* Berichte über die Folterlager«, schloss sie, »schaffen eine atemberaubende Atmosphäre. Welche Fantasie wird jemals der der Henker gleichkommen?«

Am 2. Mai 1945 wurde Colette eine einzigartige Ehre zuteil: Man wählte sie in die Académie Goncourt. Die Akademie und ihr Jahrespreis für den besten Roman – der angesehenste Literaturpreis in Frankreich – waren von Edmond de Goncourt begründet worden. Er starb 1896; nach seinem Vermächtnis sollten Frauen, Juden, Dichter und Mitglieder der Académie française von den zehn Sitzen, die er vorgesehen hatte, ausgeschlossen bleiben. Nur einmal war bisher eine Ausnahme gemacht worden: 1910 für Judith Gautier.

Colettes Wahl wurde von einem Hagel öffentlicher Reaktionen begleitet, die sie erschöpften, sowie von einer Wagenladung neuer Literatur, die es zu lesen galt. Colette tat das gewissenhaft und wurde für ihre Mühen mit dem monatlichen Goncourt-Déjeuner bei Drouant belohnt. Hier traf sie ihre Freunde Francis Carco, Roland Dorgelès, Léo Larguier und André Billy, die wahre Grünschnäbel waren, verglichen mit dem einundachtzigjährigen Lucien Descaves und J. H. Rosny dem Jüngeren, einem Akademiemitglied der ersten Stunde, der mit sechsundachtzig Jahren noch kokettierte und gut zu Fuß war. Als 1949 Descaves starb, wählten die Mitglieder Colette zu ihrer Vorsitzenden. »Wir sind verschieden, pflegen diese Verschiedenheit eifrig, wehren uns gegen die Anpassung«, schrieb sie. Und: »Wenn ich mich auch als alter Knabe aufspiele, so ist es doch noch ein sehr weibliches Vergnügen, das ich dabei empfinde, bei den Goncourt-Essen die einzige von einer Versammlung gelehrter Männer umgebene Frau zu sein. [...] Sie alle machen den Eindruck, als erinnerten sie sich daran, dass ich eine Frau gewesen bin.«

Die Säuberungsprozesse – *l'épuration* – waren Anfang 1945 in vollem Gange. Es gab neue Bücherlisten und Bücherverbrennungen. Viele Kollaborateure, die verhört und dann entlassen oder nur kurz gefangen gehalten worden waren, wie Chanel und Georges Simenon, erhielten Todesdrohungen und verließen das Land oder gingen in den Untergrund. Arletty wurde der Kopf geschoren. Maillots Studio wurde geplündert. Drieu La Rochelle beging Selbstmord. Charles Maurras kam lebenslänglich hinter Gitter. »Das ist die Rache von Dreyfus!«, schrie er, als er in seine Zelle zurückgeführt wurde. Henri Béraud, der Herausgeber von *Gringoire*, wurde zum Tode verurteilt, allerdings wandelte de Gaulle den Urteilsspruch in lebenslänglich um, mit der Begründung, Béraud habe dem Feind nie aktiv Informationen zukommen lassen. Brasillach, der ein paar Tage später wegen Verrats verurteilt wurde, erhielt sein Todesurteil am selben Tag. Die Geschwindigkeit dieser Vorgänge und die Schärfe, mit der sie verhandelt wurden, alarmierte eine Reihe bekannter Literaten der Résistance: darunter Paulhan, der zu dem harten Flügel von *Les Lettres françaises* auf Distanz blieb; Camus, der zu Gerechtigkeit ohne Hass aufrief; und Mauriac, der mit der Wut und Sorge derer sympathisierte, die gefoltert worden waren oder Familienmitglieder verloren hatten, der aber seine Mitbürger aufforderte, »um jeden Preis« zu verhindern, dass man nun »in die Fußstapfen der Nazis träte«.

Der Enthusiasmus, mit dem Colettes Wahl in die Académie Goncourt begrüßt wurde, ist ein Gradmesser dafür, wie unbeschadet ihr Ansehen auch nach ihren Beiträgen zur Besatzungspresse geblieben war. Sie verdankte ihren Sitz dem Rücktritt von Jean de la Varende, der durch seine überzeugte Unterstützung von Pétain kompromittiert war. Anschließend schloss die Akademie drei weitere belastete *Confrères* aus, unter ihnen Sacha Guitry. Er gehörte zu den ersten berühmten Persönlichkeiten der Okkupation, die verhaftet wurden: am 23. August im Morgenmantel und in Pantoffeln.

Colette missbilligte die Säuberung in viel heftigeren Worten, als sie früher gegen die Okkupation verwendet hatte. Die Prozesse seien *dégueulasses* (säuisch), sagte sie zu Lucio Saglio. »Ich verwende dieses Wort, das selbst unwürdig ist, mit Absicht.« Doch als Brasillachs Anwalt Jacques Isorni Colette um ihre Unterschrift für eine Petition bat, die unter bedeutenden Schriftstellern zirkulierte und de Gaulle inständig ersuchte, das Todesurteil seines Klienten in lebenslängliche Haft zu verwandeln, weigerte sie sich zu unterschreiben. Sie schrieb an Isorni:

> Den Robert Brasillach von *Je suis partout* kenne ich nicht. Ich kannte den jungen Schriftsteller, den Romancier, der seine Karriere so brillant begann. Ich kann und will nur von diesem sprechen. Während des Krieges hat er nur einmal bei mir vorgesprochen. Er wusste, dass ich mit einem Mann verheiratet war, der den Winter in einem Konzentrationslager zugebracht hat, sich dann verstecken musste und für endlose Monate gejagt wurde, mit einem Wort, mit einem jener Männer, für die *Je suis partout* nicht aufhörte, die größte Unnachsichtigkeit zu fordern. Trotzdem habe ich Robert Brasillach empfangen […], wir einigten uns darauf, bei unserem Gespräch Waffenstillstand zu wahren und auf jede denkbare Weise den Ton unserer früheren Treffen wieder aufzunehmen, als Brasillach so glücklich war, seine literarische Karriere in Gang gebracht zu haben und ich mit Freude beobachtete, wie er darin Fortschritte

machte. […] Brasillach brauchte mich um nichts zu bitten, und ich hatte jene um nichts anzuflehen, von denen er annahm, dass sie allmächtig sind. Sein Werk? Darüber wird die Zeit urteilen. Ich habe ihm oft geschrieben, um seine Romane zu loben und ihn zu seinem Talent zu beglückwünschen.

Brasillach war entrüstet. »Wenn ich bedenke, dass Colette unter ihre Briefe ›Ihre alte Freundin‹ setzte und in einem geschrieben hat: ›Ich bin glücklich, Sie wachsen gesehen zu haben …‹ All das während der Besatzung, dabei wusste sie sehr wohl, was ich tat, und seither habe ich mich nicht verändert … Man kann sich nur wundern!«

Cocteau überredete Colette letztlich, ihre Meinung zu ändern, und sie setzte ihren Namen auf die Petition, die de Gaulle aber ablehnte. Die Anklagepunkte blieben bestehen: Brasillach hatte Verrat begangen, für den Feind gearbeitet, war nach Deutschland gefahren, hatte Propaganda gemacht und pro-nazistische Reden gehalten, er hatte die Exekution von Widerstandskämpfern gutgeheißen und war leidenschaftlich dafür eingetreten, Frankreich von seinen Juden zu säubern, auch von »den kleinen«. Am 6. Februar 1945 wurde er von einem Erschießungskommando exekutiert.

Vielleicht war Colettes Haltung gegenüber Brasillach auch von ihrer Tochter beeinflusst, die heimlich ein Krankenhaus für Maquis (Guerillakämpfer der Résistance) unterhielt, die gleich nach der Befreiung eine Hilfsorganisation in der Corrèze gründete und unermüdlich arbeitete, um die Hungernden zu nähren und das Elend der Enteigneten zu mildern. In diesem November war Bel-Gazou wieder nach Paris gezogen und half, *Fraternité* herauszugeben. In ihren eigenen Artikeln trat sie vehement für die Säuberung und gegen die »Nachsicht« ein, die Kollaborateuren entgegengebracht wurde, die weniger umstritten waren als Brasillach.

Die Schwere ihrer Verbrechen war für sie nichts Abstraktes. Manche ihrer engsten Freunde aus der Résistance waren nach Buchenwald deportiert worden, und kaum einer von ihnen kehrte zurück. Colette beschreibt Moreno einige dieser wenigen Überlebenden: eine stumme Frau mit toten Augen, die vor dem Café an der Place des Ternes »ihre Röcke hob und ihre Beine zeigte, die bis zu den Leisten von den Lagerhunden zernagt worden waren«.

3

Einen Tag vor ihrem zweiundsiebzigsten Geburtstag erhielt Colette einen Brief von einem Fremden, der Hélène Picard – fast nicht wieder zu erkennen und dem Tod nahe – in der Gemeinschaftsstation eines Pariser Krankenhauses gefunden hatte. Hélène starb wenige Tage später, ihre Hände hielten ein letztes Telegramm von Colette umklammert, ungeöffnet. Sie starb wie ein Dichter, schrieb Colette später, »ein Dichter von 1830«, verhungert, tuberkulös und aus eigener Entscheidung gänzlich allein. Sie hatte nicht gewollt, dass jemand den »unerkennbaren Zwerg« sehen sollte, zu dem sie geworden war. Ihre Dachwohnung in der Rue d'Alleray war ein heilloses Durcheinander. Seit Jahren hatte die vorbildliche Haushälterin ihre Tüllgardinen nicht mehr gewaschen und keine Marmelade mehr gekocht; Hélène verweigerte Fleisch und menschliche Kontakte. An ihrer Tür waren Schlösser und Riegel im Wert von fünfhundert Francs angebracht. Sie glaubte, sie werde von denselben namenlosen Verfolgern ausspioniert, die angeblich ihre Post umlenkten.

Colette hatte seit einiger Zeit den Kontakt zu ihrer alten Freundin verloren. Der letzte veröffentlichte Briefwechsel zwischen ihnen stammt von 1942. Aus ihm geht hervor, dass Hélène Paris verlassen habe, um mit ihrer Schwester in Ariège zu leben. »Sie war es«, schreibt Colette, »die entschied, unsere Freundschaft habe sich zu einem Band entwickelt, das durch Trennung zwar gedehnt werde, aber nicht reiße; ihre Stärke könne sich in der Abwesenheit erweisen, dann ließe sich völlig frei urteilen.«

»Wenn ich wüsste, dass Colette mich jemals so leben sähe, würde ich Selbstmord begehen«, hatte Hélène einer Nachbarin erzählt, die manchmal kam, um nach ihr zu sehen – die einzige lebende Seele neben dem Arzt und dem Jungen aus dem Milchladen, der sie die Tür öffnete. Die Nachbarin und der Arzt sorgten für ihre Beerdigung. Colette schickte Veilchen. Später bat sie um Hélènes schriftlichen Nachlass, in der Hoffnung, genügend Neues für einen Band zu bergen. Da waren ganze Bände unvollendeter Gedichte und einige Briefe an Colette, die nie abgeschickt worden waren. »Sie haben sie durchdrungen, Sie haben sie belebt«, schrieb die Nachbarin, »das ging so weit, dass sie durch Ihr Leben lebte. [Sie beide] waren so ähnlich und so verschieden!« Colette, so schloss sie, »sei das authentische Wesen, von dem Hélène Picard nur ein Spiegelbild gewesen sei«.

Colette antwortete nicht auf diese ehrfurchtsvolle und morbide Hommage, obwohl sie der Nachbarin herzlich für ihre Aufmerksamkeit dankte. Ihre eigene Trauer nahm die Form eines großartigen Nachrufs an, der Hélène von den Schatten ihrer Unterwürfigkeit, ihrer Misanthropie und ihres Versagens befreite. Die merkwürdige und grimmige Frau, die in diesem Porträt lebendig wird, existierte für Colette – durchdrang ihre eigene Zurückhaltung – in einem Maße, wie das nur wenigen Menschen gelang. »Wie viele Freunde sind fortgegangen, die ich Freunde nennen würde? Ganz wenige. Ganz wenige, Gott sei Dank. Wie kann man Freundschaft messen, wenn nicht durch ihre juwelenartige Seltenheit? Wenn der Tod einschreitet und mit ihm das Bedauern anhält und die Erleuchtung, dann wissen wir: ›Ich habe wirklich geliebt.‹«

4

Moreno war jetzt die einzig verbliebene enge Freundin aus Colettes Generation. Im Herbst 1945 probte sie die Titelrolle in Giraudoux' Stück *Die Irre von Chaillot*. Es hatte im Dezember Premiere und wurde bis Mai gespielt. Die Brillanz der Inszenierung machte die Zuschauer blind – wenn auch nicht die anspruchsvollen Kritiker, einschließlich Colette – für die Kunstgriffe des Textes. Aber es war ein Triumph für Moreno, deren wahnsinnige Ausstrahlung als Aurélie ihren Ruf als Frankeichs größte Komödienschauspielerin festigte.

Die *Irre* war die begehrteste Aufführung in Paris. Colette ging zur fünften Vorstellung. »Wie du das Ende des Stücks spielst, greift ans Herz. [...] Es bestätigt deine grenzenlosen Möglichkeiten, die du unterschätzt.« Und sie begann, ihre Briefe an Moreno so zu unterschreiben, wie Sido die ihren immer beendet hatte: »*Je t'embrasse comme je t'aime.*«

L'Etoile vesper erschien am Tag der Bastille 1945. Paris war menschenleer, und das Buch erhielt wenig öffentliche Aufmerksamkeit. Colette war selbst nicht zu Hause. Auf Drängen ihres Arztes und Freundes Marthe Lamy unterzog sie sich einer Kur im Kurhotel in Uriage, nicht weit von der Gegend, in der sie als Braut gewesen war. Sie litt »Tag und Nacht«, erzählte sie Moreno, und der ärztliche Direktor des Hauses gab ihr zu bedenken, dass Ergebnisse nicht vor Ablauf von zwei Monaten zu erwarten seien. Maurice hatte sie noch nie so entmutigt gesehen.

In der Hoffnung, das südliche Klima, das ihre frühe Liebe zueinander und manche von Colettes besten Werken genährt hatte, könnte ihre Lebensgeister wieder wecken, reiste Maurice mit ihr für zehn Tage zu ihren Freunden Charles und Pata de Polignac, die ein Haus südlich von Grasse gemietet hatten. Charles war Winnies Neffe und ein Verwandter von Fürst Pierre von Monaco – vor seiner Heirat mit Fürstin Charlotte ebenfalls ein Polignac. Pata wurde Colettes letzte Vertraute und einer der »zwei oder drei Menschen auf der Welt«, der sie nicht das wahre Ausmaß ihrer Schmerzen zu verheimlichen versuchte. Die Gräfin besuchte Colette regelmäßig in Paris, und Colette »beugte sich der energischen Fürsorge der Freundin«, die sie zweifellos an ihre eigene und Sidos Fürsorge erinnerte. Sie sehnte sich nach Pata, wenn sie getrennt waren, bettelte inständig um Briefe und entschuldigte sich für ihre eigene »briefliche Inkontinenz«. Sie tauschten Klatsch aus, Schönheits- und Dekorationsgeheimnisse. Die Gräfin war Colettes designierte Einkäuferin, sie wurde beauftragt, Perlmuttknöpfe zu finden, eine Pfeffermühle, seidenen Stickfaden, Rouge oder Polsterstoff. Am wohltuendsten für Colette war jedoch das harmonische Eheleben dieser kultivierten Aristokraten. Es ist »erstaunlich«, gab sie zu, ein Paar zu treffen, »bei dem keiner den anderen in den Schatten stellt«.

5

Das große Ereignis dieses Herbstes war die Hochzeit von Colettes Haushälterin Pauline Verine mit einem Mann namens Julien Tissandier, der in den *Halles* arbeitete und dessen Existenz sie vor ihren Herrschaften lange geheim gehalten hatte. Pauline war 1916, als dreizehnjähriges Mädchen, in Colettes Dienst getreten. Sie stammte aus jenem Bauerngeschlecht der Corrèze, das Colette in ihrem *Journal à rebours* wegen seines Stoizismus, seiner Wildheit, seiner Schlemmerei und seiner Treue zur französischen Scholle bewunderte. »Aus der verschreckten kleinen Magd mit den unvermuteten Stimmungsumschwüngen«, schreibt Maurice, war längst die kompetente und findige Lebensverwalterin geworden, auf die Colette »zu jeder Tages- und Nachtstunde rechnen durfte«. Vierzig Jahre lang war ihre Hingabe das Öl, das die große Maschine geschmiert hatte, die fast achtzig Bände Colette-Werk erzeugte. Pauline »hat nie einen anderen Horizont gekannt« als ihren Dienst für »Madame«. Sie »hat nie einem anderen Herrn gedient und wird es auch in Zukunft nicht tun«. Sie hatte schon fast das gebärfähige Alter hinter sich, als sie schließlich gestand, sie wolle gern heiraten, und wie eine Leibeigene aus Feudalzeiten oder eine pflichtbewusste Tochter Colette um Erlaubnis bat. Vielleicht hatte sie das Gefühl, ein eigenes Kind könnte sie in Loyalitätsprobleme bringen. Ein »friedfertiger«, mittelalter Ehemann war eine Ablenkung, mit der sie umgehen konnte.

Colette war Paulines Trauzeugin. Nach der Zeremonie in der Kirche nahmen die Goudekets und Bel-Gazou am Hochzeitsmahl der Familie teil. Es fand in der Backstube in Clichy statt, die der Schwester des Bräutigams gehörte. Noch waren die strengen Regeln der Lebensmittelrationierung in Kraft, aber die zahlreiche Verwandtschaft des Paares, die zum großen Teil vom Land nach Paris kam, brachte das Hammel-, Reh- und anderes Wildfleisch, das Geflügel, die reiche Ernte an Gemüse, Obst, Kuchen, alte Weine und Schnäpse für ein orgiastisches Fest, das »kein bürgerliches, fürstliches oder königliches Haus hätte bieten können«, versichert Maurice. Die Goudekets gingen nach sechs Stunden gesättigt und erschöpft, als »die anderen Gäste eben beschlossen, eine Stunde auszuruhen, bevor sie sich hinsetzten – zum Abendessen!«.

6

Anfang des neuen Jahres wurden Colettes Schmerzen unerträglich, und auf Maurice' Drängen konsultierte sie den Schweizer Arzt Menkès, der für seine Erfolge bei Arthritis bekannt war. Nach einem Grippeanfall entwickelte sich Rheumatismus in ihrer rechten Schulter, so dass sie nicht mehr schreiben konnte. Es war ein

Winter »körperlich bedingter Bangigkeit«, und als sie im April nach Genf reiste, wo Menkès sie behandeln sollte, konnte sie nur hoffen, dass »ein Teil meiner Kräfte zurückkäme oder vielmehr mein Optimismus – was dasselbe ist –, wenn nicht sogar darauf, dass der Schmerz ein Ende nehmen [...] möge«.

Während der nächsten sechs Wochen wohnte sie in einem Eckzimmer im Hotel Richmond mit Blick auf den Lac Léman und den dahinter liegenden Berg »aus hartem Silber«. Eine Schar Sperlinge nistete auf ihrem Balkon. Sie verschlang die gesunden Delikatessen, die in Paris immer noch rar waren, besonders frische Milch. Jeden Morgen legte sie für den »engelgleichen« Therapeuten einen hübschen Morgenmantel an. Er erschien pünktlich, um sie zwei Stunden lang zu quälen, dann flirteten sie ein wenig wie zwei Liebende, die sich nach den Anstrengungen im Bett ausruhen. Menkès brachte ihr Flieder und schien entschlossen, wie sie Moune erzählte, »meinen Zustand zu verbessern. Ich habe Lust, ihn zu belügen: ›Ja, ja, ich bin geheilt [...]‹ Oder ihm zu sagen: ›Zum Teufel mit meinem Bein [...]. Lassen Sie uns Freunde sein. Das hätte mehr Erfolg als alle körperlichen Kuren.‹«

Schon bevor Colette aus Paris abfuhr, war ihr klar, dass ihr Fall hoffnungslos war, aber sie wollte Maurice und den Doktor glücklich machen und gab vor, sie fühle sich etwas besser. Menkès vermutete, dass ihre Schwierigkeiten zum Teil mit der Leber und dem Darm zusammenhingen, und er setzte sie auf eine Kurdiät. Trotz ihrer Skepsis fühlte sie sich allmählich tatsächlich besser. Sie unternahm mit Maurice langsame Fahrten durch die Stadt, um von dem »zögerlichen Frühling« zu kosten, von der »militärischen Eleganz« der Rosen in den Parks und von den adretten Geschäften voller Waren, die für Pariser Augen in ihrer guten alten Üppigkeit fantastisch schienen. Besonders beeindruckt war sie von der »luxuriösen« Sauberkeit der Schweizer Kinder, von den Mädchen in gestärkten Schürzen,

die sich während der Hauptverkehrszeit kühn durch die Menge [drängten], mit Haaren wie eine Fackel, mit nackten Knien wie raue und spröde Früchte.
Ich bin voller Bewunderung, ich freue mich, ich schweife umher, ich streife dicht an all diesen hübschen Beinen vorbei und feiere sie. O nein, o nein! Denken Sie ja nicht, ich sei neidisch oder traurig, erweisen Sie mir die Ehre, mir zu glauben, dass ich den Teil, der mir verblieben ist, zu genießen weiß und das, was mir früher zu schwer vorgekommen wäre, mit Freude trage und dass ich aus diesem Riss, der mich durchzieht und zerreißt, ein bisschen ... ja, ein bisschen Würde schöpfe.

7

In diesem Sommer erhielt Colette einen Überraschungsbesuch von zwei alten Freundinnen: Natalie Barney und Lily de Gramont. Natalie war erst vor kurzem nach Paris zurückgekehrt. Sie hatte es sich den Krieg über mit Romaine Brooks in einer Villa mit Blick über Florenz bequem gemacht und das Kriegsende abgewartet. Ebenso bequem hatte sie die Ansichten ihres Freundes Ezra Pound über den Faschismus und die Juden übernommen. Als die Deutschen versuchten, ihre Wohnung in der Rue Jacob zu requirieren, protestierte Natalies Haushälterin, Madame könne gar keine Jüdin sein, denn sie sei eine Freundin von Mussolini; daraufhin sahen die Eindringlinge von ihrem Vorhaben ab. Natalie blieb in Italien, bis in Paris die Ordnung wiederhergestellt war, doch als sie schließlich ihr »egoistisches Paradies« verließ, weigerten sich die französischen Behörden, ihr eine Wohnberechtigung auszustellen. Colette schickte sie zu einem Freund im Außenministerium, und das Problem wurde schließlich gelöst.

Die Amazone sollte noch weitere fünfundzwanzig Jahre leben

und immer, außer ganz am Ende, in der Rue Jacob. Sie nahm ihre Mittwoch-Luncheons wieder auf, schrieb ihre Erinnerungen, reiste viel. Sie hatte eine letzte große Liebe. »Sie ist die Verkörperung jenes Wortes von Raymond Radiguet: ›Jedes Alter trägt seine Früchte, man muss sie nur zu pflücken wissen.‹« Colette hätte dem zugestimmt, doch wahrscheinlich nicht Natalies fröhlichem Zusatz: »Die späten Früchte sind die besten.«

Colette hatte Natalie immer um ihre Freiheit von den Fesseln der Liebe beneidet, und sie bewunderte weiterhin ihre Vitalität, so wie sie Lilys blühenden Chic und die wunderbare Gesundheit der einundneunzigjährigen Elsie de Wolf, jetzt Lady Mendl, bewunderte, mit der sie in diesem Sommer dinierte. Elsie war, wie Colette Moreno erzählte, »schlank wie ein junges Mädchen«, sie trug ein weißes Musselinkleid, an ihrem Hals eine Kette mit Saphiren, und führte Colette, Maurice und Fürst Pierre von Monaco durch ihren fantastischen, blumenlosen Park in Versailles mit seinen zu Tierformen gestutzten Büschen und Bäumen.

In Erinnerung an das Lesbos ihrer Jugend, das auch das Lesbos von Natalie, Lily, Elsie und Colette gewesen war, schrieb Liane de Pougy: »Wir waren leidenschaftliche Rebellen gegen das Frauenlos, wir waren wollüstig und durchgeistigt, kleine Apostel, ziemlich poetisch, verliebt in Illusionen und Träume. Wir mochten lange Haare, schöne Brüste, Gesäusel, Charme und Grazie, nicht Jungenhaftigkeit. ›Warum versuchen, unseren Feinden zu ähneln?‹, pflegte Natalie-Flossie mit ihrer nasalen Stimme zu murmeln.« Und diese mutigen alten Damen in ihren maßgeschneiderten Röcken, die alle etwas von Claudines erotischer Rücksichtslosigkeit gehabt hatten, passten zu Colette, anders als die jüngere Generation ihrer Tochter und der »in sich selbst vernarrten« Töchter und Enkel ihrer Freundinnen. »Unsere jungen Mädchen [wirken auf mich] lebhaft, ehrgeizig, aber unsicher«, schrieb sie. »Ihr Selbstvertrauen ist nur vorgetäuscht. So mutig sie sind, so schnell verlieren sie ihren Mut auch, wie Arbeitspferde, die unzureichend gefüttert werden. Sie tragen die Spuren eines Konflikts, den sie kaum miterlebt haben, eine Art schmerzlose Wunde.«

Vielleicht fühlt sich jede Generation sexueller Bilderstürmer gekränkt und, wie Colette sich ausdrückte, »eingeschüchtert« von der Arroganz und Trägheit ihrer Erben, die so selbstverständlich die schwer errungenen, feinen Freiheiten annehmen, um derentwillen die Älteren gelitten haben. In dem Abschnitt von *Blaue Flamme*, in dem Colette eine jener modernen Undankbaren porträtiert – »Ein frisches Mädchen, höflich, hart, mutig, verschlossen« –, weckt ihr Opportunismus die Entrüstung der »alten Kämpferin« Colette. Sie freut sich auch, weder mit Bedauern noch mit Sadismus, auf den Tag, an dem das Mädchen wieder zu Besuch kommen wird, gedemütigt von »der Hand, dem Mund und dem Körper« ihres ersten Mannes.

8

Colettes fünfundsiebzigster Geburtstag am 28. Januar 1948 war eine Gelegenheit für eine überwältigende öffentliche Ehrung. Die Zeitungen waren, wie sie schrieb, »übersät mit dem zärtlich-besitzergreifenden: ›unsere Colette‹«. Maurice schenkte ihr ein goldenes Armband, Bel-Gazou einen Orchideenzweig. Ihre Wohnung wurde überflutet mit Telegrammen und Gaben, das Geburtstagsdiner wurde von einer Riesenflasche Champagner begleitet und einer Flasche Burgunderwein von 1873, ihrem Geburtsjahr, der, so stellte sie fest, »wie ich [...] etwas von seinem Feuer und seiner Farbe verloren hat«.

Aus ihrem roten Treibhaus im Herzen von Paris und aus dem pelzbedeckten Bett, das mit Liebesgaben beladen war, dachte Colette an einen anderen 28. Januar, in einem anderen Zimmer. Dieses Zimmer, in dem sie geboren wurde, »war wenig freundlich und bequem«, erinnerte sie sich oder wollte sich so erinnern. Mit dem

Tag ihrer Geburt verbindet sie vor allem Kälte, dann einen hässlichen Schuhschrank, die keuschen Betten ihrer Eltern, die Hebamme, deren Aufmerksamkeit der Frau in ihren letzten Wehen galt: »Ich machte es meiner in den Wehen liegenden Mutter sehr schwer. Seit nahezu achtundvierzig Stunden kämpfte sie, wie alle Frauen bei der Niederkunft zu kämpfen wissen. Die Mägde liefen kopflos um sie herum und vergaßen, das Feuer im Kamin zu schüren. Mit Schreien und Schmerzen trieb mich meine Mutter aus ihrem Schoß, doch als ich blau und stumm auftauchte, hielt es keiner für nötig, sich um mich zu kümmern.«

Diese bedeutungsgeladene Passage ohne jeden Zierrat ist Colettes Darstellung der gewaltsamen ersten Trennung, die für immer ihre Liebeserfahrung prägen sollte. Mit ihrer eigenen Geburt beginnt ihr Kampf um Wertschätzung und das faszinierende Paradox ihrer Gefühle – Rache und Dankbarkeit – für die wunderbare, schreckliche Mutter, die sie aus ihrem Schoß trieb und sie doch nicht gehen lassen wollte. Danach war Intimität für sie bedrückend, doch mehr noch Einsamkeit. Ihre angeborene Vitalität war ebenso souverän, wie ihre »angeborene« Passivität tief war. Sie wurde eine junge Frau mit einer Schwäche für Bindungen und eine alte Frau mit dem Talent zur Dominanz. Unersättlich und ohne sich auf jemand anderen zu verlassen, sorgte sie selbst für ihre Ernährung, brauchte, aber spendete auch ein Unmaß an Wärme, Fülle, Schönheit und Lust. Wie Laforgue so hellsichtig über Baudelaire schrieb: »Weder ein großes Herz noch ein großer Geist, und doch welch elegische Nerven, was für Nüstern, die für alles offen sind, was für eine magische Stimme.«

Colettes Ambivalenz gegenüber ihrer Rolle als Tochter, dann als Mutter, nährt ihren Trieb, sich zu lösen und zu distanzieren, einen Trieb, der sich zum einen in dieser meisterlichen magischen Stimme ausdrückt und in ihrem entschiedenen Narzissmus. Ihr Misstrauen gegenüber einem möglicherweise aufdringlichen, allzu bedeutungsvollen Anderen – der Mutter, dem Liebhaber, dem

Kind – ist, wie sie Germaine Patat gegenüber äußert, ihre Verteidigung gegen ihr »Negiertwerden«. Hinter diesem Schutzschild leistet ein Wesen auf der Flucht Widerstand, um nicht gefangen und besessen zu werden.

»Es gelang ihr, sich Ereignisse, Menschen und Worte verfügbar zu machen«, schreibt Margaret Crosland, die ihre Colette-Biografie *The Difficulty of Loving* betitelt. »Nach langer und fast unsichtbarer Aggression gelang ihr schließlich ein weich fließendes Leben und ein scheinbar leichter literarischer Stil.« Aber ich habe nie jemanden getroffen, nie einen Schriftsteller gelesen, der so schwer fassbar ist oder sich letztlich so sehr selbst misstraut. Wie sie uns selbst warnt, versteckt sie sich immer ganz sichtbar. »Ihre extreme Bescheidenheit«, schrieb Bel-Gazou, »hielt sie davon ab, die bescheidene Frau zu spielen.« Sogar in ihren Briefen, oft in ihren Erinnerungen, wird der Charakter, den sie den meisten ihrer Freunde und Leser darbietet, mit der genialen Maske verwechselt – oder ihr unterworfen –, der Maske, die die Zeitungen an jenem Tag im Januar als »unsere Colette« bejubelten.

44. KAPITEL

Ich denke oft, ich würde gern unter anderen Wesen leben als unter den Menschen.
Colette, LETTRES AUX PETITES FERMIERES

I

Die fünfzehnbändige Ausgabe von Colettes gesammelten Werken begann 1948 zu erscheinen, herausgegeben von Maurice' neuer Firma Le Fleuron. Es war eine teure Produktion – zwei Millionen Wörter auf siebentausend Seiten edlem Papier –, für die die Goudekets einen Teil des Kapitals selbst aufbrachten (über eine Million Francs); der Rest kam von Freunden. Die Gesellschaft kaufte auch die Wohnung im Palais Royal, möglicherweise, um einen Teil von Colettes Besitz zu schützen. In ihrem Testament, das sie 1945 aufsetzte, hinterließ sie die Hälfte ihres Vermögens ihrer Tochter, die andere Hälfte ihrem Mann, den sie auch zu ihrem Nachlassverwalter bestimmte. Vielleicht sah sie den erbitterten Rechtsstreit zwischen Maurice und Bel-Gazou voraus, denn Colette verfügte die Enterbung ihrer Tochter für den Fall, dass sie das Testament anfechte.

Als Colette ihre Texte noch einmal las, sie korrigierte und mit Vorworten versah, musste Maurice sie manchmal davon abhalten, bei den frühesten zu schnell nach der Schere zu greifen. Das sei eine »idiotische« Arbeit, beklagte sie sich bei Moreno. Doch der Umfang, der Reichtum – und die schiere Menge ihres Werkes – beeindruckten sogar sie selbst. »›Habe ich das wirklich alles geschrieben? Sag, Maurice, ist es möglich, dass ich das alles geschrieben habe?‹«, fragte sie. »Und manchmal erkühnte sie sich zu dem Urteil: ›Das ist gar nicht so schlecht gearbeitet, weißt du?‹«

Colette verlor nie ihre Angst, sie könnte verarmen, und sie war immer diskret, was ihr Einkommen anging. Mag sein, dass sie eine gute Feilscherin war, eine gute Buchhalterin war sie nicht. Mehr als einmal zahlte sie kräftige – und wie sie sagte, »verdiente« – Strafen, weil sie ihrer Steuerpflicht nicht nachgekommen war. »Sie glaubt, sie hätte ein paar Scheine in ihrer Schreibtischschublade«, vertraut Cocteau seinem Tagebuch an. »Ihre Sparkasse war immer diese Schublade, die sie mit ihrem Schreiben füllte und die sie leerte, um Pauline zu bezahlen. Nach dem Drittel Provision für Maurice, das er mir nennt, muss sie beträchtliche Summen verdient haben.«

Als ihre Kräfte schwanden, war es Maurice' Hauptanliegen, sowohl ihren Ruf als auch ihr Vermögen zu sichern. Er handelte ihre Auslandsverträge neu aus und sorgte dafür, dass in England, Amerika und Deutschland neue Übersetzungen in Auftrag gegeben wurden. Er kümmerte sich auch mit Nachdruck um die Nutzung ihrer Filmrechte. Zwischen 1947 und ihrem Todesjahr 1954 kamen sechs ihrer Romane auf die Leinwand; und noch bevor Vincente Minnelli *Gigi* für Hollywood bearbeitete, entdeckte eine riesige und heterogene Zuschauermenge Colettes Werk für sich.

Colette war natürlich kein Neuling im Filmgeschäft. Seit dem Ersten Weltkrieg und während der 1930er Jahre schrieb sie nicht nur Drehbücher, pointierte Filmkritiken und, als es den Tonfilm gab, auch Filmdialoge. Sie arbeitete auch aktiv an den Filmen mit, die nach ihren Romanen gedreht wurden. Diese unmittelbare eigene Erfahrung machte sie mit den konkreten Dreharbeiten vertraut und zu einer Kennerin der Kunst wie der handwerklichen Fähigkeiten, die für einen Film nötig waren: Szenenaufbau und Kostümentwurf, Beleuchtung und Cutting. Als einer der ersten Kritiker hob sie auf den mythischen Reiz der Hauptgestalt der

Handlung ab und schilderte sie den »monomanischen« Prozess, mit dem die Publicity-Maschinerie eines Studios einen hübschen Teenager in einen Star verwandelt, dessen »hochtrabende Züge sich einem für immer ins Gedächtnis graben«.

Als ehemalige Pantomime hatte Colette eine nostalgische Neigung zum Stummfilm und als Französin ein patriotisches Interesse an den imperialen Ambitionen Hollywoods. »Der französische Handel, die französische Kunst, ja die französische Wirtschaft«, schreibt sie prophetisch 1916, »werden nach dem Krieg ihre Sorgen haben und darunter leiden, weil das Kino in Amerika einen solchen Fortschritt gemacht hat.«

Die Filmhistoriker Alain und Odette Virmaux sprechen von Colettes »Entdeckerauge«, und 1951, als Maurice Colette mit dem Rollstuhl durch die Halle des Hôtel de Paris in Monte Carlo schob, wo gerade ein Film gedreht wurde, bemerkte Colette eine bezaubernde junge Schauspielerin, die fließend vom Französischen ins Englische wechselte. Ohne Zögern erklärte sie Maurice, sie habe »unsere Gigi für Amerika gefunden«. Die junge Schauspielerin hieß Audrey Hepburn.

Colette entschied sich jedoch, das, was sie für oder über den Film geschrieben hatte, größtenteils nicht in ihre Fleuron-Ausgabe mit aufzunehmen. Ihre Skrupel erklären A. und O. Virmaux damit, dass in den späten vierziger Jahren »die Geschichte des Kinos noch nicht systematisch erforscht gewesen« sei und Drehbücher gemeinhin als literarisch ephemer betrachtet wurden. Colette aber war, wie die beiden zu Recht betonen, ein Pionier auf diesem Gebiet, dessen prägende Jahre mit ihren eigenen zusammenfallen. Sie habe zur Entstehung der Filmsprache beigetragen: »Gerade indem [die Filmsprache] ihr das verschiedenartige Bild eines belebten, wechselnden, vielfältigen und sich beständig erneuernden Universums eröffnete, entsprach sie bestens Colettes unersättlichem Appetit auf Entdeckungen und Sensationen.«

Am 5. März 1948 brachte Simone Berriau Sartre und Colette wieder zusammen. Sein Stück *Les Mains sales* wurde gerade im Théâtre Antoine geprobt; und Berriau gab ein Diner, zu dem sie auch Cocteau einlud, der die Leitung der Inszenierung übernommen hatte, sowie Sartres Lebensgefährtin Simone de Beauvoir. De Beauvoir beschrieb den Abend in einem Brief an ihren amerikanischen Liebhaber Nelson Algren:

> Ich nehme an, Sie haben von Colette gehört. Sie ist die einzige wirklich große Schriftstellerin in Frankreich, wirklich eine große Schriftstellerin. Sie war einst eine wunderschöne Frau, tanzte im Varieté, schlief mit vielen Männern, schrieb pornografische Romane und dann gute Romane. Sie liebte die Natur, Blumen, Tiere und die Liebe, und sie liebte auch das allerkultivierteste Leben; sie schlief auch mit Frauen. [...] Jetzt ist sie fünfundsiebzig Jahre alt und hat immer noch die faszinierendsten Augen und ein reizendes dreieckiges Katzengesicht; sie ist ziemlich dick, behindert, ein wenig schwerhörig, aber sie kann Geschichten erzählen und in einer Weise lächeln und lachen, dass niemand auf den Gedanken käme, eine jüngere, besser aussehende Frau anzuschauen ... Ich hoffe, sie wieder zu sehen. Als junges Mädchen liebte ich sie wegen ihrer Bücher, deshalb bedeutete es viel für mich, ihr zu begegnen. Es ist so merkwürdig, eine alte Frau zu sehen, die so viel erlebt, so leidenschaftlich und frei gelebt hat, die so viel weiß und die sich jetzt aus nichts mehr etwas macht, weil für sie alles vorüber ist.

De Beauvoir schloss gerade *Das andere Geschlecht* ab, als sie Colette kennen lernte. Aber es wurde erst 1949 veröffentlicht, sie selbst war damals also noch kein Literaturstar. Berriau brachte sie dazu, die große alte Schriftstellerin im Palais Royal zu besuchen:

> Man hatte mir erzählt, dass sie Frauen meines Alters nicht sehr liebenswürdig behandle, und sie empfing mich kühl. »Lieben Sie Tiere?« »Nein«, erwiderte ich. Sie durchbohrte mich mit einem olympischen Blick. Mir war es egal. Ich hatte nicht damit gerechnet, dass wir Kontakt zueinander fänden. Mir genügte es, sie zu betrachten. Wie sie da vor mir saß, gelähmt, das Haar in wilder Unordnung, stark geschminkt, verlieh das Alter ihren scharfen Zügen, ihren blauen Augen einen imponierenden Glanz. Zwischen ihrer Sammlung an Briefbeschwerern und Blumentöpfen zwischen den Fenstern kam sie mir – starr und souverän – wie eine Ehrfurcht gebietende Göttin-Mutter vor. Als wir zusammen mit ihr und Cocteau bei Simone Berriau zu Abend aßen, hatte Sartre auch den Eindruck, einem »heiligen Ungeheuer« gegenüberzustehen. Sie hatte sich, größtenteils aus Neugier, [Sartre] zu sehen, die Mühe gemacht zu kommen, und auch, weil sie wusste, dass sie für ihn die Attraktion des Abends war. […] Die burgundische Fülle ihrer Stimme dämpfte keineswegs die Schärfe ihrer Worte. Bei ihr entsprang die Rede einer natürlichen Quelle, und […] im Vergleich dazu schien Cocteaus Brillanz gekünstelt.

Colette und Moreno waren, jede auf ihrem eigenen verschlungenen Weg, zum Ruhm gelangt und nun alle beide mit fünfundsiebzig beziehungsweise siebenundsiebzig Jahren Nationalheiligtümer. Nach ihrem Erfolg in *Die Irre* war Moreno als Komödiendarstellerin hochbegehrt, und sie inszenierte sogar ein Eine-Frau-Kabarett, bei dem sie in Tontons Liberty's Bar Gedichte rezitierte. Ihre Vorstellung endete weit nach Mitternacht; doch wohl wissend, dass die schlaflose Colette noch wach sein würde, kam sie danach noch manchmal vorbei, um sich beim Licht der »blauen Flamme« mit ihrer alten Freundin zu entspannen. »Ich hoffe, wir sind mit unserem Austauschen von ›Geschichten‹ noch nicht fertig«, sagte Colette zu ihr, »das ist was wert, denn das bist du, und das bin ich.«

Colettes letzte Briefe an Moreno sind voller Stolz auf die »großartige Allgegenwart« der Freundin und voller lebhaftem Interesse an Pierre Morenos neuem Baby, Marguerites Großnichte Françoise. Colette bat die jungen Eltern, ihr »Museum der Françoises« mit aktuellen Fotos zu ergänzen, konnte es aber typischerweise nicht lassen, Ratschläge zu erteilen. Sie sollten die »Neurose« des Kindes, sich zu kratzen, unterdrücken; sie sollten die Kleine nicht verwöhnen, auch sich nicht zu viel mit ihr beschäftigen. »Ich würde so gern auf meine Weise mit ihr umgehen«, schließt Colette. »Als meine Tochter klein war, aber schon gehen konnte, und sie auf der Terrasse in Castel-Novel spielte, setzte ich mich gern in einen Lehnstuhl, ohne mich zu bewegen, bis sie vergaß, dass ich da saß. Auf diese Weise kann man [die Kleinen] gut beobachten. In unserer Anwesenheit verstellen sie sich so, sind sie so affektiert.«

Am 8. Juli 1948 erhielt Colette eine diktierte Antwort auf diesen Brief, in der ihr mitgeteilt wurde, Moreno befinde sich »außer Gefahr«. Colette hatte nicht gewusst, dass ihre alte Freundin sich *in* Gefahr befunden hatte, aber eine Woche später war Moreno tot. Sie hatte sich nach einer Wohltätigkeitsvorstellung in Cahors stark erkältet, daraus hatte sich eine Brustfellentzündung entwickelt. »Ich habe nie so viel an Marguerite gedacht«, schrieb Colette an Pierre. »Was für eine Bitterkeit und was für eine Zärtlichkeit zugleich lagen in einer unwillkürlichen Treue wie unserer, Pierre. Ich habe die große Dichterin Hélène Picard sehr vermisst. [...] Aber keiner der Verluste, die ich erlitten habe, gleicht dem Schock, den ich empfinde, wann immer ich an Marguerite denke. [...] In meinem Alter gewöhnt man sich daran nicht.«

2

Colette und Maurice verbrachten den Rest dieses Sommers in Südfrankreich, erst mit Simone Berriau und dann mit den Polignacs, bei denen Fürst Pierre zu Gast war. Colette verheimlichte, dass die Hitze, die sie sonst so liebte, sowohl für ihre Energie als auch für die Arthritis »schädlich« war. Maurice und die Gäste, erzählte sie Moune, waren alle »trunken nach Meer, Luft und Abenteuern«, und sie wollte gern, dass sie sich amüsierten. Die Arbeit gab ihr einen »Vorwand, sich zurückzuziehen«, und sie schrieb Artikel, arbeitete an *Fanal bleu* und an »anekdotischen« Erinnerungen an Moreno, die, so hoffte sie, »ihrer und meiner [nicht] unwürdig« wären. Eines Abends beim Essen, umgeben von ihren gesunden, sonnengebräunten Freunden und ihrem »jubelnden« Gatten, konnte sie es sich nicht verkneifen, über das Leben einer behinderten Schriftstellerin zu schimpfen: »Es ist grauenvoll, es ist Ekel erregend, es ist untragbar!« Doch ließ sich nichts dagegen tun, und auf den letzten Seiten von *Fanal bleu* spricht sie über die Nutzlosigkeit ihrer Revolte: »[...] in mir rührt sich – außer diesem mit einer dicken Schraube bohrenden Schmerz – ein Aufbäumen, das ich im Laufe meines langen Lebens mehrmals verleugnet, dann überspielt und endlich akzeptiert habe, denn Schreiben führt nur zum Schreiben.«

Ende August flogen die Goudekets nach Paris zurück, wo Colette die »endlosen« Fahnen ihrer gesammelten Werke korrigierte und ihren Aufsatz über Moreno fertig stellte. Sie schrieb auch das Vorwort zu den posthum erscheinenden Memoiren ihrer Freundin. »Ich verbringe meine Zeit damit, gegen ihre Abwesenheit anzukämpfen«, schrieb sie Pierre. »Es tut weh.« Im September schlug der neue Leiter des Théâtre de la Madeleine vor, *Chéri* mit Jean Marais und Valentine Tessier wieder ins Programm aufzunehmen, ein Projekt, das vom Geist Morenos und von Colettes ständigem Bedauern verfolgt wurde, dass Marguerite nicht lange genug am

Leben geblieben sei, um »Madame Peloux im Theater wiederzubeleben, und zwar mit einem Ensemble, das ihrer würdig ist«.

Die Neubelebung kam jedoch nicht vor Herbst zu Stande, und die ersten Monate des neuen Jahres waren für Colette eine Phase der Müdigkeit und Zurückgezogenheit. Sie verließ ihr Zimmer fast gar nicht mehr und litt an einer »großen Nostalgie« nach dem Land. »Man muss [...] die vielen Formen der Resignation akzeptieren«, schrieb sie den kleinen Bäuerinnen und setzte hinzu, wenigstens habe sie ein Feuer und das Sonnenlicht und es ermangele ihr nicht an Spielsachen.

Einer der wenigen Briefe, die aus diesem Winter erhalten geblieben sind, war an Germaine Beaumont gerichtet, die mit einer schweren Depression kämpfte. Sie hatte ein Manuskript vernichtet und geschworen, nie mehr zu schreiben. Colette schalt sie zärtlich und empfahl Germaine ihre eigene Methode, eine schlechte Laune zu vertreiben: suche dir einen Sündenbock und »eliminiere« ihn oder sie aus deinem Leben.

In diesem Sommer kehrten die Goudekets in die Polignac-Villa in Grasse zurück, wo es Maurice hervorragend ging und Colette litt. Sie flog nach Hause und fand »das süße kleine Antlitz meiner Tochter, die auf der Treppe wartete«. Bel-Gazou war jetzt sechsunddreißig. Sie besaß die kräftigen Züge ihres Vaters und die untersetzte Statur ihrer Mutter. Ihr Lächeln zeigte Grübchen wie bei einem Baby. Sie kleidete sich wie ein Landedelmann. Ihre engsten Freunde waren Frauen aus ihrer aristokratischen Schicht mit ähnlichen künstlerischen Neigungen. Ein Mann, der auch zu ihrem Kreis gehört hatte, erzählte mir, dass diese temperamentvollen Frauen

> das Produkt eines Kastensystems waren, das im Frankreich ihrer Jugendzeit noch funktionierte. Für sie war Lesbianismus sowohl eine Flucht als auch eine Geste des Re-

> voltierens gegen den unentrinnbaren sozialen Druck seitens ihrer Familien. Wenn sie reisten, dann nach Orten wie Capri oder Casablanca, wo es eine etablierte homosexuelle Gesellschaft der Oberschicht gab. Colette [de Jouvenel] gehörte zur Boheme, doch gab es in ihrem Wesen auch ein starkes Element *arrivisme*. Sie war wild, prozesssüchtig, herrisch, verschlossen, mittellos, sarkastisch, und sie besaß den Trieb ihrer Mutter zu herrschen.

»Es gibt wenige Dinge, die die junge Colette wütender machen können, als wenn sie jemand als Madame Colettes Tochter vorstellt«, schrieb eine andere Freundin, Monica Stirling, in einem dezenten, aber aufschlussreichen Porträt für die amerikanische *Vogue*. »Nicht, dass sie wünscht, ihre Mutter zu verleugnen; sie bewundert sie. Aber eine übermäßige Zurückhaltung und ein maßloser Minderwertigkeitskomplex haben sie zu der Mutmaßung veranlasst, sie selbst sei nur um ihrer Mutter willen interessant. Diese Einstellung hat traurige Konsequenzen für ihr Schreiben, zumal sie, in Verbindung mit ihrer Trägheit (eine Eigenschaft, die sie ganz und gar nicht von ihrer Mutter ererbt hat) davon abgehalten wird, kontinuierlich zu arbeiten.«

Bel-Gazou schrieb noch Beiträge für *Fraternité*, als das *Vogue*-Porträt erschien. Aber sie gab den Journalismus abrupt auf, als Colette eines Tages zu ihr sagte: »Dieser Artikel gefällt mir weniger als die anderen.« Sie schrieb Gedichte, zeigte sie Colette aber nicht. Die Tochter, sagte Cocteau, wird »von dem mütterlichen Ungeheuer derart eingeschüchtert […], dass es sie daran hindert […] zu schreiben. Da aber dieser Schüchternheitskomplex der Mutter entging, erlebte ich es immer wieder, wie Mutter und Tochter einander auf Distanz zuriefen, sich tastend suchten wie bei einem Blindekuh- oder Versteckspiel unter Verliebten.«

Als Colette de Jouvenel ihr eigenes Leben schilderte, was sie in äußerster Kürze und Zurückhaltung tat, sah sie ihre Widersprüche eher fatalistisch und schrieb sie weniger ihrer Erziehung oder deren Fehlen zu als ihren Genen. »Es ist, als hätte ich immer gewusst, dass meine Eltern, indem sie mich zeugten, einer Chemie ausgesetzt waren, mit der sie nie fertig wurden. Was das angeht, ähnelten sie allen Eltern, doch andere wissen, wie sie durch das, was man gemeinhin Erziehung nennt, die Wirkungen ›einer absurden Chromosomenmischung‹ korrigieren können.« Colette und Henry, fuhr sie fort, brachten nicht ein Kind nach ihrem Bild hervor, das »die Essenz dessen enthalten hätte, was [an ihnen] das Beste« war. Sie statteten im Gegenteil ihre Tochter mit alldem aus, was in ihren eigenen »Chromosomen« am schwächsten und am wenigsten bewundernswert war: der »unheilbaren Verträumtheit« und Unfähigkeit des Hauptmannes, Léos verlorener Traurigkeit und Nutzlosigkeit, Mamitas Gier nach frivolen Lüsten, Raoul de Jouvenels Nonchalance und Beziehungsunfähigkeit.

Michel de Castillo und andere Freunde von Bel-Gazou dachten weniger philosophisch und nachsichtig. Sie stimmten darin überein, dass Colette die Homosexualität ihrer Tochter nicht gutgeheißen habe. Der eine sagte, Colette habe sich einfach geweigert, sie zur Kenntnis zu nehmen. »Vielleicht wollte sie bloß, dass [ihre Tochter] ein sichereres Leben hätte«, schlug ein anderer vor – obwohl de Castillo nicht dieser Meinung war. »Colette«, erzählte er mir, »sprach im Beisein ihrer Tochter immer schlecht über deren Vater, den sie selbst früher ja verehrt hatte; und sie liebte es, Henrys Promiskuität mit [Bel-Gazous] Lesbianismus zu vergleichen. Schwul zu sein zeigte nach Colettes Ansicht eine Art ›sexueller Verantwortungslosigkeit‹. Das war einer der riesigen Widersprüche in Colettes Wesen«, schloss Castillo mit einem Achselzucken.

Mitte der vierziger Jahre verkaufte Bel-Gazou Curemonte und eröffnete einen Antiquitätenladen auf der Rue Bonaparte in Paris. Er ging nicht gut, und sie verlor das Interesse daran. Später sollte sie Lieder schreiben, Filme drehen und Häuser ausstatten, doch nie konnte sie sich einem Beruf oder einer Kunst ganz widmen. Ihre Freunde hielten sie für eine Frau mit großen Talenten, die sie vergeudet hatte, mit großen Qualitäten, die sie nicht zu schätzen wusste, und für jemanden, der weit hinter seinen Möglichkeiten zurückblieb. Gegen Ende ihres Lebens schrieb sie: »Heute weiß man – endlich! –, dass es keine wirklich faulen Menschen gibt. Es gibt nur verrückte Perfektionisten, die, vernagelt und gelähmt, auf den Vulkanausbruch der Schönheit warten.«

Inzwischen hatte Colette de Jouvenel jedoch ein Unternehmen gefunden, in das sie ihre Lebenskraft und ihre Wut investierte. Nach Jahren der Rechtsstreitigkeiten mit Maurice hatte sie das Verfügungsrecht über die Veröffentlichungsrechte ihrer Mutter wiedergewonnen. Sie wurde zur »Priesterin« ihrer Mutter, schreibt Castillo, nahm deren Werk als ihre »Bibel« und war entschlossen, sich dieser Kutte als »würdig« zu erweisen, die sie ihrem Rivalen »so schmerzlich« abgejagt hatte. Da ihrer Meinung nach alle Bücher gleich gut und wichtig waren, kämpfte sie gegen alles, was sie als Beleidigung, Kränkung oder Kritik wahrnahm – selbst bei Dingen, die sie früher selbst kritisiert hatte. Im Alter von achtundsechzig Jahren, acht Jahre vor ihrem eigenen Tod, erinnerte Colette de Jouvenel sich an ihre Mutter als einen Quell der »Zärtlichkeit und Wärme, der mich glücklich erstrahlen ließ. Und nichts, was mich später quälte oder enttäuschte, konnte diesem Zauber den Glanz nehmen.«

3

Im Herbst 1948 kam die *Chéri*-Besetzung, um in Colettes Schlafzimmer zu proben – »Ich meine, auf meinem Bett«, schrieb sie Pierre Moreno. »Jean Marais scheute sich vor der Rolle wie ein Pferd vor der Schlange«, und sie stritt sich mit Jean Wall, der für den Szenenaufbau verantwortlich war, und vergab ihm, »dass er immer Recht hatte«. Am Abend der Generalprobe trat Cocteau, der als Colettes inoffizieller Mittelsmann zur Besetzung fungiert hatte, auf die Bühne, um ihr seine Ehrerbietung zu erweisen: »Sie hat sich keiner literarischen Schule angeschlossen, und sie hat sie alle bezaubert«, sagte er dem Publikum.

Colette hatte gerade in den Tagen vor der Premiere die erste versuchsweise Serie von Injektionen mit männlichen Hormonen bekommen. »Diese armen Ärzte können sich nicht entscheiden, womit [...] sie meinen Hintern füttern wollen«, scherzte sie Pata gegenüber und gestand, dass sie nicht nur an Arthritis leide, sondern auch an einem schlimmen Lampenfieber und »etwas Unerwartetem und Bizarrem ... schmerzenden Brustwarzen! Verdammt nochmal ... mit siebenundsiebzig hat man kein Recht mehr auf Brüste. Verstecken wir sie doch.«

Als sie am Abend des 30. Oktober ihren Platz in der Proszeniumsloge des Théâtre de la Madeleine einnahm, sah das Publikum von ihr nicht mehr als einen »Strahlenkranz grau melierten Haares«. Nach der Vorstellung bekam sie »Ovationen von drei Generationen von *tout Paris*«. Unter ihnen war mindestens ein alter Dandy mit Tränen in den Augen, der sich an jene perfekten Brüste erinnerte, die sie einst so frech und stolz entblößt hatte.

Im Mai 1950 unternahmen Colette und Maurice zum ersten Mal ihre von da an jährliche Reise nach Monte Carlo, wo sie als Gäste von Fürst Rainer in einer ebenerdigen Suite mit eigenem Garten im Hôtel de Paris wohnten. Sie ergötzte Pata mit Schilderungen der entsetzlich uneleganten ausländischen Touristen und schwelgte darin, hin und wieder bekannte Namen zu nennen. Der regierende Monarch habe, so erzählte sie der Gräfin, ihr »sein Fürstentum zur Verfügung gestellt«. Fürst Pierre lud sie zum Diner ein. Im Hotel drängten sich die verschiedensten Millionäre und königlichen Hoheiten. Cocteau und Jean Marais kamen mit einem Filmteam. Ferenczi schickte ihr hundert Exemplare von *En Pays connu*, einem neuen Sammelband ihrer früher verstreuten Aufsätze, damit sie sie in der Sonne signiere. Ein Bildhauer wollte gern ein Büste von ihr machen, ein Abbé bat um nichts Bestimmtes, ihre Tochter kam zu Besuch, und Léo Marchand kam, um mit beiden Goudekets zusammen an einer Dramenfassung zu *Die Andere* zu arbeiten, das sehr erfolgreich im nächsten Jahr auf die Bühne kommen sollte.

Inzwischen versuchte ein weiterer Arzt, diesmal ein englischer, sein Glück an Colettes Arthritis und hatte nicht mehr Erfolg als seine Vorgänger. Pata gestand sie, dass ihre Schmerzen so schlimm seien wie noch nie, und rührend fragte sie: »Was hältst du von Anacin?«

Colette beendete die Bühnenfassung von *Die Andere* im selben August in Versailles. Maurice hatte sie und Pauline im Trianon Palast Hotel untergebracht, damit sie der größten Hitze in Paris entgingen. Er und Léo Marchand pendelten zwischen Versailles und Paris, wo sie die Inszenierung vorbereiteten. Im Herbst kam die Besetzung zur Probe ins Palais Royal. Colette war noch neugierig und lebhaft, wenn auch für immer kürzere Zeitabschnitte. Ihr Zahnarzt kam zu ihr nach Hause, und die Académie Goncourt hielt ihre Zusammenkünfte an ihrem Bett ab. Gérard Bauer, der sie zum ersten Mal in der Zeit ihrer Ehe mit Willy kennen gelernt hatte, war jetzt einer ihrer Confrères. »Ich habe Claudine gekannt, und ich habe sie in diesem Gesicht, das zu mir spricht, wieder erkannt, in diesem Haarschopf, der nur leicht grau ist, und an ihrem ein wenig singenden Tonfall, der manchmal spöttisch wird, um Überraschung vorzutäuschen. Aber der Pantheismus der Jugend ist einem würdevollen Sichfügen in das Leben gewichen, einer tiefen Würde, die immer noch weiß, wie die Freuden der Freundschaft zu genießen sind.«

Wenn Colette Lust auf ein großartigeres oder festlicheres Mahl hatte, als Pauline zubereiten konnte, wurde sie hinunter ins Le

Grand Véfour getragen. Das edle, zweihundert Jahre alte Restaurant in den Arkaden der Rue de Beaujolais war vor kurzem von einem neuen Inhaber, Raymond Oliver, wieder eröffnet worden. Er kochte Colettes Lieblingsgerichte – *Cassoulet*, *Blanquette à l'ancienne*, *Coulibiac* vom Lachs –, und oft hatte er eine Portion von etwas Besonderem, eine Lerchenpastete oder ein Glas Aprikosenmarmelade, das er ihr hinaufschickte. An dunklen Winternachmittagen, in der Pause zwischen Mittag- und Abendessen, kam Oliver manchmal selbst herauf, entkorkte eine Flasche alten Champagner und einen Vorrat ebenso prickelnden, frischen Klatsch.

1951, als im Mezzanin direkt unter ihrer Wohnung ein Feuer ausbrach, kam der Restaurantbesitzer durch das bereits von dichtem Rauch erfüllte Treppenhaus heraufgelaufen, um Colette evakuieren zu helfen. Vor dem Fenster hatte sich eine Menschenmenge gesammelt, die schrie, sie solle springen. In dem Wissen, dass sie keinesfalls mit dem Rollstuhl heil durch die Flammen kämen, suchten Maurice, Pauline, Oliver und Bel-Gazou, die zufällig zu Besuch da war, ihre Panik niederzuringen. »Das ist doch noch kein Grund«, ließ Colette mitten in dem Lärm von Geschrei und splitterndem Glas vernehmen, »um unseren Kaffee nicht zu trinken.«

»Ich habe einen Heiligen geheiratet«, sagte Colette in diesem Winter zu einem Freund. Das war ein häufiger Refrain. Maurice behauptet, dass es ihm nichts ausmachte, an Monsieur Colette adressierte Post zu bekommen. »Glaubst du, dass ich bald sterben werde?«, fragt Colette ihn manchmal. »Nicht bevor ich es dir erlaube«, antwortet er.

Maurice dachte auch daran, für Colette eine Erdgeschosswohnung zu mieten, aber es wurde ihm klar, dass sie den Schock des Umzugs nicht ertragen würde. Er bestimmte, wer zu Besuch kam und zu welcher Zeit. Die Premiere von *Die Andere* würde, meinte er, für Colette eine zu große Anstrengung sein, trotz der Aufmunterung, die das Schmeicheln der Menge für sie bedeutete. Er kaufte ihr einen Fernsehapparat, den er auf einem Bücherregal vor ihrem Floß aufstellte. Das wurde, wie er schreibt, ihre hauptsächliche Verbindung mit der Außenwelt. Monte Carlo, wo sie sich im Frühjahr immer länger aufhielten, und Deauville, ihr Ferienort für den Sommer, waren wie Bühnenbilder, bevölkert mit altersschwachen Charakteren aus einer Operette der Belle Epoque. Colette genoss die Atmosphäre von ihrem Rollstuhl aus, gelegentlich einen Film und üppige Mahlzeiten. Aber das Leben im Grand Hotel war mehr nach Maurice' als nach Colettes Geschmack. »Man bemüht sich hier sehr nett um uns«, schreibt sie an Moune aus Monaco, »aber es ist schwer zu meinen, das Leben in einem noch so guten Hotel sei ein normales Leben. *Rien ne nous manque, tout nous fait défaut*« – es mangelt uns an nichts, [und doch] fehlt uns alles.

4

Als Pierre Moreno 1949 Colette vorschlug, es mit einer Pilgerfahrt nach Lourdes zu versuchen, um ihre Arthritis zu heilen, lachte sie ihn nicht aus. Vielleicht würde sie sich dazu entschließen, antwortete sie: »Es kommt der Tag, an dem man sich selbst aufgibt.« Es gibt viele Arten, sich selbst aufzugeben. Ihre Abhängigkeit von Maurice war eine solche, und die Tapferkeit, die auf ihrer Seite nötig war, um die Demütigung zu verbergen, wurde auf seiner Seite nur durch die Galanterie, die Last zu verbergen, wettgemacht.

Colette fand sich damit ab – eine andere Art des Sichaufgebens –, die entfernte Beobachterin des Lebens ihrer Tochter zu sein. Ein gelegentlicher Besuch, ein Austausch »zurückhaltender Zärtlichkeit«, eine atemlose Postkarte aus Marokko, das war der gesellschaftliche Verkehr zwischen ihnen. »Ich bin froh«, sagte Colette, »dass ihre Freunde ihr geben, was ich ihr nicht geben kann.«

Colette überließ sich auch den Linsen mancher großer Fotografen, die sie in ganz hohem Alter porträtierten. Cartier-Bresson fing das Misstrauen und die Herausforderung in ihrem Blick ein; Ora ihre durchsichtige und wilde Tierschönheit; Gisèle Freund eine leicht komische, fragende Weisheit; Irving Penn, der sie bei ihrem achtzigsten Geburtstag fotografierte, machte eine Aufnahme, die sogar Maurice »verblüffte«:

> Das Bild trennt Colette von ihrer Ausstattung und Legende und stellt sie gleichsam entblößt vor die Nachwelt. Über Stoffen und Pelzen, die, weil Colette halb sitzt und halb liegt, angehäuft erscheinen, erhebt sich der Kopf, gestützt auf eine geballte Faust. Der Gesichtsausdruck ist streng, gespannt, intensiv. Die Stirn bietet sich fast ganz unverdeckt, eine hohe, bedeutende, geniale Stirn. Es ist ein ergreifendes Bild – zugleich aber auch ein Verrat, eine Vergewaltigung des Bewusstseins. Es enthüllt alles, was Colette zu verbergen wünschte, vieles, worum sie wahrscheinlich selbst nichts wusste.
>
> Man kann nicht sagen, dass das Bild ihr ähnlich ist. Es ist geschlechtslos, während Colette bis zum letzten Atemzug weiblich blieb. [...]
>
> Es ist in Wahrheit das Bild der *Anderen*, des verborgenen Wesens, wie wir es alle in uns tragen, jenes Wesens, das allein gewisse Seiten von Colettes Werk schreiben konnte.

Doch die letzte Selbstaufgabe war, mit dem Schreiben aufzuhören. »Ich bin froh, dass du gut arbeitest«, schreibt Colette an Moune im Juni 1951 aus Monte Carlo. »Ich nicht. Aber ich setze mich nicht unter Druck. Das liegt bestimmt daran, dass ich nichts, nichts mehr, zu sagen habe.« Das war nicht ganz wahr, denn bis sie, in den letzten Monaten ihres Lebens, ganz in Schweigen verfiel, schrieb sie klare und zärtliche Briefe an ihre Freunde und setzte sich damit ein wenig unter Druck. Maurice bewahrte ihre letzten Notizen auf. Sie dachte an eine letzte Geschichte über eine noch unerzählte Liebe: »Wenn ich nun bei alldem, was Le Fleuron mein ›Gesamtwerk‹ nennt, eine Liebesgeschichte ausgelassen hätte, was würde ich jetzt mit diesem doch schließlich unerhört brauchbaren Stoff anstellen? Wo künftig lügen? Wo die Wahrheit eingestehen?« Lügen, eingestehen. Colettes »am wenigsten eingestandene Geheimnisse des Fleisches« ruhen zwischen diesen beiden Versuchungen wie in den Armen eines Geliebten.

45. KAPITEL

Es stimmt, dass sie in ihren vitalen Tagen eifrig die Früchte der Erde gesammelt hat, ohne dabei die verbotenen zu verachten – doch das ist der unwichtigere Teil der Geschichte. Die Liebe hat zwei Gesichter, Agape und Eros, ein tiefes Verständnis und die Würdigung des Liebenswerten einerseits und die wilde Entschlossenheit, es einzunehmen, andererseits. Es ist nicht leicht, beides voneinander zu trennen. Colette war überaus reich im Ersteren, und darin liegt ihre Größe; was das Letztere betrifft, büßte sie reichlich.
Bertrand de Jouvenel

I

1951 drehte eine junge Frau namens Yannick Bellon einen Dokumentarfilm über Colette im Palais Royal. Dieser Film fängt den intensiven weiblichen Charme und die Koketterie ihrer Haltung ein, die in Penns Fotografie fehlt. Der Film ist, zu Recht und wie zu erwarten ist, eine Würdigung. Er beginnt mit Colette und Maurice beim Frühstück, er hat sich dekorativ auf ihrem Bett niedergelassen. Pauline tritt ein, um den Speiseplan des Tages zu besprechen. Cocteau kommt vorbei auf ein scherzhaftes Geplänkel. Wenn Colette für die Kamera lächelt, erhascht man die Schüchternheit, die ihr Schreiben und ihr Handeln Lügen straft. In einer der ergreifendsten Szenen erinnert sie sich an ihre Mutter, die »ich nie genug geliebt habe«. Bei der Premiere dieses Films lässt Colette gegenüber einem Journalisten die Bemerkung fallen: »Was für ein schönes Leben ich hatte. Schade, dass ich das nicht früher gemerkt habe.«

Das Kind, das Colette zu sehr geliebt hatte, war schließlich aus der Schweiz, wo es während der letzten Kriegsjahre gelebt hatte, nach Frankreich zurückgekehrt. In diesem Frühjahr schrieb Colette an Bertrand de Jouvenel: »Du hast ein schönes Haus? Kinder, auf die du stolz bist? Ich bin ein wenig verantwortlich für diese vielen Segnungen; zeig sie mir, und wenn auch nur auf einer Postkarte. Ich kann keinen Schritt tun. In fünf Tagen bringt Maurice mich wie letztes Jahr nach Monte Carlo. Wenn ich zurückkomme, wird mein Spiegel mir sagen, ob ich dich rufen kann. Doch wirst du noch jung genug sein? Ich umarme dich, mein Junge, von Herzen.«

Einen ebenso anrührenden letzten Brief schrieb sie an Germaine Beaumont. Es hatte irgendein »Missverständnis« zwischen ihnen gegeben, vielleicht eine typische kleine Unachtsamkeit in ihrer Korrespondenz, die die empfindsame und bewundernde jüngere Frau als Zurückweisung empfand: »Wie kannst du vergessen oder aufhören zu empfinden, dass ich dich liebe, wie ich niemanden sonst liebe? In dir ist alles, was du von Annie hast und was auch ich von ihr habe. Auch ich irrte mich, ich fürchtete, du liebtest mich weniger. Elendes geliebtes Wesen, gib mir alles, was mir von dir fehlt, zurück. […] Vor allem höre nicht auf, mich zu lieben. Die Freundin, die ich dir gewesen bin, die ich dir bin, wo findest du noch eine solche?«

Sommer und Herbst vergingen. Colette und Maurice konnten das Frühjahr kaum erwarten und fuhren schon kurz nach Beginn des neuen Jahres nach Monte Carlo. »Mein Geburtstag«, erzählte sie Moune Anfang 1952, »nimmt die Größenordnung eines Skandals an.« Die Fürstin füllte ihre Suite mit Blumen, und Pierre war besonders emsig mit seinen Aufmerksamkeiten. Die Polignacs machten ihre Aufwartung und entführten Colette nach Grasse, damit sie ihre Enkelin, die halb Tahitianerin war, kennen lernte. Maurice beschäftigte sich in der Zwischenzeit mit der Bühnenfassung von *Gigi*. Colette versuchte zu helfen, »aber ich kann nicht viel helfen, und das Wenige ist zu nichts nütze«. Vielleicht habe sie zu gut gegessen und zu viele Leute getroffen. »Die Hinduprinzessin von Baroda ließ uns erst nach dem Lunch mit siebzehn [anderen Gästen] gehen, der Luxus pur war. Aber wofür brauche ich Luxus pur?«

Cocteau kam erst Ende Februar nach Monaco. Mauriac hatte sein letztes Stück, *Bacchus*, angegriffen, und er tobte in seinem Tagebuch über »die Menschenjagd der Dreißiger, deren Opfer ich bin«. Seine Schilderung des Diners mit den Goudekets ist schon oft zitiert worden, doch beachte man die trostlose und verdrießliche Stimmung, von der es gefärbt ist:

> Colettes Brief vor vierzehn Tagen zeigte eine ruhige Hand und klang zuversichtlich. Ich finde sie in sehr schlechter Verfassung, abgeschnitten von der Welt durch ihr Gehör und ihre Erschöpfung. Sehr blass und gleichsam weit weg. Ich habe solch düstere, fast schwarzblaue Augen schon einmal gesehen. Bei meiner grünen Heuschrecke, als sie ihr Todeslied sang. […]
>
> Maurice schiebt Colettes Rollstuhl in die Bar. Dann in den wahnwitzigen Speisesaal in Samt und Gold, mit seinem Stuck, mit seinen Portieren, mit den Karyatiden, den riesigen Fresken, auf denen nackte Frauen, Pfauen und Tiger abgebildet sind. […] Und der Zigeuner, der, hinter Colette stehend, *Gigi* spielt, scheint einem anderen Zeitalter anzugehören und mit Colette, seiner Geige und der *Gigi*-Melodie eine Geistergruppe zu bilden, unsichtbar für die anderen Tische.
>
> So selten wie möglich durchdringt Maurice die Wattemauer, die Colette umgibt. Nur das Wichtigste lässt er sie wissen. Manchmal versteht sie mich, dann wieder versucht sie, mich zu verstehen, und schafft es nicht. […] Große Traurigkeit. Das Alter. So werde ich sein. So beginnt das Ende.

Maurice scheint sich großartig um die Geschäfte seiner Frau zu kümmern. [...] Colette ist eine Frau vom Land und ein Kind. Sie lebt in den Tag hinein. Sie ist fast zufrieden mit dieser Wolke, in der sie wohnt und die sie schützt gegen eine grausame Welt, die sie überholt hat und die zu ihren Blumen und ihren Tieren nicht mehr passt.
Colette ist niemandem ein Ärgernis, und Respekt umgibt sie. Ich störe und bin von Respektlosigkeit umgeben. Manchmal beneide ich sie um ihre Watte, ihren Rollstuhl. Ich habe alle Unannehmlichkeiten der Jugend ohne deren Vorteile.
Heute Morgen noch mal bei Colette gewesen [...]. Sie ist eine andere, wie ausgewechselt. Sie kann uns verstehen. Sie kommt in die Bar, vom Barmann geschoben. Das sind ihre Augen, die ich an ihr kenne, die wie im Wasser von Marennes-Austern schwimmen, ihr krauses Haar, das einem Olivenbaum gleicht, ihr Mund, einer Wunde ähnlich, die ein Pfeil gerissen hat.

Nicht überall genoss Colette solchen Respekt. Léautaud schoss in seinen Zeitschriften immer noch hinterhältige Pfeile auf sie ab. »Colette, ihre Bücher wie ihr Theater, das ist kommerzielle Literatur. Es gibt heutzutage nur einen einzigen großen Schriftsteller, nämlich François Mauriac.« Mauriac erhielt in jenem November den Nobelpreis für Literatur. »Mit das Erste, was er tat«, schreibt Robert Phelps, »war, dass er Colette besuchte, die, wie er meinte, an seiner Stelle den Preis hätte bekommen müssen.« Es lassen sich kaum zwei Schriftsteller denken, die geistig verschiedener wären als Mauriac und Colette: er, der fromme Christ, dessen Credo war »zu glauben, heißt zu lieben«, sie, die Pessimistin, die die Lust verehrte und in der Liebe den Sündenfall sah. Doch ihre melancholische Fleischlichkeit scheint seine Romane zu verfolgen. Seine Naturdichtung ist voll von einer – oft so genannten – »heidnischen«

Liebe für die Landschaften seiner Heimatprovinz. Die Verbrechen und Leidenschaften seiner literarischen Gestalten – die verschlossenen, verletzten Jugendlichen, die glühend ältere Frauen lieben – entsprechen denen der Colette'schen Gestalten. Er sucht nach der Erlösung für seine Charaktere so edelmütig und human, vielleicht auch ebenso voreingenommen, wie sie nach der Errettung der ihren.

2

1952 stattete Glenway Westcott dem Palais Royal einen Besuch ab, bewaffnet mit Empfehlungen von Cocteau und Anita Loos (die *Gigi* für die Bühne bearbeitet hatte) und einem Arm voll bronzefarbener Rosen. Colette könne ihn nicht empfangen, sagte Maurice, der sich dann seinerseits daranmachte, Westcott fast eine Stunde lang zu interviewen. Als er »sich davon überzeugt hatte, dass ich Colettes Werk wirklich und uneigennützig liebte und weiterhin mein Bestes tun würde, dass es im riesigen und einträglichen Amerika allgemein geliebt werde«, führte er den Gast in das rote Zimmer.

Westcotts Audienz war nach seiner Schilderung so etwas wie eine Farce. Sie fand auf Französisch statt, trotzdem schienen ihre Teilnehmer verschiedene Sprachen zu sprechen. Colette habe »tadellos und (sozusagen) glänzend« ausgesehen. Sie zeigte ihm ihre hübschen Füße und beugte den »kräftigen und seidenen Spann«. Als Maurice Colette wissen ließ, dass ihr Gast ein großer Verehrer ihrer Werke sei, fragte sie ihn, ob er *Le Pur et l'impur* kenne. Er kannte es nicht. »Ich halte es für mein bestes Werk«, ließ sie ihn wissen.

Das dann folgende Gespräch war, das gibt er zu, »nicht sehr auf die Stichwörter konzentriert, die ihr Mann und ich ihr gaben; sie hörte nur die Hälfte von dem, was wir sagten. Sie wandte alle mögliche Geschicklichkeit auf, um das Vakuum zwischen uns zu mildern und zu kaschieren.« Maurice tat sein Bestes, ihnen zu helfen: »Monsieur Ouess-cotte schlägt vor, ich soll eine Auswahl deiner Gedanken als Aphorismen herausgeben ... so etwas wie die *Pensées* von Pascal ...« Colette war entsetzt. »Ich habe keine *Pensées*«, widersprach sie. »Und überhaupt, Dank sei Gott, ist das vielleicht Rühmenswerteste an mir, dass ich es verstanden habe, wie eine Frau zu schreiben, ohne zu moralisieren oder zu theoretisieren, ohne etwas zu verkünden.«

Westcott war vor Colettes Schwerhörigkeit gewarnt worden, aber man hatte Colette nicht vor seiner Schwerhörigkeit gewarnt. Westcott ist in vielerlei Hinsicht ein bewundernswerter Kritiker, aber er hat die Schwäche eines Yankee für das Erbauliche, das er an ganz ungeeigneten Orten sucht. Nun lieferte er Colette einen »grandiosen« Vortrag, worin er beharrte, sie sei eine Denkerin und philosophiere. Der Hauptlehrsatz ihrer Philosophie sei der »Glaube an die Liebe; die einzelne Leidenschaft wird allmählich von liebevoller Freundlichkeit abgelöst, *Amor* wird zu *Caritas*, *Amour* zu *Amor fati*. Ein Teil davon ist nur Zuschauen und Dramatisieren, ohne Bewunderung des Bösen natürlich; nur eine Anerkennung desjenigen Teils, den das Böse am Schicksal hat, als etwas, das unter anderem Tugend zeitigt ...« Maurice blickte wie »benommen«, und Colette hörte höflich zu, ihr Gesicht »wurde maskenhaft, als sei sie plötzlich noch viel tauber geworden«.

Da es keine Antwort auf diese Rede gab, war der Besuch beendet. Colette und Maurice luden Westcott ein wiederzukommen und versprachen, bei dieser Gelegenheit mit ihm in Le Grand Véfour zu speisen. Er verabschiedete sich von ihr mit einem Kloß im Hals und eilte hinaus, um sich *Le Pur et l'impur* zu kaufen.

3

Zwanzig Jahre zuvor hatte Colette an Gérard d'Houville (Marie de Régnier) geschrieben: »Wir beide sind vielleicht die Einzigen, die etwas vom Tod verstehen, Sie durch Ihre Klarheit und ich durch meine Gleichgültigkeit, denn ich konnte mich nie für etwas interessieren, was nicht Leben ist.« Colette bewahrte sich ihr Interesse für das Leben bis zum Ende. »Was mir noch bleibt, ist meine Begierde«, schreibt sie in *Le Fanal bleu*. »Unter all meinen Kräften ist sie die Einzige, die sich der Zeit nicht gebeugt hat.«

Colettes achtzigster Geburtstag war Gelegenheit für einen noch größeren Erguss an Huldigungen, als ihr fünf Jahre früher zuteil wurde. Sie nahm die hochgesinnten Lobreden auf ihre Weisheit und Größe und die letzten Ehrungen, die ihr noch verliehen wurden, mit Grazie entgegen. Doch sie verstand, wie Cocteau, dass solche Preise »in extremis vergeben werden. Wie Recht sie hat, [diese Zeremonien] im Halbschlaf eines Maulwurfs über sich ergehen zu lassen, mit der tiefen und hellsichtigen Ironie, die man blitzartig in ihrem Auge wahrnimmt.«

Diese hellsichtige Ironie zeigt sich deutlich in ihren letzten Briefen. »Ich hätte dir tausend Dinge zu erzählen und ebenso viele Fragen an dich«, schreibt Colette an Germaine Beaumont. »Und natürlich ...« Aber sie vollendet den Satz nicht. »Eine Schriftstellerin, die nicht mehr schreiben kann«, seufzt sie an Moune, und auch diesen Satz beendet sie nicht. »Heute arbeite ich gar nicht«, schließt sie ihren letzten Brief. »Aber ich liebe dich.«

Colettes Handschrift wurde wie die Sidos krakelig. Sie begann, ihr Kurzzeitgedächtnis zu verlieren. Ihr Schmerz, ihre Taubheit und Starrheit trugen zu ihrer Isolation bei. Es gab Augenblicke, in denen sie sich für einen Besuch sammelte, und Cocteau beschreibt einen solchen: »Heute Morgen [5. Dezember 1953] sprühte Colette [...]. Alles, was in ihrem Gesicht weich gewesen war, wurde jetzt scharfkantig. Sie erzählte Geschichten, hörte zu, lachte.«

Claude Autant-Laras Verfilmung von *Le Blé en herbe* hatte einen Monat später Premiere. Der Erlös der Vorführung war für eine Wohltätigkeitsorganisation für Studenten bestimmt, und Colette nahm eine Grußadresse an das junge Publikum auf Band auf: »Mein ganzes Leben hindurch habe ich die Blütezeit intensiver beobachtet als jede andere Offenbarung des Lebens. Für mich liegt darin das wirklich erregende Geschehen, nicht im Tod, der nur eine banale Niederlage ist.«

Um diese Zeit kam Bertrand de Jouvenel ein letztes Mal, sie zu sehen. »Ich brachte ihr ein paar algerische Blüten mit, Strelizien, die sie an den Geruch und das Licht afrikanischer Gärten erinnerten; sie erinnerte sich, was sie mir einst gesagt hatte, dass die Ouled-Nail-Tänzer mit ihren Fingern die Form dieser Blüten nachahmen, und sie versuchte, das zu tun, konnte es aber nicht, denn ihre Hände waren krumm vor Athritis.« Sie gab ihm ein Buch: *Das irdische Paradies*.

4

Die Goudekets fuhren ein letztes Mal nach Monte Carlo. »Ich schreibe an niemanden, nicht einmal an meine Tochter (die mir übrigens auch nicht schreibt)«, schrieb Colette an Moune aus dem Hôtel de Paris. »Wie soll man diese merkwürdige Familie entschuldigen?« Anfang Mai waren sie wieder zurück im Palais Royal. Sie war nicht krank, schreibt Maurice, aber sie schwieg immer länger. Als die Knospen an den Bäumen ausschlugen und es in den Parks zu blühen begann, arrangierte er zwei Ausfahrten mit dem Auto. Colette hob ihre Hände bis zu den Schultern und drehte ihre Handflächen nach außen, was er die »Geste des Staunens« nennt. Doch es ist auch die klassische Geste der Selbstaufgabe.

Ende Juni schwand auch das bisschen Vitalität, das noch übrig geblieben war. Sie sah nicht mehr in die Zeitungen und ließ ihre

Briefe ungeöffnet. Sie konnte keine festen Speisen mehr zu sich nehmen und schlief die meiste Zeit. In wachen Momenten bat sie noch Pauline, ihre Schmetterlingskästen von der Wand zu nehmen oder ihr einen illustrierten Band über Insekten und Blumen zu bringen. Gegen Ende Juli konnte sie sich im Bett nicht mehr aufsetzen. Eine Schwester wurde angestellt, um Pauline zu entlasten, aber sie war nicht die Magd, die Colette »im Halbdunkel suchte. Nur Pauline konnte man Müdigkeit, Schwäche, Ohnmacht eingestehen, ihr allein das nackte Gesicht zeigen.« Sie gab Pauline genaue Instruktionen über ihre Totenkleider, aber sie fügte hinzu: »Die Leute sollen mich nach meinem Tod nicht sehen.«

Maurice und Bel-Gazou begannen Tag- und Nachtwache zu halten. Gelegentlich erwachte Colette aus ihrer Starre und schenkte ihnen »ein engelgleiches Lächeln«, und ihr Mann konnte sich nicht zurückhalten, Cocteau gegenüber zu bemerken: »Was bedeutsam ist: sie wird süß.« Am Nachmittag des 2. August hatte sie eine Stunde »großer Hellsichtigkeit«. Mit Maurice zusammen betrachtete sie ein Album mit Lithographien, sie las die Überschriften vor. Der Himmel war so schwer wie der Deckel einer Kasserolle – ein Gewitter kündigte sich an –, und die Schwalben flogen schrill pfeifend an ihrem Fenster vorbei. Mit einer Armbewegung, die das Rauschen der lebendigen Flügel im Garten mit dem Bild auf der Seite verband, sprach Colette ihr letztes verständliches Wort: »Sieh!«

Am nächsten Nachmittag, am Dienstag, dem 3. August, war die Hitze noch gestiegen und Colette kaum bei Bewusstsein. Sie trank eine Schale Gemüsebrühe, die Raymond Oliver ihr geschickt hatte. Maurice erschien sie strahlend glücklich. Ihre Lippen bewegten sich, und es war, sagt er, als befinde sie sich in einem Gespräch, »das sich an keinen von uns richtete«. Er ließ die Ärztin, Marthe Lamy, kommen, die feststellte, dass Colettes Herzschlag schwächer werde, er solle nach dem Priester schicken. Er lehnte das ab. An diesem Abend ging Maurice nur für einen kurzen Spaziergang aus dem Haus. Als er an ihr Bett zurückkam, war da das unverkennbare rasselnde Atemgeräusch. Es hörte um halb acht auf.

5

»Der Tod«, schrieb Colette, »sollte nie etwas Öffentliches sein.« Die Frau, die Begräbnisse hasste, hinterließ keinen letzten Wunsch bezüglich ihres eigenen Begräbnisses. Maurice bat um eine religiöse Zeremonie in der Eglise Saint-Roch, aber der Erzbischof von Paris lehnte ab. Graham Greenes Vorwurf an den Kardinal Feltin wurde auf der ersten Seite des *Figaro littéraire* abgedruckt, mitsamt der Antwort des Prälaten, und die Argumente auf beiden Seiten entfachten einen leidenschaftlichen öffentlichen Disput, der sehr wenig mit Colette zu tun hatte.

Als liberaler Katholik trat Greene für Barmherzigkeit und Vergebung seitens einer Institution ein, die auf diesen Prinzipien gründe. Colette war getaufte Katholikin. Sie hatte das Recht, die Dienste eines Priesters an ihrem Grab in Anspruch zu nehmen. Das zu verweigern würde Nicht-Katholiken zweifellos befremden und aufgeklärte Gläubige bestürzen. Und war der Kardinal wirklich moralisch und geistig bereit, ihr die Hoffnung auf Gnade abzusprechen? Die Hoffnung auf Gnade, antwortete der konservative Kardinal, gebe es für diejenigen, die nach den Gesetzen der Kirche gelebt oder in ihrer letzten Stunde Zeichen der Reue gezeigt haben. Das bedeute jedoch nicht, dass nicht Graham Greene und andere persönlich für Colette beten und Gottes Gnade für sie erflehen könnten.

Die Leser des *Figaro* stimmten im Großen und Ganzen mit der Meinung des Kardinals überein, aber das letzte Wort zu diesem Thema sollte Colette selber haben – ein unfrommes. Bei seinen Interviews für den französischen Rundfunk hatte André Parinaud Colette gefragt: »Ist für Sie, Madame Colette, das Leben auf etwas Höheres gerichtet?« Sie antwortete trocken: »Es geht, soweit ich weiß, nur in eine Richtung, nämlich dem Ende zu.« Aber Parinaud insistierte:

> »Ich wüsste gern, ob es für die Schriftstellerin und für die Frau eine Idee, eine Konzeption, eine essenzielle Vision gibt, der sie folgt, die ihr Ziel ist, ihr Grundstein und zugleich ihre Stimmgabel?« –
> »Ich sehe, Sie befassen sich heute mit ernsten Themen, und ich zögere nicht zu sagen, dass sie nicht in meinem Horizont sind. Der Sinn des Lebens? Hat man wirklich Zeit, einen solchen zu entdecken oder zu schaffen? [...] Bei mir hatte das Leben schon sehr früh die Gewohnheit, mich ein wenig grob, schlecht zu behandeln, und [...] auf die Gefahr hin, als passives Wesen angesehen zu werden: Ich musste kaum etwas anderes tun, als Widerstand zu leisten.«

6

Sidonie-Gabrielle Colette erhielt das erste Staatsbegräbnis, das jemals einer Frau zuteil wurde. Am 7. August 1954, um sieben Uhr morgens, wurde ihr Leichnam in den *Cour d'honneur* des Palais Royal gebracht. Der Sarg wurde auf einen mit der Trikolore drapierten Katafalk gestellt, flankiert von einer Militärgarde in Gala-Uniform. Ihn umgab eine Flut von Blumen, die meisten waren blau. Es gab Kränze vom französischen Parlament, dem Polizeipräfekten und der Fürsten von Monaco, eine Rosengirlande von der Königinnenmutter aus Belgien, ein Liliengebinde von der Vereinigung der Varietékünstler und ein Bukett bäuerlicher Dahlien von ihren »Landsleuten aus Saint-Sauveur-en-Puisaye«.

Die offizielle Zeremonie für zweitausendfünfhundert geladene Gäste sollte um halb elf beginnen, aber um acht hatte sich bereits eine Menge nicht Eingeladener in der Rue Montpensier versammelt. Sie war so groß, dass die Polizei beschloss, die Tore früher zu öffnen. Zwei Stunden lag defilierten mehr als sechstausend Pariser und Touristen, zumeist Frauen, an Colettes Bahre vorbei. Manche durchbrachen die geordneten Reihen, für die die Wachen sorgten, um ihre eigenen Sträuße aus Wildblumen oder Veilchen abzulegen, die nach den zwei Stunden das Pflaster wie ein Teppich bedeckten. Alle Berichte über diese Prozession erwähnen ihre Stille. Es war merkwürdig, schrieb der Reporter des *Figaro*, »denn, was sich hier ausdrückte, zeugte von mehr als der Sympathie für ein Werk, es war die Liebe zu einer Frau«.

Nach den Trauerreden begruben die Familie und ein paar enge Freunde Colette in Père-Lachaise. Als die Erde ins Grab geschaufelt wurde, begann es zu regnen, es kam ein Wind auf, und einer der heftigsten Gewitterstürme des Jahrhunderts brach herein. Sie hätte ihn genossen.

ANMERKUNGEN UND QUELLEN

In den Anmerkungen und Zitaten werden die nachfolgenden Abkürzungen verwendet. Bei den Zitaten im Text wurde nur dann auf eventuell vorhandene deutsche Übersetzungen zurückgegriffen, wenn diese sachlich mit dem französischen Original übereinstimmen. In allen übrigen Fällen wurden die Zitate aus dem Französischen übersetzt. [die Übers. B. F.]

COLETTES WERKE

Gesammelte Werke:

BQ 1–3 *Colette*. Bd. 1: *Romans, récits, souvenirs (1900–1919)*. Bd. 2: *Romans, récits, souvenirs (1920–1940)*. Bd. 3: *Romans, récits, souvenirs (1941–1949), Critique Dramatique (1934–1938)*. Paris: [Collection] »Bouquins«, Robert Laffont, 1989.

OCLF *Œuvres complètes*. 15 Bde. Paris: Le Fleuron, 1948–50.

Pl. 1–3 *Œuvres*. 3 Bde. Bibliothèque de la Pléiade. Paris: Gallimard, 1984.

Einzelausgaben:

Blé *Le Blé en herbe*. Erstausgabe: Paris: Flammarion, 1923; Pb-Ausgabe: Paris: Flammarion, 1969; in: BQ 2; dt.: *Erwachende Herzen*. Übers. von Stefanie Neumann. München 1986.

BS *Belles saisons* I und II. Erstausgabe: Paris: Galerie Charpentier, 1945; in: BQ 3.

BV *Bella-Vista*. Erstausgabe: Paris: Ferenczi, 1937; in: BQ 2; dt.: *Bella Vista*. Übers. von Doris Brehm, Emi Ehm, Stefani Neumann, Luise Wasserthal-Zuccari. Wien 1962.

CAL *Claudine à l'école*. Erstausgabe, als Autor: Willy. Paris: Ollendorff, 1900; in: BQ 1; dt.: *Claudine erwacht*. Übers. von Lida Winiewicz. München 1988.

CAL/LDP *Claudine à l'école*. Pb-Ausgabe, als Autoren: Willy und Colette. Paris: Albin Michel, 1956.

CAP *Claudine à Paris*. Erstausgabe, als Autor: Willy. Paris: Ollendorff, 1901; in: BQ 1; dt.: *Claudine in Paris*. Übers. von Lida Winiewicz. Wien 1957.

CAP/LDP *Claudine à Paris*. Pb-Ausgabe, als Autoren: Willy und Colette. Paris: Albin Michel, 1956.

CEM *Claudine en ménage*. Erstausgabe, als Autor: Willy. Paris: Mercure de France, 1902; in: BQ 1; dt.: *Claudine in der Ehe*. Übers. von Lida Winiewicz. München 1990; auch in: *Claudine*. Übers. von Lida Winiewicz. Hamburg-Wien 1957.

CEM/Folio *Claudine en ménage*. Folio Pb-Ausgabe, als Autoren: Willy und Colette. Paris: Mercure de France, 1973.

Contes *Contes des mille et un matins*. Paris: Flammarion, 1970.

CSEV *Claudine s'en va*. Erstausgabe, als Autor: Willy. Paris: Ollendorff, 1903; in: BQ 1; dt.: *Claudine geht*. Übers. von Lida Winiewicz. München 1990.

CSEV/LDP *Claudine s'en va*. Pb-Ausgabe, als Autoren: Colette und Willy. Paris: Albin Michel, 1957.

De ma fenêtre Erstausgabe Paris: Aux Armes de France, 1942, in: BQ 3; dt.: *Paris durch mein Fenster*. Übers. von Gritta Baerlocher. Zürich 1946.

Dialogues *Dialogues de bêtes*. Erstausgabe, als Autor: Colette Willy. Paris: Mercure de France, 1904; Folio Pb-Ausgabe, 1964; in: BQ 2; dt.: *Die Katze aus dem kleinen Café*. Erzählungen. Übers. von Gertrud Barnert. München 1987. [Enthält auch Auszüge aus *Prisons et Paradis*]

En tournée *En tournée: Cartes postales à Sido*. Mit Anmerkungen von Michel Remy-Bieth. Paris: Persona, 1984.

EPC *En pays connu*. Erstausgabe: Paris: Ferenczi, 1950; in: BQ 3; dt. in Auszügen in: *Sonntagslaune*. Übers. von Roselie und Saskia Bontjes van Beek. Wien 1988.

EV *L'Etoile vesper*. Erstausgabe: Genf, Paris, Montreal 1946; in: BQ 3.

FB *Le Fanal bleu*. Erstausgabe: Paris: Ferenczi, 1949; in: BQ 3; dt.: *Blaue Flamme*. Übers. von Uli Aumüller. Reinbek 1979.

Gigi *Gigi*, in: BQ 3; dt.: *Gigi*. Übers. von S. Neumann. Reinbek 1955.

HL *Les Heures longues*. Erstausgabe, als Autoren: Colette Willy. Paris: Fayard, 1917; in Pl. 2. und BQ 1.

JAR *Journal à rebours*. Erstausgabe: Paris: Fayard, 1941; in: BQ 3.

JN *La Jumelle noire*. Erstausgabe: OCLF, Bd. 10; in: BQ 3.

Képi *Le Képi*. Erstausgabe: Paris: Fayard, 1943; in: BQ 3; dt.: »Die Leutnantskappe«, in: *Das Rendezvous*. Übers. von Luise Wasserthal-Zuccari. Wien 1962.

La Fin *La Fin de Chéri*. Erstausgabe: Paris: Flammarion, 1926; Pb-Ausgabe: Paris: Flammarion, 1983; in: BQ 2; dt.: *Chéris Ende*. Übers. von Hans Jacob. Wien 1955.

L'Entrave *L'Entrave*. Erstausgabe unter dem Namen Colette Willy: Paris: Librairie des Lettres, 1913. Pb-Ausgabe: Paris: Flammarion, 1919; in: BQ 1; dt.: *Die Fessel*. Übers. von Erna Redtenbacher. Wien 1950; auch in: *Eifersucht. La Vagabonde. Die Fessel. Mitsou*. Wien 1986.

MA *Mes apprentissages*. Paris: Ferenczi, 1936. In: BQ 2; dt.: *Meine Lehrjahre*. Übers. von Uli Aumüller. Reinbek bei Hamburg 1980.

MDC *La Maison de Claudine*. Erstausgabe unter dem Namen Colette Willy: Paris: Ferenczi, 1922. In: BQ 2; dt.: *Claudines Mädchenjahre*. Übers. von Erna Redtenbacher. München 1991.

Mitsou *Mitsou: ou comment l'esprit vient aux filles*, in: BQ 1; dt. in: *Eifersucht. La Vagabonde. Die Fessel. Mitsou*. Wien 1986.

NdJ *La Naissance du jour*. Erstausgabe: Paris: Flammarion, 1928. Pb-Ausgabe: Paris: Flammarion, 1984. In: BQ 2; dt.: *Die Freuden des Lebens*. Übers. von Erna Redtenbacher und Helene M. Reiff. München 1986.

Paradies *Die Erde mein Paradies*. Hg. von Robert Phelps. Frankfurt a. M. 1967.

Parinaud *Mes Vérités: Entretiens avec André Parinaud*. Paris: Ecritures, 1996; dt. auszugsweise in: *Colette. Vom Enfant terrible zur Kultautorin*. Wien 1997.

Paysages *Paysages et portraits*. Paris: Flammarion, 1958.

P/I *Le Pur et l'impur*. Erstausgabe: Paris: Aux Armes de France, 1941. In: Pl. 3. und BQ 2; dt.: *Diese Freuden*. Übers. von Maria Dessauer. Frankfurt a. M. 1987.

Prisons *Prisons et Paradis*. Erstausgabe: Paris: Ferenczi, 1932. In: BQ 2.; dt. in Auszügen in: *Die Katze aus dem kleinen Café. Erzählungen*. Übers. von Gertrud Barnert. München 1987.

Retraite *La Retraite sentimentale*. Erstausgabe unter dem Namen Colette Willy: Paris: Mercure de France, 1907. In: BQ 1.; dt.: *Claudine findet zu sich selbst*. Übers. von Erika Danneberg. Reinbek 1961.

Sido *Sido*. Erstausgabe: Paris 1930; in: BQ 2; dt.: *Sido*. Übers. von Uli Aumüller. Reinbek 1982.

Sonntag *Sonntagslaune und andere Erzählungen*. Übers. von Roselie und Saskia Bontjes van Beek. Wien 1988. [Enthält Auszüge aus *En Pays connu*, *Prison et Paradis*, *La Maison de Claudine*, *Le Voyage égoiste*; vgl. *JFM*]

TSN *Trois ... Six ... Neuf*. Erstausgabe: Paris: Correa, 1944; in: BQ 3; dt.: *Drei ... Sechs ... Neun*. Übers. von Noa Kiepenheuer. Weimar 1960.

Vagabonde *La Vagabonde*. Erstausgabe, als Autor: Colette Willy. Paris: Ollendorff, 1910; Pb-Ausg.: Paris: Albin Michel, 1957; in: BQ 1; dt.: *Eifersucht. La Vagabonde. Die Fessel. Mitsou*. Wien 1986.

Voyage *Le Voyage égoïste*. Erweiterte Erstausgabe. Paris: Ferenczi, 1928; in: BQ 2.

VV *Les Vrilles de la vigne*. Erstausgabe, als Autor: Colette Willy. Paris: Ferenczi, 1934; in: BQ 1.

BRIEFE

AdP *Lettres à Annie de Pène et Germaine Beaumont*. Hg. von Francine Dugast. Paris: Flammarion, 1995.

GB *Lettres à Annie de Pène et Germaine Beaumont*. Hg. von Francine Dugast. Paris: Flammarion, 1995.

HP *A Hélène Picard*. In: *Lettres*, omnibus ed. Hg. und annotiert von Claude Pichois. Paris: Flammarion, 1988.

LAMT *Lettres à Moune et au Toutounet*, 1929–1954. Hg. von Bernard Villaret. Paris: des femmes, 1985.

LAPC *Au petit corsaire*. In: *Lettres*, omnibus ed. Hg. und annotiert von Claude Pichois. Paris: Flammarion, 1988.

LAPF *Lettres au petites fermières*. Hg. und annotiert von Marie-Thérèse Colleaux-Chaurang. Paris: Le Castor Astral, 1992.

LASP *Lettres à ses pairs*. Hg. und annotiert von Claude Pichois und Roberte Forbin. Paris: Flammarion, 1961.

LDLV *Lettres de la vagabonde*. Hg. und annotiert von Claude Pichois und Roberte Forbin. Paris: Flammarion, 1988.

MM *A Marguerite Moreno*. In: *Lettres*, omnibus ed. Hg. und annotiert von Claude Pichois. Paris: Flammarion, 1988.

SIDO, BRIEFE

LASF *Lettres à sa fille précédé de Lettres inédites de Colette*. Paris: des femmes, 1984.

UNVERÖFFENTLICHTER BRIEFWECHSEL UND MATERIALIEN

(fast das gesamte Material in dieser Rubrik ist undatiert)

ADC Archives Départementales de la Corrèze, Brive.

BN Archives de la Bibliothèque Nationale, Paris.

CASS Archives de la Société des Amis de Colette, Saint-Sauveur-en-Puisaye.

Doucet Archives de la Bibliothèque Littéraire Jacques Doucet, Paris.

GP Briefe von Colette an Germaine Patat aus dem Archiv der Bibliothèque Nationale.

HRC Harry Ransom Humanities Research Center, Austin, Texas.

MRB Privatsammlung von M. Michel Rémy-Bieth, Paris.

SMAF Korrespondenz zwischen Colette und Maurice Goudeket aus der Sammlung der Société des Manuscrits des Assureurs Français, Paris.

ANDERE QUELLEN

(vollständige bibliographische Angaben im Literaturverzeichnis)

Arendt Arendt, Hannah. *The Origins of Totalitarianism*; dt.: *Elemente und Ursprünge totaler Herrschaft.*

Aury Aury, Dominique. *Lecture pour tous.*

Barney Barney, Natalie Clifford. *Souvenirs indiscrets.*

BdJ Jouvenel, Bertrand de. *Un Voyageur dans le siècle.*

Binion Binion, Rudolph. *Defeated Leaders: The Political Fate of Caillaux, Jouvenel, and Tardieu.*

Bonmariage Bonmariage, Sylvain. *Willy, Colette, et moi.*

Caradec Caradec, François, *Feu Willy.*

CC *Cahiers Colette* nos. 1–20. Société des Amis de Colette.

CdJ Jouvenel, Colette de. *Colette de Jouvenel.*

Chauvière Chauvière, Claude. *Colette.*

Colette Pichois, Claude, und Alain Brunet. *Colette.*

D'Hollander, *CSA* D'Hollander, Paul. *Colette: Ses apprentissages.*

Discours Cocteau, Jean. »Colette«. In: Discours de réception à l'Académie Royale de Langue et de Littérature Françaises; dt.: *Colette.* Rede anläßlich der Aufnahme in die Académie Royale de Langue et de Littérature Françaises de Belgique. Frankfurt a. M. 1978.1s

Dormann Dormann, Geneviève. *Amoureuse Colette.*

Douceur Goudeket, Maurice. *La Douceur de vieillir.*

Escholier Escholier, Raymond. *Le Figaro littéraire.* 17. und 24. November 1956.

F/G	Francis, Claude und Fernande Gontier. *Colette*. Hamburg 1998.
Hire	Hire, Jean de la. »Willy et Colette«. In: *Ménages d'artistes*.
Jullian	Jullian, Philippe. *Jean Lorrain: ou Le Satiricon 1900*.
Lanoux	Lanoux, Armand. *Amours 1900*; dt.: Lanoux, Armand, *Amour 1900. Ein Pariser Kaleidoskop*.
Larnac	Larnac, Jean. *Colette: Sa vie, son œuvre*.
Léautaud	Léautaud, Paul. *Journal*; dt.: *Literarisches Tagebuch 1893–1956*.
Lottmann	Lottmann, Herbert. *Colette. Eine Biographie*.
Maurois	Maurois, Michelle. *Les Cendres brûlantes*.
Mugnier	Mugnier, Arthur. *Journal de l'abbé Mugnier (1879–1939)*.
Painter	Painter, George D. *Marcel Proust*. Eine Biographie. 2 Bde.
PdC	Goudeket, Maurice. *Près de Colette*; dt.: *Colette*. Übers. von Stefanie Neumann.
Pougy	Pougy, Liane de. *Mes Cahiers bleus*.
RdJ	Jouvenel, Renaud de. »Mon Enfance à l'ombre de Colette: Lettres de Colette à Renaud de Jouvenel«. In: *La Revue de Paris*, Dezember 1966.
Richardson	Richardson, Joanna. *Colette. Leidenschaft und Sensibilität*.
Sarde	Sarde, Michèle. *Colette, libre et entrave*. Paris 1978
Vérité	Jouvenel, Bertrand de. »La Vérité sur Chéri«. In: Pl. 2.
Weber	Weber, Eugen. *France fin de siècle*.
WillyI	Willy. *Indiscrétions et commentaires sur les Claudines*.
WillyS	Willy. *Souvenirs littéraires ... et autres*.
Zeldin	Zeldin, Theodore. *A History of French Passions*.

12 »Naturkind« – Willy, Préface zu *Claudine à l'école*, in: Pl. I, S. 3 ff.

12 »Ich glaube, ...« – *Gil Blas*, 4. Juni 1904, nach: Caradec, S. 143.

13 »Colettes Kunst ...« – Dossier Renée Hamon, MRB. Der Artikel, der weder namentlich identifizierbar noch datiert ist, trägt die Unterschrift »Lucie Porquerol«.

14 »ein glühendes Schamgefühl« – Aury, S. 75.

14 »Welch bewundernswertes Thema ...« – Pl. 2, S. 1547; dt. in: *Colette. Vom Enfant terrible zur Kultautorin*, S. 41.

14 »Ich habe mich gewundert ...« – Colette an Willy, MRB; vgl. auch Pl. 1, S. XCIV.

15 »dieses heidnische und fleischliche Wesen ...« – François Mauriac, »Le Roman d'aujourd'hui«, *La Revue hebdomadaire*, 19. Feb. 1927, S. 265 f.

15 »Die Sinne [sind] unnachgiebige Herren ...« – *P/I*, in: BQ 2, S. 887; dt.: *Diese Freuden*, S. 26.

15 »O Bürgerlichkeit von 1880« – Colette, *JN*, Quatrième Année, »Les Corbeaux, d'Henry Becque, 25 avril, 1937«, S. 1302.

16 »Ich war ungeschickt darin ...« – *EPC*, »Trait pour trait« (Courteline), S. 875.

16 »eine richtige, harte Geschäftsfrau« – *Vagabonde* in: BQ 1, S. 828; dt. in: *Eifersucht. La Vagabonde* u. a., S. 155.

17 »geistiger Hermaphrodit« – *P/I*, BQ 2, S. 903; dt.: *Diese Freuden*, S. 58.

17 »Ich, eine Feministin? ...« – Maurice Dekobra, Interview mit Colette, zitiert von Claude Pichois, Pl. 2, Préface, S. IX–X.

18 »Wie dem auch sei ...« – Alain Corbin, »Kulissen«, in: *Geschichte des privaten Lebens*, hg. von Philippe Ariès und Georges Duby, Bd. 4, S. 606.

19 *Le Pur et l'impur* – Ursprünglich war der Titel *Ces plaisirs ...* (Paris 1932) wie später auch im Deutschen *Diese Freuden*. Es ist bemerkenswert, dass Colette Auslassungen unwiderstehlich fand und sie in ihrem Werk überall verwendete, Gedankenpunkte einer Flüchtigen, die immer der Falle des Definitiven zu entgehen sucht. Der Titel stammt aus einer melancholischen Redewendung, die Colette unvollendet ließ, die aber als eine Art Schlagzeile für ihre Legende

zitiert wurde: *ces plaisirs qu'on nomme, à la légère, physiques …* (diese Freuden, die so leichthin körperliche genannt werden …).

19 »Ich wüsste gern …« – *MM*, S. 216.

20 »ich meiner wahren Hoffnung frönen?« – *Vagabonde*, in: BQ 1, S. 930; dt.: *La Vagabonde*, in: *Eifersucht, La Vagabonde* u. a., S. 335.

21 »Es fiel mir schwer …« – *MA*, in: BQ 2, S. 59; dt.: *Meine Lehrjahre*, S. 35.

22 »Zwei schöne verliebte Jugendliche …« – Aury, S. 123.

22 »Er hat nicht viel …« – Aury, S. 103.

22 »Von einem Menschen …« – *P/I*, in: BQ 2, S. 947; dt.: *Diese Freuden*, S. 147.

24 »Berufung, Wunderzeichen …« – *JAR*, »La Chaufferette«, S. 60 f.; dt. in: *Paradies*, S. 76, 78.

24 »In Ihren Romanen …« – *Parinaud*, S. 151.

24 »Ein ›Naturkind‹ …« – *P/I*, in: BQ 2, S. 949 f.; dt.: *Diese Freuden*, S. 152.

25 »Es gibt nur einen Menschen …« – *LASF*, S. 68.

25 »das Brot meines Lebens …« – *EV*, S. 670.

25 »fröhlicher, kleiner Vampir …« – *MDC*, »La Petite«, S. 217 f.; dt.: *Claudines Mädchenjahre*, S. 36.

1. KAPITEL

30 ein Château aus dem Mittelalter – Das Château ist heute das Musée Colette, ein reizvolles Ziel für Colette-Pilger. Hier findet man eine fantasiereiche Präsentation von Fotografien, Filmen, Büchern, Einrichtungsgegenständen und Dokumenten.

30 »Er ist nicht sehr schön …« – *NdJ*, S. 579; dt.: *Die Freuden des Lebens*, S. 6.

31 »Ungeheuer« – Die Quelle für dieses und all die folgenden Zitate von Cançon ist Escholier. Sein Bericht basiert auf den Aufzeichnungen von Emile Amblard, einem pensionierten Lehrer von der Yonne, der archivalisch geforscht hat.

31 stattlichen Vermögens – Es wurde auf eine halbe Million Francs geschätzt.

32 »das ganze Jahr über …« – *MDC*, »Maternité«, S. 246; dt.: *Claudines Mädchenjahre*, S. 122.

33 ihre bäuerliche Amme – Claude Francis und Fernande Gontier, die Autoren von *Colette* (in den Anmerkungen als F/G zitiert), die die Akten eingesehen haben, geben als Namen der Amme Guille an. Die Herausgeber der Pléiade nennen sie Madame Girard.

33 »Der schwarze Bart ...« – Colette, *MDC*, »Le Sauvage«, S. 210; dt.: *Claudines Mädchenjahre*, S. 17.

34 »Kinder sind ein Leben lang ...« – *LASF*, S. 100.

34 »Madame Colette nicht gewusst ...« – Briefe von Olympe Terrain (OT) an Jean Larnac (JL), HRC.

35 »hässlich, aber gut gewachsen! ...« – Colette, *MDC*, »La Fille de mon père«, S. 237; dt.: *Claudines Mädchenjahre*, S. 89.

35 »Kakaopflücker« – *Prisons*, »Voyages«, S. 986.

35 »Meine Vorfahren kamen ...« – *LASP*, S. 109.

36 »ausreichend Vermögen ...« – F/G, S. 14.

36 »Zweifellos hatte ihr Mann ...« – *EV*, S. 631.

37 Großhändler – Der Einzelhandelskaufmann trug eine Schürze und bediente seine Kunden eigenhändig. Der Großhändler, der »Anordnungen traf und nie mit seinen Waren in Berührung kam, konnte behaupten, ein Bürger zu sein«. Zeldin, Bd. 1, S. 15.

37 »So begann die Tochter ...« – *MDC*, in: BQ 2, S. 238; *Claudines Mädchenjahre*, S. 90.

38 »die Kunst, das Seltene ...« – Katalog der Colette-Ausstellung, 1973, S. 113; BN C1136.

38 »die Unterdrückung der Leidenschaften ...« – F/G, S. 26.

39 »ein junges Mädchen ...« – *MDC*, in: BQ 2, S. 210; *Claudines Mädchenjahre*, S. 17.

39 »Wir sind alle so einfältig ...« – *LASF*, S. 258, 255, 36, 183.

39 »tief verwurzelten Frauenhass ...« – *FB*, in: BQ 3, S. 747; dt.: *Blaue Flamme*, S. 41.

40 »hinkende Freitreppe ...« – *MDC*, in: BQ 2, S. 22 ff.; dt.: *Claudines Mädchenjahre*, S. 7 ff.

40 »Ich habe ihm an den Kopf ...« – *LASF*, S. 259.

41 »Bedürfnisses zu überleben ...« – *EV*, in: BQ 3, S. 620.

41 »nicht zu schenken verstand« – *MDC*, in: BQ 2, S. 212; dt.: *Claudines Mädchenjahre*, S. 21.

41 »denn J. Robineau ...« – *LASF*, S. 380.

42 »Ich liebe den Luxus ...« – Ebd., S. 89.

42 »Ich habe es nie …« – Ebd., S. 56.

42 »meine Schwester …« – *MDC*, in: BQ 2, S. 242; dt.: *Claudines Mädchenjahre*, S. 102.

43 »außergewöhnlich in Bezug …« – *MDC*, in: BQ 2, S. 243; dt.: *Claudines Mädchenjahre*, S. 104.

43 »war eine Freundin …« – *EV*, in: BQ 3, S. 656.

43 »berauschtes Opfer« – *MDC*, in: BQ 2, S. 224; dt.: *Claudines Mädchenjahre*, S. 55.

43 »Ich kenne niemanden …« – *MDC*, in: BQ 2, S. 246; dt.: *Claudines Mädchenjahre*, S. 111.

44 »Ich betrachtete …« – *EPC*, S. 911 f.

2. KAPITEL

47 »Der Schnee, der Hunger …« – *HL*, »Un Zuave«, S. 1239.

48 »Die Mailänderinnen!« – Ebd.

48 »*une égratignure*« – Ebd., S. 1240 f.

48 »unechte südliche Wutanfälle …« – *Sido*, in: BQ 2, S. 777; dt.: *Sido*, S. 45.

49 »kontrolliert und katzenartig …« – *Sido*, in: BQ 2, S. 777; dt.: *Sido*, S. 44.

49 »damit sie ihm …« – Pl. 1, S. XLIX, Anm. 2.

49 »Wenn du trinkst …« – Brief von Adrienne Saint-Aubun an ihren Sohn; Pl. 1, CXXVI.

49 »Ein komischer Mensch …« – Pl. 1, S. XLVII.

50 »Es gibt Menschen …« – *LASF*, S. 441.

50 »Er war zum Pascha …« – Ebd., S. 82.

50 »Ich bin ›im Zeichen …« – Colette, »Mes Idées sur le roman«, Le Figaro, 30. Okt.1937; Pl. 1, S. CXXVI.

50 fand sie eine Ansichtskarte – *LASF*, S. 266.

51 »einem schönen Stück Land« – Pl. 1, S. XLIX.

51 »vorzeitig« – *EV*, in: BQ 3, S. 631.

51 »Alle meine Schwiegersöhne …« – *LASF*, S. 253.

51 »hatte über grünen Augen …« – *P/I*, in: BQ 2, S. 950; dt.: *Diese Freuden*, S. 153.

52 »Ein Mann …« – Ebd.

52 »Sie betrachteten sich …« – Zeldin, Bd. 2, S. 48.

53 »neben Lamartine …« – Pl. 1, S. L.

54 »Wenn es jemals Zweifel …« – Escholier, 24. Nov. 1956.

54 »Du bist nicht …« – *LASF*, S. 405.

54 »Mésalliance« – CC 8, S. 121.

55 »Ich bin überrascht …« – Escholier, 24. Nov. 1956.

55 Ein Gut im Wert – Pl. 1. S. LI, Anm. 1. Das Gut bestand aus Bauernhöfen, Waldland, Weiden, dem Haus in Saint-Saveur und den materiellen Gütern, die es enthielt, einschließlich eines gut bestückten Kellers, einer inhaltsreichen Bibliothek und einer blauen zweisitzigen Viktoria im Kutschenhaus. Aber er hinterließ auch Schulden im Wert von hunderttausend Francs, die zum Teil, laut Crançon, von Sido gemacht worden waren, sowie ein früheres Testament, in dem zehntausend Francs seiner früheren Mätresse, zu dieser Zeit Madame Cèbe, versprochen waren, die sie (und mehr als das) zweifellos verdiente.

55 »Unanständigkeit …« – Escholier, 24. Nov. 1956.

55 »schwarzen Schleier …« – *EV*, in: BQ 3, S. 644.

56 begegneten der Braut – Wie Amblard berichtet, gab es für Sidos Brüder eine religiöse Zeremonie in Brüssel. Trotz ihres Atheismus waren ihnen wie auch Sido – und anders als dem immer ungläubigen Hauptmann – die öffentliche Meinung wichtig genug, dass sie bestimmte Äußerlichkeiten wie Hochzeiten, Begräbnisse und Trauerrituale einhielten. Wenn Francis und Gontier zu glauben ist, dann waren sie auch nicht so freidenkerisch, dass sie die Sünden ihrer Schwester Irma akzeptiert hätten.

56 »Das ist ein Zustand …« – *LASF*, S. 315.

56 »höchst langweilig …« – *MDC*, in: BQ 2, S. 224; dt.: *Claudines Mädchenjahre*, S. 54.

56 »Entschuldige! …« – *EPC*, S. 956; dt. in: *Paradies*, S. 37.

57 die einzige Mutterliebe – Ebd.

3. KAPITEL

59 »der philosophische Gegenstand …« – Emile Zola, *Nana*, in: *Œuvres Complètes*, Bd. 9, Paris o. J., S. 15.

60 »rund wie ein Turm …« – *MDC*, in: BQ 2, S. 225; dt.: *Claudines Mädchenjahre*, S. 58.

60 »dass Kinder ...« – *MDC*, in: BQ 2, S. 226; dt.: *Claudines Mädchenjahre*, S. 58.

60 »aufgerissenem Fleisch ...« – Ebd.

60 »himmlischer Grausamkeit« – *Ndj*, S. 590; dt.: *Die Freuden des Lebens*, S. 33.

61 »da ich blau und stumm ...« – *FB*, in: BQ 3, S. 758, dt.: *Blaue Flamme*, S. 59.

61 »Der Liebhaber mag sich ...« – *Prisons*, »Puericulture«, S. 1013.

61 »Wie soll ich ...« – Ebd.

62 »hundetreue ...« – *MDC*, in: BQ 2, S. 293; dt.: *Claudines Mädchenjahre*, S. 196.

62 »intakte« Schönheit – *MM*, S. 334.

63 »mütterliche, das heißt ...« – *BS* II, S. 565.

63 »Glücklich auszusehen ...« – *Sido*, in: BQ 2, S. 781; dt.: *Sido*, S. 52.

63 »ihr alle vier ...« – *LASF*, S. 433.

63 »durch Wände ...« – *MA*, in: BQ 2, S. 1213; dt.: *Meine Lehrjahre*, S. 28.

63 »Ich werde dich lehren ...« – Colette de Jouvenel (Colettes Tochter), aus einem undatierten Zeitungsinterview, das sie noch zu Colettes Lebzeiten gab. Darin erinnert sie sich an ihre Mutter. BN Dossier 18 718. Dieser Tadel machte auf sie einen unvergesslichen Eindruck. In einem Brief von 1973 an Bernhard Gavoty erzählt sie die Geschichte noch einmal. (CdJ, S. 25.)

63 »Sie, die nur geben wollte« – *Sido*, in: BQ 2, S. 186; dt.: *Sido*, S. 26.

63 marinierte und grillte – Colette, »Autres bêtes« (Domino), in: BQ 3, S. 818; dt.: *Die Katze aus dem kleinen Café*, S. 39 ff. Ursprünglich veröffentlicht in OCLF. Der Hund, Domino, war ein sechs Monate alter Welpe, der unter ein Wagenrad geraten war. Achille bestand darauf, dass es heuchlerisch sentimental sei, herrliche kleine Hasen und Lämmchen zu essen, sich aber zu scheuen, aus jungen Katzen oder Welpen ein Essen zu machen. Sido war entsetzt, tat aber nichts, um ihn daran zu hindern. Als der Braten aufgetragen wurde und Achille ihn aufschnitt, lehnten die Eltern und der Bruder ihre Portion ab. Colette lief schreiend aus dem Saal, während Léo schrie: »Sie wird sich übergeben! [...] Bringt sie weg [...]«.

65 »ohne Demut ...« – *VV*, in: BQ 1, »Rêverie de nouvel an«, S. 620; dt. in: *Paradies*, S. 233. Anders beschreibt sie es in »Quatre saisons, in:

Voyage, in: BQ 2, S. 149. Die Bauern machten sich »bescheiden und zufrieden« auf den Heimweg.

65 »Eine schwache Moral …« – »Aventures Quotidiennes«, in: *Voyage*, in: BQ 2, S. 476.

65 für die Dorfidole – Als Colette hingerissen war von der schönen Tochter des Zimmermanns, die mit dreizehn Jahren einen Chignon, ein langes Kleid und hochhackige Schuhe trug, bemerkte Sido schroff, man könne den Chignon nicht ohne die übrige Uniform haben: einen fettigen Liebesbrief in der Schürzentasche, eine Reihe von Liebhabern, die nach Wein und billigen Zigarren riechen und ein uneheliches Kind, das man irgendwo versteckt hält. *MDC*, in: BQ 2, S. 251 f.; dt.: *Claudines Mädchenjahre*, S. 135 f.

66 »in stummem Hass …« – »Aventures Quotidiennes«, in *Voyage*, in: BQ 2, S. 484.

66 grellrote und violette Blüten – Es ist interessant zu wissen, dass in dieser Zeit ein Bräutigam seiner Braut zum Hochzeitstag symbolträchtig rote und violette Blumen schenkte, während er vorher alle Blumengaben in jungfräulichem Weiß hielt.

66 »Niemand hat meine Rosen …« – *Sido*, in: BQ 2, S. 769; dt.: *Sido*, S. 27.

67 »sorgenvolles Hausgesicht …« – *Sido*, in: BQ 2, S. 765; dt.: *Sido*, S. 20.

67 »Von ihr habe ich …« – *EPC*, »Des mères, des enfants …«, S. 955; dt. in: *Paradies*, S. 36.

68 »meine Mutter …« – *Sido*, in: BQ 2, S. 764; dt.: *Sido*, S. 19.

68 »allesamt ziemlich ungewaschen« – *CAL*, S. 11; dt.: *Claudine erwacht*, S. 8.

68 »über die Disziplinlosigkeit …« – OT an JL, HRC.

69 »Aus sechs Kindermündern …« – *MDC*, in: BQ 2, S. 216; dt.: *Claudines Mädchenjahre*, S. 31 f.

69 »Eine Art resignierter …« – *MDC*, in: BQ 2, S. 217; dt.: *Claudines Mädchenjahre*, S. 33 f.

69 »An Schulkameraden …« – *CAL*, S. 11; dt.: *Claudine erwacht*, S. 8.

70 »in das Dorf …« – *VV*, in: BQ 1, S. 626.

70 »Fantasievoll …« – *JAR*, »Automne«, S. 46; dt. in: *Paradies*, S. 448.

70 »leidenschaftlich zu ihnen …« – *Sido*, in: BQ 2, S. 796; dt.: *Sido*, S. 82.

70 »für natürlich …« – *Sido*, in: BQ 2, S. 790; dt.: *Sido*, S. 72.

70 an die Hölle glauben – *LASF*, S. 113 f.

72 »mit einer ärgerlichen …« – *MDC*, in: BQ 2, S. 236 f.; dt.: *Claudines Mädchenjahre*, S. 86 f.

72 »fälschlich wie ein Mann …« – *Sido*, in: BQ 2, S. 791; dt.: *Sido*, S. 73.

72 »Was immer du …« – Der *Peau de chagrin* in Balzacs gleichnamigem Roman (1831) war ein Zaubertalisman (ein Ziegenfell), den der Held, Raphael de Valentin, von einem merkwürdigen Alten erhalten hat. Jedes Mal wenn Valentin einen Wunsch äußert, wird dieser erfüllt. Doch mit jedem Wunsch schrumpft das Fell, und wenn nichts mehr davon übrig ist, stirbt er. Briefe von Sido an Colette, MRB.

72 mangelnden Eifer – Pichois, Pl. 1, S. L.

73 Merlou mit 1460 Stimmen – Pichois, Pl. 1, S. LI.

73 »Er ist unbeliebter …« – Pl. 1, S. CXXVI.

74 »Wir standen …« – *Sido*, in: BQ 2, S. 776; dt.: *Sido*, S. 42.

75 »›Ach dem Kind …‹« – *Sido*, in: BQ 2, S. 782; dt.: *Sido*, S. 55.

75 »Papa? Oh, er wird …« – *CAL*, S. 103; dt.: *Claudine erwacht*, S. 142 f.

75 *»le vice paternel«* – *MA*, in: BQ 2, S. 1233; dt.: *Meine Lehrjahre*, S. 60.

4. KAPITEL

77 »Cousin Pauline« – GP.

77 »schwierigsten Alters« – »L'âge le plus trouble«, *Paysages*, S. 220.

78 »Pubertätsneurosen …« – *MA*, in: BQ 2, S. 1212; dt.: *Meine Lehrjahre*, S. 26.

78 Mit seinen Körperflüssigkeiten – Louise Kaplans Auseinandersetzung mit diesen Praktiken in ihrem Buch *Weibliche Perversionen* war für mich besonders interessant und hilfreich, um diese Lebensphase von Colette zu verstehen.

78 »Mach' es wie wir …« – *CAP*, S. 272; dt.: *Claudine*, S. 356.

78 »Verwirrung und Empörung« – *MDC*, in: BQ 2, S. 247; dt.: *Claudines Mädchenjahre*, S. 124.

78 »leichtgläubig und entsetzt …« – *MDC*, in: BQ 2, S. 225; dt.: *Claudines Mädchenjahre*, S. 58.

78 »ihr selbst unverständlicher …« – *MDC*, in: BQ 2, S. 293; dt.: *Claudines Mädchenjahre*, S. 197.

79 »Ich hatte daran …« – *MDC*, in: BQ 2, S. 242; dt.: *Claudines Mädchenjahre*, S. 101.

79 Adrienne de Saint-Aubin – In *Claudines Mädchenjahre* schreibt Colette ihren Namen Saint-Alban.

80 »das Bild finden …« – *Sido*, in: BQ 2, S. 775; dt.: *Sido*, S. 36 f. Allerdings ist es verwunderlich, dass sie mit elf Jahren gewusst haben soll, wie die Brust, an der sie im Alter von vier Monaten gesogen hat, aussah.

80 »vor allem, weil …« – *MDC*, in: BQ 2, S. 267; dt.: *Claudines Mädchenjahre*, S. 169.

80 »eine quälende Erinnerung …« – *Sido*, in: BQ 2, S. 774; dt.: *Sido*, S. 37.

81 jeder in Saint-Sauveur – Sie wussten zum Beispiel, dass der Hauptmann im selben Sommer, als die Verlobung stattfand, einen Wald fällte, der Teil ihrer Mitgift gewesen wäre.

82 »zu einem Zinssatz …« – *PdC*, S. 134; dt.: Maurice Goudeket, *Colette*, S. 138.

82 »fahrlässig geführter …« – *MDC*, in: BQ 2, S. 246; dt.: *Claudines Mädchenjahre*, S. 121.

82 hätte alles geregelt werden können – Caroline Landoy an Juliette Roché, MRB.

83 Sidos Schwägerin Caroline Landoy – Die reiche, schöne und vielseitige Caroline Landoy, verheiratet mit Sidos Bruder, war eine geborene Cuvelier de Trye, die Tochter eines bekannten zeitgenössischen Dramatikers und die beste Freundin von Julie Considerant, Victors Ehefrau. Sie ist die wirklichkeitsnahe und bissige »Tante Caro« aus Sidos Briefen.

83 »All das übersteigt …« – Caro an Juliette, MRB.

83 »wie ein Kind …« – *MDC*, in: BQ 2, S. 247; dt.: *Claudines Mädchenjahre*, S. 122 f.

83 »Von alltäglichen …« – *Sido*, in: BQ 2, S. 774; dt.: *Sido*, S. 38.

84 »Deutschlands alter Anspruch …« – Elisabeth Charleux-Leroux, »Gabrielle Colette à l'école élémentaire«, in: CC 12, S. 143–154.

85 eine belgische Freundin – Francis und Gontier vermuten, dass die »Freundin« tatsächlich Sidos Schwester Irma war.

88 Verlag 1864 erworben – Zu seinen Autoren gehörten Auguste Comte, Louis Pasteur, Pierre Curie, James Clerk Maxwell (nach dem die Gleichungen benannt sind), Léon Foucault (der dem Pendel seinen Namen gab), der Astronom Flammarion, der Chemiker Saint-Claire Deville, die Mathematiker Poincaré und Hermite, Edouard Branly, einer der Väter des Radios. Außerdem veröffentlichten dort: Henri Becquerel, der die Radioaktivität entdeckte und sich mit den Curies den Nobelpreis teilte, sowie die Erfinder der Farbfotografie und des Kathodenstrahls. Sie alle waren, wie Verlegersohn Willy gesagt haben mag, *auteurs pas gai*, obwohl Gauthier-Villars auch Bücher von Charles Cros veröffentlichte, einem berühmten Dichter und Humoristen, Bohemien zudem, der neben seinen leichteren Werken, *Mucus* und *Der Salzhering*, sich chemischen Experimenten widmete und einen Phonographen entwickelte.

88 Ecole Polytechnique – Die Ecole Polytechnique wurde zu Gauthier-Villars Schülerzeit von Baudelaires tyrannischem Stiefvater, General Aupick geleitet. Und Willys Vater sollte es später ablehnen, Baudelaire zu verlegen, mit dem Argument: »Es tut uns Leid. Wir sind ein katholischer Verlag.« (Bonmariage, S. 52)

88 »Familienwerte« auf ihr Panier – In dieser Ära diskutierte man über die Scheidungsfrage wie wir heute über Abtreibung diskutieren – ein Blitzableiter, um den Konflikt zwischen den Rechten des Individuums (insbesondere der Frauen) und der Unantastbarkeit der patriarchalischen Familie zu kanalisieren.

91 die schlimmsten Befürchtungen – Caradec erzählt, dass Willy, wenn er seiner Mutter seine Bücher schickte, die Seiten, die er für sie für ungeeignet hielt, zusammenklammerte. Die Familie bewahrte diese Bücher auf und erlaubte mir, sie anzusehen. Die Klammern, die nie abgezogen worden sind, haben Rostflecken auf den Seiten hinterlassen.

91 dem wirklichen Leben – Elisabeth Charleux-Leroux, »Réalité et fiction dans *Claudine à l'ècole*«, in: *Bulletin de la Société des sciences historiques et naturelles de l'Yonne*, Bd. 113, 1981; Paul D'Hollander, in: Pl. 1, S. 1260 f.

91 »lebhaft« und »anspruchsvoll« – *FB*, S. 766; dt.: *Blaue Flamme*, S. 72.

91 »Für die Familie Colette …« – OT an JL, 1925, HRC. Es lohnt sich, diese Einschätzung mit der romanhaften Beschreibung derselben Begegnung in *Claudine erwacht* zu vergleichen: »Mademoiselle Sergent, dieser Eindringling, hat mit mir kein leichtes Leben. Ich stelle alle Stacheln auf, zeige mich bockig, halsstarrig und aufrührerisch und weise ihre Versuche, mich kirre zu machen, auf eine Art zurück, die hart an Unverschämtheit grenzt. Doch schon nach den ersten Scharmützeln kann ich nicht umhin, sie als Pädagogin von wahrhaft überragenden Fähigkeiten anzuerkennen, die mitunter allzu scharf, jedoch stets mit größter Bestimmtheit ihren Willen durchzusetzen sucht. Dieser wäre klar und folgerichtig genug, würde er nicht häufig von Jähzorn getrübt. Eine Spur mehr Selbstbeherrschung, und diese Frau wäre bewundernswert. So aber sprühen ihre Augen Feuer, sobald sie auf den geringsten Widerstand stößt, das rote Haar fällt in die Stirn, wirr und schweißgetränkt, und sie muss die Klasse verlassen – so wie vorgestern, um mir nicht das Tintenfass an den Kopf zu werfen.« *CAL*, S. 13; dt.: *Claudine erwacht*, S. 10 f.

92 Allerdings las sie auch – Vgl. *Parinaud*, S. 102; auch »Mélanges«, in: OCLF, Bd. 15.

92 Spezialist in Grabreden – Außer seiner »Ode für Paul Bert« schrieb er auch die Grabrede für den großen General Mac-Mahon, mit dem zusammen er gedient hatte.

93 »Ich habe es dir …« – *Sido*, in: BQ 2, S. 776; dt.: *Sido*, S. 42.

93 ihre Frechheit in der mündlichen Prüfung – Mademoiselle Terrain gibt nur ein Beispiel. Die Inspektoren fragten Colette nach der chemischen Zusammensetzung von Tinte, worauf sie antwortete: »Ich kaufe meine im Laden.« OT an JL, HRC.

93 angesichts der Darstellung ihrer Person – Für jede der Romangestalten gab es ein erkennbares Vorbild in der Wirklichkeit: Mademoiselle Sergent, Aimée, Luce, Anïs, Pomme, Dutertre, Rabastens. Nachdem der Roman veröffentlicht war, verloren manche von ihnen ihre Freier, andere wurden nicht befördert, und die meisten litten offenbar unter *»calomnies«* oder zumindest unter dem gnadenlosen Klatsch über ihre sexuellen Vorlieben. Madame Charleux-Leroux und andere suchten nach Beweisen für die wuchernde, alles umfassende sexuelle Anstößigkeit, die Colette beschreibt, konnten aber nichts finden, obwohl Mademoiselle Terrain ein uneheliches Kind hatte.

94 »ein Mann von Welt ...« – Rachilde, *Portraits d'hommes*, »Willy: L'à peu près grand homme«, S. 15–59.

94 »fälschlich für eine Jugendliche ...« – Colette, »L'Ouvreuse«, in: *La Revue illustré*, 15.7.1907; auch zitiert von Hire, S. 65.

94 »Wenn so manches ...« – *MA*, in: BQ 2, S. 93; dt.: *Meine Lehrjahre*, S. 54.

95 »Ich wäre gern dunkelhaarig ...« – Hire, S. 15.

96 »durch das gesamte Œuvre ...« – *MA*, in: BQ 2, S. 1232 f.; dt.: *Meine Lehrjahre*, S. 59 f.

97 Henri Gauthier-Villars – Willy wurde Henri Gauthier-Villars getauft, aber schon immer anglophil, änderte er die Schreibweise in Henry.

97 »so religiös ...« – Caradec, S. 25.

97 »Später habe ich verstanden ...« – Caradec, S. 28.

98 »Hier wurde der ...« – Caradec, S. 32.

99 »in den Augen ...« – Bonmariage, S. 54.

99 »mein künftiger Ehemann ...« – Hire, S. 65.

100 »den beinahe Großen« – Ein Wortspiel über ein Wortspiel. Der Titel lautet auf Französisch »L'à peu près grand homme«, der Beinah-Große, aber *à peu près* ist ebenfalls ein Wortspiel.

100 »Schwäche für Glück ...« – Willy, *Souvenirs*.

100 »*crainte du ridicule*« – Gauthier-Villars, Henri, *Le retour d'age*, S. 177.

101 »Männer, die so [wohl]geboren ...« – Bonmariage, S. 152.

102 »bombardierte den Vater ...« – Pierre Varenne, Willy-Dossier, MRB.

103 ihr *Brevet* – Jacques Frugiers Chronologie von 1889 in: Pl. 1, S. CXXVIII.

103 erzählte Colette einem Freund – Marthe Lamy, in: CC 12, S. 76.

104 seine eigene Stärke – »Ich habe sie gesehen«, schreibt sie über die dreizehnjährigen Sirenen, »die, wiewohl bereits im Besitz fraulicher Hüften und Waden, das, was man die Vorrechte der Kindheit nennt, schamlos ausnutzen. Eine reizende kleine Blondine mit wissenden Augen reitet auf dem Schenkel ihres älteren Cousins oder hockt auf einem Barstuhl, die Knie bis ans Kinn gezogen, zeigt, so viel sie kann, und lauert mit dem Blick einer kalten Katze auf die schändliche Erregung der Männer.« *CSEV*, in: BQ 1, S. 457; dt.: *Claudine geht*, S. 31.

104 »ein über jeden Verdacht …« – *Képi*, »La Cire Verte«, S. 335; dt.: »Grüner Siegellack«, in: *Das Rendezvous*, S. 365.

104 »Ein solches Schauspiel …« – *Képi*, »La Cire Verte«, S. 335; dt.: »Grüner Siegellack«, in: *Das Rendezvous*, S. 366.

104 »Intimfreund …« – *LASP*, S. 244. Bert starb 1886 plötzlich im Alter von dreiundfünfzig Jahren, die Daten stimmen also nicht überein. Es gibt jedoch wie in allen Erinnerungen von Colette hier eine gewisse Unbestimmtheit in den Daten, Raum für Irrtümer. 1886 war sie dreizehn – nach Colette »das schwierigste Alter«.

105 »Nur ein bestimmtes …« – Colette, »Graphismes«, in: CC 2, S. 6–10.

105 »aggressiv und agil …« – Ebd.

106 »Aus dem Feuer geboren …« – *ES*, S. 266.

106 »›Warum bist du nicht …« – Colette, »Graphismes«, in: CC 2, S. 6–10.

106 »Haben Sie nicht selbst …« – »Le Tendron«, in: BQ 3, S. 322; dt.: »Ein junges Reis«, in: *Das Rendezvous*, S. 336 f.

108 »seiner ersten großen Liebe« – Caradec, S. 58.

108 »astronomische Summen …« – Bonmariage, S. 75.

108 »›Alter Junge‹ …« Willy, *Souvenirs*, S. 40.

109 »Wenn wir unsere Vergangenheit …« – *MA*, in: BQ 2, S. 1209; dt.: *Meine Lehrjahre*, S. 19.

109 »die Mutter von [Willys] Sohn …« – *GB*, S. 197.

109 »Ich weine schamlos …« – Caradec, S. 58.

6. KAPITEL

112 »Stück für Stück …« – *CAP*, S. 181; dt.: *Claudine*, S. 234.

113 »Sie entblößte …« – *BV*, in: BQ 2, »Le Sieur Binard«, S. 1368–1372; dt.: *Bella Vista*, S. 153–158.

113 »Ach! dass ich sie …« – *NdJ*, in: BQ 2, S. 589; dt.: *Die Freuden des Lebens*, S. 31.

113 »der großen Hingabe …« – *BV*, in: BQ 2, S. 1369; dt.: *Bella Vista*, S. 155.

113 nur sieben Ärztinnen – Weber, S. 95. Sieben Ärztinnen gab es 1882, 1903 waren es 95 und 1928 nur 556.

113 »Blut, das wild …« – *BV*, in: BQ 2, S. 1370; dt.: *Bella Vista*, S. 155 f.
114 »Es ist ein hübscher Säugling …« – Pl. 1, S. LVI–LVII.
114 »Colette erfuhr von ihrem Vater …« – Varenne, Willy Dossier, MRB.
115 *»mon cher alter magot«* – Caradec, S. 78.
115 »Wenn die Colettes …« – Pl. 1, S. LVI.
115 »Madame la Générale …« – *FB*, in: BQ 3, S. 791; dt.: *Blaue Flamme*, S. 111 f.
116 »Umso besser! …« – *CAP*, S. 277 f., 283, 285; dt.: *Claudine in Paris*, S. 363 f., 371 f.
117 »Ich sterbe …« – Willy, *Indiscrétions*, S. 22 f.
117 »einem sträflichen Rausch …« – *MA*, in: BQ 2, S. 1212; dt.: *Meine Lehrjahre*, S. 26.
117 »viel von meiner Zeit …« – Briefe von Sido an Juliette, MRB.
117 »all das könnte …« – Ebd.
117 »das rauschhafte Gefühl …« – »Noces«, in: OCLF, Bd. 7; dt.: *Paradies*, S. 85.
117 »Wollt ihr wohl …« – »Noces«, in: OCLF, Bd. 7; dt.: *Paradies*, S. 86.
118 »gewitzte kleine Frauenzimmer …« – Meg Villars, *Les Imprudences de Peggy*, »traduit par Willy«. Paris: Société d'Editions Parisiennes, 1911.
118 »zu den Pfannen und Töpfen« – Sido an Juliette, in: Pl. 1, S. LX.
118 »ohne die grundehrlichen …« – Dossier Renée Hamon, BN 18711.
118 »träume vom Heiraten …« – Caradec, S. 64.
118 »Auf ein Wort …« – Caradec, S. 65.
120 vor ihrer Ehe vergewaltigt – Nach einer Mitteilung von Madame Sanda Goudeket an die Autorin im Juni 1991.
120 »Was willst du? …« – Dossier Renée Hamon. BN.
120 »Gesprächsthema Nummer eins …« – Pl. 1, S. LX.
120 »Dabei hätte ebenso gut …« – Caradec, S. 65.
121 »ohne ihn …« – Sidos Briefe an Charles Roché, MRB.
121 laut Ehevertrag – Pl. 1, S. LX–LXI.
122 »mit einem fremden Mann …« – »Noces«, in: OCLF, Bd. 7, S. 80; dt.: *Paradies*, S. 88 f.

7. KAPITEL

128 »einen kleinen Einblick …« – Elisabeth de Gramont, Bd. 1, S. 13.

130 »für manche Leute …« – *MA*, in: BQ 2, S. 1267; dt.: *Meine Lehrjahre*, S. 119.

130 »Nach Willys Tod …« – Pl. 1, S. LXI.

130 »Man erwartet …« – *GB*, S. 150.

131 »umdrängt, umschwärmt …« – *MA*, in: BQ 2, S. 1201–1205; dt.: *Meine Lehrjahre*, S. 8–13.

133 »Kurz nach dem Morgengrauen …« – Caradec, S. 68.

134 »Venusberg« – Obwohl niemandem die Anspielung entgehen würde, erklärte er: »Venusberg wie in *mons veneris*.«

135 »Eine Arbeit …« – *MA*, in: BQ 2, S. 1211 f.; dt.: *Meine Lehrjahre*, S. 23–25.

136 »vor allem um Paris …« – *MA*, in: BQ 2, S. 1212; dt.: *Meine Lehrjahre*, S. 25.

137 »liebenswürdige Bescheidenheit …« – Pl. 1, S. LXII.

137 »Geschmack daran gefunden …« – *MA*, in: BQ 2, S. 1218; dt.: *Meine Lehrjahre*, S. 35.

137 »Blicke und Worte …« – *CEM*, S. 333; dt.: *Claudine in der Ehe*, S. 53.

138 »Was geschrieben …« – *MA*, in: BQ 2, S. 1209; dt.: *Meine Lehrjahre*, S. 19.

138 »Ich trage in meinem Herzen …« – Bonmariage, S. 136 f.

139 »Die Literatur dieser Zeit …« – Zeldin, Bd. 2, S. 1128.

140 »der eigenen Persönlichkeit …« – Arnold Hauser, *Sozialgeschichte der Kunst und Literatur*, S. 964.

140 »In der Zeit …« – *MA*, in: BQ 2, S. 1204; dt.: *Meine Lehrjahre*, S. 11.

140 »Niemand wusste etwas …« – *MA*, in: BQ 2, S. 1208; dt.: *Meine Lehrjahre*, S. 19.

141 »Meine Hochzeit? …« – Willy an einen Freund, MRB.

141 »Zahlen, Zahlen …« – *MA*, in: BQ 2, S. 1210; dt.: *Meine Lehrjahre*, S. 21.

141 »seiner rosigen …« – *MA*, in: BQ 2, S. 1212 f.; dt.: *Meine Lehrjahre*, S. 26 f.

142 »Ich werde dich …« – Alben von Madeleine de Swarte, Doucet, Album 2.

142 »gelegentlich ziemlich garstig …« – Willy, *Souvenirs*, S. 132.

142 »eine Blonde …« – Willy, *Souvenirs*, S. 134.

142 wie eine Wahrsagerin – *MA*, in: BQ 2, S. 1217; dt.: *Meine Lehrjahre*, S. 33.

143 »Spielt er den Pascha …« – BN 18706.

143 »[Es ist] eine dumpfe« – Ebd.

144 »Wenn es wie aus Eimern …« – Willy, *Souvenirs*, S. 136.

144 in den Mund – Ebd.; auch *MA*, in: BQ 2, S. 1218; dt.: *Meine Lehrjahre*, S. 34.

144 Willys Untreue – Nach der französischen Colette-Biografie von Claude Pichois und Alain Brunet von 1999 war dies nicht der erste Fall von Untreue, den Colette zu ertragen hatte. Sie zitieren aus einem außerordentlich anrührenden Brief von 1893, den Colette an Willy schrieb und in dem es um seine Beziehung zu einer Schauspielerin namens Louise Willy geht: »Oh, Willy! Es schmerzt mich so sehr, so sehr! […] Du vergisst mich mit anderen und ich bewundere dich so sehr!« *Colette*, S. 60.

145 »Du bist stolz …« – *Sido*, S. 759.

145 nicht täuschen ließ – *MA*, in: BQ 2, S. 1213; dt.: *Meine Lehrjahre*, S. 28.

8. KAPITEL

147 »Es gibt im Leben …« – *MA*, in: BQ 2, S. 1219; dt.: *Meine Lehrjahre*, S. 37.

147 »Morgen werden sie …« – Willy an Charles Roché, CASS.

148 Flecktyphus – Prof. Maurice Rapin, zitiert in Pl. 1, S. 1293.

148 »Vor zwei Jahren …« – BN 18706.

148 Geschlechtskrankheit – Sanda Goudeket im Gespräch mit der Autorin 1991.

149 »hysterischer Blindheit« – Vgl. Kap. 10.

149 »Die beiden Männer …« – *Képi*, S. 279; dt.: »Die Leutnantskappe«, in: *Das Rendezvous*, S. 258.

150 »verschwendete für mich …« – *MA*, in: BQ 2, S. 1220; dt.: *Meine Lehrjahre*, S. 39.

150 »Willy schilt mich …« – *LASP*, S. 11 f.

151 »weder Theoretiker …« – Pierre Champion, *Marcel Schwob et son temps*, S. 96.

151 »wirkte wohltuend …« – *MA*, in: BQ 2, S. 1220; dt.: *Meine Lehrjahre*, S. 38.

152 Modelle für Madame Verdurin – Ihren Namen verdankt sie unter Umständen einem der berühmtesten Wortspiele von Willy. Er hatte einmal Catulle Mendès, der in seiner Jugend für seine Schönheit berühmt und als Schürzenjäger ebenso produktiv war wie als Schriftsteller, Monsieur Vain-du-rein genannt – ein Wortspiel mit *vin du Rhin*, Rheinwein, was aber auch als »stolz auf seine Lenden« verstanden werden konnte. Ich gebe zu, es geht etwas weit, aber Verdurin – *verre du Rhin*, ein Glas Rheinwein, ist etwas Schweres, das einem in den Kopf steigt, und vielleicht lässt es sich sogar *ver du rein*, Lendenwurm, lesen, der heimtückische Wurm des gesellschaftlichen Zerfalls. Die Anspielung würde einem kleinen Zirkel, zumindest den Zeitgenossen von Proust – von Willy und Colette –, nicht entgangen sein.

153 »Du musst die Welt nehmen …« – Maurois, S. 142 f.

153 »nun einen neuen …« – *LASP*, S. 15.

153 »großen Holzhaus …« – Retraite, S. 587; dt.: *Claudine findet zu sich selbst*, S. 117.

153 »Brauchen Sie niemanden …« – *MA*, in: BQ 2, S. 1222; dt.: *Meine Lehrjahre*, S. 41.

154 »Ich hatte mich noch nicht …« – *Képi*, S. 308, 279; dt.: »Die Leutnantskappe«, in: *Das Rendezvous*, S. 300, 258.

154 »›Aber‹, fragte ich naiv …« – *MA*, in: BQ 2, S. 1222 f.; dt.: *Meine Lehrjahre*, S. 42 f.

154 »Ich schwimme …« – *LASP*, S. 13.

155 »mit Blättern obenauf …« – *LASP*, S. 14.

156 »Ich habe ihn so übel …« – *LASP*, S. 22.

156 »Ich legte mich …« – *LASP*, S. 17 f.

157 »züchtig mit diesem Herrn …« – *LASP*, S. 24 f.

157 »Noch hat sie …« – Alben von Madelaine de Swarte, Doucet, erstes Album.

157 »Was Ihre dummen Geschichten …« – *LASP*, S. 24.

9. KAPITEL

160 »Goethe'schen Bildungsbegriff …« – Arendt, S. 59 f.; dt. S. 118.

160 »nichts so sehr …« – Arendt, S. 68; dt. S. 130, 150.

161 »alten geschminkten Tunten …« – Jullian, S. 148; J.-K. Huysmans, *Tief unten*, S. 332–344.

161 »Ach, mein liebes Kind …« – Claude Dauphiné, *Rachilde: Femme de lettre 1900*, S. 32.

162 »unfähig«, Drogen … – *P/I*, in: BQ 2, S. 878; dt.: *Diese Freuden*, S. 8.

162 nur drei Liebhaber – Dossier Renée Hamon, MRB. Colette kann gewiss nur meinen, sie habe nur drei ernsthafte, langzeitige Liebhaber gehabt – eine Zahl, der ich in dieser Bedeutung zustimme.

162 »Monsieur Willy, mir, …« – *MA*, in: BQ 2, S. 1258; *Meine Lehrjahre*, S. 104.

163 »um der Aufmerksamkeit …« – Claude Dauphiné, *Rachilde: Femme de lettre 1900*, S. 25 (Microfiche, S. 85).

164 trieb ihre Travestie »so weit …« – Claude Dauphiné, *Rachilde: Femme de lettre 1900*, S. 26.

164 »ihre kollektive Männlichkeit …« – Edward Berenson, *The Trial of Madame Caillaux*, S. 117.

165 »So begann jenes komplizierte …« – Arendt, S. 157 f. (dt.).

166 »Alles an ihr …« – Colette, »Marguerite Moreno«, in: *MM*, S. 10.

166 »Du wandtest mir …« – Chauvrière, »28 rue Jacob, par Marguerite Moreno«, S. 55.

166 »Wenn sie mich sehen …« – *Retraite*, S. 555; dt.: *Claudine findet zu sich selbst*, S. 65 f.

167 »Eines Mittwochs bei …« – *CEM*, S. 337 f.; dt.: *Claudine in der Ehe*, S. 60 f.

167 ein junger, hübscher Literat – In ihrem Manuskript (das in der Bibliothèque Nationale aufbewahrt ist) hatte Colette ursprünglich geschrieben »un jeune youpin de lettres«, ein junger jüdischer Literat, doch Willy änderte die Stelle in die diskretere Formulierung: »un jeune et joli garçon de lettres«. BN MS 14609.

168 »brachten die Pervertierten …« – Arendt, S. 81 f.; dt. S. 156.

168 »nicht besonders heiter …« – JN, Troisième Année, »L'âne de Buridan«, S. 1246.

169 »Willy zu bitten …« – Maurois, S. 100.

169 »Nächtliche Londoner Randalierer …« – Ebd.

170 »der Liebe in ihrer Jugendlichkeit …« – *MA*, in: BQ 2, S. 1251; *Meine Lehrjahre*, S. 91.

170 »Willy bittet dich …« – *LASP*, S. 32.

170 »jungenhafte« Art – *MA*, in: BQ 2, S. 1254 f.; *Meine Lehrjahre*, S. 98 f.

170 »der mich besaß …« – *VV*, »Jour gris«, S. 45.

171 »gewagteren französischen Autoren …« – Weber, S. 272.

171 »vor Freude so laut« – Caradec, S. 92.

171 »Wer wirklich in der Literatur …« – Weber, S. 272.

171 »Die Bühne […] lieferte …« – Weber, S. 159.

172 »Der ironische Willy …« – Zitiert von D'Hollander, *CSA*, S. 62 f.

174 »Es gibt Richter …« – *MA*, in: BQ 2, S. 1256; *Meine Lehrjahre*, S. 100.

174 »Pierre Veber erdrosseln …« – Caradec, S. 81.

175 Wildes *Salomé* – Es gibt in Showalters *Sexual Anarchy* ein Foto von Wilde im Salomékostüm. Dieses Foto stammt aus der privaten Sammlung von Willys Freund Guillot de Saxe. Das Kostüm, das Colette in *Rêve d'Egypte* trug, war mit dem Wildes auf dem Foto fast identisch.

175 »ein altes Schreckgespenst …« – Pl. 1, S. XXXVI f.

175 »die symbolische Gottheit …« – J.-K. Huysmans, *Gegen den Strich*, S. 65.

175 »Die Klubsphäre …« – Elaine Showalter, *Sexual Anarchy*, S. 13.

176 »Sie sind der Einzige …« – *LASP*, S. 34.

176 »eine Baskenmütze …« – Pl. 1, S. LXIV f.

176 »Ich glaube, was Willy …« – Bonmariage, S. 58.

177 »stillschweigend« – F/G, S. 159. Sie zitieren aus: Lyonne de Lespinasse, »La Peur de l'être«, *Frou-Frou*, 1907.

10. KAPITEL

179 »manches zu lachen gab« – OT an JL, HRC.

179 Abschlussfeier – Ebd. Dreißig Jahre später brachte sie die abwegige These auf, Willy und Colette seien darauf erpicht gewesen, an der Feier teilzunehmen, weil sie damit rechneten, Dr. Merlou, Jules Colettes alten Feind, dort zu treffen. Dieser war damals Parlamentsmit-

glied »und durch seine Vermittlung könnte Willy eine einträglichere Position erlangt haben als die eines Literaten«.

179 »Ihr ehemaliger Plagegeist« – Colette an OT, MRB.

179 »Colette [habe] darauf bestanden …« – OT an JL, HRC.

179 »Am Morgen Willys Auftritt …« – Unveröffentlichter Brief von Colette an Moreno, Sammlung von Foulques de Jouvenel.

180 »In wenigen Tagen …« – Caradec, S. 89.

180 »Schreiben Sie mir …« – Colette an OT, MRB.

180 »die Leute so dumm …« – Terrein Dossier, BN 18708.

180 »Föten darin …« – *MA*, in: BQ 2, S. 1228; *Meine Lehrjahre*, S. 52.

181 in den Rachen schieben – *LASP*, S. 27.

181 »Vor meiner Heirat …« – *MA*, in: BQ 2, S. 1228; *Meine Lehrjahre*, S. 52.

181 »Eine sehr amüsante [Erfindung] …« – *LASP*, S. 27.

181 »Wenn meine Töchter …« – *MA*, in: BQ 2, S. 1230; *Meine Lehrjahre*, S. 55.

181 »Ich gestand ihnen nie …« – *MA*, in: BQ 2, S. 1228 f.; *Meine Lehrjahre*, S. 53.

182 »Ich – und ein Kind …« – *Retraite*, in: BQ 1, S. 548; dt.: *Claudine findet zu sich selbst*, S. 55.

182 »waren sehr töchterlich« – *CEM*, S. 337 f.

182 »er ganz verstört …« – Larnac, S. 56.

182 »Gestern Abend …« – Colette an OT, MRB.

183 »das mich sechs Jahre …« – *MA*, in: BQ 2, S. 1210; *Meine Lehrjahre*, S. 22.

183 »Ich habe ein erstaunliches …« – Larnac, S. 57.

183 »hundert Francs (in Gold)« – Caradec, S. 90.

184 »Du warst ein netter …« – *LASP*, S. 444.

184 Dort empfing er Jean Lorrain … – Jullian, S. 280.

184 »ein Roman von Willy …« – Sarde, S. 140.

184 »›Alter Cur …« – *MA*, in: BQ 2, S. 1240; *Meine Lehrjahre*, S. 73.

185 die andere Hälfte – Das berichtet G. Ravon, *Des yeux pour voir*; hier zitiert nach D'Hollander, *CSA*, S. 77.

186 »Es ist sicher nicht …« – Ebd.

186 »Welche Sätze …« – Caradec, S. 91.

186 »die ärgerliche Perfektion …« *LASP*, S. 28 f.

186 »Colette leidet …« – BN 18706.
187 »Mutter hatte …« – Maurois, S. 101.
188 »es könne …« – Ebd.
188 »einen fantastischen Brief …« – Maurois, S. 102.
188 »Da [Colette und Willy] …« – Maurois, S. 473 f.
188 »fast ihr Augenlicht …« – Maurois, S. 473.
189 »Sie hatte regelrechte …« – Chauvière, S. 58.
189 »Ich habe Gelegenheit …« – *P/I*, in: BQ 2, S. 951; dt.: *Diese Freuden*, S. 155 f.

11. KAPITEL

191 Im Juli 1896 – Esterhazys Komplizenschaft in der Affäre war bereits von Mathieu Dreyfus, Alfreds Bruder, zutage gefördert und der Presse enthüllt worden. Doch Picquart brachte als Erster konkrete Beweise bei: einen Eilbrief (der berühmte »*kleine Blaue*«) aus den Akten der Nachrichtenabteilung.

192 fast keine Politiker – Der Sozialist Jaurès hatte ursprünglich die Dreyfus-Richter wegen ihrer »Nachsicht« verspottet und die Todesstrafe gefordert. Auf der anderen Seite stand Scheurer-Kestner, der Vizepräsident des Senats, ein früher Unterstützer von Dreyfus; an ihn schickte Picquart sein Exposé aus Tunesien. Er war wie Dreyfus Elsässer und »betrachtete sich als Beschützer aller Elsässer in Frankreich«. Vgl. Madeleine Rebérioux, *La republique radicale?* (S. 10), neben Arendt eine meiner wichtigsten Quellen für die Geschichte der Dreyfus-Affäre.

192 wenige Juden – » […] die Mehrheit des jüdischen Großbürgertums hatte nur ein Ziel: in Frieden seine Rechte zu genießen. Es fürchtete Unruhen und gefiel sich darin, die französische Armee als bewundernswerte Schule der Toleranz darzustellen.« Rebérioux, *La republique radicale?* S. 6 f.

193 »Die Juden werden …« – Maurois, S. 146.

193 Die Feministinnen – Sévérine, die *Passionaria* der französischen Literatur und Mitarbeiterin von Durand, berichtete in der Zeitung über das Gerichtsverfahren und sagte ihren Lesern: »Wenn wir für einen Verurteilten, von dem wir mit gutem Grund glauben, dass er

unschuldig ist, nicht Gerechtigkeit fordern, mit welchem Recht können wir dann Gerechtigkeit für uns selbst erwarten!«

193 »alle Protestanten für Dreyfus« – Weber, S. 122.

194 »Während die Komtesse …« – Maurois, S. 126.

194 die Anti-Dreyfus-Partei und ihre Rhetorik – Zu den Vorschlägen für die Lösung der jüdischen Frage gehörte: sie in Öl braten und sie »ums Genick herum« beschneiden. Arendt, nur englische Ausgabe, S. 107.

195 »Dies ist das …« – Jules Renard, *Journal*, 17. Feb. 1898, Paris: Gallimard, 1959.

195 »angeboren« – Dossier Renée Hamon, BN.

195 »Ich hoffte, …« – *LASP*, S. 45 f.

196 »strich herum und …« – Caradec, S. 99.

196 »lebhaft an meine …« – *TSN*, S. 372; dt.: *Drei … Sechs … Neun*, S. 24.

197 »ich wollte zeigen …« – *Képi*, S. 292; dt.: »Die Leutnantskappe«, in: *Das Rendezvous*, S. 279.

197 »Aber kümmern wir uns …« – *TSN*, S. 372; dt.: *Drei … Sechs … Neun*, S. 24.

197 »Diwan zurück, zur Katze …« – *MA*, in: BQ 2, S. 1210; dt.: *Meine Lehrjahre*, S. 22.

197 »außergewöhnlichen Mann …« – *MA*, in: BQ 2, S. 1265 f.; dt.: *Meine Lehrjahre*, S. 116.

198 »so gedöst wie …« – *MA*, in: BQ 2, S. 1227 f.; dt.: *Meine Lehrjahre*, S. 51.

198 »ein bekannter Humorist … verheiratet …« – Jean de Tinan, *Aimienne ou Le Détournement d'une mineure*, 1899, zitiert von Pichois, Pl. 1, S. LXVI.

199 »›Hübsch.« Er schlug – *MA*, in: BQ 2, S. 1231; dt.: *Meine Lehrjahre*, S. 57.

199 »›Könnten Sie diese Kindereien …‹« – Ebd.

200 Er nahm die stattlichen Tantiemen – Selbst wenn Colette ihre ersten Romane unter ihrem eigenen Namen veröffentlicht hätte, wäre ihre Situation kaum besser gewesen: Nach dem Code Napoléon, der noch gültig war (er wurde erst 1907 geändert), hätte Willy auch in diesem Fall die Tantiemen erhalten, er hätte die Rechte auf ihre Bücher besessen und wäre berechtigt gewesen, darüber zu verfügen.

Das Landhaus Les Monts-Bouccons wurde 1908 verkauft. Dafür brauchte Willy Colettes schriftliche Zustimmung. Sie hat sie ihm gegeben.

200 »Ganz und gar …« – Colette, Préface zu *Claudine à l'école*, OLCF, 1948, zitiert nach D'Hollander, *CSA*, S. 89.

201 »Wir können uns Colettes Version …« – D'Hollander, *CSA*, S. 93.

201 »Sie sind aber auch …« – Hire, S. 72.

202 »Mit Colette befinden …« – Lanoux, S. 358; dt. S. 328.

202 »bürgerlicher Besitzer« – Lanoux, S. 359; dt. S. 330.

203 »gemein und süchtig …« – *CAL*-LDP, S. 93.

203 »Ach, Claudine …« – *CEM*-Folio, S. 18

203 »Unschuld des Ungeheuers« – Anm. der Übers. B. F.: Colette übernimmt hier einen Ausdruck von Baudelaire. Vgl. *Petits Poèmes en prose*, »Mademoiselle Bistouri«.

12. KAPITEL

205 Madame Steinheil – Im Jahr 1908 wurden der Ehemann und die Mutter von Madame Steinheil tot aufgefunden. Sie waren erdrosselt worden. Madame Steinheil kam wegen Doppelmordes vor Gericht, obwohl die Staatsanwaltschaft annahm, dass die Tat von ihrem Liebhaber begangen wurde, einem Gutsherren um die fünfzig namens Borderel, der erklärte: »Um mich selbst zu verteidigen, müsste ich sie belasten.« Es wurde vielfach erwähnt, wie jung und schön Meg Steinheil noch mit vierzig Jahren aussah. Sie wurde freigesprochen, das Urteil allgemein begrüßt, dann verließ sie Frankreich, heiratete einen englischen Adligen und starb, zwei Wochen vor Colette, am 20. Juli 1954.

205 »besten geschäftlichen Aussichten« – Arendt, S. 119; dt. S. 204.

206 »die unmäßige Mystifizierung …« – Lanoux, S. 375; dt. S. 346.

206 »Die offizielle Verherrlichung …« – Sarde, S. 156.

206 Das durchschnittliche Gehalt – Es ist schwer zu sagen, wie viel das heutzutage wäre. Aber 1900 war der Franc in seiner damaligen Kaufkraft (außerhalb der größeren europäischen Städte) zwischen drei und zehn Deutsche Mark wert, obwohl einige der wichtigsten Le-

benshaltungskosten wie Miete und Ernährung viel niedriger lagen als heute. Die Entsprechung ist leichter zu verstehen, wenn man sich das Leben in Paris um die Jahrhundertwende, was die Kosten angeht, in etwa vergleichbar mit Guadalajara oder Kairo vorstellt. Siehe auch Kapitel 22, Anm. 19.

207 Eine Revuetänzerin – Siehe Lanoux, S. 270–273; dt. S. 248 f.

208 »Ausgebeutet von den Bordellbesitzern …« – Léo Taxil, *La Corruption fin-de-siècle*.

208 Epoche der Schlemmerei – Die Boulevardpresse dieser Zeit – *Fantasio*, *Rire*, *Le Sourire*, *Fin-de-Siècle* – um nur einige der Zeitschriften zu nennen – serviert ein *Grande bouffe* von Frauen als Süßwaren. Das gleichbleibend verzuckerte Menü ändert sich von Woche zu Woche kaum: mächtige Schönheiten in durchscheinenden Schleiern, Waldnymphen, Bacchantinnen, wilde Zigeunermädchen, kecke, vollbusige Kindfrauen in kurzen Röcken oder Frauenhosen, exotische Tänzer – Afrikanerinnen, Hindufrauen, Amerikanerinnen, Ägypterinnen; schöne lethargische Drogenabhängige nehmen Morphium oder rauchen Opium und vermitteln uns frühe Bilder einer Heroinmode. Da gibt es Artikel über »die schönsten Busen von Paris«, Erinnerungen eines Satyrs, eines Chauffeurs und eines Odalisken; halbnackte Mannequins reiten auf Pferden, räkeln sich auf dem Bett, springen aus Kuchen und Badewannen heraus; auf denselben Seiten wird für Abtreibungshelfer, pornografische Schriften, Kondome und Schilddrüsentabletten (zur Gewichtsabnahme) geworben, für Heilmittel gegen Impotenz, Geschlechtskrankheiten, Gicht, Blutarmut, Migräne und Apparate zur Vergrößerung der Brüste. Colette sollte später diese Seiten und manchmal auch die Titelseiten dieser Zeitschriften zieren, als sie zur Bühne ging.

209 »Am Hochzeitstag war …« – Dumas, *L'Ami des femmes*, zit. von Pichois, Pl. 1, S. XII.

209 »Ich brauche nicht …« – Lanoux, S. 106; dt. S. 94.

210 »Gerade diese Vielseitigkeit …« – Simone de Beauvoir, *Le Deuxième Sexe*, Bd. 1, S. 192; dt.: *Das andere Geschlecht*, S. 200.

210 Hubertine Aucler – Auclers Polizeidossier vertrat die Meinung: »Man hält Hubertine für wahnsinnig und hysterisch; aufgrund dieser Krankheit betrachtet sie sich als gleiche von Männern und sucht den Kontakt mit ihnen.« Alain Corbin: »Kulissen«. In: *Geschichte*

des privaten Lebens. Hg. von Philippe Ariès und Georges Duby, S. 290.

211 »zähem Willen und beweglichem Geist« – *La Vie heureuse*, 1904, BN Fol. ZN 53.

211 Zahl französischer Schriftstellerinnen – Rachilde, Gyp, Marcelle Tinayre, Judith Gautier, Gérard d'Houville (Marie-Louise de Hérédia de Régnier), Colette Yver, Lucie Delarue-Mardrus, Renée Vivien, Anna de Noailles, Myriam Harry, Juliette Adam, Arvède Barine, Sévérine – um nur die bekannteren von Colettes Zeitgenossinnen zu nennen.

212 »Für das junge Mädchen ...« – Simone de Beauvoir, *Le Deuxième Sexe*, S. 303; dt.: *Das andere Geschlecht*, S. 321.

213 »Wenn Sie wüssten ...« – CAP, in: BQ 1, S. 281; dt.: *Claudine in Paris*, S. 367.

213 »Als ob ein weicher ...« – *CAL*, in: BQ 1, 86; dt.: *Claudine erwacht*, S. 117 f. und *Claudine*, S. 111.

214 »Welch demütigende Feststellung! ...« – *CAL*, in: BQ 1, 94 f.; dt.: *Claudine erwacht*, S. 130. und *Claudine*, S. 123.

214 »sehen neugierig zu ...« – *CAL*, in: BQ 1, 46 f.; dt.: *Claudine erwacht*, S. 59 f. und *Claudine*, S. 58.

215 »einer der größten ...« – Pichois, Pl. 1, S. LXVII.

216 »Ja, [Claudine] ist eine ...« – Pichois, Pl. 1, S. LXXII–LXXIII.

13. KAPITEL

217 »Drei Jahre später ...« – *MA*, in: BQ 2, S. 1244; dt.: *Meine Lehrjahre*, S. 79.

218 »fühlte ich mich wieder besser ...« – *MA*, in: BQ 2, S. 1244; dt.: *Meine Lehrjahre*, S. 79 f.

219 »Ich versichere dir ...« – Colette an MM, Sammlung von Foulques des Jouvenel.

220 die Abenteuer einer anderen – Ich habe diese leichten Romane, *Minne* und *Les Egarements de Minne*, die 1904 beziehungsweise 1905 und 1909 in gedrängter Form in einem Band unter dem Titel *L'Ingénue libertine* und der Autorschaft von Colette Willy veröffentlicht wurden, hier außer Acht gelassen. Im ersten Band läuft ein wohlerzogenes, unberührtes junges Mädchen von zu Hause fort

und sucht ein grobes sexuelles Abenteuer mit einem Rowdy. Im zweiten Roman ist dieselbe Frau erwachsen und hat geheiratet; aber sie hat nie einen Orgasmus erlebt. Sie nimmt sich einen Geliebten, in der Hoffnung, er werde ihr zum Orgasmus verhelfen, findet aber schließlich ihre Ekstase – eine unglaubwürdige Stelle – in den Armen ihres Ehemannes.

220 »mit einer neuen Perle ...« – So Willys Sekretär Alfred Diard. Colette behauptete, keinen Schmuck zu besitzen, nur ein paar Glasperlen. Caradec meint (S. 142), die Wahrheit liege irgendwo in der Mitte zwischen Glas und Perlen.

221 »meinen Anteil ...« – *MA*, in: BQ 2, S. 1238; dt.: *Meine Lehrjahre*, S. 68.

221 Gegen Ende ihres Lebens – *Parinaud*, S. 97.

222 »allem Anschein zum Trotz ...« – *MA*, in: BQ 2, S. 1254; dt.: *Meine Lehrjahre*, S. 97 f.

222 »Aber hätte man ...« – *Vagabonde*, in: BQ 1, S. 828 f.; dt. in: *Eifersucht. La Vagabonde* u. a., S. 155 f.

222 »Mein Gott! ...« – *Vagabonde*, in: BQ 1, S. 827; dt. in: *Eifersucht. La Vagabonde* u. a., S. 153.

223 um eines zweitklassigen Svengali willen – Anmerkung der Übersetzerin: Svengali ist der bösartige Hypnotiker aus *Trilby* (1894), dem Roman von George du Maurier, einem britischen Künstler und Romancier, gestorben 1896; Svengali wird jemand genannt, der, gewöhnlich in böser Absicht, versucht, einen anderen zu überreden oder zu zwingen, ihm zu Willen zu sein.

223 »die Zugänge ihres Leibes ... Bist du einverstanden? ...« – Pauline Réage [Dominique Aury]. *Histoire d'O*. Paris 1954, S. 50, 92; dt.: *Geschichte der O*. München, Berlin o. J., S. 38, 68.

224 Eine Frau, die – Dieses Thema ist gründlich und erhellend von Jessica Benjamin in *Die Fesseln der Liebe*, besonders im Kapitel »Herr und Knecht« behandelt worden.

224 »Sie müssen mir helfen ...« – *CEM*, in: BQ 1, S. 412; dt.: *Claudine in der Ehe*, S. 175 und *Claudine*, S. 541 f.

225 Diese Kämpfe aus Angst – Die Funktion der Eifersucht und die Zyklen von »Verlassenwerden und Wiedervereinigung« in Szenarien sexueller Abhängigkeit diskutiert Louise Kaplan anschaulich in: *Weibliche Perversionen*.

225 Willy behauptet – Willy, *Indiscrétions*.
229 »Freudentaumel« – *CAP*, in: BQ 1, S. 194, 278, 282, 286, 291, 293; dt.: *Claudine in Paris*, S. 253, 255, 364, 369, 374, 381, 384.

14. KAPITEL

231 Die Affäre endete – Caradec, S. 148.
231 Ihre Mitgift betrug – *Colette*, S. 101 f.
231 Nach Cocteau hatten – Discours, S. 22. Georgie heiratete 1891; Cocteau und Goudeket sind beide 1889 geboren. Demnach müsste Raoul-Duval zwei bis drei Jahre jünger gewesen sein als sie. Nach Pichois hat Georgie drei Bücher und ein Theaterstück geschrieben. Letzteres wurde in London von ihrer Schwester, Mrs. Brown Potter, aufgeführt, die eine bekannte Schauspielerin und Freundin des Prinzen von Wales war. *Colette*, S. 103–105.
232 »Colette hat behauptet, …« – Willy, *Indiscrétions*.
232 »dieser rachsüchtige Junge …« – *LASP*, S. 51.
233 »Da ist nicht der Schatten …« – Caradec, S. 149.
233 »Ich brauche Geld …« – *LASP*, S. 51.
233 »Ich mache mir, wie Sie sehen …« – *LASP*, S. 49.
235 »Etwas Lust zu weinen …« – *CEM*, in: BQ 1, S. 304; dt.: *Claudine in der Ehe*, S. 9.
235 »sein Mund und seine Hände …« – *CEM*, in: BQ 1, S. 305; dt.: *Claudine in der Ehe*, S. 11 f.
235 »eine geheimnisvolle Hoffnungslosigkeit …« – *CEM*, in: BQ 1, S. 305 f.; dt.: *Claudine in der Ehe*, S. 12.
236 »Wer das Leben mit …« – *CEM*, in: BQ 1, S. 327 f.; dt.: *Claudine in der Ehe*, S. 44 f.
236 »Für Renaud ist Untreue …« – *CEM*, in: BQ 1, S. 357; dt.: *Claudine in der Ehe*, S. 91 f.
237 »die Suche nach ihrem Seelenheil« – *MA*, in: BQ 2, S. 1257; dt.: *Meine Lehrjahre*, S. 103.
237 »Man muss neu beginnen …« – *CEM*, in: BQ 1, S. 411; dt.: *Claudine in der Ehe*, S. 174.
237 Bestsellern und dem Theater – Pichois schreibt: »Man erkennt die Vorgehensweise: Roman, Theaterstück, Theaterstück, Roman, so

dass der Eindruck entsteht, die Willy-Werkstatt vervielfältige ihre Produkte, indem sie deren Verpackung ändert.« Pl. 1, S. LXIX.

238 Lugné-Poe … Charles Vayre – Sie fügten ihre Namen zu dem Pseudonym Luvey zusammen.

239 schlüpfriger Lieder – Sie machte den Schlager »Ta-ra-ra-bum-di-e« unsterblich, ein Lied, das ich von meiner Großmutter, einer Zeitgenossin Colettes, kennen lernte.

239 Solidarität mit diesem Typus – Ihr selbst gefiel Edith Piaf nicht. 1941 meinte sie, »gleichzeitig hässlich, vernarrt und ohne Talent zu sein, das ist zu viel«. *LAPF*, S. 69.

239 »persönlich unendlich vorteilhafter …« – Polaire, *Polaire par elle-même*, S. 118.

240 »dressierte Hunde« – In ihren Memoiren beklagt Polaire, dass diese Präsentation Gerüchte aufkommen ließ; sie leugnete, dass es in ihrer Freundschaft zu Colette und Willy jemals etwas Unanständiges gegeben habe. Willys öffentliche wie private Äußerungen im Laufe der Jahre unterstützen diese Behauptung, ebenso die Äußerungen von Colette. Polaire habe, erzählt Colette einem Freund, einen Horror vor »Gleichgeschlechtlichkeit« gehabt und sei nie ihre Geliebte gewesen.

240 »Monomanie zur Selbstdarstellung« – Caradec, S. 136.

240 »[Sie] legte immer …« – *MA*, in: BQ 2, S. 1252; dt.: *Meine Lehrjahre*, S. 94.

240 »verlieh einer Figur …« – *MA*, in: BQ 2, S. 1253; dt.: *Meine Lehrjahre*, S. 95 f.

241 »Ich habe nur …« – *La Vie heureuse*, Nr. V, 1904.

242 »absurd, fast unerträglich« – *TSN*, in: BQ 3, S. 372 f.; dt.: *Drei … Sechs … Neun …*, S. 26.

242 »Colette sehr chic …« – Caradec, S. 141 f.

243 *»molle ardeur de la femme amoureuse«* – Paysages, S. 152.

243 Körperkultur als Antwort – Weber, S. 213–217.

244 »den Selbstausdruck des …« – Alain Corbin, »Kulissen«, S. 628.

244 »Ich sinniere darüber, …« – Paysages, S. 150–154.

245 »Als ich später …« – *MA*, in: BQ 2, S. 1263; dt.: *Meine Lehrjahre*, S. 112 f.

245 »ekstatischen Artikeln …« – Caradec, S. 143.

245 Anzeige wegen Obszönität – Zu den vielen bekannten Zeugen, die

zu Willys Gunsten aussagten, gehörte auch Joris-Karl Huysmans, der beteuerte, Willys Romane lieferten »ein wahres und wertvolles Zeugnis über die Sitten unserer Epoche. Meiner Meinung nach sind sie Werke eines Künstlers«. Caradec, S. 155.

245 »Ich habe dir ...« – Caradec, S. 169.

246 »Zwillingspaar der Zweitbesetzung ...« – *MA*, in: BQ 2, S. 1264; dt.: *Meine Lehrjahre*, S. 114.

246 »diese mediokren ...« – Caradec, S. 120.

246 »Sie hängen an ihm ...« – *Dialogues*, in: BQ 2, S. 858; dt.: *Die Katze aus dem kleinen Café*, S. 156 f.

247 »Er war ...« – *P/I* in: BQ 2, S. 936; dt.: *Diese Freuden*, S. 125.

248 »mit amüsierter Geringschätzung ...« – Willy, *Indiscrétions*.

248 »Er musste so ...« – Pl. 3, S. 1567.

248 »diese Kryptogramme ...« – *P/I* in: BQ 2, S. 940; dt.: *Diese Freuden*, S. 132.

248 »die Sprache der Leidenschaft ...« – *P/I* in: BQ 2, S. 939; dt.: *Diese Freuden*, S. 131.

249 »Ernst und Grausamkeit ...« – *P/I* in: BQ 2, S. 943; dt.: *Diese Freuden*, S. 137.

249 »Da gibt es ...« – *P/I* in: BQ 2, S. 935; dt.: *Diese Freuden*, S. 123 f.

250 »völligen Vereinigung ...« – Allan Massie, *Colette*.

250 weibliche Geliebte – Francis und Gontier lassen alte Gerüchte über Colette und Moreno, Otéro, Augusta Holmes und verschiedene Schauspielerinnen wieder aufleben. Aber, wie Jean Chalon es ausdrückt, »*le tout Paris* schrieb Madame Willy lange Zeit Liebhaberinnen zu, weil niemand etwas von [männlichen] Liebhabern wusste«. Jean Chalon, *Colette, l'éternelle apprentie*, S. 91.

251 »Die Wilde ...« – Barney, S. 191.

252 »Ich glaube ...« – George Wickes, *The Amazon of Letters*, S. 263.

252 »eine Objektivität ...« – François Chapon, *Autour de Natalie Clifford Barney*, S. 6.

253 »nach ihrer verblüffenden ...« – Barney, S. 189.

253 »Mein Mann küsst ...« – Jean Chalon, *Porträt einer Verführerin. Die Biographie von Natalie Barney*. München 1977, S. 103.

253 »Das Abenteuer mit Georgie ...« – Pl. 1, S. LXXXII.

15. KAPITEL

255 »Ich gehe mit …« – Colette an Louis de Robert, BN 18707.

255 »filmische Beweglichkeit …« – *CSEV*, in: BQ 1, S. 483; dt.: *Claudine geht*, S. 103 f.

256 »Versteinerung« – *MA*, in: BQ 2, S. 1254; dt.: *Meine Lehrjahre*, S. 97.

256 »Ich war …« – Ebd.

256 »sich das unbestimmte Gefühl …« – *MA*, in: BQ 2, S. 1245; dt.: *Meine Lehrjahre*, S. 81 f.

257 »diesem alten Pedanten Usherette« – *Claudine au concert*, S. 53.

257 Pariser Berühmtheiten – Unter anderen kommen hier vor: Willy (Maugis), Polaire, Natalie Barney (Miss Flossie), Jeanne de Caillavet (Rose-Chou), der Komponist Léon Payet (Louis de Serres) und seine Frau Marthe (Liette).

257 alte Rechnungen beglichen – Später behauptete Willy, Colette habe *Claudine s'en va* dazu benutzen wollen, »all die Frauen anzuprangern, mit denen sie geschlafen hat, und noch ein paar andere«; er sei dem entgegengetreten. »Das hätte sechs kleingedruckte Bände gefüllt«, fügt er boshaft hinzu. Willy, *Indiscrétions*.

258 *Je m'évade* – MS von *Claudine s'en va*, BN 14620.

258 »ein geschlagenes Kind …« – *CSEV*, in: BQ 1, S. 458; dt.: *Claudine geht*, S. 64.

258 »Ich habe Sie …« – *CSEV*, in: BQ 1, S. 480; dt.: *Claudine geht*, S. 98.

259 »göttliche Einsamkeit …« – *CSEV*, in: BQ 1, S. 497; dt.: *Claudine geht*, S. 126.

259 Bulldogge Toby – *LASP*, S. 52.

259 Kiki la Doucette – Kiki wird als »Chartreux« (Kartäuserkatze) bezeichnet, jedoch als Angora-Katze beschrieben. Willy erinnert sie als Angora.

260 »Mädchen geht schnell …« – *LASP*, S. 56. Colettes »Übersetzung für die Nichteingeweihten: Ich habe meine Handschuhe vergessen und Willy schilt mich, dass ich mit nackten Armen komme. […] Willy fährt einen Tag vor mir zu den Clayes. […] Ich aß allein mit der Katze. […] Heute Nacht gehe ich allein ›schlafen‹, und ich verspüre eine gewisse Melancholie, denn ich bin gewöhnt, mich in einen ehelichen rechten Arm zu kuscheln. Die Abreise zu den Clayes erfüllt mich mit gedämpftem Enthusiasmus. Ich umarme die Muhlfelds.«

260 »Du leckst die Hand …« – *Dialogues*, in: BQ 2, S. 817; dt.: *Die Katze aus dem kleinen Café*, S. 104.

261 »Ich habe nie verstanden …« – *Dialogues*, in: BQ 2, S. 835; dt.: *Die Katze aus dem kleinen Café*, S. 171.

261 »Ich will tun …« – *Dialogues*, in: BQ 2, S. 857 f.; dt.: *Die Katze aus dem kleinen Café*, S. 154–158.

262 *Sept Dialogues de bêtes* – Die Rezensionen waren größtenteils respektvoll, vor allem von der treuen Rachilde. Die stärkste Gegenstimme stammte von einem Kritiker, der ein erklärter Feind der Willys war, Jean Ernest-Charles. Er schrieb in der *Revue bleue* einen Aufsatz mit dem Titel »Der Fall Willy«. Er nannte Colettes Buch »unerträglich prätentiös«, erwähnte zugleich aber, dass es einige Vorzüge enthalte, die sich in den Claudines finden, besonders ein Gefühl für die Natur und ein sinnliches Verständnis für Details. Ernst-Charles, *La Revue bleue*, »Le Cas Willy«, 7. Oktober 1905.

262 »Alle Dinge lassen sich …« – »Trois écrits sur les bêtes«, in: Pl. 2, S. 1284.

262 »dieser absurde Dichter …« – *Claudine à Paris*, in: BQ 1, S. 221; dt.: *Claudine*, S. 288.

262 »Ein gewisser Frohsinn …« – *Colette-Jammes, Une Amitié inattendue*. Doucet 10.592.

263 »Ich halte es …« – *Dialogues*, »Préface«, in: BQ 2, S. 808.

16. KAPITEL

269 »Für meinen Papa …« – Albums de Swarte, Doucet, Album I. »*Pour mon Papa son poupon, Meg.*«

270 Meg – Pichois zitiert einen Brief von Meg an Colette vom Juli 1905, unterzeichnet mit »dein Meg« – die familiäre Anrede in der zweiten Person ist bezeichnend – , wobei sie »in ihrem Geschlecht unklar bleibt«. Pl. 1, S. LXXXVI.

271 »die literarischen Gespräche …« – Caradec, S. 181.

272 »mir Colette [geradezu] …« – Pl. 1, S. XCIV.

272 »Blass …« – *P/I*, in: BQ 2, S. 907; dt.: *Diese Freuden*, S. 65 f.

272 ein berüchtigter Schürzenjäger – Das Paris des Zweiten Kaiserreichs war berühmt für seine Toleranz, ja seine Faszination für den Sapphis-

mus und dessen Förderung. De Morny behauptete gern, dass die Erfahrung lesbischer Sinnlichkeit einer jungen Frau die bestmögliche erotische Schulung gebe, und es wird behauptet, dass er seine Geliebten gern einer älteren Frau mit der Verfügung anvertraute: »Vervollkommne sie für mich.« Frédéric Loliée, *Le Duc de Morny et la société du Second Empire*.

273 »von Hörnerklang …« – *EV*, in: BQ 3, S. 643.

273 »dem bezahlten Peiniger …« – *P/I*, in: BQ 2, S. 908; dt.: *Diese Freuden*, S. 68.

273 ihr Stiefvater – Michel Rémy-Bieth (MRB) 1991 im Gespräch mit der Autorin.

273 »einen Horror …« – Dossier Louise Weiss, »Notes et documents pour *Les Mémoires d'un Européene*«, BN 17794.

274 »›Aus Schmerz?‹ …« – *P/I*, in: BQ 2, S. 909; dt.: *Diese Freuden*, S. 69.

274 Von Philippe Jullian – Jullian, S. 199.

274 Sie trug zum Reiten – Ein einziges Mal trug Missy angeblich ein Kleid; das war beim Begräbnis ihrer Schwägerin. Ihre Nichten und Neffen waren so empört, ihren Onkel Max in »Frauenkleidern« zu sehen, dass sie »ihn« baten, nach Hause zu gehen und sich umzuziehen. MRB 1991 im Gespräch mit der Autorin.

275 »Ich mag Frauen nicht …« – *P/I*, in: BQ 2, S. 909; dt.: *Diese Freuden*, S. 70.

275 »machte sich wie ein Fürst …« – *P/I*, in: BQ 2, S. 907; dt.: *Diese Freuden*, S. 66 f.

276 aber sexuell frigide – Simone de Laborderie, die sowohl mit Missy als auch mit Louise Weiss befreundet war, vertraute Weiss an, Missy habe ihr das Ehrenwort gegeben, »nicht zu wissen, was Lust ist, jene Lust, die erleben zu können sie verweigert hatte, die sie aber um jeden Preis geben wollte«. BN 17794.

276 »die geile Erwartung …« – *P/I*, in: BQ 2, S. 909; dt.: *Diese Freuden*, S. 70 f.

276 »Meine eigene hat …« – *CEM*, »Appendice«, in: Pl. 1, S. 528.

278 er verklagte Madame Willy – Caradec, S. 179.

278 »leihen« – Barney, S. 191.

279 »Ich hatte gerade …« – *MA*, in: BQ 2, S. 1269; dt.: *Meine Lehrjahre*, S. 121 f.

280 »Colette kommt morgen ...« – Caradec, S. 178.
280 »Wenn man sich vorstellt ...« – *LASF*, S. 268.
281 »Ich bin glücklich ...« – *LASF*, S. 76.
281 »sie sich dort ...« – *LASF*, S. 416.
281 »›Ich möchte wissen ...‹« – *LASF*, S. 409.
282 »weich und ohne Initiative« – *LASF*, S. 53.
282 »Oh, Gott ...« – *LASF*, S. 114. Weder Achille noch der Hauptmann hatten Juliette jemals verziehen, welche Rolle sie bei der Ruinierung der Familie gespielt hatte. So waren die Rochés in Châtillon nicht willkommen. Sido ging allein zu ihren seltenen Besuchen nach Charny, wohin die Rochés, nachdem sie Saint-Sauveur verlassen hatten, gezogen waren. Dann kehrte sie untröstlich über das Elend, das sie dort vorgefunden hatte, zurück. Yvonne, Juliettes Tochter, die Sido immer als »Rochés Tochter« bezeichnet, war ein verdrießliches, unehrliches junges Mädchen. Charles Roché hatte Herz- und Nierenprobleme, weswegen er Betäubungsmittel einnahm, und wahrscheinlich litt er auch an Tuberkulose. Juliette schaute immer unter das Krankenbett ihres Mannes, um sicherzustellen, dass das Hausmädchen sich nicht dort versteckte. »Alles ist eine Entschuldigung für [Juliettes] Eifersucht«, sagte Sido zu Colette. »Sie quält Roché Tag und Nacht.«
283 »Meine liebe Seele ...« – Pl. 1, S. LXXXIV.
283 »verrückt vor Sorge« – In einer Colette-Biografie von Jeannie Malige, der engen Freundin und Kollegin von Bertrand de Jouvenel, macht Malige die Bemerkung, Sido habe »nicht gewusst, dass die Verspätung [der Willys] beim Begräbnis nicht auf technische Probleme zurückzuführen war, sondern auf ein unerwartetes Auflodern der Leidenschaft, das den schrecklichen Ehegatten gerade so viel Verspätung in Fontainebleau verursachte, wie sie benötigten, um das Feuer zu löschen«. Sie belegt die Geschichte nicht, aber andere Zeugnisse lassen vermuten, dass sie ganz plausibel ist. (Siehe 26. Kapitel.) Jeannie Malige, *Colette, Qui êtes-vous?*, S. 40.
284 Teil des Colette-Patrimoniums – Katalog der Colette-Ausstellung von 1973, BN C1136, auch Pl. 1, S. LXXXIV.
284 »Ein Phantomwerk ...« – *Sido*, BQ 2, S. 787; dt.: *Sido*, S. 63.
285 »Wie, sind noch ...« – *Sido*, BQ 2, S. 787; dt.: *Sido*, S. 63.
285 »Ich habe oft ...« – *MA*, in: BQ 2, S. 1241; dt.: *Meine Lehrjahre*, S. 74f.

285 eine Hellseherin – Zum Teil dank Mélie, die sie mit Märchen und abergläubischen Vorstellungen versorgt hatte, glaubte Colette ihr Leben lang an Okkultes – oder gab das zumindest vor. Als Tante Alicia Gigi erzählt, Opale brächten Unglück und Gigi fragt, ob sie wirklich an einen solchen Unsinn wie verfluchte Steine und den bösen Blick glaube, antwortet ihre Mentorin, Aberglaube nenne man »auch Schwächen. Eine hübsche Menge an Schwächen und die Angst vor Spinnen sind unsere unentbehrlichen Requisiten im Umgang mit den Männern.« Warum? »Weil von zehn Männern neun abergläubisch sind, neunzehn von zwanzig an den bösen Blick glauben und achtundneunzig von hundert Angst vor Spinnen haben. Sie vergeben uns … viele Dinge, aber nicht, wenn wir über etwas erhaben sind, was sie beunruhigt.« Colette, *Gigi*, in: BQ 3, S. 426; dt.: *Gigi*, S. 33.

286 »›Er beschäftigt sich viel …‹« – *Sido*, BQ 2, S. 786; dt.: *Sido*, S. 61.

286 »Die Verführungskraft, die …« – *P/I*, in: BQ 2, S. 911; dt.: *Diese Freuden*, S. 73.

286 »Ich weiß, dass …« – *VV*, in: BQ 1, S. 625; dt.: *Paradies*, S. 163.

287 »Mit solchen Insignien …« – *P/I*, in: BQ 2, S. 906; dt.: *Diese Freuden*, S. 64.

287 »den prachtvollen …« – Claudine Brécourt-Villars, *Petit glossaire raisonné de l'érotisme sapphique, 1880–1930.*

287 »Ich ähnle nicht …« – Gauthier-Villars, Henri, *Le Retour d'age*, S. 76 f.

288 »Von einer Arbeit …« – Gauthier-Villars, Henri, *Le Retour d'age*, S. 328.

17. KAPITEL

289 Wague – Er wurde am 15. Januar 1875 in Paris als Waag geboren.

290 »der sich dafür …« – Einleitung zu *L'Envers du music-hall*, in: BQ 1, S. 946.

290 Er hatte 1898 – 1915, nach fast zwanzigjähriger – enger persönlicher wie beruflicher – Freundschaft heirateten Mendelys und Wague schließlich.

290 »einen Pariser Gassenjungen ...« – Sarde, S. 247 f.
290 »ebenso viel oder gar ...« – Colette an Missy, April 1909, BN 18706.
290 »Um in das allgemeine ...« – Colette, *Fin de Siècle*, 5. April 1906.
291 »die Gattin ...« – Caradec, S. 196.
292 »um Colette dafür ...« – Caradec, S. 181.
292 die nächste Vorstellung besuchen – Das tat er, und er schrieb eine loyale Rezension über Colettes Darstellung in *Paris qui chante* vom 14. Oktober 1906:

»Die Debüts von Madame Colette Willy werden zweifellos *le tout Paris* ins Olympia locken. Der berühmte Name, das Talent und die Schönheit der Debütantin machen sie zu einer der wichtigsten *Vedettes*, die der Direktor des Olympia seit langem entdeckt hat. Nichts, was Madame Colette Willy tut, kann mittelmäßig sein, ihr ist die leidenschaftliche Aufmerksamkeit ihres Publikums vorweg sicher. Ihr gerade gefasster Entschluss wird eine Menge Reaktionen hervorrufen. Es gibt viele Leute, die es Madame Willy nie verzeihen werden, dass sie als Tänzerin in Pantomimen Aufmerksamkeit auf sich zieht; sie wird viel Energie und einen festen Willen benötigen, um den Widerstand jenes Teils des Pariser Publikums zu besiegen, das den Stars, die es liebt, übelnimmt, wenn sie sich von ihrer gewohnten Umgebung lösen.

Hinzu kommt, dass Madame Willy den Fehler begangen hat, zu den köstlichsten Schriftstellern Frankreichs zu gehören; ihre Mitarbeit an den so berühmten Roman-Serien ist kaum jemandem entgangen. [...] Das Publikum ist daher gewohnt, sie als eine Künstlerin von Weltformat zu betrachten ... und hier tritt sie reizend, doch unerwartet in der Gestalt einer kapriziösen und wilden kleinen Zigeunerin auf, von ihren Fetzen kaum verhüllt, die ihr weißes, nacktes Fleisch entblößen!

So habe ich in einer jener Premierensäle nicht ohne eine gewisse Furcht den Auftritt von Madame Colette Willy erwartet, bei denen die Gegenwart ihrer Freunde ausreichte, um eine feindselige Atmosphäre zu schaffen.

Sie erschien ... und die Zuschauer wunderten sich, als sie merkten, dass sie kein Trikot trug – wenn das auch niemand bedauerte. [...] Einmal abgesehen davon, dass die Rolle es so erforderte, ist der Verzicht auf das Trikot zu einer Notwendigkeit des modernen Tanzes geworden. […] So ist Madame Willy nicht die Erste, die sich von den Konventionen und Beschränkungen eines solchen Kleidungsstücks frei gemacht hat: Miss Ruth Rhada, Suzy Deguez, Isadora Duncan … und all die Tänzerinnen mit schönen Beinen haben ebenfalls aufgehört, Trikots zu tragen … und es hat Europa nicht aus den Angeln gehoben. […]

Trotzdem ging die Heuchelei des Publikums nicht so weit, über das eigene Vergnügen beleidigt zu sein. […]

Dann tanzte Madame Willy und führte Pantomimen vor und verstand es vorzüglich, ihr skeptisches und blasiertes Publikum zu bezaubern. […] Sie legte die ganze aufgeregte Originalität ihres schriftstellerischen Talents in ihre Rolle … und die aufreizende Brutalität und einnehmende Wildheit jener vorübergehenden Zigeunermädchen, die man bewundert und die verschwinden.«

292 »Im Grunde, weißt du …« – Caradec, S. 188.

292 »Alle haben mit Colette …« – Bonmariage, S. 89.

292 »Ich habe Ihnen …« – *LASP*, S. 113 f.

293 »Puh, sechshundert Francs!« – Sido an Colette, MRB. Sido übertrieb vielleicht etwas. Renée Vivien lebte zu dieser Zeit auf Kosten einer immens reichen Baroness, einer geborenen Rothschild; sie rühmte sich ihrer Gastfreundschaft und der Kostspieligkeit ihrer Verabredungen. Es erscheint auch merkwürdig, dass eine Alkoholikerin keine Gläser besitzen sollte.

293 »drei Louis pro Kopf …« – »Printemps de la Riviera«, in: Pl. 1, S. 1060–1063. Ein Louis entsprach zwanzig Francs.

293 »Trennen Sie sich …« – Ebd.

293 »Schöner, trügerischer Midi …« – Ebd.

294 »[Colette] würde nichts …« – Caradec, S. 206.

294 »›Vom Minotauros befreit‹ …« – Caradec, S. 206 f.

294 Pantomime von Paul Franck und Edouard Mathé – Daran hatten auch Willy und Georges Wague mitgearbeitet.

294 »Sie ist in jeder Hinsicht …« – Pl. 1, S. XCI.

296 »Eine Kindheit auf dem Land …« – Ebd.

296 »Sie sieht tatsächlich …« – *LDLV*, S. 15 (Anm.)

297 »Ich selbst bin überzeugt …« – *MA*, in: BQ 2, S. 1270; dt.: *Meine Lehrjahre*, S. 124.

297 »um das gebracht worden …« – Ebd.

298 »Ich werde also warten …« – *LASF*, S. 56.

298 »… wann ich euch besuchen kann.« – Bezieht sich das »euch« auf Colette und Missy? Oder haben Colette und Willy sich für Sido eine besondere Geschichte ausgedacht, in der sie noch glücklich verheiratet sind, aber getrennt leben?

298 »mit Leichtigkeit …« – *MA*, in: BQ 2, S. 1259; dt.: *Meine Lehrjahre*, S. 27.

298 »Da siehst du …« – *LASF*, S. 57.

299 »›Hier ist ein schöner Wichtigtuer‹ …« – Fernand Hauser, *Le Journal*, 17. November 1906.

301 »Ich lese mit Vergnügen …« – Brief vom 25. November 1906. Er erschien im *Cri de Paris* vom 2. Dezember und wurde noch einmal am 15. April 1907 vom *Fantasio* abgedruckt, als Teil einer Geschichte über die Rufmordklage, die Missy auf eine andere Klatschkolumne im *Fantasio* hin eingereicht hatte. Sie war am 15. Dezember 1906 erschienen.

301 »sie in einer nicht lange …« – *Fantasio*, 15. Dezember 1906.

302 »Heute versäumt es keiner …« – Missy klagte auf Verleumdung, errang aber nur einen Pyrrhussieg. Sie verlangte einen Schadensersatz von 15 000 Francs. Das Gericht erkannte die Verleumdung an, sprach ihr aber nur fünfundzwanzig Francs – ein Schlag ins Gesicht – zu, mit der Begründung, Colette habe ihr Verhältnis bereits »öffentlich zur Schau gestellt«. *Fantasio* druckte triumphierend eine Kopie des Urteils ab.

302 halsabschneiderische Preise – Nach Caradec (S. 194) hundert Francs für die normalen Logen und zweihundert Francs für Orchesterlogen.

302 »schloss sich der ganze Saal …« – *Le Rire*, Nr. 204 vom 29. Dezember 1906, zitiert von Pichois, Pl. 1, S. XCII.

303 »Krokodilstränen …« – Sido an Colette am 1. März 1909, in: MRB.

303 »Ich betrachtete den Ort …« – Ebd.

303 »den Namen de Morny …« – Caradec, S. 196.

304 geschrieben von Willy, Wague – In manchen Kommentaren wird Missy als Autorin genannt, aber Pichois, der im Allgemeinen zuverlässig ist, schreibt das Szenario Willy und Wague zu.

305 »›Meine ›Eindrücke‹? …« – »Une Cabale au Moulin-Rouge«, *La Semaine parisienne*, 6. Januar 1907, S. 1.

306 »Ich erwarte, dass …« – D'Hollander, *CSA*, S. 359.

306 seinen Scheidungsantrag – Der Antrag führte aus, Colette habe Willys Tisch und Bett im November verlassen und in aller Öffentlichkeit klar gemacht, dass sie nicht vorhabe zurückzukehren.

307 »Du schreibst mir nicht …« – *LASF*, S. 67. Sido erinnert im Weiteren Colette daran, dass ihr im Falle der Scheidung nach ihrem Ehevertrag fünftausend Francs zustehen. Außerdem gab es ein paar schwierige Rechtsfragen bezüglich des Eigentums des Robineau-Hauses in Saint-Sauveur, für das Colette zehntausend Francs eingezahlt hatte, obwohl Willy den Beleg unterschrieb. Sido wollte außerdem wissen, ob bei der Trennungsvereinbarung für die Rückforderung dieses Eigentums Vorsorge getroffen worden sei und ob Les Monts-Boucons rechtlich ihr Eigentum sei.

307 regelmäßiges Einkommen – Nach Caradec fünfzehntausend Francs im Jahr.

307 »Doch das Schreckliche …« – D'Hollander, *CSA*, S. 363.

308 »Sie werden zweifellos wissen …« – Pl. 1, S. XCIV f.

308 »… bei dem Verleger …« – Mercure de France, der schon *Dialogues de bêtes* veröffentlicht hatte.

308 schrieben Willy und Colette sich fast täglich – Diese Korrespondenz ist nur in Bruchstücken überliefert, die über verschiedene Sammlungen von Colettiana verstreut sind. Ich habe sie nach der inneren Logik der Briefe in eine, wie ich meine, vernünftige und richtige chronologische Reihenfolge gebracht.

309 »Wenn ich dir …« – Colette an Willy, 20. Januar 1907, MRB.

309 »dann wäre sie …« – Bernard Loliée mss. Verkaufskatalog, Nr. 3, 1968, MRB.

309 »Du liebst Willy …« – *LASF*, S. 73.

309 »Wenn du das nicht …« – BN 18706.

310 »Ich verstehe Ihre beiden …« – Pl. 1, S. XCIV.

310 »Sinn für Moral« – Colette an Willy, BN 18708.

311 »*la jeune mime*« – Caradec, S. 201.

311 »*jeune Anglaise*« – *LASF*, S. 85.

311 »Dieser Willy! …« – *LASF*, S. 87.

311 »tagtäglicher Umgang …« – Caradec, S. 205.

312 »Ich dachte, wir hätten …« – Willy an Colette, BN 18708.

313 »Wie gut ich ihn verstehe! …« – *LASF*, S. 101.

313 »Ich finde deine Beziehung …« – *LASF*, S. 94.

18. KAPITEL

315 »entwickelte […] Kräfte …« – *MA*, in: BQ 2, S. 1245; dt. S. 81.

315 Annie Samzun, von Alain geschieden – Die Protagonistin aus *Claudine s'en va.*

315 »Es gibt etwas …« – *Retraite*, in: BQ 1, S. 541; dt.: *Claudine findet zu sich selbst*, S. 44.

316 »Ich fürchte niemanden …« – *Retraite*, in: BQ 1, S. 597, 608; dt.: *Claudine findet zu sich selbst*, S. 134, 151 f.

317 »ihr letztes Werk als Ghostwriter« – Pl. 1, S. 1536.

317 »Sag mir …« – *LASF*, S. 80.

317 »Sein Tod vermittelte mir …« – *EV*, in: BQ 3, S. 651.

318 »des Ichs im Einklang …« – Pichois, in: Pl. 1, Preface, S. CXVII bis CXIX; *Retraite*, S. 543; dt.: *Claudine findet zu sich selbst*, S. 47.

318 »die Romanautorin nicht …« – D'Hollander, Anmerkung zu *La Retraite sentimentale*, in: Pl. 1, S. 1497 f.

319 »Das ist allein …« – D'Hollander, Anmerkung zu *La Retraite sentimentale*, in: Pl. 1, S. 1499.

319 »Seit dieser Nacht …« – *VV*, in: BQ 1, S. 617; dt.: *Paradies*, S. 133.

320 »eine emanzipierte Frau …« – *Comoedia*, 3. Januar 1909.

320 ein paar kleinere Korrekturen – Darunter eine Randbemerkung: »Mach so weiter, du liebes kleines Scheusal!«

321 »Ich hätte so gern …« – *LASF*, S. 123.

321 »Wie traust du dich …« – *LASF*, S. 159.

321 Die Polizei auch – Als Colette mit *La Chair* auf Tournee ging, verboten einige Stadtpräfekten die Nacktszene. Im April 1908, als das Stück wieder im Apollo in Paris auf dem Spielplan stand, las Sido in der Zeitung, die Polizei habe vor, »die Frauen, die sich in den ›Music-halls‹ nackt zeigen, zu verhören, und zitiert unter anderen Music-halls das Apollo. Wirst du unter diesen nackten Damen sein? Das wäre ziemlich unangenehm.« *LASF*, S. 173.

321 Sketch über die Generalprobe – Sie sind in *Les Vrilles de la vigne* unter dem Titel »Music-Halls« gesammelt.

322 »wünscht sich nur eines …« – *VV*, in: BQ 1, S. 676, 678; dt.: *Paradies*, S. 168 ff.

322 »Tausend Vorkriegsfrancs …« – *MA*, in BQ 2, S. 1242; dt.: *Meine Lehrjahre*, S. 76.

322 »Ich habe das Buch …« – *LASF*, S. 128, 152.

323 »Mosaik aus alten …« – Caradec, S. 213.

324 »dass sie sich das Manuskript …« – Caradec, S. 208 f.

324 »Warum ich leide? …« – Caradec, S. 207.

325 »Es ist grau, es ist kalt …« – *LASF*, S. 151.

326 »Ich hätte mir nie …« – *LASF*, S. 196.

326 »englische Krankenschwester …« – Caradec, S. 216.

326 »(in reizender Bescheidenheit) …« – *LDLV*, S. 21. Auch wenn Colette Meg nicht erwähnt, Missy tut es. In einem undatierten, aber aus dieser Zeit stammenden Brief an Colette berichtet sie den Klatsch aus ihren Lieblingsstammlokalen, dem lesbischen Bistro »Palmyra« und dem »Gutshof«, wo Otéro sich betrinkt, einen ihrer Freunde schlägt und beinahe hinausgeworfen wird. »Du dürftest von Meg, der kleinen Verrückten, eine Menge gelernt haben«, fügt sie hinzu. Worin Meg ein Vorbild war, ist nicht klar. Missy an Colette, MRB.

327 »Sag mir, hast du …« – *LDLV*, S. 22 f.

327 »gemeine und vulgäre« … »insistieren« – Sido an Colette, 6. Mai 1908, MRB.

327 »Das Schwierigste wird …« – *Comoedia*, 9. Mai 1908.

328 »Die Truppe ist gut …« – *LDLV*, S. 25.

328 »Ich hatte [ein Publikum] …« – Colette an Missy, BN 18706.

329 »Meine beste Entschuldigung …« – Ebd.

329 gesetzlich als Erben – Unveröffentlichte juristische Korrespondenz, MRB.

329 »Ein einziger Zug …« – *En tournée*, S. 9.

330 »Alle meine Arzneimittel …« – *LASF*, S. 205.

330 »weil dieser Flegel …« – *LASF*, S. 209.

331 »Ich bin nicht krank …« – *LASF*, S. 211 f.

331 »wie ein Chenille-Vorhang …« – *VV*, in: BQ 1, S. 618 f.; dt.: *Paradies*, S. 230.

332 »Und wenn du …« – *VV*, in: BQ 1, S. 619 ff.; dt.: *Paradies*, S. 230–234.

335 Salondame namens Marthe – Eine andere fiktionale Marthe ist Marthe Payet, die Freundin von Annie Samzun und Konkubine von Maugis in *Claudine s'en va*. Willy gestand später, er habe sie seiner eigenen Mätresse Liette de Serres nachgebildet. Vgl. unten Kap. 20.

335 »Tu, was du willst …« – Colette, *En camarades*, OCLF, Bd. 15, S. 256.

336 »wirr, kunstlos …« – Zwei Jahre zuvor hatte Léon Blum, der hervorragende sozialistische Literat, einen umstrittenen Essay über die Ehe veröffentlicht, in dem er für eine aus seiner Sicht bescheidene und vernünftige Reform dieser Institution eintrat: der Status des illegitimen Kindes sei abzuschaffen, die Kinder sollten den Namen der Mutter erhalten, junge Menschen beiderlei Geschlechts sollten über Empfängnisverhütung aufgeklärt werden; Sanktionen solle es für Frauen wie für Männer geben, auch eine Phase sexuellen Experimentierens, das Alter für die erste Schwangerschaft sei auf etwa dreißig Jahre festzulegen. Auf diese Weise werde die Ehe zu einer Vereinigung gleichberechtigter Erwachsener.

Gegen Ende seines Essays stellte Blum die Frage, die zweifellos auch seinen wohlwollendsten Lesern durch den Kopf ging. »Ich komme immer wieder auf diesen Punkt meines Themas zurück«: Gemeint ist die Ungerechtigkeit, die darin besteht, von einem jungen Mädchen zu verlangen, es müsse seine Ehre den eigenen Trieben vorziehen:

»Die Qualen der jungen Mädchen sind so verborgen und unverstanden – sie selbst schämen sich so dafür –, dass sie unser Mitleid verdienen. Ich gestehe, dass ich [über diese jungen Mädchen] nachgedacht habe, als ich ein Buch schrieb, das sie kaum lesen werden. Und könnte ich wollen, dass sie es lesen? […] Könnte ich es wagen, [einem jungen Mädchen] zu raten, mit den Vorurteilen, die es knechten, zu brechen? […] Könnte ich es wagen, wenn ich eine Tochter hätte, sie zu diesen Ansichten zu erziehen? Keine Frage hat mich mehr umgetrieben, und immer noch kann ich sie nicht lösen. Der Übergang von der alten moralischen Ordnung zu der [neuen] ist gefährlich und schwierig. […] Aber gegen die Konventionen und Vorurteile zu leben, mit der Isolation und Verachtung, der eine so Wa-

gemutige ausgesetzt ist, fertig zu werden, von dieser brandneuen Freiheit, die sie sich erobert hat, zu profitieren – das alles erfordert zu viel Mut und auch zu viel Klarsicht.«
Blum, der in seiner Zeitschrift *Les Droits de l'homme Claudine à l'école* begeistert rezensiert hatte, verfolgte Colettes Karriere mit Interesse und Anteilnahme. Es ist möglich, dass Claudine seine Auffassung zum Thema junge Mädchen und ihr Opfer beeinflusst hat. Sein Essay könnte seinerseits die Gestalt der Renée Néré in *La Vagabonde* beeinflusst haben, einer Frau, die sich entscheidet, »mit den Vorurteilen, die sie knechten, zu brechen«. Léon Blum, »Du Mariage«, in: *L'Œuvre de Léon Blum*, S. 180.

337 »Hatte ich dir …« – *LASF*, S. 256.

337 »Mist! Mist! Mist! …« – Caradec, S. 218.

337 »Appendizitis, Meningitis …« – *En tournée*. S. 43.

338 »Nimm dich bitte …« – Dezember 1908, MRB.

338 »Mein lieber Max …« – Willy an Missy, MRB.

338 »sie [mir] einen …« – Ebd.

339 »Ich erfuhr nichts …« – Caradec, S. 222.

339 »Heute …« – Colette an Willy, BN 18708.

339 »Wenn man die Bedingungen …« – *LDLV*, S. 30; dt.: *Paradies*, S. 159.

340 »Da die Zusammenarbeit …« – BN 18708 und Caradec, S. 224.

340 »der Neugier …« – Colette an Vallette, MRB.

340 Ollendorff erhielt – Caradec, S. 223 f.

340 »Aber meine liebe …« – *LASF*, S. 260.

341 »Ich habe […] *Claudine en ménage* …« – *LASF*, S. 286.

341 »Bring das Gespräch …« – Caradec, S. 225.

341 »Das Varieté …« – *Vagabonde* in: BQ 1, S. 828; dt. in: *Eifersucht. La Vagabonde* u. a., S. 155.

342 »Sie wird das Negativ …« – Colette an Wague, BN 18708.

342 »Du erschreckst mich …« – Eine Familie namens Blum, die Colette als eine »unersättliche Horde« bezeichnet.

342 »Mach die Augen …« – *LASF*, S. 241.

342 »durch ein unverhofftes …« – *LDLV*, S. 35.

343 »Heute sind wir …« – *En tournée*, S. 30.

343 »Das Publikum ist …« – *En tournée*, S. 39.

343 »Mehr als hundert …« – *En tournée*, S. 7.

344 »Missy kümmert sich …« – *En tournée*, S. 35.

344 »Ich ruhe mich aus …« – Colette an Missy, MRB.

345 »Ich stampfe …« – BN 18706.

345 »Kid ist gerade …« – Colette an Missy, MRB.

345 »Zu seinen Gunsten …« – Colette an Missy, BN 18706.

346 »junge Fleisch« – *RFL*, in: BQ 1, S. 608; dt.: *Claudine findet zu sich selbst*, S. 151.

346 »Uff! …« – *Vagabonde*, in: BQ 1, S. 825; dt. in: *Eifersucht. La Vagabonde* u. a., S. 149.

346 Renée Néré – Néré ist ein Anagramm von Rénée, was so viel heißt wie wiedergeboren.

346 »Nur im Schmerz …« – *Vagabonde*, in: BQ 1, S. 830; dt. in: *Eifersucht. La Vagabonde* u. a., S. 158.

350 »Deren furchtbare Spiritualität …« – Bonmariage, S. 310–315.

351 »Sie blickte mich …« – Bonmariage, S. 96 f.

352 »Ich sprang plötzlich …« – Bonmariage, S. 99 f.

353 »Ich beginne …« – *LDLV*, S. 38.

353 »Einfach weil ich …« – *LDLV*, S. 39.

354 »eine sehr hässliche Backsteinvilla« – Lottmann, S. 123.

354 »Du hast meinen Geschmack …« – *LASF*, S. 113.

20. KAPITEL

356 »… mit Hilfe eines …« – Caradec, S. 235 f.

357 »ein Freund von Colette …« – Pichois, Préface, in: Pl. 1, S. CIII.

357 »einem kindlichen Schmollmund …« – Willy, *Lélie, fumeuse d'opium*.

357 »wenn [ihr Mann] Sie …« – Caradec, S. 247.

357 Unterhalt von tausend Francs – Vielleicht in Form einer beruflichen Entschädigung, das ist nicht klar. Diese Einzelheit findet sich in einem unveröffentlichten (und unglücklicherweise auch undatierten) Brief an Wague, den sie nach der Veröffentlichung von *La Vagabonde* geschrieben haben muss, denn sie spricht ihn als Brague an. »Wusstest du, dass [Willy] verpflichtet ist, mir tausend Francs im Jahr zu zahlen? Er versuchte den Trick mit dem ungedeckten Scheck, aber in meinem Ofen brennt solches Holz nicht. Schließlich zahlte er das Ganze.« Colette an Wague, BN 18708.

357 Sowohl Willys Köchin – Die Köchin war nicht dieselbe Francine, die für Colette und Willy während ihrer Ehe gearbeitet hatte und deren Dienste sie sich nach ihrer Trennung geteilt hatten. Francine blieb Willy gegenüber loyal, und es wurde Sido durch eine andere Hausangestellte hinterbracht, dass Francine »ganz böse« Dinge über Colette und Missy zu sagen hatte, aber, wie Sido ihrer Tochter schreibt, »hauptsächlich über dich. Sie verehrt Willy. Kommt das daher, dass sie seine Mätresse war?« *LASF*, S. 398.

359 Liettes Liebesbriefe – Einer dieser Briefe befindet sich im de Serres-Dossier in der Bibliothèque Nationale. Das meiste davon ist unleserlich, doch das Wesentliche lautet: »wunderbarer, wunderbarer Willy. Die Kröte ist in Nizza [ist damit Colette oder ihr eigener Ehemann gemeint?]; also beginnen die Quälereien wieder. Auf Wiedersehen, herrlicher Willy, es ist fast ein pathologischer Fall, derart in Versen denken zu können wie du. Ich bin immer noch höchst erstaunt.« Dazu Willys Bemerkung: »Es ist süß zu sehen, wie das Talent dem Verdienst huldigt.« BN 18706. Francis und Gontier schreiben diesen Brief fälschlich Colette zu. Er ist nicht in ihrer unverwechselbaren Handschrift geschrieben.

359 »äußerst verärgert« – Und das bekam »Marthe« in *En camarades* ab; das Buch entstand während dieser Ereignisse. Vgl. oben im 19. Kapitel.

359 »ich über dieses Thema …« – BN 18708.

360 »Sie wissen …« – Caradec, S. 240.

360 »Er würde, wenn nötig …« – *LASF*, S. 314.

361 »Seit kurzem …« – Caradec, S. 241 und im Dossier Willy, MRB.

361 »Es gibt nichts …« – Pichois, Pl. 1, Préface, S. C f.

361 »dann ist man …« – Caradec, S. 241.

362 »Plötzlich sagte er …« – Caradec, S. 248.

362 als *La Vagabonde* erschien – Am 18. November 1910.

362 »der Nerotempel …« – *LDLV*, S. 44.

362 »Man kann von hier …« – In einem der seltenen, uns erhaltenen Briefe von Missy an Colette, die gerade auf Reisen war, beschreibt die Marquise eine Randale im Palmyra, dem Bistro am Montmartre. In dieser Nacht habe Fersen sich betrunken, habe alle beleidigt, sei von der Besitzerin geohrfeigt worden und habe ihr ein Glas Wein übergeschüttet; daraufhin seien »alle Homosexuellen wie ein Mann

(wenn ich das so ausdrücken darf) aufgestanden, um ihn hinauszuwerfen«. Einer von ihnen riss Fersen ein großes Büschel Haare aus, und dafür denunzierte dieser das Lokal bei der Polizei, wo er es »eine abscheuliche Kaschemme für Lesben und Schwule« nannte. Missy an Colette, MRB.

362 »Ich würde sie nicht …« – Colette an Missy, MRB.

362 »Mein kleiner Begleiter …« – *LDLV*, S. 45.

363 »alle Vergleiche …« – Colette an Missy, MRB.

363 »meine Freundin Valentine« – Valentine war auch der Name ihrer eigenen Schwägerin, Madame Albert Gauthier-Villars.

363 Semiramis Bar – Gemeint ist das Palmyra.

363 »Ach du heilige …« – *Paysages*, S. 38.

364 Robert de Montesquiou – Unter seinen unveröffentlichten Papieren in der Bibliothèque Nationale befindet sich ein Auszug aus dem *Gil Blas*, worin der Skandal im Moulin Rouge beschrieben wird. Der Artikel ist wunderbar geistreich und die Förmlichkeit seiner Sprache steht in einem feinen Gegensatz zur Vulgarität der Demonstration, die die »Elite von Paris« da inszenierte; ohne Colette und Missy ausdrücklich zu bestätigen, ist er ihnen doch wohlgesonnen. Der Ton, die Distanz und die penible Aufmerksamkeit, die der Autor den »Qualitäten« der Teilnehmer – ihrem Stand – zollt, lässt vermuten, dass der Herzog, der für diese Zeitschrift Beiträge schrieb, den Artikel selbst verfasst hat.

365 »Ich glaube nicht …« – Barbier an Montesquiou, BN 15301.

365 »merkwürdiges Werk …« – Montesquiou an Colette, CASS.

366 »Es stimmt, Monsieur …« – BN 15260.

367 »sein Material geformt …« – BN 15293.

367 »Saglio sagt mir …« – BN 15301.

370 »Sklaven« – In einem ihrer Briefe an Colette erzählt Renée, sie habe sich einen Diener aus Hong Kong mitgebracht, da er aber Matrose auf einem amerikanischen Schiff war, besitze er die Unverschämtheit, mit ihr »von Angesicht zu Angesicht zu sprechen, ohne die Augen zu senken«. Sie frage sich, ob sie ihn nach China zurückschicken oder ihn dem Palmyra verkaufen solle, das ihn seinen Gästen zur Verfügung stellen könnte? Renée Vivien an Colette, MRB.

370 »Renée vergoss darüber …« – *P/I*, in: BQ 2, S. 915; dt.: *Diese Freuden*, S. 81 f.

371 »Flucht. …« – *La Vagabonde*, in: BQ 1, S. 930; dt. in: *Eifersucht, La Vagabonde* u. a., S. 335.

372 »Art, von der körperlichen …« – *P/I*, in: BQ 2, S. 919; dt.: *Diese Freuden*, S. 90.

372 Die einzige Auseinandersetzung – Korrespondenz zwischen Renée Vivien und Colette, MRB.

373 »Er passt Ihnen fast« – *P/I*, in: BQ 2, S. 916; dt.: *Diese Freuden*, S. 84 f.

374 »Wie alle, die …« – *P/I*, in: BQ 2, S. 918, 921; dt.: *Diese Freuden*, S. 88, 93.

374 »mit großem Fanatikergepränge …« – *P/I*, in: BQ 2, S. 921; dt.: *Diese Freuden*, S. 94.

374 »Ich leide. …« – *La Vagabonde*, in: BQ 1, S. 927; dt. in: *Eifersucht, La Vagabonde* u. a., S. 330.

374 »die wirklichen, treuen …« – *La Vagabonde*, in: BQ 1, S. 845; dt. in: *Eifersucht, La Vagabonde* u. a., S. 185.

375 »Ich danke Ihnen …« – Colette an Hamel, BN 18712.

376 »Wie oft müssen Sie …« – Colette an Robert, MRB.

376 »Ich habe an einem …« – Painter, S. 291.

377 Proust erklärte – Louis de Robert, *De Loti à Proust*, S. 156–160.

377 »Mein lieber Freund …« – Louis de Robert, *De Loti à Proust*, S. 190.

378 »glücklich zu sein …« – Louis de Robert, *De Loti à Proust*, S. 176 ff.

378 »Ja …« – Robert an Colette, CASS.

378 »Der Schmerz …« – Robert an Colette, CASS.

21. KAPITEL

380 »keine Vergangenheit …« – Aury, S. 74.

381 »›Auf der Stelle‹ …« – *ES*, in: BQ 1, S. 611.

381 »Minet Chéri …« – *LASF*, S. 391 f.

381 »Offenbar lässt einem …« – *LASF*, S. 406.

382 »vergänglicher ausdrucksloser …« – *L'Entrave*, in BQ 1, S. 1030; dt. in: *Eifersucht, La Vagabonde* u. a., S. 368.

382 »schläft zu wenig …« – Ebd.

382 »Unser Trio …« – *LDLV*, S. 45 f.

383 »Der Reichtum …« – *LASF*, S. 411.

383 »Ich kann das Licht …« – Colette an Missy, MRB.

383 »das herbe Glück …« – *La Vagabonde*, in: BQ 1, S. 922; dt. in: *Eifersucht, La Vagabonde* u. a., S. 320.

384 »Ich glaube …« – Colette an Missy, MRB.

384 »Komm, sei nicht …« – Colette an Missy, MRB.

384 *âge dangereux* – *L'Age dangereux*, das gefährliche Alter, war der Titel eines Romans der dänischen Schriftstellerin Karin Michelsen, der 1911 erstmals ins Französische übersetzt wurde. Er beeindruckte Colette, denn sie bezieht sich in mehreren Briefen auf ihn, und Pichois glaubt, dieser Roman sei eine Inspiration für *Chéri* gewesen. Es ist die Geschichte einer vierzigjährigen Frau, die jung wegen des Geldes heiratete und sich ein paar Jahre später in einen jungen Mann verliebte, acht Jahre jünger als sie selbst. Er besaß kein Vermögen, so konnte sie nur von ihm träumen. Als sie selbst etwas Geld erbt, verlässt sie ihren Mann und geht fort, um allein im Wald zu wohnen. Sie schreibt an den jungen Mann. Er kommt, sie zu treffen, aber diese zweite Begegnung ist eine schreckliche Enttäuschung. Er kann sie nicht lieben. Daraufhin sucht sie sich wieder ihrem Mann zu nähern, der sich jedoch in eine jüngere Frau verliebt hat. Sie muss ihre Einsamkeit und den Lohn für ihre Entscheidung hinnehmen. Sie verliert ihre Schönheit, wird alt und verbittert. Vgl. Pichois, »Notice à Chéri«, Pl. 2., S. 1542.

384 »seine Sklavin …« – En tournée, S. 92.

384 »Vielleicht plant er …« – Colette an Missy, MRB.

385 »Sie benimmt sich …« – Colette an Missy, MRB.

385 (»Lieber falle ich …«) – *LDLV*, S. 48.

385 »Erstens, weil ich …« – Colette an Missy, MRB.

385 »Ich habe mich schließlich …« – *LDLV*, S. 49.

386 »entsetzt, angeekelt, …« – Colette an Missy, MRB.

386 »Ich will das nicht …« – Colette an Robert, MRB.

387 (»Sie sind zu gut …«) – Robert, *De Loti à Proust*, S. 179.

387 »Sie haben größeren …« – Robert an Colette, CASS.

387 »Ich erinnere mich …« – *ES*, in: BQ 1, S. 668.

388 Henry Bertrand Léon Robert – Sein Geburtstag wird immer fälschlich als der 5. April angegeben. Ich habe meine Informationen über die Familie de Jouvenel aus dem ADC.

388 »Körperlich war er …« – Richardson, S. 65.

389 Henrys Großvater Léon de Jouvenel – BdJ, S. 25.

390 »Meine Großmutter …« – BdJ, S. 35.

390 »einfach unser Prinz Charme …« – Binion, S. 123.

391 Liga zur Verteidigung der Menschenrechte – Diese war von Ludovic Trarieux, einem gemäßigten Republikaner gegründet worden. Colette beschrieb de Jouvenel einmal als *»beau, impérieux, glorieux et trarieux«*, ein Willy'sches Wortspiel auf *contrarieux*; das gibt es zwar als Wort nicht, weckt jedoch die Assoziation *contrariant*.

391 »Was ihm am Journalismus …« – Pl. 2, S. XV.

391 »eine Chance, Gastgeber …« – Binion, S. 134.

392 Isabelle de Comminges – Die Häufigkeit von Spitznamen für die Personen in dieser Biografie – Kid, Pascha, Panther, weitere kommen noch – entspricht dem Zeitgeschmack und Colettes Geschmack im Besonderen, die Liebesaffären gern wie Theaterstücke behandelte.

393 »Ein *grand seigneur* …« – Pichois, in: Pl. 2, Préface, S. XV.

393 »Ein Aristokrat …« – RdJ, S. 6.

394 »Ich erhalte Briefe …« – *En tournée*, S. 97.

394 »Oh, mein Kleiner …« – *LDLV*, S. 52.

394 »Wenn Hériot …« – *LASF*, S. 439.

395 »Ich hielt vor dieser Verlockung …« – *TSN*, S. 381; dt.: *Drei … Sechs … Neun …*, S. 60; *Paradies*, S. 193.

395 »Und mir fällt plötzlich ein …« – *L'Entrave*, in: BQ 1, S. 1085 ff.; dt.: *Eifersucht. La Vagabonde* u. a., S. 462–466.

396 »Dein Leben ist nicht …« – *LASF*, S. 441.

396 »Jouvenel hat mir …« – *En tournée*, S. 96.

22. KAPITEL

397 »er könne und wolle …« – *LDLV*, S. 56.

397 (»es geht alles …«) – *LDLV*, S. 54.

398 »Bestürzt überbringt …« – *LDLV*, S. 56 f.

399 »sich vorstellte …« – *LDLV*, S. 56 f.

399 »sie sehr verärgert war …« – *LASF*, S. 440.

399 »Meine liebe Missy …« – BN 18706.

399 »Schmerz, den ich …« – *LDLV*, S. 55; dt.: *Paradies*, S. 188.

399 »Meine Liebe, ich schreibe …« – Colette an Missy, MRB.

399 »M[issy] ist immer noch …« – *LDLV*, S. 58.

400 »Du willst Nachrichten …« – *LDLV*, S. 60.

400 »und daher auch der Mutter …« – *LDLV*, S. 55; dt.: *Paradies*, S. 188.

400 »Was hält dich davon ab …« – *LASF*, S. 445–447.

401 »huschten zwischen …« – RdJ, S. 17, 53.

401 »Männer sind auf die Frau …« – *LASF*, S. 455.

401 »mit einer Frechheit« – *LDLV*, S. 59.

401 »Komm', sieh mich …« – *LASP*, S. 157.

402 »Wer sagt dir denn …« – *LDLV*, S. 59 f.

402 »*Code de collage*« – Ein Ausdruck von Colette: das Gesetz des Zusammenziehens.

402 »Er besitzt kein Vermögen …« – *LDLV*, S. 57.

402 »… werden wir auskommen …« – Verglichen mit Hériot war Jouvenel nicht reich, doch vierzigtausend Vorkriegs-Francs war ein sehr gutes Einkommen. Hauptmann Colettes Pension als Steuereinnehmer betrug dreihundert Francs im Monat. Colettes Miete in der Rue de Villejust (die Missy bezahlte) lag bei siebzehnhundert im Jahr. In Paris zahlte man für ein erstklassiges Hotelzimmer mit Bad achtzehn Francs, für eine Flasche Champagner erster Sorte in einem beliebten Nachtklub zwanzig Francs und für ein Menü in einem gehobenen Restaurant durchschnittlich zehn Francs. Die Mietkosten lagen vergleichsweise niedrig, und Dienstpersonal gab es im Überfluss; mit dem Taxi quer durch Paris zu fahren kostete drei Francs, und mit öffentlichen Verkehrsmitteln noch weniger. Doch der Unterschied zwischen einem ausreichenden mittleren Einkommen wie dem von Jouvenel und einem großen Vermögen war damals wie heute immens. Als Boni de Castellane 1894 Anna Gould heiratete, brachte sie eine Mitgift von fünfzehn Millionen Francs *jährliche Einnahmen* mit in die Ehe!

403 »man die vierzig erreicht …« – *LASF*, S. 480.

403 »meine Ruhe hängt …« – *LASF*, S. 501.

403 »Beeil' dich, wenn …« – *LASF*, S. 455.

404 »Ja, Monsieur Sidi …« – *LASF*, S. 460.

404 Es war eine (ganz andere) Version – Ich zitiere sie hier zum Vergleich:

»Monsieur,

Sie fordern mich auf, eine Woche bei Ihnen, das heißt bei meiner geliebten Tochter, zu verbringen. Sie, der Sie mit ihr leben, wissen, wie selten ich sie sehe, wie sehr ihre Nähe mich beglückt, und ich bin gerührt über die Einladung, sie zu besuchen. Trotzdem werde ich von Ihrer Liebenswürdigkeit keinen Gebrauch machen, zumindest jetzt nicht. Hören Sie weshalb: mein rosa Kaktus wird wahrscheinlich blühen. Man hat mir diese sehr seltene Pflanze geschenkt, mir gesagt, sie blühe in unserem Klima nur einmal in vier Jahren. Nun bin ich schon eine sehr alte Frau, und wenn ich jetzt, da mein Kaktus blühen will, verreiste, so würde ich ihn gewiss niemals in Blüte sehen …

Nehmen Sie daher, mit meinem aufrichtigen Dank, die Versicherung meiner Sympathie und den Ausdruck meines Bedauerns entgegen.« *NdJ*, in: BQ 2, S. 579 f; dt.: *Die Freuden des Lebens*, S. 5.

404 »Monsieur de Jouvenel …« – *Le Figaro litteraire*, 24. Januar 1953.

405 »Mein heiliges Herz? …« – *LASF*, S. 463, 482 f.

405 »Es stimmt, dass du …« – *LASF*, S. 451, 455.

405 »Bestimmt hast du …« – *LASF*, S. 458.

406 »Maman leidet an …« – *LASF*, S. 467.

406 »Was für eine schöne …« – *LASF*, S. 483.

406 »Maman hat …« – *LASF*, S. 484 f.

407 »Das hat er davon …« – *LASF*, S. 487.

407 »Wie tierisch einfältig …« – *LASF*, S. 500.

407 »Frauenhass« – »›Sagen Sie mir bitte, Monsieur, […] warum tun Sie das‹. Er lächelt ein vertrauliches und gehässiges Lächeln, er blickt sich um, als wünschte er, dass wir allein sind: Ist er drauf und dran, seiner Herrscherlust untreu zu werden, fordert er Rache für seine Vergangenheit als kleiner Verkäufer, gesteht er den widerlichen Frauenhass eines Mannes, der so viele Frauen benutzt hat, seine Freude, sie hässlich zu machen, sie zu demütigen, sie seinen halbverrückten Fantasien zu unterwerfen, sie zu ›zeichnen‹?« *La Chambre éclairée*, »Le Maître«, in: Pl. 2, S. 929.

407 »Freude ohne Schatten …« – Doch schließlich erinnerte sie sich, dass sie die Reise durch die Luft immer gelangweilt hatte: »Man ist ein irdisches Wesen oder man ist es nicht. […] Also langweilte mich das, und ich kehrte zu den Vogelschreien, dem Glockenklang und den menschlichen Stimmen zurück. Ich überschritt im Niedersinken diese unsichtbare Grenze, die alle Gerüche auf die Erde niederdrückt.

[…] Der Geruchsschock war bewegender, als ich gedacht hatte.« Vgl. »Là-haut«, in: Pl. 2, S. 1497.

408 »Noch einmal rufe ich …« – »A Tours«, in: BQ 1, S. 1303.

408 »nicht ohne Verwunderung …« – Notiz zu *L'Envers du Music-Hall.*

409 »düstere Wochen …« – *LDLV*, S. 74 f.

409 »J: Wir müssen uns …« – *LDLV*, S. 69 f.

410 »Das reicht nicht …« – *LDLV*, S. 71 f.

411 der wie eine Liebesaffäre klingt – »Ich mache Ärger … Sie werden merken, warum. Es geht um nichts anderes als einen Fluchtversuch … einen sinnlichen. Er wird nützlich sein.« *LDLV*, S. 73.

411 »die Freiheit …« – *LDLV*, S. 73.

411 »so komplett und zugleich …« – *LDLV*, S. 76.

412 »bei Ihnen ein Tier stirbt …« – Léautaud, Bd. 3, S. 82 (8. November 1912).

412 »Ich zwinge mich …« – *NdJ*, in: BQ 2, S. 602; dt.: *Die Freuden des Lebens*, S. 61.

412 »statt mir! …« – Pl. 3, S. 1422.

412 »Siehst du, wie …« – *LASF*, S. 507.

412 »Es war ein Brief …« – *MM*, S. 63.

413 »Als sie den letzten Brief …« – *NdJ*, in: BQ 2, S. 651; dt.: *Die Freuden des Lebens*, S. 175 f.

413 »Sidi betrachtet das …« – *LDLV*, S. 76 f.

414 das sei Sidos Wunsch gewesen – Nichts in Sidos Briefen stützt Colettes Behauptung, Sido habe nicht gewünscht, dass Colette Trauerkleidung trug. Tatsächlich erinnerte Sido bei Juliettes Tod Colette daran, ihre Trauerkleidung nicht zu vergessen.

414 »gerade jetzt …« – *LDLV*, S. 80.

414 »wenn der Schmerz …« – *LDLV*, S. 80.

414 »Zufälligerweise« – *EV*, S. 680: »le charactère accidentel de ma maternité«.

23. KAPITEL

417 »alles, was man hätte …« – *EPC*, »Trait pour Trait«, S. 870.

418 »Unsere jungen Menschen …« – Vincent Cronin, *Paris im Aufbruch: Kultur, Politik und Gesellschaft 1900–1914*, S. 337.

418 »Frankreich, dem Boulevard …« – Charles Maurras, *L'Avenir de l'intelligence*, S. 235.

419 *»un homme de lettres«* – *LASP*, S. 168 f.

419 »Sie kommen mich nie …« – *LASP*, S. 172.

419 salbungsvolle Korrespondenz – In späteren Jahren adressiert Anna Colette als »Liebe Freundin, lieber Genius«. Beide sprechen davon, die Zeilen der anderen im Gedächtnis zu behalten und beschwören ihre »grenzenlose« und »glühende« Bewunderung für einander. Aber man spürt Colettes witzelnde Ironie, wenn sie der Gräfin schreibt, sie »koste die Lust, Sie zu lesen, sorgfältig, langsam, oft mit einem leisen Ausruf, ›oh‹ zu mir selbst, wie man das vor einem üppig blühenden Baum tut«. *LASP*, S. 67.

419 »eine brennende Formel …« – Colette, »Le Jardin d'Amphion«, *LASP*, S. 102.

419 teilten die Zeitgenossen Colettes Meinung – Als 1913 *Les Vivants et les morts* herauskam, nannte die *Times* in London Anna de Noailles die größte französische Dichterin des Jahrhunderts.

420 »die ein heldenhafter Soldat …« – Cronin, *Paris im Aufbruch*, S. 341.

420 »heroische Gesumme …« – »Für das Vaterland sterben«. »Dans la Foule«, in: Pl. 2, S. 598.

420 Don Quichotte der Linken – Er war praktisch der Einzige, der weiterhin glaubte, die internationale Solidarität der Arbeiter werde über die Kriegshetzer in beiden Ländern den Sieg davontragen.

420 »Wortspeier …« – »Dans la Foule«, in: Pl. 2, S. 596.

421 »Alle sind reizend …« – *LDLV*, S. 81.

421 »Sie sind tatsächlich …« – *Paysages*, S. 17.

422 »Ich erinnere mich …« – *ES*, in: BQ 2, S. 676; dt.: *Paradies*, S. 193.

422 »wozu flinke Faustkämpfe …« – *ES*, in: BQ 2, S. 677; dt.: *Paradies*, S. 194.

422 »Jeder Abend war …« – *ES*, in: BQ 2, S. 676 ff.; dt.: *Paradies*, S. 194 ff.

423 Strychnintonikum – In ganz niedriger Dosierung wurde Strychnin bei Magenverstimmung verabreicht.

423 »Du lieber Himmel …« – BN 18708.

423 »*er* sprengt alles …« – *LDLV*, S. 86; dt.: *Paradies*, S. 193.

423 »im Interesse des Kindes« – BdJ, S. 54.

423 »Wenn dieses Kind …« – *LDLV*, S. 86; dt.: *Paradies*, S. 193.

424 »Kein anderer …« – Berenson, *The Trial*, Kap. 9, Anm. 10, S. 45.

425 »Ich würde meine Gestalten …« – Pl. 2, S. 1396.

425 ähnelt Jouvenel – Tyrannischer Vater, verschüchterte Mutter, aristokratischer Zeitvertreib und aristokratische Beziehungen, Haus im sechzehnten Arrondissement, Intelligenz, Weltläufigkeit – und er ist Renées Peer.

425 »kapriziös aufgedreht oder …« – *L'Entrave*, in: BQ 1, 1035; dt. in: *Eifersucht. La Vagabonde* u. a., S. 377.

426 »und zwar mit nachsichtigem …« – *L'Entrave*, in: BQ 1, 1055; dt. in: *Eifersucht. La Vagabonde* u. a., S. 410.

426 »›Ihr Trick …‹« – *L'Entrave*, in: BQ 1, 1072; dt. in: *Eifersucht. La Vagabonde* u. a., S. 440 f.

426 »Ist das alles?« – *MA*, in: BQ 2, S. 1229 f.; dt.: *Meine Lehrjahre*, S. 54 f.

426 »Ein hübsches ›Nichts‹ …« – *L'Entrave*, in: BQ 1, 1092, 1088; dt. in: *Eifersucht. La Vagabonde* u. a., S. 473, 468.

427 »Gewiss ist das alles …« – *L'Entrave*, in: BQ 1, 1092, 1088; dt. in: *Eifersucht. La Vagabonde* u. a., S. 474.

427 »der Liebe entwöhnt« – *L'Entrave*, in: BQ 1, 1074, 1088; dt. in: *Eifersucht. La Vagabonde* u. a., S. 443.

427 »Ich gebe die Hoffnung …« – *LDLV*, S. 70.

428 »saftige Beute« … »den zerbrechlichen Werten …« – *L'Entrave*, in: BQ 1, 1113, 1117; dt. in: *Eifersucht. La Vagabonde* u. a., S. 509, 517.

428 »Das herrische Kind …« – *ES*, in: BQ 2, S. 678 f.; dt.: *Paradies*, S. 196 ff.

428 »Ich habe eine kleine Ratte …« – *LDLV*, S. 94. Die Ratte ist eine Anspielung auf das Bild, das sie, wie oben zitiert, für sich selbst während ihrer Schwangerschaft benutzte: Eine Ratte, die ein gestohlenes Ei mit sich herumschleppt.

429 »eigentlich wollte sie …« – *Paysages*, S. 26.

429 »Aber das bist ja du …« – *Paysages*, S. 28, 30.

429 neun Monate nach Sidos Tod – Man kann natürlich unmöglich achtzig Jahre später genau ausrechnen, wann ein Kind empfangen worden ist, aber dieses Kind wurde zur rechten Zeit, am 3. Juli 1913 geboren. Zählt man 280 Tage zurück, so kommt man auf den 25. September.

429 »Was [auf die Wehen] folgte …« – *ES*, in: BQ 2, S. 679; dt.: *Paradies*, S. 198.

430 verbotene Milch – In einem Brief an Marguerite Moreno erwähnt Colette, sie habe einen »abführenden Saft« eingenommen, um den Milchfluss zu stoppen. *MM*, S. 35.

430 kinderlos – Jane Austen, George Eliot, Emily Brontë, Charlotte Brontë, Emily Dickinson, Louisa May Alcott, Christina Rossetti, Lou Andreas-Salomé, Virginia Woolf, Olive Schreiner, Natalie Barney, Renée Vivien, Gertrude Stein, Christina Stead, Isak Dinesen, Katherine Mansfield, Edith Wharton, Anna de Noailles, Djuna Barnes, Simone de Beauvoir, Simone Weil, Willa Cather, Carson McCullers, Marianne Moore, Hilda Doolittle, Marguerite Yourcenar, Sigrid Undset, Else Lasker-Schüler, Eudora Welty, Lilian Hellman, Monique Wittig, um nur einige zu nennen.

431 »Mein Schuss Männlichkeit …« – *ES*, in: BQ 2, S. 680; dt.: *Paradies*, S. 200.

431 »Jegliche Schwachheit …« – Michel del Castillo, »De Jouvenel à Colette«, CC 10, S. 9.

432 »Wie wenig man …« – *LDLV*, S. 99.

432 »meine Frucht …« – CdJ, »Lettres«, S. 26.

432 »Ich erinnere mich …« – »Bel-Gazou«, *Paradies*, S. 201.

24. KAPITEL

433 »Ich habe mich wie durch …« – *LDLV*, S. 94.

433 »Es ist wirklich herrlich …« – Colette an Charlotte Lysès, die erste Frau von Sacha Guitry, am 4. August 1913, in: *LASF*, S. 13.

433 »nicht von den Schlägen …« – *ES*, in: BQ 2, S. 680; dt.: *Paradies*, S. 199.

433 »den betulichen Ton …« – *ES*, in: BQ 2, S. 680; dt.: *Paradies*, S. 199.

434 »Mein Dasein …« – *LDLV*, S. 97.

434 »hässliche, durch eine …« – *Paysages*, S. 141.

434 Bertrand de Jouvenel protestierte – Yvonne Mitchell, *Colette: A Taste for Life*, S. 170; dt.: *Colette*, S. 189.

434 »in Angst und Schrecken« – Michel del Castillo, CC 10, S. 9.

435 »Du kennst Achille …« – *LASF*, S. 191.

435 »*Merde pour Molière*« – *MM*, S. 36.

435 Sammlung von Tierporträts – *Prou, Poucette et quelques autres*, ver-

öffentlicht 1913. *L'Envers du music-hall* kam ebenfalls in diesem Jahr heraus.

435 »Körperkultur, Körperkultur! ...« – *Contes des mille et un matins*, S. 61.

436 »Ihnen reiche ich ...« – *P/I*, in: BQ 2, S. 914; dt.: *Diese Freuden*, S. 81.

436 »d'Humières jener Invertierte ...« – Painter, S. 358.

436 »schönsten *Romancière* ...« – Jacques Frugier, Chronology, in: Pl. 2, S. LXVII.

437 »Da kein Streit ...« – Berenson, *The Trial*, S. 123 f.

438 »Die frisch geschmückten ...« – *Contes des mille et un matins*, S. 128, 130.

439 »das Urbild der Frau ...« – Lanoux, S. 358; dt. S. 328.

439 »Die Caillaux-Affäre? ...« – *LDLV*, S. 104 ff.

440 »glaube noch an Frieden ...« – Pl. 2, S. XXIII; Patrick Cazals, *Musidora, la dixième muse*, zitiert von Pichois, in: Pl. 2, S. 1433.

440 »Der Krieg von 1914 ...« – BdJ, S. 41.

441 »Pariser Kokotten mit Perlen ...« – Marguerite Moreno, *Souvenirs de ma vie*, S. 233.

441 als Feldwebel – Nach seinen Militärakten. Nach Colette kam er allerdings als Oberleutnant in die Armee. Wahrscheinlich wurde er sehr schnell befördert.

441 »Ich konnte dich ...« – Pl. 2, S. XXIII.

441 »eine Unbeschwertheit ...« – Marguerite Moreno, *Souvenirs de ma vie*, S. 231 f.

443 »ich werde weder ...« – F/G, S. 352.

443 sie habe mit Colette eine Affäre – Louise Weiss, BN 17794.

443 Annie de Pène – Annie de Pène war der Künstlername von Désirée Poutrel, die sehr jung in ihrer Heimat Normandie an einen Herrn Battendier verheiratet worden war. 1890 brachte sie ihre Tochter Germaine [Beaumont] zur Welt; kurz darauf verließ sie ihren Ehemann. Ihr erster, autobiografischer Roman *L'Evadée*, ein Echo auf Colettes *Je m'évade*, erschien ein Jahr nach *La Vagabonde* und erzählt unterhaltsam in atemlosem Stil die Geschichte ihres Lebens. Ihre Heldin Rosine schmachtet in einem erdrückenden Provinzmilieu. Frisch geschieden und ihre Befreiung genießend kommt sie nach Paris, ohne einen Pfennig, aber entschlossen, ihr Glück zu ma-

chen. Ihr Nachbar, ein hübscher, junger Priester, nimmt sich ihrer an und führt sie in einen Kreis intellektueller Frauen ein. Sie wird Privatsekretärin der reichen Madame Morand. Der Priester stellt sie auch seinem besten Freund, »einem großen Literaten« namens Bernières vor. Bernières wird ihr Geliebter, und der Priester, der sich ebenfalls in sie verliebt hat, zieht in eine entfernte Gemeinde, um seinem Gelübde nicht untreu zu werden. Inzwischen hat Madame Morand eine Zeitschrift gegründet und stellt Rosine als Redakteurin an. Bernières Liebe hat ihre eigenen literarischen Ambitionen entzündet. »Ach, wie gern ich Jemand wäre … [ich wünschte] ein bisschen bekannt zu sein, einen kleinen Rang in der großen geistigen Armee zu haben, zu deren großen Führern [Bernières] gehört.« Annie de Pène, *L'Evadée*.

444 »Sie schreiben mir …« – *AdP*, S. 31.

444 Gustave Téry – Téry war Verleger der sozialistisch-politischen Wochenzeitung *L'Œuvre*, die von Henrys Bruder Robert de Jouvenel herausgegeben wurde. Henry bewunderte Annie über die Maßen. Sie schickte ihm üppige Lebensmittelpakete – Trüffel und gefüllte Hühner – und wurde, was die Franzosen seine »Kriegsoma« nennen, also seine Brieffreundin. Er schrieb ihr von Verdun, bat sie, ihn über seine »beiden Colettes« auf dem Laufenden zu halten. Auch witzelte er darüber, dass seine Frau sie so liebe. Colette, sagte er, könne »nicht ohne Annie leben«, es sei denn, er würde sie entzweischneiden. Henry de Jouvenel an Annie de Pène, MRB.

444 »Die Zigarette …« – Colette, »Marguerite Moreno«, *MM*, S. 15.

445 »In windstillen Nächten …« – *BL*, in: BQ 3, S. 783; dt. S. 99.

445 »Sie jauchzte.« – Moreno, *Souvenirs de ma vie*, S. 236.

445 »Dies ist nicht …« – *LDLV*, S. 108 f.

445 »Weiter oben als ich …« – »Blessés«, in: *Les Heures longues*, in: BQ 1, S. 1208; dt.: *Paradies*, S. 219.

446 »weichen, liebenden Lappen« – Pl. 2, S. 1440.

446 »stärkste Liebesbeweis« – *AdP*, S. 38.

446 »Ich erahne den Fluss …« – *LDLV*, S. 114.

446 »Seine Gegenwart …« – *AdP*, S. 46.

447 *»Mourir pour la patrie …«* – »Für das Vaterland zu sterben ist das Schönste, das Ehrenwerteste, was man sich wünschen kann.« *HL*, in: BQ 1, S. 1220.

447 »mit dem tiefen Bass …« – *HL*, in: BQ 1, S. 1221.

448 »ging bei der ersten …« – Painter, S. 358.

448 »Ich hatte nicht den Mut …« – Michèle LePavec, *Les Manuscrits de Colette à la Bibliothèque nationale*, CC 10.

448 »Ich dachte an …« – *HL*, in: BQ 1, S. 1238.

449 »Ich habe nie Trauer …« – *HL*, in: BQ 1, S. 1209.

449 »Der Flegel versteht zu lesen.« – *HL*, in: BQ 1, S. 1221.

449 »Was für eine herrliche …« – *AdP*, S. 48.

450 »Dieses Buch …« – BdJ, S. 44.

450 »Meine Liebste …« – Pl. 2, Préface, S. XXVII.

450 Journalistin Sibilla Aleramo – Anne-Marie Pizzorusso, »G. A. Borghese et Colette«, CC 7, S. 24–35. Aleramo vertrat die These, Schriftstellerinnen hätten ein Recht auf größere »Vielfalt«, als sie bisher hatten beanspruchen können, schließlich seien sie »als ein elender und nutzloser Abklatsch des Mannes ins Leben und in die Kunst getreten«. Es gebe keine spezifisch weibliche Sprache, aber es müsse einen spezifisch weiblichen Rhythmus und eine ebensolche Stimme geben, die »den tiefen geistigen Unterschied zwischen Mann und Frau« artikuliere. Sie fand, Colette habe – und das sei eine Ausnahme – »ihren eigenen einzigartigen Stil geschmiedet«.

Borghese, einer der anerkanntesten zeitgenössischen Kritiker, stimmte dem zu. »Colette Willy«, schrieb er sehr scharfsinnig, »gehört in keine der beiden Kategorien [weiblicher Schriftstellerinnen]. Sie ist weder Amazone noch ein verwöhntes kleines Mädchen. Sie erfüllt nahezu [Aleramos] Wunsch nach der Geburt einer weiblichen Literatur, […] nach dem Erscheinen einer Schriftstellerin, die imstande ist, ihr inneres Leben mit all der Autonomie, in all der Unabhängigkeit auszudrücken, deren sich ein Mann erfreut. Die Weiblichkeit ist für Colette nicht ein Hindernis, das es zu überwinden gilt, ebenso wenig ist sie eine Verzierung, die zum Erglänzen zu bringen wäre.« Borghese, »La Vagabonde«, CC 7, S. 30–39.

451 Colettes Depeschen – »Es gibt keine Menschen, die uns auch kör-

perlich mehr ähnelten [als die Italiener]. [...] Die Proportion ihrer Züge, der Rhythmus ihrer Körper sind uns vertraut [...]. Alles hier erspart mir die unvermeidliche Pein, die mich andererseits in Deutschland erwartet, wenn ich mit dem preußischen oder bayerischen Tier in Berührung komme, einem rosa Schwein, häufig mit vorspringendem Kiefer, kurzer Nase und langer Lippe, mit kräftigen Pranken [...]«, »Impressions d'Italie«, *HL*, in: BQ 1, S. 1243.

451 »unter dem Namen ...« – *LDLV*, S. 119.

452 »jung, schön, reich ...« – BdJ, S. 32.

452 »Wann immer der Zug ...« – Dormann, S. 190.

452 »meiner verehrungswürdigen ...« – Guy Tosi, »Colette et d'Annunzio«, CC 8, S. 17.

453 »der köstlichste Begleiter ...« – Mugnier, S. 503.

453 »Kennen Sie ...« – Jean-Luc Barré, »Colette, Henry de Jouvenel, et Le Seigneur Chat«, *Album-Masques*, S. 107.

453 »und die spätere Schöpferin ...« – Mugnier, S. 503.

454 »Unbehagen, nichts anderes ...« – »Impressions d'Italie« und der Anhang zu »Notes d'Italie«, in: Pl. 2, S. 525–541.

454 »jeden Tag ...« – »Bel-Gazou et la Guerre«, in: BQ 1, S. 1222 f.

454 »Sidi von einem Harem ...« – Colette an Annie, MRB.

455 »um die Jouvenel-Ehe ...« – Léautaud, 25. Januar 1916, Bd. 3, S. 220.

455 »Nachdem er mich herzlich ...« – Barney, S. 198 f.

456 »meine natürliche Barbarei« – Henry de Jouvenel an Annie de Pène, MRB.

456 »ist ein fragwürdiger Gatte ...« – *AdP*, S. 56.

456 »zu allem fähig« – *HL*, in: BQ 1, S. 1271.

457 »folgt den Riten ...« – *HL*, in: BQ 1, S. 1268.

457 »Alles ist schön ...« – Colette an Annie, MRB.

457 »wie eine Pfütze ...« – *AdP*, S. 56.

458 »Nirgendwo entdeckte ich ...« – *TSN*, S. 384 f.; dt.: *Drei ... Sechs ... Neun ...*, S. 67–73.

458 »Verlor ich den Mut ...« – *TSN*, S. 383; dt.: *Drei ... Sechs ... Neun ...*, S. 66.

459 Diese Schätze – *HL*, in: BQ 1, S. 1276 ff.

459 »dampfenden« – *HL*, »Appendice«, in: Pl. 2, S. 587.

459 »Was bedeutet schon ...« – Colette an Annie, MRB.

460 »Wovon könnte er/sie ...« – Colette an Annie, MRB.

461 »Colette …« – Pl. 2, S. XXXII.

461 »Ich wäre eine dumme Gans …« – Colette an Annie, MRB.

461 ein Drehbuch – Als eine der ersten Schriftsteller, die für den Film arbeiteten, war Colette auch eine amüsante Kritikerin der Grobheiten im Filmgeschäft, und die Intrigen bei den Dreharbeiten speisten ihre Briefe an Annie. »Nach zwei oder drei Tagen, die wir in einer mörderischen Atmosphäre badeten, übersetzt: Gespräche mit den Produzenten […], schwimme ich in einer anderen Atmosphäre: der reinen Kunst. […] Es ist nicht nur die reine Kunst, sondern auch Wahrheit, Leben, blutige Realität: Wenn du mit Gewalt eine Schublade voller Briefe öffnen willst, dann benutzt du ein Küchenmesser mit dreieckiger Klinge, nicht wahr? Du würdest doch nie, die Stirn an die Fensterscheibe gepresst, auf deinen Ehemann warten, ohne dich mit Zähnen und Fingern an der Spitzengardine festzukrallen? Ich war mir dessen sicher … Danke.« *AdP*, S. 95.

461 »Ich bin nicht wenig stolz …« – Pl. 2, S. XXXIII.

462 »dieser transparente …« – *AdP*, S. 96.

462 »Ich denke mit Trauer …« – MRB.

26. KAPITEL

463 »Dieses Haus …« – *AdP*, S. 99.

464 »Langsam und unbeholfen …« – *Paradies*, S. 204 f.

465 Manuskript in der Métro – Colette sagt nirgends, welches Manuskript sie verloren hat. Die meisten ihrer Biografen nehmen an, es war ihre Novelle *Mitsou*. Aber Bernard Bray, der *Mitsou* für die Pléiade-Ausgabe mit Anmerkungen versehen hat, vertritt überzeugend, es sei wahrscheinlich etwas viel Kürzeres und weniger Wichtiges gewesen – schließlich konnte sie es in einem Tag noch einmal schreiben.

465 »Am nächsten Tag …« – *LDLV*, S. 126.

466 »keuchend, aber …« – »Lumières bleues«, in: BQ 3, S. 917.

466 »mitten im dicksten Kampfgetümmel …« – *LDLV*, S. 127.

466 »Mein Liebster …« – Préface, Pl. 2, S. XXXV.

466 »Ich dachte …« – Dormann, S. 197.

466 *La Flamme cachée* – Ein Melodrama. Es erzählt die Geschichte einer

jungen Frau (Annie Morin), die statt des armen Jungen, den sie eigentlich liebt, einen reichen Kommilitonen heiratet. Dann macht sie sich daran, ihren Mann zu ruinieren, in der Hoffnung, er werde Selbstmord begehen, doch stirbt sie selbst bei einer Explosion.

467 »Ihr Ärger drückte …« – BN 18718.

467 »Die Zeit füllt …« – Colette an Annie, MRB.

467 »besser als beste …« – *Aventures Quotidiennes*, in: BQ 2, S. 477.

467 »Was für ein idiotischer Tod …« – *LDLV*, S. 128 f.

467 »Mit dreißig am Ende …« – *Aventures Quotidiennes*, in: BQ 2, S. 477.

467 »schrecklichen Neurose …« – Dormann, S. 177.

468 »Colette bezahlte …« – Dormann, S. 176.

468 »weigerte [Colette] sich …« – Dormann, S. 182.

468 »während nebenan die Leiche …« – Pougy, S. 109.

469 »Dann plötzlich …« – *ES*, in: BQ 3, S. 593; dt. in: *Paradies*, S. 437.

469 die Überlebenden – Unter den Krieg führenden Ländern hatte Frankreich die meisten Verluste; es verlor zehn Prozent seiner wehrtauglichen Männer.

470 »Sie hatte mit …« – Francis Carco, *Colette mon ami*, S. 11.

470 »Lieber Freund …« – *LASP*, S. 207.

470 »Nichts ohne Schmerz« – Carco, *Colette mon ami*.

471 »Mit Ihrem Namen …« – *LASP*, S. 213.

471 »Das Frühstück der Kommission …« – *ES*, in: BQ 3, S. 617.

471 »weiß, wie man …« – Carco, *Colette mon ami*, S. 51.

472 »Hurra! …« – Carco, *Colette mon ami*, S. 35–39.

472 »Selbst als ich jung …« – *ES*, in: BQ 3, S. 606.

472 seine Geliebte Zou – Zou, nie mit Nachnamen genannt, kommt in Colettes Briefwechsel mit Annie de Pène und anderen häufig vor. Ihre Mutter und eine Tochter lebten in Neuilly. Sonst wissen wir fast nichts über sie, außer dass die Familie Jouvenel immer wieder versuchte, Robert mit jemand anderem zu verheiraten, und Colette und Annie versuchten, für sie einen reichen Ehemann zu finden, woraus vielleicht zu schließen ist, dass sie nicht der Schicht von Jouvenel angehörte. Auch der blaue Leutnant heißt Robert, und Mitsous Hintergrund und Umgangsformen stellen ein Hindernis für ihre Liebe dar.

473 »ihre gefährliche Einfachheit …« – Colette, *Mitsou: ou comment*

l'esprit vient aux filles, in: BQ 1, S. 1384; dt. in: *Eifersucht. La Vagabonde* u. a., S. 633.

474 Ihm wird klar – Mitsous briefliche Verführung von Robert und seine Enttäuschung, als er die Diskrepanz zwischen der wunderbaren Briefschreiberin und dem ungebildeten Sternchen entdeckt, hat vielleicht etwas von Colettes Erfahrung mit Louis de Robert, der sich, wie wir uns erinnern, beklagt hatte, sie habe ihn mehr in ihren Briefen entzückt als persönlich. »In Ihrer Anwesenheit gibt es immer etwas, das mich enttäuscht.« Vgl. 21. Kapitel, S. 387.

474 »Beste meiner schriftstellerischen ...« – *ES*, in: BQ 3, S. 652.

474 »Dies ist so etwas ...« – Jean-Luc Mercié, *Anacréon le Jeune*, S. 70.

475 »Weinen! ...« – *BL*, in: BQ 3, S. 795 f.; dt.: *Blaue Flamme*, S. 118 f.

475 »Sag deiner Miss ...« – *BL*, in: BQ 3, S. 795 f.; dt.: *Blaue Flamme*, S. 118 f.

477 »Mein körperliches Leben ...« – *LASP*, S. 215.

27. KAPITEL

479 »Als ich ihn ...« – Pl. 2, S. 878.

480 In der französischen Literatur – Interessierte Leser sollten Claude Pichois' und Madeleine Raaphorst-Rousseaus ausgezeichnete Anmerkungen zu *Chéri*, Pl. 2, S. 1536, zu Rate ziehen. Zu den von ihnen zitierten Quellen zählen Racines *Phèdre*, Rousseaus Liebesaffäre mit Madame de Warens, Benjamin Constants *Adolphe*, Stendhals, *Chartreuse de Parme* und *Le Rouge et le Noir*, zahlreiche Romane von Balzac, Flauberts *L'Education sentimentale* und *Madame Bovary*, *La Dame aux camélias* von Alexandre Dumas (Sohn) und *Maman Colibri* von Henry Bataille.

480 »die Tatsache, dass ...« – Pichois und Raaphorst-Rousseau, Pl. 2, S. 1541.

480 Vorwort zur Fleuron-Ausgabe – »Als ich mich zum ersten Mal der Betrachtung Chéris widmete, saß er auf der Kante einer mit himmelblauem Damast bezogenen Chaiselongue und spielte mit dem Hündchen der Dame. Der Schatten seiner Wimpern flackerte auf der zweiundzwanzigjährigen, karminroten und bis zum Ohr heißen Wange. [...] Auf dem Antlitz seiner Freundin, das von der gleichen

Autorität, dem gleichen ausgeglichenen Temperament, der gleichen Stimmung beherrscht war wie das Antlitz Chéris, las ich die Löwenliebe, die glückliche Skepsis, die Feindschaft, die den schönen weiblichen Herbst anfachen.« Pl. 2, S. 879 f.

481 »Sie nennt ihn …« – *AdP*, S. 87 f.

482 »Mein Bruder da unten …« – *LDLV*, S. 80.

483 »Meine alte Kraft …« – *HP*, S. 36.

483 »Ein Leben, das …« – *HP*, S. 11.

484 Colette schreibt an Hélène … – Allerdings verwendete Colette bei der Anrede von Hélène fünfundzwanzig Jahre lang das familiäre *tu*, während Hélène Colette gegenüber das formelle *vous* benutzte.

484 »Das Haaropfer verursachte …« – *HP*, S. 15. Es gibt noch mehr Geschichten, wo Colette sich an jemandes Haar vergriff. Sie schnitt auch einer Freundin namens Irène Le Cornec die Haare ab und hätte das Gleiche fast auch der Sängerin Mireille angetan. Es scheint, als ob das für sie ein kleiner Fetisch war. Mireille 1991 im Gespräch mit der Autorin.

484 »dem Alter der Autorität« – *HP*, S. 24.

485 »Sei ein Egoist! …« – GP; BN 18718.

486 »Ich umarme dich …« – GP; BN 18718.

486 »Ich habe das nicht vergessen …« – *Parinaud*, S. 75.

486 »Monsieur de Jouvenel …« – *Parinaud*, S. 120; dt. in: *Colette. Vom Enfant terrible zur Kultautorin*, S. 63.

486 »›Kannst du denn …‹« – *NdJ*, S. 35.

487 »ihre Hände …« – *Chéri*, in: BQ 2. Die Zitate stammen größtenteils aus der deutschen Übersetzung des Romans von Roseli und Saskia Bontjes van Beek, Wien: Zsolnay, 1997, S. 11–13, 38, 50 f., 89, 119 f., 123, 130, 142 f., 163.

490 Ausstattung ihrer neuen Villa – Sie ist ganz im Stil von New York in den 1980ern eingerichtet: ein schwarzes Badezimmer, rote Teppiche, ein Gymnastikraum und Schwimmbad im Souterrain, ein chinesischer Salon.

493 seine beste Disziplin – Seine bevorzugte Distanz war der 400-Meter-Lauf.

493 »Wir wollten …« – Dormann, S. 227.

493 »Mein Zittern war …« – BdJ, S. 54.

494 »Die Tür zum Vorzimmer …« – BdJ, S. 55.

495 »binnen zwanzig Minuten …« – *MM*, S. 47.
496 »einem schrecklichen …« – *HP*, S. 31.
496 »die Menschen durch eine Lupe …« – RdJ, S. 5.
496 Gegenstand eines umstrittenen Romans – Wie Vinca bietet Pam sich dem Jungen, den sie liebt, teilweise deshalb an, weil sie der älteren Frau, die ihn festhält, etwas entgegensetzen möchte, teilweise, um die erotischen Geheimnisse in Erfahrung zu bringen, die er von ihr gelernt hat. Aber anders als Phil war Bertrand entweder zu ritterlich oder zu verklemmt, um sie zu deflorieren. Vgl. hier 30. Kapitel, Anm. auf S. 533.
496 »Es geht nicht …« – *HP*, S. 33.
497 »Ich kann es kaum fassen …« – *HP*, S. 33.
497 »denn zum ersten Mal …« – *ES*, in: BQ 3, S. 653.

28. KAPITEL

499 Nach ein paar Nächten – BdJ, S. 55.
499 »Komm zu mir …« – GP.
500 »Wehr dich …« – Umgangssprachlich bezeichnet man die Depression im Französischen als *cafard* – Kakerlake. Colette an Renaud de Jouvenel, HRC.
500 »Typus der anspruchsvollen Eltern …« – RdJ, S. 4 f.
500 »Wenn eine Frau …« – *LASP*, S. 218.
501 »völlig getrennt …« – »Vérité«, S. LVI.
501 »Offensichtlich hatte sie …« – BdJ, S. 56.
502 »Das war …« – »Vérité«, S. LVI.
502 »Meine Sensibilität …« – BdJ, S. 56.
502 »Sie legte mir …« – »Vérité«, S. LVII.
503 »Halte [sie] gerade!« – Dormann, S. 228.
504 »all ihre Künste …« – Jeannie Malige an die Autorin, 1991.
504 »›Was immer man …‹« – »Vérité«.
505 »Sie duzte mich …« – René Aujol im Gespräch mit der Autorin am 13. September 1991.
505 schlecht über ihn zu sprechen – Vielleicht war das auch der Grund, weshalb Colette bereit war, Meg einzuladen und mit ihr nachsichtig zu sein: Sie gehörte zu den wenigen Menschen, mit denen sie über Willy abfällig sprechen konnte.

506 »Es gab eine große Leere ...« – Jeannie Malige 1991 an die Autorin.
507 »Er war ein *faux faible* ...« – Jeannie Malige 1991 an die Autorin.
507 »Bertrand ist verzweifelt ...« – *LASP*, S. 218.
507 »meiner politischen Bildung ...« – BdJ, S. 56.
508 »meine Parteigänger ...« – Pl. 2, S. 1547.
508 »dieser alten Herbergsmutter ...« – Pl. 2, S. 1549 f.
509 »fremden, vulgären ...« – Pl. 2, S. 1551.
509 »Was ist los ...« – *LASP*, S. 280.
509 »Hier erreicht Colettes Talent ...« – Pl. 2, S. 1551 f.
510 » Madame, ein Lob ...« – Pl. 2, S. 1547 f.; dt. in: *Colette. Vom Enfant terrible zur Kultautorin*, S. 41 f.
510 »Was an den Kreuzen ...« – Pichois, in: Pl. 2, Préface, S. XXXVIII.
511 »ein wirklicher Schriftsteller ...« – Pichois, in: Pl. 2, Préface, S. XXXIX.
511 »Mein schriftstellerischer Wert! ...« – *Parinaud*, S. 84.
512 »Im Departement«, sagte René Aujol – René Aujol im Gespräch mit der Autorin 1991.
512 »bewunderte [Henry] ...« – *Blé*, S. 97.
512 »Ich fand deine Nachricht ...« – Colette an Henry de Jouvenel, Jouvenel Archiv, ADC.
512 von deiner Sido – Jouvenel war scheinbar der einzige Mensch, der Colette je Sido genannt hat. Ihr Vorname war eigentlich, wie wir uns erinnern, Sidonie-Gabrielle.

29. KAPITEL

515 »ihr nachdenkliches Aussehen ...« – Maurice Martin du Gard, *Les Mémorables*, Bd. 1, S. 135 f.
515 »Huren in der Literatur« – Als er später den Roman noch einmal las, gab er zu, dass dies »doch eigentlich ein Meisterwerk war. Aber was für eine Welt! Und uns glauben machen zu wollen, dass fünfzigjährige Frauen anziehender seien als junge!« Maurice Martin du Gard, *Les Mémorables*, Bd. 1, S. 135 f.
516 Jouvenel habe das Zeug – Maurice Martin du Gard, *Les Mémorables*, Bd. 1, S. 137.
516 »Zeug zum Präsidenten« – Binion, S. 149.

516 »Konföderation der Geistesarbeiter« – Binion, S. 148.

516 »Wir hatten mit Picasso …« – Mugnier, 5. Januar 1921, S. 371.

517 (»Warum kann man …«) – *GB*, S. 142.

517 »Was für eine …« – *GB*, S. 149.

517 zwei Sammlungen von Kurzgeschichten – *Celle qui en revient* enthielt einen neuen und mehrere schon früher veröffentlichte Tierdialoge, die an der in diesem Genre verbreiteten Altklugheit leiden. *La Chambre éclairée* bestand aus Artikeln, die sie vor und während des Krieges für *Excelsior* und *Le Matin* geschrieben hatte. Es umfasst eine Anzahl lyrischer Landschaften, weitere Tiere und einige anbetungsvolle Sketches über Bel-Gazou, die besten Geschichten haben jedoch etwas Bissiges an sich. Colette amüsiert sich, manchmal auch bösartig, auf Kosten der Bürokraten, Snobs, unterwürfigen Töchter, geilen Kriegerwitwen, eines Couturiers, der Frauen hasst, über die Klischees im Film und über das große Arbeitspferd des Ancien régime, Madame Vigée-Lebrun.

517 »Oh! wie kann man …« – *GB*, S. 142.

518 »Ich beschwöre dich …« – *MM*, S. 58.

519 »allein, krank …« – *GB*, S. 144.

519 Lektionen vom letzten Sommer – Er spezifizierte sie folgendermaßen: »Colette lehrte mich, dass Brot einen Geschmack, Liguster einen Geruch und Mohn eine Farbe hat.« BdJ, S. 56.

519 »Da geschah es …« – »Vérité«, S. LVII.

519 »Meine liebe Seele …« – *MM*, S. 53.

520 »wagte ich, sie zu fragen …« – BdJ, S. 56.

521 »wenn Sie es wirklich …« – *LASP*, S. 69.

521 »›Vagabunden‹ und andere ›Fesseln‹ …« – *LASP*, S. 38.

522 *La Maison de Claudine* (*Claudines Mädchenjahre*) – Diesem ausbeuterischen und bedeutungslosen Titel stimmte Colette im Französischen nur aus kommerziellen Gründen zu. Die englische Übersetzung heißt *My Mother's House*; die deutsche ebenso missverständlich wie das französische Original: *Claudines Mädchenjahre*.

522 »ihre Kindheit, die wirkliche …« – Maurice Martin du Gard, *Les Mémorables*, Bd. 1, S. 135.

522 »Das war meine Traumrolle …« – Jean Marais im Gespräch mit der Autorin 1991. Marais fügte noch hinzu: »Sie war immer sehr mütterlich zu mir. Sie war die einzige Frau, die nicht nervös wurde, wenn

ich sie umarmte. Sie besaß eine starke Persönlichkeit. Ich glaube, für ihre eigene Tochter dürfte das eine große Last gewesen sein.«

523 »ich trinke, um …« – *LDLV*, S. 144.

523 »guten Kompagnon von einer Intelligenz …« – *LASF*, S. 17.

523 »das Kuckucksei …« – *LDLV*, S. 148. *Emmerdite* ist unübersetzbar. In dem Wortspiel sind die Wörter *mère* (Mutter), *merde* (Scheiße) und *enterite* (Dünndarmentzündung) zu einer Krankheit verbunden.

523 »die Möglichkeit, sie früh am Morgen …« – BdJ, S. 57.

524 Arbeitstitel *Le Double* – Sie beschrieb später in diesem Frühjahr bei einem Diner Abbé Mugnier den Inhalt. Der Roman sollte, schrieb er später, von einer Frau handeln, »die das Spiegelbild einer anderen ist. Als sie aufhört, das zu sein, stirbt sie.« Mugnier, S. 394. Nach der Überarbeitung wurde daraus der Roman *La Seconde*.

524 »machte Sidi eine Szene …« – *LDLV*, S. 149.

524 »der an seine edle Herkunft …« – *Prisons*, »En Algérie«, S. 1028 bis 1034.

525 »*Je vous embrasse* …« – GP.

525 Paul Valéry – »Ich konnte ihm nie etwas abschlagen«, schrieb Valéry über Jouvenel, »seine Art zu sprechen war so angenehm energisch und unerklärlich überzeugend.« Binion, S. 124.

526 »Es wäre besser …« – Mugnier, S. 393 f.

526 »Colette ist es …« – Ebd.

526 »Was für eine seltsame …« – Mugnier, S. 394.

526 »Monsieur de Jouvenel strahlt nicht …« – Mugnier, S. 395.

30. KAPITEL

527 die Kinder von Sido – Sido hatte natürlich vier Kinder, aber, wie Colette André Parinaud erzählte, sagte sie immer »meine drei Kinder«, als gehörte Juliette nicht zur Familie.

527 »Eine Hand ist …« – *MDC*, in: BQ 2, S. 217 f.; dt.: *Claudines Mädchenjahre*, S. 34 ff.

528 »zwang man mich …« – *La Vagabonde*, in: BQ 1, S. 936.

529 »›Was ist das für eine Verrücktheit‹ …« – *La Chambre éclairée*, in: BQ 2, S. 106.

529 »als ob diese Mitteilung …« – Ebd.

530 »wie eine Katzenmutter …« – *Parinaud*, S. 46.

530 »Es hat mich …« – *LDLV*, S. 151.

531 »… teile mein Herz …« – *HP*, S. 44.

531 »Ihr habt mich …« – GP.

531 »Meine Tochter ist …« – *HP*, S. 41.

531 »Meine Tochter hat es …« – GB, S. 158.

531 »Was soll ich mit ihr …« – *LDLV*, S. 152.

531 »Ich habe dir gegenüber …« – GP.

532 »straffe, leuchtende Wangen …« – GP.

532 »Willen durchzuhalten …« – *Blé*, in: BQ 2, S. 361. Eine (leider schlechte) deutsche Übersetzung erschien unter dem Titel *Erwachende Herzen*. Übers. von S. Neumann. München 1986.

532 ihr neuer Roman *Le Blé en herbe* (*Erwachende Herzen*) – *Le Blé en herbe*, ursprünglich unter dem Titel *Die Schwelle*, schrieb und veröffentlichte Colette in Fortsetzungen in *Le Matin*. Jean Sapène, besorgt um die Familienmoral seiner Inserenten wie seiner Leser, zensierte gewisse, seiner Meinung nach übertrieben aufreizende Wörter und Bilder. Er war bereit, Phils Verführung durch Madame Dalleray zuzulassen, doch als er entdeckte, dass Colette ihre zwei jungen Helden »den fleischlichen Akt vollziehen« lassen wollte, wie Claude Pichois das so nett ausdrückt, »raffte er sich auf […] und teilte Colette förmlich mit, die Veröffentlichung werde eingestellt.« Es fehlten noch zwei Kapitel, aber, wie Pichois fortfährt, »das Werk war noch nicht auf dem Höhepunkt; es hatte noch nicht seinen vollen Sinn erreicht. Was bedeutete das schon? Frankreichs Moral war gerettet.« Claude Pichois, Préface, *Blé*, S. 22.

Damit stand es Colette frei, ihr Manuskript ohne Einschränkungen bezüglich Umfang und Inhalt fertig zu schreiben. Das tat sie in diesem Sommer in Castel-Novel. »Die erste Seite kostete mich meinen ganzen ersten Tag [hier]«, erzählt sie Moreno, »wenn du sie liest, wirst du mir nicht glauben« […] Zwanzig Zeilen ohne einen Edelstein und Zierrat. Nun, so ist es eben. Die Proportionen machen mir Schwierigkeiten. Mir graut vor dem bombastischen Ende.« *MM*, S. 65.

533 Madame Dalleray – Ihr Name geht auf den Pariser Straßennamen Rue d'Alleray, im fünfzehnten Arrondissement, zurück, wo Hélène

Picard in ihrem blauen Vogelnest wohnte und Colette für ihre Rendezvous mit Bertrand eine Garconnière mietete. Seine *amourette* mit Pamela hatte nicht aufgehört, als seine *amour* mit Colette begann, aber sie blieb unschuldig. Eines Tages bat Pam ihn, sie mit in seine Wohnung zu nehmen. Er war einverstanden, doch auf dem Weg schlug sein Gewissen. »Ich sagte mir, ich sollte einem jungen Mädchen, das ich sehr liebe, das nicht antun.« Stattdessen setzte er sie am Bienvenue Française ab, einem Zentrum für ausländische Besucher, das Claire Boas während der Friedenskonferenz gegründet hatte. »Vérité«, S. LVIII.

534 »betörende und heuchlerische Pädagogin« – *Blé*, in: BQ 2, S. 336.

534 »Ich liebe nur Bettler ...« – *Blé*, in: BQ 2, S. 331.

534 »Unter dieser Last« – *Blé*, in: BQ 2, S. 348, 327, 345, 306, 332, 361.

536 »Das ist eines von diesen Klischees ...« – Colette an Louis de Robert, MRB.

536 »Zwei Personen ...« – *Parinaud*, S. 47.

537 »deine Schwester wird am Sonntag ...« – RdJ, S. 10.

537 »Wenn sie ihn nach dieser Sache ...« – *LDLV*, S. 156.

537 Tatsächlich spielte Jouvenel – Großbritannien wollte durch die Reduktion der Größe seiner stehenden Armeen den Kontinent stabilisieren und künftig den Frieden sichern. Diese friedenssichernde Strategie hatte eine geheime Agenda – Ausdehnung des britischen Einflusses -, eine feindliche Intention, die hauptsächlich auf Frankreich abzielte, das damals sowohl personell als auch rüstungsmäßig die weitaus dominierende militärische Macht war. Jouvenel war unvoreingenommen genug, um den Wert des Abrüstungsvorschlages in einem Augenblick, in dem Frankreich und alle anderen früheren Alliierten noch unter riesigen Kriegsschulden litten, richtig einzuschätzen. Doch bevor er der Reduktion der französischen Armee zustimmte, bestand er auf einem Abkommen, das eine bessere Garantie böte als die Unterschriften der Mitglieder des Völkerbundes, besonders weil Deutschland nicht zu ihnen gehörte. In enger Zusammenarbeit mit Lord Robert Cecil entwarf er eine Zusatzklausel zum ursprünglichen britischen Dokument über »gegenseitige Hilfe«, das die Unterzeichnenden verpflichtete, jedem Mitglied Waffenhilfe zu leisten, dessen Souveränität durch einen Angreifer gefährdet war. Dieser Kompromiss wurde durch Akklamation angenommen

und Jouvenels Weitsicht und Geschick als Unterhändler weithin gerühmt.

537 »Mit gutem Recht ...« – BdJ, S. 65.

538 »Aber das ist eine alte Sache ...« – *LASP*, S. 282 f.

538 Die Wegmarke – *Aventures Quotidiennes*, in: BQ 2, S. 472 ff.

538 »Sie ist wirklich ...« – Léautaud, Bd. 5, S. 55 f.; dt.: *Literarisches Tagebuch 1893–1956*, S. 91.

539 »der Besuch von Cousine Pauline« – Von wem, ist allerdings nicht klar.

539 »mit zwei Fingern ...« – *MM*, S. 59.

539 »Ja, tipp die große Szene ab ...« – *LDLV*, S. 154 f.

540 erzählte Bertrand de Jouvenel Geneviève Dormann – Dormann, S. 231.

541 Die rumänische Prinzessin – Sie war erst wenige Jahre zuvor zum Katholizismus übergetreten, und Abbé Mugnier fungierte als ihr geistiger Ratgeber.

541 »nicht einem Ziel ...« – Ghislain de Diesbach, La Princesse Bibesco, S. 312, 314.

541 »Bei ihr zählten ...« – Ghislain de Diesbach, La Princesse Bibesco, S. 315.

541 »Das Paar versprach sich ...« – Ghislain de Diesbach, La Princesse Bibesco, S. 323–327.

542 »Von dem Augenblick an ...« – GP.

542 »so groß sind wie ...« – *HP*, S. 51.

542 »Nichts ist neu hier ...« – *MM*, S. 71.

542 »Sie war überhaupt ...« – GP.

542 »Ich habe keine Lust ...« – GP.

543 »Er hat zu viel ...« – GP.

543 »Amour, amour ...« – *MM*, S. 73 f.

543 »Ich muss sie irgendjemandem ...« – GP.

544 »Nein«, sagte Colette. – Dormann, S. 232.

544 »Die Arbeit vergiftet ...« – *MM*, S. 75, 77.

544 »erschreckt« – BdJ, S. 57.

545 »Wenn man dafür bestraft ...« – GP.

31. KAPITEL

547 »Bring mal Sidi bei …« – Dormann, S. 233.

548 wenn sie nun auf der langen Trennungszeit beharrte …« – In einem Brief an Christiane Mendelys (Madame Georges Wague), die selbst Eheprobleme hatte, riet Colette ihr, sofort das Haus zu verlassen und irgendwo Unterschlupf zu suchen. »Wenn er beginnt, dich zu vermissen, auch nur einen Moment in einem Monat, dann hast du einen Punkt gewonnen. Sonst spielt alles gegen dich.« *LDLV*, S. 171.

548 »Als ich hier ankam …« – *MM*, S. 78.

548 »Sie fanden mich …« – Ebd. und *HP*, S. 64.

549 »[Sie] will die maximale Wirkung …« – GP.

549 »Wie oft war ich bereit …« – GP.

550 »Jouvenel könne und müsse …« – Lottmann, S. 241.

550 »Ich war so gewöhnt …« – BdJ, S. 57.

551 »*Colette, cette bonne à tout Phèdre*.« – Das ist eine Verballhornung von *bonne à tout faire*, »für alles gut«, aber auch »Mädchen für alles«. Racines Bearbeitung des Phaedra-Mythos gilt als die größte Tragödie französischer Sprache. Phèdre verliebt sich in ihren Stiefsohn Hippolyte. Als sie fälschlich vom Tod ihres Gatten erfährt, wird sie von ihrer Amme gedrängt, ihre Liebe zu bekennen. Hippolyte ist entsetzt und flieht vom Hof. Die alte Amme bezichtigt ihn vor seinem Vater der Sünden, von denen seine Mutter nur geträumt hat, so dass Theseus Neptun bittet, seinen Sohn zu vernichten, was dieser auch tut. In Schuld und Verzweiflung erhängt sich Phèdre.

551 »sei nicht dazu gemacht …« – Mugnier, S. 439.

511 »Es ist schrecklich …« – *LASP*, S. 226.

552 »Wenn wahr ist …« – *LDLV*, S. 171.

552 »Ich habe noch einen Geschmack …« – GP.

552 »[Robert] war …« – *MM*, S. 81.

553 »Rozven ist mein Refugium …« – GP.

554 »demütig das Manna …« – Chauvière, S. 68.

554 »Du schweigst immer …« – Chauvière, S. 64.

555 »dass jüdische Eltern …« – Mitchell, *Colette*, S. 190.

555 »Das Geschäft, Ferien zu organisieren …« – GP.

555 Im Herbst – Das Frühjahr hatte er bei Beneš in Prag zugebracht, wo »ihm eine Großzügigkeit entgegengebracht wurde, die alles vergalt,

was meine Mutter während des Krieges für die Tschechoslowakei getan hatte«. Pl. 2, S. LVIII.

556 »der Idiot …« – »Was für Triumphe, doch was für ein zerbrechliches Skelett, das sie zu tragen hat«, schreibt sie an Hélène. Und an Moreno: »In dreizehn Tagen hat er [in Rozven] zwei Kilo zugenommen.«

556 »Zum Teufel …« – *HP*, S. 67.

556 »Die Freuden …« – BdJ, S. 58.

556 »Du wirst sagen …« – Pl. 2, S. XLVIII.

557 »Wie auch immer …« – »Vérité«, S. LVIII.

557 »drückt einen Kuss …« – *La femme cachée*, in: BQ 2, S. 383 f., 386, 398; dt.: *Das Hotelzimmer*. Übers. von Brigitte Kahr und Luise Wasserthal-Zuccari. Berlin 1963, S. 95 f., 99, 119.

559 »Das Auge …« – *Aventures Quotidiennes*, in: BQ, S. 446.

560 »Lust zu töten …« – *Aventures Quotidiennes*, in: BQ, S. 446 f.

32. KAPITEL

563 »Was wollen wir machen?« – Pougy, S. 181.

564 »Ich habe dich in Paris bewundert …« – *MM*, S. 68.

564 »Man sollte weder …« – *MM*, S. 71.

565 Das tat Moreno regelmäßig – In diesem Sommer erhielt sie, nachdem sie Colette einen Entwurf ihrer Erinnerungen geschickt hatte, folgende denkwürdige Schreiblektion:
»Du hast noch nicht den richtigen Faden, nicht die scheinbare Lässigkeit, die den Zeitungston ausmacht, du hast ganz offensichtlich die meisten deiner wunderlichen Heiligen [Proust, Jarry, Iturri] zu Papier gebracht, als wären es Themen für den Schulaufsatz – ich kenne dich, Luderchen, sie haben dich angeödet! […] Ich sage dir das, wie ich es mir selbst sagen würde, ebenso hart. […] Du, die reine Hexenmeisterin beim Erzählen, verlierst den Großteil deiner Wirkung, wenn du schreibst, du lässt deine Möglichkeiten ungenutzt oder nimmst ihnen die Farbe. Zum Beispiel Proust: […] deine Inszenierung dieser Stelle wäre, wenn du sie mir erzählen würdest, überwältigend. Du schreibst sie nieder, und was finde ich? ›Madame A. ließ ihren kritischen Geist spielen, äußerste unnachsichtige Urteile usw. … Ein Chor von Schmeichlern gab ihr Antwort –

das Gespräch nahm einen scharfen Ton an […] – Entfesselung der menschlichen Bosheit – spöttische Ausrufe, höhnische Phrasen‹ usw. Begreifst du, dass in alledem kein Wort die Leute, von denen du sprichst, *zeigt* oder *hören lässt*? Wenn du die gleiche Geschichte erzählst, zeichnest du mir in fünfzehn Zeilen die Mama A., den Papa France, den älteren Caillavet, Victor du Bled usw. usf. Und wenn du deine ›entfesselte Bosheit‹ in ein Stückchen Dialog verwandelst, bekommt sie Leben, wie alles Übrige. Keine Schilderung der Tatsachen, lieber Himmel! Einzelne Pinselstriche und Farbtupfen – und bloß keine Schlussfolgerungen […]. Ein Essen, ›reizend und delikat‹, ›eine Unterhaltung, die von einem Thema ins andere schweift‹, was zeigst du mir, wenn du das schreibst? Nichts. Halte das Drum und Dran fest, die Tischgäste, sogar die Speisen! Ohne das wird es nichts! Mach dich frei [vom Gespenst der Frau des Verlegers, die dir über die Schulter schaut]! Und, liebes Herz, suche uns zu verhehlen, dass dich das Schreiben langweilt! […] Ich liebe dich, ich umarme dich, ich möchte, dass du ›zauberhafte‹ Dinge schreibst, verstehst du mich? […] Deine Colette.« *MM*, S. 90; dt.: *Paradies*, S. 244 f.

565 »genauso alt wie der Eiffelturm« – Er war am 2. August 1889 in Paris geboren. Seine Eltern hatten an einem der Einweihungsfeste für den Turm teilgenommen, und er glaubte, der heiße Abend und das Gedränge der Menge hätten die Wehen seiner Mutter beschleunigt.

566 »Es entströmte ihr …« – *PdC*, S. 10; dt.: Goudeket, *Colette*, S. 9 f.

567 »Ein paar Klapse auf die Wange …« – Douceur, S. 32.

568 »Diese eigensinnigen Versuche …« – Pl. 2, S. 1556.

570 »Er suchte Aufmerksamkeit …« – JAR, »Un Salon 1900«, S. 54.

570 »Andere Zeitungen …« – Gold and Fizdale, *Misia*, S. 101.

570 »leichten Unbehagen der Überraschung« – JAR, »Un Salon 1900«, S. 55.

571 »Er behandelte mich nicht …« – JAR, »Un Salon 1900«, S. 55 und *LASP*, S. 266. Drei Mitteilungen von wenigen Zeilen, ein kurzer Brief über die Inszenierung von 1925 und ein etwas längerer Brief von 1919, in dem Colette ein paar von Ravels Fragen beantwortet: »Warum natürlich Ragtime. Warum natürlich ein paar Wedgwood Neger. […] Und das Eichhörnchen sagt, was immer Sie möchten.«

571 den Geheimnissen der Natur … Kindheit und Adoleszenz – Colette hatte *L'Enfant* ursprünglich betitelt: »Divertissement pour ma fille«

(Divertimento für meine Tochter). Sie sagt, sie habe diesen Arbeitstitel »dummerweise benutzt«, bis Ravel »mit einer eisigen Ernsthaftigkeit« protestierte, er habe keine Tochter. Der kinderlose Junggeselle unterhielt aber doch eine wunderliche Korrespondenz mit den Kindern seiner Freunde. 1910 widmete er sein Klavierduo *Mutter Gans* Misia Natansons kleiner Nichte und ihrem Neffen – beide Wunderkinder am Klavier – in der Hoffnung, sie würden das Stück zur Premiere spielen können. Vgl. *LASP*, S. 266 und *EPC*, »Paradis Terrestre«, S. 853.

571 »Es gibt intellektuelle Musik ...« – JAR, »Un Salon 1900«, S. 56.

571 »Ist es nicht witzig?« – JAR, »Un Salon 1900«, S. 55.

571 *L'Enfant et les sortilèges* – JAR, »Un Salon 1900«, S. 55.

571 Doch vielleicht erklärt sich – Colettes traumartiges Libretto lädt dazu ein, es so zu interpretieren, wie die bahnbrechende Psychoanalytikerin Melanie Klein das in ihrem Aufsatz über *L'Enfant et les sortilèges* tat. Sie liest die Geschichte als eine Parabel über Bewusstseinsentwicklung. Ihre Analyse ist zu fachspezifisch, um hier einfach zusammengefasst werden zu können, aber sie zitiert den Schluss der Oper, um ihre Theorie über die Lösung der »Angstsituation« des Kindes zu stützen. Indem der Junge die Eichhörnchenpfote verbindet, besiegt er seinen Sadismus und vollzieht symbolisch einen Akt der Wiedergutmachung. Sein Bewusstsein ist erwacht, und er wird zur »Objektliebe« fähig, das heißt, er erwirbt die Fähigkeit zu Mitleid und Einfühlungsvermögen. Seine rettende Geste verwandelt eine feindselige Welt in eine gutartige, und Vertrauen triumphiert über die infantile paranoid-schizoide Position. »Das Kind hat lieben gelernt und glaubt an die Liebe«, schließt sie. »Die tiefe psychologische Einsicht, die Colette [...] besitzt, zeigt sich auch darin, wie dieser Umschwung im Kinde herbeigeführt wird. Das Kind hat, als es sich des verletzten Eichhörnchens annahm, leise ›Mama‹ gesagt.« Melanie Klein, »Frühkindliche Angstsituation im Spiegel künstlerischer Darstellungen«, in: Melanie Klein. *Gesammelte Schriften*, Bd. I, Teil 1, Schriften 1920–1945, S. 329–341.
Viele Aspekte von Kleins Interpretation sind für den Biografen hilfreich, andere scheinen auf Wunschdenken und Fehlinformation zu beruhen, zum Teil, weil die Analytikerin sich hier auf eine Zusammenfassung des Stücks stützt, die ein Rezensent 1929 anlässlich der

Wiener Neuinszenierung der Oper im *Berliner Tageblatt* gegeben hat. Im Deutschen hieß die Oper *Das Zauberwort.* Dieser Titel legt zu großes Gewicht auf die »Bekehrung« des Kindes und zu wenig auf seine tatsächliche Qual. Der französische Titel ist düsterer und zweideutiger. *Sortilège* bezeichnet zum einen »den bösen Spruch eines Zauberers«, zum anderen »im übertragenen Sinne ein Mittel, jemandem Schaden zuzufügen«. Colette will die zerstörerischen Impulse, die in der Oper am Werk sind, hervorheben, nicht die rettenden, auf die es Melanie Klein ankommt. Es gibt in Colettes Werk tatsächlich wenig Erlösendes, deshalb verdient die Sprache ihrer letzten Bühnenanweisungen nähere Betrachtung. Da Klein sowohl nach dem deutschen Titel wie nach ihrer eigenen Theorie zu einer glücklichen Lösung der kindlichen Krise neigt, irrt sie sich in einem entscheidenden Detail: Nicht das Kind ruft am Schluss »Mama«. Die Tiere rufen »Mama«. Sie erleben eine Katharsis, eine Erlösung, lernen zu lieben und an die Liebe zu glauben. Das Kind aber schweigt. In ihren Augen hat das Kind mit seiner Barmherzigkeit gegenüber dem Eichhörnchen etwas wieder gutgemacht. Was das aber für das Kind bedeutet, wissen wir nicht, wir sind bei der Szene der Versöhnung mit der Mama nicht dabei. Man kann diese letzte Geste auf vielerlei Weise interpretieren, auch so optimistisch wie Melanie Klein das tut. Aber die ausgestreckten Arme können auch bedeuten, dass das Kind aufgibt. Die letzte Szene erinnert an eine ähnliche in »Die Kleine«, dem zentralen Kapitel in *Claudines Mädchenjahre.* Ein Kind, das von Freiheit und Abenteuer träumte, steht allein und verloren in einem Garten, der »auf einmal feindselig geworden ist«. Er »bedroht ein jetzt ernüchtertes kleines Mädchen mit seinen kalten Lorbeerblättern«. Sie blickt zu den erleuchteten Fenstern des Hauses und zum »wichtigsten Licht« und Schutz der Mutter. Beide Szenen drücken großen Schmerz aus, aber für die Kleine offenbart sich darin weniger Liebe – die Objektliebe, wie Melanie Klein sagen würde – als die eigene Zerbrechlichkeit und Abhängigkeit. Auch das Kind in *L'Enfant et les sortilèges* revoltiert gegen seine Abhängigkeit. »Ich bin frei, frei, böse und frei!« Am Ende ertönt der Gegengesang der Tiere: »Es ist gut, das Kind, es ist klug, sehr klug, es ist so klug, so gut.« Im Französischen heißt es da *sage* und *bon*, wobei *sage*, auf Tiere bezogen, soviel heißt wie gezähmt. Ist das Kind wirklich erlöst? Oder ist es wie das kleine Mädchen im Garten nur ernüchtert? Ist es geheilt oder nur durch sein Trauma gebrochen und jetzt gehorsam? Vgl. Kapitel 32, S. 575 ff.

572 »Ich habe Lust …« – (und alle folgenden Zitate aus) Colette, *L'Enfant et les sortilèges*, Pl. 3, S. 151–169.

576 »Büßerhemd …« – *La Vagabonde*, in: BQ 1, S. 930; dt. in: *Eifersucht, La Vagabonde* u. a., S. 335.

576 »hundertmal gefährlicher …« – Hervorhebung J. T. *La Vagabonde*, in: BQ 1, S. 930; dt. in: *Eifersucht, La Vagabonde* u. a., S. 335.

576 »Die Liebe, eine der …« – *NdJ*, in: BQ 2, S. 585; dt.: *Die Freuden des Lebens*, S. 22.

33. KAPITEL

579 »und bei meiner Gewohnheit …« – *PdC*, S. 10, 12; dt.: Goudeket, *Colette*, S. 10, 12.

580 »Ich habe die Hoffnung …« – *LDLV*, S. 185.

580 »Colette lachte herzlich …« – *PdC*, S. 13; dt.: Goudeket, *Colette*, S. 13.

581 »aus irgendwelchen Gründen …« – Dormann, S. 250.

581 »bereit, [sein] Leben …« – Dormann, S. 251.

581 »dass es unmöglich war« – »Vérité«, S. LVIII.

581 »Gibt es schöne Trennungen?« – BdJ, S. 58.

583 »für jene einzige Liebe …« – *PdC*, S. 11; dt.: Goudeket, *Colette*, S. 11.

583 »Hinter jedem Blatt …« – *MM*, S. 104.

583 »Orgien von Mineralwasser …« – *MM*, S. 105 f.

583 »Glaubst du nicht …« – *MM*, S. 106.

584 »O lala …« – *MM*, S. 108 f.; dt.: *Paradies*, S. 249.

584 »Nun! Das ist …« – *MM*, S. 109.

584 »Nun aber habe ich …« – *NdJ*, in: BQ 2, S. 586; dt.: *Die Freuden des Lebens*, S. 22 f. Sie schrieb bis 1923 ihre Bücher unter dem Namen Colette Willy. *Le Blé en herbe* (1923) unterzeichnete sie schon mit Colette. Für ihre journalistische Arbeit benutzte sie seit 1920 hauptsächlich den Namen Colette, obwohl einzelne Artikel von 1913 schon unter »Colette« erschienen.

584 »Meine Exgeißel …« – OT an JL, HRC.

584 »Erwartete sie Ovationen? ...« – OT an JL, HRC.

585 »Ich habe dir ...« – GP.

585 »Dies ist keine Landschaft ...« ... »Was für eine Landschaft!« – *LASP*, S. 226 und *HP*, S. 72.

586 »werde ganz südlich ...« – *HP*, S. 74.

586 »ureigenstes Element ...« – *MM*, S. 112; dt.: *Paradies*, S. 250.

586 »Man fühlt sich ...« – *MM*, S. 113; dt.: *Paradies*, S. 250.

587 »Ich würde dich ...« – *LASP*, S. 77.

587 »meine wahren Freunde ...« – *NdJ*, in: BQ 2, S. 582; dt.: *Die Freuden des Lebens*, S. 13.

587 Bitterer war der Snobismus – Abbé Mugnier, der Colette und Goudeket Ende Juni im Hause der Gräfin Murat traf, tut ihn als den »Holländer« ab, der »bei« Colette ist. Im Weiteren berichtet er über die Gespräche all derer, die einen Titel tragen, und beendet seine Eintragungen zu diesem Abend mit einer versteckten Anspielung auf Colette und »Hippolyte« – d. i. Bertrand.

587 »absolut natürlich ...« – *MM*, S. 108.

588 »herrlichen Reise mit Satan« – *HP*, S. 75.

590 »Wenn ich jetzt ...« – GP.

590 »Abneigung gegen ...« – *MM*, S. 117.

591 »mit unsäglichem Abscheu ...« – *La Fin*, in: BQ 2, S. 551; dt.: *Chéri. Chéris Ende*, S. 274.

591 »Vielleicht, um ihm ...« – *Parinaud*, S. 120; dt. in: *Colette. Vom Enfant terrible zur Kultautorin*, S. 62 f.

592 »Auch wenn sie ...« – *La Fin*, in: BQ 2, S. 546; dt.: *Chéri. Chéris Ende*, S. 265.

592 »›Damals war Krieg ...« – *La Fin*, in: BQ 2, S. 571; dt.: *Chéri. Chéris Ende*, S. 311.

593 »Abstoßend war sie nicht ...« – *La Fin*, in: BQ 2, S. 525 f.; dt.: *Chéri. Chéris Ende*, S. 227.

594 »die Krankheit unserer Zeit ...« – *La Fin*, in: BQ 2, S. 528–533; dt.: *Chéri. Chéris Ende*, S. 232–241.

594 »Colette gewährt ...« – *La Fin*, in: BQ 2, S. 530; dt.: *Chéri. Chéris Ende*, S. 235. Yannick Resch, Introduction, *La Fin*, S. 23.

597 dass er Chéris Unbehagen teilte – »Ein Wort von ihr, ein Satz – und ich fühlte, wie meine Hemmungen eine nach der anderen von mir abfielen. […] die Welt die sie mir wiederschenkte, war eine reale Welt.« *PdC*, S. 15; dt.: Goudeket, *Colette*, S. 15.

597 wenn nicht Colettes Vitalität – »Ich liebe dich bis zum Überdruss. Ich habe ein so dringendes Bedürfnis nach dir, dass deine Gegenwart es kaum bändigt. […] Füttere mich, auch wenn es dich erschöpft; bereichere mich, auch wenn es dich ärmer machen wird; oder aber befiehl mir […]. Nichts hat einen Wert für mich, es sei denn in dem Maße, in dem du es als ein Angebot annimmst. […] Der Liebesschmerz ist eine Qual, Zweifel plagen mich, ich bin am Rande eines Abgrunds. Umarme mich rasch, bevor der finstere Knabe […] mich wieder in seine feuchte Unterwelt sperrt, aus der ich mich ohne dich nie befreit hätte.« MG an C, SMAF.

597 »Ich schuf die Léa …« – *NdJ*, in: BQ 2, S. 585 f.; dt.: *Die Freuden des Lebens*, S. 22.

598 »Ich schreibe dir …« – C an MG, SMAF.

598 »Ich möchte unter marokkanischem Himmel …« – RdJ, S. 13.

599 »tiefliegenden, fast ängstlichen …« – *Prisons*, »Notes marocaines«; Places, »Marocco«, S. 83.

599 »ein Gedicht in hundert Gängen« – *HP*, S. 81.

599 »Illusion, ein Ziel …« – *Places*, S. 83.

600 »Wir haben uns …« – *LDLV*, S. 191 f.

600 »ein solcher Wechsel …« – *MM*, S. 128.

600 »vom Glück gesandte …« – *MM*, S. 122, 126.

600 »ehrlichen Amerikaner …« – *MM*, S. 130 f.

602 »Aber die *Entresols*? …« – *Places*, S. 40; dt.: *Drei … Sechs … Neun …*, S. 83 f., 86 f.

602 »hörte ich auf …« – Ebd.

603 »Hier handelt es sich …« – Larnac, S. 194 f.

604 »widerstreitenden Triebe …« – Das Kind, schreibt Winnicott, lokalisiert die innere Welt im Bauch (wie Léa das tut), und die Mühe, in dem Chaos »eine Art Muster« zu finden, »geschieht nicht durch geistige oder intellektuelle Anstrengung, sondern ist eine Aufgabe der Psyche, die dem Verdauungsvorgang eng verwandt ist.« (D. W.

Winnicott, *Die menschliche Natur*, S. 123 f.) Längst hatte Colette die Beobachtung gemacht, dass »jegliche Liebe [...], wenn man sich ihr unbekümmert hingibt, die Neigung [hat], etwas wie ein Verdauungsapparat zu werden«. (Colette, *NdJ*, in: BQ 2, S. 592; dt.: *Die Freuden des Lebens*, S. 37.

604 »Niemandem ist das besser ...« – François Mauriac, »Le Roman d'aujourd'hui«, *La Revue hebdomadaire*, 19. Februar 1927, S. 265 f.

605 »Sie sprach über ...« – Mugnier, S. 481.

606 »Orgie der Tugend« – Ebd.

606 »Dreiunddreißig Jahre! ...« – Pl. 3, S. XLI.

606 »wir sind Luxuswesen ...« – C an MG, SMAF.

607 »oberflächlichen Selbstgerechtigkeit ...« – Bernard Loliée MSS. sale catalogue, Nr. 3, 1968, MRB.

607 »Diesen Skrupeln ...« – Chauvière, S. 250.

607 »Mit zwölf Jahren ...« – GP.

608 »Achten Sie auf ihr Herz ...« – GP.

609 »von einer Spinne gestochen ...« – C an MG, SMAF.

609 »Wenn man die Erde ...« – *NdJ*, in: BQ 2, S. 617; dt.: *Die Freuden des Lebens*, S. 96.

609 Boheme von Saint-Tropez – Francis Carco und seine zweite Frau Eliane besaßen in der Nähe ein Haus. Über sie lernte Colette die Maler Suzanne Villebœuf, J. G. Daragnès, André Dignimont, Luc-Albert Moreau und André Dunoyer de Segonzac kennen, die Colettes Monografie *La Treille Muscate* illustrieren sollten. Sie alle wurden gute Freunde von Colette und sind in *La Naissance du Jour* erwähnt. Außerdem gehörten zu der Clique die Schauspielerin Thérèse Dorny, die Geigerin Hélène Jourdan-Morhange und der Bildhauer Louis-Aimé Lejeune.

609 »Das ungeschriebene Gesetz ...« – *NdJ*, in: BQ 2, S. 637; dt.: *Die Freuden des Lebens*, S. 140.

610 »Leih' mir deine Frau« – GP.

610 »Ich tue nichts anderes ...« – *MM*, S. 145.

610 »Je weiter ich komme ...« – Pl. 3, S. 1376.

610 »den Körper vorbereiten ...« – MG an C, SMAF.

610 »Nur im Herbst ...« – *NdJ*, in: BQ 2, S. 592; dt.: *Die Freuden des Lebens*, S. 37.

35. KAPITEL

611 »Versuche der Vergangenheit …« – GP.

611 »im Preisring des Lebens …« – John Updike, *Hugging the Shore*. New York 1983, S. 152.

611 »Ich gab mir vor ihr …« – Chauvière, S. 199.

612 ein athletisches Sexualleben – Sanda Goudeket im Gespräch mit der Autorin 1991.

612 Im Sommer hielt sie – In Saint-Tropez lebte sie fast ausschließlich von Obst, Gemüse, gegrilltem Fisch und gelegentlich gegrilltem Hähnchen. In einem Brief an Goudeket schreibt sie, sie halte an ihrem Abmagerungsprogramm fest und sehe in einem schwarzen Kleid »praktisch dünn« aus.

612 Wenn sie wieder in Paris war – Chauvière, S. 200.

612 »Das Vergnügen, das ich dabei habe …« – GP.

613 »Aus Sidonie Landoy …« – Pichois, Pl. 2, Préface, S. LII f.

613 »Man sagt, dass Kinder …« – *MDC*, in: BQ 2, S. 225 f.; dt.: *Claudines Mädchenjahre*, S. 58.

614 »Es ist doch merkwürdig …« – *MM*, S. 63.

614 ein Dutzend herrlicher Briefe – Colette überarbeitet Sidos wirkliche Briefe, poliert sie stilistisch und ändert für ihre Zwecke kleine, aber bezeichnende Einzelheiten. Vgl. mein Kapitel 22, S. 412 f..

614 »Ihr meint, ich zeichnete …« – *BOD*, in: BQ 2, S. 594; dt.: *Die Freuden des Lebens*, S. 42.

615 Forschung über die Mutter-Kind-Dynamik – Den Anfang machten damit Karen Horney und D. W. Winnicott. Dann folgten Dorothy Dinnerstein, Margaret Mahler, Janine Chasseguet-Smirgel, Daniel Stern, Nancy Chodoriw, Edith Jacobson, Robert Stoller, Jessica Benjamin und viele andere. Besonders Benjamins Untersuchungen auf diesem Gebiet und ihre eigenen theoretischen Ergebnisse in *Die Fesseln der Liebe* und *Fantasie und Geschlecht* haben mir für dieses Kapitel sehr geholfen.

617 »eine definitive Errungenschaft …« – Benjamin, *Die Fesseln der Liebe*.

619 »Ich arbeite so hart …« – Pl. 3, S. XLII.

620 André Dunoyer de Segonzac – Er sollte darüber hinaus ein gut beobachtetes schriftliches Porträt von ihr auf ihrem Schreibtisch hinterlassen: »Die vollen schönen Arme auf das Pult gestützt, blieb sie

oft stundenlang reglos sitzen [...]. Nur das Rascheln einer Seite, die sie in verhaltenem Zorn zusammenknüllte und wegwarf, unterbrach von Zeit zu Zeit diese vollkommene Stille.« Lottmann, S. 279 f.

620 »Ich bin eine Wünschelrutengängerin! ...« – GP.

620 »Beginnt die katholische Fantasie ...« – C an MG, SMAF.

620 »Ein Haus zu bauen ...« – *MM*, S. 178.

621 »Was für ein reizendes ...« – *MM*, S. 161.

621 »Sie hätten Ihnen ...« – Mugnier, S. 502.

622 »Es ist gut für mich ...« – *MM*, S. 188.

622 »Ein Mann ist doch ...« – Colette, *La Seconde*, in: BQ 2, S. 738; dt.: *Die Andere*. Übers. von Eva Redtenbacher. Berlin 1959, S. 179, 181. *La Seconde* erschien erstmals in Paris 1929.

623 »Es ist ein Roman-Roman ...« – *LASP*, S. 196.

624 »Wir führten sie ...« – Richardson, S. 158 f.

625 Im Juni bekam sie – *Paradis terrestre* wurde 1932 von Gonin herausgegeben. Die Lethargie der Tiere in Gefangenschaft bedrückte Colette, die es weitaus vorzog, sie im Zirkus zu sehen. Dort seien sie wenigstens mehr »wie Schauspieler« und langweilten sich nicht so. *PdC*, S. 153; dt.: Goudeket, *Colette*, S. 158.

626 »Man kann sich keinen ...« – *MM*, S. 204.

626 »Vorwände« für ihre Illustrationen – *Regarde* mit Illustrationen von Meheut bei Deschamps veröffentlicht und *Paradis terrestre*, das Zoobuch.

626 »Ich bereue es nicht ...« – Pl. 3, S. 1466.

627 »immer wieder weggelegt ...« – Colette, Préface, *My Mother's House*. Übers. von Una Vicenzo Troubridge und Enid McLeod. New York 1989.

627 »das frommste Denkmal ...« – Pl. 3, S. 1465 f.

628 »Glücklich auszusehen ...« – *Sido*, in: BQ 2, S. 800, 781, 771; dt.: *Sido*, S. 88 f., 52, 30.

630 »entsprach Colettes Sinn ...« – Chauvière, S. 74.

631 »Ich machte kein Hehl ...« – *MM*, S. 208.

632 »grüne mit gelbem Fleisch ...« – *LDLV*, S. 216.

632 »gemüseartiges Grün ... Was für eine Strafe ...« – André Billy, *Inimités litteraires*, S. 149–154.

632 »Die Tiere, der Wald ...« – *MM*, S. 212.

633 »zwei ineinander gehende ...« – *Places*, in: BQ 3, S. 391 ff.; dt.: *Drei ... Sechs ... Neun ...*, S. 97–102.

634 »ziemte es sich ...« – *PdC*, S. 96; dt.: Goudeket, *Colette*, S. 99.

634 »Ein Schriftsteller ... Überall gibt es Wärme ...« – *Places*, in: BQ 31, S. 391 ff.; dt.: *Drei ... Sechs ... Neun ...*, S. 97–102.

635 »den schlimmsten Abhub« – Léautaud, Bd. 8, 3. Juni 1930, S. 212.

636 »Perverses Verhalten ...« – Dauphiné, *Rachilde*, S. 129.

636 rabiate Chauvinistin und Antisemitin – Claude Dauphiné, Rachildes Biograf, gibt sich redlich Mühe, die Paradoxien ihrer vehement ausgedrückten und manchmal inkohärenten Meinungen zu erklären. Er erwähnt, dass sie trotz ihres Chauvinismus den Royalismus der Hochkirche auf der extremen Rechten gehasst, mit Barrès über seine »Vorurteile« gestritten und weiterhin bürgerliche sexuelle Konventionen verachtet habe. Er nennt sie »einen freien Geist, den kein Kult oder Clan je ganz für sich vereinnahmen konnte«. *Rachilde*, S. 105.

636 »Ich habe den Frauen ...« – Dauphiné, *Rachilde*, S. 125.

636 »Geben wir ihr ...« – Dauphiné, *Rachilde*, S. 63.

637 »der süßeste und naivste ...« – Rachilde, *Portraits d'Hommes*, S. 58 f.

637 »Provinzpflänzchen ... das wahre Geheimnis ...« – Rachilde, *Portraits d'Hommes*, S. 59 f.

638 »Ich bin stolz ...« – Colette an Rachilde, Doucet.

638 Madeleine de Swarte – Die Autorin von *Les Caprices d'Odette, Mady écolière und Fourberies de Papa.*

638 »ein dicker, rotgesichtiger ...« – Bonmariage, S. 55.

639 »la barrronne de Jouvenel« – Caradec, S. 305.

639 »einen Hintern wie ...« – Caradec, S. 284.

639 »Sie hätte ...« – Caradec, S. 306.

639 »Die neue Gesellschaft ...« – Richardson, S. 169.

639 »Niemand interessiert sich ...« – Caradec, S. 305.

640 »Ich möchte dir sagen ...« – Caradec, S. 306.

640 »Sein grau zerfurchtes ...« – Richardson, S. 169.

640 vielleicht an Syphilis – Als 1927 Léautaud Vallette im Mercure de France besuchte, kam Willy dazu, der Vallette »wie abgewrackt« vorkam. Er werde mit Jod behandelt. Joanna Richardson vermutet,

dass er Jodide einnahm, »die manchmal bei Syphilis verschrieben wurden«. Richardson, S. 170.

640 »Dass ich so lange …« – Caradec, S. 308.

641 »Sie? …« – Léautaud, Bd. 8, S. 317.

642 »im Manöver …« – *HP*, S. 122.

642 »alten Liebeskram …« – Später *Le Pur et l'impur* (Das Reine und das Unreine; dt.: *Diese Freuden*). Aber zu diesem Zeitpunkt hatte sie noch keinen Titel dafür und fragte Hélène, ob sie *Remous* (Der Strudel) für geeignet hielte, oder, wenn das nicht, dann *Ecume* (Schaum). Es sollte später im Jahr als *Ces Plaisirs* veröffentlicht werden … und, erheblich verändert, in seiner endgültigen Fassung 1943. *HP*, S. 129, 135.

643 »die Belohnung …« – *EPC*, »Le Cirque«, S. 959 f.

644 »einen kleinen Kreis …« – Colette an Missy, MRB.

644 Fürstin Edmont (Winnie) de Polignac – 1927 hatte Natalie eine Reihe von Freitagsvorstellungen organisiert, um die Angelsachsen mit den Werken ihrer französischen Schriftstellerfreunde bekannt zu machen und umgekehrt. Winnie de Polignac, geborene Singer, war die Erbin des amerikanischen Nähmaschinen-Vermögens und eine große Mäzenin der Musik. Colette kannte sie seit der Jahrhundertwende. Madame de Gramont, die Herzogin von Clermont-Tonnerre, schrieb vierbändige Erinnerungen, die bis heute eine wichtige sozialgeschichtliche Quelle für die ersten Jahre des zwanzigsten Jahrhunderts sind; sowohl Gertrude Stein als auch Walter Benjamin, um nur zwei ihrer Bewunderer zu nennen, hielten sie für praktisch gleichwertig mit Proust.

645 »Valérie [Seymour] …« – Zitiert von Michèle Causse in »Amazone, ange, androgyne«, ihrem Vorwort zu *Berthe: ou un demi siècle auprès de l'Amazone* (den Erinnerungen von Berthe Cleyrergue, Natalies Haushälterin), S. 21. Alle anderen Zitate von Natalie in diesem Abschnitt stammen aus dieser Quelle.

645 »Das ist alles …« – Colette an Una Troubridge und Radclyffe (John) Hall, BN 18707.

647 »die andere zum Revoltieren …« – Causse, »Amazone«, S. 19.

648 »Überzeugung [Ausdruck gibt] …« – *P/I*, in: BQ 2, S. 927; dt.: *Diese Freuden*, S. 107.

648 Missy nannte Natalie … – In einem Brief an Missy versichert Colette

ihrer alten Freundin: »Natalie hat nichts gegen dich, im Gegenteil.« MRB.

648 »Ich liebe mein Leben ...« – Barney, S. 22.

649 »Ich denke oft ...« – Colette an Natalie Clifford Barney (NCB), Doucet.

649 »Colette musste ...« – Wickes, *Amazon*, S. 263.

649 »Außer bei diesen Treffen ...« – Barney, S. 187.

649 John Hall und Una Troubridge – Durch sie lernte Colette offenbar »The Ladies of Llangollen« kennen, die Geschichte der beiden aristokratischen Lesbierinnen aus dem achtzehnten Jahrhundert, die sie in ihrem Kapitel über Lesbos beschreibt. Ihre Korrespondenz erschien in letzter Fassung 1930 in England.

650 »Zerrissen ...« – Barney, S. 193.

650 »Phantome ...« – *P/I*, in: BQ 2, S. 884; dt.: *Diese Freuden*, S. 21.

650 »Leere« – Colette erzählte 1930 Carco: »In dem kleinen Buch, an dem ich da knabbere, ohne recht voranzukommen, spreche ich von gewissen Wesen, die eine ›verführerische Leere‹ sind.« *LASP*, S. 231.

651 Colettes Widerwillen – Während des Schreibens bat Colette Maurice, das Wort »Phöbus« für sie nachzusehen; sie hoffte, es bedeutete »›Unklarheiten‹, ›Verstrickungen‹, Verborgenes und andere Labyrinthe«. Sie merkte an: »es würde einen verdammt guten Titel abgeben«. C an MG, SMAF.

651 Beschreibung eines vorgetäuschten Orgasmus – *P/I*, in: BQ 2, S. 877 ff.; dt.: *Diese Freuden*, S. 7 ff.

653 »Es ist komisch ...« – *P/I*, in: BQ 2, S. 886; dt.: *Diese Freuden*, S. 24.

654 »Mit welchem Recht ...« – *P/I*, in: BQ 2, S. 896; dt.: *Diese Freuden*, S. 44, 48.

654 »Ich wünschte mir ...« – *P/I*, in: BQ 2, S. 930, 933; dt.: *Diese Freuden*, S. 112, 119.

654 »›Ach‹, seufzt er ...« – *P/I*, in: BQ 2, S. 894; dt.: *Diese Freuden*, S. 40.

655 »Doch abseits ...« – *P/I*, in: BQ 2, S. 948; dt.: *Diese Freuden*, S. 149 f.

656 »Erst wenn ...« – C an MG, SMAF.

657 »macht sie so blau ...« – *MM*, S. 220.

658 »Meine Tochter ...« – *LAMT*, S. 45.

659 André Maginot – Gemeint ist der Maginot, nach dem die gescheiterte Linie benannt ist! Nach Colettes außerordentlich vager Chronologie hatte sie eines Nachmittags kurz nach dem Krieg mit Maginot über das Schönheitsgeschäft gesprochen. Damals war dieser bei ihr am Boulevard Suchet zum Mittagessen. Er sagte, es beginne ein neues Zeitalter und dies sei für Unternehmer jeder Art günstig. »Ich sehe schon ganz genau, wie man die Sache lancieren kann. An die Tür der Boutique würde ich schreiben [...]: ›Ich heiße Colette und verkaufe Parfüms.‹« *PdC*, S. 81.

659 »den Kontakt ...« – Colette, »Avatars«, Pl. 3, S. XXXIII.

659 »ein paar Max Factor ...« – *MM*, S. 225.

659 Herzogin Sforza – Die Herzogin war nach Colettes Aussage eines ihrer Vorbilder. Sie hatte eine elegante alte Apotheke renoviert und verkaufte dort Parfüms, wobei sie das Prestige ihres Titels dazu benutzte, eine ausgewählte Kundschaft anzuziehen. Da sie eine große Freundin von Annie de Pène gewesen war, rechnete Colette damit, dass diese Verbindung die Sache erleichtern könnte; und um das sicherzustellen, entwarf sie einen untadelig korrekten Brief, den Germaine unterschreiben und schicken sollte (natürlich nicht auf dem Papier von *Le Matin*). »Wenn es dich stört, dann lass es«, fügte sie hinzu. *GB*, S. 189.

659 »Die anderen Gifte ...« – *HP*, S. 145.

660 »Ob mir das nun gefällt ...« – *LDLV*, S. 227.

660 »Sie habe sich immer ...« – *PdC*, S. 82.

661 »Keine Arbeit ist ...« – Pougy, S. 245.

661 »Das ist mein einziges Ziel« – MG an C, SMAF.

661 Allerdings stehen seine Briefe – »Wie ich sie kannte, würde sie zwar einen Misserfolg verschmerzen können, nicht aber, es gar nicht erst probiert zu haben. [...] Dies sollte nicht das einzige Mal sein, bei dem ich mich entschied, sie in den gefährlichen Wassern segeln zu lassen, immer gewärtig, das Steuer herumzureißen, sollte ein Schiffbruch drohen, sie aber nicht zu fesseln.« *PdC*, S. 83.

662 »Ich bin nicht sicher ...« – C an MG, SMAF.

662 »Ich finde die Frauen …« – »Avatars«, Pl. 3, S. XXXIII.

662 »dick mit graurosa …« – Barney, S. 200.

664 »reinrassig, zart …« – *La Chatte*, in: BQ 2, S. 1059; dt.: *Eifersucht. La Vagabonde* u. a., S. 31 f., 42.

665 »Wer hat ihr beigebracht …« – *La Chatte*, in: BQ 2, S. 1078, 1085; dt.: *Eifersucht. La Vagabonde* u. a., S. 63, 74.

665 »›Gestehe …« – *La Chatte*, in: BQ 2, S. 1071; dt.: *Eifersucht. La Vagabonde* u. a., S. 50 f.

665 hinunterstößt – Während Colette *La Chatte* schrieb, hörte sie von Vera van den Henst, dass Nouchette aus unerfindlichen Gründen die Katze von Nachbarn im Treppenhaus ihres Mietshauses (ebenfalls ein Hochhaus) hinunterfallen ließ. Die Katze überlebte, und die Tat galt als ein Moment geistiger Verwirrung des sonst gutherzigen Kindes. Colette drängte Vera, sie nicht zu bestrafen. Hélène van den Henst Thomas [Nouchette] selbst erzählte das der Autorin 1998.

667 »die absolute Herrin« – C an MG, SMAF.

667 »so heiter …« – Binion, S. 166.

668 »verbotene Freunde« – CC 16. Interview mit Arlette Louis-Dreyfus, S. 97–110.

668 Die zweite ehemalige – Sie waren einander im Hause ihrer Eltern begegnet, als Arlette ein kleines Kind gewesen war. Colette, damals noch mit Henry verheiratet, kannte die Louis-Dreyfuses durch Anatole de Monzie.

668 »runden, anmutigen …« – *MM*, S. 215 f.

668 »Alles, was …« – *HP*, S. 167.

668 »Geduld und Mut« – C an MG, SMAF.

668 »Die junge Colette …« – CC 16.

669 »vor sich ein Kind …« – *Aventures Quotidiennes*, in: BQ 2, S. 470.

669 fuhr schnell – Colette beunruhigte vor allem Bel-Gazous Fahrweise. Sie vertraute Renaud einen interessanten schlechten Traum darüber an: Mutter und Tochter waren auf verschiedenen Straßen zu einem merkwürdigen Hotel gefahren. Colette erhielt ein riesiges Zimmer, in dem sie drei überdimensionale Igel vorfand. Ihre Tochter kam in einem kleinen schwarzweißen Auto und erzählte ihr, dies sei ein Modell, das sich leicht überschlage. Während Bel-Gazou sprach, bemerkte Colette, dass sie blass und dünner geworden war und schwarze Ringe um die Augen hatte. »Beruhige mich«, bat sie Re-

naud. Dieser Traum erinnert an einen ähnlichen, den sie einst Missy erzählt hatte. Darin war die Marquise ihr auch hohläugig und in geisterhafter Blässe erschienen. Bewusst mag Colette am Tod nicht »interessiert« gewesen sein, ihre Träume strafen diese Tapferkeit jedoch Lügen. C an RdJ, HRC.

669 »Ein Kind ist …« – Pl. 3, S. XIX.

670 Marie Bonaparte – Der Abend, so ließ Colette wissen, sei eine Mischung gewesen aus wissenschaftlicher Konversation, lockerer Unkonventionalität und einer Neigung zu süßem Wein und Freudianismus.

670 »sie sieht und behält …« – C an MG, SMAF.

670 »die Verrücktheit …« – *Aventures Quotidiennes*, in: BQ 2, S. 469.

670 Edouard de Max – De Max, Colettes Freund aus der Zeit mit Willy, war einer der größten Schauspieler seiner Epoche und bekannt für seine blühende Homosexualität. Er kommt sowohl in *Meine Lehrjahre* als auch in *Le Pur et l'impur* vor. Colette hatte vorgehabt, für ihn ein Stück über Don Juan zu schreiben, das jedoch nicht getan.

671 »gigantisch, feurig …« – Yves Courrière, *Joseph Kessel: ou sur la piste du lion*, S. 215.

672 »der Ruhm von Siber …« – Yves Courrière, *Joseph Kessel: ou sur la piste du lion*, S. 217.

672 »Diesen jungen Neuropathen …« – Yves Courrière, *Joseph Kessel: ou sur la piste du lion*, S. 219.

672 »regelrechten Epidemie …« – Yves Courrière, *Joseph Kessel: ou sur la piste du lion*, S. 218.

672 »Siber war …« – Yves Courrière, *Joseph Kessel: ou sur la piste du lion*, S. 220.

673 »einer Literatur …« – *Dictionnaire des littératures*. Paris: Larousse, 1985, Bd. 1, S. 831.

673 »Was könnte man …« – Courrière, *Kessel*, S. 492.

674 »im Kampf …« – C an MG, SMAF.

674 »demonstrieren …« – RdJ, S. 14.

675 »Teilung« – Hélène van den Henst Thomas im Gespräch mit der Autorin 1998.

676 »Ich schicke dir …« – C an MG, SMAF.

679 »Sie wird Ihnen …« – Dormann, S. 194.

679 täglichen Artikel für *La République* – Diese Kolumne unter dem Titel »Mein Tagebuch« lief nur einen Monat lang, dann ging Colette verständlicherweise die Luft aus.

679 Arbeit an Drehbüchern – Neben *Lac aux dames* schrieb Colette den französischen Text für Jeunes *Filles en uniformes*, dt.: *Mädchen in Uniform*, unter der Regie von Léontine Sagan (1932) und einen amerikanischen Film mit dem Titel *Papa Cohen* (1933). 1935 schrieb sie das Drehbuch und die Dialoge zu Max Ophüls' *Divine*, daneben sorgte sie für die französische Bearbeitung des Stücks von Kaufman-Ferber *Royal Family*.

680 »wie sie …« – Richardson, S. 187.

680 »einen falschen Kampf …« – Mercier, Notice, Pl. 3, S. 1674.

681 »zu zeigen … von Jahr …« – *Douceur*, S. 165.

681 »wäre Colette …« – *Discours*, S. 27.

682 Im März 1935 – Sie bekam den Sitz, der durch den Tod von Anna de Noailles 1933 frei wurde. Cocteau sollte diesen Sitz übernehmen, als sie selbst starb; damals hielt er die oben zitierte Rede. »Paul Léautaud fand es ›komisch und nicht sehr erhebend […], in die belgische Akademie aufgenommen zu werden‹«, schreibt Richardson. »Aber es war doch eine Ehre, die Sidos Tochter sehr rührte.« (Richardson, S. 188)

682 »unsere größte natürliche …« – Richardson, S. 187.

682 »Man braucht sich …« – Pl. 3, S. 1822 f.

682 »Wenn Sie sich …« – Colette, Vermischte unveröffentlichte Korrespondenz, MRB.

682 *Le Voyage égoïste* – Erste Veröffentlichung 1922 und 1928 mit Ergänzungen noch einmal.

683 »niemanden ficken wollte …« – Dossier Renée Hamon, BN. Tatsächlich steht im veröffentlichten Text »lieben«, doch war das nicht der Ausdruck, den Colette verwendete, wenn sie in ihren privaten Gesprächen mit Renée über Sex sprach. Unter bestimmten Freunden benutzte Colette recht häufig vulgäre Ausdrücke wie »merde« und »baiser«, wie das heute üblich ist, und Renée zeichnet sie auf, obwohl sie sie auch manchmal ausstreicht. Es scheint unnötig prüde,

hier Colette zu zensieren, deshalb habe ich mir die Freiheit genommen, die Zeile so drastisch wiederzugeben, wie sie zweifellos geschrieben war.

683 »Niemand hat je ...« – Aury, S. 63.

684 »jene Kritiker ...« – Barney, S. 207.

684 »wie der Horizont ...« – *Places*, S. 51.

685 »›wenn wir heiraten ...‹« – *Douceur*, S. 121.

685 »alten Freund ...« – *ES*, in: BQ 3, S. 591; dt.: *Paradies*, S. 434.

686 »Sie war ...« – Martha Gellhorn im Gespräch mit Freunden der Autorin: Donna Tartt und Nicholas Shakespeare, London 1993.

688 »Harlem ...« – *JN*, S. 1318; andere Quellen zu diesem Abschnitt sind: Colette, »New York et la ›Normandie‹«, *Mes Cahiers*. Paris: Aux Armes de France, 1941, S. 146–153; *PdC*, S. 99–105; Maurice Goudeket, *Colette*, S. 102–109.

688 »Sie ist nicht ...« – *LAPF*, S. 124. Der Brief trägt das Datum: 7. Mai 1944.

689 »Kretin« und Dieb – GP; Richardson, S. 192 f.

689 »Es ist wie ...« – Richardson, S. 193.

689 »doch wie meine ...« – Colette an ihre Tochter, MRB.

689 »die üblichen zeitlosen ...« – Ebd.

690 »Vor allem machen sie ...« – GP.

690 »Sie muss wohl ...« – Richardson, S. 195.

690 »Definitives Motiv: ...« – *HP*, S. 175.

690 »Wenn man sich ...« – CdJ, »Lettres«, S. 27 f.

692 Tiraden ihrer Mutter – Michel del Castillo, CC 10.

692 »Du kannst dir ...« – C an RdJ, HRC.

692 »Ich glaube ...« – GP.

693 ›Die Freunde von Colette‹ – Zum erlesenen Herausgeberkomitee gehörten Tristan Bernard, Francis Carco, Jean Giraudoux, François Mauriac und Paul Morand.

693 *Les Cahiers de Colette* – Pichois, Pl. 3, S. XXIX.

693 »Ich lese einen ...« – Colette an Vuillermoz, HRC.

694 Verträge mit Willy – Unveröffentlichte Rechtsdokumente, MRB.

694 »das authentischste ...« – Pl. 3, S. 1700.

694 Filmrechte – Unveröffentlichte Rechtsdokumente, MRB.

694 Colette schrieb – In einem Brief an Pierre Chaulaine aus derselben Zeit erwägt Colette eine neue Ausgabe aller vier *Claudine*-

Romane, was Willys teuflischen Einfluss, »wenn auch nicht völlig austreiben, so doch wenigstens eliminieren« würde. »Aber die *Claudine*-Romane gehören mir nicht«, schließt sie unverblümt. ADC.

695 »zur Zwangsarbeit« – In einem Interview mit *Nouvelles littéraires* erklärte sie: »Ich schreibe nicht gern. Nicht nur schreibe ich nicht gern, ich kann es ganz und gar nicht leiden zu schreiben. [...] diese Zwangsarbeit.« Was würde sie gern tun, wenn sie nicht schreiben müsste? »Alles! Alles außer schreiben!« Pl. 3, S. 1822.

695 »Nüchternheit und Massivität ...« – Dupont, Pl. 3, S. 1701.

695 »›Tante Colette ...« – Caradec, S. 312. Paulette Gauthier-Villars war Colette nahe geblieben. Ihre Schulkameradin und Freundin Dr. Marthe Lamy war Colettes Leibärztin und Vertraute.

696 »alles gutheißt ...« – Weiss Archive, BN 17794.

696 »Diese stählerne ...« – *JN*, S. 1277.

697 »Brutale in [der weiblichen] ...« – Bernard Bray (Hrsg.), »Colette, Nouvelles approches critiques, Actes de Colloque de Sarrebruck«, S. 194. BN 103140. Walter Benjamin. *Gesammelte Schriften*, Bd. IV.1. Frankfurt 1972, S. 492–495.

697 »André Gide ...« – Chauvière, S. 87 f.

698 »Dass sie diese ...« – *PdC*, S. 179; dt. S. 184.

698 »versagte [Colette] ...« – Ebd.

698 »Ich bin sicher ...« – Colette, »Mes Idées« (ganz zit. 2. Kap., Anm. 11), S. 1831 f.

699 »Aber man findet ...« – »Le Rendez-vous«, in: BQ 2, S. 1367 f.; dt.: »Das Rendezvous«, in: *Das Rendezvous*, S. 170.

700 »Mit ihrer Untersuchung ...« – Bellosta schreibt: »Colette klagt sich einer Feigheit an, die sie gar nicht begangen hat. Diese Lüge dürfte männliche Leser mehr erstaunen als weibliche. In gleicher Weise, wenn auch in einem unmittelbar politischen Kontext, haben ›343 Frauen‹, deren Namen einiges Ansehen genossen, am 5. April 1971 ein ›Manifest‹ unterzeichnet, das in der Geschichte unserer Sitten berühmt geworden ist. Darin erklärten sie, abgetrieben zu haben. Viele der ›343‹ logen zweifellos, womit sie der weiblichen Solidarität ihre Ehre erwiesen.« Pl. 3, S. 1861.

702 Colette war außer sich – »Wie soll man das verstehen?«, fragt sie Carco. »Er hat mir einen unannehmbaren Brief geschrieben. [...] Ich

weiß nicht, was man in einem solchen Fall tut. Das ist ein neues Gefühl.« Pl. 3, S. 1513.

702 »diesen dicken ...« – *HP*, S. 183. Pichois datiert diesen Brief unverbindlich auf den Sommer 1936, so ging er wahrscheinlich der Verleumdungskampagne gegen Salengro zeitlich voran.

39. KAPITEL

703 »Ich bin erst ...« – *PdC*, S. 143; dt.: Goudeket, *Colette*, S. 148.

703 »Dort ist Sonne ...« – *LAPC*, S. 40.

704 »ihren Ehemann ...« – *PdC*, S. 175; dt.: Goudeket, *Colette*, S. 180.

704 »Wenn du mich ...« – *LAPC*, S. 40.

705 »Da war nichts ...« – Pichois, »Note biographique sur Renée Hamon«, *LAPC*, S. 23.

706 »Verlass' dich nicht ...« – *LAPC*, S. 33.

707 »Vor zwei Jahren ...« – Colette, »Préface aux *Iles de Lumières* de Renée Hamon«, in: *LAPC*, S. 18 f.

707 »Nach und nach ...« – Goudeket, Einleitung zu *LAPC*, S. 9.

708 »Colettes Kunst ...« – Der Artikel, der aus einer nicht identifizierten Zeitung ausgeschnitten ist, trägt kein Datum; es ist mir auch nicht gelungen, es herauszufinden. Als Autor wird »Lucie Porquerol« genannt, obwohl dies möglicherweise ein Pseudonym von Renée selbst ist.

709 »war es ganz recht ...« – Richardson, S. 194 f.

709 »Ich wäre so dumm ...« – C an RdJ, HRC.

712 »alles wunderbar ...« – *LAMT*, S. 134.

713 »Welcher Worte und Bilder ...« – *JAR*, S. 41–43.

714 »Ich hätte nie ...« – *HP*, S. 199.

716 »Du wirst mir ...« – Colette an Alice Bénard-Fleury, BN 3318.

716 »kleinen Bäuerinnen« – Beide waren ehemalige Lehrerinnen, die ihre Stellen aufgegeben hatten, um einen kleinen Bauernhof zu bewirtschaften, der Thérèses Tante gehörte. Während des Zweiten Weltkriegs zogen sie auf ihr eigenes Land um, 1946 auf ein drittes, letztes. Colette hatte sie in den frühen dreißiger Jahren kennen gelernt. Sie bewunderte ihre Lebensweise, ihre Reinheit, ihre Bindung an den Boden und an ihre Tiere. Sie korrespondierte herzlich mit ihnen

bis ein Jahr vor ihrem Tod und erhielt in den dunkelsten Jahren des Krieges aus ihrem Eifer und ihrer Hingabe Trost. Sie drängten Colette, sie zu besuchen, doch dazu kam es nie. Nach dem Krieg erwogen sie auch die Möglichkeit, mit den Goudekets gemeinsam ein Landgut zu kaufen und zu teilen, aber auch daraus wurde nichts.

717 »Ein sehr merkwürdiger …« – *LASP*, S. 133.

717 »Ich bin ganz empört …« – *HP*, S. 200.

40. KAPITEL

721 »das Dinge sind …« – *LAMT*, S. 205. Sie möchte wissen, was Luc von der Allianz zwischen England und Russland hält, und aus manchen Notizen in Renées Tagebuch kann man schließen, dass Colette wie viele Konservative dem »perfiden Albion« misstraute.

721 *»le sage repliement sur soi«* – *LAPC*, S. 103.

722 »zwei Millionen …« – Colette, *De ma fenêtre*, in: BQ 3, S. 223, 225; dt.: *Paris durch mein Fenster*. Übers. von Gritta Baerlocher. Zürich 1946, S. 106, 109 f.

723 Protestpetition – *LAMT*, S. 198 f. Sie möchte nicht, dass irgendjemand von ihrer Ablehnung erfährt – man könnte sie sonst für »ungefällig« halten –, andererseits soll auch niemand wissen, dass sie Cain und seiner hungernden Familie heimlich Lebensmittelpakete schickt.

723 »Eine Amerikanerin …« – *LAMT*, S. 209.

724 »eine leichtgläubige …« – *JAR*, S. 7; dt. in: *Paradies*, S. 404.

724 »solange es …« – *LAPF*, 16. Juli 1941, S. 68.

724 »Juden, der …« – *LAPF*, 4. Juni 1941, S. 63.

724 »normale Leben« – *LAPC*, S. 113.

724 »Berühmtheit …« – Gilles et Jean-Robert Ragache, *La vie quotidienne des écrivains et des artistes sous l'Occupation*, S. 245.

725 »Es fällt uns leichter …« – *JAR*, S. 37.

725 »nicht oder so wenig …« – In ihrer Widmung an die »kleinen Bäuerinnen« heißt es über *Julie*: *»un roman dont le plus grand mérite est ne pas parler – ou si peu! – de la guerre«*. BN 1690.

725 »Mitleid ist …« – *LAPC*, S. 113.

725 »Alles, was man sieht …« – *JAR*, »Fin du Juin 1940«, S. 7; dt. in: *Paradies*, S. 404.

726 »War es schrecklich? …« – *JAR*, »Fin du Juin 1940«, S. 9; dt. in: *Paradies*, S. 406 f.

727 »ein Schriftsteller …« – *PdC*, S. 177; dt.: Goudeket, *Colette*, S. 182.

727 »die Frauen Amerikas …« – *Paysages*, S. 237.

728 überfallen worden war – Der Dieb, der Colette die Börse stahl, verschwand mit zweitausend Francs und allen ihren Papieren. Doch ein paar Tage nachdem in der örtlichen Zeitung über die Tat berichtet worden war, erhielt sie einen Umschlag mit einer Notiz voller Schreibfehler, die besagte: »Ich wusste nicht, dass Sie das waren.« Der Umschlag enthielt das Geld und mehr als das: Colette hatte, als sie Anzeige erstattete, bei der Polizei fälschlich dreitausend Francs angegeben, und der Dieb hatte die Differenz aus seiner eigenen Tasche dazugelegt. Die Geschichte wurde von den Pariser Zeitungen aufgenommen, die Colette beschuldigten, sie habe sie erfunden, um »Werbung für sich zu machen«.

729 »Nein, meine Kinder …« – *LAPF*, 29. Mai 1940, S. 34.

731 »Unser ruhiges Leben …« – *PdC*, S. 186; dt.: Goudeket, *Colette*, S. 192.

732 »Hiermit geben wir …« – *JAR*, S. 16–19.

733 Goudeket schreibt … – *PdC*, S. 191; dt.: Goudeket, *Colette*, S. 198.

733 »Nun ja …« – *LASP*, S. 402.

734 Rachilde (ein Fehler) – Von ihrem jüdisch klingenden Künstlernamen irregeleitet, setzten die Nazis Rachilde, die Antisemitin war, auf ihre Liste jüdischer Schriftsteller. Sie protestierte, wobei sie erwähnte, dass es seit dreihundert Jahren keinen Juden in ihrer Familie gegeben habe. Als der Präsident des Schriftstellerverbandes ihr mitteilte, er werde ihr den Gefallen tun und intervenieren, wurde sie wütend: »Es ist mein Recht, keine Jüdin zu sein. Es geht nicht darum, mir einen Gefallen zu tun!« Dossier Rachilde, Doucet.

735 *»moche«* – LAPF, S. Juli 1941, S. 69. Dieses Wort schien für sie aber keinerlei politische Bedeutung zu haben. Sie betrachtete nicht nur ihre Arbeit für *P.P.* als *»moche«*, sondern auch ihre Artikel über Mode für *Officiel de la couture*.

735 »die sie mit vielen französischen …« – Patrice Blank im Gespräch mit der Autorin 1991.

736 »Selbstzensur« – Ragache, Gilles und Jean-Robert. *Des Ecrivains et des artistes sous l'Occupation*, S. 203.

737 Drieus *Nouvelle Revue française* – Aus der Liste der Autoren in Drieus *Nouvelle Revue française* – darunter Gide, Eluard, Valéry, Aragon und Sartre – ist zu ersehen, wie verschwommen die Linie zwischen Kollaboration oder zumindest einem Sich-Arrangieren mit der Besatzungsmacht einerseits und dem Wunsch andererseits war, wie Mauriac sich ausdrückte, vor Europa Zeugnis abzulegen, dass der französische Geist weiterbestand (Ragaches, S. 62). Eine Zeit lang saß Paulhan selbst in Drieus Herausgeberausschuss. Malraux lehnte es ab, Beiträge für die Zeitschrift zu liefern, wahrte aber seine Freundschaft mit Drieu. Das Gleiche gilt für Bertrand de Jouvenel.

737 »Nachtklub …« – *LAMT*, S. 187.

738 »Stehend, in ihren …« – *De ma fenêtre*, in: BQ 3, S. 186.

738 »Zum ersten Mal …« – Ragaches, *Des Ecrivains*, S. 202.

41. KAPITEL

739 »Es tut einem …« – *LAPC*, S. 94, 96.

739 »*semble-roman*« – Scheinroman – ein zweideutiger Ausdruck, der sowohl »nur scheinbar ein Roman« bedeuten kann als auch »eine Täuschungsgeschichte«.

739 »vielleicht absurden« – *Parinaud*, S. 167.

739 »Meine Tochter ist …« – *LAPF*, S. 9. Juni 1940, S. 34.

739 »Lass uns keine Idioten sein …« – *GB*, S. 206.

740 »mit den Mängeln …« – Dossier Renée Hamon, BN 18711.

740 »meine kleinen Töchter …« – *LAPF*, 19. April 1941, S. 54; 25. November 1942, S. 105.

740 »Es ist lange her …« – *GB*, S. 203.

740 »beunruhigt …« – *LAMT*, S. 190.

742 »die Domäne …« – Francis Steegmuller, *Jean Cocteau*, S. 441.

742 »Während dieser …« – Francis Steegmuller, *Jean Cocteau*, S. 440.

742 »Wir haben nie …« – *LASP*, S. 442.

742 »In der Kunst …« – *Discours*, S. 27; dt.: Cocteau, *Colette*, S. 24.

743 »[…] nie im Leben …« – *GB*, S. 208.

743 »Obschon ich …« – *De ma fenêtre*, in: BQ 3, S. 237; dt.: *Paris durch mein Fenster*, S. 139.

744 »Wir haben genug …« – Hervorhebung von Colette. Sie schickte den Brief an Moune zu deren Belustigung. *LAMT*, S. 219.

744 »Wie immer die Nachwelt …« – Pl. 3, S. 1515.

746 »lange zwischen Lügen …« – Colette *Julie de Carneilhan*. Erstausgabe Paris: Fayard, 1941; in: BQ 3, S. 109–168; dt.: *Die erste Madame d'Espivant*. Übers. von Ursula Seyffarth. Wien 1960.

749 »Colette ist eine …« – Dossier Renée Hamon, BN, S. 210.

749 feudalen, schwerttragenden Aristokratie – Hier sollte noch eine Äußerung Colettes gegenüber Parinaud erwähnt werden: Sie habe *Julie* geschrieben, weil sie »ein großes Tier behandeln wollte, das ich nicht so gut kenne – das Pferd«. *Parinaud*, S. 169.

749 *Gringoire* – Andere bekannte Schriftsteller, die literarische, nicht politische Beiträge für den *Gringoire* schrieben, waren Simenon, Paul Morand, Henri Bordeaux und P. G. Wodehouse, der in Frankreich lebte und von den Deutschen 1940 als feindlicher Ausländer inhaftiert wurde. Nach seiner Entlassung machte er mehrere »komödiantische« Radiosendungen für den deutschen Rundfunk, die für die USA bestimmt waren. Sie sollten im Wesentlichen zeigen, dass die Okkupation nicht so schlimm war. Nach dem Krieg gab er zu, »verbrecherisch dumm« gewesen zu sein, nie aber, dass er hatte Verrat begehen wollen. Auch behauptete er, es sei ihm nicht einen Augenblick eingefallen, er könnte von den Nazis für Propagandazwecke benutzt werden.

750 »der vier Internationalen …« – *Gringoire*, Sommer 1941.

750 »Als gäbe es …« – Colette erwähnt Monzies Reaktion in einem Brief an Germaine Patat (C an GP). Monzie, das darf man nicht vergessen, veröffentlichte seine eigenen »geheimen politischen Tagebücher« im *Gringoire*, die zur gleichen Zeit erschienen wie *Julie de Carneilhan*. Als Erziehungsminister in den frühen 1930er-Jahren hatte er dem Naziflüchtling Albert Einstein einen Lehrstuhl am Collège de France angeboten. Doch später traf er sich mit Pétain, Abetz, Brinon, Déat und anderen Schlüsselfiguren der Okkupation, um zu untersuchen, welche Möglichkeiten es gab, die autonome, rechtlich verfasste Französische Republik wieder herzustellen. Diese Zusammenarbeit befleckte seinen Namen. »All diese früheren parlamentarischen Ver-

treter«, schreibt Philippe Burrin in Bezug auf Monzie und einige andere frühere Abgeordnete in seinem Kreis, »waren glühend für das Münchner Abkommen und fanden die Vichy-Regierung zu reaktionär. Sie wollten im Spiel bleiben, jedoch ohne allzu viel zu riskieren. Ihr Verhalten ist ein weiteres Zeichen für die Atmosphäre jener ersten [Kriegs]jahre, als viele Franzosen bei ihren Zukunftsplänen die Deutschen mit einkalkulierten.« Philippe Burrin, *La France à l'heure allemande*. Paris 1995, S. 386.

Es sei auch erwähnt, dass *Gringoire*, während *Julie* in Fortsetzungen erschien, ein Zitat von Henri de Jouvenel als Unterschrift für eine Karikatur eines grotesken und feisten Englands benutzte. Es besagte: »Freiheit ist das Recht von Völkern, die Anordnungen Englands zu befolgen.« Doch das war eine krasse und ausbeuterische Verdrehung von Jouvenels komplexer Haltung zur Außenpolitik und zum Gleichgewicht der Kräfte in Europa. Angesichts seiner Klarsicht und seines Engagements für Frieden und Demokratie in Europa ist schwer zu glauben, dass er jemals bereit gewesen wäre, seinen Namen zur Unterstützung der Sache des *Gringoire*, Vichys oder Hitlers herzugeben.

750 »Ich bin kaum …« – Aus Colettes Brief an Germaine Patat. GP.

751 »Der Krieg ist zu Ende! …« – *PdC*, S. 197; dt.: Goudeket, *Colette*, S. 203.

751 »der stärkste Liebesbeweis« – *PdC*, S. 198; dt.: Goudeket, *Colette*, S. 208.

751 »ging sehr ruhig …« – *HP*, S. 204.

751 »Es gab keine Mühe …« – Zu denen, die Geld gaben, damit Maurice freigekauft würde, gehörten Sacha Guitry, Coco Chanel, Drieu La Rochelle, Robert Brasillach, Hélène Morand (vgl. unten, 3. Anm. auf S. 752), José-María Sert und Jean Jardin, der Vorsitzende von Pierre Lavals Kabinett.

751 »machte sich …« – *LAPF*, 15. Dezember 1941, S. 75.

752 »Er hoffe …« – Lottmann, S. 368.

752 »Beharrlichkeit, ihren Glauben …« – *LAPF*, S. 3. Februar 1942, S. 75.

752 durch gemeinsame Freunde – Hélène Morand, die rumänische Gattin des Erzählers Paul Morand, war eine enge Freundin von Frau Abetz. Bertrand de Jouvenel war der Vertraute ihres Mannes. Aus

vielfältigen Gründen, die zu erläutern in dieser Biografie zu weit führen würde, die er aber in seinen eigenen Memoiren ausführlich auslotet, hat Bertrand eine kompromittierende politische Lehre in der Faschistischen Partei unter Doriot absolviert, zusammen mit seinen engen Freunden Drieu und Alfred Fabre-Luce. Er hatte 1936 Hitler interviewt und war von ihm als einem Führer beeindruckt, der sich für die Erneuerung seines Landes einsetzte, und als Mann des Friedens.

Bertrands Freundschaft mit Abetz – einem kultivierten Frankophilen seines Alters – festigte sich bei mehreren Reisen, die Bertrand sowohl als Reporter als auch als Anhänger der deutsch-französischen Annäherung in den 30er-Jahren nach Deutschland unternahm. Nach dem Münchner Abkommen (1938) bereute Bertrand in tiefem Schrecken, wenn auch zu spät, dem Nationalsozialismus und dessen Idealen vertraut zu haben. Wohl wissend, dass er für die Résistance verdächtig und inakzeptabel war, stellte er nun seine Dienste und Referenzen – war er doch persona grata für die Nazis – dem alliierten Militärgeheimdienst zur Verfügung. Zu Gunsten dieser Mission unterhielt er weiterhin herzliche Beziehungen zu Abetz, Karl Epting (dem Leiter des Deutschen Instituts) und prominenten Vichy-Leuten.

Bertrand besaß eine Wohnung in Auteil, obwohl er manchmal in der Stadt im Hôtel Beaujolais blieb, gleich um die Ecke von Colette. Sie erwähnt seine Nähe in einem Brief an Germaine Patat. Er gab einen Kurs in Ökonomie und schrieb an einem Buch, nachdem er sich geweigert hatte, unter der Besatzung als Journalist zu arbeiten. Abetz vertraute jedoch weiterhin auf seine Loyalität und lud Jouvenel häufig zum Lunch oder Diner in die Botschaft ein, wo sie politische Fragen erörterten oder, wenn Suzanne dabei war, sich über Kultur unterhielten. Gelegentlich revanchierte Bertrand sich für die Gastfreundschaft, und er erwähnt, er habe Suzanne Abetz ein Buch geschickt, vielleicht eines von Colette, obwohl er seinen Titel nicht nennt.

752 »Eine Einladung zum Tee …« – Lottmann, S. 368.

753 »Da ich vorhin …« – *PdC*, S. 207; dt.: Goudeket, *Colette*, S. 214.

753 »von allem erlöst« – *LAPF*, 7. Februar 1942, S. 80.

754 »Ich bin imstande …« – *LAPC*, S. 115.

754 »nur die, die …« – *GB*, S. 211; *LAPF*, 10. Juni 1942, S. 80.

755 »Ich habe […] …« – *LAPF*, 17. August 1942, S. 97.

755 bei den van den Hensts – *PdC*, S. 208; dt.: Goudeket, *Colette*, S. 216.

755 »hätte Colette nicht mehr …« – Lottmann, S. 370.

755 »Man muss an zukünftige …« – *LAPC*, S. 96.

755 »Spar dir deine …« – *LAPC*, S. 105 f.

755 die fünf Novellen – *Gigi*, das im September abgeschlossen war, erschien vom 28. Oktober bis 24. November 1943 in Fortsetzungen in *Présent*. 1944 gab es die Guilde du Livre in Lausanne in Buchform heraus, und zwar als Titelgeschichte in einem Band mit zwei weiteren Kurzgeschichten: »Noces« und »Flore et Pomone« und einer längeren Erzählung: »La Dame du photographe« (»Ein recht kleines Leben«). 1945 wurde die Sammlung von Ferenczi neu aufgelegt, wobei er »Noces« durch »L'Enfant malade« ersetzte. Die vier Geschichten, die sie in diesem Jahr abschloss, erschienen im März 1943 bei Fayard unter dem Titel *Le Képi*.

756 »Nach zwei Wochen …« – *LAPC*, S. 122.

756 Als Diktatthema – *Parinaud*, S. 62.

756 »Les Fanatiques« – *Parinaud*, S. 63. Der Artikel thematisierte die langen Schlangen der Theater-»Fanatiker«, die an der Comédie-Française anstanden, um Eintrittskarten zu kaufen. *Combats* ist nicht zu verwechseln mit *Combat*, einer linken Zeitschrift, die nach dem Krieg erschien.

756 »dass ein Schriftsteller …« – Lottmann, S. 376.

758 »Ein Topas unter meinen Juwelen? …« – *Gigi*, in: BQ 3, S. 425 f.; dt. S. 32 f.

42. KAPITEL

759 »Du weißt, ich bin …« – *LAPC*, S. 121.

760 »Maurice geht es gut …« – *MM*, S. 247 f.

760 »[…] dass, so uns …« – *LASP*, S. 416.

761 »komplex …« – *Douceur*, S. 172.

761 »Ich habe das Gefühl …« – *LASP*, S. 417.

761 »Wunsch, die Religion …« – *Douceur*, S. 175.

762 »gewisse Gerüchte …« – *LASP*, S. 418.

762 »›Kompromittierend!‹ ...« – *LASP*, S. 418 f.

763 Ihr Freund Tonton – Eigentümer eines berühmten Nachtklubs, Bar Liberté, der während des gesamten Krieges einer von Colettes verlässlichsten Lieferanten von Schwarzmarkt-Lebensmitteln war.

763 »Ich glaube, wir, Sie ...« – *LAPC*, S. 148.

764 einige kleine Prosa-»Erdichtungen« – »Flore et Pomone«, »Nudité« und »De la patte à l'aile«.

764 »Es kommt eine Zeit ...« – »L'Enfant malade«, in: BQ 3, S. 513.

765 »Gott bewahre ...« – *MM*, S. 279.

765 nach Guatemala – Guatemala hatte Deutschland den Krieg erklärt und konfiszierte große Besitztümer dort wohnender deutscher Staatsbürger und nahm diese fest. Julios Verwandte in Guatemala arrangierten einen »Gefangenenaustausch« – Vera, Nouchette und Julio gegen einige deutsche Häftlinge. Die Familie hatte einen Passierschein für Lissabon. Mitteilung von Hélène van den Henst Thomas im Gespräch mit der Autorin 1998.

766 Band ihrer Aufsätze – Eine erweiterte Ausgabe von *De ma fenêtre* erschien 1944 bei Milieu du Monde und eine dritte 1948 bei Ferenczi.

766 »eine jener kindischen ...« – *MM*, S. 287 f.

767 Sacha Guitry habe besonders – André de Fouquières, *Cinquante ans de panache*.

768 »Jubelgeschrei des *Mouvement sur Paris*!« – Anthony Beevor und Artemis Cooper, *Paris After the Liberation*, S. 40.

769 »Die meisten hatten vor ...« – Anthony Beevor und Artemis Cooper, *Paris After the Liberation*, S. 45.

770 »Glücklich jene ...« – *ES*, in: BQ 3, S. 601; dt. in: *Paradies*, S. 428 f.

43. KAPITEL

771 Epigraph: »Ein erwachsener Mensch ...« – Nancy Caldwell Sorel, »Colette and Truman Capote«, *The Atlantic Monthly*. Capote kam 1948 nach Paris. Er war ein betörendes und provokatives Enfant terrible von dreiundzwanzig Jahren – der früheren Madame Willy nicht unähnlich – und hatte gerade sein literarisches Debüt gemacht. Cocteau stellte ihn Colette vor, und sie fragte ihn, was er vom Leben erwarte. Er sagte, er wisse nicht, was er erwarten könne – das sei mit

ein Grund, weshalb er sie besucht habe –, dass er aber gern erwachsen sein würde.

772 »ein Dutzend Mondrians …« – Carco, *Colette mon ami*, BN L27 85732.

772 »jede Darstellung …« – *PdC*, S. 244; dt.: Goudeket, *Colette*, S. 288.

772 »Die Ungeheuer müssen …« – *Discours*, S. 28; dt.: Cocteau, *Colette*, S. 24.

773 »mit nachdenklichem Raubtierblick …« – *Discours*, S. 33; dt.: Cocteau, *Colette*, S. 28.

773 »Ich würde gern …« – Lottmann, S. 425.

774 »Das Alter ist …« – *LAPF*, S. 5. Dezember 1949, S. 182.

774 »Ich vermisse so sehr …« – *ES*, in: BQ 3, S. 592; dt. in: *Paradies*, S. 436.

774 »Aspirin verändert …« – *PdC*, S. 252; dt. Goudeket, *Colette*, S. 262.

774 »Gymnastik des Willens« – *LAPF*, 26. April 1944, S. 123.

774 »Man ahnt die liebevolle …« – Richardson, S. 230.

774 »die Perle, den Diamanten …« – Chapon, *Autour de Natalie*, S. 23 f.

775 »Armer Maurice …« – *LAMT*, S. 277.

775 »Was mich an Maurice …« – Dossier Renée Hamon, BN 18711.

775 »geheimnisvollen belebenden Mitteln« – *ES*, in: BQ 3, S. 592; dt. in: *Paradies*, S. 436.

776 »Man hat mich wie ein …« – GP.

776 »Es gibt so viele Wege …« – *FB*, S. 740; dt.: *Blaue Flamme*, S. 29.

776 Die ersten Deportierten – Fast alle Juden und Angehörigen anderer rassischer Minderheiten waren getötet worden. Mehr als ein Viertel der siebenhunderttausend gefangen genommenen Widerstandskämpfer, zwangsweise Wehrverpflichteten und Kriegsgefangenen waren ebenfalls verschwunden.

776 »Diejenigen, die noch [aufrecht] …« – Beevor und Cooper, *Paris After the Liberation*, S. 151.

777 »ein einziger Block …« – *LAPF*, 2. April 1945, S. 140 f.

777 Simone Berriau – Simone war eine Diva, die in *Divine* gespielt und an der Oper *Pelléas et Mélisande* gesungen hatte. Sie war die Geliebte von Glâwi gewesen und hatte mit ihm zusammen Colettes Schönheitsgeschäft unterstützt. 1943 hatte sie das Théâtre Antoine gekauft. (Vgl. hier 44. Kapitel, Anm. auf S. 796.)

777 »liebte und verehrte« – *Colette*, S. 475. Die Autoren zitieren aus Sartres Widmung in dem Exemplar von *La Nausée*, das er Colette 1938 geschickt hatte.

777 »kühlen Leidenschaft« – Ebd. Die Autoren zitieren aus Berriaus Erinnerungen, *Simone est comme ça.*

778 »ihres Vaters ähnelte« – GP.

778 »Die *authentischen* Berichte ...« – *LAPF*, 3. Juni 1945, S. 145.

778 Judith Gautier – Die Philosophin, Linguistin, Orientalistin und Autorin historischer Romane mit exotischen Schauplätzen. Obwohl ihre Werke außerordentlich verdienstvoll waren, ging ihre Wahl nach Ansicht ihrer (und auch Colettes) Biografin Joanna Richardson mehr auf den Umstand zurück, dass sie die Tochter und literarische Erbin von Théophile Gautier war, der trotz seiner Berühmtheit mehrfach bei der Sitzvergabe für die Académie française übergangen worden war. Richardson, *Judith Gautier*, S. 224.

778 »Wir sind verschieden ...« – *FB*, S. 799; dt.: *Blaue Flamme*, S. 123 f.

779 »Das ist die Rache ...« – Ragache, S. 302.

779 »um jeden Preis ...« – Mauriac, *Le Figaro*, 4. Januar 1945.

780 »Ich verwende dieses Wort ...« – *LASP*, S. 138.

780 »Den Robert Brasillach ...« – Colette an Mâitre Jacques Isorni, 21. Oktober 1944, ADC.

781 »Wenn ich bedenke ...« – Lottmann, S. 388 f.

782 »ihre Röcke hob ...« – *MM*, S. 304.

782 »ein Dichter von 1830 ... unerkennbaren Zwerg« – *MM*, S. 300. Ihre Verkrüppelung rührte von einer unheilbaren Knochenkrankheit her.

782 »Sie war es ...« – *ES*, in: BQ 3, S. 642.

783 »Sie haben sie durchdrungen ...« – *HP*, S. 229.

783 »Wie viele Freunde ...« – *ES*, in: BQ 3, S. 642.

784 »Wie du das Ende ...« – MM, S. 311.

785 »zwei oder drei Menschen ...« – *PdC*, S. 239; dt.: Goudeket, *Colette*, S. 247.

785 »erstaunlich ...« – Colette an Pata de Polignac, BN 18718.

785 »Aus der verschreckten ...« – *PdC*, S. 239; dt.: Goudeket, *Colette*, S. 250.

786 »kein bürgerliches ...« – *PdC*, S. 240 f.; dt.: Goudeket, *Colette*, S. 251.

787 »körperlich bedingter Bangigkeit …« – *BL*, in: BQ 3, S. 731; dt.: *Blaue Flamme*, S. 14.

787 »meinen Zustand zu verbessern …« – *LAMT*, S. 286, 291.

788 »die sich während der Hauptverkehrszeit …« – *BL*, in: BQ 3, S. 739 f.; dt.: *Blaue Flamme*, S. 27 f.

788 Als die Deutschen versuchten – Chalon, *Porträt einer Verführerin*, S. 210. Einer von Natalies Großvätern war Jude.

788 Freund im Außenministerium – CC Nr. 18, S. 27.

789 »Sie ist die Verkörperung …« – Chalon, *Porträt einer Verführerin*, S. 263.

789 »Wir waren leidenschaftliche …« – Pougy, S. 253.

789 »Unsere jungen Mädchen …« – *BL*, in: BQ 3, S. 761; dt.: *Blaue Flamme*, S. 63.

790 »Ein frisches Mädchen …« – *BL*, in: BQ 3, S. 763; dt.: *Blaue Flamme*, S. 66.

790 »übersät mit …« – *BL*, in: BQ 3, S. 759; dt.: *Blaue Flamme*, S. 61.

791 »Ich machte es meiner …« – *BL*, in: BQ 3, S. 757 f.; dt.: *Blaue Flamme*, S. 59.

792 »Es gelang ihr …« – Margaret Crosland, *Colette: The Difficulty of Loving*, S. 1.

792 »Ihre extreme Bescheidenheit …« – CdJ, »Colette«, S. 23.

44. KAPITEL

793 Die fünfzehnbändige Ausgabe – *Belles Saisons, A Colette Scrapbook*, hrsg. von Robert Phelps, S. 278.

793 In ihrem Testament – Lottmann, S. 392.

793 »›Habe ich das wirklich …‹« – *PdC*, S. 244; dt.: Goudeket, *Colette*, S. 254.

794 »Sie glaubt, sie hätte …« – Jean Cocteau, *Le Passé défini*, S. 167; dt.: *Vollendete Vergangenheit. Tagebücher 1951–1952*. Übers. von Frieda Grafe und Enno Patalas. München 1989, S. 131.

794 Zwischen 1947 und ihrem Todesjahr – Jacqueline Audrys Filmversion von *Gigi* von 1949 mit Danièle Delorme war ein unerwarteter Erfolg. 1950 drehte Audry *Minne, L'Ingénue libertine*. Ebenfalls 1950 drehte Jacques Manuel *Julie de Carnheilan* mit Edwige Feuil-

lère. Colettes eigene Bühnenfassung von *Chéri* wurde 1949/50 von Pierre Billon verfilmt. 1952 benutzte Rosselini für den Teil »Neid« seines Films *Die sieben Todsünden* Colettes Novelle *La Chatte*. 1952 brachte Claude Autant-Lara seine Verfilmung von *Le Blé en herbe* heraus, an der er sieben Jahre gearbeitet hatte, Feuillère spielte die Dame in Weiß. 1956 verfilmte Audry *Mitsou* neu. Die amerikanische Filmfassung von *Gigi* kam 1958 in die Kinos. Nach: *Colette at the Movies: Criticism and Screenplays*. Hrsg. von Alain and Odette Virmaux. New York 1980, S. 211 ff.

794 Colette war natürlich kein Neuling – Es ist jedoch interessant, dass sie in ihrer Kurzbiografie über Moreno diese Kenntnis leugnete. »Denn meine entschiedene Unkenntnis, was die Leinwand und ihre verschiedenen Techniken angeht, macht mich nicht nur zu einem älteren Menschen, sondern, wie man so sagt, zu einem Menschen aus einem anderen Zeitalter.« *MM*, S. 19 f.

795 »Der französische Handel …« – *Colette at the Movies*, S. 20.

795 »Gerade indem [die Filmsprache] …« – *Colette at the Movies*, S. 7.

796 »Ich nehme an, Sie haben …« – Simone de Beauvoir, *A Transatlantic Love Affair*, S. 180 f.; dt.: *Eine transatlantische Liebe. Briefe an Nelson Algren 1947–1964*. Hrsg. von Sylvie LeBon de Beauvoir. Übers. von Judith Klein. Reinbek 1999, S. 261, 260 f. De Beauvoir schrieb an Algren auf Englisch, eine Sprache, die sie gut, aber nicht perfekt sprach; das erklärt die schülerhafte Unbeholfenheit ihres Stils. Im selben Brief gibt sie eine witzige puritanische Beschreibung von Simone Berriau, die zeigt, warum Berriau für Colette eine Geistesverwandte war, was Beauvoir wahrscheinlich nie sein konnte: »[…] die Besitzerin des Theaters, einst eine Schönheit, eine entsetzliche Nutte, die mit Tausenden von Männern geschlafen hat. […] Sie ist eine kuriose Pariser Gestalt: fünfzig Jahre alt, versucht aber wie dreißig auszusehen; sie spricht andauernd in vulgärer Weise über obszöne Dinge, stellt ihre Beine, Hüften, Schenkel zur Schau, alles, was sie von ihrem Körper zeigen kann, auch was sie besser nicht zeigen sollte.« Ebd., S. 180. Diese Vehemenz erinnert an Colettes jugendliche Abneigung gegen Madame Cholletons Flirts und ihre Feststellung, dass die strengen Jungen den Älteren ein Recht auf ein erotisches Leben absprechen.

797 »Man hatte mir erzählt …« – Simone de Beauvoir, *La Force des choses*, S. 325 f.; dt.: *Der Lauf der Dinge*, S. 230.

797 »Ich hoffe, wir sind …« – *MM*, S. 333.

798 »Ich würde so gern …« – *MM*, S. 341.

798 »Ich habe nie so viel …« – *MM*, S. 352.

798 »Es ist grauenvoll …« – Richardson, S. 241.

799 »[…] in mir rührt sich …« – *FB*, in: BQ 3, S. 805; dt.: *Blaue Flamme*, S. 132.

799 »Ich verbringe meine Zeit …« – *MM*, S. 351; Richardson, S. 241.

799 »Madame Peloux im Theater …« – *MM*, S. 350.

800 »Man muss […] die vielen Formen …« – *LAPF*, 5. Dezember 1949, S. 183; 29. Oktober 1948, S. 175, 182 f.

800 »eliminiere« – GB, S. 226.

800 »das Produkt eines Kastensystems …« – Michel de Castillo im Gespräch mit der Autorin 1991.

800 »Nicht dass sie wünscht …« – *Vogue*, 1. Nobember 1945, S. 207 ff.

801 »Dieser Artikel gefällt mir …« – Lottmann, S. 391.

801 »von dem mütterlichen Ungeheuer …« – *Discours*, S. 29; dt.: Cocteau, *Colette*, S. 26.

802 »Es ist, als hätte ich immer …« – CdJ, »Notes et réflexions«, S. 5 f.

802 »Colette …« – Michel de Castillo im Gespräch mit der Autorin 1991.

803 »Heute weiß man …« – CdJ, »Lettres«, S. 27.

803 Sie wurde zur »Priesterin« – Michel de Castillo CC 10.

803 »Zärtlichkeit und Wärme …« – CdJ, »Lettres«, S. 24.

804 »Sie hat sich keiner …« – *LASP*, S. 442.

804 »Diese armen Ärzte …« – Colette an Pata de Polignac, BN 18718.

804 »Strahlenkranz grau melierten Haares …« – Richardson, S. 243.

805 »Was hältst du von Anacin?« – Colette an Pata de Polignac, BN 18718.

805 »Ich habe Claudine gekannt …« – Richardson, S. 256 f.

806 »Das ist doch noch kein Grund …« – *PdC*, S. 268; dt.: Goudeket, *Colette*, S. 277 ff.

806 »Ich habe einen Heiligen …« – *PdC*, S. 275; dt.: Goudeket, *Colette*, S. 286.

807 »Man bemüht sich hier …« – *LAMT*, S. 379 f.

807 »Ich bin froh …« – *LAMT*, S. 364.

808 »Das Bild trennt Colette …« – *PdC*, S. 58; dt.: Goudeket, *Colette*, S. 59 f.
808 »Ich bin froh, dass du …« – *LAMT*, S. 344.
809 »Wenn ich nun bei all dem …« – Lottmann, S. 425.

45. KAPITEL

811 »Was für ein schönes Leben …« – *Belles Saisons, A Colette Scrapbook*, hrsg. von Robert Phelps, S. 278.
812 »Du hast ein schönes …« – *LASF*, S. 23.
812 »Wie kannst du vergessen …« – GB, S. 237 f.
812 »Mein Geburtstag …« – *LAMT*, S. 354.
812 »aber ich kann nicht …« – *LAMT*, S. 359 f.
813 »Colettes Brief vor vierzehn Tagen …« – Cocteau, *Le Passé défini*, Bd. 1, S. 166 f.; dt.: *Vollendete Vergangenheit*, S. 130 ff.
814 »Colette, ihre Bücher …« – Léautaud, Bd. 18, S. 126; dt.: *Literarisches Tagebuch*, S. 224.
814 »Mit das Erste …« – Phelps, *Belles Saisons*, S. 269.
815 »sich davon überzeugt …« – Glenway Westcott, *Images of Truth*, »A Call on Colette and Goudeket«, S. 142–148.
816 »Glaube an die Liebe …« – Er hatte wahrscheinlich zu viel Isak Dinesen (Karen Blixen) gelesen. Westcotts Aufsatz über Dinesen folgt gleich auf seine beiden Kapitel über Colette in *Images of Truth*. »*Jenseits von Afrika*«, schreibt er dort, »ist ihr einzig wahrhaftes Werk.« Und: »[Die Erzählungen] sind reine Fiktion, absolut fiktiv.« Das Gegenteil wäre wohl eher wahr.
817 »Wir beide sind …« – *LASP*, S. 294.
817 »Was mir noch bleibt …« – *FB*, in: BQ 3, S. 776; dt.: *Blaue Flamme*, S. 87.
817 die letzten Ehrungen – Die Grande Medaille d'Or der Stadt Paris, Januar 1953; das Großkreuz der Ehrenlegion – den Grand Officier, ihren höchsten Rang – im März; Ehrenmitgliedschaft im [amerikanischen] National Institute of Arts and Letters im Mai desselben Jahres.
817 »in extremis vergeben werden …« – Cocteau, *Le Passé défini*, Bd. 2, S. 45.

817 »Ich hätte dir tausend Dinge …« – *LAMT*, S. 380 f.

817 »Heute Morgen [5. Dezember 1953] …« – Cocteau, *Le Passé défini*, Bd. 2, S. 348.

818 »Mein ganzes Leben hindurch …« – Richardson, S. 262.

818 »Ich brachte ihr …« – Bertrand de Jouvenel, »Colette«, *Time and Tide*, 1. August 1954.

818 »Ich schreibe an niemanden …« – *LAMT*, S. 379.

819 »im Halbdunkel suchte …« – *PdC*, S. 280; dt.: Goudeket, *Colette*, S. 292.

819 »Die Leute sollen mich …« – Richardson, S. 265.

819 »Was bedeutsam ist …« – Cocteau, *Le Passé défini*, Bd.: 3, S. 158.

820 »Der Tod …« – LAPF, 7. März 1940, S. 32. Sie schrieb das unmittelbar nach dem Tod ihres Bruders Léo und erklärte, warum sie darüber mit niemandem sprach, außer mit ihren engsten Freunden.

821 »Ist für Sie, Madame Colette …« – *Parinaud*, S. 150.

822 »denn, was sich hier ausdrückte …« – *Le Figaro*, 9. August 1954.

LITERATURVERZEICHNIS

Eine vollständige Bibliographie von Colettes Werken oder auch nur der ins Deutsche oder Englische übersetzten Werke herzustellen, würde den Rahmen dieser Biografie sprengen. Interessierte Leser verweise ich auf Donna M. Norells hervorragende Arbeit *Colette: An Annotated Primary and Secondary Bibliography* (New York, London 1993).

Hier sind nur diejenigen Bücher und Zeitschriften verzeichnet, die in den Anmerkungen zitiert werden oder zum Entstehen dieses Buches beigetragen haben.

Album Colette. Ausgewählt und annotiert von Claude und Vincenette Pichois und Alain Brunet. Paris 1984.

Album Masques: Colette. Hg. von Kathy Barsac und Jean-Pierre Joecker. Paris 1984.

Arendt, Hannah. *The Origins of Totalitarism*. New York 1979; dt.: *Elemente und Ursprünge totaler Herrschaft*. München 1986.

Aury, Dominique. *Lecture pour tous*. Paris 1958.

Barney, Natalie Clifford. *Souvenirs indiscrets*. Paris 1960.

–. *Traits et portraits*. Paris 1963.

Beauvoir, Simone de. *Le Deuxième Sexe*. Paris 1948 f., 2 Bde.; dt.: *Das andere Geschlecht*. Übers. von Eva Rechel-Mertens u. Fritz Montfort. Reinbek 1968.

–. *A Transatlantic Love Affair: Letters to Nelson Algren*. Zusammengestellt und annotiert von Sylvie LeBon de Beauvoir. New York 1998; dt.: *Eine transatlantische Liebe. Briefe an Nelson Algren 1947–1964*. Hg. von Sylvie LeBon de Beauvoir. Übers. von Judith Klein. Reinbek 1999.

–. *La Force des choses*. Bd. 1. Paris 1963; dt.: *Der Lauf der Dinge*. Übers. von Paul Baudisch. Reinbek 1970.

Beaumont, Germaine und André Parinaud. *Colette in Selbstzeugnissen und Bilddokumenten*. Reinbek 1958.

Beevor, Anthony und Artemis Cooper. *Paris After the Liberation*. New York 1994.
Belles Saisons: A Colette Scrapbook. Hg. von Robert Phelps. New York 1978.
Benjamin, Jessica. *Die Fesseln der Liebe*. Frankfurt a. M. 1990.
–. *Phantasie und Geschlecht. Psychoanalytische Studien über Idealisierung, Anerkennung und Differenz*. Basel 1993.
Berenson, Edward. *The Trial of Madame Caillaux*. Berkeley 1992.
Billy, André. *Intimités littéraires*. Paris 1932.
Binion, Rudolph. *Defeated Leaders: The Political Fate of Caillaux, Jouvenel, and Tardieu*. New York 1960.
Biolley-Godino, Marcelle. *L'Homme objet chez Colette*. Paris 1972.
Blum, Léon. *L'Œuvre de Léon Blum (1904–1914)*. Paris 1962.
Bonal, Gérard. *Colette par moi même*. Paris 1982.
Bonmariage, Sylvain. *Willy, Colette, et moi*. Paris 1954.
Bonnet, Marie-Jo. *Un choix sans équivoque*. Paris 1981.
Brécourt-Villars, Claudine. *Petit glossaire raisonné de l'eroticisme saphique, 1880–1930*. Paris 1980.
Broche, François. *Anna de Noailles: Un mystère en pleine lumière*. Paris 1989.
Burrin, Philippe. *La France à L'heure Allemande*. Paris 1995.
Caradec, François, *Feu Willy*. Paris 1984.
Carco, Francis. *Colette, mon ami*. Paris 1955.
Catterall, R. D. *A Short Textbook of Venereology*. London 1974.
Cazals, Patrick. *Musidora, la dixième muse*. Paris 1978.
Chalon, Jean. *Colette, l'éternelle apprentie*. Paris 1998.
–. *Porträt einer Verführerin. Die Biographie der Natalie Barney*. München 1977.
Champion, Pierre. *Marcel Schwob et son temps*. Paris 1927.
Chapon, François. *Autour de Natalie Clifford Barney*. Paris 1976.
Chauvière, Claude. *Colette*. Paris 1931.
Claudine au concert. Hg. von Alain Galliari. Paris 1992.
Cleyrergue, Berthe. *Berthe: ou un demi-siècle auprès de l'Amazone*. Vorwort von Michèle Causse. Paris 1980.
Cocteau, Jean. »Colette«. In: *Discours de réception à l'Académie Royale de Langue et de Littérature Françaises*. Paris 1955; dt.: *Colette*. Rede

anläßlich der Aufnahme in die Académie Royale de Langue et de Littérature Françaises de Belgique. Frankfurt a. M. 1978.

–. *Portraits souvenir*. Paris 1935.

–. *Passé défini*, Bd. 1–3; zum Teil dt.: *Vollendete Vergangenheit. Tagebücher 1951–1952*. Übers. von Frieda Grafe und Enno Patalas. München 1989.

Colette at the Movies: Criticism and Screenplays. Hg. von Alain und Odette Virmaux. New York 1980.

Colette-Jammes: Une Amitié inattendu. Einleitung und Anmerkungen von Robert Mallet. Paris 1945.

Colette: Nouvelles Approches critiques. Actes du Colloque de Sarrebruck. Hg. von Bernard Bray. Paris 1986.

Colette: Vom Enfant terrible zur Kultautorin. Übers. und hg. von Elisabeth Edl. Wien 1997.

Corbin, Alain. »Kulissen«, in: *Geschichte des privaten Lebens*. Hg. von Philippe Ariès und Georges Duby, Übers. von H. Fliessbach und G. Krüger-Wirrer. Bd. 4, Frankfurt a. M. 1994.

Courrière, Yves. *Joseph Kessel: ou sur la piste du lion*. Paris 1986.

Cronin, Vincent. *Paris im Aufbruch*: Kultur, Politik und Gesellschaft 1900–1914. Übers. von Monika Curths. München 1989.

Crosland, Margaret. *Colette. The Difficulty of Loving*. New York 1973.

Daudet, Léon. *Memoirs of Léon Daudet*. Hg. und übers. von Arthur Kingsland Griggs. New York 1925.

Dauphiné, Claude. *Rachilde: Femme de lettres 1900*. Paris 1985.

D'Hollander, Paul. *Colette: Ses apprentissages*. Paris 1989.

Diesbach, Ghislain de. *La Princesse Bibesco*. Paris 1986.

Dijkstra, Bram. *Idols of Perversity: Fantasies of Feminine Evil in Fin-de-Siècle Culture*. New York, Oxford 1986.

Dormann, Geneviève. *Amoureuse Colette*. Paris 1985.

Fouquières, André de. *Cinquante Ans de panache*. Paris 1951.

Francis, Claude und Fernande Gontier. *Colette*. Biographie. Übers. von Linda Gräz. Hamburg 1998.

Gauthier-Villars, Henri, *Le Retour d'age*. Paris 1908.

Geschichte des privaten Lebens. Hg. von Philippe Ariès. Frankfurt a. M. 1989–91.

Gold, Arthur und Robert Fizdale. *Misia*. New York 1980.

Goncourt, Edmond und Jules de Goncourt. *Journal: mémoirs de la vie*

littéraire. Hg. von Robert Ricatte. Paris 1989; dt.: *Das Tagebuch der Brüder Goncourt: Politik, Literatur, Gesellschaft in Paris von 1851 bis 1895*. Übers. von Olga Sigal. München 1927.
Goudeket, Maurice. *La Douceur de vieillir*. Paris 1965.
–. *Près de Colette*. Paris 1956; dt.: *Colette*. Übers. von Stefanie Neumann. Wien 1957.
Gourmont, Rémy de. *The Natural Philosophy of Love*. Übers. von Ezra Pound. New York 1940.
Gramont, Elisabeth de. *Mémoirs*. 4 Bde. Paris 1928.
Halévy, Daniel. *Péguy and les cahiers de la quinzaine*. New York and Toronto 1947.
Hauser, Arnold, *Sozialgeschichte der Kunst und Literatur*. München 1972.
Hayman, Ronald. *Proust*. New York 1990.
Hire, Jean de la. »Willy et Colette«. In: *Ménages d'artistes*. Paris 1905.
Huysmans, Joris-Karl. *A Rebours* (1884); dt.: *Gegen den Strich*. Übers. von Hans Jacob. Leipzig 1978.
–. *Là-bas* (1891); dt.: *Tief unten*. Übers. von V. H. Pfannkuche. Köln 1963.
Jouvenel, Bertrand de. *Un Voyageur dans le siècle*. Paris 1979.
Jouvenel, Colette de. *Colette de Jouvenel*. [Pamphlet]. Hg. von Gérard Bonal. Paris 1982.
Jullian, Philippe. *Jean Lorrain: ou Le Satiricon 1900*. Paris 1974.
–. *Oscar Wilde*. Paris 1967.
Kaplan, Louise. *Weibliche Perversionen*. Hamburg 1991.
Klein, Melanie. »Frühkindliche Angstsituation im Spiegel künstlerischer Darstellungen (1929), in: *Gesammelte Schriften*, Bd. I, Teil 1, Schriften 1920–1945. Stuttgart 1995.
Lanoux, Armand. *Amours 1900*. Paris 1961; dt.: *Amour 1900. Ein Pariser Kaleidoskop*. Hamburg 1964.
Larnac, Jean. *Colette: Sa vie, son œuvre*. Paris 1927.
Léautaud, Paul. *Journal*. Paris 1954; dt.: *Literarisches Tagebuch 1893–1956*. Eine Auswahl. Hg. und übers. von Hanns Grössel. Reinbek 1966.
Loliée, Frédéric. *Le Duc de Morny et la société du Second Empire*. Paris 1909.
Lottmann, Herbert. *Colette. Eine Biographie*. Übers. von Roselie und Saskia Bontjes van Beek. Wien 1991.

Louÿs, Pierre. *Aphrodite: Mœurs antique*. Paris 1906.
–. *Chansons de Bilitis*. Übers. aus dem Griechischen. Paris 1894.
Malige, Jeannie. *Colette, Qui êtes-vous?* Paris 1987.
Marks, Elaine. *Colette*. New Brunswick, NJ, 1960.
Martin du Gard, Maurice. *Les Mémorables*. Paris 1957.
Massie, Allan. *Colette*. New York 1986.
Maurois, Michelle. *Les Cendres brûlantes*. Paris 1986.
Maurras, Charles. *L'Avenir de l'intelligence* (1905). Paris 1917.
McDougall, Joyce. *Plea for a Measure of Abnormality*. New York 1978.
Mercié, Jean-Luc. *Anacréon le Jeune*. Ottawa 1971.
Mitchell, Yvonne. *Colette*. Übers. von Hanna Lux. Tübingen 1977.
Moreno, Marguerite. *Souvenirs de ma vie*. Paris 1948.
Mugnier, Arthur. *Journal de l'abbé Mugnier (1879–1939)*. Paris 1989.
Paglia, Camille. *Die Masken der Sexualität*. Berlin 1992.
Painter, George D. *Marcel Proust*. Eine Biographie. 2 Bde. Frankfurt a. M. 1968.
Pène, Annie de. *L'Evadée*. Paris 1911.
Phelps, Robert. *Die Erde mein Paradies*. Frankfurt a. M. 1967.
Pichois, Claude und Alain Brunet. *Colette*. Paris 1999.
Polaire. *Polaire par elle-même*. Paris 1933.
Pougy, Liane de. *Mes Cahiers bleus*. Paris 1977.
Raaphorst-Rousseau, Madeleine. *Colette, sa vie et son art*. Paris 1964.
Rachilde, *Portraits d'hommes*. Paris 1930.
Ragache, Gilles und Jean-Robert Ragache. *Des écrivains et des artistes sous l'Occupation*. Paris 1988.
Réage, Pauline. *Histoire d'O*. Paris 1954; dt.: *Geschichte der O*. München, Berlin o. J.
Rebérioux, Madeleine. *La Republique radicale?* Paris 1975.
Renard, Jules. *Journal*. Paris 1959.
Richardson, Joanna. *Colette. Leidenschaft und Sensibilität*. Übers. von Renate Zeschitz. München 1985.
–. *Judith Gautier: A Biography*. London, New York 1986.
Robert, Louis de. *De Loti à Proust*. Paris 1928.
Romein, Jan. *The Watershed of Two Eras: Europe in 1900*. Übers. von Arnold Pomerans. Middletown, CT, 1978.
Sarde, Michèle. *Colette, libre et entrave*. Paris 1978.
Shattuck, Roger. *The Banquet Years: The Origins of the Avant-Garde*

in France, 1885 to World War I. Überarbeitete Fassung. New York 1968.
Showalter, Elaine. *Sexual Anarchy.* New York 1990.
Silverman, Willa Z. *The Notorious Life of Gyp: Right-Wing Anarchist in Fin-de-Siècle France.* New York, Oxford 1995.
Steegmuller, Francis. *Jean Cocteau.* Boston 1970.
Taxil, Léo. *La Corruption fin-de-siècle.* Paris 1894.
Truc, Gonzague. *Madame Colette.* Paris 1941.
Tual, Denise, *Au cœur du temps.* Paris 1987.
Uzanne, Octave. *Parisiennes de ce temps.* Paris 1910.
Weber, Eugen. *France fin de siècle.* Cambridge, MA, 1986.
–. *My France: Politics, Culture, Myth.* Cambridge 1991.
–. *Peasants into Frenchmen.* Stanford 1976.
Wescott, Glenway. *Images of Truth.* New York 1960.
Wickes, George. *The Amazon of Letters.* New York 1976.
Willy. *Indiscrétions et commentaires sur les Claudines.* Paris 1962.
–. *Lélie, fumeuse d'opium.* Paris 1911.
–. *Maugis amoureux.* Paris 1905. Vgl. oben Gauthier-Villars.
–. *Souvenirs littéraires ... et autres.* Paris 1925.
Winnicott, D. W. *Die menschliche Natur.* Übers. von Elisabeth Vorspohl. Stuttgart 1994.
Zeldin, Theodore. *A History of French Passions.* 2 Bde. Oxford 1972.
Zola, Emile. *Nana.* Œuvres complètes. Bd. 9. Paris o. J.

DANKSAGUNG

In dieser Biografie stecken neun Jahre Forschung und Schreiben. Ich hätte diese Zeit nicht durchgehalten ohne die geduldige Liebe meiner Familie und meiner Freunde, ohne die Hilfe der Wissenschaftler, Schriftsteller, Archivare, Sammler und Zeitzeugen, die mit ihren Kenntnissen und Einsichten zu meinem Werk beigetragen haben. Nie werde ich meine tief empfundene Dankbarkeit angemessen ausdrücken können: gegenüber M. Foulques de Jouvenel für seine Unterstützung und seine Großzügigkeit von Anfang bis Ende meines Projekts; gegenüber M. Michel Rémy-Bieth, der mir vertrauensvoll seine unschätzbare Sammlung an unveröffentlichten Briefen und anderen Dokumenten von Colette zugänglich gemacht hat; gegenüber dem Colette-Nachlass und seinem Anwalt Maître André Schmidt, für die Genehmigung, aus diesen und anderen unveröffentlichten Quellen zu zitieren – ein außergewöhnliches Privileg, das diese Seiten unvergleichlich bereichert hat.

Meine Archivforschung wäre auch nicht möglich gewesen, wenn ich nicht in den Genuss der Sachkenntnis und Freundlichkeit von Mme Michèle Le Pavec, der Kuratorin der Manuskriptabteilung in der Bibliothèque Nationale in Paris, gekommen wäre. Überaus dankbar bin ich auch Mme Samia Bordji vom Musée Colette für ihre großzügige Genehmigung, Fotografien aus dem Museumsarchiv zu reproduzieren; Mr. Carlton Lake, Ms. Linda Ashton und Ms. Kathy Henderson am Harry Ransom Humanities Center in Austin, Texas; M. François Chapon an der Biblioteque Littéraire Jacques Doucet in Paris; M. Guy Quincy und M. Étienne d'Alençon in den Archives Départementales de la Corrèze in Brive und den nun Folgenden für ihre Genehmigung, unveröffentlichte Manuskripte einzusehen: M. Pierre-Marie Moulins vom SMAF; Mme Renée O'Brien; M. Jean Chalon und Mme Gina Franchina-Severini.

Die Gespräche, die ich mit den folgenden Zeitzeugen geführt habe, und die Materialien und Erinnerungen, an denen sie mich haben teilhaben lassen, waren von unschätzbarem Wert, haben sie doch meinem Porträt von Colette Tiefe verliehen: Mme Anne de Jouvenel, Mme Jeannie Malige, Mme Sanda Goudeket, Maître René Aujol, Mme Michelle Maurois, M. Patrice Blank, M. Michel del Castillo, Mme Nicole Stéphane, Mme Marguerite Boivin, M. Gérard Bonal, Mme Berthe Cleyrergue, M. Gilles Gauthier-Villars, M. Jean Marais, M. Jean-Claude Saladin, Mireille, Mme Hélène van den Henst Thomas und Mme Esa di Simone.

Darüber hinaus möchte ich meinen aufrichtigen Dank aussprechen: meinem Verleger Sonny Mehta, meinem gewissenhaften Lektor George Andreou, meinem Literaturagenten Andrew Wylie, meiner Forschungsassistentin Sylvie Merlier-Rowen und Bridgett Noizeux, die für mich die Fotorecherchen durchgeführt hat, sowie den Folgenden, die mein Manuskript gelesen und kritisiert haben, die mir Bücher geliehen und Unterkunft gewährt haben, die mich mit Hinweisen, Einführungen und Anleitungen versehen haben:

Gini Alhadeff, Angelika und Euan Baird, Dr. Jessica Benjamin, Mary Blume, M. und Mme Yves Bonnefoy, Mlle Soline de Boysson, Mlle Maria-Catherine Bouttrin, Holly Brubach, Suzanne Brogger, Joan Juliet Buck, Milena Canonero, Beatrice Cazac, Camilla Cazac, Rosemary Davidson, Lynn Davis, Gloria Emerson, Robert Fizdale, Jonathan Galassi, Wendy Gimbel, M. Jacques Grange, M. Pierre Grobel, Alan Gurganus, Robert Hamburger, Richard Howard, James Thurman Kahn, Dr. Louise Kaplan, Drs. Rachel und Donald Klein, Jane Kramer, Julia Kristeva, Valerie Leacock, Nancy Lindemeyer, James Lord, Nieves Mathews de Madariaga, Laura Meisner, Anne Michel, M. Bernard Minoret, Honor Moore, Lilian Moore, Benjamin Moser, Mattthew Naythons, Nancy Novgorod, Jacqueline Onassis, Mme Geneviève Picon, Mme Martine Picon, M. Pierre-André Picon, Mme Sylvie Rebbot, David Rieff, M. Jacques Robert, Susie Rogers, Paulette Rose, Kitty Ross, Philip Roth, Eleanor Rowe, Nina Salter, Nathalie Sarraute, Martha Saxon, Louise Schimmel, Robert Seidman, Betty Sih, Stanley Siegel, Philippe Sollers, Deborah Schneider, Nicholas Shakespeare, Susan Sontag, Jean Strouse, Donna Tartt, Roy Thurman, Agnès Varda, Marina Warner, Wendy Wasserstein, Edmund White, Michael Wollaeger, Rudy Wurlitzer. Doch diese Liste ist weit davon entfernt, vollständig zu sein. In ihr fehlen viele meiner engsten persönlichen Freunde hier und in Europa und Schriftsteller und Biografen, die mir im Großen und im Kleinen Mut gemacht, mich gefördert und unterstützt haben, manchmal – wie Colette gesagt haben würde – »in Gestalt eines guten Essens« und manchmal »in Form eines starken, wunderbaren Engagements«.

Den innigsten Dank schulde ich den drei Menschen, mit denen ich zusammenlebe: meiner Tante Charlotte (Arkie) Meisner, die mit achtzig Jahren, ohne ein Wort Französisch zu können, nach Paris zog, um sich um einen Haushalt und einen kleinen Jungen zu kümmern; meinem Sohn William Thurman Naythons, der 1989 geboren wurde und seine Mutter nie ohne Colette kannte; und meinem Mann und *meilleur ami*, Peter Miller. Sie haben mich aufrechterhalten.

New York, N.Y.
4. Juli 1999

REGISTER

BILDNACHWEISE

Bibliothèque Jacques Doucet: Willy im Urlaub; Renée Vivien und Natalie Barney

Bibliothèque Nationale: Willy mit Polaire und Colette; Colette trainiert mit Missy; Colette in *Rêve d'Egypte*; Colette mit Missy in Le Crotoy; Colette in Rozven mit Francis Carco, Hélène Picard, Germaine Carco und Bertrand de Jouvenel; Colette und Marguerite Moreno in Nizza; Colette mit La Chatte

Henri Cartier-Bresson/Magnum Fotos: Colette und Pauline

Collection de Jouvenel/Musée Colette, Saint-Sauveur-en-Puisaye/D. R.: Sido mit dreißig Jahren; die achtzehnjährige Sidonie Landoy; Hauptmann Colette im Garten von Châtillon; Juliettes Hochzeit 1885; Colette mit fünfzehn; die Colettes *en famille* in Châtillon; die frisch verheiratete Madame Willy mit den Gauthier-Villars; Colette und Willy auf Belle-Ile; Colette im Matrosenanzug; Colette mit dreißig; Colette und Missy mit Freunden; Colette in *La Chair*; Colette und Missy in *Rêve d'Egypte*; Colette, ihre Bulldogge Toby-Chien und Meg Villars; Colette und Henry de Jouvenel 1917 in Rom; Bertrand de Jouvenel; Colette in Gstaad; Colette und Maurice Goudeket in New York; Colette in ihrem Schönheitssalon; Colette und Maurice im Palais-Royal

Collection Musée d'Art moderne, Richard Anacrón/D. R.: Sido mit fünfundvierzig; Colette und Willy auf einem Theaterfoto

Collection Claude Pichois/D. R.: Colette I und Colette II in Nizza

Collection C. Sirot/Angel: Colette und Henry de Jouvenel am Boulevard Suchet

René Dazy: Colettes großartiger Einzug bei einem Theaterfest 1908; die Marquise de Morny als Frau gekleidet; Colette in den Arkaden des Palais-Royal

Reutlinger/Bibliothèque Nationale/D. R.: Colette zu der Zeit, als sie *La Vagabonde* schrieb

Roger Viollet, © Branger-Viollet: Missy und Colette in der Rue de Villejust; Colette vor einem Flug mit dem Caudron Airbus

Roger Viollet, © Collection Viollet: die Familien Colette und Landoy; Colette mit dreizehn; Bel-Gazou mit ungefähr drei; Colette mit Bel-Gazou in Castel-Novel; Georges Kessel

Roger-Viollet, © Harlingue-Viollet: Colette mit fünf; Colette in Männerkleidung; Colette im Ba-Ta-Clan

Roger-Viollet, © Lipnitzki-Viollet: Colette führt ihre Produkte vor

Rue des Archives/Everett: Colette mit Audrey Hepburn; Colette in Drouant